GESTÃO
AGROINDUSTRIAL

O GEN | Grupo Editorial Nacional – maior plataforma editorial brasileira no segmento científico, técnico e profissional – publica conteúdos nas áreas de ciências sociais aplicadas, exatas, humanas, jurídicas e da saúde, além de prover serviços direcionados à educação continuada e à preparação para concursos.

As editoras que integram o GEN, das mais respeitadas no mercado editorial, construíram catálogos inigualáveis, com obras decisivas para a formação acadêmica e o aperfeiçoamento de várias gerações de profissionais e estudantes, tendo se tornado sinônimo de qualidade e seriedade.

A missão do GEN e dos núcleos de conteúdo que o compõem é prover a melhor informação científica e distribuí-la de maneira flexível e conveniente, a preços justos, gerando benefícios e servindo a autores, docentes, livreiros, funcionários, colaboradores e acionistas.

Nosso comportamento ético incondicional e nossa responsabilidade social e ambiental são reforçados pela natureza educacional de nossa atividade e dão sustentabilidade ao crescimento contínuo e à rentabilidade do grupo.

Mário Otávio Batalha
(coordenador)

VOLUME ÚNICO

4ª EDIÇÃO

GESTÃO AGROINDUSTRIAL

Alexandre Borges Santos
Ana Paula Iannoni
Andrea Lago da Silva
Andrei Aparecido de Albuquerque
Andréia de Abreu Siqueira
Antônio Márcio Buainain
Bruno Larue
Eduardo Eugênio Spers
Fabrício Pini Rosales
Fernando Cezar Leandro Scramim
Hildo Meirelles de Souza Filho
João Guilherme de C. F. Machado
José Flávio Diniz Nantes
Luciano Campanini
Luiz Fernando de Oriani e Paulillo
Marcela de Mello Brandão Vinholis
Marcelo José Carrer
Márcio Gonçalves dos Santos
Mário Otávio Batalha
Moacir Godinho Filho
Moacir Scarpelli
Murís Lage Júnior
Reinaldo Morabito
Rosane Chicarelli Alcantara
Sigismundo Bialoskorski Neto
Sílvio Hiroshi Nakao
William Sbrama Perressim

Grupo de Estudos e Pesquisas Agroindustriais

- Os autores deste livro e a editora empenharam seus melhores esforços para assegurar que as informações e os procedimentos apresentados no texto estejam em acordo com os padrões aceitos à época da publicação, *e todos os dados foram atualizados pelos autores até a data de fechamento do livro.* Entretanto, tendo em conta a evolução das ciências, as atualizações legislativas, as mudanças regulamentares governamentais e o constante fluxo de novas informações sobre os temas que constam do livro, recomendamos enfaticamente que os leitores consultem sempre outras fontes fidedignas, de modo a se certificarem de que as informações contidas no texto estão corretas e de que não houve alterações nas recomendações ou na legislação regulamentadora.

- Data do fechamento do livro: 17/02/2021

- Os autores e a editora se empenharam para citar adequadamente e dar o devido crédito a todos os detentores de direitos autorais de qualquer material utilizado neste livro, dispondo-se a possíveis acertos posteriores caso, inadvertida e involuntariamente, a identificação de algum deles tenha sido omitida.

- **Atendimento ao cliente: (11) 5080-0751 | faleconosco@grupogen.com.br**

- Direitos exclusivos para a língua portuguesa
  Copyright © 2021 by
  Editora Atlas Ltda.
  Uma editora integrante do GEN | Grupo Editorial Nacional
  Travessa do Ouvidor, 11
  Rio de Janeiro – RJ – 20040-040
  www.grupogen.com.br

- Reservados todos os direitos. É proibida a duplicação ou reprodução deste volume, no todo ou em parte, em quaisquer formas ou por quaisquer meios (eletrônico, mecânico, gravação, fotocópia, distribuição pela Internet ou outros), sem permissão, por escrito, da Editora Atlas Ltda.

- Capa: Caio Cardoso

- Editoração eletrônica: Caio Cardoso

- Ficha catalográfica

CIP-BRASIL. CATALOGAÇÃO NA PUBLICAÇÃO
SINDICATO NACIONAL DOS EDITORES DE LIVROS, RJ

G333
4. ed.

Gestão agroindustrial : volume único / Alexandre Borges Santos ... [et al.] ; coordenação Mário Otávio Batalha. – 4. ed. – São Paulo : Atlas, 2021.

Inclui índice
ISBN 978-85-97-02545-3

1. Agroindústria. 2. Economia agrícola – Brasil. I. Santos, Alexandre Borges. II. Batalha, Mário Otávio.

21-68543
                          CDD: 338.10981
                          CDU: 338.43(81)

Camila Donis Hartmann – Bibliotecária – CRB-7/6472

NOTA SOBRE OS AUTORES

Mário Otávio Batalha. Engenheiro químico e mestre em Engenharia de Produção pela Universidade Federal de Santa Catarina. Doutor em Engenharia de Sistemas Industriais pelo Institut National Polytechnique de Lorraine (França). É professor titular do Departamento de Engenharia de Produção da Universidade Federal de São Carlos (UFSCar), onde foi coordenador do Programa de Pós-Graduação em Engenharia de Produção e do Curso de Pós--Graduação em Gestão Agroindustrial. Foi professor convidado do Departamento de Agroeconomia e de Ciências do Consumo da Université Laval, no Canadá. É pesquisador nível 1 do Conselho Nacional de Desenvolvimento Científico e Tecnológico (CNPq), além de coordenar o Grupo de Estudos e Pesquisas Agroindustriais (GEPAI) da UFSCar. Foi coordenador do núcleo editorial da Associação Brasileira de Engenharia de Produção (ABEPRO) e diretor executivo da Associação Nacional de Programas de Pós-Graduação em Engenharia de Produção (ANPEPRO). É pesquisador associado do Centro de Pesquisa em Economia do Meio Ambiente, Agroalimentos, Transportes e Energia (CREATE) da Universidade Laval, no Canadá. Palestrante nacional e internacional, é autor e organizador de 27 livros que têm o agronegócio como temática principal, tendo publicado cerca de uma centena de artigos científicos em revistas nacionais e internacionais. Em 2008, o livro *Introdução à engenharia de produção*, do qual é autor e organizador, ganhou o prêmio Jabuti da Câmara Brasileira de Livros de melhor livro na área de Ciências Exatas, Tecnologia e Informática do Brasil. Currículo acadêmico completo disponível no *link*: http://lattes.cnpq.br/1015001063418091

Alexandre Borges Santos. Administrador e mestre em Administração pela Universidade Federal de Mato Grosso do Sul. Doutor em Engenharia de Produção pela UFSCar. É pesquisador do GEPAI da UFSCar, instituição na qual realiza estágio pós-doutoral. Desenvolve pesquisas relacionadas com o agronegócio há mais de uma década, tendo publicado diversos trabalhos em periódicos nacionais e internacionais nesta mesma temática. Currículo acadêmico completo disponível no *link*: http://lattes.cnpq.br/2837720516648854

Ana Paula Iannoni. Engenheira de Produção Agroindustrial pela UFSCar, São Paulo. Fez mestrado e doutorado em Engenharia de Produção na mesma universidade. Foi doutoranda visitante no departamento Belk College of Business na Universidade da Carolina do Norte em Charlotte. Fez pós-doutorado no departamento de Engenharia de Produção na UFSCar. Na França, fez pós-doutorado no departamento de Génie Industrielle na École Centrale Paris. Suas áreas de interesse de pesquisa são teoria de filas, simulação e problemas de localização probabilísticos aplicados a sistemas de serviço de emergência, e pesquisa operacional aplicada à logística e sistemas de transporte. Suas principais publicações estão em *Gestão & Produção, Produção, Pesquisa Operacional, Transportation Research Part E, Annals of Operational Research, European Journal of Operational Research, Socio-Economics Planning Sciences, Computers and Operations Research and Computers and Electronics in Agriculture*. Currículo acadêmico completo disponível no *link*: http://lattes.cnpq.br/6684816146153894

Andrea Lago da Silva. Professora titular do Departamento de Engenharia de Produção e do Programa de Pós--Graduação em Engenharia de Produção da UFSCar, nos quais orienta alunos de iniciação científica, mestrado e doutorado. Tem pós-doutorado pela Universidade do Tennessee – Departamento de Marketing e Supply Chain Management (2009-2010), doutorado em Administração pela FEA/USP (1999), mestrado em Engenharia de Produção pela Universidade Federal de Santa Catarina (1993) e graduação em Administração pela mesma universidade

(1990). Tem experiência em ensino, pesquisa e extensão em gestão da cadeia de suprimentos, resiliência e canais de distribuição. Acumula experiência na execução e coordenação de projetos de pesquisa e assessoria, uma dezena de artigos publicados na área de experiência e parceria com pesquisadores ao redor do mundo. É mãe de Manuela em tempo integral desde 26/5/2003 e tem por *hobby* corrida de rua. Currículo acadêmico completo disponível no *link*: http://lattes.cnpq.br/2380499339281186

Andrei Aparecido de Albuquerque. Bacharel em Ciências Contábeis, mestre em Controladoria e Contabilidade e doutor em Administração de Organizações pela Universidade de São Paulo (USP). Professor associado do Departamento de Engenharia de Produção da UFSCar, onde atualmente é chefe de departamento e foi coordenador do Curso de Pós-Graduação MBA Finanças. Foi *visiting scholar* do Departamento de Finanças da University of Illinois at Urbana-Champaign nos Estados Unidos da América. É coordenador do Grupo de Estudos em Gestão e Mercados Financeiros (GEFin) da UFSCar. É professor vinculado ao Programa de Pós-Graduação em Administração e ao Programa de Pós-Graduação em Gestão de Organizações e Sistemas Públicos da UFSCar. Foi ainda professor da Universidade Federal de Uberlândia (UFU) e é autor de diversos artigos em revistas e eventos nacionais e internacionais tendo a gestão financeira como temática principal. Currículo acadêmico completo disponível no *link*: http://lattes.cnpq.br/9667573506903226

Andréia de Abreu Siqueira. Doutora e mestre em Engenharia de Produção pela UFSCar. Graduação em Administração pelo Centro Universitário Eurípides de Marília (Univem). Atua como docente e pesquisadora há 15 anos. Atualmente, é professora da Faculdade de Tecnologia de Garça, no curso de Tecnologia em Gestão Empresarial, e da Faculdade de Tecnologia de Jaboticabal, no curso de Gestão Ambiental. Tem experiência em ensino e pesquisa nas áreas de Administração e Engenharia de Produção, principalmente nos temas inovação tecnológica, gestão da cadeia de suprimentos e integração intra e interorganizacional. Currículo acadêmico completo disponível no *link*: http://lattes.cnpq.br/2958568549055933

Antônio Márcio Buainain. Graduado em Direito (Universidade do Estado do Rio de Janeiro) e Economia (Faculdade de Ciências Políticas e Econômicas do Rio de Janeiro), com especialização em Economia Política (Birkbeck College, Universidade de Londres), mestrado em Economia e Sociologia (Programa Integrado de Mestrado em Economia e Sociologia, da Universidade Federal de Pernambuco) e doutorado em Economia (Instituto de Economia da Unicamp). Professor do Instituto de Economia da Unicamp, pesquisador sênior do Instituto Nacional de Ciência e Tecnologia em Políticas Públicas, Estratégias e Desenvolvimento (INCT/PPED), do Grupo de Estudos em Organização da Pesquisa e Inovação (GEOPI) e do Núcleo de Economia Agrícola e do Meio Ambiente (NEA), vinculados aos institutos de Geociências e de Economia da Unicamp. Trabalhou como economista do Grupo de Análise de Políticas para América Latina e Caribe (1999-2004), da Organização das Nações Unidas para Agricultura e Alimentação (FAO), em Roma, e como consultor junto a várias organizações internacionais, entre as quais o Banco Interamericano de Desenvolvimento (BID), o Banco Mundial (BM), o Instituto Interamericano de Cooperação para Agricultura (IICA), o Fundo Internacional de Desenvolvimento para a Agricultura (FIDA) e a Organização Mundial da Propriedade Intelectual (OMPI). É autor, coautor e ou organizador de 44 livros; publicou 72 capítulos de livros e 85 artigos em revistas acadêmicas. Currículo acadêmico completo disponível no *link*: http://lattes.cnpq.br/3051627641386529

Bruno Larue. Bacharel pela McGill University (Canadá) e doutor pela Iowa State University (Estados Unidos). É professor de Agroeconomia na Universidade Laval no Canadá desde 1991. Foi titular da Cadeira de Pesquisa em Comércio Internacional de Alimentos Agroalimentares entre 2003 e 2017 e presidente da Sociedade Canadense de Agroeconomia, entre 2005 e 2017. Foi diretor do Centro de Pesquisa em Economia do Meio Ambiente, Agroalimentos, Transportes e Energia (CREATE) entre 2005 e 2013. Publicou mais de 100 artigos em revistas científicas sobre agroeconomia e economia em assuntos relacionados a comércio internacional, políticas agrícolas, economia da produção e meio ambiente e economia do consumo.

Eduardo Eugênio Spers. Realizou pós-doutorado na Wageningen University (WUR), Holanda, e tem doutorado em Administração pela Universidade de São Paulo (USP). Foi professor do Programa de Mestrado e Doutorado em Administração e do Mestrado Profissional em Comportamento do Consumidor da ESPM. Líder do tema Teoria, Epistemologia e Métodos de Pesquisa em Marketing na Associação Nacional de Pós-Graduação e Pesquisa em Administração (ANPAD). É professor titular no Departamento de Economia, Administração e Sociologia, docente do mestrado em Administração e coordenador do Grupo de Extensão MarkEsalq no *campus* da USP/Esalq. Seu tema principal de pesquisa é o comportamento do consumidor de alimentos. Currículo acadêmico completo disponível no *link*: http://lattes.cnpq.br/7800954800978254

Fabrício Pini Rosales. Zootecnista formado pela Faculdade de Zootecnia e Engenharia de Alimentos da Universidade de São Paulo (FZEA/USP). Mestre e doutor em Engenharia de Produção na área de Gestão de Sistemas Agroindustriais pela UFSCar. Atualmente, é professor em cursos de graduação e pós-graduação onde ministra, principalmente, disciplinas ligadas à temática de gestão do agronegócio. Também atua como consultor focado na gestão estratégica e financeira de propriedades rurais e na análise setorial de cadeias agroindustriais de produção específicas. É palestrante e autor de livros e artigos relacionados ao agronegócio publicados em periódicos nacionais e internacionais. Currículo acadêmico completo disponível no *link*: http://lattes.cnpq.br/8493025223708825

Fernando Cezar Leandro Scramim. Tem graduação em Engenharia de Produção Mecânica pela Universidade Federal de Santa Catarina (1994). É mestre em Engenharia de Produção pela UFSCar (1999). Em 2003, obteve o título de doutor em Engenharia de Produção pela mesma universidade, com o desenvolvimento de parte do projeto do doutorado no Georgia Institute of Technology (Georgia Tech), Atlanta, EUA (2001-2002). Atualmente, é chefe do Departamento de Engenharia de Produção e coordenador do curso no Centro Universitário da FEI no *campus* de São Bernardo do Campo/SP. Atua também como professor convidado do Instituto Mauá da Tecnologia em São Caetano do Sul/SP. Tem experiência na área de Engenharia de Produção plena, atuando em gestão de operações industriais e de serviços, sistemas para gestão estratégica de custos e métodos de engenharia econômica aplicada a projetos. Currículo acadêmico completo disponível no *link*: http://lattes.cnpq.br/9069833313417120

Hildo Meirelles de Souza Filho. Bacharel em Ciências Econômicas pela Universidade Federal de Viçosa, mestre em Teoria Econômica pela Universidade Estadual de Campinas e doutor em Economia Agrícola pela University of Manchester, Reino Unido. Atua como professor titular do Departamento de Engenharia de Produção da UFSCar em cursos de graduação e pós-graduação. Foi professor visitante no Departamento de Economia Agrícola e Aplicada da University of Missouri, Columbia. É pesquisador do CNPq, tendo desenvolvido e publicado trabalhos de pesquisa nas áreas de economia agrícola, desenvolvimento rural e sistemas agroindustriais. Realizou estudos para organismos internacionais (FAO, IICA, FIDA, Banco Mundial e Comissão Europeia), órgãos de governo vinculados à formulação de políticas agrícolas e agrárias, bem como organizações de interesse em cadeias agroindustriais. Currículo acadêmico completo disponível no *link*: http://lattes.cnpq.br/3740950346967524

João Guilherme de Camargo Ferraz Machado. Graduado em Zootecnia pela Faculdade de Ciências Agrárias e Veterinárias (FCAV) Unesp/Jaboticabal, mestre e doutor em Engenharia de Produção pela UFSCar. Pós-doutor em Ciência da Informação pela Faculdade de Filosofia e Ciências (FFC) Unesp/Marília e livre-docente em Marketing pela Faculdade de Ciências e Engenharia (FCE) Unesp/Tupã. Professor associado da FCE no curso de Administração e no Programa de Pós-Graduação em Agronegócio e Desenvolvimento. Pesquisador do Centro de Pesquisa em Administração e Agronegócios (CEPEAGRO) e do Grupo de Pesquisa Informação, Conhecimento e Inteligência Organizacional (ICIO), desenvolvendo pesquisas nas seguintes áreas: marketing estratégico, inovação em serviços, gestão da informação, gestão de empreendimentos rurais e gestão de sistemas agroindustriais. Currículo acadêmico completo disponível no *link*: http://lattes.cnpq.br/8648672926501949

José Flávio Diniz Nantes. Professor titular do Departamento de Engenharia de Produção da UFSCar. Possui graduação em Agronomia pela ESALQ-USP, mestrado em Agronomia pela Universidade de São Paulo e doutorado em agronomia, área de concentração em Produção Vegetal, pela Universidade Estadual Paulista Júlio de Mesquita

Filho (Unesp). Tem experiência na área de Engenharia de Produção, com ênfase nos seguintes temas: sistemas agroindustriais, projeto e desenvolvimento de produtos, projeto do trabalho e saúde e segurança do trabalho. Também desenvolve atividades de ensino e extensão em gestão das organizações públicas, na modalidade de ensino a distância (EAD). Nesta temática, publicou livros, coordenou cursos e orientou diversos trabalhos científicos. Currículo acadêmico completo disponível no *link*: http://lattes.cnpq.br/1900976112613026

Luciano Campanini. Professor adjunto do Departamento de Engenharia de Produção da UFSCar. Possui graduação em Engenharia de Produção Agroindustrial pela UFSCar (2000), mestrado (2008) e doutorado (2013) em Engenharia de Produção pela mesma universidade. Tem experiência na área de Engenharia de Produção, com ênfase em Gerência da Produção, atuando principalmente nos seguintes temas: planejamento e controle da produção (PCP), gerenciamento de projetos e logística empresarial. Currículo acadêmico completo disponível no *link*: http://lattes.cnpq.br/1838921540404825

Luiz Fernando de Oriani e Paulillo. Professor titular do Departamento de Engenharia de Produção da UFSCAr. Diretor do Centro de Ciências Exatas e de Tecnologia (CCET) da mesma universidade (2019/2023). Bolsista Produtividade em Pesquisa do CNPq desde 2005. Pós-doutorado na FAO-ONU (2007). Doutor em Economia pelo Instituto de Economia da UNICAMP (2000). Pesquisador Visitante no "Instituto de Estudios Sociales Avanzados de España (IESA) em 1999/2000, na Universidade de Córdoba e na Universidade Complutense de Madri, Espanha. Mestre em Engenharia de Produção pela UFSCar (1994). Economista graduado pela Unesp (1991). Pesquisador da Fundação de Apoio Institucional ao Desenvolvimento Científico e Tecnológico da UFSCar, integrando o Grupo de Ensino e Pesquisas Agroindustriais (GEPAI-UFSCar). Coordenou projetos de pesquisa (editais Fapesp, CNPq e Finep) e de extensão (com empresas, associações setoriais de produção, prefeituras municipais, governo do estado de São Paulo, FAO/ONU). Foi editor da revista *Gestão & Produção* por oito anos. Tem experiência na área de economia, com ênfase em economia agroindustrial, governanças e redes, ambiente institucional, complexos agroindustriais e competitividade. Tem direcionado projetos de pesquisa e de extensão nas seguintes temáticas: governanças, economia institucional, redes, complexos agroindustriais, competitividade industrial, políticas públicas e segurança alimentar. Currículo acadêmico completo disponível no *link*: http://lattes.cnpq.br/9919942357089937

Marcela de Mello Brandão Vinholis. Engenheira agrônoma pela Escola Superior de Agricultura Luiz de Queiroz (ESALQ/USP). Mestre e doutora em Engenharia de Produção pela UFSCar. Foi pesquisadora visitante durante o período de doutorado na University of Missouri, Agricultural and Applied Economics. Foi gerente de Qualidade Assegurada da Syngenta Seeds Brasil. É pesquisadora da Empresa Brasileira de Pesquisa Agropecuária (Embrapa) na área de socioeconomia. Tem experiência em gestão de cadeias produtivas, atuando principalmente nos seguintes temas: adoção e difusão de inovações, custos de produção, qualidade e estruturas de governança. Currículo acadêmico completo disponível no *link*: http://lattes.cnpq.br/5730999136286305

Marcelo José Carrer. Economista pela Universidade Estadual de Maringá. Mestre e doutor em Engenharia de Produção pela UFSCar. Professor adjunto do Departamento de Engenharia de Produção da UFSCar. É pesquisador – bolsista de produtividade nível 2 – do CNPq. Pesquisador do GEPAI do Departamento de Engenharia de Produção da UFSCar e autor de diversos artigos científicos publicados em periódicos e congressos nacionais e internacionais nas áreas de economia agrícola e gestão do agronegócio. Currículo acadêmico completo disponível no *link*: http://lattes.cnpq.br/6178330814144839

Márcio Gonçalves dos Santos. Bacharel em Administração e mestre em Agronegócio pela Universidade Federal de Mato Grosso do Sul (UFMS). Doutor em Engenharia dc Produção pela UFSCar. Professor titular do Instituto Federal de Educação, Ciência e Tecnologia do Paraná (IFPR) no *campus* de Pitanga. Atua na Rede Federal de Educação Profissional e Tecnológica desde 2010, onde já atuou como coordenador dos cursos superiores de Tecnologia em Agronegócio no Instituto Federal Mato Grosso (IFMT), bacharel em Administração (IFMT), Tecnologia em Agroindústria (IFPR), diretor de ensino (IFMT) e diretorgeral de *campus* (IFMT e IFPR). É pesquisador do GEPAI da UFSCar e do Grupo de Pesquisas em Representações Sociais, Subjetividade e Identidades (IFPR). Em

2019, ganhou o prêmio de "Melhor Tese de Doutorado em Engenharia de Produção" defendida no Brasil, concedido pela Associação Brasileira de Engenharia de Produção (ABEPRO). Currículo acadêmico completo disponível no *link*: http://lattes.cnpq.br/6982128189916053

Moacir Godinho Filho. Graduado em Engenharia de Produção – Materiais pela UFSCar (1998), MBA na Fundação Getulio Vargas (FGV) (2000), mestrado (2001) e doutorado (2004) em Engenharia de Produção pela UFSCar, pós-doutorado em *Quick Response Manufacturing* (QRM) (Manufatura Responsiva) na Universidade de Wisconsin at Madison, EUA, (2007), pós-doutorado em aplicação de *System Dynamics e Factory Physics* à gestão de sistemas de produção na North Carolina State University, EUA, (2008) e pós-doutorado em Gestão da Cadeia de Suprimento na Kellogg School of Management da Northwestern University (2017). Atualmente, é professor associado 4 da UFSCar e pesquisador nível 1B do CNPq. Tem experiência na área de engenharia de produção, com ênfase em gerência de produção, planejamento e controle da produção (PCP), *lean manufacturing*, QRM, paradigmas de gestão sustentáveis e indústria 4.0. Tem mais de 60 artigos internacionais publicados em periódicos com seletiva política editorial. Currículo acadêmico completo disponível no *link*: http://lattes.cnpq.br/6136685270563354

Moacir Scarpelli (*in memoriam*).

Murís Lage Júnior. Engenheiro de Produção Química pela UFSCar. Mestre e doutor em Engenharia de Produção pela mesma universidade, onde é professor adjunto do Departamento de Engenharia de Produção e foi coordenador e vice-coordenador do curso de graduação em Engenharia de Produção. Membro do Núcleo Docente Estruturante do curso de graduação em Engenharia de Produção, tutor do Programa de Educação Tutorial (PET) do curso de Engenharia de Produção. É autor de mais de cinco livros da área de Engenharia de Produção, especialmente sobre planejamento e controle da produção. Publicou diversos artigos nacionais e internacionais na área de Engenharia de Produção. Currículo acadêmico completo disponível no *link*: http://lattes.cnpq.br/9666500788789379

Reinaldo Morabito. Engenheiro Civil pela Unicamp, mestre em Ciências da Computação e Matemática Computacional pela USP, doutor em Engenharia de Transportes pela USP, livre-docente em Engenharia Mecânica pela USP e professor titular do Departamento de Engenharia de Produção da Universidade Federal de São Carlos, onde foi coordenador do Programa de Pós-Graduação em Engenharia de Produção e do Curso de Graduação em Engenharia de Produção. Desenvolveu estágio de pós-doutoramento na Sloan School of Management do Massachusetts Institute of Techonology (MIT). É pesquisador nível 1A do CNPq e tem mais de 200 artigos publicados em periódicos científicos indexados, mais da metade deles em periódicos internacionais. É coautor do livro *Pesquisa operacional para cursos de engenharia*, da editora LTC, além de outros livros e capítulos de livros publicados por editoras nacionais e internacionais. Em 2008, o livro *Introdução à engenharia de produção*, do qual é coautor, ganhou o prêmio Jabuti da Câmara Brasileira de Livros de melhor livro na área de Ciências Exatas, Tecnologia e Informática do Brasil. Currículo acadêmico completo disponível no *link*: http://lattes.cnpq.br/4194801952934254

Rosane Chicarelli Alcantara. Engenheira de Produção pela UFSCar, mestre e doutora em Administração de Empresas pela FGV/SP. Realizou seu estágio de pós-doutorado junto ao Departamento de Supply Chain Management da Michigan State University, EUA, durante um ano. Professora titular do Departamento de Engenharia de Produção e do Programa de Pós-Graduação em Engenharia de Produção da UFSCar. Acumula experiência na execução e coordenação de projetos de pesquisa e atividades de consultoria nas áreas de gestão da cadeia de suprimento, gestão estratégica de mercados e gestão do agronegócio, fazendo parte do GEPAI da UFSCar. O currículo completo pode ser encontrado no *link*: http://lattes.cnpq.br/6141230203546076

Sigismundo Bialoskorski Neto. Professor titular da Faculdade de Economia, Administração e Contabilidade de Ribeirão Preto da Universidade de São Paulo (FEARP/USP). Engenheiro Agrônomo pela ESALQ, mestre em Economia Agrária, doutor em Economia Aplicada, pesquisador convidado do Centro de Estudos em Cooperativas da Universidade de Saskatchewan, Canadá, com pós-doutoramento, na Universidade do Missouri, EUA, Universidade de Giessen, Alemanha, e Universidade de Surrey, Reino Unido. Foi diretor do Instituto de Cooperativismo e

Associativismo da Secretaria da Agricultura do Estado de São Paulo. Membro do Comitê de Pesquisa da Aliança Cooperativa Internacional. Criador e Coordenador do Observatório do Cooperativismo da Universidade de São Paulo em convênio com a Organização das Cooperativas Brasileiras (OCB). Foi consultor científico do XI e XII Congressos Brasileiros de Cooperativismo, e coordenador dos Workshops Internacionais de Tendências do Cooperativismo USP/OCB. Tem diversas publicações em revistas científicas arbitradas no Brasil, em Israel, na Espanha e na Inglaterra, incluindo livros editados no Brasil e na Alemanha. Currículo acadêmico completo disponível no *link*: http://lattes.cnpq.br/9982846254680876

Sílvio Hiroshi Nakao. Graduado em Ciências Contábeis pela FEARP/USP e em Administração de Empresas pela Unaerp. Mestre e doutor em Controladoria e Contabilidade pela FEA/USP e livre-docente em Contabilidade pela FEARP/USP. Pós-doutorado (*Visiting Scholar*) na Universidade de Sydney, Austrália. Professor-associado do Departamento de Contabilidade da FEARP/USP, onde atua nos cursos de graduação, pós-graduação (mestrado e doutorado) e MBAs. Colíder do Grupo de Pesquisa em Informações Contábeis (InCont) da FEARP/USP. Coordenador e coautor do livro *Contabilidade financeira no agronegócio*, publicado pelo Grupo GEN | Atlas, e autor de capítulos de livros. Autor e coautor de mais de 30 artigos científicos nacionais e internacionais. Foi editor associado da revista *Advances in Scientific and Applied Accounting* e é revisor de mais de dez periódicos nacionais e internacionais. Currículo acadêmico completo disponível no *link*: http://lattes.cnpq.br/3032618801971599

William Sbrama Perressim. Administrador de Empresas pela Unesp. Mestre e doutor em Engenharia de Produção pela UFSCar. Professor de graduação e especialização em disciplinas ligadas a administração financeira e avaliação de investimentos. Atuou como gerente comercial e de investimentos em bancos nacionais. É membro do GEPAI da UFSCar. Dedica-se a pesquisa e a avaliação de viabilidade de projetos e empreendimentos agroindustriais coletivos – cooperativas e associações rurais. Currículo acadêmico completo disponível no *link*: http://lattes.cnpq.br/5721902195529308

PREFÁCIO

Ser convidado para fazer o prefácio da 4ª edição do clássico livro *Gestão agroindustrial*, que usei para estudar em sua 1ª edição no final dos anos 1990, e depois recomendei como jovem professor nos cursos de agronegócios que ministrei ao longo de todos os anos 2000, é uma emoção indescritível.

Junto com a constelação de autores do agronegócio presentes nesta obra, vivi 30 anos mágicos deste setor no Brasil, período em que vimos o país passar de um participante secundário nas trocas mundiais para um papel preponderante e até de líder no promissor comércio mundial de alimentos.

Emergiram para o protagonismo nesse período diversos sistemas agroindustriais, desde a importante e promissora soja, com a qual o Brasil chega a ocupar 50% das trocas mundiais, posição jamais sonhada pelos autores destes capítulos, passando pelas carnes e seu grande potencial ainda de crescimento, pelo algodão, com um dos casos mais fantásticos de reversão de posicionamento e busca pela liderança quantitativa e qualitativa, pelo tradicional açúcar, pelo papel e celulose, pelo fumo, suco de laranja, milho, entre outros. Sistemas agroindustriais que se estruturaram, montaram sistemas de governança e coordenação extremamente sofisticados.

Distintas estratégias foram adotadas nesse período pelos diferentes sistemas agroindustriais. Foram capazes de identificar seus pontos fracos e fortes, de construir vantagens competitivas sustentáveis, realizando planos estratégicos e implementando-os nesta conquista das gôndolas no Brasil e fora dele.

Observamos também em 30 anos uma diversidade de exportações desde *commodities* até produtos com embalagens, marcas, *design* e outras características novas como o "contar histórias", ligação direta com as fazendas e outros atributos de diferenciação. Altos conteúdos de marketing foram incorporados.

Distintas formas de organizar as cadeias de suprimentos foram vistas nos sistemas agroindustriais brasileiros e nas empresas que os compõem. Desde compras via mercado, modelos de integração vertical até sofisticados mecanismos contratuais de coordenação vertical. Todas almejando buscar confiança e eficiência, antes de tudo.

Nas fazendas, viu-se uma revolução com o uso de tecnologias que permitem decretar o fim do hectare e o nascimento do metro quadrado em termos de administração, possibilitando gerir com imagens, uso de *drones*, aplicações específicas e inúmeras outras possibilidades. Controle absoluto de custos de produção e análise criteriosa dos investimentos, controlando de forma integrada dados e operações, com grande planejamento e controle da produção.

Outra revolução deu-se na logística, com todo o processo de evolução, controle de frotas, de rotas, automação e na concessão de infraestrutura para ser gerida e até construída pelo setor privado, possibilitando ganhos de eficiência, controles e rastreabilidade.

Bonita história nesse período também pode ser contada na ótica das ações coletivas, principalmente via cooperativas e associações, que assumiram papel de maior relevância com modelos administrativos e formas de governança mais modernas, agregando mais membros e mostrando a força do trabalho coletivo e as possibilidades de agregação de valor.

Por fim, essa análise do passado mostra um período em que vimos também o agro brasileiro assumir protagonismo na área ambiental, apresentando um código florestal arrojado e situado entre os mais rigorosos do planeta, a preservação de dois terços do seu território, uma matriz de produção de energia com quase metade vindo de fontes renováveis e uma política de biocombustíveis entre as mais robustas do planeta.

Isso é passado, foi conquistado. Um dos motivos para essa missão vitoriosa foi que milhares de pessoas tiveram a chance de ler e estudar as versões anteriores desta obra, milhares de estudantes tiveram a chance de aprender com as aulas destes autores e também mais de mil puderam ser orientados por estes professores em suas monografias, dissertações de mestrado e teses de doutorado, usando os conceitos e fazendo trabalhos que serviram para propor melhorias reais ao agro. Parte do sucesso do agro brasileiro deve-se às pessoas que escreveram *Gestão agroindustrial* e suas pesquisas, seus projetos públicos e privados e seus milhares de discípulos que trabalham no agro.

O futuro é promissor. Há grandes chances de o Brasil consolidar-se como fornecedor mundial de alimentos, crescendo com produção sustentável e competitiva e contribuindo para o processo de desenvolvimento do país. Isso será alcançado com planejamento e uma agenda de criação, captura e compartilhamento de valor, que se dará por meio de um forte trabalho em três pilares: custos, diferenciação e ações coletivas, cada qual com seu conjunto de atividades necessárias.

A 4ª edição desta clássica obra contém as ferramentas necessárias para desenhar esse brilhante futuro. Que outros milhares possam engajar-se nesta missão!

Marcos Fava Neves
Professor Titular nas Escolas de Administração da USP em
Ribeirão Preto (FEARP) e da FGV em São Paulo (EAESP)

APRESENTAÇÃO

Os dois volumes da primeira edição do livro *Gestão agroindustrial* datam de 1997. De lá para cá, foram três edições do Volume 1 e quatro edições do Volume 2. Ao longo desses 24 anos, as dezenas de milhares de livros comercializados no Brasil e no exterior levaram conhecimento e auxiliaram na formação de executivos, pesquisadores e professores que contribuíram e continuam contribuindo decisivamente para o sucesso do agronegócio. Nesse período, muita coisa aconteceu na gestão e na economia dos sistemas agroindustriais. O mundo aumentou sua globalização produtiva e de consumo, as cadeias agroindustriais de suprimentos alongaram-se e tornaram-se mais complexas e intrincadas, uma onda de digitalização vem impactando os negócios com o movimento da chamada indústria 4.0 atingindo os sistemas agroindustriais e tudo isso, por outro lado, acompanhado de um ganho renovado de interesse pela produção e pelo consumo de alimentos e produtos de origem local. Esse período também assistiu a crises e períodos de prosperidade e estabilidade para a economia nacional e internacional, com impactos por vezes benéficos e por vezes nefastos para o agronegócio brasileiro. O ambiente institucional dos negócios agroindustriais passou por transformações inimaginadas em 1997. É para acompanhar todas essas mudanças que esta obra vem se modificando para se manter atualizada. Novos autores e conteúdos têm sido agregados àqueles conhecimentos pioneiros que deram forma e conteúdo à primeira edição do livro *Gestão agroindustrial*. No início, a própria divulgação e aceitação do conceito de *agribusiness* ou agronegócio por profissionais das mais variadas formações e de um largo espectro de interesses eram um desafio. Atualmente, o termo *agronegócio*, embora algumas vezes utilizado de forma equivocada, faz parte do jargão profissional de todos aqueles envolvidos e preocupados com a transformação de matérias-primas agropecuárias em produtos e serviços.

Esse período também evidenciou de forma inconteste que a competitividade sustentada das várias atividades que participam das cadeias agroindustriais e de suas atividades de suporte é tributária de uma gestão moderna e eficiente. O tempo do amadorismo na gestão dos negócios agroindustriais, no Brasil e no mundo, se ainda não foi completamente extinto em alguns setores, parece estar com seus dias contados. Atualmente, o sucesso dos negócios agroindustriais, seja na indústria de insumos, na produção rural, na agroindústria, na distribuição ou nos serviços, resulta não só de uma gestão interna eficiente dos agentes socioeconômicos, mas também da forma como eles se coordenam no interior das várias redes ou sistemas produtivos dos quais participam. Dito de outra forma, as cadeias agroindustriais também podem e devem ser "gerenciadas" com eficiência e eficácia.

As primeiras edições deste livro dividiam-se em dois volumes. Esta nova edição abandona tal formato, para concentrar o essencial desses dois volumes em um só livro. Capítulos foram retirados ou fundidos, alguns foram cindidos para poderem aprofundar seus conteúdos, e outros foram introduzidos. Esta nova edição procurou centrar seu conteúdo em assuntos nos quais as especificidades dos sistemas agroindustriais são mais fortes e evidentes. É claro que a escolha dos conteúdos a serem adicionados, reforçados ou excluídos não foi tarefa fácil de ser executada. Esse exercício trouxe o óbvio risco de que conteúdos importantes não tenham sido contemplados adequadamente. Foi o preço a ser pago para concentrarmos o essencial e o mais importante dos dois volumes de edições anteriores em um só livro. Vale dizer que a iniciativa de fazer uma "edição compacta" da obra *Gestão agroindustrial* é, em grande parte, o resultado do pedido dos leitores. Eles foram numerosos em nos solicitar, além da necessária e inadiável atualização de conteúdos, a concentração do essencial da obra em um só volume.

O conteúdo desta nova edição está dividido em 13 capítulos. O grupo de autores responsável por escrevê-los é formado por professores e pesquisadores que participaram já na primeira edição da obra, mas também por um conjunto de novos profissionais. O trabalho colaborativo estabelecido entre autores jovens e outros mais experientes resultou em ganhos expressivos de conhecimentos empíricos e teóricos sobre a gestão e a economia dos agronegócios. Esses ganhos estão espelhados na qualidade dos conteúdos dos capítulos. Assim, o leitor se beneficiará com os mais de 20 de anos de experiência de um grupo de 26 doutores formados em centros de excelência no Brasil e no exterior. É o conhecimento desses profissionais que está agora disponível neste livro.

No início de cada capítulo, o leitor encontrará um resumo do seu conteúdo. Dessa forma, será possível identificar rapidamente do que o capítulo trata e saber facilmente se o conteúdo que lhe interessa faz parte do texto em questão. Além disso, ainda na parte inicial de cada capítulo, são apresentados os objetivos a serem atingidos pelo leitor com o texto. Tomando conhecimento desses objetivos, o leitor será capaz de, ao final, saber se, de fato, conseguiu assimilar integralmente os conhecimentos centrais que o capítulo procura transmitir. As referências bibliográficas são colocadas no final do capítulo, no formato de notas. As notas explicativas adicionais sobre assuntos específicos estão no rodapé. Acreditamos que isso é fundamental para o leitor localizar e consultar alguma referência sobre a qual queira se aprofundar. Além disso, cada capítulo, ao seu final, lista outro conjunto de obras bibliográficas que não as citadas. Essa bibliografia compreende, em sua maioria, um conjunto de obras de referência que podem ser consideradas clássicas sobre os assuntos abordados. Muitos são trabalhos seminais sobre os temas abordados. Essa bibliografia é importante pela sua relevância histórica na construção do conhecimento ou por apontar manuais de referência em determinados assuntos.

Esta edição traz uma inovação relevante em relação às outras. Nela, todos os capítulos possuem quadros (boxes) que exemplificam e ilustram com casos nacionais as teorias apresentadas. Trata-se de ligar a teoria com a prática, fazendo com que o leitor possa visualizar de que forma conceitos e métodos podem ser aplicados e quais resultados podem ser extraídos dessas aplicações. Em algumas situações, os quadros servem para destacar algum conceito central para o entendimento do texto, levando o leitor a não negligenciar nenhum conteúdo importante. Não é demais lembrar que todos os capítulos contam com questões e exercícios propostos. Exercícios propostos e exemplos resolvidos são importantes para que o livro possa ser utilizado de forma eficiente e eficaz no processo de ensino-aprendizagem do agronegócio. Trabalhar esses exercícios, bem como entender e refazer os exercícios resolvidos que constam de alguns capítulos, é parte importante deste livro.

O primeiro capítulo do livro define, apresenta e discute as vertentes teóricas centrais que deram origem ao conceito de agronegócio. As principais aplicações do conceito de cadeia de produção agroindustrial são exploradas, bem como as especificidades que particularizam os sistemas agroindustriais de produção. O capítulo responde a duas questões importantes. Por que e no que a economia e o gerenciamento dos sistemas agroindustriais diferem de outros sistemas de produção? Como essas diferenças impactam a escolha e a operacionalização de técnicas de análise e gerenciamento que considerem essas especificidades? Finalmente, o capítulo preocupa-se em indicar e debater os temas centrais emergentes para o sucesso do agronegócio do futuro. Dessa forma, o capítulo é fundamental para o leitor conhecer as origens do agronegócio e, principalmente, para entender os caminhos que o futuro parece lhe reservar.

A estratégia dos negócios agroindustriais é apresentada no Capítulo 2. O leitor será apresentado aos principais métodos que permitem que uma empresa agroindustrial avalie seu ambiente competitivo para definir seus objetivos estratégicos. Ferramentas clássicas e indispensáveis para definição e implementação de decisões estratégicas são disponibilizadas e ilustradas com casos práticos e reais. Esse capítulo ainda introduz a temática dos indicadores de desempenho aplicados aos negócios agroindustriais. Sistemas de indicadores de desempenho são cada vez mais importantes para as empresas agroindustriais pilotarem com sucesso seus negócios. Ao final da leitura dessa parte do livro, o leitor terá visto conceitos, métodos e ferramentas necessários à condução de um processo de planejamento estratégico de sucesso na sua organização de interesse.

O Capítulo 3 trata da gestão de cadeias de suprimentos agroindustriais. Esse capítulo é inteiramente novo e não fazia parte das edições anteriores. A importância que a gestão eficiente e eficaz das cadeias de suprimentos tem assumido para o sucesso dos negócios agroindustriais justifica sobejamente a introdução desse texto. Aspectos como comportamentos colaborativos, integração de processos de negócios, riscos, resiliência e sustentabilidade nas cadeias agroindustriais são abordados no capítulo. Compreender e atuar no agronegócio atual não pode prescindir de um olhar cuidadoso sobre esses fatores no contexto sistêmico e mesoanalítico que o recorte analítico proporcionado pelas cadeias de suprimentos agroindustriais.

O consumidor, esteja ele em quaisquer dos segmentos que formam as cadeias agroindustriais, ocupa um papel central nas premissas que nortearam a construção deste livro. A premissa de que os agentes das cadeias agroindustriais devem trabalhar coordenados para atender demandas de consumo crescentemente complexas e diversificadas pressupõe que essas demandas sejam devidamente identificadas, aquilatadas e transformadas em oportunidades de negócios. É com isso que um inédito capítulo (4) de marketing aplicado ao agronegócio se ocupa. Ele aborda temas como pesquisa de marketing, análises do ambiente competitivo e do comportamento do consumidor, além de apresentar e discutir o *mix* de marketing (produto, preço, praça e promoção) no contexto dos agronegócios. Temas mais modernos como o marketing de relacionamento e o marketing digital também fazem parte do escopo desse capítulo. De certa forma, o Capítulo 3 complementa e é complementado, entre outros, pelo de estratégia aplicada ao agronegócio.

O Capítulo 5, que aborda a logística agroindustrial, está presente desde as primeiras edições desta obra. De fato, em todo o período de existência do livro, os aspectos logísticos têm sido cada vez mais importantes para o agronegócio. Ele foi atualizado no seu conteúdo, e casos reais brasileiros foram introduzidos na forma de boxes. Questões como a importância do nível de serviço ao cliente e sua relação com as vendas e os custos logísticos, decisões relativas à utilização dos diferentes modais de transporte, a gestão de estoques e armazenagem ou ainda atividades de processamento de pedidos permanecem relevantes e atuais; continuam, portanto, entre os focos do capítulo.

Além de atualizar em profundidade o seu conteúdo em relação a edições pretéritas, o Capítulo 6, Planejamento e Controle da Produção (PCP) Agroindustrial, absorveu partes do capítulo Elementos de Gestão na Produção Rural, que fazia parte de edições anteriores. Na sua versão atualizada, o capítulo de PCP classifica e caracteriza os vários sistemas de produção nos segmentos da produção rural, industrialização e comercialização, sendo apresentados exemplos típicos de empreendimentos agroindustriais em cada um deles. As principais ferramentas de planejamento e controle da produção são apresentadas ao leitor no contexto dos negócios agroindustriais. Com os conhecimentos do capítulo, o leitor será capaz de determinar e gerir o sistema de planejamento e controle da produção mais apropriado à empresa agroindustrial do seu interesse.

O conteúdo relativo à gestão dos custos agroindustriais foi revisto e aprofundado no atual Capítulo 7. Além de manter seu objetivo original de disponibilizar ao leitor os conhecimentos necessários ao desenvolvimento e à análise de sistemas de custeio em unidades agroindustriais de produção, ele introduziu novos assuntos que lhe dão a atualidade necessária. Uma seção de avaliação de estoques e ativos biológicos para divulgação contábil foi introduzida no capítulo, além de novos exemplos da aplicação de conhecimentos de custos aos negócios agroindustriais.

O Capítulo 8, sobre análise de investimentos, é inteiramente novo. Os conceitos básicos de matemática financeira são apresentados como forma de municiar o leitor com os conhecimentos necessários para a realização de análises de projetos de investimentos agroindustriais. Os exemplos de cálculos, que permeiam todo o capítulo, são extraídos de casos reais do agronegócio brasileiro. Um diferencial importante desse capítulo é a atenção que ele dedica à análise de projetos de investimentos em empreendimentos coletivos agroindustriais, sobretudo aqueles realizados por pequenos agricultores.

A gestão do projeto de desenvolvimento de produtos (PDP) nos macrossegmentos de insumos agrícolas, produção agropecuária e processamento industrial é abordada no Capítulo 9. Ele preocupa-se em apresentar modelos de referência de PDP que privilegiam a integração entre o setor de desenvolvimento do produto e as outras áreas da empresa. Algumas tendências no desenvolvimento de alimentos e bebidas, com foco especial na problemática das embalagens, são apresentadas ao final do capítulo.

Aspectos de sustentabilidade são fatores incontornáveis e de importância crescente para a competitividade dos sistemas agroindustriais de produção. Nesse contexto, uma interação sustentada e harmoniosa entre produção agropecuária, meio ambiente e desenvolvimento social que leve ao desenvolvimento econômico constitui o tema de trabalho do Capítulo 10, Desenvolvimento Agrícola Sustentável. Além de apresentar os conceitos de desenvolvimento agrícola sustentável, o capítulo faz uma rara e oportuna abordagem sobre as principais determinantes e barreiras da adoção de tecnologias sustentáveis pelos agricultores.

O Capítulo 11, sobre o Agronegócio Cooperativo, faz parte desta obra desde sua primeira edição. Esse texto apresenta o essencial da gestão de cooperativas, fazendo as principais distinções entre a administração de cooperativas e a de empresas agroindustriais de capital. O capítulo sintetiza os principais desafios, limitações e vantagens dos negócios cooperativos. Vários capítulos deste livro, como, por exemplo, os de estratégia e de análise de investimentos, assinalaram a importância das ações coletivas, como as cooperativas, para o sucesso de determinadas cadeias de produção e grupos de produtores, sobretudo as pequenas agroindústrias e agricultores familiares.

O Capítulo 12, Comércio Internacional de Bens Agroindustriais, é novo do livro. Ele foi introduzido a pedido de muitos leitores interessados em compreender as razões do comércio internacional e por que alguns países exportam determinados produtos e importam outros. Uma parte importante do capítulo é dedicada a explorar instrumentos de política comercial como tarifas de importação, impostos e subsídios à exportação e cotas tarifárias. Nesse contexto, instituições como a Organização Mundial de Comércio e acordos comerciais regionais são definidos e discutidos. Trata-se, portanto, de conteúdo fundamental para aqueles que querem conhecer mais profundamente os mecanismos que permitiram a criação e regem os mercados agroindustriais internacionais.

O Capítulo 13, Desenvolvimento Rural e Políticas Agrícolas no Brasil, reúne os principais conhecimentos de dois outros capítulos das edições anteriores da obra. Ele discute como as políticas macroeconômicas e as políticas agrícolas podem impactar as decisões de produção e comercialização das organizações agroindustriais. Para facilitar a compreensão do leitor, os autores ilustram os aspectos teóricos apresentados com a situação brasileira e com experiências de políticas agrícolas nos Estados Unidos e na União Europeia.

Esta rápida apresentação cumpre um duplo objetivo. O primeiro está ligado aos leitores que não tiveram contato com as edições anteriores da obra. Para esses, será útil conhecer a lógica de construção do livro e de que forma os conhecimentos que ele contém podem ser utilizados na gestão eficiente dos agronegócios. O leitor constatará facilmente que o conjunto da obra não se constitui, como é tão comum de se ver em trabalhos coletivos deste porte, na mera reunião de textos independentes e, muitas vezes, desconexos. Ao contrário, trata-se de uma obra que, muito embora coletiva, tem objetivos definidos e está articulada por premissas teóricas claras e bem definidas. O segundo objetivo volta-se aos muitos profissionais, estudantes, professores, pesquisadores e estudiosos que já conhecem e utilizam o livro *Gestão agroindustrial*. Para eles, este texto introdutório apresenta as principais diferenças entre as edições anteriores e esta nova edição.

A equipe de professores e pesquisadores responsável por esta obra espera que ela seja útil a todos aqueles interessados no desenvolvimento sustentado do agronegócio. O livro representa o amadurecimento e a consolidação de conhecimentos adquiridos ao longo de décadas por uma equipe de pesquisadores de perfis profissionais variados, mas complementares. Temos certeza de que esses conhecimentos que estão agora em suas mãos servirão para melhorar a capacidade competitiva e contribuir para o sucesso dos vários agentes do agronegócio brasileiro e internacional.

Boa leitura!

Mário Otávio Batalha

SUMÁRIO

1. **Gestão e economia dos sistemas agroindustriais, 1**
   Definições, correntes metodológicas e métodos de análise
   Mário Otávio Batalha
   1.1 Introdução, 2
   1.2 Noção de sistema agroindustrial: ideias originais e novos desenvolvimentos, 4
   1.3 Conceito de agronegócio e noção de *Commodity System Approach* (CSA), 6
   1.4 Análise de *filières*, 7
   1.5 Cadeias globais de produção, redes de empresas e agronegócio, 10
   1.6 Agronegócio e níveis de análise do sistema agroindustrial, 14
   1.7 Visão sistêmica e mesoanálise nos sistemas agroindustriais, 17
   1.8 Principais aplicações do conceito de cadeia de produção agroindustrial, 22
       1.8.1 Cadeias de produção como ferramentas de análise e formulação de políticas públicas e privadas, 22
       1.8.2 Cadeias de produção como ferramentas de descrição técnico-econômica, 23
       1.8.3 Cadeias de produção como metodologia de análise da estratégia das firmas, 23
       1.8.4 Cadeias de produção como espaço de análise das inovações tecnológicas, 24
       1.8.5 Análises do ciclo de vida dos produtos (*life cycle analysis*), 28
   1.9 Competitividade e agronegócio: analisando a competitividade das cadeias agroindustriais, 30
   1.10 Gerenciamento de sistemas agroindustriais (SAI), 34
   1.11 Gerenciamento de processos e especificidades dos sistemas agroindustriais de produção, 37
   1.12 Considerações finais, 40
   Exercícios, 44
   Notas, 44
   Bibliografia complementar, 47

2. **Estratégia aplicada ao agronegócio, 49**
   Mário Otávio Batalha
   Alexandre Borges Santos
   2.1 Introdução, 50
   2.2 Principais escolas de pensamento estratégico, 51
   2.3 Conceito de vantagem competitiva e empresas do agronegócio, 52
   2.4 Análise externa: avaliando o ambiente competitivo da empresa, 54
       2.4.1 Análise do macroambiente, 54
       2.4.2 Modelo das cinco forças de Porter, 54
       2.4.3 Análise de cadeias agroindustriais, 58
   2.5 Análise interna, 62
       2.5.1 Visão baseada em recursos (VBR), 62
       2.5.2 Tipos de recursos, 62
       2.5.3 Cadeia de valor, 65

2.5.4 Modelos de portfólio de atividades, 66
2.5.5 Estrutura da matriz, 67
2.6 Análises SWOT, 68
2.7 Estratégias genéricas e formas de competição, 70
    2.7.1 Liderança em custo, 70
    2.7.2 Diferenciação, 70
    2.7.3 Focalização, 71
    2.7.4 Desafios de implementação de uma estratégia genérica, 71
2.8 Grupos estratégicos, 72
2.9 A nova economia institucional, os custos de transação e as estratégias de empresas agroindustriais, 73
2.10 Alianças estratégicas, 76
    2.10.1 Franquias, 78
2.11 Estratégias internacionais, 79
    2.11.1 Teoria da internalização, 79
    2.11.2 Paradigma eclético da produção internacional, 80
    2.11.3 Modelo de Uppsala, 81
2.12 Processo do planejamento estratégico, 83
2.13 Estratégia e indicadores de desempenho no agronegócio, 85
    2.13.1 *Balanced Scorecard* (BSC), 90

Exercícios, 92

Notas, 92

Bibliografia complementar, 93

3. Gestão de cadeias de suprimentos agroindustriais, 95

Rosane Chicarelli Alcantara
Fabrício Pini Rosales
Andréia de Abreu Siqueira
Márcio Gonçalves dos Santos

3.1 Introdução, 96
3.2 Cadeia de suprimentos: aspectos gerais, 96
    3.2.1 Definições e estruturas, 96
    3.2.2 Sustentabilidade na cadeia: práticas, barreiras e motivadores, 100
3.3 Cadeia de suprimentos agroindustriais, 102
3.4 Integração e colaboração na cadeia de suprimentos, 105
    3.4.1 Práticas colaborativas, 108
    3.4.2 Fator humano, 110
3.5 Riscos em cadeias de suprimentos, 112
    3.5.1 Fontes de risco em cadeias de suprimentos, 114
    3.5.2 Classificação dos riscos em cadeia de suprimentos, 116
    3.5.3 Riscos em cadeias de suprimentos agroindustriais, 117
3.6 Resiliência em cadeia de suprimentos, 121
    3.6.1 Principais características, 121
    3.6.2 Estágios e abordagens de gestão da resiliência, 122
    3.6.3 Mecanismos de gestão da resiliência em cadeia de suprimentos, 123

Exercícios, 129

Notas, 129

Bibliografia complementar, 131

4. Marketing aplicado ao agronegócio, 133

Andrea Lago da Silva
Eduardo Eugênio Spers

- 4.1 Introdução, 134
  - 4.1.1 Conceitos básicos de marketing: necessidade, desejo, valor, satisfação, 134
  - 4.1.2 Especificidades do marketing aplicado aos negócios agroindustriais, 136
  - 4.1.3 Governança e gestão do esforço de marketing, 137
- 4.2 Processo de planejamento de marketing, 138
  - 4.2.1 Estrutura e etapas de um plano de marketing, 139
  - 4.2.2 Análise mercadológica, 139
- 4.3 Estratégia de marketing, 148
  - 4.3.1 Escolha das variáveis, 149
  - 4.3.2 Obtenção e análise dos dados para definição de segmentos, 149
  - 4.3.3 Avaliação e seleção dos segmentos, 149
  - 4.3.4 Abordagem de mercado – estratégias possíveis e posicionamento, 149
- 4.4 Táticas de marketing, 151
  - 4.4.1 Composto de marketing, 151
- 4.5 Desafios, estratégias e tendências do marketing aplicado ao agronegócio, 158
  - 4.5.1 Marketing nos diferentes elos do sistema agroindustrial, 158
  - 4.5.2 Marketing digital no agronegócio, 158
  - 4.5.3 Programas de marketing de relacionamento, 160
  - 4.5.4 Papel da inovação no marketing e na diferenciação em agronegócios, 160
  - 4.5.5 Marketing centrado na experiência do cliente e no mercado, 161

Exercícios, 161
Notas, 162
Bibliografia complementar, 165

5. Logística agroindustrial, 167

Reinaldo Morabito
Ana Paula Iannoni

- 5.1 Introdução, 168
  - 5.1.1 Definição e objetivos da logística, 169
  - 5.1.2 Canais de suprimento e distribuição, 169
  - 5.1.3 Cadeias de suprimento, 170
- 5.2 Gerenciamento da logística, 172
  - 5.2.1 Projeto da rede logística, 172
  - 5.2.2 Atividades chaves e de apoio, 176
  - 5.2.3 Interfaces com produção e marketing, 178
- 5.3 Serviço ao cliente, 179
  - 5.3.1 Medição do serviço logístico, 181
  - 5.3.2 Relação vendas-serviço, 181
  - 5.3.3 Produto, 182
- 5.4 Processamento de pedidos, 184
  - 5.4.1 Sistemas de informações logísticas, 185
- 5.5 Transportes, 187
  - 5.5.1 Escopo do sistema de transportes, 188
  - 5.5.2 Relações entre os modais de transporte, 190
  - 5.5.3 Custos e tarifas de transporte, 192
- 5.6 Gestão de estoques, 194
  - 5.6.1 Tipos de estoque e funções do sistema de estocagem, 195
  - 5.6.2 Custos de manutenção de estoques, 197
  - 5.6.3 Manuseio de materiais, 197

Exercícios, 198
Notas, 199
Bibliografia complementar, 201

6. Planejamento e controle da produção agroindustrial, 203
Moacir Scarpelli (*in memoriam*)
Moacir Godinho Filho
Murís Lage Júnior
Luciano Campanini

6.1 Introdução, 204
6.2 Conceitos gerais de planejamento, 204
6.3 Tipologia dos sistemas de produção, 205
    6.3.1 Subclassificação dos sistemas de produção de bens, 206
    6.3.2 Tendência dos sistemas de produção, 208
6.4 Enquadramento dos empreendimentos agroindustriais na tipologia dos sistemas de produção, 208
6.5 Principais atividades do planejamento e controle da produção (PCP) nos sistemas agroindustriais de produção, 208
    6.5.1 Decisões de produção na empresa rural, 209
    6.5.2 Agroindústrias de transformação: o problema da previsão de demanda, 213
    6.5.3 Planejamento agregado nas agroindústrias de transformação, 219
    6.5.4 Programa mestre da produção nas agroindústrias de transformação, 220
    6.5.5 *Materials requirements planning* (MRP), 224
    6.5.6 Controle de estoques, 230
    6.5.7 Programação da produção (*scheduling*), 236
6.6 Modernos paradigmas de PCP aplicados à agroindústria, 238
    6.6.1 Manufatura enxuta (*lean manufacturing*), 238
    6.6.2 Manufatura de resposta rápida (*quick response manufacturing* – QRM), 241
6.7 Conclusão, 244
Exercícios, 244
Notas, 247
Bibliografia complementar, 248

7. Gestão de custos agroindustriais, 249
Fernando Cezar Leandro Scramim
Mário Otávio Batalha
Sílvio Hiroshi Nakao

7.1 Introdução, 250
    7.1.1 Custo e objeto de custeio, 250
    7.1.2 Finalidades da apuração de custos, 250
7.2 Características gerais dos custos agropecuários e industriais, 251
7.3 Definições, 252
    7.3.1 Custos e despesas, 252
    7.3.2 Custos diretos e indiretos, 252
    7.3.3 Custos e despesas fixos e variáveis, 252
    7.3.4 Custo padrão, custo projetado e custo realizado, 253
7.4 Gestão de custos de produtos, 254
    7.4.1 Método de custeio direto ou variável, 254
    7.4.2 Custos de materiais diretos, 256
    7.4.3 Custo da mão de obra direta, 260
7.5 Gestão de custos fixos, 261
7.6 Análise do custo/volume/lucro ou ponto de equilíbrio, 262
    7.6.1 Apresentação geral do modelo, 262
    7.6.2 Formalização do modelo, 263
    7.6.3 Limites e hipóteses do modelo, 264
7.7 Método dos custos conjuntos, 264
    7.7.1 Produtos conjuntos, 264
    7.7.2 Produtos conjuntos e análise econômica, 266
    7.7.3 Estudo de caso: Método de uma cooperativa processadora de soja, 268

7.8 Gestão de custos de processos, 269
    7.8.1 Visão de custos dos processos, 269
    7.8.2 Sistema de custeio baseado em atividades (ABC), 269
    7.8.3 O que é o custeio ABC?, 270
    7.8.4 Etapas da implantação do ABC, 272
    7.8.5 Benefícios e restrições do ABC, 272
    7.8.6 Exemplo de aplicação do método do custeio ABC: um estudo de caso, 273
    7.8.7 Exercício resolvido: fábrica de chocolates, 279
7.9 Avaliação de estoques e ativos biológicos para divulgação contábil, 282
    7.9.1 Estoques e ativos biológicos na norma contábil internacional, 283
    7.9.2 Método do custeio por absorção, 285
7.10 Custo no ciclo de vida para seleção de equipamentos, 295
Exercícios, 298
Notas, 301
Bibliografia complementar, 301

8. Análise de investimentos agroindustriais, 303
Andrei Aparecido de Albuquerque
Marcelo José Carrer
William Sbrama Perressim

Introdução, 304
8.1 Valor do dinheiro no tempo, 304
    8.1.1 Regimes de capitalização, 304
    8.1.2 Operações com fluxos de caixa, 306
    8.1.3 Sistemas de amortização de empréstimos, 308
8.2 Conceito de taxa mínima de atratividade, 313
    8.2.1 Relação risco e retorno e o custo de capital, 313
    8.2.2 Custo de capital de terceiros, 314
    8.2.3 Custo de capital próprio, 315
    8.2.4 Custo total de capital (WACC), 317
8.3 Elaboração dos fluxos de caixa de um projeto de investimento, 319
    8.3.1 Investimento inicial, 320
    8.3.2 Entradas e saídas de caixa, 321
    8.3.3 Exemplos práticos de fluxos de caixa de projetos de investimento agroindustriais, 323
8.4 Métodos de análise de viabilidade econômica de investimentos, 326
    8.4.1 Valor presente líquido (VPL), 326
    8.4.2 Valor anual equivalente (VAE), 330
    8.4.3 Taxa interna de retorno (TIR), 332
    8.4.4 *Payback*, 337
8.5 Análise de investimentos em empreendimentos coletivos: aspectos especiais, 338
    8.5.1 Determinantes do desempenho e viabilidade em projetos agroindustriais coletivos, 338
    8.5.2 Avaliação de efeitos não financeiros: análise custo-benefício (ACB), 340
Exercícios, 341
Notas, 343
Bibliografia complementar, 344

9. Projeto de produtos agroindustriais, 345
José Flávio Diniz Nantes
João Guilherme de Camargo Ferraz Machado

9.1 Introdução, 346
9.2 Gestão do projeto de desenvolvimento de produtos, 346
    9.2.1 Modelos de referência, 346
    9.2.2 Gestão da informação, 348

9.3 Desenvolvimento de produtos no setor de insumos agropecuários, 349
    9.3.1 Defensivos agrícolas, 349
    9.3.2 Máquinas e implementos agrícolas, 350
9.4 Desenvolvimento de produtos na propriedade rural, 352
    9.4.1 Tipos de agregação de valor, 353
    9.4.2 Dificuldades para inovação, 354
9.5 Desenvolvimento de produtos no setor industrial, 356
    9.5.1 Desenvolvimento de alimentos, 356
    9.5.2 Desenvolvimento de bebidas, 359
    9.5.3 Algumas tendências no desenvolvimento de alimentos e bebidas, 360
    9.5.4 Projeto de embalagens, 361

Exercícios, 365

Notas, 365

Bibliografia complementar, 366

10. Desenvolvimento agrícola sustentável, 367
Hildo Meirelles de Souza Filho
Marcela de Mello Brandão Vinholis

10.1 Introdução, 368

10.2 Impactos ambientais da agricultura brasileira, 368

10.3 O que é desenvolvimento sustentável?, 372
    10.3.1 Conceito e medida de desenvolvimento econômico, 373
    10.3.2 Limites do crescimento, 374
    10.3.3 Conceito de desenvolvimento sustentável da Comissão Mundial para o Meio Ambiente e Desenvolvimento, 374
    10.3.4 Qualidade ambiental e crescimento econômico: relação complementar ou *trade-off*, 375

10.4 Desenvolvimento agrícola sustentável, 376
    10.4.1 Teoria da coevolução, 376
    10.4.2 Sustentabilidade agrícola e resiliência, 377
    10.4.3 Tecnologias agrícolas sustentáveis, 377

10.5 Os determinantes da adoção de tecnologias agrícolas sustentáveis, 381
    10.5.1 Razões econômicas e não econômicas para a adoção de tecnologias agrícolas sustentáveis, 382
    10.5.2 Barreiras à adoção, 383
    10.5.3 Lucratividade das tecnologias sustentáveis, 384
    10.5.4 Fontes de informação, 385
    10.5.5 Características das propriedades e dos produtores, 386
    10.5.6 Papel das instituições e das políticas agrícolas e ambientais, 388
    10.5.7 Sequestro de carbono, 392

10.6 Considerações finais, 394

Exercícios, 395

Notas, 395

Bibliografia complementar, 399

11. Agronegócio cooperativo, 401
Sigismundo Bialoskorski Neto

11.1 Introdução, 402

11.2 Agronegócio cooperativado, 402

11.3 Cooperativismo agropecuário: história e doutrina, 404
    11.3.1 História, 404
    11.3.2 Doutrina, 405

11.4 Economia das organizações cooperativas, 405
    11.4.1 Economia, 406
    11.4.2 Fixação de preços, 407
    11.4.3 Modelo econômico, 408
    11.4.4 Integração, 408

11.5 Tópicos de gestão em cooperativas, 409
    11.5.1 Relações contratuais, 409
    11.5.2 Gestão, 409
    11.5.3 Eficiência econômica e social, 411
11.6 Tendências e estratégias das cooperativas nos agronegócios, 411
    11.6.1 Nova geração de cooperativas, 412
    11.6.2 Virtualização dos negócios, 413
    11.6.3 Internacionalização, fusões e aquisições, 413
    11.6.4 Consórcios e integração horizontal, 414
11.7 Considerações finais, 415
    11.7.1 Vantagens de negócios, 415
    11.7.2 Dificuldades de gestão, 416
    11.7.3 Recomendações, 417
Exercícios, 418
Questões para reflexão, 419
Notas, 419
Bibliografia complementar, 419

12. Comércio internacional de bens agroindustriais, 421
    Bruno Larue

Introdução, 422
12.1 Determinantes do comércio internacional, 423
    12.1.1 Modelo Ricardiano e suas extensões, 423
    12.1.2 Modelo de Heckscher-Ohlin-Samuelson (HOS), 429
    12.1.3 Revolução da competição monopolística, 435
12.2 Política comercial, 438
12.3 Acordos comerciais multilaterais e regionais, 447
12.4 Investimento estrangeiro direto, 453
12.5 Taxas de câmbio, 455
12.6 Observações finais, 457
Exercícios, 458
Notas, 459
Bibliografia complementar, 460

13. Desenvolvimento rural e políticas agrícolas no Brasil, 461
    Hildo Meirelles de Souza Filho
    Antônio Márcio Buainain
    Luiz Fernando de Oriani e Paulillo

13.1 Introdução, 462
13.2 Estado, questão agrária e questão agrícola, 463
13.3 Especificidades da agricultura, intervenção estatal e principais instrumentos, 464
    13.3.1 Instituições, políticas macroeconômicas e políticas setoriais, 465
    13.3.2 Papel das principais políticas agrícolas, 470
13.4 Principais instrumentos da política agrícola brasileira, 479
    13.4.1 Política de Garantia de Preços Mínimos (PGPM), 479
    13.4.2 Comercialização e estoques reguladores, 480
    13.4.3 Sistema Nacional de Crédito Rural (SNCR), 483
    13.4.4 Programa Nacional de Fortalecimento da Agricultura Familiar, 487
    13.4.5 Seguro agrícola e zoneamento agroclimático, 487
    13.4.6 Pesquisa e extensão agropecuária, 489
    13.4.7 Defesa agropecuária, 489
    13.4.8 Programas de desenvolvimento regional e rural, 489

13.4.9 Programas específicos por produto, 491
13.4.10 Construção de infraestrutura, 490
13.5 Experiências internacionais, 491
13.5.1 Política agrícola dos Estados Unidos, 493
13.5.2 Política agrícola da comunidade econômica europeia, 494
13.6 Considerações finais, 495
Exercícios, 496
Notas, 497
Bibliografia complementar, 497

Índice alfabético, 499

1 GESTÃO E ECONOMIA DOS SISTEMAS AGROINDUSTRIAIS:
DEFINIÇÕES, CORRENTES METODOLÓGICAS E MÉTODOS DE ANÁLISE

Mário Otávio Batalha

Este capítulo discute os principais conjuntos de ideias que vêm direcionando análises, reflexões e ações de intervenção na gestão e na economia dos sistemas agroindustriais. Nesse contexto, as noções de *commodity system approach* (CSA), de cadeia de produção agroindustrial (CPA) e da escola francesa de *analyse de filières* são apresentadas e discutidas. O capítulo ainda apresenta e debate o caráter sistêmico e mesoanalítico das cadeias de produção agroindustriais. Os vários níveis de análise do sistema agroindustrial (SAI) também são definidos e discutidos quanto a sua aplicabilidade teórica e prática. As principais aplicações do conceito de cadeia de produção agroindustrial para estudos relacionados com o agronegócio são identificadas e discutidas em uma seção específica. Em sua última parte, este capítulo faz uma crítica a conceitos e ideias apresentados para situar a análise dos sistemas agroindustriais no cenário do novo paradigma competitivo que está se estabelecendo no agronegócio nacional e internacional. A parte final do capítulo serve ainda para indicar os temas que estão assumindo importância crescente para o agronegócio contemporâneo.

Ao final deste capítulo, o leitor deverá ser capaz de:

- Definir agronegócio.
- Identificar as principais vertentes metodológicas para o estudo do agronegócio, bem como seus limites e potencialidades.
- Definir sistema agroindustrial (SAI), cadeia de produção agroindustrial (CPA) e complexo agroindustrial.
- Identificar as principais aplicações do conceito de cadeia de produção agroindustrial para estudos relacionados com o agronegócio.
- Reconhecer as especificidades dos sistemas agroindustriais de produção e saber como elas afetam a economia e a gestão das organizações agroindustriais.
- Criticar o conceito de cadeia de produção em face das mudanças no ambiente competitivo dos sistemas agroindustriais.
- Identificar as principais tendências tecnológicas e de mercado para o agronegócio.

1.1 INTRODUÇÃO

Desde o seu surgimento sobre a terra, os seres humanos se veem às voltas com problemas de economia e gerenciamento dos sistemas agroindustriais de produção, com destaque para os problemas ligados a alimentação. As atividades de obtenção, preparação e armazenamento de alimentos sempre estiveram ligadas ao atendimento das necessidades mais básicas de qualquer agrupamento humano. Grande parte da trajetória histórica da humanidade pode ser explicada por estratégias, individuais ou coletivas, de obtenção, preparação, compartilhamento, consumo, distribuição e conservação do alimento. Mas, como ocorre ainda hoje no agronegócio moderno, os produtos agroindustriais nunca estiveram ligados somente à função de alimentação. No início da nossa história, os seres humanos utilizavam produtos da terra para produzir fogo, o que lhes permitia se manterem aquecidos, defenderem-se de predadores e diversificarem as dietas pela preparação de alimentos assados ou cozidos. A domesticação do fogo, ao lado do domínio da linguagem, figura entre as primeiras e mais importantes conquistas da humanidade.

As mesmas necessidades experimentadas há milênios pelo *Homo sapiens* ainda regem os nossos comportamentos individuais e coletivos e estão na base das nossas organizações. A bem conhecida Teoria da Hierarquia das Necessidades Humanas, formulada pelo psicólogo norte-americano Abraham Maslow, coloca as necessidades fisiológicas (alimentação, sexo, sono etc.) e de segurança entre as preocupações mais imediatas e elementares das pessoas. Não seria exagero pensar que o essencial do esforço físico e organizacional da humanidade tem sido direcionado a garantir condições que assegurem o atendimento dessas necessidades. Estando elas atendidas, as atenções e os esforços, individuais e coletivos, voltam-se para aspectos ligados a fatores sociais, de autoestima ou ainda de autorrealização.

Como será visto ao longo deste capítulo e de outros que compõem o livro, a busca pela alimentação ainda figura na base das preocupações humanas. Infelizmente, para uma parcela importante da população mundial a segurança alimentar ainda é um objetivo a ser alcançado. Sem alimentação, os seres humanos morrem. Qualquer esforço civilizatório, político, cultural ou mesmo de preservação ambiental sempre esbarrará na necessidade mais imediata de manter as pessoas alimentadas adequadamente. Quando algumas das preocupações alimentares de países onde a fome deixou de ser um problema há décadas tentam ser transpostas para países mais pobres, essa necessidade, embora óbvia, não é considerada adequadamente.

É verdade que o ato de se alimentar tornou-se mais complexo ao longo do tempo. Além disso, sistemas de produção voltados à alimentação ou à satisfação de outras necessidades da sociedade (vestuário, geração de energia, construção civil etc.) pela exploração de ativos biológicos quaisquer têm se diversificado segundo a existência de especificidades regionais edafoclimáticas, econômicas, sociais e culturais. Essa diversificação tem permitido o surgimento acelerado de novos sistemas de organização da produção, além de iniciativas de diferenciação de produtos e serviços voltados à exploração de realidades econômicas, sociais e culturais locais. Esse movimento de "valorização do local", como uma pretensa forma de garantir o desenvolvimento sustentável, sobretudo de populações e áreas rurais, tem ganhado importância nos debates atuais sobre o presente e o futuro dos sistemas agroindustriais de produção, sobretudo os alimentares. O debate atual em torno dos chamados "circuitos curtos de distribuição" caminha nessa direção.

Ao mesmo tempo, tem se observado, de certa forma contrapondo-se a esse movimento, o surgimento de sistemas de produção agroindustriais cada vez mais internacionalizados e interdependentes. O surgimento das "cadeias globais de valor" (*global value chains*) ou, talvez mais sintonizadas com algumas especificidades dos sistemas agroindustriais, as "cadeias globais de *commodities*" (*global commodity chains*) é a expressão mais visível desse movimento. Nessa visão, existiria uma interdependência crescente não somente entre os sistemas de produção (cadeias), mas também, e principalmente, entre os agentes econômicos e sociais que convivem no interior de cada sistema. Nessa direção, os chamados sistemas alimentares globalizados (*global agrifood systems*) têm se valido de lógicas de produção, aprovisionamento e distribuição que privilegiam a interdependência de atores globais de fornecimento de matérias-primas e de produção de produtos semiacabados.

Uma observação rápida da realidade atual nos permite supor que esses dois modelos de produção e consumo agroindustrial, sobretudo os alimentares, continuarão convivendo no futuro. Esta rápida discussão inicial não pretende esgotar esse assunto, que será retomado neste e em outros capítulos do livro. De qualquer forma, seja qual for o modelo produtivo considerado, é certo que ele precisa de ferramentas de gestão adequadas e de mecanismos de análise econômica sintonizados com suas particularidades. Seguramente, os desafios gerenciais são diferentes segundo as características de objeto de análise e a natureza da intervenção gerencial necessária. Gerenciar um comércio de bairro demanda práticas, métodos e tecnologias diferentes das necessárias a administração de uma rede internacional de supermercados. A gestão de uma pequena propriedade agrícola familiar não pode nem deve ser feita da mesma forma que aquela realizada em uma fazenda de milhares de hectares com alto volume de produção e com tecnologias avançadas. Uma agroindústria que processa principalmente produtos locais voltados para mercados de proximidade não tem as mesmas necessidades gerenciais das grandes multinacionais alimentares. Dito isso, do ponto de vista econômico, social e ambiental, todos esses empreendimentos, por razões múltiplas, são complementares, vitais à sociedade e merecedores da utilização de práticas de gestão que lhes assegurem uma posição de competitividade nos mercados onde atuam ou pretendem atuar.

Para uma parte importante da população mundial, a alimentação ultrapassa a necessidade fisiológica para contemplar aspectos ligados a fatores sociais e de autoestima. Como será visto ao longo de vários capítulos, a escolha do alimento, sua transformação, forma de preparação e apresentação, bem como a ocasião em que é consumido, podem servir como forma de distinção ou inserção social. Um consumidor não aceita pagar alto preço por uma água mineral importada somente para saciar sua sede. Para isso, existem alternativas bem mais baratas, senão gratuitas. Certamente, o que o motiva a fazer essa compra são fatores que vão muito além de saciar uma necessidade de base, a sede. Nesse caso, são fatores sociais, de autoestima ou de autorrealização que impulsionam esse comportamento. Com essa afirmação não se pretende censurar nenhum comportamento em particular, mas somente constatar uma situação que se repete para centenas e centenas de produtos. Entender essas motivações é vital para muitas áreas do gerenciamento dos sistemas agroindustriais, notadamente aquelas ligadas com as áreas de *marketing* e de estratégia empresarial.

A situação, inédita na história da humanidade, de abundância alimentar experimentada por algumas sociedades contemporâneas não deve esconder o fato de que para grande parcela da população mundial a busca por comida ainda é uma preocupação cotidiana. Segundo a Organização das Nações Unidas (ONU), um contingente de 821 milhões de pessoas ainda padece com a fome. É como se existissem no mundo quase quatro populações brasileiras inteiras com problemas de fome e subnutrição. Por outro lado, em várias regiões do globo, ou em grupos populacionais específicos de uma região, dietas inadequadas e sedentarismo, entre outros motivos, têm feito explodir situações de má-nutrição ou nutrição inadequada. Em países mais ricos, e mesmo em grande parte daqueles de renda média, entre os quais o Brasil, esse problema tem se tornado mais grave do que o representado pela subnutrição. Segundo a Organização Mundial da Saúde (OMS), em 2016, mais de 1,9 bilhão de adultos com 18 anos ou mais apresentavam excesso de peso. Desses, mais de 650 milhões eram obesos. No geral, cerca de 13% da população adulta do mundo (11% dos homens e 15% das mulheres) era obesa em 2016. Estudo mais recente mostra que 60% da população dos países da OCDE está acima do peso ideal, sendo que 25% são obesos.[1] No Brasil, a Organização Pan-Americana de Saúde apontava que o sobrepeso afeta 54% da população, sendo que quase 20% dos homens e 24% das mulheres estão obesos. Entre as crianças menores de cinco anos, esse percentual era de 7,3%. Em 2018, agora segundo o Ministério da Saúde, 19,8% do conjunto da população adulta das capitais dos estados brasileiros e do Distrito Federal eram obesos. Esse índice aumenta de forma expressiva nas camadas com menos nível de educação formal, outro resultado das desigualdades que assolam o país.[2] As consequências da obesidade para a economia são importantes e conhecidas. Despesas crescentes no sistema de saúde e diminuição do potencial de trabalho estão entre os principais custos sociais e econômicos da obesidade. Assim, pela primeira vez na história da humanidade existem governos e parcelas importantes da população mais preocupados em controlar a qualidade e a quantidade do que em conseguir um volume necessário de alimentos para a sua sobrevivência. Trata-se de gerir a abundância e não a escassez. Os efeitos dessa situação, aliados ao rápido desenvolvimento tecnológico, têm implicações evidentes e importantes no gerenciamento dos sistemas agroindustriais de produção.

Como será visto mais à frente, todo esse quadro transforma-se em um contexto de evolução tecnológica acelerada nos vários segmentos que constituem o agronegócio. Novas tecnologias de informação e comunicação têm alavancado a chamada indústria 4.0, a qual, embora tardiamente, está chegando ao campo em um movimento que vem sendo conhecido como agricultura 4.0 ou agronegócio 4.0. Essas tecnologias tendem a viabilizar o aprofundamento de uma integração ainda maior das chamadas cadeias agroindustriais de suprimentos, ou simplesmente das cadeias agroindustriais de produção. As chamadas cadeias globais de produção ganham ainda maior impulso pela difusão dessas tecnologias. Condicionantes ambientais importantes, sejam elas derivadas de decisões políticas ou resultantes de ações cumulativas deletérias sobre o meio ambiente, vêm impondo novas conformações a esse quadro. Assim, a geração e a difusão de novas descobertas científicas devem vir acompanhadas de iniciativas políticas que extrapolem em muito os interesses nacionais ligados à agropecuária e à alimentação. As sucessivas e constantes crises alimentares que acometem continuamente diferentes regiões do planeta mostram isso com clareza.

Seja como for, superar o sempre atual desafio de eliminação da fome e enfrentar o problema da obesidade, em um quadro de ações sustentáveis, requer soluções multifacetadas que pedem por opções tecnológicas que não estão ligadas somente ao desenvolvimento de processos e produtos. Parece evidente que qualquer solução que tente avançar nessa direção passa necessariamente pelo estabelecimento de políticas econômicas e de mecanismos de gestão eficientes e sintonizados com a problemática idiossincrática dos sistemas agroindustriais de produção.

Um olhar mais contemporâneo e cuidadoso revela que a produção agroindustrial se organiza cada vez mais na forma de arranjos estruturais regidos por uma lógica sistêmica. No caso da produção de alimentos, esse sistema pode ser definido como "...*a maneira como os homens se organizam, no espaço e no tempo, para obter e consumir sua alimentação*".[3] Embora antiga, essa definição continua sempre válida. Como será visto posteriormente, para produtos agroindustriais não alimentares (têxtil, couro, madeira, fibras, bioenergia, biopolímeros etc.) essa lógica sistêmica também se aplica. Nunca é demais lembrar que os sistemas agroindustriais de produção vão além dos sistemas de produção agroalimentares. Assim, os sistemas de produção agroalimentar podem ser vistos como subsistemas do sistema agroindustrial. Este capítulo, e o livro como um todo, adota essa premissa nas suas análises e tem nessa lógica sistêmica um dos seus principais fios condutores.

A importância social e econômica, aliada às especificidades de produção, armazenamento, distribuição e consumo, justifica, teórica e empiricamente, o interesse pela economia e gestão dos sistemas agroindustriais de produção. De fato, o "caráter biológico" das matérias-primas principais desses sistemas é, em grande parte, o principal responsável por essas especificidades. Assim, seja nos produtos agrícolas (soja, milho, algodão, laranja etc.), seja nos da pecuária (aves, suínos, bovinos etc.), na exploração florestal, na pesca, ou em setores extrativistas diversos como a coleta de plantas medicinais e aromáticas, o caráter biológico da matéria-prima se impõe como condicionante do funcionamento do seu sistema de produção e distribuição. Essas particularidades impactam profundamente a forma como esses sistemas devem ser geridos. Como será visto mais à frente, a perecibilidade, a sazonalidade, a qualidade variável das matérias-primas, entre outros fatores, influenciam decisivamente os métodos de gestão e análise econômica a serem empregados nos sistemas agroindustriais de produção.

1.2 NOÇÃO DE SISTEMA AGROINDUSTRIAL: IDEIAS ORIGINAIS E NOVOS DESENVOLVIMENTOS

A literatura acerca dos problemas relacionados com o sistema agroindustrial aponta originalmente, no cenário internacional, para dois principais conjuntos de ideias. Embora defasadas quanto ao tempo e ao local de origem, essas duas vertentes metodológicas, que serão apresentadas a seguir, guardam entre si muitos pontos em comum.

A primeira delas teve origem nos Estados Unidos, mais precisamente na Universidade Harvard, com os trabalhos de Davis e Goldberg.[4] Coube a esses dois pesquisadores a criação do conceito de *agribusiness* e, por meio de um trabalho posterior de Goldberg,[5] a primeira utilização da noção de *commodity system approach* (CSA).

Durante a década de 1960, difundiu-se no âmbito da escola industrial francesa a noção de *analyse de filières*. Embora o conceito de *filière* não tenha sido desenvolvido especificamente para estudar a problemática agroindustrial, foi entre os economistas agrícolas e pesquisadores ligados aos setores rural e agroindustrial[i] que ele encontrou seus principais defensores. Com o sacrifício de algumas nuances semânticas, a palavra *filière* será traduzida para o português pela expressão *cadeia de produção* e, no caso do setor agroindustrial, *cadeia de produção agroindustrial* (CPA), ou simplesmente *cadeia agroindustrial*.[ii]

---

i   A literatura francesa utiliza, em vez de sistema agroindustrial, a denominação *sistema agroalimentar*. Neste livro, entende-se que o sistema agroalimentar está contido no sistema agroindustrial. Conservar a denominação *sistema agroalimentar* implicaria excluir todas as firmas agroindustriais (madeira, fibras vegetais, couro etc.) que não têm como atividade principal a geração de alimentos. Dessa forma, preferiu-se a utilização do conceito mais amplo.

ii   Apesar de apresentarem origens temporais e espaciais diferentes, as noções de CSA e *filière* apresentam a mesma visão sistêmica e mesoanalítica que considera que a análise do sistema agroalimentar deve, necessariamente, passar pela forma de encadeamento e articulação que gere as diversas atividades econômicas e tecnológicas envolvidas na produção de determinado produto agroindustrial.

Esses dois conjuntos de ideias, amplamente discutidos na literatura nacional e estrangeira, permitem fundamentar reflexões sobre a utilização de novas ferramentas gerenciais e conceituais aplicadas ao entendimento da dinâmica de funcionamento e à busca da eficiência dessas cadeias. Entre esses novos aportes teóricos e empíricos à noção de cadeia agroindustrial, pode-se destacar o conceito de *supply chain management* (SCM) ou gestão da cadeia de suprimentos. A expressão *cadeia agroindustrial de suprimentos* (CAS) tem ganhado importância nos últimos tempos. A definição de CAS guarda muito da concepção e dos pressupostos que perpassam as noções de *filières* e de *agribusiness*. A lógica sistêmica e mesoanalítica (ver seção 1.7) certamente estão entre esses pressupostos e assunções. Vale dizer que grande parte dos autores que vem utilizando a noção de CAS tem buscado na área de conhecimento da gestão das cadeias de suprimento os conhecimentos necessários para suas análises e recomendações gerenciais. O desafio tem sido o de ponderar, avaliar e aplicar os conhecimentos e práticas da gestão da cadeia de suprimentos (GCS) em um contexto condicionado pelas singularidades dos sistemas agroindustriais. O Capítulo 3 explora em profundidade essa questão. Mais recentemente, as noções de cadeias globais de *commodities* (*global commodity chains*) e cadeias globais de valor (*global value chains*) representam um prolongamento no desenvolvimento conceitual que teve origem em ideias que também estão na origem dos conceitos de *filière*, do agronegócio (*commodity system approach*) e mesmo das cadeias de suprimentos. Entre as características que permitem dar razoabilidade a essa afirmação estão o caráter mesoanalítico e sistêmico dessas novas abordagens teóricas. Assim, é possível considerar uma cadeia agroindustrial como um sistema de produção em qualquer das abordagens discutidas até aqui.

Alguns autores[6] reputam o início da formalização da noção de sistemas alimentares, conceito que expandimos neste livro para o de sistemas agroindustriais, aos trabalhos seminais de François Perroux e Wassily Leontief, publicados em 1969 e 1941, respectivamente. Perroux, ao estudar as dinâmicas de surgimento e funcionamento dos polos de desenvolvimento, buscou entender os efeitos de aglomeração resultantes, entre outros motivos, do papel de "indústrias motrizes" em um contexto de interações organizacionais baseadas em relações insumo-produto. Por sua vez, Leontief foi o responsável pela proposição da matriz de insumo-produto (*input-output*), também conhecida como "matriz de Leontief" (*The structure of the american economy*, publicado em 1941). Ela permitia avaliar como, pela observação de relações comerciais, os setores da economia interagem entre si. Pela lógica mesoanalítica das abordagens propostas e pelo papel que as relações de interação e interdependência entre setores e organizações ocupam nas suas análises, pressupostos esses que estão na base do próprio conceito de agronegócio, ambas as abordagens podem ser consideradas relevantes ao desenvolvimento teórico do conceito de sistema agroindustrial ou agroalimentar.

As ideias relativas ao caráter sistêmico e mesoanalítico das atividades agroindustriais, embora relativamente antigas nos Estados Unidos e na Europa, ganharam maior destaque nos meios acadêmicos, empresariais e políticos brasileiros somente ao final dos anos 1980. A partir dessa época, o conceito de cadeia produtiva passa a ser uma ferramenta largamente utilizada por pesquisadores brasileiros. O resultado foi a multiplicação de estudos relativos à dinâmica de funcionamento do sistema agroindustrial brasileiro (SAI), abordando suas diversas peculiaridades regionais e/ou setoriais, bem como a forma pela qual o SAI brasileiro se inseria em um contexto econômico mundial globalizado.

No Brasil, as aplicações da noção de cadeia agroindustrial podem ser divididas, *grosso modo*, em dois grupos principais.[iii] O primeiro deles reúne uma série de estudos situados no espaço analítico delimitado pela cadeia produtiva. Esses trabalhos buscam identificar eventuais disfunções (comerciais, econômicas, tecnológicas, logísticas, legais etc.) que comprometam o funcionamento eficiente da cadeia. Grande atenção tem sido dada aos mecanismos de coordenação da cadeia e a sua estrutura de governança. Pode-se dizer que grande parte dos esforços dos pesquisadores brasileiros, impulsionados por financiamentos dos setores público e privado, tem sido despendida nessa direção. Os principais resultados desses estudos têm sido a proposição de políticas públicas e privadas que teriam como objetivo aumentar o nível de competitividade do conjunto da cadeia produtiva.

Uma faceta inicialmente menos explorada da noção de cadeia produtiva foi o seu emprego como ferramenta de gestão empresarial das firmas agroindustriais. Parece claro para grande parte dos agentes econômicos e sociais que compõem o agronegócio brasileiro que eles devem trabalhar de forma sistêmica, ou seja, todo o sistema no

---

iii Outras questões relacionadas com a aplicabilidade do conceito de cadeia de produção agroindustrial podem ser vistas na seção 1.8 deste capítulo.

qual eles estão inseridos deve ser eficaz e eficiente. Com base no pressuposto de que "a competitividade sustentada de uma empresa somente pode ser construída no âmbito de um sistema igualmente competitivo no seu conjunto", resta às empresas a dificuldade de adaptar sua estrutura organizacional e funcional a essa nova realidade.

Assim, enquanto o conjunto de ideias vinculado às noções de cadeia produtiva obteve certo protagonismo teórico e metodológico na elaboração de políticas setoriais públicas e privadas, essas mesmas ideias tiveram mais dificuldade em se transformarem em ferramentas gerenciais empresariais que permitissem operacionalizar ações conjuntas que aumentassem o nível de coordenação e de eficiência da cadeia.

Não obstante as dificuldades que podem ser visualizadas nessas ações, algumas ferramentas clássicas de gestão podem e devem ser adaptadas para se moldarem à ótica sistêmica que caracteriza os estudos em termos de cadeias produtivas. Os exemplos de áreas de atuação são muitos, assim como suas vantagens potenciais.[7] Conceitos e metodologias, como Análise de Pontos de Perigo e Críticos de Controle (APPCC), Boas Práticas de Higiene (BPH), *Quallity Function Deployment* (QFD), técnicas de simulação e planejamento da produção etc., devem ultrapassar as fronteiras da firma e situarem-se no nível da cadeia. Ferramentas de otimização de custos, de planejamento estratégico e de gestão logística também devem, necessariamente, ir além do limiar da firma para expandirem-se até as fronteiras do sistema representado pela cadeia produtiva. Por outro lado, a literatura sobre gestão da cadeia agroindustrial de suprimentos[iv] também tem como um dos seus pressupostos centrais que a coordenação adequada dos agentes de uma cadeia pode reverter em benefícios para todos os agentes dessa mesma cadeia.

1.3 CONCEITO DE AGRONEGÓCIO E NOÇÃO DE *COMMODITY SYSTEM APPROACH* (CSA)

Os pesquisadores da Universidade Harvard John Davis e Ray Goldberg, já em 1957, enunciaram o conceito de *agribusiness* como "*a soma das operações de produção e distribuição de suprimentos agrícolas, das operações de produção nas unidades agrícolas, do armazenamento, processamento e distribuição dos produtos agrícolas e itens produzidos a partir deles*".[8]

A preocupação inicial dos autores no trabalho que deu origem ao termo era explicar o comportamento da economia agrícola norte-americana da época. O centro das preocupações era certa perda do bem-estar econômico dos agricultores americanos de então. Segundo essa visão, para compreender o problema, era necessário entender como a agricultura se comportava na sua articulação com outros agentes econômicos e sociais que a impactavam. Vista desse ângulo, a situação da agricultura somente poderia ser compreendida quando observada à luz do comportamento de um amplo sistema de produção e distribuição no qual ela estava inserida. Essa ideia deu origem ao conceito sistêmico do *agribusiness* e à possibilidade de utilização da cadeia agroindustrial como espaço analítico (mesoanálise) pertinente para o estudo dos problemas do agronegócio.

Olhando retrospectivamente, a preocupação central desse trabalho de Davis e Goldberg era estudar o comportamento da agropecuária em um contexto sistêmico influenciado por amplo conjunto de atores econômicos e sociais. De maneira mais explícita, eles se preocupavam com o papel do Estado e suas políticas públicas como fatores reguladores e estimuladores da economia do agronegócio norte-americano. Eles consideravam que as grandes corporações empresariais, no lugar do Estado, estariam na base de movimentos de reestruturação produtiva e de consumo que permitiriam o fortalecimento da agropecuária norte-americana. Nesse trabalho inicial, esses pesquisadores não se interessaram em refletir o novo conceito em questões que hoje são fundamentais para o agronegócio. Aspectos ambientais, de saúde, mudanças climáticas, gestão hídrica, segurança alimentar e globalização, por exemplo, não estavam entre as preocupações dos criadores do conceito de *agribusiness*.[9]

Goldberg, em 1968, utilizou a noção de *commodity system approach* (CSA) para estudar o comportamento dos sistemas de produção de laranja, trigo e soja nos Estados Unidos.[10] O sucesso dessa aplicação deveu-se principalmente à aparente simplicidade e coerência do aparato teórico, bem como a seu grande grau de acerto nas previsões.[11] A abordagem em termos de CSA propõe que seja feito um corte vertical na economia e que análises sejam conduzidas tendo como ponto de partida a matéria-prima que dá origem ao sistema de produção estudado (café, soja, laranja etc.). Dessa forma, a análise de encadeamento produtivo deveria ser feita de montante a jusante, incluindo todos os agentes envolvidos no

---

iv Ver Capítulo 3.

sistema. Apesar de seguir uma lógica de encadeamento de atividades semelhante à utilizada por Goldberg, a *analyse de filières*, que será vista a seguir, pode diferir, segundo o objetivo do estudo pretendido, no que tange, sobretudo, ao ponto de partida da análise.

Os trabalhos de Goldberg, que tiveram como ponto de partida a matriz de produção de Leontief, tentaram incorporar certo aspecto dinâmico a seus estudos mediante a consideração das mudanças que ocorrem no sistema ao longo do tempo. Esse enfoque dinâmico é ressaltado pela importância assumida pela tecnologia como agente indutor dessas mudanças. Esse aspecto tecnológico é também bastante enfatizado pela *analyse de filières*.

Finalmente, é interessante destacar que Goldberg, durante a aplicação do conceito de CSA, abandona o referencial teórico da matriz insumo-produto proposta por Leontief para aplicar conceitos oriundos da economia industrial. Assim, o paradigma clássico da economia industrial – Estrutura => Conduta => Desempenho – passa a fornecer os principais critérios de análise e de predição.[12] A aplicação das ferramentas da economia industrial também pode ser encontrada em autores ligados à análise das cadeias de produção.

1.4 ANÁLISE DE *FILIÈRES*

A análise de cadeias de produção é uma das ferramentas privilegiadas da escola francesa de economia industrial. Apesar dos esforços de conceituação empreendidos pelos economistas industriais franceses, a noção de cadeia de produção permanece imprecisa. Uma rápida passagem pela bibliografia sobre o assunto permite encontrar grande variedade de definições.

Chevalier e Toledano[13] definiram uma *filière* como um sistema articulado de atividades econômicas integradas via mercados, tecnologia e capital. Morvan,[14] procurando sintetizar e sistematizar essas ideias, enumerou três séries de elementos que estariam implicitamente ligados a uma visão em termos de cadeia de produção:

1. A cadeia de produção é uma sucessão de operações de transformação dissociáveis, capazes de ser separadas, porém ligadas entre si por um encadeamento técnico.
2. A cadeia de produção é também um conjunto de relações comerciais e financeiras que estabelecem, entre todos os estados de transformação, um fluxo de troca, situado de montante a jusante, entre fornecedores e clientes.
3. A cadeia de produção é um conjunto de ações econômicas que presidem a valoração dos meios de produção e asseguram a articulação das operações.

Grosso modo, uma cadeia de produção agroindustrial pode ser segmentada, de jusante a montante, em três macrossegmentos.[v] Em muitos casos práticos, os limites dessa divisão não são facilmente identificáveis. Além disso, essa divisão pode variar muito segundo o tipo de produto e segundo o objetivo da análise. Os três macrossegmentos propostos são:

1. **Comercialização:** representa as empresas que estão em contato com o cliente final da cadeia de produção e que viabilizam o consumo e o comércio dos produtos finais (supermercados, mercearias, restaurantes, cantinas etc.). Podem ser incluídas nesse macrossegmento as empresas responsáveis somente pela logística de distribuição.
2. **Industrialização:** representa as firmas responsáveis pela transformação das matérias-primas em produtos finais destinados ao consumidor, podendo este ser uma unidade familiar ou outra agroindústria.
3. **Produção de matérias-primas:** reúne as firmas que fornecem as matérias-primas iniciais para que outras empresas avancem no processo de produção do produto final (agricultura, pecuária, pesca, piscicultura etc.).

A Figura 1.1 representa esquematicamente duas cadeias de produção agroindustrial (CPA) quaisquer. Essa figura apresenta duas CPA não lineares, visto que a operação 7 pode ser seguida das operações 9 e 12 ou da operação 10, que, segundo o caso, darão origem ao produto 1 ou 2. Esse é geralmente o caso para a maior parte das CPA em que uma operação a montante pode alimentar várias outras situadas a jusante. Nesse caso, pode-se falar de "ligações divergentes".

Por outro lado, existem também "ligações convergentes" em que várias operações a montante darão origem a um menor número de operações a jusante. No caso do exemplo apresentado, as operações 4, 5 e 6 darão origem seja à operação 8, seja à operação 7. Não é raro encontrar no interior das CPA mecanismos de retroalimentação, em que um produto oriundo de uma etapa intermediária

---

v Na divisão proposta neste livro, o setor de produção de insumos agropecuários não foi considerado como um dos macrossegmentos principais da cadeia. No entanto, isso não significa diminuir sua importância como fator indutor de mudanças na dinâmica de funcionamento do sistema agroindustrial como um todo.

da CPA vá alimentar, nesta mesma CPA, outra operação situada a montante dessa operação.

A lógica de encadeamento das operações, como forma de definir a estrutura de uma CPA, deve situar-se sempre de jusante a montante. Essa lógica assume implicitamente que as condicionantes impostas pelo consumidor final são os principais indutores de mudanças no *status quo* do sistema. Evidentemente, essa é uma visão simplificadora e de caráter geral, visto que as unidades produtivas do sistema também são responsáveis, por exemplo, pela introdução de inovações tecnológicas que eventualmente aportam mudanças consideráveis na dinâmica de funcionamento das cadeias agroindustriais. No entanto, essas mudanças somente são sustentáveis quando reconhecidas pelo consumidor como portadoras de alguma diferenciação em relação à situação de equilíbrio anterior.

Vale ressaltar que as CPA não são estanques entre si. Determinado complexo agroindustrial pode apresentar operações ou estados intermediários de produção comuns a várias CPA que o compõem. Nesse caso, pode ocorrer o que será chamado de "operações-nó". Essas operações são muito importantes do ponto de vista estratégico, pois representam lugares privilegiados para a obtenção de sinergias dentro do sistema, além de funcionarem como pontos de partida eficientes para a diversificação das firmas. No caso da Figura 1.1, a operação 7 seria uma operação-nó, já que ela representa uma interconexão entre a CPA1 e a CPA2.

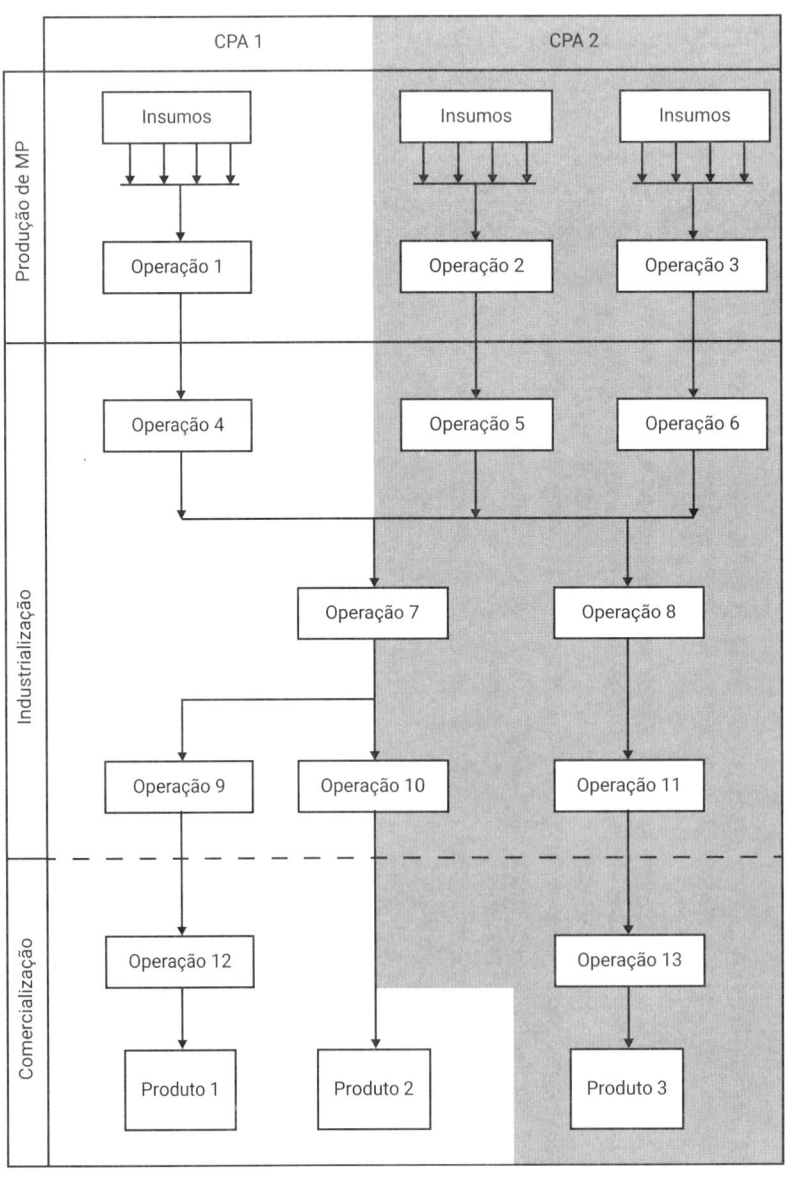

Figura 1.1 Cadeia de produção agroindustrial.

As operações representadas na Figura 1.1 podem ser, do ponto de vista conceitual, de origem técnica, logística ou comercial. No entanto, a representação gráfica de uma CPA nesse nível de detalhe seria de difícil execução prática, com ganhos de qualidade de informação duvidosos, em termos de visualização. Assim, a representação pode ser feita seguindo o encadeamento das operações técnicas necessárias à elaboração do produto final.[15] Os aspectos tecnológicos assumem, nesse caso, um papel fundamental. O "esqueleto" da CPA seria composto pela sucessão de operações tecnológicas de produção, distintas e dissociáveis, estando elas associadas à obtenção de determinado produto necessário à satisfação de um mesmo segmento de demanda. Estabelecido o *flow chart* de produção, deve-se arbitrar o grau de detalhe da representação. Afinal, todas as operações de produção devem necessariamente ser representadas?

Em geral, não é difícil decompor um processo industrial de fabricação segundo algumas etapas principais de produção. Assim, seria razoável considerar que, após passar por várias operações de fabricação, um produto possa alcançar um "estado intermediário de produção".[16, 17, 18] Vale lembrar que o termo *intermediário* diz respeito ao produto final da CPA. A produção de óleo refinado de soja, por exemplo, poderia ser considerada estado intermediário de produção na fabricação dos produtos finais margarina e maionese. O produto desse "estado intermediário de produção" deveria ter estabilidade física suficiente para ser comercializado, além, evidentemente, de possuir um valor real ou potencial de mercado.

A existência desses mercados permite a "articulação" dos vários macrossegmentos da CPA, bem como das etapas intermediárias de produção que os compõem. Dentro de uma cadeia de produção agroindustrial típica, podem ser visualizados no mínimo quatro mercados com diferentes características:[19] mercado entre os produtores de insumos e os produtores rurais, mercado entre produtores rurais e agroindústria, mercado entre agroindústria e distribuidores e, finalmente, mercado entre distribuidores e consumidores finais. O estudo das características desses mercados representa uma ferramenta poderosa para compreender a dinâmica de funcionamento da CPA.

Assim, pode-se dizer que o sistema produtivo associado a uma CPA, que nesse caso escapa das fronteiras da própria firma, teria como unidade básica de análise e de construção do sistema as várias operações que definem o conjunto das atividades nas quais a firma está inserida, estando as operações técnicas de produção responsáveis pela definição da "arquitetura" do sistema. Na verdade, é o formato desses "caminhos tecnológicos" quem determina, em grande parte, a viabilidade e a oportunidade do aparecimento das operações logísticas e de comercialização. O posicionamento da firma dentro do sistema, bem como da concorrência, é facilmente identificável por meio da observação das operações pelas quais a firma é responsável no conjunto das atividades necessárias à elaboração do produto final.

Mais recentemente, as metodologias centradas na análise de *filière* têm ganhado a companhia de novos conceitos e ideias. Entre esses, destacam-se as análises de cadeia de valor,[20] as cadeias globais de valor ou *global value chains* (abordadas na seção seguinte) e os trabalhos de gestão de cadeia de suprimentos ou *supply chain management*.[vi] Se por um lado essa profusão de conceitos e ferramentas de análise pode em um primeiro momento confundir o leitor, por outro lado ela reflete a relevância das premissas de base que sustentam a própria definição de agronegócio, ou seja, o caráter sistêmico dos negócios agroindustriais.[21] No entanto, mais importante do que isso, esses novos conceitos instrumentalizam o conceito de *filière* pela disponibilização de ferramentas analíticas poderosas.

De toda forma, é importante reconhecer que a análise de *filière* não possui uma abordagem teórica única que leve a ferramentas de análise e intervenção únicas. O Quadro 1.1 apresenta uma síntese dos vários métodos, ferramentas e possibilidades de uso do conceito de *filière*. Embora a síntese exposta nesse quadro tenha sido proposta por Rastoin e Ghersi[22] para o caso das análises de *filière*, é possível estender seu entendimento para outras construções teóricas que assumam características sistêmicas e mesoanalíticas em suas lógicas de análise. Esse é o caso, por exemplo, dos espaços de análise definidos pelo próprio conceito de *agribusiness*. Alguns desses métodos serão retomados neste e em outros capítulos deste livro. O espaço disponível e os objetivos perseguidos não permitem que todos os métodos e técnicas sejam completamente desenvolvidos neste livro.

---

vi O Capítulo 3 é inteiramente dedicado a esse assunto.

Quadro 1.1 Métodos, ferramentas e objetivos da análise de *filière*.[23]

Métodos	Principais ferramentas	Objetivos
Análise estrutural	• Representação esquemática da cadeia (representação técnica e econômica). • Divisão setorial utilizando a contabilidade nacional. • Balanços de alimentos.	• Visualização do conjunto de agentes da *filière*. • Caracterização quantitativa da *filière* (volumes, faturamentos etc.) e cálculo de indicadores de desempenho.
Economia industrial	• Paradigma Estrutura => Conduta => Desempenho. • Modelo de vantagem competitiva de Porter. • Microeconomia quantitativa.	• Identificação dos fatores determinantes da estrutura e da dinâmica dos vários níveis das *filières*. • Elaboração de modelos econométricos e de simulação.
Análise institucionalista	Teoria dos custos de transação.	• Estudo dos modos de coordenação entre os agentes da *filière*.
Análise sistêmica	Modelagem de sistemas, principalmente via *system dynamics*.	• Análises prospectivas e apoio à tomada de decisão.
Cadeias globais de valor	Estudos de redes, análises das estratégias dos atores, sociologia econômica.	• Avaliação da dinâmica de funcionamento das *filières*, identificação dos agentes-chave e apoio à tomada de decisão estratégica.

1.5 CADEIAS GLOBAIS DE PRODUÇÃO, REDES DE EMPRESAS E AGRONEGÓCIO

O conceito de cadeias globais de produção de *commodities* (*global commodity chains*), próximo em alguns aspectos ao conceito de *filière* e da abordagem em termos de *commodity system* proposta por Goldberg, surgiu mais recentemente. Ele é definido por Hopkins e Wallerstein[24] como uma rede de processos de trabalho e de operações de produção cujo resultado final é um produto acabado. Esses autores usaram esse conceito para estudarem cadeias internacionais da base agrícola e florestal. Em trabalho mais recente, Raikes *et al.*[25] elaboraram um artigo no qual eles traçam um paralelo entre os conceitos de *filière* e de cadeias globais de *commodities* (*global commodity chains*), identificando pontos fortes e fracos de ambos. Se Hopkins e Wallerstein adotaram a noção de cadeias globais de produção de *commodities*, a noção de cadeias globais de produção, organizadas como um conjunto de conhecimentos, foi lançada por Gereffi *et al.*[26] Na obra de Gereffi e colaboradores, os trabalhos voltam-se principalmente para o estudo de cadeias de produção industriais. A preocupação central é estudar o surgimento de um sistema de manufatura global no qual a integração econômica vai além do comércio internacional de matérias-primas e produtos finais. Essa nova lógica envolveria ações de produção dispersas internacionalmente, mas articuladas em torno de cadeias de produção e estruturas de governança bem definidas.

Assim como acontece com as noções de *filières* e de sistemas de *commodities*, tais como propostos por Goldberg, o estudo das cadeias globais de produção empresta para suas análises conhecimentos de áreas tão diversas quanto a sociologia, a economia, a geografia e a gestão.

Os aspectos sistêmicos e mesoanalíticos, característicos dos sistemas agroindustriais de produção, colocam algumas questões centrais que Lee[27] resumiu da seguinte forma:

• Quais "empresas líderes" são responsáveis pela coordenação da cadeia e como essa se organiza em termos de estrutura e mecanismos de funcionamento (mercados, estruturas e tecnologias)?

• Qual a estrutura de governança da cadeia e como ela afeta a distribuição de ganhos entre os seus participantes (os quais podem ser países, firmas ou trabalhadores)?

• Quais fatores determinam a iniciativa e o sucesso dos movimentos dos atores das cadeias em direção a mercados mais recompensadores ("*upgrading*")?

Os trabalhos de Gereffi[28] distinguem as cadeias de valor entre aquelas dirigidas ou coordenadas pelos produtores (*producer-driven chains*) e aquelas dirigidas ou coordenadas pelos compradores (*buyer-driven chains*). Essa distinção se refletiria em diferentes tipos de estruturas de governança e nas características das empresas líderes. Segundo essa visão, as cadeias de produção dirigidas ou coordenadas pelo produtor seriam fortemente condicionadas por grandes empresas industriais integradas verticalmente ou que possuíssem fortes alianças estratégicas. Elas caracterizariam indústrias intensivas em capital e tecnologia (por exemplo, automóveis, computadores e fabricação de aeronaves). Por outro lado, as cadeias de produção coordenadas pelo comprador teriam suas empresas líderes (por exemplo, varejistas, atacadistas, *tradings* etc.) situadas mais a jusante da cadeia. Exemplos dessas cadeias poderiam ser encontrados nas indústrias de bens de consumo intensivos em mão de obra, como roupas, calçados ou eletrônicos de consumo. Nesses casos, o poder das empresas líderes no contexto da cadeia nasceria da proximidade com o consumidor final.

Essa distinção pode ser bastante útil para compreender a dinâmica de funcionamento das cadeias produtivas agroindustriais e seus agentes. Uma cadeia de produção agroindustrial pode ser definida a partir de dado produto final. Isso faz com que as cadeias agroindustriais de produção, ou cadeias de valor agroindustriais, possam ser dirigidas pelos compradores ou pelos vendedores segundo as características do produto considerado na análise. Produtos alimentares de maior valor agregado vendidos no varejo, por exemplo, tenderiam a definir cadeias dirigidas pelos compradores (grandes redes de supermercados, por exemplo). Por sua vez, *commodities* agroindustriais oriundas de agroindústrias de primeira transformação[vii] resultariam em cadeias dirigidas pelo produtor. Obviamente, essa é uma generalização a ser feita com cuidado, já que contraexemplos podem ser facilmente encontrados.

Gereffi identifica quatro dimensões que serviriam a definir e caracterizar as cadeias globais de suprimentos: (i) as relações insumo-produto (*input-output*) que se estabelecem no interior da cadeia; (ii) os contornos geográficos da cadeia; (iii) as estruturas de governança; e (iv) o ambiente institucional de cada elo da cadeia. Nesse quadro analítico, estudos a respeito das estruturas de governança têm recebido maior atenção. Eles têm se interessado em investigar barreiras à entrada e mecanismos de coordenação que privilegiam o poder de barganha do comprador ou do fornecedor. A dimensão ambiente institucional foi introduzida em trabalhos mais recentes de Gereffi.[29] Ela serviria para avaliar como e em que condições o ambiente institucional impactaria as empresas que coordenam as cadeias (empresas líderes, empresas focais) e, entre outras questões, trataria de avaliar como esses fatores condicionariam o poder de mercado das empresas líderes sob as outras empresas da cadeia.

Finalmente, cabe mencionar, mesmo que brevemente, outro quadro conceitual que vem contribuindo em termos de estudos dos sistemas agroindustriais de produção. Trata-se dos estudos e trabalhos realizados em torno das noções de redes de empresas e/ou redes de negócios. Redes de cooperação entre empresas definem espaços de atuação organizacional onde agentes socioeconômicos independentes inseridos em um contexto econômico, histórico, político, cultural e social cooperam entre si, em uma situação de interdependência, para o alcance de objetivos comuns. Vale dizer que as motivações que regem a formação e o funcionamento de uma rede de empresas ou de negócios podem ir muito além de aspectos econômicos.[30] Elas podem revelar aspectos sociais, ambientais, políticos etc. Do ponto de vista das vantagens ligadas a aspectos competitivos de mercado, a participação em rede poderia elevar níveis de produtividade, desenvolver e adaptar padrões de qualidade, proporcionar ganhos de escala de produção e comercialização e melhorar as flexibilidades dinâmicas e estáticas das firmas.

A palavra *rede* tem um grande número de definições em diversos campos de aplicação. Elas compreendem: computação, teoria das organizações, pesquisa operacional e teoria da comunicação. De acordo com Nohria e Eccles,[31] a utilização da noção de rede (*network*) para o estudo das organizações e seus comportamentos está fundamentada em cinco premissas básicas:

- Todas as organizações estão ligadas a um conjunto importante de relações sociais.
- O ambiente de uma organização pode ser visto como uma rede de outras organizações.
- As ações dos atores das organizações podem ser mais bem explicadas por suas relações dentro da rede.
- Redes condicionam e são condicionadas pelas ações de seus integrantes.
- Análises comparativas de organizações devem considerar as características das redes nas quais elas estão inseridas.

Assim, de maneira resumida, pode-se dizer que a utilização mais geral da expressão *redes de empresas* refere-se a uma estrutura de ligações entre atores de um sistema socioprodutivo qualquer.

Segundo esses mesmos autores, uma abordagem em termos de rede de empresas permite explorar

---

vii Ver seção 1.10 para definição de agroindústria de primeira transformação.

adequadamente três dos principais temas da literatura organizacional atual. São eles: (i) qual o "poder" e a influência de cada um dos atores no comportamento organizacional da rede?; (ii) como explicar o comportamento estratégico das firmas, em particular aquele ligado à formação de alianças estratégicas?; (iii) seria a organização em rede o novo paradigma empresarial para as firmas? Ora, essas são exatamente algumas das questões que permeiam a discussão acerca das cadeias agroindustriais. Dessa forma, parece bastante adequada a consideração de que uma cadeia agroindustrial pode ser vista como uma rede de empresas. Assim, a discussão sobre redes de empresas como novo paradigma organizacional é extremamente útil e atual para compreender e prever novas formas de organização para as cadeias agroindustriais.

Segundo outros autores, a rede, como ferramenta de aumento da coordenação em uma cadeia agroindustrial qualquer, pode ter duas definições. A primeira definição, dada por Charam,[32] refere-se a laços entre os gerentes, originários de áreas diferentes, que trabalham de forma interfuncional para driblar a burocracia inerente à gestão interna das organizações. A ideia dessas redes consiste em responder, de forma rápida e flexível, às demandas de clientes e mercados, sem exigir que as empresas passem por grandes processos de reorganização ou *downsizing*, os quais podem trazer confusão, desgaste emocional e não apresentar resultados sustentáveis. A grande vantagem desse tipo de rede é que indivíduos de áreas funcionais supostamente antagônicas (em termos políticos ou de objetivos) acabam envolvidos em projetos comuns, nos quais a cooperação é pré-requisito de sucesso do trabalho. Para alcançarem sucesso, as redes devem ganhar visibilidade e fluxo livre de informações e ter um sistema de avaliação de desempenho e promoção, enfatizando a colaboração horizontal entre uma ou mais redes. Além disso, devem ser formadas por um *mix* de pessoas cuja habilidade e conhecimento de negócios, motivações pessoais e conhecimentos funcionais conduzam ao alcance de seus objetivos.

Outra definição considera as redes como conjuntos de relações externas, podendo incluir uma teia global de alianças e *joint ventures*. Essas redes são o que Grandori e Soda[33] chamam de redes interfirmas ou interempresas, entendidas como formas de coordenação entre unidades organizacionais especializadas de empresas diferentes. As redes interempresas, que podem ser uma ferramenta preciosa na melhoria da competitividade de toda uma cadeia produtiva, podem seguir as mesmas prescrições de redes intrafirmas, com alguns cuidados adicionais.

Grandori e Soda[34] sugerem alguns mecanismos importantes para a criação e a sustentação de redes interempresas:

- Criação de mecanismos de comunicação, decisão e negociação comuns entre os parceiros, contínuas e sujeitas a melhorias constantes.
- Controle e formas de coordenação entre os grupos envolvidos, como normas de comportamento e conduta de negócios comuns.
- Alocação de responsabilidades horizontais entre unidades-chave de cada empresa.
- Criação de *staff* (apoio) comum, no caso de crescimento do número de integrantes da rede ou da ampliação do seu escopo de atividades.
- Criação de uma hierarquia ou de relações de autoridade para a tomada de decisão, o que é benéfico em se tratando de formas de franquia ou consórcio.
- Sistemas de planejamento e controle, com foco em comportamentos cooperativos.
- Sistemas de incentivo, como descontos para parceiros que adotam essa ou aquela tecnologia ou procedimento (para redução de custos logísticos, por exemplo).
- Criação de mecanismos de seleção para a rede de parceiros, que tenham características e comportamentos próximos.
- Suporte em termos de sistemas de informação (inclusive tecnologia de informação).
- Suporte público em termos de infraestrutura.
- Desenvolvimento de confiança entre os parceiros, para que as redes evoluam e se perpetuem.

Um dos motivos que explicam o grande sucesso da noção de cadeia produtiva junto aos pesquisadores interessados na problemática agroindustrial é a relativa "linearidade" das cadeias agroindustriais. Na maioria dos casos, ainda é possível definir uma matéria-prima principal para um conjunto de produtos. Isso não é verdade para outros setores da economia, como, por exemplo, o da construção civil. No entanto, a busca frenética pela agregação de valor aos produtos agroindustriais redundou em produtos finais cada vez mais complexos que colocam em questão essa "linearidade". Dessa forma, a confirmação e o reforço dessa tendência tornariam a abordagem em termos de rede mais apropriada para determinados estudos relacionados com o agronegócio. Assim como já acontece em outros setores, também no sistema agroindustrial deve haver um ganho crescente de interesse pelas discussões em termos de redes de empresas.

Outro conceito importante quando se discutem redes de empresas é o de "coopetição". Alguns autores[35] caracterizam as relações entre concorrentes como algo entre "guerra e paz". A guerra acontece quando as empresas concorrem disputando partes dos mercados; já a paz ocorre quando as firmas cooperam em atividades que resultam na criação e na manutenção desses mercados. Essa visão resume o conceito proposto por esses autores:[36] a "coopetição". Tal conceito parte do princípio de que é possível aumentar os negócios sem prejudicar os objetivos finais de qualquer organização, que é gerar lucros, por meio de associações e acordos entre concorrentes.

Em 2001, Lazzarini *et al.*[37] propuseram o conceito de *Food Supply Chain Network* (rede de cadeias alimentares) ou *netchains*, o qual combina os conceitos de rede com aqueles de cadeias de produção.

As cadeias de suprimentos normalmente participam de uma ou várias redes de produção e distribuição. Ao contrário do que ocorre com análises em termos de cadeias de suprimentos que se preocupam com as relações a montante e a jusante da empresa focal (relações verticais), as análises de rede normalmente privilegiam o estudo das relações entre firmas de uma mesma indústria ou setor (relações horizontais).[38] Uma *netchain* (cadeia de redes) foi definida por Lazzarini e colaboradores como sendo um conjunto de redes formadas por ligações horizontais entre empresas dentro de determinada indústria ou grupo, sendo que essas redes estão organizadas sequencialmente em diferentes níveis, que também podem ser vistas como camadas ou segmentos de uma cadeia (Figura 1.2). A análise de *netchain* distingue ligações horizontais (transações entre agentes de um mesmo nível ou camada) e verticais (transações entre agentes de níveis ou camadas diferentes). Ela procura entender como os agentes se relacionam entre si em cada nível (segmento ou camada) das cadeias agroindustriais e também como esses mesmos agentes se relacionam com agentes de outros níveis das várias cadeias de suprimentos (análise vertical). Ao fazer essa combinação teórica entre análises de cadeias de suprimentos[viii] e de redes, os autores procuram combinar potenciais de análise dessas duas áreas de conhecimento. Uma abordagem nesses moldes poderia, por exemplo, utilizar a lógica de cadeias de suprimentos para atuar na gestão de operações e na redução dos custos de transação, ao mesmo tempo que consideraria aspectos ligados ao capital social (análise popular junto aos estudiosos de redes) dos agentes envolvidos nas cadeias de redes analisadas. A utilidade prática de tal lógica analítica é importante.

Vamos tomar como exemplo uma cooperativa ou associação de agricultores familiares produtores de frutas, verduras e legumes (FLV). Não há dúvida de que o sucesso de operações conjuntas de transformação, comercialização e distribuição de um empreendimento desse tipo é resultado da forma como ele se relaciona com os outros agentes das cadeias de suprimentos das quais participa. Se a associação ou cooperativa vende para supermercados, o relacionamento operacional com esse agente é importante (análise vertical). Por outro lado, o atendimento dos requisitos de volume e qualidade exigidos pelos supermercados demanda dos agricultores uma organização que não pode ser feita sem um nível adequado de capital social (análise horizontal).

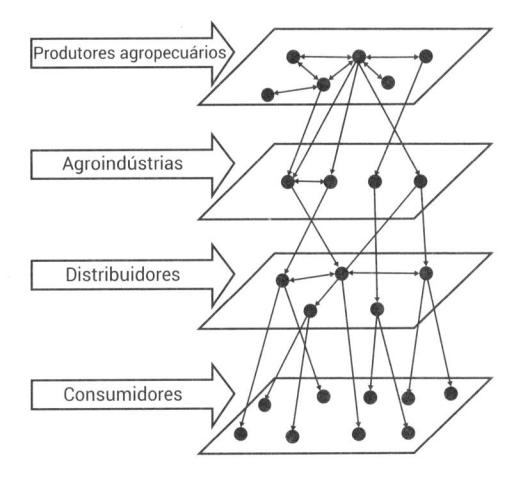

Figura 1.2 Exemplo de uma *netchain* agroindustrial genérica.[39]

Uma discussão mais aprofundada sobre a utilização dos conceitos de redes de empresas na problemática dos estudos de sistemas agroindustriais certamente extrapola os objetivos deste texto. No entanto, vale o registro de que a ótica sistêmica que caracteriza os estudos em termos de redes de empresas, a importância que essa abordagem concede às vantagens colaborativas das transações entre os agentes, o interesse que ela desperta nos mecanismos

---

viii Em alguns pontos do artigo, os autores referem-se também à noção de cadeia de valor proposta por Porter. A noção de cadeia de valor foi inicialmente proposta para estudar atividades internas de agregação de valor em uma dada empresa. Essa ideia tem sido expandida para contemplar também atividades de criação de valor externas à empresa em análise, ou seja, em empresas situadas a montante e a jusante da empresa foco.

de governança estabelecidos pelos agentes e o papel do ambiente institucional nos processos de formação e funcionamento da rede coadunam-se fortemente com as ideias que estão na origem dos conceitos originais do agronegócio (*agribusiness*).

1.6 AGRONEGÓCIO E NÍVEIS DE ANÁLISE DO SISTEMA AGROINDUSTRIAL

É necessário destacar que neste livro o termo *agribusiness* é considerado sinônimo de agronegócio. O termo *agribusiness*, quando transcrito para o português como agronegócio, deve necessariamente vir acompanhado de um complemento delimitador que o adjetive adequadamente. Assim, a palavra *agribusiness* ou agronegócio não está particularmente associada a nenhum dos níveis de análise que serão vistos mais à frente. De fato, o termo pode se referir a um espaço mais amplo (agronegócio brasileiro) ou delimitar contornos mais específicos de análise e intervenção (agronegócio da soja ou do suco de laranja).

A literatura que trata da problemática agroindustrial no Brasil tem feito grande confusão entre as expressões *sistema agroindustrial*, *complexo agroindustrial*, *cadeia de produção agroindustrial* e *agronegócio*. Essas expressões, embora relacionadas com o mesmo problema, representam espaços de análise diferentes e prestam-se a objetivos igualmente diferentes. Na verdade, cada uma delas reflete um nível de análise do sistema agroindustrial.[40]

Sistema agroindustrial (SAI): pode ser considerado o conjunto de atividades que concorrem para a produção de produtos agroindustriais, desde a produção dos insumos (sementes, adubos, máquinas agrícolas etc.) até a chegada do produto final (queijo, biscoito, massas etc.) ao consumidor. Ele não está associado a nenhuma matéria-prima agropecuária ou produto final específico. O SAI, tal como é entendido neste texto, aproxima-se bastante da definição inicial de *agribusiness* proposta por Goldberg ou da definição de sistema agroalimentar proposta por Malassis.[41]

Na verdade, o SAI, quando apresentado dessa forma, revela-se de pouca utilidade prática como ferramenta de gestão e de apoio à tomada de decisão, sejam elas públicas ou privadas. Embora partilhem a origem biológica das suas matérias-primas (agropecuária, pesca, exploração florestal etc.), os agentes socioeconômicos dos SAI estão organizados em sistemas de produção, transporte e distribuição que abrigam singularidades importantes. Dessa forma, a proposição de uma política pública voltada para determinado sistema de produção (soja, por exemplo) pode não ter nenhuma relação com uma política pública voltada ao setor da pesca ou da produção têxtil. A lógica desse raciocínio no nível da empresa se mantém. Dificilmente uma empresa poderia pensar em uma estratégia de negócios voltada para o agronegócio. A estratégia é definida e implementada em níveis mais finos, sejam eles referentes a cadeias de suprimentos, mercados ou produtos.

O SAI pode ser visto como sendo composto por oito conjuntos de atores:[42]

1. Agricultura, pecuária, pesca, silvicultura etc.
2. Indústrias agroalimentares (IAA).
3. Distribuição agrícola e alimentar.
4. Comércio internacional.
5. Consumidor.
6. Indústrias e serviços de apoio.
7. Agroindústrias não alimentares.
8. Restaurantes, hotéis etc. (*food services*).

Conforme mencionado anteriormente, o sistema agroindustrial pode-se dividir como vemos na Figura 1.4.

Complexo agroindustrial:[ix] um complexo agroindustrial, tal como ele é entendido neste trabalho, tem como ponto de partida determinada matéria-prima de base. Dessa forma, poder-se-ia, por exemplo, fazer alusão ao complexo soja, ao complexo leite, ao complexo cana-de-açúcar, ao complexo café etc. A arquitetura desse complexo agroindustrial seria ditada pela "explosão" da matéria-prima principal que o originou, segundo os diferentes processos industriais e comerciais que ela pode sofrer até se transformar em diferentes produtos finais. Assim, a formação de um complexo agroindustrial exige a participação de um conjunto de cadeias agroindustriais de produção, cada uma delas associada a um produto ou família de produtos.

---

ix Alguns autores franceses diferenciam cadeia de produção de cadeia de produto. Uma cadeia de produção teria seu espaço analítico delimitado pelas várias operações de produção associadas a uma matéria-prima de base. Assim, o ponto inicial de construção do modelo seria essa matéria-prima (café, soja, leite, trigo etc.). Uma cadeia de produto seria delineada a partir de um produto final. A expressão *cadeia de produção* está, no caso deste texto, associada à ideia de complexo agroindustrial, e *cadeia de produto* é o que aqui vem sendo denominado cadeia de produção agroindustrial. Cabe ressaltar que a expressão *complexo agroindustrial* foi utilizada por vários autores brasileiros, notadamente Angela Kageyama, Geraldo Muller, José F. Graziano, Ney Bittencourt de Araújo, entre outros. No entanto, a preocupação central e a aplicação da expressão, no contexto deste texto, diferem daquelas que vêm sendo utilizadas pelos autores supracitados.

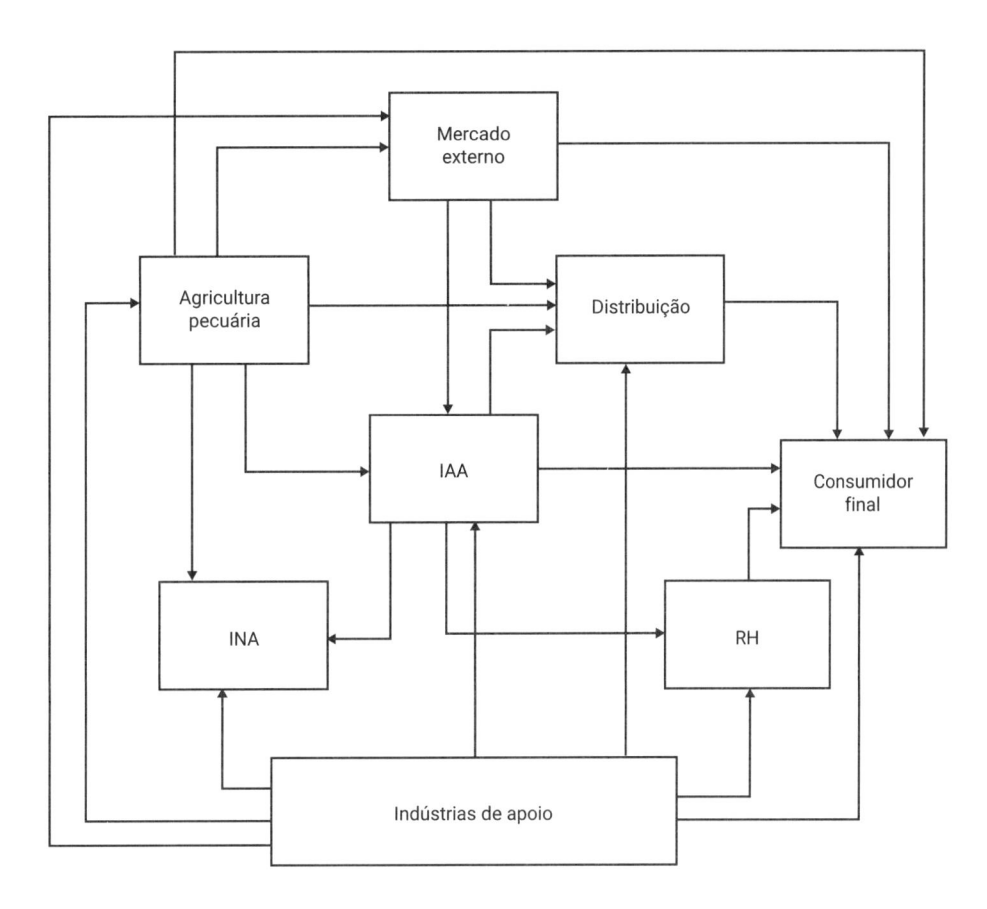

Figura 1.3 Agentes formadores do sistema agroindustrial.[43]

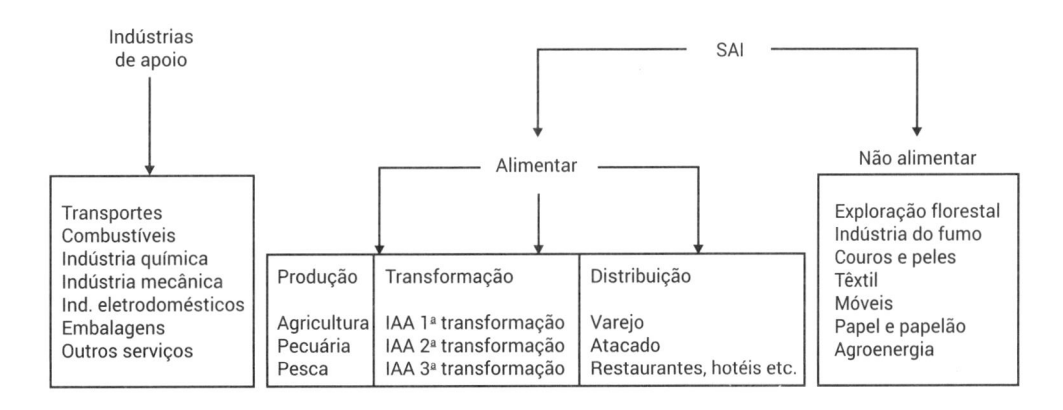

Figura 1.4 Sistema agroindustrial.

Cadeia de produção agroindustrial: o conceito de cadeia de produção agroindustrial já foi apresentado anteriormente. Cabe somente destacar que, ao contrário do complexo agroindustrial, uma cadeia de produção é definida a partir da identificação de determinado produto final. Após essa identificação, cabe ir encadeando, de jusante a montante, as várias operações técnicas, comerciais e logísticas, necessárias à obtenção do produto em questão.

A Figura 1.5, a título de exemplo, apresenta as cadeias de produção da manteiga, da margarina, do requeijão e do creme vegetal.

Unidades socioeconômicas de produção: existe ainda outro nível de análise representado pelas ditas unidades socioeconômicas de produção (USEP) que participam em cada cadeia. São essas unidades que asseguram o funcionamento do sistema. Elas têm a capacidade de

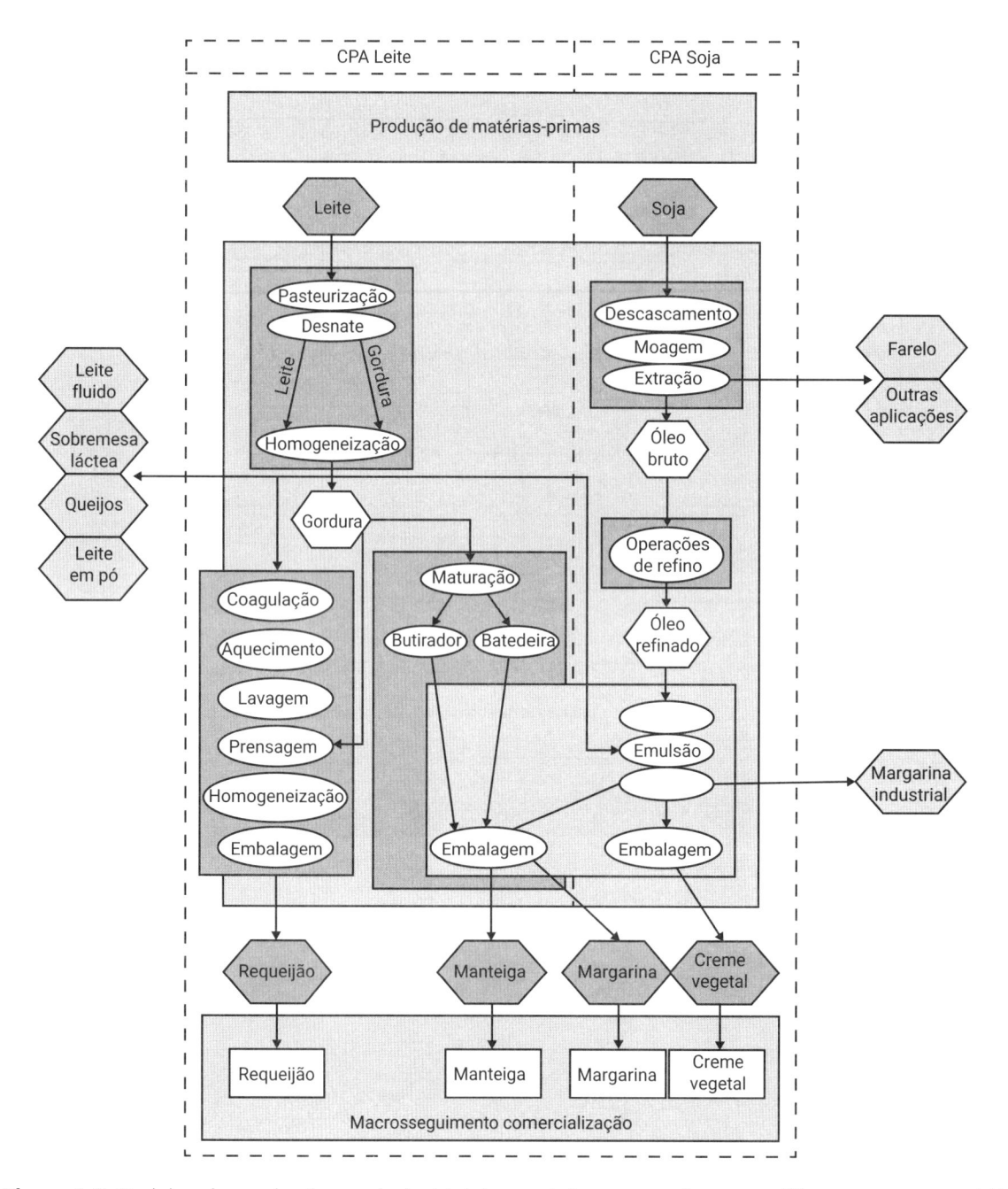

Figura 1.5 Cadeias de produção agroindustrial de manteiga, margarina, requeijão e creme vegetal.[44]

influenciar e ser influenciadas pelo sistema no qual estão inseridas. No caso do SAI, as USEP apresentam uma variedade de portes, negócios e formas de atuação muito grandes. Não existem, porém, dúvidas de que a eficiência do sistema como um todo passa pela eficiência de cada uma dessas unidades. Esse é um dos motivos que justificam a própria existência de uma área de pesquisa e atuação voltada à gestão dos sistemas agroindustriais.

O Quadro 1.2 apresenta o aspecto multifacetado das principais USEP que compõem o SAI. Assim, fazem parte do sistema agroindustrial desde uma cadeia internacional de supermercados até um pequeno comércio de bairro, desde uma pequena agroindústria local que atende mercados regionais até grandes conglomerados agroindustriais internacionais, articulados em cadeias globais de produção. Espera-se, portanto, que essa disparidade leve a necessidades diferentes em termos de gestão, financiamento, tecnologia, pessoal, comercialização etc. Afastado qualquer viés ideológico na observação deste quadro, é óbvio que grande parte dos produtos e serviços desses atores é complementar e importante à sociedade. A discussão que muitas vezes coloca em campos opostos o que alguns denominam empresas do agronegócio e a chamada agricultura familiar parece ignorar essa complementaridade e não encontra respaldo ou justificativa no aporte teórico trazido pela bibliografia que trata dos negócios e da economia dos sistemas agroindustriais de produção.[45]

1.7 VISÃO SISTÊMICA E MESOANÁLISE NOS SISTEMAS AGROINDUSTRIAIS

Embora surgidas em épocas e lugares diferentes, as abordagens analíticas oriundas do enfoque proposto por Goldberg e por economistas franceses guardam semelhanças importantes. Ambos os conceitos realizam cortes verticais no sistema econômico definidos a partir de determinado produto final (caso mais comum na escola francesa), ou a partir de uma matéria-prima de base, para então estudar a lógica de formação e funcionamento do espaço analítico formado a partir dessa definição. Assim, ambos abandonam a tradicional divisão do sistema econômico em três setores: agricultura, indústria e serviços. Os dois conceitos compartilham a noção de que a agricultura deve ser vista dentro de um sistema mais amplo composto também, e principalmente, pelos produtores de insumos, pelas agroindústrias e por agentes de distribuição/comercialização. A aplicação potencial dessas duas abordagens pode ser vista na proposição, implementação e avaliação de políticas públicas e privadas afetas aos sistemas agroindustriais. Os dois conceitos utilizam a noção de sucessão de etapas produtivas, desde a produção de insumos até o produto acabado, como forma de orientar a construção de suas análises e propostas de intervenção. Além disso, ambos os conceitos destacam o aspecto dinâmico do sistema e tentam assumir um caráter prospectivo nas suas análises.

Uma das principais diferenças entre essas duas vertentes teóricas reside na importância dada ao consumidor final como agente dinamizador da cadeia. Uma análise em termos de cadeias de produção, dentro dos moldes propostos pela escola francesa, parte do mercado final (produto acabado) em direção à matéria-prima de base que o originou.[x] Por outro lado, as aplicações em termos de CSA têm, em sua grande maioria, elegido uma matéria-prima de base (laranja, café, trigo, leite etc.) como ponto de partida para análise. Como será visto, essa diferença não é negligenciável quanto a suas implicações na determinação do espaço analítico delimitado.

Este livro considera que as noções de sistema agroindustrial (SAI), complexo agroindustrial (CAI) e cadeia de produção agroindustrial (CPA), tais como são aqui apresentadas, respeitam as premissas básicas e assumem a lógica teórica dos dois enfoques anteriormente apresentados. Assim, abandona-se a discussão comparativa entre os dois modelos em detrimento de alguns aspectos comuns e úteis aos dois *approaches* já discutidos.

Dois dos principais aspectos assumidos pelos dois modelos apresentados são o caráter mesoanalítico e sistêmico dos estudos em termos de cadeia de produção agroindustrial.

A mesoanálise encontrou nos economistas industriais franceses seus principais defensores e utilizadores. Ela foi proposta para preencher a lacuna existente entre os dois grandes corpos da teoria econômica: a microeconomia, que estuda as unidades de base da economia (a empresa,

Quadro 1.2 Unidades socioeconômicas ligadas ao agronegócio que formam o SAI[46]

Setores funcionais / Formas de organização	Produção agrícola	Transformação agroindustrial	Distribuição	Alimentação fora do domicílio (*food services*)
Pequeno porte	Pequenas propriedades familiares	Padarias, açougues, consumo tradicional	Padarias, fruteiras, feirantes	Restaurantes e bares
Grande porte	Empresas capitalistas	Empresas industriais	Supermercados	Redes de lanches *fast food*
Cooperativa	Cooperativas agrícolas	Cooperativas de transformação	Cooperativas de consumo	Cantinas
Pública	Institutos de pesquisa	–	CONAB	Restaurantes populares, exército, escolas

---

x   O fato de que em grande parte dos produtos agroindustriais se possa encontrar determinada matéria-prima de base responsável por uma parcela determinante da estrutura de custos do produto final aumenta a linearidade da cadeia e explica parcialmente o sucesso que este conceito encontrou junto aos profissionais ligados ao sistema agroindustrial. Cabe destacar que a complexidade de análise de uma cadeia de produção agroindustrial aumenta à medida que sua linearidade diminui.

o consumidor etc.) e que utiliza as "partes para explicar o todo", e a macroeconomia, que "parte do todo (o Estado, os grandes agregados econômicos etc.) para explicar o funcionamento das partes".

Um enfoque mesoanalítico permitiria responder às questões sobre o processo de concorrência e opções estratégicas das firmas, bem como sobre o processo distributivo entre os agentes econômicos.[47] Esse enfoque partilha a abordagem clássica da economia industrial que "não é a firma nem a economia global, mas a indústria (ou setor industrial)". Ele representa o lugar de encontro das preocupações dos economistas e dos administradores. Os primeiros com a preocupação de validar empiricamente suas teorias, e os segundos com a preocupação de encontrar um *status* científico para suas recomendações.[48] Vale dizer que no caso do agronegócio o conceito de mesoanálise identifica-se de forma mais coerente e racional com os contornos de uma cadeia agroindustrial do que com os contornos de um setor econômico específico. Do ponto de vista da gestão e de algumas análises econômicas, os contornos de todo um setor podem ser demasiadamente amplos para comportarem alguma utilidade prática.

Assim, a mesoanálise pode ser definida como sendo "a análise estrutural e funcional dos subsistemas e de sua interdependência dentro de um sistema integrado de produção". Essa definição remete diretamente a um enfoque sistêmico, característica importante de uma cadeia de produção agroindustrial.

A teoria geral de sistemas foi lançada por um biólogo austríaco, Ludwig von Bertalanffy, em 1950.[49] Suas ideias foram rapidamente assimiladas e utilizadas em algumas áreas da física e das engenharias para, posteriormente, chegarem às ciências sociais nos anos 1960. Atualmente, as aplicações da teoria de sistemas espalham-se por todas as áreas de conhecimento.

Um sistema pode ser definido como um conjunto formado de elementos ou subelementos em interação. Ele caracteriza-se pelas seguintes condições:

- Estar localizado em um ambiente delimitado.
- Possuir fronteiras definidas (contornos).
- Cumprir uma função ou exercer uma atividade.
- Estar dotado de uma estrutura (subsistemas) e evoluir no tempo.
- Ter objetivos definidos.

Essas condições, necessárias à existência de um sistema, não são incompatíveis com a noção de cadeia de produção. Ao contrário, uma análise em termos de cadeias de produção deve necessariamente levar em consideração as características citadas.

Segundo Rastoin e Ghersi,[50] um sistema agroindustrial pode ser considerado como um sistema:

- Que tem objetivos definidos (atender o consumidor).
- Biológico (pela natureza das suas matérias-primas e produtos).
- Aberto (evolui de forma interativa com seus ambientes econômico, cultural e social).
- Complexo (envolve milhões de agentes na agricultura, indústria, distribuição, alimentação coletiva etc.).
- Com produção submetida a variações climáticas, volatilidade dos mercados, problemas sanitários e fitossanitários etc.
- De regulação complexa, pois submetida à lógica dos mercados, de políticas de Estado e de acordos internacionais.

Dessa forma, a contribuição da teoria de sistemas para o estudo dos problemas agroindustriais pode se dar pelo exercício da delimitação do sistema, da caracterização da sua estrutura e, principalmente, pela compreensão da sua dinâmica de funcionamento.

Uma análise sistêmica tem como pré-requisito a definição de vários aspectos que caracterizam o problema a ser estudado, isto é, a definição do sistema e de seu ambiente passa necessariamente pela definição do objetivo a ser alcançado pela análise. Assim, uma análise em termos de cadeia de produção deve também definir várias condições que são consequência do objetivo a ser atingido. Duas das mais importantes e mais difíceis dessas definições referem-se aos "contornos" do espaço de análise a ser estudado e ao nível de detalhamento da análise a ser empreendida.

A ótica sistêmica implícita nessas duas abordagens pressupõe a participação coordenada de produtores agropecuários, agroindústrias, distribuidores, além de organizações responsáveis pelo financiamento, transporte etc., na produção, industrialização e distribuição dos alimentos e insumos.

Pode-se dizer que o enfoque sistêmico da produção agroindustrial é guiado por cinco conceitos-chave:[51]

1. **Verticalidade:** significa que características de um elo da cadeia influenciam fortemente os outros elos.
2. **Orientação pela demanda:** a ideia aqui é de que a demanda gera informações que determinam os fluxos de produtos e serviços ao longo de toda a cadeia produtiva.

3. **Coordenação dentro da cadeia:** as relações verticais dentro das cadeias de suprimento e comercialização, incluindo o estudo das formas alternativas de coordenação (contratos, mercado *spot* etc.), são de fundamental importância para a dinâmica de funcionamento das cadeias.
4. **Competição entre sistemas:** um sistema pode envolver mais de um canal de comercialização (por exemplo, exportação e mercado doméstico), restando à análise sistêmica tentar entender a competição que se estabelece entre os canais e examinar como alguns deles podem ser criados ou modificados para melhorar o desempenho econômico dos agentes envolvidos.
5. **Alavancagem:** a análise sistêmica busca identificar pontos-chave na sequência produção-consumo em que ações podem melhorar a eficiência de um grande número de participantes de uma só vez.

Melese[52] propõe uma abordagem de análise do sistema organização-meio ambiente que se coaduna bem com a noção mesoanalítica da cadeia de produção. Ele parte da premissa de que "toda empresa ou toda administração está inserida em um meio ambiente dinâmico com o qual ela está em interação permanente". Assim, uma análise externa do tipo mesoanalítico deve estudar as mudanças do meio ambiente sem esquecer, no entanto, da estrutura interna da firma. A divisão da firma em subsistemas estáticos (marketing, vendas, produção etc.) é artificial. Esse fracionamento não permite compreender o comportamento global da empresa nem sua inserção em seu meio ambiente político, social, econômico e tecnológico.

Uma cadeia de produção agroindustrial pode ser vista como um sistema aberto. Esse enfoque, desenvolvido inicialmente no campo da biologia, está centrado nas relações existentes entre o organismo (ou a organização) e o seu meio ambiente. Nesse caso, as fronteiras do sistema são permeáveis e permitem trocas com o meio ambiente. Esse enfoque remete ao conceito de estrutura do sistema. A estrutura é percebida como a maneira pela qual as partes do sistema estão integradas internamente.

A definição dos contornos de um sistema-cadeia de produção como o que vem sendo abordado vai depender do objetivo determinado pelo analista. No entanto, é forçoso admitir que essas fronteiras mudam ao longo do tempo. Essas mudanças são decorrentes basicamente de cinco conjuntos de fatores: fatores políticos, fatores econômicos e financeiros, fatores tecnológicos, fatores socioculturais e fatores legais ou jurídicos. Esse assunto será abordado com mais detalhes nos capítulos seguintes.

O enfoque sistêmico considera que todo sistema evolui no espaço e no tempo em função de mudanças internas e externas ao sistema. Enquanto sistema, uma cadeia de produção agroindustrial também estará sujeita a mudanças ao longo do tempo.

Essas transformações podem ser resultado do deslocamento das fronteiras do sistema, de mudanças no meio ambiente, ou ainda de um rearranjo interno dos subsistemas que formam o sistema principal. Tais fatores podem atuar isoladamente ou de maneira simultânea. Essa característica dinâmica dos sistemas é muito utilizada para estudar a evolução histórica de uma cadeia de produção agroindustrial e, a partir desse estudo, elaborar predições sobre o futuro da cadeia em questão.

As empresas exercem ações sobre o ambiente que as cerca com o objetivo de atingir seus objetivos. Essas ações podem ser o resultado de seus vários agentes internos. Por sua vez, o ambiente reagirá de certa forma a esse estímulo. Tal resposta poderá traduzir-se, por exemplo, em novas restrições para a política da empresa. Assim, a empresa deve buscar um equilíbrio dentro dessa dinâmica concorrencial por meio da tentativa de obter as respostas mais favoráveis em relação aos objetivos a serem alcançados. O ambiente concorrencial apresentará sempre determinadas condições (tecnológicas, econômicas, sociais etc.) que podem alterar essa dinâmica de funcionamento. A análise de cadeias de produção deve estudar o equilíbrio existente em determinada situação para identificar as condições que podem alterar esse equilíbrio.

Uma análise de cadeias de produção pode também servir como ferramenta de estudos de caráter mais estático. Ela pode servir, por exemplo, para retratar, em dado momento, a situação de encadeamento técnico e econômico de uma cadeia de produção. No entanto, "congelando" essa estrutura no tempo, a análise perde muito de seu caráter explicativo.

De certo modo, as formas de representação do sistema agroindustrial têm variado ao longo do tempo. Sobal *et al.*[53] repertoriaram quatro formas de representação de sistemas agroindustriais: *food chain* (cadeia agroindustrial),[xi] *food cycle* (modelo circular), *food web* (redes) e *food context* (ver Figura 1.6). Embora os autores refiram-se especificamente à representação de sistemas agroalimentares, nada impede que a mesma lógica seja usada para a representação de sistemas agroindustriais não alimentares.

---

xi Essa forma de representação é amplamente discutida neste capítulo.

Food chain   Food cycle   Food web   Food context

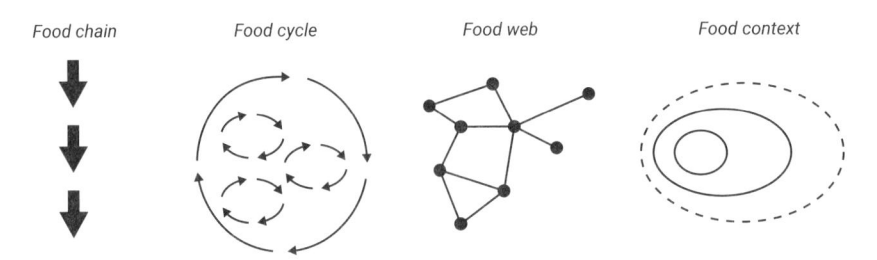

Figura 1.6 Formas de representação do sistema agroalimentar.[54]

Segundo esses autores, uma representação em termos de *food chain* foca-se no fluxo de produtos e matérias-primas ao longo de uma sequência de estágios, enfatizando um encadeamento ordenado e linear desses estágios de transformação. Essa noção aproxima-se bastante da noção de cadeia agroindustrial. Por outro lado, uma representação em termos de *food cycle* (modelo circular) detém-se sobre os mecanismos de retroalimentação, sobretudo de informações (*feedbacks*), dentro do sistema. A utilização da teoria de *system dynamics* para a simulação de sistemas agroindustriais pode se beneficiar dessa forma de representação. As representações em forma de rede (*food web*) já foram comentadas neste texto e vêm ganhando importância como espaço de análise dos sistemas agroindustriais. A última forma de representação, *food context*, centraliza suas atenções nas relações entre o sistema agroindustrial e as implicações do seu ambiente na sua dinâmica de funcionamento.

Independentemente da forma de representação, pode-se dizer que um sistema agroindustrial é formado por uma rede de agentes econômicos, sociais e políticos interagindo em um dado espaço geográfico (região, município, estado, país etc.) para a produção de produtos ou serviços de base biológica voltados à satisfação das necessidades dos consumidores.

Existem várias metodologias e ferramentas que dão suporte a aplicações do chamado pensamento sistêmico. Normalmente, elas envolvem a identificação dos agentes do sistema (componentes), a maneira como eles interagem entre si, a avaliação da intensidade dessas interações e, o que é mais difícil, a previsão de como essas relações evoluirão no tempo. Essa ideia está na base da Teoria dos Sistemas. Essa teoria rompe com os modelos analíticos de inspiração cartesiana, especialmente adaptados às ciências exatas tais como a física, a química e a matemática, para privilegiar análises holísticas de interação de processos em situações permanentes de instabilidade estrutural. Os trabalhos de Jay Forrester[55] na área dos sistemas dinâmicos (*system dynamics*) e as reflexões de Edgar Morin[56] sobre a teoria dos sistemas complexos fazem parte desse mesmo movimento teórico.

BOXE 1.1 Aplicação de dinâmica de sistemas na cadeia citrícola

Ferreira et al.[58] utilizaram uma abordagem sistêmica para estudar o comportamento de uma cadeia agroindustrial citrícola, mais precisamente dos elos da produção agrícola e do processamento industrial (ver Figura 1.8). Eles demonstraram que o planejamento integrado das produções agrícolas e industriais em uma cadeia agroindustrial pode aumentar a competitividade de toda a cadeia e trazer benefícios para todos os seus agentes. A hipótese investigada nesse trabalho está na base de grande parte dos estudos atuais de coordenação de cadeias produtivas. A abordagem em termos de dinâmica de sistemas (*system dynamics modeling*) utilizada mostrou-se muito útil para explorar e avaliar quantitativamente esses benefícios. Os pesquisadores construíram um modelo de dinâmica de sistemas que avaliou se mecanismos integrados de planejamento de produção agrícola e industrial podem melhorar o desempenho competitivo do sistema agroindustrial citrícola no Brasil. Os cenários testados pelo modelo utilizaram a introdução gradual de novas variedades de laranja e alternativas tecnológicas na produção de citros, tais como produção irrigada e não irrigada. Os resultados dessa pesquisa mostram, quantitativamente, que mudanças nos parâmetros de produção de citros podem proporcionar ganhos a todo o sistema de produção, incluindo as próprias indústrias processadoras. Assim, fica claro que o planejamento integrado da produção pode efetivamente melhorar a coordenação dos sistemas de produção agroindustriais.

Os resultados obtidos com a aplicação teórica do modelo mostraram que o planejamento integrado pode aumentar a renda por hectare de produtores agrícolas em 70% e a margem EBITDA do agronegócio em 43%. Dessa forma, o uso de mecanismos integrados de planejamento é uma estratégia importante para as cadeias de produção do agronegócio brasileiro conservarem seu crescimento e permanecerem competitivas.

Uma boa aplicação da visão sistêmica aplicada ao caso agroindustrial pode ser vista na Figura 1.7. Nessa figura, Zhang e colaboradores apresentam um modelo de relações causais para um sistema agroalimentar que eles denominam sistema ecoagroalimentar. Essa representação destaca alguns fatores ambientais ligados com a sustentabilidade do sistema. A questão da sustentabilidade vem ganhando cada vez mais importância nas discussões teóricas e empíricas ligadas aos sistemas agroindustriais.[xii]

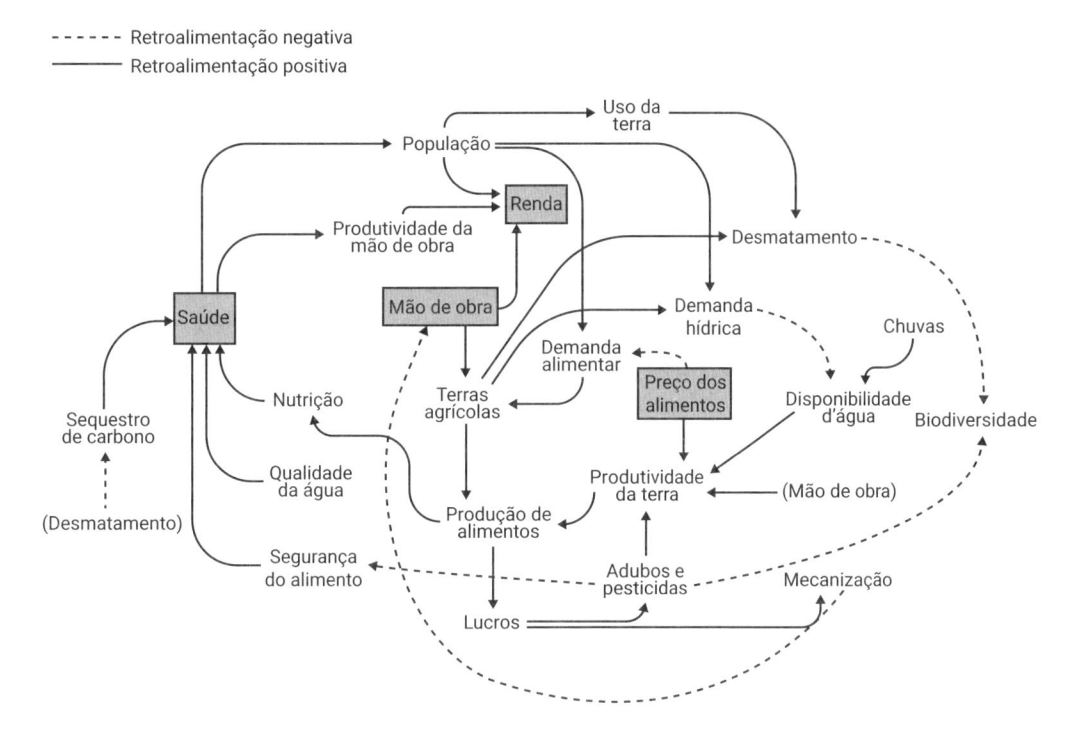

Figura 1.7 Relações causais em um sistema ecoagroalimentar genérico.[57]

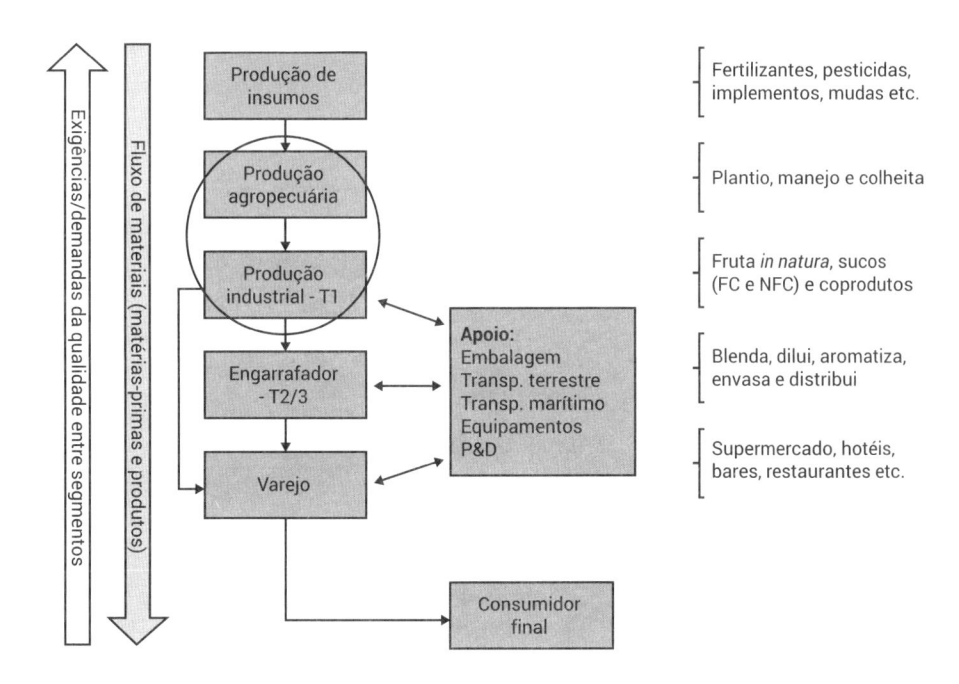

Figura 1.8 Sistema agroindustrial citrícola no Brasil.

---

xii O Capítulo 11 retoma a questão da sustentabilidade no agronegócio.

1.8 PRINCIPAIS APLICAÇÕES DO CONCEITO DE CADEIA DE PRODUÇÃO AGROINDUSTRIAL

A literatura aponta sete principais utilizações para o conceito de cadeia de produção. Essas aplicações do conceito, como será visto a seguir, confundem-se com os próprios métodos e técnicas utilizadas para operacionalizá-los. As aplicações aqui examinadas consistem na utilização do conceito de cadeia de produção como:

- Metodologia de divisão setorial do sistema produtivo.
- Formulação e análise de políticas públicas e privadas.
- Ferramenta de descrição técnico-econômica.
- Metodologia de análise da estratégia das firmas.
- Ferramenta de análise das inovações tecnológicas e apoio à tomada de decisão tecnológica.
- Análises do ciclo de vida dos produtos (*Life Cycle Analysis*).
- Análises de competitividade.

Vários autores têm utilizado as cadeias de produção como ferramenta de divisão setorial do sistema produtivo. Esse enfoque utiliza métodos estatísticos para tentar explicar a formação de ramos e setores, dentro do sistema produtivo. Na verdade, a regra para a formação das cadeias e complexos agroindustriais é simples e razoavelmente intuitiva: as cadeias de produção que pertencem ao mesmo complexo agroindustrial possuem relações comerciais mais próximas do que as que não pertencem a ele, e os agentes que possuem relações comerciais próximas pertencem às mesmas cadeias de produção. Esse enfoque merece algumas críticas. Os parâmetros utilizados para a classificação são variáveis de comércio (relações comerciais). Nessa abordagem, a tecnologia, entre outros fatores, é negligenciada como agente explicativo da formação das cadeias. Além disso, os resultados obtidos são consequência dos números da contabilidade nacional, o que nem sempre espelha a realidade.

1.8.1 Cadeias de produção como ferramentas de análise e formulação de políticas públicas e privadas

A utilização do conceito de cadeia de produção como instrumento de formulação e análise de políticas públicas e privadas busca fundamentalmente identificar os elos fracos de uma cadeia de produção e incentivá-los mediante políticas adequadas. O resultado perseguido seria, em grande parte dos casos, o aumento do adensamento produtivo em um dado recorte geográfico (região, estado, país, bloco econômico etc.). Segundo essa visão, o sucesso de uma cadeia de produção agroalimentar pode advir do desenvolvimento harmonioso de todos os agentes que atuam na cadeia. Assim, no estabelecimento de políticas desenvolvimentistas regionais, um dos trabalhos do analista seria identificar os elos da cadeia complementares às atividades já existentes na região e estimular seu desenvolvimento por meio de mecanismos governamentais pertinentes. De certa forma, essa visão contrapõe-se àquela de promover o surgimento de grandes firmas que, segundo essa outra visão, poderiam atuar como impulsionadoras do desenvolvimento do conjunto da cadeia.

Uma análise em termos de cadeia de produção agroindustrial permite uma visão global do sistema, a qual teria a faculdade de evidenciar a importância de melhor articulação entre os agentes econômicos privados, o poder público e os desejos e as necessidades dos consumidores dos produtos finais da cadeia. Além disso, ela facilitaria uma melhor coordenação entre os agentes envolvidos diretamente com as atividades da cadeia de produção e os agentes ditos "de apoio", entre os quais se destaca o governo.

Nos últimos anos, a noção de sistema de produção, nas suas mais diversas designações e variantes teóricas, vem sendo revisitada e revalorizada como instrumento importante para a definição de políticas públicas. Iniciativas que procuram reunir os vários agentes (públicos e privados) de uma cadeia de produção, seja ela agroindustrial ou não, para o estabelecimento de políticas públicas e privadas têm se multiplicado. De fato, a indústria tem passado por um movimento de desintegração vertical que deriva da financeirização da economia, da globalização das trocas comerciais e da revolução digital.[59] As novas formas de relação entre indústrias que nascem desse movimento demandam políticas de estímulo ao desenvolvimento sintonizadas com esse movimento. Nessa visão, é necessário compreender e estimular as empresas enquanto objetos diretos de intervenção, sem, no entanto, descuidar do fato de que elas evoluem em um quadro sistêmico de competição e cooperação que vai muito além dos seus limites de decisão e atuação, mas que têm caráter decisivo nos seus desempenhos competitivos. Assim, importa considerar espaços analíticos e alvos de intervenção que tenham caráter regional, nacional ou internacional. Dessa forma, é fundamental que iniciativas em termos de políticas públicas de desenvolvimento considerem, além das questões clássicas de geração de emprego, renda, inovação etc., condições para a melhoria das relações de cooperação interfirmas. É nesse contexto que o conceito de sistema de produção, incluindo os sistemas agroindustriais de produção, ganham importância para a análise e definição de políticas públicas de desenvolvimento.

1.8.2 Cadeias de produção como ferramentas de descrição técnico-econômica

A cadeia de produção vista como um conjunto sucessivo de operações técnicas constitui a definição mais imediata e conhecida do conceito. Esse enfoque consiste em descrever as operações de produção responsáveis pela transformação da matéria-prima em produto acabado ou semiacabado. Segundo essa lógica, uma cadeia de produção apresenta-se como uma sucessão linear de operações técnicas de produção.

Um procedimento que vem completar essa "análise técnica" é considerar uma cadeia de produção não somente como ferramenta de descrição técnica, mas também como ferramenta de análise econômica.

Segundo alguns autores,[60,61] esses dois níveis de leitura da cadeia se completam. Existe, nesse caso, a preocupação de estudar, além dos aspectos técnicos, as relações econômicas que se estabelecem entre os agentes formadores da cadeia. Assim, o estudo de uma cadeia de produção deveria dar-se em dois níveis: o nível técnico e o nível econômico.

Nessa ótica técnico-econômica, Parent[62] define uma cadeia de produção como sendo "*a soma de todas as operações de produção e de comercialização que foram necessárias para passar de uma ou várias matérias-primas de base a um produto final, isto é, até que o produto chegue às mãos de seu usuário (seja ele um particular ou uma organização)*".

Por outro lado, Morvan[63] propõe que uma análise das cadeias de produção seja baseada em três fatores diversos: a tecnologia, os mercados e os produtos. Segundo esse enfoque, a superposição desses três elementos definiria uma cadeia de produção dentro de uma visão estática. A visão dinâmica seria representada pela consideração simultânea desses três aspectos ao longo do tempo. Assim, uma modificação em qualquer desses fatores poderia afetar diretamente os outros dois e, dessa forma, relançar a dinâmica interna de funcionamento da cadeia de produção.

Essa análise estrutural de uma cadeia de produção pode ser feita pela construção de um fluxograma representando os seus principais agentes e procurando quantificar as relações estabelecidas entre eles. Essa quantificação pode se dar em termos de produção (volume, quantidade, peso etc.), estoques e/ou fluxo de produtos. Obviamente, essa construção sempre esbarrará nas dificuldades de encontrar os números necessários, delimitar as fronteiras do sistema (quais agentes farão parte da análise?) e qual o espaço geográfico pertinente (regional, nacional ou internacional). Embora essa análise seja bastante interessante para se conhecer a estrutura e a dinâmica de funcionamento de uma cadeia de produção, ela é menos útil para a gestão das firmas agroindustriais. Do ponto de vista da gestão, seria mais interessante a realização de cálculos que levassem à definição das margens de comercialização e do valor agregado entre os vários agentes dos vários elos das cadeias de produção.

Seguindo essa lógica de pensamento, Souza Filho[64] desenvolveu uma metodologia para calcular o valor gerado nas várias atividades da cadeia de produção das quais uma empresa agroindustrial participa. Sua metodologia foi ilustrada pela aplicação em uma cooperativa agropecuária do setor avícola de corte. A metodologia prevê o desenvolvimento de um sistema de custeio baseado em atividades[xiii] (sistema ABC) para o conjunto das atividades da empresa e o cálculo do valor econômico agregado (EVA) em cada uma dessas atividades produtivas. No caso da cooperativa estudada, os cálculos foram feitos para as atividades de abate de aves, incubatório, granja de matrizes e fábrica de ração. Essa aplicação é mais sofisticada do que aquela do cálculo de margens de contribuição. Nesse caso, é possível descobrir quais atividades (ou elos da cadeia) estão criando ou destruindo valor.

1.8.3 Cadeias de produção como metodologia de análise da estratégia das firmas[xiv]

Do ponto de vista da empresa, o subsistema (ou mesossistema) é um lugar de interdependência que delimita, em grande parte, o campo das ações estratégicas possíveis. As fronteiras desse "espaço estratégico" não são completamente definidas e, conforme já visto, mudam ao longo do tempo. Na verdade, as ações que nele se desenvolvem mudam continuamente seus limites.

Segundo essa ótica, uma análise em termos de cadeia de produção, enquanto ferramenta de observação da concorrência, pode revelar-se um quadro de reflexão interessante.[65]

---

xiii Ver Capítulo 7.

xiv Este assunto será retomado em profundidade no Capítulo 2.

Os atores econômicos, dentro de uma cadeia de produção, irão posicionar-se de forma a obter o máximo de margens de lucro em suas atividades, ao mesmo tempo que tentam apropriar-se das margens dos outros atores presentes. Esse jogo representa o principal fundamento da estratégia industrial. Assim, "*a definição de uma estratégia em face da concorrência tem por objetivo posicionar a firma na melhor situação possível para se defender contra as forças da concorrência ou transformá-las a seu favor*".

A relação da firma com seu meio ambiente concorrencial é um pré-requisito essencial à definição de uma estratégia. Esse é justamente um dos pontos fortes da análise de cadeias de produção que busca estudar tais relações, sejam elas tecnológicas, sejam econômicas.

Alguns autores,[66, 67] utilizando esse raciocínio mesoanalítico, propuseram-se a explicar o processo de diversificação por meio de estratégias baseadas no conceito de cadeia de produção. Assim, essa abordagem não considera somente as relações diretas entre os agentes econômicos, mas o conjunto das articulações que constituem a cadeia. Essa metodologia teria a vantagem de evidenciar mais facilmente as sinergias tecnológicas e comerciais entre as várias atividades constitutivas da cadeia.

A visão sistêmica, embora importante para todos os setores econômicos, tem importância capital no caso da estratégia das firmas agroindustriais. Essa estratégia deve levar em consideração não somente recursos, competências e objetivos internos às organizações, mas também as formas como elas interagem, direta ou indiretamente, com os outros agentes econômicos e sociais das cadeias de produção das quais participam. Vale lembrar que essa interação não se dá somente em termos comerciais, podendo atingir outras áreas como desenvolvimento de produtos, campanhas de marketing comuns etc.

A discussão sobre a importância do contexto sistêmico no estabelecimento de estratégias de firmas agroindustriais perpassa várias áreas de interesse e deve ser retomada nos capítulos de estratégia de firmas agroindustriais, *marketing* dos sistemas agroindustriais e gestão das cadeias de suprimentos agroindustriais.

1.8.4 Cadeias de produção como espaço de análise das inovações tecnológicas

De maneira geral, pode-se dizer que a bibliografia referente ao estudo das inovações tecnológicas orienta-se segundo dois caminhos diferentes. O primeiro é centrado em estudos empíricos e baseia-se na análise de uma série de "casos" para, a partir dessas análises, propor uma generalização de métodos e resultados. O segundo, com um arcabouço teórico mais bem definido, apoia-se na definição do arcabouço conceitual, na análise do processo de inovação e na valorização da tecnologia como arma competitiva. Este último *approach* propõe um quadro teórico geral que busca sistematizar as análises que ligam os procedimentos de gestão à tecnologia. O quadro teórico é principalmente representado pelos trabalhos seminais de Schumpeter[68, 69, 70] e de outros autores que, inspirando-se nas ideias de Schumpeter, procuraram explicitar melhor os mecanismos inerentes aos processos de inovação tecnológica.[71, 72, 73, 74]

A noção de cadeia de produção tem sido utilizada por vários autores para estudar o processo de inovação tecnológica. A inovação tecnológica, enquanto variável suscetível de dinamizar a concorrência no interior de uma cadeia de produção, aparece em vários trabalhos.[75, 76, 77]

Segundo Schumpeter, o papel da empresa inovadora é contestar continuamente o equilíbrio das estruturas industriais por meio, entre outras, da modificação das regras do jogo concorrencial. "*O empreendedor inovador modifica a situação estabelecida com o objetivo de obter lucros suplementares e, dessa forma, estimula imitadores e/ou outras inovações a jusante ou a montante da perturbação criada pela inovação inicial.*"[78] Para Schumpeter, a economia é um sistema dinâmico que modifica de maneira contínua suas estruturas sob a pressão da concorrência. A análise em termos de cadeias de produção objetiva justamente a observação das firmas (mesoanálise) dentro de uma ótica sistêmica de ação e reação dos agentes econômicos que as influenciam de maneira direta ou indireta, o que se ajusta perfeitamente com as ideias de Schumpeter.

Além disso, seria razoável pensar que um sistema técnico, nesse caso uma cadeia de produção agroindustrial, seguiria um ciclo de vida análogo ao ciclo de vida dos produtos. Assim, esse sistema acabaria por atingir uma "fase de declínio" que assinalaria sua substituição por um sistema mais eficiente. Esse novo sistema mais eficiente seria tributário de novas tecnologias, bem como de uma nova rede de relações técnicas, logísticas e comerciais.

A representação de um sistema produtivo em termos de cadeia de produção adapta-se muito bem como ferramenta de estudo para identificar, por exemplo, as perturbações criadas a montante e a jusante da inovação original. Esse tipo de análise pode ir ainda mais longe na medida em que permite avaliar as consequências das inovações não somente no interior da cadeia de produção delimitada como espaço analítico inicial (análise vertical), mas também junto a outras cadeias de produção que com ela se interconectam (análise horizontal). Nesse caso, a noção de "operações-nó" pode ser utilizada.

No entanto, Tournemine[79] ultrapassa as ideias de Schumpeter para tentar explicar com detalhes os mecanismos do processo de inovação tecnológica. Assim, os desequilíbrios estruturais ocasionados pelas inovações tecnológicas seriam resultado de três fatores principais: processo acumulativo (mecanismos de *feedback* conduziriam a melhoria contínua e cumulativa do *savoir-faire* científico e técnico e das capacidades organizacionais e de gestão), institucionalização da pesquisa no interior das firmas e interação entre mercado e tecnologia.

Mais recentemente, De Mori *et al.*[80] levaram em consideração esses fatores para propor o conceito de capacidade tecnológica para firmas agroindustriais e uma metodologia para calculá-lo. A mensuração da capacidade tecnológica pode auxiliar as empresas a avaliarem sua capacidade de absorver, usar, adaptar, gerar, desenvolver, transferir e difundir tecnologias. O modelo desenvolvido foi apoiado no cálculo de cinco macroíndices: (i) recursos; (ii) atualização tecnológica; (iii) processos e rotinas; (iv) mecanismos de aprendizagem; e (v) articulação e acessibilidade. A análise da matriz de importância × desempenho e "gráficos teias de aranha" são utilizados para representar e avaliar os resultados alcançados.

A Figura 1.9 faz uma representação esquemática dos fatores levados em conta para o cálculo da capacidade tecnológica das empresas agroindustriais.

Dessa forma, análises baseadas somente em termos de sistemas técnicos (ligações entre operações técnicas, segundo uma rede hierarquizada que evolui progressivamente ao longo do tempo) não seriam capazes de contemplar os pressupostos evocados. Essa crítica, no caso das cadeias de produção agroindustriais, pode ser facilmente contornada mediante as ideias já apresentadas que contemplam análises complementares oriundas de fatores econômicos e financeiros, fatores socioculturais, fatores políticos ou, ainda, fatores legais ou jurídicos.

Uma inovação tecnológica pode ser classificada segundo a "natureza intrínseca da ideia inovadora". Essa classificação origina inovações de caráter predominantemente tecnológico (*technology push*) ou de caráter predominantemente mercadológico (*marketing pull*). Uma firma que adota uma estratégia tecnológica do tipo *technology push* prioriza ações no sentido de desenvolver novos processos de fabricação, novas matérias-primas, produtos de concepção inovadora etc. Empresas voltadas para estratégias tecnológicas do *marketing pull* são orientadas diretamente pela demanda, ou seja, as inovações são resultados diretos da observação dos mercados. Nesse caso, elas estão relacionadas com atividades

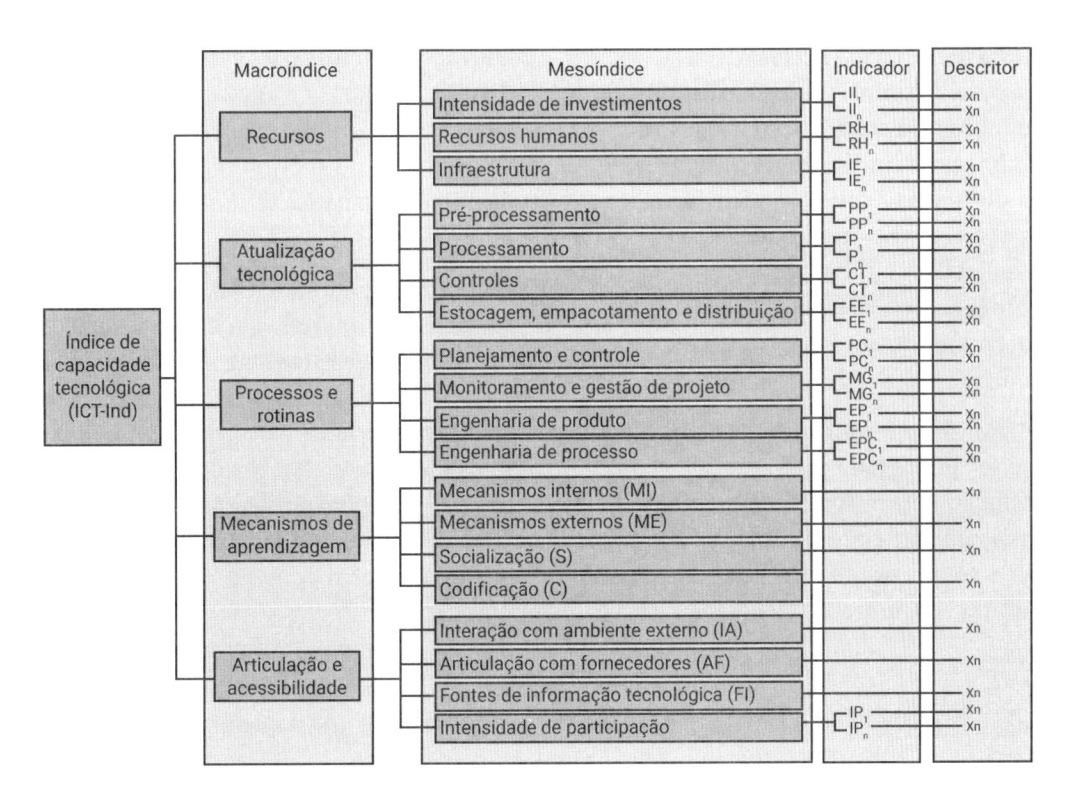

Figura 1.9 Arquitetura do índice de capacidade tecnológica (ICT).[81]

como: novas formas de distribuição, novas formas de embalagem, reposicionamento mercadológico de um produto, novo modo de pagamento ou financiamento do consumidor etc. Esse tipo de inovação, em geral, representa um investimento menos importante e, por consequência, com menor risco para a firma. No caso das firmas agroindustriais, e principalmente no caso das firmas agroalimentares,[xv] a grande maioria das inovações é do tipo *marketing pull*, em que os novos produtos são sobretudo o resultado de novas formulações ou novas embalagens.

As inovações, sejam elas do tipo *technology push* ou *marketing pull*, não devem tornar-se assunto exclusivo de engenheiros e técnicos. Os profissionais de marketing são indispensáveis no processo de análise e de lançamento de novos produtos ou de novas tecnologias. Assim, uma reflexão em termos de cadeia de produção seria interessante para harmonizar os interesses, por vezes discordantes, do marketing, da produção e da pesquisa e desenvolvimento (P&D). Uma representação em termos de cadeia de produção permitiria apresentar as operações técnicas ao lado de operações comerciais e logísticas, de tal forma que seria muito mais fácil para as partes envolvidas exprimirem-se e argumentarem suas ideias em face de uma visão de conjunto.

As operações técnicas de uma cadeia de produção podem ser classificadas segundo seu conteúdo tecnológico[82] em três classes distintas:

a) **Tecnologias de base:** operações necessárias à atividade principal da cadeia, porém facilmente disponíveis e, portanto, sem impacto competitivo importante.
b) **Tecnologias-chave:** operações determinantes do ponto de vista do impacto concorrencial, essas tecnologias estão associadas às "operações-chave"[xvi] da cadeia de produção.
c) **Tecnologias emergentes:** operações ligadas a tecnologias importantes do ponto de vista da evolução futura do sistema.

Assim, a importância da tecnologia e das inovações tecnológicas deve ser ponderada segundo a presença na cadeia de produção desses "tipos" de tecnologias apresentadas. Uma cadeia de produção formada por um sistema técnico composto de tecnologias de base em que a presença, atual ou futura, de tecnologias-chave ou emergentes é negligenciável terá poucas restrições tecnológicas que possam influenciar a concorrência. Esse é o caso para grande parte das cadeias de produção agroindustriais que utilizam processos de fabricação largamente conhecidos e disponíveis para as empresas.

Cabe ressaltar que as inovações tecnológicas são cada vez menos específicas a uma única cadeia de produção. Elas assumem cada vez mais um "caráter transversal", à medida que atingem várias cadeias de produção ao mesmo tempo. As transformações tecnológicas impostas ao sistema encontram, na maioria das vezes, origem externa à atividade considerada inicialmente. Esse é particularmente o caso das cadeias de produção agroindustriais que encontram em outros setores da economia suas principais fontes de inovação tecnológica (embalagens, aditivos, equipamentos, insumos etc.). O setor agroindustrial é tradicionalmente, em todo o mundo, um dos setores que menos investem em P&D.

Uma inovação tecnológica pode ser classificada segundo o "grau de perturbação" que ela ocasiona na cadeia de produção. Assim, é possível distinguir dois tipos principais de inovação tecnológica:

a) **Inovações tecnológicas com tecnologia específica e efeitos locais:** inovações tecnológicas com consequências que repousam quase exclusivamente sobre uma cadeia de produção; esse é o caso, por exemplo, do processo de ultrafiltração do leite realizado na propriedade rural.
b) **Inovações tecnológicas com tecnologia de efeito difuso:** inovações tecnológicas com capacidade de alterar a dinâmica concorrencial de várias cadeias de produção ao mesmo tempo; os avanços na área da microinformática seriam um bom exemplo dessas inovações.

Empresas que adotam uma estratégia do tipo *technology push* teriam interesse em desenvolver tecnologias de efeito difuso, o que garantiria maior número de usuários para essas tecnologias e a diluição dos custos das pesquisas. Por outro lado, o desenvolvimento de inovações tecnológicas com efeitos locais pode proporcionar um controle mais estreito de dada cadeia de produção agroindustrial, o que, segundo a atratividade dos mercados a ela ligados, também pode significar uma boa estratégia concorrencial.

---

xv Neste livro, consideram-se as firmas agroalimentares como um subconjunto das firmas agroindustriais.

xvi Uma operação básica elementar (técnica, comercial ou logística) pode ser considerada chave quando influencia de maneira importante a dinâmica de funcionamento de uma cadeia de produção agroindustrial, condicionando sua forma e/ou a intensidade das trocas ocorridas no exterior ou no interior de seus limites.

É importante mencionar que grande parte das inovações tecnológicas dos sistemas agroindustriais é gerada por empresas que não participam diretamente do fluxo de transformação da matéria-prima agropecuária em produto final. Assim, por exemplo, as inovações tecnológicas relacionadas com o setor agropecuário não são desenvolvidas pelos agricultores ou pecuaristas, mas pelos setores de sementes, defensivos animais e vegetais, alimentação animal, máquinas e equipamentos etc. (ver Figura 1.10). Similarmente, grande parte das inovações das indústrias alimentares advém do setor de embalagens, máquinas e equipamentos, aditivos etc. O setor de desenvolvimento de ferramentas de automação comercial exerce a mesma função para o setor de distribuição. Dessa forma, pesquisas em inovações tecnológicas no setor agroindustrial devem se debruçar, necessariamente, sobre esses atores das chamadas "indústrias de apoio".

Finalmente, é importante mencionar a existência de trabalhos que aliam conhecimentos na área de inovação tecnológica com a lógica sistêmica dos sistemas produtivos para estudar o processo de desenvolvimento regional lastreado em atividades do agronegócio. A proposição de um conceito de sistemas locais de produção agroindustrial e de uma metodologia para mensurar a competitividade desses sistemas desenvolvidos por Campeão[83] avança nessa direção. Em um trabalho mais recente, Santos[84] apresenta um conceito de capacidade tecnológica territorial (CTT), que ele define como:

> a capacidade existente no território (reconhecido ou formalizado) para utilizar, adaptar, gerar, difundir e transferir tecnologia, por meio de seus sistemas técnico-produtivos, de aprendizagem tecnológica e de infraestrutura produtiva, lastreados pelas sinergias das características econômicas, sociais e institucionais do território, visando ao desenvolvimento territorial.

A Figura 1.11 apresenta, resumidamente, os vários aspectos que serviriam a definir a capacidade tecnológica de um território. Segundo esse modelo, a capacidade tecnológica territorial seria definida a partir de quatro diferentes dimensões: técnico-econômico-produtiva, sócio-organizacional, institucional e político-administrativa.

O modelo proposto para avaliar a capacidade tecnológica territorial permitiria:[86]

1. Auxiliar na definição de políticas de transferência de tecnologias com foco na inovação.
2. Comparar o nível da capacidade tecnológica entre tecnologias distintas em um território.
3. Comparar o nível da capacidade tecnológica de uma tecnologia em territórios distintos.

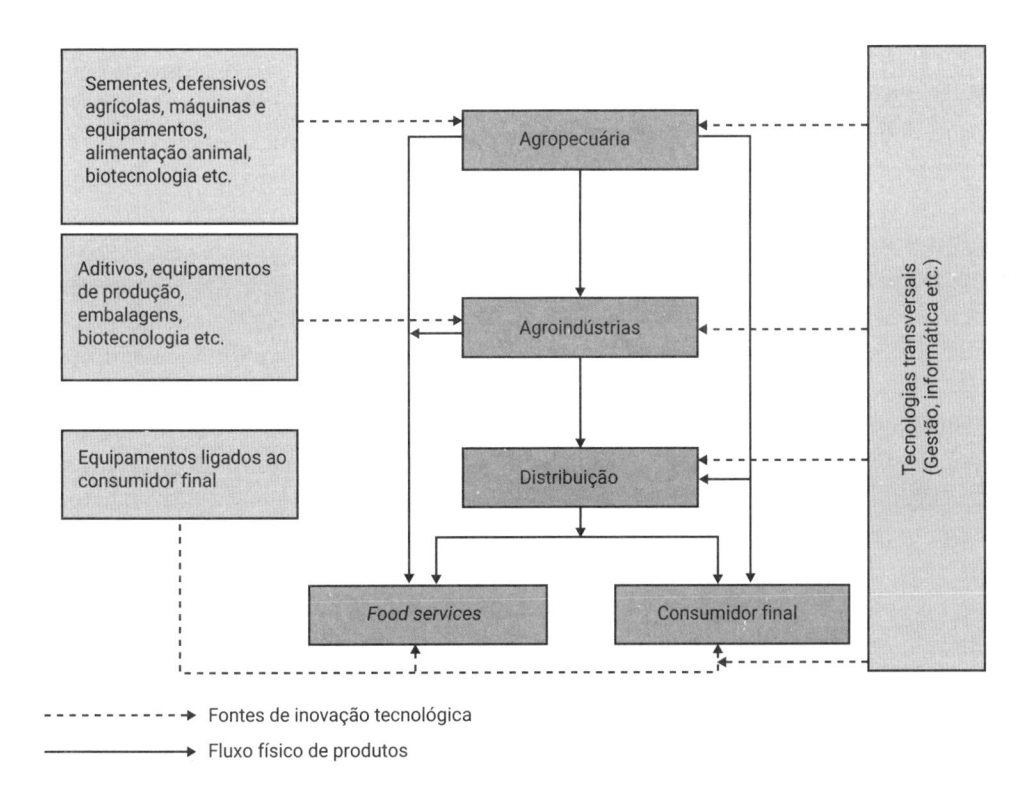

Figura 1.10 Fontes de inovação tecnológica no sistema agroindustrial.

Técnico-econômico-produtiva
- Sistema técnico-produtivo existente no território
- Dinâmica tecnológica
- Assistência técnica
- Fisiografia do território
- Acesso a mercados
- Infraestrutura

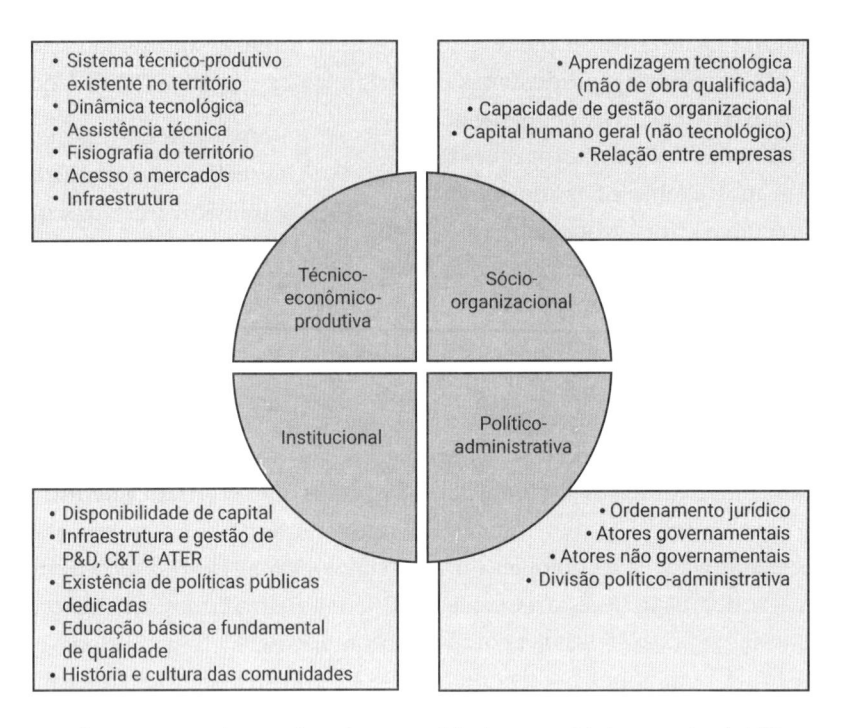

Sócio-organizacional
- Aprendizagem tecnológica (mão de obra qualificada)
- Capacidade de gestão organizacional
- Capital humano geral (não tecnológico)
- Relação entre empresas

Institucional
- Disponibilidade de capital
- Infraestrutura e gestão de P&D, C&T e ATER
- Existência de políticas públicas dedicadas
- Educação básica e fundamental de qualidade
- História e cultura das comunidades

Político-administrativa
- Ordenamento jurídico
- Atores governamentais
- Atores não governamentais
- Divisão político-administrativa

Figura 1.11 Dimensões da capacidade tecnológica territorial.[85]

4. Avaliar a evolução da capacidade tecnológica de um território para determinada tecnologia ou sistema produtivo a partir de aplicações sucessivas do modelo.
5. Captar o potencial da capacidade tecnológica existente.

1.8.5 Análises do ciclo de vida dos produtos (*life cycle analysis*)

Métodos de avaliação do ciclo de vida dos produtos têm se popularizado como ferramentas de análise, planejamento e gestão de empresas e outros sistemas produtivos que contemplam aspectos que vão além das fronteiras das empresas, como, por exemplo, no caso das cadeias de produção. Embora a avaliação de sustentabilidade do ciclo de vida (*Life Cycle Sustainability Assessment* – LCSA) seja mais lembrada e utilizada para análises ambientais (*Environmental Life Cycle Assessment* – E-LCA), deve-se lembrar que ela também comporta análises em termos de custos (*Life Cycle Costing* – LCC) e de aspectos sociais (*Social Life Cycle Assessment* – S-LCA).[87] Dessa forma, o conceito mais amplo da análise do ciclo de vida dos produtos abordaria os três pilares da sustentabilidade (econômico, social e ambiental). Alguns autores têm tentado fazer avaliações integrando as três abordagens, embora com resultados ainda limitados.[88]

A avaliação de custos sob a ótica do ciclo de vida (LCC) de um produto pode ser entendida como o custo total que ocorre ao longo de sua vida, incluindo custos de planejamento, projeto, produção e quaisquer outros relacionados com sua propriedade ou com seu uso. Assim, o *Life Cycle Costing* é um meio de estimar todos os custos envolvidos na aquisição, operação, manutenção e, finalmente, no descarte de um produto durante toda a sua existência. O custo do ciclo de vida (LCC) pertence ao grupo de ferramentas de sustentabilidade que se concentram em avaliar e quantificar fluxos relacionados com produção e consumo de bens e serviços. Essa abordagem não privilegia, portanto, custos voltados a condições de produção específica de regiões ou nações. LCC é uma abordagem econômica que considera os custos totais de um produto, processo ou atividade ao longo de sua vida útil. Ela está associada aos custos em geral e não apenas aos custos ambientais. A LCC é vista ao lado da E-LCA como dois dos três pilares em uma avaliação de sustentabilidade, sendo a terceira avaliação social (S-LCA) considerada aquela menos desenvolvida.

A avaliação do ciclo de vida social (S-LCA) é usada para avaliar os impactos de aspectos sociais reais e potenciais, positivos e negativos, ao longo do ciclo de vida de um produto. Ela pode examinar as atividades de produção de matérias-primas, fabricação, distribuição, uso, reutilização, manutenção, reciclagem e disposição final do produto ou seus derivados. Pode ser aplicada sozinha ou em combinação com outras técnicas. O Quadro 1.3 apresenta os atores que podem ser examinados em uma análise do ciclo de vida social do produto, bem como os tipos de impacto que eles podem sofrer em virtude da existência de determinado produto ou serviço.[89]

A avaliação da sustentabilidade ambiental é a utilização mais popular e conhecida daquelas ofertadas por análises em termos de ciclo de vida de produtos. A existência da série de normas ISO 14000, as quais dispõem sobre vários pontos de uma análise de ciclo de vida (ACV), certamente tem papel importante nessa situação.

Uma ACV realiza a avaliação das entradas, saídas e dos impactos ambientais potenciais de um produto ao longo do seu ciclo de vida. Essa avaliação compreende todos os estágios de ciclo de vida do produto ou processo, ou seja, desde a aquisição da matéria-prima ou sua geração, passando por etapas de fabricação, distribuição e consumo, até o momento em que ele é descartado como resíduo ou é reciclado. Por essa razão, a ACV é também chamada de "avaliação do berço ao túmulo".

Quadro 1.3 Agentes e fatores de impacto a serem observados em uma avaliação do ciclo de vida social

Agente (*stakeholder*)	Fatores de impacto
Trabalhador	Liberdade de associação
	Trabalho infantil
	Salários justos
	Horas trabalhadas
	Trabalho escravo
	Discriminação
	Saúde e segurança
	Benefícios e segurança social
Consumidor	Saúde e segurança
	Meios de avaliação
	Privacidade do consumidor
	Transparência
	Responsabilidade no descarte
Comunidade local	Acesso aos recursos locais
	Migração
	Herança cultural
	Segurança e condições de vida
	Respeito à cultura indígena
	Capital social
	Emprego local
Sociedade	Compromisso público com a sustentabilidade
	Desenvolvimento econômico
	Prevenção e mitigação de conflitos
	Desenvolvimento tecnológico
	Corrupção

(continua)

(continuação)

Agente (*stakeholder*)	Fatores de impacto
Cadeia de valor	Competição justa entre os atores
	Responsabilidade social
	Relações com os fornecedores
	Propriedade intelectual

De acordo com as normas ISO, a realização de uma ACV divide-se em quatro etapas:

1. **Definição dos objetivos e escopo:** determinação dos limites do estudo (temporal e geográfica), dos usuários do estudo, dos critérios de qualidade a serem respeitados, das regras de aceitação dos dados e das categorias e fatores de impacto a serem considerados.

2. **Análise de inventários:** coleta dos dados necessários à quantificação dos fluxos de massa e energia de entrada e saída nas diversas etapas do ciclo de vida do produto definidas na etapa anterior.

3. **Avaliação dos impactos:** essa etapa consiste em transformar os fluxos identificados nos inventários em impactos ambientais, como, por exemplo, kg de CO_2 ou alguma substância poluente qualquer.

4. **Interpretação:** estabelece as conclusões, as limitações e faz recomendações a partir das informações das etapas anteriores.

No caso dos sistemas agroindustriais, há o interesse de quantificar os impactos ambientais que vão do campo ao consumidor final para determinados produtos. A aplicação da ACV aos sistemas agroindustriais, sobretudo os alimentares, pode servir a reorientar modelos de produção agropecuária, processos de fabricação e armazenamento, além de influenciar novos comportamentos dos consumidores.

A forma mais corriqueira de aplicação de ACV aos sistemas agroindustriais concentra suas análises em setores ou cadeias de produção. Nesses casos, o objetivo principal é aquilatar as demandas por recursos e os impactos ambientais derivados da produção de um produto em determinada região ou país. Normalmente, esse tipo de avaliação vem acompanhado pela proposição de ações de mitigação dos impactos indesejados. Em outras situações, o método pode ser utilizado para comparar os impactos entre diferentes tipos de produtos disponíveis no mercado, de forma a identificar e estimular o consumo daqueles considerados menos danosos ao meio ambiente. A aplicação do método em vários pontos do tempo, sendo ele realizado em bases metodológicas consistentes e reprodutíveis, pode auxiliar na identificação do desempenho e da trajetória ambiental associada, por exemplo, a mudanças em práticas industriais ou agrícolas. Dessa forma, a avaliação deixaria de ser uma "fotografia" para se transformar em um "filme".

As lógicas sistêmica e mesoanalítica subjacentes aos modelos de ACV coadunam-se perfeitamente com aquelas que moldaram os conceitos de agronegócio ou de cadeias agroindustriais de produção. Assim, uma cadeia de produção agroindustrial pode auxiliar o fornecimento, a depender dos objetivos da análise, do recorte analítico necessário à realização de uma ACV.

1.9 COMPETITIVIDADE E AGRONEGÓCIO: ANALISANDO A COMPETITIVIDADE DAS CADEIAS AGROINDUSTRIAIS

Ferraz et al.[90] identificam duas vertentes diferentes de entendimento do conceito de competitividade. Na primeira delas, a competitividade é vista como o "desempenho" de uma empresa ou produto. Nesse caso, os resultados das análises traduzem-se na determinação de uma dada competitividade revelada. O principal indicador de competitividade revelada, segundo essa ótica de entendimento, estaria ligado à participação de um produto ou empresa em determinado mercado (*market share*). A utilização do *market share* como medida de competitividade é a contribuição mais útil e difundida da economia neoclássica para os estudos de competitividade. Segundo essa visão, o mercado estaria, de alguma forma, sancionando as decisões estratégicas tomadas pelos atores. A participação das exportações de um setor no mercado internacional pertinente seria um indicador adequado de competitividade internacional. Assim, a competitividade de uma nação ou setor seria resultado da competitividade individual dos agentes pertencentes ao país, região ou setor.

Esse mesmo conjunto de autores[91] identifica uma segunda faceta das análises em termos de competitividade. Nessa outra visão do conceito, a competitividade é vista como "eficiência". Nesse segundo caso, trata-se de tentar medir o potencial de competitividade de um setor ou empresa. Essa predição do potencial competitivo poderia ser realizada por meio da identificação e do estudo das opções estratégicas adotadas pelos agentes econômicos diante de suas restrições gerenciais, financeiras, tecnológicas, organizacionais etc. Dessa forma, existiria uma relação causal, com algum grau determinístico, entre a conduta estratégica da firma e o seu desempenho eficiente. Assim, a ideia de base dessa ótica de análise remete diretamente ao paradigma seminal da organização industrial (Estrutura => Conduta => Desempenho).

Considerando que essas duas abordagens são individualmente insuficientes para analisar o problema, os autores concluem pela seguinte definição de competitividade: "*a capacidade de a empresa formular e implementar estratégias concorrenciais que lhe permitam ampliar ou conservar, de forma duradoura, uma posição sustentável no mercado*".[92]

As abordagens de competitividade examinadas até o momento encontram na firma seu espaço de análise privilegiado. Assim, a competitividade de um setor ou nação seria a soma da competitividade dos agentes (firmas) que o compõem. No caso dos agronegócios, existe um conjunto de especificidades que resulta na definição de um espaço de análise diferente dos convencionalmente admitidos em estudos de competitividade. Esse espaço de análise é a cadeia de produção agroindustrial. Assim, os estudos de competitividade, dentro de uma visão de agronegócios, devem efetuar um corte vertical no sistema econômico para a definição do campo de análise. Nesses casos, a competitividade desse sistema aberto, definido por uma cadeia de produção agroindustrial, não pode ser vista como a simples soma da competitividade individual dos seus agentes. Existem ganhos de coordenação, normalmente revelados em arranjos contratuais especialmente adequados às condições dos vários mercados que articulam essa cadeia, que devem ser considerados na análise de competitividade do conjunto do sistema. Dessa forma, qualquer modelo metodológico e conceitual que se pretenda adequado para a análise de competitividade em agronegócios deve, necessariamente, levar em consideração os ganhos potenciais de uma coordenação eficiente.

Van Duren e colaboradores[93] desenvolveram um referencial metodológico para a análise de competitividade que considera os elementos característicos do agronegócio. Segundo esses pesquisadores, a exemplo de outros autores citados anteriormente, a competitividade poderia ser medida pela participação de mercado e pela rentabilidade (de uma cadeia ou de uma firma). O referencial teórico proposto por Van Duren et al.[94] contempla de forma mais ou menos direta os aspectos de eficiência e eficácia de um sistema agroindustrial expostos na seção 1.10.

A conjunção do impacto de uma série de fatores teria como resultado uma certa condição de competitividade para dado espaço de análise. Esses fatores, vistos eventualmente como direcionadores de competitividade, podem ser divididos em quatro grandes grupos: (a) fatores controláveis pela firma (estratégia, produtos, tecnologia, política de RH e P&D etc.); (b) fatores controláveis pelo governo (políticas fiscal e monetária, política educacional, leis de regulação do mercado etc.); (c) fatores quase controláveis (preços de insumos, condições de demanda etc.); e (d) fatores não controláveis (fatores naturais e climáticos). Ações de coordenação que visem aumentar a competitividade da cadeia foram incluídas pelos autores no grupo dos fatores controlados pelas firmas e pelo Estado. Essas ações também poderiam ser incluídas no grupo dos fatores quase controláveis. Mais importante do que se preocupar com o grupo no qual esses fatores estarão incluídos é a preocupação em garantir que eles serão considerados na análise. Essa situação é o que efetivamente se encontra na prática. Assim, esse modelo reconhece a importância de ações sistêmicas que afetam a competitividade da cadeia como um todo e dos agentes que a integram.

A caracterização e a análise dos segmentos que compõem uma cadeia agroindustrial revelam a existência de um variado conjunto de fatores que afetam, de maneira positiva ou negativa, o seu desempenho competitivo. Além desses fatores, específicos aos elos da cadeia agroindustrial em análise, existe outro conjunto de fatores que forma o chamado ambiente institucional e que pode impactar sua competitividade de forma importante. O ambiente institucional também deve ser observado em profundidade quando de uma análise de cadeia de produção agroindustrial. A Figura 1.12 aponta um conjunto de fatores que pode afetar a competitividade revelada e potencial das cadeias agroindustriais.

A metodologia de análise de competitividade de cadeias agroindustriais que está sendo discutida considera que o impacto conjunto dos fatores críticos revelados no processo de análise terá como resultante uma certa condição de desempenho competitivo, para dado espaço de análise. Assim, o conhecimento dos fatores e sua classificação quanto ao grau de *controlabilidade* (fatores controláveis pela firma, fatores controláveis pelo governo, fatores quase controláveis e fatores não controláveis), bem como a definição da medida em que esses influenciam o desempenho da cadeia agroindustrial, são condições essenciais para o estabelecimento de estratégias empresariais e de políticas públicas para a melhoria da sua competitividade.

A análise de competitividade proposta por Van Duren et al.,[95] posteriormente modificada por Silva e Batalha,[96] estabelece como indicadores fundamentais de desempenho as variáveis "parcela de mercado" e "lucratividade". Esses conceitos são coerentes com a definição de competitividade adotada na presente proposta, os quais têm compreensão universalizada e podem em princípio ser mensurados objetivamente, por meio de sua associação a "direcionadores de competitividade", na medida em que informações quantitativas e qualitativas estejam disponíveis para essa finalidade. Esses direcionadores englobam itens como produtividade, tecnologia, produtos, insumos, estrutura de mercado, condições de demanda e relações de mercado, entre outros, e respondem, em última instância, pelo posicionamento competitivo do sistema sob análise e por sua sustentabilidade. Sua mensuração objetiva pode ser feita por meio do emprego de

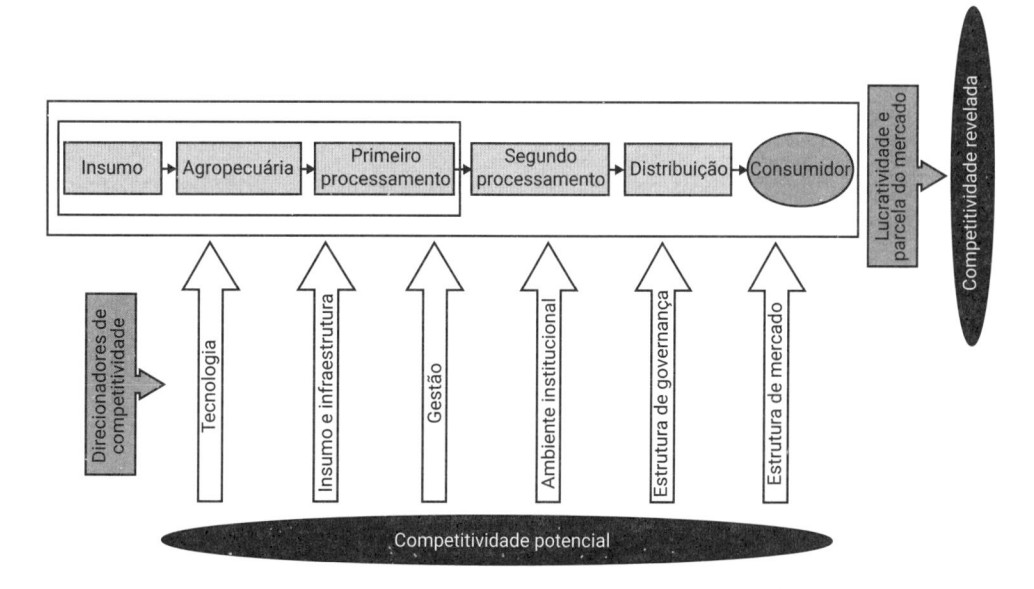

Figura 1.12 Direcionadores de competitividade de uma cadeia agroindustrial genérica.

informações estatísticas de domínio público ou privado e/ou dados levantados diretamente junto aos agentes participantes do sistema agroindustrial.

O processo de avaliação dos fatores que influenciam a competitividade das cadeias agroindustriais brasileiras pode ser esboçado segundo algumas etapas principais. A primeira delas envolve a definição dos direcionadores de competitividade e dos subfatores que os compõem. A priori, podem ser utilizados seis direcionadores de competitividade: tecnologia, gestão interna dos agentes da cadeia, estrutura de mercado, insumos e infraestrutura, ambiente institucional e relações de mercado (estrutura de governança). Cada direcionador pode ser dividido em subfatores, de acordo com as especificidades do macrossegmento (elo) estudado ou do sistema como um todo (caso do ambiente institucional[xvii] de toda a cadeia). Assim, essa análise deve ser feita para cada um dos principais macrossegmentos da cadeia agroindustrial analisada. Além disso, cada subfator será classificado quanto ao seu grau de controlabilidade. Essa classificação é importante dado que permitirá, em etapa posterior, a associação de eventuais problemas ligados a determinado subfator de competitividade com determinados agentes de intervenção. Por exemplo, problemas ligados a subfatores de competitividade "controlados pelo governo" serão objeto de proposição de políticas públicas, ou problemas ligados a subfatores "controlados pela firma" serão alvo de propostas de políticas privadas.

Etapa posterior do processo metodológico avalia, qualitativamente, a intensidade do impacto dos subfatores e sua contribuição para o efeito agregado dos direcionadores. Para tanto, é estabelecida uma escala do tipo Likert, que varia de "muito favorável", quando há significativa contribuição positiva do subfator, a "muito desfavorável", no caso da existência de entraves ou mesmo impedimentos, a curto e médio prazos, ao alcance ou sustentação da competitividade. Como valores intermediários, podem ser estabelecidas as categorias "favorável", "neutro" e "desfavorável". A escala pode ser transformada em valores que variam progressivamente, em intervalos unitários, de −2, para uma avaliação "muito desfavorável", a +2, para uma "muito favorável". Desse modo, os resultados da avaliação podem ser visualizados em representação gráfica (ver Gráfico 1.1), bem como ser combinados quantitativamente, para comparações agregadas.

Deve ser ressaltado que, a rigor, a utilização de escalas como a que será adotada permite, tão somente, o ordenamento e a classificação relativa da intensidade dos subfatores analisados, não sendo totalmente apropriado o tratamento quantitativo dos valores atribuídos. No entanto, conforme observam Singleton e Straits,[97] é prática usual nas Ciências Sociais a suposição de que medidas ordinais, como as aqui propostas, são aproximações de intervalos iguais de medição. Aceitando-se essa premissa, pode-se então tratá-las quantitativamente. Exemplos de estudos que utilizam combinações quantitativas de valores ordinais são frequentes nas áreas de localização industrial e análises de impactos ambientais.

A combinação quantitativa dos subfatores, de modo a gerar uma avaliação para cada direcionador de competitividade, envolve ainda uma etapa de atribuição de pesos relativos. A motivação para esse procedimento de ponderação é o reconhecimento da existência de graus diferenciados de importância para os diversos subfatores, em termos de sua contribuição para o efeito agregado.

Finalmente, para atribuição de valores aos subfatores, pode ser utilizada uma variante da metodologia Delphi por meio da qual os membros da equipe de execução do estudo podem realizar avaliações individuais, que serão sucessivamente discutidas e revistas até que um julgamento consensual seja conseguido.

A metodologia de análise de competitividade de cadeias agroindustriais mencionada nos parágrafos anteriores já foi utilizada pelo GEPAI para vários estudos de cadeias agroindustriais (carnes, madeira, plantas medicinais, carcinicultura, trigo, soja, milho etc.), com excelentes resultados.

A seguir, serão extraídos alguns exemplos de um estudo realizado pelo GEPAI para analisar a competitividade da cadeia agroindustrial da carne bovina no Brasil.

A heterogeneidade dos agentes e das estratégias na cadeia agroindustrial de carne bovina no Brasil levou os pesquisadores que elaboraram o estudo citado no parágrafo anterior a dividir o sistema agroindustrial da carne bovina brasileira em dois sistemas diferentes. Esses dois sistemas estão representados na Figura 1.13.

---

xvii O ambiente institucional, além de ser estudado como um direcionador de competitividade em cada um dos elos da cadeia, também pode ser analisado nos seus aspectos que impactam toda a cadeia (ambiente institucional do conjunto da cadeia agroindustrial). Entre os aspectos que podem ser analisados nesse direcionador, destacam-se: legislação, regras do comércio exterior, condições macroeconômicas, fontes de informações estatísticas, pesquisa e desenvolvimento, coordenação dos agentes etc.

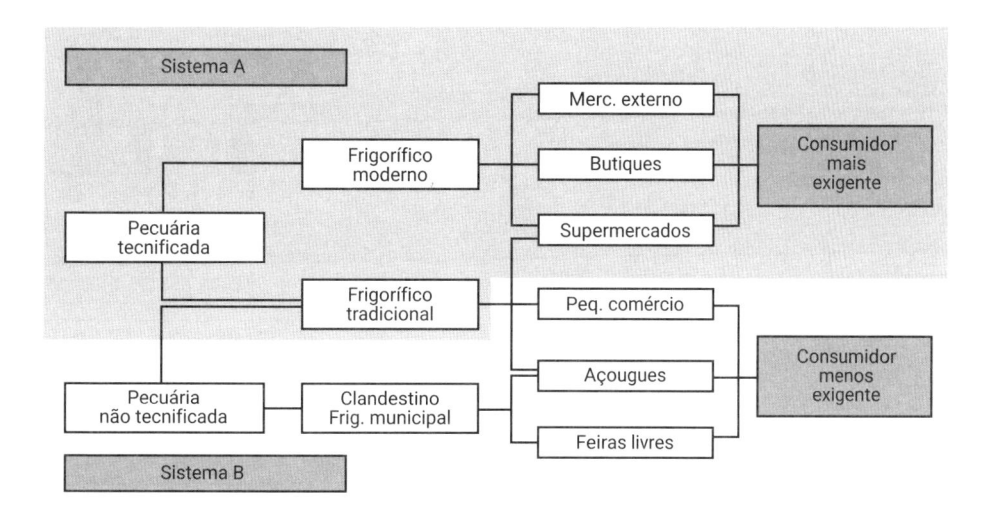

Figura 1.13 Sistemas de produção, industrialização e comercialização de carne bovina no Brasil.[98]

A divisão da cadeia nos dois sistemas já mencionados, coerentemente com os fundamentos teóricos e com a metodologia adotados pelo trabalho, orientou-se por dois critérios básicos: os padrões de exigência dos consumidores a que o sistema estava atendendo (mais ou menos exigentes) e os fatores críticos de sucesso que permitem o sucesso no atendimento desses mesmos consumidores (grupos estratégicos que utilizam o mesmo padrão concorrencial). A Figura 1.13 apresenta os dois sistemas mencionados.

O Sistema A representa a parcela mais avançada e, portanto, mais competitiva da cadeia brasileira de carne bovina. Ele é formado por pecuaristas tecnificados, normalmente utilizadores de técnicas avançadas de produção animal, frigoríficos modernos e bem equipados, e sua produção é escoada por meio de pontos de venda adaptados aos padrões de consumo de consumidores mais exigentes. Devido ao alto padrão de exigência demandado pelo mercado internacional, os agentes que possuem condições de competitividade para atuar no mercado externo também foram classificados dentro desse sistema.

O Sistema B reúne os agentes menos competitivos da cadeia. Em relação à produção, fazem parte desse grupo os pecuaristas menos intensivos em utilização de tecnologia, os pequenos abatedouros/frigoríficos com condições de higiene comprometidas (principalmente os municipais) e os abates clandestinos. A distribuição dos produtos desse sistema normalmente é realizada via açougues e feiras livres, em algumas regiões do país com péssimas condições de armazenamento, transporte e exposição. Embora os açougues estejam classificados dentro desse sistema, deve ficar claro que existem regiões onde esses estabelecimentos já reuniriam as condições necessárias para pertencerem ao Sistema A.

Dessa forma, reconhece-se que quaisquer políticas e diretrizes propostas para o aumento da competitividade da cadeia teriam, necessariamente, que refletir essa diversidade de situações e serem adequadas a cada um dos sistemas identificados (Sistemas A e B).

A Tabela 1.1 apresenta um exemplo de como os indicadores de competitividade foram avaliados, no segmento de processamento de carne bovina, para os sistemas A e B.

Tabela 1.1 Avaliação dos direcionadores de competitividade para o setor de processamento de carne bovina

Direcionadores e subfatores	Controlabilidade				Avaliação		Peso
	F	G	C	I	Sistema A	Sistema B	
Tecnologia							
Nível tecnológico	x				MF	D	0,6
Subprodutos e efluentes	x	x			N	N	0,1
Pesquisa e desenvolvimento	x	x			MF	D	0,3
TOTAL							1,0
Insumos							
Matéria-prima				x	F	D	0,3
Embalagens	x				MF	D	0,2
Mão de obra	x				D	D	0,2
Aditivos	x				MF	D	0,2
TOTAL							1,0

(continua)

(continuação)

Direcionadores e subfatores	Controlabilidade				Avaliação		Peso
	F	G	C	I	Sistema A	Sistema B	
Estrutura de mercado							
Economia de escala	x				MF	D	0,5
Questões locacionais	x				F	F	0,1
Concentração das empresas			x	x	F	F	0,2
Ociosidade				x	F	N	0,2
TOTAL							1,0
Gestão interna							
Eficiência administrativa	x				F	D	0,4
Qualificação e conforto da mão de obra	x				F	D	0,3
Planejamento estratégico	x				F	D	0,3
TOTAL							1,0
Ambiente institucional							
Crédito			x		D	MD	0,33
Endividamento	x				D	N	0,17
Inspeção			x		F	D	0,08
Tributação			x		D	MF	0,33
Entidades de representação				x	F	N	0,08
TOTAL							1,0
Relações de mercado							
Contratos			x		F	D	0,6
Rastreabilidade			x	x	F	D	0,4
TOTAL							1,0

MD = muito desfavorável, D = desfavorável, N = neutro, F = favorável e MF = muito favorável.

A elaboração de tabelas semelhantes à Tabela 1.1 para todos os elos da cadeia produtiva permite construir gráficos que sintetizem a situação de competitividade da cadeia analisada. O Gráfico 1.1 é exemplo dos resultados que podem ser alcançados com essa metodologia de análise.

O Gráfico 1.1 é muito útil para uma avaliação rápida da condição competitiva de dada cadeia agroindustrial. No caso em análise, ele permite, por exemplo, identificar rapidamente que os problemas ligados ao ambiente institucional são entraves à competitividade da cadeia, ao passo que a tecnologia, para a maioria dos elos, não o é.

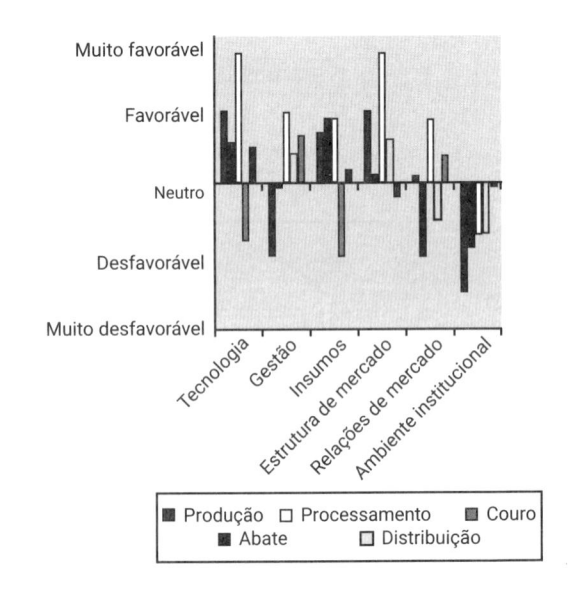

Gráfico 1.1 Resumo das avaliações de competitividade para o Sistema A.[99]

1.10 GERENCIAMENTO DE SISTEMAS AGROINDUSTRIAIS (SAI)

Um sistema agroindustrial deve ser gerido de forma eficiente e eficaz. A eficácia de um sistema agroindustrial pode ser entendida como a capacidade que ele possui de atender às necessidades do consumidor. Para isso, é fundamental que todos os agentes que o compõem conheçam profundamente os atributos de qualidade que os consumidores buscam nos produtos e serviços disponibilizados por esse mesmo sistema. Nesse ponto, cabe destacar a importância de pesquisas que identifiquem esses aspectos e que sejam disponibilizadas ao maior número possível de interessados. Mas a sustentabilidade de um sistema agroindustrial não é somente o resultado da disponibilização aos consumidores de produtos que atendam a suas necessidades. Dessa forma, pode-se argumentar que, além de eficazes, os sistemas de produção agroindustriais devem ser eficientes. Essa eficiência pode ser vista como o resultado de dois conjuntos distintos de fatores. O primeiro deles está ligado à gestão interna dos agentes do sistema. É fundamental que esses agentes sejam capazes de disponibilizar seus produtos com um nível adequado de qualidade e preço. Para que esses objetivos sejam alcançados de forma sustentável, é fundamental que esses agentes tenham ao seu dispor e utilizem um ferramental gerencial moderno e adaptado às suas necessidades. Funções administrativas clássicas, como controle de custos, qualidade, logística, planejamento e controle da produção, compras, vendas etc., devem ser administradas eficientemente.

O segundo espaço de intervenção de ações gerenciais que levam à eficiência do sistema está relacionado com as diversas transações que ocorrem entre os seus agentes. A eficiência de um sistema agroindustrial é dependente de uma coordenação adequada dos agentes produtivos. A bibliografia disponível sobre gestão agroindustrial ressalta a importância de mecanismos de coordenação adequados para o sucesso do conjunto de atores do sistema. Cada vez mais a competição migrará de uma concorrência entre firmas para uma concorrência entre sistemas produtivos mais amplos que extrapolam os limites dessas mesmas firmas. Dessa forma, o desafio maior no futuro não será somente o de gerir eficientemente aspectos internos aos agentes do sistema, mas também de gerenciar e garantir o funcionamento harmonioso e sustentável do próprio sistema. A competitividade das unidades econômicas de produção dos sistemas agroindustriais será ditada em grande parte pela capacidade que elas terão de coordenarem-se adequadamente em sistemas produtivos mais amplos e também competitivos.

Vale ressaltar que todas essas condições para atingir patamares aceitáveis de eficiência e eficácia evoluem em um contexto mais amplo que envolve aspectos legais, sociais, culturais, tecnológicos e econômicos. Esses fatores podem revelar ameaças e oportunidades importantes aos objetivos dos sistemas. Uma representação esquemática da discussão destes três últimos parágrafos pode ser vista na Figura 1.14.

As empresas de transformação agroindustrial podem ser divididas em de primeira, segunda e terceira transformação (ver Figura 1.15).[100, 101, 102] Essa divisão é importante para melhor entender a problemática da gestão nos diversos tipos de agentes produtivos que participam das cadeias agroindustriais.

Agroindústrias de primeira transformação: as empresas de primeira transformação são caracterizadas como as responsáveis pelos primeiros processos de transformação da matéria-prima agropecuária, tais como trituração e

Figura 1.14 Gestão agroindustrial.

moagem, no caso vegetal, ou fracionamento, no caso de animais. Os produtos dessa primeira transformação podem ser fornecidos diretamente à comercialização ou, ainda, servir como matérias-primas para as indústrias usualmente denominadas de segunda e terceira transformação.

Agroindústrias de segunda transformação: essas indústrias são as principais fabricantes dos chamados produtos alimentares intermediários (PAI). Os PAI são preparações alimentícias vendidas a outras empresas para a elaboração de receitas de produtos acabados destinados aos consumidores finais. Essa empresa compradora pode ser outra fábrica ou uma rede de *fast food*, por exemplo.

Agroindústrias de terceira transformação: essas agroindústrias são as principais responsáveis em disponibilizar aos consumidores, via agentes de distribuição, produtos alimentares ditos de conveniência, elaborados ou semielaborados.

A gestão das firmas agroindustriais de alimentos está ligada às características intrínsecas das suas principais matérias-primas e dos seus fluxos de aprovisionamento. Esses aspectos podem ser examinados à luz das características das agroindústrias de primeira, segunda e terceira transformação (ver Quadro 1.4).

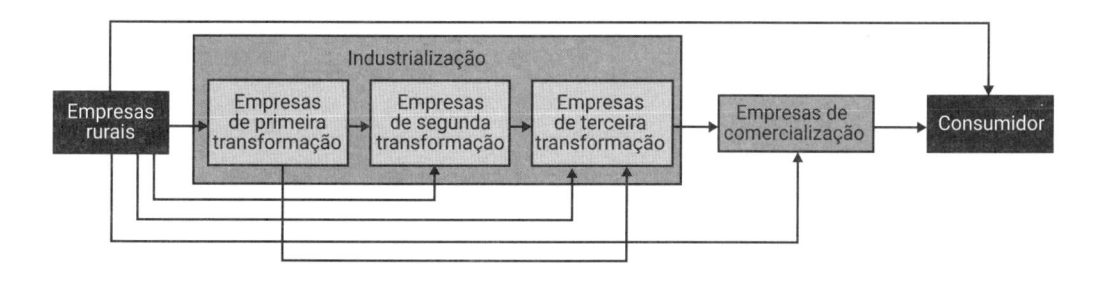

Figura 1.15 Cadeia de produção agroindustrial.

Convém esclarecer que essa categorização das empresas nem sempre é trivial. De fato, algumas empresas, devido à gama de produtos fabricados, podem ser classificadas ao mesmo tempo em duas ou três categorias. Nesse caso, importa mais verificar a qual produto da empresa as análises estão se referindo.

O sistema como um todo é apresentado na Figura 1.16, onde as setas indicam os possíveis fluxos físicos de suprimento dentro de um sistema agroindustrial (SAI).

Dadas as mudanças encontradas em alguns sistemas agroindustriais, sobretudo aqueles ligados à produção de alimentos, essa análise em termos de cadeias agroindustriais merece certa reflexão. Uma das características que sempre justificaram o sucesso da noção de cadeia produtiva junto aos pesquisadores do agronegócio deve-se ao fato de que grande parte dos produtos alimentares (sobretudo aqueles associados às empresas de primeira transformação) estava fortemente ligada (inclusive na sua estrutura de custos) com uma dada matéria-prima agropecuária. Dessa forma, uma análise da competitividade da cadeia agroindustrial do queijo, por exemplo, devia estudar, obrigatoriamente, as condições de oferta e demanda do leite *in natura*. Os aspectos que condicionavam a produção, distribuição e consumo do leite tinham impactos diretos e incontornáveis na produção de queijo. Por outro lado, o aumento da produção de alimentos tecnologicamente mais complexos na sua obtenção (empresas de segunda transformação) permite questionar a pertinência do conceito de cadeia produtiva para estudar esses produtos nas suas dinâmicas competitivas. Qual é a cadeia produtiva responsável pela fabricação de uma pizza congelada ou de uma sopa desidratada pronta para consumo? Certamente, nesses casos, a noção de rede de empresas se aplica melhor do que a noção de cadeia agroindustrial.

Quadro 1.4 Características do aprovisionamento das principais matérias-primas das agroindústrias de primeira, segunda e terceira transformação

Primeira transformação	Segunda transformação	Terceira transformação
Matérias-primas agropecuárias (*commodities*).	Matérias-primas com algum grau de processamento vindas do campo ou da IAA de primeira transformação.	Matérias-primas (ingredientes) prontas para serem utilizadas em receitas culinárias. Produtos de maior valor agregado.
Baixo valor unitário por volume ou peso da matéria-prima.	Maior valor unitário por volume ou peso da matéria-prima.	Maior valor agregado da matéria-prima.
Rede local de aprovisionamento muito importante.	O aprovisionamento pode ser global, e a rede local, menos importante.	O aprovisionamento pode ser global.
Em grande parte, matérias-primas perecíveis.	Matérias-primas menos perecíveis ou não perecíveis.	Matérias-primas menos perecíveis ou não perecíveis.
Sazonalidade importante.	Pouca sazonalidade.	Sem sazonalidade.
Qualidade variável das matérias-primas.	Qualidade definida e constante.	Qualidade definida e constante.
Questões sanitárias importantes.	Questões sanitárias importantes.	Questões sanitárias importantes.

Poder-se-ia argumentar que toda essa discussão não é exclusiva dos sistemas agroindustriais (SAI). No entanto, como será visto na seção 1.11, os SAI possuem especificidades que ressaltam a importância do desenvolvimento de um ferramental próprio de modelos e técnicas de gerenciamento.

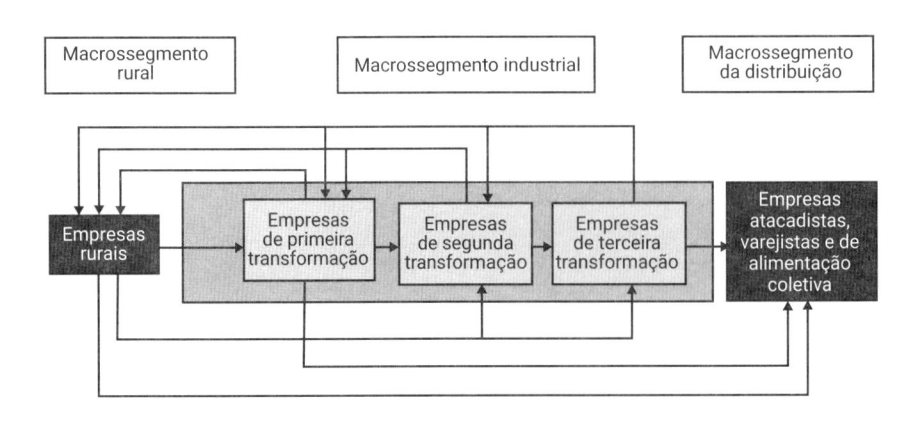

Figura 1.16 Sistema agroindustrial, seus subsistemas e fluxos de suprimentos.

1.11 GERENCIAMENTO DE PROCESSOS E ESPECIFICIDADES DOS SISTEMAS AGROINDUSTRIAIS DE PRODUÇÃO

A inadequação de grande parte das ferramentas modernas de gestão, desenvolvidas para setores outros que o agroindustrial, tem como origem as especificidades que particularizam os sistemas agroindustriais de produção.

Algumas das peculiaridades que impactam a gestão das empresas agroindustriais estão apontadas a seguir.

- **Singularidades da produção agrícola** (sazonalidade, riscos climáticos, pragas, qualidade variável, perecibilidade, fraudes na qualidade dos produtos): como será visto detalhadamente um pouco mais à frente, a existência de singularidades nos produtos agropecuários, principais matérias-primas dos sistemas agroindustriais de produção, aportam condicionantes importantes à dinâmica de produção desses sistemas e as estratégias de gestão de seus agentes.

- **Novos desafios tecnológicos ligados principalmente a processos biotecnológicos:** os ganhos da mecanização em todos os níveis da agropecuária foram sobrepujados por ganhos advindos de fertilizantes químicos, pesticidas, antibióticos (produção em larga escala). Em um período mais recente, os ganhos da chamada indústria 4.0 têm se aproximado da agropecuária. O manejo de culturas dentro de uma lógica de intensificação sustentável da produção é cada vez mais dependente de avanços tecnológicos que vão além dos ganhos tradicionais em mecanização de lavouras e manejos de rebanho. Por outro lado, cabe destacar o papel crescente que a biotecnologia tem ocupado na produção agroindustrial. A produção de alimentos transgênicos é um bom exemplo desse movimento. O domínio apurado de tecnologias de transgenia tem permitido que determinadas empresas ocupem posição decisiva em algumas cadeias globais.

- **Tecnologia da informação:** o aprimoramento e a difusão acelerada de novas tecnologias de informação e comunicação (TIC) têm levado as empresas agroindustriais a importantes mudanças nos seus processos de negócios, sejam eles internos ou relacionados com interações com clientes e fornecedores. Os impactos em termos de novas técnicas de planejamento da produção, logística, marketing, controle de desempenho etc. são inegáveis. Esse processo não é exclusivo das cadeias agroindustriais de produção, mas nelas atinge uma dimensão crítica. O caso do uso das TIC nos mecanismos de rastreabilidade de produtos, prática cada vez mais frequente nos mercados internacionais de produtos agroindustriais, ilustra essa afirmação.

- **Estrutura oligopsônica no mercado produção rural/ agroindústria e produção rural/distribuição:** essa é uma característica muito importante dos mercados agroindustriais. Ela coloca alguns desafios práticos para as empresas das cadeias agroindustriais de produção. A questão da economia de escala é um deles. Diferenças de escala entre a produção industrial e a agropecuária ou entre a agropecuária e a grande distribuição tendem a consolidar posições de mercado ancoradas em diferenças substantivas em termos de poder de barganha dos agentes das cadeias. Nesse contexto, políticas públicas e privadas que tentam proteger e favorecer os pequenos produtores são elementos a serem considerados nas estratégias empresariais. Estratégias de internacionalização baseadas no conceito de *fair trade* são um exemplo de movimento que vai nessa direção.

- **Migração do poder de mercado das agroindústrias para os distribuidores:** a proximidade com o consumidor, o advento de técnicas cada vez mais avançadas de comércio definindo novas formas de negócio, o fortalecimento das chamadas marcas próprias são aspectos que têm fortalecido o papel da distribuição de produtos alimentares, sobretudo o das grandes redes de supermercados.

- **Globalização da produção agrícola e das cadeias agroindustriais de suprimentos:** a globalização aumenta a competição entre as firmas, embora, como será visto em detalhes mais à frente, as características das cadeias agroindustriais façam com que isso ocorra de forma limitada no caso de alguns produtos agroindustriais. De qualquer forma, existe uma gama de produtos alimentares em que a globalização está presente no aprovisionamento em matérias-primas, na fabricação e na distribuição. O mundialmente famoso creme Nutella é um bom exemplo. O cacau para sua fabricação vem de pequenos produtores da Nigéria, Gana e Costa do Marfim. O óleo de palma da Malásia, Papua e Brasil. O açúcar é produzido na Europa, Brasil, Índia ou Austrália. A baunilha vem da China ou das ilhas Reunião. A Turquia produz 80% das avelãs consumidas pelo Grupo Ferrero, produtor da Nutella. Tudo isso é industrializado em nove empresas espalhadas em diferentes países de continentes diversos. A distribuição do produto é completamente globalizada.

- **Questões socioambientais:** nos últimos anos, tem crescido o debate que relaciona a produção de alimentos às questões socioambientais. Na parte ambiental, ele relaciona-se, principalmente naquelas questões ligadas ao desmatamento, com a expansão de monoculturas (comprometendo a biodiversidade e esgotando o solo) e com o uso de recursos hídricos. Na parte social, as questões também são múltiplas e complexas. Aspectos como a exploração de trabalho escravo ou condições muito precárias de trabalho nas fazendas, o trabalho infantil, a inserção do pequeno agricultor familiar – ao mesmo tempo proprietário e trabalhador da terra – em mercados mais recompensadores, o comércio de rua ilegal, que gera milhares de empregos, o envelhecimento e a baixa escolaridade da população rural estão entre os fatores sociais que podem impactar a estratégia de empresas agroindustriais. Não é o objetivo aqui aprofundar esse debate. No entanto, deve ficar claro que questões socioambientais serão cada vez mais incontornáveis para o agronegócio nacional e internacional. Os impactos dessas questões sobre as CPA podem se dar de várias formas. Perdas reputacionais com consequência sobre os mercados e o estabelecimento de políticas públicas restritivas (preço, qualidade, ambiental, tributária etc.) por pressão de *stakeholders* (ONG, ministério público, poder judiciário etc.) estão entre alguns dos principais impactos.[103]

- **Hábitos alimentares:** são aspectos importantes na cultura de qualquer região ou população. Eles estão entre os últimos traços culturais que uma população migrante abandona ao se estabelecer em uma nova região. De fato, os tipos de alimentos e a forma como eles são preparados e consumidos podem definir e cristalizar o sentimento de pertencimento de uma pessoa a um grupo. No Brasil, gaúchos comem churrasco, capixabas comem moqueca, goianos comem pequi, baianos comem acarajé, paraenses comem pato no tucupi e assim por diante. Em uma visão internacional, a relação de populações com a alimentação varia muito de país para país ou de cultura para cultura. Sabe-se que a relação dos latinos com a alimentação, por exemplo, é bastante diferente daquela dos anglo-saxões. Questões culturais afetam as CPA muito fortemente e devem, portanto, estar no centro das atenções de empresas que pretendem comercializar seus produtos fora das suas regiões de origem, sejam elas dentro ou fora do país.

- **Controle dos preços:** é sabido que o percentual do orçamento familiar dedicado à alimentação aumenta quando a renda da família diminui. Dessa forma, variações de preços alimentares impactam mais fortemente famílias de baixa renda. Além disso, contar com uma fonte de alimentação estável, confiável e acessível é a primeira necessidade de qualquer ser humano. A forma como essa necessidade é satisfeita pode variar de cultura para cultura, mas em todas elas a satisfação dessa necessidade está entre as preocupações centrais. Essa situação explica, em grande parte, políticas públicas de intervenção nos mecanismos de funcionamento dos mercados agroalimentares. Essas políticas podem ir do controle de preços ao estabelecimento de cotas de produção, consumo, importação e/ou exportação. De uma forma ou de outra, deve ficar claro que os mercados de produtos alimentares estão entre os primeiros alvos de políticas públicas de estabilidade de preços e de produção.

Deve-se ainda considerar que a produção agropecuária está ineluctavelmente associada com as questões agrárias do país. Dessa forma, grande parte dos debates atuais sobre a produção agropecuária está ligada aos problemas de uso e controle das terras. Essa característica adiciona complicadores importantes ao problema das empresas rurais.

Outra questão importante que afeta sobremaneira o consumo de alimentos e, dessa forma, a gestão das unidades de produção e distribuição de produtos alimentares está ligada a aspectos do que poderia ser chamado de sociologia dos alimentos. Aspectos culturais ligados principalmente à noção de que "nós somos o que comemos" fazem com que essa produção esteja fortemente sujeita à realidade e às mudanças culturais da sociedade. Assim, as rápidas mudanças sociais e culturais que a sociedade brasileira vem atravessando tendem a impactar fortemente a produção de alimentos no Brasil. A emergência de uma sociedade mais plural e, portanto, mercadologicamente mais segmentada impõe às firmas agroindustriais esforços importantes de diferenciação de produtos. Inquestionavelmente, esse esforço de diferenciação traduz-se na necessidade de sistemas de gestão especialmente adaptados a essa nova problemática.

No que se refere especificamente às condições impostas pelas características dos produtos agropecuários à gestão das empresas agroindustriais, alguns aspectos se destacam:

- **Sazonalidade de disponibilidade de matéria-prima:** ao contrário do que ocorre em outros sistemas de produção, a disponibilidade de matérias-primas agropecuárias está sujeita a condições edafoclimáticas e ao ciclo biológico natural das produções que envolvem organismos vivos. Diminuir as variações no volume de produção dessas matérias-primas, minimizando problemas de dimensionamento do parque produtivo e de estoques, está entre os principais desafios da maioria das empresas agroindustriais. O progresso tecnológico tem contribuído para minorar variações de volume de produção de matérias-primas ao longo do ano. No entanto, períodos de safra e entressafra e eventos imprevistos e indesejados continuam a condicionar e adicionar risco ao aprovisionamento e aos preços de produtos agroindustriais. Essa característica impõe dificuldades na gestão do controle de produção e rentabilidade dos negócios ao longo de toda a cadeia produtiva.[104] Para o caso de alguns produtos, cana-de-açúcar e laranja, por exemplo, a produção industrial é interrompida durante alguns meses do ano em razão da falta de matéria-prima. Obviamente, esse fato impacta a própria rentabilidade dos investimentos.

- **Variações da qualidade de matéria-prima:** essa é uma característica intrínseca aos produtos agropecuários. Variações climáticas e de manejo tendem a intensificar a imprevisibilidade dos padrões da matéria-prima, gerando variações de sabor, aparência, tamanho, cheiro, entre outros atributos de qualidade do produto a ser transformado. É importante destacar que variações nos atributos de qualidade das matérias-primas agrícolas podem impactar fortemente a qualidade do produto final da cadeia. Esse ponto é importante porque pode impactar diretamente as escolhas dos consumidores. De fato, o consumidor, principalmente no que se refere a produtos processados, tende a diminuir o risco da sua compra apostando que o produto adquirido manterá ao longo do tempo as características que o levaram a comprar o produto pela primeira vez. Dito de outra forma, o consumidor procura um produto que tenha características organolépticas constantes ao longo do tempo.[105] Saber gerir um fluxo de matérias-primas com características variáveis para fabricar produtos homogêneos e com características de qualidade constantes ao longo do tempo figura entre os desafios gerenciais centrais de grande parte das indústrias de alimentos.
- **Perecibilidade da matéria-prima e do produto final:** a perecibilidade, seja dos produtos finais, seja das matérias-primas, tem grande impacto nos processos de produção e comercialização das cadeias agroindustriais. Nesse caso, a natureza de grande parte dos produtos advindos da agropecuária tem um tempo máximo limite entre a colheita e o processamento, assim como do processamento ao consumo. As próprias condições fisiológicas do alimento impõem restrições temporais na sua manipulação e no consumo, impactando a produtividade operacional e financeira dos negócios. Essa característica de temporalidade acrescenta desafios logísticos importantes às CPA. Tais desafios estão ligados não somente a questões de aprovisionamento (as matérias-primas devem chegar rapidamente às fabricas e muitas delas não podem aguardar por muito tempo antes de serem processadas), mas também de distribuição. Produtos frescos ou com alto grau de perecibilidade devem chegar rapidamente aos pontos de venda, para que possam desfrutar do maior tempo de prateleira possível. A cadeia do frio aporta custos de estoque e de distribuição importantes a muitas CPA, o que reforça a necessidade de as empresas gerirem adequadamente seus fluxos de produção e distribuição.[106] Nesse contexto, é importante uma programação da produção que extrapole os limites da empresa para englobar também aspectos ligados à lógica de produção no campo. Nessa visão, em algumas importantes cadeias agroindustriais, a produção agropecuária pode ser vista e pensada como um centro de produção da própria fábrica.
- **Sazonalidade do consumo:** o consumo de alguns produtos agroalimentares, muitas vezes, está atrelado às estações do ano ou a certas datas festivas. O consumo de sorvete aumenta no verão e cai durante o inverno, por exemplo. O consumo de chocolates durante a Páscoa também é um bom exemplo. O consumo de flores também varia muito segundo algumas datas comemorativas. Essa condição também impõe desafios à gestão operacional e financeira das empresas da cadeia produtiva. A gestão dos estoques e o dimensionamento da capacidade produtiva são fortemente influenciados por esses aspectos. Cabe destacar que essa característica também é encontrada em outras indústrias, embora seu efeito seja mais pronunciado no caso de produtos agroalimentares.
- **Importância da estrutura de governança e dos arranjos contratuais:** a importância de arranjos contratuais que mitiguem os efeitos deletérios nas CPA resulta dos aspectos que foram mencionados. As estruturas de governança devem garantir que os produtos fluam ao longo das cadeias no tempo certo, em volumes adequados e com a qualidade desejada.

- **Controle sanitário:** em geral, os produtos agroindustriais estão sujeitos a um estrito controle sanitário das várias esferas governamentais. Esse controle traduz-se, em muitos casos, por barreiras ao comércio, nacional e internacional, que devem ser consideradas nas estratégias de gestão das organizações. De fato, o setor agroalimentar encontra-se entre os mais regulados da economia. As razões para essa regulação vão de segurança do alimento a segurança alimentar. Essas razões estão entre as principais fornecedoras de alegações que têm servido a constranger os mecanismos de comércio internacional de produtos agroalimentares.

Os trabalhos que abordam a questão da gestão de empresas agroindustriais muitas vezes as tratam como um bloco homogêneo, o que não corresponde à realidade. No âmbito de uma cadeia agroindustrial, existem diferenças óbvias entre empresas de produção agropecuária, transformação de alimentos e distribuição no que se refere a estratégias e recursos necessários aos processos de gestão. Essas diferenças são intuitivas e facilmente percebidas. O que parece menos claro é como a posição que uma empresa de transformação agroindustrial ocupa em uma cadeia de produção pode impactar suas estratégias de internacionalização e os recursos que ela deve mobilizar nesse processo.

1.12 CONSIDERAÇÕES FINAIS

Ao longo deste capítulo, o leitor conheceu o conceito de agronegócio e suas diferentes origens. A noção sistêmica dos agronegócios foi enfatizada nas várias aplicações que essa abordagem analítica proporciona. Finalmente, o capítulo apresentou as especificidades dos sistemas agroindustriais de produção e como elas afetam a gestão das empresas inseridas nesses sistemas. No entanto, este capítulo não estaria completo se não revelasse, mesmo que rapidamente, uma visão prospectiva dos desafios futuros para a gestão do agronegócio brasileiro e internacional. Cada um dos temas que serão abordados a seguir poderia dar origem a trabalhos que ultrapassariam em muito os limites deste livro. O objetivo aqui é tão somente apontar temas que já são importantes para uma gestão sustentada e de sucesso do agronegócio brasileiro, mas que tendem a ganhar ainda maior importância em um futuro próximo. A maioria desses temas é tratada em detalhes em alguns dos capítulos deste livro.

Modelos de inserção sustentada da produção em pequena escala em sistemas agroindustriais competitivos: a produção em pequena escala é parte indissociável e importante do agronegócio brasileiro e mundial. Parcela substantiva dos alimentos produzidos e consumidos no país e no mundo é fornecida por esses estabelecimentos. Além disso, em várias cadeias agroindustriais, eles possuem grande potencial de geração de divisas pelo aumento das exportações. Dito isso, é importante lembrar que a pequena produção tem necessidades financeiras, tecnológicas e de gestão que lhes são próprias. Desenvolver ferramentas e mecanismos de gestão adaptados às especificidades de estabelecimentos de pequeno porte do sistema agroindustrial é um desafio a ser enfrentado e vencido. Vale lembrar que se trata de desenvolver ferramentas e metodologias adequadas de gestão para pequenos empreendimentos rurais, industriais, de comercialização ou ainda de prestação de serviços. Esse desafio é o de procurar melhorar não somente a gestão individual dos empreendimentos, mas também as formas como eles se organizam coletivamente (gestão de associações e cooperativas) e/ou como eles se relacionam com fornecedores e clientes. Trata-se, portanto, de gerenciar não somente a unidade produtiva, mas também a cadeia de produção onde ela está inserida.

Estudos de modelos de consumo alimentar: o consumo de alimentos tem aumentado em complexidade e sofisticação a um ritmo nunca visto na história da humanidade. Pela primeira vez, algumas sociedades têm mais dificuldades em gerenciar a abundância do que a falta de alimentos. Nas camadas sociais mais abastadas de vários países, um simples almoço pode representar um exemplo da globalização comercial e dos hábitos alimentares. Nesses países, pode-se considerar corriqueira uma refeição onde se come um prato de massa italiana, regada por um vinho espanhol e uma água com gás francesa, tendo como entrada uma salada produzida no México ou nos Estados Unidos, temperada com azeite produzido na Grécia e vinagre balsâmico da região de Modena, na Itália. Para a sobremesa, um chocolate suíço ou belga. Finalmente, para terminar, um café colombiano. Compreender os costumes, as crenças e os hábitos alimentares e considerá-los na definição das estratégias de gestão, sobretudo as mercadológicas, é fundamental para a gestão dos negócios agroindustriais. Não é demais lembrar que o objetivo último de qualquer sistema agroindustrial é atender as necessidades do consumidor. Desenvolver estudos e ferramentas analíticas que permitam compreender e monitorar os diversos hábitos de consumo, sobretudo os alimentares, no Brasil e no exterior, é fundamental para a gestão de sucesso das empresas agroindustriais. Esse movimento auxilia no desenvolvimento de novos produtos e serviços e na avaliação de seus impactos nas cadeias agroindustriais.

Gestão da cadeia de suprimentos e estruturas de governança: as empresas agroindustriais têm na gestão das suas cadeias de suprimentos um desafio importante. Como visto até aqui, o êxito de uma empresa agroindustrial é resultado não somente da sua própria gestão interna, mas do sucesso relativo da cadeia onde ela está inserida em relação a outras cadeias de produção. Assim, por exemplo, o sistema de produção e distribuição de carne bovina está em constante competição com o sistema de produção de carne de aves. Pode-se dizer, em um raciocínio ligeiro, embora útil a essa ideia, que a cadeia da carne de aves compete com a cadeia da carne bovina pela possibilidade de fornecer proteína ao consumidor. Nesse sentido, as empresas agroindustriais devem ser capazes de criar e utilizar mecanismos de gestão capazes de administrar não somente suas atividades internas, mas também a forma como elas se relacionam e se articulam com os outros membros da cadeia. É importante ainda lembrar que essa forma de relacionamento, com maior ou menor integração de processos tecnológicos e gerenciais, é causa e efeito da estrutura de governança adotada pelo sistema de produção. Assim, convém dizer que a forma da estrutura de governança da cadeia de produção tem impacto importante e é central nas decisões de gestão das empresas agroindustriais e suas cadeias de suprimentos. Esse é um dos motivos que fazem com que estudos em termos de estruturas de governança em cadeias agroindustriais, muitos dos quais lastreados na nova economia institucional e na economia dos custos de transação, sejam tão populares entre profissionais da gestão e da economia dos agronegócios.

Logística agroindustrial: a gestão logística tem um papel central nos negócios agroindustriais. Como já foi visto, os sistemas agroindustriais possuem particularidades que acentuam a importância da logística para as empresas do agronegócio.[xviii] É importante destacar que, além da logística de distribuição, as empresas do agronegócio devem se preocupar com a logística de aprovisionamento e de movimentação interna de materiais. Muitas vezes, a logística é confundida com as atividades de transporte, sendo que o transporte é somente uma das atividades logísticas. Dito isso, a gestão eficiente de outras atividades logísticas também é capital para o agronegócio. Entre essas, merece destaque a gestão da estrutura de armazenagem dos produtos agroindustriais. Questões ambientais, mudanças no comportamento dos consumidores e condições ligadas a leis de proteção ao consumidor têm levado as empresas a se preocuparem cada vez mais com a chamada logística reversa. De fato, custos logísticos estão entre os mais significativos para as empresas das cadeias agroindustriais. Assim, estratégias logísticas adequadas podem significar importantes fontes de ganhos. Finalmente, convém observar que grande parte de novas formas de negócio que têm surgido nas cadeias agroindustriais origina-se não no desenvolvimento de novos produtos ou processos, mas em inovações alicerçadas em serviços logísticos diferenciados. No Brasil, os aspectos logísticos são ainda mais cruciais do que em outros países, devido ao tamanho do território e à precariedade de parte importante de nossa infraestrutura logística.

Recursos humanos: a gestão de recursos humanos tende a ganhar uma importância cada vez maior nos agronegócios. Nunca é demais lembrar que o sucesso do agronegócio, no Brasil ou em qualquer lugar do mundo, é o resultado de uma combinação virtuosa de vários fatores, entre os quais se destacam a qualidade e a disponibilidade de recursos humanos. As várias atividades dos diversos segmentos que compõem as cadeias agroindustriais vêm sendo fortemente impactadas por um desenvolvimento tecnológico cada vez mais acelerado. Mudanças nos hábitos de consumo, paradoxalmente cada vez mais globais ao mesmo tempo que procuram valorizar a produção local, inseridas em um contexto de globalização de atividades de produção e comercialização, também têm condicionado fortemente a evolução das cadeias agroindustriais e a gestão dos agronegócios. Assim, é necessário que as organizações ligadas ao agronegócio possam dispor de pessoas capazes de atuar de maneira eficaz e eficiente nesse contexto de mudanças e de complexidade tecnológica crescente. A experiência mostra que vencer o desafio de formar pessoas capazes de aplicar e desenvolver conhecimentos econômicos e gerenciais adaptados às especificidades do agronegócio não é trivial. Muitas vezes, quem atua e tem experiência nos processos produtivos (engenheiros, por exemplo) não tem formação adequada em gestão. A situação inversa também é verdadeira. Essa situação dificulta a disponibilidade de recursos humanos qualificados para o agronegócio. Dois outros pontos merecem destaque nesse assunto: a dificuldade das empresas agroindustriais de atraírem e manterem bons quadros, em qualquer nível de atuação, em regiões muitas vezes afastadas dos grandes centros e com infraestrutura precária; e uma imagem negativa e equivocada que uma parcela importante da sociedade

---

xviii O tema da logística agroindustrial será retomado em profundidade no Capítulo 5.

brasileira ainda tem em relação àqueles que trabalham diretamente nas atividades agropecuárias, os quais são, muitas vezes, erroneamente vistos como tabaréus do século XXI.

Questões ambientais: as questões ambientais são e continuarão sendo incontornáveis à economia e à gestão do agronegócio. Os aspectos ambientais não podem mais ser ignorados em qualquer estratégia de gestão contemporânea. As atividades biológicas que caracterizam e definem o agronegócio estão em relação direta com o meio ambiente e dele são dependentes. Dessa forma, a busca da sustentabilidade ambiental não é uma opção para o agronegócio, mas uma condição de sobrevivência no longo prazo. Aspectos ligados à gestão dos recursos hídricos, à emissão de gases de efeito estufa, à certificação ambiental, a novos métodos de manejo, à gestão de riscos ambientais, entre outros, são parte crescente das preocupações gerenciais cotidianas das empresas do agronegócio. Nesse contexto, novas formas de manejo no campo, como, por exemplo, a integração agrossilvipastoril, ganham destaque. Iniciativas em termos de economia circular também têm avançado e ganhado espaço. Nessas e em outras iniciativas, a componente ambiental ganha destaque e demanda um gerenciamento capaz de lidar adequadamente com esses novos métodos, técnicas e filosofias de produção e comercialização.

Gestão tecnológica: a gestão tecnológica compreende as atividades de gerenciamento dos processos de absorção, utilização, adaptação, desenvolvimento e transferência de tecnologia pelas organizações. Não há dúvidas de que a utilização de tecnologias adequadas é fator central à competitividade das organizações atuais. O sucesso de que o agronegócio brasileiro desfruta reflete o acerto de decisões passadas em termos de tecnologia. Ao mesmo tempo, sabe-se que o avanço tecnológico é cada vez mais resultado de políticas públicas e privadas eficientes e consistentes em termos financeiros e temporais. O tempo das grandes descobertas intuitivas e acidentais parece ter sido definitivamente ultrapassado. É importante que as empresas do agronegócio compreendam a importância da pesquisa e desenvolvimento para o avanço tecnológico e para a competitividade das suas atividades. Somente dessa forma elas se sentirão motivadas a fazer investimentos em tecnologia. É nesse quadro que a gestão tecnológica resgata sua importância.

Gestão do risco: a gestão do risco é uma preocupação cada vez mais presente nas empresas agroindustriais. Talvez em nenhum outro setor produtivo o problema de gerenciamento de risco esteja tão presente quanto no setor agroindustrial. Os riscos no sistema agroindustrial podem estar ligados à volatilidade e à imprevisibilidade de preços de produtos e insumos (riscos de mercado), a problemas de mão de obra (escassez ou falta de qualificação), a problemas institucionais (políticas, normas, leis, regulamentos, entre outros), a problemas de produção (riscos sanitários e fitossanitários, por exemplo) ou a problemas financeiros (riscos ligados à captação de recursos para o financiamento, por exemplo). De qualquer forma, parecem patentes o interesse e o movimento crescente das empresas no investimento de ferramentas de gestão que permitam a redução dos seus riscos. Do ponto de vista do poder público, também existe o óbvio interesse de disponibilizar aos agentes produtivos dos sistemas agroindustriais ferramentas que sejam apropriadas à mitigação dos seus riscos. A percepção de risco está indissociavelmente ligada às decisões de investimento. Esse assunto, no contexto das cadeias agroindustriais de suprimentos, é retomado nos Capítulos 3 e 8.

Gestão de perdas e desperdícios: para grande parte dos produtos agroindustriais, as matérias-primas agropecuárias representam um custo de produção importante. Na produção do açúcar, por exemplo, o maior item de custo é a cana-de-açúcar. Para produtos de maior valor agregado, essa importância diminui em relação a outros itens de custo como, por exemplo, embalagens. Assim, o controle do fluxo de produção é absolutamente vital na gestão dos agronegócios. Perda é diferente de desperdício. Perdas ocorrem no início da cadeia produtiva e são características de produção agrícola, manejo, pós-colheita e processamento dos produtos. Os desperdícios, por sua vez, caracterizam as atividades do final das cadeias produtivas, ou seja, durante a distribuição, venda e consumo dos produtos. Diminuir perdas e desperdícios é importante individualmente para os agentes, mas também é do interesse do conjunto da cadeia produtiva. É por esse motivo que atividades de gestão, individuais e coletivas, devem ganhar importância como forma de manter a competitividade dos agronegócios.

Gestão de custos e de operações agroindustriais: conforme visto anteriormente, as especificidades dos sistemas agroindustriais de produção impactam fortemente a gestão de custos e de operações dos negócios agroindustriais.[xix] Mas, para além dos aspectos intrínsecos à produção agropecuária, existem outros fatores que têm

---

xix Gestão de custos e gestão de operações agroindustriais são temas aprofundados nos Capítulos 7 e 6, respectivamente.

modificado e tornado a gestão das operações agroindustriais mais complexa. Entre esses fatores, é possível citar: hábitos de consumo cada vez mais globalizados e, paradoxalmente, diversificados; relações comerciais e tecnológicas mais estreitas entre produção rural, agroindústrias e distribuição; surgimento de novos padrões e processos de negócio; globalização de mercados (aprovisionamento e vendas); regulação mais estrita de governos e blocos econômicos; maior conteúdo tecnológico de produtos, processo e gestão; difusão acelerada de novos processos biotecnológicos e de informática. A diferenciação de produtos e processos que deriva de todo esse movimento impõe pesadas consequências para a gestão estratégica, tática e operacional dos agronegócios. Esse assunto será retomado em vários dos capítulos deste livro, notadamente nos capítulos de marketing (4), planejamento estratégico (2) e o de planejamento e controle da produção (6).

Agronegócio 4.0: o que vem sendo conhecido como agricultura 4.0 ou agronegócio 4.0 deriva de um movimento mais amplo conhecido como indústria 4.0, o qual, para alguns, definiria uma quarta revolução industrial. Esse movimento foi iniciado na Alemanha. Os objetivos eram os de aumentar a eficiência dos processos produtivos da indústria manufatureira via integração de um conjunto de novas tecnologias disponíveis. Grande parte dos ganhos que estão sendo prometidos pelo que vem sendo chamado de agronegócio 4.0, assim como ocorre na indústria 4.0, vem das novas possibilidades de gestão que ele oferece aos grandes macrossegmentos das cadeias agroindustriais: produção de matérias-primas (principalmente agropecuária e exploração florestal), indústrias de processamento e distribuição. Assim, o desafio maior do agronegócio 4.0 parece ser o de combinar novas tecnologias digitais para aumentar a produção de alimentos e outros produtos agroindustriais de forma sustentada. Nesse sentido, novas tecnologias devem permitir mudanças importantes de processo na produção agroindustrial. Essa nova visão na forma de produzir e trocar informações pode fazer com que os próprios conceitos de cadeia de produção e de cadeia de suprimentos possam ser reavaliados para introduzir uma ideia de circularidade das operações que pode aproximar os atores do sistema de produção e melhorar a coordenação dos seus processos de negócio (Figura 1.17). Termos como Internet das Coisas (*Internet of Things* – IoT), computação em nuvem (*cloud computing*), *blockchain*, *big data*, manufatura aditiva, agricultura de precisão, novos sensores e captores, robôs, entre outros, estarão cada vez mais presentes no agronegócio brasileiro e internacional. Os ganhos advindos e as mudanças que essas tecnologias podem aportar às cadeias agroindustriais são importantes. Como exemplos, entre outros, podemos imaginar a customização na indústria dos alimentos (temperos, molhos, ingredientes, tamanhos etc.) proporcionada por um fluxo de informação aprimorado, distribuição diferenciada e manufatura aditiva; customização de alimentos com características que vão além das nutricionais (prevenção ou tratamento de doenças); melhoria dos sistemas de produção com economia de recursos (agricultura de precisão); rastreabilidade total, auditável e transparente a todos; alimentos de conveniência e

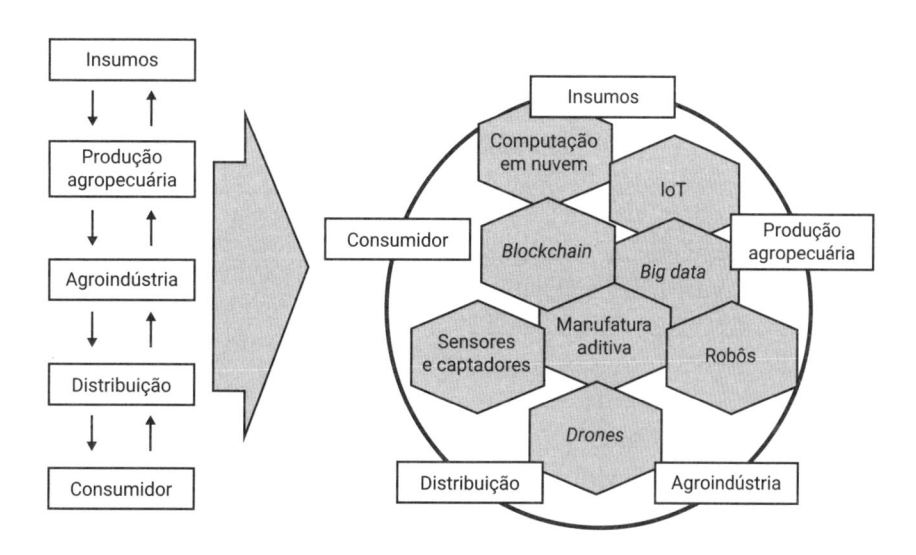

Figura 1.17 Sistema agroindustrial no contexto da produção 4.0.

possibilidade de diferenciação na casa do consumidor; coordenação mais eficiente entre os agentes dos sistemas de produção; embalagens inteligentes. A discussão dos impactos que essas novas tecnologias podem trazer aos sistemas agroindustriais ultrapassa os limites deste capítulo. Alguns desses temas serão retomados em outros capítulos deste livro.

Industrialização e financeirização da agricultura: o processo de globalização produtiva e a insegurança alimentar global dos anos 2007-2008 reavivaram as discussões sobre o ingresso de capitais externos nas cadeias agroindustriais, sobretudo na produção agropecuária, e sobre a industrialização da agricultura, a qual alguns denominam capitalismo agrícola. Esse processo pode ser observado de forma mais ou menos intensa segundo a cadeia produtiva ou a região analisada.[107] No Brasil, esse modelo empresarial convive com uma produção agroindustrial, principalmente agropecuária, de baixa escala de produção e com problemas crônicos de produtividade. A mudança na paisagem produtiva da produção rural pode acontecer a partir de processos de integração nas cadeias agroindustriais, obedecendo a uma lógica de produção, ou seguindo uma lógica puramente financeira de grupos empresariais muitas vezes estranhos a qualquer atividade ligada ao agronegócio. Neste último caso, as atividades de produção de alimentos podem ser consideradas de baixo retorno financeiro, mas representam um investimento com baixo risco.[108] Esse movimento não significa necessariamente o fim ou a diminuição da importância da produção familiar. Muitos dos empreendimentos que estão passando por esse processo conservam o principal do capital e da estrutura de decisão na mão das famílias. De qualquer forma, o que importa, para este livro, é apontar que essa forma de organização e financiamento da produção agropecuária em grande escala tem impactos importantes e diretos na forma como ela é gerida e nas possibilidades de inserção social e econômica que ela tem nas cadeias agroindustriais. Esses impactos resultam de fatores como maior disponibilidade de capital e recursos humanos qualificados necessários à adoção de novas tecnologias de produto, processo e gestão. Trata-se, portanto, de desenvolver e utilizar ferramentas de gestão adaptadas às novas formas de produção, organização do trabalho e expectativas de remuneração do capital que esses empreendimentos aportam aos sistemas agroindustriais.

EXERCÍCIOS

1. Quais são as principais diferenças e semelhanças entre os conceitos de *commodity system* e *filière*?
2. Como a noção de cadeia de produção agroindustrial pode ser utilizada para estudar as inovações tecnológicas no SAI?
3. Defina uma cadeia de produção agroindustrial.
4. Quais são as diferenças entre complexo agroindustrial e cadeia de produção agroindustrial?
5. Dê um exemplo de complexo agroindustrial e defina as principais cadeias de produção que o compõem. Identifique, no interior desse complexo, as operações-nó e as operações divergentes (se for o caso) que o caracterizam. Defina ainda suas principais etapas de produção.
6. Quais são os níveis de análise do SAI?
7. Enumere os agentes formadores do SAI e comente as interações que existem entre eles.
8. Como o conceito de redes pode ser aplicado ao agronegócio (por exemplo, no caso de redes de compra ou negócio formadas por pequenas redes de varejo de alimentos)?
9. Quais são os principais usos da noção de cadeia agroindustrial para o estudo dos agronegócios?
10. As agroindústrias alimentares de transformação podem ser divididas em de primeira, segunda e terceira transformação. Defina cada uma delas e aponte os diferentes desafios de gestão que cada uma delas enfrenta nas variadas funções de gestão.

NOTAS

1. OECD. The heavy burden of obesity: the economics of prevention, OECD Health Policy Studies. Paris: OECD Publishing, 2019. Disponível em: https://doi.org/10.1787/67450d67-en. Acesso em: 9 nov. 2020.
2. BRASIL. MINISTÉRIO DA SAÚDE. Secretaria de Vigilância em Saúde. Departamento de Análise em Saúde e Vigilância de Doenças não Transmissíveis. Vigitel Brasil 2018: vigilância de fatores de risco e proteção para doenças crônicas por inquérito telefônico: estimativas sobre frequência e distribuição sociodemográfica de fatores de risco e proteção para doenças crônicas nas capitais dos 26 estados brasileiros e no Distrito Federal em 2018/Ministério da Saúde, Secretaria de Vigilância em Saúde, Departamento de Análise em Saúde.
3. MALASSIS, L. *Nourrir les hommes*. Paris: Flammarion, 1994.
4. DAVIS, J. H.; GOLDBERG, R. A. *A concept of agribusiness*. Boston: Graduate School of Business Administration, Division of Research. Harvard University, 1957.
5. GOLDBERG, R. A. *Agribusiness coordination*: a systems approach to the wheat, soybean and Florida orange economies. Boston: Graduate School of Business Administration, Division of Research. Harvard University, 1968.
6. RASTOIN, J.-L.; GHERSI, G. *Système alimentaire mondial*: concepts et méthodes, analyses et dynamiques. Paris: Éditions Quæ, 2010.

7. BATALHA, M. O.; SILVA, A. L. Redesenhando tecnologias de gestão no contexto das cadeias agroindustriais. *In*: MONTOYA, M. A.; PARRÉ, J. L. (Org.). *O agronegócio brasileiro no final do século XX*. Passo Fundo: Universitária UPF, 2000, p. 182-216.

8. DAVIS, J. H.; GOLDBERG, R. A. *A concept of agribusiness*. Boston: Graduate School of Business Administration, Division of Research. Harvard University, 1957. p. 85.

9. HAMILTON, S. Review essay: revisiting the history of agribusiness. *Business History Review*, v. 90, n. 3, p. 541-545, 2016.

10. GOLDBERG, R. A. *Agribusiness coordination*: a systems approach to the wheat, soybean and Florida orange economies. Boston: Graduate School of Business Administration, Division of Research. Harvard University, 1968.

11. ZYLBERSZTAJN, D. *Competitividade e abordagem de sistemas agroindustriais*. Texto preliminar para discussão. PENSA/FEA/USP, 1995.

12. *Ibid*.

13. CHEVALIER, J. M.; TOLEDANO, J. A propos des filières industrielles. *Revue d'Économie Industrielle*, n. 6, p. 149-158, 1978.

14. MORVAN, Y. *Fondements d'économie industrielle*. Paris: Economica, 1988.

15. BATALHA, M. O. *La notion de filière comme outil d'analyse stratégique*: le cas des matières grasses à tartiner au Brésil. 1993. Tese (Doutorado). INPL/IGIA, Nancy, 1993.

16. FLORIOT, J.-L. *Génie des systèmes industriels et management de la technologie*. 1986. 237 f. Tese (Doutorado). INPL, Nancy, 1986.

17. PARENT, J. Filières de produits, stades de production et branches d'activité. *Revue d'Économie Industrielle*, n. 7, p. 89-91, 1979.

18. BIDAULT, F. *Le champ stratégique de l'entreprise*. Paris: Economica, 1988.

19. BATALHA, M. O.; SILVA, A. L. Marketing & Agribusiness: um enfoque estratégico. *Revista de Administração de Empresas*, São Paulo, v. 35, n. 5, p. 30-39, 1995.

20. PORTER, M. E. *Vantagem competitiva*: criando e sustentando um desempenho superior. Rio de Janeiro: Campus, 1985.

21. TEMPLE, L. *et al*. Actualisation du concept de filière dans l'agriculture et l'agroalimentaire. *Economies et Sociétés*, Série AG, n. 33, 1785-1797, 2011.

22. RASTOIN, J.-L.; GHERSI, G. *Système alimentaire mondial*: concepts et méthodes, analyses et dynamiques. Paris: Éditions Quæ, 2010.

23. Fonte: *Ibid*.

24. HOPKINS, T.; WALLERSTEIN, I. Patterns of development in the modern world system. *Review*, v. 1, n. 2, p. 111-145, 1977.

25. RAIKES, P.; JENSEN, M. F.; PONTE, S. Global commodity chain analysis and the French filière approach: comparison and critique. *Economy and Society*, v. 29, n. 3, p. 319-417, 2000.

26. GEREFFI, G. The organization of buyer-driven global commodity chains: how US retailers shape overseas production networks. *In*: GEREFFI, G.; KORZENIEWICZ, M. (Eds.). *Commodity chains and global capitalism*. Praeger: Westport, 1994, p. 95-122.

27. LEE, J. Global Commodity Chains and Global Value Chains. *In*: DENEMARK, R. A. (Ed.). *The international studies encyclopedia*. Malden: Wiley-Blackwell, 2010, p. 2987-3006.

28. GEREFFI, G. *Op. cit*.

29. GEREFFI, G. *A commodity chains framework for analyzing global industries*. Duke University, 1999.

30. GRANOVETTER, M. The strength of weak ties: a network theory revisited. *Sociological Theory*, v. 1, p. 201-233.

31. NOHRIA, N.; ECCLES, R. G. *Networks and organizations*: structure, form and action. Boston: Harvard University Press, 1992.

32. CHARAM, R. O uso de redes para redefinir as organizações e obter resultados. *In*: CHAMPY, J.; NOHRIA, N. (Org.). *Avanço rápido*: as melhores ideias sobre o gerenciamento de mudanças nos negócios. São Paulo: Campus, 1997.

33. GRANDORI, A.; SODA, G. Inter firm networks: antecedents, mechanisms and forms. *Organization Studies*, v. 2, n. 16, 1995.

34. *Ibid*.

35. NALEBUFF, B. J.; BRANDENBURGER, A. M. *Co-opetição*. Rio de Janeiro: Rocco, 1996.

36. *Ibid*.

37. LAZZARINI, S. G.; CHADDAD, F. R.; COOK, M. L. Integrating supply chain and network analyses: The study of netchains. *Journal on Chain and Network Sciences*, v. 1, n. 1, p. 7-22, 2001.

38. POWELL, W. W. Neither market nor hierarchy: network forms of organization. *Research in Organizational Behavior*, v. 12, p. 295-336, 1990.

39. Adaptada de LAZZARINI, S. G.; CHADDAD, F. R.; COOK, M. L. Integrating supply chain and network analyses: The study of netchains. *Journal on Chain and Network Sciences*, v. 1, n. 1, p. 7-22, 2001.

40. BATALHA, M. O.; SILVA, A. L. Marketing & Agribusiness: um enfoque estratégico. *Revista de Administração de Empresas*, São Paulo, v. 35, n. 5, p. 30-39, 1995.

41. MALASSIS, L. *Économie agro-alimentaire*. Paris: Cujas, 1979.

42. *Ibid*.

43. Adaptada de MALASSIS, L. *Économie agro-alimentaire*. Paris: Cujas, 1979.

44. Fonte: BATALHA, M. O. *La notion de filière comme outil d'analyse stratégique*: le cas des matières grasses à tartiner au Brésil. 1993. Tese (Doutorado). INPL/IGIA, Nancy, 1993.

45. Fonte: BATALHA, M. O.; SOUZA FILHO, H. M. A falsa dicotomia entre agronegócio e agricultura familiar. *AgroANALYSIS*, São Paulo, v. 23, n. 8, p. 46-47, 2003.

46. Fonte: Adaptada de MALASSIS, L. *Économie agro-alimentaire*. Paris: Cujas, 1979.

47. BATALHA, M. O. *La notion de filière comme outil d'analyse stratégique*: le cas des matières grasses à tartiner au Brésil. 1993. Tese (Doutorado) – INPL/IGIA, Nancy, 1993.

48. MARCHESNAY, M. Où en est la méso-analyse? *In*: ADEFI (Coord.). *L'analyse de filière*. Paris: Economica, 1985.

49. BERTALANFFY, L. The theory of open systems in physics and biology. *Science*, v. 111, 1950.

50. RASTOIN, J.-L.; GHERSI, G. *Système alimentaire mondial*: concepts et méthodes, analyses et dynamiques. Paris: Éditions Quæ, 2010.

51. STAATZ, J. M. *Notes on the use of subsector analysis as a diagnostic tool for linking industry and agriculture*. Department of Agricultural Economics. Michigan State University, 1997.

52. MELESE, J. *Approches systémiques des organisations*. Paris: Les Éditions d'Organisation, 1990.

53. SOBAL, J.; KHAN, L. K.; BISOGNI, C. A conceptual model of the food and nutrition system. *Soc. Sci. Med.*, v. 47, n. 7, p. 853-863, 1998.

54. Fonte: adaptada de SOBAL, J.; KHAN, L. K.; BISOGNI, C. A conceptual model of the food and nutrition system. *Soc. Sci. Med.*, v. 47, n. 7, p. 853-863, 1998.

55. FORRESTER, J. A. *Principles of systems*. Portland: Productivity Press, 1972.

56. MORIN, E. *La méthode*: 1. la nature de la nature. Paris: Seuil, 1977.
57. Fonte: ZHANG, W. *et al.* Systems thinking: an approach for understanding 'eco-agri-food systems'. *In: TEEB for Agriculture & Food*: Scientific and Economic Foundations. Geneva: UN Environment, 2018, p. 17-55.
58. FERREIRA, J. O.; BATALHA, M. O.; DOMINGOS, J. C. Integrated planning model for citrus agribusiness system using systems dynamics. *Computers and Electronics in Agriculture*, v. 126, p. 1-11, 2016.
59. KLEBANER, S. ASSOGBA, G. Quelle cohérence pour la politique française de filières? Les décalages entre la filière solidaire telle qu'elle devrait être et ce qu'elle est. *Revue de la Régulation. Capitalisme, institutions, pouvoirs*, v. 23, 2018.
60. GUIDAT, C. *Contribution méthodologique à la formalisation d'un nouveau métier*: l'ingénierie de l'innovation technologique à partir de l'expérience d'une innovation technique dans la filière bois. 1984. Thèse de 3ème cycle. DEGE/INPL, Nancy, 1984.
61. KLIEMANN NETO, F. J. *Contribution méthodologique à la compréhension de la dynamique des filières*: analyse stratégique de la filière bois de Santa Catarina (Brésil). 1985. Tese (Doutorado) – INPL, Nancy, 1985.
62. PARENT, J. Filières de produits, stades de production et branches d'activité. *Revue d'Économie Industrielle*, n. 7, p. 89-91, 1979.
63. MORVAN, Y. *Fondements d'économie industrielle*. Paris: Economica, 1988.
64. SOUZA FILHO, M. S. M. *Integração EVA e sistema ABC de custeio ABC em uma cooperativa avícola*. 2007. 289 f. Tese (Doutorado em Engenharia de Produção) – Universidade Federal de São Carlos, São Carlos, 2007.
65. BATALHA, M. O. As cadeias de produção agroindustriais: uma perspectiva para o estudo das inovações tecnológicas. *Revista de Administração*, São Paulo, v. 30, n. 4, p. 43-50, 1995.
66. KOULYTCHIZKY, S. Analyse et stratégies de filière, une approche nouvelle en agro-alimentaire: apports, dangers à surmonter. *In*: ADEFI (Coord.). *L'analyse de filière*. Paris: Economica, 1985.
67. LORENZI, J. H.; TRUEL, J. L. *Se diversifier par les stratégies de filières*. Paris: Harvard: L'Expansion, 1981.
68. SCHUMPETER, J. A. *Capitalism, socialism and democracy*. London and New York: Allen & Unwin, 1943.
69. SCHUMPETER, J. A. *Business cycle*: a theoretical, historical and statistical analysis. New York: McGraw-Hill, 1939.
70. SCHUMPETER, J. A. *The theory of economic development*: an inquiry into profits, capital, credit, interest, and the business cycle. Cambridge: Harvard University Press, 1934.
71. FREEMAN, C. *Economics of innovation*. London: London Pinter, 1982.
72. TIRALAP, A. Technical change and economic theory: management of technology. *In*: International Conference on Management of Technology, 2. Miami, 1990. Anais... Miami: FL, 1990.
73. NELSON, R.; WINTER, S. *An evolutionary theory of economic change*. Cambridge: Harvard University Press, 1982.
74. DOSI, G. Technological paradigms and technological trajectories. *Research Policy*, v. 2, n. 3, p. 147-162, 1982.
75. GARROUSTE, P. *Filières techniques et économie industrielle*: l'exemple de la forge. Lyon: Presses Universitaires, 1984.
76. BATALHA, M. O. As cadeias de produção agroindustriais: uma perspectiva para o estudo das inovações tecnológicas. *Revista de Administração*, São Paulo, v. 30, n. 4, p. 43-50, 1995.
77. FLORIOT, J. L.; OVERNEY, V. *Combinatoire technologique et méthodologique de reconcéption d'une filière*: de la formulation à l'expérimentation industrielle. Communication présentéen au Congrès de Génie Industriel, 1986.
78. TARONDEAU, J.-C. *Produits et technologies*: choix politiques de l'entreprise industrielle. Paris: Dalloz, 1982.
79. TOURNEMINE, R. L. *Stratégies technologiques et processus d'innovation*. Paris: Les Editions d'Organisation, 1991.
80. DE MORI, C.; BATALHA, M. O.; ALFRANCA, O. Capacidade tecnológica: proposição de índice e aplicação a empresas do complexo agroindustrial do trigo. *Production*, v. 24, n. 4, p. 787-808, 2014.
81. Fonte: *Ibid.*, p. 796.
82. LE DUFF, R.; MAISSEU, A. *Management technologique*. Paris: Sirey, 1991.
83. CAMPEÃO, P. *Sistemas locais de produção agroindustrial*: um modelo de competitividade. 2004. 230 f. Tese (Doutorado em Engenharia de Produção) – Universidade Federal de São Carlos, São Carlos, 2004.
84. SANTOS, C. E. S. *Capacidade tecnológica territorial*: conceito, modelo e aplicações. 2017. 150 f. Tese (Doutorado em Engenharia de Produção) – Universidade Federal de São Carlos, São Carlos, 2017.
85. *Ibid.*
86. *Ibid.*
87. NIERO, M.; RIVERA, X. C. S. The role of life cycle sustainability assessment in the implementation of circular economy principles in organizations. *Procedia CIRP*, v. 69, p. 793-798, 2018.
88. EKENER, E. *et al.* Developing Life Cycle Sustainability Assessment methodology by applying values-based sustainability weighting – Tested on biomass based and fossil transportation fuels. *Journal of Cleaner Production*, v. 181, p. 337-351, 2018.
89. UNEP/SETAC. *Guidelines for Social Life Cycle Assessment of Products*. United Nations Environment Programme, 2009.
90. FERRAZ, J. C.; KUPFER, D.; HAGUENAUER, L. *Desafios competitivos para a indústria*. Rio de Janeiro: Campus, 1996.
91. *Ibid.*
92. *Ibid.*
93. VAN DUREN, E. *et al.* Assessing the competitiveness of Canada's agrifood industry. *Canadian Journal of Agricultural Economics*, v. 39, p. 727-738, 1991.
94. *Ibid.*
95. *Ibid.*
96. SILVA, C. A. B.; BATALHA, M. O. (Coord.). *Estudo sobre a eficiência econômica e competitividade da cadeia agroindustrial da pecuária de corte no Brasil*. Brasília: IEL, 2000.
97. SINGLETON, R. A.; STRAITS, B. C. *Approaches to social research*. New York: Oxford University Press, 1993.
98. BATALHA, M. O.; SILVA, C. A. B. *Eficiência econômica e competitividade da cadeia agroindustrial da pecuária de corte no Brasil*. Brasília: IEL, CNA e SEBRAE, 2000. v. 1.
99. *Ibid.*
100. LAMBERT, A. Une response aux exigences de flexibilité dans les industries alimentaires. Nantes; Cahiers de Rechérche – Largecia, p. 27-42, 2000.
101. LAMBERT, A. La desintégration verticale: une réponse aux exigences de flexibilité dans les industries alimentaires. *Revue Gestion 2000*, p. 59-78, 2001.

102. GOUSTY, Y.; KIEFFER, J.-P. Une nouvelle typologie pour les systemes industriels de production. *Revue Française de Gestion*, p. 104-112, 1988.
103. GALUCHI, T. P. D.; ROSALES, F. P.; BATALHA, M. O. Management of socioenvironmental factors of reputational risk in the beef supply chain in the Brazilian Amazon region. *International Food and Agribusiness Management Review*, v. 22, n. 2, p. 155-171, 2019.
104. DANI, S. *Food supply chain management and logistics: from farm to fork*. London: Kogan Page, 2015.
105. *Ibid*.
106. VAN FLEET, D.; VAN FLEET, E.; SEPERICH, G. J. *Agribusiness*: principles of management. Clifton Park: Cengage Learning, 2013.
107. PERSEIGLE, F. *et al*. *Le nouveau capitalisme agricole*: de la ferme à la firme. Paris: Presses de Sciences Po, 2017.
108. *Ibid*.

BIBLIOGRAFIA COMPLEMENTAR

BEST, J. H. *The new competition*: institutions of industrial restructuring. Cambridge, MA: Harvard University Press, 1990.

BOWERSOX, D. J.; CLOSS, D. J. *Logistical management*: the integrated supply chain process. New York: McGraw-Hill, 1996.

BRECHTEL, C.; JAYARAM, J. Supply chain management: a strategic perspective. *The International Journal of Logistics Management*, v. 8, n. 1, p. 15-34, 1997.

CHARAM, R. O uso de redes para redefinir as organizações e obter resultados. *In*: CHAMPY, J.; NOHRIA, N. *Avanço rápido*: as melhores ideias sobre o gerenciamento de mudanças nos negócios. São Paulo: Campus, 1997.

COOPER, M. C.; ELLRAM, L. M. Purchasing and logistics strategy. *The International Journal of Logistics Management*, v. 4, n. 2, p. 13-24, 1993.

COOPER, M. C.; LAMBERT, D. M.; PAGHI, J. D. Supply chain management: more than a new name for logistics. *The International Journal of Logistics Management*. v. 8, n. 1, p. 1-13, 1997.

COUTINHO, L. G.; FERRAZ, J. C. *Estudo da competitividade da indústria brasileira*. 3. ed. Campinas: Papirus, 1995.

FARINA, E. M. M. Q. Competitividade e coordenação de sistemas agroindustriais: um ensaio conceitual. *Gestão & Produção*, v. 6, n. 3, p. 147-161, 1999.

HANDFIELD, R. B.; NICHOLS JR., E. L. *Introduction to supply chain management*. New Jersey: Prentice Hall, 1999.

HOPP, W. J.; SPEARMAN, M. L. *Factory physics*. Chicago: Irwin/McGraw-Hill, 1996.

OHMAE, K. *The coming shape of global competition*. New York: Free Press, 1985.

TRENDOV, N. M.; VARAS, S.; ZENG, M. 2019. *Digital technologies in agriculture and rural areas* – Status report. Rome. Licence: cc by-nc-sa 3.0 igo.

2 ESTRATÉGIA APLICADA AO AGRONEGÓCIO

Mário Otávio Batalha
Alexandre Borges Santos

Este capítulo apresenta o conceito de estratégia e as suas principais escolas de pensamento. A definição de vantagem competitiva é apresentada e discutida no contexto do agronegócio. Reconhece-se que o sucesso de uma empresa resulta dos mercados e do ambiente competitivo onde ela atua, mas também dos seus recursos e da forma como ela os organiza para competir. Assim, parte importante deste capítulo dedica-se a apresentar conceitos e métodos que permitem fazer uma avaliação do ambiente competitivo das empresas agroindustriais (análises externas) e dos recursos internos que elas podem e devem mobilizar para atingirem seus objetivos estratégicos (análises internas). Fatores do macroambiente competitivo, técnicas de análise das cadeias agroindustriais e o modelo das cinco forças do Porter são apresentados ao leitor para que ele possa dispor de um conjunto de ferramentas que permita avaliar o ambiente competitivo onde sua organização evolui. A visão baseada em recursos (VBR), a noção de cadeia de valor e os modelos de portfólio de produtos permitem que o leitor conheça e possa utilizar um conjunto de conhecimento indispensável para a realização da análise interna da sua organização. Além disso, o modelo SWOT é apresentado e discutido como forma de combinar as dimensões interna (pontos fortes e fracos) e externa (ameaças e oportunidades) de uma avaliação estratégica. Todos esses conceitos e técnicas são ilustrados com exemplos do agronegócio, o que aumenta a pertinência e a atratividade deste capítulo para os profissionais do setor. O texto apresenta o conceito de grupos estratégicos e os vários tipos de alianças estratégicas que se estabelecem entre empresas do agronegócio. Um destaque importante é dado à questão da internacionalização das empresas agroindustriais. Esta parte discute as competências centrais exigidas das empresas agroindustriais que pretendem se internacionalizar. O capítulo ainda introduz o conceito de indicadores de desempenho no contexto do agronegócio, com exemplos práticos da aplicação destes modelos de avaliação estratégica. Finalmente, o leitor disporá de uma metodologia de planejamento estratégico que lhes permitirá realizar o planejamento estratégico da sua organização aproveitando todo o conhecimento trazido pelo capítulo.

Ao final deste capítulo, o leitor deverá ser capaz de:
- Definir estratégia e reconhecer as características das suas principais escolas de pensamento.
- Realizar uma análise das forças competitivas que atuam nos mercados onde a empresa concorre.
- Realizar um diagnóstico interno da empresa para identificar os pontos fortes e fracos da organização frente aos seus objetivos estratégicos.
- Identificar, definir e discutir as principais estratégias de alianças estratégicas no agronegócio.
- Utilizar a visão baseada em recursos no processo de gestão estratégica da organização.
- Estabelecer um conjunto de indicadores de desempenho que permita acompanhar a gestão estratégica da empresa.
- Planejar e executar um processo formal e organizado de planejamento estratégico.

2.1 INTRODUÇÃO

O termo *estratégia* tem origem no grego *strategos*, que significava a arte do general, a qual estava associada a um conjunto de características psicológicas ou de comportamento ligado às tarefas desempenhadas por um comandante militar. No tempo de Péricles (450 a.C.), o termo *estratégia* era entendido como um conjunto de habilidades gerenciais ligadas à oratória, ao poder e à liderança. Na época de Alexandre (330 a.C.), estratégia referia-se às habilidades de organizar forças para alcançar uma posição e criar um sistema unificado de governo.[1] Com as necessárias adaptações, a lógica da estratégia militar se assemelha ao uso dado à estratégia no mundo dos negócios nos dias atuais.

O que os generais do passado faziam antes de colocar suas tropas em marcha era avaliar seus pontos fortes e fracos e compará-los aos das tropas dos inimigos. A vitória exigia o conhecimento do terreno onde as batalhas ocorreriam (ameaças e oportunidades do ambiente competitivo) e uma previsão de quais seriam as manobras dos inimigos para identificar os fatores-chave (ou fatores críticos) de sucesso importantes para ganhar a guerra. Essa reflexão, trazida para os dias atuais e contextualizada no escopo deste livro, nada mais é do que o pensamento estratégico de uma organização contemporânea.

De fato, a partir da década de 1960, os teóricos das organizações passaram a considerar a importância do ambiente competitivo no sucesso da estratégia das empresas. Nesse ambiente, está incluído o que os estrategistas militares chamavam de "inimigos", e que na linguagem gerencial atual pode-se chamar de competidores ou concorrentes.

Toda organização possui uma estratégia de sobrevivência e desenvolvimento, mesmo que ela não seja deliberada ou formalizada. No entanto, a formalização do pensamento, do planejamento e das ações estratégicas tem se mostrado cada vez mais importante para o sucesso de qualquer organização contemporânea. Um exame dos processos competitivos atuais mostra que cada vez menos o sucesso dos empreendimentos é resultado de comportamentos improvisados e intuitivos. Ele decorre cada vez mais de processos de planejamento estratégicos formais e sofisticados, mas suficientemente flexíveis para se ajustarem às mudanças no ambiente externo das organizações. Estratégias consistentes são compostas por quatro elementos principais: objetivos e metas (o que se quer fazer) a serem alcançados, as políticas e diretrizes que orientam os caminhos a serem atingidos ou evitados, os planos ou programas de ação, ou seja, a operacionalização das estratégias e os mecanismos de controle e correção das ações empreendidas. Como será visto ao longo deste capítulo, as empresas do agronegócio não escapam a essa lógica.

A gestão estratégica, da qual o planejamento estratégico é parte importante, condiciona as estratégias funcionais das diversas unidades estratégicas de negócio (UEN) – do inglês *strategic business units* – de uma companhia. Assim, não é exagero dizer que ela está na base do sucesso de qualquer organização. Decisões estratégicas equivocadas podem se desdobrar em decisões erradas nos vários níveis hierárquicos e nas variadas funções operacionais de gestão de uma instituição.

Não há uma definição universalmente aceita para os conceitos de estratégia e gestão estratégica. No entanto, alguns pontos que os caracterizam podem ser destacados:

- A gestão estratégica relaciona-se com a forma como a organização se vê no futuro e a maneira como ela pretende atingir a posição almejada.
- Trata-se de um planejamento de longo prazo em que a reversão das decisões tomadas resulta em sacrifícios importantes para a organização.
- A gestão estratégica concerne a todas as funções da organização, sendo a estratégia corporativa desdobrada em estratégias funcionais e por unidades de negócio.
- A gestão estratégica envolve decisões em termos de mobilização de recursos para que, em consonância com as exigências do ambiente externo, metas e objetivos sejam alcançados.
- Ressalta de mecanismos de controle e avaliação periódica dos resultados alcançados com o objetivo de que, se necessário, alterações e adaptações ao planejamento original sejam implementadas.

Uma empresa do setor agroindustrial pode atuar em diferentes cadeias de produção pela produção e comercialização de diferentes produtos. Existem grandes corporações nacionais e internacionais que, por exemplo, têm atividades nos setores de carnes, leite e soja. Cada um desses setores poderia ser considerado uma unidade estratégica de negócios. Mas a segmentação estratégica pode ser ainda mais fina e detalhada. O setor de carnes poderia ser dividido em carnes bovina, suína e de aves. Nesse caso, cada um desses setores poderia ser igualmente considerado uma unidade estratégica de negócios com estratégias funcionais próprias. Essa segmentação pode se estender ao nível das famílias de produtos ou de segmentos específicos de mercado. Assim, a definição de unidade estratégica de negócios baseia-se na estrutura interna da empresa, mas esse não é sempre o caso. Uma unidade estratégica de negócio pode se justificar e ser criada a partir de um segmento de mercado. O segmento de alimentos para pessoas idosas poderia, por exemplo, ser objeto da criação de uma unidade estratégica de negócios de uma empresa de produção de alimentos. Dessa forma, a própria definição das UEN é resultado de escolhas estratégicas da organização. Cada UEN deve ter objetivos, metas e estratégias que estejam alinhados com as decisões estratégicas da corporação à qual responde.

Por outro lado, para cada uma dessas UEN, um conjunto de estratégias funcionais deve ser identificado, avaliado e adotado. As estratégias funcionais mais comuns são as de produção, de recursos humanos, financeira, tecnológica, de marketing, comercial, de expansão (internacionalização) e de distribuição.

Embora haja praticamente um consenso sobre a importância da gestão estratégica para o sucesso das organizações, não há um entendimento comum sobre a melhor maneira de colocá-la em prática. Argumenta-se que o campo da gestão estratégica é bastante fragmentado em relação a suas premissas teóricas e seus encaminhamentos práticos. A seção seguinte apresenta, brevemente, as principais escolas de pensamento estratégico que ilustram essa fragmentação.

2.2 PRINCIPAIS ESCOLAS DE PENSAMENTO ESTRATÉGICO

Mintzberg e colaboradores[2] propuseram dividir as várias correntes de pensamento estratégico em dez "escolas" diferentes. Essas escolas de pensamento estratégico refletem a evolução do estudo e da aplicação dos conceitos de estratégia aplicados às organizações. As dez escolas de pensamento estratégico propostas por Mintzberg e outros são:

Escola do *design*: os teóricos dessa escola assumem a separação entre a formulação e a implementação de estratégias (o planejamento é separado da ação). Essa escola introduziu alguns modelos analíticos que subsistem até hoje na literatura sobre estratégia. Entre eles, pode-se citar o modelo SWOT (*strengths, weaknesses, opportunities e threats*, ou análise de pontos fortes e fracos da organização, considerando as ameaças e as oportunidades do seu ambiente competitivo). Para essa escola, a estratégia é principalmente uma preocupação da alta direção da organização, baseando-se em análise detalhada do ambiente interno (pontos fortes e fracos) e externo (ameaças e oportunidades) da organização.

Escola do planejamento: essa escola assume a maioria das ideias da escola do *design*. A estratégia é vista como um processo formal que segue etapas bem definidas, com responsabilidades bem estabelecidas. Essa escola detalha, mais do que a escola do *design*, algumas das técnicas que utiliza (planejamento orçamentário, gestão de programas e projetos etc.). Embora a escola do planejamento estratégico sofra inúmeras críticas, suas premissas estão entre as mais utilizadas até hoje pelas organizações. Na próxima seção, será apresentado um modelo de planejamento estratégico que ilustra os procedimentos metodológicos dessa escola.

Escola do posicionamento: essa escola aceita grande parte dos princípios das escolas do planejamento e do *design*. Michael Porter é um dos principais autores contemporâneos na área de estratégia, tendo escrito vários livros importantes sobre esse assunto. *Estratégia competitiva: técnicas para análise de indústrias e da concorrência*[3] e *Vantagem competitiva: criando e sustentando um desempenho superior*[4] são as duas obras de maior destaque do autor. Assim como nas duas escolas precedentes, a escola do posicionamento também assume que a estratégia precede a estrutura das organizações. Essa escola contribui com a proposição de alternativas estratégicas genéricas, como, por exemplo, aquelas propostas por Porter: diferenciação, dominação pelos custos e focalização. Além disso, ela introduz ferramentas bastante interessantes para a definição de estratégias. Entre essas ferramentas, podem-se citar as matrizes de portfólio de produtos (como a matriz BCG – Boston Consulting Group, por exemplo) e o modelo da curva de experiência. O modelo das cinco forças competitivas de Porter talvez seja um dos modelos atuais mais conhecidos e utilizados para a análise estratégica. Essas três escolas iniciais podem ser consideradas escolas prescritivas.

Escola empreendedora: essa escola, embora mais descritiva do que prescritiva, também reconhece, como a escola do *design*, o papel do líder empreendedor como o grande estrategista da organização. Ela preocupa-se em entender as motivações e o processo de formação da estratégia. Em uma crítica ao formalismo excessivo das escolas anteriores, ela privilegia o papel da intuição do líder nas decisões estratégicas. O sucesso da empresa estaria ligado a uma liderança visionária do principal executivo da organização. Embora essa escola fundamente-se em princípios fáceis de serem compreendidos e assimilados, a dependência da organização em relação a uma única pessoa para definir suas estratégias traz riscos óbvios para a organização.

Escola cognitiva: essa escola utiliza princípios da psicologia cognitiva para tentar compreender os modelos mentais que os estrategistas utilizam nas suas análises e decisões. Dessa forma, a estratégia adotada seria o resultado de análises subjetivas baseadas na forma como o estrategista vê e interpreta a organização e sua relação com o ambiente que a cerca. A complexidade das decisões estratégicas, apregoada por essa escola, vai de encontro ao racionalismo adotado pelas escolas prescritivas. Embora essa escola tenha ideias originais e um bom potencial explicativo das ações dos estrategistas, ela é de difícil aplicação para a definição de estratégias a serem adotadas.

Escola do aprendizado: essa escola se preocupa em saber como as estratégias se formam na organização. Seus pensadores acreditam que a estratégia, resultado de uma aprendizagem coletiva dos seus membros, emerge naturalmente no seio da organização. Embora essa ideia seja simples, ela é difícil de ser colocada em prática. Esperar que uma estratégia seja capaz de emergir da organização pode significar simplesmente que ela não tem estratégia definida. Organizações que operam em ambientes mais complexos (institutos de pesquisa, por exemplo), em que as estruturas hierárquicas são menos rígidas e o conhecimento necessário à geração de estratégias está disseminado entre seus membros, podem ser mais propícias à aplicação das premissas dessa escola.

Escola do poder: essa escola de pensamento enfatiza o uso do poder e da política para definição e negociação, interna e externa à organização, de estratégias a serem adotadas. Nesse caso, o poder é visto como a capacidade de pessoas, grupos ou organizações influenciarem outros agentes de forma a conseguirem seus objetivos. Os autores dividem o estudo do poder nas organizações em "poder micro" (em que a estratégia é vista como o resultado de interesses políticos dos agentes que a formulam) e em "poder macro", (que estuda a forma como a organização tenta influenciar os agentes do seu ambiente externo – *stakeholders*). O grande mérito dessa escola foi o de reforçar, na literatura relacionada com os estudos estratégicos, a importância do poder e da política para a formulação de estratégias.

Escola cultural: de maneira muito simples, pode-se dizer que a cultura de uma organização reflete as crenças e as interpretações comuns dos membros que nela atuam. O processo de formação da cultura e a aculturação de novos agentes que venham a atuar na organização acontecem pela troca de conhecimentos tácitos entre esses agentes e pelo compartilhamento de valores e crenças comuns a eles. Os conceitos dessa escola parecem ser mais úteis para explicar o que já existe do que para prever o que virá a acontecer, etapa indispensável para a formulação de qualquer estratégia.

Escola ambiental: os pensadores dessa escola enfatizam o papel do ambiente externo à empresa como agente principal a ser considerado na formulação de estratégias. Outras escolas já consideravam o ambiente externo um fator importante, mas essa escola destaca ainda mais essa importância. Nessa linha de pensamento, a formulação de estratégias acontece como reação às mudanças no ambiente da empresa. Empresas menos capazes de se adaptarem às mudanças no ambiente estariam fadadas ao desaparecimento.

Escola da configuração: essa escola procura integrar várias das premissas das escolas já descritas. Além disso, ela considera que variações no contexto de atuação da organização farão com que ela adote determinada forma de estrutura (organização empreendedora, organização máquina, organização diversificada etc.). Mudanças no ambiente levariam a mudanças na estrutura da organização. Dessa forma, o estrategista deveria ser capaz de pinçar das premissas de todas as escolas apresentadas os conceitos e metodologias que melhor se adaptassem ao momento da empresa e/ou do ambiente no qual ela evolui.

É preciso dizer que esta breve seção não procurou esgotar o assunto abordado. Cada uma das escolas descritas poderia ser objeto de um livro inteiro.

2.3 CONCEITO DE VANTAGEM COMPETITIVA E EMPRESAS DO AGRONEGÓCIO

O conceito de vantagem competitiva está intrinsecamente ligado com a capacidade que algumas empresas têm de construir e manter um desempenho superior ao das concorrentes. Ela seria, portanto, o resultado da eficiência e da eficácia na combinação de recursos da organização para fornecer aos seus clientes um valor maior do que o entregue pelos seus competidores. Dito de uma forma mais simples, uma vantagem competitiva deve contribuir para algum produto ou serviço que a empresa faça melhor do que a concorrência.

Porter[5] foi um dos grandes responsáveis pela popularização, nos meios acadêmico e empresarial, do conceito de vantagem competitiva. Sem embargo, atualmente, a noção de vantagem competitiva é utilizada pelas mais variadas escolas de pensamento estratégico, sempre tendo como ideia norteadora a capacidade de uma organização de sobrepor-se aos seus concorrentes. Esse mesmo raciocínio vale para os agentes que atuam nas cadeias agroindustriais de produção.

As vantagens competitivas das empresas do agronegócio podem ter origens e importâncias diversas segundo as estratégias adotadas pelas organizações e segundo a posição que elas ocupam nas cadeias agroindustriais. Assim, vantagens competitivas ligadas a baixos custos de produção e altas escalas de produção parecem estar mais presentes e ser mais importantes a montante da cadeia produtiva, principalmente na produção rural. Na realidade, algumas produções agrícolas e pecuárias têm no custo de produção e comercialização sua principal fonte de vantagem competitiva. Isso é especialmente verdade para as grandes *commodities* agropecuárias, grande parte delas cotadas em bolsas de valores. Nesses casos, em geral, os ganhos devidos à escala de produção podem resultar em custos menores e, portanto, em maiores margens para os produtores. Mas a redução de custos pelo aumento da escala de produção está longe de se verificar para todos os produtos agropecuários. De fato, a produção de algumas frutas, legumes e verduras, por exemplo, pode ser muito competitiva em pequena escala. Isso vai depender do processo de produção, do tipo de produto e das características dos mercados aos quais ele se destina. Nesse caso, o volume de produção pode não ser uma vantagem competitiva relevante. Um produto alimentar ou uma bebida voltados para um segmento muito específico de mercado poderiam enquadrar-se nessa situação. *Grosso modo*, pode-se dizer que a utilização de um recurso, seja ele qual for, somente se transforma em uma vantagem competitiva se estiver alinhada com os objetivos estratégicos da organização.

Raciocínio análogo pode ser utilizado para as agroindústrias de primeira transformação.[i] Grande parte dessas indústrias caracteriza-se por trabalhar com produtos indiferenciados e comercializados em altos volumes de produção. Esse é o caso, por exemplo, dos principais produtos derivados da soja, da cana-de-açúcar, do algodão, da laranja, da indústria de carnes (suína, bovina e de aves) etc. Para esses produtos, na maioria dos casos, o volume e o custo de produção são vantagens competitivas importantes. Como os produtos são de difícil diferenciação e as empresas podem ser consideradas como tomadoras de preços (*price-takers*), o aumento das margens deve advir da diminuição dos custos de produção. Nesses casos, o volume de produção é uma vantagem competitiva importante, porque permite obter economias de escalas, via, por exemplo, diluição de custos fixos, com a consequente queda nos custos de produção. Mais uma vez, também aqui, podem ser encontrados exemplos de agroindústrias de primeira transformação que diferenciam seus produtos. Nesses casos, a utilização de uma marca e/ou de uma "denominação de origem" (indicação geográfica protegida ou *appellation d'origine contrôlée*) pode ser vantagem competitiva mais relevante do que as ligadas com altos volumes de produção.

Por outro lado, empresas de transformação que atuam mais a jusante da cadeia, com produtos de maior valor agregado, tendem a procurar vantagens competitivas que vão além dos custos, focadas em grande parte na busca da diferenciação de produtos e serviços. Para essas empresas, principalmente as alimentares, as vantagens competitivas estão intrinsecamente ligadas com estratégias de inovação de produtos e de serviços. Cada vez mais os produtos não podem ser dissociados dos serviços que lhes são associados. Esses serviços estão em grande parte ligados a aspectos de conveniência na compra, armazenamento, preparo e consumo dos alimentos, assim como ao trabalho associado com a limpeza do ambiente ao qual o alimento foi preparado e consumido. Ser melhor do que os concorrentes em um ou vários desses aspectos pode conferir uma vantagem competitiva de uma empresa em relação aos seus concorrentes. Obviamente, grandes conglomerados financeiros e produtivos, que trabalham integrados em uma ou mais cadeias produtivas, podem perseguir diferentes vantagens competitivas segundo a unidade estratégica de negócio considerada.

No caso de uma empresa agroindustrial, a posição e a forma como se articula dentro das cadeias de produção em que atua podem ser fonte de vantagem competitiva. A importância dos aspectos sistêmicos, característicos da dinâmica de funcionamento das cadeias de produção, para a competitividade das empresas agroindustriais, foi introduzida no primeiro capítulo deste livro. Assim, cabe somente relembrar que a forma como uma empresa coordena suas operações produtivas, financeiras, comerciais, logísticas e tecnológicas com seus clientes, fornecedores e outros *stakeholders* pode gerar vantagens competitivas importantes.

Os exemplos e contraexemplos são múltiplos e diversificados, não podendo ser esgotados nesta seção ou capítulo. Ao longo de todos os capítulos deste livro, o leitor achará fontes de inspiração para entender o processo de criação e utilização de vantagens competitivas pelas empresas do agronegócio.

---

i   Ver seção 1.10 do Capítulo 1.

2.4 ANÁLISE EXTERNA: AVALIANDO O AMBIENTE COMPETITIVO DA EMPRESA

Qualquer processo de reflexão estratégica deve levar em consideração os fatores externos às organizações que impactam, direta ou indiretamente, a definição dos seus objetivos, bem como as ações julgadas necessárias à consecução desses objetivos. Assim, a análise externa compreende a consideração de fatores externos que delimitam, condicionam e interferem no comportamento estratégico e no sucesso das organizações. Avaliações dos setores e cadeias de produção também fazem parte do processo de avaliação do ambiente no qual a organização atua.

2.4.1 Análise do macroambiente

Identificar, delimitar e compreender o macroambiente faz parte da análise externa dos procedimentos de gestão estratégica e de gestão de marketing,[ii] estando as decisões de marketing inseridas no contexto mais geral das decisões estratégicas.

Existem várias formas de categorizar os fatores que compõem o ambiente externo de uma organização. No entanto, aqueles mais comumente citados estão ligados com as questões demográficas, culturais, econômicas, ambientais/naturais, políticas, tecnológicas e legais. Esses fatores, embora importantes à estratégia, não podem ser modificados ou controlados pelas organizações. Nenhuma firma pode, por exemplo, controlar o ritmo de envelhecimento ou a taxa de fecundidade da população. As variáveis do ambiente externo são extremamente importantes para compreender a situação atual e a evolução do agronegócio. Estratégias de sucesso somente podem ser traçadas com a identificação e a compreensão desses fatores.

- **Aspectos demográficos**: referem-se às características da população dos públicos-alvo da organização (idade, formação, sexo, raça, religião, concentração populacional etc.).
- **Aspectos econômicos**: têm impacto no comportamento e nos determinantes de compra do consumidor (renda, inflação, juros, poder de compra dos salários, preço relativo dos produtos etc.) e nas decisões de investimento e financiamento das empresas (taxa de juros, câmbio, taxas e impostos etc.).
- **Aspectos ambientais/naturais**: muito importantes para as atividades do agronegócio. Não é demais lembrar o caráter biológico das matérias-primas que servem à própria definição de agronegócio. São essas características biológicas que fazem fatores ligados com as questões edafoclimáticas de produção serem tão importantes.
- **Aspectos tecnológicos**: novas tecnologias de produto, processo e gestão podem condicionar fortemente a estratégia das empresas do agronegócio. A chegada da chamada indústria 4.0 ao agronegócio atesta essa afirmação.
- **Aspectos político-legais**: em um setor como o agronegócio, que é altamente regulado nacional e internacionalmente, as leis, as normas e os regulamentos afetam diretamente a estratégia das organizações. Disposições sanitárias, tributárias, trabalhistas e ligadas ao comércio internacional estão entre as principais fontes de preocupação das empresas do agronegócio.
- **Aspectos culturais**: a preparação e o consumo de alimentos são fortemente influenciados por questões culturais, o que traz reflexos para todos os agentes das cadeias agroindustriais. Crenças e hábitos de compra e consumo alimentares estão entre os principais fatores que identificam e criam sentimentos de pertencimento a grupos étnicos ou culturais. Esses aspectos estão entre os que evoluem mais lentamente no tempo, o que não significa que eles sejam menos importantes do que outros.

2.4.2 Modelo das cinco forças de Porter

O nome desse modelo de análise concorrencial de determinado setor ou mercado deve-se ao pesquisador norte-americano Michel Porter, da Universidade Harvard. Ele foi o responsável pelo lançamento desse modelo analítico em 1979.[6] O modelo parte do princípio de que o sucesso de uma empresa depende fortemente das características dos mercados nos quais ela atua. Assim, esse sucesso dependeria não somente das capacidades e competências internas das empresas, mas também da relevância e atratividade dos setores ou mercados nos quais ela compete ou pretende competir.

Segundo o modelo[7] de Porter, existem cinco forças que determinam a atratividade e o potencial de um setor ou mercado para uma empresa.

- Ameaça de novos entrantes.
- Ameaça de produtos substitutos.
- Poder de barganha dos clientes.
- Poder de barganha dos fornecedores.
- Competição entre as empresas já presentes no setor ou mercado.

---

ii A questão do macroambiente será retomada na seção 4.2.2.1 do Capítulo 4.

A Figura 2.1 ilustra as cinco forças competitivas propostas por Porter. A seguir, será feita uma breve descrição de cada uma dessas forças.

2.4.2.1 Ameaça de novos entrantes

A ameaça de novos entrantes relaciona-se com a possibilidade de outras empresas entrarem em um mercado e oferecerem um produto ou serviço que atenda às mesmas necessidades dos consumidores dos mercados em análise. As barreiras à entrada de potenciais concorrentes em determinado mercado têm papel importante para a compreensão de como essa força pode impactar as ações da empresa. Um setor lucrativo e em crescimento atrairá novas firmas que tentarão conquistar partes de mercado.

Os seguintes pontos auxiliam na identificação das barreiras à entrada em um setor e, portanto, na possiblidade de que novas firmas venham a atuar em determinado mercado.

- **Investimento inicial necessário**: um alto investimento inicial pode ser uma barreira importante à entrada de novos competidores em um mercado.
- **Acesso à tecnologia**: tecnologias de produto, processo e gestão podem ser protegidas por patentes ou serem de difícil acesso, impedindo a entrada de novos concorrentes em um mercado.
- **Economias de escala e efeitos de experiência**: em alguns mercados, desfrutar de ganhos de escala é absolutamente vital para a competitividade das firmas. Esse fator limita a entrada de novos competidores, haja vista que uma nova firma já teria que iniciar suas atividades com alto volume de produção.
- **Diferenciação**: setores em que haja uma grande diferenciação de produtos que podem levar à fidelização de clientes podem ser menos acessíveis a novos competidores. Nesses casos, uma marca forte e reconhecida no mercado é uma barreira importante à entrada de novas firmas.
- **Custos de substituição**: custos de substituição de uma matéria-prima por outra podem, por exemplo, dificultar a adoção de um novo fornecedor por uma empresa. Essa condição pode dificultar o estabelecimento de uma nova empresa fornecedora em um dado mercado.
- **Acesso a mercados**: o acesso privilegiado ou já estabelecido é uma barreira à entrada importante para alguns setores de atividade. No caso do agronegócio, por exemplo, o acesso das agroindústrias às grandes redes de supermercados é um fator importante de competitividade e uma barreira significativa à entrada de novos competidores.

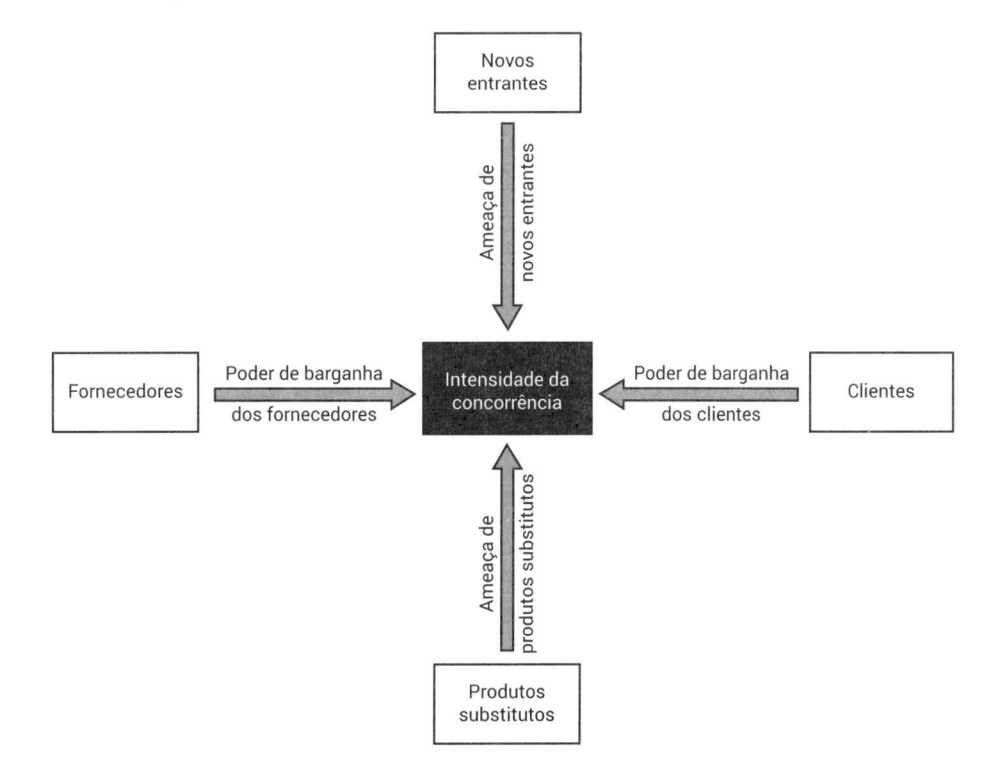

Figura 2.1 Forças condutoras da competição na indústria.[8]

2.4.2.2 Ameaça de produtos substitutos

A concorrência em um setor é marcada não somente pela entrada de novas empresas produzindo produtos semelhantes para o mesmo mercado, mas também pelo surgimento de novos produtos ou serviços que atendam às mesmas necessidades dos produtos e serviços já existentes. Por exemplo, uma empresa que produz margarina compete com uma que produz manteiga, embora os produtos sejam feitos com matérias-primas e processos completamente diferentes. Assim, esses produtos estão longe de serem idênticos, mas atendem à mesma necessidade dos consumidores, estando, portanto, em competição.

Para avaliar como os produtos substitutos podem afetar a empresa analisada, é necessário verificar o número e as características de produtos substitutos no mercado, bem como suas vantagens e desvantagens em relação aos produtos estudados.

Uma empresa pode pensar que está sozinha em um setor, mas os produtos substitutos podem ocupar uma grande fatia do seu mercado. Esse é especialmente o caso quando os substitutos são mais baratos ou a mudança para o produto substituto é fácil e de baixo custo. Os avanços tecnológicos estão na base do surgimento de grande parte de novos produtos e serviços que ameaçam os mercados já existentes.

2.4.2.3 Poder de barganha dos clientes

O nível de concentração das vendas para um pequeno grupo de clientes é fator-chave para analisar o poder de barganha dos compradores. Uma empresa com uma clientela grande e diversificada tende a sofrer menos com imposições dos compradores. Assim, o poder de barganha dos clientes aumenta quando:

- Existe um número pequeno de compradores no mercado.
- O produto vendido pela empresa é facilmente encontrado no mercado (muitos fornecedores).
- Existem produtos substitutos dos fornecidos pela indústria (baixos custos de substituição do produto e troca de fornecedores).
- Os compradores têm muita importância financeira ou estratégica para os vendedores.
- Os compradores detêm informações financeiras e tecnológicas detalhadas dos produtos vendidos e seus processos de produção.
- Os compradores possuem facilidade para integrarem suas operações a montante.

As características dos mercados que articulam os segmentos produtivos de uma cadeia agroindustrial, bem como as estratégias dos atores que participam desses mercados, fazem com que o poder de barganha dos compradores em relação aos vendedores varie bastante segundo o produto e o mercado analisado. Também no caso dos mercados internos às cadeias agroindustriais, a concentração desempenha um papel importante no poder de barganha dos agentes. Para ficar em somente um exemplo, podemos citar a situação das pequenas propriedades rurais que têm de negociar com setores industriais e de distribuição cada vez mais concentrados. O grande número de produtores rurais frente a um número significativamente menor de compradores diminui o poder de barganha dos primeiros. É essa razão que está na base do desenvolvimento de ações coletivas que fortaleçam o poder de barganha dos pequenos produtores rurais diante de compradores maiores e mais bem estruturados.

2.4.2.4 Poder de barganha dos fornecedores

O poder de barganha do fornecedor traduz-se na sua capacidade de impor preços, padrões de qualidade ou outras condições de fornecimento aos seus compradores. Em uma situação análoga àquela do poder de barganha dos clientes, o poder de barganha dos fornecedores aumenta quando a empresa compradora tem poucas opções de compra de insumos no mercado em análise. Uma empresa que diversifica seus fornecedores ou tem vários fornecedores em potencial capazes de aprovisioná-la está em uma posição competitiva menos sujeita a riscos do que outra que dependa de um único fornecedor.

O poder de barganha dos fornecedores aumenta quando:

- Existe pequeno número de fornecedores no mercado.
- O produto vendido pela empresa não é facilmente encontrado no mercado (poucos fornecedores).
- Não existem produtos substitutos dos fornecidos pela indústria (altos custos de substituição do produto e troca de fornecedores).
- Os produtos fornecidos têm muita importância financeira ou estratégica para os compradores.
- Os fornecedores detêm informações financeiras e tecnológicas detalhadas dos produtos vendidos e dos processos de produção dos compradores.
- Os vendedores possuem facilidade para integrarem suas operações a jusante da cadeia produtiva.

- Os produtos fornecidos são determinantes para a qualidade dos produtos fabricados pelo comprador.

Assim como acontece com o poder de barganha dos compradores, o poder de barganha dos vendedores varia bastante segundo as características dos mercados que articulam os segmentos produtivos de uma cadeia agroindustrial e as estratégias dos atores que participam desses mercados. Certamente, o poder de barganha individual de fornecedores de produtos agroindustriais indiferenciados, caso de grande parte dos grãos comercializados (milho, soja, trigo etc.) e das agroindústrias de primeira transformação, é menor do que o daqueles que fornecem algumas matérias-primas para agroindústrias de segunda ou terceira transformação ou ainda de empresas de *food services*, por exemplo. Uma rede de *fast food* que deseja determinadas características no hambúrguer ou na batata frita que vai servir aos seus clientes deve desenvolver fornecedores que sejam capazes de fornecer insumos que permitam alcançar essas características. Esses insumos diferenciados podem não estar imediata e facilmente disponíveis no mercado no caso de ocorrer algum problema com o fornecedor. A substituição deles por outros aumenta os riscos de mercado e acarreta custos de substituição para a empresa de *food service*. Essa situação aumenta, portanto, o poder de barganha do fornecedor diante do cliente.

Como será visto no Capítulo 3 sobre gestão das cadeias agroindustriais de suprimentos, existe uma tendência atual de maior integração entre clientes e fornecedores. O pressuposto para isso é que uma gestão coordenada pode ser salutar para o conjunto de atores das cadeias produtivas. Nesses casos, o foco passaria a ser a cooperação e não a competição. Essa nova condição competitiva, assumida como verdadeira e pertinente, não invalida o fato de que qualquer situação de cooperação deverá ser influenciada pelo poder de barganha de compradores e vendedores.

2.4.2.5 Concorrência entre empresas do setor

A intensidade da rivalidade entre os concorrentes determina o nível de pressão que eles podem fazer entre si em busca de lucros e partes de mercado maiores. Quanto maior a competição no setor ou no mercado analisado, menores os lucros potenciais dos competidores. Por outro lado, pouca competição tende a tornar o setor menos competitivo e mais ineficiente, aumentando o potencial de lucro para as empresas já instaladas. Assim, a concorrência que se estabelece entre as empresas do setor determina a competitividade dos mercados. É essa concorrência que vai estabelecer estratégias de produto, processo, inovação, marketing etc.

A concorrência entre empresas de um setor é influenciada pelos seguintes fatores:

- **Barreiras à saída**: se as barreiras à saída de um mercado ou setor são importantes, as empresas tendem a lutar de todas as formas para sobreviverem, muitas vezes sacrificando margens e comprometendo a viabilidade de longo prazo do negócio.
- **Número e diversidade dos concorrentes**: um número maior e mais homogêneo de concorrentes tende a aumentar o nível de concorrência em um mercado.
- **Crescimento do mercado ou do setor**: em um mercado que cresce, é possível uma empresa aumentar suas vendas sem tomar partes de mercado de concorrentes. Em um mercado que decresce ou está estável, o crescimento só é possível pela conquista de clientes dos concorrentes, os quais, naturalmente, reagirão a esse movimento.
- **Assimetria de informações**: mercados em que as informações são mais transparentes e acessíveis são, normalmente, objeto de maior concorrência.
- **Diferenciação de produtos e/ou serviços e/ou ausência de uma marca líder bem definida**: a ausência de diferenciação tende a acirrar a competição em um mercado ou setor.
- **Produtos perecíveis e/ou sazonais**: a perecibilidade de um produto pode levar as empresas a sacrificarem preços e margens em determinadas situações de oferta e demanda. A sazonalidade tem efeito semelhante. Isso é especialmente verdadeiro para alguns produtos do agronegócio.
- **Capacidade ociosa**: em setores em que há uma forte capacidade ociosa, os competidores tendem a aumentar a competição para utilizarem esses recursos como forma de diluírem custos fixos, baixarem preços e conquistarem parcelas de mercado.

2.4.2.6 Aplicação do modelo das cinco forças de Porter às cadeias agroindustriais de produção

O modelo das cinco forças, apresentado nesta seção, pode ser aplicado ao caso dos mercados agroindustriais. No entanto, ainda mais interessante é adaptá-lo às características mesoanalíticas e sistêmicas que caracterizam as cadeias agroindustriais de produção. A Figura 2.2

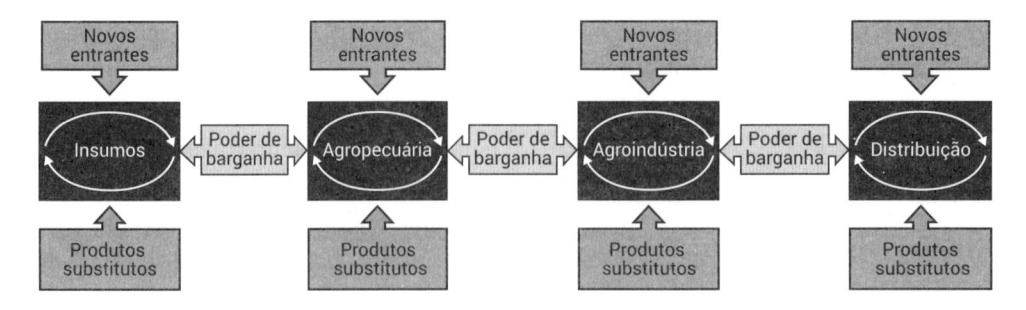

Figura 2.2 Modelo das cinco forças de Porter aplicado a uma cadeia agroindustrial.

apresenta uma representação esquemática de como essa aplicação poderia acontecer.

Nesse caso, fica clara a interdependência dos mercados e das condições de concorrência que afetam os mercados situados entre os principais macrossegmentos das cadeias agroindustriais. Por exemplo, um novo entrante ou um novo produto no setor agroindustrial pode afetar não somente esse setor, mas também o conjunto de clientes e fornecedores de todos os setores que estejam situados a sua montante ou a sua jusante.

2.4.3 Análise de cadeias agroindustriais

A seção 1.8 do Capítulo 1 deste livro apresenta várias utilizações possíveis para a noção de cadeia agroindustrial, entre as quais está um quadro analítico de apoio à formulação de estratégias. A metodologia que será apresentada nesta seção é especialmente adaptada a uma reflexão estratégica no âmbito das diferentes atividades que compõem o conjunto dos negócios de uma empresa. Assim, as UEN constituem seu nível privilegiado de análises. No entanto, mediante algumas adaptações, a metodologia poderia ser usada na definição da estratégia global da empresa.

Um esquema da metodologia é apresentado na Figura 2.3. O plano de apresentação desse item seguirá as várias etapas apresentadas nesse esquema.

A metodologia, da mesma forma que as ferramentas clássicas de análise estratégica que segmentam as atividades da empresa em UEN, está baseada na constatação de que, na grande maioria dos casos, uma firma está presente ao mesmo tempo em vários mercados diferentes, que obedecem, por sua vez, a lógicas concorrenciais

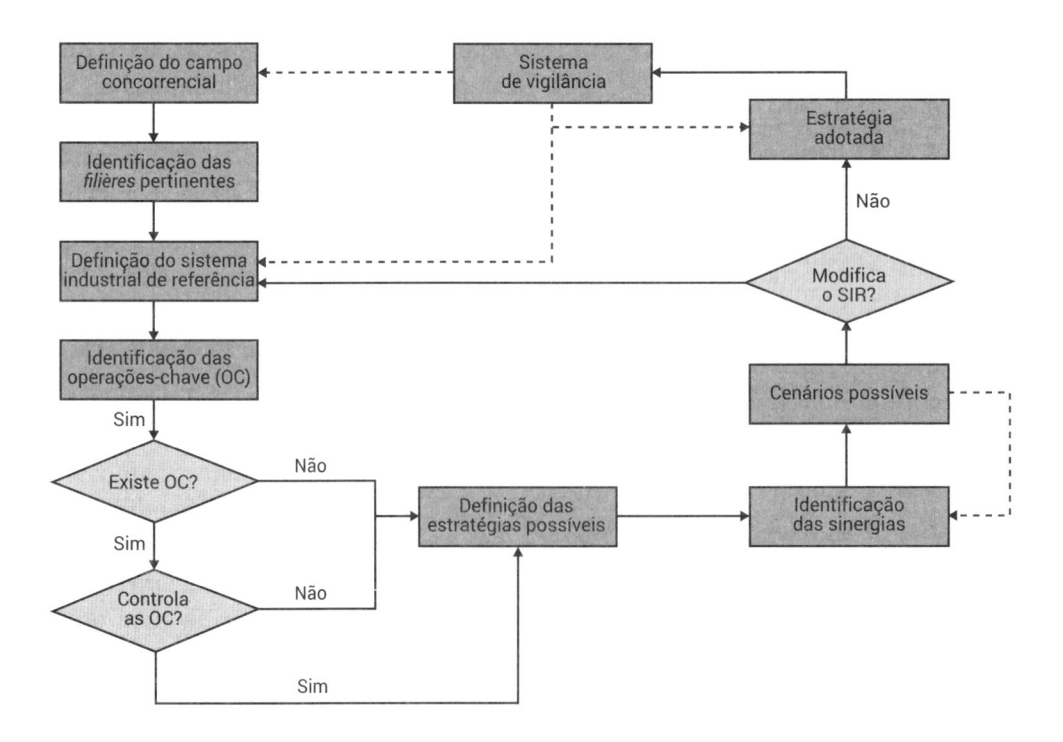

Figura 2.3 Esquema geral da metodologia proposta.

diferentes. Para segmentar as atividades da empresa, a metodologia utiliza como critério de base a noção de produto-serviço. Esse critério de base deve ser utilizado em conjunto com outros critérios clássicos de segmentação estratégica, para que o campo concorrencial seja definido da melhor forma possível.

A ideia de base da noção de produto-serviço é simples: o consumidor não procura um produto, ele procura o serviço que o produto é capaz de lhe proporcionar. Assim, a segmentação das atividades da empresa em campos concorrenciais diferentes será feita em função do tipo de necessidade de base sentida por um grupo de consumidores específicos, que buscam um produto para um uso determinado, em dado momento. Conforme a complexidade da situação estudada, uma pesquisa junto aos consumidores pertinentes pode revelar-se muito útil para a identificação dos produtos que vão participar do mesmo campo concorrencial. Essa pesquisa teria como objetivo detectar a percepção (qualidade percebida) que o consumidor tem dos produtos candidatos ao campo concorrencial, quais os principais usos que ele faz desses produtos e em quais situações e, finalmente, se ele considera esses produtos como substitutos entre si. A questão de base poderia ser colocada da seguinte forma: considere que você entre num supermercado para comprar o produto X, mas esse produto não esteja disponível no momento. Quais são os outros tipos de produtos que você procuraria para substituir o produto escolhido inicialmente?

Uma cadeia de produção agroindustrial pode ser definida como a soma de todas as operações de produção, de logística e de comercialização necessárias para que um produto passe de uma ou várias matérias-primas de base ao estado em que ele pode ser utilizado pelo consumidor final, seja esse consumidor um particular ou uma organização (ver Capítulo 1). Essa definição permite que cada produto que forma o campo concorrencial possa ser associado a uma cadeia de produção que lhe é própria. Assim, os produtos do campo concorrencial serão o resultado de um conjunto de cadeias de produção agroindustriais mais ou menos interconectadas.

Esse conjunto de cadeias agroindustriais e os diversos conjuntos de fatores externos que impactam o sistema irão delimitar um espaço de análise que pode ser definido como sistema industrial de referência (SIR) (ver Figura 2.4). Esses fatores determinam as condições do "ambiente concorrencial" que agem sobre o SIR. Esse espaço de análise representa o campo das ações estratégicas possíveis para dado campo concorrencial.

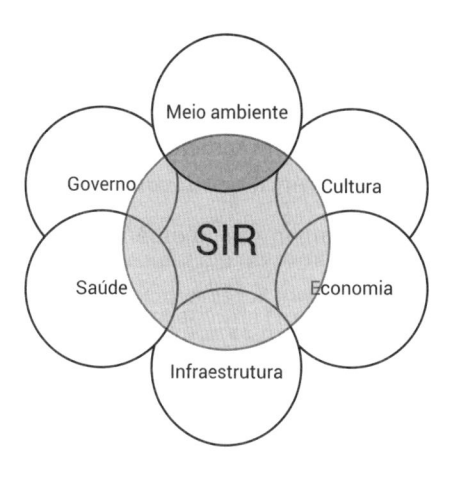

Figura 2.4 SIR e seus fatores externos.

Os fatores que compõem o ambiente em que uma empresa atua e compete nem sempre são de fácil identificação.[9] Essas dificuldades são ainda maiores quando o sistema considerado pela análise torna-se mais complexo, como é o caso do SIR. A análise de um SIR, porém, não pode ser eficaz se não levar em consideração as condições que cercam e que agem sobre o sistema. Esses fatores, considerados aqui como externos ao SIR, podem ser divididos em seis grupos principais: cultura, saúde, economia, infraestrutura, governo e meio ambiente. Esses fatores não agem isoladamente sobre o SIR e também podem ter impactos uns sobre os outros.

As cadeias agroindustriais que compõem um SIR podem ser divididas em três macrossegmentos distintos: a comercialização, a industrialização e a produção de matérias-primas. Para melhor compreender a dinâmica do macrossegmento comercialização, é preciso associar a cada um dos produtos do campo concorrencial critérios de segmentação de marketing que permitirão uma identificação mais específica das características de mercado desses produtos. O objetivo dessa nova segmentação dos produtos da empresa é identificar como as firmas posicionam, ou poderiam posicionar, os produtos do campo concorrencial no mercado consumidor. Para proceder a essa segmentação, um raciocínio em termos de grade de análise[10] pode ser utilizado. Esse procedimento dará ao analista os elementos necessários para que ele possa julgar, além das necessidades de base que os produtos satisfazem, quais são as outras características que tornam esses produtos mais ou menos interessantes aos olhos do consumidor e quais características podem fazer com que o consumidor se dirija prioritariamente para um dos produtos do campo concorrencial.

O macrossegmento industrialização, situado no centro do SIR, será composto essencialmente pelo encadeamento das operações técnicas que darão origem aos produtos presentes no campo concorrencial. O aspecto tecnológico desempenha, assim, um papel importante nessa parte da análise. No entanto, esse macrossegmento comporta também operações logísticas e comerciais que, aliadas às características técnicas dos processos de produção, participarão da criação de dois tipos de mercados diferentes que estarão associados ao SIR: os mercados intermediários e os mercados externos ao espaço de análise.

Um processo de produção pode, geralmente, ser decomposto em algumas etapas principais sem muita dificuldade. Por sua vez, essas etapas de produção podem ser decompostas em um encadeamento de operações técnicas elementares. Toda vez que um produto que entra ou que sai de uma dessas etapas de produção possuir um valor de mercado, ele caracterizará um estado de produção diferente. Finalmente, para cada um desses estados de produção assim definidos existe um mercado intermediário que lhe é associado. Como as empresas não julgam interessante assumir todas as etapas produtivas do SIR, ou não são capazes de fazê-lo, elas devem estabelecer relações comerciais entre si, para que o conjunto das operações necessárias à obtenção dos produtos do campo concorrencial seja assegurado. Essas relações comerciais, internas ao SIR, se estabelecem no nível dos mercados intermediários.

No entanto, algumas das operações técnicas elementares que compõem uma cadeia de produção agroindustrial podem participar não somente do processo de fabricação dos produtos que compõem o campo concorrencial, mas também de produtos que pertencem a outros campos concorrenciais. Esses produtos não podem ser ignorados, pois estão em competição permanente com os produtos do campo concorrencial pela obtenção dos recursos da empresa. Assim, é importante fazer uma análise da atratividade desses mercados exteriores ao SIR para que a empresa possa melhor arbitrar sua alocação de recursos.

É preciso ainda considerar que o SIR não é um conjunto de cadeias agroindustriais estanques. As cadeias agroindustriais se interconectam, por intermédio de operações técnicas comuns ou por um fluxo de matérias-primas comuns, para dar origem às operações-nó do sistema. Deve-se destacar que, quanto mais numerosas forem as operações-nó de um SIR, maiores serão as sinergias potenciais em seu interior.

A fabricação de um produto qualquer necessita de uma série de *inputs* de base: energia, matéria-prima, mão de obra, capital, equipamentos etc. A cada processo produtivo podem ser associadas uma ou várias matérias-primas, que terão importância vital para o conjunto das operações da cadeia agroindustrial. A análise da estrutura de custos dos produtos do campo concorrencial pode dar algumas pistas importantes para descobrir ou, segundo o caso, para confirmar quais seriam as matérias-primas de base associadas à cadeia agroindustrial. Pela evidência da situação, na maioria das vezes, esse problema não é nem mesmo colocado. É evidente que sempre que uma matéria-prima causar uma barreira qualquer à empresa, e isso independentemente de seu peso na estrutura de custos, ela deverá ser estudada de maneira mais aprofundada.

As operações elementares de base que compõem o SIR não têm todas o mesmo poder explicativo da dinâmica concorrencial do conjunto. Somente uma pequena parte dessas operações desempenha realmente um papel importante no funcionamento do sistema e nas decisões estratégicas das firmas. Uma operação pode ser considerada chave (OC) quando influencia de maneira importante a dinâmica do SIR e condiciona a forma e/ou a intensidade das relações no interior e/ou no exterior das fronteiras do sistema. Essas operações servem para bloquear o acesso de novos concorrentes e frear o desenvolvimento daqueles que já participam do sistema. Um SIR será mais ou menos "bloqueado" segundo o número e a importância das operações-chave que lhe são próprias. O controle de uma ou várias operações-chave permite à empresa dominar o conjunto da cadeia, ou das cadeias agroindustriais, que cruzam essa operação. Em outras palavras, uma operação-chave representa uma espécie de alavanca que permite controlar não somente uma etapa do processo produtivo, mas também um conjunto de relações pertinentes a esse processo.[11]

As operações-chave podem ser consequência de fatores ligados a aspectos tecnológicos (pesquisa e desenvolvimento – P&D), economias de escala, curva de aprendizagem, patentes de fabricação etc.), a aspectos logísticos (tipos de circuitos de distribuição ou de abastecimento) ou ainda a aspectos comerciais (imagem de marca, atratividade do mercado, relação de poder entre fornecedores e clientes etc.).

A existência e a natureza das operações-chave condicionam fortemente o comportamento estratégico das firmas. A posição que o segmento que contém a operação-chave ocupa dentro do SIR pode acentuar ou não seu peso estratégico. Assim, uma operação-chave situada sobre um nó entre duas ou várias cadeias agroindustriais terá um potencial estratégico mais importante do que aquela que pertence a uma única cadeia. Além disso, as operações-nó são posições privilegiadas a partir das quais uma empresa pode pretender desenvolver-se mais facilmente ao longo das cadeias agroindustriais que cruzam esse nó. Finalmente, o posicionamento da empresa sobre um segmento de produção comum a várias cadeias agroindustriais, ou seja, um segmento composto por uma ou várias operações-nó, diminui o risco da empresa em relação a um eventual enfraquecimento da demanda de um produto específico do campo concorrencial. O risco é repartido entre os vários produtos que compõem o campo concorrencial.

As operações-chave e os bloqueios que elas impõem às firmas que participam do sistema podem ser vistos como barreiras que as firmas constroem para assegurar suas posições concorrenciais. Elas representam barreiras à mobilidade no interior do SIR (a interpretação do termo *barreiras* à mobilidade dentro dessa metodologia difere substancialmente daquela dada por Porter). Uma firma que deseja desenvolver suas atividades, por integração vertical ou horizontal, por exemplo, na direção de uma dessas barreiras, deve estar segura de possuir os trunfos necessários para afrontá-la, ou seja, de poder concorrer, ao menos nas mesmas condições, com a empresa que já se encontra instalada sobre essa posição-chave. Nesse sentido, as operações-chave podem ser consideradas barreiras à entrada no senso clássico do termo. Assim, a importância estratégica de uma operação-chave é função da posição que ela ocupa dentro do SIR (condição estrutural) e da capacidade que a firma tem de mobilizar recursos suficientes para poder controlá-la (condição interna da firma).

A existência de operações-chave dentro do SIR e seu controle pelas empresas podem dar origem a três situações teóricas possíveis, que terão consequências diferentes nas estratégias das firmas:

A empresa controla as operações-chave: as empresas nessa situação têm uma posição de líder ou condições potenciais de se tornarem líderes em seus segmentos; o objetivo de base dessas empresas será fortificar suas posições de líder; então, várias estratégias são possíveis, em função do tipo de operação-chave que deu à empresa a capacidade de se distinguir de seus concorrentes e de se tornar líder.

A empresa não controla as operações-chave: nesse caso, três estratégias de base são possíveis:

1. *Enfrentar* as barreiras colocadas pelas operações-chave: nesse tipo de estratégia, as empresas tentam controlar com a mesma eficiência as operações-chave que forjaram as vantagens concorrenciais dos líderes; essa estratégia pode ser considerada um ataque frontal e suscitará provavelmente uma reação enérgica do líder.

2. *Contornar* as barreiras colocadas pelas operações-chave: nessa estratégia, as empresas tentam posicionar-se diferentemente sobre o SIR de maneira a evitar os obstáculos estruturais representados pelas operações-chave; essa estratégia pode evitar o afrontamento direto com os líderes; na verdade, é possível que, sobre um mesmo segmento do SIR, duas firmas posicionadas diferentemente possam ter margens de ganho interessantes.

3. *Criar* novas operações-chave: nesse caso, as empresas terão como objetivo criar novas operações-chave, que sejam acessíveis à empresa *challenger*; essa estratégia também pode suscitar reações enérgicas dos líderes, que vão tentar preservar o *status quo* do sistema que lhes é, teoricamente, vantajoso.

Não existem operações-chave importantes no SIR: nesse caso, as empresas devem tentar mudar as regras do jogo concorrencial; o objetivo será criar operações-chave que possam ser controladas pela empresa e, dessa forma, frear a entrada de novos concorrentes e tornar-se líder de seu segmento de ação.

A representação do universo concorrencial da empresa em termos de SIR pode revelar-se uma ferramenta interessante para localizar sinergias internas ao sistema. A falta de ferramentas de análise aptas a identificar e a explorar os efeitos sinergéticos entre atividades tem sido um dos problemas com os quais as empresas têm-se chocado na operacionalização desse conceito.[12]

Na verdade, as operações que servem a várias cadeias agroindustriais ao mesmo tempo, ou a vários segmentos de uma mesma cadeia agroindustrial (operações-nó), têm uma "tendência natural" a criar efeitos de sinergia. Isso parece lógico, na medida em que a utilização conjunta de meios é uma das ideias de base da noção de sinergia.

Até agora, a metodologia tem-se preocupado em representar e compreender o sistema concorrencial do qual a empresa participa. Contudo, esse sistema não é estático; ele sofre alterações no tempo. Assim, é necessário tentar prever como esse sistema irá evoluir para que a empresa possa antecipar as ações que lhe permitirão atingir seus objetivos dentro de um futuro incerto.

O objetivo de base dessa etapa da metodologia é construir vários cenários que corresponderiam às diversas estruturas para as quais o SIR poderia evoluir no futuro. A empresa poderia, assim, identificar a estrutura que lhe seria mais conveniente para satisfazer a seus objetivos e, em consequência, orientar suas ações estratégicas para que essa estrutura se concretizasse.

Pode-se imaginar a noção de vigilância como um sistema de informações que teria como objetivo manter a empresa informada sobre as modificações reais e potenciais que poderiam vir a alterar o sistema concorrencial de origem. Em nosso caso, isso significaria estabelecer um sistema de vigilância sobre o SIR e seus fatores externos. O objetivo é fazer uma comparação contínua entre a evolução real do sistema e a evolução prevista (cenário) sobre a qual a empresa havia baseado sua estratégia. A medida do desvio entre o real e o previsto permitiria à empresa acompanhar o desenvolvimento de suas previsões e reagir em consequência.

Dessa maneira, a metodologia tenta escapar à visão estratégica tradicional de previsão – planificação – programação para se situar dentro de um quadro dinâmico de análise.

2.5 ANÁLISE INTERNA

As maiores contribuições da análise interna da organização no campo da estratégia advêm da corrente teórica conhecida como visão baseada em recursos (VBR). Muitas vezes tratada como antagônica à corrente de Michel Porter, a VBR, como poderá ser visto adiante, oferece contribuições importantes ao processo de planejamento estratégico das empresas. Ela discute de maneira detalhada formas de geração de vantagem competitiva sustentada por meio do manejo adequado dos recursos internos à organização.

2.5.1 Visão baseada em recursos (VBR)

Como em qualquer campo do conhecimento, a gestão estratégica é marcada por alternâncias no que tange à corrente teórica dominante. Essa alternância funciona como um pêndulo que se move de um lado para outro à medida que novas evidências empíricas vão surgindo ao longo do tempo, fazendo com que cientistas adotem, e até criem, teorias capazes de explicar de maneira mais fidedigna os fatos de uma realidade cada vez mais complexa.

No campo da estratégia, até meados da década de 1980, a principal corrente teórica era aquela baseada nos conceitos da Organização Industrial, conforme já exposto anteriormente. Em 1984, surge a VBR com a publicação do trabalho de Wernerfelt,[13] sendo considerada a primeira crítica relevante à corrente ambiental da gestão estratégica. No trabalho, o autor lançou luz sobre os atributos internos à empresa que possibilitam a geração de vantagem competitiva.

Todavia, a VBR somente ganhou prestígio no início da década de 1990, quando Jay Barney[14] apresentou evidências empíricas sólidas que suportavam a hipótese de que a vantagem competitiva de uma organização poderia ser gerada, em grande medida, por meio da coordenação dos recursos que uma empresa possui ou controla. É preciso ter em mente que recursos, nesse caso, devem ser entendidos como qualquer tipo de ativo que possibilite a implementação de estratégias organizacionais que permitam explorar oportunidades e forças internas, e, ao mesmo tempo, minimizar fraquezas e ameaças externas.

Gestores e acadêmicos que buscam conduzir uma análise interna consistente de determinada organização devem levar em consideração as seguintes premissas: (i) recursos estão heterogeneamente distribuídos entre empresas de uma mesma indústria, grupo estratégico ou cadeia produtiva e (ii) a mobilidade de tais recursos não ocorre de maneira perfeita entre empresas. Ao combinar as duas premissas, é possível afirmar que a fonte de vantagem competitiva sustentável se dá justamente por meio da existência de imperfeições de mercado e da dificuldade de transferência de recursos entre empresas.

2.5.2 Tipos de recursos

A VBR postula que um recurso é qualquer ativo tangível ou intangível que uma empresa emprega para implementar uma estratégia organizacional. Na prática, tais recursos podem ser representados por quatro[15] tipos, a saber:

- **Recursos físicos:** englobam tecnologias físicas, equipamentos, instalações industriais, acesso à matéria-prima e localização.
- **Recursos humanos:** envolvem todas as características relacionadas com os indivíduos da empresa, dentre elas experiências, relacionamentos interpessoais, treinamentos, ideias, inteligência, visão individual.
- **Recursos financeiros:** incluem todo o capital financeiro, de qualquer fonte, que as empresas possuem ou a que têm acesso.
- **Recursos organizacionais:** abrangem a estrutura organizacional, meios formais e informais de planejamento, controle, coordenação e relações informais entre grupos e empresas.

2.5.2.1 *Framework* VRIO

A popularização da VBR deu-se, em grande medida, pela sua acurácia e versatilidade na análise de casos empíricos. No meio acadêmico, os avanços conceituais trazidos pelo arcabouço teórico também foram relevantes, já que antes de seu surgimento as análises do ambiente interno eram conduzidas sem o suporte de um modelo estruturado capaz de identificar os recursos que contribuiriam de fato para a implementação de estratégias competitivas. Composto por quatro etapas sequenciais, o *framework* que trata do valor, da raridade, da imobilidade e da organização (VRIO) foi a alternativa proposta por Barney para identificar o potencial competitivo de um recurso organizacional.

O procedimento de análise é relativamente simples, sendo que para cada atributo uma questão deve ser respondida de maneira dicotômica (sim ou não). Embora o foco esteja nos atributos internos à organização, o analista deve estar munido de informações sobre o ambiente competitivo em que sua empresa está inserida, ou seja, quanto mais aprofundada for a análise, maior será a robustez dos resultados e a garantia de que as decisões futuras estejam adequadas.

O potencial de cada recurso analisado será classificado de acordo com suas implicações competitivas para a organização, variando em uma escala de quatro posições, sendo elas: desvantagem competitiva, paridade competitiva, vantagem competitiva e vantagem competitiva sustentável. Note que a identificação de um recurso que contribui negativamente é tão importante quanto a identificação daquele recurso que pouco ou muito contribui para a organização. O nível de contribuição de cada recurso é a essência do modelo VRIO, já que sua função central trata da identificação das forças e fraquezas da organização.

Valor: a palavra *valor* pode ter várias conotações, sendo que no presente caso a centralidade está na possibilidade de maximização da eficiência e eficácia de determinada estratégia. O gestor, portanto, deverá fazer o seguinte questionamento para identificar um recurso de valor: "Esse recurso permite que a empresa implemente estratégias que possibilitam explorar oportunidades e/ou reduzir ameaças?". Caso a resposta seja "sim", o tomador de decisão terá à sua disposição um recurso valioso que poderá ser fonte de vantagem competitiva sustentável para a empresa. Se porventura a resposta for "não", esse recurso poderá ser no máximo fonte de paridade competitiva, sendo que existe ainda a possibilidade de ser fonte de desvantagem competitiva.

Lembre-se de que um recurso pode ser valioso para empresas de determinada cadeia produtiva ou grupos estratégicos, enquanto para outras sua importância é nula ou até negativa. Considere, por exemplo, uma pequena propriedade rural, ou seja, um ativo tangível. A posse desse recurso pode ser altamente valiosa para a produção de verduras e legumes, porém altamente desvantajosa para a produção de soja, cultura que exige certa escala para se tornar economicamente viável. Dessa forma, uma análise setorial ou individualizada pode ser mais adequada em alguns casos.

Raridade: na concepção da VBR, um recurso valioso possuído por muitos agentes dificilmente poderá ser considerado uma fonte de vantagem competitiva sustentável, já que os retornos econômicos auferidos por uma empresa poderão facilmente ser alcançados pelos concorrentes. Nesse sentido, para identificar um recurso raro, o gestor deve responder à seguinte questão: "O recurso que minimiza as fraquezas e maximiza as oportunidades é acessado por poucos ou nenhum concorrente?" Aumentam-se as chances da empresa detentora do recurso de implementar estratégias capazes de gerar vantagem competitiva sustentável, caso a resposta seja sim. Do contrário, a empresa poderá apenas se igualar aos concorrentes detentores do mesmo ativo ou capacidade.

Perceba que ativos tangíveis, tais como máquinas, instalações industriais, entre outros, dificilmente são raros, uma vez que estão amplamente disponíveis no mercado para comercialização, salvo quando estão protegidos por sistemas de patentes nacionais e internacionais. Por existir em abundância, boa parte das organizações são compostas de recursos comuns, criando um ambiente competitivo relativamente estável ao longo do tempo. Esse cenário pode ser facilmente encontrado entre empresas que competem por produtos que já alcançaram o estágio de maturação no que tange ao seu ciclo de vida. A indústria agroalimentar, sobretudo a de primeira transformação, fornece uma gama de exemplos de recursos comuns. Tendo em vista as limitações intrínsecas à natureza de diversos alimentos, parte significativa das empresas já domina ou acaba acessando os recursos necessários para a produção sem maiores dificuldades. Por outro lado, ativos intangíveis podem ser mais escassos, uma vez que eles são desenvolvidos e aprimorados à medida que são utilizados. Uma cultura organizacional que orienta os colaboradores de uma empresa a ter uma postura inovadora pode ser considerado um recurso raro, principalmente pelo fato de que um número limitado de empresas possui ou tem acesso a ele.

Imitabilidade: a análise sobre a questão da imitabilidade utiliza princípios similares à identificação da ameaça de produtos substitutos do modelo das cinco forças de Porter. Na prática, portanto, busca-se responder: "Um recurso valioso e raro pertencente ou acessado por uma empresa impõe desvantagens de custo àquelas organizações que também pretendem acessá-lo?". Se a resposta for "sim", a empresa deve passar a considerar o fato de que tal recurso pode contribuir para a geração de vantagem competitiva sustentável. Por outro lado, caso não haja restrições ao acesso do recurso, a empresa ainda estará gozando de uma vantagem competitiva, porém temporária.

É importante destacar que um dos princípios do sistema capitalista é a acumulação de capital, ou seja, o crescimento econômico. Nesse sentido, as empresas de uma indústria estão constantemente buscando descobrir formas para obter retornos sobre o investimento cada vez maiores para garantir sua sobrevivência ao longo do tempo. Empresas que conseguem obter vantagem competitiva sustentável estão sendo vigiadas pelas empresas concorrentes, que buscam copiar as melhores práticas da empresa líder para reduzir suas desvantagens. As possibilidades de imitação de um recurso podem ser limitadas pelas condições seguintes:[16] condições históricas únicas, ambiguidade causal, complexidade social e patentes.

- **Condições históricas únicas:** empresas são criadas em diferentes momentos e contextos e por isso percorrem diferentes trajetórias. Dessa forma, eventos esporádicos podem beneficiar empresas, dando-lhes acesso a recursos valiosos, raros e custosos de serem imitados. O pioneirismo em uma atividade qualquer pode garantir acesso a recursos valiosos, raros e de difícil imitação a uma empresa. Alternativamente, o histórico da trajetória é um atributo importante a ser considerado nessa análise, principalmente porque a experiência acumulada ao longo de anos dificilmente pode ser internalizada facilmente por outra organização.

- **Ambiguidade causal:** um recurso se torna imperfeitamente imitável quando sua relação com o desempenho superior é pouco compreendida pelos competidores e até mesmo pelos próprios dirigentes da organização que o possui. Embora possa soar estranha essa colocação, mensurar a contribuição de um recurso para a geração de vantagem competitiva de uma empresa não é algo trivial, sobretudo quando o recurso é um ativo intangível, como, por exemplo, uma competência operacional. Dessa forma, os custos para a replicação de algo incerto podem ser altos a ponto de comprometer o desempenho da empresa que busca replicá-lo.

- **Complexidade social:** o capital humano é, em muitos casos, a principal fonte de vantagem competitiva de uma organização. Sua importância se torna ainda mais relevante quando um recurso é formado por uma rede complexa de relações interpessoais complexas. Tema relevante na área de gestão, a cultura organizacional pode ser citada como exemplo de uma estrutura social complexa. Quando um recurso apresenta esse tipo de característica, sua imitação se torna praticamente impossível, já que envolve um conjunto de relações formais e informais internas e externas à organização.

- **Patentes:** frutos do desenvolvimento científico e tecnológico, as patentes funcionam como um mecanismo legal para impedir a replicação de um recurso. No setor agroindustrial, as indústrias de defensivo agrícola e sementes são exemplos marcantes dessa barreira à imitação. Em ambos os casos, empresas multinacionais que possuem patentes restringem o nível de concorrência no setor, uma vez que os custos de pesquisa e desenvolvimento de um produto similar são normalmente muito elevados. Dessa forma, essas companhias acabam perpetuando suas vantagens competitivas no longo prazo, criando, em alguns casos, um ambiente hostil à concorrência.

Organização: o quarto e último eixo do *framework* VRIO trata de questões de utilização do recurso e apropriação de seus resultados. Para que uma empresa tenha vantagem competitiva sustentável, não basta possuir ou acessar um recurso estratégico sem que ela esteja estruturada para desfrutar de todos os benefícios que tal recurso pode produzir. Sendo assim, o analista deve fazer o seguinte questionamento: "A empresa está adequadamente organizada para explorar as forças competitivas de seus recursos valiosos, raros e de difícil imitação?" Se a resposta for "sim", a empresa finalmente gozará de vantagem competitiva sustentável; se for "não", suas vantagens competitivas serão, no máximo, temporárias.

Questões de organização envolvem principalmente arranjos gerenciais formais e informais, como, por exemplo, sistemas hierárquicos de comando, sistemas de controle, políticas de conduta e de remuneração, entre outros. Empresas que conseguem atrelar todo esse aparato gerencial terão chances de explorar as forças dos recursos que geram vantagem competitiva. Um desbalanceamento no sistema gerencial de uma empresa pode comprometer não somente a exploração máxima das vantagens competitivas, mas também sua sobrevivência no mercado.

Você provavelmente já presenciou algum caso de empresa que claramente apresentava potencial de crescimento sustentável, mas que teve seu desempenho afetado por problemas estritamente internos. Por outro lado, empresas que conseguem manter uma vantagem competitiva sustentável utilizam de toda sua estrutura organizacional para nutrir e explorar os resultados positivos daqueles recursos que mais contribuem para seu desempenho superior.

A Tabela 2.1 apresenta um resumo das relações dos atributos do *framework* VRIO com as implicações competitivas para uma empresa.

Tabela 2.1 Modelo VRIO[17]

O recurso é:				
Valioso?	Raro?	Custoso de imitar?	Explorado pela organização?	Implicações competitivas
Não	-	-	Não	Desvantagem competitiva
Sim	Não	-	↑	Paridade competitiva
Sim	Sim	Não	↓	Vantagem competitiva
Sim	Sim	Sim	Sim	Vantagem competitiva sustentável

2.5.3 Cadeia de valor

A análise da cadeia de valor apresentada nesta seção terá como foco as atividades internas à organização, uma vez que o conceito mesoanalítico, ou seja, aquele que leva em consideração as relações empresariais ao longo de uma cadeia produtiva, foi apresentado e discutido no Capítulo 1.

O conceito de cadeia de valor diz respeito a todas as atividades transformadoras de insumos em produtos ou serviços finais por uma empresa. Amplamente disseminado no campo da estratégia, o modelo de análise da cadeia de valor[18] proposto por Porter auxilia no processo de decomposição de etapas adicionadoras de valor ao longo do processo produtivo, possibilitando a identificação de fontes reais de geração de vantagem competitiva sustentável. Nesse modelo analítico (Figura 2.5), há duas categorias de atividades criadoras de valor, sendo elas: atividades primárias e atividades de apoio.

As atividades primárias são todas aquelas relacionadas com o processo de manufatura de um produto ou processamento de informações no caso de empresas de serviços. São consideradas atividades primárias:

- **Logística interna:** compras e gestão de estoques de produtos não processados. As relações com fornecedores podem ser um fator de criação de valor. Essa etapa é essencial na gestão agroindustrial, sobretudo porque os produtos agropecuários, além de perecíveis, podem apresentar variação importante de qualidade ou quantidade ao longo do tempo.
- **Operações:** todo processo de transformação de um insumo em produto. Inclui todos os ativos físicos e processos utilizados pela organização para produzir um bem ou serviço. Dependendo da operação e do porte da empresa, ela poderá ser mais ou menos intensiva em bens de capital. Empresas agroindustriais de uma mesma cadeia de produção, porém em diferentes estágios de transformação industrial, terão operações distintas uma da outra.
- **Logística externa:** armazenamento e distribuição de produtos manufaturados pela empresa. Empresas que produzem alimentos congelados podem encontrar desafios de distribuição que empresas que produzem alimentos em conserva não possuem. A *shelf life* do produto é outra característica comum a que gestores de empresas agroindustriais precisam estar atentos.
- **Vendas e marketing:** promoção de produtos e serviços e acesso a canais de distribuição. Uma empresa que produz alimentos de alto valor agregado necessariamente terá que promover seus produtos e acessar canais de vendas diferentes de uma empresa agroindustrial que produz *commodity* agrícola (soja,

Figura 2.5 Cadeia genérica de valor.[19]

milho, trigo etc.), dadas as características específicas dos dois mercados.

- **Serviços:** suporte pós-venda a distribuidores e clientes finais. Serviço de atendimento ao cliente, por exemplo, pode ser fonte geradora de valor para a empresa caso ele necessite de garantia ou tenha dúvidas quanto ao uso adequado do produto ou serviço adquirido.

Já as atividades de apoio, como o próprio nome sugere, são aquelas que auxiliam as atividades primárias, sendo divididas em:

- **Infraestrutura da empresa:** sistemas de gestão básicos ao funcionamento da empresa. Inclui toda a gestão geral, estratégica, financeira, jurídica, de qualidade etc. Irá definir a sustentabilidade da organização ao longo do tempo, ou seja, se os recursos geradores de vantagem competitiva da empresa nas áreas primárias estão sendo usados da maneira mais apropriada.
- **Gestão de recursos humanos:** atividades de gestão de pessoas como um todo, desde o processo de recrutamento, seleção, retenção, desenvolvimento pessoal, plano de carreiras, remuneração, entre outras. A empresa poderá se apropriar de vantagens se for composta de funcionários com habilidades úteis para as funções que desempenham.
- **Desenvolvimento tecnológico:** tecnologias e atividades de P&D em geral. Uma empresa pode adquirir tecnologias existentes, desenvolver novas soluções internamente ou combinar as duas formas. O desenvolvimento dessa atividade pode requerer alto investimento em capital intelectual, embora possa garantir rendas maiores ao criar processos/produtos inovadores.
- **Compras:** atividades relacionadas com a aquisição de insumos para o funcionamento da empresa. O estreitamento de relações com fornecedores pode garantir melhores preços, condições de pagamentos, melhorias da qualidade dos insumos etc.

Em vez de lançar luz sobre dados contábeis e custos departamentais, Porter propõe um enfoque analítico sistêmico para reconhecer meios de identificação de atividades que contribuem para o aumento da margem financeira alcançada pela empresa ao longo das cadeias de valor em que ela opera. Essa perspectiva fornece uma visão mais ampla de identificação das forças e fraquezas organizacionais, já que introduz dois conceitos fundamentais no processo de análise: a capacidade de transferência de habilidade e a capacidade de compartilhar atividades. Para ambos os casos, o enfoque está na realização de sinergias que possam levar à redução de custos ou criação/captura de valor das atividades descritas.

É plenamente compreensível que as cadeias de valor de empresas de uma cadeia produtiva que operam em elos diferentes sejam distintas entre si. Todavia, cabe lembrar que empresas de um mesmo grupo de atividades da cadeia de suprimentos também podem tratar essas atividades de maneiras muito distintas e, portanto, necessitar acessar recursos muito diferentes associados a elas. Espera-se que um pecuarista acesse recursos competitivos muito distintos de um frigorífico, por exemplo. De modo alternativo, dois frigoríficos podem abater bovinos de uma mesma região, mas acessar mercados diferentes. Um deles pode abater e vender para o mercado nacional, enquanto o outro pode destinar toda sua produção a mercados internacionais. Nesse caso, as duas empresas, embora no mesmo elo da cadeia produtiva, devem mobilizar recursos individuais e organizacionais diferentes.

2.5.4 Modelos de portfólio de atividades

Esses métodos estão fundamentados no conceito de gestão de portfólio de investimentos. O objetivo final desses métodos é proporcionar à empresa um portfólio de atividades "equilibrado", em que a estratégia de cada unidade estratégica de negócios (UEN) estaria integrada na estratégia global da empresa. Um portfólio equilibrado seria essencialmente composto por atividades ditas "maduras", com pouco risco e uma taxa de rentabilidade ainda interessante, e por atividades "novas", que seriam associadas a um forte risco, mas que seriam potencialmente interessantes no futuro. Nesse caso, as atividades lucrativas da empresa poderiam financiar os riscos inerentes às novas atividades.[20]

As ferramentas de análise que são propostas por esses métodos e as recomendações que as acompanham são derivadas do posicionamento das diversas UEN que compõem o universo concorrencial da empresa dentro de uma "matriz estratégica". Essa matriz, constituída de um quadro com dupla entrada, é construída em função de dois conceitos fundamentais:

1. A situação dos produtos em dado mercado e/ou sua tendência de evolução.
2. As vantagens competitivas da empresa nesse mercado.

A matriz estratégica construída dessa forma poderia ser considerada um tipo de "tabuleiro estratégico", em que as ações estratégicas estariam representadas pelo deslocamento das peças da empresa (as UEN) de uma casa a outra do tabuleiro. O número de casas do tabuleiro, bem como seu significado estratégico, seria definido em função da aplicação dos dois conceitos de base mencionados no parágrafo anterior.

Essas ideias originaram vários métodos de análise de portfólio de atividades. Os mais conhecidos são os métodos Boston Consulting Group (BCG), Arthur D. Little (ADL) e McKinsey. Existem ainda outros métodos derivados desses três primeiros, que foram desenvolvidos por grandes corporações, como Shell e General Electric.

Esses métodos utilizam como ferramenta principal a análise de um quadro de dupla entrada que poderia ser dividido esquematicamente em três diferentes zonas: o desenvolvimento das UEN, a seleção das UEN a serem mantidas e o abandono das UEN (ver Figura 2.6).

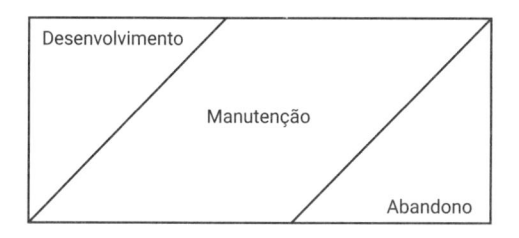

Figura 2.6 Matriz estratégica e suas áreas de decisão.[21]

Normalmente, esses métodos demandam uma construção em quatro etapas:

1. *Decomposição das atividades da empresa em diferentes UEN*; representa uma das etapas mais delicadas dessas metodologias, visto que condiciona as análises posteriores.
2. *Avaliação de cada UEN segundo as dimensões de análise utilizadas pela metodologia*; cada UEN é, fundamentalmente, avaliada segundo duas dimensões; elas representam a posição concorrencial da empresa sobre o segmento de mercado analisado e o valor da UEN para a empresa (atratividade do setor em questão); as diferenças entre as metodologias estão, sobretudo, ligadas à maneira como essas variáveis são medidas; a qualidade das conclusões é resultado direto da qualidade das informações que são utilizadas nessa segunda etapa.
3. *A construção do quadro de análise e o posicionamento das UEN dentro desse quadro.*
4. *Análise da posição ocupada pelas atividades dentro do quadro de análise e do equilíbrio do portfólio de atividades;* o objetivo final é obter recomendações estratégicas para cada UEN, respeitando a estratégia global da empresa.

A título de exemplo, será apresentado a seguir o primeiro método proposto pelo Boston Consulting Group, o chamado método BCG. Esse método é o mais tradicional e também o mais facilmente implementável. A matriz proposta por ele articula-se por meio de duas variáveis:

- Taxa de crescimento do segmento de atividade analisado.
- Parte de mercado relativa da empresa nesse segmento.

A parte de mercado relativa pode ser medida por:

$$\frac{Parte\ de\ mercado\ da\ empresa}{Parte\ de\ mercado\ do\ concorrente\ principal}$$

Segundo a matriz BCG, somente o crescimento do segmento de atividade (setor) permite diminuir os custos de maneira importante e proporcionar vantagens competitivas duradouras. Em atividades "estáveis", as partes de mercado são "fixas", e a possibilidade de diminuir custos é muito pequena. Além dessa lógica de "baixar os custos", a matriz apresenta também uma lógica financeira. O BCG parte do princípio de que um dos objetivos essenciais da estratégia é permitir uma alocação ótima dos recursos da empresa entre os vários segmentos estratégicos em que ela atua.

A matriz procura:

- Por meio do crescimento, estimar as necessidades/geração de fundos (investimentos) dos diferentes segmentos.
- Pela parte de mercado relativa, estimar a rentabilidade (posição na curva de experiência); permite também visualizar o nível dos recursos liberados por cada um dos segmentos.

2.5.5 Estrutura da matriz

A estrutura de uma matriz estratégica do tipo BCG pode ser vista na Figura 2.7.

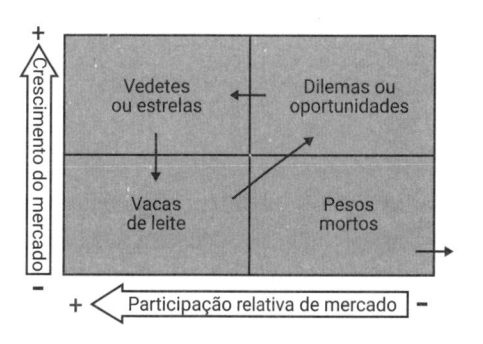

Figura 2.7 Matriz BCG.[22]

"**Vacas de leite**": segmentos de atividade com baixo crescimento, em fase de maturidade ou declínio, que exigem poucos investimentos novos (capacidade de produção ou capital de giro). São investimentos rentáveis, à medida que a empresa ocupa uma posição importante (dominante). Liberam um fluxo importante de recursos que devem ser investidos da melhor maneira possível.

"**Pesos mortos**": atividades com fraco potencial de desenvolvimento. Consomem pouco capital, porém não proporcionam um fluxo positivo de recursos. Rentabilidade baixa (ou negativa). Atividades de pouco interesse para a empresa. Podem representar um perigo para a empresa.

"**Dilemas**": atividades pouco rentáveis, com taxas de crescimento de mercado elevadas, que exigem investimentos importantes para poder acompanhar o desenvolvimento do mercado. São deficitárias em termos de fluxo financeiro. Para essas atividades, a empresa deve conquistar rapidamente uma boa posição concorrencial, para que, no futuro, elas não se transformem em "pesos mortos".

"**Vedetes**": atividades situadas em segmentos de rápido crescimento. Como a empresa, em teoria, tem boa posição concorrencial, consegue obter custos mais baixos e boa rentabilidade e libera um fluxo importante de recursos. No entanto, como o mercado ainda está em fase de "acomodação", a empresa deve ter cuidado para não transformar, no futuro, a atividade em "vacas de leite".

2.5.5.1 Recomendações estratégicas propostas pelo método

A seguir, elencamos recomendações estratégicas propostas pelo método:

- **Rentabilizar as vacas de leite:** atingindo uma situação de oligopólio estável em atividades maduras, a empresa deve adotar uma gestão rigorosa para extrair o máximo de recursos e investir em outras atividades.

- **Abandonar ou manter sem investimentos os pesos mortos:** se a atividade ainda é superavitária, a empresa pode manter uma ameaça constante para a concorrência. Caso contrário, o melhor é abandonar a atividade.

- **Investir ("dobrar a aposta"), "ressegmentar" ou abandonar são os caminhos possíveis para as atividades-dilema:** são critérios para a decisão o tamanho futuro do mercado, o nível dos investimentos necessários, sinergia com outras atividades, peso relativo nos negócios da empresa, pontos fortes da empresa, capacidade financeira da empresa etc.

2.6 ANÁLISE SWOT

Análise SWOT (*strengths, weaknesses, opportunities and threats* ou análise de pontos fortes, pontos fracos, ameaças e oportunidades) é uma das ferramentas de análise estratégica mais conhecidas e utilizadas no mundo. A aplicação de seus princípios é praticamente incontornável em qualquer exercício de reflexão estratégica. De fato, ela pode ser muito útil ao diagnóstico interno e externo de um dado setor, mercado, serviço ou produto.

Uma análise SWOT combina avaliações do ambiente externo no qual a atividade em análise está inserida e do ambiente interno da empresa. Avaliações do ambiente externo estão ligadas com ameaças e oportunidades aos objetivos da organização e avaliações internas (diagnóstico interno) com a identificação de pontos fortes e fracos da organização em relação a esses mesmos objetivos. Assim, a identificação de um ponto forte ou fraco somente pode ser feita em relação ao objetivo da organização. O que pode ser ponto fraco para uma empresa pode, a depender do seu objetivo e estratégia, ser ponto forte para outra.

Análise interna: identifica as características internas da organização, vistas como pontos fortes ou fracos de acordo com as atividades em análise. Alguns pontos que devem ser observados relacionam-se com os recursos humanos, recursos de produção, capacidade financeira, tecnologias empregadas na atividade analisada, entre outros.

No departamento de marketing, por exemplo, a distribuição, a qualidade dos produtos e serviços e a reputação da empresa podem ser vistos como pontos fortes, ao passo que produtos pouco conhecidos e atendimento inadequado ao cliente podem ser considerados pontos fracos.

Análise externa: trata-se de avaliar o ambiente competitivo dos mercados em análise. Ele é formado por fatores sobre os quais a organização não tem controle. A análise do desenvolvimento externo pode ser dividida em fatores macroambientais (políticas, demografia, tecnologias, economia etc.) e microambientais (fornecedores, parceiros, consumidores etc.). No caso do agronegócio, os fatores macro e microambientais podem ser facilmente ligados com aqueles que caracterizam e definem as cadeias agroindustriais de produção.

São exemplos de oportunidades macroambientais o acesso a novas tecnologias que os concorrentes ainda não dominam, taxas de juros mais baixas, taxas de câmbio mais favoráveis para a importação de determinado produto etc. Podem ser exemplos de ameaças macroambientais mudanças nos hábitos de consumo da população, problemas climáticos que levam ao aumento do preço de uma matéria-prima importante para as empresas, aumento de impostos etc. Obviamente, o que é ameaça para uma empresa pode ser oportunidade para outra. Mudanças nas taxas de câmbio afetam diferentemente as empresas importadoras e exportadoras, por exemplo.

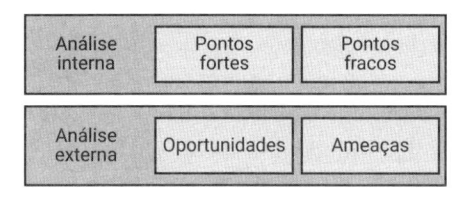

Figura 2.8 Matriz SWOT.[23]

Uma forma de analisar uma matriz SWOT é fazer um cruzamento entre os elementos encontrados nas análises interna e externa.

Pontos fortes ligados com o aproveitamento de oportunidades: deve-se buscar manter e fortalecer os pontos fortes para aproveitar as oportunidades.

Pontos fracos em mercado ou atividades em que há oportunidades: existem oportunidades, mas a empresa não possui os recursos necessários. O problema nesse caso é verificar se e como os pontos fortes podem ser superados para que as oportunidades sejam aproveitadas.

Pontos fortes em mercados ou atividades em que existem ameaças: nesse caso, questão é verificar como utilizar seus pontos fortes para tentar se defender ou transformar a ameaça em oportunidade.

Pontos fracos em mercados ou atividades em que existem ameaças: essa é a situação mais perigosa para a empresa. Nesse caso, deve-se avaliar se não vale a pena abandonar a atividade ou ainda adotar uma estratégia de minimização de prejuízos e riscos.

Figura 2.9 Matriz SWOT e recomendações estratégicas.

BOXE 2.1 Quais estratégias a França pode perseguir para aproveitar oportunidades ligadas ao desenvolvimento da China no setor alimentício?

Uma análise dos pontos fortes e fracos, ameaças e oportunidades do sistema agroalimentar francês foi feito pelo Ministério da Agricultura e da Alimentação da França para ajudar a responder a essa pergunta. Um resumo das conclusões está apresentado no Quadro 2.1.

Quadro 2.1 Matriz SWOT elaborada pelo ministério da agricultura e da alimentação da França[24]

Pontos fortes	Pontos fracos
• A França é um fornecedor importante de produtos alimentares para a China. • Os produtos alimentares franceses têm uma imagem de qualidade e confiança junto aos consumidores chineses. • O sistema de ensino agrícola francês e de gestão fundiária é reconhecido como modelo pelos chineses. • A agropecuária tem importância estratégica para a França.	• Os produtores agropecuários franceses sofrem forte concorrência internacional em termos de preço. • Existem poucas empresas francesas implantadas na China • A gastronomia francesa ainda não é muito conhecida na China.
Oportunidades	**Ameaças**
• Crescimento econômico da China. • Disposição da China em receber investimentos estrangeiros. • Conflitos geopolíticos entre a China e os concorrentes da França abrem espaço nos mercados chineses. • A China se aproxima da França em relação aos direitos de propriedade intelectual.	• Concorrência da China com a França em alguns mercados internacionais. • A China concorre com a França em alguns mercados de importação. • Os produtos franceses são falsificados na China. • Risco de boicote de produtos franceses pela China devido às posições da França em relação aos direitos do homem. • Empresas francesas da área de alimentos são objeto de interesse dos chineses.

2.7 ESTRATÉGIAS GENÉRICAS E FORMAS DE COMPETIÇÃO

A adoção de uma estratégia competitiva depende de inúmeros fatores internos e externos à organização. Levando em consideração os recursos à disposição, gestores estão a todo tempo tomando decisões ofensivas ou defensivas para reagir às cinco forças competitivas de uma indústria e criar vantagem sustentável. Dependendo das circunstâncias momentâneas, as empresas desenvolvem e implementam estratégias muito distintas em nível micro, embora no nível macro elas possam ser classificadas basicamente em três grupos genéricos, a saber: liderança em custo, diferenciação e focalização.

2.7.1 Liderança em custo

O conceito da estratégia de liderança em custo se popularizou no ambiente empresarial a partir da década de 1970, período no qual a economia mundial passava por drásticas transformações devido aos avanços tecnológicos e gerenciais impostos por grandes multinacionais. Seguindo o mesmo movimento, diversas indústrias, sobretudo as agroindústrias de primeira e segunda transformação, ao se familiarizarem com o conceito de curva de experiência, passaram a adotar a estratégia de liderança em custo, a qual tem como objetivo final a redução de custos totais por meio de uma gestão altamente rigorosa no que tange aos custos de produção.

Segundo Porter,[ix] a estratégia de liderança em custo requer uma série de transformações agressivas nas políticas funcionais que perpassam pela construção de instalações industriais eficientes em escala, consistente busca pela redução de custos calcado pela experiência adquirida, estrito controle de custos e despesas administrativas, minimização de custos em áreas de P&D, vendas, propaganda, serviços etc. A aplicação dessa estratégia consiste na adoção de uma cultura organizacional que busca incessantemente posicionar os custos operacionais sempre abaixo dos concorrentes, sem ignorar a importância da qualidade, serviço e outros atributos percebidos pelos clientes.

A adoção dessa estratégia gera vantagem competitiva à empresa, pois permite que ela se resguarde das cinco forças competitivas. Em um ambiente altamente competitivo, a empresa que adota a estratégia de liderança de custos conseguirá ter retornos acima da média graças ao seu posicionamento relativamente abaixo dos demais competidores. A empresa se defenderá muito bem de compradores com alto poder de barganha, pois o nível de eficiência operacional irá garantir margens satisfatórias mesmo em um cenário em que os preços sejam forçados para baixo. Da mesma forma, a empresa ainda irá auferir retornos acima da média, caso fornecedores decidam aumentar o poder de barganha por meio da elevação dos custos dos insumos. Por último, produtos substitutos encontrarão dificuldades para competir com empresas que oferecem produtos a preços relativamente mais baixos do que os seus.

Essa estratégia é bastante utilizada por empresas agroindustriais, sobretudo as produtoras de *commodities* e as agroindústrias de primeira transformação. Quanto menores as possibilidades de diferenciação do produto, maior a probabilidade do estabelecimento de competição por preços. Essa estratégia incorre, por exemplo, na necessidade de acesso a matéria-prima e conquista de significativa fatia de mercado. Não obstante, empresas que buscam competir por meio dessa estratégia devem desenvolver meios para reduzir os custos de desenvolvimento e produção de seus produtos ou serviços. É prática recorrente a utilização de equipamentos e tecnologia de última geração visando aumentar economias de escala e escopo do processo produtivo e, consequentemente, diluir os custos fixos. É importante ponderar que a aquisição desses bens de capital normalmente incorre em altos investimentos iniciais, que podem funcionar como uma barreira para implementação plena dessa estratégia.

Para satisfazer todas essas condições e ainda conseguir maximizar os retornos de investimentos, a empresa deve buscar servir aos principais grupos de clientes em sua indústria por meio da oferta de produtos e serviços padronizados. Paralelamente, uma estratégia de preços agressiva é posta em prática com o intuito de aumentar a participação de mercado. Em alguns casos, a empresa pode adotar uma ação deliberada de prejuízos iniciais para conquistar *market share* e assim dar sequência à implementação integral da estratégia genérica de liderança de custos. Após alcançada uma posição relativa de baixo custo, a empresa garante margens superiores à dos concorrentes, possibilitando a manutenção de investimentos periódicos que garantirão que ela sustente sua vantagem competitiva no longo prazo.

2.7.2 Diferenciação

A estratégia genérica de diferenciação consiste, conforme o próprio nome sugere, em diferenciar o produto ou serviço, criando a percepção de singularidade entre os clientes de determinada indústria. Diferentemente do posicionamento de baixo custo, a implementação de uma estratégia de diferenciação exige a utilização de métodos diversos para alcançar retornos acima da média concorrencial. É relativamente comum que empresas busquem se diferenciar mediante investimentos maciços em imagem da marca, tecnologia, serviços de relacionamento, *design* e outras características do produto ou serviço que gerem valor aos clientes.

A adoção dessa estratégia em sua plenitude possibilita que empresas alcancem retornos acima da média, além de criar uma série de mecanismos de defesa contra as forças competitivas externas. Empresas que adotam uma estratégia de diferenciação são menos suscetíveis a pressões da concorrência, seja porque possuem clientes menos sensíveis ao preço, seja porque eles são mais fiéis à marca. A prática de margens maiores reduz os efeitos negativos exercidos pelo poder de barganha dos fornecedores em uma possível elevação de preços. Alternativamente, o poder de barganha dos compradores também é amenizado, já que faltam alternativas de produtos ou serviços semelhantes no mercado. Por fim, a lealdade à marca reduz a atratividade de eventuais produtos substitutos.

Essa estratégia é perfeitamente praticável em empresas de diversas cadeias agroindustriais. Mesmo em segmentos de nível tecnológico intermediário e relativo grau de comoditização, há empresas que buscam competir por meio de uma estratégia de diferenciação. É importante salientar que níveis mais elevados de diferenciação de produtos ou serviços tendem a garantir margens mais elevadas à empresa. Por outro lado, a cobrança de um preço *premium*, por si só, garante o acesso apenas a uma pequena fatia de mercado, já que custos elevados são incompatíveis com grande parte dos consumidores, sobretudo em países em processo de desenvolvimento, como é o caso do Brasil. Estratégias de diferenciação são comumente encontradas em agroindústrias de segunda e, sobretudo, de terceira transformação.

Embora essa estratégia exija uma quantidade de recursos considerável para ser explorada em sua plenitude, gestores não devem ignorar radicalmente os custos de produção, pois a elevação constante dos custos tende a gerar perda de competitividade, mesmo em empresas que trabalham com margens elevadas.

2.7.3 Focalização

A estratégia genérica de focalização auxilia na identificação e no provimento de um serviço ou produto a um segmento de mercado específico. Diferentemente das estratégias que visam servir os consumidores de uma indústria de maneira mais ampla, a estratégia de focalização busca segmentar o mercado para atendê-lo de modo mais eficaz e efetivo do que seus concorrentes diretos. Essa segmentação pode ser por mercado geográfico, segmento de linha de produto ou grupo de compradores. Na prática, a adoção dessa estratégia visa conquistar retornos superiores em segmentos que os concorrentes servem de maneira universal.

Empresas que adotam uma estratégia de focalização entendem que é mais vantajoso servir a um grupo específico do que atender toda uma indústria de maneira mais ampla. Nesse sentido, empresas podem ser mais eficazes e eficientes quando direcionam sua estratégia para satisfazer às necessidades de clientes de um segmento específico, seja ela por meio de diferenciação ou liderança em custos. Na prática, a empresa pode adotar ambas as estratégias simultaneamente, desde que as unidades de negócios possuam delimitação clara quanto ao escopo de atuação. Em ambos os casos, o objetivo está na obtenção de vantagem competitiva sustentável em segmentos específicos e não na indústria como um todo. A diferença entre as três estratégias genéricas pode ser mais bem compreendida por meio da Figura 2.10.

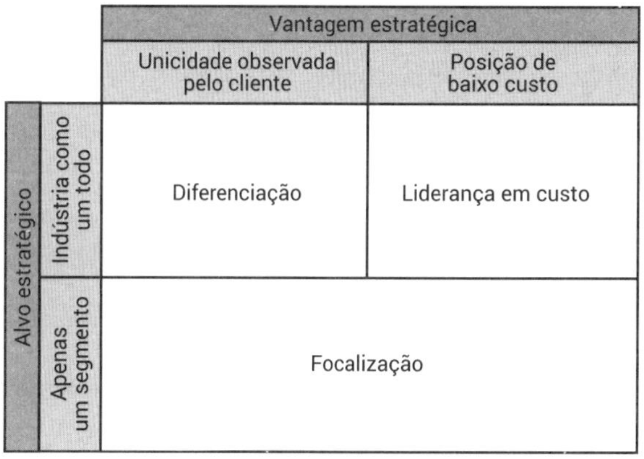

	Vantagem estratégica	
	Unicidade observada pelo cliente	Posição de baixo custo
Alvo estratégico — Indústria como um todo	Diferenciação	Liderança em custo
Alvo estratégico — Apenas um segmento	Focalização	

Figura 2.10 As três estratégias genéricas.[25]

A estratégia de focalização cria as mesmas posições de defesa contra as cinco forças competitivas que as estratégias de liderança em custo e diferenciação, assim como facilita a seleção de segmentos mais promissores do ponto de vista econômico. A delimitação do segmento alvo gera, necessariamente, uma relação de compromisso (*trade-off*) entre volume de vendas e rentabilidade.

2.7.4 Desafios de implementação de uma estratégia genérica

Cada estratégia genérica requer um conjunto de recursos únicos para que possa ser posta em prática de modo integral. A implementação de uma ou outra estratégia genérica requer um esforço organizacional capaz de criar as bases e sustentar o posicionamento competitivo de uma organização. Uma empresa que busca implementar uma estratégia de liderança em custo necessitará ter acesso a recursos organizacionais totalmente distintos da empresa que busca implementar uma estratégia de diferenciação, enquanto a estratégia de focalização exige uma complementação dos recursos e das rotinas das duas anteriores.

Não é incomum que gestores se percam no processo de formulação da estratégia a ser desenvolvida pela organização, inviabilizando a adoção adequada de nenhuma das estratégias citadas anteriormente. Um dos erros mais comuns é se posicionar erroneamente, ou seja, ficar "presa no meio"[26] das três opções de estratégias genéricas. Em um cenário como esse, a postura mais adequada é fazer uma reorientação gerencial visando alinhar a estratégia organizacional com os recursos disponíveis para sua implementação. Estratégias míopes resultam em baixa rentabilidade e, consequentemente, perda de vantagem competitiva. Empresas, portanto, devem evitar esse cenário.

A busca incessante por uma das estratégias genéricas traz consigo alguns riscos: falhar em alcançar ou sustentar a estratégia implementada e ter os benefícios advindos da estratégia corroídos pela evolução natural da indústria. Lançar luz sobre os possíveis riscos de perda de vantagem competitiva auxilia no processo de escolha da estratégia mais adequada para cada empresa.

2.8 GRUPOS ESTRATÉGICOS

Pesquisadores de gestão estratégica vêm há muito tempo se esforçando para explicar o que impulsiona e sustenta o desempenho das empresas. Nesse contexto, a ênfase dos estudos tem sido colocada em três níveis diferentes de análise, estando a análise de grupos estratégicos entre os níveis micro (empresa) e macro (indústria). Pesquisadores sobre grupos estratégicos argumentam que se pode dividir uma indústria ou setor em conjuntos menores de empresas que adotam estratégias similares e que são isoladas e protegidas por barreiras à mobilidade estratégica.

A literatura existente é abundante na análise de estratégias competitivas de empresas ou de padrões competitivos setoriais. No entanto, ao assumir que uma empresa qualquer não compete da mesma forma com todas as outras empresas existentes no mesmo setor, uma análise que desconsidere o meio-termo entre o setor e a empresa pode comprometer o entendimento do desempenho das empresas.

Um grupo estratégico é um conjunto de empresas que segue um padrão estratégico semelhante para competir em dado setor. Métodos estatísticos podem ser utilizados para a definição de grupos estratégicos. Existe uma corrente de pensamento que sugere que grupos estratégicos são formados por empresas que concorrem com níveis próximos de diferenciação de produto, gastos com P&D, tamanho da empresa etc. Por outro lado, uma segunda corrente propõe que os grupos estratégicos são formados a partir da percepção dos gerentes a respeito da rivalidade existente na indústria. Apesar das diferenças metodológicas adotadas para a identificação dos grupos estratégicos, ambas as abordagens tendem a convergir para conclusões e definições semelhantes.

Cada uma das abordagens tem seus prós e contras. Por exemplo, o uso de uma abordagem baseada no desempenho pode facilitar o agrupamento de empresas, mas pode não refletir a realidade; em contrapartida, a abordagem que leva em consideração o sentimento de pertencimento ao grupo pode resultar em falhas na definição dos grupos pela racionalidade limitada dos agentes. A questão fundamental do debate entre as duas abordagens baseia-se principalmente na relativização dos resultados encontrados. Isso significa que as conclusões devem refletir o ambiente de negócios no qual as empresas estão inseridas, traduzindo informações complexas em simples estruturas de análise.

Desde que Hunt[27] introduziu pela primeira vez o conceito de grupos estratégicos por meio de uma aplicação empírica na indústria de eletrodomésticos, muitos outros estudiosos seguiram seus conceitos em uma variedade de indústrias, como a automotiva, farmacêutica, educação, bancos e assim por diante. Entre essas áreas, ambas as metodologias de agrupamento foram aplicadas, fornecendo resultados consistentes aos tomadores de decisão. Independentemente do método adotado, a aplicação do conceito de grupo estratégico deve facilitar a compreensão do ambiente competitivo e propor soluções para gerar vantagem competitiva.

O conceito de grupo estratégico é relativamente maleável, podendo ser facilmente aplicado em diferentes indústrias. Não obstante, argumentamos que o conceito em si não pode ser capaz de gerar contribuições ricas se não for construída uma ponte entre os níveis da empresa e do setor. A esse respeito, recursos internos e capacidades, bem como variáveis externas, devem ser empregados em conjunto com o propósito de explicar a conduta e a rivalidade dentro de um grupo estratégico, melhorando a compreensão das diferenças no desempenho das empresas e a interpretação do mercado.

Em um estudo[28] realizado sobre a cadeia logística brasileira de grãos, mais especificamente sobre terminais intermodais (terminais de transbordo de grãos), foi identificada a existência de dois grupos estratégicos. Um deles era formado por terminais diversificados de pequena escala e o outro por terminais especializados com grande escala de movimentação de carga. Os terminais do primeiro grupo ofereciam um número de serviços maior que os concorrentes de grande porte, ao passo que esses direcionavam seus esforços para a maximização da quantidade de grãos transbordada. Assim, enquanto os terminais desse grupo adotavam uma estratégia de liderança pelos custos, aqueles buscavam se diferenciar por meio do oferecimento de um conjunto de serviços para balancear a baixa escala operacional.

2.9 A NOVA ECONOMIA INSTITUCIONAL, OS CUSTOS DE TRANSAÇÃO E AS ESTRATÉGIAS DE EMPRESAS AGROINDUSTRIAIS

A nova economia institucional (NEI) é um arcabouço teórico que tem sido muito utilizado em estudos do setor agroindustrial devido ao seu potencial analítico e sua capacidade de predição de resultados. Ao incorporar contribuições de diversas áreas do conhecimento, tais como economia, direito, sociologia, entre outras, essa perspectiva teórica enfatiza o papel das instituições no funcionamento das atividades econômicas. Instituições, conforme a definição de North,[29] são estruturas formais (leis, direitos de propriedade, constituição) e informais (sanções, tabus, tradições, costumes e códigos de conduta) constituídas pelo homem para organizar e reduzir incertezas nas transações econômicas. Em termos genéricos, instituições são as "regras do jogo" de uma sociedade capitalista.

A NEI trata as instituições em dois níveis[30] distintos. O primeiro diz respeito ao ambiente institucional *per se*, contemplando macroinstituições, ou seja, as regras e as restrições que delineiam as bases para as interações entre os seres humanos. O segundo nível de análise, abrangendo as microinstituições, trata das estruturas de governanças, visando regular uma transação específica. Há, portanto, diversas vertentes do pensamento institucionalista, sendo a economia dos custos de transação (ECT)[31] aquela que busca explicar a organização e o comportamento das empresas por meio dos custos de transação existentes entre agentes.

Deve-se entender como custos de transação todo dispêndio de recursos econômicos para planejar, negociar e monitorar as interações entre os agentes, garantindo que o cumprimento dos termos contratuais aconteça de maneira satisfatória entre as partes e sendo compatível com a sua funcionalidade econômica de ente econômico. Sendo assim, todos os custos que envolvem a elaboração e negociação dos contratos, mensuração e fiscalização de direitos de propriedade, o monitoramento do desempenho e a organização de atividades podem ser considerados como custos de transação.

A existência dos custos de transação, portanto, está diretamente associada à concepção da estratégia organizacional, uma vez que a criação e a manutenção de uma posição de vantagem competitiva não se restringem apenas aos fatores de produção, mas também na adoção de estruturas de governança eficientes que garantam harmonização e coordenação do processo produtivo ao longo da cadeia produtiva como um todo.

O *framework* analítico para o estudo da dinâmica das cadeias de suprimento, inclusive as agroindustriais, leva em consideração um conjunto de pressupostos comportamentais e ambientais que circunscrevem e condicionam as transações econômicas. Contrapondo os princípios da teoria neoclássica, a ECT postula, primeiramente, que os agentes econômicos são racionalmente limitados, sobretudo em situações complexas e incertas do ponto de vista da tomada de decisão. Além das dificuldades impostas pela competição, as empresas precisam considerar fortemente o fato de que seus próprios gestores possuem certas limitações pessoais que inviabilizam a construção de soluções ótimas no processo decisório.

A racionalidade limitada restringe, portanto, as possibilidades de construção de estratégias organizacionais maximizadoras de resultados em virtude da inabilidade de articulação e processamento de elevados graus de informação pelos tomadores e executores de decisão. Do ponto de vista gerencial, tal fato resulta na construção de contratos incompletos, os quais não especificam com clareza todas as condições e os limites em cada circunstância. Dessa forma, como contratos tendem a ser incompletos em razão da racionalidade limitada, incertezas e complexidades das ocasiões, formas complexas de governança são estruturadas para garantir a continuidade dos fluxos produtivos.

Racionalidade limitada, ambientes complexos e incertos criam as bases para que agentes adotem posturas oportunistas (segunda premissa comportamental). Oportunismo é a ação de agir motivado pelo autointeresse. Imperfeições de mercado e assimetria de informação entre os agentes levam, em alguns casos, os agentes a adotarem condutas não cooperativas entre si. Essa conduta visa à busca por vantagens que podem levar a uma apropriação de rendas monopolísticas. Embora nem todos os agentes adotem tal postura, o estrategista precisa considerar a possibilidade de que em algum momento eles possam agir de tal maneira.

O comportamento oportunista pode ocorrer *ex-ante* (antes) ou *ex-post* (depois) da transação, sendo que sua ocorrência em ambos os casos levará à elevação dos custos de transação. Na concepção de Williamson, o oportunismo *ex-ante*, com problemas de seleção adversa, ocorre quando o agente deliberadamente omite as verdadeiras condições de risco associadas ao cumprimento da transação previamente estipulada com o agente principal. Nesse caso, um produtor de laranja, por exemplo, firma contrato de fornecimento para uma indústria mesmo sabendo de antemão que não conseguirá cumprir as cláusulas contratuais em sua totalidade. Já o oportunismo *ex-post*, baseado em problemas de risco moral, emerge quando o agente se comporta de maneira irresponsável e sem mitigar os riscos que, porventura, darão origem a problemas após firmar um contrato. Como exemplo, podem-se citar casos em que empresas fornecedoras de insumos a custo fixo reduzem a qualidade de seus produtos para aumentar a margem de lucro.

Ao admitir a existência dos pressupostos elencados, a escolha da estrutura de governança mais adequada para organizar as transações orbitará em torno de três atributos. O primeiro e mais importante atributo transacional é a especificidade do ativo. Na verdade, a forma mais adequada de avaliar a especificidade do ativo está em seu grau de negociabilidade. Um ativo não específico é facilmente negociável e, portanto, oferece risco limitado para ambas as partes envolvidas em uma eventual transação. Vendedores encontram baixa, ou nenhuma, restrição para comercializar para múltiplos demandantes, enquanto compradores podem facilmente encontrar fornecedores substitutos.

Produtos ou serviços sem nenhum grau de diferenciação e abundantes no mercado tendem a não ser vistos como ativos específicos. À medida que o grau do ativo transacionado se eleva, elevam-se os custos de transação e cria-se uma transação idiossincrática. Ativos específicos podem ser classificados em seis diferentes categorias,[32] a saber:

- **Especificidade locacional:** refere-se à proximidade das instalações das firmas envolvidas em determinada transação, implicando redução dos custos de transporte e armazenagem.
- **Especificidade do ativo físico:** ocorre quando matrizes especializadas são necessárias para a produção de um componente.
- **Especificidade do ativo humano:** relaciona o desenvolvimento das capacidades pessoais com o processo de aprendizagem pela prática (*learning by doing*).
- **Capital de marca:** concerne ao capital associado à vantagem nascida da notoriedade positiva da marca.
- **Ativos dedicados:** investimentos específicos feitos em instalações genéricas destinadas a atender um cliente específico.
- **Especificidade temporal:** está associada ao tempo de responsividade em que a transação ocorre.

O segundo atributo das transações é a incerteza. A incerteza é uma suposição direta e contrastante com a suposição de informações perfeitas da visão econômica neoclássica. Esse atributo ganha ênfase à medida que informações relativas aos estados passados, atuais e futuros não são perfeitamente conhecidas por vários motivos. Basicamente, Williamson destaca a existência de dois tipos de incertezas. A primeira, a incerteza ambiental, decorre de eventos aleatórios e imprevisíveis da natureza que afetam negativamente os agentes. Já a segunda, a incerteza comportamental, ocorre em razão da falta de comunicação entre os agentes, prejudicando a tomada de decisão por parte dos gestores.

O terceiro e último atributo da transação é a frequência. Na prática, frequências elevadas de determinada transação reduzem as incertezas e, consequentemente, os custos associados à transação. Nesse cenário, não há motivos racionais para que os agentes adotem comportamentos oportunistas perante seus parceiros comerciais, uma vez que tais atos acarretariam perdas financeiras e de reputação. Essa é uma situação indesejável para ambas as partes. Quando não se desenvolve um senso de cooperação entre os agentes econômicos, reduzem-se as chances de desenvolvimento de reputação e aumentam-se os custos de transação, inviabilizando a continuidade das transações.

Detalhadas as premissas e os atributos das transações, resta definir as estruturas de governança que regem as transações. Esse é certamente um dos arcabouços teóricos mais poderosos para responder à questão que diz respeito à decisão de fazer internamente ou comprar via mercado (*make-or-buy decision*). Definir as atividades econômicas que a empresa irá realizar e quais não irá é basicamente o ponto de partida da concepção da estratégia de qualquer organização.

Grande parte dos estudos de ECT preocupa-se com a identificação das estruturas de governança mais econômicas e eficientes. A partir das características dos atributos da transação, os gestores buscam identificar e implementar a estrutura de governança mais apropriada aos seus negócios. Williamson destaca que não há uma estrutura de governança mais eficiente ou econômica do que as demais, mas, sim, a mais adequada a determinadas transações.

Na prática, há basicamente três estruturas de governança possíveis, sendo elas: mercado *spot*, arranjos híbridos e hierarquia. Em alguns casos, será mais lucrativo conduzir transações internamente, enquanto em outros será mais viável recorrer ao mercado.

Na estrutura de governança via mercado *spot*, não são criadas obrigações entre as partes (salvo a de entregar um bem ou serviço mediante pagamento). Predomina, portanto, o mecanismo de preços, sendo as divergências *ex-post* tratadas no âmbito jurídico. Nessa estrutura de governança, ganha-se em incentivos e autonomia, mas perde-se em controle e possibilidades cooperativas. Mercado é, portanto, a principal estrutura de governança de transações de bens ou serviços não específicos, sejam elas recorrentes ou ocasionais. Parte significativa das transações envolvendo pequenos produtores rurais e consumidores nas feiras livres ainda ocorre via mercado *spot*, por exemplo. Os agentes utilizam-se do conhecimento tácito e explícito para consultar as características do ativo transacionado, uma vez que ele não apresenta atributos específicos. Como não há especificidade em relação ao produto ou serviço transacionado, e a identidade das partes é irrelevante, os custos de substituição de fornecedores tornam-se relativamente baixos.

A gestão estratégica também pode fornecer subsídios teóricos sólidos em relação à escolha da estrutura de governança pelos agentes econômicos, complementando a visão econômica baseada nos custos de transação. A VBR sugere, por exemplo, que a empresa pode transferir a terceiros a realização de atividades consideradas não estratégicas, ou seja, aquelas que não comprometem o desenvolvimento ou a apropriação indevida de suas competências essenciais[33] atuais ou futuras, sem danificar a competitividade. Alternativamente, a corrente estratégica ambiental sustenta que fornecedores e compradores com poder de barganha limitado oferecem baixo risco à sustentabilidade dos negócios da empresa. Nesses cenários, portanto, justificar-se-ia a adoção de transações via mercado.

Já uma estrutura de governança do tipo hierarquia será preferível quando os ativos envolvidos na transação forem específicos (apenas um seleto número de fornecedores é capaz de ofertá-los), o grau de incerteza da transação for elevado (quando é difícil garantir a execução do contrato) e quando a transação for do tipo recorrente (a empresa compra regularmente altos volumes do insumo). Com a adoção dessa estrutura de governança, ganha-se em controles administrativos e adaptações coordenadas, mas perde-se em incentivos e adaptações autônomas, uma vez que a incidência de contratos é praticamente nula.

Embora possa ser vista como anticompetitiva, sobretudo com o avanço da divisão social do trabalho, a análise dos atributos da transação permite elucidar de maneira precisa a razão pela qual algumas empresas adotam esta estrutura de governança. Nesse caso, a eficiência que pode ser proporcionada pelo processo de coordenação tem a possibilidade de gerar ganhos financeiros. Uma das vantagens da integração vertical reside na possibilidade de a empresa poder fazer modificações nas transações mais facilmente, já que todas estão sob comando interno da firma. No setor agroindustrial, podem ser encontradas três formas de integração vertical, a saber:

- **Integração vertical a montante:** a empresa coordenadora passa a controlar atividades anteriores à de sua ocupação central, ou seja, atividades *upstream* da cadeia produtiva. Exemplo: grandes frigoríficos da cadeia de aves brasileira se apropriaram das atividades de produção de ração e genética animal.

- **Integração vertical a jusante:** a empresa principal apropria-se de atividades produtivas *a posteriori* de suas atividades centrais, ou seja, atividades *downstream* da cadeia produtiva. Exemplo: quando um frigorífico de carne bovina (de pequeno ou grande porte) decide comercializar seus produtos em *boutiques* de carnes sob sua propriedade.

- **Integração vertical nos dois sentidos:** a integração para trás e para frente ocorre simultaneamente. Exemplo: pequenos produtores rurais que realizam todas as atividades produtivas, desde a produção no campo até a comercialização.

Entre estruturas hierárquicas e de mercado *spot*, encontram-se os arranjos híbridos. Essas estruturas de governança são formadas por uma infinidade de formas alternativas de organização da atividade econômica que não são puramente de mercado ou hierárquicas. As estruturas híbridas estabelecem, por meio de contratos, formas de governança que buscam combinar a competência essencial das empresas para atingir um resultado comum aos agentes envolvidos. Estruturas híbridas, portanto, são formadas por arranjos contratuais que estabelecem relações bilaterais, mantendo a autonomia dos negócios envolvidos.

Visando reduzir custos, muitas empresas externalizam parte de suas funções organizacionais e de produção. Entretanto, um elevado grau de terceirização aumenta a importância de a empresa conhecer com clareza quais são suas competências distintivas. Empresas que conseguem identificar com maior competência quais são suas atividades-chave podem, portanto, gozar de relativa vantagem competitiva com a transferência de atividades acessórias e complementares para terceiros. O recomendável, portanto, é que competências complementares possam ser terceirizadas por meio de contratos externos baseados em alianças (arranjos híbridos), enquanto competências de baixa prioridade sejam viabilizadas via transações de mercado.[34]

Exposta a relevância dos custos de transação na gestão das organizações, é possível afirmar que a capacidade de coordenar adequadamente os agentes em determinada cadeia produtiva pode se tornar fonte de vantagem competitiva sustentável empresarial. As cadeias brasileiras de carne de aves e suína fornecem exemplos de empresas que conseguiram ganhar competitividade nacional e internacional, em grande parte, por meio do estabelecimento de uma estrutura de governança híbrida com fornecedores agropecuários. Ao implementarem o sistema de quase-integração vertical, os frigoríficos garantiram acesso à matéria-prima a preço e qualidade previamente estipulados em contrato e passaram a se concentrar nas atividades de abate e comercialização.

2.10 ALIANÇAS ESTRATÉGICAS

Na literatura, são encontradas diversas definições para alianças estratégicas, sendo aquelas advindas da economia e da gestão estratégica bastante apropriadas em termos conceituais. Na concepção dos teóricos da VBR, alianças estratégicas são acordos nos quais dois ou mais parceiros unem seus recursos e capacidades e dividem o compromisso de alcançar um objetivo comum. Já os autores ligados à ECT enxergam alianças estratégicas como todo tipo de acordo de risco compartilhado situado em uma escala contínua que vai de transações via mercado *spot* a arranjos de governança hierarquizados. Na prática, alianças estratégicas são acordos de cooperação voluntária entre empresas, envolvendo ou não participação acionária, que visam gerar vantagem competitiva para os parceiros envolvidos.

Diversos tipos de classificação de alianças estratégicas podem ser encontrados na literatura, sendo a maioria deles baseada na dicotomia "aliança acionária" versus "aliança não acionária". *Joint ventures*, participação acionária minoritária, contratos bilaterais e contratos unilaterais são as formas de cooperação mais encontradas no meio empresarial. O que determinará a escolha de uma estrutura sobre a outra, segundo Das e Teng,[35] são os tipos de recursos estratégicos da empresa focal e da empresa parceira, podendo esses ser divididos em "recursos baseados em propriedade" (recursos legalmente protegidos por direitos de propriedade) e "recursos baseados em conhecimento" (recursos intangíveis, tais como capacidades e *know-how*, por exemplo). A Tabela 2.3 apresenta as combinações possíveis para cada estrutura de cooperação empresarial mencionada anteriormente. Cabe ressaltar que alguns acordos de associação são sujeitos à aprovação prévia do Conselho Administrativo de Defesa Econômica (CADE), órgão responsável pela regulação da concorrência empresarial no país.

Tabela 2.3 Tipos de recursos e a preferência estrutural da firma[36]

Firma (A)	Firma Parceira (B)	
	Recursos baseados em propriedade	Recursos baseados em conhecimento
Recursos baseados em propriedade	Contrato unilateral	*Joint Venture*
Recursos baseados em conhecimento	Participação acionária minoritária	Contrato bilateral

Joint ventures são formadas quando duas (ou mais) empresas, combinando parte de seus ativos, criam uma terceira companhia independente para alcançar um objetivo comum. Embora facilite a transferência de tecnologia entre as firmas parceiras, empresas participantes nesse tipo de cooperação estão sujeitas ao comportamento oportunista dos agentes envolvidos no que tange à transferência indevida de conhecimentos tácitos sensíveis à competitividade. Sendo assim, uma empresa que tem sua competitividade alicerçada em recursos de propriedade preferirá estabelecer uma *joint venture* com uma empresa que possui abundância de recursos baseados em conhecimento. A *joint venture* é um modo muito utilizado por multinacionais para acessar novos mercados. Podemos citar a Raízen, *joint venture* criada a partir da união de ativos da Cosan e da Shell, como exemplo de sucesso desse tipo de aliança estratégica.

Diferentemente das *joint ventures*, **contratos unilaterais** são arranjos que preveem a transferência de direitos de propriedade (tecnologia, marca, patente etc.) mediante investimentos financeiros da parte interessada. Licenciamento, franquias, acordos de distribuição, contratos de P&D são as formas comuns desse tipo de cooperação estratégica. O famoso achocolatado Ovomaltine da empresa britânica Associated British Foods é um notório caso de licenciamento de marca. Considerado um dos carros-chefes da rede de *fast food* Bob's desde 1959, a empresa perdeu o direito de exclusividade do uso da marca para sua concorrente direta, McDonald's, em 2016. Embora a rede Bob's continue utilizando o achocolatado Ovomaltine em seu emblemático *milk-shake*, não poder utilizar a marca, recurso acessível estratégico, o que pode levar a redução de vendas e, consequentemente, perda de competitividade nesse mercado. Considerando a relevância e a ampliação do número de franquias no setor agroindustrial, esse tópico será abordado com maior detalhamento na seção 2.10.1.

Alternativamente, uma empresa pode se unir a outra por meio de **aquisição minoritária**. Essa pode ser uma estratégia de crescimento empresarial pouco onerosa e de baixo risco para empresas detentoras de competências baseadas em conhecimento. Empresas que buscam esse tipo de associação estão tentando construir uma estratégia de longo prazo por meio da combinação de recursos complementares. Quanto maior o comprometimento em termos financeiros, maior também será o controle de eventuais comportamentos oportunistas. Em contrapartida, acordos dessa natureza podem ser de difícil execução, já que requerem análise minuciosa de ambas as partes.

Por fim, **contratos bilaterais** compreendem um arranjo cooperativo no qual empresas parceiras mantêm a produção dos direitos de propriedade intactos e, consequentemente, passam a contribuir conjuntamente por meio de recursos baseados em conhecimento. O gerenciamento desse tipo de acordo é relativamente delicado, uma vez que as empresas precisam encontrar um ponto de equilíbrio para trocar conhecimento tácito com seus parceiros sem perder o controle de seus próprios recursos estratégicos. Devido a esse e outros entraves, essa forma de aliança estratégica é considerada incompleta e aberta, sobretudo se comparada com os acordos unilaterais, os quais possuem cláusulas mais assertivas no que tange aos direitos de cessão de uso de um recurso. P&D conjunto, marketing e produção conjuntos, produção conjunta e parcerias avançadas com fornecedores são alguns exemplos de acordos bilaterais.

Todos os tipos de acordos de cooperação possuem um ciclo de vida próprio. Basicamente, pode-se afirmar que uma aliança estratégica é composta por três fases distintas, a saber: fase de formação, fase operacional e fase de avaliação.[37]

- **Fase de formação:** etapa de aproximação, seleção de parceiros e escolha da estrutura de governança mais adequada. Nesse momento, devem ser ponderados elementos cruciais para o estabelecimento da aliança cooperativa. Para tanto, busca-se encontrar alto nível de ajuste interorganizacional no que tange aos recursos, objetivos e estratégias entre os agentes envolvidos. As ações tomadas nessa etapa visam, em última instância, reduzir as ameaças de comportamentos oportunistas e, consequentemente, os custos de transação. Havendo complementaridade, congruência e compatibilidade entre os objetivos estratégicos dos potenciais parceiros, a aliança é firmada e as chances de sucesso aumentam.

- **Fase operacional:** fase em que os parceiros estão em permanente interação na busca de alcançar os objetivos inicialmente propostos. É nesse momento que as ações táticas são postas em prática, os relacionamentos passam a ser estreitados e os resultados financeiros começam a emergir. Confiança e comprometimento entre os membros parceiros são atributos essenciais para a manutenção de uma parceria saudável e exitosa. Eventuais conflitos são comuns, logo a gestão de conflitos acaba sendo uma capacidade relevante a ser desenvolvida. A troca de informação torna-se fundamental para aumentar a coordenação e, consequentemente, reduzir o *gap* naturalmente oriundo da interdependência dos agentes.

- **Fase de avaliação:** período de maturação do ciclo de vida da aliança estratégica. Essa é a fase mais adequada para mensurar os resultados da cooperação. Embora o controle deva estar presente em todas as etapas anteriores, é na fase de avaliação que o desempenho é minuciosamente avaliado por métricas específicas. *Grosso modo*, os gestores buscam avaliar o desempenho nos seguintes aspectos: econômico, estratégico, operacional, aprendizado e relacional. Após acessar todas essas facetas, a aliança estratégica poderá terminar prematuramente, ser estendida, terminar naturalmente, ter a estrutura alterada para compatibilizar os objetivos estratégicos ou finalizar por meio da aquisição de uma das empresas.[38]

A formação de alianças estratégicas é comumente idealizada a partir da cooperação de duas ou mais empresas. Ao integrar-se essa corrente teórica com os princípios de sistemas de produção agroindustrial, parece evidente que os desafios são ampliados, pois o planejamento deixa de ser microanalítico e passa a ser mesoanalítico. Dessa forma, o planejamento estratégico deve ser capaz de harmonizar as intenções estratégicas de cada participante da cadeia, bem como planejar e viabilizar ações que redundarão em alianças estratégicas responsáveis pelo aumento da eficiência e da eficácia do sistema.

2.10.1 Franquias

A utilização de franquias tem se tornado cada vez mais frequente nas estratégias de desenvolvimento de empresas do sistema agroindustrial. Embora mais frequentes e tradicionais a jusante das cadeias produtivas, notadamente, na distribuição e nos serviços de alimentação (principalmente *fast foods*), ela vem sendo crescentemente utilizada na agroindústria e na agropecuária. Não é demais lembrar que o sistema de franquias (*franchising*) tal como ele existe atualmente teve na forma de desenvolvimento do McDonald's nos Estados Unidos sua inspiração maior. Essa mesma rede, nos anos 1970, também teve um papel importante no Brasil na disseminação do modelo de negócio representado pelas franquias.

Uma franquia envolve, necessariamente, a figura de um franqueador e de um franqueado. O franqueador tem o papel de fornecer, em contratos de longo prazo e normalmente com exclusividade, serviços, produtos ou direitos de propriedade como marcas, patentes ou processos, aos seus franqueados. Por sua vez, os franqueados devem pagar ao franqueador pelo uso desses insumos. Existem várias formas para regular esses pagamentos, sendo as mais comuns as que envolvem o pagamento ao franqueador de uma taxa inicial e percentagens sobre o volume de vendas dos franqueados.

Normalmente, os serviços prestados pelo franqueador caracterizam-se por fornecerem bens ou serviços sensíveis a ganhos de escala, proporcionarem aos franqueados vantagens competitivas relevantes e diminuírem seus riscos, além de serem objeto de contratos de longo prazo. O franqueado não é um empregado do franqueador, mas aquele que pode monitorar e sancionar ações que sejam julgadas deletérias ao próprio franqueador ou a outros franqueados.

Os sistemas de franquia têm se diversificado e ficado mais complexos ao longo do tempo. Atualmente, alguns autores classificam as franquias em seis ou até sete gerações.[39] Elas iriam de sistemas em que o franqueador licencia uma marca sem exclusividade para um conjunto de franqueados (franquias de primeira geração) até sistemas que exigem maior integração tecnológica, comercial e estratégica entre franqueador e franqueados. Assim, novos modelos de franquia que têm surgido preveem, por exemplo, um importante espaço para aspectos de sustentabilidade em relação a direitos e deveres de franqueadores e franqueados. Existe uma abundante e diversificada literatura nacional e internacional sobre fatores de sucesso e fracasso, vantagens e desvantagens e estratégia de negócio associadas aos vários sistemas de franquia disponíveis.

Em 1989, Fosu[40] propôs uma definição para o que seria uma franquia do agronegócio. Ele a definiu como um direito, permissão ou licença (geralmente estabelecida por contrato) concedida por uma empresa do agronegócio (a franqueadora) para outra empresa do agronegócio (a franqueada) para que essa distribua, fabrique e/ou use o nome comercial dos produtos e serviços da franqueadora em determinado território. Obviamente, essa definição reflete uma situação da época. Nos últimos 30 anos, os sistemas de franquia evoluíram e superaram em muito os limites dessa definição.

Exemplos de franquias podem ser encontrados em todos os elos das cadeias agroindustriais. Talvez os exemplos mais corriqueiros e dos quais todos podem se lembrar imediatamente venham do setor da restauração coletiva. Grandes redes de *fast food* estão entre os maiores casos de sucesso das franquias contemporâneas. Em 2017, segundo a Associação Brasileira de Franchising, 34% das 50 maiores franquias do Brasil eram na área da alimentação. Entre as 10 maiores, essa porcentagem subia para 50%. Na área de distribuição, incluindo a alimentar, o sistema de franquias também tem se desenvolvido. Merece destaque, por exemplo, a franquia da rede de varejo Dia, a qual era a décima maior franquia do país em 2018.

Na área da indústria de alimentos e bebidas, os exemplos de franquias também são numerosos. A Coca-Cola possui engarrafadoras próprias no Brasil, mas a maior parte da sua produção se dá via uma extensa rede de franqueados. Algumas cooperativas agroindustriais francesas utilizaram estratégias de franquia para expandirem seus negócios no mercado internacional. Já em 2005, Mauget[41] apontava uma estratégia de franquias pela Sodiaal para se expandir no exterior com as marcas Yoplait-Candia. Essa é uma estratégia seguida até hoje para expansão de grandes grupos europeus do setor leiteiro em direção, por exemplo, aos mercados do Oeste da África. No Brasil, produtos com a marca Yoplait foram vendidos nas décadas de 1980 e 1990. Na época, eles eram fabricados no Brasil pela Companhia Brasileira de Laticínios, posteriormente comprada pela Parmalat. Alguns anos depois, a marca voltou ao mercado brasileiro trazida pela General Mills.

O setor da produção agropecuária também tem sido objeto de iniciativas de franquias, embora mais raras e recentes. Pode-se supor que o advento da chamada agricultura 4.0, com todos os avanços tecnológicos que ela comporta em termos de mudanças nas formas de produzir e administrar, crie condições que acelerem a ocorrência de franquias na produção rural. De fato, o aumento da complexidade das operações de produção e gestão demandarão maiores investimentos em equipamentos e pessoal que algumas unidades produtivas rurais certamente terão dificuldades em acompanhar. A essa situação podem-se adicionar mercados cada vez mais segmentados e relações nas cadeias produtivas, a montante e a jusante, formadas por atores mais globalizados e exigentes em termos de qualidade, prazos, sustentabilidade etc. Isso pode levar a um quadro competitivo em que as franquias agrícolas ganhem em volume e importância.

Alguns autores têm utilizado o termo *franquias* para se referirem às várias possibilidades de relações contratuais entre agroindústrias e produtores rurais (*franchise farming* ou *agricultural franchising*). Para Rudolph,[42] essa seria uma forma de integração do setor agropecuário com as agroindústrias especialmente adaptadas às economias de países em desenvolvimento. No Brasil, estruturas de coordenação desse tipo, embora não comumente designadas como franquias, são largamente utilizadas em cadeias agroindustriais como as de frango, suínos, tomates, entre outras. Não parece haver muitas dúvidas de que grande parte do sucesso do agronegócio brasileiro repousa sobre a eficiência dessas estruturas de coordenação.

Outros autores[43] consideram o sistema de agricultura de meação ou parceria, muito comum em várias regiões do Brasil e do mundo, como uma forma de *franchise* na agricultura. Nesse sistema, normalmente, o agricultor que trabalha como meeiro fica responsável por trabalhar a terra e, por sua vez, o dono da terra é remunerado com parte do resultado da produção. O sistema de divisão de trabalho e renda da terra entre meeiro e proprietário pode variar bastante segundo a região do país, as características da propriedade ou ainda o tipo de produção. Em alguns casos, o proprietário da terra pode fornecer fertilizantes, defensivos e/ou financiamento. Em outros casos, adicionalmente, ele pode ficar responsável por armazenamento, tratamento pós-colheita ou ainda comercialização dos produtos obtidos em suas terras. Para esses autores, os sistemas de meação (parcerias) e as franquias não só compartilham os mesmos princípios, como também apresentam grandes semelhanças em temos de formas, incentivos e aspectos gerenciais.

Embora relativamente raros, existem alguns trabalhos científicos realizados no Brasil sobre a utilização do sistema de franquias na agricultura e na pecuária. Entre eles, podemos destacar o de Rodrigues.[44] Esse trabalho utiliza conhecimentos da nova economia institucional para estudar formas plurais de governança em franquias agroindustriais. Foram analisados dois casos. O primeiro refere-se ao desenvolvimento de uma marca de verduras desenvolvida por uma empresa gaúcha que utilizou um sistema de franquias para expandir suas atividades para além do Rio Grande do Sul. O segundo caso estudado foi o da utilização de um sistema de franquias para a expansão de uma empresa de produção e comercialização de carnes bovina e ovina na região Centro-Oeste do Brasil. Em ambos os casos, a estratégia de franquias mostrou-se adequada aos objetivos estratégicos das empresas analisadas. Entre outros, esses trabalhos têm o mérito de mostrar que os princípios, as formas de operação e os desafios gerenciais dos sistemas de franquia podem ser, mediante as necessárias adaptações, estratégias interessantes de desenvolvimento para agentes de todos os segmentos das cadeias agroindustriais.

2.11 ESTRATÉGIAS INTERNACIONAIS

O termo *globalização* foi popularizado no mundo dos negócios na década de 1980, quando as políticas de liberalização da economia ganhavam cada vez mais adeptos mundo afora. Comumente utilizado para expressar a integração das mais diversas atividades humanas em nível global, o fenômeno tem alterado paulatinamente a dinâmica do mundo dos negócios como um todo, criando desafios e oportunidades que transcendem as fronteiras nacionais. Esse conjunto de interconexões econômicas, sociais e financeiras gerou um ambiente propício para o surgimento de corporações multinacionais que, por sua vez, passaram a orquestrar suas cadeias globais de valor, controlando parcela significativa das transações comerciais do mundo.

Uma empresa pode acessar o mercado internacional de diversas formas, variando de mero agente exportador até uma realizadora de investimento estrangeiro direto (IED) em múltiplos países. A seguir serão apresentadas três teorias clássicas de internacionalização que poderão ser usadas por gestores agroindustriais para a formulação de estratégias de expansão internacional de suas empresas.

2.11.1 Teoria da internalização

Idealizada por Peter Buckley e Mark Casson, a teoria da internalização, ou teoria da empresa multinacional,[45] explica a existência da empresa multinacional por meio dos princípios da teoria dos custos de transação. Esse arcabouço teórico entende que quando uma empresa opera em mercados de produtos intermediários imperfeitos, ela buscaria maximizar seus retornos por meio de incentivos gerados a partir da criação de mercados internos, ou seja, da internalização das atividades produtivas. Dessa forma, ao extrapolar a internalização de atividades produtivas internacionais, dá-se origem à empresa multinacional.

A teoria busca entender o ponto ótimo entre "fazer ou comprar", envolvendo questões relacionadas com mercado *versus* hierarquia. Assumindo que produtos intermediários podem ser encontrados na forma de semiprocessados, e também em forma de conhecimento, como patentes, capital intelectual, *expertise*, *know-how* etc., a necessidade de coordenação eficiente das transações torna-se o ponto central da análise. Dessa maneira, quando as transações via mercado criam ameaças à coordenação das operações internacionais, a empresa então buscará internalizá-las para reduzir os custos associados às transações ao longo da cadeia de valor.

A decisão de internalizar (ou não) atividades transfronteiriças deve levar em consideração a interação de uma série de fatores que geram custos de transação para a empresa. Esses fatores podem ser divididos em quatro categorias, a saber:

- **Fatores específicos da indústria:** estrutura do mercado externo, conduta dos atores, natureza do produto.
- **Fatores específicos da região:** diferenças de características geográficas e sociais das regiões envolvidas.
- **Fatores específicos da nação**: relações políticas, institucionais e fiscais entre o país hospedeiro e o país de origem da empresa.
- **Fatores específicos da firma**: vantagens competitivas da organização.

Vale lembrar que as decisões de internalização de atividades internacionais devem estar alinhadas à estratégia da organização para trazer resultados positivos duradouros para a firma. Uma análise baseada nos custos de transação, portanto, tende a ser um bom ponto de partida para a identificação de atividades internacionais que porventura possam ser internalizadas por uma companhia.

2.11.2 Paradigma eclético da produção internacional

Apresentado ao público um ano após a publicação da teoria da internalização, o paradigma eclético da produção industrial é um *framework*[46] analítico capaz de identificar por que e até que ponto uma empresa com operação internacional exploraria internamente as vantagens competitivas ou as concederia para a exploração de terceiros. Teoricamente, esse arcabouço analítico sustenta que a existência da empresa multinacional, sua forma e extensão das atividades estão condicionadas à existência de vantagens de propriedade (O – *Ownership*), vantagens locacionais (L – *Location*) e vantagens de internalização (I – *Internalization*). O *framework* OLI tornou-se uma das principais ferramentas de suporte à tomada de decisão no campo da gestão internacional no que tange à identificação da melhor forma de servir um mercado estrangeiro.

Na prática, uma empresa apenas realizará IED se cada um dos atributos mencionados for satisfeito plenamente. O gestor deve, portanto, se certificar de que as vantagens de propriedade, ou vantagens competitivas, de sua empresa sejam suficientes para compensar as desvantagens de operar em um ambiente internacional. As vantagens de propriedade podem ser divididas em dois grupos: vantagens de ativos (*asset* – Oa) ou transacionais (*transaction* – Ot). As primeiras dizem respeito à dotação de ativos específicos capazes de gerar e sustentar vantagem competitiva da multinacional *vis-à-vis* com os competidores internacionais, enquanto as segundas emergem das formas de coordenação eficientes adotadas pela empresa, possibilitando a captura de benefícios oriundos de custos transacionais inferiores. Marca, reputação, cultura organizacional, modelos de negócios inovadores etc. são exemplos de vantagens de propriedade que podem garantir vantagem competitiva a uma empresa no mercado internacional.

Tendo as vantagens de propriedade satisfeitas, a empresa concentraria esforços na avaliação das vantagens de localização do país hospedeiro. Um mercado possui vantagens locacionais quando um conjunto de recursos tangíveis ou intangíveis somente pode ser acessado em determinada localidade. As características referentes às vantagens locacionais são bastante genéricas, de modo que possibilitam a análise dos mais diversos segmentos da economia. Mão de obra barata ou qualificada, acesso ao mercado consumidor e matéria-prima, entre outras características inerentes à localização, são exemplos de vantagens locacionais. Alguns frigoríficos nacionais lançaram mão de competências gerenciais desenvolvidas ao longo de muitos anos de operação no mercado interno para acessar países com rebanhos de qualidade similar, ou até melhor, aos do Brasil.

Por fim, tendo as vantagens de propriedade, locacionais e de internalização satisfeitas, a empresa então estaria apta a estabelecer IED, possibilitando a exploração de vantagens competitivas preexistentes, assim como a criação de novas capacidades e competências. Alternativamente, caso uma ou mais condições não sejam satisfeitas, a empresa pode servir um mercado internacional por meio de outras rotas, conforme mostra o Quadro 2.2.

Quadro 2.2 Rotas alternativas para servir mercados[47]

		Vantagens		
		Propriedade	Internalização	Localização
Rotas para servir mercados	IED	Sim	Sim	Sim
	Exportação	Sim	Sim	Não
	Acordos contratuais	Sim	Não	Não

A definição do mercado hospedeiro depende em grande medida do objetivo estratégico que a subsidiária irá desempenhar na rede de produção internacional da empresa. A literatura sugere que empresas multinacionais realizam IED para atender quatro motivações de produção, a saber:

- **Busca de recursos:** a multinacional busca ter acesso a recursos específicos do país hospedeiro a custo competitivo. Tais recursos podem ser divididos em três subtipos: *físicos* (combustível fóssil, minério, produtos agrícolas, ou seja, recursos que necessitam de algum tipo de transformação de domínio da multinacional); *humanos* (mão de obra capacitada e barata capaz de fornecer vantagem competitiva mediante redução de custos); e *capacidades* (tecnológicas, gerenciais ou mercadológicas que produzam alguma vantagem competitiva *vis-à-vis* com concorrentes locais e internacionais).

- **Busca de mercados:** a multinacional visa acessar novos mercados e canais de distribuição por meio da internalização das atividades. Esses investimentos se pronunciam de quatro modos: *fornecedor-seguidor* (empresa instala uma subsidiária em outro país para atender uma empresa líder); *orientação ao mercado* (adaptações são feitas para atender necessidades locais); *redução de custos* (IED acontece para reduzir custos de transação e de produção); ou de *orientação estratégica* (quando a empresa passa a considerar importante a existência de subsidiárias como forma de alcançar objetivos globais).

- **Busca de eficiência:** a multinacional busca ter benefícios com a racionalização e a coordenação de atividades em unidades geograficamente dispersas. Eficiências podem advir de duas formas: *divisão de atividades* (subsidiárias desempenham papéis diferentes, possibilitando a exploração de características locais); e *economias de escala e escopo* (ganhos são realizados com aumento ou diversificação da produção em países de características similares à do país de origem da multinacional).

- **Busca de ativos:** visa à aquisição de ativos que promovam objetivos estratégicos de longo prazo. Investimentos nesse sentido buscam aumentar o leque de competências da empresa, possibilitando a manutenção ou geração de novas vantagens de propriedade.

Evidentemente, o engajamento em IED pode ser iniciado por múltiplos objetivos e, portanto, composto por uma combinação de várias características citadas anteriormente. É bastante comum, por exemplo, que empresas iniciem o processo de internacionalização visando acessar novos mercados ou recursos naturais intransferíveis e, à medida que aumentam o nível de suas capacidades, passam a almejar melhor posição na cadeia global de valor por meio da busca de eficiência e ativos estratégicos.

2.11.3 Modelo de Uppsala

Baseado em princípios da teoria comportamental da firma, o modelo Uppsala foi idealizado em meados da década de 1970 por pesquisadores[48] suecos para explicar como empresas internacionalizavam suas atividades produtivas. Por entender que a empresa é uma organização avessa a riscos em razão do conhecimento limitado de seus gestores, o *framework* (Figura 2.11) sugere que a expansão internacional pode ser explicada por meio da relação dinâmica entre aspectos de estado e aspectos de mudança, sugerindo que as decisões futuras de comprometimento com o mercado internacional sofrem interferência do processo de aprendizado atual. O modelo analítico logo se popularizou no ambiente acadêmico e empresarial e ainda hoje traz contribuições relevantes aos tomadores de decisão.

Observações empíricas feitas naquela época identificaram que o processo de internacionalização de uma empresa era composto por quatro fases distintas, não sequencialmente obrigatórias. Na prática, as operações internacionais costumavam começar por meio de exportações não regulares, seguidas da contratação de um representante independente (agente), instalação de unidade de venda própria, até estabelecer uma instalação industrial no país hospedeiro.

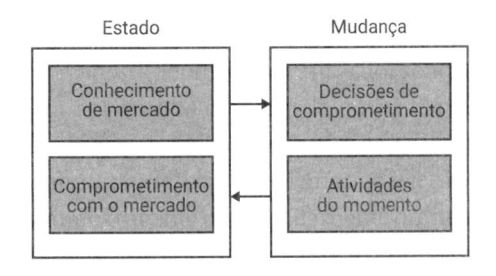

Figura 2.11 Mecanismo básico da internacionalização: aspectos de estado e mudança.[49]

Conforme sustentam as premissas teóricas, a falta de conhecimento de mercado é um dos principais entraves à realização de IED, sendo que a propensão de engajamento com a expansão internacional aumenta quando a distância psíquica (*psychic distance*) entre o país de origem da empresa e o mercado hospedeiro são menores. Assim, iniciar a expansão internacional em países com características culturais, administrativas, geográficas e econômicas[50] similares às do país de origem da multinacional aparenta ser uma estratégia relativamente mais

---

BOXE 2.2 Processo de internacionalização de frigoríficos brasileiros: uma análise sob a ótica das teorias de internacionalização e da gestão estratégica baseada em competências

O Brasil é um dos grandes produtores de alimentos do mundo. Esse posto foi alcançado por meio de ações e políticas, públicas e privadas, de longo prazo. De todos os segmentos do agronegócio, poucas foram as empresas brasileiras que conseguiram alcançar protagonismo global como os frigoríficos. Um estudo mais recente[51] mostrou que a internacionalização dessas empresas tende a ocorrer de maneira gradualista ou em ritmo acelerado. O processo de internacionalização gradual (IED precedido de atividades de exportação) é mais comum quando a empresa busca realizar IED a jusante da cadeia produtiva, particularmente em atividades de distribuição. A expansão dessas atividades requer informações minuciosas sobre hábitos de consumo da população, os quais são adquiridos, em sua maioria, via conhecimento experiencial. Por outro lado, a internacionalização de atividades industriais tende a ocorrer em ritmo acelerado (sem a necessidade de exportação prévia para o mercado hospedeiro), uma vez que as capacidades de coordenação da cadeia produtiva e de abate e desossa de animais podem ser facilmente transferidas às filiais. Internacionalização acelerada ocorrerá quando o mercado hospedeiro não possuir acordos de comercialização com o país de origem ou quando o país hospedeiro possuir vantagens locacionais que o transformarão em uma plataforma exportadora. O estudo também revelou que o processo de expansão internacional dos frigoríficos estudados requer o desenvolvimento de um tripé composto por competências de apoio, a saber: competência operacional, competência técnico-sanitária e competência comercial. Cada competência de apoio será responsável por contornar um conjunto de entraves intrínseco ao processo de expansão internacional. A partir da condução de quatro estudos de caso, a principal contribuição do trabalho é a proposição de um *framework* dinâmico (Figura 2.12) englobando essas e outras questões concernentes ao processo de internacionalização.

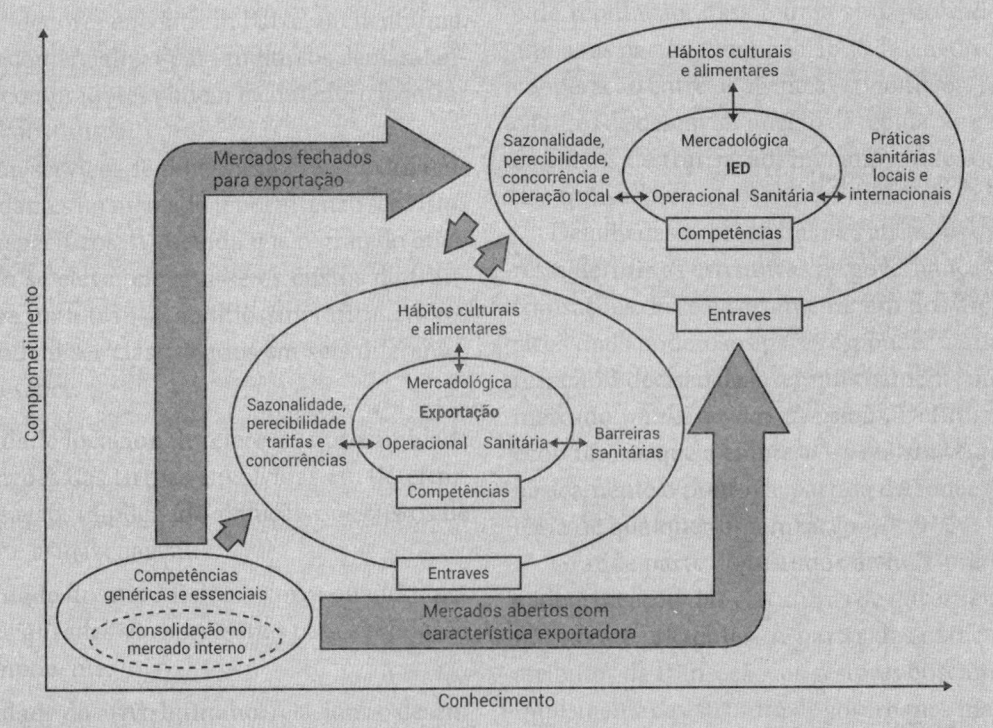

Figura 2.12 *Framework* dinâmico com questões concernentes ao processo de internacionalização.[52]

segura do ponto de vista da gestão de risco. Por outro lado, o aumento do número de *born globals* (empresas que desde a incipiência buscam a expansão internacional) nas últimas décadas tem colocado em xeque questões relacionadas com a importância da distância psíquica e ao processo gradual de expansão internacional.

Com os avanços tecnológicos e informacionais ocorridos ao longo das últimas décadas e, consequentemente, o aumento das críticas ao modelo seminal, a visão de redes de negócios tem conseguido explicar de maneira mais fidedigna as formas mais ágeis de expansão internacional. A adoção dessa nova abordagem retira de foco a empresa isolada como única responsável pela tomada de decisão e lança luz sobre a importância da construção de relacionamentos com agentes locais como elemento central do processo de internacionalização. Embora haja evidências sólidas de que relacionamentos estreitos entre fornecedores e clientes geram impactos positivos na estrutura de governança e na competitividade de empresas do sistema agroindustrial, a relação com o processo de internacionalização ainda carece de maiores detalhamentos.

2.12 PROCESSO DO PLANEJAMENTO ESTRATÉGICO

Antes de iniciar esta seção, é importante ter em mente que o aspecto determinístico assumido pelas recomendações estratégicas oriundas da aplicação de metodologias de planejamento estratégico mais formais deve ser analisado levando em consideração a situação interna da empresa, as condições do ambiente que a circunda, assim como a experiência e o *feeling* do tomador de decisão e de seus assessores. Um bom planejamento estratégico, bem como a competente aplicação de suas recomendações, não assegura completamente o sucesso da empresa. Se assim fosse, as grandes empresas, que contam com bem montadas equipes de analistas/estrategistas, não sofreriam as consequências de estratégias muitas vezes desastrosas. No entanto, a prática tem mostrado que empresas com boa visão estratégica possuem maiores chances de sobrevivência e sucesso. Uma das principais vantagens de qualquer dos modelos de análise estratégica repousa justamente no momento de reflexão sobre o futuro que eles proporcionam à empresa. Assim, não há dúvidas de que a utilização de um modelo formal de análise estratégica facilita e aumenta a efetividade desse processo de reflexão.

Conforme foi visto anteriormente, qualquer grupo de pessoas unidas em torno de um objetivo comum (uma organização), como fabricar um produto ou defender uma causa/ideia (uma organização não governamental, por exemplo), normalmente tem um caminho ou rumo de ação para atingir esse objetivo, ou seja, tem uma estratégia na mente de seus integrantes. Portanto, qualquer empresa tem um processo de planejamento estratégico, mesmo que idealizado e implementado de maneira informal por seu fundador ou empreendedor. Todo indivíduo que inicia um negócio tem ideia de como atender (melhor) uma necessidade de um grupo de clientes e/ou consumidores. No entanto, para que esse objetivo seja atendido, é necessária a utilização de uma estratégia adequada.

É nesse ponto que um planejamento estratégico, que pode ser definido como um *"processo gerencial que possibilita ao executivo estabelecer o rumo a ser seguido pela empresa, com vistas a obter um nível de otimização na relação da empresa com o seu ambiente"*, pode ser útil.[53] Essa otimização será baseada na análise dos pontos fortes e fracos da empresa, das ameaças e oportunidades encontradas no ambiente externo, bem como dos fatores críticos de sucesso referentes ao negócio da empresa. Mais recentemente, a palavra *otimização* tem sido gradualmente substituída por adaptação,[54] entendida como um processo mais amplo, em que a interação empresa/ambiente influencia fortemente os parâmetros da decisão estratégica.

Os pontos de partida para um processo de planejamento estratégico são a cultura e os valores, bem como a filosofia empresarial do indivíduo ou grupo que vai realizá-lo. O primeiro passo de um processo de planejamento estratégico, como descrito na Figura 2.13, é a sensibilização da organização para a importância desse processo. Trata-se da discussão sobre a importância ou relevância de se fazer o planejamento estratégico para a organização. Nessa etapa inicial do planejamento estratégico, também serão definidos o cronograma de execução do trabalho e a composição da equipe que participará do projeto. É vital que o cronograma esteja bem claro e que o real comprometimento da alta administração esteja refletido na alocação de tempo do pessoal envolvido no processo.

Idealmente, a equipe que participará do exercício de planejamento estratégico deverá ser composta por membros internos e externos à empresa. Os participantes externos, muitas vezes consultores contratados para esse objetivo específico, contribuem com suas experiências em processos conduzidos em outras organizações e como uma força mediadora e neutra nos conflitos que possam surgir como resultado do planejamento estratégico. Essa equipe deve ser suficientemente experiente e competente para conduzir o processo respeitando os valores e a cultura da organização. A equipe interna será composta por representantes oriundos das diversas áreas funcionais e da alta direção da organização. A escolha do grupo e sua dinâmica de funcionamento devem atentar para relações formais e informais que já existam no seio da organização. Ainda nessa etapa, deve ser designada uma pequena comissão que assessorará diretamente os membros externos e conduzirá o processo interno de discussão.

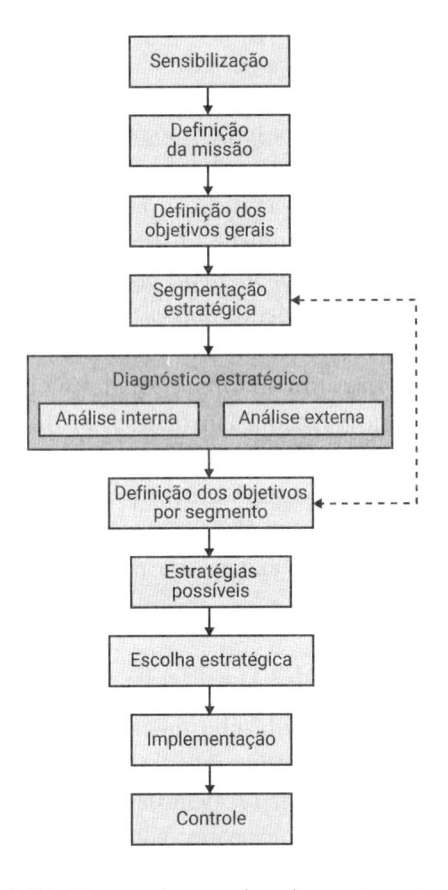

Figura 2.13 Etapas de um planejamento estratégico.

A fase seguinte é a definição da missão da organização. A missão pode conter dois conjuntos de elementos: os valores principais da empresa e a definição de seu negócio. A experiência mostra que algumas empresas utilizam os dois conjuntos de elementos separadamente, ao passo que outras contemplam, na definição de sua missão, esses dois aspectos. *Grosso modo*, a missão da organização pode ser vista como sua razão de existir. Por meio da definição da missão, procura-se identificar: aonde a empresa quer chegar, qual sua razão de ser e em quais atividades deve concentrar-se no futuro.

No caso de uma empresa que deseja oferecer serviços de alimentação comercial (que chamaremos de Cozinha Delícia, para efeito de exemplo didático), sua missão poderia ser "*fornecer refeições e serviços agregados, com qualidade assegurada para pessoas ou grupos de pessoas*".[iii] Essa missão deixa a empresa à vontade para operar em diferentes negócios, como: restaurante que oferece almoço por quilo, serviços de *buffet* para festas e eventos realizados em suas próprias instalações ou em clubes, em casas particulares ou em empresas (ou seja, atividades centralizadas ou descentralizadas). Além da alimentação, a Cozinha Delícia também pode responsabilizar-se pela decoração e pela louça a ser utilizada, bem como música e entretenimento necessários ao evento. Assim, a definição da missão não deve ser tão ampla ao ponto de não permitir à organização identificar sua identidade atual e futura e tampouco tão limitada que coloque barreiras a novas estratégias para o negócio.

A etapa posterior da metodologia prevê a definição dos objetivos gerais da organização. Esses objetivos devem ser o desdobramento natural da missão estabelecida. Estão relacionados com o conjunto de atividades da organização. Como será visto posteriormente, os objetivos gerais devem ser, por sua vez, desdobrados em objetivos específicos aos segmentos estratégicos. Os objetivos gerais representam questões amplas que serão consideradas quando da tomada de decisão estratégica.

O diagnóstico estratégico pode ser dividido em dois conjuntos distintos de análise: a análise interna e a análise externa.

A análise interna diagnosticará e avaliará os pontos fortes e fracos da empresa frente à concorrência e a seus objetivos. Todas as áreas funcionais da organização devem ser analisadas (marketing, recursos humanos, finanças, produção etc.). Essa etapa requer uma equipe multidisciplinar experiente, que seja capaz de identificar claramente os problemas que afetam a competitividade da organização. Nessa etapa, pode ser usado um *checklist* com as principais questões a serem investigadas ou metodologias como a de cadeia de valor ou análises SWOT.[iv] No caso da Cozinha Delícia, podem ser enumerados como pontos fortes: qualidade oferecida em termos de produtos tangíveis (alimentos propriamente ditos) e intangíveis (serviços agregados), *layout*/instalações adequados ao processo, equipamentos atualizados, higiene (em caso de produtos perecíveis e direcionados ao consumo

---

iii Agradecemos a Andrea C. E. Ribeiro, que durante a realização do seu mestrado no PPGEP da UFSCar forneceu o exemplo de Planejamento Estratégico como trabalho da disciplina Organização Industrial.

iv Mais detalhes sobre métodos de análise interna podem ser vistos na seção 2.5.

humano, isso é essencial), localização do ponto de venda principal (onde ocorrem as atividades centralizadas), dimensionamento adequado dos serviços agregados (inclusive rapidez no atendimento), fornecedores confiáveis, mão de obra profissional, confecção do cardápio levando em consideração sua adequação climática. No que se refere a pontos fracos (análise interna), podem-se observar: processo de estocagem insuficiente no prédio principal, dimensionamento do espaço de linha de frente em relação à demanda, conforto térmico deficiente (tanto na retaguarda quanto na linha de frente – cozinha e salão de refeição), poucas atividades de divulgação em mídia eletrônica e impressa (principalmente no que diz respeito a atividades de comunicação institucional), pouca atenção a atividades de planejamento financeiro e contábil.

A análise externa buscará identificar, no ambiente competitivo da organização, quais as principais ameaças e oportunidades aos objetivos definidos. Essa etapa também deve ser capaz de identificar os fatores críticos de sucesso no setor de atuação da organização. A análise externa compreende, na visão de Aaker,[55] a análise do mercado consumidor/cliente (segmentos, motivação e necessidades), a análise competitiva ou dos competidores, a análise da indústria ou setor de negócio em que a empresa encontra-se inserida e a análise ambiental (dimensões tecnológica, cultural, econômica, demográfica e legal).

Deve-se identificar quais são os fatores críticos chaves de sucesso no ramo de negócio em que a empresa deseja investir. Ou seja, o que faz uma empresa ser bem-sucedida nesse ramo de negócios. No caso da Cozinha Delícia, podem ser enumerados como fatores-críticos de sucesso: higiene, localização, dimensionamento adequado da capacidade, pessoal profissional, adequação climática do cardápio, tecnologia atual e qualidade em todo o processo. Metodologias de análises setoriais são extremamente úteis nessa etapa. Em termos de oportunidades (fatores favoráveis do ambiente), a Cozinha Delícia percebe a estabilidade econômica como uma fonte de crescimento do negócio, assim como a região onde se localiza sua sede, uma cidade em fase de desenvolvimento, passando de polo universitário para polo concentrador de novas indústrias. Como ameaças percebidas no ambiente, observa-se o fato de o restaurante não conseguir atender toda a demanda e isso abrir uma brecha de mercado para a concorrência.[v]

A análise das informações obtidas no diagnóstico estratégico deve permitir uma correta segmentação das atividades da organização. Cada um dos segmentos será o objeto de uma análise competitiva individualizada. Com raras exceções, as organizações competem simultaneamente em vários mercados. Para cada um deles, respeitando os objetivos gerais previamente definidos, a organização pode ter uma estratégia diferente. Para cada um dos segmentos estratégicos identificados, em que a organização atua ou pretende atuar, devem ser estabelecidos objetivos específicos. Ao contrário do que acontece com os objetivos gerais, nesse caso, os objetivos devem ser quantificados. Essa medida é importante para que o acompanhamento das ações estratégicas empreendidas seja efetivo.

Definidos os objetivos, resta identificar as opções estratégicas para atingi-los e escolher aquela mais adequada à organização. Várias ferramentas e modelos podem ser utilizados para identificar opções estratégicas para a organização. Entre esses, podem ser citados os modelos baseados na curva de experiência da organização, do vetor de crescimento, da análise de portfólio e do ciclo de vida dos produtos. Esses modelos e ferramentas estão longe de serem os únicos disponíveis na literatura. No entanto, representam a base para uma série de outras metodologias e conceitos que foram posteriormente desenvolvidos.

Toda e qualquer metodologia de análise estratégica deve proporcionar subsídios ao analista para que ele possa determinar qual a melhor opção estratégica para a firma alcançar os objetivos pretendidos. Este capítulo apresenta algumas das principais opções estratégicas que se apresentam para as empresas do agronegócio. A cada uma dessas opções estratégicas corresponde uma série de ações de curto, médio e longo prazos, que permitem o sucesso de sua implantação. Deve ficar claro que a divisão, tal como será proposta, corresponde a uma forma pedagógica. Assim, nada impede que determinada empresa adote uma estratégia "mista", ou seja, que combine ações de mais de uma das opções que serão apresentadas. É evidente que essa combinação deve ser feita de maneira cuidadosa, para que as ações a serem empreendidas sejam complementares e não prejudiquem a coerência e a harmonia da estratégia global da empresa.

2.13 ESTRATÉGIA E INDICADORES DE DESEMPENHO NO AGRONEGÓCIO

Indicadores de desempenho são fundamentais no processo global de gestão das organizações e no processo de gestão estratégica em particular. Eles permitem que a implementação de estratégias venha acompanhada de mecanismos de controle e de avaliação da eficiência e eficácia das ações empreendidas.

---

v   Mais detalhes sobre métodos de análise externa podem ser vistos na seção 2.4.

A literatura é pródiga em definições de sistemas de medição de desempenho e de indicadores de desempenho. Neely, Gregory e Platts[56] adotam as seguintes definições:

- **Indicador de desempenho**: métrica usada para quantificar a eficiência e/ou eficácia de uma ação.
- **Sistemas de medição de desempenho (SMD)**: conjunto de indicadores de desempenho usados para quantificar tanto a eficiência quanto a eficácia das ações.

Ainda segundo Neely,[57] existem quatro razões de base que justificam a adoção de um sistema de medição de desempenho por uma organização. Essas razões se complementam e se fortalecem entre si.

- Aferir os resultados alcançados por uma ação ou estratégia (ferramenta de medição).
- Apresentar resultados a serem alcançados ou aqueles já alcançados (ferramenta de comunicação).
- Calcular os desvios entre o planejado e o real para tomar eventuais medidas corretivas (ferramenta de controle).
- Estabelecer metas que levem aos objetivos pretendidos (ferramenta de incentivo).

O Quadro 2.3 apresenta algumas características desejáveis de um processo de desenvolvimento de um sistema de medição de desempenho.

A Figura 2.14 apresenta algumas dimensões e medidas de desempenho.[59] Ela divide as possibilidades de mensuração do desempenho das operações em dois grupos. O primeiro está ligado ao desempenho de custos, incluindo os custos de produção e a produtividade. Normalmente, eles se compõem de resultados de cálculos matemáticos que impactam a receita líquida e a lucratividade da organização. Os indicadores extracusto procuram mensurar aspectos relacionados com os vários tempos que caracterizam os processos de aprovisionamento, produção e distribuição, flexibilidade e qualidade. Os desempenhos extracusto são geralmente medidos por unidades de medida não monetárias. Nesses casos, a vinculação de aspectos financeiros como receita líquida e rentabilidade não pode ser feita de forma tão precisa como ocorre com os indicares de custos. Por exemplo, a qualidade dos produtos percebida pelos consumidores impacta positiva ou negativamente o desempenho econômico e financeiro da organização, embora esse impacto não seja facilmente quantificável.

A literatura disponibiliza vários sistemas de medição de desempenho. Entre os mais conhecidos, podem ser citados o *Tableau de Bord*,[61] o *Performance Measurement Matrix*,[62] o *Performance Pyramid*,[63] o *Performance Prism*[64] e o *Balanced Scorecard*.[65] Em que pesem as suas várias diferenças, esses sistemas têm em comum uma preocupação de combinar indicadores financeiros e não financeiros, atrelando-os à estratégia da organização. Os Boxes 2.3 e 2.4 apresentam, respectivamente, exemplos da aplicação de um sistema de *Tableau de Bord* para um frigorífico brasileiro e da utilização do método *Performance Prism* para uma indústria sucroalcooleira.

Quadro 2.3 Características desejáveis de um processo de desenvolvimento de um sistema de medição de desempenho (SMD) e para a saída do processo[58]

Características desejáveis para o desenvolvimento de um SMD	Características desejáveis de um SMD
• Medidas de desempenho devem ser derivadas da estratégia da empresa.	• Medidas de desempenho devem permitir/facilitar o *benchmark*.
• O propósito de cada medida de desempenho deve estar explícito.	• Medidas de desempenho baseadas em comparação são preferíveis a números absolutos.
• A coleta de dados e os métodos de cálculo do nível de desempenho devem ser claros.	• Os critérios de desempenho devem estar diretamente sob controle da unidade de avaliação da organização.
• Todos (clientes, funcionários e gestores) devem se envolver na seleção das medidas.	• Critérios de desempenho objetivos são preferíveis aos subjetivos.
• As medidas de desempenho selecionadas devem considerar toda a organização.	• Medidas não financeiras podem e devem ser adotadas.
• O processo deve ser facilmente verificável.	• Medidas de desempenho devem ser simples e fáceis de usar.
• Medidas devem ser suficientemente dinâmicas para se adaptarem a mudanças estratégicas.	• Medidas de desempenho devem permitir retorno (*feedback*) rápido.
	• Medidas de desempenho devem estimular a melhoria contínua.

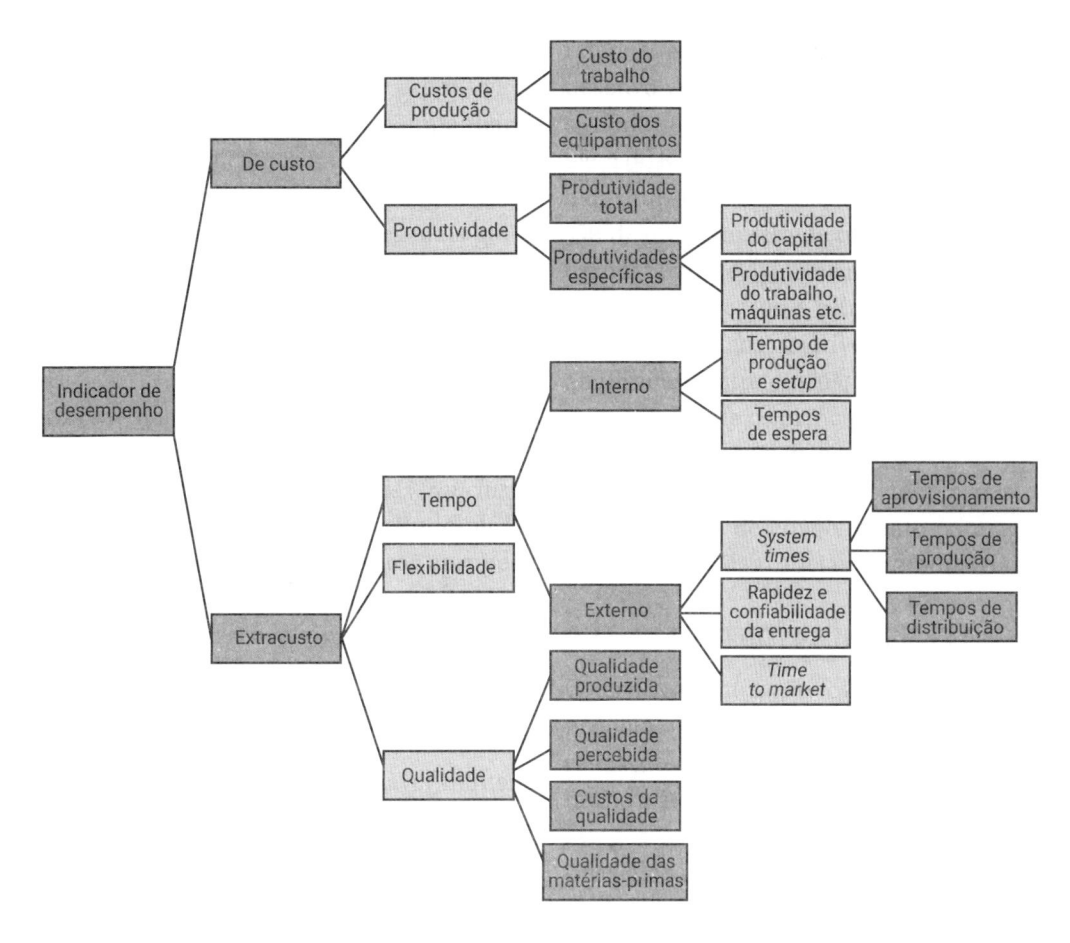

Figura 2.14 Exemplos de dimensões e medidas de desempenho.[60]

BOXE 2.3 *Tableau de Bord* aplicado a um frigorífico[66]

Tableau de Bord é uma expressão francesa que pode ser traduzida para o português como painel de controle ou para o inglês como *dashboard*. Ele pode ser visto como um conjunto de informações que pilotos e motoristas utilizam para controlarem e acompanharem o desempenho de suas máquinas. Esse mesmo raciocínio pode ser utilizado para o caso do acompanhamento do desempenho de uma empresa. O sistema *Tableau de Bord* surgiu na França no início do século passado. Atribui-se o seu surgimento a iniciativas de engenheiros que procuravam aumentar a produtividade estabelecendo relações causais entre os resultados derivados de determinadas ações operacionais. Esse mesmo princípio começou a ser aplicado a administração superior, a qual procurava estabelecer indicadores que permitissem acompanhar o desempenho do negócio e, eventualmente, a avaliação de medidas corretivas que se fizessem necessárias para que os objetivos estratégicos fossem atingidos.

O *Tableau de Bord* apresentado no Quadro 2.4 foi desenvolvido para um frigorífico brasileiro com atuação nacional e internacional. A empresa conta com 12 unidades industriais espalhadas em vários estados do Brasil. Os indicadores foram desenvolvidos para serem utilizados para a diretoria industrial.

(continua)

(continuação)

Quadro 2.4 *Tableau de Bord* para um frigorífico brasileiro com atuação nacional e internacional

Departamento: Diretoria Industrial   **Data**: dd/mm/aaaa
Responsável: Sr. A. D.
Missão: Otimizar o parque fabril da empresa, produzindo produtos de qualidade com o menor custo possível

Preocupações da gestão	Indicador	Qtd. meta	Realizado	Meta	Atingido	Situação	Detalhamento
Volume de produção	Quantidade de animais abatidos	4.000	3.950	98,00%	98,75%	☺	→
	Ocupação das linhas de produção	500.000 kg	503.000 kg	99,00%	99,10%	☺	→
	Quantidade produzida (ton)	500.000	490.000	98,04%	96,08%	☹	→
Qualidade dos produtos	Número de reclamações de clientes por problemas de produção	5	4	0,50%	0,40%	☺	→
Custo de produção	Variação no custo padrão	50.000,00	55.000,00	0,00%	2,00%	☹	→

Departamento: Diretoria Industrial   **Data**: dd/mm/aaaa
Responsável: Sr. A. D.
Preocupação da gestão: Volume de produção

Indicador	Unidades industriais	Qtd. meta	Realizado	Meta	Atingido	Situação	Detalhamento
Quantidade produzida	Unidade 01	15.000	14.700	98,04%	98,00%	☹	→
	Unidade 02	20.000	20.200	98,04%	101,00%	☺	→
	Unidade 03	20.000	19.800	98,04%	99,00%	☺	→
	Unidade 04	30.000	29.900	98,04%	99,67%	☺	→
	Unidade 05	25.000	25.200	98,04%	100,80%	☺	→
	Unidade 06	25.000	25.351	98,04%	101,40%	☺	→
	Unidade 07	35.000	34.980	98,04%	99,94%	☺	→
	Unidade 08	50.000	49.950	98,04%	99,90%	☺	→
	Unidade 09	50.000	49.850	98,04%	99,70%	☺	→
	Unidade 10	60.000	59.950	98,04%	99,92%	☺	→
	Unidade 11	70.000	69.700	98,04%	99,57%	☺	→
	Unidade 12	100.000	90.419	98,04%	90,42%	☹	→

BOXE 2.4 Aplicação do modelo *Performance Prism* e definição de indicadores de desempenho para uma usina sucroalcooleira[67]

O *framework Performance Prism* proposto por Neely *et al.* (2001) é representado graficamente por um prisma. Ele é composto por cinco facetas, sendo a superior e a inferior focadas na satisfação dos *stakeholders* e na contribuição dos *stakeholders*, respectivamente. As outras três faces do prisma são construídas com a estratégia, os processos e as capacidades. A proposta estrutural do *Performance Prism* de desempenho pode ser vista na Figura 2.15.

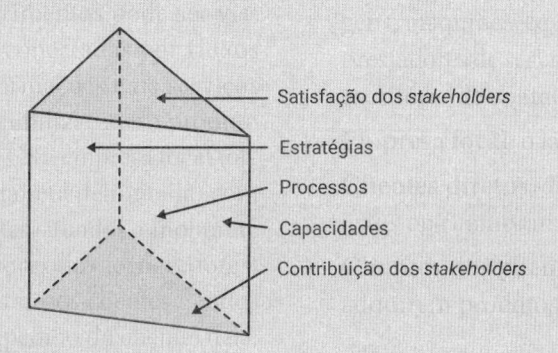

Figura 2.15 *Performance Prism* para uma indústria sucroalcooleira do estado de São Paulo.

A Figura 2.15 ilustra a aplicação dos princípios do modelo *Performance Prism* a uma indústria sucroalcooleira do estado de São Paulo. Os indicadores apresentados são estratégicos (visão de longo prazo) e táticos (visão de médio prazo). Indicadores operacionais (curto prazo) não estão contemplados. Vale lembrar que os indicadores foram deliberadamente idealizados para servirem a decisões de médio e longo prazos. Para cada uma das perspectivas do *Performance Prism* foram definidos dois ou mais objetivos para auxiliar na classificação dos indicadores propostos. Os objetivos tiveram origem na estratégia da empresa.

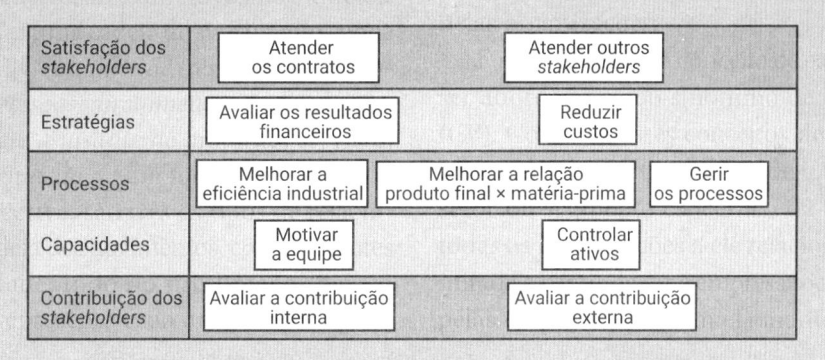

Figura 2.16 Análise dos indicadores do *Performance Prism*.

Esse exercício permitiu a definição de 24 indicadores vinculados às cinco dimensões propostas pelo modelo *Performance Prism*.

Objetivos	Nº	Indicadores	Origem	Literatura	Tipo
Satisfação dos *stakeholders*					
Atender aos contratos	1	Qualidade e quantidade de produto final entregue	Entrevista com gestores	Silva, 2009; Lima, 2009	Estratégico
Atender outros Stakeholders	2	% de atendimento às legislações ambientais	Entrevista com gestores	Pantoja *et al.*, 2016	Estratégico
	3	% satisfação do cliente interno	Entrevista com gestores		Tático
Estratégias					
Avaliar os resultados financeiros	4	Ebitda / Faturamento	Plano de metas da usina	Brunstein e Tomiya, 1995	Estratégico
	5	% negociações bem-sucedidas (Consecana)	Entrevista com gestores	Brunstein e Tomiya, 1995; Pantoja *et al.*, 2016	Estratégico
	6	Metas de taxas de mercado	Entrevista com gestores	Brunstein e Tomiya, 1995	Estratégico

(continua)

(continuação)

Objetivos	Nº	Indicadores	Origem	Literatura	Tipo
Reduzir custos	7	% de economia no orçamento		Silva, 2009	Estratégico
	8	Custos/tonelada	Plano de metas da usina	Brunstein e Tomiya, 1995	Tático
Processos					
Melhorar a eficiência industrial	9	Rendimento dos processos industriais	Plano de metas da usina	Silva, 2009	Tático
	10	% moagem de cana (capacidade utilizada / total de moenda)	Plano de metas da usina	Costa e Moll, 1999	Tático
Melhorar a relação produto final × matéria-prima	11	% área plantada	Plano de metas da usina	Costa e Moll, 2000	Estratégico
	12	TCH e TPH	Entrevista com gestores	Costa e Moll, 2001	Estratégico
	13	% área realizada de tratos culturais	Plano de metas da usina	Costa e Moll, 2002	Tático
Gerir os processos	14	% consumo de combustível	Plano de metas da usina		Tático
	15	Controle de estoques	Plano de metas da usina	Paiva e Morabito, 2007; Silva et al., 2011	Tático
Capacidades					
Motivar a equipe	16	% retenção de funcionários	Entrevista com gestores	Brunstein e Tomiya, 1995	Tático
	17	Horas extras não programadas	Plano de metas da usina	Silva et al., 2011	Tático
Controlar ativos	18	% reformas (maquinário, equipamentos)	Plano de metas da usina	Brunstein e Tomiya, 1995	Tático
	19	% disponibilidade	Plano de metas da usina	Iannoni e Morabito, 2002	Tático
	20	% renovação de ativos	Entrevista com gestores		Estratégico
Contribuição dos stakeholders					
Ativar contribuição interna	21	Início da safra	Plano de metas da usina		Tático
	22	% assiduidade	Entrevista com gestores	Brunstein e Tomiya, 1995	Tático
	23	% atendimento ao programa 5S	Plano de metas da usina		Tático
Avaliar contribuição externa	24	Qualidade dos fornecedores	Plano de metas da usina	Lütkemeyer Filho et al., 2015	Estratégico

2.13.1 Balanced Scorecard (BSC)

O *Balanced Scorecard* (BSC) é um dos sistemas de medição de desempenho mais adotados e conhecidos do mundo. Ele foi desenvolvido e apresentado por Kaplan e Norton.[68] Esse método preconiza a utilização de indicadores que equilibrem objetivos e medidas financeiras e não financeiras, externos e internos às empresas.

O BSC baseia-se em quatro perspectivas principais que se inter-relacionam e auxiliam na definição e implementação de estratégias de sucesso. As quatro perspectivas apresentadas pelos autores são: perspectiva financeira, perspectiva do cliente, perspectiva dos processos internos e perspectiva do aprendizado e crescimento (ver Figura 2.17).

O Quadro 2.5 apresenta uma breve descrição das quatro perspectivas do BSC e as razões e formas pelas quais elas podem ser utilizadas na definição de indicadores.

Os mapas estratégicos permitem traduzir mais facilmente as quatro dimensões propostas pelo BSC em objetivos, ações e indicadores. Além disso, sua elaboração proporciona à empresa uma rica reflexão sobre como esses aspectos se encadeiam para a consecução dos objetivos pretendidos. Dessa forma, a elaboração do mapa estratégico é uma etapa fundamental na implementação do BSC em uma empresa qualquer. A Figura 2.18 apresenta um exemplo simplificado de um mapa estratégico para uma empresa alimentícia hipotética de produção de alimentos congelados.

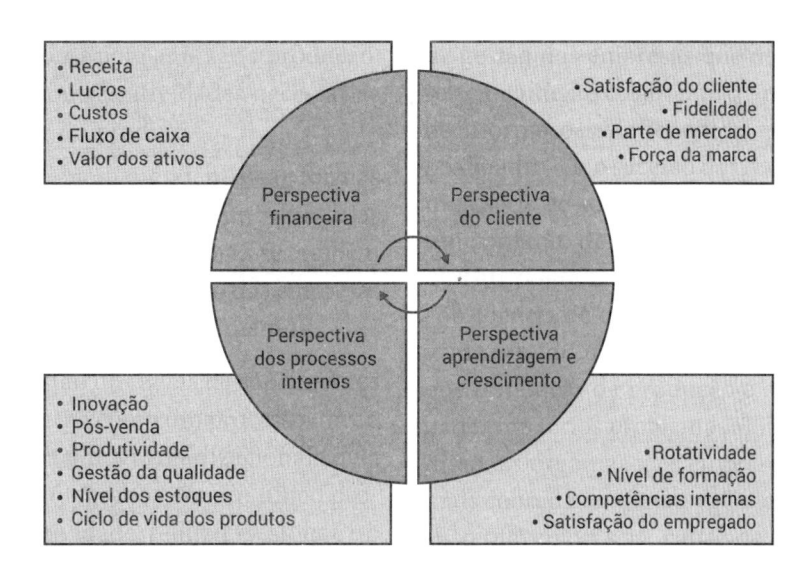

Figura 2.17 Perspectivas do BSC e exemplos de indicadores de desempenho.

Quadro 2.5 Descrição das quatro perspectivas do *Balanced Scorecard* para desenvolvimento de indicadores de desempenho[69]

Perspectiva	Descrição
Financeira	Usada para indicar se a estratégia da empresa e sua implementação e execução estão contribuindo para atingir os objetivos propostos. Serve como meta principal para os objetivos e medidas das outras três perspectivas.
Cliente	Para atingir os objetivos financeiros, é necessário, incialmente, atender às necessidades e entender o cliente. É necessário identificar qual o mercado de atuação e, a partir desse, definir as metas de prazo, qualidade e desempenho de serviço, para, então, se criarem os indicadores baseados nestas metas.
Processos internos	Importante para focalizar os processos de inovação, de operação e serviços pós-venda que agreguem valor às soluções oferecidas pela empresa na visão do cliente.
Aprendizado e crescimento	Com a implementação do BSC, a empresa deve capacitar a equipe e utilizar corretamente os seus recursos. Esses indicadores medem o crescimento e servem como base para que os resultados das outras perspectivas sejam atingidos.

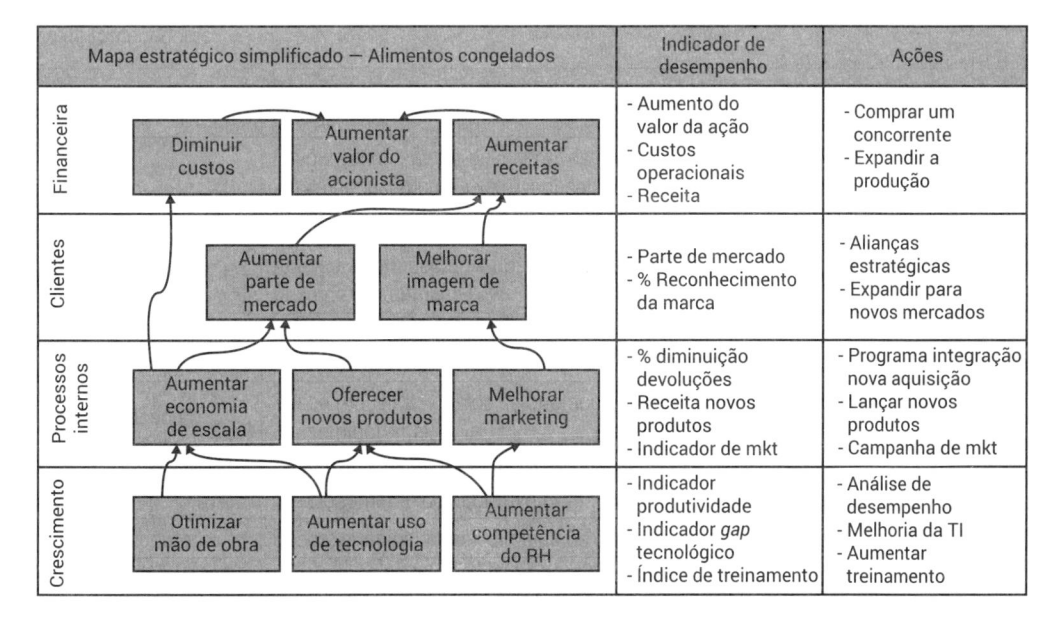

Figura 2.18 Exemplo simplificado de mapa estratégico.

Striteska e Spickova[70] consideram que os pontos fortes do BSC são: proporcionar uma visão clara das estratégias adotadas; definir mecanismos consistentes para o monitoramento dessas estratégias; concentrar-se nos objetivos principais que emergem do ambiente competitivo; ser um processo de comunicação multidisciplinar e não hierárquico; proporcionar bases para a definição de medidas de desempenho para objetivos operacionais; e identificar e utilizar relações de causa/efeito como um instrumento de gestão.

EXERCÍCIOS

1. Escolha três escolas de pensamento estratégico de Henry Mintzberg e aponte suas principais contribuições.
2. Quais são as cinco forças competitivas de acordo com Michael Porter e como cada força afeta o desempenho de uma organização qualquer?
3. Discuta o sistema industrial de referência para três mercados agroindustriais que você conhece.
4. Analise uma empresa agroindustrial qualquer sob a ótica do *framework* VRIO, discorrendo detalhadamente sobre cada atributo.
5. Escolha uma empresa agroalimentar de médio porte atuante no mercado nacional e faça uma análise SWOT de sua situação atual.
6. Detalhe as três estratégias genéricas de Porter e discorra sobre os desafios de implementação de cada uma delas.
7. Como a nova economia institucional pode auxiliar em um planejamento estratégico de escopo mesoanalítico?
8. Analise o processo de internacionalização de uma empresa agroindustrial qualquer à luz da Teoria da Internalização, Modelo de Uppsala ou Paradigma Eclético da Produção internacional (OLI). Justifique a escolha do aporte teórico adotado.
9. Faça uma proposta de planejamento estratégico para uma empresa agroindustrial de pequeno porte que atua em mercado local.

NOTAS

1. QUINN, J. B. Strategies for change. *In*: MINTZBERG, H.; QUINN, J. B. *The strategy process*: concepts and context. New Jersey: Prentice Hall, 1992. p. 4-12.
2. MINTZBERG, H.; AHLSTRAND, B.; LAMPEL, J. *Safári de estratégia*: um roteiro pela selva do planejamento. 2. ed. Porto Alegre: Bookman, 2010.
3. PORTER, M. E. *Estratégia competitiva*: técnicas para análise de indústrias e da concorrência. 2. ed. Rio de Janeiro: Elsevier, 2004.
4. PORTER, M. E. *Vantagem competitiva*: criando e sustentando um desempenho superior. Rio de Janeiro: Elsevier, 1989.
5. PORTER, M. E. *Estratégia competitiva*: técnicas para análise de indústrias e da concorrência. 2. ed. Rio de Janeiro: Elsevier, 2004.
6. PORTER, M. E. How competitive forces shape strategy. *Harvard Business Review*, v. 57, n. 2, p. 137-145, 1979.
7. PORTER, M. E. *Estratégia competitiva*: técnicas para análise de indústrias e da concorrência. 2. ed. Rio de Janeiro: Elsevier, 2004.
8. *Ibid.*
9. DENIS, H. *Stratégies d'entreprise et incertitudes environnementales*. Paris: Economica, 1990.
10. PORTER, M. E. *Vantagem competitiva*: criando e sustentando um desempenho superior. Rio de Janeiro: Elsevier, 1989.
11. MORVAN, Y. *Fondements d'économie industrielle*. Paris: Economica, 1988.
12. PORTER, M. E. *Vantagem competitiva*: criando e sustentando um desempenho superior. Rio de Janeiro: Elsevier, 1989.
13. WERNERFELT, B. A resource-based view of the firm. *Strategic Management Journal*, v. 5, n. 2, p. 171-180, 1984.
14. BARNEY, J. B. Firms resources and sustained competitive advantage. *Journal of Management*, v. 17, n. 1, p. 99-120, 1991.
15. BARNEY, J. B.; HESTERLY, W. S. *Administração estratégica e vantagem competitiva*. São Paulo: Pearson Prentice Hall, 2007.
16. *Ibid.*
17. *Ibid.*
18. PORTER, M. E. *Vantagem competitiva*: criando e sustentando um desempenho superior. Rio de Janeiro: Elsevier, 1989.
19. *Ibid.*
20. STRATEGOR. *Stratégie, structure, décision, identité*: politique générale d'entreprise. Paris: Inter Éditions, 1991.
21. THIBAUT, J. P. *Le diagnostic d'entreprise*. Paris: Les Éditions d'Organisation, 1989.
22. PORTER, M. E. *Estratégia competitiva*: técnicas para análise de indústrias e da concorrência. 2. ed. Rio de Janeiro: Elsevier, 2004.
23. *Ibid.*
24. Fonte: Documento de trabalho do Centro de Estudos e Prospecção do Ministério da Agricultura e da Alimentação da França – Janeiro de 2012.
25. PORTER, M. E. *Estratégia competitiva*: técnicas para análise de indústrias e da concorrência. 2. ed. Rio de Janeiro: Elsevier, 2004.
26. *Ibid.*
27. HUNT, M. S. *Competition in the major home appliance industry 1960-1970*. 1972. 322 f. Tese (Doutorado) – Harvard University, Cambridge, 1972.
28. SANTOS, A. B.; SPROESSER, R. L.; BATALHA, M. O. Exploring strategic characteristics of intermodal grain terminals: empirical evidence from Brazil. *Journal of Transport Geography*, v. 66, p. 259-267, 2018.
29. NORTH, D. C. Institutions. *Journal of Economic Perspectives*. v. 5, n. 1, p. 97-112, 1991.
30. AZEVEDO, P. F. Nova economia institucional: referencial geral e aplicações para a agricultura. *Agric. São Paulo*, v. 47, n. 1, p. 33-52, 2000.
31. WILLIAMSON, O. E. *The economic institutions of capitalism*. New York: The Free Press, 1985.
32. WILLIAMSON, O. E. Comparative economic organization: the analysis of discrete structural alternatives. *Administrative Science Quarterly*, v. 36, n. 2, p. 269-296, 1991.
33. PRAHALAD, C. K.; HAMEL, G. The core competence of the corporation. *Harvard Business Review*, v. 90, n. 3, p. 79-91, 1990.
34. GARFAMY, R. M. Supply management: a transaction cost economics framework. *South East European Journal of Economics and Business*, v. 7, n. 2, p. 139-147, 2013.
35. DAS, T. K.; TENG, B.-S. A resource-based theory of strategic Alliances. *Journal of Management*, v. 26, n. 1, p. 31-61, 2000.

36. *Ibid.*
37. RUSSO, M.; CESARINI, M. Strategic alliance success factors: a literature review on alliance lifecycle. *International Journal of Business Administration*, v. 8, n. 3, p. 1-9, 2017.
38. TJEMKES, B.; VOS, P.; BURGERS, K. *Strategic alliance management*. London: Routledge, 2013.
39. RIBEIRO, A. et. al. *Gestão estratégica do franchising*: como construir redes de franquias de sucesso. 2. ed. São Paulo: DVS Editora, 2013.
40. FOSU, K. Y. Franchising in the developing economies: an agribusiness case study. *Agribusiness*, v. 5, n. 2, p. 95-105, 1989.
41. MAUGET, R. Les coopératives agroalimentaires face aux enjeux de la mondialisation: l'internationalisation des coopératives constitue-t-elle une solution? *Revue Internationale de l'Économie Sociale*, n. 297, p 42-59, 2005.
42. RUDOLF, D. W. Vertical organization of agribusinesses in transition economies: hungarian production systems of agricultural franchising. *Agribusiness*, v. 15, n. 1, p. 25-40, 1999.
43. PRUETT, M.; WINTER, G. Why do entrepreneurs enter franchising and other share relationships? *Journal of Small Business & Entrepreneurship*, v. 24, n. 4, p. 567-581, 2011.
44. RODRIGUES, F. C. Análise da governança plural em franquias agroindustriais: casos de carnes e hortaliças no Centro-Oeste e Sul do Brasil. São Carlos: UFSCar, 2016. 158 p.
45. BUCKLEY, P.; CASSON, M. *The future of the multinational enterprise*. London: Macmillan, 1976.
46. DUNNING, J. H. Trade, location of economic activity and the MNE: a search for an eclectic approach. *In*: OHLIN, B.; HESSELBORN, P.-O.; WIJKMAN, P. M. (Eds.). *The international allocation of economic activity*: proceedings of a nobel symposium held at stockholm. London: Palgrave Macmillan, 1977. p. 395-418.
47. DUNNING, J. H. Explaining the international direct investment position of countries: towards a dynamic or developmental approach. *Weltwirtschaftliches Archiv*, v. 117, n. 1, p. 30-64, 1981.
48. JOHANSON, J.; VAHLNE, J.-E. The internationalization process of the firm – a model of knowledge development and increasing foreign market commitments. *Journal of International Business Studies*, v. 8, n. 1, p. 23-32, 1977.
49. *Ibid.*
50. GHEMAWAT, P. *World 3.0*: global perspective and how to achieve it. Cambridge: Harvard Business Review Press, 2011.
51. SANTOS, A. B. *Competências para internacionalização em empresas agroindustriais*: estudos de caso em frigoríficos brasileiros. 173p. Tese (Doutorado em Engenharia de Produção) – Universidade Federal de São Carlos. São Carlos, 2018.
52. GHEMAWAT, P. *World 3.0*: global perspective and how to achieve it. Cambridge: Harvard Business Review Press, 2011.
53. OLIVEIRA, D. P. R. *Planejamento estratégico*: conceitos, metodologia e prática. 4. ed. São Paulo: Atlas, 1989.
54. MILES, R. E.; SIMON, C. C. *Organizational strategy, structure and process*. New York: McGraw-Hill, 1978.
55. AAKER, D. A. *Strategic market management*. New York: John Wiley, 1984.
56. NEELY, A.; GREGORY, M.; PLATTS, K. Performance measurement system *design*: a literature review and research agenda. *International Journal of Operations & Production Management*, v. 15, p. 80-116, 1995.
57. NEELY, A. *Measuring business performance*. London: The Economist Newspaper and Profile Books, 1998.
58. PAVANI, D. A. B. *Indicadores de desempenho em usinas de cana-de-açúcar*: uma proposta de modelo. 2019. Dissertação (Mestrado em Engenharia de Produção) – Universidade Federal de São Carlos, São Carlos, 2019.
59. TONI, A.; TONCHIA, S. Performance measurement systems: models, characteristics and measures. *International Journal of Operations & Production Management*, v. 21, n. 1/2, 2001, p. 46-70, 2001.
60. PAVANI, D. A. B. *Indicadores de desempenho em usinas de cana-de-açúcar*: uma proposta de modelo. 2019. Dissertação (Mestrado em Engenharia de Produção) – Universidade Federal de São Carlos, São Carlos, 2019.
61. PEZET, A. The history of the French tableau de bord (1885-1975): evidence from the archives. *Accounting, Business & Financial History*, v. 19, n. 2, p. 103-125, 2009.
62. KEEGAN, D. P.; EILER, R. G.; JONES, C. R. Are your performance measures obsolete? *Management Accounting*, v. 70, n. 12, p. 45-50, 1989.
63. LYNCH, R.; CROSS, K. *Measure Up! Yardsticks for Continuous Improvement*. Basil Blackwell Inc, Cambridge, MA, 1991.
64. NEELY, A.; ADAMS, C.; CROWE, P. The performance prism in practice. *Measuring Business Excellence*, v. 5, n. 2, p. 6-13, 2001.
65. KAPLAN, R. S.; NORTON, D. P. The balanced scorecard: measures that drive performance. *Harvard Business Review*, v. jan./fev., p.71-79, 1992.
66. RODNISKI, C. M.; DIEHL, C. A.; ZWIRTES, A. Tableau de bord: proposta de aplicação em agroindústria brasileira. *Revista Universo Contábil*, v. 9, n. 2, p. 63-82, 2013.
67. PAVANI, D. A. B. *Indicadores de desempenho em usinas de cana-de-açúcar*: uma proposta de modelo. 2019. Dissertação (Mestrado em Engenharia de Produção) – Universidade Federal de São Carlos, São Carlos, 2019.
68. KAPLAN, R. S.; NORTON, D. P. The balanced scorecard: measures that drive performance. *Harvard Business Review*, v. jan./fev., p.71-79, 1992.
69. PAVANI, D. A. B. *Indicadores de desempenho em usinas de cana-de-açúcar*: uma proposta de modelo. 2019. Dissertação (Mestrado em Engenharia de Produção) – Universidade Federal de São Carlos, São Carlos, 2019.
70. STRITESKA, M.; SPICKOVA, M. Review and comparison of performance measurement systems. *Journal of Organizational Management Studies*, v. 2012, p. 1-12, 2012.

BIBLIOGRAFIA COMPLEMENTAR

AMIT, R.; SCHOEMAKER, P. J. H. Strategic assets and organisational rent. *Strategic Management Journal*, v. 14, n. 1992, p. 33-46, 1993.

BAIN, J. S. *Industrial organization*. New York: Wiley, 1959.

BARNEY, J. B. Looking inside for competitive advantage. *Academy of Management Executive*, v. 9, n. 4, p. 49-61, 1995.

BARTLETT, C. A.; GHOSHAL, S. *Transnational management: text, cases and readings in cross border management*. Burr Ridge: Irwin, 1992.

BUCKLEY, P. J.; CASSON, M. C. *The future of the multinational enterprise*. London: Macmillan, 1976.

COASE, R. H. The nature of the firm. *Economica*, v. 4, n. 16, p. 386-405, 1937.

DAVIS, J. H.; GOLDBERG, R. A. *A concept of agribusiness*. Boston: Harvard University, , 1957.

DIERICKX, I.; COOL, K. Asset stock accumulation and sustainability of competitive advantage. *Management Science*, v. 35, n. 12, p. 1504-1511, 1989.

DUNNING, J. H. The eclectic (OLI) paradigm of international production: past, present and future. *International Journal of the Economics of Business*, v. 8, n. 2, p. 173-190, 2001.

FLEURY, A.; FLEURY, M. T. L. *Brazilian multinationals:* competences for internationalization. Cambridge: Cambridge Univeristy Press, 2011.

GEREFFI, G.; HUMPHREY, J.; STURGEON, T. The governance of global value chains. *Review of International Political Economy*, v. 12, n. 1, p. 78-104, 2005.

HAMEL, G.; PRAHALAD, C. Strategic intent. *Harvard Business Review*, v. 67, p. 63-76, 1989.

JOHANSON, J.; VAHLNE, J.-E. The Uppsala internationalization process model revisited: from liability of foreignness to liability of outsidership. *Journal of International Business Studies*, v. 40, n. 9, p. 1411-1431, 2009.

MILLS, J. et al. *Strategy and performance:* competing through competences. Cambridge: Cambridge University Press, 2002.

MORVAN, Y. *Filière de production:* fondements d'économie industrielle. Paris: Economica, 1985.

PENROSE, E. T. *The theory of the growth of the firm*. New York: Oxford University Press, 1959.

RAY, S.; RAMAKRISHNAN, K. Resources, competences and capabilities conundrum: a back-to-basics call. *Decision*, v. 33, n. 2, p. 1-24, 2006.

SANCHEZ, R.; HEENE, A.; ZIMMERMANN, T. E. *A focussed issue on identifying, building, and linking competences*. Bingley: Emerald Group Publishing Limited, 2010. (Research in Competence-based Management, v. 5.)

SANTOS, A. B.; BATALHA, M. O.; LARUE, B. The internationalization process of agrifood firms: a proposed conceptual framework. *British Food Journal*, v. ahead-of-print, n. ahead-of-print, 2020.

SCHUMPETER, J. A. *Capitalism, socialism, and democracy*. New York: Harper & Row, 1942.

TEECE, D. J.; PISANO, G.; SHUEN, A. Dynamic capabilties and strategic management. *Strategic Management Journal*, v. 18, n. 7, p. 509-533, 1997.

WHIPPLE, J. M.; VOSS, M. D.; CLOSS, D. J. Supply chain security practices in the food industry: do firms operating globally and domestically differ? *International Journal of Physical Distribution & Logistics Management*, v. 39, p. 574-594, 2009.

3 GESTÃO DE CADEIAS DE SUPRIMENTOS AGROINDUSTRIAIS

Rosane Chicarelli Alcantara
Fabrício Pini Rosales
Andréia de Abreu Siqueira
Márcio Gonçalves dos Santos

Neste capítulo, serão apresentados os conceitos fundamentais da gestão de cadeias de suprimentos, as especificidades das cadeias agroindustriais, os aspectos relativos a integração e colaboração e as questões relativas a risco e resiliência. Para tanto, elementos relativos aos aspectos sustentáveis, como barreiras e motivadores, serão apresentados. Além disso, o papel das práticas colaborativas e do fator humano como elementos do processo de integração será analisado. Posteriormente, discutem-se os aspectos relativos às fontes de risco, com destaque para as cadeias agroindustriais. Ao final, são apresentados os mecanismos de gestão da resiliência na cadeia de suprimento que, atuando como uma estratégia de mitigação de risco e ruptura, resultam em estruturas empresariais mais dinâmicas. Encerra-se o capítulo com a proposição de questões para serem discutidas.

Ao final deste capítulo, o leitor deverá ser capaz de:

- Entender os principais conceitos de gestão de cadeias de suprimentos.

- Entender os impactos das questões ambientais, dos aspectos relativos à integração, à colaboração, ao risco e à resiliência na gestão de uma cadeia de suprimentos.

- Entender as especificidades da sua aplicação no setor agroindustrial e seus efeitos na gestão de diferentes organizações nesse setor, compreendendo seu papel e função.

3.1 INTRODUÇÃO

Mediante o entendimento de que múltiplas empresas trabalhando juntas, com compartilhamento de objetivos e processos integrados, podem melhorar o desempenho individual de cada empresa, nasceu o conceito de cadeia de suprimentos. A estratégia central desse conceito é a busca do desenvolvimento de vantagens diferenciais com a utilização das diferentes capacitações de cada membro da cadeia. Ou seja, a ideia de que a competição ocorre agora no nível da cadeia de suprimentos mudou a unidade de análise da empresa para a cadeia de suprimentos. A gestão da cadeia de suprimentos pode ser vista como a integração dos processos-chave de negócio ao longo da cadeia de suprimentos com o propósito de adicionar valor aos consumidores e *stakeholders*. Ressalta-se, no entanto, que a estratégia adotada precisa ser consistente em todos os membros da cadeia, o que não implica a necessidade de que a estratégia individual de cada firma seja a mesma. Ao contrário, as estratégias devem ser complementares pelas firmas, de forma a, mutuamente, suportar o objetivo global e compartilhado da cadeia de suprimentos.

A estratégia da cadeia de suprimentos difere das estratégias de empresas tradicionalmente aceitas, pelo fato de ela necessitar da coordenação e do compromisso de múltiplas empresas para poder implementar os objetivos estratégicos de uma companhia. Estratégias tradicionais no nível de unidades de negócio, incluindo baixo custo, diferenciação de produto, e/ou inovação, requerem coordenação de funções internas; estratégia da cadeia de suprimentos utiliza coordenação entre empresas como a competência que facilita o alcance dos objetivos focados em crescimento da renda, redução dos custos operacionais, uso eficiente do capital de giro e capital fixo para maximizar o valor dos *stakeholders*.

Esse fenômeno pode ser visto como uma estratégia de relacionamento, o que requer das empresas a criação de estrutura e processos que melhorem o comportamento entre as organizações parceiras da cadeia de suprimentos, que dividem visão e objetivos comuns. Essa perspectiva de colaboração é a chave para alinhar os processos operacionais de múltiplas empresas em um sistema integrado de cadeia de suprimentos. Isso possibilita que empresas compensem seus pontos fracos ou falta de recursos mediante a ligação com outras firmas que possuam pontos fortes que os compensem, permitindo assim que todas as empresas apliquem seus recursos em áreas que sejam vistas como importantes. E, dado que a gestão da cadeia de suprimentos tornou-se estratégica para as empresas, e estratégias precisam ser constantemente modificadas em função de mudanças no mercado e pressão dos competidores, o estudo e a prática desse fenômeno continuarão necessários nos próximos anos.

3.2 CADEIA DE SUPRIMENTOS: ASPECTOS GERAIS

3.2.1 Definições e estruturas

Antes de aplicarmos a definição de cadeia de suprimentos (CS) ao setor agroindustrial e de discutirmos a gestão da cadeia de suprimentos, é importante compreendermos a origem e o conceito desse termo.

Como consequência do acirramento da competitividade entre empresas e do aumento das exigências dos mercados consumidores, no início da década de 1980, as estratégias fundamentadas unicamente na redução de custos perderam eficiência. A solução encontrada foi extrapolar os limites das empresas e envolver, também, fornecedores e clientes na criação de vantagens competitivas. Com isso, o foco gerencial deixou de ser essencialmente as operações internas às organizações, migrando para uma visão que evidencia a relação com fornecedores e clientes como complemento aos fluxos internos à firma. Essa estratégia de criar vantagens competitivas a partir do relacionamento com parceiros comerciais é ponto de partida para a concepção de cadeia de suprimentos. Essa premissa é a mesma que encontramos na literatura sobre gestão e economia das cadeias agroindustriais.[i]

As definições de cadeia de suprimentos são inúmeras. A compreensão clara das ideias que norteiam o conceito de CS, seu alinhamento com as estratégias da organização e com o contexto em que é empregada, são indispensáveis para o sucesso da gestão da cadeia de suprimentos. Dentre outros, a definição de CS pode estar relacionada com:[1,2,3]

- Processos e atividades que envolvem a movimentação de bens, serviços e informações desde a produção de matéria-prima até o consumidor do produto final.

- Funções gerenciais internas e externas à empresa que possibilitam a materialização da cadeia de valor e o fornecimento de produtos aos clientes.

- Rede de relacionamento com agentes responsáveis por gerenciar o fluxo de materiais e de serviços desde a produção da matéria-prima até o consumidor final.

- Ligações com fornecedores e clientes e entre esses e as funções internas da empresa.

---

i   Ver, principalmente, o Capítulo 1.

- Conjunto de firmas independentes que "passam" produtos para frente, produzindo e entregando bens aos consumidores.
- Filosofia de condução dos negócios com foco nas vantagens competitivas criadas por meio da coordenação de ações com parceiros comerciais.

Portanto, uma cadeia de suprimentos pode ser vista como uma rede de empresas conectadas por fluxos financeiros, de produtos, de informações e de serviços desde a matéria-prima até disponibilização do produto ao consumidor. Faz parte de uma CS a empresa focal (organização a partir da qual a cadeia será delimitada) com seus processos internos e os agentes situados a montante (fornecedores diretos e fornecedores dos fornecedores) e a jusante (clientes diretos, clientes dos clientes e todos os envolvidos no atendimento ao pedido do cliente) dela. Devemos ressaltar que, além dos produtos tangíveis, as empresas trocam informações que possibilitam o alinhamento de seus objetivos e a captura de sinergias, tendo em vista o compartilhamento de riscos e de recompensas na busca por vantagens competitivas. Além disso, as CS podem ser comparadas a complexas redes formadas por relações entre clientes e fornecedores, tanto diretos como indiretos.

Para Mentzer et al.,[4] uma cadeia de suprimentos pode ser definida como "[...] *o conjunto de três ou mais entidades (organizações ou pessoas) diretamente envolvidas com os fluxos a montante e a jusante de produtos, serviços, financeiro, e/ou informação de um fornecedor para um cliente*". Dessa perspectiva, são três os tipos de relacionamentos de uma cadeia de suprimentos, com diferentes níveis de complexidade, indo do nível menor para o maior. A Figura 3.1 representa cada um dos três tipos.

Assim, se tomarmos um laticínio como exemplo, sua cadeia de suprimentos seria formada por:

- **Fornecedores dos fornecedores**: empresas que vendem insumos e equipamentos para os fornecedores de leite.
- **Fornecedores diretos**: fornecedores de leite, embalagens, máquinas, equipamentos, produtos de limpeza, prestadores de serviços (transportadores, consultores, escritório de contabilidade) etc.
- **Empresa focal**: o laticínio que está sendo analisado.
- **Clientes diretos**: distribuidores, atacadistas e varejistas que compram os produtos direto do laticínio.
- **Clientes dos clientes**: atacadistas e varejistas que adquirem produtos dos clientes diretos.

Além dos produtos e dos valores financeiros, resultados da comercialização, entre essas empresas deve haver também intensa troca de informações sobre, por exemplo, padrão de qualidade, tendências de consumo, previsão de demanda, previsão de oferta de leite e objetivos estratégicos, entre outras. Esse fluxo de informações deve ser bilateral e, na maioria das vezes, é negligenciado pelas organizações.

É muito comum o conceito de cadeias de suprimentos ser abordado como sinônimo de cadeias de produção (CP). Contudo, esses conceitos devem ser vistos como complementares. O conceito de CP faz referência a um setor ou segmento específico da economia e engloba todas as organizações a ele relacionadas. Já a CS é delimitada a partir de uma empresa focal e composta apenas pelas empresas que com ela mantêm relação direta ou

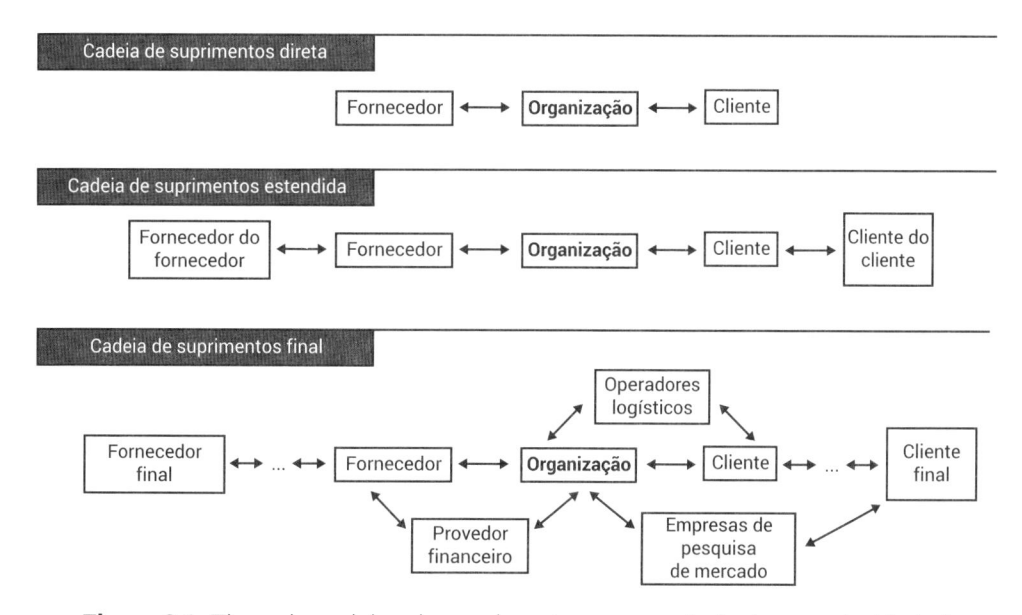

Figura 3.1 Tipos de cadeias de suprimentos e seus níveis de complexidade.[5]

indireta. Desse modo, podemos afirmar que uma cadeia de produção e uma cadeia de suprimentos representam espaços e níveis de análise diferentes, e que uma CP envolve um conjunto de CS.

Podemos citar como exemplo a cadeia produtiva da carne bovina e a cadeia de suprimentos de um frigorífico X. A primeira é formada por todos os pecuaristas, frigoríficos, distribuidores e varejistas que trabalham com carne bovina, ou seja, todos os agentes que atuam nesse setor. Já da CS do frigorífico X fazem parte apenas os pecuaristas que lhe fornecem animais para abate (fornecedores) e os distribuidores que comercializam seus produtos. Os demais pecuaristas, frigoríficos (concorrentes) e distribuidores não integram essa CS, mas uma cadeia de suprimentos concorrente, apesar de todos fazerem parte da mesma cadeia de produção.

Gerar valor ao consumidor final é o principal objetivo de qualquer cadeia de suprimentos. Entretanto, alcançar os resultados e os benefícios provenientes dessa rede de agentes requer mais que reconhecer sua existência e sua importância e envolve muito esforço gerencial. Essa dificuldade tem relação direta com os principais atributos que caracterizam as cadeias de suprimentos, a saber:

- Complexas redes de relacionamento que formam as cadeias de suprimentos.
- Incerteza e grande competitividade do ambiente em que estão inseridas.
- Dificuldade ou, às vezes, impossibilidade de prever o comportamento de fornecedores e clientes dos quais a empresa focal depende.
- Dependência da integração interna das áreas funcionais e da articulação dessas com as demais empresas para alcançar os objetivos estratégicos.

Dessa conscientização surgem as definições e propostas de modelos para a gestão da cadeia de suprimentos. Seguindo o conceito de Mentzer et al.[6] para gestão da cadeia de suprimentos (GCS), podemos dividir essa estratégia em dois níveis a serem conduzidos ao mesmo tempo. No nível interno à organização, a GCS refere-se à estratégia de coordenar sistematicamente as funções gerenciais e a forma como se relacionam entre si. O segundo nível refere-se ao relacionamento entre empresas de uma mesma CS que, por esse preceito, devem buscar melhorias no desempenho de longo prazo tanto dos agentes individualmente como da cadeia como um todo.

Sendo assim, a gestão da cadeia de suprimentos tem uma função integradora com responsabilidade primária de promover as ligações entre as principais funções e os processos de negócios, dentro e entre as empresas, em um modelo de negócio coesivo e de alto desempenho (CSCMP, 2012).

O *Global Supply Chain Forum* (GSCF)[7] relaciona a GCS à integração dos processos-chave de negócio entre todos os membros da cadeia de suprimentos visando a agregação de valor ao cliente e às outras partes interessadas. São oito os processos-chave de negócio propostos pelo modelo da GSCF:

1. **Gestão do relacionamento com clientes**: fornece a estrutura na qual os relacionamentos com clientes serão desenvolvidos e mantidos. Identifica os consumidores-chave que serão direcionados como parte da missão de negócio da empresa. O objetivo é segmentar clientes e aumentar sua lealdade, oferecendo produtos e serviços customizados.

2. **Gestão do relacionamento com fornecedores**: fornece a estrutura na qual os relacionamentos com fornecedores serão desenvolvidos e mantidos. Relações de parceria são desenvolvidas com um número menor de fornecedores, e um relacionamento tradicional é mantido com os demais fornecedores. O objetivo das parcerias é desenvolver relacionamentos do tipo ganha-ganha para ambas as partes.

3. **Gestão de serviço ao cliente**: o objetivo é a resolução de problemas antes que eles afetem os clientes. Fornece informações em tempo real ao consumidor sobre datas de entrega, disponibilidade do produto com o auxílio da manufatura e logística.

4. **Gestão da demanda**: promove a sincronização da oferta com a demanda, aumentando flexibilidade e reduzindo variabilidade com objetivo de reduzir incertezas. Coordena os requerimentos de marketing e os planos de produção.

5. **Processamento de pedidos**: o objetivo é atender aos pedidos dos clientes sem erros e dentro do prazo acordado, buscando o menor custo. Para ser implantado, precisa da integração entre as áreas e coordenação com fornecedores e clientes-chave.

6. **Gestão do fluxo de manufatura**: o objetivo é alcançar a flexibilidade da manufatura na cadeia de suprimentos e mover produtos ao longo e fora da planta. Essa flexibilidade reflete a capacidade para produzir uma grande variedade no tempo certo e ao menor custo possível.

7. **Desenvolvimento de produto e comercialização**: fornece uma estrutura para desenvolver e lançar no mercado novos produtos em conjunto com clientes e fornecedores. Permite a coordenação do fluxo de novos produtos na cadeia de suprimentos e fornece

suporte a outros membros para agilizar a produção, logística, marketing e outras atividades necessárias para a comercialização do produto.

8. **Gestão de retorno**: o objetivo é identificar formas de reduzir o retorno dos produtos, diminuindo os custos com esse tipo de operação. Associa-se também à logística reversa e à prevenção dentro das empresas e entre as empresas da cadeia de suprimentos.

De maneira geral, a gestão da cadeia de suprimentos é predominantemente descrita como um processo linear, composto por fluxos intra e interorganizacionais que, por sua vez, devem estar integrados em um único propósito. Aumentar a produtividade, reduzir o estoque e o tempo de ciclo são os objetivos de curto prazo, ao passo que aumentar a satisfação do cliente, a participação de mercado e os lucros para todos os membros participantes da cadeia são objetivos estratégicos de longo prazo.

Assim, o sucesso da implementação da gestão da cadeia de suprimentos depende, diretamente, da filosofia de gestão das empresas que deve criar condições para relacionamento colaborativo e para o compartilhamento de informações, de benefícios e de riscos. Como descrito no Quadro 3.1, o sucesso da GCS deve ser antecedido por uma série de adequações na gestão da firma e envolver um conjunto de práticas.

Um ponto a ser destacado é o rápido aumento da consciência de que as ações das cadeias de suprimento vêm gerando uma série de consequências negativas, e que o modelo de produção e consumo atual da sociedade traz sérios problemas ambientais e sociais. Diante disso, as organizações empresariais têm sido cada vez mais cobradas a agirem voltadas a um desenvolvimento sustentável, ou seja, capaz de atender às necessidades das gerações atuais, mas sem comprometer as gerações futuras. Nesse cenário, é relevante destacar o papel das organizações na garantia de que a sustentabilidade seja incorporada nas cadeias de suprimentos das quais fazem parte, sendo crucial que essas empresas passem a estabelecer práticas sustentáveis em seus processos

Quadro 3.1 Principais antecedentes e práticas à gestão da cadeia de suprimentos[8]

	Fatores	Descrição
Antecedentes	Mudança na cultura coorporativa	Todas as empresas da CS devem reconhecer a importância do relacionamento colaborativo.
	Compromisso	Cria um ambiente de cooperação tanto dentro da empresa (CS interna) como entre os atores da CS.
	Liderança	A CS necessita que uma empresa assuma a liderança, desempenhando a função de coordenação e supervisão de toda a cadeia.
	Visão	Define como a firma deve atuar no mercado para alcançar suas metas.
	Interdependência entre as empresas	Reconhecimento da importância de manter um relacionamento de parceria com as demais empresas da CS.
Práticas	Certificação de fornecedores	Visa melhorar a qualidade da matéria-prima, diminuir os casos de não conformidade e reduzir os estoques.
	Parcerias	Padrão de relacionamento de longo prazo baseado mais na confiança e na cooperação do que na competição.
	Colaboração	Envolve alinhamento de incentivos, sincronização de decisões e compartilhamento de informações, recursos e responsabilidades entre empresas.
	Confiança	Disposição em renunciar ao comportamento oportunista, criando uma relação de longo prazo.
	Compartilhamento de informações	Acesso aos dados privados em todo o sistema de parceria, permitindo o acompanhamento do fluxo de produtos na CS.
	Foco no consumidor	Busca identificar e satisfazer as necessidades do consumidor como forma de diferenciação do produto.
	Integração dos processos	Busca reduzir os custos de operação, melhorar a qualidade dos produtos e atender melhor o consumidor final.
	Compartilhamento de riscos e recompensas	Fator crucial para melhorar o relacionamento entre empresas, conduzindo para um relacionamento colaborativo.
	Relacionamento duradouro	Busca, principalmente, diminuir os custos de transação e melhorar a qualidade dos produtos.
	Alinhamento entre as estratégias da CS e as características do produto	As estratégias competitivas devem ser baseadas nas características do produto final.

produtivos, considerando os impactos socioambientais gerados tanto a jusante quanto a montante.

3.2.2 Sustentabilidade na cadeia: práticas, barreiras e motivadores

As organizações empresariais têm sido cada vez mais cobradas por diversos *stakeholders*[ii] (governo, clientes e consumidores, entre outros) a adotarem uma postura sustentável, assumindo responsabilidades sociais, ambientais e econômicas. Nesse cenário, ações de clientes e/ou de fornecedores inadequadas do ponto de vista socioambiental podem ter reflexos negativos sobre todos os membros das CS. Faz-se necessário, então, expandir os princípios de sustentabilidade para além das fronteiras das firmas e envolver outros membros da cadeia, concebendo, assim, a noção de gestão sustentável de cadeias de suprimentos.

Essa nova realidade aumentou a responsabilidade daquelas empresas que, graças à sua posição dentro das cadeias, têm condições de influenciar outros membros que fazem parte da CS. Para tanto, o alinhamento entre as estratégias das firmas e os elementos sociais, econômicos e ambientais pode ser induzido por ações junto a fornecedores, distribuidores e clientes.

A eficiência da gestão sustentável de cadeias de suprimentos depende da incorporação de práticas sustentáveis (que envolvem questões sociais, ambientais e econômicas) à estratégia das empresas por meio da utilização adequada dos recursos e do desenvolvimento de competências e capacidades.[9] Nascimento e Alcantara[10] destacam que as práticas, apresentadas no Quadro 3.2, podem ser classificadas em três grupos: práticas junto a fornecedores, distribuidores e consumidores.

Buscando se posicionar estrategicamente dentro dessa nova realidade, várias redes de supermercados, principalmente as de grande porte, têm adotado práticas para criar uma imagem positiva e sustentável dos produtos que vendem perante o consumidor. Práticas como certificação de fornecedores, preocupação com a qualidade de vida dos produtores, rastreabilidade de produtos, garantia de origem e incentivo à produção orgânica e outras são divulgadas por esses varejistas como forma de agregar valor ao alimento vendido.

Quadro 3.2 Práticas sustentáveis adotadas pelas empresas focais na cadeia de suprimentos

Posição	Prática
Práticas realizadas junto a fornecedores	Exigência de códigos de conduta (ambientais e/ou sociais).
	Exigência de certificações (ambientais e/ou sociais).
	Auditorias.
	Monitoramento via questionários ou outros instrumentos.
	Design (produtos/ processos) em conjunto.
	Compartilhamento de informações.
	Solução conjunta de problemas socioambientais.
	Desenvolvimento de fornecedores.
	Sistema de recompensas.
	Logística reversa.
Práticas realizadas junto a distribuidores	*Design* conjunto.
	Escolha de combustível em conjunto.
	Definição conjunta de rotas.
	Escolha conjunta de modais de transporte.
	Compartilhamento de informação.
	Logística reversa.
Práticas realizadas junto a consumidores	Compartilhamento de informação.
	Rotulagem.
	Design.
	Certificação dada por consumidores.
	Programas de conscientização.
	Logística reversa.

Em linhas gerais, a busca por benefícios sociais e ambientais significativos em conjunto com objetivos econômicos, e que gerem resultados rentáveis para todos os membros da cadeia de suprimentos, é o que a torna sustentável. Por isso, a preocupação com a sustentabilidade deve envolver a cadeia de suprimentos estendida, o que, na prática, é um grande desafio. Sendo assim, as organizações empresariais devem se engajar em iniciativas responsáveis ao longo de toda a cadeia de suprimentos, assumindo práticas sustentáveis desde a aquisição de matéria-prima até a entrega do produto ao consumidor final.[11]

Dessa forma, há diversos autores que destacam a importância das ações das empresas tomadas a montante para que a sustentabilidade seja incorporada à gestão da cadeia de suprimentos. Auxiliar os fornecedores a reconhecer a importância da incorporação de questões sustentáveis, e também auxiliá-los na adoção de suas

---

ii Termo em inglês sem tradução literal para o português que faz referência a todas as partes (governos, outras empresas, ONGs, consumidores, influenciadores etc.) interessadas em determinado assunto ou empresa. Esse grupo de agentes pode se envolver em determinadas situações fazendo cobranças e interferindo no desempenho de um setor ou empresa.

iniciativas, é uma questão fundamental que deve ser considerada pelas organizações no cenário atual.[12]

Para tal, essas ações podem se pautar em diferentes mecanismos de governança: tanto de avaliação desses fornecedores, em que a empresa estabelece padrões e monitora suas ações; quanto de colaboração, em que há a ação conjunta dessas partes, requerendo que a organização invista recursos em atividades de cooperação na cadeia, de forma a gerar valor agregado.[13]

Rosales et al.,[14] ao estudarem o setor frigorífico brasileiro, apontam a troca de informações entre agentes e o emprego de estratégias que bonifiquem fornecedores que se adequem às exigências estabelecidas por essas empresas como eficientes para estimular o emprego de práticas sustentáveis entre pecuaristas. O estudo também apontou que, quando há a percepção por parte dos frigoríficos de que práticas inadequadas estão sendo empregadas, há uma maior chance de a relação entre fornecedores e clientes ser quebrada. Os autores também afirmam que frigoríficos de pequeno porte, por terem maior dificuldade de comprovarem a sustentabilidade de seus fornecedores, estão sendo preteridos pelos grandes grupos varejistas.

Gimenez e Tachizawa[15] também destacam em seu trabalho algumas atitudes que auxiliam as organizações a expandir as ações sustentáveis a seus fornecedores. Essas atitudes foram classificadas em internas e externas à organização, sendo as internas: (i) comprometimento ambiental da firma; (ii) apoio da alta gerência; (iii) disponibilidade de recursos; (iv) papel estratégico da função de compras; (v) desenvolvimento do pessoal de compras; (vi) sistemas adequados de medição de desempenho. Já as externas são fatores como: (i) confiança; (ii) cultura nacional; (iii) integração logística e tecnológica; (iv) clareza de objetivos.

Nesse contexto, Lee[16] sugere cinco passos capazes de auxiliar uma empresa a estender o pensamento sustentável aos membros da sua cadeia de suprimentos. São eles:

1. Mapear as operações de suas cadeias de suprimentos.
2. Identificar problemas e oportunidades relacionados com questões ambientais e sociais.
3. Avaliar formas de melhoria.
4. Considerar os impactos das novas ações.
5. Após escolha e implantação das atividades, desenvolver medidas de desempenho para garantir o balanço entre as três esferas: ambiental, social e econômica.

Para que a sustentabilidade seja incorporada às cadeias, Nascimento[17] destaca que é fundamental que as organizações tenham conhecimento acerca das barreiras e dos motivadores envolvidos nesse processo. As principais barreiras envolvidas com a adoção de práticas de sustentabilidade são:

- Custo (crença de que práticas sustentáveis geram maiores gastos e diminuem a competitividade; visão apenas no curto prazo).
- Não comprometimento da alta gerência (falta de cultura organizacional relativa ao tema sustentabilidade).
- Não comprometimento dos parceiros (relutância na formação de parcerias por considerarem de difícil gerenciamento).
- Regulamentações (regulamentações ambientais e sociais muitas vezes complexas e conflitantes).
- Falta de conhecimento acerca da sustentabilidade entre os membros das cadeias de suprimentos.
- Baixo compartilhamento de informação entre as empresas.
- Falta de métricas e padrões de comparação (ausência de medidas de desempenho em sustentabilidade para que as firmas avaliem seu progresso com relação às mudanças adotadas).
- Falta de mecanismos de monitoramento (por vezes, as regulamentações não são seguidas por todos na cadeia de suprimentos, não havendo ainda muitos mecanismos de controle para tal).
- *Greenwashing* (táticas estabelecidas por organizações com o intuito de enganar os consumidores acerca de suas práticas ambientais e/ou dos benefícios ambientais gerados por um produto ou serviço. Dessa forma, as organizações que praticam *greenwashing* não mudam suas práticas, mas anunciam-se ao público como sustentáveis.

É importante ressaltar que essas barreiras poderão ser sentidas em maior ou menor intensidade, em função do contexto e do cenário de cada organização.

Para que seja possível traçar um panorama referente às questões envolvidas com a adoção da sustentabilidade em cadeias, foram ainda identificados alguns motivadores envolvidos nessa questão. Os motivadores que impulsionam organizações envolvidas com a sustentabilidade a adotar esse tipo de prática, especialmente junto aos fornecedores, são os seguintes:

- **Visão da alta gerência:** fundamental que se tenha uma ação interessada dos gestores envolvidos nas CSs, de forma a encorajar e apoiar as ações e as decisões em sustentabilidade em nível gerencial.
- **Expectativas de consumidores:** pressão exercida pelos consumidores, cuja demanda é para que as firmas adotem ações sustentáveis em seus processos.

- **Iniciativas de fornecedores:** fornecedores podem colaborar com a indução da sustentabilidade a partir do uso de matérias-primas menos danosas ao ambiente e/ou passíveis de reciclagem o reúso.
- **Natureza do negócio:** organizações que geram impactos ambientais, como as de produtos químicos, podem adotar as práticas como uma forma de melhoria da imagem associada a seus produtos.
- **Ações de competidores:** organizações competidoras superam as exigências mínimas impostas pelas legislações, ou atendem às expectativas de consumidores.
- **Cumprimento de legislação:** as pressões regulatórias podem afetar negativamente as firmas em razão da aplicação de penalidades e multas àquelas empresas que não respeitarem a legislação.
- **Pressões de outros *stakeholders*:** ONGs, por meio de suas ações, são capazes de desenvolver uma consciência socioambiental coletiva, podendo influenciar as percepções da comunidade.
- **Redução de custos:** há uma série de vantagens econômicas associadas, como redução de custos com embalagens; redução de custos com saúde e segurança, redução de custos de trabalho etc.
- **Diferenciação de produto:** produtos desenvolvidos de maneira sustentável podem ser vistos como um atrativo pelos consumidores.

Da mesma maneira como no caso das barreiras, esses motivadores podem influenciar as organizações de maneiras diferentes, em função dos distintos contextos vivenciados e setores envolvidos.

3.3 CADEIA DE SUPRIMENTOS AGROINDUSTRIAIS

Uma cadeia de suprimentos agroindustrial (CSA) pode ser definida como uma rede de organizações responsáveis por uma série encadeada de processos que garantem a disponibilização da produção agropecuária, em seus diversos níveis de processamento e industrialização, para o consumidor final. Nesse contexto, fazem parte de uma CSA:

- **Produtores rurais:** responsáveis por produção e fornecimento de matéria-prima (cereais, animais para abate, leite, flores, madeira, tabaco, fibras etc.) para os demais elos da cadeia.
- **Agroindústrias:** processam e industrializam produtos agropecuários adquiridos diretamente da produção rural ou provenientes de outras agroindústrias.
- **Atacadistas e distribuidores:** facilitam o escoamento dos produtos das agroindústrias até os varejos.
- **Varejos:** colocam o produto final em contato com o consumidor final.

Uma CSA, apesar de ter os mesmos objetivos e estrutura muito próxima das cadeias de outros setores, apresenta características específicas que interferem diretamente em sua dinâmica de funcionamento.[iii] O Quadro 3.3, adaptado de Rosales,[18] sintetiza essas particularidades e

Quadro 3.3 Principais características específicas do setor agroindustrial e suas consequências

Características	Consequências
Dependência das condições naturais na produção rural	Sazonalidade na disponibilidade de matéria-prima.
	Dependência de desenvolvimento de técnicas e inovações de biotecnologia para aumentar a eficiência de produção.
	Flutuação do preço conforme o regime de safra e entressafra.
Natureza biológica dos produtos agroindustriais	Perecibilidade da matéria-prima e do produto final.
	Possibilidade de contaminação.
	Variação da qualidade da matéria-prima e do produto final.
	Necessidades especiais de transporte e armazenagem.
	Impossibilidade de estocar os produtos mais perecíveis.
	Assimetria de informação em relação aos atributos de qualidade dos produtos.
Influências do comportamento e preferências do consumidor	Sazonalidade de consumo.
	Importância das características sensoriais do produto.
	Preocupação do consumidor em relação aos métodos de produção.

---

iii Esse assunto foi inicialmente apresentado e discutido no Capítulo 1. Essa seção aprofunda e complementa alguns dos pontos apresentados anteriormente.

suas consequências, contudo é importante deixar claro que, dependendo do perfil da cadeia (tipo de produtos, abrangência etc.), esses atributos podem ser mais ou menos evidentes. O leite, por exemplo, é muito mais perecível que os cereais (soja, milho, trigo), que possuem sazonalidade de produção mais marcante que o primeiro.

O principal fornecedor de matéria-prima para os demais agentes das cadeias de suprimentos agroindustriais é o elo de produção rural, formado por produtores de diversos tamanhos e com níveis de tecnologia e de gestão bastante heterogêneos. Não raramente, essas propriedades são gerenciadas por pessoas com baixo nível de instrução, com dificuldade de acesso a informação e avessas a mudanças. Esse cenário, muitas vezes, compromete a troca de informações e dificulta o alinhamento de objetivos.

A atividade agropecuária é influenciada por um conjunto de variáveis, muitas vezes, incontroláveis ou apenas parcialmente controláveis que se refletem nos demais níveis das CSA. Uma das características mais marcantes da produção rural é a grande dependência das condições naturais (chuva, temperatura, luminosidade, tipo de solo, altitude etc.) que conferem à atividade um rígido regime de safra (período em que os produtos são colhidos) e entressafra (quando não há colheita). Com isso, a disponibilidade de matéria-prima é sazonal, com considerável concentração de oferta em poucos meses do ano. Além disso, a quantidade e a qualidade da produção estão intimamente ligadas à normalidade do regime de chuvas e das temperaturas. Como consequência dessa particularidade, podemos destacar:

- Dificuldade de planejamento da produção nas agroindústrias devido às incertezas na oferta de matéria-prima.
- Necessidade de "carregamento" de estoque de uma safra para outra, quando possível.
- Demanda por logística eficiente para escoar e armazenar os produtos, já que na época da safra a oferta é grande e os produtos são comercializados em grande volume.
- Volatilidade de preços, com queda na safra e aumento na entressafra.

Outra peculiaridade das cadeias de suprimentos agroindustriais diz respeito aos produtos que possuem diferentes níveis de perecibilidade. Desse modo, as CSA dependem de uma logística especializada, desde a produção rural até o varejo, em transportar e armazenar esse tipo de produto, formando o que chamamos de cadeia de frio. Uma falha em qualquer parte dessa cadeia pode comprometer a qualidade dos produtos e, até mesmo, inviabilizar seu consumo.

A dependência das condições climáticas, que têm potencial de influenciar a qualidade dos produtos, somada à perecibilidade, cria uma assimetria de informação muito grande. Com isso, o consumidor não tem acesso ou condições de analisar todas as informações do produto que irá consumir. Nesse cenário, é comum, por exemplo, perceber apenas após o consumo que a qualidade de uma fruta foi comprometida.

Os consumidores, de forma geral, estão cada vez mais informados, exigentes e preocupados com a qualidade de vida. Além disso, atributos como preservação do meio ambiente e bem-estar animal têm ganhado destaque como fatores de qualidade dos produtos. Em se tratando de consumo de alimentos, esses quesitos ganham ainda mais relevância, exigindo a readequação de muitos sistemas de produção para evitar, por exemplo, o estresse dos animais.

A produção de ovos, por exemplo, durante muito tempo buscou explorar o potencial econômico da atividade maximizando a produtividade. Essa concepção criou um sistema produtivo baseado no confinamento e que impossibilita as aves de expressarem seu comportamento natural. A percepção de qualidade do consumidor moderno, preocupado com questões ligadas à ética de produção, mudou, exigindo mudanças nos sistemas de produção. Para atender esse mercado, foi criado o conceito de "galinha feliz", que preconiza a criação de aves soltas em grandes áreas, de modo que seu comportamento natural seja respeitado.

Apesar de os alimentos básicos (arroz, feijão, cereais) serem consumidos de forma constante durante o ano, alguns produtos possuem sazonalidade de consumo em períodos específicos. Essa concentração, alinhada à sazonalidade de produção, cria um desalinhamento muito grande entre oferta e demanda.

Rosales apresenta um modelo de classificação das cadeias de suprimentos agroindustriais (Quadro 3.4). Segundo o autor, as estruturas e configurações das CSA sofrem influência das características dos produtos, das estratégias de seus agentes (que podem comercializar seus produtos direto com o mercado consumidor, investir em integração vertical ou escoar a produção via canal de distribuição) e do mercado que atendem.

Quanto à finalidade do produto final que comercializam, as cadeias de suprimentos agroindustriais são classificadas em CSA alimentar e CSA não alimentar. A diferença entre elas é que na primeira há preocupação em relação à segurança do alimento (fornecimento

Quadro 3.4 Classificação das cadeias de suprimentos agroindustriais

Base de classificação	Classificação	Característica principal
Finalidade do produto	Alimentar	O produto final é destinado à alimentação humana.
	Não alimentar	O produto final não é destinado à alimentação humana.
Nível de processamento do produto	Produtos processados	Os produtos passam por uma série de processamentos e industrialização que agregam valor e alteram suas características.
	Produtos frescos	As características intrínsecas dos produtos são mantidas.
Abrangência da cadeia	Local	Os produtos são comercializados local ou regionalmente.
	Global	Os produtos são comercializados em outros países.
Perecibilidade do produto	Produto perecível	Os produtos têm vida útil curta.
	Produto não perecível	A vida útil dos produtos é mais longa.

de produtos em condições de consumo) e à segurança alimentar (fornecimento de alimento a toda população com preço acessível). Essa preocupação exige atuação constante dos governos criando mecanismos de controle de qualidade, certificação e mantendo estoques reguladores. O Serviço de Inspeção Federal (SIF) é um órgão do governo federal responsável por inspecionar os processos e a qualidade nas indústrias que processam alimentos. Além disso, é comum a criação de normas técnicas para garantir a qualidade dos alimentos por países importadores.

Uma cadeia de suprimentos agroindustrial pode oferecer ao mercado produtos frescos ou processados, diferenciando-se pelos processos conduzidos no interior da cadeia. No caso da CSA de produtos frescos, os principais processos são manuseio, armazenamento, embalagem transporte e comercialização, que mantêm as características originais dos produtos. Já a obtenção de produtos de maior valor agregado e com características distintas da matéria-prima é típica das CSA de produtos processados. Uma CSA que comercializa flores é uma típica cadeia de produtos frescos, que deve prezar pelas características originais do produto. Já a produção de pizzas congeladas é um caso em que os produtos agropecuários passam por longos processos de industrialização.

As transformações que incidiram sobre as cadeias de suprimentos agroindustriais criaram uma dicotomia: coexistem no mesmo setor cadeias de caráter global[iv] (que perpassam vários países ao mesmo tempo) e outras de atuação local ou regional. Uma CSA local oferece ao mercado produtos cultivados regionalmente e explora valores culturais dos consumidores e sua percepção de que esses produtos têm maior qualidade. É comum, nesse tipo de cadeia, apenas um agente realizar todo processo de produção, armazenamento e comercialização, o que facilita a troca de informação entre consumidor e produtor e uma relação de confiança entre eles. Em pequenas cidades, muitas vezes, produtores de verduras vendem sua produção direto na feira, entregam na casa do consumidor ou, ainda, fazem a venda direto da horta. Os chamados circuitos curtos de distribuição inserem-se nessa lógica.

Por outro lado, algumas cadeias de suprimentos agroindustriais passaram por mudanças consideráveis devidas à globalização dos mercados e adoção de tecnologia, entre outros fatores. Essas cadeias, que antes eram regionalizadas, tornaram-se complexas redes formadas por empresas multinacionais que atuam globalmente. O Brasil é hoje um dos maiores exportadores de carne bovina. Para chegar a esse patamar, além da consolidação de grandes empresas frigoríficas, foi necessário que todos os agentes investissem em melhorias e adotassem processos que atendessem às exigências internacionais. Os pecuaristas, por exemplo, investiram na rastreabilidade dos animais, e a cadeia de frio também se adequou às novas exigências para garantir a qualidade final dos produtos.

Outra classificação das cadeias de suprimentos agroindustriais diz respeito ao nível de perecibilidade dos produtos. Quanto mais perecível for um produto, menor será sua vida útil e, muitas vezes, ele será impossível de ser armazenado, exigindo, assim, planejamento e logística eficiente para disponibilizá-lo rapidamente para industrialização ou consumo.

---

iv   Ver seção 1.5 do Capítulo 1.

BOXE 3.1 Práticas de manutenção da qualidade dos produtos agroindustriais

Dos produtos destinados à alimentação humana, o leite é um dos mais perecíveis. Assim, a garantia de qualidade do produto final depende dos processos empregados por cada um dos elos da cadeia. O ponto inicial é assegurar a saúde dos animais produtores, pois algumas doenças podem ser transmitidas para o ser humano por meio do leite bovino. Ainda na propriedade rural, cuidados com armazenamento e adoção de boas práticas têm como objetivo evitar a proliferação de bactérias e a contaminação do produto desde o momento em que a ordenha é realizada. Para tanto, no máximo duas horas após ser extraído, o leite deve ser armazenado em tanques de refrigeração devidamente higienizados a uma temperatura máxima de 4,0°C. Já as boas práticas de produção visam garantir a higiene da sala de ordenha, dos utensílios e do ordenhador, bem como a manutenção de todos os equipamentos utilizados nesse processo. A falha na higienização em qualquer ponto que entre em contato direto com o leite, por menor que seja, pode levar à proliferação de micro-organismos e comprometer a qualidade da produção toda. Os cuidados não terminam por aí. Mesmo observando todos esses procedimentos, o leite deve ser transportado para o laticínio em no máximo 48 horas após a ordenha e, caso esse prazo não seja respeitado, toda produção deverá ser descartada. Vele ressaltar que a elevada carga microbiológica, além de representar um risco para a saúde do consumidor, diminui o rendimento do leite no laticínio e compromete a qualidade do produto final, que terá menor tempo de prateleira (prazo de validade mais curto) e sofrerá alterações em suas características sensoriais. Já no laticínio, o leite deve passar por um processo de pasteurização para destruir micro-organismos nocivos à saúde. Na sequência, o leite deverá ser processado o mais rápido possível, e deverão ser observadas normas de produção que garantam higiene e controle em todo o processo. Informações sobre esse controle devem ser anotadas e guardadas até que o prazo de validade de cada lote expire. Finalmente, em todo canal de distribuição e no varejo devem ser observadas questões como temperatura, conservação das embalagens, prazo de validade e outros critérios que possam comprometer a qualidade do produto e representar risco para o bem-estar do consumidor.

3.4 INTEGRAÇÃO E COLABORAÇÃO NA CADEIA DE SUPRIMENTOS

No campo da teoria das organizações, tradicionalmente, as organizações foram concebidas como sistemas fechados, sem preocupação com as possíveis influências do ambiente externo. Com as intensas mudanças ocorridas no mercado a partir da segunda metade do século XX, as teorias administrativas passaram a considerar nos seus preceitos a influência do ambiente externo no contexto interno das organizações. Em essência, a integração refere-se ao compartilhamento de conhecimento e informação dentro e entre as áreas funcionais, bem como entre essas e as de seus parceiros comerciais. Estabelece-se, assim, um novo paradigma: os fenômenos internos são mais bem compreendidos quando se conhecem os fenômenos externos que os provocaram.

No contexto da gestão da cadeia de suprimentos (GCS), a integração é vista como um componente-chave, tendo sido considerada desde o início da sua proposição na década de 1990. Portanto, a integração da cadeia de suprimentos pode ser definida como as interfaces intra e interorganizacionais que facilitam a coordenação e os fluxos eficazes e eficientes de informação, material, dinheiro e decisões destinadas a criar valor para o cliente e reduzir os custos globais.[19] Refere-se, assim, à ligação entre as principais funções e os processos de negócios dentro e entre empresas em um modelo de negócio coeso e de alto desempenho, sendo as principais áreas funcionais envolvidas: logística, marketing, pesquisa e desenvolvimento (P&D), produção, compras, fianças, tecnologia da informação (TI) e serviços ao consumidor. Sua relevância tem sido amplamente discutida, e investigações empíricas confirmam que, quanto mais alto o nível de integração, melhor o desempenho das empresas individualmente e, consequentemente, da cadeia de suprimentos como um todo.[20]

Embora no contexto de cadeia de suprimentos o termo *integração* seja frequentemente mencionado de maneira genérica, a definição das fronteiras entre a integração interna e externa é essencial para melhor compreensão e gerenciamento dos processos que as envolvem.

A integração interna pode ser definida como "[...] *o grau no qual um fabricante estrutura suas próprias estratégias organizacionais, práticas e processos em colaboração, sincroniza processos, a fim de cumprir os requisitos de seus clientes e interagir de forma eficiente com seus fornecedores*".

Já a integração externa é definida como "[...] *o reconhecimento da importância em estabelecer relacionamentos próximos e interativos com clientes e fornecedores*".[21] Ao mesmo tempo em que desempenham papéis diferentes, são complementares: enquanto a integração interna reconhece que os departamentos e funções dentro de uma empresa devem funcionar como parte de um processo integrado, a integração externa reconhece a importância de estabelecer relações estreitas e interativas com clientes e fornecedores. A Figura 3.2 sintetiza as vantagens e os benefícios da integração interna e externa.

A integração da cadeia de suprimentos igualmente pressupõe a colaboração como uma dimensão

```
                    Integração da cadeia de suprimentos
                                    |
        ┌───────────────────────────┴───────────────────────────┐
           Integração externa                    Integração interna
  • Redução de lead times                 • Melhor desenvolvimento de produto
  • Redução do efeito chicote             • Maiores taxas de inovação
  • Melhoria na gestão de inventário      • Redução de ciclos de produção
  • Garantia de entrega confiável         • Maior produtividade
  • Sincronia entre a oferta e a demanda  • Redução de custos de produção e inventário
  • Redução da imprevisibilidade da demanda • Aumento da sinergia e redução de erros
  • Introdução mais rápida de novos produtos • Integração de processos
  • Maior possibilidade de aumento das vendas • Melhoria dos resultados funcionais
                                          • Tomada de decisões mais acertadas
```

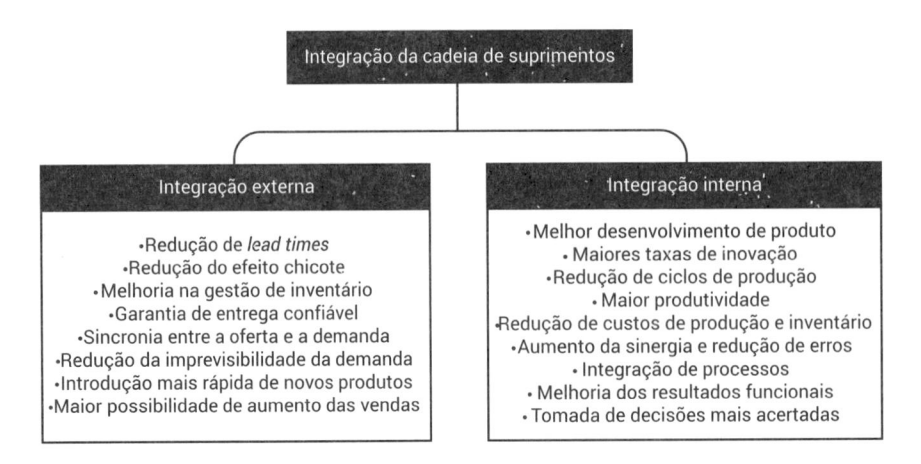

Figura 3.2 Vantagens da integração interna e externa.[22]

fundamental. A colaboração no contexto das cadeias de suprimentos relaciona-se com a adoção intencional de cooperação para manter uma relação de troca e pode ser entendida, portanto, como um processo de criação compartilhada em que as organizações engajadas fortalecem a capacidade umas das outras. Adicionalmente, de acordo com Camarinha-Matos e Afsarmanes,[23] a presença de relacionamento colaborativo requer engajamento mútuo dos participantes para a resolução de problemas e tomada de decisão em conjunto, de modo que a construção e a manutenção de tal relacionamento demandam tempo, confiança, esforço e dedicação das partes envolvidas.

Já a integração envolve a força da colaboração existente entre os membros de uma cadeia de suprimentos, incluindo o estabelecimento de relacionamentos colaborativos e a coordenação eficiente e eficaz entre os membros.[24]

O estudo realizado por Gimenez,[25] visando analisar o processo de integração seguido por empresas de alimentos na Espanha ao implementar a gestão da cadeia de suprimentos, localizou três estágios distintos de nível de integração entre as interfaces Logística/Marketing e Logística/Produção: Estágio I – empresas não integradas; Estágio II – empresas com nível de médio a alto de integração interna entre Logística e Produção, baixo nível de integração interna entre Logística e Marketing e nível médio de integração externa; Estágio III – empresas com alto nível de integração interna entre as duas interfaces e em alguns de seus relacionamentos externos da cadeia de suprimentos. Foram os resultados alcançados:

- Empresas no estágio I apresentaram baixo nível de integração externa.
- Empresas nos estágios II e III demonstraram alto nível de colaboração com clientes e varejistas.
- A colaboração interna pode influenciar a colaboração externa e vice-versa. A influência da colaboração externa deve ser entendida como um incentivo à colaboração interna: se uma empresa quer colaborar externamente com clientes e fornecedores, precisa melhorar a integração interna.

A autora conclui sugerindo aos gestores que no processo de integração as empresas devem alcançar um nível relativamente elevado de colaboração entre as funções internas antes de iniciar qualquer integração externa.

De maneira semelhante, Chopra e Meindl[26] defendem que o nível básico de integração em uma cadeia se suprimentos é a operação interna de cada empresa. Os benefícios a serem obtidos estão diretamente relacionados com a competência das empresas em promoverem o alinhamento estratégico de cada área funcional diretamente envolvida com gestão da cadeia de suprimentos. Para tanto, há necessidade da existência de fatores organizacionais, também mencionados como facilitadores ou condicionantes para que essa integração interna ocorra, a saber:[27]

- **Compartilhamento de conhecimento e informações:** troca de conhecimento (tácito e implícito) e disponibilização de informações entre pessoas nas diferentes áreas funcionais. Necessita disposição para compartilhar e incentivo à comunicação.
- **Apoio da alta administração:** conscientização e comprometimento com a promoção da integração. Lidar com as barreiras internas nos níveis estrutural, cultural e humano/comportamental elaborando meios para superá-las.
- **Equipes multifuncionais:** formação de equipes de trabalho com representantes das áreas funcionais mais diretamente relacionadas com o gerenciamento da cadeia de suprimentos. Forma-se uma estrutura paralela à estrutura funcional.

- **Planejamento de metas e resolução de problemas em conjunto:** definição conjunta entre as áreas funcionais das políticas, metas e ações para as operações da cadeia de suprimentos. Antecipação e resolução de problemas, com responsabilidades assumidas em conjunto.
- **Cultura organizacional:** a qual fomente o compartilhamento de conhecimento e informações entre as pessoas dentro e entre as áreas funcionais e a adoção das práticas de gestão da cadeia de suprimentos.

Ao estudar o setor frigorífico brasileiro, Rosales constatou fortes relações entre facilidade de criação de ações colaborativas e aumento na padronização da qualidade de animais para abate (um dos principais problemas do setor) e entre troca de informações e criação de ações colaborativas. Tais evidências sugerem que uma orientação institucional que proporcione trocas estratégicas de informações é ponto inicial para gerenciamento do relacionamento entre parceiros comerciais, facilitando a criação de valores e de vantagens para os envolvidos na transação.

Ainda segundo Rosales, a criação de vantagens colaborativas (troca de informações, fornecimento de insumos e tratamento diferenciado) mostra-se uma ferramenta eficiente para gerenciar alguns tipos de risco (de mercado, de matéria-prima e de opinião pública), além

---

BOXE 3.2 TIROLEZ: cultura como vantagem competitiva[28]

A briga é de gigantes. Enquanto grupos estrangeiros como Emmi, Lactalis, Leprino e até Coca-Cola disputam o mercado de derivados de leite no Brasil, uma empresa 100% nacional e familiar, ainda na primeira geração, destaca-se e continua a ganhar fatia de mercado. Como ela consegue?

Com 38 anos de existência, a Tirolez, companhia dos irmãos Cícero e Carlos de Alencar Hegg, cada um com 50% de participação, está confiante quanto à meta de crescer dois dígitos este ano, enquanto o setor prevê, para baixo, os 4% previstos no início do ano. Como? Afinal, sua operação não é simples. Hoje, a Tirolez tem um portfólio de cerca de cem produtos de fabricação própria e ainda distribui os da francesa Bel. Seus fornecedores são 1.570 produtores de leite, e ela chega a receber 850 mil litros por dia. Tem 1.540 funcionários, em seis fábricas (em São Paulo, Minas Gerais e Santa Catarina) e um centro de distribuição.

Tudo isso explica em que a Tirolez vem ancorando sua ambição de crescimento – em novas embalagens de queijos em pequenas porções, em marketing, em novos canais. Mas a resposta para o êxito está, de verdade, no que viabiliza sua ação rápida nesses *fronts*. A explicação está em sua cultura, que remonta à família dos fundadores, ao enfrentamento de dificuldades e ao clima familiar, apoiado em valores humanistas, que é mantido até hoje.

Tudo começou em 1979, quando Cícero Hegg, depois de ouvir as histórias do sogro do irmão Roberto, então produtor do queijo Vencedor, decidiu investir na área. Um ano depois, Cícero e Carlos adquiriram a indústria Franco, localizada em Tiros (MG), que tinha a marca Mineirão e apenas seis funcionários.

Os irmãos assumiram o negócio já com um desafio: reconquistar os 34 produtores que forneciam 700 litros de leite por dia para a empresa produzir seus 70 quilos de queijo prato em barra. A Franco estava em dívida com eles. "Tivemos de romper a barreira de desconfiança", relembra Cícero, que é o presidente. Se o início foi promissor em vendas, porque a empresa vendia tudo o que produzia, a alegria durou apenas um mês. O preço do produto deixou de ser tabelado, e o setor viveu uma das mais graves crises. Em três meses o prejuízo foi revertido, e os Hegg conseguiram quitar a compra da Franco. Mudaram a marca para Tirolez, em homenagem à cidade de Tiros. E, produzindo queijo prato em peças para fatiar e manteiga, sem marca, partiram para ampliar a rede de fornecedores.

Do lado de fora

O "gostar de gente" da Tirolez se estende ao ponto de venda e aos fornecedores. "Convivíamos com os queijeiros de uma forma muito simples, aprendíamos como apertar a massa e chegar ao ponto", relembra Cícero. Mas não é algo do passado: é algo alimentado e que evolui. Já com os fornecedores de leite, a construção da base de relacionamento, em 1980, é mantida até hoje. A política leiteira da empresa garante que, preço a preço, não perde produtor de leite para ninguém; e ainda agrega valor com o tratamento diferenciado.

A relação da Tirolez com os produtores de leite é muito próxima, confirma Carlos Hegg, sócio-diretor: "Há mais de 30 anos, fazemos esse tratamento de extensão rural com os produtores, porque a qualidade do queijo é diretamente proporcional à qualidade do leite. Então essa proximidade é favorável no incremento da qualidade da matéria-prima, e também eleva a produtividade dos produtores." Há corresponsabilidade da Tirolez pela qualidade da matéria-prima: "Por exemplo, temos uma equipe de veterinários, que visita periodicamente os produtores de leite, ajudando-os a manter os animais saudáveis."

A Fazenda Progresso fornece para a Tirolez há 30 anos. Conta que o relacionamento com a companhia é até hoje muito bom e confirma que recebe apoio. "Eles me dão suporte em qualidade, modernização e gestão. E faço parte do programa Balde Cheio (metodologia de transferência de tecnologias e de capacitação da Embrapa), no qual a Tirolez arca com 30% dos custos", ressalta o proprietário. A Fazenda Baixada Fria também elogia a capacitação dos funcionários da Tirolez, para qual fornece desde 2006, principalmente na gestão da qualidade do produto. "A coleta de amostra e conferência de qualidade é feita constantemente e com eficiência", dizem eles. Ou seja, relacionamentos mais longos de fato importam.

de melhorar a estabilidade das relações entre parceiros comerciais e criar valor para os envolvidos na transação.

A próxima subseção dedica-se a explorar o papel da colaboração na integração da cadeia de suprimentos, com ênfase na integração externa e nas possibilidades de práticas colaborativas.

3.4.1 Práticas colaborativas

Conforme vem sendo discutido ao longo deste capítulo, a gestão da cadeia de suprimentos é apontada como uma das melhores estratégias para as organizações melhorarem seu desempenho no mercado, uma vez que a competição não mais ocorre entre empresas de forma isolada, e sim entre cadeias de suprimentos. A dependência entre empresas para a troca de materiais, informações, conhecimento, produtos e serviços faz com que os planos de atuação delas passem a ser estruturados e implantados a partir da perspectiva de cadeia e não apenas enquanto unidades isoladas. Sendo assim, as empresas mais bem-sucedidas tendem a ser aquelas capazes de alinhar seus processos internos com fornecedores e clientes em uma cadeia de suprimentos exclusiva.

A colaboração é uma dimensão chave na integração externa da cadeia de suprimentos. Afinal, trata-se da busca por alinhamento e sincronia com atores a montante e a jusante, cada qual com sua realidade estratégica, posicionamento competitivo, disponibilidade de recursos (humanos, tecnológicos e estruturais) e cultura gerencial. Além disso, podendo ser atuantes em outras cadeias de suprimentos, ou seja, sem uma relação de exclusividade com uma empresa focal. Portanto, empresas que colaboram em uma cadeia de suprimentos, além de compartilharem informações e conhecimentos, compartilham também os riscos e os lucros. Como resultado, tem-se a melhoria da satisfação do cliente final e da competitividade.

Entretanto, em se tratando de cadeias agroindustriais de suprimentos, algumas ressalvas devem ser feitas. Devido a algumas características dessas cadeias, como, por exemplo, maior poder de mercado das agroindústrias e do varejo, grande pulverização da produção rural, cultura organizacional estritamente tradicional dos gestores agropecuários e dificuldade de troca de informação, são muito raras as ações de colaboração desses agentes, principalmente a montante da cadeia.

Apesar dos benefícios, os desafios da integração externa são muito grandes.[29] Assim como na integração interna (seção 3.4), a literatura especializada aponta para a necessidade da existência de fatores facilitadores ou condicionantes para que as iniciativas de integração externa sejam bem-sucedidas. Aqueles que pressupõem não somente a dimensão "interação", mas também a dimensão "colaboração" são:[30]

- **Alinhamento de estratégias e processos organizacionais:** processo interativo no qual os diferentes planos e processos operacionais entre as empresas parceiras tornam-se compartilhados e comuns em busca da minimização dos custos totais e da agregação de valor. Decisões conjuntas em aspectos como geração de pedidos, estratégias promocionais, programação da produção, entre outras.

- **Planejamento e ações conjuntas com fornecedores:** a proximidade com fornecedores pode ocorrer em ações como desenvolvimento de uma matéria-prima específica e projetos de desenvolvimento de novos produtos. São as vantagens: melhoria da qualidade, do preço e do prazo na compra de materiais, melhoria ao acesso e implantação de novas tecnologias e rapidez no atendimento ao cliente.

- **Compartilhamento de riscos e recompensas:** a gestão de riscos visa reduzir a vulnerabilidade da cadeia de suprimentos como um todo, via coordenação e colaboração entre os membros. Já o estabelecimento de recompensas é entendido como um facilitador ao estimular o envolvimento e o comprometimento dos profissionais entre as empresas com relação ao cumprimento das metas em comum.

- **Comunicação:** alto nível de integração externa é caracterizado por alto nível de comunicação com fornecedores e clientes. Empresas precisam estimular a troca de informações entre parceiros, criar protocolos comuns, compartilhar valores, objetivos e desafios.

- **Comprometimento:** significa que os parceiros de negócio estão dispostos a dedicar recursos e devotar suas energias para sustentar o relacionamento entre eles. Com o comprometimento, os parceiros tornam-se mais integrados nos processos de seus principais clientes e mais vinculados aos objetivos da cadeia de suprimentos.

- **Confiança:** é a crença de que o parceiro de negócio agirá de forma consistente, cumprirá com o combinado entre as partes e estará disposto a abandonar comportamentos oportunistas. Contribui significativamente para o estabelecimento de relacionamentos de longo prazo entre as empresas da cadeia de suprimentos.

Em verdade, a colaboração na cadeia de suprimentos tem sido defendida por profissionais de empresas, consultores e acadêmicos desde o período entre meados e final da década de 1980. As discussões tiveram início nos EUA, quando se percebeu que o crescimento de empresas ligadas à indústria e ao varejo de alimentos havia diminuído. Como o setor estava estagnado, muitos relacionamentos entre fornecedores e clientes haviam se tornado antagônicos, com apenas um dos lados buscando ganhar os lucros.

As práticas que passaram a ser criadas tinham como propósito aumentar os níveis de cooperação entre as empresas, proporcionando melhorias no desempenho da cadeia de suprimentos como um todo especialmente por meio da maior visibilidade da demanda e da troca de informações. A evolução da tecnologia da informação criou um ambiente favorável para a criação e utilização dessas práticas, baseadas no uso de *softwares* enquanto plataforma de integração entre as empresas.

Em uma escala evolutiva, considerando o período de surgimento e o acúmulo de especificidades, as práticas colaborativas são:[31]

3.4.1.1 *Quick response* (QR)

Desenvolvida nos EUA na década de 1980 entre fornecedores e varejistas de artigos de moda. É uma estratégia *just-in-time* (JIT), na qual o conceito envolve a entrega de matérias-primas à produção na quantidade e prazo exatos, a fim de reduzir o estoque de toda a cadeia de suprimentos e entregar o produto ao consumidor no prazo e na quantidade exata.

Alia-se a sistemas de tecnologia da informação (CAD e CAM) e manufatura flexível, acelerando a produção e o ciclo de entrega. Enfim, possibilita a melhoria da eficiência e do nível de serviço ao cliente.

3.4.1.2 *Efficient consumer response* (ECR)

Consiste em uma ampliação da iniciativa de QRO, cujo propósito central é mudar a cadeia de suprimentos de um sistema "empurrado" para um sistema "puxado", com o reabastecimento do estoque a partir dos dados fornecidos pelos pontos de venda. De acordo com a consultoria Kurt Salmon Associates,[v] as empresas ao longo da cadeia deveriam adotar as seguintes ferramentas de ECR, a fim de aumentar suas vendas e oferecer valor ao cliente final:

- **Introdução eficiente de novos produtos:** aumenta o índice de sucesso no lançamento de novos produtos mediante a troca de informação sobre vendas entre os parceiros.
- **Promoção eficiente:** em consequência da menor complexidade dos acordos entre distribuidores e fornecedores, torna-se mais fácil identificar pontos de redução de custos, agregando-se valor ao consumidor final.
- **Sortimento eficiente:** busca otimizar o portfólio de produtos e a alocação de espaço, tendo como consequência o aumento de vendas e do giro de estoque.
- **Reposição eficiente:** por meio da gestão compartilhada de estoque entre distribuidores e fornecedores, dinamiza-se o fluxo de produtos desde a produção até a saída no distribuidor, reduzindo, assim, os custos de armazenagem e distribuição.

Independentemente do setor, o aprimoramento do fluxo de informação tanto internamente nas empresas como externamente entre os parceiros é fator importante para a implantação da prática. Sistemas de gestão de *enterprise resources planning* (ERP) e *eletronic data interchange* (EDI) são plataformas de tecnologia da informação bastante apropriadas para esse fim.

3.4.1.3 *Continuous replenishment program* (CRP)

Desenvolvido a partir do conceito de ECR, o CRP baseia-se no conceito de reabastecimento contínuo do varejista por parte dos fabricantes. Porém, para que isso de fato ocorra, os níveis de estoque (antes tidos como confidenciais) precisam ser compartilhados. Por sua vez, os fabricantes tornam-se responsáveis pela minimização de inventário e falta de estoque dos seus clientes varejistas, já que os pedidos de compra são praticamente eliminados. Como não precisam mais manter estoques altos, os varejistas conseguem desenvolver mais campanhas promocionais e ofertar preços mais baixos ao consumidor. De maneira geral, os benefícios da prática de CRP são: melhor gestão de estoque, melhor nível de serviço ao cliente, melhor previsibilidade da demanda, melhoria do ciclo produtivo e melhoria do processo de reabastecimento.

3.4.1.4 *Vendor managed inventory* (VMI)

O VMI é uma prática comercial na qual o fornecedor se torna responsável por gerenciar o estoque do cliente (no caso, varejistas), determinando as políticas de reabastecimento. É como se os varejistas estivessem alugando espaços em suas lojas para as empresas que revendem seus produtos. Para tanto, o fornecedor deve ter acesso a uma série de informações, fundamentalmente: (i) nível do inventário atual e passado dos clientes, (ii)

---

v   Empresa de consultoria com sede nos EUA, a qual adaptou a estratégia de QR para a indústria de produtos de mercearia básica. Ver KURT SALMON ASSOCIATES. Efficient consumer response: enhancing consumer value in the grocery industry. 1993.

comportamento de demanda do consumidor final, (iii) previsões de vendas, (iv) dados do ponto de venda e (v) programação de ações promocionais.

Portanto, é um programa de reposição automática de produtos acabados do fabricante, o qual elimina as ineficiências do sistema convencional, tais como:[32] pedidos não distribuídos uniformemente, ociosidade da produção nos momentos de baixa dos pedidos e atraso na entrega de pedidos pela falta de programação. A economia de custos se dá nos dois lados: para os fornecedores, ao economizarem nos custos de produção e distribuição, e para os clientes, por não alocarem recursos para o controle e gestão de seus estoques.

De maneira geral, os benefícios da prática de VMI são: redução de custos, aumento das vendas e dos lucros, melhor previsibilidade da demanda, redução dos ciclos de pedidos, melhoria dos processos de reabastecimento e maior competitividade.

3.4.1.5 *Collaborative planning, forecasting and replenishment* (CPFR)

O CPFR é um programa colaborativo que estabelece coordenação entre a produção, o planejamento, a previsão de vendas e a reposição entre os parceiros da cadeia de suprimentos, integrando os lados da oferta e da demanda. O CPFR melhora as previsões dos varejistas e a capacidade de responder rapidamente às mudanças do mercado. Em verdade, a prática surgiu para superar algumas lacunas não preenchidas pelas práticas de ECR e VMI, como, por exemplo, o planejamento independente de operações. Por meio de iniciativas colaborativas, tais como reuniões e troca de informações, os problemas e as exceções são identificados, discutidos e solucionados em conjunto.

Apesar de ser aplicável a qualquer segmento de negócio, para empresas que possuem maior variação de demanda e para aquelas que trabalham com cadeias globais, a prática demonstra ser ainda mais benéfica. Por exemplo, um fabricante de produtos alimentícios e uma rede varejista podem trabalhar em conjunto para criarem um único calendário promocional durante um período de sazonalidade nas vendas. De maneira geral, os benefícios da prática de CPFR são: aumento das vendas, redução de custos e aumento dos lucros, melhoria do processo de reabastecimento, melhoria das atividades promocionais e melhoria no nível de serviço ao cliente.

De acordo com o apresentando até o momento, podemos observar que a integração e a colaboração na cadeia de suprimentos envolvem organizações, processos, tecnologia e pessoas. O papel e a influência do fator humano é o assunto abordado na próxima subseção.

3.4.2 Fator humano

A natureza também relacional da integração da cadeia de suprimentos justifica a influência do fator humano no sucesso ou insucesso das práticas de gestão da cadeia de suprimentos. Segundo afirma Sweeney,[33] a integração (interna e externa) é baseada em relacionamentos entre indivíduos, equipes, funções e organizações, e os relacionamentos são, por essência, baseados em pessoas. Conforme a visão de Lowerence e Lorsch,[34] em estudo anteriormente mencionado, tanto nas definições de diferenciação e integração, quanto na própria definição de organização, percebe-se forte ressalva para a dimensão comportamental das pessoas envolvidas com as tarefas organizacionais. Em especial, ressaltam a necessidade de habilidades para o relacionamento interpessoal, inclusive daqueles ocupantes de cargos de liderança. Dado que as trocas dentro e entre os subsistemas ocorrem entre pessoas, um bom relacionamento interpessoal seria uma das formas para suplantar a inerente dificuldade de integração. Isso porque, quanto mais diferenciada é uma organização, mais difícil é a solução de pontos de vista conflitantes dos departamentos e a obtenção da colaboração efetiva.

A literatura específica de gestão da cadeia de suprimentos tem reconhecido a necessidade de maior atenção ao fator humano, mencionado por alguns autores como aspecto *soft* em detrimento da maior atenção dada aos aspectos *hard* – tecnologia, sistemas de informação, infraestrutura de produção e distribuição.[35] Nas investigações sobre os motivos de falhas e dificuldades para a implementação e execução das práticas e dos processos de negócio para a gestão da cadeia de suprimentos, o aspecto *soft* tem se destacado. Sendo assim, ter profissionais devidamente capacitados e comprometidos com o desenvolvimento de suas atividades laborais é tão fundamental quanto investir em infraestrutura e tecnologia. Mesmo em trabalhos cujo tema não é central no debate, os resultados terminam por, de alguma forma, apontar o fator humano como elemento de influência nas estratégias de gestão da cadeia de suprimentos.

O surgimento e a crescente importância das cadeias globais é outro fator motivador dos estudos de gestão de pessoas em cadeias de suprimentos. Em razão das diferenças políticas, econômicas, culturais e sociais entre os países, o perfil profissional exigido para o gerenciamento desse tipo de cadeia tem se modificado, tornando-se essencial a capacidade de adaptação e o entendimento de diferentes realidades e a tradução disso nas estratégias organizacionais.[36]

Em uma investigação empírica sobre as principais dificuldades no desempenho das cadeias de suprimentos, Tanco, Jurburg e Escuder[37] observaram três dificuldades diretamente relacionadas com o fator humano:

1. **Disponibilidade da força de trabalho:** dificuldade em encontrar profissionais devidamente qualificados, altos índices de rotatividade e absenteísmo, ausência de programas de treinamento.
2. **Níveis baixos de produtividade:** provocados por greves, disputas e conflitos internos, ausência de envolvimento e comprometimento, não identificação com a cultura organizacional.
3. **Conhecimento, capacitação e habilidades para gerenciar cadeias de suprimentos:** escassez de profissionais com esses três requisitos, incompreensão do conceito de gestão da cadeia de suprimentos e inexperiência profissional.

Apesar da importância reconhecida, o perfil profissional adequado para o desenvolvimento das atividades relacionadas à gestão da cadeia de suprimentos não está ainda totalmente delimitado. A falta de consenso no conceito de SCM ocasiona a falta de clareza na definição de quais são as práticas profissionais e os tipos de trabalho associados com a gestão de cadeias. Essa falta de definição traz alguns riscos para as profissões ligadas à área, como, por exemplo, ausência de delimitação do que seja ou não importante conhecer, em termos técnicos, para o exercício da profissão.

Partindo do fato de haver pouco entendimento sobre quais habilidades profissionais são necessárias para a efetivação da logística no contexto atual de mercado, os autores Kovács, Tatham e Larson[38] propuseram uma redefinição da área, chamando-a de "logística humanitária". São as categorias de habilidades propostas pelos autores:

- **Habilidades de gestão geral:** conhecimento em finanças e contabilidade, gestão de tecnologia e informação, gestão de projeto, marketing e relacionamento com o consumidor, gestão de projeto e risco, gestão de relacionamento com fornecedores e gestão de recursos humanos.
- **Habilidades específicas da função logística:** conhecimento em gestão de transportes, legislação, compras e aquisições, previsão de demanda, logística reversa, inventário e gestão de ativos, armazenagem, sistemas de informação logística.
- **Habilidades interpessoais:** comunicação oral e escrita, negociação, condução de reuniões, predisposição à escuta, gestão de pessoas e liderança.
- **Habilidades para resolução de problemas e traços de personalidade:** identificação, análise e solução de problemas, compartilhamento de informações e gestão do estresse.

Observa-se a divisão das categorias em dois subgrupos: o técnico (habilidades de gestão geral e habilidades específicas da função logística) e o comportamental (habilidades interpessoais e habilidades para resolução de problemas e traços de personalidade). Em termos de redefinição, os autores atentam para a inclusão dos aspectos comportamentais entre as habilidades requeridas do profissional em logística humanitária.

Essa ideia é também sustentada por Barnes e Liao,[39] ao destacarem que são três as áreas-chave nas quais as competências humanas são essenciais: individual e grupal (ambas numa perspectiva intraorganizacional) e interorganizacional (sob a perspectiva da colaboração entre os membros da cadeia). Assim, a determinação desse conjunto de conhecimentos, competências e habilidades técnicas e comportamentais deve dar-se não apenas no âmbito individual ou intraorganizacional, mas também no relacionamento entre os parceiros de uma cadeia. A Figura 3.3 sintetiza as características apontadas pela literatura como essenciais para a atuação profissional em gestão da cadeia de suprimentos.[40]

```
                    Perfil profissional para GCS
                    ┌──────────────┴──────────────┐
            Capacidade técnica          Habilidades comportamentais
```

Capacidade técnica:
- Gestão da demanda e planejamento de suprimentos
- Gestão de fornecedores
- Transporte e logística
- Planejamento e controle da produção
- Tecnologia de gerenciamento integrado
- Conhecimentos gerenciais: gestão de projetos, gestão de riscos, gestão da qualidade, gestão da mudança

Habilidades comportamentais:
- Comunicação (oral e escrita)
- Relacionamento integrado com profissionais de outras áreas funcionais
- Compartilhamento de informações e conhecimento
- Predisposição à mudança
- Comprometimento e envolvimento
- Comportamento ético
- Resolução conjunta de problemas

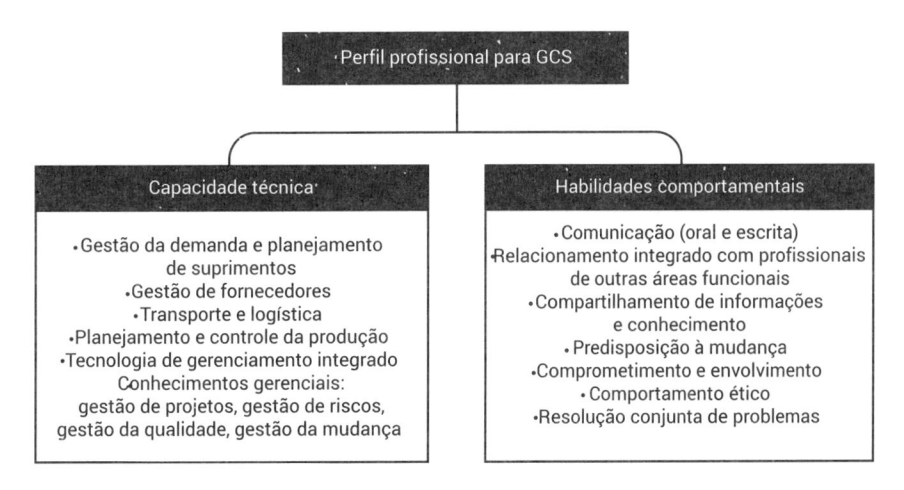

Figura 3.3 Perfil profissional para atuação em GCS.[41]

3.5 RISCOS EM CADEIAS DE SUPRIMENTOS

Em condições ideais, uma cadeia de suprimentos viabiliza o fluxo de produtos e a troca de informações, possibilitando a captura de sinergias e a criação de estratégias. Logo, com o acirramento do ambiente competitivo, a concepção de estratégias fundamentadas na integração da CS tem se mostrado como opção indispensável, levando as empresas a coordenarem parte da rede que constitui suas cadeias e, consequentemente, aumentando a interdependência entre elas. Devemos ressaltar, entretanto, que as CS estão sendo formadas, cada vez mais, por empresas geograficamente dispersas e controladas por relações menos lineares. Essa realidade aumentou consideravelmente as incertezas e as instabilidades que podem acarretar prejuízo a seus agentes. Autores como Tang e Tomlin[42] e Wagner e Bode[43] (2008) alertam que, ao contrário do que ocorre em ambiente estável, as práticas de gestão de cadeia de suprimentos e a interdependência entre as organizações potencializam a exposição das firmas a perturbações. Tais eventos indesejáveis são chamados de riscos em cadeias de suprimentos (RCS).

Dadas a complexidade dos riscos em cadeias de suprimentos e a diversidade de teorias utilizadas para compreendê-los, não há unanimidade na definição de RCS. Além disso, termos como riscos, vulnerabilidade e interrupções são apresentados ora como sinônimos, ora como complementares. Assim, é fundamental definirmos cada um desses termos.

Para Rosales, a definição de riscos em cadeia de suprimentos pode estar relacionada com:

- **Interrupções nos fluxos de produtos ou de informações entre empresas de uma cadeia de suprimentos:** tais interrupções são consequências das incertezas típicas das CS (preço, demanda, oferta, qualidade etc.) ou de catástrofes (naturais, ação humana, crises) e causam prejuízos às empresas.
- **Probabilidade da ocorrência de eventos indesejáveis:** nesse contexto, risco propriamente dito é algo que não existe, podendo ou não se materializar em forma de perturbações. Assim, os eventos que geram RCS podem ocorrer ou não, mesmo que existam grandes chances de se manifestarem.
- **Desvio negativo de um resultado esperado:** podem ocorrer flutuações tanto positivas como negativas no desempenho de uma organização, o que chamamos de incertezas. Os riscos, nesse contexto, fazem parte da incerteza e representam apenas a parte negativa.
- **Combinação entre a probabilidade de um evento ocorrer e a intensidade da perda:** essa definição permite, em alguns casos, mensurar determinado risco considerando, por exemplo, que existe um risco elevado se uma baixa probabilidade de ocorrência de um evento for combinada com perdas potencialmente altas.
- **Variável multidimensional:** formada por (i) fonte de risco, (ii) evento de risco, (iii) probabilidade de ocorrência do evento e (iv) impacto do risco, esse tipo de análise possibilita uma visão ampla e abrangente do evento, permitindo identificar e isolar os eventos que deram origem ao risco propriamente dito.

Sobre essas diversas classificações de riscos em cadeias de suprimentos devemos fazer algumas ressalvas. Alguns riscos com efeitos capazes de comprometer consideravelmente o desempenho das empresas nem sempre causam interrupções nos fluxos de produtos ou de informações entre as organizações da CS. Muitas vezes, questões ligadas a volatilidade de preços, oscilações de demanda ou oferta e falta de qualidade dos produtos, entre outras, são exemplos de riscos que não interrompem os fluxos de produtos.

Vale lembrar também que muitos eventos não ocorrem com frequência necessária para o cálculo da probabilidade de sua ocorrência e alguns episódios são totalmente imprevisíveis. Por esse motivo, adotar probabilidade de algum evento ocorrer como forma de avaliar os RCS pode não ser a melhor estratégia para as empresas, uma vez que alguns RCS podem ser subestimados.

Quanto à vulnerabilidade, Rosales afirma que o termo pode ser visto como:

- **Determinante da sensibilidade e do nível de RCS**: assim, dizer que uma empresa ou cadeia é vulnerável a determinado risco significa que a possibilidade de esse evento ocorrer trazendo prejuízos consideráveis é potencialmente alta.
- **Determinante das consequências dos RCS**: nesse caso, um conjunto de características das empresas e das cadeias de suprimentos estaria relacionado com a magnitude das perturbações causadas pelos riscos.
- **Fonte de riscos em cadeia de suprimentos**: as vulnerabilidades podem criar perturbações indesejáveis às empresas.

Quanto ao significado de interrupção, devemos destacar que, como sugerido por Rosales, em inglês as palavras *interrupt, interruption, disturbances* e *disruption*, em uma visão mais ampla, podem ser consideradas sinônimo de perturbação. Além disso, muitas vezes, os riscos em cadeia de suprimentos podem causar consideráveis prejuízos às organizações sem que ocorra interrupção nos fluxos dos produtos ou de informações.

Com base no exposto, risco em cadeia de suprimentos será entendido como ocorrência de eventos, no ambiente interno ou externo às CS, que causem qualquer tipo de perturbações aos fluxos das cadeias de suprimentos e resultem em prejuízo ou em desvio negativo de alguma medida de desempenho. Como representado na Figura 3.4, o risco em cadeia de suprimentos é visto como variável multidimensional formada por:

1. **Fonte ou fator de risco**: eventos ou situações que, se manifestadas, podem causar prejuízo às empresas, ou seja, são os riscos na forma latente, antes de se materializarem.
2. **Evento de risco ou risco propriamente dito**: episódio ou fenômeno que, efetivamente, leva à ocorrência de desvios negativos ou prejuízos para as empresas ou para as cadeias de suprimentos. São os responsáveis por materializar as fontes de riscos até então latentes e ocorrem tanto no ambiente externo das CS, como em qualquer um dos níveis de seu ambiente interno. Por isso, é importante uma visão abrangente da cadeia.
3. **Perturbação ou distúrbio**: resultado de eventos do ambiente interno ou externo às cadeias que criam situações indesejadas e levam a desvios negativos de algum indicador de desempenho específico. Na prática, seriam as consequências dos eventos de risco.
4. **Vulnerabilidade**: relacionada aos atributos da CS e/ou das empresas que determinam quanto essas são suscetíveis a determinados riscos e a magnitude de suas consequências. Assim, quanto maior a exposição de uma cadeia (ou empresa) a determinado risco e/ou quanto maior o impacto do evento na CS (ou empresa individualmente), maior a vulnerabilidade dessa a tal RCS. Dessa perspectiva, nem todas as cadeias de suprimentos estão expostas aos mesmos riscos; além disso, empresas pertencentes à mesma CS podem ter diferentes níveis de exposição ao mesmo risco.

É importante frisar que esse modelo é acadêmico e teórico, já que esses elementos (fontes de risco, eventos de riscos, vulnerabilidade e perturbações) são muito dinâmicos, e a interação entre eles pode levar a resultados adversos. Contudo, essa classificação facilita a compreensão e a gestão dos RCS, possibilitando aos gestores tomarem decisões e criarem estratégias para se prevenirem de possíveis situações indesejadas. Além disso, a diferença entre fontes de risco e evento de risco é muito tênue, e a diferenciação pode variar de acordo com o ponto de vista da análise e do objetivo do estudo. Outrossim, na prática, um RCS pode ser causado por mais de uma fonte de risco e, da mesma maneira, uma fonte de risco pode reverter-se em mais de um risco.

Como exemplo de dimensões de RCS podemos citar o fator climático em uma empresa que exporte café. Caso o regime de chuva e a temperatura ambiente não sigam o comportamento esperado nas regiões produtoras, a produção de café será comprometida tanto em relação à quantidade produzida como em relação à qualidade do produto. Devido à falta do produto, a empresa terá dificuldade de adquirir o café para honrar seus contratos

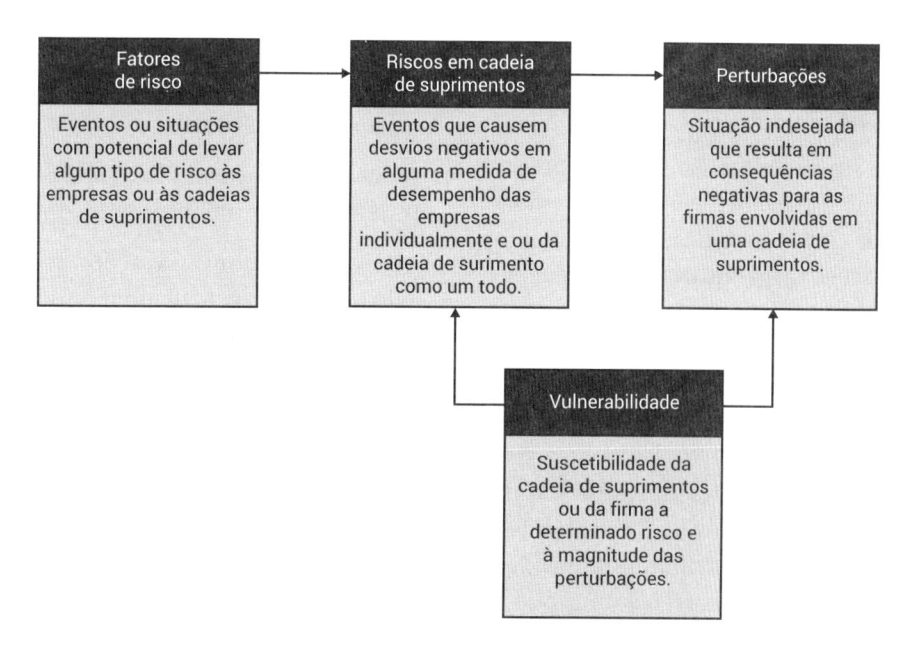

Figura 3.4 Dimensões dos riscos em cadeia de suprimentos.[44]

e, além disso, o preço poderá ser consideravelmente superior à média histórica para o período. Esse cenário pode inviabilizar as transações, exigindo renegociação dos contratos. Nesse exemplo, os fatores climáticos podem ser vistos como fatores de riscos (pois podem ou não se materializar no risco), a falta ou o excesso de chuvas seria o risco em cadeia de suprimentos, ou seja, a materialização da fonte de risco que interfere na oferta e na qualidade do produto no mercado. Por sua vez, a falta de qualidade do produto e sua valorização são exemplos de perturbações que podem afetar, não apenas os produtores de café, mas toda a CS. Finalizando, a vulnerabilidade será maior em regiões onde o clima é mais instável.

Em se tratando de cadeias de suprimentos agroindustriais, a falta de padronização da matéria-prima pode ser considerada um dos principais pontos de conflito entre agroindústrias e produtores rurais. Nesse cenário, se o objetivo for analisar as consequências da variabilidade da qualidade para a agroindústria, tal fator pode ser visto como um evento de risco (falta de qualidade) e consequência da falta de tecnologia empregada na produção rural ou de eventos climáticos (fontes de riscos). Já se considerarmos o impacto dessa inconformidade no atendimento das exigências dos clientes ou na qualidade do produto final, que sofre influência da qualidade da matéria-prima, a variabilidade de qualidade dos produtos agropecuários passa a ser vista como uma fonte de risco. Nesse caso, em cadeias onde a influência dos fatores climáticos é maior sobre a qualidade do produto, como, por exemplo, no caso do café, a vulnerabilidade a esse tipo de risco é maior.

3.5.1 Fontes de risco em cadeias de suprimentos

Riscos em cadeia de suprimentos são provenientes de episódios ou fatores que acarretam prejuízos às empresas, chamados de fontes de riscos em cadeias de suprimentos (FRCS). As FRCS podem surgir de eventos externos à CS (terremotos, inundações, secas, crises internacionais, guerras, ataques terroristas), internos a ela (alterações na oferta ou na demanda, características dos produtos, tecnologia das empresas e relacionamento entre os agentes) ou ainda da interação entre os ambientes. Essa complexidade, associada às diferentes características das cadeias de suprimentos, confere aos RCS variabilidade muito grande quanto a natureza e atributos (intensidade da perturbação, possibilidade de ocorrência, período de incubação etc.), dificultando a previsão dos impactos desses eventos.

Assim sendo, torna-se fundamental identificar e avaliar as FRCS e a vulnerabilidade dos diferentes níveis das CS e da empresa focal, simultaneamente. Entretanto, é pertinente lembrar que RCS, bem como suas fontes, são fenômenos complexos e específicos para cada setor. Assim, essa análise deve ser adaptada segundo as dinâmicas setoriais e as características da cadeia e da organização em que será empregada e, também, revista periodicamente.

O Quadro 3.5 apresenta um modelo de classificação das fontes de riscos em cadeias de suprimentos elaborada a partir da proposta de Cheng e Kam[45] e Rao e Goldby,[46] que considera a dimensão e a categoria de cada FRCS. As dimensões propostas são:

- **Ambientais**: afetam, mesmo que de maneiras diferentes, todos os setores (mudanças nas políticas públicas, instabilidade política, questões macroeconômicas etc.).
- **Setoriais**: são variáveis intrínsecas do setor e do ambiente institucional e regulatório no qual a CS está inserida, mesmo que impactem de forma diferente nos diversos níveis da cadeia. Ambiente competitivo, fornecimento de matéria-prima, políticas setoriais, estrutura de mercado e mercado consumidor são exemplos de fatores setoriais.
- **Organizacionais**: esses fatores afetam as organizações de maneiras diferentes e têm potencial para atingir a CS toda. São formados, entre outros aspectos, por capacidade operacional, pontualidade, crédito e comportamento das organizações.
- **Gerenciais**: relacionados com as características dos responsáveis pelas tomadas de decisões (falta de visão sistêmica, orientação institucional inapropriada, desalinhamento entre os níveis gerenciais etc.).

Quanto à categoria, classificam-se as fontes de riscos em cadeia de suprimentos em:

- **Político-econômicas**: ações, restrições e regulação do ambiente institucional onde as CS estão inseridas que podem afetar negativamente as cadeias e as empresas. Essas fontes de riscos são mais difíceis de gerenciar, contudo, devido à sua importância, devem ser consideradas. Mudanças na política fiscal, criação de leis, relacionamento com outros países e política macroeconômica são exemplos dessas fontes de riscos.
- **Infraestrutura**: fontes relacionadas com correta utilização e manutenção dos ativos disponíveis. Parte da ideia de que riscos podem surgir de falhas ou má gestão dos ativos.

Quadro 3.5 Classificação das fontes de riscos.[47]

		Dimensões das fontes de riscos em cadeias de suprimentos			
		Ambiental	**Setorial**	**Organizacional**	**Gerencial**
Categorias das fontes de riscos em cadeias de suprimentos	**Político-econômica**	• Crises econômicas. • Conflitos bilaterais entre países. • Mudanças abruptas no cenário político. • Política fiscal e macroeconômica. • Instabilidade geopolítica e guerras.	• Mudanças de leis e regulamentos específicos para o setor. • Políticas públicas setoriais inadequadas. • Mudanças na política fiscal setorial.	• Dificuldade de acesso ao crédito. • Dificuldade de adequação do sistema produtivo à mudança nas leis.	• Desconhecimento das mudanças no cenário político. • Dificuldade de adequação às tendências econômicas.
	Infraestrutura	• Greve de motoristas. • Falta de investimento em modais de transporte. • Estradas precárias. • Infraestrutura de comunicação inadequada. • Capacidade baixa de armazenamento e de escoamento da produção.	• Obsolescência da tecnologia dos fornecedores e clientes. • Dependência de infraestrutura específica. • Tipo de produto comercializado.	• Falta de manutenção dos ativos. • Aumento nos custos de produção. • Estoques elevados. • Obsolescência da tecnologia e do produto vendido. • Longas distâncias do fornecedor ou do cliente.	• Investimentos incorretos. • Desalinhamento entre capacidade produtiva e objetivos estratégicos da empresa.
	Conformidade	• Diferenças de exigências de qualidade entre países. • Padrões técnicos internacionais divergentes.	• Habilidade competitiva dos fornecedores e clientes. • Atraso nos pedidos. • Baixa qualidade. • Falta de capacitação da mão de obra.	• Desempenho da logística de distribuição. • Controle de qualidade. • Incapacidade de atender mudanças nos pedidos. • Limitação de capacidade produtiva.	• Inexistência de um claro padrão de qualidade. • Não envolvimento dos funcionários com os objetivos estratégicos da empresa. • Baixa integração com clientes e fornecedores.
	Relacionamento	• Dificuldade de relacionamento com fornecedores ou clientes de outros países. • Divergências culturais.	• Incertezas na oferta de matéria-prima e na demanda por produto. • Aumento do preço da matéria-prima e queda no preço dos produtos. • Concentração do mercado fornecedor de matéria-prima e no mercado consumidor	• Dependência de poucos fornecedores ou clientes. • Falta de coordenação dentro da CS. • Comportamento oportunista. • Exigência dos clientes. • Falta de envolvimento dos fornecedores.	• Falta de habilidade de negociação. • Falta de alinhamento entre os níveis de gestão. • Baixa capacidade gerencial dos fornecedores e clientes. • Falta de planejamento compartilhado com fornecedores e clientes.

- **Conformidade de entrega**: capacidade, dos fornecedores, da empresa focal e dos clientes, em atender as especificações exigidas pelo mercado em qualidade, quantidade, preço e prazo de entrega. Envolve especificações contratuais, troca de informações, comportamento oportunista e monitoramento dos parceiros.
- **Relacionamento**: a relação entre agentes de uma mesma CS envolve, além dos fluxos de produto, de informações e de finanças, transferência e compartilhamento de riscos, de modo que entidades pertencentes à mesma cadeia compartilhem riscos semelhantes.

Assim, fatores como confiança, tempo de relacionamento, propensão ou aversão ao risco e histórico do parceiro podem levar risco à empresa focal, exigindo a criação de mecanismos para coordenar a relação e dar garantias à continuidade da transação.

3.5.2 Classificação dos riscos em cadeia de suprimentos

A classificação dos riscos em cadeia de suprimentos é uma tarefa complexa e muita subjetiva e deve ser orientada pelas necessidades da empresa focal e da CS, considerando suas particularidades, estratégias e características setoriais. Assim, será possível identificar os principais riscos aos quais estão expostas e as estratégias para gerenciar suas principais fontes.

São várias as formas de classificar RCS, sendo a classificação segundo a função que cada agente exerce na cadeia em relação à empresa focal (fornecedor e cliente) e a localização da fonte de risco (interno à CS ou externo à CS) as mais comuns. Vale ressaltar a importância da definição e especificação detalhada de cada categoria, pois são inúmeros os riscos que incidem sobre as CS, e existem na literatura classes com nomes diferentes (ou similares) que transmitem a mesma ideia (ou ideias diferentes).

O modelo de classificação proposto por Christopher e Pack[48] é um dos mais utilizados. Para esses autores, os RCS devem ser classificados em:

- **Interno à firma:** falhas nas atividades desenvolvidas pelas empresas (processo) e a não aplicação ou a aplicação incorreta de regras que controlam os processos (controle).
- **Interno à cadeia de suprimentos:** ligado à rede de relacionamento na qual a empresa está inserida. Nesse ponto, quanto maior o conhecimento dos principais distúrbios que podem afetar as CS e suas consequências, mais realista será essa classificação. Essa categoria pode ser subdividida em:
  - *Risco de demanda*: tem como fonte eventos a jusante da empresa focal e pode afetar a demanda dos produtos da organização. Inclui desde a distribuição física de produtos até oscilações imprevisíveis da demanda e a relação do *mix* a ser produzido. Pode ser agravado no caso de CS que atuam de forma global.
  - *Risco de suprimento*: surge a montante da empresa focal, compromete o fluxo de matéria-prima e de serviços e pode ter consequências temporárias ou permanentes.
- **Externo à cadeia:** tem como FRC eventos externos (desastres naturais, questões econômicas, ações do governo etc.) à CS e pode afetar um ou mais níveis da cadeia. Os riscos externos à CS são, em sua maioria, incontroláveis, o que compromete a gestão direta desses eventos. Contudo, devido à sua magnitude, esses RCS devem ser reconhecidos, e estratégias de ações devem ser criadas, caso venham a se consolidar.

Outras classificações de riscos em cadeia de suprimentos envolvem, além das três categorias já mencionadas:

- **Risco de propriedade intelectual:** consequência direta do processo de terceirização de processos ou serviços.
- **Risco comportamental:** ligado à falta de confiança e consequente aumento na dificuldade de troca de informações entre os agentes.
- **Risco político-cultural:** consequência das diferenças culturais e políticas entre países ou regiões.
- **Risco regulatório:** impactos negativos causados por leis e políticas sobre o desempenho das cadeias de suprimentos e sobre as organizações.
- **Risco de infraestrutura:** perturbações causadas por falhas na infraestrutura interna à firma ou comum à cadeia.
- **Risco catastrófico:** impactos causados por desastres naturais ou ações humanas.

As perspectivas de riscos apresentadas têm como foco principal questões gerenciais ou econômicas. Entretanto, distúrbios ligados a questões sociais, ecológicas e éticas podem causar prejuízos às CS e às organizações. A forma como as empresas gerenciam seus ativos e atuam no mercado, respeitando ou não princípios éticos e ambientais, cria uma imagem da organização que pode prejudicar seu desempenho. Essa categoria de risco, apesar de não interferir nos fluxos internos à cadeia, pode culminar com perda da participação de mercado e com a desvalorização da marca da empresa como "punição" pela adoção de práticas tidas como eticamente inadequadas. A mensuração e a gestão do risco de reputação são mais complexas, pois estão relacionadas com atributos intangíveis, como, por exemplo, consciência ambiental e responsabilidade social.

3.5.3 Riscos em cadeias de suprimentos agroindustriais

Em uma cadeia de suprimentos agroindustrial, a principal fornecedora de matéria-prima é a produção rural, atividade que, graças às suas peculiaridades, apresenta fontes de riscos próprias (impacto da instabilidade climática, ocorrências de pragas), além de riscos comuns a outros setores (risco de mercado, risco financeiro etc.) assumirem proporções maiores. Considerando que tais riscos podem ter efeito sistêmico sobre os demais níveis da cadeia, torna-se relevante discorrermos brevemente sobre os riscos da atividade agropecuária para melhor compreensão das fontes de riscos das CSA.

O Quadro 3.6 descreve os riscos típicos da produção agropecuária que podem ser classificados, de acordo com suas fontes, em:

Quadro 3.6 Principais riscos do agronegócio[49]

	Riscos	Definição	Fontes dos riscos
De mercado	Flutuação no preço dos insumos.	Variação no preço dos principais insumos.	Excesso de demanda ou escassez de oferta de insumos no mercado.
	Flutuação na cotação dos produtos.	Variação dos preços de venda.	Excesso de oferta ou falta de demanda que ocasionam os marcantes períodos de safras e entressafras.
	Mudanças na preferência do consumidor.	Mudanças das preferências dos consumidores com reflexo negativo sobre a atividade.	Preocupação dos consumidores com questões ligadas à saúde e socioeconômicas.
	Concentração de mercado.	O produtor tona-se tomador de preços devido à concentração de mercado.	Discrepância de poder gerado pela consolidação das grandes empresas.
Institucionais	Alterações nas legislações.	Mudanças nas normas ambientais, de bem-estar animal, sanitárias e de utilização de pesticidas ou remédios, entre outras.	Decretos governamentais que influenciam os sistemas produtivos.
	Restrições de importação.	Determinação de barreiras fiscais, sanitárias ou cotas de importações.	Alterações nas relações comerciais com países estrangeiros.
	Fim de incentivos governamentais.	Cancelamento por parte do governo de programas de incentivos ao setor.	Decretos governamentais.
De produção	Operacional.	Falhas nas práticas de manejo.	Falta de qualificação da mão de obra e incompatibilidade, obsolescência ou incerteza quanto à tecnologia empregada.
	Climático.	Possibilidade de eventos climáticos danosos à produção (geadas, secas, excesso de chuvas etc.).	Imprevisibilidade das alterações climáticas.
	Biológico.	Ataque de pragas e doenças.	Impossibilidade de controle total sobre produções em grandes áreas a céu aberto.
Financeiros	Mudanças nas taxas de juros.	Mudanças desfavoráveis nas taxas de juros.	Grande dependência de fontes externas para financiar a atividade associada às mudanças macroeconômicas desfavoráveis.
	Endividamento.	Dificuldade ou impossibilidade de honrar os compromissos devido à falta de recursos financeiros.	Falta de gestão financeira da atividade, grande oscilação nos custos de produção, desvalorização do produto, imobilização do capital, longo período de maturação dos investimentos etc.
	Falta de crédito.	Inexistência de linhas específicas ou adequadas para financiamento da atividade.	Dependência de fontes externas para financiar a atividade.
	Aumento dos custos de produção.	Aumento inesperado nos custos dos fatores de produção.	Inflação, aumentos salariais, aumento nos insumos etc.
	Não recebimento.	Risco de não recebimento do pagamento pela venda dos animas para abate.	Falta de garantias na transação de venda de animais para abate.

- **Risco de mercado:** a sazonalidade da produção com períodos de safra (grande oferta de produto) e de entressafra (pouca oferta de produto) aumenta a volatilidade dos preços dos produtos e dos insumos agrícolas, que, além oscilarem consideravelmente, são de difícil previsão. Com isso, o produtor rural investe na produção sem ter certeza do preço de venda.
- **Risco institucional:** a produção agrícola é dependente de políticas públicas e de outras ações do governo. Assim, mudanças imprevisíveis em leis, regras, normas e políticas podem afetar negativamente o setor. Mudanças inesperadas nas políticas ambientais e trabalhistas, proibição na utilização de substâncias e mudanças na relação comercial entre países, entre outros eventos, comprometem diretamente a atividade agropecuária.
- **Risco de produção:** a grande dependência da produção rural em relação às condições naturais e biológicas converge em uma série de incertezas para o setor. Nesse cenário, o produtor toma a decisão do nível de produção desejado e investe em sua cultura sem determinar com exatidão como e quando ocorrerão os eventos climáticos (chuvas, temperaturas etc.). Adicionalmente, a ocorrência de fenômenos naturais incomuns (secas prolongadas, chuvas em excesso, chuvas fora de época, geadas etc.) e a incidência de pragas e doenças podem comprometer a quantidade produzida, a qualidade dos produtos e a lucratividade da atividade. Essas incertezas são agravadas, em muitos casos, pela impossibilidade de recuperar os recursos investidos.
- **Risco financeiro:** após realizar o investimento na cultura, o produtor rural precisa esperar um período para o desenvolvimento e a maturação biológica da atividade, antes de realizar o faturamento. Essa realidade torna os fluxos de caixa da atividade rural muito rígidos e os períodos de retornos dos investimentos relativamente longos.

Uma classificação de riscos é sempre teórica, além do que, na prática, há uma grande inter-relação entre as fontes de riscos e seus impactos. A ocorrência de pragas e doenças em casos extremos (fonte do risco de produção), por exemplo, pode aumentar os custos de produção e comprometer a saúde financeira do produtor (risco financeiro).

Os estudos ligados aos riscos da atividade rural não são recentes, contudo, o foco restringia-se ao impacto nas propriedades rurais. Porém, eventos relacionados com a atividade agropecuária apresentam, na maioria das vezes, efeitos sistêmicos, de modo que suas consequências podem se refletir nos demais níveis das cadeias de suprimentos agroindustriais. Desse modo, deve ser preocupação de todos agentes das CSA analisar as fontes de riscos das cadeias em que participam, tornando-se, com isso, necessário o emprego de teorias que considerem a interdependência existente entre os agentes e analisem as empresas juntamente com seus parceiros comerciais.

São diversas as variáveis que ditam a qualidade dos produtos e a quantidade produzida em cada safra. Essa indefinição, por comprometer o planejamento dos níveis a jusante da produção rural, é uma FRCS típica das cadeias de suprimentos agroindustriais. Acrescenta-se a essa realidade a grande dificuldade de ajustar a produção rural a mudanças no mercado, já que após a tomada de decisão, mesmo que a demanda do mercado se altere, aumentar ou diminuir a produção leva tempo significativo. Assim, a necessidade de adaptação às mudanças no nível de oferta de matéria-prima, a dificuldade de atender mudanças repentinas na demanda e as incertezas decorrentes desse cenário são FRCS marcantes nas cadeias de suprimentos agroindustriais.

A estrutura das cadeias de suprimentos agroindustriais pode ser vista como uma fonte de riscos. As CSA são formadas por organizações com características (nível de tecnologia, capacidade gerencial, conhecimento de mercado, poder financeiro) muito variadas. Nessas cadeias, coexistem empresas multinacionais que investem em pesquisa e tecnologia para produção de insumos (fertilizantes, defensivos químicos, material genético etc.) modernos, grandes redes de atacadistas e varejistas, agroindústrias de diversos portes e produtores rurais, muitas vezes, com sistemas tradicionais de produção e baixa tecnologia. Essa realidade, somada às características dos produtos agroindustriais, dificulta a troca de informações e a integração da cadeia, comprometendo o alinhamento estratégico e a coordenação das CSA.

Outra fonte de risco típica das cadeias agroindustriais de suprimentos é o tipo de produto que é comercializado entre os agentes. Muitos produtos agropecuários, como leite, frutas e verduras, são perecíveis, exigindo cuidado especial durante transporte, armazenagem, manuseio e exposição no ponto de venda. Por ser, na maioria das vezes, destinado à alimentação humana, há uma preocupação muito grande em garantir que o produto final esteja em condições adequadas de consumo, não representando riscos ao bem-estar e à saúde dos consumidores. A segurança do alimento pode ser comprometida em qualquer nível de uma cadeia de suprimento agroindustrial, causando prejuízo à saúde do consumidor e comprometendo o desempenho financeiro das organizações. As FRCS, nesse caso, seriam o controle ineficiente de qualidade da matéria-prima e falhas nos processos (processamento, transporte, armazenagem, embalagem).

Vale ressaltar, ainda, que muitas frutas, verduras e legumes, mesmo que preservem sua qualidade nutricional, podem ter sua aparência prejudicada quando manejadas e transportadas incorretamente, não sendo rara a necessidade de descarte desses alimentos. Nesse caso, a falta de qualificação da mão de obra, a inadequação dos processos desde a colheita até a exposição nos pontos de venda, atrasos e falhas de transporte e a utilização de embalagens inadequadas podem representar fontes de riscos, já que eventualmente resultam na perda parcial ou total de produtos.

Outra exclusividade das cadeias de suprimentos agroindustriais são os riscos fitossanitários. A ocorrência de pragas e doenças pode comprometer a qualidade da produção rural, comprometer a quantidade produzida, representar risco para o consumidor final e comprometer a exportação, pois muitos países não permitem a importação de regiões onde ocorrem certas enfermidades. Esse cenário pode se refletir nos demais níveis das CSA, comprometendo a qualidade e/ou quantidade da matéria-prima ofertada para as agroindústrias e diminuir a demanda como consequência da redução brusca da exportação. A falta de políticas e normas para evitar a propagação de doenças, o trânsito e a importação irregular de plantas e animais e a falta de prevenção na produção agropecuária são algumas fontes de riscos fitossanitários.

A exportação de carne bovina representa parte significativa da balança comercial brasileira e coloca o país como uns dos maiores vendedores mundiais do produto. Uma das grandes preocupações do governo e dos agentes que atuam nesse segmento é manter o território nacional livre de algumas doenças como, por exemplo, a febre aftosa e a encefalopatia espongiforme bovina, mais conhecida como mal da vaca louca. Em caso de ocorrência dessas doenças, muitos países proibiriam a importação de carne bovina brasileira, levando a uma redução drástica da demanda pelo produto e aumento da oferta no mercado interno. Essa situação prejudicaria toda a CSA, além refletir na economia.

Dentre todas as cadeias, podemos afirmar que as cadeias de suprimentos agroindustriais estão entre as mais vulneráveis aos riscos de reputação.[50] São várias as fontes de riscos que concorrem para essa realidade: competição direta da produção rural com áreas de preservação ambiental, preocupação dos consumidores com bem-estar animal, busca de melhor qualidade de vida por parte dos consumidores e tecnologia de produção inadequada empregada por alguns produtores, entre outras. Nessa conjuntura, torna-se indispensável uma abordagem abrangente envolvendo a CSA toda, pois práticas sustentáveis utilizadas em uma parte da cadeia podem perder importância pela ação inadequada dos demais agentes.

Rosales propôs um modelo que incorpora as diversas fontes de riscos específicos das cadeias de suprimentos agroindustriais e os classifica em quatro categorias (determinam o perfil do risco e o tipo de perturbações à cadeia) e três dimensões (posiciona os riscos em relação à empresa e à CS). Como descrito no Quadro 3.6, as categorias de riscos propostas são:

- **Riscos de mercado:** além das tradicionais variáveis de mercado, como, por exemplo, variação de preço e flutuação de demanda e de oferta, referem-se também

BOXE 3.3 Segurança do alimento e risco do produto

Um dos principais objetivos das cadeias de suprimentos agroindustriais é fornecer alimento à população. Portanto, garantir que o produto final esteja em condições adequadas para ser consumido, livres de micro-organismos nocivos à saúde e isento de resíduos químicos, é uma das preocupações centrais dessas cadeias. Contudo, mesmo com a intervenção de governos criando normas de qualidade e fiscalizando o setor, falhas na segurança do alimento e os riscos de produto podem ocorrer.

Em 2017, 15 países da União Europeia, região com rígidas normas de controle de qualidade alimentar, além da Suíça e de Hong Kong, foram abastecidos com ovos contaminados com resíduos de um pesticida utilizado para o controle de parasitas de aves e que pode prejudicar a saúde do consumidor, principalmente em grávidas e crianças. Autoridades divulgaram que a contaminação ocorreu na Bélgica e na Holanda quando produtores utilizaram produtos com um princípio proibido na Europa e rapidamente se espalhou por boa parte do continente.

Para evitar maiores problemas, vários lotes de ovos foram retirados da prateleira e destruídos e aproximadamente 200 granjas na Holanda, Bélgica, Alemanha e França foram fechadas. Uma rede de supermercados alemã chegou a decretar que baniria ovos holandeses de suas lojas até que as origens do problema fossem esclarecidas. As investigações resultaram na prisão de duas pessoas, e os prejuízos para os produtores são estimados em centenas de milhões de euros.

ao relacionamento da empresa com os demais agentes da CS, como, por exemplo, quebra de contratos, conflitos e criação de barreiras.

- **Riscos ambientais:** relativos tanto a eventos naturais resultantes de alterações climáticas (chuvas ou secas em excesso ou fora de época, temperatura excessivamente elevadas ou baixas etc.), catástrofes (terremotos, tsunamis, furacões etc.) e questões fitossanitárias (aparecimento de doenças e pragas), como ocorrências oriundas de ações humanas – acidentes causadores de poluição (descarte incorreto de dejetos, liberação de poluentes etc.), guerras e terrorismo.
- **Riscos sociais**: resultados da percepção e de mudanças do comportamento do consumidor final que podem afetar o desempenho de uma empresa ou de uma CS toda.
- **Riscos dos produtos**: incluem elementos de qualidade e segurança do alimento tais como contaminação (biológica ou química), adulteração, questões de vigilância sanitária e perecibilidade dos produtos, entre outros fatores que podem comprometer o bem-estar e a saúde do consumidor final.

Já as três dimensões sugeridas (Quadro 3.7) são:

- **Macro:** riscos que afetam todos os setores da economia simultaneamente, mesmo que de forma e magnitude variadas. Tais RCS são externos às CS e, normalmente, de gestão mais difícil.
- **Setorial:** riscos que afetam segmentos específicos da economia ou cadeias de suprimentos isoladamente, ou seja, são riscos intrínsecos a um setor ou a uma CS. Esses riscos são internos à cadeia e são parcialmente controláveis.
- **Organizacional:** riscos que afetam as empresas individualmente com potencial de se refletirem sobre os demais agentes da cadeia. Referem-se aos riscos internos às firmas e são de controle relativamente mais fácil.

Quadro 3.7 Riscos em cadeias agroindustriais de suprimentos[51]

		Dimensões dos riscos em cadeia de suprimentos		
		Macro	**Setorial**	**Organizacional**
Categoria de riscos em cadeias de suprimentos	**Mercado**	• Barreiras tarifárias. Não conformidade com os padrões de qualidade (técnica e sanitária) dos parceiros internacionais.	• Flutuação de preços. • Falta de matéria-prima. • Diminuição no número de fornecedores. • Oscilação na demanda.	• Falta de qualidade na matéria-prima. • Não cumprimento de contratos. • Dificuldade de comunicação. • Falta de confiança. • Falta de qualidade no produto final.
	Ambiental	• Imposição de barreiras sanitárias. • Restrição à importação de matéria-prima.	• Ocorrência de eventos climáticos extremos ou inesperados e/ou de doenças que comprometam a qualidade e o fornecimento de matéria-prima.	• Descarte incorreto de dejetos. • Acidentes ambientais. • Ocorrência de eventos climáticos extremos ou inesperados e/ou de doenças que comprometam a qualidade do produto final.
	Social	• Perda de mercado internacional por falta de conhecimento do público consumidor. • Mudanças inesperadas no comportamento do consumidor.	• Percepção do consumidor em relação às práticas de produção. • Percepção do consumidor em relação à segurança do produto. • Mudanças dos hábitos dos consumidores.	• Falta de mão de obra qualificada. • Disputas trabalhistas. • Greves. • Perda de reputação da empresa.
	Produto	• Inadequação às leis sanitárias e alimentares dos países importadores.	• Resíduos químicos e microbiológicos na matéria-prima. • Perecibilidade da matéria-prima.	• Validade do produto. • Contaminação durante o processo. • Perda de qualidade por manuseio incorreto.

3.6 RESILIÊNCIA EM CADEIA DE SUPRIMENTOS

Compreender o significado da palavra *resiliência* e como ela tem sido aplicada no contexto de cadeias de suprimentos é de suma importância para a compreensão dessa disciplina do conhecimento na área de gestão. Assim, nos próximos tópicos serão discutidas as características conceituais da resiliência no contexto de cadeias de suprimentos, as abordagens de gestão proativa e reativa e, posteriormente, será apresentada uma síntese dos mecanismos essenciais para a construção e gestão da resiliência na cadeia de suprimentos.

3.6.1 Principais características

O termo *resiliência* é originado da palavra latina *resilire*, que significa retornar ou recuperar. Uma definição básica do termo *resiliência* pode ser encontrada na área de ciência dos materiais, sendo a capacidade de um material retornar ao seu estado original após sofrer uma tensão causadora de deformação em sua estrutura.

As primeiras definições da expressão *resiliência em cadeias de suprimentos* ou *cadeia de suprimentos resiliente* (CSRES) surgiram na literatura, a partir dos anos 2000, aproveitando as diversas perspectivas de "resiliência" desenvolvidas em várias outras disciplinas onde esse conceito é relevante. Pesquisas, especificamente, sobre o conceito de resiliência em cadeias de suprimentos surgiram, quando as primeiras definições foram apresentadas por Rice e Caniato[52] e Christopher e Peck.[53]

Baseados na perspectiva organizacional, Rice e Caniato foram os pioneiros na tentativa de explicar a resiliência no contexto de cadeias de suprimentos. Para eles, a resiliência da cadeia de suprimentos refere-se à *"habilidade da cadeia em reagir a uma interrupção inesperada, causada por eventos terroristas ou desastres naturais e retornar às operações normais"*.

Posteriormente, Christopher e Peck ampliaram essa visão conceitual e definiram a resiliência em cadeia de suprimentos como *"a habilidade de um sistema, no caso a cadeia de suprimentos, de retornar a seu estado original ou alcançar um estado novo, mais desejado, após sofrer uma interrupção"*. Sheffi[54] acrescenta a variável velocidade, considerando o tempo que a cadeia utiliza para restaurar as operações normais.

Ambos os conceitos trazem consigo a ideia de "reação" e "recuperação" a um evento inesperado que causa interrupção no fluxo da cadeia. No conceito proposto por Christopher e Peck, a fase de recuperação pode possibilitar à cadeia retornar ao estado anterior de funcionamento ou obter uma situação nova, melhorada. Outros autores expandiram essa abordagem e acrescentam a ideia de crescimento ou aprendizagem à CS após sofrer uma ruptura (interrupção).

A literatura de resiliência em cadeia de suprimentos sugere a capacidade de reagir, lidar com, ou adaptar-se aos eventos inesperados e consideram a capacidade de recuperação (*recovery*) como um elemento central na resiliência da cadeia de suprimentos.

Além disso, a capacidade de recuperação pode ser analisada a partir de duas perspectivas: recuperar o estado anterior de funcionamento original ou alcançar um novo estado de equilíbrio melhorado.

Embora o conceito, no âmbito de cadeias de suprimentos, seja novo, e justificativas teóricas ainda estejam em desenvolvimento, a definição proposta por Ponomarov e Holcomb[55] encontra-se fundamentada em diferentes perspectivas e amplia o foco de análise ao considerar a capacidade da cadeia de suprimentos de antecipar-se a possíveis eventos de ruptura, preparando-se antecipadamente. Nessa ótica, considera-se a capacidade de "preparação" como elemento essencial para a resiliência da cadeia.

Contudo, na literatura de resiliência em cadeia de suprimentos, poucos trabalhos relacionam implicitamente a preparação, ou seja, a capacidade de antecipar-se e preparar-se a possíveis eventos de risco como uma habilidade essencial à resiliência da cadeia.

Neste livro, adota-se o conceito de resiliência desenvolvido por Kamahlamadi e Parast,[56] que consideram a resiliência como a capacidade das cadeias de suprimentos de adaptarem-se para reduzirem a probabilidade de enfrentar rupturas violentas, resistirem à propagação das rupturas, mantendo o controle da sua estrutura e do seu funcionamento e respondendo às rupturas por meio de planos reativos eficazes e imediatos, recuperando-se para transcender a ruptura e restaurar a cadeia de suprimentos a um estado robusto de operações. A capacidade da cadeia de suprimentos de gerenciar os eventos inesperados por meio da gestão proativa dos riscos de rupturas é entendida como a habilidade de antecipar-se e estabelecer passos planejados para prevenir, responder e recuperar-se de uma interrupção, garantindo o fluxo de funcionamento entre os elos da cadeia.

Nessa linha de raciocínio, a seguir discutem-se os estágios e as respectivas abordagens de gestão da resiliência.

3.6.2 Estágios e abordagens de gestão da resiliência

O conceito de resiliência proposto por Ponomarov e Holcomb[57] considera a existência de três estágios para a gestão da resiliência da cadeia: antecipação, reação e recuperação, os quais são mostrados na Figura 3.5 e descritos a seguir.

- **Antecipação:** os gestores devem antecipar a ocorrência de rupturas e preparar a cadeia de suprimentos para alguma mudança esperada ou inesperada no ambiente. Além disso, o impacto de perturbações no funcionamento da cadeia deve ser completamente compreendido e a probabilidade de sua ocorrência deve ser minimizada.
- **Reação:** assim que um evento de risco, previsto ou imprevisto, for detectado na cadeia de suprimentos, a capacidade da cadeia de reagir e mitigar o risco antes de ele se expandir desempenha um papel vital para assegurar a continuidade das operações. A cadeia de suprimentos bem preparada resiste a rupturas nessa fase.
- **Recuperação:** se um risco potencial tem a capacidade de causar ruptura na cadeia de suprimentos, são necessárias respostas imediatas e eficazes, por meio dos recursos disponíveis, para minimizar os impactos negativos de tais rupturas. A resposta bem planejada não só deve ter a capacidade de reposicionar a empresa ao seu estado pré-ruptura, mas também transcender a perturbação e restaurar a empresa a um nível mais elevado de desempenho, melhorando sua vantagem competitiva.

Entende-se que o estágio de antecipação compreende a capacidade da cadeia em adotar uma abordagem proativa de gestão, o que contribuirá e facilitará os demais estágios quando da ocorrência de rupturas, permitindo uma resposta mais rápida e eficaz.

Por outro lado, a cadeia pode adotar uma postura reativa frente aos riscos inesperados, implementando práticas de gestão de recuperação apenas quando da ocorrência deles. Já a capacidade de resistência da cadeia está diretamente relacionada à sua estrutura física e informacional, bem como aos mecanismos adotados para manter seu controle em situações de riscos e rupturas.

Nesse sentido, as empresas podem adotar uma postura proativa ou reativa para a gestão da resiliência. A abordagem de gestão proativa preocupa-se em preparar a cadeia de suprimentos para resistir às perturbações do ambiente, antecipadamente, enquanto a gestão reativa está mais centrada na capacidade de reagir e recuperar-se após sofrer uma interrupção.

Quando uma ruptura ocorre, o processo de recuperação pode demorar muito, fazendo com que algumas cadeias de suprimentos percam a conexão entre os seus elos (parceiros). Por outro lado, o impacto de uma ruptura pode ser amenizado por meio de práticas de gestão de antecipação e de mitigação.[59]

Após sofrer uma ruptura na cadeia de suprimentos, o objetivo das empresas afetadas é recuperar-se o mais rapidamente possível e minimizar seus efeitos. A velocidade e o sucesso com que uma organização se recupera das rupturas dependem, em grande parte, da abordagem de gestão escolhida pelos gestores da cadeia de suprimentos.

A abordagem de gestão proativa estabelece políticas que enfatizam planos preventivos para evitar rupturas específicas ou prevenir a sua ocorrência, tanto quanto possível. Para aqueles eventos inevitáveis e imprevistos, a ênfase é estabelecer planos para mitigar as suas consequências negativas e transformá-los em oportunidades de negócio e/ou aumento do valor para o cliente.[60]

Por outro lado, a abordagem de gestão reativa enfatiza a necessidade de a cadeia preparar-se para reagir a esses eventos inesperados. O foco é como aumentar a capacidade da cadeia de suprimentos para responder às rupturas e voltar ao estado normal de funcionamento. Contudo, a seleção da política a ser adotada, geralmente, depende das consequências potencialmente negativas de

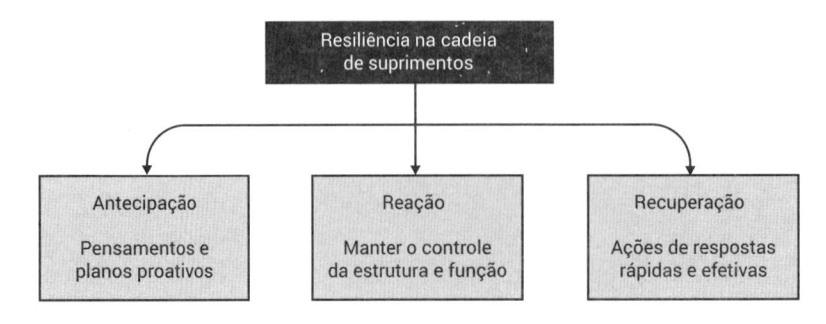

Figura 3.5 Estágios da resiliência na cadeia de suprimentos.[58]

determinadas rupturas para a cadeia de suprimentos e da probabilidade de sua ocorrência.

Nessa perspectiva, a resiliência da cadeia de suprimentos pode ser analisada a partir da compreensão das vulnerabilidades potenciais que podem comprometer a capacidade da cadeia de suprimentos em lidar com rupturas. Como resultado, a vulnerabilidade deve ser gerenciada por meio da gestão proativa de riscos na cadeia de suprimentos, e a resiliência "passa a ser vista como um método, proativo, que permite complementar a gestão tradicional de riscos e planejamento de continuidade dos negócios". O Quadro 3.8 resume as abordagens de gestão da resiliência em cadeias de suprimentos e relaciona os respectivos estágios de antecipação, reação e recuperação.

Quadro 3.8 Abordagens de gestão da resiliência em cadeias de suprimentos.[61]

Abordagem de gestão	Estágios	Definição
Proativa	Antecipação (*readiness*)	Capacidade de preparar-se e antecipar-se a possíveis eventos de riscos.
Reativa	Reação (*response*)	Capacidade de reagir, rapidamente, a eventos inesperados e iniciar a fase de recuperação.
Reativa	Recuperação (*recovery*)	Capacidade de recuperar-se da interrupção e voltar ao estado original (inicial).
		Capacidade de recuperar-se da interrupção e alcançar um novo estado de equilíbrio.

Nesse sentido, entender os elementos que permitem a construção da resiliência na cadeia de suprimentos e as relações entre eles passa a ser um desafio dos gestores. O tópico seguinte discorrerá sobre esses elementos encontrados na literatura, os quais foram aqui categorizados e denominados mecanismos de resiliência.

3.6.3 Mecanismos de gestão da resiliência em cadeia de suprimentos

Não existe consenso na literatura de *supply chain resilience* sobre a terminologia utilizada para designar os elementos que permitem a construção da resiliência da cadeia de suprimentos. Alguns autores chamam de capacidades (*capabilities*), potencializadores (*enhancers*), facilitadores (*enablers*), antecedentes (*antecedents*), competências (*competencies*) e elementos (*elements*). Essas diferenças mostram a divergência de entendimento em como a resiliência é compreendida e analisada no contexto de cadeias de suprimentos.[62]

Neste livro, optamos por utilizar a expressão *elementos*, os quais foram agrupados em mecanismos antecedentes, intermediários e de resposta. Para cada mecanismo, foi agrupado um conjunto de elementos que atuam na construção da resiliência e, para cada elemento, são apresentadas algumas práticas gerenciais que podem ser adotadas para alcançar a resiliência da cadeia, conforme observado pela Figura 3.7.

Na revisão de literatura, foi possível identificar que a orientação para gestão de riscos de rupturas, a colaboração e a estrutura da cadeia de suprimentos são elementos que antecedem à resiliência da cadeia de suprimentos, os quais foram aqui agrupados em mecanismos antecedentes à resiliência. Esse grupo de elementos e as práticas gerenciais correspondentes serão discutidos a seguir.

3.6.3.1 Orientação para gestão de riscos de rupturas

A orientação para a gestão de riscos de rupturas na cadeia de suprimentos é caracterizada pelo reconhecimento e conscientização das empresas em analisar as potenciais

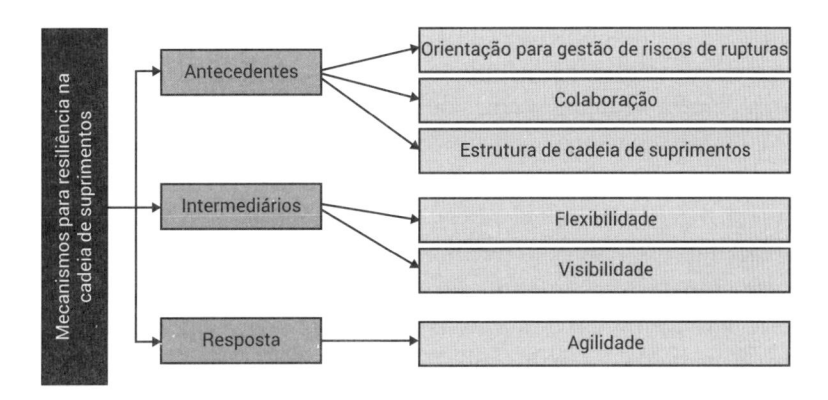

Figura 3.6 Mecanismos, elementos e práticas para a resiliência na cadeia de suprimentos.[63]

rupturas e de aprender com as rupturas prévias. Bode *et al.*[64] observam que as empresas podem melhorar a capacidade de resposta às rupturas desenvolvendo uma forte orientação para gestão de rupturas na cadeia de suprimentos.

Nesse sentido, para que a cadeia de suprimentos tenha agilidade necessária para responder e reagir às incertezas, e ser resiliente, é preciso desenvolver uma **cultura para gestão de riscos**. Christopher e Peck[65] argumentam serem necessárias algumas ações para criar uma cultura de gestão de risco na cadeia de suprimentos, tais como: tornar a avaliação de risco uma parte formal do processo de tomada de decisões em todos os níveis da cadeia de suprimentos, estabelecer equipes responsáveis para gerenciar os riscos e desenvolver ações de continuidade da cadeia de suprimentos, mapear e analisar os pontos críticos da cadeia e manter um registro das ocorrências de riscos de rupturas na cadeia de suprimentos. Além disso, o apoio direto da alta administração é parte integrante do processo.

Outro aspecto a ser considerado na orientação de riscos de rupturas na cadeia de suprimentos diz respeito à **infraestrutura de gestão de risco**. A infraestrutura de gestão de risco descreve a estrutura de recursos designada pelas empresas para gerenciar os riscos da cadeia de suprimentos. Esses recursos incluem a presença de um departamento de gestão de riscos/rupturas, a existência de sistemas de informações para gerenciar riscos/rupturas e o uso de indicadores chaves de desempenho e métricas para monitorar o processo de gestão de riscos/rupturas na cadeia de suprimentos.[66]

A infraestrutura para o gerenciamento do risco também inclui a organização de ativos tangíveis e intangíveis. Os ativos tangíveis compreendem o capital físico formado pela tecnologia física, instalações, equipamentos e inventários, enquanto os ativos intangíveis são formados pelo capital humano (incluindo conhecimento, treinamento, experiência, intuição e relacionamento dos gestores individuais dentro das empresas), capital organizacional (incluindo a estrutura formal/informal de fornecimento de informações de risco; o planejamento e sistemas de controle; as relações de coordenação entre os grupos dentro da empresa) e capital interorganizacional (relações entre a empresa focal, fornecedores e/ou clientes).

Segundo Ambulkar, Blackhurst e Grawe, manter uma infraestrutura de gerenciamento de risco pode apresentar os seguintes benefícios para a empresa: redução da ambiguidade de trabalho, aumento da especialização de tarefas, capacidade de replicar o aprendizado e melhora na troca de informações.

3.6.3.2 Colaboração

A colaboração na cadeia de suprimentos pode ser definida como o trabalho conjunto entre duas ou mais empresas independentes, que buscam alinhar seus processos da cadeia de suprimentos, de modo a criar valor para os clientes e partes interessadas. No contexto da cadeia de suprimentos resiliente, a colaboração entre as organizações é um elemento necessário e essencial que integra os parceiros na cadeia e permite tornar possível a resiliência da cadeia de suprimentos possível.

Há vários elementos da colaboração identificados na literatura em cadeia de suprimentos. Um elemento principal é chamado de **"cultura colaborativa"**, que é composta por elementos relacionais como confiança, comprometimento, cooperação, comunicação e reciprocidade. Esses elementos relacionais complementam-se mutuamente no sentido de proporcionar melhores relacionamentos.

Na operacionalização do conceito de colaboração em cadeias de suprimentos, pelo menos, sete práticas gerenciais constituem a estrutura de coordenação que pode ser projetada em diferentes níveis pelos membros participantes da cadeia de suprimentos. A seguir, elas serão detalhadas separadamente.

Compartilhamento de informação: refere-se à variedade de informações relevantes, precisas, completas e confidenciais que uma organização compartilha com seus parceiros da cadeia de suprimentos em tempo hábil. A troca de informações em toda a cadeia pode diminuir a incerteza, aumentar a visibilidade, a eficácia e a eficiência operacional e melhorar o nível de serviços aos clientes.

No entanto, a informação a ser compartilhada deve ser de qualidade, acessível, precisa e relevante. Além disso, deve-se considerar o tipo de informação a ser compartilhada, como pedidos, previsões de demanda, informações logísticas (rastreamento de mercadorias, prazos de entrega), possíveis rupturas e tendências de mercado.

O compartilhamento de informações possui uma natureza intangível, tornando-o dependente de uma estrutura tangível de tecnologia da informação (TI) de apoio, também chamada de conectividade da cadeia de suprimentos. A conectividade é um exemplo de recurso tecnológico que permite a troca eficaz de informações. A colaboração por meio do compartilhamento de informações entre os parceiros da cadeia de suprimentos é essencial para aumentar a visibilidade da cadeia e para dificultar rupturas no lado do fornecimento ou na demanda da cadeia de suprimentos. Além disso, a troca de informações de boa qualidade, completa, confiável e disponível a tempo permite à cadeia de suprimentos reduzir o tempo necessário para antecipar-se, responder rapidamente e recuperar-se de rupturas. Por outro lado, a falta de informação ou o atraso no recebimento da informação certa pode afetar a flexibilidade necessária para responder a uma ruptura.

Congruência nos objetivos entre os parceiros da cadeia de suprimentos: é atingida a partir do momento em que a empresa, que integra a cadeia de suprimentos, percebe que seus objetivos são atingidos quando os objetivos de toda a cadeia de suprimentos também são atingidos. A meta da congruência de objetivos é reduzir o impacto de quaisquer rupturas na cadeia de suprimentos por meio da convergência de interesses e negócios transparentes.

Sincronização das decisões: refere-se ao processo pelo qual uma organização prepara sua decisão dentro de um contexto de planejamento da cadeia de suprimentos. Essa decisão deve contribuir para o benefício de todos os parceiros. A sincronização de decisões e o alinhamento de incentivos são essenciais para garantir a visibilidade na cadeia de suprimentos. A sincronização de decisões na busca por soluções conjuntas possibilita à cadeia de suprimentos uma resposta rápida e eficiente em momentos de rupturas.

Alinhamento de incentivos: refere-se à política de distribuição de custos, riscos e benefícios entre os parceiros dentro de uma cadeia de suprimentos. Para que a CS obtenha sucesso, é necessário que cada empresa participante compartilhe ganhos e perdas de forma equivalente; uma estratégia a ser utilizada no alinhamento de incentivos é o desenvolvimento de fornecedores por meio do aprimoramento de conhecimentos técnicos, visando melhorar a eficiência, o comprometimento e a confiabilidade.

Compartilhamento de recursos: está ligado ao processo organizacional de investir e alavancar capacidades e recursos em parceria com as demais empresas de sua cadeia de suprimentos. Esse aspecto é de fundamental importância para a eficiência da cadeia de suprimentos. A cooperação entre os concorrentes possibilita o compartilhamento de recursos em momentos de rupturas e permite melhorar a flexibilidade e a velocidade de resposta a uma ruptura. As empresas buscam compartilhar recursos logísticos para distribuição de mercadorias, mercadorias acabadas ou pessoal qualificado, com intuito de melhorar a capacidade de resposta a uma ruptura. Dessa forma, a cooperação entre os concorrentes pode contribuir para melhorar a resiliência da cadeia de suprimentos por meio da criação de flexibilidade e de velocidade de resposta a uma ruptura.

Comunicação interorganizacional: é o contato e o processo de transmissão de mensagens entre as empresas de uma cadeia de suprimentos.[67] A comunicação deve ser aberta, frequente e equilibrada. Na maior parte dos casos, uma indicação de uma relação interorganizacional bem estruturada ocorre quando a comunicação se desenvolve em vários níveis nas empresas. Práticas empresariais relacionadas à frequência da comunicação, quantidade de informações compartilhadas, a direção da comunicação, o nível de detalhamento e a confiabilidade da comunicação, não apenas em momentos de rupturas, mas em geral, contribuem para se obterem visibilidade e velocidade maiores da cadeia, melhorando a sua resiliência.

Criação conjunta de conhecimento: refere-se à maneira como os parceiros em uma cadeia de suprimentos desenvolvem, de forma conjunta, melhor compreensão do mercado competitivo. No contexto de resiliência em cadeia de suprimentos, o aprendizado gerado em situações de rupturas pode ser compartilhado entre os membros da cadeia de suprimentos para aumentar a visibilidade e para antecipar possíveis rupturas que possam acontecer no futuro.

O conhecimento de práticas do dia a dia entre as organizações da cadeia permite às empresas obter *insights* sobre os processos de negócios de cada uma, o que melhora a visibilidade e a velocidade de resposta caso uma ruptura ocorra. Além disso, a capacidade de aprender com as rupturas passadas a fim de preparar-se melhor para os eventos futuros é a principal propriedade de resiliência.[68]

Portanto, as empresas líderes, ao fornecerem treinamentos para funcionários, fornecedores e clientes sobre os riscos da cadeia de suprimentos contribuem para sensibilizá-los da importância da resiliência da cadeia de suprimentos. Dessa forma, os investimentos em atividades colaborativas na cadeia de suprimentos melhoram a visibilidade da cadeia, proporcionando a transparência necessária para detectar e responder às rupturas a montante e a jusante da cadeia de suprimentos. Ao mesmo tempo, o conhecimento de processos e procedimentos criados em conjunto aumenta ainda mais a visibilidade, ao mesmo tempo em que garante maior confiança entre os membros da cadeia de suprimentos.

> **BOXE 3.4 Mato Grosso: o maior estado produtor de bovinos e os riscos de rupturas no fornecimento[69]**
>
> Mato Grosso é o maior estado produtor de bovinos do país, entretanto, a oferta de matéria-prima (bovinos) para as indústrias frigoríficas representa uma das principais fontes de rupturas no fornecimento. A aquisição da matéria-prima dá-se por meio de "compradores", funcionários das indústrias ou independentes, cuja função é entrar em contato com os pecuaristas para adquirir animais para abate. A relação de compra e venda ocorre por meio de ligações telefônicas, nas quais são acordados os valores a serem pagos por arroba e a quantidade de cabeças de gado a ser embarcada nas propriedades. A frequência nas transações entre os fornecedores (pecuaristas) e as indústrias gera aumento nas relações de confiança no processo de negociação entre as partes. Contudo, é comum ocorrerem situações em que as indústrias enviam caminhões para carregamento nas fazendas dos fornecedores e, chegando lá, eles desistem da venda, devido às variações no preço de mercado da arroba do boi gordo. Além do prejuízo com o frete, há o comprometimento da programação de abate da indústria. Para lidarem com situações dessa natureza, as indústrias aplicam sanções para aquele fornecedor, como, por exemplo, deixar de comprar sua matéria-prima por determinado período. Em razão da grande dispersão geográfica existente no estado de Mato Grosso, esse tipo de punição representa maiores custos de frete para os fornecedores que terão de entregar sua matéria-prima em outras indústrias mais distantes. Uma das particularidades da região noroeste de Mato Grosso são estradas em péssimas condições de tráfego, em sua maioria sem pavimentação asfáltica nas estradas rurais e nas rodovias que ligam os principais municípios com maior número de fornecedores de gado de corte. Essa característica da região, especialmente no período de chuvas, compromete a programação de abate. Alguns fornecedores, com capacidade de fornecimento maior, estão localizados a até 500 km de distância, sendo necessários três dias entre a saída do caminhão para carregamento e a chegada para o abate. No período de chuvas, esse prazo pode chegar a cinco dias ou a indústria pode sofrer ruptura no fornecimento em virtude de fortes chuvas, atolamento de caminhões, bloqueio de estradas devido à queda de pontes ou enchentes de rios. As longas distâncias dos fornecedores até a indústria frigorífica causam mortes de animais e machucaduras, inviabilizando o abate para consumo. Há, também, situações em que ocorrem bloqueios das estradas por parte de indígenas ou integrantes do movimento dos sem-terra que residem em algumas regiões do estado. Essas dificuldades representam os principais riscos de rupturas no fornecimento de matéria-prima animal para as indústrias frigoríficas de abate e processamento de carne bovina. Compreender esses riscos permite às indústrias frigoríficas desenvolverem práticas de gestão proativas e tornarem-se mais resilientes.

3.6.3.3 Estrutura da cadeia de suprimentos e frequência de rupturas

Buscando compreender a relação existente entre as características estruturais da cadeia de suprimentos e a frequência das rupturas a montante da cadeia, Bode e Wagner[70] estabeleceram três elementos de análise da estrutura da cadeia de suprimentos que influenciam a possibilidade de rupturas:

Complexidade horizontal: refere-se ao número de fornecedores diretos que compõem a base de fornecimento da empresa focal. Quanto maior for o número de fornecedores diretos, maiores serão as interfaces necessárias para gerenciar, monitorar e coordenar os agentes, o que pode ocasionar maior frequência de rupturas.

Complexidade vertical: refere-se ao número de camadas da cadeia de suprimentos. Assim, quanto maior a complexidade vertical, maiores são as chances de uma empresa experimentar rupturas resultantes de problemas a montante da cadeia de suprimentos. As incertezas aumentam uma vez que a transparência e o conhecimento da empresa focal sobre "o que está além dos fornecedores de primeira camada" são limitados. Os níveis superiores da cadeia de suprimentos não são, muitas vezes, geridos ativamente, por consumirem mais tempo, dificultando detectar e identificar sinais de alerta para rupturas.

Complexidade espacial: é a propagação geográfica de uma organização ou de sua base de fornecimento, dificultando o gerenciamento da estrutura da cadeia de suprimentos e aumentando o risco de rupturas.

A cadeia de carne bovina no Brasil possui grande dispersão geográfica de pecuaristas, especialmente nos estados de Mato Grosso e Mato Grosso do Sul. Há casos de indústrias frigoríficas cujos principais fornecedores (pecuaristas) estão localizados num raio de 300 a 500 km de distância da indústria. Quanto maior for a dispersão geográfica dos membros da cadeia de suprimentos, maiores serão as variáveis de riscos de rupturas, por exemplo, mais pontos de contato logístico, maior dependência de infraestrutura crítica, que são vulneráveis às fontes de risco, tais como roubo de carga, acidentes rodoviários etc.

O conhecimento e o entendimento da estrutura da cadeia de suprimentos, tanto física quanto informacional, são elementos importantes da resiliência da cadeia de suprimentos. Para alcançar tal resiliência, todos os membros precisam ter clareza da estrutura da cadeia da qual fazem parte e estar alinhados no caso de uma ruptura.

Rosales et al.,[71] ao estudarem o setor frigorífico brasileiro, constataram que a percepção de riscos e a troca de informações influenciam diretamente a coordenação das cadeias de suprimentos, determinando o nível de integração entre fornecedores de animais para abate e frigoríficos. Os riscos de falta e inconsistência na qualidade da matéria-prima, concentração do mercado fornecedor e baixo nível tecnológico, ambos relacionados com a quantidade e qualidade dos animais ofertados para abate, têm relação direta com a preferência das empresas de negociarem com fornecedores antigos, na estabilidade e duração das relações e na decisão de integrar verticalmente a produção de animais para abate. A mesma pesquisa indicou que a troca de informações, a criação de ações colaborativas e a estratégia de tratamento diferenciado de fornecedores também são responsáveis pela estabilidade e longevidade das relações. Para os autores, esse resultado mostra que os riscos e a troca de informações podem levar à exclusão dos fornecedores vistos como mais vulneráveis a essas fontes de riscos e menos propensos à colaboração, interferindo, assim, na estrutura da cadeia de suprimentos da empresa.

O mapeamento da cadeia de suprimentos envolve a compreensão de quem possui o quê, bem como sua participação no desempenho da cadeia de suprimentos. Assim, é importante que a cadeia de suprimentos busque organizar-se com processos e estruturas capazes de absorver os riscos potenciais. A estrutura ideal é aquela que permite à cadeia de suprimentos balancear o equilíbrio eficiente das operações com a necessidade de manter "estoques de segurança"[72] para garantir uma "reserva" num espaço de tempo necessário para a empresa recuperar-se de uma ruptura.

Santos[73] verificou que em cadeias de carne suína e de frangos existe alta suscetibilidade do processo produtivo a fatores ambientais como umidade, calor e temperatura, além de questões relacionadas a controle fitossanitário. Nesses casos, as empresas adotaram a integração vertical dos fornecedores como uma prática de gestão. Além disso, observou-se que a dispersão geográfica e a densidade dos fornecedores são variáveis controladas pela estrutura da cadeia de suprimentos, por meio da prática de verticalização.

Os mecanismos antecedentes, quando desenvolvidos pelas cadeias de suprimentos, influenciam diretamente os mecanismos intermediários que permitem à cadeia de suprimentos responder às incertezas do ambiente externo.

A seguir, serão apresentados os elementos que compõem os mecanismos intermediários à resiliência da cadeia de suprimentos.

A "flexibilidade" e a "visibilidade" da cadeia de suprimentos funcionam como elementos intermediários capazes de influenciar a capacidade de resposta da cadeia. Tais elementos foram agrupados e constituem os mecanismos intermediários na construção da resiliência da cadeia de suprimentos e serão discutidos a seguir.

3.6.3.4 Flexibilidade

Flexibilidade é a habilidade da cadeia em mudar sua dinâmica de funcionamento para reagir às alterações no ambiente externo (nesse caso, eventos de riscos de rupturas, sem comprometer o tempo, os esforços e o desempenho da cadeia).[74] Flexibilidade implica criação de competências dentro da organização para responder às rupturas. Essas competências são essencialmente desenvolvidas por meio de investimentos em infraestrutura e recursos antes mesmo que sua utilização seja necessária.

A flexibilidade no contexto de resiliência em cadeia de suprimentos refere-se a alternativas viáveis para lidar com rupturas, e pode ser segmentada em: flexibilidade no fornecimento, flexibilidade no processo e flexibilidade na distribuição.

Flexibilidade no fornecimento: refere-se à habilidade para mudar rapidamente os insumos necessários ou à maneira de adquiri-los e é fundamentada em: parcerias com fornecedores chaves em momentos de rupturas, o que permite atender pedidos emergenciais; múltipla fonte de fornecimento, o que permite deslocar a quantidade de pedidos entre vários fornecedores (nesse caso, à medida que o número de fornecedores aumenta, a possibilidade de flexibilidade será maior); flexibilidade em contratos de fornecimento, o que permite deslocar a quantidade de pedidos ao longo do tempo e estabelecer mudanças no cronograma de entrega. No caso da cadeia de carne bovina, uma das práticas adotadas é a instalação de plantas de abate próximas dos grandes fornecedores e a produção de confinamentos próprios pelas indústrias frigoríficas.

Flexibilidade no processo produtivo: habilidade da empresa em responder à ruptura em um de seus processos produtivos. A resposta rápida envolve utilizar processos padronizados e ter múltiplas plantas produtivas em operação. Processos padronizados de operações possibilitam à empresa operar em outra planta caso eventos imprevistos ocorram em uma planta produtiva. As grandes indústrias frigoríficas brasileiras de carne bovina possuem múltiplas unidades no território nacional. A prática de descentralizar processos entre as unidades, ou seja, plantas de abate próximas dos fornecedores e plantas de industrialização próximas dos centros distribuidores e consumidores, permite às indústrias frigoríficas maior flexibilidade no processo produtivo e capacidade de recuperar-se rapidamente em situações de rupturas.

Flexibilidade na distribuição: a flexibilidade na distribuição física envolve atividades como planejamento e gestão de transporte gestão da estrutura de instalações físicas (por exemplo, localização do armazém), gestão de inventário, material de movimentação (por exemplo, embalagem e carregamento), logística reversa e controle na entrega.

Um sistema de distribuição que utiliza transportes rodoviários, em sua maioria, precisa considerar planos emergenciais caso alguma ruptura ocorra, evitando, assim, atrasos significativos na entrega e comprometimento do desempenho operacional da cadeia. Uma vez que ocorra uma interrupção em uma rede de transporte, os gerentes de logística terão que reorganizar os embarques e projetar medidas para mitigar o impacto negativo da ruptura. Assim, é fundamental que considerem a utilização de canais alternativos de distribuição, ou seja, múltiplos modais logísticos e múltiplas rotas de distribuição. As cadeias de carnes utilizam veículos monitorados por sistemas de rastreamento e monitoramento via satélite. Essas práticas permitem às empresas, além de acompanhar a carga durante o percurso de distribuição, monitorar pontos de bloqueio nas estradas e viabilizar novas rotas e evitar problemas no cumprimento de prazos para entrega.

3.6.3.5 Visibilidade

A visibilidade da cadeia de suprimentos refere-se à capacidade de enxergar todos os membros, de montante a jusante, e é extremamente importante para a resiliência da cadeia de suprimentos. Ela pode ser compreendida como a extensão com que os atores da cadeia obtêm ou compartilham informações importantes sobre as operações de cadeia de suprimentos, outros atores e informações-chave de gestão que considerem úteis para suas operações. Azevedo et al.[75] argumentam que a visibilidade é um importante fator para amenizar os efeitos negativos de uma ruptura.

Para não confundir visibilidade com compartilhamento de informações na cadeia de suprimentos, Barrat e Oke[76] argumentam que o compartilhamento de informações é uma atividade, e visibilidade é um potencial resultado de tal atividade. É essa visibilidade potencial que, por sua vez, pode levar a uma cadeia de suprimentos mais resiliente.

Manter uma imagem clara dos fluxos da cadeia de suprimentos, do *status* dos fornecedores, fabricantes, intermediários e clientes, posição dos estoques e da rede logística é prática gerencial essencial da visibilidade da cadeia de suprimentos.

Para Barrat e Oke, as empresas precisam obter visibilidade de vários aspectos das atividades operacionais dos seus clientes e fornecedores, incluindo: (i) ser capaz de "visualizar" a demanda real; (ii) ser capaz de visualizar a quantidade de estoques retido pelo cliente; (iii) conhecer a visibilidade do processo; (iv) utilizar tecnologia da informação como identificação de dados por radiofrequência (RFID) para enxergar como os produtos se movem ao longo da cadeia de suprimentos.

Uma vez que a visibilidade é considerada um pré-requisito para responder às mudanças e, também, influencia fortemente a capacidade de recuperação após sofrer uma ruptura, ela foi aqui considerada como um elemento que compõe o mecanismo intermediário, pois influencia diretamente a capacidade de resposta da cadeia perante o evento de ruptura. Essa classificação é corroborada pela visão de Brandon-Jones et al.,[77] os quais consideram a visibilidade como um antecedente da resiliência da cadeia de suprimentos.

Entende-se neste livro que **agilidade** é o mecanismo de resposta que permite à cadeia de suprimentos reagir e responder às mudanças do ambiente externo.

A agilidade é entendida como "a capacidade" que uma cadeia de suprimentos possui para responder rapidamente a mudanças imprevisíveis na demanda ou no fornecimento, adaptando sua configuração inicial. Ela é vista como uma iniciativa de gestão de risco que permite à empresa lidar com potenciais e reais rupturas na cadeia de suprimentos. Assim, a agilidade é importante tanto para mitigação quanto para resposta aos riscos.

Christopher e Peck[78] argumentam que a agilidade na cadeia de suprimentos pode ser alcançada por meio de uma rápida mudança de processos e sistemas de negócios, o que permite à cadeia desenvolver a habilidade de velocidade.

No contexto de resiliência, a velocidade é uma característica essencial da agilidade, e está relacionada com o tempo necessário, ou com a rapidez, que uma cadeia de suprimentos necessita para responder, reagir ou recuperar-se de uma ruptura. A velocidade em um evento de risco determina as perdas que ocorrerão durante um período.

O *lead time* (tempo necessário entre o início e o término de um processo de produção) é, portanto, visto como um indicador-chave da velocidade na cadeia de suprimentos. Christopher e Peck corroboram essa ideia ao afirmarem que a velocidade pode ser medida como o tempo decorrido desde quando a empresa focal realiza o pedido em seus fornecedores de primeira camada, até quando ela entrega o produto final aos seus clientes.

Existem três fundamentos básicos para melhorar a velocidade da cadeia de suprimentos: simplificar processos, reduzir o *lead time* no fornecimento e reduzir o tempo de não agregação de valor. A simplificação de processos consiste em reduzir o número de estágios ou atividades envolvidas num processo e realizá-los eletronicamente, em vez de fazê-lo em papéis. São projetados em tamanhos mínimos de lotes, por exemplo, quantidade de pedidos. Por outro lado, a redução do *lead time* no fornecimento diz respeito à habilidade dos fornecedores em responder, rapidamente, às alterações, no curto prazo, em termos de entrega e serem capazes de lidar com as alterações em relação às mudanças no volume e no *mix* de solicitações. Por fim, a redução de tempo de não agregação de valor consiste em reduzir o tempo desperdiçado em processos complexos que consomem tempo e não agregam valor na perspectiva do cliente.

Nesse sentido, a agilidade, por meio da velocidade de ação, coloca forte ênfase na eficiência da resposta e na recuperação da cadeia de suprimentos. Maior velocidade de ação na cadeia de suprimentos leva a respostas mais rápidas às mudanças do mercado e ajuda a melhorar o tempo de recuperação de eventos de rupturas.

EXERCÍCIOS

1. O que é uma cadeia de suprimentos? Cite um exemplo de cadeia de suprimentos real que você conheça.
2. Explique as razões pelas quais tem se tornado cada vez mais pertinente tratar as cadeias produtivas sob a ótica da sustentabilidade.
3. Apresente e explique as dimensões que compõem a integração da cadeia de suprimentos e por que a busca pela integração é importante para uma cadeia de suprimentos.
4. As cadeias agroindustriais de suprimentos possuem características que as diferenciam das demais cadeias de suprimentos. Quais fatores são responsáveis por essas diferenças? Cite exemplos práticos para ilustrar a resposta.
5. As cadeias de suprimentos agroindustriais podem ter características e conformações bem diferentes. Como essas cadeias podem ser classificadas?
6. O que são e quais as dimensões dos riscos em cadeias de suprimentos? Cite um exemplo prático utilizando uma cadeia de suprimento agroindustrial que você conhece.
7. Considerando os três estágios para a gestão da resiliência de uma cadeia de suprimentos (antecipação, reação e recuperação), descreva quais práticas podem ser adotadas por uma cadeia agroindustrial, de sua escolha, para antecipar-se a eventos de riscos de rupturas no fornecimento.
8. Escolha uma cadeia de suprimento agroindustrial e analise a abordagem de gestão (proativa ou reativa) dessa cadeia diante de um evento de risco que causou ruptura.
9. Considerando as informações do Boxe 3.4: *Mato Grosso: o maior estado produtor de bovinos e os riscos de rupturas no fornecimento,* descreva quais práticas de gestão podem ser desenvolvidas pelas indústrias frigoríficas de carne bovina para antecipar-se aos riscos de rupturas no fornecimento de matéria-prima.

NOTAS

1. LUMMUS, R. R.; VOKURKA, R. J. Defining supply chain management: a historical perspective and practical guidelines. *Industrial Management & Data Systems*, p. 11-17, 1999.
2. CHANDRA, C.; KUMAR, S. Supply chain management in theory and practice: a passing fad or a fundamental change? *Industrial Management & Data System*, v. 3, p. 100-113, 2000.
3. MENTZER, J. T.; DEWITT, W.; KEEPLER, J. S.; MIN, S.; NIX, N. W.; SMITH, C. D.; ZACHARIA, Z. G. Defining Supply Chain Management. *Journal of Business Logistics*, v. 22, p. 1-25, 2001.
4. *Ibid.*
5. *Ibid.*
6. *Ibid.*
7. LAMBERT, D. M. Supply chain management. *In*: LAMBERT, D. M. *Supply chain management*: process, partnerships, performance. 3. ed. Florida: Supply Chain Management Institute, 2008. p. 1-24.
8. Fonte: adaptado de Rosales (2013, pág. 16).
9. GOLD, S.; SEURING, S.; BESKE, P. Sustainable supply chain management and inter-organizational resources: a literature review. *Corporate Social Responsibility and Environmental Management*, v. 17, p. 230-245, 2010.
10. NASCIMENTO, A. M.; ALCANTARA, R. L. C. *Práticas sustentáveis estabelecidas por empresas focais em suas cadeias de suprimentos*: uma revisão sistemática da literatura. *In*: Anais do XX SIMPEP – SIMPÓSIO DE ENGENHARIA DE PRODUÇÃO, 2013, Bauru.
11. CARVALHO, A. D.; BARBIERI, J. C. Inovações socioambientais em cadeias de suprimentos: um estudo de caso sobre o papel da empresa focal. *Revista de Administração e Inovação – RAI*, v. 10, n. 1, p. 232-356, 2013 e SETTHASAKKO, W. Barriers to implementing corporate environmental responsibility. *In*: *International Journal of Organizational Analysis*, Thailand, v. 17, n. 3, p. 169-183, 2009.
12. AGERON, B.; GUNASEKARAN, A.; SPALANZANI, A. Sustainable supply management: an empirical study. *International Journal of Production Economics*, v. 140, n.1, p. 168-182, 2012.

13. VACHON, S. Green supply chain practices and the selection of environmental technologies. *International Journal of Production Research*, v. 45, p. 4357-4379, 2007.
14. ROSALES, F. P.; OPRIME, P. C.; ROYER, A.; BATALHA, M. O. Supply chains risks: findings from Brazilian slaughterhouses. *Supply Chain Management: an International Journal*, 2019.
15. GIMENEZ, C.; TACHIZAWA, E. M. Extending sustainability to suppliers: a systematic literature review. *Supply Chain Management: an International Journal*, v. 17, n.5, p.531-543, 2012.
16. LEE, H. L. Don't tweak your supply chain – rethink it end to end. *Harvard Business Review*, v. 88, n. 10, p. 63-69, 2010.
17. NASCIMENTO, A. M. *Incorporação da sustentabilidade em cadeias de suprimentos*: práticas estabelecidas e barreiras encontradas. 2014. Dissertação (Engenharia de Produção) – Universidade Federal de São Carlos, São Carlos, 2014.
18. ROSALES, F. P. *Impacto dos riscos no nível de coordenação vertical das cadeias agroindustriais de suprimentos*: uma análise sob a perspectiva das empresas frigoríficas. 2017. Tese (Doutorado em Engenharia de Produção) – Departamento de Engenharia de Produção, Universidade Federal de São Carlos, São Carlos, 2017.
19. FLYNN, B. B.; HUO, B.; ZHAO, X. The impact of supply chain integration on performance: a contingency and configuration approach. *Journal of Operations Management*, v. 28, p. 58-71, 2010.
20. Ver LEE, C. W.; KWON, I-W.; SEVERANCE, D. Relationship between supply chain performance and degree of linkage among supplier, internal integration, and customer. *Supply Chain Management: an International Journal*, v. 12, n. 6, p. 444-452, 2007 e SWINK, M.; SCHOENHERR, T. The effects of cross-functional integration on profitability, process efficiency, and asset productivity. *Journal of Business Logistics*, v. 36, n. 1, p. 69-87, 2015.
21. FLYNN, HUO, ZHAO. *Op. cit.* p. 59.
22. ABREU, A. *Contribuições das práticas de recursos humanos na integração interna da gestão da cadeia de suprimentos*. 2016. Tese (Doutorado em Engenharia de Produção) – Departamento de Engenharia de Produção, Universidade Federal de São Carlos, São Carlos, 2016. p. 51.
23. CAMARINHA-MATOS, L.; AFSARMANESH, H. Collaborative networks: value creation in a knowledge society. *In*: *Proceedings of PROLAMAT'06 (Springer)* – Shanghai, China, 14-16 Jun 2006.
24. AUTRY, C. W.; ROSE, W. J.; BELL, J. E. Reconsidering the supply chain integration-performance relationship: in search of theoretical consistency and clarity. *Journal of Business Logistics*, v. 35, n. 3, p. 275-276, 2014.
25. GIMENEZ, C. Logistics integration processes in the food industry. *International Journal of Physical Distribution & Logistics Management*, v. 36, n. 3, p. 231-249, 2006.
26. CHOPRA, S.; P. MEINDL. *Supply chain management*: strategy, planning and operation. 5. ed. Upper Saddle River: Prentice Hall, 2012.
27. Ver ABREU, A.; ALCANTARA, R. L. C. Internal integration in supply chain integration: a systematic literature review. *REUNA*, v. 22, p. 40-64, 2017.
28. Fonte: adaptado de SILVA, S. R. Tirolez: cultura como vantagem comtetitiva. *HSM Management*, n. 131, p. 70-77, nov./dez. 2018.
29. KNEMEYER, A. M.; FAWCETT, S. E. Supply chain design and integration: why complex collaborative systems are easy to talk about hard to do. *Journal of Business Logistics*, p. 1-2, 2015.
30. Ver LAMBERT, D. M.; COOPER, M. C.; PAGH, J. D. Supply chain management: implementation issues and research opportunities. *The International Journal of Logistics Management*, v. 9, n. 2, 1998, MENTZER, J. T.; WITT, W.; KEEBLER, J. S.; MIN, S.; NIX, N. W.; SMITH, C. D.; ZACHARIA, Z. G. *Op. cit.* e FAWCETT, S. E.; FAWCETT, A. M.; WATSON, B. J.; MAGNAN, G. M. Peeking inside the black box: toward an understanding of supply chain collaboration dynamics. *Journal of Supply Chain Management*, v. 48, n. 1, p. 44-72, 2012.
31. Ver FREITAS, D. C.; OLIVEIRA, LEANDRO G.; ALCANTARA, R. L. C. Collaborative initiatives: motivators, barriers and benefits. *RAM – Revista de Administração Mackenzie*, v. 19, p. 1-25, 2018.
32. KLEYWEGT, A. J.; NORI, V. S.; SAVELSBERGH, M. W. P. The stochastic inventory routing problem with direct deliveries. *Transportation Science*, v. 36, n. 1, p. 94-118, 2002.
33. SWEENEY, E. The people dimension in logistics and supply chain management: its role and importance. *In*: PASSARO, R.; THOMAS, A. (Ed.) *Supply chain management*: perspectives, issues and cases. Milan: McGraw-Hill, 2013. p. 73-82.
34. LAWRENCE, P. R.; LORSCH, J. W. *Op. cit.*
35. SHUB, A. N.; STONEBRAKER, P. W. The human impact on supply chains: evaluating the importance of "soft" areas on integration and performance. *Supply Chain Management: an International Journal*, v. 14, n. 1, p. 31-40, 2009 e ALFALLA-LUQUE, R.; MARIN-GARCIA, J. A.; MEDINA-LOPEZ, C. An analysis of the direct and mediated effects of employee commitment and supply chain integration on organisational performance. *International Journal of Production Economics*, v. 162, p. 242-257, 2015.
36. Ver KOVÁCS, G.; TATHAM, P.; LARSON, P. D. What skills are needed to be a humanitarian logistician? *Journal of Business Logistics*, v. 33, n. 3, p. 245-258, 2012.
37. TANCO, M.; JURBURG, D.; ESCUDER, M. Main difficulties hindering supply chain performance: an exploratory analysis at Uruguayan SMEs. *Supply Chain Management: an International Journal*, v. 20, n. 1, p. 11-23, 2015.
38. KOVÁCS, G.; TATHAM, P.; LARSON. *Op. cit.*
39. BARNES, J.; LIAO, Y. The effect of individual, network, and collaborative competencies on the supply chain management system. *International Journal of Production Economics*, v. 140, p. 888-899, 2012.
40. Ver CHRISTOPHER, M. Managing supply chain complexity: identifying the requisite skills. *Supply Chain Forum: an International Journal*, v. 13, n. 2, p. 4-9, 2012 e PRAJOGO, D.; SOHAL, A. Supply chain professionals: a study of competencies, use of technologies, and future challenges. *International Journal of Operations & Production Management*, v. 33, n. 11/12, p. 1532-1554, 2013.
41. ABREU, A. *Contribuições das práticas de recursos humanos na integração interna da gestão da cadeia de suprimentos*. 2016. Tese (Doutorado em Engenharia de Produção) – Departamento de Engenharia de Produção, Universidade Federal de São Carlos, São Carlos, 2016. p. 74.
42. TANG, C.; TOMLIM, B. The power of flexibility for mitigating supply chain risks. *International Journal of Production Economics*, 116, 2008.
43. WAGNER, S. M.; BODE, C. An empirical examination of supply chain performance along several dimensions of risk. *Journal of Business Logistics*, v. 29, n. 1, p. 307-325, 2008.
44. ROSALES, F. P. *Impacto dos riscos no nível de coordenação vertical das cadeias agroindustriais de suprimentos*: uma análise sob a perspectiva das empresas frigoríficas, 2017. Tese (Doutorado em Engenharia de Produção) – 2017. p. 46.
45. CHENG, S. K.; KAM, B. H. A conceptual framework for analysing risk in supply networks. *Journal of Enterprise Information Management*, v. 21, n. 4, p. 345-360, 2008.

46. RAO, S.; GOLDSBY, T. Supply chain risk: a review and typology. *The International Journal of Logistic Management*, v. 20, n. 1, p. 97-123, 2009.
47. Fonte: adaptado de ROSALES. *Op. cit.* p. 178.
48. CHRISTOPHER, M; PECK, H. Building the resilient supply chain. *International Journal of Logistics Management*, v. 15, n. 2, p. 1-13, 2004.
49. Fonte: adaptado de ROSALES. *Op. cit.* p. 35.
50. GALUCHI, T. P. D.; BATALHA, M. O.; ROSALES, F. P. Management of socioenvironmental factors of reputational risk in the beef supply chain in the Brazilian Amazon region. *International Food and Agribusiness Management Review*, p. 1-18, 2019.
51. ROSALES. *Op. cit.* p. 67.
52. RICE, J.; CANIATO, F. Building a secure and resilient supply network. *Supply Chain Management Review*, p. 22-30, Sept./Oct. 2003.
53. CHRISTOPHER, M.: PECK, M. Building the resilient supply chain. *The International Journal of Logistics Management*. v. 15, n. 2, 2004.
54. SHEFFI, Y Building a culture of flexibility. *World Trade*, v. 18, n. 12, p. 26-9, 2005.
55. PONOMAROV, S. Y.; HOLCOMB, M. C. Understanding the concept of supply chain resilience. *The international Journal of Logistics Management*. v. 20, n. 1, p. 124-143, 2009.
56. KAMALAHMADI, M.; PARAST, M. M. A review of the literature on the principles of enterprise and supply chain resilience: major findings and directions for future research. *International Journal of Production Economics*, v. 171, p. 116-133, 2016.
57. PONOMAROV, S. Y.; HOLCOMB, M. C. *Op. cit.*
58. Fonte: adaptada de KAMALAHMADI e PARAST. *Op. cit.*
59. HOHENSTEIN, N.; FEISEL, E.; HARTMANN, E.; GIUNIPERO, L.: Research on the phenomenon of supply chain resilience: a systematic review and paths for further investigation. *International Journal of Physical Distribution & Logistics Management*, v. 45, n. 1/2, 2015.
60. PONIS, S.; KORONIS, E. Supply chain resilience: definition of concept and its formative elements. *Journal of Applied Business Research*, v. 28, n. 5, p. 921-930, 2012.
61. SANTOS, M. G. *Mecanismos para resiliência na cadeia de suprimentos*: uma análise sob a ótica da indústria processadora de carnes. 2018. Tese (Doutorado em Engenharia de Produção) – Universidade Federal de São Carlos, São Carlos, 2018. p. 33.
62. ALI, A.; MAHFOUZ, A.; ARISHA, A. Analysing supply chain resilience: integrating the constructs in a concept mapping framework via a systematic literature review. *Supply Chain Management: an International Journal*, v. 22, n. 1, 2017.
63. SANTOS, M. G. *Mecanismos para resiliência na cadeia de suprimentos*: uma análise sob a ótica da indústria processadora de carnes. 2018. Tese (Doutorado em Engenharia de Produção) – Universidade Federal de São Carlos, São Carlos, 2018. p. 36.
64. BODE, C.; WAGNER, S.; PETERSEN, K. J.; ELLRAM, L. M.: Understanding responses to supply chain disruptions: insights from information processing and resource dependence perspectives. *Academy of Management Journal*, v. 54, n. 4, p. 833-856, 2011.
65. CHRISTOPHER, M; PECK, H. *Op. cit.*
66. AMBULKAR, S.; BLACKHURST, J.; GRAWE, S.; Firm's resilience to supply chain disruptions: scale development and empirical examination. *Journal of Operations Management*, v. 33, n. 34, p. 111-122, 2015.
67. PAULRAJ, A.; LADO, A. A.; CHEN, I. J. Inter-organizational communication as a relational competency: antecedents and performance outcomes in collaborative buyer-supplier relationships. *Journal of Operations Management*, v. 26, n. 1, p. 45-64, 2008.
68. PONOMAROV, S. Y.; HOLCOMB, M. C. *Op. cit.*
69. Fonte: adaptado de SANTOS, M. G. *Mecanismos para resiliência na cadeia de suprimentos*: uma análise sob a ótica da indústria processadora de carnes. 2018. 239 f. Tese (Doutorado em Engenharia de Produção) – Universidade Federal de São Carlos, São Carlos, 2018. p. 141.
70. BODE, C.; WAGNER, S. M. *Op. cit.*
71. ROSALES *et al. Op. cit.*
72. SHEFFI, Y.; RICE JR. *Op. cit.*
73. SANTOS, M. *Op. cit.*
74. YU, K.; CADEAUX, J.; SONG, H. Alternative forms of fit in distribution flexibility strategies. *International Journal of Operations & Production Management*, v. 32, n. 10, p. 1199-1227, 2012.
75. AZEVEDO, S.; GOVINDAN, K.; CARVALHO, H.; CRUZ-MACHADO, V. Ecosilient index to assess the greenness and resilience of the upstream automotive supply chain. *Journal of Cleaner Production*, v. 56, n. 1, p. 131-146, 2013.
76. BARRAT, M.; OKE, A. Antecedents of supply chain visibility in retail supply chains: a resource-based theory perspective. *Journal of Operations Management*, v. 25, p. 1217-1233, 2007.
77. BRANDON-JONES, E.; SQUIRE, B.; AUTRY, C. W.; PETTERSEN, K. J.: A contingent resource-based perspective of supply chain resilience and robustness. *Journal of Supply Chain Management*, v. 50, n. 3, p. 55-73, 2014.
78. CHRISTOPHER, M.; PECK. *Op. cit.*

BIBLIOGRAFIA COMPLEMENTAR

BOWERSOX, D.; CLOSS, D.; COOPER, M. B.; BOWERSOX, J. C. *Gestão logística da cadeia de suprimentos*. 4. ed. New York: McGraw Hill/Bookman, 2014.

CHOPRA, S.; MEINDL, P. *Gestão da cadeia de suprimentos*: estratégia, planejamento e operações. 6. ed. São Paulo: Pearson, 2015.

CORRÊA, H. *Administração de cadeias de suprimentos e logística*: integração na era da indústria 4.0. 2. ed. São Paulo: Atlas, 2019.

LAMBERT, D. *Supply chain management*: process, partnerships, performance. 4. ed. Sarasota:: Supply Chain Management Institute, 2008.

SHEFFI, Y. *The power of resilience:* how the best companies manage the unexpected. Massachusetts: The MIT Press, 2017.

ZSIDISIN, G. A.; RITCHIE, B. (eds.). *Supply chain risk:* a handbook of assessment, management and performance. New York: Springer, 2009.

4 MARKETING APLICADO AO AGRONEGÓCIO

Andrea Lago da Silva
Eduardo Eugênio Spers

Este capítulo apresenta os principais conceitos e ferramentas de marketing que podem ser aplicados ao agronegócio, tanto a montante (produtor rural) como a jusante (consumidor final), bem como para toda a cadeia de produção agroindustrial (CPA). Além de uma introdução conceitual e uma seção final com tendências e desafios, o conteúdo segue a lógica de um plano de marketing, passando pela análise do ambiente na perspectiva mercadológica, dando ênfase ao processo de pesquisa de marketing, análise do ambiente competitivo e análise do comportamento do consumidor. Em seguida, são apresentadas as estratégias de marketing, ou seja, a segmentação e o posicionamento de mercado. Por fim, são apresentadas as táticas de marketing, abordando as variáveis controláveis ou o *mix* de marketing, produto, preço, praça e promoção. Ferramentas muito utilizadas atualmente, como o marketing de relacionamento e o marketing digital, são ilustradas com exemplos, discussões e aplicações reais ao agronegócio.

Ao final deste capítulo, o leitor deverá ser capaz de:

- Definir alguns dos principais conceitos de marketing.
- Compreender quais são as especificidades do marketing e sua gestão aplicada ao agronegócio.
- Identificar as principais etapas do processo de planejamento de marketing.
- Conhecer quais são e a respectiva função dos elementos que constituem as estratégias e as táticas de marketing.
- Reconhecer os principais desafios, estratégias e tendências do marketing aplicado ao agronegócio.

4.1 INTRODUÇÃO

Em geral, existe dificuldade de se criar uma mentalidade voltada para o marketing e, consequentemente, para o cliente nas pequenas empresas, *startups* e principalmente no agro. Independentemente do setor, o marketing tem a função de aumentar a probabilidade de troca, ou seja, comunicar sobre o produto, posicioná-lo e diferenciá-lo, identificar o público-alvo mais adequado, enfim, gerar e entregar valor para o mercado. Existem, porém, alguns aspectos que diferenciam o marketing tradicional do marketing do agronegócio.

O primeiro aspecto é que, em geral, o produto do agronegócio é uma *commodity*, ou seja, um produto sem diferenciação. Considerando que a ideia do marketing é diferenciar o produto, como fazer isso nesse caso? Um bom começo é ter um olhar para além do produto, para o processo de produção, para a origem e para a história do local, por exemplo, e encontrar, com isso, elementos para diferenciar o produto.

O segundo aspecto é que os produtos são baratos e com isso o envolvimento do consumidor é menor. É preciso, então, aumentar o engajamento com o produto, evidenciando aspectos que chamam a atenção ou são necessidades relevantes para o consumidor. Exemplos disso são a sua contribuição para a saúde, ser natural, orgânico, ambientalmente correto, ou ainda incluir a dimensão social, explorando a ideia da produção pelo pequeno produtor.

O terceiro aspecto é a margem reduzida que, em geral, a venda do produto gera. Estratégias de marketing exigem recursos financeiros e um esforço gerencial adicional. Por isso, os casos de sucesso em marketing no agronegócio são em geral ações que agregam uma produção coletiva significativa em volume e valor. Portanto, são ações realizadas por cooperativas, grandes produtores ou associações de produtores.

Por fim, o quarto e último aspecto é que a diferenciação está associada a características intrínsecas, ou seja, não podem ser diretamente ou facilmente constatadas pelo consumidor antes da compra. Por exemplo, sabor, produção orgânica, origem, tratos culturais, proteção ambiental, entre outras. Daí a importância de investir em instrumentos de garantia e reputação como marcas coletivas.

A seguir, vamos discutir os principais conceitos e as ferramentas mercadológicas com base nesses aspectos que dão ao marketing do agronegócio um caráter especial e único.

4.1.1 Conceitos básicos de marketing: necessidade, desejo, valor, satisfação

O objetivo deste item é apresentar a visão geral do conceito de marketing, do sistema de marketing, da administração de marketing e suas especificidades para o segmento agrícola e agroindustrial. O dicionário oficial da American Marketing Association (AMA) disponibiliza e atualiza as principais definições de marketing, descritas a seguir (tradução nossa).[1,2]

> "**Marketing** é a atividade, conjunto de instituições e processos para criar, comunicar, entregar e trocar ofertas que têm valor para clientes, parceiros e sociedade em geral."
>
> "A **satisfação do cliente** mede o nível de expectativa percebida dos clientes com a sua experiência pós-compra nas ofertas de uma empresa. Geralmente, é baseada em dados de pesquisa e expressa como uma classificação."
>
> "A **análise da demanda** é um estudo dos motivos relacionado com a demanda ou procura por um produto ou serviço com a intenção de prever e antecipar vendas."

A preocupação do marketing vai além do cliente e passa por questões éticas (uso correto de defensivos agrícolas), ambientais (preservação dos recursos naturais) e sociais (bem-estar do funcionário da propriedade agrícola). A seguir, apresenta-se uma evolução histórica da perspectiva do marketing, com as diferentes orientações:

> - Organização orientada para a **Produção**: busca clientes que preferem baixo custo e abundância.
> - Organização orientada para o **Produto**: busca clientes que prezam por características, qualidade e desempenho.
> - Organização orientada para **Vendas**: busca agressividade em atingir o cliente.
> - Organização orientada para o **Marketing**: busca criar valor na comunicação com o cliente.
> - Organização voltada para o **Cliente**: busca criar um relacionamento pela empatia com o cliente.
> - Organização voltada para a **Sociedade**: busca criar valor para todos os *stakeholders*.

A satisfação é uma diferença entre o que é gerado de expectativa pelo cliente antes da compra e o desempenho do produto ou serviço após a compra. Se um produtor adquire um insumo agrícola (adubo, por exemplo) e sua expectativa sobre um ou mais de seus atributos (desempenho, por exemplo), após o uso, fica acima do esperado, ele estará muito satisfeito (dissonância cognitiva[i] positiva). Se igual ao esperado, ficará satisfeito (dissonância cognitiva nula) e, se menor que o esperado, insatisfeito (dissonância cognitiva negativa). Esse conceito é útil para que ações mercadológicas que busquem a satisfação e, consequentemente, relacionamentos de longo prazo (marketing de relacionamento) sejam propostas.

Outro conceito relevante em marketing é a análise da demanda. O contínuo avanço da tecnologia permite que mais dados, informações e conhecimentos relevantes sobre o mercado, a produção e o cliente sejam acessados e gerados. A partir de um banco de dados com informações relevantes, baseado em informações sobre a demanda e o comportamento de compra de seus compradores e do mercado, por exemplo, uma revenda agrícola pode estruturar um programa de fidelização de clientes ou CRM (*customer relationship marketing* ou marketing de relacionamento com cliente).[ii]

Outros conceitos relevantes em marketing são:

- **Necessidades**: existentes em todas as pessoas. São ilimitadas (por exemplo, a sobrevivência financeira da propriedade agrícola é uma das necessidades do produtor).
- **Desejos**: por produtos ou serviços que atendam às necessidades (por exemplo, um adubo que permita ao produtor obter alta produtividade e, consequentemente, alcançar a sua sobrevivência e da propriedade agrícola).
- **Demanda**: desejo por produtos para os quais a compra é viável (por exemplo, a demanda por um adubo específico a que o produtor tem acesso e disponibilidade de recursos financeiros para comprar).
- **Valor**: atribuído ao produto em função da percepção sobre os seus benefícios e custos (por exemplo, um produtor avalia o valor de um adubo em função das permutas – *trade-offs* – entre os seus benefícios, como o bom desempenho e a marca conhecida, *versus* os seus custos, como o alto preço e o longo prazo de entrega).
- **Mercado**: definido por no mínimo três variáveis: produto, tempo e região (por exemplo, consumo de adubo foliar em 2020 na região Centro-Oeste).

Demanda também significa o número de unidades (ou valor monetário) de um produto comercializado em certo mercado ao longo de um período. No contexto do agronegócio, gerenciar a demanda é fundamental. Ela aumenta ou diminui de acordo com o clima, com o comportamento da economia, com a renda da população ou é derivada ou consequência das ações de marketing. Em culturas perenes como o café, por exemplo, é possível escolher o melhor momento da venda do produto, e a sua quantidade presente em determinado momento define o preço.

Podemos definir sistema de marketing, tipos de mercado e demandas para o produto café[3] e suas principais funções da seguinte maneira:

- **Mercado vendedor**: tem a função de ofertar o café, as condições de venda e seu preço, realizar a entrega e atender as demandas do cliente, criar e oferecer múltiplos canais de distribuição e gerenciar seus conflitos, incrementar os negócios e seu crescimento e abrir novas frentes e condições de troca.
- **Mercado comprador**: realiza os pagamentos, avalia os preços e as condições antes de concretizar a negociação, verifica se o café foi entregue com a qualidade ou outros atributos desejados.
- **Mercado potencial**: conjunto de todos os consumidores de determinado mercado que possuam nível suficiente de interesse por uma oferta do produto café.
- **Mercado disponível**: conjunto de consumidores que em determinado período demonstram possuir interesse, renda e acesso a uma oferta do produto café.
- **Mercado disponível qualificado**: conjunto especial de consumidores que têm interesse, renda, acesso e qualificações para uma oferta específica, por exemplo, cafés especiais com valor agregado alto e disponíveis em apenas uma região.
- **Mercado atendido**: parte do mercado disponível e qualificado que uma torrefadora de café atende.
- **Mercado penetrado**: conjunto de consumidores que já compraram determinada marca ou tipo de café.

Considerando bens tangíveis, tem-se no marketing aplicado ao agronegócio o uso de tecnologias via

---

i Incoerência entre as atitudes ou comportamentos que acreditam ser o certo e o que é realmente praticado. RHINE, R. J. Some problems in dissonance theory research on information selectivity. *Psychological Bulletin*, v. 68, n. 1, p. 21, 1967.

ii Define um dos subsistemas de informação focado no consumidor (*customer relationship management*), mas que no linguajar de mercado tem sido associado à criação de programas de fidelidade que buscam privilegiar segmentos e clientes pelo valor que geram ao negócio.

implementos, armazenamento na propriedade, alimentos produzidos, tratores, produtos diversos. Serviços são intangíveis, nos quais é mais difícil a qualidade ser percebida pelo consumidor, e, à medida que as economias evoluem, uma porção cada vez maior de suas atividades se concentra nesse segmento. No agronegócio, temos importantes atividades intangíveis: assistência técnica, assistência técnica rural, suporte, sistematização, assessoria, distribuição, processamento, turismo rural, transporte de carga, entre outras.

Alguns exemplos de produtos e serviços oferecidos pelo agronegócio são:

- **Eventos:** envolvem o planejamento e a execução de feiras, palestras e *shows*. Exemplos: feiras comerciais e de tecnologia como a Agrishow e a EsalqShow, Dias de Campo, para apresentar a eficácia de novas sementes, entre outros.
- **Pessoas:** referem-se ao marketing pessoal. Exemplos: o trabalhador e o produtor rural como símbolo da construção das riquezas vindas do campo, o produtor de café ou de gado de corte que são referências em suas regiões, o influenciador digital de uma comunidade de produtores, entre outros.
- **Lugares:** trata-se da promoção de países, estados, cidades ou pontos turísticos. Exemplos: centros de desenvolvimento, origem de um produto ou processo de produção, capitais do agronegócio, pecuária de corte no pantanal, novilho dos pampas, entre outros.
- **Títulos patrimoniais:** é o marketing voltado para o segmento mobiliário e imobiliário. Exemplos: fazendas, investimentos agrícolas, venda de áreas de cultivo, entre outros.[iii]
- **Experiências:**[4] são as vendas de sensações e emoções. Um exemplo conhecido relacionado com agronegócio são as visitas guiadas às vinícolas, propriedades produtoras de queijo, azeite e turismo de aventura rural.
- **Organizações:** o marketing institucional[5] busca chamar a atenção para a empresa ou um setor como entidade que tem personalidade, princípios, valores, é benfeitora ou simpática, ou seja, que faz mais do que vender produtos, voltada para a construção e a manutenção de uma boa imagem corporativa. Exemplos: a imagem institucional de grandes empresas do agro, campanhas como a do Agro é Pop e Sou Agro, que visam informar sobre os benefícios, a importância e as dimensões da atividade rural, entre outros.
- **Informação e conhecimento:** referem-se às organizações ou produtos relacionados com geração e distribuição de informações e notícias. Exemplos: CEPEA – Projeto Índices, Ministério da Agricultura, jornais especializados, campanhas para aplicação de vacinas, institutos de pesquisa, como a Embrapa, entre outros.
- **Ideias:** compreendem a criação de produtos/serviços que facilitem a vida dos consumidores de produtos do agronegócio e do produtor rural. Exemplos: métodos novos de manejo de culturas, *startups*, aceleradoras de inovação no campo – o risco de se trocar um produto ou equipamento vale o aumento nos lucros?

4.1.2 Especificidades do marketing aplicado aos negócios agroindustriais

Vimos que o marketing envolve bens tangíveis, serviços, experiências, eventos, pessoas, lugares, títulos patrimoniais, informações, conhecimento, organizações e ideias. Neste item, será abordada a forma como as especificidades do agronegócio impactam o marketing e como algumas estratégias podem ser desenvolvidas por meio dos conceitos e das ferramentas que o marketing pode oferecer.

Cada R$ 1 investido com recursos públicos em pesquisa, educação superior e transferência de conhecimento (extensão rural) na agropecuária paulista resulta em um retorno de R$ 10 a R$ 12 para a economia do estado.[6] Esses dados comprovam a relação intensa que o agronegócio tem com os outros setores da economia. Não basta, porém, existir essa relação. Ela precisa ser coordenada, ou seja, para poderem captar uma parcela maior desse valor gerado e atender às demandas legais e dos consumidores, os agentes participantes dos sistemas de agronegócios (indústria de insumos agrícolas, agricultura, agroindústria, indústria de alimentos, atacado e varejo) devem trocar informações e agir em conjunto para a busca de melhores padrões de qualidade, tecnologias e menores custos.[7] Como visto nos capítulos iniciais deste livro, essa importância da coordenação no agronegócio foi atribuída inicialmente por um dos coautores do conceito, Goldberg, em 1968[8] (*System Approach*), e posteriormente pelo conceito de cadeias agroalimentares (*Filières Agroalimentaires*).[9,10] A cadeia é tão forte quanto o seu elo mais fraco, ou seja, não basta ser competitivo na indústria se a agricultura não fornece produtos de qualidade e

---

iii Visite *sites* que comercializam fazendas, como fazendas.org, para conhecer como as ações de marketing são realizadas para comercializar propriedades agrícolas.

com baixo custo ou vice-versa. Essa especificidade do conceito de agronegócio tem implicações diretas para o marketing aplicado a esse setor. A competição dá-se entre cadeias ou sistemas de agronegócios. Se um consumidor norte-americano for a uma cafeteria e solicitar um café de origem brasileira, todos os elos da cadeia do café no Brasil irão se beneficiar. No entanto, se ele escolher o colombiano, os recursos vão para toda a cadeia de produção e industrialização do café da Colômbia.

Quanto mais coordenada for a cadeia, maior será a sua capacidade em atender às demandas e aos atributos desejados pelos consumidores. Para que esses atributos sejam contemplados, são necessárias ações em diferentes elos da cadeia (Figura 4.1). Um bom exemplo são os selos de garantia de origem do varejo. No caso do selo de garantia de origem Carrefour,[11] o varejo foi até a propriedade agrícola para garantir atributos que sejam do interesse do consumidor: sabor, preço justo, autenticidade, segurança do alimento e desenvolvimento sustentável. Outro exemplo interessante é a certificação SQF 2000, que pode ser aplicada para todos os agentes da cadeia.[12] Todo o processo se inicia com uma pesquisa sobre os atributos desejados pelo consumidor. Por exemplo, no caso da produção da uva de mesa, atributos como tamanho da baga e teor de Brix[iv] podem variar de mercado para mercado. Sabendo quais são as necessidades de cada mercado, um manual é elaborado com base em metodologias como as boas práticas de fabricação e nos melhores tratos culturais para que determinado padrão desejado seja ofertado. Se for atender um mercado A, por exemplo, realiza-se a poda mais precoce na planta. Se for para um mercado B, será mais tardia.

Outra especificidade é que os produtos agroindustriais, em sua maioria, são denominados **commodities** ou com **baixo envolvimento na compra**,[14] ou seja, são em geral pouco diferenciados, o consumidor tem frequência de compra alta e gasta-se em geral pouco com eles. O desafio do marketing no agronegócio é o de "descomoditizar" os produtos, criando diferenciais por meio, por exemplo, de marcas e selos. Além das marcas e dos selos, surgem estratégias como as de ***Brand Ecosystem*** e ***Brand Ingredient***.[15] *Brand Ecosystem* parte do pressuposto de que podemos definir uma marca para toda a cadeia de produção e não somente a um de seus elos, ou seja, não comunicar somente a marca da indústria ou a do varejo, mas a de uma cadeia como um todo. Por exemplo, em vez de comunicar a marca da carne de um frigorífico A ou B, enfatizar que a carne vem da região C ou D, incluindo informações sobre toda a sua cadeia, se é produzida com elevado padrão de bem-estar e saúde animal, práticas de sustentabilidade e segurança do alimento. Um bom exemplo é o caso do mel da Austrália.[16] O conceito de *Brand Ingredient* tem relação com explorar um *co-branding* (associar duas ou mais marcas com sinergia), sendo uma do produto como um todo e outra de um ou mais de seus ingredientes. Por exemplo, a marca de um achocolatado com a marca de um açúcar ingrediente desse achocolatado.

4.1.3 Governança e gestão do esforço de marketing

Em gestão, temos de separar o que é estrutura e o que é estratégia.[17] Da mesma forma que acontece em outras áreas funcionais, é necessário criar uma estrutura e

Figura 4.1 SAG, coordenação e atributos ofertados ao consumidor.[13]

---

iv Grau Brix (símbolo °Bx) é uma escala numérica que mede a quantidade de sólidos solúveis (entenda-se basicamente como açúcar ou sacarose) em uma fruta, em cana-de-açúcar, em suco de frutas, em tomate-cereja etc. Fonte: APPA. Cooperativa Agroindustrial APPC. *O que é grau Brix?* [s.d]. Disponível em: https://appc.coop.br/pt_br/2019/11/08/o-que-e-o-grau-brix/#:~:text=Brix%20(s%C3%ADmbolo%20%C2%B0Bx)%20%C3%A9,%2C%20em%20tomate%20cereja%2C%20etc. Acesso em: 14 dez. 2020.

destinar recursos financeiros e pessoas para organizar as atividades estratégicas, táticas e operacionais de marketing. Entendemos como estratégias as que envolvem a empresa como um todo, tais como definir o posicionamento da marca, o lançamento de novos produtos e quais serão os mercados a serem explorados. Decisões táticas são consequências dessas decisões e fazem as estratégias de marketing acontecerem (veja o item 4.4).

Outra característica que distingue a estratégia da tática de marketing é o horizonte de tempo. Estratégias são definidas para o **longo prazo**, enquanto as táticas, para **curto e médio prazos**. Em uma organização de grande porte, onde o marketing é profissionalizado, as estratégias envolvem, por exemplo, a decisão do vice-presidente de marketing e as táticas atribuídas ao diretor de marketing, de produto, de comunicação, de vendas, dependendo de como está estruturada sua estrutura organizacional.

Um aspecto importante a ser discutido são as barreiras ao **planejamento de marketing** (item 4.2).[18] Uma primeira barreira é quando a alta administração não apoia a sua elaboração ou execução. Além disso, pode existir um boicote geral ao plano, devido à falta de recursos e informações disponíveis. A estrutura organizacional pode dificultar a comunicação e o apoio dos gerentes e outros profissionais que não são da área de marketing.

Em geral, são áreas departamentais de marketing: vendas, produto, relacionamento com o cliente e comunicação. No caso da comunicação, grande parte das atividades é realizada por uma agência, em função da especificidade dessa tarefa e dos descontos que, em geral, ela consegue negociar junto às empresas de mídia. Quando parte da comunicação é realizada pela própria empresa, dizemos que ela tem uma *house* **de marketing** ou uma agência interna. Uma agência é estruturada em atendimento, planejamento e criação.

Para empresas que atuam em vários países, é comum a prática do *downsizing* **da gestão do marketing**, ou seja, delegar parte da estratégia de marketing para as subsidiárias de cada país. Novos produtos como o Leite Moça, por exemplo, foram desenvolvidos graças à autonomia dada ao departamento de marketing de propor novos produtos em seus mercados regionais, atendendo às necessidades específicas de cada país.[19]

Existe um conflito característico entre as áreas de **vendas** e **marketing** e, por isso, em geral, essas funções são organizadas em departamentos separados. Um insumo posicionado mercadologicamente como *premium*, com características diferenciadas, é vendido a preço mais alto. Esse mesmo insumo, porém, na perspectiva de vendas, ao ser ofertado a um preço mais barato, com o objetivo de reduzir estoques e cumprir as metas de vendas do produto, perderia o seu posicionamento *premium*.

A **estrutura de vendas** de uma empresa de insumos também pode ser organizada de diversas maneiras: por produto, por região ou mista. Por produto, quando o insumo tem especificações técnicas muito complexas, que exigem uma capacitação do vendedor sobre o insumo para que passe ao produtor com segurança seus diferenciais. Por região permite que o vendedor conheça melhor seus clientes, proporcionando um relacionamento mais próximo e de longo prazo. Uma estrutura mista pode atender aos dois objetivos. Por fim, para se dimensionar o tamanho da estrutura da força de vendas, uma das formas é definir o número de visitas necessárias para cada cliente por determinado período. Calculando-se o tempo médio para cada visita, é possível determinar a quantidade de vendedores.

4.2 PROCESSO DE PLANEJAMENTO DE MARKETING[v]

O processo de planejamento inicia-se quando um grupo qualquer de pessoas se une em torno de um objetivo comum (uma empresa), como o de desenvolver um produto/serviço ou defender uma causa/ideia (uma ONG, por exemplo), e busca escolher caminho ou rumo de ação para atingir esse objetivo. Isso pode ser definido como uma estratégia a ser seguida e compartilhada por quem participa do grupo. O cenário atual, no qual as empresas operam, exige que elas tenham dinamismo para antecipar mudanças no ambiente e no comportamento dos consumidores. Antecipando mudanças, as empresas conseguem adaptar-se ou buscar recursos para competirem, agregando valor ao produto ou ao serviço prestado.

O planejamento de marketing é uma das capacidades fundamentais a serem desenvolvidas por empresas que necessitam crescer, investindo em desenvolvimento e coordenação de atividades mais específicas. Um exemplo é a utilização de *big data* para desenvolver um marketing mais analítico, em lugar das antigas ferramentas de busca de dados secundários.[20] Define-se planejamento de marketing como a descrição dos métodos de aplicação dos recursos para atingir os objetivos de marketing, no horizonte de um ano (tático). O planejamento de marketing permite definir objetivos e as formas de como alcançá-los, seja segmentando os mercados, seja identificando a posição do mercado e prevendo o tamanho

---

v O Capítulo 2 apresenta e discute uma metodologia de planejamento estratégico que complementa o conteúdo desta seção.

do mercado. Ele também permite a organização e o uso de recursos financeiros e humanos.

O planejamento de marketing tem papel importante não só para o desempenho financeiro e a lucratividade de uma empresa. Por meio de um planejamento de marketing eficaz, é mais fácil:[21] (a) conseguir que todos compreendam os objetivos e sintam-se motivados a persegui-los; (b) desenvolver maior coordenação interfuncional; (c) obter um bom nível de informação de mercado, com menos desperdício de recursos. Além disso, é mais fácil entender de forma clara as prioridades e a necessidade de mudança contínua sem, entretanto, perder o controle do negócio e sem ficar vulnerável a eventos que prejudiquem o sucesso e a continuidade das empresas.

4.2.1 Estrutura e etapas de um plano de marketing

No Quadro 4.1, apresenta-se de forma sintética a estrutura de um plano de marketing. Essa estrutura pode variar, na nomenclatura e na inclusão de um ou outro item, mas, de modo geral, é suficiente para incluir toda a problemática a ser analisada. McDonald[22] destaca que o que pode variar é o grau de formalização necessária em cada etapa, que também é influenciada por tamanho, mercado e natureza da empresa.

4.2.2 Análise mercadológica

4.2.2.1 Análise do macroambiente de marketing

Muitas mudanças têm impactado a função do marketing nas organizações em todos os tipos de setores, e isso reflete as mudanças no ambiente imediato de negócios. Mudanças são observadas no comportamento dos consumidores, limites geográficos, cada vez mais invisíveis (*blurred*), e na tecnologia que tem emergido como um poderoso integrador de mercados.[23] Do ponto de vista do marketing como função, segundo o mesmo autor, *big data* e questões de privacidade apresentam-se também como desafios. Entre as grandes tendências com impactos importantes no agronegócio, percebem-se:

- Busca por alimentos com apelo de saudabilidade e sustentabilidade,[24,25] que tem levado ao desenvolvimento de produtos substitutos de proteína animal por similares vegetais e o desenvolvimento de produtos com substitutos ao açúcar, com menos gordura, sódio, corantes e aditivos, além das opções sem lactose e glúten.

- Preocupação com o crescimento.
- Economia compartilhada que influencia ideias e valores, como os *sites* para reduzir o *food waste*, desmatamento, entre outros.
- Internet e indústria 4.0.[vi]
- Mudanças/simplificação da rotulagem de alimentos, facilitando a compreensão do consumidor sobre o valor nutricional e outros atributos do produto.

Quadro 4.1 Estrutura de um plano de marketing[26]

Resumo executivo e sumário.	Apresenta uma rápida visão geral do plano proposto.
Situação atual do marketing.	Apresenta antecedentes relevantes sobre vendas, custos, lucros, mercado, concorrentes, distribuição e macroambiente. Essas informações podem compor uma análise SWOT (oportunidades, ameaças, forças e franquezas).
Estratégia de marketing.	Discute missão, objetivos de marketing, objetivos financeiros e as necessidades que os produtos/serviços devem satisfazer, considerando também sua segmentação e o seu posicionamento competitivo.
Tática de marketing.	Definem-se produto (atributos e benefícios), preço (faixas por tipo de canal e produto/serviço), canal de distribuição (direto, indireto/híbrido) e composto de comunicação/promoção (o melhor *mix* em função da estratégia de marketing escolhida).
Programas de ação.	Apresentam os programas especiais de marketing projetados para atingir os objetivos do negócio.
Demonstrativos de resultados projetados.	Incluem previsão de vendas e despesas; receitas por mês, região e produtos; também consideram os custos de marketing desdobrados em categorias.
Controles.	Definem métricas de avaliação, indicam como o plano será monitorado para as futuras ações corretivas necessárias.

O Boxe 4.1 apresenta o caso da mudança no portfólio dos processadores de carne bovina e sua busca por produzir substitutos para proteína animal e a comparação com outras mudanças em laticínios, por exemplo. Para que as organizações consigam ter uma visão clara das tendências e seus impactos no negócio e nas suas decisões, é pertinente analisar as variáveis do ambiente de marketing, distinguindo macro e microambiente. A Figura 4.2 ilustra de forma esquemática o macroambiente (sem destaque) e o microambiente (destacado em cinza).

---

vi Ver seção 1.12 do Capítulo 1.

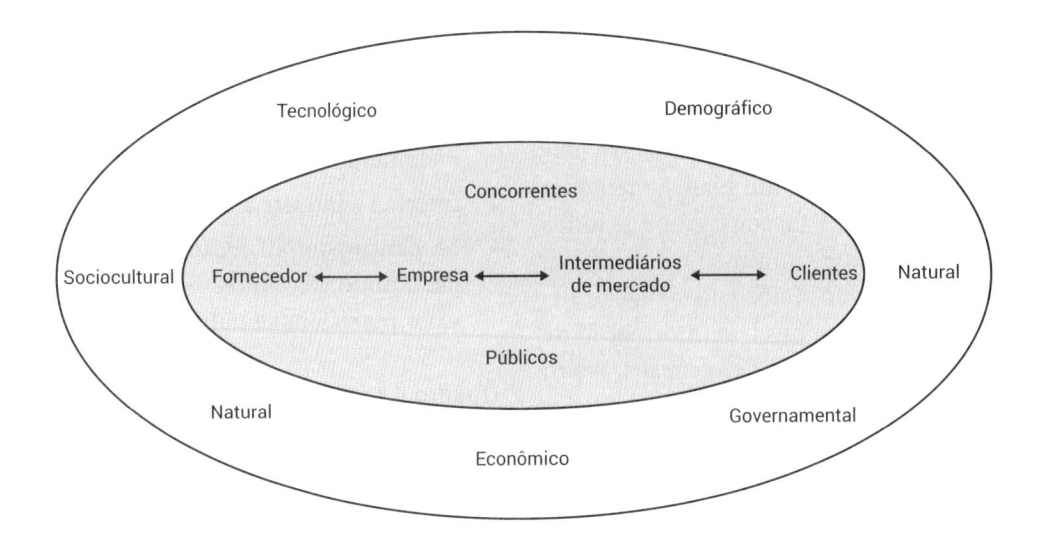

Figura 4.2 Macro e microambiente de marketing.[27]

O macroambiente de marketing de uma empresa compreende os agentes e as forças externas que afetam sua habilidade em desenvolver e manter transações e relacionamentos bem-sucedidos com o mercado-alvo. A análise ambiental é sugerida por diversos autores com o intuito de identificar oportunidades e ameaças que afetarão os fatores-chave de sucesso da empresa ou que terão influência estratégica.[28,29] Por outro lado, a literatura de marketing argumenta que uma empresa está inserida num microambiente composto por ela própria, fornecedores, intermediários de mercado e clientes, concorrentes e públicos. Além desse microambiente, temos um macroambiente (conhecido na literatura de estratégia simplesmente como *ambiente*) composto pelos ambientes sociocultural, econômico, demográfico, tecnológico e legal/governamental. Vale ressaltar que a tarefa mais difícil não é identificar e classificar as diversas variáveis ou agentes, mas determinar a extensão e a forma em que eles afetam a organização.

O primeiro ambiente a ser considerado é o tecnológico. A tecnologia pode ser definida como um corpo de conhecimentos, ferramentas e técnicas desenvolvidas a partir da ciência e do conhecimento empírico, que pode ser usado no desenvolvimento e na produção, e aplicado em produtos, processos, sistemas e serviços.[30] As organizações precisam manter-se atualizadas em nível tecnológico, pois, não importa qual seja seu setor de atividade, o fator obsolescência é capaz de destruir qualquer diferencial de competitividade que elas possuam. Outro fator importante refere-se à transição tecnológica. Um dos pontos básicos para o gerenciamento de uma inovação tecnológica consiste em detectar quando a tecnologia original está em sua fase de declínio, de acordo com a abordagem do ciclo de vida da tecnologia. Um exemplo de transição tecnológica em firmas agroalimentares pode ser observado nas tecnologias e nos materiais utilizados em embalagens de alimentos: onde antes se utilizava vidro (bebidas, molhos, compotas), agora empregam-se embalagens *pet* (plástico), *tetrapak* (papelão) ou latas.

Outro aspecto do ambiente seria o governamental ou legal (parte do ambiente institucional), relacionado com o conjunto de regulamentos, leis, impostos, bem como com a ambiência política, nas áreas política e organizacional do poder constituído. No caso das firmas agroalimentares, a influência governamental começa com as políticas de crédito rural, passa pela questão tributária, chega até os procedimentos de controle e inspeção federal e finaliza com a taxa de câmbio para exportação.

O ambiente econômico compreende aspectos como inflação, desemprego, estabilidade econômica, renda e crescimento econômico como um todo e do setor-alvo da empresa. Esses são fatores que devem ser considerados na adoção de uma estratégia empresarial. No caso da indústria agroalimentar, a incerteza quanto à evolução da economia brasileira sempre é um dos fatores mais preocupantes e importantes. Os outros setores, como insumos para agropecuária e a própria agropecuária, são influenciados diretamente pela economia, pois qualquer retração de consumo reflete-se nas decisões acerca de quais atividades serão mais rentáveis e, por consequência, quais insumos serão demandados ou adquiridos para desenvolverem-se as atividades planejadas.

Outro aspecto do ambiente são as questões demográficas definidas como idade, gênero, renda, educação, formação familiar e localização geográfica. Hall[31] salienta que o número de pessoas atendidas, assim como sua distribuição etária e por gênero, faz uma grande diferença para todas as empresas. Argumenta que, em geral, uma organização é capaz de prever seu mercado potencial para o futuro a partir dos dados demográficos disponíveis.

Por último, observa-se que aspectos socioculturais como estilo de vida, moda, novos padrões de consciência social e novos formadores de opinião definem o perfil do consumidor e seus hábitos de consumo. No Boxe 4.1, observa-se a resposta dos grandes frigoríficos às mudanças no ambiente sociocultural.

4.2.2.2 Análise do microambiente de marketing (dinâmica competitiva e análise da concorrência)

Ao se analisar a Figura 4.2, o primeiro destaque é para o grupo intitulado fornecedores, que compreende os indivíduos e/ou as firmas que suprem as empresas de matéria-prima e insumos necessários para a fabricação de produtos e serviços. Em empresas ligadas ao agronegócio, os fornecedores têm importância, uma vez que a qualidade do produto final depende muitas vezes dos cuidados dispensados no cultivo (agricultura) e na criação (pecuária) da matéria-prima. Por outro lado, a necessidade de garantia e disponibilidade de fornecedores de determinadas matérias-primas faz com que os setores de processamento estabeleçam contratos de parceria ou de integração vertical para trás. Um fator que contribui para que existam esses contratos (parceria ou integração) seria o risco associado ao fato de o produtor agropecuário não ter para quem vender ou não conseguir obter um preço justo/adequado.

Outro agente é a empresa focal, cuja integração entre seus diversos departamentos é essencial para que os profissionais de marketing possam oferecer o produto/serviço na hora certa. No caso de uma indústria de processamento agroindustrial, ações de coordenação assumem um caráter essencial, pois, em virtude da sazonalidade, muitas indústrias ficam abarrotadas de matéria-prima (às vezes, perecíveis) em determinados períodos. Nesse caso, os setores de compras, produção e expedição precisam estar em sintonia, revendo muitas vezes os turnos de trabalho, para que se possa dar conta de todas as ações necessárias para garantir um produto de qualidade ao consumidor. Por outro lado, a área de marketing deve estar atenta para conseguir escoar e distribuir essa produção. Aparecem a seguir os intermediários de mercado. São firmas que auxiliam a empresa a promover, distribuir e vender seus produtos aos compradores finais. Entre eles, destacam-se as firmas de distribuição física (representantes, atacadistas e varejistas), firmas que prestam serviços em marketing (agências de propaganda e de pesquisa de mercado) e agentes financeiros. Na distribuição de produtos agroindustriais, variados são os canais, sejam eles mais diretos, como feiras de produtores, ou mais indiretos, compreendendo atacado, atacarejo, centros de distribuição, varejos tradicionais ou de autosserviço e, entre esses, um conjunto de empresas prestadoras de serviços logísticos.[vii] Esses *players* retratam o crescente poder de barganha dos varejistas, em especial no caso de grandes redes varejistas, em relação aos segmentos de produção agropecuária e processamento.

Os clientes, que também assumem um papel relevante e central, são o mercado-alvo que uma empresa deseja atingir com seus produtos. Esses podem ser:

- **Mercado de consumo final**: composto por indivíduos e famílias que adquirem produtos para consumo

---

BOXE 4.1 Comportamento do consumidor e mudança no portfólio de produtos[32]

Os grandes frigoríficos norte-americanos e brasileiros que processam carne bovina, atentos às mudanças no comportamento dos consumidores, passaram a incluir no seu portfólio alternativas vegetarianas e veganas, buscando desenvolver produtos que atendam não apenas aos estimados 5% de vegetarianos da população, mas também aos demais, curiosos e preocupados com a saúde. Segundo informações da *Exame*, o diretor de marketing da Perdue afirma que as pessoas não necessariamente desejam reduzir o consumo de carne, mas, aumentar a ingestão de verduras. Vale lembrar que hambúrgueres compostos por soja, por exemplo, existem há décadas; entretanto, a iniciativa atual é usar outras matérias-primas vegetais, sejam de grãos ou verduras misturadas. A preocupação é diversificar o portfólio, como no caso de substitutos do leite de origem animal, que hoje disputa as prateleiras com produtos não só de soja, mas de arroz, amêndoa e coco. Enquanto algumas empresas querem substituir por completo a carne nas cadeias alimentares, outras desejam apenas diversificar o portfólio, oferecendo opções ao consumidor e adicionando valor aos produtos, tendo equivalente em preço (ainda que acessível à medida que grandes empresas ganham escala na produção) e retorno do investimento.

---

vii Reportar-se ao Capítulo 5 para mais detalhes sobre a logística agroindustrial.

final. Exemplo: indivíduo que vai ao supermercado e compra leite em pó, açúcar, café, entre outros produtos e serviços.

- **Mercado industrial, institucional ou empresarial**: inclui organizações que compram bens e serviços necessários à produção de outros bens e serviços. Exemplos: indústria de chocolate (compra frutas e açúcar), hotéis e restaurantes.
- **Mercados revendedores**: compreendem organizações que compram os produtos para revendê-los com lucro. Exemplo: varejo de autosserviço.
- **Mercados governamentais e instituições sem fins lucrativos**: compram bens e serviços com o objetivo de produzir serviços públicos ou transferi-los a quem necessita. Exemplos: creches, restaurantes universitários.
- **Mercados internacionais**: incluem todos os compradores estrangeiros.

Outro grupo de agentes são os concorrentes. Eles compreendem as outras organizações que oferecem produtos/serviços semelhantes ou substitutos aos produtos/serviços de uma empresa. A empresa pode olhar a concorrência sob dois aspectos, conforme a ótica da estratégia empresarial e do ponto de vista do consumidor. Kotler[33] argumenta que existem os *concorrentes de desejo* (que buscam atender suas várias necessidades como fome, sede, atividade física e social), os *concorrentes genéricos* (que, estando com fome, podem preferir comer doces, pizza ou um sanduíche), as *formas de produtos concorrentes* (no caso dos doces, chocolate, compotas de frutas, bolos ou tortas) e, por fim, as *marcas de concorrentes* (se escolher chocolate, pode optar entre diferentes empresas fornecedoras). Esse enfoque serve para que as empresas se lembrem do que já foi dito sobre o fato de um produto/serviço ser um meio de satisfazer uma necessidade. Em se tratando de produtos agroalimentares, a concorrência, sob a ótica do consumidor, dá-se muito nos níveis de concorrentes genéricos e formas de produtos concorrentes.

Por fim, os públicos da empresa podem ser vistos como qualquer grupo que tenha interesse real ou potencial, ou que influencie a habilidade da empresa em atingir seus objetivos. Normalmente, as empresas têm um profissional para cuidar das relações com seus mais diversos públicos, denominado *relações públicas* ou *assessoria de imprensa/comunicação*. Entre os principais públicos, encontramos os financeiros (bancos, corretoras de ações), imprensa, governos (como a inspeção federal, no caso de alimentos), órgãos de defesa do consumidor e comunidade local (questões de geração de empregos e ecológicas).

4.2.2.3 Análise do comportamento do consumidor de alimentos e do mercado de insumos agrícolas (final e empresarial)

O comportamento do consumidor pode ser definido como o conjunto das atividades envolvidas em obter, consumir e dispor de produtos e serviços, incluindo os processos decisórios que antecedem e sucedem essas ações. Um fator que não deve ser desconsiderado é se quem toma a decisão de compra de um produto é quem de fato vai consumi-lo, se é alguém responsável pelas compras da família ou se é um comprador institucional.

O consumo alimentar foi, durante longo tempo, considerado como um caso particular da teoria geral da demanda. Buscava-se explicar o fenômeno do comportamento do consumidor de alimentos pela utilização de teorias originadas na microeconomia neoclássica, em que a renda e o preço eram considerados as principais variáveis condicionantes do consumo[34] No entanto, vários autores[35,36,37] consideram que o preço e a renda não são os únicos fatores explicativos da opção alimentar do consumidor. Fatores culturais, psicológicos e os ligados ao estilo de vida, além das próprias tendências de consumo alimentares, exercem influência no processo de escolha dos alimentos. Por exemplo, como a influência de alguns desses fatores sobre os hábitos alimentares de uma população pode ser observada em consumidores com alta renda? Para esses consumidores, a renda pode não ser o determinante para o consumo, e os fatores extrapreço (preocupação com meio ambiente e questões sociais) condicionam fortemente as escolhas alimentares.

Em resposta à evolução das teorias de demanda, a literatura atual é mais abrangente em suas abordagens em relação às explicações sobre o consumo alimentar. De forma isolada ou conjunta, abordagens teóricas oriundas da psicologia, da sociologia, da antropologia, entre outras, servem para explicar o comportamento alimentar do consumidor e os fatores que determinam suas preferências.

Os primeiros estudos dedicados às análises do comportamento do consumidor foram realizados por economistas da segunda metade do século XIX. Segundo esses autores, a demanda de determinado produto depende do seu próprio preço, do preço dos demais produtos (preços relativos) e da renda do consumidor. Com base nesse pressuposto, conceitos de utilidade, de valor e de preços começaram a ser correlacionados no sentido de auxiliar o entendimento do funcionamento da demanda.[38] A abordagem neoclássica privilegia a racionalidade dos consumidores. Ela considera que o preço dos produtos e a renda são fatores limitantes à satisfação do consumidor. Assim, mesmo considerando vários produtos com diferentes níveis de utilidade, a satisfação do consumidor não será a mesma caso os preços desses produtos sejam alterados. Logo, para que ocorra um grau superior de satisfação, considerando a estabilidade dos preços, deverá haver um aumento na renda dos consumidores.[39]

Um clássico estudo específico das despesas com alimentação entre famílias com diferentes níveis de renda foi conduzido por Engel em 1957. A partir desse estudo, o autor pôde constatar que famílias de baixa renda tinham despesas orçamentárias percentualmente maiores com alimentação. Para Engel,[40] quanto mais essencial fosse um bem, por exemplo, um alimento básico para uma dada população, mais inelástica seria a curva que representaria a variação da quantidade demandada em função da renda.[41] Os conceitos e as definições realizados por Engel[42] são ainda amplamente utilizados em análises que tratam dos efeitos da variação da renda sobre o consumo de produtos, ainda que se tenha constatado a não proporcionalidade entre o aumento da demanda por alimentos e o aumento da renda. Ainda em relação à elasticidade-renda, essa pode ser considerada como uma informação útil para que as empresas possam formular suas estratégias competitivas. Dessa forma, quanto menor a renda do seu público-alvo, mais essenciais deverão ser os bens oferecidos por uma empresa. Por outro lado, o aumento da renda da população proporciona às empresas a oportunidade de elas ofertarem produtos com maior valor agregado, que atendam às exigências de determinado perfil de consumidores. A Figura 4.3 apresenta os principais fatores que influenciam o comportamento do consumidor, utilizando uma perspectiva mais atual desse comportamento, conforme a análise sugerida por Kotler e Keller.[43]

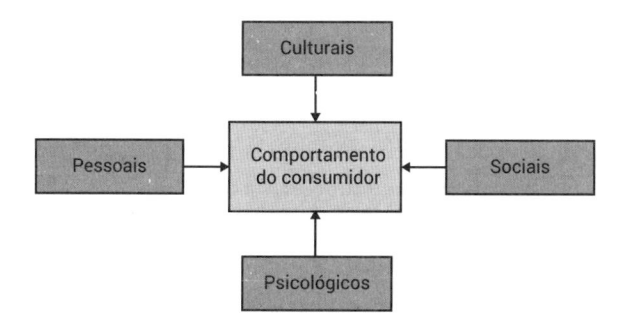

Figura 4.3 Fatores que influenciam comportamento do consumidor.[44]

Os fatores culturais representam o conjunto de crenças ou significados partilhados pelo indivíduo com o grupo do qual faz parte.[45] Uma cultura normalmente é formada por subculturas, como grupos religiosos, raciais, de nacionalidades diferentes ou áreas geográficas que normalmente têm preferências diferentes em termos de produtos agroalimentares. Outro aspecto importante são as classes sociais, que são divisões relativamente homogêneas e duradouras de uma sociedade, hierarquicamente ordenadas, em que seus integrantes possuem valores, interesses e comportamentos similares.

Fatores sociais, por outro lado, representam os indivíduos ou grupos com os quais o consumidor interage e influenciam suas escolhas e decisões de compra de produtos e serviços. Entre esses, encontram-se[46] grupos de referência, família e papéis e *status*. Os grupos de referência exercem influência expondo novos comportamentos e estilos de vida, autoimagem e atitude e pressionam em troca da aceitação social. Encontram-se os grupos de afinidade, que têm influência direta e com os quais o consumidor quer se identificar; grupos aspiracionais (desejam pertencer) ou dissociativos (comportamentos que rejeitam). Nesse sentido, os líderes de opinião têm destaque e, atualmente, cada vez mais os influenciadores digitais têm um papel importante nessa direção. A família (de orientação e de procriação) influencia significativamente hábitos de consumo, especialmente no caso de alimentos. Os diferentes papéis desempenhados pelos indivíduos (mãe ou compradora de suprimentos em um restaurante, por exemplo) levam a comportamentos ou jornadas de compra diferentes, assim como o *status* real ou o desejo de se destacar na sociedade.

Os fatores pessoais compreendem idade e estágio no ciclo de vida, ocupação e circunstâncias econômicas, personalidade e autoimagem, estilo de vida e valores. Muitos desses aspectos se combinam. Por exemplo, pessoas jovens com gosto por esportes ou maduras e ativas fisicamente tendem a buscar estilos de vida mais saudáveis, interagindo e consumindo produtos alimentícios semelhantes. Por que algumas pessoas consomem determinados produtos que são rejeitados por outras? Por que existem hábitos diferentes na preparação dos alimentos? Por que existem práticas alimentares diferentes, ou seja, por que as pessoas não têm um comportamento comum no momento em que os alimentos são consumidos? É importante a realização de análises sobre os hábitos ou estilo de vida de determinado grupo de consumidores, que são passados de geração a geração e podem ser um caminho para o entendimento de tais perguntas.[47] Essas análises têm ligação direta com o campo da antropologia, já que grande parte dos estudos etnográficos conduzidos por esse campo teórico refere-se ao estudo do comportamento dos indivíduos comparados à sua identidade cultural.

Outro conjunto de fatores são os psicológicos, que compreendem motivação, percepção, aprendizagem e memória. Uma das premissas fundamentais relacionadas ao comportamento das pessoas, enquanto consumidoras, é a de que os indivíduos muitas vezes consomem e escolhem os produtos não pelos benefícios proporcionados, mas pelo seu valor simbólico. Dessa forma, Solomon[48] destaca que a afirmação anterior não quer dizer que a função precípua de um produto não seja importante, mas que as verdadeiras funções que os produtos representam em nossa vida vão muito além daquelas para as quais eles foram produzidos. Isso explica por que, muitas vezes, consumidores optam pela compra de produtos caros, mesmo quando os seus similares desempenham a mesma função. Um exemplo para esse caso seria a preferência e a exigência por marcas estrangeiras de determinados alimentos, quando o consumidor não consegue diferenciá-las, do ponto de vista organoléptico, de um produto similar nacional.

Para entender como os aspectos psicológicos influenciam o processo de compra dos indivíduos, a seguir são apresentados quatro fatores:[49]

- **Motivacional**: o motivo que leva uma pessoa a consumir determinado produto tem ligação direta com as necessidades dos indivíduos; essas necessidades podem ser fisiológicas, de reconhecimento, de estima e de integração.
- **Percepção**: processo por meio do qual a pessoa seleciona, organiza e interpreta as informações recebidas para criar a imagem de algum produto.
- **Aprendizagem**: interação de estímulos, sinais e reforços que podem fazer com que ocorram mudanças no comportamento de uma pessoa, ou seja, devido a essa interação de fatores, as pessoas podem aprender a gostar ou aceitar certo produto (familiarização).
- **Fatores relacionados com a memória**: referem-se às memórias de curto e longo prazos, que compreendem informações acumuladas durante a vida do consumidor e que eventualmente associam produtos e marcas a determinados eventos positivos ou negativos.

Outros aspectos devem ser considerados quando se discute comportamento do consumidor. Casotti[50] reforça que, em uma análise antropológica, o estudo das variações culturais alimentares auxilia a compreensão de características presentes em um indivíduo. Para exemplificar, a autora cita uma particularidade cultural brasileira em relação à alimentação. Brasileiros, de modo geral, fazem uma distinção interessante entre alimento e comida. A definição de alimento está ligada a nutrição e saúde, e a definição de comida está ligada a prazer, a *status* e aos costumes do povo. Identidades sociais podem ser definidas por um tipo específico de comida. Por exemplo, churrasco é comida de gaúcho, buchada de bode é de nordestino e tutu de feijão é de mineiro.

Outra particularidade está relacionada a alimentos servidos em datas especiais ou na presença de visitas. Em dias normais, alimentos cozidos são mais frequentes, porém os assados são mais apropriados para datas festivas e para serem servidos a visitas.[51] Ou seja, a ocasião da compra de produtos agroalimentares especifica qual o objetivo da compra e que fatores são mais importantes nesse caso. A ocasião da compra de um alimento pode ser associada basicamente a duas situações: alimentos consumidos no dia a dia e alimentos consumidos em dias festivos. Os alimentos do dia a dia são escolhidos a partir de critérios racionais, como preço, características nutricionais, rapidez de preparação, características nutritivas, entre outros. São compostos principalmente por massas, cereais, carnes e hortaliças. Já os alimentos festivos são aqueles consumidos em dias especiais. Nesse caso, os fatores irracionais predominam. São produtos mais caros, cujo aspecto nutricional tem pouca importância e o consumo é ocasional. São exemplos: peru, *tender*, *chester*, licor, ovos de chocolate, vinhos espumantes. A importância dessa classificação para as atividades de marketing repousa na abordagem de composto promocional a ser dada para o produto, além das questões de sazonalidade e distribuição.

O processo de compra pode ser entendido[52] por meio de cinco estágios sucessivos. A primeira etapa, *identificação do problema*, compreende a descoberta, por parte do cliente, de uma necessidade latente, e nesse ponto o profissional de marketing deve procurar entender quais são essas necessidades e qual produto/serviço pode satisfazê-las.

A *busca de informação* ocorre quando o cliente potencial procura mais dados e informações a respeito de um produto que ele acredita satisfazer suas necessidades. No caso de um produto agroalimentar, como o tipo de leite mais adequado para alimentação de um recém-nascido, será decidido pela mãe da criança com base em informações pessoais (família, amigos), comerciais (mídia, pontos de venda), públicas (médico, propaganda educativa) e experimentais (uso) ou uma combinação delas. Esses diversos caminhos a serem percorridos são conhecidos como fontes de informações, e os responsáveis pelo marketing das empresas que concorrem nesse mercado do leite devem saber como abordá-los da melhor forma possível.

Na etapa seguinte, *avaliação de alternativas,* o consumidor, de posse das informações desejadas, considera os vários atributos do produto (no caso de um restaurante, ele avalia o atendimento, o cardápio, a localização geográfica, entre outros) e o peso ou importância de cada um deles. Além disso, pode avaliar ainda a imagem que cada marca tem em seu consciente ou inconsciente e a sua função-utilidade (como ele espera ter satisfação com aquele produto). Por fim, realiza um julgamento a respeito desses itens, passando para a etapa da decisão de compra.

A *decisão de compra* envolverá escolher, entre uma gama de marcas, qual será a que melhor atenderá às necessidades e aos desejos do consumidor/cliente. O sujeito irá considerar, além de todos os outros fatores já descritos na seção 4.1 deste capítulo, a atitude dos outros e o risco percebido em relação à compra (em especial, quando falamos de prestação de serviços). Quando ele enfim decide, terá tomado uma decisão a respeito de marca, de vendedor, de quantidade, de oportunidade e de forma de pagamento.

O *comportamento pós-compra* inclui a satisfação que o consumidor sente depois de adquirir e consumir um produto (uma cerveja que matou a sede e não propiciou efeitos colaterais, como dores de cabeça), seja em termos do produto especificamente, o que se chama convencionalmente de *tangível,* seja em termos da parte *intangível* (serviços agregados).

4.2.2.4 Análise do comportamento do mercado *Business to Business*

Nas últimas duas décadas, pouco a pouco, a expressão *mercado business to business* foi substituindo a nomenclatura tradicional *mercado industrial, empresarial* ou *organizacional.* O *business marketing*[53] ocupa-se da compra realizada não para uso como cliente final, mas como algo que vai ser usado/consumido ou revendido por uma empresa, pelo governo ou por algum tipo de instituição. Ou seja, o que diferencia é o uso dado para o produto ou quem é o cliente pretendido. Algumas características[54] que diferenciam o *business to business* (B2B) do mercado de consumo final (B2C) são: menor número de compradores, porém de maior porte; relacionamento mais estreito entre fornecedor e cliente; compra profissional, que segue política e recebe treinamento para tal; diversas influências na decisão da compra, muitas vezes com diferentes áreas funcionais participando do processo; vários contatos de venda; demanda derivada da demanda dos bens de consumo; demanda inelástica; demanda oscilante; concentração geográfica dos compradores; e compra direta. Essas características exigem dos vendedores capacidades diversas, incluindo conhecimento técnico aprimorado.

Por outro lado, diferentemente da ocasião de compra que afeta o consumidor final, no caso do *cliente business* existem outras situações de compra, como: **a recompra simples, a recompra modificada e a tarefa nova**. Na **recompra simples**, o comprador adquire de forma rotineira o produto, sendo que as experiências de compras anteriores têm grande peso no processo. Predomina a opção por fornecedores tradicionais da empresa que oferecem produtos adequados à necessidade do comprador ou se avalia a possibilidade de fornecedores novos que ofereceram inovações ou melhorias no produto/serviço. Uma segunda forma é a **recompra modificada,** na qual o comprador realiza alterações nas especificações técnicas, preço, prazo de entrega ou outra especificação do produto. Nesse caso, é demandada a participação de mais pessoas de ambos os lados; fornecedores atuais e novos fornecedores são contatados pelos compradores e acontece maior busca de informações. Por fim, tem-se a **tarefa nova**, na qual o comprador adquire o produto pela primeira vez. É a mais complexa em função de o risco percebido ser mais elevado, exigindo, portanto, maior número de pessoas no processo e quantidade de informação, o que aumenta o tempo e o gasto necessários para tomada de decisão.[55]

Nos livros de marketing, em geral, pouca atenção é dedicada aos desafios enfrentados pelos clientes B2B que se refletem no desenvolvimento das habilidades e competências a serem desenvolvidas pelos vendedores. Um grupo de autores da área de operações e cadeia de suprimentos[56,57] pesquisou competências e requisitos futuros para área de compras e suprimentos e adicionou alguns *insights* importantes. Nos dias atuais, as competências mais importantes são *"negociação, comunicação e gestão de relacionamentos (por exemplo, comunicação interpessoal), estratégia e capacidade analítica (pensamento estratégico, por exemplo), assim como conhecimento profissional (por exemplo, conhecimento básico sobre o papel de Compras & Gestão de Suprimentos".*[58] Já no futuro, diferentemente do que se sabia na literatura, algumas competências relacionadas *"a uma agenda de digitalização (tecnologias para compras eletrônicas, automação,* big data analytics *e* computer literacy *e, com destaque, sustentabilidade"*[59] vêm chamando atenção nas competências a serem incorporadas por compras. Do ponto de vista do comportamento do cliente empresarial ou B2B, observa-se que elas deverão estar distribuídas pelos diferentes indivíduos que compõem o centro de compras de uma empresa.

O centro de compras pode ser definido como a unidade de tomada de decisão dentro de uma organização qualquer.[60] Diferentes papéis são desempenhados por diferentes pessoas ou grupos. Considerando o exemplo da aquisição de um novo tipo de embalagem em uma indústria de alimentos qualquer, a solicitação de compra parte do iniciador (área de vendas ou logística, que identifica uma oportunidade de inovação ou melhoria, por exemplo). Tem-se também o usuário (utilizará o item comprado no produto ou serviço, por exemplo, o pessoal de chão de fábrica responsável pelo acondicionamento), que discutirá as possibilidades e eventuais dificuldades que o novo material pode apresentar. Outro papel importante é o influenciador (equipe técnica, coordenador de qualidade ou sustentabilidade), que ajuda a definir especificações. Também presente está o decisor (pessoa que define as exigências a que o produto ou serviço irá atender). No processo ainda participam o aprovador (responsável pela autorização da compra), que em geral é um diretor ou presidente), o comprador (faz a seleção dos fornecedores e estabelece os termos de compra). Por último, muitas vezes os possíveis fornecedores enfrentam barreiras internas (agentes que interferem no processo impedindo que vendedores contatem os compradores).[61] Os compradores influenciam as situações de compra simples e compra modificada, já funcionários de outras áreas atuam mais em situações de compras novas.[62]

4.2.2.5 Sistemas de informação de marketing

Os sistemas de informação de marketing (SIM) compreendem a coleta, análise e disseminação de informações a respeito de mercados, produtos, clientes intermediários e finais, com intuito de colaborar com decisões mercadológicas. Como assinalado por Urdan e Urdan,[63] a capacidade analítica permite responder a quatro questões: o que ocorreu, por que ocorreu, o que ocorrerá, "se" e o que deve ocorrer, considerando os ambientes externo e interno.

Para produzir valor e satisfação aos clientes, as empresas precisam de informação em quase todos os níveis. Com o uso de tecnologias da informação, as empresas podem gerar uma grande quantidade de informações e, apesar disso, os profissionais de marketing reclamam com frequência da falta de informações corretas em quantidade suficiente para a tomada de decisão. Por isso, um bom sistema de informação de marketing (SIM) deve equilibrar as informações que os usuários gostariam de ter com o que eles realmente necessitam e, ainda, o que é viável oferecer.[64]

O SIM deve começar e terminar com os usuários da informação, internos ou externos à organização. Com os usuários das informações, indaga-se que informações são necessárias, e, a partir dessas necessidades, informações são coletadas e analisadas. Como principais fontes de informação, são consideradas: fontes internas, atividades de inteligência e de pesquisa de marketing. A etapa seguinte é analisar dados e informações coletados nas fontes escolhidas, para que possam ser distribuídos aos usuários demandantes, que irão utilizar essas informações no processo de tomada de decisão nos níveis estratégico, tático e operacional. Algumas vezes, as informações sobre os concorrentes e os eventos no ambiente de atuação não são suficientes, e com frequência são demandados estudos de mercados sobre situações específicas, como descrever a jornada de compra do produto. Nesse caso, as pesquisas de marketing ajudam os profissionais de marketing a entender sobre o consumidor e seu comportamento de compra, a mensurar o potencial de um novo mercado, a verificar a participação de mercado de produtos e serviços ou, ainda, a estimar a eficácia das estratégias do composto de marketing. Uma das formas de preencher as lacunas informacionais observadas no SIM é a elaboração de pesquisas de marketing, como discutido a seguir.

4.2.2.6 Pesquisa de marketing ou de mercado

A pesquisa de mercado ou mercadológica é utilizada para "*identificar e definir oportunidades e problemas de marketing; gerar, refinar e avaliar ações de marketing; monitorar o desempenho de marketing e melhorar a compreensão de marketing como um processo*".[65] A pesquisa de mercado é realizada de forma dirigida para ajudar na solução de problemas específicos de marketing, como escolher uma marca para um novo produto, descobrir os motivos para queda de vendas de um produto ou redefinir o preço de um produto. A pesquisa de mercado é uma das principais fontes que alimentam o sistema de informações de marketing da empresa, visando reduzir a incerteza na tomada de decisões de marketing.

A pesquisa de mercado pode ter diferentes objetivos: a pesquisa de oportunidade de venda (de produto, de mercado, de consumidor, de análise de vendas) e a pesquisa de esforço de vendas (da organização de vendas, das vias de distribuição, pesquisa de propaganda e de mídia). As pesquisas de produto, de mercado, de análise de vendas e as pesquisas de esforço de vendas são utilizadas em todas as abordagens específicas de marketing aplicado ao agronegócio. Já as pesquisas de consumidor, de atitude, de motivação, de hábito de compra e de opinião são utilizadas nos diferentes elos da cadeia. Alguns outros objetivos são relevantes:

- Reduzir riscos de investimentos.
- Minimizar erros ou enganos nos planos de marketing; ampliar conhecimentos acerca do mercado.
- Enfrentar a concorrência.
- Manter ou aumentar a participação no mercado.

Atualmente, além de indústrias, distribuidores, varejistas e veículos de propaganda realizam pesquisas de marketing: universidades e fundações, agências de propaganda, firmas de pesquisa independentes, associações setoriais e profissionais, empresas juniores de cursos de Administração, Economia ou Engenharia de Produção. A Internet e as mídias sociais dispõem de ferramentas diversas para realizar pesquisas, seja diretamente com o consumidor, seja para monitorar concorrentes. Além disso, explorar a criatividade e o conhecimento dos colaboradores é outra possibilidade.[66]

Aaker, Kumar e Day[67] classificam as pesquisas de mercado em exploratórias, descritivas ou causais. A opção por uma dessas categorias varia em função dos propósitos, questão da pesquisa, precisão das hipóteses e método de coleta de dados. Pesquisas do tipo exploratória procuram descobrir novas relações do objeto a ser pesquisado. Em geral, sabe-se pouco a respeito do objeto, e esse tipo de pesquisa ajuda a elaborar explicações prováveis, definir o problema. Esse projeto caracteriza-se pela flexibilidade e normalmente é executado por meio de estudo de dados secundários, investigação de indivíduos informados ou análise de casos selecionados. Já pesquisas descritivas muitas vezes acontecem a partir de um estudo exploratório e buscam descrever algum tema; são mais formais que as exploratórias, para evitar coleta de dados desnecessários. Dentre os estudos descritivos, encontra-se o método do caso (tenta descobrir relações entre diferentes situações) e o método estatístico – análise dos dados por métodos estatísticos (o número de casos é maior, poucas variáveis são analisadas). Por último, as pesquisas causais procuram estabelecer se uma variável causa ou determina o valor de outras variáveis.

Os dados pesquisados podem ser:

- **Secundários**: aqueles que foram coletados por outra pessoa que não o indivíduo que está realizando a pesquisa. Podem ser dados externos à empresa: de recenseamento e registro (IBGE, por exemplo), dados de referência (bibliotecas), relatórios de projetos individuais de circulação pública e informação comercial ou dados internos à empresa, originados em registros internos, usados normalmente para controle financeiro, contábil ou operacional.
- **Primários**: coleta de dados pelo próprio investigador.

Uma etapa importante da pesquisa de mercado é a coleta de dados propriamente dita, na qual algumas possibilidades se apresentam. Em geral, combina-se mais de uma ferramenta e método de coleta, buscando obter informações mais completas e precisas a respeito do problema estudado, sempre considerando o problema da pesquisa e quem será investigado, assim como os recursos disponíveis. Uma ferramenta importante para coleta de dados é o questionário. Ele compreende uma lista de perguntas ou questões. Podem ser perguntas abertas, fechadas (do tipo sim, não, não sei) ou fechadas de escolha múltipla. Dependendo do tipo de informação desejada, decide-se pelo tipo de pergunta e pelo tipo de questionário a ser usado. O tipo de abordagem ou comunicação a ser utilizado também influenciará essa escolha. O questionário é um método versátil (serve para resolver a maior parte dos problemas de pesquisa de mercado), rápido e os custos não são muito altos. No entanto, podem existir problemas quanto à má vontade do indivíduo em responder às informações desejadas, sua incapacidade de fornecer as respostas desejadas (não saber, não lembrar), ou ainda a própria indiferença em relação ao questionário pode levar os indivíduos a fabricar uma resposta que lhes pareça mais adequada.

Outra forma de coleta de dados é a observação. Ela pode ser feita instalando-se câmeras de vídeo ou observadores em locais estratégicos, como pontos de venda de produtos (observação em situação natural), ou quando se monta uma situação para analisar o comportamento dos indivíduos (observação em situação artificial – degustação de produtos no ponto de venda, por exemplo). Trata-se de um método vantajoso, pois permite que se analise o comportamento dos indivíduos sem que eles saibam, eliminando assim a chance de que alterem suas atitudes por estarem sendo indagados a respeito de alguma coisa. Porém, é relativamente mais caro que a aplicação de questionários.

Outra escolha importante em uma pesquisa de mercado é o método de comunicação adotado, feito aos indivíduos que se supõe terem as informações desejadas. A abordagem pode ser:

- Por entrevista pessoal – contato direto.
- Por telefone.
- Pela Internet.

A amostragem é outra decisão importante e pode ser:

- Não probabilística:
  - Acidental: conjunto da população que foi possível contatar.
  - Intencional: tenta-se obter os sujeitos-tipos da população. Em geral, divide-se a amostra em classes ou estratos que contêm indivíduos com características semelhantes (estratificada).
- Probabilística/aleatória: seleção é feita ao acaso.

Algumas etapas são fundamentais para realização da pesquisa de mercado. Um bom planejamento permite evitar o desperdício de recursos e responder às questões que levaram à realização da pesquisa. O primeiro passo é formular o problema, dando uma definição, justificativas e objetivos gerais e específicos da pesquisa. Depois disso, determinam-se as fontes de informação (dados secundários e coleta de dados primários) necessárias. Sabendo-se o que se quer pesquisar e como, passa-se à definição do universo e da amostra, ou seja, quem vai ser pesquisado. A seguir, elabora-se o instrumento de coleta de dados e a realização de pré-teste. O pré-teste é essencial, pois aplica-se a pesquisa em, pelo menos, um sujeito típico da amostra e observa-se quais as dificuldades que ele terá em preenchê-lo, podendo tornar o instrumento de coleta mais simples e objetivo. O quinto passo é a realização da coleta de dados em campo, ou seja, a pesquisa propriamente dita. Treinamento e acompanhamento dos pesquisadores é um fator importante, assim como mecanismos de controle e checagem para execução correta da coleta de dados. Após a realização da pesquisa, passa-se a tabular os dados, interpretá-los e analisá-los. Feita a análise, vem a fase da preparação do relatório da pesquisa. Esse relatório é o documento que vai ser apresentado ao grupo ou empresa interessados em utilizá-lo como ferramenta de apoio à decisão de marketing. Ele deve ser objetivo, claro e preciso acerca das informações que fornecerá.

Após concluída a pesquisa de mercado, devem-se apresentar os resultados. Esse é um ponto importante e que vale a pena ser ressaltado. A pesquisa de mercado tem como objetivo principal fornecer informações não só aos executivos de marketing, mas também a todos os envolvidos na tomada de decisões em uma empresa. Como esses indivíduos, em geral, têm pouco tempo a perder, os resultados devem ser apresentados de forma clara, precisa e objetiva. Ou seja, devem mostrar as conclusões da pesquisa, acompanhadas de sua relevância e impacto para o desempenho da empresa no mercado. Alguns cuidados na realização da pesquisa de mercado são fundamentais. Todo o sucesso da abordagem de marketing de uma organização está centrado na sua habilidade em descobrir o que o consumidor deseja e satisfazê-lo por meio de produtos e/ou serviços. Nessa descoberta, a empresa deve tentar substituir o "eu acho que o mercado X quer nosso produto B" por "nós temos informações de que o mercado valoriza o atributo Y de nosso produto B". A maneira mais correta e exaustiva possível de coletar informações desse tipo é utilizar técnicas científicas.

As técnicas ou métodos científicos garantem maior objetividade do investigador. Ou seja, auxiliam a eliminar a subjetividade, elaborando medidas precisas, e garantir que a investigação seja contínua, sistemática e exaustiva. Para tanto, alguns cuidados são essenciais:

- Classificação cuidadosa e precisa dos fatos e observação de sua correlação e sequência.
- Objetividade do investigador.
- Precisão de medida, por meio da elaboração de escalas de preferência, uma vez que se está tentando medir opiniões e gostos de seres humanos.
- Compreender a complexidade do assunto (ser humano) a ser pesquisado.
- Saber que o processo de medida pode influenciar os resultados e tentar não direcionar as respostas.

4.3 ESTRATÉGIA DE MARKETING

O marketing, no contexto de agronegócio, utiliza basicamente os mesmos conceitos aplicados a outros setores produtivos, porém deve considerar algumas particularidades das empresas nesse setor, dentre as quais:

- Natureza dos produtos (perecibilidade, sazonalidade).
- Características da demanda (bens de consumo corrente, produtos em ascensão ou estabilizados ou em declínio, sazonalidade).
- Comportamento do consumidor (dimensão psicológica: preocupação com a saúde, por exemplo).
- Dispersão do setor de produção agropecuária.
- Concentração do setor de distribuição.
- Importância das cooperativas no negócio de transformação de produtos de origem agropecuária.

Partindo dessas particularidades, conhecendo o micro e o macroambiente, as organizações que participam de cadeias do agronegócio necessitam definir seu público-alvo, a partir da segmentação de mercado, e a estratégia que decidem seguir. As estratégias de marketing devem estar compatíveis com as estratégias genéricas de Porter[68,69] (apresentadas no item 2.7 do Capítulo 2) e incluir os objetivos de marketing, os objetivos financeiros e as necessidades que o produto/serviço oferecido deve satisfazer.[70] Isso definido, estabelece-se o posicionamento pretendido e se comunica ao mercado.

A segmentação de mercado pode ser definida como a divisão do mercado em grupos de consumidores ou clientes que têm necessidades e respostas às ações de marketing semelhantes. Nos mercados relacionados com o agronegócio, podem-se trabalhar os clientes finais (por exemplo, o pai que compra leite longa vida no supermercado) assim como os clientes empresariais (por exemplo, um comprador de uma rede varejista que adquire laticínios para revender a clientes finais). Algumas etapas definem a segmentação de mercado:[71] escolha das variáveis para segmentação, obtenção e análise dos dados para constituir segmentos, avaliação e seleção dos segmentos e abordagem de mercado.

4.3.1 Escolha das variáveis

Partindo-se do consumidor final,[72] sugerem-se cinco bases de segmentação: geográfica (continente, país, região), demográfica (aspectos populacionais como idade, renda, fase da vida, questões culturais), comportamental (papéis na decisão, ocasião de compra, *status* e frequência de uso), psicográfica (estilo e personalidade) e de benefícios (funcional, emocional e simbólico) e custos (monetário, de tempo, de energia e psicológico).

Outro tipo de segmentação é a que tem como foco o segmento empresarial ou organizacional. A segmentação empresarial[73] é baseada em:

- Demografia (setor, tamanho e localização).
- Operação (tecnologia, *status* de usuário/não usuário, capacidade do cliente).
- Compras (organização da função compras – centralizada/descentralizada).
- Estruturas de poder.
- Orientação para finanças, logística.
- Políticas e critérios de compras: *leasing*, contratos/qualidade, serviços.
- Questões situacionais – urgência, aplicação específica e tamanho do pedido.
- Características pessoais – similaridades entre comprador e vendedor, atitudes em relação ao risco e lealdade.

4.3.2 Obtenção e análise dos dados para definição de segmentos

Essa etapa compreende o levantamento de dados secundários e primários sobre as variáveis e sobre o macro e microambiente. Além disso, os sistemas de registros internos podem ser úteis para fornecer parte dessas informações, uma vez que neles são acumuladas informações preciosas sobre os clientes, como, por exemplo, dados de compra (onde, quanto, utilizando quais meios de pagamento, entre outros). Esses dados podem ser úteis para ajudar a empresa a entender preferências dos clientes atuais. Uma vez que os dados estão disponíveis, uma análise cuidadosa, com uso de técnicas apropriadas, permite que se definam segmentos. Os segmentos formados devem atender cinco critérios:[74]

- **Mensuráveis**: medidos em termos de tamanho, poder de compra.
- **Substanciais**: grandes o suficiente e rentáveis.
- **Acessíveis**: passíveis de serem atendidos.
- **Diferenciáveis**: conceituados de forma distinta e respondendo de maneira diferente a cada elemento e programa de *mix* de marketing.
- **Acionáveis**: viáveis para se desenvolver programa de marketing para atendê-los.

4.3.3 Avaliação e seleção dos segmentos

Dois fatores são relevantes para serem analisados antes da seleção de qual(is) segmento(s) uma organização deve atender. O primeiro deles é a atratividade, definida em termos de tamanho, crescimento, lucratividade, economias de escala e baixo risco. O segundo fator seria avaliar se o investimento pretendido condiz com seus objetivos, recursos e competências.

4.3.4 Abordagem de mercado – estratégias possíveis e posicionamento

Tendo como base as etapas anteriores, algumas estratégias são possíveis.[75] A estratégia define-se por uma atuação diferenciada das organizações junto ao mercado. Para tal, uma das questões é a definição do posicionamento no mercado. São apresentadas três origens de posições estratégicas:

- **Posicionamento baseado em variedade**: aqui, uma empresa busca se posicionar a partir de um produto. Exemplos típicos são casas comerciais que tratam com um produto específico, como "Rancho da Picanha" (restaurante cujo carro-chefe é o corte bovino picanha), "Orgânicos São Carlos" (varejão que vende apenas produtos orgânicos). Essas empresas especializam-se em determinado produto, independentemente da classe de consumidores a ser atendida.
- **Posicionamento baseado nas necessidades**: busca de um posicionamento no mercado estabelecido a partir

do perfil de necessidade de determinado público. Exemplo: Loja do Pasteleiro, especializada em fornecer equipamentos para quem produz e comercializa pastéis (mercado B2B).

- **Posicionamento baseado no acesso**: aqui, o posicionamento no mercado é estabelecido a partir de facilidades e perfil de acesso ao produto ou serviço. Os fatores de diferenciação do acesso podem ser de natureza geográfica ou de porte dos consumidores. Como exemplo, podem ser citados os produtos chamados de *local food*. São produtos produzidos e vendidos no mesmo município ou região. São acessíveis e valorizados pela comunidade local, pois geram empregos e renda localmente, além de poderem incorporar características específicas.

De forma complementar aos aspectos fundamentais das estratégias, surge a importância das lideranças nas organizações, como agentes da busca da definição e implementação dessas estratégias. As empresas buscam estratégias variadas para atuarem no mercado, compreendendo (a) expansão da demanda total, (b) defesa de participação, (c) desafiantes, (d) seguidoras de mercado ou (e) ocupantes de nicho.

Pensando na expansão da demanda (a), duas possibilidades se apresentam. A primeira delas compreende tentar captar novos usuários. Dentre as estratégias para isso, tem-se a estratégia de penetração no mercado (clientes potenciais que são abertos a usar o produto, mas ainda não o fazem); a estratégia de buscar novos segmentos de mercado (aqueles que nunca usaram, mas o fariam se fosse oferecido a eles um produto mais adequado em algum atributo que valorizem); e estratégia de expansão geográfica (visar regiões potenciais onde o produto não estava disponível anteriormente). A segunda opção seria incentivar maior utilização do produto, por meio de novas oportunidades de uso da marca (sinalizar hora de trocar – muito comum em lâmina de barbear e escova de dentes) ou oferecer novas maneiras de usar a marca (aplicações novas, por exemplo, disponibilização de receitas para uso de diferentes produtos alimentícios).

Existe a possibilidade de, adotando qualquer uma das estratégias de expansão, a empresa enfrentar restrições da legislação antitruste em vigor no país e de seu crescimento vir a atingir patamares não permitidos. Além disso, deve-se levar em conta o custo econômico da expansão, que eventualmente pode diminuir lucratividade, diluindo parte do lucro e dos ganhos oriundos da maior participação de mercado. Por último, considerar se a expansão terá um efeito negativo na qualidade real ou percebida, fazendo o cliente deixar de comprar o produto.

Outro conjunto de estratégias interessantes é a defesa de participação no mercado (b), por meio da inovação contínua.[76] Aqui existem duas possibilidades, a estratégia de marketing proativa (procura gerenciar incertezas e prever necessidades ainda não atendidas) e a estratégia de marketing defensiva. Na estratégia defensiva, várias possibilidades se apresentam:

- Defender posição (ocupar espaço na mente do consumidor).
- Defesa de flanco (proteger partes vulneráveis).
- Defesa antecipada (agir antes, causar desequilíbrio, lançando, por exemplo, vários produtos antes do concorrente).
- Defesa contraofensiva (atacar a concorrência em seus pontos mais frágeis, por exemplo, subsidiando preços de produto líder).
- Defesa móvel (ampliar e diversificar mercado).
- Defesa por retração (desistir de posições onde está frágil).

Outro conjunto de estratégias interessantes é a de ser tornar desafiante de mercado (c), atacando empresas mais bem posicionadas ou líderes de mercado que não estejam atendendo o mercado adequadamente. Isso pode ser feito de maneiras variadas:

- Atacando o líder: procurando atacar concorrentes que, além de não estarem trabalhando adequadamente, tenham poucos recursos para reagir.
- Atacando pequenas empresas locais e regionais.
- Atacando o *status quo* (oferecendo algo completamente diferente do que o setor oferece, por exemplo, produtos sem lactose ou glúten).

Após decidir sobre qual estratégia adotar, cabe definir como a estratégia de ataque será implementada. Uma possibilidade é adotar um ataque frontal, ou seja, o atacante oferece a mesma qualidade em termos de produto, composto de comunicação e preço que o concorrente. Outra opção é oferecer tudo com o preço mais baixo. Em qualquer um dos casos, o *player* com maior recurso vencerá. Outra forma seria identificar lacunas que não estejam sendo atendidas ou flancos e tentar ocupar espaço neles. Ainda é possível optar por uma manobra de cerco, lançando uma ofensiva em diversas frentes, no intuito de conquistar parte importante do mercado. Já *bypass* é definida como uma ação na qual se opta por desviar dos mercados atendidos por um concorrente mais forte e atacar mercados mais fáceis, seja em termos geográficos, investindo em produtos não relacionados ou dando um salto em termos tecnológicos. Por último, tem-se a possibilidade da guerrilha, que pode ser conceituada como pequenos ataques em variados aspectos da oferta da concorrência (como preço, diferentes embalagens de produto, por exemplo) que incomodem o concorrente e levem a empresa a obter a preferência do cliente.

Ainda como estratégia de marketing interessante, temos a de se tornar seguidora de mercado (d), ou seja, a empresa acompanha de maneira próxima as ações dos concorrentes e tenta de alguma forma agir de maneira parecida com o líder ou líderes. Isso no Brasil é muito comum, por exemplo, no mercado de biscoitos, com empresas regionais (de modo geral) seguindo de perto e lançando produtos parecidos com os dos líderes de mercado. São caminhos para implantar essa estratégia: falsificação (trata-se de uma cópia, também conhecida como mercado cinza), clonagem (introdução de variações sutis), imitação (copiam-se algumas características, mas preservam-se algumas diferenças) e adaptação (melhoram-se alguns produtos para, por exemplo, atingir mercados diferentes).

Por último, temos a estratégia de ocupante de nichos de mercado (e). Trata-se de escolher uma pequena parte do mercado, que é pouco visada pelas líderes ou grandes empresas e buscar atendê-la de forma eficiente. Sempre há o risco de o mercado ser pequeno demais para dar retorno, esgotar-se ou crescer e tornar-se alvo dos líderes. No Boxe 4.2, observa-se como a Evino está investindo em um mercado que pode ser visto inicialmente como um nicho, mas que, entretanto, tem promessa de crescimento no futuro próximo.

4.4 TÁTICAS DE MARKETING

As táticas de marketing são conhecidas como o composto de marketing, os 4Ps, o *mix* de marketing (*marketing mix*) ou ainda como o conjunto composto pelo produto (e serviços), preço, praça (ou distribuição e varejo) e promoção (um dos elementos do *mix* de comunicação). Elas são as variáveis controláveis de marketing que permitem implementar as estratégias de crescimento, posicionamento e segmentação de mercado que foram discutidas no item anterior. Também faz parte das táticas de marketing a implementação de ferramentas como os programas de fidelização e relacionamento.

4.4.1 Composto de marketing

O *composto mercadológico* ou *marketing mix* é ainda um conjunto das variáveis mercadológicas que a empresa pode planejar, implementar e controlar da melhor maneira, a fim de satisfazer o seu mercado-alvo, dentro de um prazo predeterminado.[78] O marketing *mix* (4**P**s: **P**roduto, **P**reço, **P**raça e Composto **P**romocional) representa um conjunto de fatores-chave no marketing que permitem a criação e a manutenção de um posicionamento competitivo de mercado para um produto, serviço, marca ou organização. Os 4Ps representam as influências controladas definidas pelas estratégias mercadológicas e exercidas sobre o consumidor durante o processo de divulgação, comercialização e relacionamento.

4.4.1.1 Produto

O conceito de produto é amplo (ver seção 4.1.1) e por meio da sua venda as empresas suprem as necessidades de seus clientes. Todo produto, para continuar a existir e gerar valor no mercado, deve proporcionar um conjunto de benefícios ao consumidor, alguns deles perceptíveis, que podem ser avaliados e valorizados, e outros imperceptíveis, que não são avaliados e valorizados. Reforçar os benefícios percebidos e informar e comunicar os não percebidos é uma tarefa do profissional de marketing. Como a agricultura está distante do consumidor e alguns

---

BOXE 4.2 Compra fácil: a Internet e as diferentes possibilidades de meios de compra e pagamento[77]

Após a pandemia da Covid-19, observou-se um crescimento importante no varejo de alimentos de modo geral. Entretanto, antes da pandemia, empresas como a Evino já vinham realizando mudanças interessantes e pouco a pouco mudando a forma de aquisição de vinhos *premium*. O fenômeno é descrito por Fonseca (2019) como carteiras digitais que compreendem o armazenamento de dados pessoais e bancários dos usuários de determinados *sites* ou plataformas via um *app* (aplicativo). Segundo a mesma reportagem, estima-se um mercado em termos mundiais com faturamento anual definido em 2017 como em torno de 100 bilhões de dólares e com potencial para se tornar o meio mais usado até 2022, sendo que na China dois terços das transações passam por ela. Na Evino, assim como outras empresas que investem em *e-commerce* via aplicativos, existe a preocupação em oferecer facilidade na jornada de compra do potencial comprador/cliente. Ao mesmo tempo, o cliente tem as informações desejadas sobre produto, origem, serviço, tempo de disponibilidade da oferta, compara e decide ou não a compra. O pagamento e a escolha por volumes com ou sem frete grátis (algumas vezes em função do valor gasto, como é o caso da Evino) permitem uma decisão rápida e sem grandes complicações.

dos seus benefícios são técnicos e complexos, o desafio do marketing torna-se ainda maior.

Podemos dizer que um produto é composto por atributos e seus respectivos níveis. Quando um consumidor compra um vinho, ela não avalia somente o vinho como um todo, mas uma série de atributos intrínsecos (não visíveis ao consumidor no momento da compra), como origem, processo de produção, se é orgânico, entre outros. Para contornar esse problema de assimetria informacional[79] (em que o vendedor sabe mais sobre o produto do que o comprador), são utilizadas as certificações de qualidade e rastreabilidade. Outros atributos, como preço, marca, cor e aparência, são extrínsecos. A presença e os níveis de determinado atributo também podem ser explorados pelo marketing e são parâmetros que podem influenciar a decisão do consumidor. Um chocolate, por exemplo, pode conter de 25%[80] a 100% de cacau.

Os produtos são caracterizados por cinco níveis de benefícios, a começar pelo que representa o benefício principal até os benefícios potenciais (Boxe 4.3).

O *mix* **de produto** refere-se à decisão sobre o conjunto de linhas e respectivos produtos que a empresa irá oferecer. Ao número de linhas damos o nome de amplitude e ao número de produtos em cada linha denominamos de profundidade. Por exemplo, uma empresa de defensivos agrícolas pode possuir uma linha de herbicidas com quatro produtos, uma linha de inseticidas com dois produtos e uma linha de fungicidas com três produtos. Para aumentar sua participação de mercado, ela pode realizar uma **extensão de linha** e introduzir uma focada em defensivos biológicos. Pode também lançar uma versão diferenciada de um dos seus produtos da linha de fungicidas que combate um fungo recentemente descoberto em uma das culturas agrícolas em que é utilizado.

Sobre o *mix* de produto, também é necessário definir o nome ou a **estratégia de marca** ou *branding*. Podemos ter um nome ou uma marca diferente para cada produto, uma marca por linha e variações para cada produto, uma marca genérica para várias linhas, geralmente a marca da empresa, ou ainda uma combinação de todas essas. Quando o ***brand equity*** ou o valor da uma marca é alto, é possível utilizar o seu nome para outro segmento ou linha de produtos. Essa estratégia é conhecida como **extensão de marca**. Símbolo do segmento de refrigerantes, a Coca-Cola lançou sua linha de produtos de moda[81] com bonés, calçados, meias, mochilas, malas, óculos e vestuário.

O Boxe 4.4 traz um desafio para as marcas atualmente, que é a sua diferenciação.

Quando a marca original do produto é trocada pela do varejista, dizemos que é uma estratégia de **marca própria**. Essa estratégia é comumente utilizada para vender o produto mais barato porque a redução no preço não compromete o posicionamento da marca original, já que não estará estampada na embalagem do produto e, sim, no seu lugar na marca do varejista. Algumas marcas próprias também têm se posicionado como produtos *premium*, saudáveis e ambientalmente corretos.[viii]

Outras características presentes nos produtos de origem agrícola, principalmente nos que são encontrados no varejo denominado autosserviço (veja item 4.4.1.3, Praça), em que o consumidor é quem escolhe o produto como é no supermercado, são o **rótulo** e o ***design* do produto**.

BOXE 4.3 Diferentes níveis de hierarquia de benefícios na hospedagem em um hotel-fazenda

Benefício central: é o que está relacionado com a necessidade que o consumidor deseja que seja atendida, por exemplo, o contato com a natureza.

Benefício básico: é aquilo que o produto deve possuir, como a infraestrutura mínima de um hotel. No caso, a cama, o banheiro, o chuveiro, entre outros.

Benefício esperado: é o atributo do produto que minimamente atenda ao esperado: cama macia, banheiro limpo, chuveiro quente, natureza abundante, entre outros.

Benefício ampliado: é o que pode surpreender, está incluído e é considerado como algo a mais do que é o esperado: a beleza da natureza, a simpatia do guia, o acesso a atrações e serviços não previamente conhecidos, encontrar um pássaro raro, entre outros.

Benefício potencial: é o que o produto pode ainda oferecer em benefícios no futuro por meio de investimentos ou tecnologias novas: trilhas e cachoeiras ainda não exploradas, instalação de equipamentos para a prática de esportes radicais, trilhas inteligentes e interativas, entre outros.

---

viii Veja a marca Taeq, do grupo GPA. GPA. Negócios e marcas. *Taeq*, [s.d]. Disponível em: https://www.gpabr.com/pt/negocios-e-marcas/marcas-exclusivas/taeq/. Acesso em: 14 dez. 2020.

> **BOXE 4.4 O que os consumidores esperam das marcas?[82]**
>
> Nos dias atuais, um aspecto importante são as ações de engajamento. Os consumidores observam ações e posicionamentos das marcas que vão adquirir e como estas se comportam em diferentes aspectos. Bedendo (2016) sugere alguns comportamentos que, de certa maneira, vêm moldando as estratégias de marcas. (1) Consumidores seguem sensíveis e críticos. Ações que possam ser consideradas ofensivas ou pouco éticas causarão repulsa e, eventualmente, boicote. Envolver crianças ou incapazes em mensagens agressivas ou de conteúdo sexual é um exemplo. (2) Posicionamento social, ético e respeito à legalidade são outro ponto que nenhuma empresa pode perder de vista. As áreas de *compliance* se estabeleceram e, pouco a pouco, isso tem sido estendido à cadeia de suprimento. Ou seja, a preocupação chega aos fornecedores de diferentes níveis, que podem usar mão de obra infantil ou trabalho escravo, por exemplo, e transferindo a imagem para os demais agentes e para o produto final da cadeia. (3) Capacidade de resposta e diálogo, em especial nos momentos de crise. Por exemplo, a forma como uma cervejaria trata um evento de *recall* de produtos, evitando contaminação e fornecendo apoio e reparo/cuidado com os possíveis contaminados. Marcas precisam ter personalidade própria e ser ativas em mostrar engajamento, participação e comunicação proativa com consumidores.

O rótulo ou o processo de rotulagem tem o objetivo de prover a informação que é disponibilizada ao consumidor na embalagem (por exemplo, a tabela nutricional e o valor diário a ser consumido de cada ingrediente). Com a tecnologia já disponível, é possível oferecer etiquetas inteligentes que permitem obter informações sobre o processo de produção e a origem do produto, fazendo com que a agricultura chegue ao consumidor e se transforme também em um fator de decisão e diferenciação do produto. Essas etiquetas, conjuntamente com plataformas de reconhecimento de face, também permitem ao consumidor adquirir produtos sem ter de passar por *check-outs*, como é o caso da loja da Amazon Go.[ix] A legislação sobre rotulagem tem o objetivo de informar sobre os benefícios e malefícios de cada produto.[x] Atributos de *design* como cor, formato e tamanho são relevantes para diferenciar o produto na gôndola do supermercado.

Quando um produto possui características de intangibilidade (não pode ser segurado, por exemplo), inseparabilidade (não é possível separar quem oferece o serviço, por exemplo, o atendente, do serviço prestado), variabilidade (um serviço dificilmente consegue ser prestado da mesma forma) e perecibilidade (não é possível armazenar os serviços), dizemos que ele é mais serviço do que produto. O Boxe 4.5 apresenta um exemplo de como essas características do serviço podem ser oferecidas de maneira eficiente.

4.4.1.2 Preço

Trata-se do valor monetário aplicado ao produto, conforme a percepção de valor que o consumidor atribui a ele. Quanto maior o benefício percebido do produto para a satisfação de sua necessidade, maior o preço que o consumidor estará disposto a pagar para ter acesso a

> **BOXE 4.5 Estratégias de marketing de serviços para uma revenda de tratores agrícolas**
>
> **Intangibilidade:** inserir itens tangíveis para melhorar a percepção dos serviços. Certificados de qualidade e prêmios recebidos pela revenda visíveis aos clientes, mostrar as peças que serão ou foram trocadas na revisão do trator, entre outras.
>
> **Variabilidade:** para que os serviços tenham o mínimo de variação, itens objetivos, como o prazo de execução do serviço, e subjetivos, como a cordialidade no atendimento, precisam ser padronizados para que o mínimo de variação ocorra entre a expectativa e o desempenho e a prestação de um e outro serviço.
>
> **Inseparabilidade:** dizemos que é um **momento da verdade** quando há o contato do cliente com o serviço. Em geral, ele ocorre por meio dos funcionários. Portanto, é preciso que a revenda invista em treinamento para conseguir a excelência no atendimento sempre.
>
> **Perecibilidade:** trabalhar na estratégia denominada **sincromarketing**, ou seja, lidar com a questão da demanda irregular, aumentando a eficiência da concessionária nos períodos de pico nos serviços e oferecer outros tipos de serviços quando a demanda é pequena. Vender acessórios e manutenção nas épocas em que a venda de tratores é baixa.

---

ix   Veja o vídeo: https://www.youtube.com/watch?v=NrmMk1Myrxc. Acesso em: 12 nov. 2020.

x   Veja a consulta pública sobre a nova proposta de rotulagem de alimentos. ANVISA. Agência Nacional de Vigilância Sanitária. *Prorrogadas consultas sobre rotulagem de alimentos*, 2019. Disponível em: http://portal.anvisa.gov.br/noticias/-/asset_publisher/FXrpx9qY7FbU/content/abertas-consultas-publicas-sobre-rotulagem-de-alimentos/219201. Acesso em: 14 dez. 2020.

ele. O preço também é o fator que mais rapidamente é alterado e o único que gera receita. É um dos principais elementos do marketing *mix* utilizado para posicionar um produto. Também é utilizado para definir as metas de vendas e a participação de mercado.

Como ocorre uma oscilação constante no preço das *commodites*, nem sempre a informação sobre o valor real é conhecida por todos os agentes do mercado e com a rapidez necessária. Alguns sistemas surgem para tornar essa formação do preço mais eficiente. Um deles é o sistema de leilões, que permite que os produtos tenham seus preços definidos de maneira mais transparente, o que facilita sua comercialização. Nesse sistema, o preço começa com o valor mais alto e, à medida que vai reduzindo, os lances são realizados pelos compradores. Para que o sistema funcione, é preciso padronização e classificação eficientes dos produtos para que o comprador saiba o que está adquirindo. No Brasil, o sistema funciona bem na comercialização de flores pelo sistema de leilões conhecido como *veilings*.[83] Por meio desse sistema de leilões, na Holanda também são comercializadas frutas e hortaliças.

Os preços podem ser determinados por vários métodos. Um deles é a partir do **custo** ou de um **acréscimo no custo**, mas infelizmente o preço em *commodities* é definido por oferta e procura e, portanto, o produtor não tem condições de precificar a venda do seu produto. Uma alternativa para algumas *commodities* (café, boi gordo, açúcar, etanol, milho e soja) é utilizar mecanismos de compra futura por meio de bolsas.[84]

Outro método é o da **taxa de retorno**. Como existe uma variabilidade muito grande nos preços das *commodities* em razão dos efeitos do clima e do mercado, geralmente em projetos de viabilidade define-se um horizonte de longo prazo (dez ou mais anos). O preço utilizado no cálculo pode ser uma média histórica (**método baseado na demanda e sua elasticidade**),[xi] e a taxa de retorno resultante define se o projeto será viável.

Por fim, o **método baseado no preço da concorrência** geralmente ocorre em mercados mais competitivos, em que as estratégias de diferenciação e segmentação são utilizadas. Nessa situação, os preços podem ser definidos e alterados de acordo com a concorrência e o público-alvo. Se a concorrência altera o preço, a empresa pode manter o seu preço atual, reduzir para o mesmo valor, reduzir mais (entrar em guerra de preço) ou mesmo aumentar o preço e posicionar-se de maneira diferenciada do concorrente.

Junto com esses métodos de definição de preços, as empresas devem utilizar-se de outras táticas de marketing (ou variáveis extra, ou não preço), para que as estratégias de marketing sejam alcançadas. Além desses métodos de determinação do preço, algumas estratégias podem ser utilizadas.

Algumas das principais estratégias de precificação podem ser:

- **Premium pricing**: utilizada para produtos com características de luxo, como os alimentos denominados *comida de luxo* ou *gourmet*.
- **Preços baixos**: utilizada, em geral, pelo varejo supermercadista, também conhecida como "*everyday low prices*" (preços baixos todos os dias). A compra de grandes quantidades de produtos permite uma boa negociação de preços, que são repassados para o consumidor.
- **Preços de penetração de mercado**: utilizada para conquistar rapidamente grande parte do mercado em um período curto de tempo. Depois de conquistada a parcela do mercado desejada, o preço do produto volta ao seu valor normal. Algumas redes de *fast food* estrangeiras entrantes no mercado brasileiro reduziram seus preços, inicialmente, para poderem ganhar mercado e escala.
- **Preço de desnatamento**: é exatamente o oposto da estratégia anterior. Em vez de utilizar um preço baixo na introdução do produto, o valor é alto. Assim que as metas de vendas são alcançadas, o preço é diminuído, entrando em um novo ciclo. Por isso, o termo *desnatamento* (retirada da nata do leite, que em pouco tempo se forma novamente). Uma nova categoria de iogurte funcional, por exemplo, pode ser lançada com um preço alto para posicionar o produto como de qualidade. Com o tempo, versões mais baratas e acessíveis a um público mais sensível ao preço podem ser lançadas.
- **Preços psicológicos**: utilizada para atrair a atenção do consumidor. Produtos com etiqueta vermelha ou como final 99 tendem a ser percebidos como mais baratos. Quando o preço de venda do produto produzido

---

xi A demanda é elástica quando uma pequena variação no preço acarreta uma grande variação na quantidade de produtos demandada, ao passo que a demanda é chamada inelástica quando não se verificam grandes variações na quantidade demandada, mesmo havendo significativas variações nos preços. KHAN ACADEMY. Elasticidade-preço da demanda e elasticidade-preço da oferta. [s.d]. Disponível em: https://pt.khanacademy.org/economics-finance-domain/microeconomics/elasticity-tutorial/price-elasticity-tutorial/a/price-elasticity-of-demand-and-price-elasticity-of-supply-cnx. Acesso em: 14 dez. 2020.

pelo agricultor está alto, ele tende a ser menos sensível ao preço na compra dos insumos.

- **Preços baseados na percepção de valor**: utilizada, em geral, para produtos que têm características de crença, ou seja, o consumidor atribui um valor emocional e de *status*, por exemplo. Isso explica a elevada diferença nos preços que ocorre em vinhos. Consumidores tendem a comprar vinhos mais caros quando vão oferecer a uma visita.
- **Preços geográficos**: dada a extensão territorial, variações no poder aquisitivo, impostos e custos logísticos entre as diversas regiões do Brasil, alguns produtos podem ter políticas de precificação diferenciada.

4.4.1.3 Praça e distribuição

O grande desafio da distribuição é fazer com que os produtos estejam disponíveis ao público-alvo na quantidade e no momento combinados entre as partes, ainda mais no caso do agronegócio, em que a distância entre produção e consumo pode ser significativa. A determinação da estratégia de distribuição pode variar, entre outros aspectos, de opções logísticas, custos, tempo necessário para a entrega e **número de intermediários**[xii] disponíveis. Além desses aspectos, a estratégia de distribuição deve contemplar as funções de marketing que o canal irá desempenhar. O Boxe 4.6 traz o exemplo de uma revenda agrícola.

O conceito de **omnicanal**[xiii] pressupõe que os diversos canais disponíveis em que o consumidor tem acesso à empresa (lojas físicas, lojas virtuais e mídias sociais, por exemplo) trabalhem de forma alinhada, estratégica e integrada. Um produtor rural pode, por exemplo, comprar um produto estando na sua fazenda pela loja virtual da revenda agrícola e buscar depois na loja física.

Tecnologias têm permitido ao consumidor mais eficiência e mais conveniência. Aplicativos como o iFood e o UberEats permitem que o consumidor tenha acesso a praticamente qualquer tipo de refeição estando em praticamente qualquer local, seja no trabalho, em casa ou em trânsito, o que revolucionou o mercado de alimentação fora do lar.

A distribuição dos produtos ocorre, em geral, por meio de **atacadistas**,[xiv] ficando disponível ao consumidor final nas lojas **varejistas**, que é o P de praça do marketing *mix*. Varejistas são todas as lojas ou estabelecimentos de vários tipos (lojas físicas ou virtuais, grandes ou pequenas, com muito ou pouco **sortimento**,[xv] especializadas ou não) que comercializam seus produtos diretamente ao consumidor final. O **atacarejo** é um tipo de estabelecimento que vende grande quantidade de produtos, geralmente acondicionados em embalagens secundárias (pacotes com várias unidades do produto) a um preço menor por unidade, o que atrai tanto pessoas físicas, que desejam comprar uma quantidade grande de produtos (lares com vários membros, por exemplo), como jurídicas (pequenos empreendedores). O varejo representa o elo final de acesso do consumidor ao produto ou serviço de que ele necessita, tanto por meio de lojas físicas como virtuais.

BOXE 4.6 Algumas funções mercadológicas que um canal de distribuição revenda agrícola pode desempenhar

Coletar informação: por estar em contato direto e conhecerem os hábitos de compra do produtor rural, pode ajudar as empresas de insumos a oferecerem melhores soluções em produtos e serviços, além de poderem desenvolver pesquisas.

Promoção: pode distribuir materiais de comunicação e promoção sobre produtos e serviços no ponto de venda (*merchandising*).

Contato: pode facilitar o contato e a intermediação entre empresas fornecedoras e os clientes atuais e potenciais.

Adaptação e inovação: pode testar, modelar e adaptar produtos novos, antes de serem lançados em todo o mercado.

Negociação: facilita o processo de se chegar a um acordo e pode identificar novas estratégias de comercialização e vendas.

Financiamento: pode obter e alocar os recursos financeiros necessários para a sustentação do canal, por exemplo, propiciando o parcelamento da compra pelo cliente.

---

xii Um canal de distribuição pode ser direto (sem intermediários) ou conter diversos *players* que fazem a ligação entre a produção e o consumo.

xiii Ou, em inglês, *ominichannel*.

xiv Que transportam e comercializam grandes quantidades.

xv Sortimento é a variedade de produtos que um varejo tem disponível para venda.

O termo utilizado para o consumidor que está tomando a decisão no varejo ou ponto de venda é **shopper**. Para melhor atendê-lo, o varejista precisa definir como será o ambiente externo: estacionamento, fachada e comunicação visual. Em relação ao ambiente interno, ou **atmosfera do varejo**, vários são os elementos que devem ser observados, como o tipo de sortimento (perecíveis ou não), cor, iluminação, odor, *layout*, entre outros. Alguns estabelecimentos têm investido em fragrâncias e *playlists* com músicas específicas para criar uma identidade única e exclusiva, aumentando o valor da marca da loja (ou **store equity**).

A **gestão por categoria de produto** no varejo é uma ferramenta essencial para a organização do sortimento na loja com base nas preferências do *shopper*. Teve seu início com o conceito e a filosofia do ***efficent consumer response*** (ECR),[xvi] que permitiu a troca de informações e estratégias entre a indústria e o varejo. A Figura 4.4 exemplifica a categorização e produtos em um *pet shop*.

Na relação entre indústria e varejo, também surge a estratégia de ***trade marketing***, que é a de "*orientar e apoiar as atividades de marketing e vendas, trabalhando em conjunto para conseguir satisfazer as necessidades do consumidor e do cliente varejista*".[86] Uma das principais funções do profissional de *trade marketing* é realizar o ***sell in***, que é inserir o produto no varejo, e, principalmente, o ***sell out***, que é concretizar a venda do produto para o *shopper*.

Como o varejo alimentar é baseado no autosserviço, ou seja, cabe ao consumidor escolher e pegar o produto, estratégias de planograma[xvii] e disposição dos produtos na loja são importantes. Equipamentos como o *eye tracking*, que mapeiam o olhar, têm sido utilizados para entender como é o comportamento do *shopper* e sua atenção visual no ponto de venda. A Figura 4.5 ilustra o mapa de calor[87] para quatro categorias distintas de produtos em um supermercado.

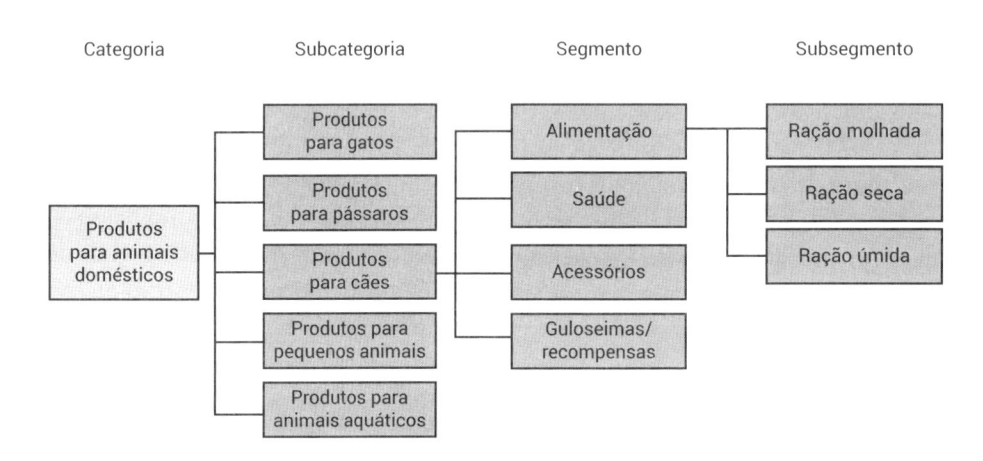

Figura 4.4 Categorização do sortimento em um *pet shop*.[85]

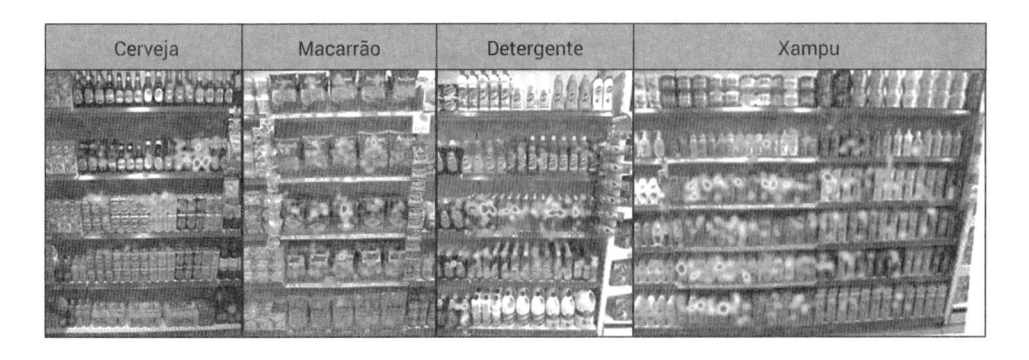

Figura 4.5 Mapa de calor para quatro categorias pesquisadas no RetailLab da ESPM.[88]

---

xvi Para mais informações, veja: ECR BRASIL. *Homepage*. [s.d]. Disponível em: http://www.ecrbrasil.com.br. Acesso em: 11 jan. 2020.

xvii Planograma é a representação gráfica ou desenhada do posicionamento de um produto, do seu sortimento ou da sua categoria em determinada gôndola, prateleira, expositor e outros. Fonte: WIKIPEDIA. Planograma. [s.d]. Disponível em: https://pt.wikipedia.org/wiki/Planograma. Acesso em 13 nov. 2020.

4.4.1.4 Promoção e comunicação

A "promoção cobre todas aquelas ferramentas de comunicação que fazem chegar uma mensagem ao público-alvo". A promoção de um produto ou serviço engloba todas as estratégias que as empresas utilizam para que seus produtos sejam os escolhidos pelo consumidor, dentre todas as opções existentes. A propaganda, a promoção de vendas, a exposição dos produtos no ponto de venda e a força de vendas são os principais aspectos de comercialização dos produtos no varejo.

A promoção é a forma de comunicação entre alguém que vende um produto e alguém que compra um produto. Eles propõem uma comunicação ampla que não esteja restrita à comunicação tradicional de marketing, mas integrada, envolvendo relacionamentos longos com todos os *stakeholders*. A comunicação tem o objetivo principal de motivar o consumidor a adquirir os produtos da empresa por meio da fixação prévia da mensagem na mente do consumidor.

As estratégias de comunicação no agronegócio focam, em geral, o próprio setor ou produtos. No caso do setor, o objetivo é aumentar a sua visibilidade sobre o meio urbano. Como exemplo, podemos citar campanhas como Sou Agro[89] e a "agro é tech, agro é pop e agro é tudo".[90] Campanhas que focam produtos em geral são realizadas por associações e são conhecidas como **commodity advertising**.

Um exemplo de *commodity advertising* é a realizada pela Associação Brasileira dos Produtores de Abacate denominada Amo Abacate.[91] Em geral, essas campanhas são realizadas por associações e focadas em receitas e nos atributos benéficos do produto. Outra estratégia de comunicação é o *storytelling*, ou seja, explorar o contexto histórico de um produto ou marca. Processos mais complexos como a produção orgânica podem ser mais bem explicados por meio da história detalhada de como uma propriedade alterou e adaptou seu processo agrícola de produção do tradicional para o orgânico.

> **BOXE 4.7 Comunicação pelo agricultor**
>
> O Clif Bar decidiu dar voz às histórias de ingredientes orgânicos e aos agricultores que os cultivam. A fazenda de aveia orgânica do Canadá foca na sua simplicidade, combinando histórias envolvendo valores familiares e uma dose de educação sobre os benefícios da agricultura orgânica. É uma conexão entre o consumidor e o agricultor que descreve uma família agrícola de várias gerações.[92]

A seguir, são descritos alguns projetos que ilustram como uma associação, no caso a única,[93] formada por usinas que produzem etanol, pode ajudar na comunicação de uma *commodity*:

- O programa Etanol Verde[94] tem a função mercadológica de conscientizar as pessoas sobre o uso do etanol, com cálculos de emissão de carbono, sustentabilidade do nosso planeta, número de árvores a serem plantadas, preço etc. Ele incentiva as pessoas a começarem a abastecer seus carros com etanol para poderem mudar o cenário de concentração de gases poluentes que ocorrem nas grandes cidades. Essa associação vai ajudar os consumidores a começarem a procurar pelo etanol nos postos de gasolina e com o suposto aumento da demanda que vai ter do produto, incentivar os produtores a produzirem cada vez mais cana-de-açúcar, direcionada para a produção de combustível.

- O projeto AGORA[95] tem a função mercadológica de divulgar o etanol como fonte de energia renovável, rentável e menos poluente. O objetivo é integrar a cadeia produtiva da cana-de-açúcar em torno da divulgação da importância da agroenergia renovável. A intenção é estreitar o relacionamento entre o setor agrícola e a comunidade, mostrando as vantagens do programa, promovendo ações educativas e de esclarecimento dos três pilares da sustentabilidade (econômico, social e ambiental), comunicando impactos e benefícios da indústria canavieira para o Brasil. Isso tudo vai mostrar a verdadeira importância do etanol, incentivando jovens e adultos a procurarem se informar mais sobre o assunto e, com isso, ajudando na maior procura pelo produto, gerando assim maiores vendas aos setores canavieiros.

- O *site* Desafios Mudanças Climáticas,[96] que é uma parceria do projeto AGORA com a editora Horizonte, busca ações junto a escolas de todo o Brasil. Metodologias sobre o aquecimento global e suas causas são discutidas pelos professores em sala de aula, e isso mostra para as crianças a importância de cuidarmos do nosso planeta, começando com uma atitude simples de cada pessoa, evitar a emissão de gases poluentes com seus carros. É um projeto que pode ajudar no marketing da cana, fazendo com que os pais dos alunos se mostrem mais preocupados com o meio ambiente e comecem a abastecer seus carros com etanol, ajudando assim a poluir menos o ambiente.

4.5 DESAFIOS, ESTRATÉGIAS E TENDÊNCIAS DO MARKETING APLICADO AO AGRONEGÓCIO

4.5.1 Marketing nos diferentes elos do sistema agroindustrial

O objetivo desta seção é contextualizar as especificidades do marketing aplicado a cada um dos elos do sistema agroindustrial. Começando a jusante do sistema agroindustrial (SAI), a **indústria de insumos** sempre teve um marketing profissionalizado e organizado para atuar junto ao seu principal mercado consumidor, que é o produtor rural. Destaca-se nesse elo o papel da Associação Brasileira de Marketing Rural e Agronegócio (ABMRA).[xviii] Criada há mais de 40 anos, reúne profissionais, empresas e agências de comunicação que atuam no agronegócio. Ela realiza encontros profissionais, premia propagandas e realiza pesquisas de abrangência nacional sobre os hábitos de mídia do produtor rural.[xix]

No elo da **produção agrícola**, destaca-se o papel das **cooperativas agrícolas**. Isoladamente, o produtor agrícola tem poucos recursos e escala para investir em marketing. Alguns exemplos de criação de marcas por produtores podem ser encontrados em produtos diferenciados como flores e orgânicos, mas são as cooperativas que verticalizaram a sua produção, investindo em marcas e profissionalizando outras estratégias de marketing. Um bom exemplo de posicionamento que enfatiza um dos diferenciais da produção agrícola é o comercial que divulga a marca de uma cooperativa e enfatiza que ela congrega uma comunidade com mais de 100 mil famílias.

O marketing na **agroindústria** ou indústria fornecedora de insumos para o segmento de alimentos, fibras e energia é caracterizado pelo foco na comunicação institucional e nas estratégias de B2B, como visto na seção 4.2. Novas soluções como embalagens mais seguras e biodegradáveis e ingredientes mais saudáveis, por exemplo, são inovações que geram eficiência e diferenciação para o SAI como um todo. Muitas agroindústrias verticalizaram-se pelo sistema de produção integrada, como no caso da produção de frangos, criando marcas fortes e globais. Campanhas nacionais, como a da mudança do nome do combustível álcool para etanol, visando padronizar a nomenclatura do produto em nível mundial, fizeram com que a agroindústria fosse mais bem conhecida pelo consumidor final.

A **indústria de alimentos** é o elo em que o marketing é mais profissionalizado e dinâmico. Embora sofra com diversas e crescentes restrições legais em relação ao uso de termos e alegações em suas estratégias de comunicação, ela vem investindo fortemente na geração de estratégias de *branding* e posicionamento.

O marketing no **varejo** foi caracterizado no item 4.4.1, e o marketing para o consumidor final, no item 4.2.2.3.

4.5.2 Marketing digital no agronegócio

As ferramentas conhecidas como digitais aplicadas ao marketing nos agronegócios são cada vez mais acessíveis e eficazes à medida que a estrutura física e o uso da Internet avançam no campo. Algumas das principais são descritas a seguir.

Uma das ações possíveis é o monitoramento de mídias sociais. Existem ferramentas e aplicativos que permitem acompanhar o uso de palavras e frases específicas em determinadas mídias sociais por região e período. A palavra *adubo* ou uma marca específica de adubo, por exemplo, pode ser monitorada para verificar as opiniões positivas, negativas e a quantidade de menções que aparecem nas mídias sociais. A Figura 4.6 mostra um comparativo entre o uso das palavras *Brazilian Coffee* e *Café de Colombia*.

Outra ferramenta é o ***mobile marketing***. A partir da permissão dada pelo cliente, empresas podem ter acesso à localização dele. Se um produtor rural chegar a uma feira de agronegócios, por exemplo, a empresa pode identificar sua chegada e convidá-lo a conhecer o estande, informar onde ele se localiza na feira, oferecer um café ou ainda fazer uma proposta customizada com base no cruzamento dos dados existentes em seu cadastro.

O ***buzz marketing*** é outra ferramenta digital, também conhecida como boca a boca na Internet.[xx] Trata-se de uma estratégia para incentivar o compartilhamento de informações desejadas pela empresa. Algumas

---

xviii Para mais informações, acesse: ABMRA. ASSOCIAÇÃO BRASILEIRA DE MARKETING RURAL E AGRONEGÓCIO. Homepage. [s.d]. Disponível em: http://abmra.org.br/. Acesso em: 13 nov. 2020.

xix Para mais informações sobre essa pesquisa, consulte: ABMRA. ASSOCIAÇÃO BRASILEIRA DE MARKETING RURAL E AGRO-NEGÓCIO. Pesquisa Abmra. [s.d]. Disponível em: http://abmra.org.br/pesquisa-abmra/. Acesso em: 13 nov. 2020.

xx Em inglês, *Electronic Word of Mouth (eWOM)*.

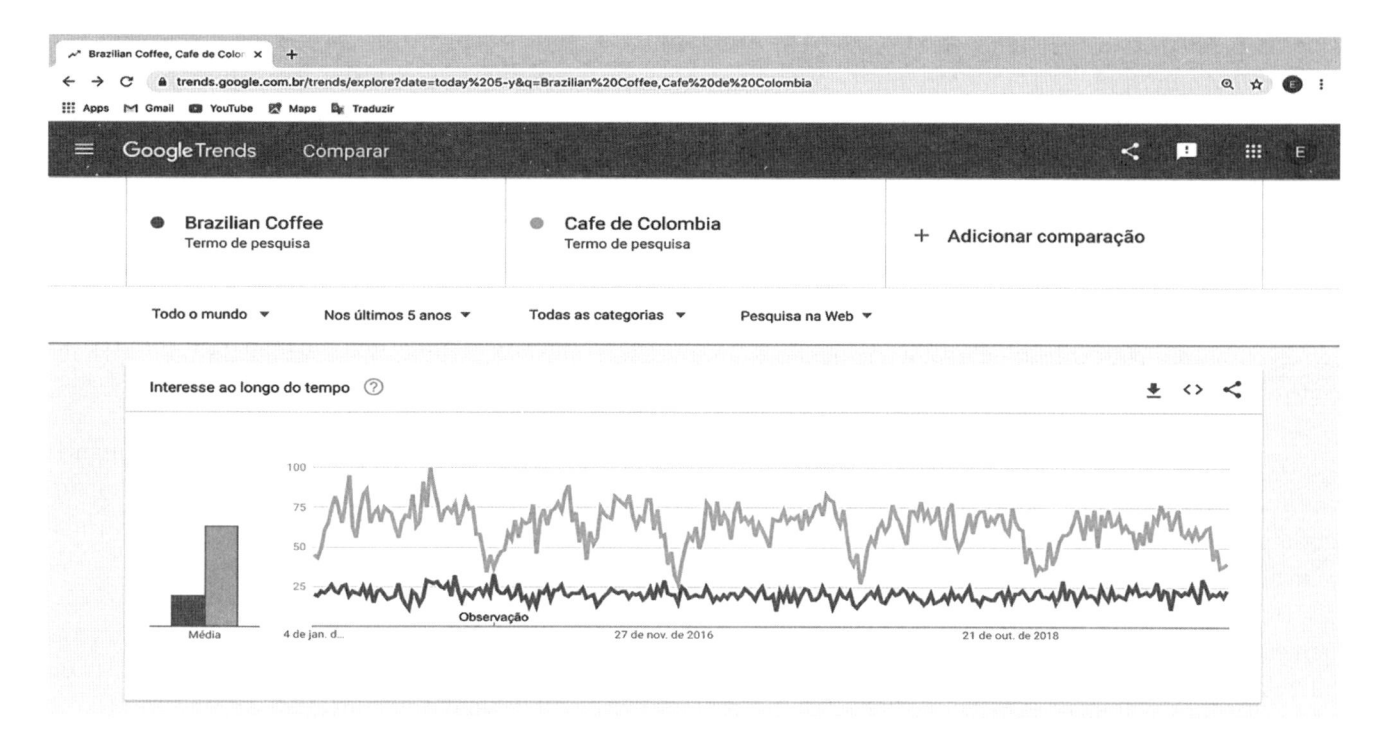

Figura 4.6 Comparativo mundial entre a procura pelas palavras *Brazilian Coffee* e *Café de Colombia* no período de 2015 a 2019.[97]

empresas utilizam-se de *memes*,[xxi] imagens ou vídeos engraçados e/ou curiosos que incentivam quem recebe a compartilhar.

Os **influenciadores digitais** também estão presentes no agronegócio. O **marketing de influência** já é um conceito consolidado, mas que se potencializou com o *boom* das mídias sociais. Alguns influenciadores vivem exclusivamente de seus canais ou páginas. Muitos são remunerados por meio da divulgação de produtos e serviços e chegam a ter milhões de seguidores. Como o próprio nome diz, influenciam comportamentos e valores. No contexto dos alimentos, por exemplo, vários se dedicam a dicas sobre alimentação e nutrição, e outros ao estilo de vida alimentar, como é o caso dos veganos, que, além de combaterem qualquer consumo de origem animal, incentivam o boicote a diversas marcas e produtos.

Os *ratings* ou avaliações dos consumidores também ajudam o consumidor a tomar decisões. O Vivino[98] é um aplicativo que tem sua avaliação baseada na experiência de consumidores comuns e não somente em conhecedores de vinho ou enólogos.

As **plataformas de relacionamento** têm sido utilizadas por empresas de insumos para manter um canal de contato e informações para seus clientes como, por exemplo, a Agro Bayer,[xxii] e redes sociais específicas para o agronegócio, como a YouAgro.[xxiii]

Por fim, as estratégias de *inbound marketing* fazem parte do **marketing de atração**. São ações que visam gerar a atenção e o interesse do consumidor (ou *leads*) e com isso uma atitude, seja inicialmente a de se cadastrar, deixando suas informações para futuros contatos, até a compra do produto. Como toda ação de contato com o cliente, ela deve ser utilizada com cautela e com o seu consentimento.

O ***Google Ads***[xxiv] permite que a empresa anuncie com o objetivo de ter o seu nome ou marca aparecendo

---

xxi *Meme* é um termo grego que significa imitação. O termo é bastante conhecido e utilizado no "mundo da Internet", referindo-se ao fenômeno de "viralização" de uma informação, ou seja, qualquer vídeo, imagem, frase, ideia, música etc., que se espalhe entre vários usuários rapidamente, alcançando muita popularidade. SIGNIFICADOS. Significado de Meme. 20 de abr. 2015. Disponível em: https://www.significados.com.br/meme/. Acesso em: 13 nov. 2020.

xxii Para saber mais: AGRO BAYER BRASIL. Homepage. [s.d]. Disponível em: https://www.agro.bayer.com.br. Acesso em: 13 nov. 2020.

xxiii Para saber mais: YOUAGRO. Homepage. [s.d]. Disponível em: https://youagro.com/index.php. Acesso em: 13 nov. 2020.

xxiv Para saber mais: GOOGLE ADS. Faça sua empresa crescer com Google Ads. [s.d]. Disponível em: https://ads.google.com. Acesso em: 13 nov. 2020.

entre os primeiros nos resultados de buscas no Google. O **Google Analytics**[xxv] é uma ferramenta gratuita que permite que você tenha acesso, por exemplo, à quantidade, ao local de origem e ao tempo de acesso à sua página na Internet.

4.5.3 Programas de marketing de relacionamento

Um exemplo simples pode nos ajudar a entender o conceito de marketing de relacionamento. Imagine que você é dono de uma revenda agrícola e simultaneamente apareçam dois clientes, um que é novo e outro que já compra com você há mais de dez anos. Quem você atenderia primeiro? A tendência natural é atender o novo para aumentar a sua base de clientes, já que o outro já é o seu cliente. Parece lógico, mas no final dos anos 1980 percebeu-se que manter clientes pode ser muito mais barato do que buscar novos. Além disso, um cliente insatisfeito tende a comunicar seu descontentamento a outros e dificilmente volta a ser cliente depois de uma experiência negativa.

Da mesma forma que se gerenciam pessoas, processos, insumos e recursos financeiros, podem-se gerenciar clientes. Uma das ferramentas são os programas de fidelização. Esses programas ganharam destaque com o segmento de hotéis.[xxvi] A fidelização proporciona benefícios aos clientes que comprarem mais de determinada empresa. Quanto mais o cliente consome da empresa, mais pontos adquire, e quanto mais pontos, mais benefícios como descontos, atendimento diferenciado, produtos exclusivos, entre outros. Quem não é um cliente assíduo quer ser bronze para ter mais benefícios, quem é bronze quer ser prata e quem é prata quer ser ouro, por exemplo. Para a empresa, compensa gastar mais com quem é fiel e, para quem é fiel, compensa obter mais benefícios. Além de fidelizarem o cliente, esses programas permitem gerar informações relevantes sobre hábitos de compra, e com isso a empresa pode oferecer melhores produtos e atender melhor às expectativas dos clientes. Quando uma empresa consegue transformar essas ações de fidelização em relacionamentos, dizemos que esses programas são mais do que de fidelização. São o que chamamos de marketing de relacionamento, ou marketing *one to one*.[99]

4.5.4 Papel da inovação no marketing e na diferenciação em agronegócios

Para o marketing, a inovação é fundamental para gerar valor e diferenciação. No agronegócio, surgiram várias ações com foco na inovação, como as *startups* ou *AgTechs*. Ferramentas como os *Hackatons*, *Shark Tank*,[100] por exemplo, ajudam a encontrar as soluções inovadoras para problemas de inovação no agro.

Há também os *hubs*, que selecionam e congregam *startups*, aceleram projetos e trabalham na criação colaborativa. Em vez de uma empresa investir internamente em pesquisa e desenvolvimento para reduzir a quantidade de água na irrigação, por exemplo, uma *startup* pode realizar a pesquisa com profissionais e *know-how* especializados e externos à empresa cliente.

Outros bons exemplos estão na agricultura de precisão, onde existe a possibilidade de usar tecnologias para adaptar o cultivo de acordo com as características de solo e clima de determinada região. Os sensores fazem com que a aplicação de insumos seja mais precisa. As máquinas agrícolas e *drones* estão cada vez mais automatizando a produção. A Internet das coisas (*internet of things* – IoT) tem tornado os cultivos, animais e máquinas conectados. Toda essa tecnologia está gerando uma grande quantidade de dados, conhecidos como *big data*, que, junto a *softwares* de gestão de fazendas, proporcionam uma tomada de decisão mais acurada aos produtores.

No caso dos *drones*, é possível modificá-los, para melhorar a produção agrícola. Os aparelhos podem obter dados de georreferenciamento para a agricultura de precisão, ou seja, identificar áreas onde a aplicação de insumos é necessária, podem reconhecer pragas por meio de *softwares* específicos e, futuramente, avaliar outras informações, como o próprio desenvolvimento das plantas.

Regiões ou *clusters* de inovação também são comuns e impulsionam a inovação no agronegócio. O Vale do Piracicaba[101] (uma referência ao *Silicon Valley*, na Califórnia, Estados Unidos, e ao *Food Valley*, na Holanda)[102] foi oficializado em 2016 com o objetivo de criar um ecossistema tecnológico para criação de soluções na agricultura e proporcionar um ambiente de troca de conhecimento e colaboração e o desenvolvimento de empresas, instituições de ensino e da sociedade.

Nessa mesma região, encontra-se a Escola Superior de Agricultura Luiz de Queiroz, a ESALQ, um *campus* da

---

xxv Para saber mais: GOOGLE ANALYTICS. Homepage. [s.d]. Disponível em: https://analytics.google.com. Acesso em: 13 nov. 2020.

xxvi Para um aprofundamento, veja HARVARD BUSINESS PUBLISHING EDUCATION. Hilton Hotels: Brand Differentiation through Customer Relationship Management. [s.d]. Disponível em: https://hbsp.harvard.edu/product/809029-PDF-ENG?itemFindingMethod=Collections. Acesso em: 13 nov. 2020.

Universidade de São Paulo, que foi considerada por um dos principais *rankings* de ensino como a quinta melhor escola de Agrárias do mundo. Vinculada à ESALQ, existe a ESALQTec, uma incubadora de empresas inovadoras e de caráter tecnológico do agronegócio. Atualmente, a ESALQTec conta com mais de 70 empresas incubadas entre residentes, associadas e em pré-incubação que desenvolvem projetos nas áreas de tecnologia da informação, entomologia, biogás, controles biológicos, entre outras. Muitas delas já receberam aportes financeiros significativos de *venture capital*, como a Spventure.

No Vale do Piracicaba também está a Raízen,[103] maior produtora de etanol de cana-de-açúcar do mundo. Para sair de sua estrutura hierárquica tradicional, e com isso proporcionar um ambiente de maior inovação, grandes empresas têm apostado em estruturas mais flexíveis, que são as aceleradoras de *startups*. A Raízen criou a Pulse,[104] uma aceleradora que já tem várias empresas em seu *hub*.

Para tornar esse ambiente ainda mais tecnológico, as universidades, os institutos de pesquisa, os *hubs* de inovação e o apoio dos setores público e privado prometem novas safras de inovação no campo, levando o Brasil a cumprir seu compromisso em fornecer alimentos seguros e cada vez mais sustentáveis.

O agronegócio pode proporcionar ao Brasil uma liderança na Bioeconomia, termo que tem gerado crescente interesse por parte da indústria e descreve uma economia baseada na maior longevidade e qualidade de vida e na diminuição da dependência do petróleo, por meio de novas opções tecnológicas e processos industriais com menor impacto ambiental e maior produtividade agrícola. A liderança do país em recursos genéticos, possuindo a maioria das espécies da Terra, permite também gerar inovações no campo da biotecnologia.[105] Saber aproveitar os recursos naturais com visão de longo prazo é necessário para que o agronegócio possa continuar a se desenvolver e ser um *benchmarking* para os momentos de crise pelos quais estamos passando.

4.5.5 Marketing centrado na experiência do cliente e no mercado

O conceito de marketing pressupõe uma postura ativa sobre a criação e a entrega do valor gerado pelas organizações e produtos do agronegócio. A pergunta a ser formulada não deve limitar-se a como uma *commodity* é conhecida pelo mercado, mas como se deseja que essa *commodity* seja conhecida, mesmo que isso implique a elaboração de um plano de marketing de cinco ou mais anos. Essa perspectiva exige estratégia, estrutura gerencial e recursos financeiros e é conhecida como **orientação para o mercado**.[106]

É verdade que em segmentos como o de produção de *commodities*, com baixa diferenciação, a possibilidade de implementar ações de marketing mais profissionalizadas é restrita, mas muitos segmentos do agronegócio, principalmente os voltados para o produtor rural e o consumidor final, são bem dinâmicos e podem trabalhar de forma bastante sistêmica a orientação para o cliente.

Essa estratégia deverá iniciar-se dentro das fazendas, com adoção e uso de tecnologias modernas e gestão profissionalizada. Além de avaliar os impactos dos recursos baseados em valor dentro de uma fazenda (custos, produção, produtividade, vendas, contratos e recursos naturais para produções mais sustentáveis, que contribuem para o desempenho geral da fazenda), o produtor rural deve começar a pensar não somente em sua fronteira, a propriedade, pensar numa fronteira expandida, regional, com plataformas de gestão colaborativas e de *insights* analíticos inteligentes e de observação de oportunidades.

EXERCÍCIOS

Leia com atenção o caso a seguir.[107]

Marcas, produtos e serviços: como responder às novas tendências de comportamento e consumo

Nas últimas décadas, as tecnologias em termos de produtos e serviços ligados ao agronegócio cresceram enormemente nas indústrias de alimentos. Na Fazenda Futuro, que produz hambúrguer à base de ervilha, soja e beterraba, busca-se manter o sabor original da carne e agradar as pessoas que, apesar de carnívoras, procuram opções de alimentos mais saudáveis e sustentáveis. Empresas variadas têm investido na ideia de desenvolver produtos para o mercado *plant-based*. Entre elas estão a NotCo (iniciada por três chilenos no seu país) e a Meta Food (fruto da sociedade entre a Wessel e a Bela Vista Investimentos). Ambas começaram introduzindo no mercado alguns produtos para substituição de proteína animal (hambúrguer, leite, sorvete e maionese) e, com aceitação do mercado e parceria com varejo nos EUA e no Brasil, se depararam com oportunidades de diversificação.

Essa ideia tem tomado conta também de franquias e restaurantes: o Burger King, em parceria com a Marfrig, tem comercializado uma opção de hambúrguer em algumas unidades do estado de São Paulo e pretende expandir para o resto do país. De acordo com estudo do banco de investimento Barclays, citado na reportagem da *Exame*, esse mercado pode chegar a 140 bilhões de dólares por ano em 2029, o que equivale a 10% da fatia do mercado de carnes convencionais.

Preocupação com alimentação saudável, crescimento da obesidade (inclusive em crianças), assim como questões de sustentabilidade em cadeias produtivas do agronegócio, aliadas à inovação e novas tecnologias de informação e processo, passam a influenciar os consumidores e orientar as decisões mercadológicas das empresas. As respostas das empresas são as mais diversas, envolvendo desenvolvimento de linha de produtos, aquisição ou parceria, como:

- Ovo 100% vegetal, em pó, à base de ervilhas (lançado pela rede Pão de Açúcar, segunda maior varejista de alimentos do país).
- Não maionese (produto da NotCo), que já tem 13% do mercado chileno, sendo vendida, no Brasil, pela rede Pão de Açúcar e, nos Estados Unidos, pela Whole Foods.
- Hambúrgueres e almôndegas vegetarianas comercializadas por empresas tradicionais, como Nestlé, Meta e Vegetarian Butcher (comprada pela Unilever).
- Iogurte, bebidas lácteas vegetais e produtos orgânicos (Danone adquiriu a White Waves).

A origem e as mudanças nas indústrias de alimentos são marcantes ao longo do tempo e têm na inovação em produtos, processos, gestão de fornecedores, investimento em expansão de marcas e diversificação estratégias muito bem-sucedidas. Nos dias atuais, conhecimento sobre o que consomem, segurança e transparência nas informações são obrigatórias e cada vez mais relevantes para os clientes. Isso inclui discussão sobre o uso de açúcar, gordura, acidulantes, corantes e sobre origem e processos sofridos pelos alimentos e suas matérias-primas. De acordo com a *Exame*, um dos maiores atrativos para crescimento na indústria de alimentos é a denominada *free from*, ou livre de ingredientes cada vez mais indesejados, como aditivos artificiais.

No caso das empresas de laticínios, cita-se a Verde Campo, que tem um iogurte 100% natural sabor morango colorido com beterraba, nas versões tradicional, light e sem lactose, custando, na embalagem de 500 gramas, cerca de 10 reais. "Temos posicionamento *premium*, mas queremos levar produtos naturais a mais gente", afirma Arlindo Curzi, diretor de inovação da Verde Campo, entrevistado pela *Exame*.

A tendência de redução de açúcar e adição de fibras vem sendo seguida por empresas como a Nestlé, com os produtos Nescau Max Cereal e Nescau 3.0; a Unilever, que reduziu em 25% o sal na maionese Hellmann's e 30% no tempero Knorr; e a processadora de carnes BRF, dona de marcas como Sadia e Perdigão, que também diminuiu o sal. Ainda citados na reportagem, encontram-se o Carrefour, que busca alavancar a venda de produtos orgânicos, e a Korin e a Coca-Cola, com propostas direcionadas a vender produtos mais saudáveis. Em resumo, alimentos podem ser classificados em produtos à base de vegetais, orgânicos, com ingredientes modificados e os superalimentos.

Questões sobre o texto

1. Qual seria o objetivo das ações de marketing: maximizar a satisfação do cliente ou maximizar a lucratividade da empresa a longo prazo? Responda considerando as ações ou os exemplos das empresas citadas no texto "Marcas, produtos e serviços: como responder às novas tendências de comportamento e consumo".
2. Considerando o conceito de micro e macroambiente de marketing discutido neste capítulo, quais foram os elementos considerados pelas empresas para desenvolver as ações realizadas? Use teoria e dê exemplos do texto.
3. Sugira, para pelo menos duas diferentes indústrias de alimentos, uma estratégia relacionada ao preço e outra ao produto que concorram com empresas citadas no texto do exercício.
4. Sugira, para pelo menos duas diferentes indústrias de alimentos, uma estratégia relacionada à praça e outra à comunicação, considerando exemplos fornecidos no texto.
5. Nem sempre alterações no mercado devem ser encaradas como ameaças ao sucesso competitivo de uma empresa. Como algumas das empresas citadas lidaram com as mudanças no comportamento do consumidor de seus produtos?
6. A mudança tecnológica associada à criação de diferentes opções de alimentos é considerada uma área de grandes oportunidades. Discuta algumas oportunidades e tendências futuras nessa área e como o varejo vem se posicionando a esse respeito.
7. Considere a afirmação a seguir e discuta como isso se relaciona com as decisões tomadas pelas diferentes empresas mencionadas ao longo do texto: "Uma pessoa tende a comprar um produto cuja imagem seja mais semelhante à sua própria imagem."
8. Analise os fatores que afetam o comportamento dos potenciais clientes dos produtos alternativos à carne bovina, a laticínios e aos ovos e tente formar segmentos de mercado com eles.
9. Quais desafios mercadológicos você percebe em curto e médio prazos para as empresas citadas?
10. Proponha e justifique, para pelo menos duas diferentes indústrias de alimentos, uma estratégia relacionada ao marketing digital.

NOTAS

1. AMERICAN MARKETING ASSOCIATION. *Definitions of marketing*, 2017. Disponível em: https://www.ama.org/the-definition-of-marketing-what-is-marketing/. Acesso em: 13 nov. 2020.

2. COMMON LANGUAGE MARKETING DICTIONARY. *Marketing terms defined by the authorities*, [s.d]. Disponível em: https://marketing-dictionary.org/. Acesso em: 13 nov. 2020.
3. SPERS, E. E.; SAES, M. S. M.; SOUZA, M. C. M. Análise das preferências do consumidor brasileiro de café: um estudo de caso dos mercados de São Paulo e Belo Horizonte. *Revista de Administração da USP*, v. 39, n. 1, p. 53-61, 2004.
4. Para um bom aprofundamento do conceito de marketing experiencial, consulte: PONTES, M. C. *Marketing experiencial ou o uso da experiência no marketing?* Estudo de caso em hotéis 5 estrelas da cidade de São Paulo. 2012. 257 f. Tese (Doutorado em Administração) – Universidade de São Paulo, São Paulo, 2012.
5. VOGT, R. A.; KAISER, L. L. Still a time to act: a review of institutional marketing of regionally-grown food. *Agriculture and Human Values*, v. 25, n. 2, p. 241-255, 2008.
6. FAPESP. Fundação de Amparo à Pesquisa do Estado de São Paulo. *Contribuição da FAPESP ao desenvolvimento da agricultura do estado de São Paulo*, [s.d]. Disponível em: https://bv.fapesp.br/pt/auxilios/58252/. Acesso em: 13 nov. 2020.
7. STREETER, D. H.; SONKA, S. T.; HUDSON, M. A. Information technology, coordination, and competitiveness in the food and agribusiness sector. *American Journal of Agriculture Economics*, v. 73, n. 5, p. 1466-1471, 1991.
8. GOLDBERG, R. A. *Agribusiness coordination*: a system approach to the wheat, soybean, and Florida orange economies. Harvard Business School Division, 1968.
9. BISSIELO, A. B. *Étude de la filière du lait*. 1970. Tese (Doutorado) – Universite Cheikh Anta Diop. Dakar, Senegal, 1970.
10. Sobre essas definições, reportar-se também ao Capítulo 1.
11. CUNHA, C. F.; SPERS, E. E.; ZYLBERSZTAJN, D. Percepção sobre atributos de sustentabilidade em um varejo supermercadista. *RAE*, v. 51, n. 6, p. 542-552, 2011.
12. SPERS, E. E.; ZYLBERSZTAJN, D.; BERTRAIT, A. Dungullin Estate: certificação de qualidade na agricultura australiana. IX SEMINÁRIO INTERNACIONAL PENSA DE AGRIBUSINESS, 1999. *Anais...* Águas de São Pedro, v. 9. p. 1-9 1999.
13. Fonte: Adaptado de SCARE e ZYLBERSZTAJN, 2006.
14. HAMZAOUI-ESSOUSSI, L. Technological complexity and country-of-origin effects on binational product evaluation: Investigation in an emerging market. *Journal of Global marketing*, v. 23, n. 4, p. 306-320, 2010.
15. PINAR, M.; TRAPP, P. S. Creating competitive advantage through ingredient branding and brand ecosystem: the case of Turkish cotton and textiles. *Journal of International Food & Agribusiness marketing*, v. 20, n. 1, p. 29-56, 2008.
16. AB's HONEY. *Homepage*. [s.d]. Disponível em: https://www.abhoney.com.au/. Acesso em: 13 nov. 2020.
17. CHANDLER, A. D. *Strategy and structure*: chapters in the history of the industrial enterprise. Cambridge: M.I.T. Press, 1990.
18. KOTLER, P.; KELLER, K. *Administração de marketing*. 15. ed. São Paulo: Pearson Education, 2019.
19. GALHANONE, R. F.; ROCHA, T.; SPERS, E.; RODRIGUES, F. The influence of corporate global mindset on international franchising. *RAUSP Management Journal*, no prelo, 2019.
20. MOORMAN, C.; DAY, G. S. Organizing for marketing excellence. *Journal of Marketing*, v. 80, n. 6, p. 6-35, 2016.
21. MCDONALD, M.; WILSON, H. *Planos de marketing*. Planejamento e gestão estratégica. Rio de Janeiro: Elservier/Campus, 2013. 427 p.
22. MCDONALD, M. Planejamento estratégico de marketing: teoria e prática. *In*: BAKER, M. J. (org.) *Administração de Marketing*. Rio de Janeiro: Elsevier/Campus, 2005.
23. KUMAR, V. Transformative marketing: The next 20 years. *Journal of Marketing*, v. 82, p. 1-12, 2018.
24. ANGUS, A.; WESTBROOK, G. *As 10 principais tendências globais de consumo 2019*. Euromonitor International, 2019. Disponível em: https://edisciplinas.usp.br/pluginfile.php/4586762/mod_resource/content/1/Artigo%2001%20-%2010%20Tende%CC%82ncias%20Globais%20de%20Consumo%202019.pdf. Acesso em: 8 nov. 2019.
25. FILIPPE, M.; BONFIM, M. A reinvenção da comida. *Exame*, 12 de set. de 2019. Disponível em: https://exame.abril.com.br/revista-exame/a-reinvencao-da-comida/. Acesso em: 13 nov. 2020.
26. Fonte: adaptado de KOTLER, P.; KELLER, K. *Op. cit.*
27. Fonte: adaptada de URDAN, A.T.; URDAN, F.T. *Marketing estratégico no Brasil*: teoria e aplicações. São Paulo: Atlas, 2010.
28. AAKER, D. A. *Strategic market management*. New York: John Wiley, 1984.
29. HALL, R. H. *Organização, estruturas e processos*. 3. ed. São Paulo: Prentice Hall do Brasil, 1984.
30. ABETTI, P. A. Technology: a key strategic resource. *Management Review*, New York, v. 78, n. 2, 1989.
31. HALL, R. H. *Op. cit.*
32. Fonte: EXAME. Grandes frigoríficos também querem sua parte no mercado de "carne vegetal". 25 de nov. 2019. Disponível em: https://exame.abril.com.br/negocios/grandes-frigorificos-tambem-querem-sua-parte-do-mercado-de-carne-vegetal/. Acesso em: 04 jan. 2020.
33. KOTLER, P. *Administração de marketing*: a edição do novo milênio. São Paulo: Pearson Prentice Hall, 2000.
34. FERGUSON, C. E. *Microeconomia*. 2. ed. Rio de Janeiro: Forense Universitária, 1978.
35. BATALHA, M. O.; LUCHESE T., LAMBERT J. L. Hábitos de consumo alimentar no Brasil: realidade e perspectivas. *In*: BATALHA, M. O. *Gestão do agronegócio*: textos selecionados. São Carlos: EDUFSCAR, 2005.
36. GRACIA, A.; ALBISU, L. M. Food consumption in the European Union: main determinants and country differences. *Agribusiness*, v. 17, n. 4, 2001.
37. LAMBERT, J. L. *Representations, attitudes et comportements alimentaires*: inventaire des modèles existants. France, juin 1996.
38. ROSSETTI, J. P. *Introdução à economia*. São Paulo: Atlas, 2000.
39. FERGUSON, C. E. *Microeconomia*. 2. ed. Rio de Janeiro: Forense Universitária, 1978.
40. ENGEL, J. F.; BLACKWELL, R. D.; MINIARD, P. W. *Consumer behavior*. 8. ed. Forth Worth: The Dryden Press, 1995
41. TANGERMANN, S. Economic factor influencing food choice. *In*: RITSON, C.; GOFTON, L.; McKENZIE, J. *The food consumer*. (Ed.). Chichester: John Wiley, 1986.
42. ENGEL, J. F.; BLACKWELL, R. D.; MINIARD, P. W. *Op. cit.*
43. KOTLER, P.; KELLER, K. L. *Op. Cit.*
44. Fonte: adaptada de KOTLER, P.; KELLER, K. *Administração de marketing*. 15. ed. São Paulo: Pearson Education, 2019.
45. MORGAN, G. *Imagens da organização*. Tradução de Cecília W. Bergamini e Roberto Coda. São Paulo: Atlas, 1996.
46. KOTLER, P.; KELLER, K. L. *Op. cit.*
47. MURCOTT, A. You are what you eat: anthropological factors influencing food choice. *In*: RITSON, C.; GOFTON, L.; McKENZIE, J. *The food consumer*. New Jersey: John Wiley, 1986.
48. SOLOMON, M. R. *O comportamento do consumidor*: comprando, possuindo e sendo. 5. ed. Porto Alegre: Bookman, 2002.
49. KOTLER, P.; KELLER, K. L. *Op. cit.*

50. CASOTTI, L. *À mesa com a família*: um estudo do comportamento do consumidor de alimentos. Rio de Janeiro: Mauad, 2002.
51. FISCHILER, C. *L'homnivore*. Paris: Odile Jacob, 1990.
52. KOTLER, P.; KELLER, K. L. *Op. cit.*
53. HUTT, M. D.; SPEH, T. W. *B2B*: gestão de marketing em mercados industriais e organizacionais. 7. ed. Porto Alegre: Bookman, 2002. 593 p.
54. KOTLER, P.; KELLER, K. L. *Op. cit.*
55. ROBINSON, P. J.; FARRIS, C. W.; WIND, Y. *Industrial buying and creative marketing*. Boston: Allyn & Bacon, 1967.
56. TASSABEHJI, R.; MOORHOUSE, A. The changing role of procurement: developing professional effectiveness. *Journal of Purchasing and Supply Management*, v. 14, n.1, p. 55-68, 2008.
57. BALS, L.; SCHULZE, H.; KELLY, S.; STEK, K. *Op. cit.*
58. BALS, L.; SCHULZE, H.; KELLY, S.; STEK, K. *Op. cit.*
59. BALS, L.; SCHULZE, H.; KELLY, S.; STEK, K. *Op. cit.*
60. WEBSTER, F. E.; WIND, Y. A general model for understanding organizational buying behavior. *Journal of Marketing*, v. 36, n. 2, p. 12-19, 1972
61. KOTLER, P.; KELLER, K. L. *Op. cit.*
62. KOTLER, P.; KELLER, K. L. *Op. cit.*
63. URDAN, A. T.; URDAN, F.T. *Marketing estratégico no Brasil*: teoria e aplicações. São Paulo: Atlas, 2010.
64. KOTLER, P.; ARMSTRONG, G. *Princípios de marketing*. 12. ed. São Paulo: Pearson Prentice Hall, 2007.
65. KOTLER, P.; KELLER, K. L. *Op. cit.*
66. KOTLER, P.; KELLER, K. L. *Op. cit.*
67. AAKER, D.; KUMAR, V.; DAY, G. S. *Pesquisa de marketing*. São Paulo: Atlas, 2004.
68. PORTER, M. E. A análise estrutural de indústrias. *In*: *Estratégia competitiva*. Rio de Janeiro: Campus, 1986.
69. Essas estratégias estão discutidas mais profundamente no Capítulo 2.
70. KOTLER, P.; KELLER, K. L. *Op. cit.*
71. KOTLER, P.; KELLER, K. L. *Op. cit.*
72. URDAN, A. T.; URDAN, F.T. *Op.cit.*
73. SHAPIRO, B.P.; BONOMA, T.V. How to segment industrial marketing. *Harvard Business Review*, v. 62, n.3, p. 110-114, 1984.
74. KOTLER, P.; KELLER, K. L. *Op. cit.*
75. KOTLER, P.; KELLER, K. L. *Op. cit.*
76. KOTLER, P.; KELLER, K. L. *Op. cit.*
77. Fonte: adaptado de FONSECA, M. Sem cartão ou dinheiro: na Evino você compra vinho só "passando o celular". *Exame*, 19 de fev. 2019. Disponível em: https://exame.abril.com.br/pme/como-vender-vinhos-melhores-para-evino-resposta-esta-no-seu-celular/. Acesso em: 13 nov. 2020.
78. COSTA, J. I. P. *Marketing*: noções básicas. Florianópolis: Imprensa Universitária, 1987.
79. AKERLOF, G. A. The market for "lemons": Quality uncertainty and the market mechanism. *In*: *Uncertainty in economics*. New York: Academic Press, 1978. p. 235-251.
80. No Brasil, a quantidade mínima exigida por lei é de 25% (Anvisa: Resolução RDC 264, de 22 de setembro de 2005) e na Europa é de 35%.
81. COCA COLA BRASIL. *Homepage*. [s.d]. Disponível em: https://loja.cocacolabrasil.com.br/moda?O=&page=1&map=c. Acesso em: 13 nov. 2020.
82. Fonte: adaptado de BEDENDO, M. 5 comportamentos do consumidor para 2016. *Exame*, 24 de fev. 2017. Disponível em: http://exame.abril.com.br/rede-de-blogs/branding-consumo-negocios/2015/12/28/5-comportamentos-do-consumidor-para-2016/. Acesso em: 13 nov. 2020.
83. VEILING. *Homepage*. [s.d]. Disponível em: http://www.veiling.com.br/. Acesso em: 13 nov. 2020.
84. B3 BRASIL. BOLSA.BALCÃO. *Commodities*. [s.d]. Disponível em: http://www.b3.com.br/pt_br/produtos-e-servicos/negociacao/commodities/. Acesso em: 11 jan. 2020.
85. Fonte: ECR BRASIL. Homepage. [s.d]. Disponível em: http://www.ecrbrasil.com.br. Acesso em: 11 jan. 2020.
86. ALVAREZ, Francisco Javier S. M. *Trade marketing*: a conquista do consumidor no ponto de venda: Estratégias e aplicações. São Paulo: Saraiva, 2008.
87. Mapa de calor é uma representação do resultado do *eye tracking* em relação à atenção visual da imagem. Quando mais visualizada, ela é representada pela cor vermelha. Quando menos, é representada pela cor verde e quando intermediária, pela amarela. Quando a área não é visualizada, é possível visualizar a imagem original.
88. SECURATO, A. S. *Influência da música, da iluminação e crowding na atenção do consumidor*: um estudo exploratório em ambiente de laboratório de varejo. 2017. 68 f. Dissertação (Mestrado Profissional em Comportamento do Consumidor) – Escola Superior de Propaganda e Marketing, São Paulo, 2017.
89. ABMRA. ASSOCIAÇÃO BRASILEIRA DE MARKETING RURAL E AGRONEGÓCIO. Mostra ABMRA. Disponível em: http://abmra.org.br/mostra-abmra/. Acesso em: 13 nov. 2020.
90. SOCIEDADE NACIONAL DE AGRICULTURA. *SNA homenageia Globo por campanha 'Agro é Tech, Agro é Pop, Agro é Tudo'*. 31 de jan. 2017. Disponível em: http://sna.agr.br/sna-homenageia-globo-por-campanha-agro-e-tech-agro-e-pop-agro-e-tudo/. Acesso em: 13 nov. 2020.
91. AMO ABACATE. *Homepage*. [s.d]. Disponível em: https://amoabacate.com.br/. Acesso em: 11 jan. 2020.
92. YOUTUBE. *Clif Bar: Farmers Speak - Giving Voice to Organic Oats*. 11 de nov. 2014. Disponível em: https://www.youtube.com/watch?time_continue=81&v=YSoq8ZBdU20&feature=emb_logo. Acesso em: 13 nov. 2020.
93. ÚNICA. *Homepage*. [s.d]. Disponível em: http://www.unica.com.br/. Acesso em: 11 jan. 2020.
94. SECRETARIA DE INFRAESTRUTURA E MEIO AMBIENTE. *Etanol verde*. [s.d]. Disponível em: https://www.infraestruturameioambiente.sp.gov.br/etanolverde/. Acesso em: 13 nov. 2020.
95. PROJETO AGORA. *Homepage*. [s.d]. Disponível em: http://www.projetoagora.com.br/. Acesso em: 11 jan. 2020.
96. DESAFIOS MUDANÇAS CLIMÁTICAS. *Homepage*. [s.d]. Disponível em: http://www.desafiomudancasclimaticas.com.br/. Acesso em: 13 nov. 2020.
97. Fonte: Disponível em: https://trends.google.com.br/trends/explore?geo=BR&q=BRAZILIAN%20COFFEE,CAFE%20DE%20COLOMBIA. Acesso em: 13 nov. 2020.
98. O aplicativo é utilizado para outros produtos também. Para mais informações, consulte: https://www.vivino.com/app. VIVINO. *The Vivino App*. [s.d]. Disponível em: https://www.vivino.com/app. Acesso em: 13 nov. 2020.
99. ROGERS, M.; PEPPERS, D. *One to One, B2B, Customer Development Strategies for the Business-to-Business World*. New York: Currency Doubleday, 2001.
100. SPERS, E. E.; HABERLI JUNIOR, C.; ALMEIDA, L. F. CHINI, J. A trilogia do agronegócio: plante produtividade, corte custos e cultive inovação. *Sumários Revista da ESPM*, v. 23, n. 4, p. 94-99, 2017.
101. VALE DO PIRACICABA. *Homepage*. [s.d]. Disponível em: http://www.valedopiracicaba.org/. Acesso em: 13 nov. 2020.

102. FOODVALLEY. *Homepage*. [s.d]. Disponível em: http://www.foodvalley.nl/. Acesso em: 13 nov. 2020.
103. RAIZEN. *Homepage*. Disponível em: https://www.raizen.com.br/. Acesso em: 13 nov. 2020.
104. PULSE. HUB DE INOVAÇÃO. *Homepage*. Disponível em: https://www.pulsehub.com.br/index.html. Acesso em: 13 nov. 2020.
105. PORTAL DA INDÚSTRIA. Notícias. *Expansão da bioeconomia no Brasil depende de regras claras, profissionais qualificados e incentivo à pesquisa*. 23 de out. 2014. Disponível em: http://www.portaldaindustria.com.br/cni/canais/bioeconomia/. Acesso em: 13 nov. 2020.
106. JAWORSKI, B. J.; KOHLI, Ajay K. Market orientation: review, refinement, and roadmap. *Journal of Market-Focused Management*, v. 1, n. 2, p. 119-135, 1996.
107. FILIPPE, M.; BONFIM, M. A reinvenção da comida. *Exame*, 12 de set. de 2019. Disponível em: https://exame.com/revista-exame/a-reinvencao-da-comida/. Acesso em: 13 nov. 2020.
MENDES, L. F. Wessel lança hambúrguer vegetal. Disponível em: https://valor.globo.com/agronegocios/noticia/2020/11/20/wessel-lanca-hamburguer-vegetal.ghtml?GLBID=15b0283c9399346c1798b1ee4691a750d4d395142556d42305a367152676b5075745538734e46623945476a753465314663536a6f6a4b7461544d336a4a396d d766e6b6877536a636f745736f354c414530376f774e6e562d495134324967594a756a6651575f413d3d3a303a75786964776963616c c61646a736472326f746b6a68. Acesso em: 24 nov. 2020.
FILGUEIRA, M. L. Leite plant-based da foodtech NotCo chega aos EUA. Disponível em: https://valor.globo.com/agronegocios/noticia/2020/11/06/leite-plant-based-da-foodtech-notco-chega-aos-eua.ghtml. Acesso em: 24 nov. 2020.

BIBLIOGRAFIA COMPLEMENTAR

BAKER, M. J. (org.) *Administração de marketing*. Rio de Janeiro: Elsevier/Campus, 2005.

CARNEIRO, J. M. T.; SAITO, C. S.; AZEVEDO, H. M.; CARVALHO, L. C. *Formação e administração de preços*. 1. ed. Rio de Janeiro: FGV, 2004.

CZIKOTA, M. R. *Marketing*: as melhores práticas. Porto Alegre: Artmed, 2000. 560p.

ENGEL, J. F.; BLACKWELL, R. D.; MINIARD, P. W. *Comportamento do consumidor*. 8. ed. Rio de Janeiro: LTC, 1995. 641p.

HAWKINS, D. I.; MOTHERSBAUCH, D. L.; BEST, R. J. *Comportamento do consumidor*: construindo estratégia de marketing. Rio de Janeiro: Campus, 2007. 507p.

KOTLER, P. *Administração de marketing*. 10. ed. São Paulo: Prentice Hall, 2004.

KOTLER, P. *Administração de marketing*. 5. ed. São Paulo: Prentice Hall, 2000.

KOTLER, P.; ARMSTRONG, G. *Princípios de marketing*. São Paulo: Prentice Hall, 2003.

LEVITT, T. *A imaginação de marketing*. 2. ed. São Paulo: Atlas, 1990.

MADRUGA, R.; CHI, B. T.; SIMÕES, M. L. C.; TEIXEIRA, R. F. *Administração de marketing no mundo contemporâneo*. Rio de Janeiro: Fundação Getulio Vargas, 2004.

MARTINELLI, D. P.; SPERS, E. E.; COSTA, A. F. *Ypióca: introduzindo uma bebida genuinamente brasileira no mercado global*. CONGRESSO ANUAL DO PENSA, 2000. Anais... São Paulo, 2000.

PORTER, M. E. *Estratégias competitivas*: técnicas para análise de indústrias e da concorrência. 7. ed. Rio de Janeiro: Campus, 1991. 401p.

QUANTIZ. *Preços*: uma visão estratégica. Disponível em: http://www.quantiz.com.br/artigos/precos_uma_visao_estrategica.pdf. Acesso em: 19 fev. 2011.

ROCHA, A; FERREIRA, J. B; SILVA, J. F. *Administração de marketing*. 1. ed. São Paulo: Atlas, 2012. 680 p.

SCARE, R. F.; ZYLBERSZTAJN, D. *Gestão da qualidade no agronegócio*. São Paulo: Atlas, 2006.

ZYLBERSZTAJN, D.; SPERS, E. E.; CUNHA, C. F. *Expansão do conceito de sustentabilidade na cadeia de valor*: estudo de caso Carrefour. Fundação Instituto de Administração. São Paulo: USP, 2008.

5 LOGÍSTICA AGROINDUSTRIAL

Reinaldo Morabito
Ana Paula Iannoni

Neste capítulo, a logística é apresentada como uma gestão coordenada do fluxo de produtos (bens e serviços) e informação relacionada, entre centros produtores e centros consumidores (mercados). Diversas atividades devem ser consideradas nessa gestão coordenada, entre elas, o nível de serviço ao cliente, o processamento de pedidos e o transporte e a estocagem de produtos. O enfoque do capítulo é nas decisões logísticas de uma empresa (com seus canais adjacentes de suprimento e distribuição), em particular, na logística de produtos agroindustriais, embora a maior parte da discussão também seja válida para a logística de outros bens físicos e para a logística de serviços. Este capítulo também tem como objetivo discutir decisões logísticas considerando particularidades dos contextos agroindustriais e, em alguns casos, apoiadas por métodos quantitativos que podem contribuir para o projeto de sistemas logísticos eficientes e competitivos.

Ao final do capítulo, o leitor deverá ser capaz de:

- Conhecer os objetivos da gestão logística de uma empresa.
- Compreender a importância do nível de serviço ao cliente, sua relação com as vendas e custos logísticos.
- Caracterizar os sistemas de processamento de pedidos e sistemas de informações logísticas.
- Conhecer as principais decisões na gestão de transportes em termos dos diferentes modais e a relação com as especificidades dos produtos transportados e custos de transporte.
- Caracterizar aspectos básicos de gestão de estoques e armazenagem, considerando as particularidades dos produtos agroindustriais.

5.1 INTRODUÇÃO

Uma das origens do termo *logística* deriva da palavra grega *logistikos* (relativo ao cálculo, raciocínio) e da palavra francesa *logistique*, utilizada pela primeira vez em contextos militares para referenciar as operações que permitem o aprovisionamento de tropas militares com suprimentos, armamentos, alojamento, transporte, materiais de urgência médica e rotas de combate e de evacuação.[i] Em organizações civis, a logística refere-se ao planejamento e controle da movimentação e estocagem de produtos (bens e serviços) e pessoas, nos setores público e privado. Exemplos de logística de produtos e serviços ocorrem na colheita e transporte de produtos agrícolas das plantações até as agroindústrias, suprimento de matérias-primas e componentes em linhas de produção em manufaturas, na distribuição de bens a partir de centros de distribuição e armazéns, no abastecimento de mercadorias em gôndolas de supermercados, nos serviços de atendimento emergencial, entrega de correspondência postal e coleta de lixo em centros urbanos, na provisão de sangue em bancos de sangue de hospitais e dinheiro em caixas eletrônicos de bancos, entre muitos outros.

Neste capítulo, estudamos a logística como uma gestão coordenada do fluxo de produtos (bens e serviços) e informação relacionada, entre centros produtores e centros consumidores (mercados). Produtos que os consumidores desejam nem sempre são produzidos "onde" os consumidores precisam consumi-los. Similarmente, produtos que os consumidores desejam nem sempre estão disponíveis "no momento" em que os consumidores precisam consumi-los. Diversas atividades devem ser consideradas nessa gestão coordenada, em particular, o nível de serviço ao cliente, o processamento de pedidos (do cliente), e o transporte e a estocagem de produtos. Essas atividades, denominadas atividades chaves, respondem pela maior parte do custo logístico. Devido a limitações de espaço, métodos quantitativos de pesquisa operacional[ii] para apoiar decisões em problemas envolvidos nessas atividades, tais como previsão de demanda, controle de estoques e *layout* de armazéns, localização de instalações, dimensionamento de frotas, roteirização e programação de veículos, entre outros, apesar de importantes para a implementação dessas atividades, são mencionados e referenciados, mas não são estudados neste capítulo.

As atividades logísticas fazem a ligação entre os centros de produção e os mercados, em geral separados pela distância e pelo tempo (Figura 5.1), de modo que os consumidores tenham bens e serviços onde e quando quiserem, e nas condições desejadas. *Grosso modo*, os quatro tipos de valor de um produto, desde o início de sua produção até o seu consumo, são: (i) forma (obtido com produção), (ii) lugar (obtido com transporte), (iii) tempo (obtido com estocagem) e (iv) posse (obtido com marketing e vendas). O valor adquirido por meio da função logística é expresso principalmente em termos de lugar e tempo, pois, para ter valor ao cliente, o produto deve estar disponível onde e quando o cliente deseje consumi-lo. Dizemos que o transporte agrega valor de lugar ao produto, enquanto a estocagem agrega valor de tempo. A logística permite que certas regiões se especializem em produzir mais eficientemente certos tipos de produtos, que depois são economicamente transportados, estocados e vendidos em outras regiões. Por exemplo, um vinho de alta qualidade produzido no sul do Brasil pode ser consumido em outras regiões do país, incapazes de produzir vinhos de mesma qualidade e em forma economicamente viável. As decisões logísticas asseguram também, por meio de transporte e estocagem adequados, que o produto não se deteriore até o destino do cliente.

A crescente globalização da economia apoia-se em sistemas logísticos bem desenvolvidos e econômicos, que permitem que os custos de comercializar produtos em regiões distantes sejam cada vez mais competitivos. Sistemas logísticos eficientes permitem que produtos, como, por exemplo, a banana produzida na Costa Rica ou o leite produzido no estado de Indiana nos EUA, com qualidade e baixos custos de produção, sejam competitivos para comercialização em regiões relativamente distantes, como a costa leste americana.[1] Dessa forma, baixos custos logísticos são um fator chave para estimular o comércio entre diferentes regiões, uma vez que diferenças nos custos de produção podem compensar ou não os custos logísticos necessários para o transporte entre as regiões.[2]

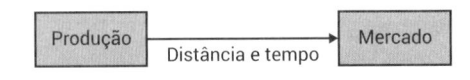

Figura 5.1 Centros produtores e centros consumidores separados pela distância e pelo tempo.[3]

---

i Para mais detalhes, visite, por exemplo: https://www.larousse.fr/dictionnaires/francais/logistique/47678?q=logistique#47598. Acesso em: 13 nov. 2020.

ii A pesquisa operacional é a ciência e tecnologia de tomada de decisões, em geral preocupada com a alocação eficiente de recursos escassos; veja, por exemplo, SHAPIRO, J. *Modeling the supply chain*. Duxbury, 2001; ARENALES, M.; ARMENTANO, V.; MORABITO, R.; YANASSE, H. Pesquisa operacional. 2. ed. Rio de Janeiro: Elsevier, 2015.

Na Antiguidade, quando os sistemas logísticos não existiam ou eram pouco desenvolvidos, os consumidores ficavam limitados a consumir apenas os produtos que eram capazes de carregar e os produtos (perecíveis) que podiam ser guardados por curtos períodos de tempo (por exemplo, carnes deviam ser consumidas rapidamente ou sofrer algum processo de secagem e/ou serem salgadas para serem conservadas). Essas limitações forçaram as pessoas a viverem perto das fontes de produção e consumirem poucos produtos (considere, por exemplo, o caso de uma aldeia de índios). Hoje, com o desenvolvimento de sistemas logísticos eficientes, as restrições com relação às atuações das operações logísticas para gerar valor são mais econômicas (custo) do que tecnológicas. Podem-se utilizar meios de transporte mais rápidos para garantir entregas rápidas, assim como se podem instalar depósitos intermediários mais próximos dos clientes. Para facilitar o processamento dos pedidos, podem-se utilizar sistemas de informações mais eficientes entre a empresa cliente e a operação logística do fornecedor. No entanto, esse esforço pode ser oneroso, e o desafio dos gerentes de logística é buscar um equilíbrio entre as prioridades do nível de serviço ao cliente e o custo logístico. Em geral, a logística é responsável por uma porção significativa do custo final dos produtos, superada apenas pelos custos com matérias-primas e de produção. O Brasil ainda apresenta um grande déficit de infraestrutura logística, o que em parte compromete seu desenvolvimento econômico como um todo.[4]

5.1.1 Definição e objetivos da logística

A logística é responsável pelo planejamento e controle do fluxo e armazenagem de bens, serviços e da informação relacionada, desde a obtenção da matéria-prima até a distribuição do produto final da empresa, de forma adequada às necessidades dos clientes.[iii] Pragmaticamente, a missão do gerente de logística é colocar os bens ou serviços certos, no lugar certo, no tempo certo e na condição e forma desejadas pelo cliente, com o menor custo possível (ou da maneira mais lucrativa possível). As operações logísticas atuam antes do processo de produção (suprimento de matérias-primas), durante o processo de produção (movimentação de materiais entre estações de trabalho, controle e movimentação de produtos nos estoques, informações sobre a chegada ou saída de produtos etc.) e após o processo de produção (distribuição do produto final e suporte ao cliente após a venda). Profissionais de logística precisam decidir como e onde matérias-primas, produtos semiacabados e produtos finais devem ser adquiridos, movimentados e estocados.

Note que a logística não é específica de empresas privadas e públicas de bens físicos, pois suas operações e a importância do seu desempenho se estendem também a empresas de serviços, que são de grande importância para a economia. O enfoque deste capítulo é na logística de bens físicos em agroindústrias, embora a maior parte da discussão também seja válida para logística de serviços no setor agroindustrial. Um objetivo típico da logística é minimizar os custos logísticos necessários para fornecer um dado nível de serviço ao cliente (*targeted customer service level*). Por exemplo, como planejar e operar um sistema de engarrafamento e armazenagem de bebidas à base de frutas, tal que 80% dos pedidos sejam atendidos em menos de quatro dias, e o custo desse sistema seja mínimo. Ou como planejar e operar um sistema de entrega de alimentos (por exemplo, pizzas, lanches, comida pronta etc.) em domicílio, tal que esses sejam entregues em menos de 20 minutos e o custo de entrega seja mínimo. Esse nível de serviço é comumente definido em função da estratégia corporativa da empresa ou organização.

As atividades logísticas podem, assim, proporcionar vantagens competitivas, uma vez que adicionam valor ao produto. No exemplo de entrega de alimentos citado, o produto passa a ser "alimento entregue em domicílio em menos de 20 minutos". Assim, a logística, anteriormente identificada como a última fronteira para redução de custos, passa a se posicionar também como um importante diferencial competitivo, percebida, cada vez mais, como um elemento central para a melhoria na prestação de serviços aos clientes e consumidores finais. A vantagem competitiva pode ser entendida como a capacidade da empresa de diferenciar-se de seus concorrentes de forma a ser reconhecida pelos clientes. Essa diferenciação pode ser alcançada com o melhor desempenho das atividades logísticas.

5.1.2 Canais de suprimento e distribuição

Podemos dividir as operações logísticas de uma empresa em três áreas: (i) suprimento, (ii) apoio à produção e (iii) distribuição física:[5]

(i) **Suprimento:** suas atividades estão relacionadas com a obtenção de um sortimento desejado de materiais e matérias-primas onde e quando necessários. Entre as principais atividades estão: localização de

---

iii Visite CSCMP – Council of Supply Chain Management Professionals. Disponível em: http://www.cscmp.com. Acesso em: 13 nov. 2020.

fontes de suprimento, negociação com fornecedores, confecção de pedidos, transporte, armazenagem, manuseio e gerenciamento de estoques.

(ii) **Apoio à produção:** são atividades relacionadas com o planejamento, a programação e o apoio às operações de produção. Essas atividades concentram-se no gerenciamento de estoque em processo e na movimentação de produtos à medida que esses fluem entre as fases de fabricação.

(iii) **Distribuição física:** engloba as atividades relacionadas com a movimentação de produtos acabados ao cliente (serviço ao cliente). As principais atividades da distribuição física podem ser: recebimento e processamento de pedidos, gerenciamento de estoques, armazenagem, transporte, manuseio de materiais, embalagem, entre outras.

Enquanto a distribuição física trata da saída de produtos da empresa para os clientes, o suprimento engloba as operações de entrada de materiais e produtos dos fornecedores para a empresa. O fluxo de informações segue em paralelo e deve estar integrado às áreas (i), (ii) e (iii) mencionadas. Como em cada área existem necessidades diferentes de movimentação de materiais e produtos, disponibilidade de estoque e condições para o atendimento dos pedidos, as informações devem ser compartilhadas de forma a reduzir as diferenças e facilitar a coordenação do planejamento e controle das operações que envolvem essas três áreas.

A Figura 5.2 ilustra as atividades típicas que integram suprimento, apoio à produção e distribuição física de uma empresa. O canal de suprimento faz a ligação entre as fontes adjacentes de materiais para a empresa, e refere-se aos fornecedores ("produção") e aos locais de produção da empresa ("mercado") separados por distância e tempo. O canal de distribuição física consiste no movimento dos produtos acabados da empresa para seus clientes, e refere-se aos locais de produção de empresa ("produção") e aos clientes ("mercado") separados por distância e tempo (conforme diagrama da Figura 5.1). No caso de distribuição de alimentos e outros bens de consumo não duráveis, as empresas podem adotar uma estrutura multicanal. Por exemplo, consumidores podem comprar produtos em grandes varejistas (por exemplo, Carrefour, Extra/Pão de Açúcar, Walmart), que adquirem os produtos diretamente do fabricante ou em lojas de varejo menores (supermercados, mercearias, padarias), após passar por elos intermediários desde o fabricante (atacadistas, distribuidores). Outro exemplo de estrutura multicanal aparece na distribuição física de sementes de milho (variedade e híbridos), em que clientes adquirem esses produtos diretamente dos produtores ou por meio de atacadistas e varejistas.[6]

5.1.3 Cadeias de suprimentos[iv]

As atividades logísticas de sistemas agroindustriais em geral aparecem ao longo de um longo e complexo canal (ou cadeia), onde matérias-primas são supridas para centros produtivos, para serem convertidas em produtos semiacabados e produtos acabados, que depois são distribuídos para os centros de consumo (mercados). Em outras palavras, eliminando-se da Figura 5.2 o referencial na produção de uma empresa e estendendo-se a análise para os limites extremos do canal de produção e

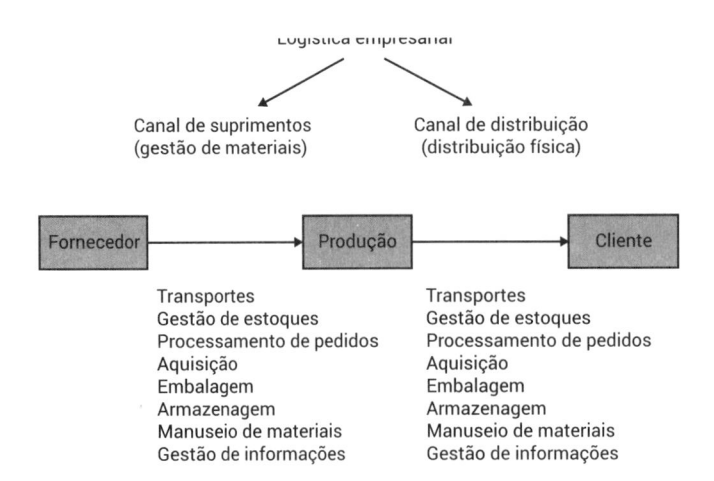

Figura 5.2 Canais de suprimentos e distribuição.[7]

---

iv Sobre esse assunto, ver também o Capítulo 3.

distribuição, temos o conceito de cadeia de suprimentos (*supply chain*), que é um sistema logístico complexo em que matérias-primas são convertidas em produtos intermediários e produtos finais, aos quais se agrega valor até serem distribuídos para usuários finais (empresas ou consumidores).[8,v]

Uma cadeia típica envolve vários estágios (elos). Note que até o produto chegar no mercado, passando por esses diferentes componentes da cadeia, as atividades logísticas podem ser repetidas várias vezes. A cadeia de suprimentos é dita integrada verticalmente se todas as instalações da cadeia pertencem a uma empresa. Cadeias totalmente integradas verticalmente são mais raras; em geral, tem-se a cadeia operada por diversas empresas independentes. Normalmente, a empresa procura controlar seus canais físico e de informação imediatos (para suprimento e distribuição). Exemplo de empresas semi-integradas ou integradas verticalmente são usinas de cana-de-açúcar, indústrias produtoras de suco de laranja, indústrias de processamento de tomates, torrefadores de café e fábricas de papel, que detêm as fazendas produtoras de matéria-prima e a fabricação dos produtos finais (açúcar e derivados, sucos e derivados, molhos de tomate etc.) e são responsáveis pelas decisões de logística das fazendas à indústria, e das indústrias às indústrias consumidoras ou diretamente ao atacado e varejo.[9]

Autores definem cadeia de suprimento como uma rede de organizações, por meio da ligação dos diferentes processos e atividades que produzem valor na forma de produtos e serviços que são entregues ao consumidor final.[10] A gestão da cadeia de suprimento é um conjunto de abordagens utilizadas para integrar eficientemente fornecedores, fabricantes, depósitos e armazéns, de forma que a mercadoria seja produzida e distribuída na quantidade certa, para a localização certa e no tempo certo, de forma a minimizar os custos globais do sistema ao mesmo tempo em que atinge o nível de serviço desejado.[11] Dessa forma, um fabricante de camisas de algodão é parte de uma cadeia que se estende para trás (montante da cadeia), por exemplo, para o tecelão e para o fabricante de fibras, e para frente (jusante da cadeia), por meio de distribuidores, atacadistas e varejistas, até o consumidor final. A Figura 5.3 mostra o escopo da cadeia de suprimento de uma empresa. Note que, além dos fornecedores e clientes imediatos da empresa, essa cadeia inclui os fornecedores dos fornecedores imediatos e os clientes dos clientes imediatos, e assim por diante, até chegar-se às fontes de matéria-prima e aos consumidores finais. A sinergia entre os elos de uma cadeia de suprimentos é baseada na eficiência dos fluxos de informação, produtos, serviços, finanças e conhecimento, em dois sentidos (montante e jusante) ao longo da cadeia.[12]

A Figura 5.4 apresenta um exemplo da cadeia de suprimento de uma empresa de laticínios fabricante de iogurte. Clientes (consumidores finais) realizam suas compras de iogurte em lojas varejistas, que abastecem suas prateleiras usando o estoque de um depósito mantido pelo fabricante, ou por um distribuidor (atacadista ou varejista). Esse depósito intermediário é abastecido pela fábrica de iogurte, que, por sua vez, recebe matérias-primas (leite, açúcar, conservantes, extratos de frutas, embalagens etc.) de sua rede de fornecedores, que são clientes de outros tipos de fábricas ou fornecedores (por exemplo, usinas de açúcar são clientes de fazendas de cana-de-açúcar, que muitas vezes pertencem à mesma empresa).

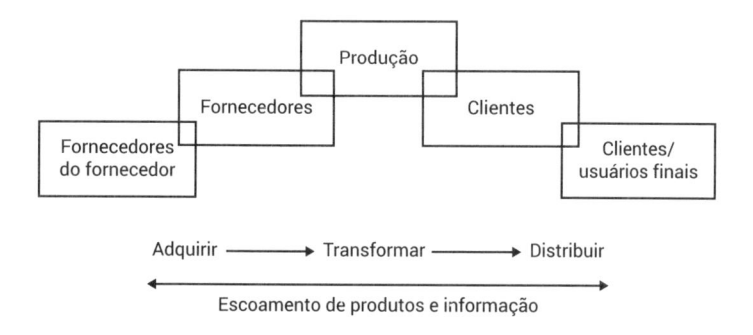

Figura 5.3 Escopo da cadeia de suprimento moderna.[13]

---

v O Capítulo 3 realiza uma discussão aprofundada sobre questões ligadas às cadeias agroindustriais de suprimentos que vão além dos aspectos logísticos.

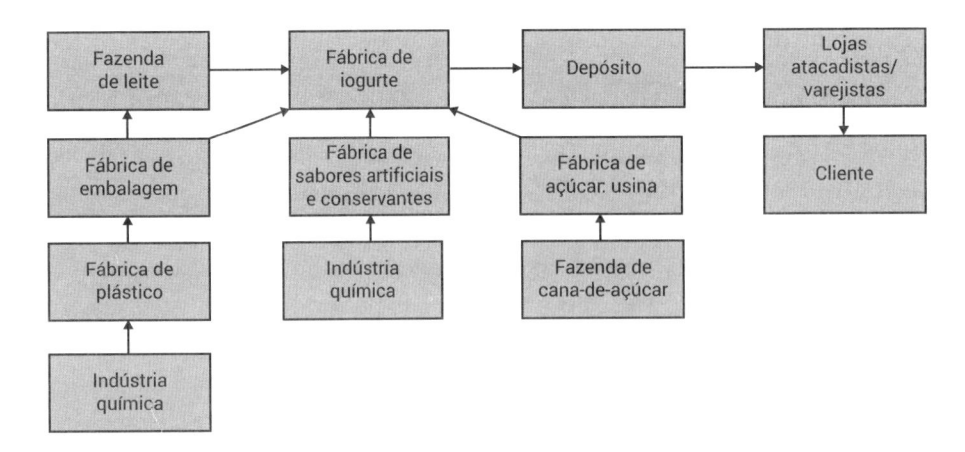

Figura 5.4 Cadeia de suprimentos de um fabricante de iogurte.

5.2 GERENCIAMENTO DA LOGÍSTICA

O enfoque deste capítulo é nas decisões logísticas de uma empresa do setor agroindustrial com seus canais adjacentes de suprimento e distribuição, em lugar de toda cadeia de suprimentos em que ela esteja envolvida. O gerenciamento logístico implica a tomada de diversas decisões relacionadas ao fluxo de produtos e de informações.

5.2.1 Projeto da rede logística

O planejamento da rede logística implica definir como os produtos devem fluir desde seus pontos de origem (fontes de matéria-prima, fábricas e depósitos) até seus locais de destino (depósitos, varejistas, lojas, clientes). O objetivo desse planejamento é proporcionar a disponibilidade do produto ao cliente com base no nível de serviço estabelecido, e ao mesmo tempo buscar o equilíbrio entre os custos envolvidos de capital, transporte, estocagem, processamento de pedidos, entre outros. Podem-se minimizar custos logísticos, por exemplo, reduzindo os custos variáveis de transporte e estocagem ao utilizar modais de transportes e alternativas de armazenagem mais econômicos. O nível de serviço oferecido ao cliente afeta o projeto da rede logística. Por exemplo, baixos níveis de serviço permitem estoques centralizados em poucos locais, e utilização de serviços de transporte econômicos, enquanto altos níveis de serviço requerem o oposto.

Essas análises devem levar em conta três problemas principais: (i) localização das instalações, (ii) planos de estocagem e (iii) planos de transporte.

(i) **Localização das instalações:** a definição de número, tamanho e localização das instalações determina os caminhos pelos quais os produtos chegam até os consumidores. Estabelecer que produtos cheguem até seus clientes (i) diretamente das fábricas, (ii) por meio de armazéns ou (iii) de *crossdockings* afeta os custos de distribuição. *Crossdocking* é uma instalação de transbordo em que cargas fracionadas chegando de diversos clientes são classificadas e consolidadas com outros produtos, e transferidas para veículos de despacho sem estocagem intermediária.[vi] Em geral, os carregamentos permanecem apenas algumas horas na instalação. O uso de armazenagem centralizada (um único armazém abastece todo mercado) *versus* descentralizada (o mercado é dividido em regiões, cada uma abastecida por um armazém menor) também afeta os custos de distribuição. Outras questões de localização de instalações são: quais fábricas devem suprir quais armazéns, e quais produtos devem ser entregues via fábrica ou via armazém. Para um dado nível de serviço fixado, encontrar a solução de custo mínimo (ou de máxima contribuição ao lucro) é a essência da localização de instalações.

(ii) **Planos de estocagem:** refere-se à maneira como os níveis de estoque são gerenciados. Empurrar estoques (*push*) para dentro do sistema de armazenagem *versus* puxar estoques (*pull*) de dentro do sistema de estocagem, por meio da monitoração dos níveis de estoque, representam duas estratégias. Outras são selecionar a localização de produtos nas fábricas,

---

vi Um exemplo de sucesso da aplicação da estratégia de distribuição *crossdocking* ocorre na rede logística da Walmart; veja, por exemplo, SIMCHI-SIMCHI-LEVI, D.; KAMINSKY, P.; SIMCHI-LEVI, E. C*adeia de suprimentos*: projeto e gestão. Porto Alegre: Bookman, 2003.

armazéns regionais, ou gerir níveis de estoque por meio dos métodos de controle de estoques. Exemplos de questões são: qual giro (*turnover*) manter, quais produtos manter em cada armazém, quanto manter de estoque de cada produto.

(iii) **Planos de transporte:** consolidação de carga é uma das forças econômicas mais importantes em logística – a ideia é obter vantagens de economias de escala no transporte ao consolidar pequenas cargas em cargas maiores. Exemplos de questões são: quais clientes servir a partir de quais armazéns, quais tipos de veículos devem ser utilizados para cada cliente, quais modais de transporte devem ser utilizados.

Modelos e métodos quantitativos de apoio à decisão: autores têm sugerido que gerentes e analistas logísticos precisam, cada vez mais, tanto de habilidades qualitativas quanto quantitativas para obter desempenho superior em redes logísticas.[14] Existe uma vasta literatura de modelos e métodos de solução quantitativos, baseados nas técnicas de pesquisa operacional, que podem ser utilizados para apoiar as decisões no projeto de redes logísticas, em particular, na localização de instalações,[15] nos planos de estocagem e nos planos de transportes.[16] Descrições e revisões mais detalhadas de modelos de redes logísticas também podem ser encontradas na literatura.[17] Exemplos em localização de instalações incluem: problemas de cobertura (da demanda do cliente), problemas de localização do tipo *p*-medianas, *p*-centros e outros considerando restrições de capacidade das instalações, único ou múltiplos tipos de produtos fluindo na rede, único ou múltiplos tipos de instalações (por exemplo, fábricas, centros de distribuição central e regionais), demanda do cliente podendo ser atendida de única ou múltiplas instalações etc. O Boxe 5.1 o apresenta um exemplo de problema de localização em agroindústrias canavieiras. Exemplos de problemas em planos de transporte e estocagem são citados nas seções 5.5 e 5.6.

Alguns autores sugerem orientações adicionais para o projeto da rede logística, baseadas em: (i) distribuição diferenciada, (ii) estratégia de adiamento, (iii) consolidação de carga e (iv) padronização de produtos.[19]

(i) **Distribuição diferenciada:** a distribuição diferenciada considera que nem todos os produtos da empresa precisam ter o mesmo nível de serviço ao cliente, motivada por necessidades diferentes de serviço ao cliente, características diferentes dos produtos e níveis de vendas diferentes dos produtos (em função dos diferentes estágios nos seus ciclos de vida). Pode-se diferenciar a distribuição dos produtos por meio da curva ABC (curva 80-20);[vii] por exemplo, apenas 20% dos produtos da empresa que geram (*grosso modo*) 80% do faturamento em

---

BOXE 5.1 Problema de localização de oficinas de reparo mecânico emergencial de máquinas agrícolas e colhedeiras nas frentes de colheita de cana-de-açúcar

Em usinas que produzem açúcar e álcool, um dos principais problemas de operação é assegurar o suprimento adequado de matéria-prima (cana-de-açúcar) ao processo industrial. Problemas nesse suprimento podem gerar altos custos de parada das moendas das usinas, entre outros equipamentos e recursos. A cana-de-açúcar medida pelo seu teor de sacarose tem também alta perecibilidade, e uma vez cortada não pode esperar no campo, caso haja problemas com os equipamentos de transporte. Assim, as operações no campo como cultivo, corte, carregamento e transporte de matéria-prima devem ocorrer de forma planejada e com os menores tempos de interrupção possíveis. No entanto, várias interrupções imprevistas ocorrem devido a, por exemplo, condições de clima e, principalmente, quebra de máquinas, equipamentos e veículos no campo. Dessa forma, torna-se necessário que oficinas de reparo mecânico estejam localizadas próximo às frentes de corte dos talhões das fazendas, dado que em geral essas ficam longe das moendas das usinas. Essas equipes de reparo emergencial (em certos casos, estão posicionadas em "caminhões oficina") devem atuar de forma a minimizar os tempos de reparo das máquinas e equipamentos das frentes de corte e, em consequência, também os tempos de interrupções e custos envolvidos. Assim, modelos utilizando teoria de filas espacialmente distribuídas que considerem as principais incertezas temporais e geográficas desses sistemas podem ser usados como modelos de localização descritivos, ou associados a modelos de otimização prescritivos para determinar o número e as melhores alternativas de localização dessas oficinas. Devem ser consideradas também as prioridades envolvidas, pois uma máquina colhedeira de grande porte pode ter prioridade de reparo quando há outros tipos de equipamentos também em espera quebrados, e nem todas as oficinas podem reparar certos equipamentos. Outra situação similar ao reparo mecânico emergencial é o reparo emergencial de pneus (com equipes posicionadas em "caminhões borracheiro"), que também aparece em usinas de açúcar e álcool de certo porte, e que também pode ser analisada por meio de teoria de filas espacialmente distribuídas ou simulação.[18]

---

vii Também chamada curva de Pareto, nome devido a Vilfredo Pareto, que em 1897, na Itália, mostrou que 80% da receita estava com apenas 20% da população.

vendas teriam vasta distribuição geográfica ao longo de muitos armazéns, com altos níveis de disponibilidade de estoque.

(iii) **Estratégia de adiamento:** a ideia é adiar a proliferação de um produto final específico no canal de distribuição, para reduzir o nível de estoques e a possibilidade de estoques obsoletos. Por exemplo, comerciantes de tintas criam uma infinidade de cores por meio de mistura de pigmentos de relativamente poucas cores bases estocadas, em vez de estocarem todas as cores misturadas. Fábricas de suco de laranja produzem uma diversidade de sucos concentrados por meio da mistura (blendagem) de relativamente poucas bases de suco. O Boxe 5.2 descreve um exemplo de gerenciamento de estoque desse caso. Outro exemplo aparece em empresas que pescam, processam e comercializam atum, mas adiam os processos de embalagem (em latas) e etiquetagem dos produtos em função da demanda.[20]

(iv) **Consolidação de carga:** pequenas cargas que devem ser transportadas por longas distâncias são consolidadas, de maneira a transportar grandes cargas por longas distâncias. Pode ocorrer também a consolidação de tempo, quando a programação de vários pequenos carregamentos é ajustada (adiantada ou atrasada), de maneira a criar um grande carregamento, em vez de vários pequenos carregamentos. Por exemplo, ao chegarem ao centro de distribuição, pedidos de clientes são combinados com outros pedidos anteriores, para aumentar a carga média e reduzir os custos de transporte por unidade.

(v) **Padronização de produtos:** a padronização considera que a proliferação da variedade de produtos aumenta os estoques e diminui o tamanho das cargas. A questão é como oferecer variedade no mercado (que os clientes desejam) sem aumentar significativamente os custos logísticos. Por exemplo, confecções de roupas, em vez de estocar todos os tamanhos exatos que os clientes necessitam, estocam apenas tamanhos padronizados e fazem ajustes para atender os clientes. Outro exemplo é o tamanho de embalagens de produtos enlatados e bebidas que são oferecidas no mercado em determinados tamanhos padronizados.

Em termos de serviço logístico, o ideal seria, por exemplo, instalar depósitos e centros de distribuição próximos a todos os seus clientes, e utilizar os meios de transporte mais rápidos e em número suficiente para que estejam sempre prontos para realizar uma entrega. No entanto, a obtenção simultânea de grande disponibilidade, confiabilidade e desempenho operacional implica aumento de custos das operações logísticas. Por exemplo, consolidar cargas menores em uma única carga maior, ou aumentar o número de depósitos próximos aos clientes e fábricas, são decisões que podem reduzir os custos de transporte. No entanto, essas decisões podem ao mesmo tempo aumentar substancialmente os custos de estoque e processamento de pedidos.

BOXE 5.2 Problema de gerenciamento de estoque de produtos semiacabados em indústrias cítricas (estratégia de adiamento)

Em fábricas de suco concentrado congelado de laranja, deve-se planejar a produção, a colheita e o transporte de laranjas de diversas variedades, que normalmente não podem ser colhidas no mesmo tempo e são sujeitas à sazonalidade. Esse planejamento no suprimento deve estar coordenado com os processos industriais para produção de sucos concentrados dessas variedades, chamados bases (produtos semiacabados), que serão posteriormente misturados (em processos de blendagem) para produção de um suco concentrado congelado como produto final e com certas especificações de *ratio* (açúcares/acidez). Note que a sazonalidade da matéria-prima é contrastada com a demanda relativamente constante dos produtos finais, e esse sistema é complexo e envolve importantes incertezas. Empresas desse setor procuram gerenciar adequadamente o estoque de bases de suco ao longo da safra de maneira a atender satisfatoriamente a demanda. Em alguns casos, dependendo do local da demanda (por exemplo, em outros estados, países ou continentes), o estoque de bases pode ser reposicionado próximo aos pontos de demanda, para reduzir custos logísticos e melhorar o nível de serviço no atendimento da demanda. Nesses casos, os processos de blendagem das bases para produção dos produtos finais são postergados (estratégia de adiamento), para serem realizados somente quando estiverem próximos aos clientes. Além disso, quando clientes requerem que seus produtos sejam entregues em tambores, os produtos são transportados a granel e são colocados em tambores somente quando estiverem próximo dos clientes (outra estratégia de adiamento), para reduzir custos logísticos de transporte. Modelos de programação matemática baseados em otimização robusta podem ser utilizados para apoiar decisões nesses planejamentos da produção e logístico, como produção, transporte e estocagem de bases de suco, e produção (via mistura de bases), transporte e estocagem de produtos finais, considerando o planejamento de colheita, as restrições de capacidade de produção, transporte e estocagem, a curva de maturação das frutas e as medidas de *ratio* (açúcares/acidez) que determinam a qualidade do suco.[21]

***Trade-offs* envolvidos:** a análise do *trade-off* (balanceamento, compromisso ou compensação) entre os custos das diferentes atividades logísticas, em função do nível de serviço, nos leva ao conceito de custo total. Essa análise indica que os padrões de custos das atividades logísticas às vezes as colocam em conflito. Dessa forma, o gerenciamento logístico adequado visa buscar o equilíbrio das diferentes atividades logísticas, de forma que possam ser otimizadas em conjunto. Entender os conflitos de custos no sistema logístico é essencial para o projeto da rede logística. A Figura 5.5 mostra exemplos de relações entre os diferentes custos das atividades logísticas, o nível de serviço e o custo total.

A Figura 5.5(a) mostra o *trade-off* entre os custos logísticos e o nível de serviço oferecido. Quando o nível de serviço ao cliente melhora, o número de vendas perdidas diminui, pois há maior comprometimento em disponibilizar o produto de forma rápida ao cliente, com maior flexibilidade, confiabilidade e conformidade. O melhor desempenho dessas competências implica maiores custos de transporte (por exemplo, resposta mais rápida implica transporte mais rápido e confiável), maiores custos de estoque e maiores custos de processamento de pedido (por exemplo, maior precisão e rapidez são necessárias). Já a Figura 5.5(b) mostra o conflito entre o nível médio de estoque e os custos de manutenção desse estoque e de vendas perdidas. Níveis mais elevados de estoque reduzem o custo de vendas perdidas devido à maior flexibilidade de tempo e lugar, e aumento da disponibilidade do produto ao cliente, mas aumentam o custo de manutenção dos estoques.

Na Figura 5.5(c), tem-se a relação dos custos de transporte e de estocagem com o modal de transporte utilizado no sistema. Quando a decisão é escolher um serviço de transporte, e apenas os custos de transporte e estocagem estão sendo analisados, a escolha de um serviço que oferece menores taxas de frete (por exemplo, transporte ferroviário) resulta em redução dos custos de transporte. No entanto, essa opção implica maiores custos de estoque, pois, como o transporte é mais lento, é preciso manter níveis de estoque maiores nos pontos de venda para garantir o mesmo nível de serviço ao cliente. Por outro lado, a opção por um modal de transporte bem mais rápido (por exemplo, transporte aéreo) pode também não ser o ideal, dado que, apesar de os custos relacionados com a estocagem diminuírem, os custos de transporte podem aumentar substancialmente. Por fim, a Figura 5.5(d) apresenta a relação entre o número de pontos de estocagem e os custos de transporte e estocagem e o nível de serviço. O aumento de pontos de estoques

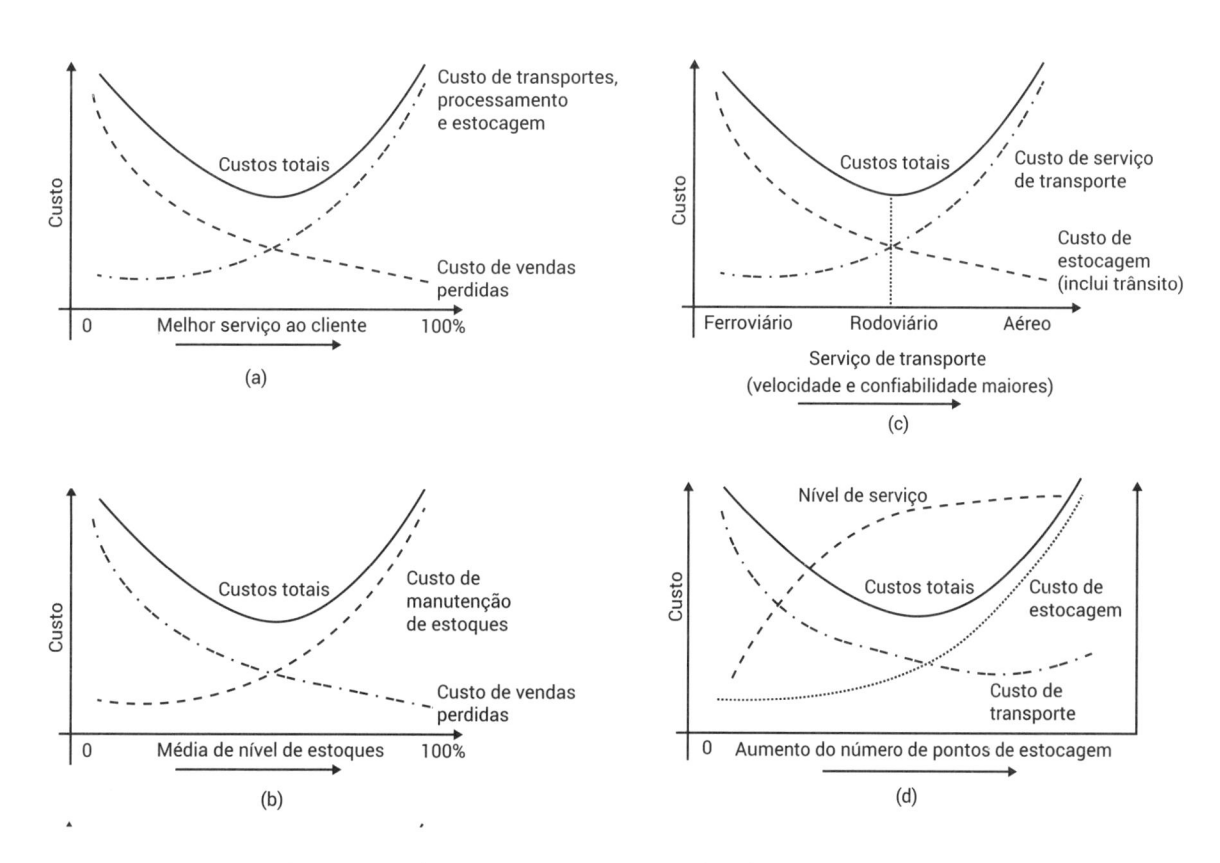

Figura 5.5 Algumas compensações das decisões logísticas.[22,23]

implica o aumento dos custos de estocagem devido ao aumento dos custos fixos e dos custos dos estoques de segurança, agora mais dispersos. Por outro lado, mais pontos de estoque reduzem os custos de transporte, pois o transporte é feito da fábrica para os pontos de estoque explorando economias de escala, em vez de transporte de pequenas cargas com grandes distâncias diretamente para os clientes.

Outras análises de *trade-off* podem ser importantes para o gerenciamento logístico. Por exemplo, ao definir o tamanho dos lotes de produção, é necessário analisar a relação entre os custos de produção e os custos de estocagem. Esse é um problema típico de indústrias de bebidas e nutrição animal, em que decisões do tamanho e sequenciamento dos lotes de produção causam impactos importantes na utilização da capacidade produtiva das linhas de produção e nos níveis de estoque dos produtos nos sistemas de armazenagem.[24,25] O Boxe 5.3 ilustra um caso na produção de bebidas.

5.2.2 Atividades chaves e de apoio

Conforme mencionado na seção 5.1, a logística envolve atividades denominadas chaves, como: (i) serviço ao cliente, (ii) processamento de pedidos (do cliente), transporte (iii) e (iv) estocagem.[viii] Essas atividades estão relacionadas num ciclo, conforme ilustrado na Figura 5.6. Dado um nível de serviço oferecido ao cliente (i), o cliente faz o seu pedido, que é processado (ii), suprido pelo estoque (iv) e transportado até o cliente (iii). Note que a entrega ao cliente (de forma a atender o nível de serviço) depende da combinação das demais atividades chaves: processamento de pedido, gestão de estoque e gestão de transporte. As atividades chaves respondem pela maior parte do custo logístico. A seguir, cada uma dessas atividades é resumidamente discutida.

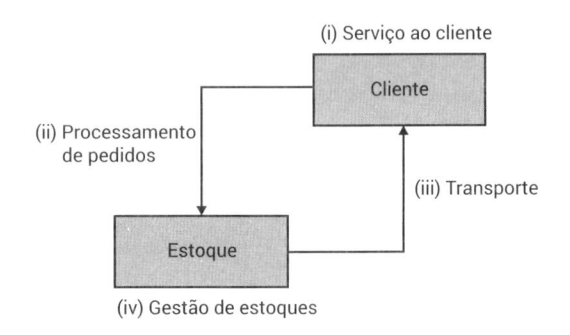

Figura 5.6 Ciclo das atividades chaves da logística.[27]

5.2.2.1 Atividades chaves

(i) **Serviço ao cliente:** um objetivo do gerenciamento logístico é tratar o cliente como o foco do negócio, buscando todos os esforços para que ele seja atendido no momento, no lugar e na condição desejados. Assim, para o estabelecimento de uma estratégia logística, é preciso entender melhor o cliente de modo que os produtos possam corresponder às suas necessidades.

BOXE 5.3 Problema de dimensionamento e sequenciamento de lotes de produção em indústrias de bebidas

A produção de bebidas de diversos sabores (refrigerantes e bebidas à base de frutas) envolve diferentes etapas, por exemplo, o preparo do xarope (sabor da bebida) e o envase da bebida preparada em uma embalagem (garrafa, lata etc.). Esses dois estágios de produção têm que ser sincronizados para garantir o correto fluxo da bebida entre eles. Nesse tipo de processo produtivo, os custos de preparação e estocagem e os tempos de espera em cada estágio podem ser reduzidos se as decisões de dimensionamento e o sequenciamento dos lotes de produção foram definidos de forma integrada e otimizada, uma vez que essas decisões são dependentes uma da outra. Note que refrigerantes e bebidas à base de frutas são perecíveis e, por isso, não podem ser produzidos e estocados em grandes quantidades, e os principais gargalos de produção estão entre os tanques de preparação dos xaropes e as linhas de envase das bebidas. Os tempos de troca de um sabor para outro dependem do sequenciamento da produção e da disponibilidade do xarope nesses tanques de preparação e nessas linhas de produção. Cada linha de envase deve ser limpa e preparada a cada troca, e pode também requerer ajustes no caso de troca do sabor ou do tipo da bebida (*diet*, normal), ou troca do tipo ou tamanho da embalagem (lata, garrafa PET 1l, PET 2l etc.) em um mesmo lote de produção de bebida. Por exemplo, a troca de produção de um refrigerante *diet* para um refrigerante normal consome cerca de 30 minutos de limpeza das linhas de envase. Se a sequência fosse invertida, esse tempo de limpeza seria de aproximadamente quatro horas. Assim, para o melhor aproveitamento da capacidade das linhas de produção, a sequência da produção dos lotes de bebidas deve ser planejada de forma otimizada e em conjunto com as decisões de dimensionamento dos tamanhos desses lotes. Nesse sentido, os custos de estocagem de xaropes e produtos acabados, que dependem dos tamanhos dos lotes de produção, devem estar balanceados com os custos de produção envolvidos nesses diferentes estágios. Modelos de pesquisa operacional baseados em programação matemática podem ser úteis para apoiar essas decisões.[26]

---

viii Alguns autores consideram como atividades chaves apenas as atividades (ii), (iii) e (iv).

O serviço ao cliente é uma atividade intimamente ligada à estratégia de marketing da empresa. Tanto a logística como o marketing devem estar voltados para satisfazer as necessidades específicas do cliente. A questão de determinar o nível de serviço que o sistema logístico deve oferecer ao cliente envolve a avaliação de certos *trade-offs* (alguns deles discutidos anteriormente) e esforços das competências (atributos) que mais podem influenciar o comportamento do cliente (isto é, focar em competências mais facilmente percebidas pelo cliente). O serviço ao cliente é discutido em mais detalhes na seção 5.3.

(ii) **Processamento de pedido:** corresponde aos procedimentos de interface entre vendas e estoque de pedidos, e por isso é uma atividade crítica em termos do tempo necessário para que os bens e serviços cheguem aos clientes. Autores estimam que o processamento de pedidos consuma até 70% do tempo total de ciclo do pedido do cliente.[28] Esse tempo de ciclo do pedido corresponde ao período desde o recebimento do pedido até a entrega ao cliente. Entre as operações comuns de entrada e processamento de pedido estão: coleta de informações de vendas, verificação das disponibilidades para atendimento ao pedido, prazos de entrega, preparação e atualização de dados e preparação dos pedidos de reposição. O processamento de pedido é discutido em mais detalhes na seção 5.4.

(iii) **Transportes:** as operações de transporte adicionam valor de lugar aos produtos. Em geral, elas representam o elemento mais importante do custo logístico, pois só o custo de transporte de mercadorias (produtos e matérias-primas) pode representar dois terços dos custos logísticos. Um gerenciamento logístico adequado deve buscar equilíbrio entre os custos de transporte e o nível de serviço. Em algumas situações, um transporte lento e de baixo custo é o mais adequado (por exemplo, transporte de soja, milho, açúcar, café em grão, em geral por hidrovia ou ferrovia). Em outros casos, um serviço mais rápido pode ser essencial para alcançar um nível de serviço estabelecido como meta (por exemplo, transporte de flores, frutas frescas, frutos do mar, especiarias, em geral via aérea). Um transporte econômico também incentiva de forma indireta a competição, pois faz com que bens difíceis de se obter localmente estejam disponíveis ao mercado. Por exemplo, no caso de frutas e vegetais cuja produção local está na entressafra, carregamentos provenientes de outras regiões podem atender à demanda no mercado local. Isso aumenta a disponibilidade geral de bens além da produção local, e pode ter efeito estabilizador nos preços de todas as mercadorias. Entre as principais decisões de transporte estão: seleção do modal e serviço de transporte, consolidação de carga, escolha do transportador, roteirização e programação dos veículos, redução das filas ou estoque. A gestão de transportes é discutida em mais detalhes na seção 5.5.

(iv) **Gestão de estoques:** os estoques agregam valor de tempo aos produtos, pois permitem que o produto esteja disponível no momento desejado pelo cliente. Para se atingir um grau razoável de resposta rápida aos clientes, é necessário manter estoques que agem como amortecedores entre a oferta e a demanda. Outra importante contribuição do estoque é a redução de custos explorando economias de escala. Por exemplo, produtos podem ser estocados para melhor utilização da capacidade de um veículo de transporte (caminhões, vagões, navios etc.), reduzindo assim o número de viagens necessárias e consequentemente o custo total de transporte. As decisões de estoque referem-se, por exemplo, a número, tamanho e localização dos pontos de estocagem, definição do *mix* de matérias-primas e produtos acabados nos pontos de estocagem. A gestão de estoques é discutida em mais detalhes na seção 5.6.

5.2.2.2 Atividades de apoio

(i) **Armazenagem:** a armazenagem tem o objetivo de proteger e dar segurança aos produtos. Além disso, a armazenagem pode fazer parte do processo de produção, como no caso da produção de queijos e vinhos, que requerem um tempo de envelhecimento antes de serem comercializados. Algumas decisões típicas relacionadas com a armazenagem de produtos são: a determinação do espaço de armazenagem, o *layout* do armazém e projetos de docas, a configuração do armazém, a disposição dos produtos no estoque de acordo com o tipo de produto, tipo de cliente ou rotatividade. A automação e diversas tecnologias são cada vez mais utilizadas na configuração e na operação de armazéns.

(ii) **Manuseio de materiais:** em geral, essa atividade engloba as operações de movimentação, manuseio e seleção de matéria-prima e produtos no armazém, e transferência de produtos dos pontos de recebimento para um local específico no armazém, transferência de produtos do armazém para os locais de saída (despacho). As principais decisões relacionadas com o manuseio de materiais são: seleção dos equipamentos de movimentação (por exemplo, empilhadeira), estratégias de unitização da carga (isto é, consolidar cargas menores em uma única carga maior), procedimentos para preencher pedidos (*picking*), procedimentos para armazenar e retirar produtos do estoque. Por exemplo, em empresas fabricantes de cigarros, depósitos de apoio à produção armazenam diversos tipos de fumo, e o problema de movimentar e retirar quantidades específicas para compor uma certa ordem de produção da fábrica pode ser uma atividade complexa, requerendo o uso de procedimentos para monitorar a posição de cada tipo de fumo ao longo de grandes áreas de armazenagem, de forma a reduzir o custo de manuseio, aumentar a utilização do espaço e garantir a conformidade do pedido.

(iii) **Aquisição (compras)**: corresponde à atividade com a responsabilidade de garantir que os materiais estejam disponíveis para o processo de fabricação quando necessário. Um fabricante deve fazer o pedido de componentes ou materiais ao seu fornecedor de acordo com a programação da produção. Sob decisões comuns para a aquisição: seleção das fontes de suprimento, das quantidades a serem adquiridas de acordo com a programação das compras, e escolha do momento de comprar seguindo a estratégia da empresa com relação à política de estoque e o tamanho dos lotes de compra.

(iv) **Embalagem**: produtos são distribuídos em embalagens para: facilitar manuseio e armazenagem, melhorar a utilização do equipamento de transportes, proteger o produto, alterar a densidade do produto, promover as vendas do produto, facilitar o uso do produto. A embalagem projetada nas dimensões adequadas pode proporcionar redução de custos de transporte (montagem da carga nos veículos), custos de armazenagem e de manuseio (evitar danos e facilitar a movimentação). O controle dos estoques no armazém depende das informações presentes na embalagem, as quais são usadas pelos sistemas de identificação manuais, digitais ou automatizados. Além disso, a rapidez e a precisão na separação e retirada de produtos no armazém dependem da identificação das embalagens.

(v) **Programação da produção**: a programação da produção determina as quantidades agregadas que devem ser produzidas (lotes), e o momento e o lugar em que devem ser produzidas. O gerente de logística deve se preocupar com aqueles aspectos da programação de produção que afetam o fluxo de matérias pelo canal logístico. Problemas logísticos, tais como atrasos na movimentação de matérias-primas e produtos, problemas de perda de material devido a um manuseio ou transporte inadequado e problemas no processamento de pedidos ou no sistema de informações logísticas, podem afetar diretamente a programação da produção, aumentando os atrasos e custos de produção devido aos possíveis estoques em processo. Por exemplo, em certas empresas de suco concentrado de laranja, as decisões de programação do último estágio de produção – a mistura (blendagem) das bases de suco – interferem nas decisões logísticas de distribuição e embarque do suco para exportação, e devem ser consideradas conjuntamente (veja Boxe 5.2).[29] Similarmente, em certas usinas de açúcar e álcool, as decisões de programação do primeiro estágio de produção – a moagem – interferem nas decisões logísticas de suprimento da cana-de-açúcar.[30] Outro exemplo aparece na indústria de processamento de tomate, conforme descrito no Boxe 5.4.

(v) **Gestão de informações**: como comentado anteriormente, o fluxo de informações segue em paralelo com o fluxo de materiais. Quando gerenciadas adequadamente, as informações logísticas podem proporcionar a redução dos custos logísticos e do tempo de resposta ao cliente. Algumas das decisões mais apoiadas pelos sistemas de informações logísticas são: dados e preferências sobre os clientes potenciais, reposição de estoques, expedição de pedidos, roteirização e programação de veículos, condições de tráfego, seleção de fornecedores, sequenciamento de pedidos.

5.2.3 Interfaces com produção e marketing

A prática pela qual cada área de uma empresa pode estabelecer sua estratégia independentemente das demais tem sido cada vez mais deixada de lado. Áreas como produção e marketing, por exemplo, possuem alguns objetivos conflitantes e, quando trabalham de forma independente, prejudicam o desempenho global da empresa. A área de produção tem a responsabilidade de gerar os produtos da empresa, e seu interesse volta-se às atividades que afetam a manufatura, incluindo aquelas do canal de suprimento. A área de marketing[ix] tem a responsabilidade de gerar os faturamentos da empresa,

---

ix O marketing nos sistemas agroindustriais de produção é o assunto principal do Capítulo 4.

BOXE 5.4 Planejamento integrado da produção e logística nos processos agrícolas e industriais de agroindústrias processadoras de tomate

Em agroindústrias processadoras de tomate, o planejamento tático dos processos agrícolas (com matéria-prima sazonal) deve ser feito de forma coordenada com o planejamento tático dos processos industriais, considerando diversas características do problema, entre elas as disponibilidades de matérias-primas (tomates) no campo, os estoques de produtos intermediários e finais nas plantas industriais e as demandas de produtos finais dos clientes. Nessas agroindústrias, é necessário planejar o plantio e a colheita de diferentes variedades de tomate durante alguns meses do ano. Os tomates colhidos devem ser processados rapidamente após colheita, devido à sua alta perecibilidade. O suprimento de matéria-prima, baseado em determinadas especificações de qualidade do tomate (medida em quantidade de sólidos solúveis – Brix), interfere no planejamento da produção das polpas de tomate concentrado (produtos intermediários) e suas posteriores estocagens. Assim, a produção de produtos finais (molhos de tomate, ketchup, sopas etc.) é feita em diversos estágios e em diferentes períodos de produção do horizonte de planejamento a partir dessas polpas armazenadas. Dessa forma, torna-se necessário também gerenciar os estoques de produtos intermediários para atender à demanda de diversos tipos de produtos finais que podem ser produzidos em diferentes plantas industriais e períodos em função de uma demanda diversificada. O planejamento da produção e logística desse problema é complexo e envolve diferentes decisões, tais como definir planos de plantio e colheita dos tomates, planos de transporte de tomates dos campos para as plantas de processamento, gestão dos estoques de polpa de tomate e de produtos finais para consumidores, além dos planos de transporte desses produtos entre os pontos de demanda da cadeia de suprimento. Modelos de otimização e métodos de solução desses modelos podem ser úteis para apoiar decisões nesses planos de produção e logística simultaneamente nos estágios agrícola e industrial, considerando, por exemplo, variações de Brix e incertezas nos processos de colheita devido a condições meteorológicas e pragas.[31]

e seu interesse dirige-se às atividades que afetam vendas, incluindo aquelas do canal de distribuição.

Algumas operações que são classificadas como atividades da produção ou marketing às vezes também são de responsabilidade dos gerentes de logística, tais como: programação da produção, aquisição (compras), definição do nível de serviço ao cliente, localização de depósitos, embalagem, entre outras. Assim, a logística representa um reagrupamento de todas as atividades relacionadas com movimentar e estocar, que historicamente têm sido parcialmente controladas por produção e parcialmente por marketing. A Figura 5.7 apresenta exemplos de atividades que estão na interface de produção, logística e marketing. Alguns autores sugerem que o conjunto dessas atividades pode ser representado por uma aranha. O corpo da aranha corresponde à produção, os pés representam o marketing e a logística é representada pelas pernas e pelo fluxo que corre nelas e mantém a aranha viva.[32]

5.3 SERVIÇO AO CLIENTE

O cliente é o foco para o estabelecimento de uma estratégia de serviço logístico. Como discutido nas seções anteriores, o primeiro passo para um gerenciamento logístico adequado é verificar qual a estratégia da empresa com relação ao nível de comprometimento com o cliente. Num ambiente competitivo, a estratégia logística deve ser compatível com a estratégia de marketing da empresa, e essas estratégias combinadas resultam no desempenho de serviço ao cliente.[x] O serviço logístico colabora em competências relacionadas com as exigências de lugar e tempo, tais como disponibilidade de produto em estoque e entrega rápida do pedido. Assim, é importante

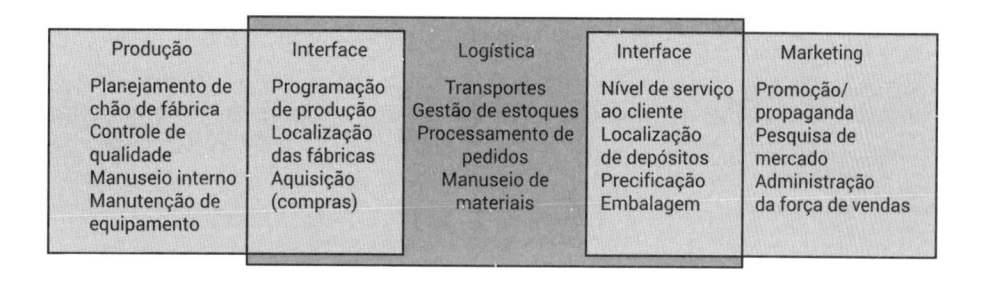

Produção	Interface	Logística	Interface	Marketing
Planejamento de chão de fábrica Controle de qualidade Manuseio interno Manutenção de equipamento	Programação de produção Localização das fábricas Aquisição (compras)	Transportes Gestão de estoques Processamento de pedidos Manuseio de materiais	Nível de serviço ao cliente Localização de depósitos Precificação Embalagem	Promoção/propaganda Pesquisa de mercado Administração da força de vendas

Figura 5.7 Interfaces entre produção, logística e marketing.[33]

---

x Note que a estratégia de serviço logístico está relacionada com os quatro Ps de *marketing* (*product*, *price*, *promotion*, *place*), particularmente com o último (distribuição e disponibilidade dos produtos). Veja o Capítulo 4.

para o desempenho do gerenciamento logístico que se conheça o cliente e quais atributos do serviço logístico ele prioriza. Os clientes podem ser consumidores finais em suas residências, empresas varejistas, atacadistas, fábricas que compram matéria-prima, materiais e componentes, e estações ou instalações de produção de uma mesma empresa.

O desempenho logístico é fundamental para atrair clientes interessados em atributos que agregam valor de lugar e tempo aos produtos. No entanto, mesmo quando os clientes estão mais interessados em atributos como preço, promoção e propaganda (esforços de marketing e vendas que agregam valor de posse), o desempenho logístico é um componente importante de todas as estratégias, pois nenhuma transferência de posse pode ocorrer sem a atuação das atividades que atendem as necessidades de tempo e lugar. Como destacado por diversos autores,[34] para algumas empresas a logística é uma competência central e diferencial do negócio, pois seus gerentes utilizam diferenciação e segmentação das atividades logísticas como forma de satisfazer as necessidades específicas de seus clientes, ou seja, encaram as atividades logísticas como vantagem competitiva, não um mal necessário.[35]

Quando uma empresa procura diferenciar-se com base no serviço logístico, ela deve oferecer um serviço competitivo ao menor custo possível, englobando esforços logísticos com foco em velocidade, flexibilidade e disponibilidade do produto onde e quando o cliente deseje. Os clientes selecionam seus fornecedores baseados principalmente nas características de: (i) preço, (ii) qualidade e (iii) serviço ao cliente. Os serviços logísticos são refletidos nesses três componentes, principalmente no serviço ao cliente, mas também no preço (por exemplo, custos de estoque e transporte) e qualidade (transporte e estocagem influem na qualidade, em particular no caso de produtos perecíveis como flores, carnes, leite, frutas e vegetais). A definição do serviço logístico considera os *trade-offs* entre custo, qualidade e serviço ao cliente (em particular, tempo) (como descrito na seção 5.2.1).

O serviço ao cliente inclui muitos elementos que ocorrem desde o processo de recepção do pedido ou compra até a assistência pós-venda. Os elementos do serviço ao cliente podem ser divididos em: (i) elementos de pré-transação, (ii) elementos de transação e (iii) elementos de pós-transação.[36] Os elementos de pré-transação ocorrem antes de uma transação (venda). São exemplos de elementos de pré-transação: a política de atendimento ao cliente, a acessibilidade e obtenção de informações, e a flexibilidade do sistema em acomodar as necessidades especiais dos clientes. Os elementos de transação incluem, por exemplo, variáveis associadas ao ciclo do pedido, como tempo desde o pedido até a entrega, confiabilidade e variabilidade; disponibilidade de estoque, habilidade de tratar situações em que ocorrem atrasos; informações ao cliente sobre o andamento do pedido ou possíveis problemas relativos ao pedido. O ciclo de pedido corresponde ao intervalo de tempo desde o momento em que o pedido do cliente ou a

---

BOXE 5.5 Planejamento do nível de serviço em vendas e reflexos na distribuição de bebidas

Um estudo foi desenvolvido em uma empresa de bebidas (refrigerantes e águas saborizadas) para analisar quanto o nível de serviço definido pelo planejamento da equipe de vendas da empresa influencia o custo de distribuição (entrega dos produtos). Procurou-se quantificar o impacto de cada componente do nível de serviço aos clientes no custo da distribuição dos produtos. Com a colaboração da empresa, foram avaliados os processos de comercialização e distribuição das bebidas com dados e indicadores reais levantados antes e depois de dois importantes eventos. O primeiro evento foi a alteração da forma de os vendedores se dirigirem ao mercado – *route to marketing* – separando a equipe de vendedores por canais especializados de vendas; por exemplo, um grupo de vendedores venderia somente para supermercados (autosserviço), outro grupo venderia somente para padarias e assim por diante. O segundo evento foi a aplicação de uma técnica de adensamento de territórios dos vendedores, que agrupou os clientes em subterritórios. Em conjunto com o pessoal de marketing e logística da empresa, nesses eventos promoveram-se alterações em alguns componentes de nível de serviço, entre eles frequências semanais de visitas dos vendedores aos clientes, tempo dessas visitas, dias da semana destinados a visitar os clientes e prazos de entrega das mercadorias. Essas alterações tiveram efeitos importantes na distribuição dos produtos, por exemplo, porque a logística de entrega dos produtos vendidos aos clientes (como roteiros a serem percorridos pelos caminhões de entrega nos clientes) é influenciada pela logística de visitas dos vendedores aos clientes (por exemplo, roteiros percorridos pelos vendedores nos clientes). As análises foram realizadas com dados observados ao longo de três anos antes e depois dos dois eventos, com as configurações reais das equipes de vendas, com custos reais de distribuição apurados pela empresa, com os demais reflexos reais decorrentes (reclamações, vendas etc.) apurados e avaliados. Os resultados mostraram que, após a mudança do modelo de atendimento dos vendedores, houve deterioração de algumas medidas de desempenho logístico e aumento dos custos de distribuição dos produtos. Também houve aumento do número de reclamações dos clientes com respeito a um dos componentes do nível de serviço de vendas, no caso, o(s) dia(s) da semana em que o cliente é visitado.[38]

solicitação de um serviço é feito, até o momento em que o produto é recebido pelo cliente. Os elementos de pós-transação incluem, por exemplo, tempo de atendimento de uma chamada por defeito; disponibilidade de produtos de reposição; garantia do produto; retorno de embalagem (garrafas retornáveis, paletes e estrados); formas de medir a satisfação dos clientes e atender suas dúvidas sobre o produto.[37] O Boxe 5.5 apresenta um exemplo sobre planejamento do nível de serviço em vendas e seus reflexos na distribuição de bebidas.

5.3.1 Medição do serviço logístico

A qualidade de serviço está relacionada com a capacidade de se minimizar as discrepâncias entre as expectativas e percepções de clientes e seus fornecedores. Em geral, as metodologias de avaliação da qualidade de serviço disponíveis na literatura baseiam-se em um processo de avaliação no qual o consumidor compara o serviço percebido com o serviço esperado.[39] Algumas medidas frequentemente utilizadas por gerentes e clientes para avaliar o serviço logístico são: tempo de ciclo do pedido; porcentagem de itens em falta no armazém em um certo instante de tempo; porcentagem de pedidos atendidos em todos os seus itens; porcentagem de clientes (ou pedidos de clientes) que são atendidos dentro de certo prazo; porcentagem de bens que chegam ao cliente em perfeitas condições; facilidade com que o cliente pode fazer um pedido (por exemplo, por Internet, telefone, cordialidade); facilidade com que o cliente pode fazer solicitações e reclamações pós-vendas e como essas são atendidas.[40]

Alguns clientes valorizam prioritariamente o tempo de resposta do pedido. Atentas a essa prioridade do seu cliente, algumas empresas buscam utilizar o tempo como fator competitivo. Exemplos de sistemas logísticos com esse enfoque são restaurantes *fast food* e pizzarias que oferecem descontos se o pedido não for entregue dentro de um tempo limite (por exemplo, se o intervalo de tempo entre o recebimento do pedido de um alimento via telefone e a chegada do alimento ao cliente foi maior que 30 minutos, o cliente tem direito a um desconto). Outras empresas oferecem um sistema de informação pelo qual o cliente pode acompanhar o *status* do seu pedido. Por exemplo, ao comprar um produto pela Internet, o cliente pode usar um código para localizar o seu pedido, desde o momento da solicitação e confirmação via página da *web* até sua entrega no local requerido.

Diversas empresas vêm percebendo que os seus clientes estão se tornando muito sensíveis aos serviços. Elas procuram se diferenciar de seus concorrentes por meio da disponibilidade do produto incrementada com serviços adicionais, que incluem serviços de entrega em domicílio (por exemplo, entrega de comida pronta e na temperatura adequada), serviços pós-venda (por exemplo, informação sobre o *status* do pedido) e outros. Um exemplo de experiência bem-sucedida desse tipo de diferenciação é o sistema de distribuição de uma empresa de laticínio no interior de São Paulo. Com objetivo de oferecer serviços adicionais como forma de aumentar a percepção e a satisfação do cliente com relação ao seu produto, a empresa passou a fazer a entrega do leite fresco diariamente e de forma regular porta a porta. Ao perceber como essa conveniência foi bem recebida por seus clientes e os custos de distribuição adicionais estavam sendo compensados, os responsáveis pela distribuição do leite resolveram incrementar ainda mais suas entregas, oferecendo também a opção de o leite fresco (produto principal) vir acompanhado de pão fresco, jornal do dia, entre outros regalos. Dessa forma, a empresa apostou em explorar as oportunidades de adaptar os princípios e conceitos logísticos para produzir e distribuir cada vez mais "serviço".

5.3.2 Relação vendas-serviço

Devido à dificuldade em medir como o serviço logístico afeta vendas, o profissional de logística tem tratado o nível de serviço como uma restrição: dado um nível de serviço, determinar os níveis das atividades logísticas que resultam no custo mínimo. Entretanto, o nível de serviço pode ser tão poderoso para influenciar clientes quanto liquidações, promoções, propaganda, contratação de vendedores. Um transporte eficaz, uma efetiva disponibilidade de estoque, um rápido processamento de pedidos, podem ter impactos muito positivos nos clientes. Várias empresas em diversos setores utilizam a logística como estratégia para conquistar fidelidade dos clientes. Há estudos que mostram que, para certas empresas, em média, é aproximadamente seis vezes mais caro desenvolver um novo cliente do que manter um cliente atual.[41] Assim, investir no serviço ao cliente pode produzir maiores retornos do que investir em promoções.

Como discutido, os gerentes de marketing e logística defendem a ideia de que o nível de serviço é um elemento importante para satisfação dos clientes, e os serviços logísticos agregados a outros serviços ao cliente podem influenciar a escolha dos clientes por um fornecedor ou marca. A logística pode afetar positivamente as vendas por meio de processamento mais rápido de pedido, maior flexibilidade nas datas e quantidades de entrega, maior disponibilidade de estoque, menor perda ou dano de transporte, transporte especial, entre outros serviços.

Por outro lado, as vendas podem cair significantemente quando os serviços se deterioram, a menos que compensados por outras medidas como menor preço, melhor qualidade ou promoção. Avaliar como o comportamento ou resposta do cliente é influenciado pelo nível de serviço não é uma análise trivial, pois há muitas variáveis que afetam o comportamento do consumidor. A partir de resultados de pesquisas e estudos teóricos, é possível derivar uma curva que ilustra de forma genérica a relação entre vendas e nível de serviço ao cliente (Figura 5.8).

Note que a curva vendas-serviço tem três estágios: (i) limiar, (ii) retornos decrescentes e (iii) declínio. Limiar é o nível mínimo de serviço considerado aceitável; em outras palavras, para um mesmo preço e qualidade, a empresa não consegue entrar no mercado até que seu nível de serviço se aproxime do serviço dos concorrentes. Retornos decrescentes formam a região em que a maioria das empresas opera seus sistemas logísticos. No entanto, o impacto do serviço sobre as vendas pode diminuir com o aumento do nível de serviço a partir de certo ponto. No limite, o serviço pode até provocar um declínio nas vendas, devido, por exemplo, ao excesso de informações requeridas dos clientes sobre suas preferências e informações fornecidas sobre o andamento do pedido. Um exemplo é o excesso de telefonemas e mensagens sobre promoções ou oferta de produtos na casa dos clientes, o lhes que acaba trazendo aborrecimentos. Determinar quanto o serviço logístico afeta vendas é difícil e de precisão questionável. Na prática, um nível de serviço em geral é preestabelecido, baseado em competição, tradição e opinião do pessoal de vendas, e o sistema logístico é projetado para atendê-lo, com o menor custo possível.

5.3.3 Produto

O produto logístico é um conjunto de percepções do cliente que pode, até certo ponto, ser moldado pelas atividades logísticas. Se o produto é um bem físico, ele tem atributos físicos tais como peso, volume e forma. Por outro lado, se o produto é um serviço, seus atributos são menos tangíveis tais como conveniência, atendimento, distinção e qualidade. O produto deve ser um centro de atenção do profissional de logística, por se tratar do objeto de fluxo no canal logístico e por gerar as receitas da empresa. Os produtos podem ser bens industriais quando são destinados a indivíduos ou empresas que os utilizam para produzir outros produtos e serviços. Em geral, os vendedores procuram os compradores.

E os produtos considerados como bens de consumo correspondem aos produtos destinados aos consumidores finais. Esses podem ser classificados com base nas diferentes preferências dos consumidores, como: (i) bens de conveniência, (ii) bens de compra e (iii) bens especiais. Bens de conveniência são aqueles adquiridos quotidianamente, com pouca pesquisa de compra, pois os consumidores estão mais interessados na conveniência de encontrar o produto de forma imediata (por exemplo, bebidas, lanches, biscoitos, doces, leite fresco, cigarros, flores). Esses produtos, em geral, requerem vasta distribuição ao longo de muitos pontos de venda ou serviços de entrega rápida. Consequentemente, os custos de distribuição são tipicamente altos em relação às vendas (correspondendo a cerca de 1/3 do custo total). Bens de compra são aqueles que os consumidores estão dispostos a procurar em diversos lugares comparando

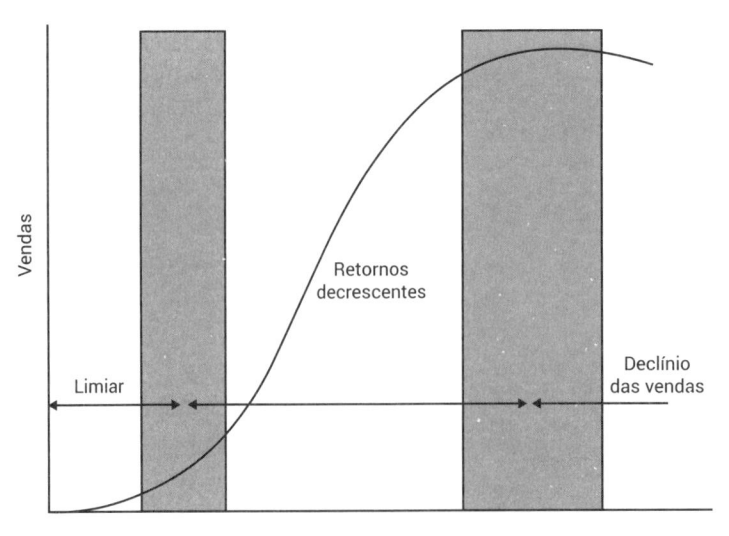

Figura 5.8 Relação entre vendas e nível de serviço ao cliente.[42]

preço, qualidade, desempenho (por exemplo, produtos alimentares consumidos em grande quantidade, como farinha, arroz, açúcar, carnes, legumes etc.). Como os consumidores dispõem-se a se deslocar mais para encontrar o que procuram em termos de menor preço, melhor qualidade e desempenho, o número de pontos de distribuição pode ser bem menor. Consequentemente, os custos de distribuição são menores do que os bens de conveniência (correspondendo a aproximadamente 15% das vendas). Bens especiais são aqueles comprados raramente e que os consumidores estão dispostos a fazer grandes esforços em pesquisa de compra e esperar um período significativo para adquirir (por exemplo, artigos finos, produtos personalizados etc.). Como os consumidores insistem em marcas particulares, a distribuição não precisa ser vasta nem o serviço ao cliente ser tão alto como nos bens de conveniência e bens de compra, e assim os custos de distribuição são mais baixos.

Ciclo de vida do produto: os produtos não mantêm o mesmo nível de vendas indefinidamente desde a sua introdução, e estratégias logísticas diferentes podem ser adotadas em função do estágio de cada produto. O ciclo de vida de um produto é baseado no padrão de vendas ao longo do tempo e é composto de quatro estágios:[xi] (i) introdução, (ii) crescimento, (iii) maturidade e (iv) declínio. A fase (i), de *introdução*, ocorre logo após a entrada do produto no mercado. O planejamento da distribuição é geralmente é cauteloso, com estocagem restrita a poucos lugares. Se o produto é realmente novo, há poucos concorrentes dele no mercado, e como o número de clientes é ainda relativamente baixo e suas necessidades provavelmente não são completamente entendidas, o projeto do produto pode ser submetido a mudanças frequentes. Por exemplo, quando uma empresa de alimentos ou bebidas decide introduzir um novo tipo de produto (por exemplo, adição de limão em uma maionese ou em um refrigerante). Na fase (ii), de crescimento, as vendas podem começar a crescer rapidamente, caso o produto seja aceito no mercado. O planejamento da distribuição é particularmente difícil nesse estágio, pois não há muita história de vendas. Além disso, diferentes grupos de consumidores começam a surgir, o projeto do produto pode começar a padronizar-se e os concorrentes, ao observarem esse crescimento, começam a desenvolver alguma reação para proteger-se no mercado. Por exemplo, no caso das empresas de alimentos ou bebidas citadas, se o novo produto é aceito no mercado, empresas concorrentes podem reagir lançando produtos similares. No estágio (iii), de maturidade, o crescimento de vendas estabiliza-se em níveis altos. Nesse estágio, o produto requer vasta distribuição, consequentemente muitos pontos de estocagem são usados para controlar a disponibilidade do produto no mercado. A demanda começa a estabilizar-se, alguns concorrentes iniciais podem ter deixado o mercado e o setor pode ter se reduzido a poucas empresas. Por exemplo, a clássica Coca-Cola tem se mantido na fase de maturidade do seu ciclo de vida mais tempo que qualquer outro produto. A fase (iv), de declínio, inicia-se quando, eventualmente, as vendas declinam como resultado de mudança tecnológica, competição, obsolescência, perda de interesse do consumidor. A distribuição do produto fica limitada e os pontos de estocagem são reduzidos. Exemplos clássicos são diversos produtos alimentares que estão perdendo mercado devido à presença excessiva de açúcar, conservantes e gordura.

Nas últimas décadas, o ciclo de vida dos produtos vem diminuindo. Esse fato aumenta a incerteza para se estabelecer uma estratégia logística, pois fica mais difícil adotar decisões como estabelecer nível de serviço, escolher alternativas de transporte e adotar uma política de estoques. As empresas que conseguem superar esses obstáculos podem conseguir certa vantagem competitiva sobre seus concorrentes.

Características do produto: as características mais importantes do produto para o profissional de logística são: peso, volume, forma, valor, perecibilidade, inflamabilidade e substitutibilidade. A combinação desses atributos em dado produto influencia os sistemas de transporte, estocagem, manuseio e processamento do pedido. Esses atributos podem ser analisados em diversas categorias com base na forma como afetam os sistemas logísticos, por exemplo:[43]

(i) **Razão peso-volume:** as decisões sobre transporte e estocagem dependem diretamente da densidade do produto devido aos custos dessas atividades. Em geral, produtos densos, tais como grãos, madeira, açúcar, garrafas de bebidas, alimentos enlatados, utilizam bem a capacidade dos equipamentos de transporte e das instalações de armazenagem. No caso de transporte de cargas líquidas como sucos, refrigerantes ou cervejas, o limite de peso do veículo costuma ser atingido antes do limite de volume. Os custos de transporte e estocagem tendem a ser baixos, comparados com os preços de venda. Produtos pouco densos, como batata frita, pães, algodão e flores,

---

xi Ver Capítulo 4, que trata do marketing dos produtos agroindustriais.

atingem os limites volumétricos dos equipamentos de transporte antes que os limites de peso sejam alcançados, e os custos de transporte são particularmente sensíveis à densidade do produto. Os custos logísticos tendem a ser altos, comparados com os preços. À medida que a densidade aumenta, os custos de transporte e estocagem tendem a diminuir. Algumas empresas tentam embalar seus produtos de uma forma mais compacta, para aumentar a densidade da carga transportada ou estocada, por exemplo, no caso de móveis e equipamentos desmontados.

(ii) **Razão valor-peso:** os custos de estoque e transporte são sensíveis também ao valor do produto. Produtos de baixo valor-peso, como cana-de-açúcar, carvão, areia, grama e outros, em geral têm baixos custos de estocagem, porém altos custos de transporte com relação ao preço de venda (os custos de transporte de produtos baratos, em geral, correspondem a uma porcentagem alta do seu preço de venda). Produtos de alto valor-peso têm altos custos de estocagem e baixos custos de transporte em relação ao preço. Empresas com produtos de baixo valor-peso tentam negociar taxas de transporte mais favoráveis, enquanto empresas com produtos de alto valor-peso procuram minimizar os estoques mantidos.

(iii) **Substitutibilidade:** um produto pode ser considerado substituível se os consumidores encontram pouca ou nenhuma diferença entre o produto de uma firma e o de seus concorrentes, ou seja, o consumidor dispõe-se a comprar um produto de outra marca se o produto que ele está acostumado a consumir não estiver disponível (por exemplo, grande parte dos produtos alimentícios e produtos de higiene). Nesse caso, os gerentes de distribuição tentam garantir a disponibilidade de produtos num nível tal que os consumidores não tenham que considerar um produto substituível. Os principais tipos de *trade-off* considerando vendas perdidas, nível de serviço aos clientes e custos logísticos com transporte e estocagem já foram discutidos na seção 5.2. Dessa forma, é possível minimizar o custo total logístico que inclui, por exemplo, custos de transporte, custos de estocagem, custos de vendas perdidas e custos por perda devida a danos, roubo ou perecibilidade.

(iv) **Perecibilidade, inflamabilidade e risco de roubo:** quando um produto oferece risco em um desses fatores, ocorrem restrições adicionais no sistema de distribuição e, consequentemente, maiores custos. Alguns exemplos são: produtos com alta perecibilidade como frutas, legumes frescos, leite e derivados, carnes, flores; produtos inflamáveis como álcoois e gases; produtos com alto risco de roubo, como cigarros e dinheiro.

5.4 PROCESSAMENTO DE PEDIDOS

A velocidade e a precisão com que as informações sobre os pedidos dos clientes fluem podem representar fatores-chave no nível de serviço oferecido ao cliente, pois o tempo de resposta ao cliente é reduzido. O processamento de pedidos inclui as atividades necessárias para receber, processar e expedir os pedidos dos clientes. Elementos do processamento do pedido como preparação do pedido, sua transmissão, entrada e preenchimento podem representar significante fração do tempo total do ciclo do pedido. Por isso, uma boa gestão dessas operações é importante para o desempenho do conjunto das atividades logísticas (atividades chaves e de apoio). O processamento de pedidos envolve várias etapas: (i) preparação e transmissão do pedido, (ii) entrada do pedido, (iii) preenchimento do pedido e (iv) informação sobre o estado do pedido. Em particular, no processo de preenchimento do pedido ocorrem a alocação e a designação do estoque disponível. Algumas das principais tarefas incluídas nessa etapa são: obtenção dos itens dos pedidos por meio da retirada do estoque, produção ou compra; embalagem/empacotamento do item para embarque ou venda; programação do embarque para entrega; preparação da documentação para embarque e entrega; atualização do estoque, liberação do pedido totalizado, atualização do *status* do pedido. Dois fatores que afetam o tempo de processamento de pedidos são o estabelecimento de prioridades e a consolidação dos pedidos.

Algumas regras que estabelecem prioridades para atendimento dos pedidos comumente utilizadas na prática são: (i) primeiro a entrar no sistema, primeiro a ser processado (regra FCFS – *first come-first server*); (ii) pedidos de maior valor ou de clientes mais importantes primeiro (regra com prioridade); (iii) pedidos com menor tempo de processamento primeiro (regra SPT – *shortest processing time*); (iv) pedidos com data de entrega mais próxima ou pedidos atrasados primeiro (regra EDD – *earliest due date*); (v) pedidos menores e menos complicados primeiro. Também é comum o uso de combinações de regras, por exemplo, combinar as regras SPT e FCFS para reduzir os tempos médios de fluxo dos pedidos e, ao mesmo tempo, evitar que pedidos com grandes tempos de processamento tenham tempos de espera além de certos limites. A consolidação dos pedidos consiste em agrupar diversos pedidos para serem processados em lotes, de modo a reduzir o custo de processamento. No entanto, essa decisão deve resultar em aumento do tempo médio de processamento dos pedidos, especialmente o tempo de processamento dos pedidos que foram recebidos primeiro no lote.

As informações sobre o estado do pedido melhoram o nível de serviço ao cliente, pois ele fica informado sobre a rota do pedido ao longo de todo o seu ciclo, dos possíveis atrasos no processamento ou entrega do pedido. As operações necessárias são, por exemplo, rastrear e acompanhar o pedido e a comunicação ao cliente (por exemplo, onde o pedido se encontra no seu ciclo e data e horário previstos para ocorrer a entrega). Exemplos de sistemas eficientes que permitem aos clientes acompanhar o estado do pedido são os sistemas oferecidos por certas empresas de entrega rápida (por exemplo, Correios, Federal Express – Fedex, United Parcel Service – UPS). Empresas utilizam sistemas de informação baseados em códigos de barras, atualização de sistemas *on-line* nos instantes de preparação e entrega, o rastreamento dos veículos de entrega e outras tecnologias, para fornecer ao cliente informações sobre a localização do pedido e sobre data e horário previstos para a entrega. Note que o fluxo de informações sustenta todas as etapas e transações do processamento de pedidos. Dessa forma, o aperfeiçoamento dos sistemas de informações logísticas reduz o custo de processamento de pedidos e diminui as incertezas e os erros nas suas diferentes etapas, conforme discutido a seguir.

5.4.1 Sistemas de informações logísticas

A informação é crucial para o desempenho da logística, pois corresponde à base na qual os gerentes de logística estruturam suas decisões. As tecnologias de informações logísticas consistem em ferramentas utilizadas para obter, transmitir e analisar informações, de forma a apoiar a tomada das melhores decisões para alcançar os objetivos estabelecidos. Por exemplo, para determinar a política de estoque, os gerentes necessitam de informações sobre os níveis atuais de estoque, a demanda dos clientes, a disponibilidade de fornecedores, regras de reposição de estoques, a programação da produção, custos, validade dos produtos etc. Para escolher o serviço de transporte, os gerentes necessitam de informações sobre localização de clientes, depósitos e fontes de suprimento, roteiros de veículos, custos, tempos de entrega e informações diversas sobre a carga transportada.

O sistema de informações logísticas (SIL) faz a conexão entre o ambiente, os clientes, os fornecedores e o profissional de logística, fornecendo dados básicos e apoio para a tomada de decisões logísticas. As suas três principais funções são: (i) transformar dados numa forma mais utilizável, por meio de processamento de dados e aplicação de técnicas matemáticas e estatísticas (adicionando valor de "forma" ao dado); (ii) transferir dados para os pontos da rede logística onde eles são necessários (adicionando valor de "lugar" ao dado); (iii) armazenar dados até que eles sejam necessários (adicionando valor de "tempo" ao dado). Uma maneira de projetar SIL para uma firma é identificar as decisões logísticas a serem tomadas e estruturar o SIL para apoiar pelo menos as decisões mais importantes. Em geral, são priorizadas decisões tomadas com certa frequência, tais como: reposição de estoques, roteirização e programação de veículos, programação de ordem de armazenagem e consolidação de carga. Conforme mencionado, os SILs combinam usuários, equipamentos (por exemplo, computadores) e *softwares* (por exemplo, aplicativos para processamento de dados e análise de decisões). Eles são compostos basicamente por três conjuntos de atividades: entrada e transferência de dados, internas (processamento e análise de dados para apoio a decisão) e saída de dados.[44]

A análise para apoio à decisão é feita pelo uso de abordagens e técnicas de pesquisa operacional, que avaliam diferentes alternativas de ação em busca da melhor alternativa. Essas abordagens são consideradas elementos do SIL, porque fornecem informações (alternativas) para apoiar as decisões a serem tomadas. Elas podem ser classificadas em: (i) analíticas (algorítmicas) e (ii) experimentais (simulação). Abordagens analíticas têm sido usadas para apoiar decisões em localização de instalações, dimensionamento de frotas, controle de estoques, roteirização e programação de veículos, carregamento de paletes e contêineres etc. As abordagens analíticas podem ser: (i) determinísticas e (ii) probabilísticas (ou não determinísticas).

Exemplos de abordagens analíticas determinísticas são modelos de programação linear, programação não linear, programação inteira, programação dinâmica determinística, heurísticas e meta-heurísticas, além de métodos probabilísticos como modelos de programação estocástica e otimização robusta, modelos de programação dinâmica estocástica, modelos de teoria de filas, entre outros. Por exemplo, podem-se utilizar técnicas de otimização discreta e heurísticas para otimizar o arranjo físico de produtos sobre paletes ou dentro de contêineres e caminhões[45] ou para otimizar a alocação dinâmica de veículos para o transporte de cargas entre terminais. O Boxe 5.6 descreve um caso de abordagem analítica determinística aplicada no planejamento de frentes de colheita em usinas de açúcar e álcool.

> **BOXE 5.6 Modelo de programação linear inteira e heurísticas para o planejamento das frentes de colheita de cana-de-açúcar**
>
> O planejamento de movimentação e sequenciamento das frentes de colheita (equipes que operam máquinas colhedoras e outros equipamentos mecanizados de colheita e transporte) de cana-de-açúcar ao longo de uma safra é um problema complexo que afeta o suprimento de matéria-prima em usinas de açúcar e álcool. Esse planejamento deve considerar as curvas de maturação da cana-de-açúcar plantada em cada região, as quantidades de cana disponíveis para colheita em cada período de cada região, as capacidades de colheita de cada frente de corte, as capacidades de transporte de cana de cada região para as usinas, e as necessidades de matérias-primas das moendas dessas usinas em cada período da safra. Esse problema pode ser visto como um problema de dimensionamento de lotes e programação da produção com máquinas paralelas, onde cada máquina representa uma frente de colheita. O problema consiste em determinar qual a sequência de visitas (roteamento) de cada frente de colheita em cada região ao longo do horizonte de planejamento da safra, assim como qual a quantidade de cana-de-açúcar a ser colhida em cada visita do roteiro de cada frente. As frentes operam simultaneamente em diferentes regiões, e diversas restrições devem ser consideradas para o tratamento adequado desse problema; por exemplo, a distância média das frentes de colheita e das moendas em cada período do horizonte de planejamento não deve ser superior a um certo limite preestabelecido, de maneira a reduzir os riscos de desabastecimento de cana nas moendas. Modelos de otimização baseados em programação linear inteira e heurísticas de agregação de blocos (talhões de cana) podem ser úteis para representar apropriadamente esse problema e gerar planos efetivos de colheita e movimentação das frentes, levando em conta o balanceamento das capacidades de colheita e transporte das usinas, assim como as curvas de maturação das canas-de-açúcar ao longo do tempo. Os resultados obtidos com esses modelos mostraram oportunidades de melhoria, sugerindo mudanças em práticas comumente utilizadas pelos gestores desses sistemas baseados em setorização.[46]

As abordagens experimentais permitem simular o sistema logístico no computador, sob diferentes configurações do sistema e condições de entrada, para se escolher a alternativa com melhor desempenho. Também podem ser utilizadas para apoiar as decisões mencionadas. Por exemplo, pode-se utilizar simulação para analisar operações de colheita, carregamento, transporte e descarga de cana-de-açúcar ou laranja, desde as áreas de plantio até as unidades industriais de usinas de açúcar e álcool ou fábricas de suco de laranja. O Boxe 5.7 descreve um caso de abordagem experimental (simulação discreta) aplicada em usinas de açúcar e álcool.

Nas últimas décadas, a documentação das informações em papel tem dado lugar ao uso de tecnologia de informação para transferir, receber e gerenciar informações eletronicamente, de forma mais rápida e com maior precisão (menos propensa a erros). A tecnologia de informação evolui de forma surpreendente em termos de velocidade e capacidade de armazenamento de informações, resultando ao mesmo tempo em redução de custo e espaço físico. Durante essa evolução, surgem várias inovações que afetam as operações logísticas. Algumas das mais populares tecnologias de informação que apoiam as decisões logísticas são: *electronic data interchange* (EDI), sistemas de informação geográfica (GIS – *geographic information systems*), sistemas de posicionamento global (GPS – *global positioning systems*), código de barras e leitura óptica, etiquetas eletrônicas, inteligência artificial e sistemas especialistas e outras. O uso dessas tecnologias pode reduzir significativamente os custos de processamento de pedido, facilitando que pedidos em lotes menores possam ser realizados. Essas tecnologias também reduzem o uso de papel (para pedidos e faturas mesmo de bens de consumo), reduzindo custos e aumentando o comprometimento das empresas com a ecologia. Além de ser uma importante oportunidade de aumentar a competitividade da empresa, a informação é um dos poucos recursos cuja capacidade e facilidade de acesso evoluem rapidamente e cujo custo está diminuindo.

E-commerce (comércio eletrônico): dentre todas as tecnologias citadas, a Internet é a única que possibilita que informações de um fornecedor/vendedor estejam disponíveis a qualquer pessoa, não exigindo que haja conexão exclusiva entre fornecedor e cliente. O *e-commerce* (também chamado *e-business*) corresponde à comercialização de produtos via Internet, que permite que a empresa ou cadeia de suprimento explore oportunidades de aumento da receita, como oferecer vendas diretas aos clientes, possibilitar acesso 24 horas de qualquer localidade, agregar informações de diversas fontes, proporcionar personalização e padronização de informações, oferecer mais agilidade ao mercado (lançamento de um produto com mais rapidez e com mais informações disponíveis), implementar flexibilidade de preços, permitir diferenciação de preços e serviços, facilitar uma transferência de recursos eficaz. Por exemplo, as mercearias virtuais procuram atrair clientes que preferem a conveniência de fazer os pedidos de comida em qualquer hora via Internet e recebê-los em

> **BOXE 5.7 Modelo de simulação para análise do sistema logístico de carga e descarga de cana-de-açúcar**
>
> Em usinas de açúcar e álcool, deseja-se coordenar a colheita, o transporte da cana-de-açúcar das fazendas e o descarregamento nas portas das moendas de forma a respeitar a perecibilidade da matéria-prima, a alimentação constante das moendas e a capacidade limite de moagem. Assim, o tempo de ciclo dos caminhões, o tempo de espera desses no pátio de descarga e as taxas de alimentação das moendas estão entre as medidas de desempenho mais importantes desse sistema logístico de recepção de matéria-prima. Esse sistema é caracterizado por incertezas nos processos no campo e nos processos industriais, que devem operar de forma coordenada em função das restrições e políticas de despacho de caminhões para descarga de cana no pátio das usinas, pois os caminhões são diferenciados quanto à capacidade e descarga e porta de descarga na esteira da moenda. Modelos de simulação discreta podem ser utilizados para estudar o sistema de recepção de cana-de-açúcar, considerando as características operacionais nas frentes de corte de cana (picada ou inteira) no campo, da frota de caminhões para o transporte de cana do campo para as moendas das usinas, das filas de cada tipo de caminhão em cada rampa de descarga do sistema de recepção de cana, do estoque intermediário de carretas de cana no pátio e dos pontos de descarga desse sistema de recepção, assim como as taxas de utilização das moendas e sua capacidade. A simulação computacional permite analisar diferentes configurações alternativas para o sistema, como mudanças na estrutura do sistema de recepção de cana, na política de despacho de caminhões no pátio de descarga ao longo do dia e na frota de caminhões que transportam cada tipo de cana-de-açúcar, e comparar o desempenho operacional dessas configurações alternativas com a configuração original do sistema. Os resultados desses cenários podem ser então avaliados para se tomarem decisões de qual a melhor alternativa de configuração e gerenciamento do sistema em termos das medidas de desempenho chaves para os operadores do sistema. Estudos usando modelos analíticos têm sido menos utilizados para análise desses sistemas, em razão das suas diversas restrições e complexidades envolvidas.[47]

casa, evitando as viagens até os supermercados.[48] Esse tipo de comercialização requer nova estruturação dos sistemas logísticos de entrega.

5.5 TRANSPORTES

Como discutimos anteriormente, a principal função da atividade de transporte na logística é agregar valor de lugar ao produto, dado que comumente os produtos não são consumidos no mesmo local em que são produzidos. O sistema de transportes pode produzir grande impacto nos custos logísticos e no desempenho de outras atividades logísticas, tais como nível de serviço ao cliente e gestão de estoques. Um sistema de transportes eficiente contribui para gerar: (i) maior competição, (ii) economia de escala e (iii) redução de preços.

Maior competição porque, com um sistema de transportes eficiente, produtos distantes passam a ser competitivos num mesmo mercado. Por exemplo, algumas frutas e legumes e outros alimentos podem ser produzidos durante diferentes estações do ano em diferentes regiões (por exemplo, bananas produzidas nas Américas do Sul e Central podem ser compradas no hemisfério norte em janeiro durante o inverno). Outro exemplo é o crescimento das exportações brasileiras de *commodities*, tais como suco de laranja e madeira, especialmente quando ocorrem desastres naturais (tornados, furacões, inverno rigoroso) nos EUA (por exemplo, a madeira é exportada para a reconstrução das casas destruídas). Alcançando consumidores mais distantes, o mercado de um produto cresce, e maiores mercados permitem economias de escala na produção. Com o aumento da competição e a economia de escala, os preços dos produtos caem. Além disso, o transporte eficiente permite que os produtos possam circular com maior rapidez e com menor índice de perdas e danos. Por exemplo, no caso de produtos perecíveis como carnes, vegetais e frutas, esses produtos podem chegar com mais rapidez, mais baratos e mais frescos (devido ao menor tempo de estoque, frutas e legumes chegam mais saborosos ao consumidor final).

Além da função de movimentação de produtos, materiais e produtos semiacabados ao longo do canal logístico, o transporte também exerce a função de estoque temporário durante o trânsito. Em alguns casos, quando o espaço físico para o estoque em uma instalação não se encontra disponível, os veículos de transporte são utilizados para estocar o produto em movimento (por exemplo, prolongando-se seu itinerário). Esse "estoque sobre rodas" resulta em uma forma mais cara de se estocar, mas os custos podem ser menores em termos da redução das necessidades de estoque e maior segurança da carga. Além disso, os veículos de transporte podem servir de estoque por curtos períodos de tempo, quando se encontram parados em uma instalação à espera de descarregamento. É o caso, por exemplo, dos caminhões de cana, laranja e madeira que esperam por uma ordem de despacho nas filas dos sistemas de descarga das agroindústrias. Para as usinas de açúcar e fábricas de suco de laranja (veja Boxes 5.2 e 5.7), que processam matéria-prima perecível, o estoque sobre rodas reduz o manuseio desses produtos e, consequentemente as perdas. Além disso, devido à perecibilidade, esses produtos podem ficar estocados apenas por um curto período de tempo, e o estoque nos veículos torna-se uma alternativa viável de estocagem para suprir rapidamente e de forma constante as moendas e os processadores. No caso das indústrias de madeira, o estoque nos veículos proporciona também melhor aproveitamento do espaço físico no pátio da indústria.

Os fatores condicionantes dos serviços de transporte, além de movimentarem produtos, estão relacionados com manter a integridade da carga, impedindo que ela seja avariada, roubada ou extraviada, e garantir confiabilidade por meio do cumprimento dos prazos de entrega. São vários os atributos relacionados com a carga que devem ser considerados ao se planejar o sistema de transporte. Os principais são:[49] (i) peso e volume: essas características podem requerer equipamentos especiais e carregamento adequado de forma a garantir economia de espaço no veículo; (ii) dimensões das unidades da carga (caixas, paletes, sacas); (iii) perecibilidade: algumas mercadorias se deterioram ou tornam-se obsoletas em um curto período de tempo (por exemplo, cana-de-açúcar colhida, hortaliças, alguns tipos de frutas, peixes, frutos do mar); (iv) fragilidade: alguns produtos exigem embalagens e cuidados especiais ao serem transportados e manuseados, devido à sua fragilidade (por exemplo, flores, alguns tipos de frutas); (v) periculosidade: vários produtos são considerados perigosos e podem trazer danos à saúde ou ao meio ambiente se derramados ou espalhados no solo ou em cursos d'água (por exemplo, diversos produtos químicos usados em defensivos e fertilizantes).

O transporte também é um elemento chave para o crescimento do *e-commerce*, pois os produtos vendidos na Internet devem ser entregues em domicílio, geralmente em pequenos pedidos e rapidamente, e assim o transporte representa o custo mais alto do sistema logístico nesses mercados.

5.5.1 Escopo do sistema de transportes

O transporte de carga tem cinco modais: (i) ferroviário, (ii) hidroviário, (iii) rodoviário, (iv) aeroviário e (v) dutoviário.

(i) **Ferroviário:** as transportadoras ferroviárias cobram preços que incentivam o transporte de cargas maiores por longas distâncias (economia de escala de acordo com a quantidade transportada e distância percorrida). No entanto, o transporte ferroviário é lento, e os produtos transportados em geral têm prazos de entrega mais folgados, baixa razão valor-densidade e baixa razão valor-volume. Exemplos de produtos transportados são: grãos (soja, milho, café em grãos, farelo de soja), carvão, sementes, adubos e fertilizantes. Cargas menores que devem percorrer pequenas distâncias, ou que exigem entrega em curto período de tempo, são raramente transportadas pelo modal ferroviário. Uma das principais preocupações das transportadoras ferroviárias é assegurar uma boa utilização das locomotivas, operadores e equipamentos.[50] O tempo de viagem representa uma parte relativamente pequena do tempo total de entrega. O desempenho do modal ferroviário em termos do tempo de entrega é afetado pelo tempo nas operações de transição e composição do trem, pois um trem só parte com um número mínimo de vagões, o que implica grandes tempos de espera dos vagões. Essas operações de transição correspondem a mais de 80% do tempo em trânsito.[51]

No Brasil, o sistema ferroviário ainda é pouco confiável em termos de prazos de entrega e perdas. Apesar de o valor dos fretes ser relativamente baixo, o sistema ainda é pouco competitivo com os outros modais, devido às condições dos vagões ferroviários, que aumentam as possibilidades de perdas por conta da umidade e de impactos durante o transporte.[52]

(ii) **Hidroviário:** o modal hidroviário (fluvial e marítimo) corresponde ao principal modal para transportar carga em volumes substanciais, principalmente produtos com baixa razão valor-peso e não perecíveis, tal que os custos de estocagem não sejam excessivos (por exemplo, grãos, carvão, areia e diversos produtos exportados como frutas e carnes). No âmbito do comércio internacional, o modal hidroviário corresponde ao tipo mais utilizado para transporte da maior parte dos produtos, devido à economia de escala proporcionada por grandes volumes e longas distâncias. No âmbito de carga doméstica, sua utilização é limitada pela disponibilidade de vias navegáveis. Em geral, é necessário um transporte suplementar por via férrea ou rodoviária, a menos que os pontos de origem e destino sejam adjacentes a uma via navegável (veja Boxe 5.8 sobre transporte de soja). As vias marítimas e fluviais oferecem capacidade de transportar cargas pesadas com taxas de frete relativamente baixas, mas o transporte é relativamente lento, com atrasos significativos nos portos e nos terminais. Além das restrições das vias navegáveis, os terminais de armazenagem de carga seca e carga a granel, bem como os dispositivos de carga-descarga, limitam a flexibilidade desse tipo de transporte. Em geral, cargas pequenas ou que percorrem menor distância não são transportadas por navio (exceções ocorrem em algumas partes da Europa e no Japão). Várias são as incertezas relacionadas com o embarque e desembarque no porto que afetam o tempo total de viagem e, consequentemente, a disponibilidade e a confiabilidade do modal hidroviário. Quando comparado com outros modais, o transporte hidroviário também se destaca por baixa velocidade e baixo consumo de combustível.

No transporte agroindustrial de grãos, os principais novos corredores brasileiros de transporte hidroviário e ferroviário incluem a hidrovia do Madeira, a hidrovia Tietê-Paraná, hidrovia Solimões-Amazonas, hidrovia São Francisco, a ferrovia Ferronorte, entre outros. Além disso, a instalação de novos terminais intermodais e a construção de eclusas ao longo das hidrovias trazem expectativas de intensificação do transporte hidroviário no Brasil.[53]

(iii) **Rodoviário:** o transporte rodoviário corresponde ao modal dominante para transporte de cargas no Brasil. Suas principais vantagens são: a conveniência no transporte porta a porta, pois nenhum outro transporte é necessário entre a origem e o destino, e a frequência e disponibilidade dos serviços. O transporte rodoviário também oferece maior flexibilidade, pois proporciona a movimentação a curta distância de produtos de alto valor e pode operar em vários tipos de estradas. Devido à sua flexibilidade, esse tem sido o modal mais utilizado para o transporte de carga de atacadistas ou depósitos para lojas varejistas. Diversos produtos podem ser transportados tanto via ferrovia quanto rodovia. No entanto, caminhões podem manipular menor variedade de cargas devido às restrições de segurança rodoviária com limite de tamanho e seguro, e, por outro lado, caminhões oferecem entrega mais rápida e confiável de cargas parceladas, pois o transportador precisa preencher apenas um veículo antes de despachar a carga, em vez de lotar um trem; assim, a rodovia é mais competitiva no mercado de pequenas cargas.

Os serviços rodoviários podem ser do tipo: (i) carga completa (TL – *truck-load*) e (ii) carga incompleta (LTL – *less-than-truck-load*, também chamada carga parcial ou fracionada). No caso do tipo TL, o preço do transporte é cobrado pelo caminhão todo e não com base na quantidade transportada, e as tarifas variam de acordo com a distância percorrida. A preocupação das transportadoras que realizam transporte TL é minimizar o tempo ocioso dos caminhões e o tempo de viagem com caminhões vazios (por exemplo, com melhores rotas e programas de entregas). Os serviços com LTL são cobrados de acordo com a quantidade transportada e a distância percorrida, sendo mais utilizados para o transporte de pequenos lotes. Além disso, as entregas do tipo LTL são mais demoradas, pois há mais paradas para entrega de diversas cargas pequenas transportadas em um mesmo caminhão. Uma estratégia para a redução dos custos do transporte tipo LTL é o grau de consolidação das cargas. Em geral, as transportadoras que utilizam LTL possuem um centro de distribuição em que os caminhões trazem diversas cargas pequenas com origem em dada área geográfica e partem com diversas cargas pequenas, o que permite melhor utilização dos caminhões, apesar do aumento do tempo de entrega. Dessa forma, as transportadoras de LTL enfrentam questões relacionadas com a localização dos centros de distribuição e com o programa de designação e consolidação de cargas nos caminhões.[54] Com relação às cargas agrícolas, grande parte do transporte de grãos ocorre por rodovia, e as distâncias percorridas são relativamente altas.[55]

(iv) **Aeroviário:** o modal aeroviário oferece transporte muito rápido, mas tarifas bem elevadas, se comparado com os outros modais. No entanto, sua velocidade média não pode ser comparada com a dos demais modais, pois não inclui os tempos de manuseio, coleta e entrega de carga. Sua utilização tem sido limitada aos produtos com alta razão valor-peso (ou razão valor-volume), ou quando a velocidade de entrega é muito importante na distribuição (por exemplo, frutos do mar, flores, correio, produtos importados), principalmente quando longas distâncias devem ser percorridas. No caso de itens com período de comercialização muito curto ou com prazo de entrega urgente, o transporte aéreo passa a ser o único meio viável para longas distâncias (por exemplo, flores, medicamentos, entregas expressas).

Em condições normais de operação, o transporte aéreo também oferece boa confiabilidade e disponibilidade de serviço. A variabilidade do tempo de entrega é pequena em termos absolutos. No entanto, o transporte aéreo é bastante sensível às condições meteorológicas, a problemas mecânicos das aeronaves e equipamentos e congestionamento do tráfego aéreo. A variabilidade, quando comparada com os tempos médios de entrega, coloca o modal aéreo como um dos menos confiáveis.[56] Em geral, a porcentagem de perdas e danos é menor no transporte aéreo, quando comparado com os outros modais terrestres, dado que o manuseio terrestre não oferece exposição maior aos danos do que a fase em trânsito, e os aeroportos são relativamente mais seguros com relação ao roubo de cargas.

(v) **Dutoviário:** o modal dutoviário (tubulação) é muito eficiente para mover produtos em estado líquido ou gasoso ao longo de grandes distâncias. Seus custos estão entre os mais baixos de todos os modais de transporte (veja Tabela 5.1). Porém, é pouco flexível, pois poucos produtos podem ser escoados (por exemplo, álcoois, gases e alguns produtos no estado líquido, gasoso e semifluidos). Apesar de ser um transporte lento, os dutos podem operar continuamente durante 24 horas, 7 dias por semana, com paradas apenas para manutenção e troca do material transportado. Com relação ao tempo de trânsito, o transporte dutoviário é o mais confiável, pois há poucas chances de haver interrupções no transporte, e o índice de perdas e danos é muito baixo. Por exemplo, as condições meteorológicas são pouco significativas para o transporte dutoviário. No Brasil, o transporte dutoviário pode ser separado em oleodutos, minerodutos e gasodutos. Por exemplo, o gasoduto Brasil-Bolívia é um dos maiores do mundo, com uma extensão de 3.150 km.

O Quadro 5.1 descreve alguns dos principais produtos transportados pelos diferentes modais de transporte.

5.5.2 Relações entre os modais de transporte

O usuário do sistema de transportes deve escolher o modal, ou uma combinação de modais, que forneça o melhor equilíbrio entre o custo e a qualidade de serviço. Essa escolha pode ser vista em termos de características que são básicas em todos os modais: (i) custo, (ii) tempo médio de entrega e variabilidade, (iii) perdas e danos.

(i) **Custo:** em geral, para a empresa que contrata o serviço de transporte, o custo corresponde à tarifa cobrada para o transporte de bens entre dois pontos, mais taxas adicionais (seguro, coleta no local de origem, entrega no local de destino, condições de uso dos equipamentos). No caso do transportador,

Quadro 5.1 Modais de transporte e os principais produtos transportados

Modal de transporte	Exemplos de principais produtos transportados
Ferroviário	*Commodities* agrícolas (por exemplo, soja, milho, feijão, açúcar, café), matéria-prima de baixo valor-peso (carvão, madeira, ferro e minérios), sementes, adubos, fertilizantes e outros produtos.
Hidroviário	*Commodities* agrícolas (por exemplo, soja, milho, açúcar, suco concentrado, café), outros produtos exportados como frutas (cacau, manga, coco, limão etc.), carnes e etc.
Rodoviário	Maior parte dos produtos agrícolas no Brasil (grãos, algodão, cana-de-açúcar, madeira, legumes, frutas, aves etc.), produtos refrigerados ou congelados (carnes, peixes, lacticínios, sorvetes, alimentos congelados etc.) e produtos a granel (leite, suco de laranja, álcool) e outros produtos (alimentos industrializados, bebidas, roupas, produtos de limpeza etc.) de fábricas, atacadistas, depósitos para os varejistas.
Aeroviário	Produtos de alto valor-peso e produtos perecíveis e urgentes (flores, frutos do mar, documentos).
Dutoviário	Água potável, petróleo, gás natural e esgoto, materiais secos pulverizados a granel (por exemplo, farinha em suspensão aquosa).

Tabela 5.1 Classificação dos modais de transporte em termos de custo (1 – menor)[57]

Modal de transporte	Classificação			
	Menor custo (1 – menor)	Menor tempo	Menor variabilidade	Menor perda
Ferroviário	3	3	3	5
Hidroviário	1	5	4	2
Rodoviário	4	2	2	4
Aeroviário	5	1	5	3
Dutoviário	2	4	1	1

o custo inclui itens como combustíveis, mão de obra, manutenção, depreciação de equipamentos e administração. Note na classificação da Tabela 5.1 que, em termos de custo, o transporte aéreo corresponde ao modal mais caro, enquanto o hidroviário é o mais barato.

(ii) **Tempo médio de entrega e variabilidade:** o tempo médio de entrega corresponde ao tempo que a carga leva para sair do ponto de origem e chegar ao ponto de destino (que inclui o tempo de viagem, o tempo de carregamento e descarregamento e manuseio da carga). Note na Tabela 5.1 que, em termos do tempo de entrega, o transporte aeroviário é o mais rápido, enquanto o hidroviário é o mais lento. A variabilidade do tempo de entrega é medida por meio do desvio-padrão ou do coeficiente de variação (isto é, razão do desvio-padrão sobre o tempo médio de entrega), para estimar as variações usuais do tempo de entrega devidas a diversos fatores, tais como: quebras do veículo, congestionamentos nas estradas, tempo de parada em cada cliente, deficiências na programação e gestão de estoques, demora na recepção de mercadoria, tempo de espera para consolidação de cargas, deficiências nas operações no depósito por inadequação e falta de equipamentos e mão de obra e problemas no fluxo de informações. A Tabela 5.1 apresenta a classificação dos modais em termos da variabilidade no tempo de entrega. Note que, como discutido anteriormente, o transporte via tubulação apresenta a menor variabilidade, dado que as interferências externas e as interrupções no escoamento dos produtos são pouco significativas. Por outro lado, os transportes aeroviário e hidroviário apresentam as maiores variabilidades, principalmente devido às incertezas relacionadas com os embarques e desembarques nos aeroportos e portos.

(iii) **Perdas e danos:** esse atributo envolve a capacidade do sistema de transporte em transportar a carga protegendo-a contra perda, dano e roubo. Grande parte dos produtos agroindustriais transportados no Brasil requer cuidados especiais em razão da perecibilidade, por exemplo: produtos agrícolas (cana-de-açúcar, frutas, legumes, soja, milho, feijão, café), produtos refrigerados ou congelados (carnes, leite e derivados). A utilização de equipamentos adequados para as operações de carga e descarga evita os problemas de perdas e quebras da carga transportada. Certos produtos requerem equipamentos especiais nessas operações. Por exemplo, bobinas de papel e toras de madeira requerem guinchos ou guindastes apropriados, produtos a granel como cereais em grão (soja, milho, farelo) são normalmente carregados em moegas a partir de caminhões basculantes e transferidos por meio de esteiras para armazéns ou processadoras.[58] Em certos casos, uma alternativa para reduzir os riscos de quebra e perda de produtos é a unitização da carga por meio da utilização de paletes e contêineres. A Tabela 5.1 apresenta a classificação dos modais de transporte em termos do índice de perdas. Note que o modal dutoviário apresenta o menor índice de perdas e danos, enquanto o ferroviário apresenta o maior.

Transporte multimodal: o transporte multimodal corresponde à integração dos serviços de diferentes modais de transporte para movimentar uma mesma unidade de carga. Combinar mais de um modal pode levar a melhor *trade-off* entre o custo e o tempo de entrega, por exemplo, combinando modais com custos mais baixos (por exemplo, hidroviário e ferroviário) com outros modais mais rápidos (rodoviário e aeroviário). No caso dos modais ferroviário, hidroviário e aéreo, é necessário considerar as alternativas multimodais, pois esses modais não oferecem transporte entre o ponto de origem e destino final como o modal rodoviário (veja no Boxe 5.8 o fluxo de soja entre as regiões brasileiras). No transporte de cargas no Brasil, o uso do transporte multimodal deverá se tornar mais viável e vantajoso quando as alternativas ferroviárias e hidroviárias se consolidarem como efetivamente competitivas e integradas à opção rodoviária.[59] O Boxe 5.8 descreve um estudo relacionado com o caso do escoamento de soja para exportação. Além disso, quando se deseja operar com combinações de modais, é necessário avaliar as vantagens e as desvantagens dessas combinações, como as trocas necessárias de informações e as implicações causadas pelas operações de transbordo dos terminais intermodais (por exemplo, rodovia-ferrovia, rodovia-hidrovia). Essas operações podem causar perdas significativas de mercadorias e aumentam as probabilidades de o veículo permanecer parado.

Transporte próprio ou contratado: uma das questões importantes com as quais os gerentes de transportes devem confrontar-se diz respeito à escolha entre operar com transporte próprio e contratar serviços de terceiros. Nos casos em que o volume de carga é elevado, pode ser mais viável utilizar frota própria do que contratar serviços de terceiros. No entanto, o nível de serviço oferecido ao cliente às vezes implica requisitos que não podem

> **BOXE 5.8 Uso de transporte intermodal para escoamento de soja brasileira para portos marítimos**
>
> A soja é um dos principais produtos agrícolas brasileiros exportados, e sua área de plantio vem crescendo geograficamente das regiões do Sul às regiões do Centro-Oeste e Norte do país. A soja produzida no interior do país para exportação deve ser transportada para o litoral, onde estão localizados os portos marítimos para exportação. Dessa forma, a soja em geral deve ser transportada por longas distâncias até chegar aos portos marítimos e, para isso, há oportunidades de utilização de transporte intermodal para tornar mais eficiente e econômica a movimentação desses grandes volumes de carga. A eficiência da rede de transporte intermodal depende da disponibilidade dos modos de transporte e das suas vias e, em particular, de estruturas de apoio, como terminais intermodais. No escoamento de soja em grãos destinada à exportação para os portos marítimos, diferentes combinações alternativas usando vias rodoviárias, ferroviárias e hidroviárias fluviais podem ser analisadas em função dos estados produtores, dos custos envolvidos e da localização dos portos. Estudos usando ferramentas de otimização e testes de cenários podem ser utilizados para determinar fluxos de escoamento (rotas) mais eficientes entre as regiões produtoras, determinando o número e a localização de terminais intermodais, de forma a oferecer um transporte viável, nos menores custos logísticos possíveis. Essas ferramentas são baseadas na teoria de grafos multicamadas (cada camada do grafo representa a rede de um modo de transporte, e os arcos do grafo conectando duas camadas do grafo representam os respectivos terminais intermodais ligando esses dois modos de transporte). Diferentes redes de escoamento da soja podem então ser analisadas entre as regiões produtoras, considerando a utilização, por exemplo, de transporte rodoviário ou ferroviário, ou de uma combinação dos transportes rodoviário e ferroviário, baseando-se na localização geográfica das vias e das possíveis localizações de terminais, de maneira a reduzir os custos fixos e variáveis envolvidos em cada modo de transporte, como discutidos acima.[60]

ser oferecidos pelas transportadoras, que demandam investimentos da empresa nos serviços de transporte próprio. Alguns desses requisitos são: (i) entrega rápida com alta confiança; (ii) equipamentos especiais com pouca disponibilidade (por exemplo, caminhões com refrigeração para suco de laranja, carnes e comida refrigeradas, sorvete etc.); (iii) manuseio especial de carga (por exemplo, flores, dinheiro, produtos químicos perigosos); (iv) disponibilidade do serviço de transporte (por exemplo, transporte de produtos agrícolas durante as safras). No entanto, nem todos os modais permitem o transporte próprio de maneira viável (por exemplo, poucas empresas dispõem-se a alugar ou adquirir vagões, aviões ou navios), e assim o transporte próprio é predominante no modal rodoviário.

Transporte internacional: o transporte internacional permite que as empresas possam adquirir produtos que não sejam capazes de produzir com eficiência e qualidade (por exemplo, frutas e diversos produtos agrícolas, bebidas, medicamentos e outros) e materiais e componentes estrangeiros a baixo custo (por exemplo, materiais são mais econômicos em certos países devido à disponibilidade de matéria-prima e mão de obra mais barata). Por outro lado, as empresas podem expandir seus mercados de forma que seus produtos sejam consumidos distante de suas fronteiras nacionais. Com relação ao uso dos modais, o transporte internacional é dominado pelos transportadores marítimos (99% do peso), que movem mais de 50% do volume total de negócios. Apenas 21% do volume de negócios é movido por transportadores aéreos, mas corresponde a uma parcela muito pequena do peso total transportado. Muitos dos países-membros da Comunidade Europeia também utilizam os modais ferroviário, rodoviário e dutoviário para o transporte internacional.

O transporte internacional, geralmente, é complexo devido aos problemas com os requisitos legais para atravessar fronteiras e à menor confiabilidade. Transações e embarques internacionais requerem uso de maior volume de documento do que os domésticos, e estão sujeitos a fiscalização e restrições legais para entrada e saída em diferentes países. Essa é uma das razões do crescimento do uso dos contêineres no transporte de carga internacional para facilitar a documentação e prover maior proteção à carga. Além disso, há muitas limitações de rotas, pontos de embarque, desembarque e alfandegários.

5.5.3 Custos e tarifas de transporte

Um serviço de transporte incorre em custos que podem ser arbitrariamente divididos em: (i) custos variáveis e (ii) custos fixos. Os custos variáveis variam com o tamanho do serviço (por exemplo, em termos de distância e volume da carga), e correspondem aos custos para movimentar a carga, como combustível e mão de obra, manutenção de equipamentos, manuseio, coleta e entrega. Os custos fixos não variam com a distância ou quantidade de carga transportada. Do ponto de vista das transportadoras, os custos fixos incluem custos de aquisição e manutenção da via, terminais, equipamentos de transportes e administração. Em geral, os custos são parcialmente fixos e parcialmente variáveis, e a alocação dos elementos de custo em uma classe ou outra envolve certa arbitrariedade. O Quadro 5.2 descreve as características de custos de cada modal de transporte

Note, por exemplo, que no transporte rodoviário os custos fixos são baixos se comparados aos demais modais, dado que os investimentos em terminais são relativamente pequenos e a construção e manutenção das rodovias são responsabilidade do governo ou das concessionárias de rodovia. Por outro lado, os custos variáveis tendem a ser mais altos, devido aos gastos com combustíveis, pedágios e outras taxas relacionadas com a distância percorrida e com o número de veículos em operação. E, no transporte aéreo, também os custos fixos são mais baixos que os modais ferroviário, hidroviário e dutoviário, pois, em geral, as vias aéreas e os aeroportos são públicos, e os custos fixos estão relacionados com a compra de aeronaves, contêineres de carga e espaço físico. No entanto, os custos variáveis são relativamente altos, pois incluem combustível, mão de obra representada pela tripulação a bordo e operadores terrestres. O transporte dutoviário apresenta os maiores custos fixos entre os modais devido a aquisição e construção do sistema de tubulação e bombeamento. Por outro lado, os custos variáveis são baixos, pois não há necessidade de mão de obra intensiva para sua operação.

Tarifas de transporte: vários critérios são usados para determinar tarifas de transporte. Os mais comuns estão relacionados com: (i) volume, (ii) distância e (iii) demanda. No caso de produtos agrícolas, outras variáveis que podem influenciar a determinação do preço do frete são:[xii] possibilidade de carga de retorno (para reduzir as distâncias em que o veículo viaja vazio); carga e descarga; sazonalidade da demanda por transporte (por exemplo, cargas agrícolas na safra e na entressafra, principalmente açúcar, soja e milho); especificidade da carga transportada (por exemplo, suco de laranja e leite exigem maiores formalidades contratuais que influenciam o preço do frete); perdas e avarias (por exemplo, devido a acidentes, exposição à umidade e descuidos nos processos de carga e descarga); vias utilizadas; pedágios e fiscalização; prazo de entrega; valor da carga ou risco de roubo. Por exemplo, para o transporte de café os carreteiros em geral pedem um adicional no frete devido aos altos riscos de roubo da carga.

Convém salientar a importância de o profissional de logística conhecer bem a legislação de transportes nas regiões onde atua. Por exemplo, variações nas alíquotas de impostos, como o Imposto sobre Circulação

Quadro 5.2 Modais de transporte e características de custos fixos e variáveis

Modal de transporte	Custos fixos	Custos variáveis
Ferroviário	Altos custos fixos: operações nos terminais de carga e descarga, depreciação da ferrovia e instalações do terminal, despesas com administração.	Custos variáveis relativamente baixos (em geral, de 35 a 50% dos custos totais): salários, combustível ou energia elétrica, manutenção.
Hidroviário	Altos custos fixos devidos a: investimentos nos equipamentos de transporte (navios), tarifas portuárias e custos de carga e descarga nos terminais.	Baixos custos variáveis devido à operação do equipamento de transporte.
Rodoviário	Baixos custos fixos (15 a 25% dos custos totais), pois as rodovias não pertencem aos transportadores. Esses custos incluem: investimento em caminhões (que representa um investimento pequeno em comparação com trem ou navio), operações nos terminais, como carga e descarga, coleta, manuseio e entrega.	Custos variáveis relativamente altos que incluem: combustíveis e outros custos associados à viagem do caminhão, pedágios, taxas do veículo e taxas sobre t-km.
Aeroviário	Altos custos fixos anuais, pois os terminais (aeroportos) e a aerovia (espaço) em geral não pertencem ao transportador, mas a companhia aérea possui seu próprio equipamento de transporte (aviões) que é depreciado sobre sua vida útil.	Altos custos variáveis que, no curto prazo, são influenciados mais pela distância do que pelo volume da carga, por ineficiência da aterrissagem e decolagem dos aviões.
Dutoviário	Altos custos fixos devidos a: investimentos em vias (tubulação), equipamentos (tubos, bombas, tanques), terminais (instalações de bombeamento).	Baixos custos variáveis que incluem: energia para mover o produto (que depende da vazão e do diâmetro dos tubos), custos associados à operação das estações de bombeamento.

---

xii Veja CNT – Confederação Nacional do Transporte. Disponível em: http://www.cnt.org.br. Acesso em: 13 nov. 2020.

de Mercadorias e Serviços (ICMS), podem interferir de forma efetiva nas decisões de transporte.[61] O Boxe 5.9 apresenta um exemplo na produção de sementes de milho.

Conforme mencionado anteriormente, existem diversos modelos e métodos de solução quantitativos, baseados nas técnicas de pesquisa operacional, para apoiar as decisões em gestão de transportes. Exemplos desses métodos incluem: problemas de composição de frotas, problemas de atribuição de fluxo (tráfego) de carga e transbordo ao longo da rede, problemas de consolidação e despacho de carga, problemas de projeto e operação de terminais de carga, problemas de alocação de veículos e tripulação, problemas de roteirização e programação de veículos, em que se pode ter: frota homogênea ou heterogênea, único ou múltiplos depósitos, coletas e entregas na mesma rota, coletas e entregas com janelas de tempo, coletas e entregas com relações de precedência etc.[63]

5.6 GESTÃO DE ESTOQUES

A estocagem, às vezes chamada de "transporte a zero km/h", ocorre em nós da rede logística, agregando valor de tempo ao produto. Há diversas razões para se manter estoques, principalmente porque a demanda em geral não pode ser conhecida com exatidão, e os produtos não podem ser fornecidos de forma instantânea para suprir a demanda. A manutenção de estoques pode representar mais de 1/3 do custo logístico total em uma indústria média.[64] Estoques têm sido usados para: (i) coordenar suprimento e demanda, (ii) reduzir custos de produção e transporte, (iii) apoiar a produção e (iv) apoiar marketing.

(i) **Coordenar suprimento e demanda:** uma das principais funções do estoque é realizar a coordenação entre o suprimento e a demanda. A maioria dos produtos está sujeita as incertezas de demanda e incertezas em suprimento e produção. O estoque é usado para suprir a demanda quando essas incertezas ocorrem, pois, nesses casos, a demanda não pode ser suprida instantaneamente por produção e transporte. Quando a produção/suprimento é sazonal e a demanda é relativamente constante ao longo do ano, carregar estoques torna-se mais importante para coordenar suprimento e demanda. Exemplos ocorrem em indústrias cujas matérias-primas são produzidas em períodos específicos do ano (safra), enquanto seus produtos são consumidos durante o ano inteiro (por exemplo, indústrias alimentícias de produtos enlatados e farináceos). Similarmente, quando a demanda é sazonal e a produção/suprimento é relativamente constante ao longo do ano, o acúmulo de estoques permite satisfazer a demanda durante os períodos de consumo. Exemplos podem ser ovos de Páscoa, bebidas e alimentos típicos de festas ou estações, entre outros.

(ii) **Reduzir custos de produção e transporte:** carregar estoques de um período para outro pode resultar em menores custos de produção, pois as empresas podem produzir seus produtos em grandes lotes e em sequências favoráveis do ponto de vista dos tempos de preparação dos equipamentos, proporcionando assim economias de escala. Os estoques também podem contribuir para redução dos custos

---

BOXE 5.9 Impacto do ICMS no planejamento agregado de produção e logística

A produção de sementes de milho no Brasil envolve uma cadeia de produção agroindustrial complexa, cujos agentes devem primar por oferecer produtos de alta qualidade a baixos custos para poderem se manter competitivos no mercado. Empresas produtoras de sementes de milho, geralmente, possuem vários campos de produção agrícola, diversas unidades industriais (unidades de beneficiamento de sementes – UBS) e muitos pontos de demanda. Decisões de planejamento tático importantes envolvem produção, estocagem e transporte de sementes de milho entre os campos, as UBS e os pontos de demanda, de forma a minimizar custos de produção, logísticos e fiscais, atendendo às restrições de programação da colheita, capacidade das plantas e demanda dos clientes. Em particular, a consideração dos custos do ICMS pode interferir de forma importante nesses planos agregados de produção e logística, dependendo dos caminhos (fluxos) que os produtos percorrem na rede. Alguns estudos mostram que existem grandes oportunidades em termos de redução de custos totais ao se considerar o impacto das variações nas alíquotas do ICMS nos planos de produção e logística das empresas de produção de sementes de milho, alternativamente à simples utilização de regras de menores distâncias dos campos até as UBS, e das UBS até as regiões de demanda, comumente empregadas na prática dessas empresas. Esses estudos representam o problema como uma cadeia de suprimentos envolvendo: (i) os campos de plantio irrigados e não irrigados, separados por colheita em espigas de milho e colheita em grãos, (ii) as UBS para secagem das sementes separadas das UBS para processamento final das sementes, (iii) os centros de armazenagem dos produtos intermediários e finais e (iv) os pontos de demanda do mercado. Modelos de otimização, baseados em diagramas espaciais e diagramas temporais e formulados por meio de programação linear, podem ser utilizados para gerar planos de produção e logística otimizados.[62]

de transporte, pois cargas maiores e mais econômicas podem ser transportadas em cada viagem. Por exemplo, atacadistas e transportadoras utilizam depósitos regionais de forma a armazenar produtos de diversos fornecedores transportados em grandes quantidades, para posteriormente montar cargas menores com pedidos de acordo com uma sequência de clientes que minimize os custos de transporte e atenda aos prazos de entrega. Esse sistema traz vantagens econômicas pelo transporte de cargas completas (TL) dos fornecedores para os depósitos, e cargas fracionadas (LTL) desses para os clientes, além de economias no manuseio e operações de carregamento e descarregamento.

Em alguns casos, o preço de aquisição de matérias-primas e produtos pode variar de acordo com o tamanho do lote de compra, sendo oferecidos descontos com base na quantidade ou no volume comprados. Por exemplo, empresas atacadistas e varejistas podem comprar em grandes quantidades produtos alimentícios ou de limpeza com descontos de seus fornecedores, e repassar parte desses descontos a seus clientes para competir no mercado. Nesse caso, o papel dos estoques é essencial e os gerentes devem analisar se o lucro obtido por essa estratégia compensa o aumento dos custos de estoque. Uma das principais decisões é determinar quanto estocar de forma a balancear os custos de compra, produção e transporte (lembre-se da discussão de *trade-off* e custo total da seção 5.2).

(iii) **Apoiar a produção:** a produção de certos produtos, como vinho, queijo e licores, requer um período de maturação, durante o qual devem permanecer armazenados. Outra forma de apoio à produção é a estocagem de produtos semiacabados que esperam pelo pedido do cliente para serem finalizados. Essa estratégia de adiamento (veja seção 5.2.1) contribui para redução dos custos de estoque de produtos acabados e redução dos riscos, pois o produto só é finalizado e embalado após o pedido final do cliente. Por exemplo, verduras e frutas vendidas embaladas são selecionadas e recebem embalagem e rótulo somente a partir dos pedidos dos varejistas.

(iv) **Apoiar marketing:** como discutimos na seção 5.3, a estocagem contribui para que os produtos possam estar mais próximos e disponíveis ao cliente, mesmo quando há incertezas de suprimento e demanda. Dessa forma, a estocagem auxilia a função de marketing que visa garantir disponibilidade do produto e entrega rápida dos pedidos.

5.6.1 Tipos de estoque e funções do sistema de estocagem

Alguns tipos de estoque são: (i) estoque cíclico, (ii) estoque de segurança, (iii) estoque em trânsito e (iv) estoque para especulação e sazonal.[65]

(i) **Estoque cíclico (ou estoque regular):** corresponde ao estoque mantido para atender a demanda durante o tempo entre ressuprimentos sucessivos (reposição de estoque). A quantidade de estoque cíclico depende do tamanho dos lotes de produção e compra, das limitações de espaço físico de estocagem, das quantidades econômicas de transporte e, principalmente, da política de suprimento. O estoque cíclico permite explorar economias de escala e reduzir custos com descontos por quantidade na aquisição ou produção de lotes maiores.

(ii) **Estoque de segurança:** corresponde a uma proteção para evitar falta durante o período de ressuprimento, devido à variabilidade da demanda e/ou do fornecimento (por exemplo, quando a demanda é mais alta que a esperada, ou quando há atrasos do fornecimento). Em geral, o estoque de segurança é determinado por meio de ferramentas estatísticas que possam tratar o comportamento aleatório da demanda.

(iii) **Estoque em trânsito:** corresponde ao estoque em viagem ou parado nos veículos de transporte à espera de embarque ou descarregamento (por exemplo, navios carregados esperando no porto pelo embarque ou desembarque, caminhões carregados de cana-de-açúcar ou laranja esperando para serem descarregados no pátio das agroindústrias). O estoque em trânsito envolve incertezas, pois nem sempre as informações sobre a localização, condições e data e hora de chegada estão disponíveis a qualquer momento.

(iv) **Estoque para especulação e sazonal:** corresponde ao estoque de produtos que espera por um preço melhor de venda, ou quando sua demanda é sazonal. Por exemplo, produtores de café, milho, suco concentrado congelado e outros produtos agroindustriais com menor grau de perecibilidade podem esperar por um período em que os preços estão mais altos para pôr seus produtos à venda. Por outro lado, fábricas de artigos com demanda sazonal trabalham o ano todo e estocam os produtos até a estação das vendas.

Os sistemas de estocagem têm diversas funções: (i) manutenção de estoques, (ii) consolidação de carga, (iii) quebra de volume de carga, (iv) combinação, consolidação e quebra de volume de carga, (v) operações de manuseio de materiais.

(i) **Manutenção de estoques:** durante estocagem, os produtos devem estar protegidos e organizados no armazém. O tempo em que os produtos são mantidos em estoque e as exigências específicas de conservação ditam a configuração das instalações de armazenagem. Essas instalações vão desde armazenagem especializada de longo prazo (por exemplo, adega de vinhos), armazenagem de produtos diversos (por exemplo, bens produzidos ou consumidos sazonalmente), até armazenagem de curto prazo e *crossdocking* (por exemplo, produtos esperando pelo embarque em terminal rodoviário).

(ii) **Consolidação de carga:** ocorre quando bens de diversas origens chegam a um ponto da rede logística (por exemplo, armazém, terminal de carga) para consolidar pequenas cargas em cargas maiores. Como discutido anteriormente, os custos de transporte são reduzidos, pois é mais econômico transportar cargas maiores por médias e longas distâncias do que transportar diretamente pedidos individuais com carga menor. No armazém ou terminal, as mercadorias com origem em dado fornecedor são combinadas com outras mercadorias, de acordo com as necessidades de cada cliente.

(iii) **Quebra de volume de carga:** as operações de quebra de volume correspondem ao oposto da consolidação de carga. Nesse sistema, as mercadorias de um fornecedor são transportadas e descarregadas no armazém, onde são separadas e enviadas a diversos clientes. As viagens de longa distância da fábrica para o armazém são feitas sempre com cargas maiores, o que resulta em redução dos custos de transporte e facilidade de rastreamento. Os armazéns de distribuição para quebra de volume tendem a ficar mais próximos dos clientes, enquanto os armazéns para consolidação tendem a ficar mais próximos dos fornecedores.

(iv) **Combinação de consolidação e quebra de volume:** corresponde a uma combinação dos sistemas de consolidação e quebra de volume de carga. Nesse caso, diversas fábricas ou produtores separados geograficamente enviam cargas completas de seus produtos ao entreposto/armazém, com taxa de frete reduzida. No armazém de transbordo, as mercadorias são descarregadas, separadas e combinadas com outras mercadorias, e os veículos partem com carga cheia para os clientes. Por exemplo, uma rede varejista que compra de diversos fornecedores recebe e combina produtos em um entreposto dos diferentes fornecedores para entrega nas diversas lojas da rede, obtendo redução dos custos de transporte. Outro exemplo corresponde aos entrepostos regionais de frutas, legumes, plantas e flores que recorrem à estratégia de combinação utilizando centrais de distribuição (por exemplo, CEASAs para frutos, legumes, plantas, e o *Veling*/Holambra – distribuição de flores de diversos tipos). Os produtos chegam de diversos produtores da região e são enviados a hipermercados, supermercados e lojas de varejo menores.

(v) **Operações de manuseio de materiais:** essas operações incluem: (i) carga e descarga, (ii) movimentação e (iii) preenchimento de pedidos (*order filling* ou

---

BOXE 5.10 Otimizando o preenchimento de pedidos numa empresa fabricante de lápis escolares

O planejamento das operações em um armazém de uma empresa de materiais escolares, tais como lápis de madeira, inclui atividades de recebimento e estocagem de produtos (por exemplo, diferentes tipos de lápis) no armazém, e atividades de coleta desses produtos para o preenchimento de pedidos e posterior distribuição desses produtos. Os armazéns dessas empresas, em geral, são compostos de várias estruturas verticais (*hacks*), cada uma com vários níveis de armazenamento de produtos (por exemplo, nove níveis), e com corredores entre elas para circulação e operação de empilhadeiras (por exemplo, seis estruturas verticais com três corredores entre elas). O preenchimento de pedidos é uma atividade laboriosa dentro do armazém, que envolve programar roteiros para cada uma das empilhadeiras (*stackers*), visitar diferentes locais do armazém, coletar produtos armazenados nesses locais e trazê-los para as áreas de expedição do armazém. As empilhadeiras percorrem esses roteiros simultaneamente ao longo dos corredores do armazém. O operador da empilhadeira pode se mover em ambas as direções de cada corredor, e pode fazer movimentos horizontais, verticais e transversais ao longo das estruturas verticais do armazém, para percorrer um roteiro planejado e coletar os produtos nos locais indicados nesse roteiro. Um mesmo roteiro pode envolver visitas em mais de uma estrutura vertical e coletas de produtos em diferentes níveis dentro de cada estrutura vertical. Modelos de otimização conhecidos da área de pesquisa operacional para problemas de roteamento e programação de veículos podem ser utilizados para representar esse problema e determinar os roteiros que as empilhadeiras deverão percorrer ao longo dos corredores do armazém, de maneira a coletarem todos os produtos requeridos no preenchimento de pedidos, minimizando alguma medida de desempenho desejada, como a distância total percorrida pelas empilhadeiras ou o tempo total consumido por elas.[66]

order picking). A carga e a descarga são a primeira e a última atividades na cadeia de manuseio de materiais. Em geral, ao carregar os veículos, são necessários cuidados especiais para evitar danos à mercadoria. Entre os pontos de embarque, o local de armazenagem e os pontos de desembarque, os produtos podem ser movimentados diversas vezes pelos vários tipos de equipamentos disponíveis. A atividade de preenchimento de pedidos realiza a busca de bens nas áreas de armazenagem, conforme pedidos de venda. O Boxe 5.10 descreve um caso de preenchimento de pedidos na indústria de materiais escolares que processa madeira de reflorestamentos para produzir lápis.

5.6.2 Custos de manutenção de estoques

Os principais custos relacionados com a manutenção de estoques são: (i) custo de capital, (ii) custo de obsolescência, (iii) custo de armazenagem, (iv) custo de falta de estoque e (v) custos diversos.

(i) **Custo de capital:** corresponde ao custo de oportunidade de capital, e pode representar mais do que 80% do custo total de estoque.[67]

(ii) **Custo de obsolescência:** corresponde à perda de valor do produto estocado, devido ao menor valor de mercado ou à qualidade deteriorada do produto com o passar do tempo. Esse custo pode variar muito dependendo do tipo de produto. Por exemplo, produtos alimentícios como verduras, frutas, comidas prontas têm alta taxa de obsolescência. Mesmo produtos não perecíveis como computadores e componentes eletrônicos têm alta taxa de obsolescência, pois novos produtos são lançados rapidamente no mercado.

(iii) **Custo de armazenagem:** corresponde ao custo de permanência nas instalações de armazenagem, sem considerar o custo de manuseio dos produtos.

(iv) **Custo de falta de estoque:** em geral, quando há falta do produto ou atraso em atender a demanda por deficiência no controle de estoque, podem ocorrer perda lucratividade da empresa, como redução do preço original de venda do produto e até mesmo perda de clientes insatisfeitos, como discutido na seção 5.3.

(v) **Custos diversos:** outros custos estão também presentes no custo total de estoque, tais como impostos, seguro contra roubos e danos e outros. O custo de seguro depende dos fatores de risco em função do tipo de produto estocado (por exemplo, fumo, produtos perigosos).

5.6.3 Manuseio de materiais

Os principais objetivos no manuseio de materiais são reduzir tempos e custos de manuseio e melhorar a utilização do espaço. Algumas das principais alternativas para alcançar esses objetivos são: (i) unitização de carga (sacas, paletes, contêineres), (ii) *layout* de espaço e (iii) escolha de equipamentos de estocagem e de movimentação. A eficiência dessas alternativas depende da natureza do produto (por exemplo, estado físico, grau de perecibilidade, grau de periculosidade, densidade, dimensão e outros fatores) e das tecnologias de informação interna e externa ao armazém (por exemplo, formas de identificação do conteúdo, rastreamento e instruções de manuseio).

(i) **Unitização de carga:** a economia no manuseio de materiais depende do tamanho da carga manuseada, pois, com o aumento do tamanho da carga, um número menor de viagens é requerido para estocar determinada quantidade de produtos. Ao unitizar carga, é possível consolidar maior número de itens numa única carga, o que reduz o número de itens a ser controlado e movimentado e o número de itens danificados ou roubados. A unitização da carga pode ser obtida com a utilização de embalagens para agrupamento (por exemplo, caixas) e dispositivos de unitização de carga, como paletes e contêineres. O palete é uma plataforma portátil, feita geralmente de madeira, metal ou papelão ondulado, na qual os bens são arranjados em camadas e empilhados para o transporte e a estocagem. A paletização permite o uso de equipamentos mecânicos para manusear a carga fracionada (por exemplo, empilhadeira), torna mais fácil o carregamento dos veículos e a transferência intermodal e aumenta o rendimento da mão de obra e utilização de espaços por meio de pilhas. Outra vantagem obtida com a paletização é a maior proteção da carga, resultando em redução de perdas e danos. Os contêineres são caixas grandes (unidades rígidas) onde os itens são armazenados e transportados. Podem ser impermeáveis e lacrados por segurança, e assim o armazenamento pode ocorrer num pátio aberto. Além disso, os contêineres podem ser utilizados no transporte intermodal (por exemplo, entre os modais rodoviário, aéreo, ferroviário e hidroviário). Algumas das vantagens potenciais do uso do contêiner são:[68] (i) aumento da eficiência da movimentação de cargas; (ii) redução do número de produtos extraviados, danificados ou roubados; (iii) maior proteção dos bens; (iv) unidade de transporte reutilizável que reduz desperdícios e a necessidade de descarte.

(ii) **Layout de espaço:** o modo como os produtos estão dispostos no armazém afeta diretamente os custos de movimentação e manuseio de materiais. Ao se projetar o *layout* de espaço do armazém, deve-se procurar um balanceamento entre o custo de manuseio e a utilização do espaço disponível. Em armazéns em que o giro (*turnover* – vendas anuais sobre estoque médio) é baixo, os blocos de estocagem são largos, profundos e altos, e os corredores são estreitos, pois os produtos não são retirados e colocados com muita frequência e o objetivo é a ocupação volumétrica. O *layout* para estocagem admite que o tempo adicional gasto com manuseio é compensado pela melhor utilização do espaço. Por outro lado, quando a frequência de saída de materiais é alta, um *layout* voltado para separação e preenchimento de pedidos pode ser projetado de forma a facilitar a acessibilidade dos equipamentos. Dessa forma, os produtos são dispostos em lugares específicos, para que em sua retirada ou reposição não seja necessário movimentar outras mercadorias.[69] Por exemplo, um supermercado pode ser visto como um armazém com *layout* para separação de pedidos, pois possui espaço para movimentação dos equipamentos de separação (por exemplo, carrinho de compras), e os produtos são dispostos de tal forma a facilitar a separação, a reposição e a retirada. Veja também o Boxe 5.10 sobre um problema de rotas de movimentação de empilhadeiras e *layout* de armazéns.

(iii) **Escolha de equipamentos de estocagem e de movimentação:** os equipamentos de manuseio podem ser classificados em:[70] (i) manuais, (ii) mecanizados, (iii) semiautomatizados e (iv) automatizados. O equipamento mecanizado mais utilizado é a empilhadeira, que pode movimentar as unidades de carga (por exemplo, caixas, paletes) horizontal e verticalmente. Os sistemas automatizados de manuseio oferecem baixos custos operacionais e rápido preenchimento de ordens de pedido, pois quase não requerem o uso de mão de obra. No entanto, os custos de investimento em equipamentos são relativamente altos, e a viabilidade econômica depende da escala de estocagem e movimentação. A maioria desses sistemas é controlada, por exemplo, por computadores, guias e leituras ópticas ou magnéticas. A tendência é de crescimento do uso de sistemas altamente automatizados.

Embalagens de produtos: a embalagem do produto afeta o desempenho das atividades logísticas. A eficiência dos serviços de transporte e armazenagem depende diretamente das características da embalagem, tais como: dimensões, volume, densidade, informações afixadas para identificação. O controle de estoque e as operações de manuseio dos produtos são afetados por precisão e eficiência de identificação e facilidade de manuseio de embalagens. Do ponto de vista da logística, as principais funções das embalagens são: (i) facilitar o manuseio e a armazenagem, (ii) melhorar a utilização do equipamento de transporte, (iii) proteger o produto e (iv) alterar a densidade do produto.[71]

Em muitos casos, a embalagem passa a ser um foco do planejamento logístico (em vez do produto dentro dela), em função de sua forma, volume e peso. Por exemplo, a forma, o tamanho e a densidade da embalagem afetam o aproveitamento de espaço físico nos armazéns, equipamentos e veículos de transporte. Exemplos de esforços para redução do volume (em especial nos produtos com baixa razão valor-volume) ou densidade das embalagens são: alimentos concentrados (por exemplo, sucos concentrados de frutas), móveis desmontados e fraldas e travesseiros empacotados de forma compacta, para reduzir o espaço utilizado nos veículos de transporte e prateleiras de supermercados, e bebidas transportadas e comercializadas em garrafas de plástico em vez de vidro, para redução do peso e aumento da quantidade transportada por veículo.

Modelos e métodos quantitativos de apoio à decisão em estoques: conforme mencionado nas seções anteriores, existem diversos modelos e métodos de solução quantitativos, baseados nas técnicas de pesquisa operacional, para apoiar as decisões em gestão de estoques. Tais modelos podem ser classificados em: (i) modelos determinísticos, em que demandas, preços e *leadtimes* de reposição de produtos são admitidos e conhecidos, e (ii) modelos estocásticos, nos quais se considera incerteza nesses parâmetros.[72]

EXERCÍCIOS

1. Escolha uma agroindústria e represente-a num diagrama como elo de uma cadeia de suprimentos, incluindo desde as fontes de matéria-prima até os consumidores finais. Indique fornecedores, fábricas, centros de estocagem, pontos de varejo, clientes etc., e discuta em detalhes os fluxos de materiais e as informações entre eles.

2. Na cadeia de suprimentos do exercício 1, identifique e discuta as atividades logísticas envolvidas entre os elos da cadeia. Discuta decisões que precisam considerar uma análise de *trade-off* entre custos e nível de serviço ao cliente.

3. Escolha uma agroindústria e represente suas principais atividades de produção, logística e marketing num diagrama similar ao da Figura 5.7. Identifique e discuta atividades que estão na interface entre produção e logística, e na interface entre logística e marketing.

4. Escolha um produto agroindustrial vendido em gôndolas de supermercados. Liste e discuta exemplos de elementos de nível de serviço ao consumidor durante pré-venda, venda e pós-venda.

5. Para o produto agroindustrial escolhido no exercício 4, descreva-o em termos das principais características do produto que afetam as atividades logísticas discutidas na seção 5.3 (por exemplo, densidade, razão valor-peso, substitutibilidade e características de risco).

6. Dê exemplos de produtos agroindustriais que se encontram em diferentes estágios do ciclo de vida do produto (ilustrados na Figura 5.8).

7. Escolha um produto agroindustrial e identifique e discuta os subperíodos que compõem o período total do ciclo do pedido desse produto (isto é, o período desde o recebimento do pedido do cliente até a entrega do produto ao cliente).

8. Liste e discuta as principais vantagens e desvantagens de cada modal de transporte: ferroviário, rodoviário, hidroviário, aeroviário e dutoviário. Identifique e justifique (em termos das vantagens e desvantagens dos modais) produtos que são geralmente transportados por cada modal.

9. Escolha uma agroindústria e indique quais razões de manter estoques (citadas na seção 5.6.1) se aplicam a essa empresa e de que forma. Indique também em que situações os depósitos da rede logística dessa empresa podem ser usados para: consolidação, quebra de volume e combinação.

10. Suponha que você é gerente de uma fábrica de bebidas que precisa discutir um projeto de embalagem para uma nova bebida a ser lançada no mercado. Descreva qual tipo de embalagem você sugeriria de forma a atender aos objetivos da logística (por exemplo, proteção, manuseio, armazenagem e transporte) e do marketing (por exemplo, chamar a atenção do cliente).

NOTAS

1. BALLOU, R. *Logística empresarial*: transportes, administração de materiais e distribuição física. São Paulo: Atlas, 1993.
2. BALLOU, R. *Op. cit.*, 1993.
3. Fonte: adaptada de BALLOU, R. *Op. cit.*, 1993.
4. MORABITO, R.; GANGA, G. M.; DELAI, I.; IANNONI, A. P. Logística empresarial. *In: Gestão da produção e operações*. São Paulo: Atlas, 2019.
5. BOWERSOX, D. J.; CLOSS, D. J.; COOPER, M. B. *Gestão logística de cadeia de suprimentos*. Porto Alegre: Bookman, 2007; BALLOU, R. *Logística e gerenciamento da cadeia de suprimentos*. Porto Alegre: Bookman, 2007.
6. JUNQUEIRA, R.A.; MORABITO, R. Planejamento otimizado da produção e logística de empresas produtoras de sementes de milho: um estudo de caso. *Gestão & Produção*, v. 15. n. 2, p. 367-380.
7. Fonte: adaptada de BALLOU, R., *Op. cit.*, 1993;
8. BOWERSOX, D. J.; CLOSS, D. J.; COOPER, M. B., *Op. cit.*, 2007; BALLOU, R., *Op. cit*, 2007.
9. PAIVA, R. P. O.; MORABITO, R. An optimization model for the aggregate production planning of a Brazilian sugar and ethanol milling company. *Annals of Operations Research*, 169, 117-130, 2009; ALVES, M. R. Logística agroindustrial. *In*: BATALHA, M. O. (ed.). *Gestão agroindustrial*. São Paulo: Atlas, v. 1, 1997.
10. CHOPRA, M.; MEINDL, P. *Supply chain management*: strategy, planning and operation. New Jersey: Prentice Hall, 2001; CHRISTOPHER, M. *Logística e gerenciamento da cadeia de suprimentos*. São Paulo: Pioneira. 1997. BOWERSOX, D. J.; CLOSS, D. J.; COOPER, M. B. *Op. cit.*, 2007.
11. BOWERSOX, D. J.; CLOSS, D. J.; COOPER, M. B. *Op. cit.*, 2007; BALLOU, R. B. *Business logistics*: supply chain management. New Jersey: Prentice-Hall, 2004.
12. BOWERSOX, D. J.; CLOSS, D.; COOPER, M. *Supply chain logistics management*. New York: McGrawHill, 2002.
13. Fonte: adaptada de BALLOU, R. B. *Op. cit.*, 2004.
14. SHAPIRO, J. *Op. cit.*, 2001; GHIANI, G.; LAPORTE, G.; MUSMANNO, R. *Introduction to logistics systems planning and control*. New York: John Wiley & Sons, 2004.
15. DASKIN, M. S. *Network and discrete location*. New York: John Wiley, 1995; OWEN, S. H.; DASKIN M. S. Strategic facility location: a review. *European Journal of Operational Research*, n. 111, p. 423-447, 1998; GALVÃO, R. D. Uncapacitated facility location problems: contributions, *Pesquisa Operacional*, n. 24, 2004.
16. GHIANI, G.; LAPORTE, G.; MUSMANNO, R. *Op. cit.*, 2004; JOHNSON, L. A.; MONTGOMERY D. C. *Operations research in production planning scheduling and inventory control*. New York: John Wiley & Sons, 1974; LARSON, R.; ODONI, A. *Urban operations research*. New York: Prentice-Hall, 1981; HAX, A. C.; CANDEA, D. *Production and inventory management*. New York: Englewood Cliffs: Prentice Hall, 1984; NAHMIAS, S. *Production and operations analysis*. Homewood: Irwin, 1995.
17. GRAVES, S.; RINNOOY, K. A.; ZIPKIN, P. Logistics of production and inventory. *In: Handbooks in Operations Research and Management Science*, v. 4, Rio de Janeiro: Elsevier, 1993; KOK, A.; GRAVES, S. Supply chain management: design, coordination and operation. *In: Handbooks in Operations Research and Management Science*, v.11, Rio de Janeiro: Elsevier, 2003; SHAPIRO, J. *Op. cit.*, 2003.
18. RODRIGUES, L. F.; MORABITO, R.; CHIYOSHI, F.; IANNONI, A. P.; SAYDAM, C. Analyzing an emergency maintenance system in the agriculture stage of a Brazilian sugarcane mill using an approximate hypercube method. *Computers and Electronics in Agriculture*, n. 151, p. 441-452, 2018. RODRIGUES, L. F.; MORABITO, R.; SAYDAM, C. Queuing analysis of emergency repair systems: a case study of tire repairing in Brazil sugarcane industry. *International Journal of Operations and Quantitative Management*, n. 22, v. 4, p. 335-356, 2016.
19. BOWERSOX, D. J.; CLOSS D. J. *Logistical management*: the integrated supply chain process. New York: McGraw-Hill, 1996; BALLOU, R. *Op. cit.*, 2004.
20. BALLOU, R. *Op. cit.*, 1993.
21. MUNHOZ, J. R.; MORABITO, R. A goal programming model for frozen concentrated orange juice production and distribution system. *OPSEARCH*, v. 38, n. 6, p. 630-646, 2001. MUNHOZ, J. R.; MORABITO, R. Optimization approaches to support decision making in the production planning of a citrus company: a

Brazilian case study, *Computers and Electronics in Agriculture*, n. 107, p. 45-57, 2014.
22. BALLOU, R., *Op. cit.*, 2007.
23. MORABITO, R.; GANGA, G. M.; DELAI, I.; IANNONI, A. P. *Op. cit.*, 2009.
24. FERREIRA, D.; MORABITO, R.; RANGEL, S. Solution approaches for the soft drink integrated production lot sizing and scheduling proplem. *European Journal of Operational Research*, n. 196, p. 697-706, 2009.
25. TOSO, E.; MORABITO, R.; CLARK, A. Lot-sizing and sequencing optimisation at an animal-feed plant. *Computers and Industrial Engineering*, v. 57, p. 813-821, 2009.
26. FERREIRA, D.; MORABITO, R.; RANGEL, S. *Op. cit.*, 2009; TOSCANO, A. M.; FERREIRA, D.; MORABITO, R. A decomposition heuristic to solve the two-stage lot sizing and scheduling problem with temporal cleaning, *Flexible Services and Manufacturing Journal*, n. 31, v. 1, p. 142-173, 2019.
27. Fonte: adaptado de BALLOU, R. *Op. cit.*, 1993.
28. GHIANI, G.; LAPORTE, G.; MUSMANNO, R. *Op. cit.*, 2004.
29. MUNHOZ, J. R.; MORABITO, R. *Op. cit.*, 2001.
30. PAIVA, R. P.; MORABITO, R. Otimização do planejamento hierárquico da produção em usinas cooperadas do setor sucroenergético. *Produção*, n. 23, v. 3, p. 449-467, 2013.
31. ROCCO, C. D.; MORABITO, R. Production and logistics planning in the tomato processing industry: a conceptual scheme and mathematical model. *Computers and Electronics in Agriculture*, n. 127, p. 763-774, 2016. ROCCO, C. D.; MORABITO, R. Robust optimization approach applied to the analysis of production/logistics and crop planning in the tomato processing industry. *International Journal of Production Research*, n. 54, v. 19, p. 5842-5861, 2016.
32. BARROS, L. A global view of industrial logistics, *Gestão & Produção* n. 4, v. 2, p. 150-158, 1997.
33. Fonte: adaptado de BALLOU, R., *Op. cit.*, 2004.
34. BOWERSOX, D. J.; CLOSS D. J. *Op cit.*, 1996; CHRISTOPHER, M., *Op. cit.*, 1997.
35. CHRISTOPHER, M. *Op. cit.*, 1997; BOWERSOX, D. J.; CLOSS D. J. *Op cit.*, 1996.
36. CHRISTOPHER, M., *Op. cit.*, 1997; BALLOU, R. *Op cit.*, 2004.
37. HARRISON, A.; e VAN HOEK, R. *Estratégia e gerenciamento de logística*. São Paulo: Futura, 2003; LAMBERT, D. M.; STOCK, J.R. *Strategic logistics management*. 3. ed. Boston, MA: Irwin, 1993.
38. FERNANDES JÚNIOR, A. Conflitos e integração entre marketing e logística na definição do nível de serviços em vendas e distribuição de produtos: um estudo de caso na indústria de bebidas. 2011. Tese (Doutorado em *PPG em Engenharia de Produção*) – Universidade Federal de São Carlos, São Carlos, 2011.
39. LAMBERT e STOCK, *Op. cit.*, 1993.
40. BALLOU, R., *Op. cit.*, 1993.
41. BALLOU, R., *Op. cit.*, 2007.
42. Fonte: adaptada de CHRISTOPHER, M., *Op. cit.*, 1997.
43. BALLOU, R., *Op. cit.*, 2007.
44. BALLOU, R., *Op. cit.*, 1993; BALLOU, R., *Op. cit.*, 2007.
45. MORABITO, R.; MORALES, S.; WIDMER, J. A. Loading optimization of palletized products on trucks. *Transportation Research*, Part E, v. 36, p. 285-296, 2000.; JUNQUEIRA, L.; MORABITO, R. Heuristic algorithms for a three-dimensional loading capacitated vehicle routing problem in a carrier. *Computers and Industrial Engineering*, n. 88, p. 110-130, 2015.
46. JUNQUEIRA, R. A. R.; MORABITO, R. Modeling and solving a sugarcane harvest front scheduling problem. *International Journal of Production Economics*, n. 213, p. 150-160, 2019. JUNQUEIRA, R.; MORABITO, R. Programação e sequenciamento das frentes de colheita de cana-de-açúcar: Modelo e métodos de solução para problemas de grande porte, *Gestão & Produção*, n. 25, v. 1, p. 132-147, 2018.
47. IANNONI, A.; MORABITO, R. A discrete simulation analysis of a logistics supply system. *Transportation Research*, Part E, v. 42, n. 3, p. 191-210, 2006.
48. CHOPRA, M.; MEINDL, P. *Op. cit.*, 2001.
49. ALVARENGA A.; NOVAES A. G. *Logística aplicada*. 2. ed. São Paulo: Pioneira, 1997.
50. CHOPRA, M.; MEINDL, P. *Op. cit.*, 2001; BOWERSOX, D. J.; CLOSS D. J., *Op. cit.*, 1996.
51. BALLOU, R. *Op. cit.*, 2004.
52. SOARES M. G.; CAIXETA-FILHO J. V. Caracterização do mercado de fretes rodoviários para produtos agrícolas, *Gestão & Produção*, v. 4, n. 2, p. 186-203, 1997. Para mais detalhes sobre a malha ferroviária atual do Brasil, consultar ANTT – Agência Nacional de Transportes Terrestres. Disponível em: http://www.antt.gov.br/ferrovias. Acesso em: 13 nov. 2020.
53. ANTAQ – Agência Nacional de Transportes Aquáticos. Disponível em: http://www.portal.antaq.gov.br. Acesso em: 13 nov. 2020.
54. BOWERSOX, D.; CLOSS, D. *Op. cit.*, 1996; CHOPRA, M.; MEINDL, P. *Op. cit.*, 2001.
55. Fonte: CAIXETA-FILHO, J. V. Especificidade das modalidades de transporte para a movimentação de produtos agrícolas. *In*: CAIXETA-FILHO, J. V. (ed.). *Transporte e logística em sistemas agroindustriais*. São Paulo: Atlas, 2001.
56. BALLOU, R. *Op. cit.*, 2007.
57. Fonte: adaptada de BALLOU, R. *Op. cit.*, 1993; BALLOU, R. *Op. cit.*, 2007.
58. ALVARENGA A.; NOVAES A. G. *Op. cit.*, 1997.
59. CAIXETA-FILHO, J. V. *Op. cit.*, 2001a.
60. ALMEIDA, M. S.; AMARAL, M.; MORABITO, R. Um estudo sobre localização de terminais intermodais na rede de escoamento de soja brasileira. *Produção*, v. 26, n. 3, p. 562-580, 2016. AMARAL, M.; ALMEIDA, M. S.; MORABITO, R. Um modelo de fluxos e localização de terminais intermodais para escoamento da soja brasileira destinada à exportação, *Gestão & Produção*, n. 19, v. 4, p. 717-732, 2012.
61. YOSHIZAKI, H. T. *Projeto de redes de distribuição física considerando a influência do imposto de circulação e serviços*. 2002. Tese (livre-docência) – Escola Politécnica da Universidade de São Paulo, Departamento de Engenharia de Produção, São Paulo, 2002.
62. JUNQUEIRA, R. A.; MORABITO, R. *Op. cit.*, 2008. JUNQUEIRA, R.A.; MORABITO, R. Production and logistics planning considering circulation taxes in a multi-plant seed corn company. *Computers and Electronics in Agriculture*, v. 84, p. 100-110, 2012.
63. GHIANI; LAPORTE; MUSMANNO. *Op. cit.*, 2004; LARSON, R.; ODONI, A. *Op. cit.*, 1981; KOK, A.; GRAVES, S. *Op. cit.*, 2003.
64. BOWERSOX, D. J.; CLOSS D. J. *Op. cit.*, 1996.
65. CHOPRA, M.; MEINDL, P. *Op. cit.*, 2001; BOWERSOX, D. J.; CLOSS D. J. *Op. cit.*, 1996; BALLOU, R. *Op. cit.*, 2004.
66. ISLER, C. A.; RIGHETTO, G. M.; MORABITO, R. Optimizing the order picking of a scholar and office supplies warehouse. *International Journal of Advanced Manufacturing Technology*, n. 87, v. 5, p. 2327-2336, 2016.
67. Baseado em BALLOU, R. *Op. cit.*, 1993, 2007.
68. BOWERSOX, D. J.; CLOSS D. J. *Op. cit.*, 1996.
69. BALLOU, R. *Op. cit.*, 1993.

70. BOWERSOX, D.; CLOSS, D. *Op. cit.*, 1996; ABML – Associação Brasileira de Movimentação e Logística. Disponível em: http://www.abml.org.br. Acesso em: 13 nov. 2020.
71. BALLOU, R., *Op. cit.*,1993.
72. KOK. A.; GRAVES, S. *Op. cit.*, 2003; SHAPIRO, J. *Op. cit.*, 2001; JOHNSON, L. A.; MONTGOMERY D. C. *Op. cit.*, 1974; HAX, A. C.; CANDEA D. *Op. cit.*, 1984; NAHMIAS, S., *Op. cit.*, 1995.

BIBLIOGRAFIA COMPLEMENTAR

BALLOU, R. H. *Business logistics*: supply chain management. 5. ed. Prentice Hall, 2003.

BOWERSOX, D. J.; CLOSS D. J.; COOPER M.B.; BOWERSOX, J. C. *Supply chain logistics management*. 5. ed. New York: McGraw-Hill, 2020.

CHRISTOPHER, M. *Logística e gerenciamento da cadeia de suprimentos*: criando redes que agregam valor. 2. ed. São Paulo: Thomson Learning, 2007.

CHRISTOPHER, M. *Logistics and supply chain management*. 4. ed. Harlon: Prentice Hall, 2011.

CHOPRA, S.; MEINDL, P. *Gestão da cadeia de suprimentos*: estratégia, planejamento e operações. 4. ed. São Paulo: Pearson, 2013.

COYLE, J. J.; BARDI, E.; LANGLEY JR., C. J. *The management of business logistics*. 6. ed. St Paul, MN: West Publishing Company, 1996.

RUSHTON A.; CROUCHER P.; BAKER P. *The handbook of logistics and distribution management*: understanding the supply chain. 5. ed. London: Kogan Page, 2017.

6 PLANEJAMENTO E CONTROLE DA PRODUÇÃO AGROINDUSTRIAL

Moacir Scarpelli (*in memoriam*)
Moacir Godinho Filho
Murís Lage Júnior
Luciano Campanini

Neste capítulo, são estabelecidos alguns conceitos básicos de planejamento e controle da produção, bem como sua inserção nos sistemas de produção. Também é apresentada uma forma de classificação dos tipos de sistemas de produção. Com base nessa classificação, são identificadas as principais características de cada segmento de uma cadeia agroindustrial, isto é, produção de matéria-prima, industrialização e comercialização e, de acordo com cada segmento, analisados exemplos típicos de empreendimentos agroindustriais. Um conjunto de ferramentas de planejamento e controle da produção, apropriado para cada caso, é abordado. Por fim, são analisados alguns modernos sistemas de planejamento e controle da produção à luz das novas exigências dos empreendimentos agroindustriais.

Ao final deste capítulo, o leitor deverá ser capaz de:

- Classificar empreendimentos de produção agroindustrial.
- Determinar o sistema de planejamento e controle da produção mais apropriado ao tipo de empresa agroindustrial sob análise.
- Estabelecer políticas de planejamento e controle de produção.
- Apresentar alguns modelos básicos para planejamento e controle da produção, bem como seus parâmetros de operação.

6.1 INTRODUÇÃO

Diferentes autores, tais como Burbidge,[1] Slack et al.[2] e Vollmann et al.,[3] apresentam definições e teorias que denotam diferenças de concepção do que seja planejamento e controle da produção. Isto é, contrapõem-se na definição de planejamento e controle hipóteses de decidir e monitorar sucessivamente, como se fossem sistemas distintos, ou decidir e monitorar simultaneamente, em um sistema único.

Assume-se neste capítulo que a grande diferença entre os dois termos – planejamento e controle – reside na amplitude dos objetivos, condições e ações que se avaliam, definem e adotam. Planejar é, então, o conjunto de *objetivos*, condições e ações que se avaliam e estabelecem com dados e informações *de longo prazo*. Controle é o conjunto de *metas*, condições e ações que se avaliam e estabelecem com informações de *médio e curto prazos*, de modo a atingir os objetivos de longo prazo previamente estabelecidos.

Assim, planejamento e controle da produção (PCP) é um sistema de informações que se estrutura para obter dados, processá-los e avaliá-los. Com base nas informações obtidas e/ou geradas a partir desses dados, decide-se sobre objetivos, metas e ações em longo, médio e curto prazos, monitorando e reagindo de acordo com os resultados obtidos.

No desenvolvimento de sistemas de planejamento e controle da produção, abordam-se duas questões principais. A primeira, de caráter sistêmico, envolve a determinação das estruturas de informações e processamento adequadas aos diferentes tipos de empreendimento. A segunda, que tem sua origem na pesquisa operacional, propõe, para cada elemento dessa estrutura, modelos e fórmulas que sistematizam, tanto quanto possível, os procedimentos decisórios. Essas duas abordagens são complementares e integradas.

A grande dificuldade quando se estuda planejamento e controle da produção reside no fato de que diferentes empresas exigem diferentes combinações de estruturas de informação e modelos de decisão.

No caso das cadeias agroindustriais, entretanto, é possível observar, em cada segmento constitutivo, tipos bastante representativos de empreendimentos e suas exceções, o que permite propor uma análise mais direcionada.

Como o propósito deste capítulo não é desenvolver exaustivos estudos de planejamento, mas somente capacitar os empreendedores a tratar com as questões específicas dos segmentos constitutivos da cadeia agroindustrial, os assuntos abordados estão restritos aos principais elementos de interesse da gestão em cada caso. Para o aprofundamento de questões específicas, são indicados textos complementares.

6.2 CONCEITOS GERAIS DE PLANEJAMENTO

Planejamento é uma atividade que trata problemas não estruturados, de longo prazo, e que dão margem às grandes decisões da empresa, as assim chamadas *decisões de caráter estratégico*. Consideram-se problemas não estruturados aqueles que não admitem uma forma sistemática de tratamento, pelo ineditismo das situações e variáveis, exigindo alta dose de subjetivismo e experiência em sua resolução.

Controle é uma atividade que trata os problemas semiestruturados, de médio prazo, que dão margem às *decisões de caráter tático*, e os problemas estruturados, que dão origem às *decisões de caráter operacional*, para aplicação no curto prazo.

Tanto o planejamento quanto o controle assumem horizontes móveis e permanente atualização, compatíveis com dinamismo dos sistemas produtivos.

O planejamento envolve significativos volumes de informação e processamento, tempo de desenvolvimento, de projeto e de execução, sistemático monitoramento e avaliação das condições econômicas, concorrenciais e tecnológicas, bem como significativos aportes financeiros. São, sobretudo, decisões que merecem ser exaustivamente avaliadas, por influírem de forma decisiva na sobrevivência e/ou crescimento da empresa. São decisões típicas desse horizonte de tempo:

- **Crescimento vertical**: incorporação de etapas iniciais ou finais do processo de produção que visam dar maior agilidade à empresa, maior independência de fornecedores, redução de custos e/ou prazos ou ainda incorporação de novas tecnologias e melhoria da qualidade do produto.
- **Crescimento horizontal**: incorporação de outras cadeias de produção, ou de outros produtos significativamente diferentes dos iniciais, visando dar ao empreendimento maior estabilidade econômica.
- **Lançamento de novos produtos**: estabelecimento de quais devem ser os novos produtos solicitados pelo mercado, bem como o momento e a forma de lançá-los.
- **Localização de unidade de negócio**:[i] estabelecer qual deve ser o local de instalação de uma nova unidade de negócios. Essa decisão deve levar em consideração os benefícios econômicos de instalação da unidade.

---

i Diferentes empreendimentos da cadeia agroindustrial nas fases rural, de industrialização e de distribuição.

- **Expansão da empresa, instalação de nova unidade**: determinar o momento e o tipo de expansão de alguma unidade de negócio, visando tornar o empreendimento mais competitivo em um dado segmento de mercado ou, ainda, ampliar as fronteiras do mercado.
- **Desativação de parcela da unidade de negócio ou fechamento da unidade**: determinação do momento e forma de desativação de parcela de alguma unidade de negócio que se observe pouco rentável ou pouco interessante manter.
- **Atualização tecnológica**: escolher a tecnologia a ser desenvolvida ou incorporada à empresa, seja como meio de desempenhar as funções de produção, gerenciamento ou comercialização, seja como parte do produto do negócio.
- **Terceirização**: entrega aos fornecedores de etapas do processo de produção ou partes do produto que fujam à especialidade da empresa.

No nível tático, estão as decisões que determinam as políticas a serem seguidas em médio prazo. Essas políticas estabelecem com quais recursos se poderá contar nesse período, que indicadores serão considerados na avaliação de desempenho e seus limites toleráveis. São decisões típicas desse horizonte de tempo:

- **Mão de obra**: qual o número de funcionários ou o número de homens/hora com que a empresa poderá contar ao longo de um período.
- **Horas extras**: qual o número máximo de horas extras será admissível que a unidade de negócio despenda, no desempenho de suas funções, em cada intervalo de um dado período.
- **Subcontratação**: qual o volume de subcontratação de operações de processamento ou de produtos, na forma de *original equipment manufacturer* (OEM), será admissível para o desempenho das funções da unidade de negócio.
- **Estoques**: se a unidade deverá operar com estoques e, em caso afirmativo, qual o valor máximo do estoque em um dado período, a forma como esses estoques serão geridos e o índice de erros de controle admissível em cada classe de materiais.
- **Previsão de demanda**: qual deverá ser o modelo de previsão de demanda e os parâmetros operacionais.
- **Planejamento agregado**: quais famílias de produtos farão parte dos planos de produção durante um dado período, tendo em vista o planejamento financeiro e a capacidade instalada.
- **Programação mestre**: quais produtos comporão a programação de obtenção durante um dado período, tendo em vista a conveniência financeira, a conveniência comercial e a adequação produtiva.
- **Programação de capacidade**: qual deverá ser a disponibilidade de recursos produtivos, efetivação da obtenção e instalação de novos recursos ou desativação de recursos obsoletos ou excedentes, se for o caso.

As decisões do dia a dia da unidade de negócio estão no nível operacional. Elas visam coordenar e fazer com que sejam executadas as atividades necessárias à conclusão dos propósitos da empresa. São decisões típicas desse nível:

- **Reposição de estoques**: qual quantidade de cada material e/ou item que deverá ser obtida para entrega e em que prazo.
- **Programação de uso dos recursos produtivos**: detalhamento de onde, quando e como cada recurso será utilizado para produzir o quê.

Assim, as ideias básicas do planejamento e controle da produção são: antever e propor alternativas de ação que combinem o uso dos recursos disponíveis; aperfeiçoar o uso dos recursos produtivos, segundo algum(uns) critério(s) de decisão; alcançar os objetivos propostos com eficácia, reduzindo a probabilidade de erros.

6.3 TIPOLOGIA DOS SISTEMAS DE PRODUÇÃO

Tendo em vista facilitar o desenvolvimento de sistemas de planejamento, procura-se agrupar os empreendimentos segundo algumas de suas características típicas e assim propor alternativas de administração da produção mais adequadas a cada grupo. Há diferentes formas de agrupar as empresas, classificando-as segundo diferentes parâmetros. Uma forma primária de classificar as empresas, que do ponto de vista do planejamento apresenta um caráter mais prático, subdivide-as inicialmente em dois tipos básicos: sistemas para a produção de bens e sistemas para a produção de serviços.

- **Sistemas para produção de bens**: são as unidades de negócio em que o produto final é o resultado da montagem de componentes, e/ou fracionamento, transformações de forma, de dimensões, propriedades físico-químicas e/ou biológicas das matérias-primas.
- **Sistemas para a produção de serviços**: são as unidades de negócio em que os produtos finais são de caráter intangível, não estocável, cuja avaliação se dá por meio do estado de satisfação que proporciona aos seus usuários.[4]

6.3.1 Subclassificação dos sistemas de produção de bens

Os sistemas de produção de bens podem ser inicialmente enquadrados como função de duas variáveis:

i) Variável exigência do consumidor.
ii) Variável tecnologia de fabricação.

6.3.1.1 Variável exigência do consumidor

O consumidor pode assumir dois possíveis tipos de comportamento em relação aos diferentes produtos: exigir imediata disponibilidade quando assim o desejar, ou admitir certa espera em sua obtenção.

- **O consumidor exige a disponibilidade imediata de produtos que**: tenham baixo valor aquisitivo, sejam padronizáveis e passíveis de obtenção em escala ou, ainda, como no caso da maioria dos produtos agroindustriais, com vida útil determinada. Para haver disponibilidade imediata, produtos com essas características são em geral estocados. Isso justifica um especial esforço na padronização dos produtos, meios de produção (equipamentos de fabricação e transporte, ferramentas, dispositivos de fabricação, fixação e verificação) e procedimentos operacionais. As empresas com essas características são denominadas *geradoras de produto para estoque*.

- **O consumidor admite espera na obtenção quando**: o produto é individualizado, incorporando os desejos e/ou necessidades específicas do consumidor. Como os desejos individualizados de cada consumidor não podem ser previstos, os produtos não podem ser fabricados antecipadamente e estocados. As empresas com essas características são denominadas *geradoras de produtos sob encomenda*.

Assim, a variável tipo de demanda acarreta a primeira subdivisão dos sistemas de produção de bens, conforme a Figura 6.1.

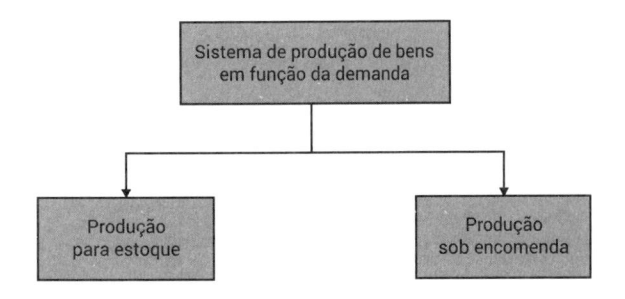

Figura 6.1 Classificação dos sistemas de produção de bens em função do tipo de demanda.

6.3.1.2 Variável tecnologia de fabricação

Propriedades ou formas dos diferentes produtos, bem como sua escala de produção, impõem diferentes tecnologias de obtenção. Essas tecnologias podem ser caracterizadas pela *continuidade* ou pela *intermitência* das operações executadas em cada posto de trabalho.

- **Considera-se que há uma continuidade de operações quando**: os equipamentos, previamente preparados para determinada operação e desempenho, permanecem assim trabalhando ao longo de todo o tempo, sem serem alterados. As matérias-primas são transportadas contínua ou unitariamente de equipamento para equipamento, sofrendo as seguidas transformações, decomposições e/ou incorporações necessárias de outras matérias-primas e/ou componentes. Esse fluxo contínuo é mantido por sistemas de transporte conjugados e dedicados, tais como dutos, correias transportadoras, monovias, posicionadores, ou outros dispositivos de movimentação rápida dos materiais em processo, após ou simultaneamente a cada operação. Nessas condições, as empresas são denominadas "sistemas de produção do tipo contínuo". Essas empresas podem ainda subdividir-se em processos de *produção contínuo puro*, em que os produtos podem ser fornecidos a granel ou discretizados apenas nas operações finais, ou em *processos de produção em linha*, em que as matérias-primas são originalmente discretas, mantendo-se assim ao longo do processamento. Os sistemas de produção em linha ou *flow shop* podem ainda ser desdobrados em *flow shop* com linhas dedicadas e *flow shop* com produção em lotes em linhas bloqueadas. No primeiro caso, os mesmos materiais são sempre transformados nos mesmos produtos. No segundo caso, são mudadas as condições das operações ou seus procedimentos para acomodar diferentes matérias-primas ou, ainda, para produzir diferentes produtos acabados.[5] Os sistemas de produção contínuos são altamente produtivos porque, além de serem projetados para produzir poucos tipos de produto, ou no limite um único tipo, incorporam significativo volume de automação. Dessa forma, são evitadas todas as possíveis perdas de tempo durante o processamento. As principais atividades de planejamento nesses tipos de empresa estão relacionadas, na fase de implantação do empreendimento, com a definição do volume de produção necessário, no caso do sistema contínuo puro, e com o balanceamento das cargas de trabalho, caso de produção em linha. Na fase de operação, o planejamento dedica-se sobretudo à manutenção do fluxo de recepção de matérias-primas e à logística de distribuição do produto acabado. Eventualmente, podem-se dar o replanejamento e a adequação das linhas como função da entrada de novos produtos em fabricação, eventual adaptação a um novo patamar de demanda e, sobretudo, à diferenciação final do produto segundo embalagens ou acabamentos para atendimento de demandas específicas.

- **Considera-se que há intermitência das operações quando:** o volume de demanda dos produtos recomenda que sua obtenção se dê por operações executadas em lotes de matérias-primas. Esses lotes percorrem as estações de trabalho, seguindo diferentes especificações de projeto de processo de produção, elaborados para cada produto. Assim, a obtenção desses produtos intercala, intermitentemente, movimentos de transporte do lote com paradas para processamento. Sob tais condições, essas empresas são denominadas "sistemas de produção intermitente". Os sistemas intermitentes de produção são também caracterizados pela diversidade de produtos que fabricam, pela diversidade de operações que exigem e pelo significativo número de paradas de equipamento para a troca de tarefa. Os sistemas de produção intermitentes apresentam, em geral, um nível de desempenho inferior aos sistemas do tipo contínuo. Essa redução no nível de desempenho é devida a problemas que surgem com relação à possível falta de sincronismo entre as disponibilidades dos recursos produtivos e as exigências de processamento dos lotes ou unidades em fabricação. Também é consequência da possível variedade e aleatoriedade de eventos anormais, decorrentes das alterações de uso dos recursos. É comum haver perda de tempo em processamento por falta ou indisponibilidade temporária de: materiais, equipamentos ou dispositivos para o transporte, ferramentas, dispositivos de fixação, dispositivos de fabricação, dispositivos de verificação, operadores, programa etc. Podem-se ainda subdividir os sistemas de produção intermitentes em três outras categorias: os sistemas de produção unitários, os sistemas de produção em lotes e os sistemas de produção de grandes projetos. *Os sistemas de produção unitários* são constituídos para fabricar os produtos do tipo sob encomenda. Em empreendimentos desse tipo, os processos são pouco detalhados, de modo a não se perder muito tempo com uma atividade que não será, em princípio, reaproveitada. A mão de obra que executa as operações de fabricação deve ser altamente capacitada a fazer as deduções necessárias e obter o máximo desempenho dos recursos produtivos. *Os sistemas de produção em lotes* têm como principal aspecto a repetitividade na obtenção dos produtos e/ou itens componentes, ao longo do tempo. Nesse caso, pressupõe-se que um estudo detalhado do processo de produção gerará economias de escala. Assim, a mão de obra que executa as operações de fabricação deve ser capaz de compreender e se adaptar a cada nova exigência formulada nos processos de produção de cada lote. Isso pode ser obtido pela alta qualificação de cada operário ou pela permanente orientação de um supervisor ou mestre, opção mais usual por razões econômicas. Os *sistemas de produção de grandes projetos* têm por características básicas o deslocamento de equipamentos, ferramentas, dispositivos, materiais e operadores até o local de obtenção do produto e o longo tempo de geração deste. Dadas essas características, observa-se uma estreita relação entre os sistemas de produção rural e os sistemas de produção denominados grandes projetos.

Assim, uma síntese dos diferentes tipos de sistemas de produção, classificados segundo o tipo de tecnologia adotada, pode ser observada na Figura 6.2.

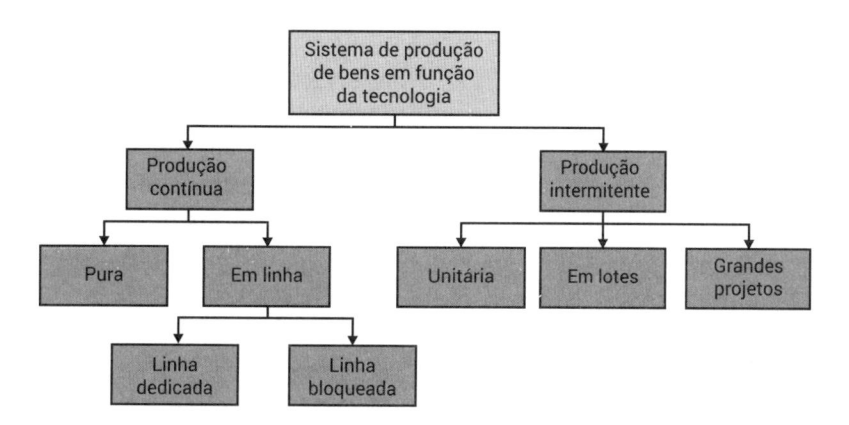

Figura 6.2 Classificação dos sistemas de produção de bens em função da tecnologia de fabricação.

6.3.2 Tendência dos sistemas de produção

Atualmente, observa-se uma tendência da sociedade em querer obter bens rapidamente. Assim, quando é viável, os consumidores abrem mão de possíveis desejos especiais, por produtos sob encomenda, em troca da possibilidade de obter os produtos rapidamente, mesmo que padronizados. De modo inverso, visando ampliar seu espaço de atuação, as empresas procuram incorporar os desejos de seus clientes aos seus produtos, diversificando a oferta de tal forma que os produtos se tornem quase sob encomenda, sem comprometer seu desempenho produtivo. Para conciliar essas duas tendências divergentes, são possíveis duas providências.

A primeira é proporcionar às empresas condições de flexibilidade produtiva, isto é, a capacidade de prontamente atender à pequena demanda de diferentes produtos. Essa capacidade é obtida pelo estudo intensivo da padronização de formas, dimensões e propriedades bem como a padronização dos processos, condições e meios de obtenção das transformações exigidas pelos produtos. É interessante destacar que, embora se desenvolvam intensivos esforços de padronização, os produtos podem ser diversificados pelas diferentes combinações dos fatores padronizados, como apresentado na Figura 6.3. Para que esse objetivo seja factível, também é necessário desenvolver significativos esforços para reduzir os tempos de preparação dos equipamentos. Essa preocupação torna-se ainda mais acentuada nos empreendimentos agroindustriais, em que as questões de higiene, limpeza e eliminação de riscos de contaminação são fundamentais.

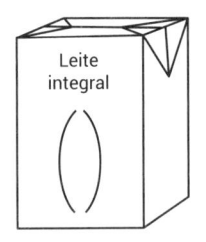

Figura 6.3 Embalagem e produtos com similaridades de obtenção.

A segunda providência é promover as diferenciações dos produtos, tanto quanto possível, nas últimas operações do processo de obtenção. Nos casos de produtos em que não houvesse problemas com a higiene e/ou padrão de qualidade, o ideal seria deixar a operação de diferenciação no ponto de distribuição a cargo do próprio cliente ou usuário. Exemplos dessa prática já ocorrem hoje, como no caso das tinta cuja cor é obtida por composição efetuada pelo próprio cliente nas lojas varejistas, ou nas casas comerciais que vendem por quilo (restaurantes, sorveterias, docerias, quitandas, entre outras).

6.4 ENQUADRAMENTO DOS EMPREENDIMENTOS AGROINDUSTRIAIS NA TIPOLOGIA DOS SISTEMAS DE PRODUÇÃO

No que diz respeito à cadeia agroindustrial, pode-se afirmar, de uma forma bastante geral, que o segmento da comercialização (que inclui os possíveis procedimentos logísticos de distribuição e transporte) enquadra-se nos sistemas do tipo produção de serviços. Atacadistas e varejistas podem ser classificados como sistemas de produção do tipo abastecimento e os diferentes modais, que os complementam, classificados como empresas prestadoras de serviços de transporte. Também de forma geral, pode-se afirmar que o segmento de industrialização se enquadra no sistema de produção de bens, em geral do tipo contínuo em linha (por exemplo, iogurtes, macarrões, biscoitos, carnes etc.), ou ainda sistemas de produção intermitente em lotes (por exemplo, indústria calçadista, indústria moveleira, indústria de sopas desidratadas etc.). O segmento de geração de matérias-primas pode ser enquadrado como produção de bens, do tipo intermitente para grandes projetos. Alguns casos muito particulares poderiam ser tratados como sistemas de produção por lotes (por exemplo, a produção de frangos). Em geral, esses casos referem-se à produção de curto ciclo. Como em geral os empreendimentos comportam atividades mistas, que podem ser caracterizadas de forma diferente, recomenda-se um aprofundamento no trabalho de caracterização.[6]

6.5 PRINCIPAIS ATIVIDADES DO PLANEJAMENTO E CONTROLE DA PRODUÇÃO (PCP) NOS SISTEMAS AGROINDUSTRIAIS DE PRODUÇÃO

Ao se propor o desenvolvimento de planejamento para o empreendimento rural em moldes empresariais, deve-se considerar que nesse tipo de sistema de produção, além de haver um número muito mais significativo de variáveis aleatórias, há ainda muito menos informações prontamente disponíveis e que estas nem sempre espelham de fato a realidade. Assim, o que se segue é uma condição ideal, sobre a qual se deve proceder à adequação necessária a cada caso.

Nesta seção, também serão apresentados métodos para a realização das atividades do PCP que podem ser utilizadas na agroindústria. Esses métodos servem para a previsão da demanda, planejamento agregado, planejamento mestre, planejamento das necessidades de materiais, controle de estoques e programação de operações.

6.5.1 Decisões de produção na empresa rural

6.5.1.1 O que produzir

Em qualquer empreendimento rural, a primeira questão que se coloca é qual ou quais serão os produtos a serem produzidos e em quais quantidades, tendo em vista os recursos disponíveis e o retorno desejado.

Participam dessa decisão diversos fatores que podem ser alinhados segundo duas principais vertentes: características dos recursos disponíveis e condições de mercado.

Características dos recursos disponíveis

À primeira vista, o espectro de alternativas possíveis, na escolha do elenco de produtos pelo qual se pode optar, parece bastante amplo. Entretanto, esse elenco restringe-se à medida que se analisam as características dos recursos disponíveis. Assim, o primeiro estágio de análise supõe que se faça uma avaliação do potencial natural, sem o uso do que se poderia denominar adequadores de produtividade muito complexos ou caros, tais como corretores de solo, equipamentos ou construções sofisticadas. Sugere-se então que sejam verificadas as seguintes características:

- Qual é a composição do solo da região em que se encontra a empresa rural, sua cobertura, e que tipos de cultura e/ou criações são recomendáveis com tais condições. Quais os efeitos da eliminação da cobertura natural. Qual o espectro de culturas e/ou criações recomendáveis sob essa nova condição.

- Qual é a topografia da região e quais culturas ou criações, dentro do espectro de culturas e criações recomendáveis, devem ser descartadas como função das dificuldades de plantio, manutenção e/ou colheita, no primeiro caso, ou reprodução e manejo, no segundo caso.

- Quais são as culturas e/ou criações possíveis e recomendáveis para a topografia da região, e quais são mais adequadas às disponibilidades de água existentes, na forma de olhos d'água, rios e/ou lagos, ou ainda lençol freático. Quais as perspectivas dessa disponibilidade e do consumo ao longo do tempo. Considera-se que cada tipo de cultura e/ou criação tem uma diferente exigência de disponibilidade de água.

- Quais, dentre as culturas e/ou criações possíveis e recomendáveis para as disponibilidades de água, são as mais adequadas aos níveis médios de temperatura da região, ao nível médio de insolação e aos índices pluviométricos médios de anos recentes. Deve-se considerar também como se dá a dispersão desses índices em torno da média e os efeitos de possíveis ciclos climáticos. Admite-se, assim, que cada tipo de cultura e/ou criação tenha uma diferente exigência de clima (temperatura, insolação e pluviometria).

- Qual a aptidão histórica regional, tendo em vista que a maior parte dos serviços de apoio e mesmo a capacitação da mão de obra estejam voltadas para a produção de alguns tipos de cultura ou criação. Dentre as condições de apoio, podem-se destacar a estrutura de transporte, os institutos de pesquisa, as indústrias transformadoras, as cooperativas, os serviços de veterinária ou agronomia, os agentes de comercialização, o aluguel ou venda de equipamentos, serviços de manutenção etc. Além disso, é possível haver, regionalmente, algum tipo de subsídio a esse tipo de produção.[ii]

- Qual a possibilidade de se constituir uma economia de escopo. Isto é, implementar junto a cada uma das culturas ou criações recomendáveis culturas e/ou criações que lhe são complementares na cadeia alimentar ou biológica. Essa prática visa à redução de custos de produção, pelo aproveitamento de resíduos ou subprodutos de um sistema de produção na geração de outros produtos. São exemplos típicos de culturas e criações complementares a criação de porcos e a cultura de milho e de abóbora; a produção de cana ou soja e a criação de gado; a criação de frangos e a criação de gado e/ou produção de hortaliças e assim por diante.

- Que outras culturas, no caso de haver várias alternativas de culturas recomendáveis, poderiam ser intercaladas a elas, isto é, que culturas perenes ou semiperenes poderiam coexistir em mesma área com culturas temporárias. Ou, ainda, que culturas perenes recomendáveis poderiam ser consorciadas, compartilhando a mesma área. Também deveria ser avaliado que culturas recomendáveis poderiam fazer rotação (por exemplo, soja e trigo) ou, por fim, que

---

ii Um aspecto que não pode ser desconsiderado é o risco que a monocultura, em vastas extensões, durante tempo prolongado, pode acarretar, pela degeneração do equilíbrio natural.

culturas recomendáveis poderiam fazer rodízio entre si (mamona, girassol etc.).[iii]

- Qual a disponibilidade de insumos como sementes ou matrizes, origem e qualidade, custos de compra e custos de transporte.
- Qual a necessidade de investimento mínimo em infraestrutura para constituição da cultura ou criação. Essa infraestrutura pode exigir galpões, baias, silos, câmaras de resfriamento, amadurecimento ou conservação, estufas ou proteções plásticas, sofisticados equipamentos de plantio, colheita, secagem etc. Além disso, pode envolver um considerável conjunto de tecnologias e mão de obra. Observe-se que não se está tratando aqui, ainda, de adequadores de produtividade, mas tão somente de condições mínimas ou apropriadas de produção.
- Qual o máximo capital disponível, considerados os recursos próprios e a possível captação no mercado.
- Quais seriam, vistas todas as condicionantes anteriores, os possíveis índices de produtividade de cada cultura ou criação ou combinação, de acordo com cada variedade disponível para o produto.

Supõe-se que as variáveis apresentadas sejam indicadores, mas não necessariamente limitadores exclusivos. Isto é, o fato de uma região ser tipicamente produtora de leite não impede que se inove e passe a produzir frutas. Ao contrário, em algumas situações, quando, por exemplo, a concorrência está exacerbada ou prenuncia-se sistemática perda, como função do avanço de alguma doença ainda não controlada, é até aconselhável que se inove antes, ocupando primeiro os espaços de mercado disponíveis.

Características das condições de mercado

É evidente que se busca aperfeiçoar o uso dos recursos produtivos, extraindo deles o máximo benefício ao longo do maior tempo possível. É nesse sentido que se procura avaliar as culturas e/ou criações recomendáveis para uma dada empresa rural, tendo em vista o retorno econômico que proporcionarão. Sob esse aspecto, é necessário considerar alguns parâmetros:

- Qual a possível escala de produção do empreendimento individual ou coletivo na forma de cooperativas, de modo a viabilizar, por exemplo, a distribuição nacional do produto e mesmo sua exportação. No caso de não haver capacidade de produção em escala, é necessário avaliar se há política de economia sustentada, isto é, se as microrregiões são estimuladas a produzir um conjunto diversificado de produtos de modo a se tornarem autônomas. Deve-se avaliar ainda se, no caso de não haver escala suficiente, o produto é tão diferenciado que haja demandas certas e economicamente viáveis. Em outras palavras, deve-se verificar se há escala de produção para concorrer com os polos de produção ou mesmo constituir um polo; se compensa optar por um produto especializado; e se é viável ficar fora das cadeias de produção organizadas.
- Se houver cadeias de produção organizadas, verificar se as quantidades mínimas exigidas pelo elo sucessor da cadeia são compatíveis com a produção máxima possível da empresa rural, considerando o potencial natural dos recursos disponíveis. Se há cadeias de produção organizadas, mas as quantidades mínimas exigidas são superiores à produção máxima possível, considerando o potencial natural dos recursos produtivos, é necessário avaliar qual o lucro total máximo possível, considerando as exigências de investimentos em adequadores de produtividade e os preços de venda na cadeia. Um possível meio de se avaliar se o retorno é satisfatório é compará-lo, por exemplo, às aplicações financeiras. Se há cadeias organizadas, mas há limitações de quantidade máxima demandada, é necessário avaliar se os recursos excedentes podem ser aplicados de forma rentável e, ainda, se o *mix* de produtos obtidos com o compartilhamento dos recursos proporciona retorno total satisfatório.
- Se não houver cadeias coordenadas para os produtos recomendáveis, será necessário avaliar o comportamento histórico da produção e dos preços, para se ter uma ideia do possível retorno, bem como os riscos do investimento e os mecanismos de venda. Uma série histórica de dados que apresente uma produção crescente com preços crescentes pode indicar uma aplicação segura, se não estiver no limite de saturação do mercado. Se estiver no limite de saturação, pode significar prejuízo. Uma série histórica que apresente produção crescente e preços decrescentes pode indicar um mercado saturado e, portanto, uma aplicação ruim. Uma série histórica que apresente uma produção decrescente com preços decrescentes pode significar uma possível substituição, no mercado do produto, por alguma alternativa natural ou sintética de maior qualidade ou menor custo. Se essa substituição for

---

iii Em alguns casos, muito raros, é necessário observar a incompatibilidade entre culturas ou suas variedades (devido, por exemplo, a efeitos de polinização e, mais raramente ainda, devido a possíveis doenças ou pragas) ou incompatibilidades entre diferentes criações.

circunstancial, isto é, por exemplo, uma supersafra de um produto alternativo concorrente, a opção ainda pode ser viável, se houver, por exemplo, indicadores de que a supersafra do produto concorrente não vá se repetir. Entretanto, se a substituição for definitiva, isto é, ela ocorre em função de algum produto sintético ou natural de tecnologia ou manejo mais simples, melhor qualidade e/ou menor custo, essa opção torna-se ruim (por exemplo, piaçaba ou sisal por fios de náilon). Uma série histórica que apresente produção decrescente com preços crescentes configura-se a melhor situação possível, desde que se saiba por que a produção é decrescente (baixa rentabilidade, tecnologia de produção indisponível, superada ou cara, praga ou doenças, baixa produtividade, inadequação do produto às condições disponíveis etc.). É bom observar que o uso de séries históricas não elimina a utilização da percepção e de experiência pessoais e outras informações socioeconômicas para o enriquecimento da decisão, nem elimina os riscos inerentes ao processo agropecuário.

- É necessário considerar, quando da avaliação dos indicadores de preço e produção, as safras e as entressafras dos produtos. Deve-se estar atento às possíveis influências da superprodução de um período no outro ou, inversamente, da quebra de um período nas necessidades acumuladas do outro.
- É necessário considerar, especialmente no caso de cadeias não organizadas, se as opções de produtos recomendáveis são de culturas perenes ou temporárias e, no caso de criações, se são de longo ou curto ciclo. No caso de criações de longo ciclo e/ou culturas perenes, há todo um período de formação do empreendimento cujo retorno é nulo ou, na melhor das hipóteses, mínimo. Também há que se considerar que, dependendo do produto, o empreendimento entrará em colapso após um período de produção e deverá ser recomposto, o que pode sugerir uma implementação progressiva com recomposição também progressiva. No caso de culturas perenes (por exemplo, laranja), há ainda a hipótese de intercalá-las com outras culturas temporárias (por exemplo, arroz), criando-se fluxos de caixa que aliviam o período de investimento. Algumas culturas temporárias e as criações de ciclo muito curto, em geral, recomendam que haja programação de recomposição no mínimo semanal, de modo a se obter um fluxo de entregas quase que diário.
- É necessário considerar os períodos de descanso e recomposição do solo, em alguns casos evitando-se integralmente seu uso. Isso sugere uma partição da propriedade, proporcional à quantidade de tempo de inatividade, e uma rotação sistemática de áreas inativas.

O processo de determinação do que produzir é iterativo, e sua dinâmica é função das alterações de mercado, evolução tecnológica, substituição das matérias-primas e concorrência nacional e/ou internacional. Entretanto, tal como em qualquer outro tipo de empreendimento, mudar de produto não é fácil. Existe uma inércia própria do sistema associada ao grau de investimento já efetuado, ao avanço tecnológico alcançado e aos vínculos estabelecidos com o mercado. Isso limita as opções a outras culturas que lhe sejam semelhantes.

6.5.1.2 Quanto produzir

É evidente que, quando se fala em empresa rural, a quantidade a produzir estará inicial e fortemente vinculada à decisão do que produzir (mínimo economicamente aceitável), à área disponível (máximo possível) e à demanda ou restrições do mercado, isto é, quantidade recomendável ou contratada.[iv]

Se o máximo recomendável ou contratado for compatível com o máximo possível, tanto melhor, ocupa-se toda a área disponível. Deve-se observar que o máximo disponível também estará condicionado às necessidades de recuperação do solo ou cobertura de áreas degradadas pelo uso, exigindo uma rotatividade dos espaços de produção.

Dependendo do produto da empresa rural e da capacidade econômica do produtor, deve-se considerar também a hipótese de estocar o produto em face de condições melhores de venda futura. Dessa forma, restrições de mercado podem ser atenuadas.

A diversidade produtiva tem por vantagens a economia de escopo, consorciada ou intercalada (produção com menores custos), redução do risco (eventos que atinjam um produto não atingem necessariamente os outros), uso mais balanceado dos recursos produtivos ou ainda alguma autossuficiência para a empresa rural. Entretanto, essas alternativas podem introduzir complexidade administrativa, dispersão de esforços e, em algumas situações, concorrência pelos recursos produtivos (equipamentos e mão de obra). Alguma diversidade é sempre positiva, tendo em vista a redução de riscos.

Quando dedicados a produtos únicos, esses devem ser tais que ocupem nichos específicos de mercado ou tenham demandas contratadas com exclusividade.

---

iv Entende-se como quantidade recomendável, nesse caso, aquela para a qual possa haver, por exemplo, limitações de incentivo financeiro institucional associado à quantidade de produção.

Em quaisquer casos, a tônica do empreendimento moderno é a de agregar valor ao produto, seja por qualidade, padronização, seleção, processo de produção, ou incorporação de etapas simples, de pré-processamento, conservação, limpeza e/ou embalamento.

6.5.1.3 Para quando produzir

Como para todos os demais produtos, houve época em que a demanda de produtos primários era superior à oferta e produzia-se tanto quanto fosse possível, pois se tinha a certeza de que comercializar era só uma questão de ter os meios para transportar e atingir os mercados. Assim, "quando entregar" não era uma questão tão relevante. Havia demanda para receber todos os produtos primários ou artesanalmente manipulados, e estocar era uma preocupação do cliente ou usuário. Entretanto, ao longo do tempo, em face da grande oferta, modernização dos meios de transporte e exigências do mercado consumidor, uma gama significativa de produtos primários passou a fazer parte de cadeias agroindustriais, tornando-se insumo para enorme diversidade de produtos industrializados.

Estocar deixou de ser uma preocupação do cliente ou usuário para ser uma preocupação da indústria transformadora e do comércio. Esses segmentos, entretanto, muito mais atentos às economias de escala, passaram a pressionar as empresas rurais a fornecer seus produtos com a frequência requerida pelo processamento industrial, evitando-se ao máximo estoque e perdas desnecessárias. Assim, passou-se a exigir entregas de matérias-primas mais constantes em prazos determinados. As empresas rurais vinculadas a cadeias agroindustriais têm, portanto, datas ou períodos de entrega bem determinados, mesmo considerando os significativos riscos das variações climáticas existentes. Isso significa que consideráveis esforços têm que ser feitos para controlar os desvios climáticos, quando possível. Tome-se como exemplo o bombardeio para fragmentação de granizo em plantações de maçã, ou a proteção das culturas e criações como no caso do uso de ventiladores para manutenção de temperatura em granjas, e a plasticultura no plantio de morangos e verduras. Além desses esforços relativos à redução dos riscos climáticos, deve-se dispor de técnicas de gestão que proporcionem meios de executar cada etapa do processo de produção de forma controlada, ou mesmo dispor da matéria-prima no momento desejado pela manipulação de diferentes mudas ou sementes com diferentes períodos de plantio e maturação, no caso de culturas.

Deve-se observar que o desenvolvimento natural da matéria-prima agroindustrial obedece não só aos períodos climáticos, mas também a um processo de evolução com sérias implicações para o valor dos produtos. A Figura 6.4 apresenta um modelo qualitativo do desenvolvimento da matéria-prima agropecuária com o período adequado de utilização.

O produto agropecuário, obtido antes do período de processamento adequado, pode apresentar menor valor de mercado porque suas propriedades são insuficientes ou até mesmo impróprias e, inversamente, após o período de processamento adequado, pode apresentar perda de propriedades ou custos de manutenção excedentes, que reduzem o lucro. Assim, além da análise dos tratos culturais mais adequados, em razão das questões climáticas, deve-se também contar com a possibilidade de uso de diferentes períodos de reprodução (ou uso de cultivares) para alongar o período de processamento recomendado. Visa-se com essa prática não só estabelecer um fornecimento mais estável para atender às demandas da agroindústria, mas também permitir ao produtor rural um fluxo de caixa mais constante. A Figura 6.5 apresenta uma ideia qualitativa dessa proposição.

Considerando que já se tenha determinado qual o produto a ser produzido, em que quantidade e com quais prazos de obtenção, planejar passa a ser a atividade de definir:

- O que fazer.
- Como fazer.

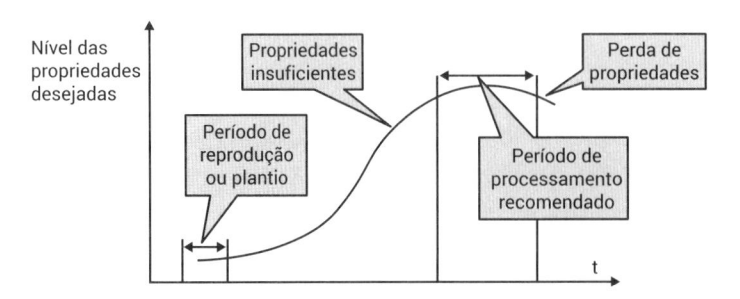

Figura 6.4 Modelo básico de desenvolvimento da matéria-prima agropecuária.

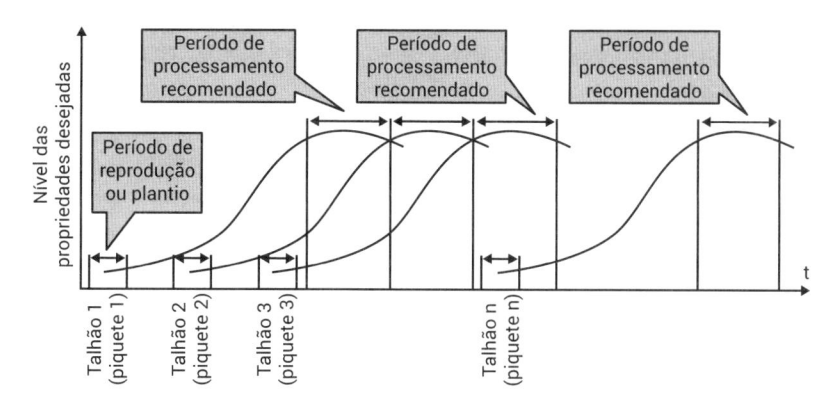

Figura 6.5 Modelo básico de desenvolvimento da matéria-prima agropecuária com defasagem.

- Quando se fará.
- Com qual ou quais recursos será feito.
- Durante quanto tempo.
- Onde será feito.

Antes de se efetivar o planejamento, devem-se considerar suas diferentes etapas:

- Implantação.
- Manutenção e colheita ou produção.
- Reposição de recursos (pés, ou matrizes) e/ou da recomposição do solo.

Cada uma das etapas tem que ser subdividida em tarefas e para cada tarefa é necessário descrever os recursos de produção necessários. É como determinar as instalações do sistema produtivo, redigir o processo de produção, estabelecer os tempos de processamento e considerar o desgaste dos recursos produtivos, pois após certo ciclo deve-se efetivar sua manutenção. Assim, para cada etapa do planejamento, devem-se determinar:

- Quais serão as atividades necessárias.
- Quais serão os recursos produtivos necessários em cada atividade.
- Quais as relações de precedência das atividades necessárias.
- Quais os tempos de execução previstos para cada atividade.
- Se estas atividades ocorrerão em sequência ou em paralelo.
- Como serão combinados os usos dos recursos produtivos na execução de cada atividade.

Considerando ainda que, no empreendimento rural, os recursos necessários têm que ser levados ao local de obtenção do produto, as empresas rurais podem, *grosso modo*, ser enquadradas como sistemas do tipo intermitente para grandes projetos. Nesses tipos de sistema, as ferramentas gerenciais usadas podem ser o *program evaluation review technique* (PERT) e o *critical path method* (CPM).

6.5.2 Agroindústrias de transformação: o problema da previsão de demanda

No segmento de industrialização das matérias-primas ou produção agroindustrial, podem-se observar duas etapas de transformação encadeadas, mas que também permitem oferecer produtos intermediários ao segmento de comercialização. Conforme se observa na Figura 6.6, na primeira transformação pode haver três tipos de empresas.

O primeiro tipo é a empresa de embalamento fracionado. Ela opera recebendo do empreendimento rural o produto a granel ou, em certos casos, em embalamento primário. O produto é então limpo, selecionado, recebe tratamento para conservação (quando necessário e/ou possível) e é embalado em pequenas unidades.

O segundo tipo é a empresa de processamento simples. Nesse caso, são as empresas que se dedicam a promover algumas operações primárias de agregação de valor aos produtos. São as cooperativas de leite ou os abatedouros de pequena escala, como exemplos da produção animal, e as empresas que limpam, selecionam, cortam, espremem, moem, trituram ou fazem fracionamentos simples da matéria-prima, seguindo alguma operação adicional, como assar, fritar, pasteurizar etc., além de embalamento.

O terceiro tipo são as empresas de processamento complexo. Nesse caso, são as empresas que se dedicam a promover operações complexas de extração, fracionamento e/ou composição química de produtos, ou desmontagem e processamento, no caso de animais. Operam em escalas de fabricação significativas, na maior parte das vezes tendo uma relação muito estreita com o produtor rural, de modo a assegurar o fornecimento da matéria-prima necessária para manter certa constância produtiva na empresa. Essas empresas fornecem produtos principalmente às indústrias de segunda transformação.

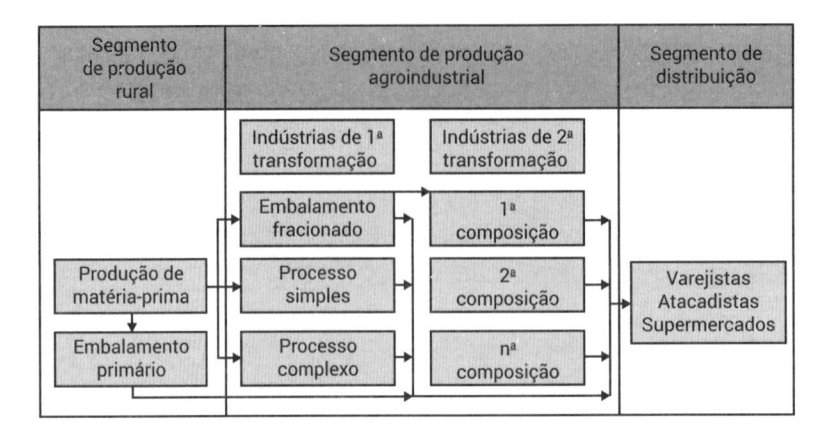

Figura 6.6 Constituição de uma cadeia agroindustrial.

Indústrias de segunda transformação são caracterizadas como o conjunto de empresas que recebem insumos da primeira transformação, para incorporá-los a produtos mais complexos com maior valor agregado. As indústrias de segunda transformação podem ainda subdividir-se em outros níveis de composição, em que os produtos de uma se tornam, sucessivamente, insumos para as outras de maior nível de complexidade. Como se pode observar na Figura 6.6, cada um dos tipos de indústria também pode ter produtos que são diretamente fornecidos ao segmento de distribuição.[v]

Além dos aspectos de escala de produção e constância produtiva, tem particular importância no planejamento agroindustrial o fato de a empresa estar ou não integrada a uma cadeia de suprimento. Quando uma empresa está integrada, sua demanda é, senão totalmente, ao menos em grande parte estabelecida em contrato ou com outra empresa, de etapa mais avançada de industrialização, e/ou com o segmento de distribuição. Isso simplifica o dimensionamento de sua demanda futura. Quando a indústria não está integrada a uma cadeia de suprimento,[vi] o dimensionamento de sua demanda futura está mais sujeito às incertezas, e é preciso refinar a previsão, de modo a não se produzir nem acima nem abaixo da capacidade de absorção do mercado.

Elaborar uma previsão de demanda significa identificar algum possível comportamento típico, a partir dos valores históricos da demanda, que possa ser representado por algum modelo, por exemplo matemático, que permita extrapolar para o futuro esse comportamento, de forma quantitativa. A Figura 6.7 mostra possíveis configurações de demanda que permitem identificar comportamentos típicos.

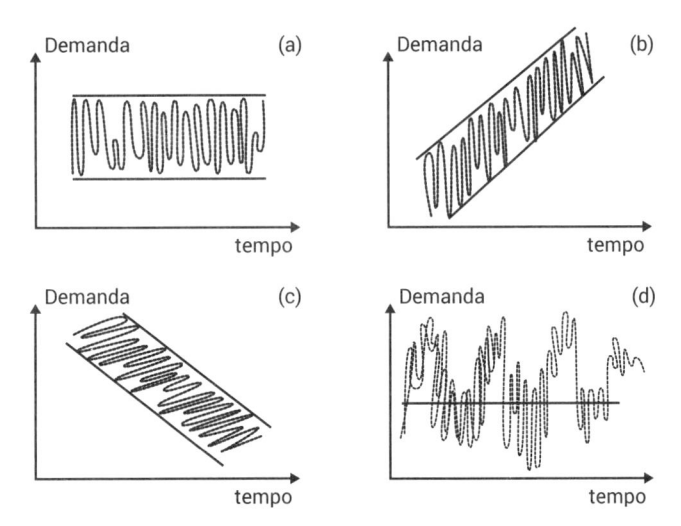

Figura 6.7 Exemplos gráficos de configuração de demanda.

A Figura 6.7a mostra que os valores de demanda oscilam em torno de um valor médio constante. A Figura 6.7b mostra que os valores de demanda também oscilam em torno de um valor médio, mas esse valor cresce linearmente. A Figura 6.7c apresenta uma situação inversa, em que os valores de demanda oscilam em torno de um valor médio, mas esse decresce linearmente. Nos casos das Figuras 6.7b e 6.7c, atribuem-se genericamente esses efeitos a uma causa denominada tendência. A Figura 6.7d mostra que, além das oscilações normais, os valores de demanda estão sujeitos a algum fator que causa sistemáticos picos seguidos de vales de demanda. Esse fator que induz um comportamento senoidal aos sucessivos valores de demanda é denominado sazonalidade. Esses comportamentos permitem, então, identificar os seguintes componentes possíveis dos valores de demanda:

---

v O Capítulo 1 também apresenta uma discussão sobre as características das agroindústrias de primeira, segunda e terceira transformação.

vi A questão da importância da coordenação produtiva nas cadeias agroindustriais de suprimentos é objeto de parte do Capítulo 3.

- **Média**: componente da demanda que identifica quantitativamente os usuários ou consumidores sistemáticos do produto.
- **Tendência**: componente da demanda que identifica quantitativamente os usuários ou consumidores que se incorporam (tendência crescente) ou abandonam (tendência decrescente) o mercado do produto a cada período em função, por exemplo, do crescimento (redução) da população ou aumento (redução) de seu poder aquisitivo.
- **Sazonalidade**: componente da demanda que identifica quantitativamente os usuários ou consumidores que, sob o efeito de algum fator estimulador, incorporam-se ao mercado do produto para, em períodos irrediatamente posteriores, agora sob o efeito de um fator desestimulador, abandonar o mercado do produto. Em geral, esses fatores estimuladores estão associados às estações do ano. Como esses fatores se reproduzem periodicamente, essa componente da demanda assume também características de periodicidade, fazendo com que os valores de demanda componham graficamente uma curva identificável com uma senoide. Há fatores não naturais, como feiras e festas periódicas, que podem induzir os mesmos tipos de efeitos.
- **Aleatoriedade**: componente da demanda que identifica quantitativamente os usuários ou consumidores que se incorporam ou deixam esporadicamente o mercado do produto, por uma diversidade de motivações tão grande que torna sua modelagem individualizada complexa e ineficaz. A aleatoriedade é uma componente que afeta tanto a média quanto a tendência e a sazonalidade. Modelos de previsão mais elaborados procuram eliminar a aleatoriedade da demanda, deixando sua administração por conta de outros mecanismos de gerenciamento, tais como estoque de segurança ou flexibilidade produtiva.

Para elaborar uma previsão, é preciso que haja registros históricos sobre as demandas passadas e que esses valores de demanda não tenham sido influenciados por mudanças de condições ambientais (impactos de alterações econômicas, políticas ou sociais, ou outros fatores de perturbação do mercado). Dispondo-se de tais dados, elaborar uma previsão pode ser projetar um valor médio, isto é:

$$M_n = P_{n+1},$$

onde:

M_n é a média calculada para o período n

P_{n+1} é a previsão para o período $n + 1$

ou, dependendo da característica dos dados, projetar o valor médio corrigido pelos demais componentes da demanda. Assim, pode-se dispor dos seguintes possíveis modelos:

i) *Média simples*: quando não há uma história de dados suficiente, o melhor é lançar mão de uma média simples, dada por:

$$M_n = P_{n+1} = \frac{\sum_{i=1}^{n} D_i}{n}$$

onde:

P_{n+1} é a previsão para o período $n + 1$ e períodos subsequentes

D_i é a demanda em cada período i

n é o número total de períodos (registros) disponíveis e considerados para o cálculo da média.

O problema com a média simples é que todos os dados têm o mesmo peso, impedindo de perceber-se melhor o comportamento mais recente do mercado. Uma forma de contornar esse problema é utilizar-se a média móvel, que, por adotar um número k menor que n períodos, acaba por considerar sobretudo a informação mais recente, especialmente se k for bem pequeno.

ii) *Média móvel*: é a previsão obtida pela extrapolação da média dos k valores mais recentes de demanda. P_{n+1} é dada por:

$$M_n = P_{n+1} = \frac{\sum_{i=n-k}^{n} D_i}{k}$$

onde:

P_{n+1} é a previsão para o período $n + 1$ e períodos subsequentes

D_i é a demanda em cada período i

n é o número total de períodos (registros) disponíveis

k é o número de períodos considerados para o cálculo da média

Para se estabelecer qual o número k mais apropriado para melhor reproduzir a realidade, simula-se o cálculo da média com diferentes números de termos k, para a série de demandas já conhecida. Observa-se então que há sempre um número k de termos que reduz o erro que se comete nas previsões. Uma variante do modelo de média móvel é a média móvel centrada.

iii) *Média móvel centrada*: utiliza-se esse modelo quando se supõe que haja uma estreita correlação entre o comportamento da demanda para o período que se pretende prever e o comportamento de determinado conjunto ($2k + 1$) de períodos do passado recente. Assim, procura-se considerar só os ($2k + 1$) dados desse passado recente. O período ($k + 1$) (semana, mês) desse conjunto deve corresponder ao período para o qual se pretende fazer a previsão. Assim, pretendendo-se fazer uma previsão para o mês j do ano corrente, e supondo-se que haja correlação entre os comportamentos das demandas de cada mês deste ano e as demandas em cada mês do ano precedente, podem-se utilizar no cálculo da média móvel centrada, por exemplo, os dados dos meses $j – 1$, j e $j + 1$ (isto é, $k = 1$) do ano precedente. Assim, P_{n+1} será dado por:

$$M_{(n+1)-t} = P_{n+1} = \frac{\sum_{i=(n+1)-t-k}^{(n+1)-t+k} D_i}{2k+1}$$

onde:

P_{n+1} é a previsão para o período $n + 1$

D_i é a demanda em cada período i

n é o número total de períodos

t é o intervalo de tempo entre o período que se pretende prever e o correspondente período central dos dados que se usará na previsão

$2k + 1$ é o número ímpar de períodos (conjunto de dados) usados para o cálculo da média

Tanto o modelo de média móvel como o modelo de média móvel centrada têm como desvantagem o fato de que os dados considerados têm o mesmo peso, não se dando ênfase a dados mais recentes, no conjunto tomado. Assim, em alguns casos pode-se tornar interessante o uso da média ponderada.

iv) *Média ponderada*: é a previsão obtida pela extrapolação da média dos n valores históricos de demanda, ponderados por fatores crescentes, de tal forma que se atribua maior ênfase (fatores de maior valor) aos valores de demanda mais recente. Assim, P_{n+1} é dada por:

$$M_n = P_{n+1} = \sum_{i=1}^{n} F_i D_i$$

e

$$\sum_{i=1}^{n} F_i = 1$$

onde:

P_{n+1} é a previsão para o período $n + 1$

D_i é a demanda em cada período i

F_i é o fator de ponderação do período i, tal que $0 \leq F_i \leq 1$

n é o número total de períodos (registros) disponíveis

O modelo de média ponderada tem como desvantagem a necessidade de rever todos os fatores F_i à medida que novos períodos de demanda ocorram. Assim, torna-se interessante uma média exponencialmente ponderada, de tal forma que os fatores F_i sejam facilmente calculados a partir de uma série exponencial.

v) *Média ponderada exponencialmente*: é a previsão obtida acrescentando-se à previsão feita para o período n uma parcela do que se supõe tenha sido o erro dessa previsão, isto é, a diferença entre a demanda real D_n e a previsão para o período n, feita no período $n – 1$, isto é, P_{n-1}. Assim, P_{n+1} é dada por:

$$M_n = P_{n+1} = P_{n-1} + \alpha (D_n - P_{n-1})$$

A fórmula assim representada pode ser reescrita da seguinte forma:

$$M_n = P_{n+1} = \alpha D_n + (1 - \alpha) P_{n-1}$$

Ao se desdobrar recursivamente P_{n-1} em seus termos constituintes, poder-se-á observar que esse termo contém, implicitamente, uma série automática e exponencialmente ponderada.

De acordo com Buffa e Miller,[7] α é um valor empiricamente estabelecido entre 0,01 e 0,3. Esse autor recomenda que se adote um valor menor para α, quando os valores reais da demanda apresentam variações pequenas em torno da média. Em caso contrário, α deve assumir valor maior.

Esse modelo é recursivo e, além da demanda mais recente, exige o conhecimento da previsão imediatamente anterior. Sua aplicação não é recomendada para uma série histórica com poucos valores. Assim, para iniciar sua aplicação, é indicada a utilização da média simples dos primeiros dados de demanda, como valor para a primeira previsão, P_0.

Todos os modelos até aqui apresentados são aplicáveis às séries de valores de demanda que não apresentem tendência ou sazonalidade. Caso seja detectada uma tendência, não será possível extrapolar a média sem antes acrescentar-lhe uma parcela devida à tendência, como no modelo que se segue.

vi) *Média ponderada exponencialmente com tendência*: é a previsão obtida acrescentando-se à média exponencialmente ponderada atual uma parcela do que se denomina tendência suavizada, isto é, a tendência despojada de uma parte de sua aleatoriedade. Admitindo-se que a tendência com aleatoriedade (denominada tendência aparente) seja dada pela diferença entre as duas mais recentes médias calculadas, isto é:

$$T_n = [M_n - M_{n-1}]$$

a tendência com aleatoriedade suavizada será dada por:

$$\overline{T}_n = \beta T_n + (1-\beta)\overline{T}_{n-1}$$

onde: $0,01 \leq \beta \leq 0,3$

Deve-se adotar um β grande quando o efeito da tendência for considerado significativo e, inversamente, deve-se adotar um β pequeno quando esse efeito for considerado pouco significativo. Como se pode observar, a avaliação da tendência também é recursiva, sendo necessário guardar-se o valor da tendência suavizada. Como no primeiro período de aplicação do modelo não é possível ainda identificar uma tendência, seu primeiro valor é nulo.

Nessas condições, P_{n+1} será dado por:

$$P_{n+1} = M_n + \frac{1-\alpha}{\alpha}\overline{T}_n = \alpha D_n + (1-\alpha)P_n + \left[\frac{1-\alpha}{\alpha}\right]\overline{T}_n$$

Onde: $\left[\dfrac{1-\alpha}{\alpha}\right]$ é um fator empírico de correção para distorções introduzidas pelo próprio valor de α e pela acentuação da tendência.

Observação: Pode-se adotar, por conveniência, $\alpha = \beta$.

Esse modelo, entretanto, não é capaz de tratar situações em que a demanda apresenta sucessivamente alguns períodos com tendência crescente, seguidos de períodos com tendência decrescente sob circunstâncias e causas que sejam bem determinadas e conhecidas. Nesses casos, é razoável adotar-se o modelo de suavização exponencial com tendência e sazonalidade.

vii) *Média suavizada com tendência e sazonalidade*: para se obter uma previsão em uma série de valores de demanda que apresente sazonalidade, é necessário inicialmente reduzir esse efeito na série. Um possível artifício é estabelecer uma série denominada básica. Isto é, um conjunto de períodos que contenha um pico e um vale de demanda e preserve as principais características da sazonalidade. Pode-se obter com ele uma série de razões de demanda, dividindo-se cada termo da série de demandas históricas reais pelos correspondentes termos da série básica, como no exemplo da Figura 6.8.

Suponha-se que a série básica se inicie no período j e dure m períodos (caracterizando um ciclo completo de sazonalidade, isto é, uma senoide contendo um pico e um vale de demandas).

Suponha-se também que os termos de demanda D_1 a D_{12} constituam a série básica e que os termos D_{13} a D_{24} sejam divididos pelos correspondentes termos da série básica, isto é, D_{13} por D_1, D_{14} por D_2 e assim sucessivamente, conforme apresentado na Tabela 6.1. Obtém-se, então, a série de razões de demanda apresentadas como barras menores no gráfico da Figura 6.8.

Essa série de razões de demanda pode então ser tratada pelo modelo de média suavizada com tendência, como uma série sem sazonalidade, porque seus efeitos estão suficientemente atenuados. Dessa forma, obtém-se a razão de demanda esperada e regularizada exponencialmente. Assim, para se aplicar o modelo de média suavizada com tendência, calculam-se:

- **Razão de demanda regularizada exponencialmente (RD^*_i):** a série de razões de demanda é também

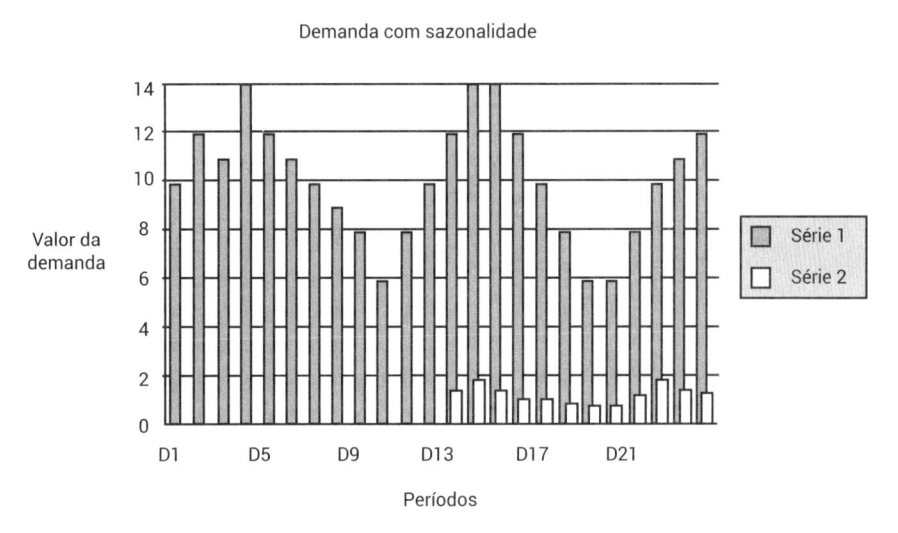

Figura 6.8 Exemplo de demanda com sazonalidade.

Tabela 6.1 Série de razões de demanda

Período	D_1	D_2	D_3	D_4	D_5	D_6	D_7	D_8	D_9	D_{10}	D_{11}	D_{12}
Demanda (Sb_t)	10	12	11	14	12	11	10	9	8	6	8	10

Período	D_1	D_2	D_3	D_4	D_5	D_6	D_7	D_8	D_9	D_{10}	D_{11}	D_{12}
Demanda (D_t)	12	14	14	12	10	8	6	6	8	10	11	12
Razão de Demanda (Rd_t) (série 2)	1,20	1,17	1,27	0,86	0,83	0,73	0,60	0,67	1,00	1,67	1,38	1,20

regularizada exponencialmente, em virtude das influências aleatórias.

$RD^*_i = \alpha \cdot RD_i + (1 - \alpha) \cdot RD^*_{i-1}$ para i, de $(j + m + 1)$, primeiro elemento após a série básica, até n

Assume-se que $(RD^*_0 = 1)$

- **Tendência aparente**: tendência aparente da série de razões de demanda suavizadas é o nome dado à diferença entre a razão de demanda suavizada atual e a razão de demanda suavizada anterior. Denomina-se aparente porque se supõe que também as razões de demanda suavizadas estejam sujeitas a variações aleatórias.

  $T_i = RD^*_i - RD^*_{i-1}$ para i, de $(j + m + 1)$ até n

  A tendência aparente no primeiro período é nula.

- **Tendência regularizada exponencialmente**: a tendência regularizada da série de razões de demanda é dada por:

  $$T^*_i = \alpha \cdot T_i + (1 - \alpha) \cdot T^*_{i-1} = \alpha \cdot (RD^*_i - RD^*_{i-1}) + (1 - \alpha) \cdot T^*_{i-1}$$

  para i, de $(j + m + 1)$ até n. A tendência regularizada no primeiro período é nula.

- **Razão de demanda esperada**: a série de razões de demanda é corrigida em função de possíveis tendências identificadas. Como resultado, obtém-se uma "série de razões de demanda esperadas" ($E(RD_i)$), dadas por:

  $E(RD^*_i) = RD^*_i + ((1 - \alpha)/\alpha) \cdot T^*_i)$ para i, de $(j + m + 1)$ até n.

- A partir do último resultado, obtido $E(RD^*_n)$, pode-se então reconstituir o valor da previsão com sazonalidade para o período desejado, dado por P_{n+t}.

- **Previsão de demanda**: a demanda prevista para um próximo período $n + k$ é determinada multiplicando-se a soma da razão de demanda esperada (correspondente ao período presente) pelo respectivo fator de ajuste de tendência, multiplicados pelo valor de demanda na série básica, associada ao período $j + k$.

$$P_{n+t} = (E(RD^*_n) + T^*_n) \cdot Sb_{j+k}$$

Observação: $(j + k)$ é o período da série básica que corresponde ao período $(n + t)$ para o qual se deseja efetuar a projeção.

Se a configuração sazonal é praticamente invariante ao longo do tempo, a série básica pode ser constituída simplesmente pelos próprios valores de demanda do ciclo de sazonalidade (contendo um pico e um vale de demanda) imediatamente anterior ao ciclo atual.

Se os pontos de maiores e de menores demandas variam um pouco de ciclo para ciclo, médias móveis ou centradas podem ser usadas para a definição de uma série básica de demandas, mais representativa.

6.5.2.1 Erros em previsão

A forma mais apropriada de se verificar a adequação de um modelo ou dos parâmetros de um modelo a uma série de valores de demanda, para efeito de previsão, é verificar a dimensão dos erros de previsão que se comete ao longo do tempo. Assim, define-se erro como a diferença entre a previsão para dado período e a demanda real desse período.

$$E_i = P_i - D_i$$

Uma das formas de se avaliar a dimensão dos erros que se comete ao longo do tempo é calcular o erro médio dado por:

$$EM = \frac{\sum_{i=1}^{n} E_i}{n}$$

Entretanto, como pode haver erros positivos e negativos, ocorre eventualmente uma compensação de erros e, na média, um valor próximo a zero, apesar de haver isoladamente erros muito significativos. Assim, é usual calcular-se o erro médio acompanhado de uma avaliação comparativa de erros absolutos médios (também chamados desvios absolutos médios -- DAM) ou então compará-los com os erros médios quadráticos (EMQ).

Os desvios absolutos médios são dados por:

$$DAM = \frac{\sum_{i=1}^{n} |E_i|}{n}$$

e os erros médios quadráticos, por:

$$EMQ = \frac{\sum_{i=1}^{n} E_i^2}{n}$$

Erro médio próximo de zero com desvio absoluto médio ou erro médio quadrático alto significa grandes desvios. Cabe ao administrador fazer uma simulação de modelos e/ou de parâmetros para encontrar aqueles que melhor representem sua série de demandas históricas, para em seguida proceder à previsão de demanda.

6.5.2.2 Adequação da previsão

Uma boa prática ao se elaborar a previsão de demanda é fazê-la para a demanda total anual de cada produto. Em seguida, o total anual previsto pode ser subdividido em parcelas periódicas (trimestrais, bimestrais, mensais ou semanais) de acordo com os percentuais históricos da demanda anual nesses períodos.

Outra boa prática é confrontar os dados projetados e parcelados com as informações disponíveis, junto a diretorias, gerências, pessoal de vendas e assistência técnica, sobre as reais condições de mercado e as perspectivas antevistas, em função das condições sociais, políticas e econômicas, locais e globais. Observe-se que essas condições traduzem a experiência e a percepção dessas pessoas em relação ao mercado atual e futuro.

Deve-se, finalmente, avaliar se a previsão de demanda anual usa recursos econômicos compatíveis com as disponibilidades financeiras previstas. Em caso contrário, a previsão de demanda deixa de ser superiormente limitada pelo mercado para sê-lo pelas disponibilidades financeiras. Com a previsão de demanda e eventuais pedidos de produtos já negociados, podem-se, então, desenvolver o planejamento agregado e o plano mestre de produção.

6.5.3 Planejamento agregado nas agroindústrias de transformação

O planejamento agregado pode ser considerado o processo de planejar e controlar a produção com o objetivo de atender às necessidades dos clientes. Sendo assim, sua principal finalidade é ajustar a taxa de produção e a taxa de demanda no médio prazo.

É aconselhável que o médio prazo utilizado no planejamento agregado seja de 12 meses, pois, dessa maneira, é possível mapear, quando existir, a sazonalidade do produto ou serviço dentro do mesmo ano. A partir dessa referência, a unidade de tempo usada para planejar, geralmente, é o mês.

O planejamento agregado é a base para se atingirem os objetivos estratégicos da organização, pois é possível direcionar e mobilizar os recursos da produção, e é a comunicação chave entre o ambiente de manufatura e a alta gerência.[8]

No planejamento agregado, os diferentes produtos ou serviços de uma empresa são agregados ou agrupados em famílias de produtos similares, ou seja, produtos que possuem características semelhantes de processo produtivo são planejados em conjunto. Isso permite erros menores em termos de produção, quando comparados aos erros de itens ou componentes planejados separadamente.

BOXE 6.1 Previsão qualitativa da demanda

Além da abordagem quantitativa para a previsão da demanda, há também a abordagem qualitativa com a mesma função.

A abordagem qualitativa é especialmente de interesse em casos em que não há dados quantitativos de vendas como, por exemplo, quando se pretende prever a demanda de um novo produto.

No entanto, mesmo no mercado de produtos consolidados e com dados quantitativos é recomendável recorrer a análises qualitativas de mercado para agregar informações à previsão da demanda. Entre os métodos para prever a demanda na abordagem qualitativa, podem-se citar a analogia histórica, a pesquisa de mercado, a pesquisa com clientes e equipes de venda.

Um exemplo que demonstra a importância de se combinar a abordagem quantitativa com a abordagem qualitativa foi publicado pelo jornal *Valor Econômico* em 2015 com o título "Na crise, brasileiro come mais biscoito recheado".[9] Naquela época, o Brasil enfrentava uma crise econômica com aumento do desemprego, retração de renda e inflação. Nesse cenário de crise, as vendas de muitos produtos estavam diminuindo. No entanto, alguns produtos, ao contrário do esperado, tiveram aumento da demanda.

Um produto que se destacou por ter sua demanda aumentada em mais de 5% foi o biscoito recheado. De acordo com os profissionais desse mercado, tal crescimento se deu porque as pessoas, em épocas de crise, buscam alimentos mais saborosos para compensar o estresse. A expectativa de aumento de vendas, nesse caso, portanto, somente pôde se dar em função de uma avaliação qualitativa do mercado.

O plano de produção de cada família de produtos, elaborado a partir do planejamento agregado, procura reduzir os custos envolvidos e atender a demanda prevista. De acordo com Fernandes e Godinho Filho,[10] os principais custos são:

- **Custos básicos de produção**: custos fixos e variáveis para produzir um produto ou serviço.
- **Custos de manter estoque**: custos de capital aplicado em materiais, mais custos relacionados com o seguro e com o risco de obsolescência dos itens armazenados, mais o custo de armazenagem.
- **Custos de falta**: custos relacionados com o não atendimento de prazos estipulados ou então com a perda de vendas.
- **Custos de contratação**: custos incorridos na contratação de um funcionário, como, por exemplo, exames admissionais e treinamentos.
- **Custos de demissão**: custos de rescisão e possíveis perdas de produtividade.
- **Custos de horas extras**: custos adicionados ao valor da hora trabalhada em período normal, estabelecido em contrato.
- **Custos de subcontratação**: custos cobrados por terceiros para fabricação de bens ou realização de serviços.

Geralmente, as decisões que fazem parte do planejamento agregado são:

- Volume a ser produzido por unidade de tempo.
- Níveis necessários de estoque em cada um dos períodos.
- Número de pessoas necessárias para trabalhar em cada período.
- Quantidade de pedidos pendentes.
- Uso de banco de horas.
- Necessidade de utilizar horas extras.
- Necessidade de realizar subcontratações.

Os métodos para a realização do planejamento agregado são divididos em dois conjuntos: métodos de planilha e métodos avançados.

Os métodos de planilha são considerados métodos simples, fornecem solução rápida e geralmente não ótima. São baseados em tentativa e erro. Algumas das estratégias consideradas nos métodos de planilha são:

- Trabalhar com a força de trabalho variável com a produção acompanhando a demanda.
- Trabalhar com a força de trabalho constante, permitindo faltas, não permitindo faltas, utilizando horas extras ou utilizando subcontratação.
- Estratégias mistas (combinação entre diferentes estratégias).

É importante notar que, ao se utilizar o método de planilha, a capacidade produtiva deve ser analisada *a posteriori*. Uma das formas de analisar a capacidade no nível do planejamento agregado é pelo método da análise de capacidade conhecido na literatura especializada como *resource requirements planning* (RRP).

Os métodos avançados buscam, a partir da utilização da pesquisa operacional, gerar uma solução ótima para o problema. Programação linear, programação inteira mista, regra de decisão linear e abordagem dos coeficientes gerenciais são alguns desses métodos avançados.

Também existem formas de influenciar a demanda para que essa fique mais uniforme ou constante ao longo do tempo, como, por exemplo, atender apenas parte da demanda em períodos de pico e perder parte das vendas, alocar demanda dos períodos de pico para períodos que não possuem picos (trabalho em conjunto com a área comercial para estimular vendas) e produção para estoque (quando for possível) em períodos de baixa demanda para atender momentos de alta demanda, permitindo assim uniformidade nos recursos utilizados durante o ciclo sazonal. Na agroindústria, um fator importante para ser levado em consideração, quando se trabalha com as formas de influenciar a demanda, é a perecibilidade dos produtos.

6.5.4 Programa mestre da produção nas agroindústrias de transformação

O programa mestre de produção é o registro das decisões sobre quais produtos serão fabricados, em quais quantidades e em que períodos, de forma a usar adequadamente os recursos produtivos e atender a demanda.

Para determinar quais produtos serão fabricados, é necessário avaliar a previsão de demanda e os pedidos já existentes de cada produto que a empresa processa, bem como a conveniência econômica e industrial de produzi-los ao longo de certo período. Para consolidar um programa mestre de produção, as empresas agroindustriais precisam avaliar previamente as disponibilidades de matérias-primas, mais acentuadamente que outros tipos de indústria, porque a oferta de matéria-prima condiciona significativamente a conveniência econômica de produzir alguns produtos.

Se, por exemplo, estiver prevista quebra de safra em uma região, a empresa poderá ter de recorrer a outras fontes da matéria-prima que encareçam ou mesmo inviabilizam seu produto. Determinar as quantidades a produzir de cada produto ao longo dos períodos significa, assim, consolidar os planos e metas de vendas com a capacidade disponível de horas de trabalho e também as disponibilidades existentes ou previstas de matérias-primas. Em geral, a quantidade a produzir de cada produto em cada período, quando não é limitado pelo mercado, passa a ser um valor obtido em função do recurso produtivo mais restritivo em cada caso.

Usar adequadamente os recursos produtivos implica não só produzir tudo que for estabelecido, mas também produzir, tanto quanto possível, uma carga uniforme ao longo do tempo. No que diz respeito às transformações de matéria-prima agrícola ou animal, nem sempre isso é possível, não só devido à sazonalidade das safras, mas também devido à perecibilidade da matéria-prima e do produto acabado.

Empresas de segunda transformação são exemplos típicos em que a demanda e a produção procuram ser constantes ao longo do tempo. Essa constância na indústria de segunda transformação, quando a primeira transformação é sazonal, é obtida à custa de altos estoques de matéria-prima (por exemplo, no engarrafamento de pinga e na elaboração de doces de polpa de fruta).

Já no caso de empresas de primeira transformação, a sazonalidade da matéria-prima obriga a que a produção opere somente durante certos meses do ano, como ocorre, por exemplo, nas indústrias de suco e sucroalcooleiras, entre outras. Esforços têm sido despendidos no sentido de reduzir o período de paralisação dessas indústrias. Quando os sistemas de produção da matéria-prima e de industrialização são encadeados, há uma probabilidade maior de se intervir na oferta da matéria-prima visando distribuir sua obtenção ao longo do tempo. É com essa intervenção, por exemplo, na adoção de diferentes variedades de mudas (ou sementes), ou fontes de abastecimento (diferentes regiões), que a indústria de suco de laranja e as usinas de açúcar e álcool podem ampliar seu tempo de atividade anual.

Uma alternativa para não se absorver no sistema de produção a sazonalidade rural, quando a vida do produto permite, é processar a matéria-prima antecipadamente armazenando o produto até que a demanda se consume.

Cada vez mais, as indústrias procuram estabelecer encadeamento com o segmento de produção rural, visando reduzir suas incertezas na obtenção da matéria-prima. Esse encadeamento significa que o programa de produção deve comandar a definição de locais, áreas e momentos de plantio e colheita ou quantidades de criação, bem como os tipos de sementes (mudas) ou matrizes e a logística de suprimento da unidade de processamento. Essas exigências impõem características de industrialização às atividades rurais.

Assim, devem ser observados na elaboração de programas mestres de produção os seguintes aspectos:

- Sazonalidade da oferta da matéria-prima.
- Possibilidade de expansão temporal da oferta da matéria-prima:
  - pela defasagem do período de plantio e colheita entre diferentes unidades de produção rural (ainda que em uma mesma empresa rural);
  - pelo uso de ambientes de produção controlados (plasticultura, confinamento);
  - pelo uso de diferentes variedades e raças.
- Possibilidade de manutenção de estoque da matéria-prima ou de ampliação forçada de seu ciclo de vida (tratamento químico, câmaras frias, desidratação).
- Possibilidade de manutenção de estoque do produto semiprocessado ou acabado (como função do tempo de validade do produto acabado).
- Capacidade de coordenação da atividade rural.

Além dos aspectos de uso balanceado dos recursos produtivos, na elaboração do plano mestre de produção devem ser consideradas as seguintes questões:

- **Unidades de trabalho**: as unidades de entrada da matéria-prima (caixas, toneladas, sacas etc.) podem ser diferentes das unidades do produto acabado (latas, dúzias, litros etc.). O plano mestre de produção deve ser apresentado segundo as unidades de saída ou (quando diferentes produtos finais usam um mesmo componente), segundo as unidades do componente comum.
- **Capacidade de produção**: as quantidades constantes em cada período do plano mestre devem ter viabilidade de produção. Isto é, deve-se avaliar se há capacidade suficiente de fabricação do *mix* de produção especificado no plano mestre em cada período.
- **Tempo e qualidade**: é necessário considerar como prazo de validade para o produto um tempo tal que ainda preserve as qualidades do produto percebidas pelo mercado; assim, não basta um produto manter suas qualidades nutritivas ou funcionais, é necessário que ele também preserve, por exemplo, sua aparência saudável ou de eficiência.
- **Vigência e revisão**: um plano-mestre de produção não é imutável. Assim como a previsão de demanda pode ser melhorada, a cada período que se avança, o plano mestre também deve ser revisto. Para que

não haja alterações muito bruscas nas decisões, é boa prática conservar alguns períodos mais imediatos do plano como imutáveis. No caso da agroindústria, por exemplo, o primeiro mês. O segundo mês pode ser considerado como passível de alguma alteração e o terceiro e quarto meses, sujeitos a alteração maior. Essa revisão pode-se dar quinzenalmente.

O programa mestre de produção pode ser elaborado de diversas maneiras. Uma das formas mais usuais é por meio de uma planilha em que as colunas são utilizadas para separar os períodos de planejamento e as linhas são utilizadas para informações como previsões de vendas, pedidos confirmados, estoques projetados, quantidades a serem produzidas e, em alguns casos, as quantidades disponíveis para pedidos futuros, o chamado disponível para promessa. A Tabela 6.2 ilustra uma planilha desse tipo.

A semana "0" normalmente é utilizada para informar o estoque no início do horizonte de planejamento. Trata-se de um estoque físico, disponível para uso. Os estoques das semanas posteriores (semana 1 em diante) são chamados estoques projetados justamente porque sua efetivação somente se dará quando tal semana acabar e passar a ser a semana "0" do horizonte de planejamento. Para se calcular o estoque projetado, utiliza-se uma equação que considera o saldo entre entradas e saídas do estoque, da seguinte forma:

(Estoque no período t) = (Estoque no período $t - 1$)
+ (Quantidade a ser produzida no período t)
− (Demanda efetiva no período t)

A linha Previsão de vendas deve ser preenchida com os valores previstos da demanda em cada um dos períodos do horizonte de planejamento. A linha Pedidos confirmados deve ser preenchida com a soma de todos os pedidos firmes realizados pelos clientes em cada um dos períodos.

A linha Demanda efetiva deve ser preenchida com o maior valor entre a previsão de vendas e os pedidos confirmados. É com base nessa linha que a quantidade a ser produzida deve ser definida. Isso porque a produção deve ser planejada com a expectativa de atender a demanda prevista, exceto nos períodos em que os pedidos confirmados excedam a previsão.

A linha referente ao disponível para promessa deve ser preenchida para que se possa avaliar quanto do estoque disponível e da produção planejada poderá ser destinado a pedidos que ocorrerem após a elaboração do plano. A ideia é ter um parâmetro para que o planejador saiba se determinado pedido poderá ser aceito sem que seja necessário alterar o plano já elaborado. Por exemplo, se o valor do disponível para promessa da quarta semana do mês for igual a 300, isso significa que qualquer pedido de até 300 unidades para a quarta semana (ou semana posterior) poderá ser aceito sem que seja necessário aumentar as quantidades produzidas na quarta semana (ou em semanas anteriores).

Para determinar o disponível para promessa, considerando desde o primeiro período do horizonte de planejamento, o cálculo é dividido em duas partes:

1. Até o período anterior ao primeiro período em que houver produção. Nesse caso, o disponível para promessa será igual ao estoque inicial menos a soma dos pedidos confirmados até o período anterior ao próximo período em que houver produção novamente.

2. A partir do primeiro período em que houver produção. Nesse caso, o disponível para promessa será igual à produção do período, menos a soma dos pedidos confirmados até o período anterior ao próximo período em que houver produção.

Em períodos os quais não houver produção, não se calcula o disponível para promessa. Nesses períodos, se houver pedidos de clientes, o disponível para promessa do(s) período(s) anterior(es) é que deve(m) ser utilizado(s) para verificar a possibilidade de atendimento. Se houver produção já no primeiro período do horizonte

Tabela 6.2 Exemplo de tabela para elaboração do programa mestre de produção

Período	0	Semana 1	Semana 2	Semana 3	Semana 4
Previsão de vendas					
Pedidos confirmados					
Demanda efetiva					
Estoque projetado					
Disponível para promessa					
Disponível para promessa acumulado					
Quantidade a ser produzida					

de planejamento, o disponível para promessa deverá ser calculado combinando-se as duas partes do cálculo.

O preenchimento da linha referente às quantidades a serem produzidas depende do comportamento da demanda e de como a empresa pretende utilizar seus recursos produtivos para atendê-la. Nas seções a seguir, são tratadas algumas das principais abordagens para elaboração do programa mestre de produção.

6.5.4.1 Congelamento do plano desagregado de produção

A partir do plano agregado de produção, são definidas as quantidades a serem produzidas de cada uma das famílias de produtos e os períodos em que devem ser produzidas. Com isso, uma possibilidade para elaboração do programa mestre de produção é justamente converter as quantidades e períodos já definidos no plano agregado em termos de famílias de produtos em produtos finais. Em outras palavras, o volume total de produção da família deve ser dividido entre os diversos produtos pertencentes à família (definição do *mix*). Também deve ser definida a sequência em que a produção ocorrerá (definição da prioridade). Um recurso para se realizar a definição do *mix* e da prioridade é o método do tempo de esgotamento.[11] A partir do plano desagregado, a principal preocupação para a elaboração do programa mestre de produção será a de garantir que a carga de trabalho não excederá a capacidade produtiva em nenhum dos períodos do horizonte de planejamento.

6.5.4.2 Acompanhamento da demanda

O programa mestre de produção também pode ser elaborado a partir de uma abordagem em que se planeja produzir exatamente a quantidade demandada em cada período. Essa abordagem é mais comum em casos nos quais a produção é sob encomenda, ou seja, a quantidade a ser produzida será igual à quantidade encomendada pelos clientes. No entanto, é possível também produzir acompanhando a demanda em casos nos quais a produção é baseada também em previsão de vendas. Neste último caso, se a demanda real for diferente da prevista, ou os estoques serão maiores do que o planejado (no caso de a demanda real ser menor que a prevista), ou os estoques serão menores do que o planejado (no caso de a demanda real ser maior que a prevista). Para evitar falta de produtos, normalmente projeta-se a formação de estoques de segurança em cada período por meio da produção de quantidades superiores às previstas. Esses estoques de segurança visam justamente suprir a demanda quando essa supera a previsão.

6.5.4.3 Nivelamento da produção

Uma terceira abordagem para a elaboração do programa mestre de produção é planejar a produção em um nível constante ao longo do tempo. Essa quantidade, fixa, visa atender a demanda em todos os períodos independentemente do comportamento da demanda. Se a demanda for constante ao longo do tempo, a definição da quantidade a ser produzida será direta, sendo igual ao valor demandado. Mas se a demanda variar ao longo do tempo, especialmente se houver sazonalidade na demanda, deve-se determinar a quantidade a ser produzida com base em uma equação que garanta que a produção acumulada se iguale ou exceda a demanda acumulada ao longo do horizonte de planejamento.

Para determinar a quantidade constante a ser produzida em cada período nessas condições, a seguinte equação deve ser utilizada:

$$Q_i = maior\left\{\frac{\sum_{k=1}^{t} D_{ik} - I_0}{t}\right\}, \text{ para todo } t$$

Em que:

Q_i = quantidade fixa a ser produzida do produto i em cada um dos períodos;

$\sum_{k=1}^{t} D_{ik}$ = somatório da demanda desde o período 1 até o período t;

I_0 = estoque inicial do produto i;

t = número de períodos.

Se houver interesse em manter um estoque de segurança, basta, na equação, adicionar o valor desse estoque de segurança no numerador.

6.5.4.4 Considerações acerca do programa mestre de produção

Elaborar o programa mestre de produção utilizando-se planilhas tem como vantagens a rapidez e a simplicidade. Também é uma opção de baixo custo, tendo em vista que existem planilhas eletrônicas disponíveis gratuitamente. Por outro lado, por meio da utilização de planilhas não é possível garantir que o plano elaborado seja o plano ótimo em termos de custos ou lucros, por exemplo. É importante destacar também que, ao se utilizar o método de planilha, a capacidade produtiva deve ser analisada *a posteriori*. Ou seja, como no momento da elaboração do plano não se leva em consideração a capacidade, é preciso verificar se o plano pretendido não excede a capacidade disponível. Se o plano exceder a capacidade disponível, pode-se optar por empregar horas extras, ou então pode-se modificar o plano inicial para que ele não exceda a capacidade (antecipando ou postergando a produção, por exemplo). Uma das formas de analisar a capacidade no nível do programa mestre de produção é o método da análise grosseira da capacidade, conhecido na literatura especializada como *rough-cut capacity planning* (RCCP).

Se a intenção do planejador for a de obter um plano com resultados otimizados, devem-se utilizar métodos exatos, empregando modelagem matemática.[12] A desvantagem do método exato é a dificuldade inerente ao processo de modelagem, em especial para algumas restrições do problema. Veja, por exemplo, o trabalho de Pagliarussi, Morabito e Santos.[13]

Há também a possibilidade de utilizar pacotes computacionais prontos ou customizados (oferecidos por empresas que desenvolvem *softwares* de gestão) ou de desenvolver aplicações computacionais com a função de elaboração do programa mestre de produção. A vantagem de sistemas desenvolvidos por empresas fornecedoras de *softwares* é o oferecimento de soluções que incorporam algoritmos de cálculo que comprovadamente apresentam bons resultados. A desvantagem é a necessidade de investimento em treinamento, implantação e/ou desenvolvimento das aplicações, o que, comparativamente, é uma opção de custo maior.

Após a elaboração do programa mestre de produção, é possível realizar o cálculo das necessidades de materiais. Um dos métodos utilizados para calcular essas necessidades é o *materials requirements planning*.

6.5.5 *Materials requirements planning* (MRP)

O programa mestre de produção estabelece quais produtos finais devem ser fabricados, em que quantidades e quando. Entretanto, não estabelece como. Para se estabelecer como fabricar, é necessário antes determinar como se constitui cada produto. Os produtos são constituídos executando-se sobre as matérias-primas operações de transformação física e/ou química e/ou biológica. Essas operações podem agregar ao produto propriedades ou ainda novas formas.

Nas empresas de primeira transformação, além de se executarem transformações de propriedades, é típico o processo de fracionamento da matéria-prima em diferentes produtos. Por exemplo, azeitonas em azeite de oliva, ração para animais e combustível para caldeiras ou a cana-de-açúcar em açúcar, álcool, ração e também combustível para caldeiras.

Nas empresas de segunda transformação, há, ao contrário, processos que podem ser denominados montagem ou composição, nos quais se agregam componentes para obter produtos finais, tais como nas cervejarias, indústria moveleira, indústria de doces e outras. A Figura 6.9 ilustra essas diferentes estruturas de produtos e seus processos de obtenção.

A Figura 6.9a identifica aquelas empresas que executam operações primárias de seleção, limpeza e eventualmente empacotamento, gerando apenas o produto *in natura* e rejeitos do processo. A Figura 6.9b identifica aquelas empresas que promovem operações de fragmentação da matéria-prima em seus constituintes, sendo cada um deles um produto. É o caso típico do fracionamento

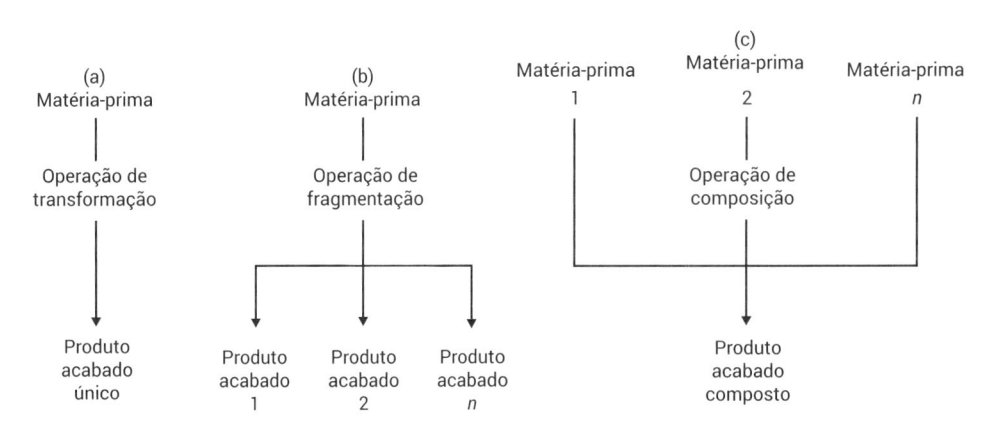

Figura 6.9 Estrutura de produtos e processos.

animal ou da trituração e moagem de produtos agrícolas. São, em geral, empresas de primeira transformação. A Figura 6.9c identifica aquelas empresas, em geral de segunda transformação, que obtêm seus produtos acabados pela composição de matérias-primas e/ou de outros produtos oriundos de etapa de transformação anterior. São os doces e bolos, sopas e pizzas prontas ou semiprontas e outros produtos compostos em linhas de montagem quase sempre automatizadas.

Além dessas estruturas, pode haver empresas verticalizadas, que usem estruturas híbridas de fragmentação seguida de composição.

Mesmo quando o produto é único e obtido a partir de uma única matéria-prima, definir para ele um plano de produção pode ser uma atividade complexa, pois devem-se considerar as questões de oferta da matéria-prima, atendimento da previsão de demanda, disponibilidade de capacidade de produção e otimização do uso dos recursos produtivos (capital, mão de obra e equipamentos).

É necessário equacionar quanto de cada produto deverá ser obtido, nos casos da fragmentação e da transformação, e quanto de cada componente deverá ser fornecido para se obterem os produtos finais desejados, no caso da composição.

No caso da fragmentação, a obtenção dos diferentes produtos se dá sempre por operações de desagregação da matéria-prima (desmontagem), seguindo-se ou não outras operações físico-químicas ou biológicas de transformação.

Os produtos são os componentes que não podem ou não se deseja que sejam desdobrados em seus subcomponentes. Cada desdobramento é denominado um nível, e os produtos são os componentes do último nível em que se limitou o desdobramento em cada ramo da árvore de desdobramentos formada. Assim, suponha-se, por exemplo, o corte (fragmentação) de um frango, conforme Tabela 6.3.

A lista descreve, nível a nível, como se fraciona a matéria-prima em seus componentes e as quantidades de cada um por unidade do conjunto de nível superior. A coluna de total apresenta quantos componentes haveria se a matéria-prima não fosse unitária. Essa quantidade é obtida pelo produto da quantidade unitária do componente pela quantidade total do conjunto de nível imediatamente superior (à esquerda). É, portanto, óbvio que sempre haverá, no exemplo, um número total de asas par. Também é óbvio que, quando for estabelecido um pedido qualquer de certo componente, por exemplo, a asa, o destino para os demais coprodutos resultantes da fragmentação do frango deverá também ser estabelecido. Embora as quantidades proporcionais dos componentes formadores da matéria-prima sejam conhecidas, os valores de suas propriedades não são tão óbvios, pois a relação quantitativa entre eles é sempre estimativa. É o caso dos pesos ou volumes dos produtos.

Nesses casos, uma amostragem permite estabelecer comparativamente os dados históricos, as quantidades

Tabela 6.3 Estrutura de corte (fragmentação) ou árvore do produto na forma de lista

LISTA DE ESTRUTURA DO PRODUTO – Quantidade planejada – 3								
Nível 0			Nível 1			Nível 2		
Descrição	Qt. unit.	Qt. total	Descrição	Qt. unit.	Qt. total	Descrição	Qt. unit.	Qt. total
Frango	1	3	Cabeça	1	3			Quantidades calculadas
			Pescoço	1	3			
			Dorso	1	3			
			Sambiquira	1	3			
			Pés	2	6			
			Asa	2	6	Tulipa	1	6
						Drumete	1	6
			Peito	1	3	Filé	2	6
						Sasami	2	6
			Perna	2	6	*Butugiri*	1	6
					Quantidades calculadas	Sobrecoxa	1	6
						Kakugiri	1	6
						Coxa	1	6
			Rejeitos					

obteníveis de cada componente por unidade processada da matéria-prima e, por consequência, os totais esperados.

De qualquer forma, a lista de estrutura deve existir, mostrando a constituição da matéria-prima. No caso do fracionamento, o produto é apresentado nos níveis maiores e a matéria-prima, no nível 0.

Cada linha que não apresente desdobramento de nível maior constitui um produto acabado. Essa mesma estrutura para um fracionamento pode também ser apresentada na forma de árvore do produto, como no exemplo da Figura 6.10.

A mesma estrutura de lista estabelecendo níveis e quantidades, no caso da montagem de uma pizza, é apresentada na Tabela 6.4.

No caso da composição, o produto é apresentado no nível 0. Também nesse caso a estrutura pode ser apresentada na forma de árvore do produto, conforme Figura 6.11. Os itens que compõem um produto são chamados de itens dependentes, porque a quantidade necessária deles depende da quantidade total que se deseja do produto final. Uma nomenclatura usual é a de considerar que itens abaixo são itens "filhos" e itens acima são itens "pais" na estrutura do produto. Por exemplo, para a pizza representada na Figura 6.11, a farinha é um item filho do item massa, portanto a massa é um item pai da farinha. A massa, por sua vez, é item filho em relação à pizza e a pizza é item pai em relação à massa.

Em ambas as listas apresentadas, tem-se componentes que permitem e/ou se deseja o seu desdobramento em componentes que não são passíveis ou não se deseja seu desdobramento em subcomponentes. Nos processos de montagem, a obtenção dos componentes não desdobráveis dá-se ou por compra ou por fabricação de acordo com uma análise prévia da capacidade e do custo-benefício.

Determinados quais componentes devem ser fornecidos ou obtidos, em quais quantidades e que processamento sofrerão, torna-se necessário definir em que momento cada processamento deve ser iniciado e em que momento tem de estar encerrado. Se forem conhecidos os tempos de cada etapa de obtenção dos componentes e esses tempos forem associados aos respectivos ramos da árvore gráfica do(s) produto(s), o tempo de obtenção do(s) produto(s) será a somatória dos tempos existentes nos ramos que levam a eles. Isso tudo admitindo que não haja outras cargas de trabalho na fábrica e que o processo seja estritamente sequencial, sem superposição de tarefas. Dessa forma, o momento de se iniciar o processamento será dado pelo tempo necessário para obter o item defasado no tempo. Por exemplo, se para obter 5.000 coxas de frango são necessárias 64 horas, então pelo menos oito dias antes do prazo de entrega deve-se iniciar o processo de desmontagem dos frangos (considerando um dia de trabalho de oito horas).

Se houver outras cargas de trabalho na fábrica, utilizando-se dos mesmos recursos, devem-se considerar os possíveis tempos de fila nos postos de trabalho.

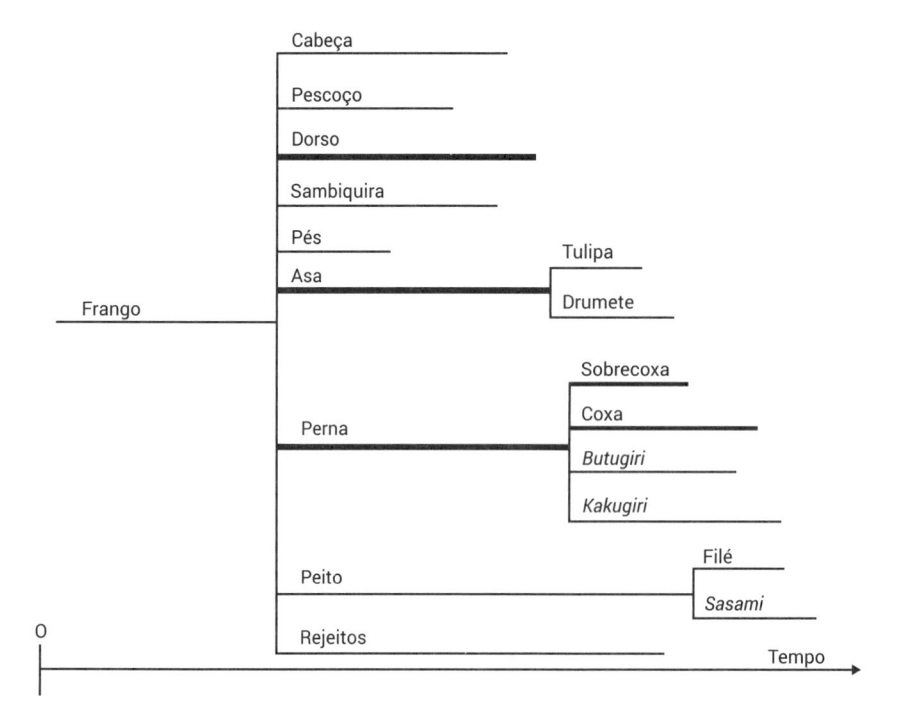

Figura 6.10 Estrutura gráfica do produto para um processo de fracionamento.

Tabela 6.4 Árvore de montagem do produto na forma de lista

| LISTA DE ESTRUTURA DO PRODUTO (composição) – PIZZA – Quantidade planejada – 2 ||||||||||||
| Nível 0 |||| Nível 1 |||| Nível 2 ||||
Descrição	Qt. unit.	Qt. total	Unid.	Descrição	Qt. unit.	Qt. total	Unid.	Descrição	Qt. unit.	Qt. total	Unid.
Pizza	1	2	pç	Massa	1	2	kg	Farinha	200	400	g
								Leite	250	500	ml
								Sal	10	20	g
								Ovo	1	2	pç
								Fermento	8	16	g
				Molho	220	440	ml	Tomate	200	400	g
								Cebola	70	140	g
								Sal	10	20	g
				Cobertura	1	2	kg	Muçarela	250	500	g
						Quantidades calculadas		Azeitona	20	40	pç
								Salame	42	84	Fatias
								Orégano	25	50	g

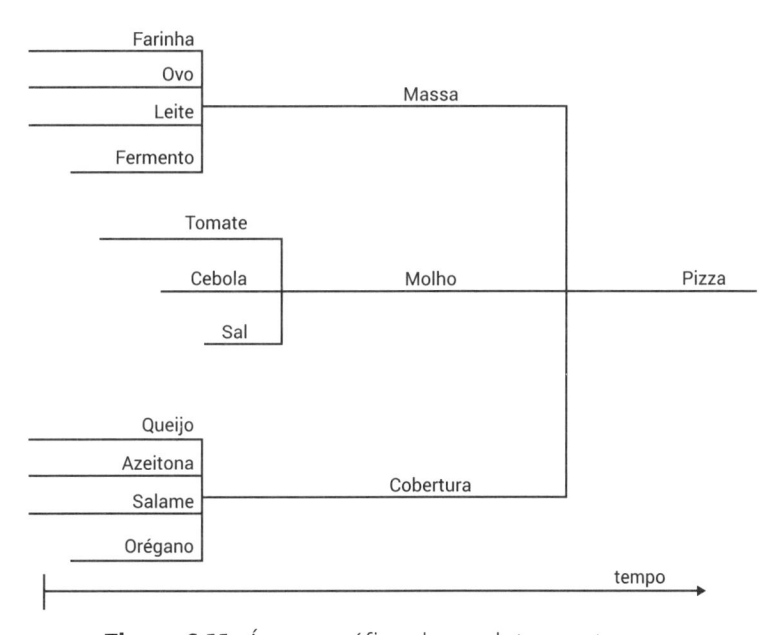

Figura 6.11 Árvore gráfica do produto montagem.

A mesma lógica é adotada para os demais produtos dessa fragmentação ou para processos de montagem.

Uma ordem de obtenção pode ser de um dos três tipos: ordem de montagem (ou de fragmentação), ordem de fabricação ou ordem de compra. Em qualquer dos casos, o tempo mínimo admissível para liberação da ordem é o prazo de entrega (ou de uso) menos o tempo de obtenção (ou *lead time*).

Para as ordens de compra, o *lead time* é o tempo médio que se leva entre a formulação da compra e a colocação do componente em disponibilidade para uso. É necessário considerar que o tempo de obtenção deve incluir não só o tempo de processamento, mas também os tempos médios de espera para que os recursos produtivos estejam disponíveis para a execução das operações desejadas, assim como os tempos de movimentação interoperações e paradas para inspeção, se houver.

Assim, o *lead time* de fabricação ou montagem também é um tempo médio decorrente da variabilidade dos tempos de espera, tanto nos recursos produtivos necessários quanto nos postos de inspeção e sistemas de transporte. Deve-se observar ainda que os tempos de processamento são os tempos previstos e necessários para a execução de cada operação, incluindo-se em cada uma o tempo de preparação do equipamento, ferramentas ou formas e dispositivos, carregamento da matéria-prima no equipamento e descarregamento posterior ao processamento.

Conhecendo-se o *lead time* de cada componente, bem como o momento em que cada um é necessário na composição de um produto, pode-se estabelecer uma sistemática de administração de materiais e implementá-la computacionalmente. Uma das formas mais conhecidas e utilizadas para sistematizar o cálculo das necessidades de materiais é o MRP.

6.5.5.1 Definição e procedimentos de cálculo

O MRP é um sistema que permite cadastrar integralmente os diversos produtos de uma empresa identificando cada componente que os constitui. Nesse cadastro, constam a quantidade necessária de cada componente, por unidade do item em que é aplicado, e o momento em que cada componente deverá estar disponível para utilização, de acordo com a sequência lógica de montagem e os tempos das operações de obtenção dos componentes.

O MRP é um sistema de planejamento lógico que determina as necessidades líquidas de materiais a partir das necessidades brutas para itens de demanda dependente, isto é, itens cuja demanda depende de outros itens.[14] Como esse sistema é para itens com demanda dependente, sua função principal é calcular (em vez de prever) as necessidades desses itens. Por exemplo, considere a fabricação de pizzas congeladas conforme a estrutura mostrada na Tabela 6.4. Para determinar quantas pizzas produzir na primeira semana do mês, essa empresa precisará prever quantas pizzas serão vendidas nessa semana. Suponha que a previsão seja vender 100 pizzas de muçarela e que a empresa decidiu produzir exatamente essa quantidade, o que representaria o programa mestre de produção desse sabor de pizza. A partir dessa decisão, a empresa não precisa prever a quantidade de farinha que deverá comprar, pois pode calcular esse valor: se para produzir uma pizza são necessários 200 gramas de farinha, para produzir 100 pizzas serão necessários 20 kg de farinha.

O objetivo central do MRP, portanto, é ajudar a empresa a manter seus estoques próximos do nível zero.[15] Ao se estabelecer um plano mestre de produção, o sistema verifica, com base em seu cadastro de estrutura e de estoques, qual a disponibilidade dos produtos desejados ou componentes necessários para obtê-los nos períodos especificados. Quando não houver disponibilidade, ou essa for insuficiente, o sistema calculará quanto de cada produto e/ou componente deverá ser obtido e quando deve ser obtido.

Em síntese, os sistemas MRP são responsáveis pelo cálculo das necessidades brutas e líquidas de materiais, gerando ordens de compra, fabricação e montagem sincronizadas com o plano mestre de produção, de tal modo que somente estejam disponíveis no momento necessário.[16]

O MRP pode ser elaborado de diversas maneiras. Uma das formas mais usuais é por meio de uma planilha em que as colunas são utilizadas para separar os períodos de planejamento e as linhas são utilizadas para informações como necessidades brutas, recebimentos programados, necessidades líquidas, estoques, recebimento de ordens e liberação de ordens. A Tabela 6.5 ilustra uma planilha desse tipo.

A semana "0", normalmente, é utilizada para informar o estoque no início do horizonte de planejamento. Trata-se de um estoque físico, disponível para uso. Os estoques das semanas posteriores (semana 1 em diante) são chamados estoques projetados justamente porque sua efetivação só se dará quando tal semana acabar e passar a ser a semana "0" do horizonte de planejamento. Para

Tabela 6.5 Exemplo de tabela para elaboração do MRP

Período	0	Semana 1	Semana 2	Semana 3	Semana 4
Necessidades brutas					
Recebimentos programados					
Estoque projetado					
Necessidades líquidas					
Necessidades líquidas defasadas pelo *lead time*					
Recebimento de ordens planejadas					
Liberação planejada de ordens					

calcular o estoque projetado, utiliza-se uma equação que considera o saldo entre entradas e saídas do estoque, da seguinte forma:

(Estoque no período t) = (Estoque no período $t-1$) + (Recebimentos programados no período t) + (Recebimento de ordens planejadas no período t) − (Necessidades brutas no período t)

A linha das necessidades brutas deve ser preenchida informando-se a quantidade do item que deverá ser disponibilizada para uso. Se o item for do nível zero da estrutura do produto, sua necessidade bruta será definida pelo próprio programa mestre de produção. Se o item for de qualquer nível abaixo do nível zero, sua necessidade bruta será determinada pela necessidade do seu item pai. Usando o mesmo exemplo anterior, se se pretende produzir pizzas, o item pizza é o produto final, no nível zero, e a farinha de trigo é um item utilizado na massa que formará a pizza. Portanto, a pizza tem sua necessidade bruta definida pelo programa mestre de produção e a farinha de trigo tem sua necessidade bruta definida pela quantidade de massa que será confeccionada.

A linha dos recebimentos programados deve ser preenchida informando-se quantidades do item que serão disponibilizadas em cada período. Esses recebimentos são tidos como certos e não são alterados pelo planejador, tendo em vista que se trata de ordens que já estão em andamento e não podem mais ser canceladas (por exemplo, pode representar a entrega de um item cujo fornecedor já está em rota de entrega).

A linha das necessidades líquidas indica quanto será necessário do item considerando a necessidade bruta e descontando-se os estoques e os recebimentos programados. Se houver uma política de manutenção de estoques de segurança, o valor de tal estoque deve ser contabilizado também. A linha das necessidades líquidas defasadas pelo *lead time*, por sua vez, deve ser preenchida com o mesmo valor preenchido na linha das necessidades líquidas; a diferença é que naquela linha o valor deve ser deslocado para trás quantos períodos formarem o *lead time* de obtenção do item. Por exemplo, se o fornecedor de farinha entrega somente uma semana após o pedido, então uma necessidade líquida de farinha de 20 kg na semana 3 representa uma necessidade líquida defasada pelo *lead time* também de 20 kg, porém na semana 2.

A linha das liberações planejadas de ordens deve ser preenchida com as quantidades que serão ordenadas do item; se o item for comprado, representará a quantidade a ser solicitada ao fornecedor; se o item for produzido internamente, representará a quantidade a ser produzida.

O valor a ser indicado nessa linha deve sempre considerar se existe alguma política de tamanho de lote predeterminada – por exemplo, lote de tamanho mínimo, lote de tamanho múltiplo ou outra forma que restrinja a quantidade a ser ordenada. Por exemplo, se o fornecedor de farinha somente vende sacos de 5 kg, então o valor a ser solicitado (linha da liberação de ordens do item farinha) deve ser múltiplo de 5 (5 kg, 10 kg, 15 kg, ...). Também a ordem deve ser liberada no momento indicado pela necessidade líquida defasada pelo *lead time*. Isso porque se deseja que o item seja ordenado em uma data que permita que o tempo de produção ou entrega seja suficiente para que ele esteja disponível quando for necessário.

A linha dos recebimentos de ordens planejadas indica o momento em que será entregue o item. Ou seja, representa a mesma quantidade informada na linha da liberação da ordem, porém no período em que estará disponível para uso. Por exemplo, se a liberação de uma ordem de compra de farinha for feita na semana 2 e o *lead time* de entrega da farinha for de uma semana, então o recebimento dessa ordem de farinha se dará na semana 3.

6.5.5.2 MRP II e análises de capacidade

Ao se determinarem as ordens de produção seguindo a lógica do MRP em planilhas, a capacidade de produção não é levada em consideração. Com isso, para garantir que o plano é viável, é necessário realizar uma análise de capacidade *a posteriori*. Essa análise deve ser mais detalhada do que a análise que é feita no nível do programa mestre de produção. Enquanto no nível do programa mestre de produção a análise normalmente é feita apenas considerando-se os recursos críticos da produção (de menor capacidade, mais lento etc.), no nível do MRP a carga de trabalho em todos os recursos deve ser analisada. Na literatura, essa análise de capacidade no nível do MRP é chamada de *capacity requirement planning* (CRP).

No início de seu desenvolvimento, o MRP era apenas um sistema de cálculo de necessidade de materiais. Com o passar do tempo, novas funções foram sendo incorporadas à lógica de cálculos do MRP, como, por exemplo, as análises de capacidade e os sistemas de controle de chão de fábrica. Com isso, a estrutura de decisões envolvendo não somente o MRP, mas também o planejamento agregado, o programa mestre de produção e as análises de capacidade se consolidou como uma abordagem de PCP que recebeu o nome de MRP II. O MRP II é a sigla utilizada para *manufacturing resources planning*. Como a sigla sozinha seria a mesma de *materials requirements planning*, foi adicionada a numeração II para diferenciá-las.

6.5.5.3 MRP adaptado à agroindústria

Nos sistemas em que as matérias-primas são discretas, é usual haver um projeto que determine propriedades, dimensões e quantidades exatas. Isso é possível porque existe uma correlação suficientemente bem estabelecida e dominada entre esses fatores. Nos sistemas em que as matérias-primas são contínuas (líquidos, gases) ou definidas como tal (material particulado, semissólidos, polpas etc.), nem sempre a relação entre quantidade, propriedades e/ou dimensões é bem estabelecida ou, inversamente, ainda que o sejam, nem sempre essas quantidades se coadunam com as disponibilidades de mercado ou apresentam preços aceitáveis.

> Variações na qualidade das matérias-primas frequentemente levam a variações na lista de materiais (receitas). Por exemplo, variações no conteúdo da mistura, acidez, cor, viscosidade ou concentração dos ingredientes ativos nas matérias-primas podem causar variações nas proporções dos ingredientes requeridos para fazer os produtos acabados nas especificações de qualidade estabelecidas.[17]

Nesses casos, podem ocorrer as seguintes possibilidades:

- Utilização de matérias-primas em quantidades tais que compensem as deficiências das propriedades.
- Modificação das condições do processo de forma compatível com os valores das propriedades apresentados pelas matérias-primas.
- Substituição da(s) matéria(s)-prima(s) por outra(s) capaz(es) de apresentar as mesmas propriedades ou os resultados desejados.
- Redefinição do produto final de acordo com as propriedades apresentadas pelas matérias-primas disponíveis.

Dentro do conceito original de projeto (de produto e de processo), quaisquer dessas possibilidades caracterizariam um novo produto. Entretanto, considerando que no caso de matérias-primas contínuas suas propriedades podem assumir qualquer valor, esse espectro de possibilidades seria infinito e dificilmente administrável. Assim, tornou-se necessário definir outro tipo de estrutura de lista de materiais, capaz de atender a tais situações sem promover uma proliferação significativa de listas. Essa estrutura é denominada receita (*recipe*) e tem sido utilizada de duas formas:

> Ou uma coleção finita de receitas admissíveis é estabelecida compreendendo um pequeno espectro de variações ou o produto final é caracterizado por um conjunto de valores de atributos e qualquer plano de produção resultante desses valores de atributos é considerado admissível (ex.: o produto final precisa conter ao menos 50% de pó de cacau e menos que 10% de gordura. Esse último tipo de receita conduz a formulação dos modelos de mistura (*blending*).[18]

Assim, um produto pode ser obtido por diferentes receitas que envolvem diferentes combinações de operações, diferentes matérias-primas que apresentem propriedades semelhantes ou um conjunto de diferentes matérias-primas e operações simultaneamente. As alternativas de obtenção dos mesmos produtos a partir de diferentes matérias-primas, isto é, diferentes receitas, aparecem com maior frequência como mecanismo para se compensar a dispersão das propriedades das matérias-primas ou como mecanismo de suprir a indisponibilidade de dada matéria-prima.

Para cada receita, a quantidade de unidades de um componente deve ser calculada considerando a média histórica observada em cada relação.[19] O sistema de cálculo de necessidade de matérias-primas, no caso de receitas, segue a mesma estrutura de sequência por níveis estabelecida no sistema MRP. Os casos de dispersões mais acentuadas das propriedades das matérias-primas, que envolvam a possibilidade de correção do resultado por alteração da quantidade dos componentes, devem ser cobertos por um estoque de segurança desses componentes. É usual que a quantidade total de uma receita seja estabelecida como função da necessidade de um período ou então como função da capacidade de um recipiente de fabricação ou armazenamento. Os sistemas computacionais disponíveis para trabalhar com receitas ou fórmulas são normalmente denominados configuradores de produtos.[20] Tão logo as quantidades a produzir de cada componente de um produto estejam definidas, é necessário transformar essas informações em instruções de trabalho para cada operador e posto de trabalho.

6.5.6 Controle de estoques

Denomina-se estoque tudo que possa ser armazenado com propósitos de utilização posterior. Os estoques existem como decorrência da diferença entre os momentos de obtenção e de utilização dos materiais, componentes ou produtos. Podem, entretanto, ser criados como uma atitude especulativa ou como um diferencial comercial.

Nos sistemas produtivos, pode-se ter estoques que precedem o processamento, estoques que ocorrem durante o processamento e estoques posteriores ao processamento.

Precedem o processamento os estoques de matérias-primas e de insumos (componentes comprados, que se incorporam aos produtos durante o processamento, como parte deles ou como parte de sua obtenção).

Os estoques que ocorrem durante o processamento são denominados *work in process* (WIP) e são constituídos por todos os materiais, componentes e conjuntos pertinentes aos produtos, que se encontrem na planta industrial nas suas diferentes etapas de produção, esperando por uma operação, em transporte, sob inspeção, em preparação ou em operação.

São estoques posteriores ao processamento os estoques de produtos acabados. Na cadeia agroindustrial, cada segmento enfatiza diferentes tipos de estoque. Assim, tem-se:

- **Segmento de produção rural**: enfatiza sobretudo os estoques de matérias-primas e insumos. Em alguns casos, são também extremamente relevantes os estoques de produtos acabados, tendo em vista certa perenização do processo de industrialização, ou mesmo a busca de momento economicamente mais oportuno para colocação do produto no mercado.
- **Segmento de industrialização**: são relevantes os três tipos de estoque, embora haja significativos esforços no sentido de eliminá-los ou reduzi-los.
- **Segmento de comercialização**: considera-se a comercialização como um grande estoque pós-processamento, isto é, o armazenamento de produtos acabados.

Em geral, ter estoque só é recomendável quando isso significa uma aplicação mais rentável que outros possíveis investimentos ou um ganho comercial, na medida em que possa incrementar vendas e negócios pela disponibilidade imediata do item. Armazenar não é uma atividade que agregue valor, ao contrário, só onera o produto, tendo em vista que o capital investido tanto no próprio produto quanto na estrutura necessária à sua armazenagem poderia estar rendendo dividendos se fosse investido em outras aplicações. Assim, administrar bem os estoques passa a ser uma atividade extremamente relevante quando:

- O *lead time* de compra ou fabricação é longo.
- O *lead time* de compra ou fabricação é pouco confiável.
- O número e/ou volume de materiais, insumos ou produtos signifique muito capital.
- A matéria-prima ou produto se deteriore com o tempo (caso típico dos empreendimentos agroindustriais).

Nesses casos, o que se supõe é que o risco de não se ter o estoque do item possa causar um prejuízo muito grande, seja por atraso das entregas, seja por paradas da produção, seja por perda de sanidade ou propriedades, ou ainda que a grande quantidade de materiais em estoque signifique muito capital sem rendimento.

O que se busca quando se administram materiais e produtos é estabelecer políticas e modelos de reposição e dimensionamento de estoque que simplifiquem o trabalho de gestão, proporcionem bom fluxo de produção e determinem um ponto econômico de equilíbrio entre a falta de material ou produtos e o excesso de estoque.

A primeira preocupação, quando se pensa em simplificar a administração de estoques, é diferenciar os itens que merecem uma atenção mais dedicada dos que podem ter uma preocupação menos acentuada. Essa distinção pode ser dada segundo dois parâmetros: o primeiro é o do valor econômico do item e o segundo, o de sua importância para o sistema do ponto de vista operacional.

6.5.6.1 Curva ABC com critério único

A forma mais tradicional de diferenciar os itens segundo seu valor econômico é uma aplicação do denominado Princípio de Pareto. Por esse princípio, em administração de materiais, denominado curva ABC, procura-se classificar e diferenciar os itens. Assim, em dado período, podem-se identificar os itens de maior impacto econômico (tipo A) na empresa, os de médio impacto (tipo B) ou baixo impacto (tipo C). Essa classificação permite que se utilize com os itens do tipo A uma forma de gestão mais dedicada e precisa. Dedicação e precisão maiores na gestão acarretam maiores economias com menores riscos de falta de material.

Quando aplicado a estoques, considerando-se apenas o capital empregado, o Princípio de Pareto denomina-se curva ABC com critério único. Essa curva é construída no plano cartesiano, apresentando-se no eixo das abcissas cada um dos itens constituintes do estoque, classificados segundo a ordem decrescente do valor total de sua demanda, em dado período (em geral, de um ano). O valor total da demanda de um item é resultado do produto de seu valor unitário por sua demanda total no período convencionado. No eixo das ordenadas, são apresentados os percentuais dos valores totais de demanda acumulada por item, em relação ao valor total da demanda de todos os itens no período convencionado. A Tabela 6.6 apresenta um exemplo de classificação de itens.

Em geral, os primeiros 20% dos itens, segundo a ordem decrescente de valor, respondem pelo maior valor de demanda acumulado, isto é, de 60 a 80% do valor

Tabela 6.6 Exemplo de classificação de itens para uma curva ABC com critério único

Item	Discriminação	Demanda anual	Valor unitário	Valor de demanda anual	Ordem decrescente do valor de demanda anual
1	P1	2.000	0,50	1.000,00	10º
2	P2	1.500	2,00	3.000,00	8º
3	P3	8.000	1,00	8.000,00	7º
4	P4	4.000	3,00	12.000,00	4º
5	P5	3.000	3,50	10.500,00	6º
6	P6	750	50,00	37.500,00	2º
7	P7	7.000	10,00	70.000,00	1º
8	P8	2.200	5,00	11.000,00	5º
9	P9	3.500	0,80	2.800,00	9º
10	P10	6.000	2,30	13.800,00	3º
Valor de demanda anual total				169.600,00	

Tabela 6.7 Classificação de itens por ordem decrescente de valor de demanda

Item	Discriminação	Demanda anual	Valor unitário	Valor de demanda anual	Ordem decrescente de valor	Valor de demanda acumulado %	Tipo do item
7	P7	7.000	10,00	70.000,00	1º	41,27	A
6	P6	750	50,00	37.500,00	2º	63,38	A
10	P10	6.000	2,30	13.800,00	3º	71,52	B
4	P4	4.000	3,00	12.000,00	4º	78,59	B
8	P8	2.200	5,00	11.000,00	5º	85,08	B
5	P5	3.000	3,50	10.500,00	6º	91,27	C
3	P3	8.000	1,00	8.000,00	7º	96,0	C
2	P2	1.500	2,00	3.000,00	8º	97,76	C
9	P9	3.500	0,80	2.800,00	9º	99,41	C
1	P1	2.000	0,50	1.000,00	10º	100	C
Valor de demanda anual total				169.600,00			

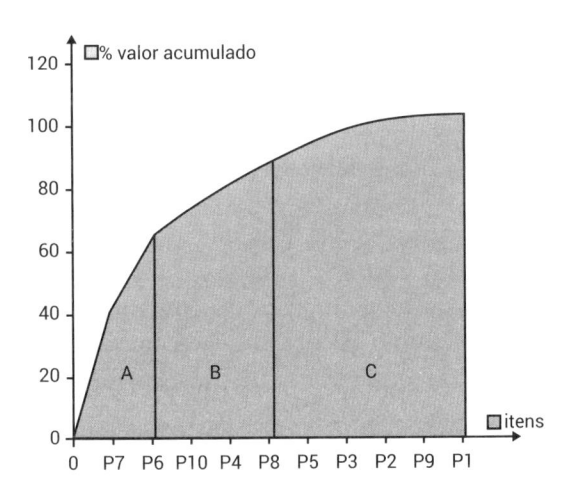

Figura 6.12 Curva ABC com critério único.

total, no período convencionado. Esses itens são então identificados como do tipo A.

Aproximadamente, 30% dos itens subsequentes, nessa classificação, são responsáveis por 15 a 30% do valor total no período convencionado. Os 50% de itens restantes são identificados como do tipo C e são responsáveis por 5 a 10% do valor total dos itens no período convencionado. A Tabela 6.7 apresenta os itens do exemplo, ordenados segundo a classificação ABC.

A Figura 6.12 apresenta a curva A, B, C associada aos dados da Tabela 6.7.

Podem-se estabelecer arbitrariamente como do tipo A os primeiros 20% do total de itens, como do tipo B os seguintes 30% e os restantes do tipo C. Entretanto, pode-se lançar mão do denominado método das bissetrizes para determinar a fronteira das categorias de uma forma mais criteriosa. Para detalhes construtivos, consulte Russomano.[21]

6.5.6.2 Modelagem de estoques

Administrar estoque é basicamente dimensionar lotes de reposição e sua periodicidade, segundo algum critério ou uma combinação de critérios, visando otimizar os custos envolvidos. Para tanto, é apropriado identificar os itens segundo algumas características principais e desenvolver, para esses itens, modelos matemáticos e procedimentos específicos que levem em consideração tais características.

A primeira e principal característica refere-se à perecibilidade do produto. Há produtos que se deterioram com o tempo, tais como os alimentícios ou farmacêuticos, e produtos que não apresentam esse problema a médio e curto prazo, tais como fibras têxteis, derivados de madeira etc. A segunda característica mais relevante relaciona-se com a maneira como ocorre a demanda, que pode se dar de forma determinística ou de forma estocástica. Por fim, podem-se desenvolver modelos que tratem os itens individualmente ou em grupo.

Modelos determinísticos para produtos únicos não perecíveis

Para o desenvolvimento dos modelos de reposição de estoques, é necessário inicialmente estabelecer os parâmetros com que podem ser compostos. Assim, sejam:

D = taxa de demanda, em unidades de consumo por ano.

P = taxa de produção, em unidades obtidas por ano.

C_r = custo fixo, por pedido de reposição de estoque.

C_f = custo unitário de compra ou fabricação do item de estoque desejado.

C_s = custo unitário de se manter a demanda de uma unidade do item desejado, sem atendimento, por um ano.

C_p = custo unitário (variável por lote) de se formular um pedido de reposição e, no caso de fabricação, preparar os equipamentos para sua obtenção.

C_e = custo unitário de manutenção de uma unidade do item desejado em estoque, por ano.

Q = quantidade do item, em um lote de reposição de um pedido.

$E_{máx}$ = nível de estoque máximo disponível do item desejado.

F = nível máximo de faltas, isto é, demanda acumulada para atendimento posterior.

T = tamanho do ciclo, isto é, tempo decorrido entre a recepção e o esgotamento de um pedido de reposição de estoque.

C_t = custo médio anual do estoque, que é uma função da política adotada.

Para se desenvolver o modelo básico de reposição de estoque, é necessário inicialmente formular as hipóteses simplificadoras, de que:

- A demanda ocorre de forma aproximadamente constante.
- A reposição se dá instantaneamente.
- A reposição se dá em quantidade constante.
- A reposição se dá com periodicidade constante.

Considerando-se o lote de reposição e a taxa de demanda, constantes, o ciclo de tempo T para recepção e consumo de um pedido será, então, dado por $T = \dfrac{Q}{D}$.

Com base nessas hipóteses, pode-se então formular o modelo de estoque ideal, graficamente conhecido como dente de serra, como apresentado na Figura 6.13.

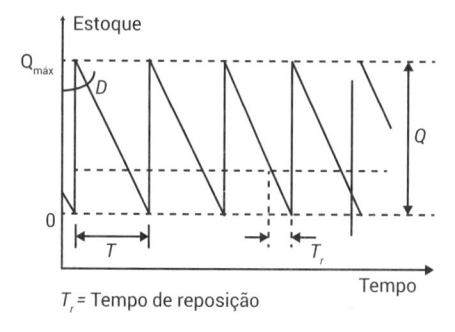

Figura 6.13 Modelo básico de estoque.

O custo de estocagem por ciclo pode ser escrito como a soma dos custos fixos de se formular um pedido de reposição de estoque (C_r), os custos variáveis da reposição (C_p) e os custos de se estocar cada unidade do item (C_e).

Assim, vem: $C_r + C_p Q + C_e T \overline{E}$

Em que: $\overline{E}$ = Estoque médio em um ciclo.

O estoque médio pode ser calculado como a área do triângulo em um ciclo, apresentado na Figura 6.13, dividido pelo período T. Assim, tem-se:

$$\overline{E} = \dfrac{Q\dfrac{T}{2}}{T} = \dfrac{Q}{2}$$

Para se obter o custo total médio anual, multiplica-se a expressão de custo pelo número de ciclos por ano, que é dado por D/Q. Assim:

$$C_t(Q) = C_r \frac{D}{Q} + C_p Q \frac{D}{Q} + C_e T \overline{E} \frac{D}{Q}$$

Como $T = \frac{Q}{D}$, vem:

$$C_t(Q) = C_r \frac{D}{Q} + C_p D + C_e \frac{Q}{2}$$

Para se obter a quantidade de reposição de estoque ótima Q^*, deriva-se a equação de custo médio total anual em relação a Q e iguala-se a zero, como segue:

$$\frac{\partial C_t(Q)}{\partial Q} = C_r \frac{D}{Q^2} + \frac{C_e}{2} \Rightarrow -C_r \frac{D}{Q^2} + \frac{C_e}{2} = 0 \Rightarrow$$

$$\Rightarrow Q^2 = \frac{2C_r D}{C_e} \Rightarrow Q^* = \sqrt{\frac{2C_r D}{C_e}}$$

É evidente que as hipóteses simplificadoras distanciam o modelo ideal das condições reais. Para se promover a devida adequação desse modelo às condições de aplicação, efetua-se a relaxação das hipóteses iniciais ou a inclusão de outras hipóteses.

Pode-se, por exemplo, considerar a possibilidade de se acumularem pedidos para atendimento posterior, atingindo-se o nível F, como ilustra a Figura 6.14:

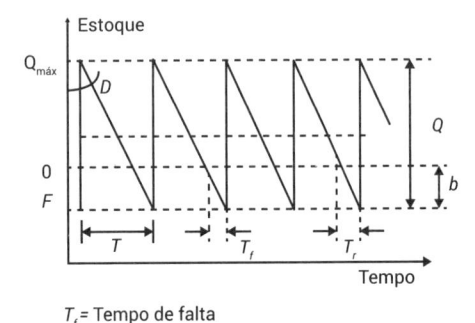

Figura 6.14 Modelo de estoque com reposição instantânea, demanda constante e admissão de falta.

Nesse modelo, o estoque médio pode ser calculado geometricamente como a área do triângulo acima do nível de estoque zero, dividido pelo período total T. A falta média será dada pela área do triângulo inferior ao nível de estoque zero, dividido pelo período T. Assim, vem:

$$\overline{E} = \frac{\frac{[(Q-F)D](Q-F)}{2}}{QD} = \frac{(Q-F)^2}{2Q}$$

$$\overline{F} = \frac{\frac{(FD)F}{2}}{QD} = \frac{F^2}{2Q}$$

A equação de custo médio total anual será dada, então, por:

$$C_t(Q,F) = C_r \frac{D}{Q} + C_p D + C_e \overline{E} + C_s \overline{F}$$

Substituindo $\overline{E}$ e $\overline{F}$ por suas expressões na equação de custo médio anual total, vem:

$$C_t(Q,F) = C_r \frac{D}{Q} + C_p D + C_e \frac{(Q-F)^2}{2Q} + C_s \frac{F^2}{2Q}$$

ou

$$C_t(Q,F) = C_r \frac{D}{Q} + C_p D + \frac{C_e Q}{2} + C_e F \frac{C_e F^2}{2Q} + \frac{C_s F^2}{2Q}$$

Para se obter a quantidade de reposição de estoque ótima Q^*, deriva-se a equação de custo médio total anual em relação a Q e F, iguala-se a zero, e resolve-se o sistema, como segue:

$$\frac{\partial C_t(Q,F)}{\partial Q} = \frac{C_r D}{Q^2} + \frac{C_e}{2} - \frac{C_e F^2}{2Q^2} - \frac{C_s F^2}{2Q^2}$$

$$\frac{\partial C_t(Q,F)}{\partial F} = -C_e + \frac{C_e F}{Q} - \frac{C_s F}{Q}$$

Igualando-se a derivada, em relação a F, a zero, vem:

$$F\left(\frac{C_e}{Q} + \frac{C_s}{Q}\right) = C_e \Rightarrow F = \frac{C_e Q}{C_e + C_s}$$

Substituindo-se F, na derivada parcial, em relação a Q, e igualando-se essa equação a zero, vem:

$$-\frac{C_r D}{Q^2} + \frac{C_e}{2} - \frac{C_e \frac{C_e^2 Q^2}{(C_e+C_s)^2}}{2Q^2} - \frac{C_s \frac{C_e^2 Q^2}{(C_e+C_s)^2}}{2Q^2} = 0$$

Simplificando e isolando Q^2, vem:

$$Q^2 = \frac{2C_r D}{C_e} + \frac{(C_e + C_r)^2}{C_r(C_e + C_s)}$$

Portanto,

$$Q = \sqrt{\frac{2C_r D}{C_e}} \sqrt{\frac{C_e + C_r}{C_r}}$$

Outro modelo de estoque pode ser desenvolvido, considerando-se que a obtenção (produção ou compra) e a demanda ocorram simultaneamente, sem admissão de pedidos acumulados sem atendimento, conforme ilustra a Figura 6.15.

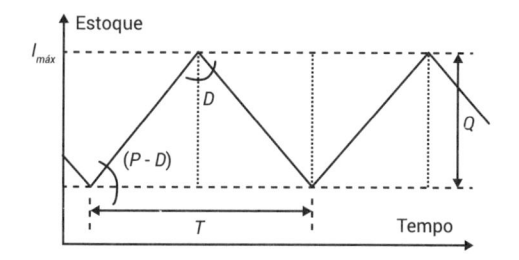

Figura 6.15 Estoque com reposição e demanda simultânea, sem admissão de faltas.

Nesse modelo, o estoque médio pode também ser calculado geometricamente, como a área do triângulo que se observa no gráfico durante um ciclo, dividida pelo período T. A altura desse triângulo, ou $I_{máx}$, é dada pela diferença entre o que se produz (ou obtém) e o que se consome durante o período de produção T_p. Como $T_p = \dfrac{Q}{P}$, vem:

$$I_{máx} = (P-D)\dfrac{Q}{P} \text{ ou } I_{máx} = \left(1-\dfrac{D}{P}\right)Q$$

Assim, tem-se:

$$\overline{E} = \dfrac{\left[\left(1-\dfrac{D}{P}\right)Q\right]\dfrac{T}{2}}{T} = \dfrac{\left(1-\dfrac{D}{P}\right)Q}{2}$$

A equação de custo médio total anual será dada então por:

$$C_t(Q) = C_r\dfrac{D}{Q} + C_pQ\dfrac{D}{Q} + C_eT\dfrac{\left(1-\dfrac{D}{P}\right)Q}{2}\dfrac{D}{Q}$$

Como $T = \dfrac{Q}{D}$

$$C_t(Q) = C_r\dfrac{D}{Q} + C_pD + C_e\dfrac{Q}{2}\left(1-\dfrac{D}{P}\right)$$

Para se obter a quantidade de reposição de estoque ótima Q^*, deriva-se a equação de custo médio total anual em relação a Q e iguala-se a zero, como segue:

$$\dfrac{\partial C_t(Q)}{\partial Q} = -C_r\dfrac{D}{Q^2} + \dfrac{C_e\left(1-\dfrac{D}{P}\right)}{2}$$

$$-C_r\dfrac{D}{Q^2} + \dfrac{C_e\left(1-\dfrac{D}{P}\right)}{2} = 0 \Rightarrow Q^2 = \dfrac{2C_rD}{C_e\left(1-\dfrac{D}{P}\right)}$$

Portanto,

$$Q^* = \sqrt{\dfrac{2C_rD}{C_e\left(1-\dfrac{D}{P}\right)}}$$

Mais um modelo de estoque pode ser desenvolvido, considerando-se que a obtenção (produção ou compra) e a demanda ocorram simultaneamente, e admitam-se pedidos acumulados sem atendimento, conforme ilustra a Figura 6.16.

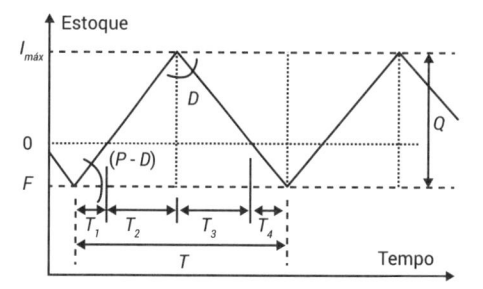

Figura 6.16 Estoque com reposição e demanda simultânea, com admissão de faltas acumuladas.

O custo médio por ciclo, nesse caso, pode ser escrito como a soma dos custos fixos de se formular um pedido de reposição de estoque (C_r), os custos variáveis de reposição (C_p), o custo de se estocar cada unidade do item (C_e) e o custo de falta de atendimento de cada unidade do item (C_s).

Assim, vem: $C_r + C_pQ + C_eT\overline{E} + C_sT\overline{F}$

Em que: $\overline{E}$ = Estoque médio em um ciclo
$\overline{F}$ = Média acumulada de falta de estoque em um ciclo

De forma análoga aos modelos anteriores, pode-se calcular o estoque médio, geometricamente, como a soma das áreas dos triângulos superiores à linha que representa o nível zero de estoque, dividida pelo período total T. A falta média também pode ser calculada geometricamente, como a soma das áreas dos triângulos que se apresentam sob a linha que representa o nível zero de estoque, dividida pelo período total T.

Sejam:

A_s = área total dos triângulos superiores.

A_i = área total dos triângulos inferiores.

A_1 = área do triângulo inferior esquerdo.

A_2 = área do triângulo superior esquerdo.

A_3 = área do triângulo superior direito.

A_4 = área do triângulo inferior direito.

Tem-se, então: $A_s = A_2 + A_3$ e $A_i = A_1 + A_4$

As áreas de cada triângulo podem ser calculadas resultando uma equação de custo total médio que pode ser escrita como:

$$C_t + (Q, F) = C_r \frac{D}{Q} + C_p D + C_e \overline{E} + C_s \overline{F}$$

Substituindo-se e por suas expressões, vem:

$$C_t(Q,F) = $$

$$= C_r \frac{D}{Q} + C_p D + C_e \frac{\left\{ Q\left(1 - \frac{D}{P}\right) - F \right\}^2}{2Q\left(1 - \frac{D}{P}\right)} + C_s \frac{F^2}{2Q\left(1 - \frac{D}{P}\right)}$$

Derivando-se a expressão de C_t (Q,F) em relação a Q e F, em seguida, igualando-se cada uma delas a zero e substituindo a expressão de F na expressão de Q, vêm:

$$Q^* = \sqrt{\frac{2 C_r D}{C_e \left(1 - \frac{D}{P}\right)}} \sqrt{\frac{C_e + C_s}{C_s}}$$

e

$$F^* = \frac{C_e Q^* \left(1 - \frac{D}{P}\right)}{C_e + C_s}$$

6.5.7 Programação da produção (*scheduling*)

Quando mais de uma operação precisa ser alocada a um dado recurso produtivo, é necessário ordená-las segundo algum critério. Quando o critério não leva em consideração uma data definida de início ou término, essa atividade de ordenação é denominada sequenciamento de tarefas (*sequencing*). Quando esse critério considera também a necessidade de se iniciar ou terminar cada tarefa em um dado momento, essa atividade de ordenação é denominada programação de tarefas (*scheduling*).

A atividade de programar tarefas pode ser feita de duas maneiras. A primeira é denominada dinâmica, isto é, programam-se as operações necessárias à obtenção de um produto, uma a uma, à medida que elas encerram cada operação imediatamente anterior. A segunda maneira de se programar é denominada estática, isto é, periodicamente verifica-se quais produtos estão disponíveis aguardando operações a serem executadas e programam-se todas as suas operações faltantes simultaneamente. A programação dinâmica pode ser transformada em estática se a cada nova tarefa puder reprogramar todas as demais conjuntamente (as tarefas em execução passam a ser entendidas como tarefas executadas e os recursos, durante o período em que ficarão ocupados, são entendidos como recursos não disponíveis nesse período).

Quando se programam operações de obtenção de produtos, elegem-se os critérios de modo que eles sejam compatíveis com alguma ou algumas perspectivas estabelecidas. Podem-se estabelecer perspectivas relacionadas com os prazos, com o uso dos recursos produtivos ou algum outro parâmetro que se entenda mais adequado. Assim, pode-se desejar, por exemplo, que o tempo de permanência das tarefas no sistema produtivo seja o menor possível, que o atraso máximo de um conjunto de tarefas seja o menor possível ou então que o número de tarefas atrasadas seja o menor possível.

Na seção a seguir, será apresentado um conjunto de regras de despacho e algoritmo para se determinar o sequenciamento em algumas situações específicas.

6.5.7.1 Regras de despacho

As regras de despacho devem ser utilizadas para se estabelecer a prioridade de execução de um conjunto de tarefas de acordo com algum objetivo que se pretende atingir. A seguir, são listadas algumas das regras mais comumente utilizadas na prática.

- **Primeiro que entra é o primeiro que sai (PEPS) ou** *first come, first served* **(FCFS) ou ainda** *first in, first out* **(FIFO)**: essa regra estabelece que as tarefas devem ser sequenciadas de acordo com a ordem de chegada no sistema. Isso pode se dar por meio da data em que o pedido do cliente foi realizado (no caso de uma manufatura) ou por meio da data/horário em que o cliente chegou ao sistema (no caso de uma prestação de serviço). Em ambos os casos, a primeira tarefa a ser realizada será aquela que chegou primeiro, a segunda tarefa a ser realizada será aquela que chegou em segundo e assim por diante.

- **Menor tempo de processamento (MTP) ou** *shortest processing time* **(SPT)**: essa regra estabelece que as tarefas devem ser sequenciadas de acordo com os tempos de processamento. Mais detalhadamente, as tarefas devem seguir uma ordem tal que os tempos de processamento sejam crescentes na sequência definida. Dessa forma, a primeira tarefa a ser realizada será aquela com o menor tempo de processamento, a segunda tarefa a ser realizada será aquela com segundo menor tempo de processamento e assim por diante.

- **Menor tempo de processamento ponderado (MTPP) ou** *weighted shortest processing time* **(WSPT)**: essa regra estabelece que as tarefas devem ser sequenciadas de acordo com a razão entre o tempo de processamento da tarefa e sua importância. A importância, também chamada de peso da tarefa, deve ser representada por um número que a diferencie das demais tarefas. Quanto maior for a importância da tarefa, maior deverá ser esse valor. Por exemplo, uma tarefa para atender um cliente frequente deverá receber valor maior que uma tarefa para atender um cliente esporádico. Assim, as tarefas devem seguir uma ordem tal que os valores dessa razão sejam crescentes na sequência definida. A primeira tarefa a ser realizada será aquela cuja razão entre o tempo de processamento e a importância for a menor, a segunda tarefa a ser realizada será aquela cuja razão entre o tempo de processamento e a importância for a segunda menor e assim por diante.

- **Menor data de entrega (MDE) ou *earliest due date* (EDD)**: essa regra estabelece que as tarefas devem ser sequenciadas de acordo com as datas de entrega. Mais detalhadamente, as tarefas devem seguir uma ordem tal que as datas de entrega sejam crescentes na sequência definida. Dessa forma, a primeira tarefa a ser realizada será aquela com menor data de entrega, a segunda tarefa a ser realizada será aquela com a segunda menor data de entrega e assim por diante.

- **Razão crítica (RC) ou *critical ratio* (CR)**: essa regra estabelece que as tarefas devem ser sequenciadas de acordo com a razão entre o prazo para entrega da tarefa e o tempo de processamento da tarefa. O prazo para entrega é dado pela diferença entre a data de entrega e a data atual. A primeira tarefa a ser realizada será aquela cuja razão entre o prazo para entrega e o tempo de processamento for a menor. Depois de definida a primeira tarefa da sequência, uma nova data atual será obtida. Essa nova data atual será igual à data de início da primeira tarefa da sequência somada ao tempo de processamento dessa mesma tarefa. Considerando essa nova data atual, a segunda tarefa a ser realizada será aquela cuja razão entre o prazo para entrega e o tempo de processamento for a menor. Esse processo de redefinir a nova data atual e recalcular as razões críticas deve continuar até que todas as tarefas sejam sequenciadas.

A regra FIFO é bastante utilizada em sistemas de atendimento a pessoas como, por exemplo, em agências bancárias e repartições públicas. No entanto, em empresas de manufatura não necessariamente é uma regra que apresenta bons resultados em termos de tempo de permanência das tarefas e cumprimento dos prazos. Para objetivos específicos como esses, outras regras devem ser avaliadas e aplicadas.

A regra SPT comprovadamente minimiza o tempo total de permanência das tarefas no sistema quando se tem apenas um recurso produtivo para processar todas as tarefas. Essa regra é especialmente interessante nos casos em que o estoque em processo é caro e deseja-se que ele permaneça o menor tempo possível no sistema produtivo.

A regra EDD comprovadamente minimiza o atraso máximo quando se tem apenas um recurso produtivo para processar todas as tarefas. Essa regra é especialmente interessante nos casos em que inevitavelmente a entrega das tarefas for atrasar e deseja-se que o maior atraso entre as tarefas do conjunto seja o menor possível.

A regra WSPT comprovadamente minimiza o tempo total de permanência ponderado quando se tem apenas um recurso produtivo para processar todas as tarefas. O tempo total de permanência ponderado é o resultado do somatório dos tempos de permanência multiplicados pelas importâncias das tarefas.

A regra CR não necessariamente otimiza algum critério, mas é uma regra que tende a apresentar bons resultados quando o objetivo leva em conta os prazos de entrega.

6.5.7.2 Gráfico de Gantt

O gráfico de Gantt é uma ferramenta bastante utilizada em problemas de programação de operações. Trata-se de um gráfico de dois eixos em que, na ordenada, estão os recursos produtivos (máquinas, por exemplo) e, na abscissa, está o tempo. O uso de cada recurso é representado por uma barra horizontal cujo tamanho corresponde ao tempo de processamento. Tempos ociosos, tempos de *setup* ou outros tempos também podem ser representados no gráfico e permitem uma visualização mais completa da programação.

Considere a Tabela 6.8 com os dados de três produtos a serem programados em três máquinas de um processo.

Uma possível programação das tarefas referentes a esses produtos pode ser vista no gráfico de Gantt da Figura 6.17.

No mercado de *softwares* de gestão da produção, estão disponíveis soluções específicas para a programação das operações. Alguns desses *softwares*, inclusive, utilizam o gráfico de Gantt para facilitar a visualização e o gerenciamento das tarefas e dos recursos produtivos. Em certos casos, pode-se, por exemplo, clicar e arrastar as barras do gráfico para mudar instantaneamente uma programação previamente elaborada.

Tabela 6.8 Operações, máquinas e tempos de execução dos produtos

Produto	Operação/Equipamento/Duração			Operação/Equipamento/Duração			Operação/Equipamento/Duração		
A	A_1	M_1	1	A_2	M_2	2	A_3	M_3	2
B	B_1	M_1	2	B_2	M_2	1	B_3	M_3	2
C	C_1	M_1	2	C_2	M_2	2	C_3	M_3	1

Figura 6.17 Exemplo de gráfico de Gantt.

Esses programas computacionais têm recebido o nome de *advanced planning and scheduling* (APS). São sistemas que usam algoritmos e/ou simulação para elaboração do *scheduling* considerando a capacidade finita. Alguns desses sistemas são integrados a outras atividades, como previsão de demanda, planejamento, distribuição e transporte.

6.5.7.3 Considerações sobre o *scheduling* na agroindústria

Na agroindústria, o problema da perecibilidade pode influenciar bastante a elaboração do *scheduling*. Na produção de alimentos frescos, por exemplo, deve-se considerar que os produtos se deterioram rapidamente e a qualidade e o valor deles podem ser reduzidos na mesma velocidade. Consequentemente, o lucro do produtor é afetado significativamente pelo tempo da produção e também da entrega.

6.6 MODERNOS PARADIGMAS DE PCP APLICADOS À AGROINDÚSTRIA

A moderna gestão da manufatura vem, ao longo do tempo, propondo uma série de modelos de gestão, que também podem ser aplicados a empreendimentos agroindustriais. É o caso da chamada produção enxuta e da chamada manufatura de resposta rápida. Ambas as abordagens podem ser implementadas no chão de fábrica desses empreendimentos ou também em suas atividades de escritório, ou mesmo em atividades de suas cadeias de suprimento. Ambas as abordagens são apresentadas a seguir.

6.6.1 Manufatura enxuta (*lean manufacturing*)

O sistema Toyota de produção (STP), chamado no ocidente de manufatura enxuta, surgiu por volta de 1950, no Japão, na empresa Toyota. A manufatura enxuta pode ser definida como uma estratégia em que se busca uma forma melhor de organizar e gerenciar os relacionamentos de uma empresa com os clientes, cadeia de fornecedores, desenvolvimento de produtos e operações de produção. Ela é enxuta porque é uma forma de fazer cada vez mais com cada vez menos (menos esforço, equipamento, máquina, espaço etc.). A manufatura enxuta pode ser

---

BOXE 6.2 Perecibilidade e sequenciamento

Um bom exemplo de que a perecibilidade é determinante na tomada de decisão nas entregas de ordens na agroindústria foi retratado em uma notícia do jornal *O Estado de S.Paulo* com o título "Fruta exportada encalha no porto".[22]

Naquela ocasião, cerca de cem contêineres com frutas estavam à espera de carregamento para transporte no Porto de Pecém, no litoral cearense, principal canal de exportação da produção do Vale do São Francisco, no Agreste nordestino. No entanto, a empresa armadora responsável pelo transporte não passou pelo porto para embarcar a mercadoria alegando ser arriscado sobrecarregar o equipamento responsável pela geração de energia com contêineres que precisam de refrigeração, como os de frutas.

Alguns produtores conseguiram desviar parte dos contêineres para o Porto de Suape, em Pernambuco, na tentativa de embarcá-los em outros navios. Um dos produtores gastou cerca de R$ 20 mil além do previsto com a contratação de caminhões para transportar os contêineres com uvas e mangas até Suape, a fim de evitar a perda das frutas por deterioração.

entendida como um sistema que visa à eliminação total das perdas, obtendo redução de custos.

A necessidade de um novo método de produção deveu-se ao fato de que o Fordismo não conseguia mais lidar com as necessidades impostas pelo mercado na época. A essência do STP consistiu em conceber um sistema de produção alternativo ao Fordismo que fosse capaz de produzir competitivamente uma série restrita de produtos diferenciados e variados.

Para Ohno,[23] um dos principais nomes do STP, é possível identificar sete tipos de *muda* (palavra japonesa que significa desperdício):

- **Excesso de produção**: representado por toda produção realizada antecipadamente à demanda, para o caso de os produtos serem requisitados no futuro.
- **Espera**: refere-se ao material que espera para ser processado (WIP), formando filas que, muitas vezes, visam garantir altas taxas de utilização de equipamentos.
- **Transporte**: a atividade de transporte e movimentação de material não agrega valor ao produto produzido e somente é necessária devido a restrições do processo e das instalações.
- **Excesso de processamento**: representado pela realização de operações desnecessárias no processo produtivo ou além da necessidade do cliente, que não agregam nenhum valor e podem ser eliminadas.
- **Movimento**: representado pelo excesso ou inconsistência dos movimentos nas mais variadas operações que se executam na fábrica.
- **Produtos defeituosos**: problemas de qualidade geram muitos desperdícios, pois significam desperdiçar materiais, mão de obra, disponibilidade de equipamentos, movimentação de materiais defeituosos, inspeção e armazenagem desses, entre outros.
- **Estoques**: consistem em todo e qualquer estoque de material que for superior à demanda, seja de matéria-prima, produtos em processo, produtos acabados e/ou material auxiliar e de manutenção, pois os estoques, além de ocultarem outros tipos de desperdício, representam desperdício de recursos e espaço.

Apesar de o STP ter sido criado na indústria automobilística, atualmente seus princípios vêm sendo aplicados nos mais diversos setores da indústria e mesmo em setores de serviços, como hospitais. Portanto, empreendimentos agroindustriais podem beneficiar-se bastante da aplicação de tais princípios, que atualmente formam o que se conhece como "os 5 princípios do pensamento enxuto", mostrados a seguir:

- **Princípio 1 – Especificar o valor sob o ponto de vista do cliente:** o valor é o ponto de partida do pensamento enxuto. Ele deve primeiro definir precisamente o que é valor em termos de produtos específicos feitos para clientes específicos com necessidades específicas a preços específicos. Ele só pode ser definido pelo cliente final. Especificar o valor com precisão é o primeiro passo essencial no pensamento enxuto.
- **Princípio 2 – Identificar a cadeia de valor:** a cadeia de valor pode ser definida como o conjunto de todas as ações específicas necessárias para se levar um produto específico a passar por todas as tarefas gerenciais críticas de um negócio. A identificação da cadeia de valor quase sempre expõe quantidades enormes de *muda*, mostrando que existem três tipos de ação ao longo dela: (i) etapas que certamente criam valor; (ii) muitas outras etapas que não criam valor, mas são necessárias devido às atuais tecnologias e aos ativos de produção; (iii) etapas adicionais que não criam valor e devem ser eliminadas.
- **Princípio 3 – Criar e manter o fluxo:** nesse passo, é necessário fazer com que as etapas restantes, que criam valor, fluam. Isso requer uma mudança da mentalidade, passando do trabalho organizado em departamentos e em lotes para equipes de produção com o pensamento de fazer o valor fluir.
- **Princípio 4 – Produção puxada:** após ter implantado os princípios anteriores, a empresa possuirá a capacidade de projetar, programar e fabricar exatamente o que o cliente quer e quando ele quer. É possível então "jogar fora" a previsão de vendas e deixar simplesmente que o cliente puxe o produto, em vez de empurrar para ele um produto muitas vezes indesejado.
- **Princípio 5 – Perfeição:** após ter implantado os quatro princípios anteriores, a perfeição deve ser buscada de duas maneiras: melhorias contínuas (kaizen) e melhorias radicais (kaikaku).

Além desses cinco princípios, as empresas devem implementar uma série de ferramentas/elementos, os quais têm o potencial de auxiliar a identificação e a eliminação dos desperdícios. Ganga et al.[24] apresentam uma lista com tais elementos, dentre os quais destacam-se em relação ao PCP:

- **Mapeamento do fluxo de valor:** com o desenvolvimento da filosofia enxuta, foi criado um mapa padronizado com o objetivo de encontrar os desperdícios e determinar o valor agregado ao cliente. Esse mapa é considerado a ferramenta de identificação de problemas, o mapa de fluxo de valor (MFV) ou *value stream* *mapping* (VSM). O MFV tem como objetivo visualizar o fluxo de produção para facilitar a identificação dos desperdícios e suas causas. O mapa consegue unificar o fluxo de informação com o fluxo de materiais para descrever a família de produtos, considerando desde a chegada de matérias-primas dos fornecedores até a entrega dos produtos finais para os clientes. O MFV não precisa de cálculos completamente exatos, desde que representem o fluxo e o valor agregado. Como vantagem, há uma série de figuras padronizadas para representar elementos dos processos produtivos com o objetivo de manter uma comunicação simples e visual. O MFV é considerado uma ferramenta fundamental para enxergar desperdícios sob a ótica da manufatura enxuta.

- **Estabelecimento de fluxo contínuo:** a importância do fluxo contínuo justifica-se pela total visibilidade do processo, o que permite rápida visualização de problemas e necessidade emergente de sua solução imediata. O fluxo está no centro da mensagem enxuta, a qual estabelece que a redução do intervalo de tempo entre a matéria-prima e os produtos finais leva a maior qualidade, a menor custo e a menor preço. O fluxo contínuo é realizado pela produção em fluxo unitário (*one piece flow*) e/ou pelo sistema *kanban* para conexão das operações de produção. Nesse ponto, é importante destacar o *takt-time*, que sincroniza o ritmo de produção com a velocidade das vendas, o qual também deve ser implementado em um ambiente de manufatura enxuta.

- **Alteração na gestão de recursos humanos:** a manufatura enxuta defende a utilização de uma série de métodos/ferramentas, a fim de alterar a forma de gestão dos funcionários da empresa. A delegação de responsabilidades (*empowerment*) e o trabalho em equipe (*times*) possibilitam que as decisões sejam tomadas por pessoas que estão mais próximas do problema, de forma que a solução seja mais rápida e/ou haja melhora dos processos e descentralização da gestão e do controle. Isso oferece autoridade suficiente para que o operador pare o processo produtivo, se identificar algo que não esteja previsto. Tais atividades estão relacionadas com a capacidade multifuncional dos trabalhadores (*cross-trained*), desenvolvida pela mentalidade enxuta, que permite a intercambialidade do trabalhador em diferentes funções, utilizando sua capacidade plena.

- **Utilização de métodos para atingir o zero defeito (*seis sigma e poka-yoke*):** o foco na qualidade é uma das características da manufatura enxuta. Isso pode ser visto nas inúmeras ferramentas utilizadas para a redução do número máximo de defeitos (zero defeito), tais como *seis sigma* e *poka-yoke*. O *seis sigma* refere-se a um conjunto de filosofias e métodos que as empresas utilizam para atingir o zero defeito em seus processos e produtos, tendo como base a análise estatística, que auxilia a descrição de um processo em termos de sua variabilidade. Um processo que esteja sobre o controle do *seis sigma* produzirá não mais do que quatro defeitos por milhão de unidades. O *poka-yoke* (*mistake proofing*, à prova de erros) consiste no projeto e/ou melhoria de produtos e processos de forma a eliminar qualquer possibilidade prevista de defeitos.

- **Redução do tamanho de lote:** na manufatura enxuta, o ideal é produzir lotes de uma unidade (*one piece flow*), o que, na prática, é muitas vezes inviável economicamente. Diante disso, busca-se reduzir ao mínimo o tamanho dos lotes, objetivando aumentar a qualidade e a flexibilidade produtiva e também reduzir estoques.

- **Manutenção produtiva total (TPM):** a interrupção do processo produtivo em decorrência da quebra de um equipamento inviabiliza o conceito de fluxo contínuo. Nesse contexto, destaca-se a manutenção produtiva total (*total productive maintenance* – TPM), que visa reduzir ou até mesmo eliminar as quebras de máquinas. Para alcançar esse objetivo, a TPM vai além de uma forma de se fazer manutenção; é muito mais uma filosofia gerencial, que se apoia em três princípios: melhoria das pessoas; melhoria dos equipamentos; e qualidade total.

- **Redução do *setup*:** tempos improdutivos que não agregam valor ao produto. O tempo de preparação ou *setup time* é um dos tempos considerados perda, de acordo com a manufatura enxuta e, portanto, deve ser eliminado. Baixos tempos de preparação possibilitam a produção de lotes menores e, como resultado, tem-se estoques e tempos de ciclos menores; dessa forma, a redução do tempo de preparação é um dos pontos-chave da manufatura enxuta. Com tempos de preparação mais curtos, o sistema também se torna mais flexível às mudanças na demanda do produto final.

- **Utilização da manufatura celular (MC) e da tecnologia de grupo (TG):** a célula produtiva especializa-se em produzir famílias de peças, de forma a operacionalizar o conceito de manufatura celular (MC) e auxiliar a aplicabilidade do fluxo contínuo. A tecnologia de grupo (TG) é uma filosofia da manufatura em que peças similares são identificadas e agrupadas em famílias de peças nas quais cada produto da família possui projetos e/ou características de manufatura similares.

- **Utilização da produção puxada e *just-in-time* (JIT)**: a ideia da produção puxada (*pull*) é que um processo inicial não deve produzir um bem ou serviço sem que o cliente o solicite. Puxar significa o estado ideal de fabricação *just-in-time* (JIT), que oferece ao cliente (que pode ser caracterizado pelo processo seguinte) o que ele quer, quando o quer e na quantidade que deseja. A forma mais pura de um sistema puxado é o fluxo unitário, porém isso nem sempre é possível, ocasionando a formação de estoques intermediários. Nesses casos, a manufatura enxuta defende novamente a utilização do sistema *kanban* para controlar a produção, evitar a superprodução e viabilizar a produção puxada.
- **Gerenciamento visual**: a fábrica enxuta é uma fábrica visual em que gráficos e quadros são usados para manter os trabalhadores informados sobre seus indicadores de desempenho, refugo, qualidade, entre outros, além de oferecer instruções de operações e procedimentos nos locais onde as atividades são executadas. O controle visual auxilia os trabalhadores que desejam fazer um bom trabalho a ver imediatamente como o estão executando. Dessa forma, o gerenciamento visual garante a rápida execução e o acompanhamento de operações e processos.

6.6.2 Manufatura de resposta rápida (*quick response manufacturing* – QRM)

O QRM é uma abordagem proposta por Suri[25] com o objetivo central de reduzir o *lead time* em um ambiente com alta variedade de produtos distintos. Para atingir esse objetivo, o QRM busca a redução de *lead time* em todos os aspectos operacionais de uma empresa, incluindo os contextos interno e externo.

No contexto do QRM, é fundamental entender o conceito de *lead time*, definido por Ericksen, Stoflet e Suri.[26] Esses autores definem *lead time* como: "*a típica quantidade de tempo, em dias corridos, desde a criação da ordem, passando pelo caminho crítico, até que pelo menos uma peça do pedido seja entregue ao cliente*". Esse conceito é também denominado, pelos mesmos autores, como *manufacturing critical-path time* (MCT). Com base nessa definição, é possível observar que as técnicas de reduções do *lead time* obtidas via acúmulo de estoque não são empregadas no QRM. Isso significa que as maneiras para atingir as redução do *lead time* nessa abordagem não são tão óbvias como podem parecer. Essas reduções dependem diretamente do entendimento da dinâmica do sistema (*system dynamics* – SD), que advêm da teoria de filas, possibilitando a compreensão das relações e interações entre variáveis do chão de fábrica (utilização dos setores, tempo de processo, nível de WIP, entre outras).

A aplicação da abordagem QRM pode propiciar às empresas uma nova forma de competir no mercado, à medida que o QRM busca explorar o tempo como vantagem competitiva em ambientes que priorizam e valorizam responsividade e customabilidade. De acordo com Suri,[27] essa seria uma vantagem competitiva mais segura, pois as vantagens competitivas baseadas no preço são extremamente perigosas e exigem grande capital para comprar máquinas de alta capacidade e as manter operando; e as relacionadas com qualidade são uma exigência e não mais um diferencial competitivo.

Tendo como fundamentação as diretrizes descritas, Suri[28] estabelece a base conceitual do QRM formada por quatro conceitos-chave:

Conceito-chave 1: Entender e explorar o poder do tempo

No QRM, o *lead time* deve direcionar todas as atividades e objetivos da empresa: as medidas de desempenho, as estratégias e decisões adotadas, entre outras questões. As organizações não são projetadas para gerenciar o tempo. Estruturas organizacionais, sistemas de contabilidade e sistemas de recompensa são baseados na gerência de escala e custo, ou seja, os gerentes pensam que cada pessoa deveria trabalhar mais rapidamente, mais arduamente e por longas horas para realizar o trabalho no menor tempo. Esse sistema de gerenciamento, baseado em escala e custo, é o maior inimigo do QRM. Para implantação do QRM, é necessária a completa revisão da base sobre a qual estão organizados a produção, o fornecimento de materiais e o trabalho dos gerentes.

A fim de visualizar o *lead time* das empresas e enxergar as oportunidades de melhoria, Suri[29] sugere a utilização de duas ferramentas:

- *Tagging*: é uma ferramenta que permite a coleta de dados de tempos. Consiste em etiquetar o produto ao longo de todo o seu processo, a fim de se verificar, dentro do *lead time* total, quais são as atividades produtivas e as esperas.
- **Mapeamento do MCT**: mostra o *lead time* do processo, dividindo as atividades em dois grandes grupos: atividades produtivas e esperas (que não agregam valor ao produto).

Conceito-chave 2: Alterar a estrutura organizacional para conseguir redução do *lead time*

Esse conceito-chave está relacionado com as mudanças em quatro estruturas organizacionais da empresa: *layout*, gestão, trabalhadores e mentalidade.

- **Layout**: para o QRM, o *layout* celular (ou pelo menos sua lógica principal) deve ser utilizado tanto no chão de fábrica quanto nos ambientes de escritório de uma organização. A utilização dos conceitos de manufatura celular (MC) e da tecnologia de grupo (TG) implica a necessidade de alteração da estrutura organizacional do chão de fábrica, cujo *layout* deve ser mudado de funcional para celular com a utilização da TG. A necessidade da TG, por vezes ressaltada nos estudos de Suri,[30] destaca a necessidade de sua implantação já no início do projeto QRM.
- **Gestão**: as organizações devem estar preparadas para gerenciar o tempo. Os seus sistemas de contabilidade e de recompensa não podem ser baseados no gerenciamento do custo e escala. Esse legado prejudica o projeto QRM à medida que aumenta o tempo de resposta, já que não estimulam seus trabalhadores a executarem suas tarefas de forma mais rápida. Além disso, é essencial que a gestão seja descentralizada.
- **Trabalhadores**: devem ser organizados por times que buscam coordenar e controlar atividades locais. Além disso, os trabalhadores devem ser capacitados em um número maior de tarefas (*cross-trained*), evitando a especialização de tarefas. Os trabalhadores precisam também assumir os processos de tomada de decisões e ações, ou seja, como "proprietários do processo" (*ownership*).
- **Mentalidade**: o ambiente propício ao projeto QRM exige mudanças na mentalidade organizacional. Isso significa repensar completamente a gestão da empresa e encontrar maneiras totalmente novas para executar os trabalhos com foco no *lead time*. Para que essas mudanças ocorram, é necessário que treinamentos sejam realizados em toda a organização.

Conceito-chave 3: Utilização dos conceitos e ferramentas de *system dynamics* (SD)

Esse conceito está relacionado com o entendimento de que o *lead time* é resultado da dinâmica e das interações entre os recursos, produtos e tarefas. Tal entendimento deve ser usado para a redução do *lead time*. Esse princípio segue a lógica de autores como Hopp e Spearman,[31] os quais salientam a importância de se desenvolver e utilizar abordagem científica para gerenciar o chão de fábrica. Tanto para Hopp e Spearman[32] quanto para Suri,[33] a ferramenta para se realizar essa gestão científica do chão de fábrica é trabalhar com os resultados da chamada teoria de filas. No caso específico do QRM, a ferramenta básica para entender e explorar a dinâmica dos sistemas é a utilização de um *software* denominado MPX. Trata-se de uma ferramenta desenvolvida no escopo da chamada tecnologia de modelagem rápida ou *rapid modeling technology* (RMT), a qual se baseia em modelos de teorias de filas e é capaz de relacionar variáveis importantes do chão de fábrica, tais como tamanho de lote, *lead time*, tempo de *setup*, utilização, variabilidade dos tempos, entre outras.

A partir do conhecimento da dinâmica de sistemas, uma série de relações entre importantes variáveis do chão de fábrica podem ser mostradas, conforme as Figuras 6.18, 6.19, 6.20 e 6.21.

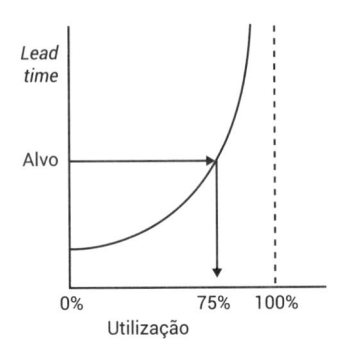

Figura 6.18 Efeito da utilização no *lead time*.[34]

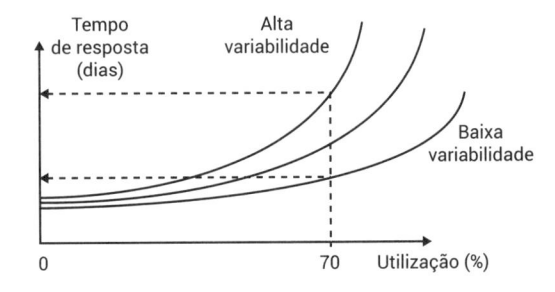

Figura 6.19 Efeito combinado da utilização e da variabilidade no *lead time*.[35]

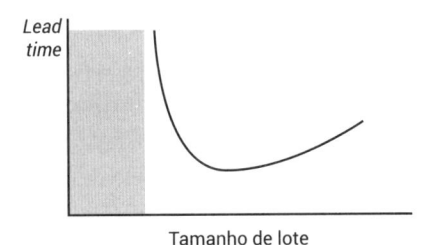

Figura 6.20 Efeito do tamanho de lote no *lead time*.[36]

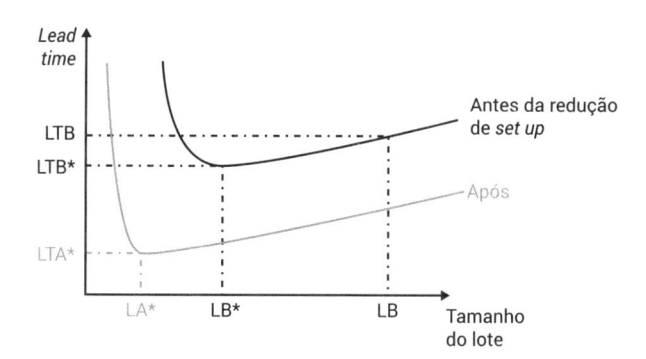

Figura 6.21 Influência da redução de *setup* no efeito do tamanho de lote sobre o *lead time*.[37]

As Figuras 6.18 a 6.21 permitem estabelecer importantes *insights* para o direcionamento das decisões no chão de fábrica, dentro da abordagem QRM. São eles:

i) A alta utilização é inimiga do baixo *lead time*, por isso os recursos devem ser programados para trabalhar com 70% a 80% de sua capacidade.

ii) A variabilidade (nos tempos de serviço, tempos entre chegadas, nível de qualidade, entre outros) faz com que o *lead time* seja maior. Dessa forma, a variabilidade ocasionada por esses tempos deve ser eliminada do processo (Hopp e Spearman).[38]

iii) Existe um tamanho de lote ótimo que leva à minimização do *lead time*. Esse tamanho de lote pode ser encontrado por meio da teoria de filas ou de simulações.

iv) Programas de redução de *setup* fazem com que a curva de tamanho de lote *versus lead time* se desloque para a esquerda. Isso reduz ainda mais o tamanho do lote e, consequentemente, também o *lead time*. Além disso, a redução no tempo de *setup* e programas de melhoria em outras variáveis do chão de fábrica (tempo médio de reparo, tempo médio entre falhas, taxas de defeito, entre outras) também têm potencial semelhante.

A consequência imediata dos itens (ii) e (iv) é que uma série de métodos já reconhecidos e utilizados pela literatura de gestão da produção (troca rápida de ferramentas – ou *single minute exchange of die* – SMED), (manutenção produtiva total – TPM), *seis sigma*, padronização de atividades, entre outros, podem e devem ser empregados. Isso visa à melhoria das variáveis do chão de fábrica e, consequentemente, à redução do *lead time*. Com relação a esse ponto, uma observação se faz necessária: apesar de sugerir a implementação de uma série de ferramentas e técnicas já reconhecidas e utilizadas em gestão da produção, o QRM defende que tais técnicas sejam aplicadas devidamente embasadas por simulações que justifiquem quantitativamente tais benefícios no tocante à redução do *lead time*. Essa é uma das importantes diferenças entre o QRM e outros paradigmas de gestão atualmente utilizados na prática, como, por exemplo, a manufatura enxuta. Tais simulações podem ser feitas por meio da simulação tradicional (por exemplo, com o auxílio de *softwares* como o Arena ou Promodel) ou, então, por meio do MPX.

Conceito-chave 4: Focar a redução do *lead time* na empresa como um todo

Apesar de ter suas raízes no chão de fábrica, o QRM busca atingir reduções de *lead time* por meio de melhorias não somente no chão de fábrica, mas também em outras áreas da empresa, como o escritório, e na própria cadeia de suprimento.

Com relação à cadeia de suprimentos, podem-se dividir os princípios e ferramentas do QRM em dois grandes grupos: estratégias voltadas aos fornecedores e estratégias voltadas aos clientes. As principais estratégias do QRM voltadas aos fornecedores formam a chamada gestão de fornecedores baseada no tempo (*time-based supply management*) desenvolvida e utilizada com muito sucesso na John Deere.[39] Essas estratégias são: (1) eduque seu fornecedor com relação ao seu programa QRM e o motive a implantá-lo: por meio do QRM, seus fornecedores estarão aptos a produzir lotes menores a menor custo e maior qualidade; (2) faça da redução de *lead time* a principal medida de desempenho do seu fornecedor: o *lead time* é uma medida da capacidade do fornecedor, portanto deve ser utilizado como principal medida de avaliação. O trio qualidade, custo e entrega (*quality, cost and delivery* – QCD) deve ser utilizado como medida secundária de desempenho; (3) repense a utilização de fornecedores distantes e utilize *dual sourcing*: questione a utilização de fornecedores distantes (o custo total pode ser menor ao se utilizar um fornecedor próximo com MCT pequeno) e busque a proximidade. Nos casos em que a utilização de fornecedores distantes for imprescindível, utilize a técnica *dual sourcing* (dois fornecedores). Sua aplicação implica utilizar fornecedores distantes para a porção previsível da demanda e fornecedores locais para a porção mais variável da demanda; (4) forneça treinamento ao seu pessoal de vendas sobre o QRM: o departamento de compras da empresa deve ser treinado com base no QRM e, em particular, nos problemas de realizar pedidos em grande quantidade; (5) tire proveito da tecnologia de informação: ferramentas que agilizam o contato com o fornecedor e reduzem o *lead time* devem ser adotadas; (6) sempre que possível, faça seus fornecedores ficarem responsáveis por manter os estoques no ponto de uso: essa prática, também denominada *vendor managed inventory* (VMI), simplifica o planejamento e ajuda a reduzir o MCT; (7) compartilhe sua previsão e seu planejamento: essa estratégia também simplifica o planejamento e auxilia na redução do *lead time*; existe uma técnica chamada *collaboative planning, forecasting and replenishment* (CPFR) que auxilia a atingir esse objetivo.

- Em relação às estratégias direcionadas aos clientes, tem-se: (1) forme parcerias com seus clientes: a empresa fornecedora deve procurar formar parcerias com seus clientes visando a produção e entrega de pequenos lotes; (2) forneça descontos que não prejudiquem seu programa QRM: no caso de fornecer descontos para grandes quantidades, isso deve ser feito baseado na quantidade pedida no ano todo e não nas ordens individuais, Mesmo que seu fornecedor peça em grandes quantidades, continue produzindo em pequenos lotes; grandes lotes no chão de fábrica bloquearão a produção destinada aos outros clientes da empresa.

6.7 CONCLUSÃO

As crescentes exigências do mercado consumidor, aliadas às pressões exercidas no âmbito das cadeias de produção coordenadas, tendem a impor maior uso de técnicas de gestão da produção em todos os elos dessas cadeias. Essas técnicas visam, além de reduzir a probabilidade de que eventos aleatórios causem situações fora do controle do administrador, obter os melhores resultados possíveis com os recursos disponíveis. Entre alguns dos resultados esperados, estão: a constância e a confiabilidade do abastecimento; o aumento na velocidade de atendimento de pedidos; a flexibilidade produtiva; a redução de custos; e a sincronia entre atividades dos diferentes elos da cadeia e dentro do próprio segmento produtivo. Esperam-se, sobretudo, atendimento aos anseios do consumidor e ganhos equilibrados entre os agentes da cadeia de suprimento.

A variedade de modelos e ferramentas para resolver problemas de PCP é significativa, embora a maior parte dessas técnicas esteja dedicada a sistemas produtivos como os da cadeia automotiva. Assim, há amplo espaço de pesquisas a serem desenvolvidas e de adaptações a serem feitas para se obter, sobretudo nos empreendimentos rurais, características realmente empresariais, com decisões embasadas em modelagem científica. É necessário destacar que nenhum dos processos em quaisquer dos segmentos das cadeias é estático. A dinâmica própria dos empreendimentos exige, assim, permanente atenção e atualização.

Por fim, deve-se destacar que planejar não significa apenas dominar custos, no caso da produção rural, nem só dominar quantidades, nos casos da industrialização e comercialização. Planejar significa dominar o conjunto de recursos produtivos, isto é:

- Materiais (na forma de animais, mudas ou sementes, outros insumos de produção).
- Mão de obra.
- Capital (na forma de propriedade, equipamentos, recursos de armazenamento ou guarda, recursos físicos para administração, procedimentos, normas ou *softwares* para administração e capital de giro).
- Tecnologia (na forma de conhecimentos de tratos culturais ou manejo, projeto de produto, processos de fabricação, ou procedimentos para tomada de decisão, comunicação e controle de ações ou comercialização).

Deve-se considerar que só há domínio dos recursos produtivos se eles atenderem os requisitos de tempo, custo e qualidade necessários, dentro de uma faixa de erro admissível, além da qual o custo superará os benefícios esperados.

Como recomendação final, sugere-se que em qualquer empreendimento é necessário superar três fases, que são:

1. Definição e adequação dos projetos dos produtos às necessidades do mercado e possibilidades do produtor.
2. Definição dos processos de obtenção dos produtos e seu domínio completo.
3. Definição do sistema de tomada de decisão e dos indicadores de desempenho com o estabelecimento dos fluxos de informação necessários para a execução e o controle. Esta última etapa caracteriza o sistema de gestão e, dentro dele, o sistema de planejamento e controle da produção.

EXERCÍCIOS

1. Qual é a diferença entre planejamento e controle da produção?
2. Cite três tipos de decisões características de planejamento da produção e descreva, em cada exemplo, seu objetivo.
3. Cite três tipos de decisões características de controle da produção e descreva, em cada exemplo, seu objetivo.
4. Faça um quadro síntese de classificação dos tipos de sistemas de produção de bens como função de suas variáveis.
5. Qual é a divergência entre a tendência de consumo do mercado e o interesse das empresas e quais são as providências possíveis?

6. Enquadre um empreendimento rural, de sua região, em um dos tipos de sistema de produção de bens e explique a razão da opção adotada.

7. Detalhe as etapas de planejamento (implantação, manutenção e reposição) da produção em um empreendimento rural de sua escolha.

8. Dê três exemplos de agroindústrias de primeira transformação instaladas em sua região e identifique, em cada caso, se a empresa executa embalamento fracionado, processo simples ou complexo.

9. Obtenha a previsão de demanda para o próximo período usando os modelos de média simples, média móvel, média móvel centrada, média ponderada, média ponderada exponencialmente e média ponderada exponencialmente com tendência para a série de demandas registrada a seguir. Faça um gráfico com as demandas reais e as previsões que teriam sido feitas mês a mês:

Mês	Demanda 2018	Demanda 2019
Janeiro	4.500	5.150
Fevereiro	5.000	5.250
Março	4.650	5.300
Abril	4.800	5.500
Maio	4.900	5.250
Junho	5.150	5.400
Julho	5.050	5.350
Agosto	5.200	5.500
Setembro	5.150	5.650
Outubro	5.000	5.450
Novembro	5.200	5.500
Dezembro	5.250	5.700
Previsão para janeiro 2020		

10. Obtenha, para o exercício anterior, o erro médio, o desvio absoluto médio e o erro médio quadrático e, a partir da análise desses valores, escolha qual seria o modelo mais apropriado. Verifique se há alguma forma de obter previsões melhores.

11. Obtenha a previsão de demanda para o próximo período usando média ponderada exponencialmente com tendência e sazonalidade para a série de demandas registrada a seguir. Faça um gráfico com as demandas reais e as previsões que teriam sido feitas mês a mês.

Mês	Demanda 2018	Demanda 2019
Janeiro	4.500	4.900
Fevereiro	5.000	4.950
Março	4.650	5.300
Abril	4.500	5.200
Maio	4.350	5.100

(continua)

(continuação)

Mês	Demanda 2018	Demanda 2019
Junho	4.300	5.050
Julho	4.400	4.850
Agosto	4.500	4.900
Setembro	5.100	4.750
Outubro	4.950	4.800
Novembro	4.900	5.000
Dezembro	4.800	5.400
Previsão para janeiro 2020		

12. Obtenha, para o exercício anterior, o erro médio, o desvio absoluto médio e o erro médio quadrático. Refaça o exercício adotando outros valores para α e β.

13. Com base na tabela a seguir, utilize as estratégias de planejamento agregado apresentadas no capítulo para comparar os custos totais de cada uma delas.

	Jan.	Fev.	Mar.	Abr.	Maio	Jun.
Demanda prevista	2.000	1.700	1.200	800	1.000	1.500
Dias úteis	20	19	22	22	21	20

Dados a serem utilizados:
- Custo de material = $ 150,00 por unidade.
- Custo de manutenção de estoque = $ 0,80 por unidade por mês.
- Custo de falta de estoque = $ 4,00 por unidade por mês.
- Custo com subcontratação = $ 130,00 por unidade.
- Custo de contratação e treinamento = $ 180,00 por trabalhador.
- Custo de demissão = $ 210,00 por trabalhador.
- Trabalho necessário por unidade = 4 horas.
- Custo do trabalho = $ 3,50 por hora (para as primeiras 8 horas em cada dia).
- Custo da hora extra = $ 6,00 por hora (para horas além das 8 horas de trabalho normais em cada dia).
- Estoque inicial = 300 unidades.
- Número de trabalhadores atualmente disponíveis = 28 trabalhadores.
- Horas em turno normal de trabalho por dia = 8 horas.

14. Dada a lista de materiais do produto A, a seguir, e os *lead times* de obtenção em cada nível, monte a respectiva árvore gráfica de montagem e determine em que momento a primeira providência deveria ser disparada para se ter disponíveis daqui a 100 dias

20 unidades do produto A, considerando que não há qualquer disponibilidade de estoque e que não há outros produtos a serem fabricados e filas de espera nas máquinas.

Nível 0	Quant. por unid.	Nível 1	Quant. por unid.	Nível 2	Quant. por unid.	Nível 3	Quant. por unid.	Nível 4	Quant. por unid.	nº peças por lote	Lead time (dias/lote)
A	1									5	5
		B	2							40	3
				E	3					500	2
				D	2					40	3
						F	4			500	2
						G	2			120	4
						H	4			100	5
		C	5							50	8
				I	2					50	4
				J	3					150	7
				K	4					200	10
						L	4			600	8
								N	4	500	2
								O	3	600	2
						M	3			500	12
						E	5			500	2

15. Considere agora que, para o exercício anterior, cada componente e produto tenha suas operações de obtenção executadas nos equipamentos a seguir discriminados, concorrendo pelos mesmos recursos, e que cada lote despenda os tempos indicados. Construa o respectivo gráfico de Gantt, alocando as operações conforme sua sequência, sem superposição. Determine qual seria o prazo mínimo de atendimento considerando que a primeira providência seja adotada amanhã.

Item	1ª operação		2ª operação		3ª operação		4ª operação		Total
	Máq.	Tempo (dias/lote)	Máq.	Tempo (dias/lote)	Máq.	Tempo (dias/lote)	Máq.	Tempo (dias/lote)	Dias/lote
A	Mont. M	5							5
B	Mont. M	3							3
C	Mont. M	8							8
D	Mont. M	3							3
E	M1	1	M2	1					2
F	M3	1	M4	1					2
G	M1	1	M4	2	M3	1			4
H	M2	2	M3	1	M5	1	M6	1	5
I	M4	1	M5	1	M2	2			4
J	M5	1	M1	3	M6	2	M7	1	7
K	Mont. E	10							10
L	Mont. E	8							8
M	M6	5	M7	5	M5	2			12
N	M1	1	M2	1					2
O	M3	1	M4	1					2

16. Faça a curva ABC para os itens de estoque da tabela a seguir.

Item	Discriminação	Demanda anual	Item	Discriminação	Demanda anual
1	P1	1.200	6	P6	750
2	P2	1.100	7	P7	21.500
3	P3	22.000	8	P8	1.300
4	P4	1.700	9	P9	1.550
5	P5	1.450	10	P10	2.000

17. Considere um fabricante de sucos de fruta embalados em garrafas PET de 500 ml. As embalagens são compradas de um fornecedor único, e as compras são feitas por peso. A demanda anual de garrafas é de 130 kg. O custo de estocagem desse material é alto, pois ocupa muito espaço na fábrica, sendo o valor anual por quilograma igual a 11,50 reais. Sabendo-se que o custo para a reposição do estoque desse material é fixo e igual a 175 reais por pedido, calcule a quantidade econômica para a reposição desse estoque.

18. Cite e explique as principais características dos modernos paradigmas de planejamento e controle da produção manufatura enxuta e manufatura de resposta rápida.

NOTAS

1. BURBIDGE, J. L. *Planejamento e controle da produção*. São Paulo: Atlas, 1988.
2. SLACK, N.; CHAMBERS, S.; HARLAND, C.; HARRISON, A.; JOHNSTON, R. *Administração da produção*. São Paulo: Atlas, 2009.
3. VOLLMANN, T. E.; BERRY, W. L.; WHYBARK, D. C. *Manufacturing planning and control systems*. 3. ed. Homewood: Richard D. Irwin, 1az997.
4. GIANESE, I. G. N.; CORRÊA, H. L. *Administração estratégica de serviços*. São Paulo: Atlas, 1994.
5. TAYLOR, S. G.; SEWARD, S. M.; BOLANDER, S.; HEARD, R. C. Process industry production and inventory planning framework: a summary. *Production and Inventory Management*, p. 15-32, Jan./Mar., 1981.
6. MACCARTHY, B. L.; FERNANDES, F. C. A multi-dimensional classification of production systems for the design and selection of production planning and control systems. *Production Planning & Control*, v. 11, n. 5, 2000.
7. BUFFA, E. S.; MILLER J. G. *Production inventory systems*: planning and control. 3. ed. Homewood: Richard D. Irwin, 1979.
8. VOLLMAN et al. *Op. cit*.
9. BOUÇAS, C. Na crise, brasileiro come mais biscoito recheado. *Valor Econômico*, 15 jun. 2015. Disponível em: https://valor.globo.com/empresas/noticia/2015/06/15/na-crise-brasileiro-come-mais-biscoito-recheado.ghtml. Acesso em: 16 nov. 2020.
10. FERNANDES, F. C. F.; GODINHO FILHO, M. *Planejamento e controle da produção*: dos fundamentos ao essencial. São Paulo: Atlas, 2010.
11. SIPPER, D.; BULFIN, R. L. JR. *Production*: planning, control, and integration. New York: McGraw-Hill, 1997.
12. LAGE JÚNIOR, M. *Planejamento e controle da produção*: teoria e prática. Rio de Janeiro: LTC, 2019.
13. PAGLIARUSSI, M. S.; MORABITO, R.; SANTOS, M. O. Otimização da programação da produção de bebidas à base de frutas por meio de modelos de programação inteira mista. *Gest. Prod*, v. 24, n. 1, p. 64-77, 2017.
14. PTAK, C. A. MRP, MRP II, OPT, JIT and CIM: succession, evolution or necessary combination. *Production and Inventory Management Journal*, v. 32, n. 2, p. 7-11, 1991.
15. AGGARVAL, S. C.; AGGARVAL, S. The management of manufacturing operations: an appraisal of recent developments. *International Journal of Operations and Productions Management*, v. 5, n. 3, p. 21-38, 1985.
16. NEWMAN, W. R.; SRIDHARAN, V. Manufacturing planning and control: is there one definitive answer? *Production and Inventory Management Journal*, p. 50, 1992.
17. TAYLOR et. al. *Op. cit*.
18. CRAMA, Y.; POCHET, Y.; WERA, Y. A discussion of production planning approaches in the process industry. Sept. 2001. Disponível em: http://www.core.ucl.ac.be/services/psfiles/dp01/dp2001-42.pdf. Acesso em: 20 mar. 2003.
19. FRANSOO, J. C.; RUTTEN, W. G. M. M. A typology of production control situations in process industries. *International Journal of Operations & Production Management*, v. 14, n. 12, p. 47-57, 1994.
20. PARKER, K. A configurator for process industries. *Manufacts*, p. 30-32, 1992.
21. RUSSOMANO, V. H. *Planejamento e acompanhamento da produção*. 2. ed. São Paulo: Pioneira, 1979.
22. PACHECO, P. Fruta exportada encalha no porto. *O Estado de S.Paulo*, 13 out. 2009. Disponível em: https://www.estadao.com.br/noticias/geral,fruta-exportada-encalha-no-porto,449686. Acesso em: 17 nov. 2020.
23. OHNO, T. *O sistema Toyota de produção*: além da produção em larga escala. Porto Alegre: Bookman, 1997.
24. GANGA, G. M. D.; SAGAWA, J. K.; DELAI, I.; GODINHO FILHO, M.; ALVES FILHO, A. Sistemas de produção. *In*: BATALHA, M. O. (coord.). *Gestão da produção e operações*: abordagem integrada. São Paulo: Atlas, 2019. cap. 1, p. 1-38.
25. SURI, R. *Quick response manufacturing*: a companywide approach to reducing lead times. Productivity Press, 1998.
26. ERICKSEN, P. D.; STOFLET, N. J.; SURI, R. *Manufacturing critical-path time (MCT)*: the QRM metric for lead time. Wisconsin-Madison: Center for QRM, 2007.
27. SURI, R. *It's about time*: the competitive advantage of quick response manufacturing. Productivity Press, 2010.
28. *Ibidem*.
29. *Ibidem*.
30. *Ibidem*.

31. HOPP, W. J.; SPEARMAN, M. L. *Factory physics*: foundation of manufacturing management. 2. ed. McGrawHill: International Edition, 2002.
32. HOPP, W. J.; SPEARMAN, M. L. *Op. cit.*
33. SURI, R. *Op. cit.* 2010.
34. Adaptada de SURI, *Op. cit.*, 1998.
35. Adaptada de SURI, *Op. cit.*, 1998.
36. Adaptada de SURI, *Op. cit.*, 1998.
37. Adaptada de SURI, *Op. cit.*, 1998.
38. HOPP, W. J.; SPEARMAN, M. L. *Op. cit.*
39. SURI, R. *Op. cit.* 1998.

BIBLIOGRAFIA COMPLEMENTAR

CHASE, R. B.; JACOBS, F. R.; AQUILANO, N. J. *Administração da produção e operações para vantagens competitivas*. São Paulo: McGraw-Hill, 2006.

SILVER, E. A.; PYKE, D. F.; PETERSON, R. *Inventory management and production planning and scheduling*. John Wiley & Sons, 1998.

VOLLMANN, T. E.; BERRY, W. L.; WHYBARK, D. C.; JACOBS, F. R. *Sistemas de planejamento & controle da produção para o gerenciamento da cadeia de suprimentos*. Porto Alegre: Bookman, 2006.

7 GESTÃO DE CUSTOS AGROINDUSTRIAIS

Fernando Cezar Leandro Scramim
Mário Otávio Batalha
Sílvio Hiroshi Nakao

Entre as técnicas gerenciais mais importantes para a competitividade das organizações incluem-se os sistemas de custeio empresariais, desenvolvidos com base nos dados e nos recursos da contabilidade de custos. Um sistema para controle e análise de custos eficiente e confiável é ferramenta indispensável de apoio à decisão gerencial. Os dados fornecidos são informações relevantes para as atividades de marketing, de planejamento e controle da produção (PCP), de compras, de finanças, de projeto de produto, entre outras. A melhoria na qualidade das decisões gerenciais é fator fundamental para o aumento da competitividade do parque agroindustrial brasileiro. Em um ambiente de inflação baixa, o controle e a análise dos custos dos produtos se revelam ainda mais importantes para as empresas. Nesse quadro, já não é possível simplesmente repassar para os produtos os seus aumentos de custos, sendo muitas vezes necessário reduzir margens de lucro. Para tanto, devem-se conhecer essas margens, o que não é tão trivial quanto parece.

Ao final deste capítulo, o leitor deverá ser capaz de:

- Caracterizar e projetar os diferentes sistemas de custeio.
- Obter desses sistemas de custeio uma base de conhecimento para tomada de decisões. Nesse sentido, um sistema de custeio que seja útil deve ser capaz de exercer, no mínimo, as seguintes funções:
  - avaliação dos estoques segundo as diferentes etapas de fabricação e de comercialização;
  - determinação da estrutura de custos dos produtos e comparação com a concorrência;
  - determinação do custo dos produtos como um dos critérios de fixação de preços;
  - fornecimento de base para a elaboração de orçamentos;
  - análise de rentabilidade das diversas atividades e produtos da firma;
  - determinação dos valores de estoques e ativos biológicos para fins de divulgação financeira;
  - simulações relativas a variações nas condições de compras de matérias-primas, terceirizações, investimentos, eliminação de produtos etc.

7.1 INTRODUÇÃO

7.1.1 Custo e objeto de custeio

O *custo* em uma organização (empresa) significa o total de recursos financeiros, humanos e tecnológicos, medidos em termos monetários, utilizados (ou consumidos) para alcançar um objetivo específico (normalmente os produtos – bens físicos ou os serviços – que a empresa produz e comercializa). A esse objetivo específico denomina-se *objeto de custeio.*

Desse modo, o custo deve sempre fazer referência a algum objeto. Por outro lado, o custo de um único objeto pode fazer parte dos custos de vários outros objetos, simultaneamente. Por exemplo, o *custo de transporte* pode fazer parte do custo da *atividade logística (distribuição de produtos acabados/produzidos)* e do custo da *matéria-prima (recepção de mercadorias para o processo produtivo)*. Mais especificamente, considera-se que o custo dos objetos de custeio é formado por *itens de custos*, os quais podem ser recorrentes para diversos objetos de custeio. No exemplo citado, o custo de transporte é um *item de custo* do custo da atividade logística e da matéria-prima simultaneamente, entre outras.

Um objeto de custeio pode ser uma operação, uma atividade ou um conjunto de atividades ou de operações que consomem os recursos para produzir algum *bem* ou *serviço* que uma empresa comercialize. Como resultado final, o próprio *bem* ou *serviço* que a empresa produz terá seu custo final mensurado (medido).

Em termos gerais, o custo de qualquer objeto de custeio deve ter como propósito o planejamento, o controle ou a avaliação,[1] sendo:

- **Planejamento:** processo que visa decidir que ação deverá ser tomada.
- **Controle:** processo que visa assegurar, tanto quanto possível, que a organização siga os planos e as políticas predeterminadas.
- **Avaliação:** metodologia que visa apurar ou medir em que grau os objetivos estabelecidos foram atingidos.

Para dirigir as decisões na empresa, um bom sistema de custeio deve conseguir utilizar as informações coletadas de forma apropriada a atender os seus propósitos.

7.1.2 Finalidades da apuração de custos

A apuração de custos de um objeto de custeio pode atender a diversas finalidades. Entretanto, há algo em comum entre todas as finalidades: a apuração de custos é voltada à tomada de decisão. Estamos falando de informação. Pode ser a informação sobre quanto custa um produto, que pode ser útil para o gestor que vai decidir se o produto deve continuar sendo produzido ou para compor a informação constante em um balanço patrimonial que será útil para que credores e acionistas tomem decisões sobre se investem ou não na empresa.

Assim, a apuração de custos deve atender a diferentes *categorias de decisões*. A seguir, tratamos das principais categorias de decisões para as quais os custos são comumente apurados atualmente.

7.1.2.1 Gestão de custos de produção

Em qualquer processo produtivo, seja em uma fazenda, em uma indústria ou em uma prestadora de serviços, é importante e, em alguns casos imprescindível, apurar custos dos produtos e serviços que são vendidos aos clientes.

Na fase de planejamento, é preciso avaliar se o produto ou serviço é lucrativo. Uma vez que o preço é dado pelo mercado, resta à empresa avaliar se os custos são menores do que o preço de venda de cada unidade de produto. Nessa avaliação, é preciso saber quais custos devem fazer parte dessa avaliação. Por exemplo, devemos dizer que o custo da matéria-prima faz parte do custo do produto, mas os gastos com a mão de obra do setor de marketing da empresa também fazem? Veremos quais são os critérios que devem ser adotados nessa mensuração de custos na seção 7.2 deste capítulo.

Na fase de controle, é preciso avaliar se o produto ou serviço continua sendo lucrativo, em função de eventuais mudanças nos custos, por conta de inflação, câmbio etc. Assim, a gestão de custos de produção demanda permanente mensuração dos custos de produção dos produtos e serviços.

7.1.2.2 Gestão de custos de processo

Imagine a seguinte situação: um gerente da produção procura constantemente maior eficiência na fabricação dos produtos; ele percebe que seu processo produtivo possui três etapas bem definidas; em uma análise de processo, ele verifica que a segunda etapa pode ser feita de maneira diferente, mais rápida, mas demandará mais recursos.

Nesse caso, perceba que é necessário avaliar se o custo do processo será maior ou não com a mudança. Assim, o objeto de custeio passa a ser a atividade que compõe o processo, e não o produto. Como avaliar o custo de cada atividade que compõe o processo? Veremos quais são os critérios que devem ser adotados nesse tipo de tomada de decisão na seção 7.8.

7.1.2.3 Avaliação de estoques e ativos biológicos para divulgação contábil

Uma empresa precisa de recursos financeiros para investir. Proprietários e credores são os principais provedores desses recursos financeiros, que são investidos em máquinas, estoques, crédito a clientes etc.

Digamos que uma empresa esteja em processo de expansão e necessitando de capital para isso. Vamos mudar a perspectiva: vamos nos colocar na posição de um banco, que precisa decidir se deve ou não conceder um empréstimo à empresa. O banco precisa avaliar se, no futuro, a empresa terá condições de devolver o dinheiro emprestado e, para isso, solicitará todo tipo de informação para tomar essa decisão.

Nesse caso, a empresa precisa divulgar ao banco, privada ou publicamente, dependendo do tipo de empresa, suas informações financeiras. Isso tradicionalmente é feito por meio das demonstrações financeiras, compostas por balanços patrimoniais e demonstrações de resultado, entre outras.

O balanço patrimonial contém a informação sobre o tamanho atual da riqueza da empresa, que é composta pelos recursos econômicos que possui, chamados de ativos, menos as dívidas, chamadas de passivos. Os recursos mais comuns detidos pelas empresas são caixa (dinheiro em espécie e em banco), contas a receber de clientes, estoques e imobilizado (máquinas, imóveis para uso etc.). As dívidas mais comuns são com fornecedores, empréstimos e financiamentos, tributos a pagar etc.

Se um dos ativos é o estoque, é preciso medi-lo, para mostrar no balanço quanto da riqueza da empresa é composta por seus produtos em estoque. Para medir o valor do estoque, assim como de todos os demais ativos e passivos, existe uma norma contábil. Adotamos a norma contábil internacional (*International Financial Reporting Standards* – IFRS), adaptada para o Brasil pelo Comitê de Pronunciamentos Contábeis (CPC). A norma IFRS exige que o estoque seja mensurado a custo. Porém, essa mensuração tem critérios próprios, que podem ser diferentes da forma como os gestores medem os custos do produto para suas decisões. Vamos ver esses critérios na seção 7.4 deste capítulo.

Outro ativo, bastante próprio de empresas do agronegócio, é o ativo biológico. Um ativo biológico é um animal ou planta vivos, inseridos em uma atividade agrícola. Por exemplo, um boi de corte em atividade de engorda por confinamento, ou uma plantação de cana-de-açúcar para uma usina de açúcar e etanol. O que diferencia um ativo biológico de um estoque é o fato de ser vivo: ele cresce, se reproduz, envelhece. Além disso, como está atrelado a um produto agrícola, em geral uma *commodity*, como carne ou açúcar, tem valores de mercado normalmente com cotação e que podem ser voláteis. Pela norma IFRS, os ativos biológicos são mensurados a valor justo (*grosso modo*, a valor de mercado), mas também demandam a apuração de custos em função da legislação tributária brasileira, semelhante a estoque. Vamos detalhar esses assuntos na seção 7.4 deste capítulo.

7.2 CARACTERÍSTICAS GERAIS DOS CUSTOS AGROPECUÁRIOS E INDUSTRIAIS

Nas cadeias agroindustriais, há segmentos de produção agrícola e pecuária, mas também industriais e comerciais. A natureza dos custos nas atividades agropecuárias e industriais é idêntica, podem ser classificados e alocados aos objetos de custeio da mesma maneira para fins de análise e tomada de decisão e se comportam igualmente. Os custos são agregados ao longo do processo produtivo, que pode levar um curto ou um longo período de tempo para ser finalizado.

Assim, um boi de corte recebe alimentação e medicamentos, cujos custos são agregados ao longo do tempo de sua produção, assim como são agregados custos na produção de uma caldeira que está sendo produzida para uma usina de cana-de-açúcar.

Entretanto, a natureza da atividade agrícola e pecuária pode levar a análises um tanto diferentes das análises que costumeiramente se aplicam à atividade industrial. Uma diferença primordial: a atividade agrícola e pecuária lida com seres vivos, plantas e animais.

Uma das implicações disso é que há uma incerteza maior sobre os volumes produzidos a partir de um mesmo volume de custos. Na indústria, determinada quantidade de farinha deve se transformar em biscoitos com muita precisão de medida. Na pecuária, a mesma quantidade de ração dada a dois bois diferentes pode gerar quantidades de carne com diferenças visíveis, o que traz implicações para fins de planejamento e controle da produção. A essa imprevisibilidade podemos ainda adicionar outras ligadas ao clima e ao aparecimento de doenças e pragas que podem afetar a qualidade e a quantidade da produção, com inevitáveis repercussões em termos de preços e custos.

A agricultura e a pecuária têm, em geral, *commodities* como produtos finais. Isso significa que há oscilações de preços e volumes tanto em mercados de insumos como nos de produtos finais. Isso também traz implicações em termos de planejamento e controle, porque há uma maior imprevisibilidade dos números. Além disso, como se trata de *commodities*, as margens de lucro são normalmente pequenas, resultado das condições de competição estabelecidas nesses mercados. Isso significa que a gestão dos custos de produção é primordial para a sobrevivência do negócio.

Portanto, entender a natureza dos custos, analisá-los a partir das diferentes necessidades de informação, levando em conta a natureza e as características operacionais da atividade, são tarefas essenciais no dia a dia de qualquer organização.

7.3 DEFINIÇÕES

7.3.1 Custos e despesas

Digamos que determinada empresa tenha adquirido matéria-prima para produzir um produto e tenha gastado nisso $ 1.000. Essa matéria-prima sofre uma transformação com a aplicação de mão de obra e energia elétrica, com gastos adicionais de $ 600. Podemos então entender que a empresa investiu $ 1.600 para produzir um produto acabado. A empresa possui vendedores, que recebem comissão de 10% sobre as vendas. Com um preço de $ 3.000, o gasto com comissão de vendas é de $ 300.

Primeiramente, gasto é, de acordo com Martins,[2] "*a compra de um produto ou serviço qualquer, que gera sacrifício financeiro para a entidade (desembolso), sacrifício esse representado por entrega ou promessa de entrega de ativos (normalmente dinheiro)*".

Perceba que esses gastos com matéria-prima, mão de obra, energia elétrica e comissão de vendas estão todos relacionados com o produto que é vendido. Todos eles são necessários para que a empresa possa obter receitas, tanto para ter um produto que possa ser vendido, como o esforço para que ele possa ser vendido. Quando o ponto de vista é o da avaliação de produtos, despesas são todos os gastos realizados para se obter receitas.

De um ponto de vista mais amplo, de mensuração da evolução da riqueza da entidade, a Estrutura Conceitual do Comitê de Pronunciamentos Contábeis (CPC) traz a seguinte definição para as despesas: "*reduções nos ativos, ou aumentos nos passivos, que resultam em reduções no patrimônio líquido, exceto aqueles referentes a distribuições aos detentores de direitos sobre o patrimônio*". No entanto, ambas as definições têm o mesmo sentido: há uma redução no patrimônio com o gasto efetuado com a expectativa de se obter um benefício no futuro.

Perceba, porém, que é possível separar as despesas que estão relacionadas com a fase de produção do produto e as que ocorrem posteriormente. As despesas que estão relacionadas, direta ou indiretamente, com a produção de um produto ou serviço, são chamadas de custos. No nosso exemplo, são custos a matéria-prima, a mão de obra e a energia elétrica, mas a despesa com comissão de vendas não é custo, pois não está relacionada com a produção do produto. Popularmente, utiliza-se a palavra *custo* para identificar os gastos relacionados com a produção e a palavra *despesa* para todos os demais gastos, ainda que o custo seja uma despesa, por definição.

Custos e despesas podem ser classificados de maneiras diferentes, dependendo da análise que se deseja fazer: diretos e indiretos, fixos e variáveis etc., como será visto nas próximas subseções deste capítulo.

7.3.2 Custos diretos e indiretos

Determinam a relação entre os itens de custos e os objetos de custeio (produtos acabados/obtidos e/ou serviços prestados):

- **Custos diretos:** são aqueles que podem ser diretamente apropriados aos objetos de custeio, bastando uma medida de consumo, obedecidos os princípios de materialidade (por exemplo, o quilo de material consumido, embalagens utilizadas, horas de mão de obra da produção e quantidade de energia consumida).
- **Custos indiretos:** são aqueles estimados por meio de bases de rateio, devido à impossibilidade de medida direta de utilização de determinados recursos na produção de um bem ou serviço objeto do custeio (por exemplo, aluguel, supervisão de uma linha de produção, chefias etc.).

Para projetar um sistema de custeio, deve-se considerar a relação "custo/benefício" de mensuração dos custos, já que muitas vezes tal relação não é favorável, por apresentar valores irrelevantes, quando comparados com o esforço de quantificá-los.

7.3.3 Custos e despesas fixos e variáveis

Custos e despesas fixos e variáveis são definidos assim:

- **Custos e despesas variáveis:** são aqueles relacionados diretamente com o volume de produção. Esses custos estão ligados ao funcionamento da empresa e dependem do grau de utilização dos fatores de produção. Exemplos: materiais diretos, energia elétrica da produção, mão de obra direta.
- **Custos e despesas fixos:** são aqueles que independem das variações ocorridas no volume de produção daquele período, por exemplo, o aluguel e a depreciação de equipamentos, bem como atividades de suporte

como vigilância, limpeza e manutenção de sistemas e equipamentos. Esses custos estão ligados à manutenção da estrutura (ou a existência) da empresa. Os custos fixos não variam no curto prazo e variam "em patamares", de acordo com a atividade produtiva, no médio e longo prazos (quando da expansão ou redução de capacidade produtiva).

A classificação dos custos em fixos ou variáveis leva em consideração a relação entre o valor total de um custo e o volume de atividade numa unidade de tempo. As Figuras 7.1 e 7.2 mostram, de modo genérico, o comportamento dos custos variáveis e fixos unitários e totais em função do nível de atividade de uma empresa, respectivamente. Deve-se ressaltar que o custo unitário (tanto o fixo como o variável) provém da análise dos custos totais (de cada item de custo) perante as quantidades geradas de objetos de custeio no processo de produção (ou diante do nível de atividade ou de produção) da empresa para dado período (ano, trimestre ou mês). Normalmente, os custos são calculados para o período padrão de um mês, por se tratar da unidade tempo na qual os principais itens de custos (mão de obra, energia etc.) são mensurados.

Um custo (item de custo) pode ser ao mesmo tempo classificado em fixo/variável e direto e indireto. A classificação dos custos depende sempre dos propósitos de custeio, pois a classificação em fixo/variável geralmente está relacionada com as análises da relação custo/volume/lucro (ou ponto de equilíbrio) dos produtos. Por sua vez, a classificação em direto/indireto destina-se mais para cálculos de custos completos das unidades produzidas para fins de decisões de absorção de custos pelos objetos de custeio. Isso será tratado com mais detalhes no item 7.4 Métodos de apuração de custos.

7.3.4 Custo padrão, custo projetado e custo realizado

Os custos também podem ser calculados segundo duas perspectivas temporais: passado e futuro: **custos realizados** ao final de um período analisado (mês, trimestre, ano etc.) ou **custos projetados** para fins de orçamento (previsão).

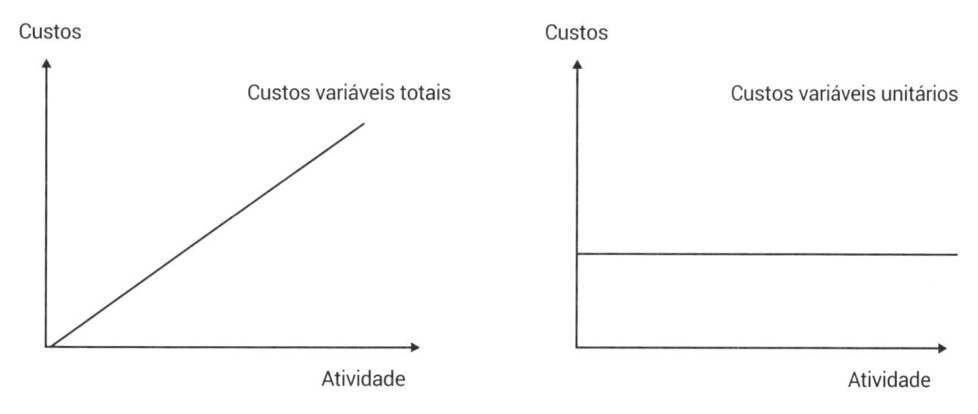

Figura 7.1 Análise dos custos variáveis totais e unitários.

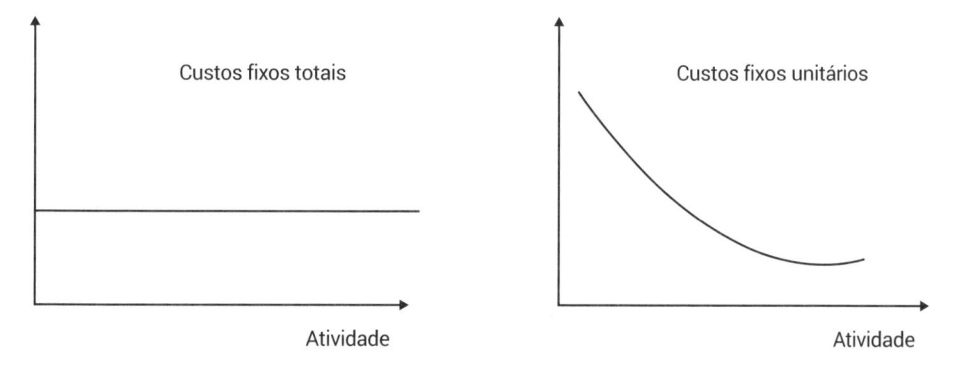

Figura 7.2 Análise dos custos fixos totais e unitários.

Os custos calculados ao final dos períodos de análise são chamados de custos realizados e são os custos ocorridos de fato (*custos reais*). Por sua vez, os custos previstos para fins de projeções podem surgir de análise de consumo padrão dos recursos de produção e são normalmente chamados de *custos padrão*.

Ambas as abordagens são necessárias, uma vez que o custo real pode ser sempre comparado ao custo padrão estipulado para os objetos de custeio, procedendo-se assim ao gerenciamento pela análise dos desvios relevantes. Esse mecanismo de controle trata-se, na prática, de um método de gestão de custos e de orçamento muito útil no dia a dia das organizações empresariais.

Neste capítulo, nos deteremos aos métodos de apuração de custos e de resultados relativos aos custos reais.

7.4 GESTÃO DE CUSTOS DE PRODUTOS

7.4.1 Método de custeio direto ou variável

Nesse sistema, os custos (indiretos) são separados em fixos e variáveis, e a análise passa a ser a capacidade dos produtos em cobrir seus custos variáveis e a contribuição destes para cobrir os custos fixos (não relacionados com o volume de produção). Portanto, não se chega a um valor do custo do produto, mas à sua contribuição.

A apropriação dos custos fixos indiretos aos objetos de custeio limita o interesse gerencial de alguns sistemas de custeio. Três grandes problemas concorrem para isso:

- Custos fixos existem independentemente da fabricação e acabam presentes no mesmo montante, mesmo que oscilações ocorram no volume de produção.
- Custos fixos indiretos são *quase sempre* distribuídos mediante critérios de rateio arbitrários, assim, alterando-se esses critérios, pode-se fazer de um produto rentável um não rentável e vice-versa.
- Custos fixos por unidade dependem do volume produzido, pois aumentando esse volume, tem-se um menor custo fixo por unidade.

Se todas essas desvantagens e riscos existem em função da apropriação dos custos fixos aos produtos, uma empresa pode deixar de apropriá-los aos produtos, tratando-os separadamente após apuração do custo que realmente o produto gerou (custo variável).

Da aplicação desse método de custeio surge o conceito de **margem de contribuição** por produto ou linha de produtos. A margem de contribuição é a diferença entre a receita e o custo variável direto de cada produto ou linha de produtos (custo que de fato o produto provocou), ou seja, a contribuição monetária que cada unidade traz à empresa para cobrir custos fixos.

O método busca, fundamentalmente, identificar a contribuição de um dado segmento (ou produto) ao resultado global da empresa, por meio das margens intermediárias. Além disso, o método utiliza o "cruzamento" das duas grandes "categorias" de custos: fixos/variáveis e diretos/indiretos.

Para o adequado funcionamento e utilização do método, é essencial não realizar nenhuma afetação de custos arbitrária para que os números sejam realistas. Nesse sentido, é imperativo que somente os custos diretos sejam alocados aos produtos ou seções, buscando, na medida do possível, níveis de segmentação cada vez mais "refinados" (para encontrar as margens intermediárias).

Entre as principais vantagens do método do custeio direto, podem-se citar a simplicidade e o realismo dos cálculos, colocando em evidência os produtos que mais contribuem para a cobertura dos custos da estrutura da empresa. Além disso, destaca-se a facilidade para determinar o ponto de equilíbrio, uma vez que as informações para o cálculo estão todas preparadas no demonstrativo de resultados.

EXEMPLO

Seja uma agroindústria com o seguinte plano operacional para o próximo mês de operação:

Tabela 7.1 Plano operacional de uma agroindústria

Categorias	Produção diária (unidades)	Preço unitário de venda ($/peça)	Custos variáveis unitários ($/peça)
Produto SD20 (**Linha *Pop* 1**)	170	90,00	50,00
Produto SD33 (**Linha *Alta* 1**)	120	120,00	70,00
Produto DD20 (**Linha *Pop* 2**)	130	110,00	60,00
Produto DD33 (**Linha *Alta* 2**)	70	180,00	85,00

A estrutura de custos fixos identificados por setor da empresa para o mês é a apresentada na Tabela 7.2:

Tabela 7.2 Estrutura de custos fixos identificados por setor de uma agroindústria

Pré-fabricação (mistura e formação do material para o processo)	$ 170.000,00
Seção de processamento adicional do material para o processo	$ 88.000,00
Unidade de corte	$ 160.000,00
Acabamento e expedição	$ 75.000,00

O processamento adicional do material em processo é realizado somente para os produtos da linha *alta*. Os setores de pré-fabricação, de corte e de acabamento e expedição servem a todas as categorias de produtos fabricados. Apurou-se ainda um custo fixo administrativo orçado em $ 90.000,00. Considera-se que todos os produtos fabricados no mês em questão são vendidos. Considera-se também a produção para 22 dias úteis neste mês em análise. A empresa deseja fazer uma análise do resultado em custeio direto.

Questões

a) Calcule a margem sobre o custo variável de cada categoria.
b) Calcule a margem de contribuição por família de categoria: linha *alta* numa categoria e linha *pop* em outra.
c) Calcule o resultado operacional da empresa para o mês em análise.

Solução

Para solucionar o problema em custeio direto, basta preparar um demonstrativo de resultado como o da Tabela 7.3, separando as colunas por famílias de categoria linhas *pop* e *alta*, uma vez que existem operações específicas (exclusivas) para a família de categoria linha *alta* (ou ainda, existem *custos diretos* à família de categoria linha *alta*).

Tabela 7.3 Demonstrativo de resultado de uma agroindústria

	Família de categoria *pop*		Família de categoria *alta*	
	Pop 1	**Pop 2**	**Alta 1**	**Alta 2**
Faturamento por categoria – **F**	(170*22*90) = $ 336.600,00	(130*22*110) = $ 314.600,00	(120*22*120) = $ 316.800,00	(70*22*180) = $ 277.200,00
(–) Custos variáveis por categoria – **CV**	(170*22*50) = $ 187.000,00	(130*22*60) = $ 171.600,00	(120*22*70) = $ 184.800,00	(70*22*85) = $ 130.900,00
= **Margem sobre o custo variável** por categoria – **MCV (F – CV)**	$ 149.600,00	$ 143.000,00	$ 132.000,00	$ 146.300,00
% de MCV por categoria (**MCV/F**)	44%	45%	42%	53%
MCV por família de categoria	$ 292.600,00		$ 278.300,00	
% de MCV por família de categoria	45%		47%	
Custos diretos por família de categoria – **CD**	–		$ 88.000,00	
Margem de contribuição por família de categoria – **MC**	$ 292.600,00		$ 190.300,00	
Taxa de MC (por família de categoria)	45%		32%	
MC Total	$ 482.900,00			
Custos fixos totais (*Indiretos aos produtos*)	($ 90.000,00 + $ 170.000,00 + $ 160.000,00 + $ 75.000,00) = $ 495.000,00			
Resultado (Lucro ou Prejuízo) – R	–$ 12.100,00			
Resultado em % (R/F_{total})	– 1,0%			

Desse modo, os itens *a*, *b* e *c* estão expressos na tabela acima e a empresa estudada apresenta, para este mês de análise, um prejuízo operacional de 1,0% sobre as vendas. Destaca-se que a margem de contribuição da família de produtos de linha *alta* não apresentou o mesmo desempenho que a margem apresentada pela família de produtos de linha *pop* (32% *versus* 45%), comprometendo a margem de contribuição total para a cobertura dos custos fixos (indiretos) totais.

7.4.2 Custos de materiais diretos

Define-se por material direto uma matéria-prima de um produto final ou um insumo de produção de um processo produtivo qualquer. Como exemplos, podem-se citar a madeira bruta para uma fábrica de móveis de madeira, as sementes e fertilizantes em uma fazenda produtora de tomates, os alimentos crus em um restaurante etc.

Se um material direto igual for adquirido especificamente para uso em determinada ordem de produção, em determinado lote de produção ou numa encomenda específica em datas diferentes e por preços diferentes e forem intercambiáveis entre si, haverá necessidade de proceder-se à avaliação do preço a ser atribuído a esse material direto considerado. Nesse sentido, alguns critérios são possíveis: preço médio ponderado móvel, preço médio ponderado fixo, PEPS e UEPS.

Para apresentar as especificidades de cada critério, analisaremos o exemplo a seguir.

EXEMPLO

Seja uma agroindústria que utiliza um importante item de matéria-prima de base do processamento/fabricação da maioria dos produtos que comercializa (matéria-prima código MP100). A movimentação dessa matéria-prima no mês de janeiro de 2020 foi a descrita na Tabela 7.4:

Tabela 7.4 Movimentação de matéria-prima para processamento de produtos de uma agroindústria

Matéria-prima: MP 100			
Janeiro/2020	**COMPRAS**		**UTILIZAÇÃO**
DIA DO MÊS	Quantidade comprada (em Toneladas)	Preço unitário (em $/tonelada)	Quantidade utilizada na produção (em toneladas)
Estoque inicial	150	400,00	
02	500	420,50	
05			400
09	1.500	410,50	
13			750
20	800	470,40	
22			1.000

O gerente industrial, utilizando em suas planilhas o método UEPS para avaliar o custo do material consumido, apurou um resultado de (–$ 22.207,18) sobre as vendas (portanto, um prejuízo operacional). Os demais custos considerados para a produção do período (energia elétrica, combustível, mão de obra, depreciação de equipamentos, embalagens, materiais de limpeza etc.) somaram $ 280.000,00.

Questão a ser respondida

Qual seria o resultado operacional se fosse utilizado
a) o método do PEPS;
b) o método do custo médio ponderado móvel;
c) o método do custo médio ponderado fixo;
para avaliação do custo do material consumido? De outra forma, haveria diferença no cálculo do resultado (diferença entre a receita gerada por aquela produção naquele mês e os custos envolvidos também para a mesma produção no mesmo período) da operação dessa empresa?

Solução

Para responder às questões, primeiro deve-se calcular o custo da matéria-prima MP100 segundo o método do UEPS (**ú**ltimo a **e**ntrar, **p**rimeiro a **s**air) ou LIFO (do inglês *last in, first out*), pois esse foi o método utilizado pelo gerente para calcular o custo da MP100 no período analisado (mês de fevereiro de 2005).

Por esse método, os custos mais recentes são apropriados aos produtos processados. Os custos são calculados para os dias de utilização da MP100 no processo produtivo.

Dia 5:
   400 * 420,50 = **$ 168.200,00**

Dia 13:
   750 * 410,50 = **$ 307.875,00**

Dia 22:
   800 * 470,40 = $ 376.320,00
   200 * 410,50 = $ 82.100,00
   Total dia 22 = **$ 458.420,00**

   Custo total MP100 = $ 934.495,00

Com o custo da MP100 calculado pelo UEPS, pode-se calcular o faturamento obtido com a comercialização da produção em questão no mês de fevereiro de 2005, por meio da seguinte equação de um demonstrativo de resultado de exercício (DRE):

   Resultado = Faturamento – Custos de materiais – Outros custos considerados no processo de produção **(1)**

ou,

   Faturamento = Resultado + Custos de materiais + Outros custos considerados no processo de produção **(2)**

Voltando ao exemplo na equação **(2)**,
Faturamento = – $ 22.207,18 + $ 934.495 + $ 280.000

   Faturamento = $ 1.192.287,82

Esse foi o faturamento obtido no mês de fevereiro pelo processamento e comercialização das 2.150 toneladas da MP100 pela empresa.

Assim, pode-se proceder ao cálculo do novo resultado (lucro ou prejuízo) aplicando os demais métodos de avaliação do custo da matéria-prima MP100.

a) Resultado pelo método do PEPS (**p**rimeiro a **e**ntrar, **p**rimeiro a **s**air) ou FIFO (do inglês *first in, first out*). Por esse método, o material utilizado é custeado pelos preços mais antigos. Novamente, os custos são calculados para os dias de utilização da MP100 no processo produtivo.

   Dia 5:
   150 * 400,00 = $ 60.000,00
   250 * 420,50 = $ 105.125,00
   Total dia 05 = **$ 165.125,00**

   Dia 13:
   250 * 420,50 = $ 105.125,00
   500 * 410,50 = $ 205.250,00
   Total dia 13 = **$ 310.375,00**

   Dia 22:
   1000 * 410,50 = **$ 410.500,00**

   Custo total MP100 = $ 886.000,00

Com o custo da MP100 calculado agora pelo PEPS, com o faturamento já encontrado e com a somatória dos demais custos envolvidos, pode-se calcular o novo valor do resultado por meio da equação (1):

Resultado = $ 1.192.287,82 – $ 886.000 – $ 280.000

   Resultado = + $ 26.287,12

Assim, se fosse utilizado o critério do PEPS para avaliar o custo da MP100, o resultado apurado seria um lucro operacional de $ 26.287,12.

b) Resultado pelo método do preço médio ponderado móvel
Por esse método, o material utilizado é custeado mediante um controle constante dos estoques atualizando o preço médio após cada aquisição. Novamente, os custos são calculados para os dias de utilização da MP100 no processo produtivo.

Dia 5:
   Preço médio do estoque = Valor do estoque + Valor das compras/Quantidade total
   Preço médio do estoque = (150 * 400,00) + (500 * 420,50)/(150 + 500)
   Preço médio do estoque = $ 415,77/tonelada
   Custo da MP100 = Quantidade utilizada × Preço médio
   Custo da MP100 = 400 * 415,77 = **$ 166.307,70**

Dia 13:
   Preço médio do estoque = (250 * 415,77) + (1.500 * 410,50)/(250 + 1.500)
   Preço médio do estoque = $ 411,25/tonelada
   Custo da MP100 = Quantidade utilizada × Preço médio
   Custo da MP100 = 750 * 411,25 = **$ 308.437,50**

Dia 22:
   Preço médio do estoque = (1.000 * 411,25) + (800 * 470,40)/(1.000 + 800)
   Preço médio do estoque = $ 437,54/tonelada
   Custo da MP100 = Quantidade utilizada × Preço médio
   Custo da MP100 = 1.000 * 437,54 = **$ 437.540,00**

Custos total MP100 = $ 912.285,20

Com o custo da MP100 calculado agora pelo preço médio ponderado móvel, com o faturamento já encontrado e com a somatória dos demais custos envolvidos, pode-se calcular o novo valor do resultado por meio da equação (1):

Resultado = 1.192.287,82 − 912.285,20 − 280.000

Resultado = + $ 2,60

Assim, se fosse utilizado o critério do preço médio ponderado móvel para avaliar o custo da MP100, o resultado apurado seria um lucro operacional de $ 2,60 (resultado aproximadamente igual a zero).

c) Resultado pelo método do preço médio ponderado fixo
Por esse método, o material utilizado é custeado apenas após o encerramento do período ou quando, decide apropriar a todos os produtos elaborados no exercício um único preço por unidade (a tonelada, nesse exemplo). Novamente, os custos são calculados para os dias de utilização da MP100 no processo produtivo, mesmo tendo-se um único preço médio para o período (mês). Assim, deve-se primeiro calcular o preço médio do estoque após o encerramento do mês e depois calcular o custo da MP100 para os dias de utilização.

Cálculo do preço médio ponderado fixo:
   Preço médio fixo do estoque (Mês) = Valor total do estoque/Quantidade total
   Preço médio fixo do estoque (Mês) = (150 * 400 + 500 * 420,50 + 1.500 * 410,50 + 800 * 470,40)/(150 + 500 + 1.500 + 800)
   Preço médio fixo do estoque (Mês) = $1.262.320,00/2950 = **$ 427,91/tonelada**

Dia 5:
   Custo da MP100 = Quantidade utilizada × Preço médio
   Custo da MP100 = 400 * 427,91 = **$ 171.164,00**

Dia 13:
   Custo da MP100 = Quantidade utilizada × Preço médio
   Custo da MP100 = 750 * 427,91 = **$ 320.932,50**

Dia 22:
   Custo da MP100 = Quantidade utilizada × Preço médio
   Custo da MP100 = 1.000 * 427,91 = **$ 427.910,00**

Custo Total MP100 = $ 920.006,50

Com o custo da MP100 calculado agora pelo preço médio ponderado fixo, com o faturamento já encontrado e com a somatória dos demais custos envolvidos, pode-se calcular o novo valor do resultado pela equação (1):

Resultado = 1.192.287,82 – 912.285,20 – 280.000

Resultado = –$ 7.718,72

Assim, se fosse utilizado o critério do preço médio ponderado fixo para avaliar o custo da MP100, o resultado apurado seria um prejuízo operacional de $ 7.718,72.

Na Tabela 7.5, pode-se ver um resumo dos diversos critérios aplicados ao exemplo, destacando o custo apropriado à matéria-prima MP100 no mês analisado segundo cada método de custeio de estoque apresentado:

Tabela 7.5 Comparação dos resultados dos custos da MP100

Utilização do dia	Preço médio ponderado móvel	Preço médio ponderado fixo	PEPS (Fifo)	UEPS (Lifo)
05	$ 166.307,70	$ 171.164,00	$ 165.125,00	$ 168.200,00
13	$ 308.437,50	$ 320.932,50	$ 310.375,00	$ 307.875,00
22	$ 437.540,00	$ 427.910,00	$ 410.500,00	$ 458.420,00
Total	$ 912.285,20	$ 920.006,50	$ 886.000,00	$ 934.495,00

Finalizando o entendimento desse exemplo, algumas considerações podem ser feitas. Em economias com inflação (preços aumentando no tempo, ainda que em baixos índices percentuais), o critério do PEPS apropria os menores custos aos materiais diretos. Ainda que esse exemplo houvesse verificado uma redução do preço unitário para uma compra no dia 9 (comparada com a compra imediatamente anterior – dia 2), o custo do mês calculado para a MP100 pelo PEPS foi o menor, indicando o resultado operacional das vendas um valor (lucro) de $ 26.287,12. Por sua vez, o critério do UEPS (utilizado pelo gerente da empresa do exemplo) apresenta os maiores custos apropriados aos materiais diretos (no exemplo, o maior custo apropriado à MP100 indicando um prejuízo de $ 22.207,18). Os critérios do preço médio ponderado fixo e preço médio ponderado móvel apropriam custos em valores intermediários ao PEPS e UEPS.

A diferença de apropriação entre os critérios apresentados é compensada período após período. Uma vez que todo o estoque de materiais tiver sido utilizado, a soma dos custos dos materiais utilizados pelos diversos períodos será igual. A explicação vem do fato de que, quando se apropria um valor maior ao material utilizado, é porque o estoque remanescente ficou a um valor menor e, quando este for utilizado no processo de produção, provocará um custo apropriado também menor.[3]

Destaca-se também atenção especial ao caso do Fisco no Brasil, no sentido de que, para efeito de Imposto de Renda só são aceitos o PEPS e o preço médio ponderado móvel. O critério do preço médio ponderado fixo só pode ser usado se se considerar apenas as compras do prazo da última rotação do estoque.[4]

7.4.3 Custo da mão de obra direta

O custo com mão de obra direta (MOD) refere-se aos valores monetários que uma empresa despende com o pessoal que trabalha diretamente no processo produtivo. Os principais exemplos de MOD são os operadores de máquinas da produção ou funcionários de linhas de montagem de processos manuais nas empresas. Por sua vez, a mão de obra indireta (MOI) refere-se aos profissionais de suporte ao processo produtivo, como os supervisores, encarregados de produção, pessoal da manutenção, almoxarifado, limpeza etc. Vale destacar que há um esforço de muitas empresas para reduzir a proporção (importância relativa) do custo tanto de MOD quanto de MOI. A primeira dá-se pelos investimentos em mecanização e robotização dos processos, reduzindo o número de pessoas envolvidas com a produção de bens e serviços. A segunda dá-se pelo crescente processo de terceirização de atividades de suporte, reduzindo também o volume de pessoas nessas atividades e passando a tarefa para empresas terceiras que se proponham a fornecer o serviço a custos menores.

Para calcular o custo com MOD, faz-se necessária a inclusão no cálculo dos encargos sociais decorrentes da legislação: os repousos semanais remunerados, férias, décimo terceiro salário etc. A questão principal é saber quanto tudo isso representa e não deixar de considerar tais custos no cálculo final. A maneira mais fácil de calcular esse valor é verificar o custo que cabe à empresa por ano e dividi-lo pelo número de horas que o empregado efetivamente está à disposição para o trabalho contratado. Nesse sentido, destaca-se a seguir um exemplo obtido na literatura[5] que ilustra bem essa problemática.

EXEMPLO

Suponha que um operário seja contratado por $ 10,00 por hora e que a jornada máxima de trabalho permitida seja de 44 horas semanais (sem considerar horas extras). Supondo a semana de seis dias sem compensação do sábado, a jornada máxima diária será de:

44/6 = 7,3333 horas   que equivalem a 7 horas e 20 minutos.

Assim, pode-se estimar o número máximo de horas que um trabalhador pode oferecer à empresa:

Número total de dias por ano	365 dias
(–) Repousos semanais remunerados	48 dias
(–) Férias	30 dias
(–) Feriados	12 dias
(=) Nº máximo de dias à disposição de empregador	275 dias
(×) Jornada máxima diária (em horas)	7,3333 horas
(=) **Nº máximo de horas à disposição, por ano:**	**2.016,7 horas**

A remuneração anual desse empregado será, então:

a) Salários: 2.016,7 h × $10,00	$ 20.167,00
b) Repousos semanais: 48 × 7,3333 = 352 h × $ 10,00	$ 3.520,00
c) Férias: 30 dias × 7,3333 = 220 h × $ 10,00	$ 2.200,00
d) 13º salário: 220 h × $ 10,00	$ 2.200,00
e) Adicional constitucional de férias: (1/3 de "c")	$ 733,33
f) Feriados: 12 × 7,3333 h = 88 h × $ 10,00	$ 880,00
Total	**$ 29.700,33**

Sobre esse total, o empregador é obrigado a recolher as seguintes contribuições (em porcentagens):

Previdência social	20,0%
Fundo de garantia	8,0%
Seguro acidentes do trabalho	3,0%
Salário-educação	2,5%
Sesi ou Sesc	1,5%
Senai ou Senac	1,0%
Incra	0,2%

Sebrae	0,6%
Total	36,8%

O custo total anual para o empregador será, então:

$$\$ 29.700,33 \times 1,368 = \$ 40.630,05$$

E o custo-hora será:

$$\$ 40.630,05/2.016,7 \text{ h} = \mathbf{\$ 20,14}$$

Os encargos sociais mínimos provocaram, então, um acréscimo de (20,14/10,00) − 1 = 101,4% sobre o salário contratado.

7.5 GESTÃO DE CUSTOS FIXOS

Como visto anteriormente, os custos fixos não variam conforme a quantidade produzida. Isso significa que se a organização produzir 100 ou 120 unidades de um produto, por exemplo, o custo fixo permanece o mesmo.

Para fins de análise, a separação do custo fixo é útil para fins de avaliação dos volumes, dados os custos variáveis e as margens de contribuição dos produtos, como será visto na próxima seção. Assim, produzir 100 ou 120 unidades vai produzir um lucro líquido menor ou maior, dado um custo fixo.

Por exemplo, digamos que a margem de contribuição unitária desse produto seja de $ 50 e que o custo fixo seja de $ 5.300. Caso a empresa produza 120 unidades, a margem de contribuição total será de $ 6.000, com um lucro líquido de $ 700. Porém, como o custo é fixo, se a empresa produzir apenas 100 unidades, ela terá um prejuízo de $ 300! Por consequência, custos fixos mais altos implicam riscos maiores de a empresa não conseguir produzir ou vender quantidades que sejam suficientes para pagá-los. Desse modo, a gestão dos custos fixos é uma atividade importante, mas tão ou mais complexa do que a gestão dos custos variáveis, porque envolve a gestão dos recursos que estão à disposição da empresa.

Por exemplo, digamos que uma empresa tenha contratado cinco empregados para a produção de hortaliças em hidroponia. É uma atividade que exige capacitação da mão de obra e a sua substituição não ocorre sem custos adicionais. Esses cinco empregados recebem salários mensais fixos, o que significa que, com produção a "pleno vapor" ou não, os custos serão os mesmos, portanto de natureza fixa. Para que o negócio dê lucro, é preciso que o volume vendido seja suficiente para pagar os cinco empregados, além das demais despesas. Esse é o primeiro aspecto, o do volume. É preciso entender também que esse custo fixo advém dos recursos disponíveis, que nesse caso são os recursos humanos.

A gestão dos custos fixos está relacionada com a gestão do volume de recursos disponíveis. Nesse exemplo, podem surgir a avaliação de que os custos estão altos para o volume que está sendo vendido e a ideia de "cortar" um empregado para reduzir os custos. De fato, o custo será reduzido com a demissão do empregado, mas é preciso também lembrar que houve o "corte" de um recurso disponível. A implicação disso é que se perde, ao mesmo tempo, capacidade de obter benefícios econômicos no futuro, por exemplo, pelo aproveitamento de maior demanda posterior em função de sazonalidade. Em situação oposta, a contratação de um novo empregado pode gerar ociosidade que poderá não trazer benefícios no futuro. Assim, a avaliação dos recursos disponíveis e as suas capacidades de gerar benefícios no futuro fazem parte da avaliação da estratégia e do desempenho do negócio.

Um custo normalmente fixo e que muitas vezes é negligenciado nesse processo de avaliação é a depreciação. A depreciação é a alocação dos gastos de investimento aos períodos em que esse ativo é utilizado. Por exemplo, digamos que a empresa que produz hortaliças possua bombas de água para circular a água no processo de hidroponia. Essas bombas têm uma vida útil econômica, que pode ser medida pela duração física da bomba ou pela política de substituição dessas bombas. O investimento inicial nessas bombas precisa ser computado no custo de produção das hortaliças, e isso é feito por meio da depreciação. Há vários métodos, mas é comum dividir o valor do investimento pelo número de anos ou meses de vida útil. Isso produz um custo fixo ao longo do tempo, mas muitas vezes é negligenciado porque não há pagamentos no período. Porém, se o recurso estiver (ou não) sendo utilizado, é preciso computar o custo de depreciação, porque o recurso está sendo consumido ao longo do tempo. Se a empresa apresenta lucro após a depreciação, significa que o investimento está retornando. A depreciação só não será fixa se o método utilizado para a alocação do investimento no tempo for baseado no número de unidades produzidas.

Outro aspecto a ser considerado na gestão dos custos fixos é a capacidade de produção do recurso. Um mesmo recurso pode ser capaz de ter diferentes níveis de produtividade, em função de outros fatores. Por exemplo, os cinco empregados da hidroponia podem produzir mais dependendo da eficiência dos processos de trabalho que seguem. Assim, processos mais eficientes podem tornar os recursos, que geram custos, mais produtivos. É preciso, porém, observar que não necessariamente uma melhoria de um processo deve implicar redução de custos. É possível que uma melhoria no processo seja suficiente para economizar algumas horas de trabalho do pessoal, mas não suficientemente para deixar de ter um empregado – como o salário é pago por mês, o custo fixo permanece. Melhorias no processo são sempre bem-vindas, porque podem implicar redução de custos, mas nem sempre isso pode acontecer.

Há outro aspecto que precisa ser avaliado em relação à classificação de custos fixos e variáveis, que costuma ser mais nítido na atividade agrícola. Digamos que um produtor de milho tenha adquirido sementes, fertilizantes e defensivos e os tenha aplicado em cinco hectares de terra. Esses insumos são comumente tratados como custos variáveis, uma vez que existe uma relação entre a quantidade de insumos e a quantidade de produtos colhidos.

Entretanto, observe que essa quantidade de insumos, na verdade, varia conforme a quantidade de terra em que são aplicados, porque pode não haver relação exatamente direta entre a quantidade de insumos e a quantidade de produtos colhidos. É muito comum haver quebra de safra em função de pragas, intempéries climáticas etc. O produtor realiza o gasto, mas há incerteza em relação ao volume que será produzido, mas é certo que ele precisa aplicar esses insumos na terra para que ele tenha a chance de fazer uma colheita no futuro. Nesse caso, os custos com insumos são variáveis ou fixos?

Na realidade, essa classificação pode depender da análise ou decisão que se precisa realizar. Por exemplo, supondo que se paguem salários fixos mensais a colaboradores, é preciso estimar o resultado futuro com a contratação de colaboradores para volumes de produtos com grande variabilidade no tempo em função de sazonalidade. Nesse caso, considerar o custo padrão por hora de mão de obra como um custo variável pode ser mais útil do que considerá-lo como custo fixo, já que os contratos podem ser por tempo determinado. Em outra situação, digamos que a empresa esteja avaliando se deve contratar novo colaborador por tempo indeterminado e se terá condições de, com esse novo recurso, produzir e vender quantidade suficiente para cobrir o custo. Nesse caso, tratá-lo como custo fixo seria mais adequado. Em uma terceira situação, que é o caso do produtor de milho tratado anteriormente, pode ser apropriado considerar os custos com insumos como custos fixos na avaliação da quantidade mínima que é preciso produzir de milho para cobrir os custos de plantio.

Em todas as situações, é preciso ter um bom entendimento de como os custos se comportam, como variam em relação a um fator e como variam no tempo, e utilizar essas características no desenho da informação para ser utilizada na decisão.

7.6 ANÁLISE DO CUSTO/VOLUME/LUCRO OU PONTO DE EQUILÍBRIO

O *ponto de equilíbrio* (do inglês *break-even point*) é, para um dado período de análise (por exemplo, mês), o nível de atividade, expresso em faturamento (receita) ou em volume/unidades de produção, que permite à empresa analisada não ter nem prejuízo nem lucro.

7.6.1 Apresentação geral do modelo

Para a apresentação geral do modelo de ponto de equilíbrio, considere o seguinte exemplo.

EXEMPLO

Seja um artesão com a seguinte estrutura de custos:
- Custos fixos mensais = $ 100.000,00
- Preço artigo vendido = $ 150,00
- Custo variável unitário por artigo = $ 100,00

Quanto ele deve fabricar e vender para cobrir seus custos?

Preço de venda/unidade	150
– Custo variável/unidade	100
= Margem sobre o custo variável (por unidade)	50

$Q_0 = 100.000/50 = $ **2.000** artigos fabricados e vendidos (volume para atingir o equilíbrio);

Assim, gerando um faturamento de;

FAT = 150 × 2.000 = **$ 300.000,00** (de receita para atingir o ponto de equilíbrio).

7.6.2 Formalização do modelo

Sejam as seguintes variáveis do modelo:

PV	**preço de venda unitário**
CVu	custo variável/unidade
$MCVu = PV - CVu$	margem sobre o custo variável/unidade
CF	custos fixos totais
$Q_0 = CF/MCVu$	ponto de equilíbrio (em quantidade)
$FAT_0 = FAT_{total} \times CF/MCV\text{ total}$	(ponto de equilíbrio em faturamento)

A representação gráfica do modelo pode ser vista nas Figuras 7.3 e 7.4. Na Figura 7.3, visualiza-se o ponto de equilíbrio em termos da cobertura dos custos fixos totais por meio do somatório do conjunto de margens sobre o custo variável unitário à medida que o volume de produção e de vendas aumenta. O ponto Q_0 significa que o ponto de equilíbrio foi atingido para o nível de custos fixos F, enquanto, mediante o aumento da capacidade instalada, o novo ponto de equilíbrio será o ponto $Q_{0'}$ (custos fixos totais de F' relativos ao aumento do custo da estrutura).

Por sua vez, a Figura 7.4 representa a análise considerando os custos totais (custos fixos totais mais os custos variáveis unitários progressivos no volume de produção e vendas). Desse modo, visualiza-se o ponto de equilíbrio em termos da cobertura dos custos totais por meio do somatório do conjunto de receitas individuais à medida que o volume de produção e de vendas aumenta. O ponto Q_0 significa que o ponto de equilíbrio foi atingido para o nível de custos totais F mais os custos variáveis unitários, enquanto, mediante um aumento excessivo da capacidade instalada, o novo ponto de equilíbrio (o ponto $Q_{0'}$) não foi encontrado (custos fixos totais de F' aumentando excessivamente do custo da estrutura para o nível de faturamento obtido). Nesse caso, apresenta-se uma situação (evidentemente indesejável) de investimentos em estrutura fixa acima do suportável pelos volumes de faturamento.

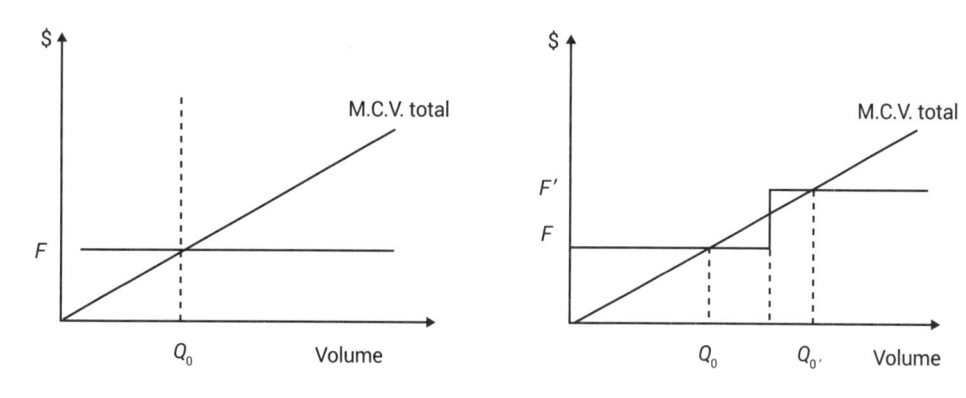

Figura 7.3 Gráficos baseados na cobertura dos custos fixos.

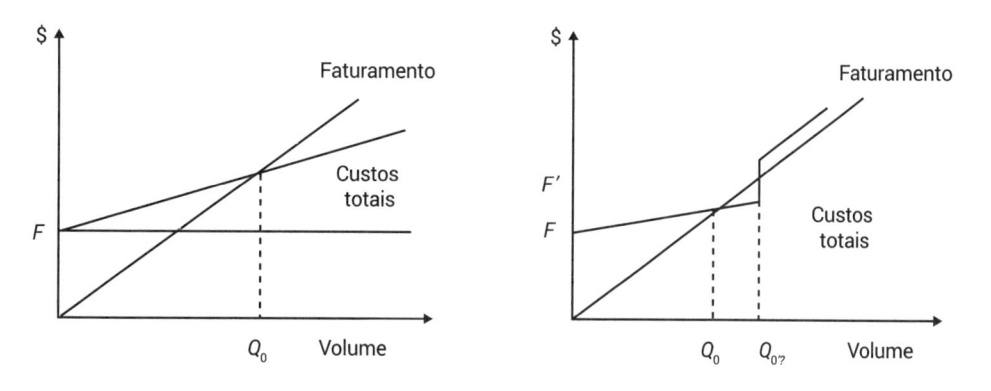

Figura 7.4 Gráficos baseados na cobertura dos custos totais.

7.6.3 Limites e hipóteses do modelo

A consideração de linearidade das variações apresenta-se como uma hipótese geral do modelo, na medida em que as variações tanto da curva de custos como da curva de faturamento podem não se comportar, na prática, de maneira linear. Alguns custos podem ter seu custo unitário reduzido ou aumentado diante de oscilações no nível de produção (nível de atividade). Um custo unitário que pode ser reduzido com o aumento do volume de produção é a matéria-prima, mediante melhores barganhas com o fornecedor fruto do aumento da quantidade comprada. Um custo unitário que pode ser aumentado com o nível de produção é a energia elétrica, em que, com o aumento da quantidade demandada (ou acima da quantidade contratada com a fornecedora), o preço unitário normalmente sofre acréscimos.

Destaca-se ainda que a descrição simples do modelo se refere a um só produto, situação que não é muito frequente. No caso geral de vários produtos, a atividade deve ser medida pelo faturamento, e o raciocínio continua válido.

EXEMPLO 1

Uma empresa fabrica e comercializa um produto único que ela pretende vender, no próximo ano, ao preço de $ 90. Os custos variáveis unitários serão da ordem de $ 50 e os custos fixos de $ 750.000. A capacidade de produção permite a fabricação de 25.000 unidades.

Questão

Qual é o ponto de equilíbrio em quantidade de unidades e em faturamento? Determinar também o lucro da empresa.

Solução

$Q_0 = CF/MCVu = 750.000/40 =$ **18.750 unidades**

$FAT_0 = FAT_{total} \times CF/MCV$ total $= (2.250.000 \times 750.000)/1.000.000 =$ **$ 1.687.500**

Ou, $FAT_0 = 18.750$ unidades $\times \$ 90,00 =$ **$ 1.687.500**

Demonstrativo de resultado

FAT = 90 × 25.000	= $ 2.250.000
CV = 50 × 25.000	= $ – 1.250.000
MCV	= $ 1.000.000
CF	= $ – 750.000
Lucro	**= $ 250.000**

EXEMPLO 2

Considere a fabricação de três produtos, A, B e C, com as seguintes características:

$PVa = 50 \quad PVb = 180 \quad PVc = 100$ [preço de venda]

$CVa = 30 \quad CVb = 90 \quad CVc = 40$ [custos variáveis]

$Qa = 12.000 \quad Qb = 8.000 \quad Qc = 10.000$ [previsão de vendas]

Os custos fixos comuns são de $ 1.200.000.

Questão

Calcular o ponto de equilíbrio.

$MCVa = (50 - 30) \times 12.000 = \quad 240.000$

$MCVb = (180 - 90) \times 8.000 = \quad 720.000$

$MCVc = (100 - 40) \times 10.000 = \quad 600.000$

$\quad MCV$ total ....$ 1.560.000

$FAT_{total} = (50 \times 12.000) + (180 \times 8.000) + (100 \times 10.000) = \$ 3.040.000$

$FAT_0 = FAT_{total} \times CF/MCV$ total $= (3.040.000 \times 1.200.000)/1.560.000$

$FAT_0 =$ **$ 2.338.462**

7.7 MÉTODO DOS CUSTOS CONJUNTOS

7.7.1 Produtos conjuntos

Produtos conjuntos originam-se simultaneamente de um processo produtivo, utilizando-se de uma série de recursos produtivos comuns. Assim, a produção conjunta caracteriza-se pela quase totalidade do tratamento industrial de produtos naturais, como o petróleo (gasolina, emulsão asfáltica etc.), a soja (óleo, farelo etc.), o leite *in natura* (manteiga, creme, queijo etc.). Esse processo de produção conjunta está genericamente representado na Figura 7.5.

A grande questão desse conceito consiste em como distribuir os custos conjuntos pelos diversos itens que resultam do mesmo processo produtivo. No caso da extração de óleo de soja, como alocar os custos conjuntos, se todos os derivados desse processo, simplificadamente, óleo e farelo de soja, podem surgir em função da passagem do grão de soja por um único setor da fábrica?

Apesar de existir um grau de subjetividade na alocação dos custos conjuntos, o tratamento posterior ao chamado ponto de separação (*splitoff point*) e a distribuição

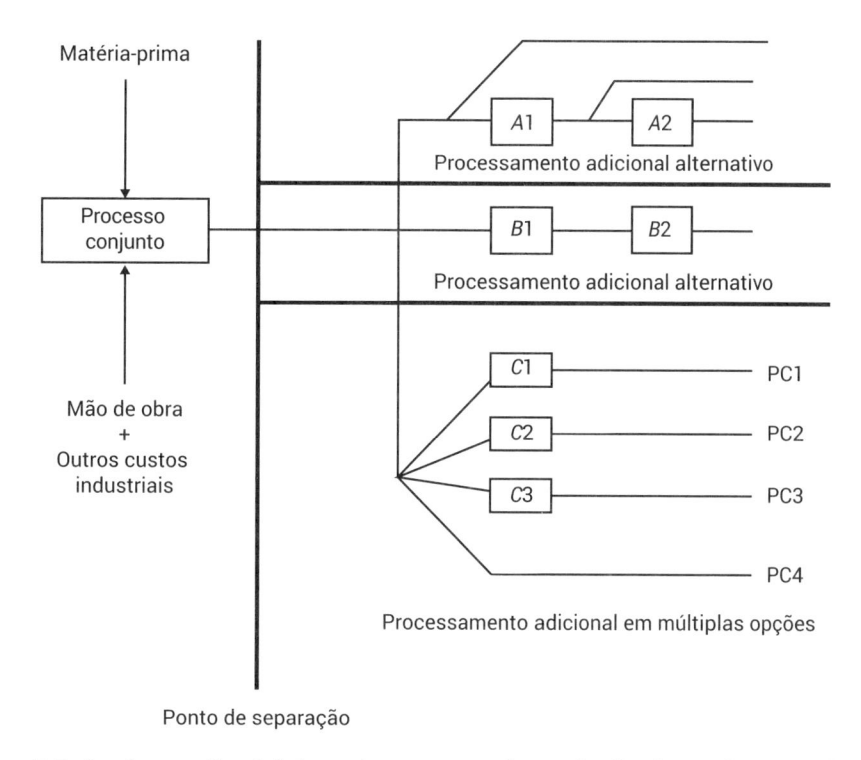

Figura 7.5 Conformações básicas do processo de produção de produtos conjuntos.[7]

de seus custos corresponderão a custos específicos, próprios a cada produto conjunto. Em síntese, a montante do ponto de separação estão os custos conjuntos e a jusante os custos específicos.[6]

A partir do ponto de separação, os "produtos" possuem denominações diferentes, a depender da importância que cada um exerce, em termos financeiros, no faturamento total da empresa. Assim, os produtos principais produzidos por um processo de produção conjunta que representam substancialmente o faturamento da empresa são chamados de **coprodutos**. Aqueles produzidos normalmente pelo processo, com valor de venda e condições de comercialização normais, relativamente tão assegurados quanto os coprodutos, possuindo, porém, pouquíssima relevância dentro do faturamento global da empresa, são chamados de **subprodutos**. As **sucatas** são decorrentes ou não do processo de produção, sem mercado estabelecido. Não recebem custos e, quando são vendidas, as receitas advindas são consideradas pela contabilidade como redução de custos.

Entretanto, o que ocorre com frequência é a variabilidade do conceito de relevância. Assim, o que é considerado importante, em uma indústria, dentro do faturamento global, pode, em outra, ser relevante. Isso também pode mudar com o tempo, quando muitos subprodutos podem vir a ser coprodutos, assim como a sucata passar a ser um subproduto, dependendo do desenvolvimento tecnológico e industrial.

Quaisquer que sejam os critérios de alocação, pode-se dizer que são muito mais arbitrários do que aqueles relacionados com os custos indiretos. E nesse rateio dos custos conjuntos entram até os custos diretos, principalmente os da matéria-prima e da mão de obra direta.

O método do valor de mercado é o mais utilizado na prática, mais em função da inexistência de outros melhores do que por méritos próprios, já que a alegação de que produtos de maior valor de mercado são os que recebem ou têm condições de receber mais custo carece de maior racionalidade.[8]

O método do valor de venda no ponto de separação é mais usado quando se conhece ou podem ser estimados com facilidade os preços de venda no *splitoff point*. Algumas razões para sua maior aplicação na prática são:

- Não exigência de nenhuma antecipação ou previsão de decisões futuras além do ponto de separação.

- Disponibilidade de um denominador comum importante para o cálculo dos pesos de distribuição. A utilização de uma medida física fica comprometida quando um produto é sólido e outro é líquido ou gasoso.

- Simplicidade dos cálculos quando aplicado em processos com muitos produtos e múltiplos pontos de separação.

Outro método existente baseia-se no volume produzido, distribuindo-se os custos de acordo com o volume produzido de cada coproduto. O resultado dessa prática é melhor quando os objetos de custeios têm características semelhantes entre si e pouca diferença nos seus preços de mercado. Outros métodos podem ser utilizados para a apropriação de custos conjuntos. No entanto, cabe destacar que todos os métodos possuem uma arbitrariedade inerente que nasce da subjetividade dos critérios de distribuição dos custos escolhidos pelo analista.

7.7.2 Produtos conjuntos e análise econômica

Duas séries de decisões necessitam de uma análise especial:

1. O primeiro tipo de decisão está relacionado com o grupo de produtos conjuntos e considera os custos comuns de produção: esse grupo de produtos é rentável? É interessante realizar a operação que dá origem a esse produto? Se sim, em quais condições?

2. O segundo está relacionado com cada um dos produtos-conjuntos considerados individualmente. Em qual estágio de produção o produto deve ser vendido? Até onde deve avançar o processo produtivo?

7.7.2.1 Decisão de fabricar – rentabilidade global

Como não existe nenhum método não arbitrário de alocar os custos conjuntos entre os diversos produtos, é interessante analisar a rentabilidade global do grupo de produtos conjuntos.

A análise global da rentabilidade consiste em comparar o faturamento de todos os produtos conjuntos com o conjunto dos custos de transformação e distribuição de cada um deles. Se a margem obtida permite pagar os custos conjuntos (matéria-prima + custos do processo), a operação é rentável.

EXEMPLO

A empresa Gama Agroindústria Ltda. fabrica três produtos conjuntos A, B, C a partir de um mesmo processo de fabricação, com o demonstrativo de resultado da Tabela 7.6.

Tabela 7.6 Demonstrativo de resultado da empresa Gama

Análise do resultado	Produto A	Produto B	Produto C	Total
Receitas				
– Quantidades (kg)	5.000	3.000	2.000	10.000
– Preço de venda unitário ($)	40	35	10	–
– Receitas totais ($)	200.000	105.000	20.000	325.000
Custos específicos				
– Custo unitário ($)	5	15	2	–
– Custo total ($)	25.000	45.000	4.000	74.000
Margem s/ custos específicos ($)	175.000	60.000	16.000	251.000
Custos conjuntos				
– Compra unitária ($/Kg)				15
– Compras quantidade (Kg)				10.000
– Compra total ($)				150.000
Processo ($)				57.000
Total ($)				207.000
Resultado geral ($)				**+ 44.000**

A utilização do esquema é para a tomada de decisão, na qual a análise é baseada sobre toda a operação. Permite decisões do tipo:

- Custo máximo das matérias-primas e do processo (para os custos conjuntos).
- Nível de preço dos produtos a serem comercializados (para os custos específicos).

7.7.2.2 Transformação dos produtos-conjuntos: custos específicos

Uma vez provada a rentabilidade global da operação, a questão é saber até onde deve prosseguir a transformação de cada um dos produtos-conjuntos. Em outras palavras, é interessante saber se as receitas adicionais obtidas vendendo um produto mais elaborado compensam os custos específicos dessa transformação suplementar.

EXEMPLO 1

Uma empresa tem como matéria-prima principal o couro não tratado que ela obtém nos seus abatedores. Ela pode vender esse couro por $ 6,00/kg e a venda do couro "tratado" pode ser feita por $ 8,00/kg. Essa operação de tratamento do couro consome $ 1,60/kg e como resultado haverá um lucro suplementar de $ 0,40/kg de couro tratado que a empresa comercializar.

Os preços ligados ao processo de obtenção do couro (boi, engorda, abate etc.) não são relevantes para o problema de tratar ou não o couro.

EXEMPLO 2

Determinada empresa produz um material processado segundo um processo que leva a produção semanal de 2.000 toneladas de um produto A e 500 toneladas de um produto B. O custo total dessa operação é de $ 60.000,00 por semana.

O preço de venda de A é de $ 40,00/tonelada. O produto B não tem preço de mercado, e a empresa paga $ 1,00/tonelada para que ele seja retirado da fábrica.

Observação

Existe a possibilidade de transformar o produto B em um produto com valor comercial.

1. A operação atual é rentável?

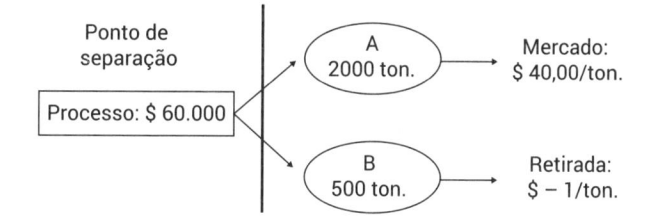

Análise do resultado:

Receitas	$ 80.000,00
– custos conjuntos	($ 60.000,00)
– custos de retirada de B	($ 500,00)
Resultado	+ $ 19.500,00

2. **Supor que o custo adicional de transformação de B seja de $ 6.000/semana e que o preço de venda seja de $ 15,00/tonelada. Deve a transformação ser efetuada?**

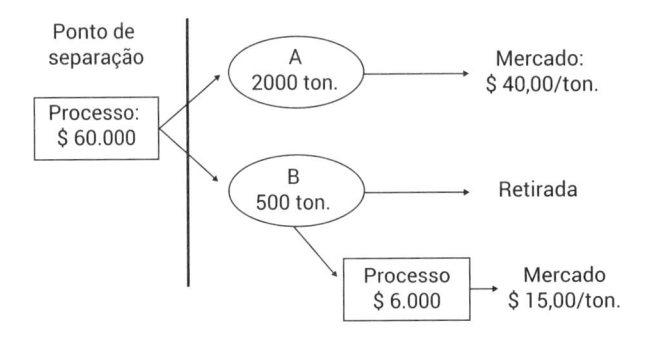

```
                    Ponto de
                    separação
                              ┌─────────┐
                           ╱  │    A    │ ────→  Mercado:
                          ╱   │ 2000 ton.│        $ 40,00/ton.
        ┌──────────┐    ╱     └─────────┘
        │ Processo:│───┤
        │ $ 60.000 │    ╲     ┌─────────┐
        └──────────┘     ╲    │    B    │ ────→  Retirada
                          ╲   │ 500 ton.│
                              └─────────┘
                                    │
                                    ▼
                              ┌──────────┐
                              │ Processo │ ────→ Mercado
                              │  $ 6.000 │       $ 15,00/ton.
                              └──────────┘
```

Análise do resultado:

Receita do produto B: (500 × 15)	7.500
Custos específicos de transformação de B	(6.000)
Ganho de não pagar a retirada	500
Lucro	**2.000**

3. **Mesma questão com um custo adicional de $ 5.000 e preço de venda de $ 10.**

   Análise do resultado:

Receita do produto B: (500 × 10)	$ 5.000
Custos específicos de transformação de B	($ 5.000)
Ganho de não pagar a retirada	$ 500
Lucro	**$ 500**

   Conclusão: se não existisse custo de retirada, o processo não seria interessante.

4. **Suponhamos que o produto B, sem transformação, possa ser vendido a $ 5,00/tonelada e após a transformação ($ 6.000) por $ 20,00/tonelada. A empresa rateia os custos conjuntos em função do volume produzido em toneladas. Qual decisão ela poderia tomar considerando essa situação?**

Tabela 7.7 Análise de resultado

	Produto A	Produto B	Total
Receitas ($)	80.000	10.000	90.000
Custos conjuntos rateados pelo volume de produção ($)	48.000	12.000	60.000
Custos específicos ($)	–	6.000	6.000
Soma dos custos conjuntos mais os específicos ($)	48.000	18.000	66.000
Resultado financeiro ($)	+ 32.000	– 8.000	+ 24.000

Esse resultado não tem interesse para tomada de decisão. A grande questão desse conceito consiste em como distribuir (sem arbitrariedade) os custos conjuntos pelos diversos itens que resultam do mesmo processo produtivo.

7.7.3 Estudo de caso: Método de uma cooperativa processadora de soja

No caso da extração de óleo de soja, como alocar os custos conjuntos, se todos os derivados desse processo, simplificadamente, óleo e farelo de soja, podem surgir em função da passagem do grão de soja por um único setor da fábrica?

> **EXEMPLO**
>
> Custos conjuntos para produção conjunta de óleo e farelo de soja:
> Para 1000 kg de soja (distribuição física).
>
> ```
>                    ┌─ Farelo ──┬─→ Moído
>                    │   77,8%   │
>                    │           └─→ Peletizado
>   Soja ────────────┤
>   100%             │
>                    │  Óleo bruto ┬─→ Degomado – 97%
>                    └─  19,4%    │
>                                 └─→ Borra de
>                                     degomagem – 5%
> ```
>
> **Tabela 7.8** Método misto de alocação de custos conjuntos – praticado pela empresa
>
> | Produtos | Produção (kg) | % físico do total | Preço venda da tonelada ($) | % do preço total | % físico × % preço (base) | % de apropriação |
> |---|---|---|---|---|---|---|
> | Óleo degomado | 194 | 0,1996 | 600 | 0,7143 | 142,57 | **38,40** |
> | Farelo | 778 | 0,8004 | 240 | 0,2857 | 228,67 | **61,60** |
> | Total | **972** | **1** | **840** | **1** | **371,24** | **100** |
>
> Nesse caso, a empresa em questão apropria 38,40% do custo de aquisição da soja em grão para o óleo degomado (óleo bruto após prensagem e separação do farelo) e 61,60% para o farelo, utilizando o critério misto do preço de mercado dos produtos conjuntos e percentual de separação física (em peso) na prensagem da matéria-prima.

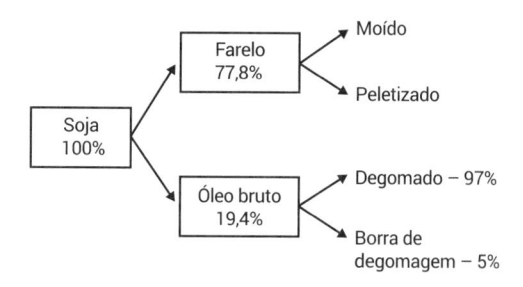

7.8 GESTÃO DE CUSTOS DE PROCESSOS

7.8.1 Visão de custos dos processos

Além das preocupações em relação aos custos dos produtos, os gestores também precisam preocupar-se com a eficiência operacional de seus processos. Empresas agroindustriais precisam permanentemente monitorar e revisar seus processos, a fim de torná-los mais rápidos, mas também menos custosos. É nessa linha que entra o custeio baseado em atividades, que tem como propósito gerar informação que permita avaliar o custo das atividades que compõem os processos realizados na empresa.

A diferença para o custeio variável, que vimos anteriormente, está na forma de alocação dos custos, que agora são alocados às atividades e processos e não aos produtos. Isso permite avaliar, por exemplo, qual é o custo da mão de obra que está alocada a determinado processo, que pode ou não estar relacionado diretamente com um produto, permitindo verificar se esse custo pode ser reduzido ou não com uma mudança no processo, ou mesmo monitorar o custo desse processo ao longo do tempo, em função de mudanças nos valores. Portanto, é uma ferramenta muito útil na gestão de processos, especialmente nas atividades agrícolas e pecuárias, em que a inserção de novas tecnologias, que buscam maior eficiência operacional, chega a ser rotineira.

Nas próximas seções, vamos ver com detalhes o custeio baseado em atividades.

7.8.2 Sistema de custeio baseado em atividades (ABC)

O sistema de custeio baseado em atividade (ABC – do inglês *activity based costing*) constitui-se de uma poderosa ferramenta gerencial, que possibilita a avaliação de tarefas e atividades que compõem os processos de negócios nas empresas, e consequentemente torna possível o corte de desperdícios, a melhoria de serviços e a maior precisão nos cálculos dos custos dos produtos.

Em 1920, no auge da linha de montagem de Henry Ford, desenvolveram-se práticas contábeis tradicionalmente aceitas, utilizadas, entre outros, para o custeio dos produtos. Com o advento de novas tecnologias, como a microeletrônica e a automação de processos, e de novas formas de produção, essas práticas contábeis mantiveram-se intocáveis. Naquela época, não havia a necessidade de modificações nesses sistemas, pois a maneira de custear os gastos indiretos (aluguéis, impostos, depreciações, mão de obra indireta, manutenção etc.) não representava nenhum problema, já que os produtos eram pouco diversificados e a demanda era bastante previsível.

Atualmente, a situação é completamente oposta, a diversificação de produtos é muito maior para poder atender à demanda cada vez mais incerta e imprevisível. Com isso, há uma substituição progressiva da mão de obra direta por custos indiretos, tais como:

- Automatização (máquinas automáticas e processos informatizados).
- Emprego de novas técnicas (MRP, Just in Time, Kanban, CAD/CAM etc.).

A partir daí, notou-se um aumento percentual de custos indiretos nas empresas, fato que passou a dificultar a mensuração dos custos reais dos produtos, bem como a gestão deles. Isso ocorreu porque os rateios recomendados pelos sistemas tradicionais implicavam sérias distorções nos cálculos. A partir dessas incorreções nos rateios, muitas vezes os produtos ficavam "subcusteados" ou "supercusteados".

Os sistemas tradicionais de custos medem com precisão os recursos que são consumidos proporcionalmente ao número de componentes produzidos dos produtos industriais. Esses recursos incluem a mão de obra direta, o material direto, as horas de máquina e energia. Contudo, existem na organização muitos outros recursos que ocorrem em atividades que não se relacionam diretamente com o volume físico das unidades produzidas. Em consequência disso, o sistema tradicional de custeio dos custos indiretos de fabricação (CIF ou custos de "*overhead*") apresenta distorções quando se alocam esses gastos aos produtos individuais, apenas utilizando o critério de rateio baseado na mão de obra direta, ou nos materiais diretos, ou nas horas de máquina, ou no tempo de processamento, ou por meio das unidades produzidas.

Por outro lado, como no passado o CIF representava valores relativamente pequenos, a distorção apontada era aceitável em nome de uma maior simplicidade na distribuição dos custos indiretos aos produtos, como é feito pelos sistemas convencionais de custeio. Atualmente, está ocorrendo redução gradual na participação da mão de obra nos custos totais e consequentemente um acréscimo dos CIFs, e esse fato provoca maiores distorções em cálculos e análises dos custos. Esse acréscimo deu-se principalmente em função dos novos processos de fabricação automatizados, crescentes custos de suporte associados a manutenção e operação de equipamentos automáticos, gastos com engenharia e processamento de dados, maiores esforços de marketing etc.

Em 1986, a Computer Aided Manufacturing – Internacional, Inc. CAM-I formou um consórcio de organizações industriais progressistas, empresas de consultoria contábil, agências governamentais e a Universidade de Harvard, para definir o papel do gerenciamento de custos no novo ambiente tecnológico.[9] Construíram a arquitetura do que se chama hoje de sistema de gestão dos custos (*cost management system* – CMS), da qual o custeio baseado em atividades é a espinha dorsal. O gerenciamento dos custos deveria passar por três fases principais: a **análise dos processos de negócios**, o **custeio baseado em atividades** e a **melhoria contínua**.

7.8.3 O que é o custeio ABC?

O custeio baseado em atividades é um processo de acumulação e rastreamento de custos e de *performance* de dados para as atividades de uma empresa. A abordagem do custeio ABC para o gerenciamento dos custos é de fragmentar a organização em atividades.

As atividades descrevem o que a empresa faz e, portanto, mostram como o tempo é gasto e quais são os resultados (*outputs*) dos processos. Dessa maneira, a principal função de uma atividade é converter os recursos (humanos, materiais e tecnológicos) em bens e serviços, mesmo que esses recursos estejam distribuídos em diferentes áreas funcionais da empresa.

A aplicação do sistema ABC independe das áreas em que as empresas atuam. Por exemplo, as organizações prestadoras de serviços, como bancos, seguradoras etc., também podem distribuir os custos indiretos de seus diversos produtos (contas-correntes, poupanças, apólices de seguros etc.) segundo as atividades. Do mesmo modo, as empresas agropecuárias também podem fazê-lo, distribuindo os custos indiretos para os produtos produzidos nas fazendas e nos galpões agropecuários (gado de corte, leite para laticínios, sacas de sementes e grãos, caixas de frutas/hortaliças entregues ao atacado/varejo etc.).

Enquanto a sistemática convencional rateia os custos indiretos usualmente na mesma proporção das horas de mão de obra direta efetivamente gastas, o sistema ABC o faz segundo os denominados direcionadores de custo, que distribuem de forma mais adequada essas despesas, acumuladas previamente em centros de atividades que consomem recursos.

Assim como ocorre com as práticas tradicionais de custeio, o sistema ABC também é um sistema que processa a alocação em dois estágios (Figura 7.6).

Desse modo, o método ABC determina as atividades que consomem os recursos da companhia, agregando-as em centros de acumulação de custos por atividades. Em seguida, e para cada um desses centros de atividades, atribui custos aos produtos baseados em seu consumo de recursos.

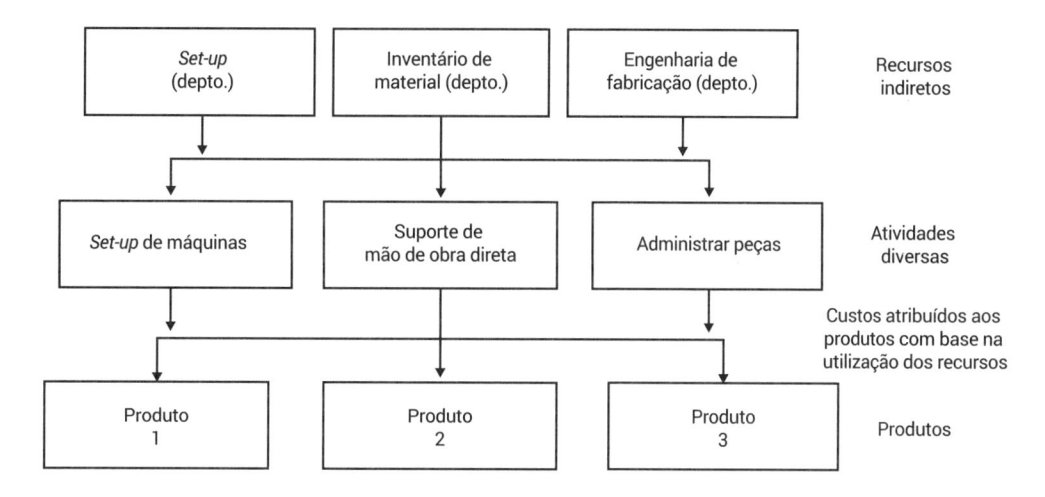

Figura 7.6 Sistema de custeio ABC.[10]

A atribuição de custos no sistema ABC é feita em **dois estágios**: primeiro, os custos são alocados aos centros de atividades para, a partir destes centros, serem atribuídos aos propósitos de custos (produtos, linhas, seções etc.). Os custos indiretos são atribuídos aos centros de atividade pelos **direcionadores de custos de primeiro estágio**, que representam o consumo de recursos de suporte pelos centros de atividade (kW/h, número de ordem de serviços, área física etc.).

Os direcionadores são todos os fatores cuja mudança também afeta o custo total do objeto de custeio ao qual está relacionado. Por exemplo, em uma fábrica, o custo total de material (matéria-prima) utilizado pode ser determinado não somente pelo volume de produção, mas também pela qualidade do material, pela habilidade dos trabalhadores e pelo estado de uso das máquinas utilizadas no processo de produção. Todos esses fatores citados são direcionadores de custos (do inglês *cost drivers*).

Os custos dos centros de atividade são atribuídos aos produtos pelos **direcionadores de custo de segundo estágio**. Eles representam medidas de atividade que ocorrem sempre que um consumo de recursos é acionado do centro de atividades. Os custos são atribuídos aos produtos segundo o número de unidades de direcionadores de custos que eles consomem (número de *setups*, tempo de *setup*, horas-máquina, horas de MOD, inspeções, número de lotes, pedidos de compra etc.). A determinação correta dos direcionadores de custos de segundo estágio é de vital importância para o sistema ABC, pois se trata da grande diferença entre esse e o sistema tradicional de custeio.

Em síntese, direcionador de custos é o fator que determina a ocorrência de uma atividade e retrata a verdadeira causa do custo. Os direcionadores de 1º estágio são aqueles direcionadores que relacionam como as atividades consomem os recursos. Por exemplo, pode evidenciar como as atividades da engenharia de processos "consomem" recursos humanos. Por sua vez, os direcionadores de 2º estágio são aqueles direcionadores que relacionam como os produtos consomem as atividades. Por exemplo, pode evidenciar como os produtos "consomem" as atividades da engenharia de processo. No caso de uma atividade de manutenção de um sistema de irrigação de uma fazenda produtora de hortaliças, pode ser o número de canteiros que utilizam o sistema de irrigação *ponderado pela área de cada canteiro* (canteiros maiores consomem, em geral, mais a atividade de irrigação e sua consequente manutenção). No caso de uma atividade de assistência veterinária aos animais de uma unidade rural produtora de gado de corte, por exemplo, o direcionador de 2º estágio pode ser o número de animais que utilizam o respectivo serviço.

Os direcionadores de segundo estágio nos sistemas tradicionais são, na maioria das vezes, as horas de mão de obra, volume de produção e horas-máquina (as UDCs). Para o sistema ABC podem ser, além desses mesmos, o número de *setups*, número de inspeções, número de pedidos, entre outros.

A escolha desses direcionadores deve ser baseada em fatores como a **disponibilidade de dados** (dados recentes são mais confiáveis, e os dados já disponíveis no banco de dados da empresa evitam gastos adicionais na obtenção de novas informações), a **correlação com o consumo de recursos** (por exemplo: o direcionador número de pedidos deve ser proporcional aos recursos consumidos para atendê-los) e os **efeitos comportamentais** (os direcionadores de custo afetam o comportamento das pessoas quando são instrumentos de avaliação de desempenho, mesmo que eles não tenham sido gerados para tal finalidade).

7.8.4 Etapas da implantação do ABC

A implantação do sistema ABC deve seguir uma sequência de operacionalização dividida nas seguintes etapas:

1. Análise dos processos empresariais e visualização (divisão) da empresa em atividades. Etapa de identificação das atividades.
2. Compreensão do comportamento dessas atividades (de sua lógica de agregação de valor). Etapa de identificação dos direcionadores de custo dos processos (direcionadores de primeiro estágio). Eles representam, portanto, o consumo de recursos pelas atividades. Exemplos desses direcionadores são: horas trabalhadas, m^2 (área), número de funcionários etc.
3. Cálculo do custo das atividades que compõem os processos.
4. Identificação das causas principais dos custos das atividades (bases de relação entre as atividades e os produtos). Etapa de identificação dos direcionadores de custo dos produtos (direcionadores de segundo estágio).
5. Alocação dos custos aos produtos de forma proporcional ao grau de utilização das atividades pelos produtos.

7.8.5 Benefícios e restrições do ABC

Como em qualquer sistema, o ABC apresenta vantagens e desvantagens. Usualmente, o sistema ABC apresentará resultados mais precisos sempre que o processo produtivo da empresa utilizar grande quantidade relativa de recursos indiretos e, consequentemente, custos maiores indiretos a serem alocados aos objetos de custeio. Além disso, o ABC será mais indicado quanto maior for a diversificação de produtos, processos e clientes.

Anteriormente, citou-se que o ABC também permite uma melhoria nas decisões gerenciais, pois com a sua correta utilização evita-se a existência de produtos "subcusteados" ou "supercusteados", permitindo-se assim a transparência necessária no processo de tomada de decisão empresarial.

No sistema tradicional, a ênfase na redução de custos concentra-se somente nos custos diretos, os desperdícios existentes nos custos indiretos ficam ocultos, dificultando as análises. Contudo, no ABC ocorre uma análise desses custos indiretos; facilitando, ainda, a determinação dos custos relevantes.

O ABC, em sua forma mais detalhada, dificilmente pode ser aplicado na prática, em virtude de exigir uma quantidade excessiva de informações que podem inviabilizar sua aplicação. Deve-se, portanto, relevar somente aquelas informações cujo "custo-benefício" seja favorável à coleta.

As companhias que implantam o ABC usam três métodos para estimar os custos que ocorrem na execução das atividades.[11] O *primeiro método*, e o mais simples, agrega os gastos em todos os recursos destinados àquela atividade particular, tais como *setup* de máquinas ou emissão de ordens de compra, e divide esse dispêndio total pelo número de vezes que a atividade foi realizada.

Esse cálculo produz uma unidade de custo para a atividade (custo por *setup*, ou por ordem de compras), que é então alocado aos produtos com base no número de vezes que a atividade foi realizada para esses produtos específicos. Essa aproximação é a mais simples e de implementação menos dispendiosa, requerendo apenas a medida da quantidade de vezes que a atividade foi realizada. Tal estimativa assume que cada ocorrência de atividade consome a mesma quantidade de recursos (ou seja, todos os *setups* e ordens de compras, no caso, requerem a mesma quantidade de recursos). É menos preciso se comparado com os outros dois métodos, que são utilizados quando produtos diferentes requerem recursos substancialmente diferentes para a referida atividade.

O *segundo método* utiliza o tempo associado aos direcionadores de custo, isto é, o tempo requerido para a realização de cada atividade na alocação dos custos indiretos aos produtos, como, por exemplo: o tempo em horas ou minutos na execução do *setup*. É mais preciso que o anterior, porém também é mais dispendioso. Os benefícios de uma maior precisão na medição das atividades consumidas deverão ser balanceados com um custo mais elevado na coleta de dados.

O *terceiro método*, o mais preciso entre eles, consiste em medir diretamente os recursos consumidos em cada ocorrência da atividade. Pode-se, por exemplo, medir todos os recursos usados para determinada modificação de engenharia ou para um trabalho específico de manutenção. A duração dos direcionadores assume que as despesas são proporcionais ao tempo total em que a atividade é executada. Direcionadores de carga direta medem os recursos usados cada vez que a atividade é executada. Um produto que seja particularmente difícil de ser fabricado pode exigir a presença de servidores especiais e pessoal de controle de qualidade quando as máquinas estão preparadas e as primeiras peças estão sendo produzidas. A alocação direta geralmente requer um sistema de ordens de produção nos quais materiais, recursos de informática e tempo de funcionários podem ser medidos cada vez que a atividade é realizada. Esse tipo de informação é mais dispendioso ainda na coleta, porém é muito mais preciso, especialmente em situações em que grandes quantidades de recursos são necessárias para a atividade, e produtos diferem consideravelmente nas demandas que colocam naquela atividade.

7.8.6 Exemplo de aplicação do método do custeio ABC: um estudo de caso

O exemplo a seguir apresenta as etapas de uma aplicação simplificada do sistema ABC em um laticínio.

EXEMPLO

1. **Divisão em macroatividades ou processos**

A divisão da empresa em processos (macroatividades) foi realizada utilizando-se a estrutura organizacional da empresa, considerando os processos administrativos, comerciais, produtivos e de suporte ou apoio (Quadro 7.1).

Quadro 7.1 Divisão das macroatividades ou processos

Macroatividades de escritório geral
Macroatividades de diretoria e conselho
Macroatividades comerciais
Macroatividades de gerência de produção – Usina
Macroatividades de suprimentos
Macroatividades de inspeção federal
Macroatividades de serviços auxiliares
Macroatividades de suporte energético
Macroatividades de recepção de latões
Macroatividades de resfriamento
Macroatividades de acondicionamento
Macroatividades de fábrica de manteiga
Macroatividades de expedição leite fluido
Macroatividades de laboratório
Macroatividades de fábrica de queijo

A partir dessa classificação dos processos da empresa, realizou-se a divisão deles em atividades. Para tanto, foram realizadas entrevistas com os supervisores envolvidos nos processos descritos no Quadro 7.1, utilizando-se um guia de entrevistas com questões sobre as atividades desenvolvidas naquele setor, bem como os recursos (humanos, materiais e tecnológicos) envolvidos em cada atividade citada.

2. **Compreensão do comportamento das atividades (direcionadores de 1º estágio)**

As entrevistas realizadas na etapa 1 permitiram a agregação de recursos segundo as várias atividades de cada processo. Entretanto, da comparação das atividades com os centros de custos disponíveis na contabilidade da empresa, concluiu-se que algumas atividades eram partes de um único centro de custos (caso 1) e outras coincidiram com um centro de custo ou a soma de alguns centros de custos, formando diretamente o custo da atividade (caso 2).

Para a alocação de recursos para as atividades do caso 1 citado, realizou-se um rastreamento dos recursos por meio de um direcionador de primeiro estágio. Por exemplo, para o caso das atividades do centro de custo escritório central, o direcionador definido foi o salário do pessoal envolvido nas diversas atividades do centro (no total de 13 atividades), por se tratar de atividades intensivas em trabalho (recursos humanos). Os valores de salários foram utilizados de modo percentual. O rastreamento dos custos referentes às atividades do centro de custo em questão pode ser visto na Tabela 7.9.

Tabela 7.9 Direcionadores de primeiro nível – atividades de escritório

2.0 – Atividades administrativas		
2.1 – Atividades de escritório, contabilidade e processamento de dados		
Custos total do esc. e cont.: $ 38.650,50	CC 11200,11066,11077	
Descrição da atividade	Direc. 1º nível	Custo ($)
2.1.1 – Atender central de PABX	4,34%	$ 1.677,61
2.1.2 – Gerenciar pagamentos produtores	6,65%	$ 2.569,38
2.1.3 – Emitir cheques	3,08%	$ 1.192,11
2.1.4 – Efetuar escrita fiscal	6,65%	$ 2.569,38
2.1.5 – Gerenciar caixa e conta-corrente	4,06%	$ 1.568,61
2.1.6 – Recolher impostos	6,17%	$ 2.384,50
2.1.7 – Efetuar contabilidade geral	25,22%	$ 9.747,17
2.1.8 – Organizar serviços a cooperados	5,61%	$ 2.168,91
2.1.9 – Efetuar gestão de segurança do trabalho	2,42%	$ 935,63
2.1.10 – Efetuar contas a receber	6,65%	$ 2.569,37
2.1.11 – Auxiliar diretoria executiva	10,65%	$ 4.117,49
2.1.12 – Gerenciar custos industriais	9,25%	$ 3.575,17
2.1.13 – Gerenciar folha de pagamento	9,25%	$ 3.575,17
2.1.14 – Prover manutenção de dados e sistemas	AD	$ 9.982,21

Para atividades relacionadas diretamente com um centro de custos (caso 2 descrito), procedeu-se à alocação direta (sigla "AD" na atividade 2.1.14 da Tabela 7.9). Assim, algumas atividades tiveram seu custo imediatamente disponível devido à organização contábil da empresa, bem como pelos arranjos formados pelo custeio por absorção.

Outro exemplo de centro de custos submetido à divisão em atividades foi o centro de custos laboratórios para análise de produtos. As atividades constituíram-se dos testes realizados aos produtos (todas as análises físico-químicas e microbiológicas), totalizando 14 testes (atividades) de diferentes consumos de recursos. O direcionador de recursos (1º estágio) utilizado foi o custo total de cada análise, o qual se formou pelo custo de mão de obra (tempo efetivo de preparação mais monitoramento das análises) somado ao custo dos reagentes (produtos químicos) utilizados nos testes. O resultado da aplicação do direcionador de recursos para as atividades de laboratórios pode ser visto na Tabela 7.11.

Após todas as alocações de primeiro nível (todos os recursos foram rastreados para as atividades), chega-se ao custo final de todas as atividades da firma. No gráfico da Figura 7.7, pode-se visualizar o percentual das macroatividades entre os custos totais da empresa. Deve-se ressaltar que essas macroatividades, num total de 15, foram fragmentadas em um total de 75 atividades, para retratar o consumo dos recursos da organização.

Pode-se verificar o peso das atividades comerciais no custo total da empresa (27%). As atividades administrativas e de diretoria também representam parcela importante dos custos da empresa (cerca de 23%). Entre as atividades produtivas, a atividade de recebimento de latões e a atividade de acondicionamento representam, juntas, 14% do custo total da empresa.

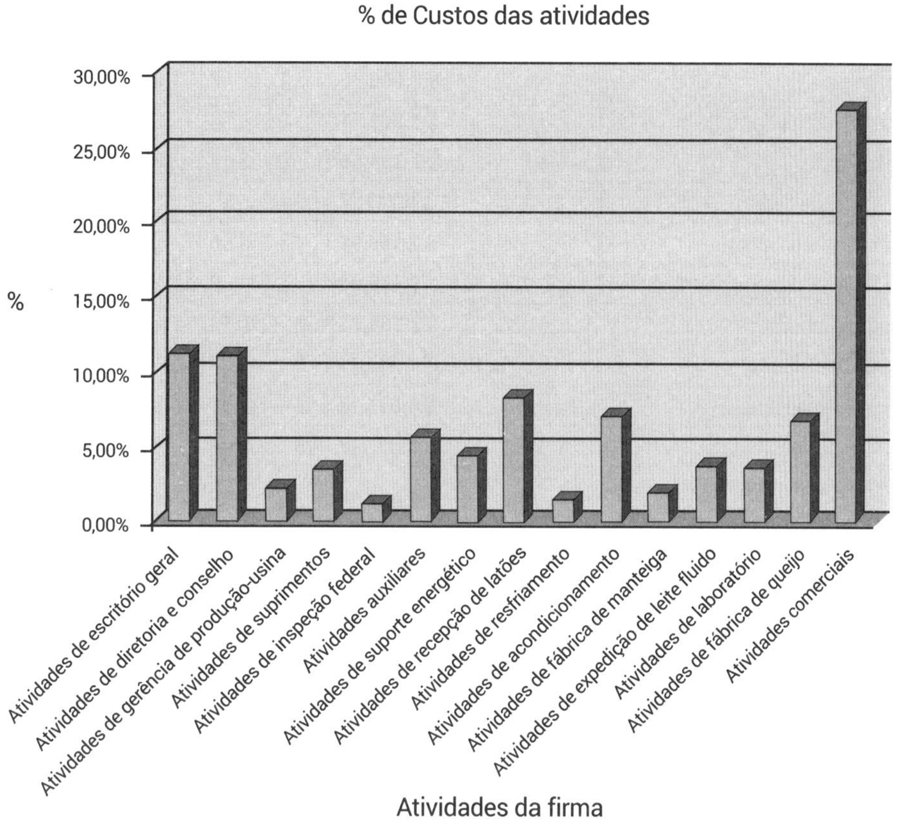

% de Custos das atividades

Figura 7.7 Percentual de custos das atividades no custo total.

3. Identificação dos direcionadores de custo (2º estágio)

Essa etapa consistiu na identificação das causas principais dos custos das atividades, ou seja, as bases de relação (direcionadores de 2º estágio) entre as atividades e os produtos.

Para as atividades administrativas e seus respectivos custos apresentados na Tabela 7.10, o direcionador de custos (2º estágio) utilizado para as atividades de escritório relacionadas com processamento de notas fiscais e recolhimento de impostos, gerência financeira e de custos foi o faturamento obtido por linha de produtos (linha de leite pasteurizado C e B, leite resfriado C e B, manteiga e queijos). Por se tratar de vendas no varejo em pequenas quantidades, uma grande quantidade de notas e controle fiscais são exigidos da contabilidade geral da empresa. Dessa forma, o produto de maior faturamento consome mais as atividades de escritório relacionadas com a gestão financeira da empresa.

Na Tabela 7.10, pode-se visualizar, como exemplo, a alocação de custos de segundo nível das atividades administrativas para o leite pasteurizado e resfriado tipo C.

Tabela 7.10 Alocação de segundo estágio – atividades de escritório, contabilidade e processamento de dados

2.0 – Atividades administrativas					
2.1 – Atividades de escritório, contabilidade e processamento de dados			Leite Past. C		Leite Resf. C	
Custos total do esc. e cont.:	$ 38.650,50	CC 11200,11066,11077			
Descrição da atividade	Dire. 1º Nível	Custo ($)	C. Total	C. Unit.	C. Total	C. Unit.
2.1.1 – Atender central de PABX	4,34%	**$ 1.677,61**	$ 672,20	$ 0,001	$ 134,46	$ 0,000
2.1.2 – Gerenciar pagamentos a produtores	6,65%	**$ 2.569,38**	$ 1.029,52	$ 0,001	$ 205,94	$ 0,001
2.1.3 – Emitir cheques	3,08%	**$ 1.192,11**	$ 477,66	$ 0,001	$ 95,55	$ 0,000

(continua)

(continuação)

Descrição da atividade	Dire. 1º Nível	Custo ($)	C. Total	C. Unit.	C. Total	C. Unit.
2.1.4 – Efetuar escrita fiscal	6,65%	**$ 2.569,38**	$ 1.029,52	$ 0,001	$ 205,94	$ 0,001
2.1.5 – Gerenciar caixa e conta-corrente	4,06%	**$ 1.568,61**	$ 628,52	$ 0,001	$ 125,73	$ 0,000
2.1.6 – Recolher impostos	6,17%	**$ 2.384,50**	$ 955,44	$ 0,001	$ 191,12	$ 0,001
2.1.7 – Efetuar contabilidade geral	25,22%	**$ 9.747,17**	$ 3.905,58	$ 0,004	$ 781,25	$ 0,003
2.1.8 – Organizar serviços a cooperados	5,61%	**$ 2.168,91**	$ 869,06	$ 0,001	$ 173,84	$ 0,001
2.1.9 – Efetuar gestão de segurança do trabalho	2,42%	**$ 935,63**	$ 374,89	$ 0,000	$ 74,99	$ 0,000
2.1.10 – Efetuar contas a receber	6,65%	**$ 2.569,37**	$ 1.029,52	$ 0,001	$ 205,94	$ 0,001
2.1.11 – Auxiliar diretoria executiva	10,65%	**$ 4.117,49**	$ 1.649,83	$ 0,002	$ 330,02	$ 0,001
2.1.12 – Gerenciar custos industriais	9,25%	**$ 3.575,17**	$ 1.432,53	$ 0,002	$ 286,55	$ 0,001
2.1.13 – Gerenciar folha de pagamento	9,25%	**$ 3.575,17**	$ 1.432,53	$ 0,002	$ 286,55	$ 0,001
2.1.14 – Prover manutenção de dados e sistemas CC 11.101	AD	**$ 9.082,21**	$ 3.999,75	$ 0,004	$ 800,08	$ 0,003
	Total		**$ 19.486,55**	**$ 0,021**	**$ 3.897,96**	**$ 0,013**

Para as atividades de laboratórios, utilizou-se o direcionador de custos em duas etapas de alocação aos produtos. Em uma primeira etapa, relacionou-se o custo das atividades com os produtos recebidos pela empresa (os objetos das análises), ou seja, o leite C e B cru, mediante a quantidade de amostras de cada tipo de produto utilizadas nas análises.

Tabela 7.11 Alocação de custos das atividades de laboratório aos produtos – Exemplo de alocação ao leite pasteurizado C

14.0 – Atividades de laboratório								
Centro de custos CC 13301: R4 10.053,17			Vol. rec. C (l) 1.016,541	Vol. rec. B 547.070	Custo C cru	Custo B cru	L. Past. C	
Descrição da atividade	Dir. 1º nível	Custo	Dir. 2º nível C	Dir. 2º nível B	Total	Total	C. total	C. unit.
14.1 Efetuar análise de acidez	0,41%	R$ 41,56	47,312%	52,688%	R$ 19,66	R$ 21,90	14,92	0,00002
14.2 Efetuar análise e prova de redutase	16,38%	R$ 1.646,45	44,181%	55,819%	R$ 727,42	R$ 919,03	551,90	0,00060
14.3 Efetuar análise de teor de gordura	5,65%	R$ 567,64	73,669%	26,331%	R$ 418,18	R$ 149,46	317,28	0,00035
14.4 Efetuar análise de alizarol	21,78%	R$ 2.190,08	95,188%	4,812%	R$ 2.084,69	R$ 105,39	1.581,67	0,00173
14.5 Efetuar análise de E. S. T.	1,54%	R$ 154,33	71,469%	28,531%	R$ 110,30	R$ 44,03	83,69	0,00009
14.6 Efetuar análise de E. S. T.	1,54%	R$ 154,33	71,469%	28,531%	R$ 110,30	R$ 44,03	83,69	0,00009
14.7 Efetuar análise de cloreto	0,12%	R$ 11,98	63,830%	36,170%	R$ 7,65	R$ 4,33	5,80	0,00001
14.8 Efetuar análise de cloro	0,36%	R$ 36,55	63,830%	36,170%	R$ 23,33	R$ 13,22	17,70	0,00002
14.9 Efetuar análise de densidade	1,54%	R$ 154,33	71,469%	28,531%	R$ 110,30	R$ 44,03	83,69	0,00009
14.10 Efetuar lactofiltração	1,31%	R$ 132,10	100,000%	0,000%	R$ 132,10	–	100,22	0,00011
14.11 Efetuar análise de crioscopia	1,95%	R$ 196,19	0,000%	100,000%	–	R$ 196,19	–	–
14.12 Efetuar análise de coliforme	12,49%	R$ 1.256,12	66,667%	33,333%	R$ 837,41	R$ 418,71	635,35	0,00069
14.13 Efetuar fosfotase	3,90%	R$ 392,06	61,538%	38,462%	R$ 241,27	R$ 150,79	183,05	0,00020
14.14 Efetuar peroxidase	9,15%	R$ 920,11	50,000%	50,000%	R$ 460,06	R$ 460,06	349,05	0,00038
14.15 Efetuar análise de antibiótico	7,80%	R$ 784,32	20,308%	79,692%	R$ 159,28	R$ 625,04	120,84	0,00013
14.16 Efetuar contagem global	14,08%	R$ 1.415,01	25,323%	74,677%	R$ 358,32	R$ 1.056,69	271,86	0,00030
	100,00%	**R$ 10.053,17**	**Total da atividade**		**R$ 5.800,27**	**R$ 4.252,91**	**4.400,71**	**0,00481**

A alocação de segundo estágio seguinte (aos produtos para comercialização) deu-se por meio do direcionador de volume comercializado de cada tipo de produto. A utilização dos direcionadores de segundo estágio em duas etapas de alocação pode ser vista na Tabela 7.11, observando-se, como exemplo, as alocações aos produtos recebidos (leite B e C cru) e posterior alocação apenas ao produto leite pasteurizado C.

4. Formação do custo e rentabilidade dos produtos

Após todas as alocações de primeiro e segundo estágios, chega-se ao custo dos produtos. A empresa foi separada em macroatividades, as quais foram separadas nas atividades propriamente ditas, e essas formaram a planilha geral do sistema. Dessa planilha procedeu-se à alocação em primeiro estágio, quando necessária, direcionando o consumo de recursos pelas atividades, e posteriormente em segundo estágio, direcionando o consumo de atividades pelos produtos. Como exemplo, está apresentada na Tabela 7.12 a formação do custo do leite pasteurizado C e B e do leite resfriado tipo C.

Tabela 7.12 Formação do custo total de produtos

Composição dos custos dos produtos	Leite Past. C		Leite Resf. C		Leite Past. B	
	C. total	C. unit.	C. total	C. unit.	C. total	C. unit.
Custos fixos						
Atividades de escritório geral	$ 19.486,55	$ 0,021	$ 3.897,96	$ 0,013	$ 2.273,47	$ 0,026
Atividades de diretoria e conselho	$ 18.899,27	$ 0,021	$ 3.815,09	$ 0,019	$ 2.225,14	$ 0,025
Atividades de gerência de orodução – Usina	$ 3.606,48	$ 0,004	$ 1.147,05	$ 0,006	$ 345,90	$ 0,004
Atividades de suprimentos	$ 5.880,11	$ 0,006	$ 1.392,68	$ 0,007	$ 555,78	$ 0,008
Atividades de inspeção federal	$ 1.077,89	$ 0,001	$ 404,21	$ 0,002	$ 134,74	$ 0,002
Atividades auxiliares	$ 9.769,05	$ 0,011	$ 2.009,67	$ 0,010	$ 1.172,13	$ 0,013
Total de custos fixos	**$ 58.719,35**	**$ 0,064**	**$ 12.666,65**	**$ 0,056**	**$ 6.707,17**	**$ 0,078**
Custos variáveis						
Atividades de suporte energético	$ 12.961,09	$ 0,014	$ 2.497,39	$ 0,012	$ 1.112,54	$ 0,013
Atividades de recepção de latões	$ 22.637,91	$ 0,025	–	–	–	–
Atividades de resfriamento	$ 2.209,89	$ 0,002	$ 242,71	$ 0,001	$ 486,55	$ 0,006
Atividades de acondicionamento	$ 17.157,02	$ 0,019	–	–	$ 1.649,19	$ 0,019
Atividades de fábrica de manteiga	0	–	–	–	–	–
Atividades de expedição leite fluido	$ 9.182,31	$ 0,010	–	–	$ 882,64	$ 0,010
Atividades de laboratório	$ 4.400,71	$ 0,005	$ 1.399,56	$ 0,005	$ 1.558,41	$ 0,018
Atividades de fábrica de queijo	$ 9.935,45	$ 0,011	$ 3.490,83	$ 0,017	–	–
Custos variáveis s/ MP e s/ vendas	$ 78.484,38	$ 0,086	$ 7.630,50	$ 0,035	$ 5.689,32	$ 0,065
Custo de matéria-prima	–	$ 0,293	–	$ 0,293	–	$ 0,392
Custo total s/ CV de vendas	$ 137.203,73	$ 0,443	$ 20.297,15	$ 0,385	$ 12.396,49	$ 0,535

Portanto, chegou-se ao custo de $ 0,443 para o leite pasteurizado C, $ 0,535 para o leite pasteurizado B, e $ 0,385 para o leite resfriado C. A partir desses resultados, pode-se verificar a forte influência da matéria-prima no custo total dos produtos em análise. No gráfico da Figura 7.8, apresenta-se a participação do custo da matéria-prima e das atividades mais relevantes. Também as atividades administrativas e de acondicionamento (envase) para os leites pasteurizados C e B e de recepção de latões, atividade específica para as linhas de leite tipo C. Para o leite resfriado C, além do forte peso da matéria-prima, verifica-se a presença de custos fixos das atividades administrativas para esse produto.

Entretanto, esses valores não incluem os custos variáveis de vendas respectivos a cada produto. Isso ocorre porque os custos comerciais são alocados diretamente a cada região de venda (atividades específicas). No entanto, eles são considerados no demonstrativo de resultados de exercício, o qual pode ser visto na Tabela 7.13, utilizando como exemplo o resultado do exercício para as marcas M1 e M2 de leite pasteurizado C e B e para o leite resfriado C e B. As marcas M3 e M4 (pasteurizado C) não são comercializadas nessa região.

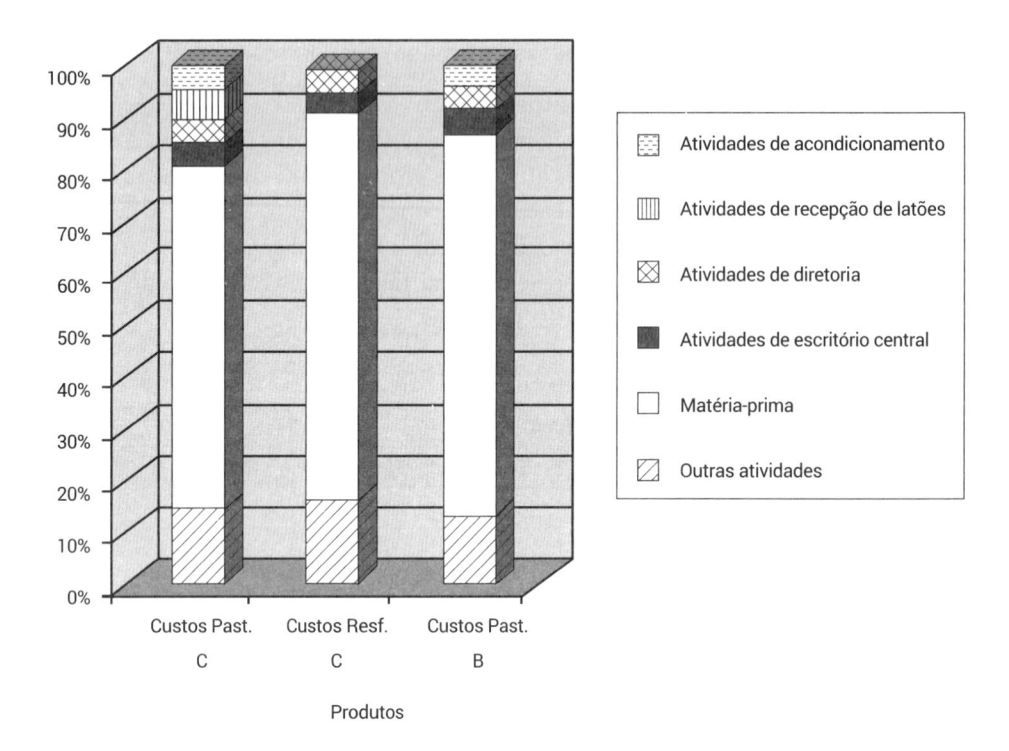

Figura 7.8 Composição dos custos – pasteurizados C e B e resfriado C.

Tabela 7.13 Parte do demonstrativo de resultado do exercício (unidade A)

Região unidade A	Leite C M1	Leite C M2	Leite B M1	Leite B M2	Leite resf. C	Leite resf. B
Faturamento geral da marca/linha	$ 218.345,71	$ 84.951,91	$ 31.333,21	$ 324,90	$ 105.238,77	$ 73.352,58
Quantidade vendida (litros)	$ 347.433,00	$ 146.144,00	$ 42.619,00	$ 510,00	$ 291.018,00	$ 152.082,00
Preço médio da linha/produto	$ 0,628	$ 0,581	$ 0,735	$ 0,637	$ 0,362	$ 0,482
Custo variável da atividade comercial	$ 0,040	$ 0,040	$ 0,048	$ 0,048	$ 0,026	$ 0,026
Custo variável de vendas total	$ 14.027,16	$ 5.900,37	$ 2.057,28	$ 24,6184	$ 7.456,88	$ 3.968,91
(–) Custos variáveis totais	$ 143.422,34	$ 60.329,08	$ 21.283,33	$ 254,69	$ 101.941,89	$ 68.051,54
Custo variável unitário	$ 0,413	$ 0,413	$ 0,499	$ 0,499	$ 0,350	$ 0,447
Margem sobre custo variável	$ 74.923,37	$ 24.622,83	$ 10.049,88	$ 70,21	$ 3.296,88	$ 5.301,04
% de marg. de contribuição	**34,31%**	**28,98%**	**32,07%**	**21,61%**	**3,13%**	**7,23%**
(–) Custos fixos	$ 22.239,32	$ 9.354,73	$ 3.333,69	$ 39,89	$ 16.332,07	$ 8.682,44
Custo fixo unitário	$ 0,064	$ 0,064	$ 0,078	$ 0,078	$ 0,056	$ 0,057
Resultado líquido	$ 52.684,05	$ 15.268,09	$ 6.716,19	$ 30,32	$ (13.035,19)	$ (3.381,40)
% de lucro ou prejuízo s/IR	24,13%	17,97%	21,43%	9,33%	– 12,39%	– 4,61%

Da análise da Tabela 7.13, verifica-se a presença de resultado negativo para as operações de leite resfriado, sendo calculado um prejuízo de 12,39% para o resfriado C e de 4,61% para o resfriado B. Entretanto, para os demais produtos apresentados, o resultado foi positivo, e o produto marca M1 foi o que obteve melhor desempenho. Do balanço dos resultados operacionais por linha/marca de produtos, obtém-se o resultado final da empresa por região de comercialização. Na Tabela 7.14, pode-se visualizar o resultado, por exemplo, da comercialização na região da unidade C da empresa.

Tabela 7.14 Resultado operacional na região unidade C

Região unidade C	Leite C M1	Leite C M2	Leite C M3	Leite C M4	Leite B M1	Leite B M2	Receita total
Faturamento geral da marca/linha	$ 14.984,39	$ 18.728,22	$ 121.929,71	$ 30.399,27	$ 1.121,00	$ 22.354,90	$ 209.517,49
Quantidade vendida (litros)	$ 31.025,00	$ 39.836,00	$ 225.044,00	$ 65.241,00	$ 3.055,00	$ 32.681,00	–
Preço médio da linha/produto	$ 0,483	$ 0,470	$ 0,542	$ 0,466	$ 0,367	$ 0,684	–
Custo variável da atividade comercial	$ 0,060	$ 0,060	$ 0,060	$ 0,060	$ 0,079	$ 0,079	–
Custo variável de vendas total	$ 1.872,38	$ 2.404,13	$ 13.581,56	$ 3.937,34	$ 242,28	$ 2.591,85	$ 24.629,54
Custo variável unitário	$ 0,439	$ 0,439	$ 0,439	$ 0,439	$ 0,408	$ 0,408	–
(–) Custos variáveis totais	$ 13.624,45	$ 17.493,75	$ 98.826,79	$ 28.650,21	$ 1.245,19	$ 13.320,52	$ 173.160,92
Margem sobre custo variável	**$ 1.359,94**	**$ 1.234,47**	**$ 23.102,92**	**$ 1.749,06**	**$ (124,19)**	**$ 9.034,38**	**$ 36.356,57**
% de marg. de contribuição	9,08%	6,59%	18,95%	5,75%	– 11,08%	40,41%	**17,35%**
(–) Custos fixos sem unid. C	$ 1.990,87	$ 2.556,27	$ 14.441,01	$ 4.186,50	$ 239,56	$ 2.562,67	$ 25.976,88
Resultado sem unid. C	**$ (630,93)**	**$ (1.321,80)**	**$ 8.661,91**	**$ 2.437,44**	**$ (363,75)**	**$ 6.471,70**	**$ 10.379,69**
% de resultado s/ RC	**– 4,21%**	**– 7,06%**	**7,10%**	**– 8,02%**	**– 32,45%**	**28,95%**	**$ 73.051,99**
Custos fixos da adm. unid. C	$ 5.572,51	$ 7.155,08	$ 40.420,94	$ 11.718,17	$ 699,74	$ 7.485,54	$ 73.051,99
CF unitário total	$ 0,244	$ 0,244	$ 0,244	$ 0,244	$ 0,307	$ 0,307	–
Resultado líquido	**$ (6.203,44)**	**$ (8.476,88)**	**$ (31.759,03)**	**$ (14.155,61)**	**$ (1.063,50)**	**$ (1.013,84)**	**$ (62.672,30)**
% de lucro ou prejuízo s/ IR	**– 41,40%**	**– 45,26%**	**– 26,05%**	**– 46,57%**	**– 94,87%**	**– 4,54%**	**– 29,91%**

Embora fosse uma unidade desativada, funcionando apenas como entreposto comercial, ela ainda apresentava custos expressivos, que acarretavam sérios prejuízos. Notam-se as margens de contribuição positivas, com exceção do leite B marca M1. Entretanto, além do fator custo nesta região, existe o fator preço também prejudicando os resultados. Os preços médios praticados nessa região são inferiores aos praticados nas demais regiões de venda, comprometendo ainda mais o resultado operacional.

7.8.7 Exercício resolvido: fábrica de chocolates

Seja uma empresa produtora de chocolates finos no interior de São Paulo, cujos principais produtos são barras de chocolates com 25, 35 e 50 % de cacau (vendidas em caixas com 20 barras cada uma) e caixas com 20 bombons de dois tipos de recheio (Tipo 1 e Tipo 2). Os dados para o mês de setembro de 2019 foram aqueles apresentados na Tabela 7.15.

Com base nos custos consumidos do mês de setembro, os dados das atividades da empresa foram organizados tal como na Tabela 7.16, onde MOD e MOI são referentes aos salários e encargos sociais dos empregados em cada atividade e o termo **Linha 1** são as operações de produção específicos de produtos tipo barras de chocolates e **Linha 2** as atividades ligadas aos processos de produção dos produtos tipo bombons sortidos.

Os dados para os direcionadores de custos (*cost drivers*) foram preparados como pode ser visto na Tabela 7.17. Para cada atividade foi selecionado um direcionador para obter o custo unitário das atividades para cada tipo de produto da empresa. As atividades de envase e embalagem e a de expedição utilizarão os mesmos direcionadores (o nº de paletes por dia). A atividade de administração geral utilizou o direcionador "horas de limpeza e *setup*", as quais são consideradas críticas para o negócio da empresa (reputação da marca e fiscalização sanitária).

Por sua vez, as atividades de pós-vendas foram direcionadas pelos defeitos dos produtos nos clientes.

Desse modo, o custo unitário das atividades pode ser obtido, multiplicando-se o custo total de cada atividade pelo direcionador obtido, e finamente dividindo-se pelo total do volume de produção do mês de cada tipo de produto. A Tabela 7.18 sintetiza os resultados obtidos.

Sendo assim, os resultados operacionais por linha de produtos foram obtidos e estão apresentados na Tabela 7.19.

O resultado individual da linha de produtos CX02 (caixas de bombons tipo 2) foi o único a apresentar resultado negativo, o que sugere a tomada de algumas ações de contenção de custos no seu processo produtivo (especialmente nas atividades 5, 7 e 9). O resultado global da empresa alcançou R$ 813.856,00, equivalente a 40,03% sobre as receitas líquidas totais do período. O gráfico da Figura 7.9 apresenta o desempenho (EBIT ou lucro operacional) por linha de produtos e o resultado total para o mês em análise.

Tabela 7.15 Dados iniciais sobre a empresa em estudo

	Fábrica de chocolates: Casa da Maria Delícias do Cacau Ltda.				
	Ref.: Setembro de 2019				
	Código do produto	Volume de produção	Preço de venda unidade	Matérias-primas / unidade	Receita líquida
Linha 1	B25 - barra 25 - caixa com 20 barras	7.600	R$ 80,00	R$ 30,00	R$ 608.000,00
	B35 - barra 35 - caixa com 20 barras	5.000	R$ 105,00	R$ 35,00	R$ 525.000,00
	B50 - barra 50 - caixa com 20 barras	3.500	R$ 134,00	R$ 43,50	R$ 469.000,00
Linha 2	Cx01 - caixa de bombons tipo 1	8.700	R$ 25,60	R$ 3,40	R$ 222.720,00
	Cx02 - caixa de bombons tipo 2	9.800	R$ 21,25	R$ 4,67	R$ 208.250,00
				R$ 630.596,00	R$ 2.032.970,00

Tabela 7.16 Definição das atividades e seus respectivos custos indiretos

Custos indiretos por atividade	MOD E MOI	Depreciações	Energia / combustíveis	Outros	Total
ATV1 - Recebimento do leite	R$ 3.456,00	R$ 1.980,00	R$ 456,00	R$ 790,00	**R$ 6.682,00**
ATV2 - Recebimento do cacau	R$ 7.890,00	R$ 2.376,00	R$ 765,00	R$ 543,00	**R$ 11.574,00**
ATV3 - Recebimento diversos	R$ 2.641,00	R$ 1.342,00	R$ 234,00	R$ 780,00	**R$ 4.997,00**
ATV4 - PCP e movimentação linha 1	R$ 16.700,00	R$ 5.676,00	R$ 467,00	R$ 672,00	**R$ 23.515,00**
ATV5 - PCP e movimentação linha 2	R$ 45.600,00	R$ 5.123,00	R$ 761,00	R$ 1.354,00	**R$ 52.838,00**
ATV6 - Lotes por batelada linha 1	R$ 65.789,00	R$ 78.000,00	R$ 5.600,00	R$ 3.456,00	**R$ 152.845,00**
ATV7 - Lotes por batelada linha 2	R$ 36.521,00	R$ 25.360,00	R$ 7.809,00	R$ 5.679,00	**R$ 75.369,00**
ATV8 - Envase e embalagem linha 1	R$ 34.654,00	R$ 34.567,00	R$ 4.561,00	R$ 2.190,00	**R$ 75.972,00**
ATV9 - Envase e embalagem linha 2	R$ 25.695,00	R$ 18.596,00	R$ 8.902,00	R$ 3.562,00	**R$ 56.755,00**
ATV10 - Expedição linha 1	R$ 4.567,00	R$ 5.678,00	R$ 786,00	R$ 456,00	**R$ 11.487,00**
ATV11 - Expedição linha 2	R$ 5.600,00	R$ 6.900,00	R$ 981,00	R$ 890,00	**R$ 14.371,00**
ATV12 - Administrativo geral	R$ 45.678,00	R$ 4.678,00	R$ 589,00	R$ 2.345,00	**R$ 53.290,00**
ATV13 - Manutenção fábricas	R$ 7.812,00	R$ 2.675,00	R$ 567,00	R$ 345,00	**R$ 11.399,00**
ATV14 - Serviços de pós-vendas	R$ 23.456,00	R$ 1.900,00	R$ 6.456,00	R$ 5.612,00	**R$ 37.424,00**
				TOTAL	**R$ 588.518,00**

Tabela 7.17 Definição dos direcionadores de custos (*cost drivers*)

Direcionadores dos custos – *cost drivers*	B25	B35	B50	CX01	CX02
Leite consumido – em litros por unidade	2,7	2,8	3,2	2,40	2,54
Total de litros consumidos	20.520,00	14.000,00	11.200,00	20.880,00	24.892,00
em %	22%	15%	12%	23%	27%
Cacau consumido – em kg por unidade	1,2	1,35	1,56	2,30	2,90
total de kg consumidos	9.120,00	6.750,00	5.460,00	20.010,00	28.420,00
em %	13%	10%	8%	29%	41%
Nº de bobinas de embalagens recebidas	45	34	25	56	63
em proporção %	20%	15%	11%	25%	28%

(continua)

(continuação)

Direcionadores dos custos – *cost drivers*	B25	B35	B50	CX01	CX02
Número de horas-máquina linha 1	125	128	52	–	–
em %	41%	42%	17%	0%	0%
Número de horas-máquina linha 2	–	–	–	35	42
em %	0%	0%	0%	45%	55%
Lotes linha 1	32	21	12	–	–
em %	49%	32%	18%	0%	0%
Lotes linha 2	–	–	–	12	18
em %	0%	0%	0%	40%	60%
Envase e embalagem linha 1 – palletes/dia	65	35	12	–	–
em %	58%	31%	11%	0%	0%
Envase e embalagem linha 2 – palletes/dia	–	–	–	22	26
em %	0%	0%	0%	46%	54%
Horas de limpeza e *setup*	5	8	2	4	19
em %	13%	21%	5%	11%	50%
Nº de paradas técnicas das linhas	8	1	9	12	16
em %	17%	2%	20%	26%	35%
Defeitos e reclamações no cliente	15	52	10	155	198
Defeitos e reclamações no cliente em %	3%	12%	2%	36%	46%

Tabela 7.18 Cálculo dos custos indiretos unitários por atividade e por produto

Custos indiretos por atividade (R$/unid.)	B25	B35	B50	CX01	CX02
ATV1 – recebimento do leite	R$ 0,197	R$ 0,204	R$ 0,234	R$ 0,175	R$ 0,186
ATV2 – recebimento do cacau	R$ 0,199	R$ 0,224	R$ 0,259	R$ 0,382	R$ 0,481
ATV3 – recebimento diversos	R$ 0,133	R$ 0,152	R$ 0,160	R$ 0,144	R$ 0,144
ATV4 – PCP e movimentação linha 1	R$ 1,268	R$ 1,974	R$ 1,145	–	–
ATV5 – PCP e movimentação linha 2	–	–	–	R$ 2,76	R$ 2,94
ATV6 – lotes por batelada linha 1	R$ 9,90	R$ 9,88	R$ 8,06	–	–
ATV7 – lotes por batelada linha 2	–	–	–	R$ 3,47	R$ 4,61
ATV8 – envase e embalagem linha 1	R$ 5,80	R$ 4,75	R$ 2,33	–	–
ATV9 – envase e embalagem linha 2	–	–	–	R$ 2,99	R$ 3,14
ATV10 – expedição linha 1	R$ 0,88	R$ 0,72	R$ 0,35	–	–
ATV11 – expedição linha 2	–	–	–	R$ 0,76	R$ 0,79
ATV12 – administrativo geral	R$ 0,92	R$ 2,24	R$ 0,80	R$ 0,64	R$ 2,72
ATV13 – manutenção fábricas	R$ 0,26	R$ 0,05	R$ 0,64	R$ 0,34	R$ 0,40
ATV14 – serviços de pós-vendas	R$ 0,17	R$ 0,91	R$ 0,25	R$ 1,55	R$ 1,76
Total dos custos indiretos	R$ 19,73	R$ 21,10	R$ 14,22	R$ 13,21	R$ 17,18

Tabela 7.19 Cálculo do resultado operacional por produto e global da empresa para o mês em análise

Resultado operacional (R$/unid.)	B25	B35	B50	CX01	CX02
Preço de venda	R$ 80,00	R$ 105,00	R$ 134,00	R$ 25,60	R$ 21,25
Custos diretos	R$ 30,00	R$ 35,00	R$ 43,50	R$ 3,40	R$ 4,67
Custos indiretos	R$ 19,73	R$ 21,10	R$ 14,22	R$ 13,21	R$ 17,18
Custo total	R$ 49,73	R$ 56,10	R$ 57,72	R$ 16,61	R$ 21,85
Margem de lucro unitário em R$	R$ 30,27	R$ 48,90	R$ 76,28	R$ 8,99	-R$ 0,60
Margem de lucro unitário	37,84%	46,58%	56,92%	35,11%	-2,82%
Lucro operacional total	R$ 230.038,59	R$ 244.523,08	R$ 266.963,38	R$ 78.202,85	-R$ 5.871,90
Lucro operacional – global	R$ 813.856,00		40,03%		

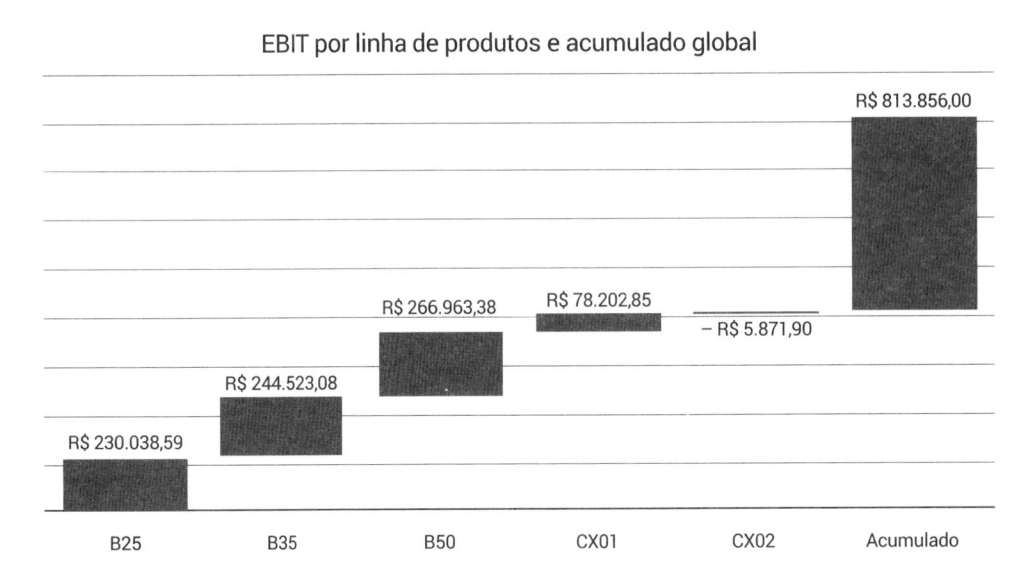

Figura 7.9 Resultado operacional por produto e global da empresa para o mês em análise.

7.9 AVALIAÇÃO DE ESTOQUES E ATIVOS BIOLÓGICOS PARA DIVULGAÇÃO CONTÁBIL

Conforme visto na seção 7.1.2, a informação pode ter diversas finalidades. O custeio de produtos tem como finalidade avaliar a viabilidade econômica dos produtos, que é diferente da análise realizada no custeio por atividade, que foca na gestão dos custos de processos, conforme tratamos anteriormente. Nesta seção, vamos entender melhor a informação sob uma óptica diferente, que não é a da gestão interna da empresa, mas na óptica de quem está de fora da empresa. Para essas pessoas, são divulgadas demonstrações financeiras, normalmente anuais ou trimestrais. Os balanços patrimoniais e as demonstrações de resultado da empresa, assim como as demais demonstrações financeiras, têm o propósito de permitir a tomada de decisão de investidores e credores da empresa a respeito de quanto capital investir e avaliar riscos e retornos sobre esse investimento na empresa.

Dado que a decisão é diferente, a forma de avaliação de estoques, assim como dos ativos biológicos, é diferente quando estamos tratando de relatórios para fins de divulgação externa. Não são usados custeio variável ou custeio baseado em atividades, mas custeio por absorção, na avaliação dos estoques. Aqui, o propósito é avaliar o custo do estoque, seja ele variável ou fixo. Os ativos biológicos, como bois em confinamento, não são tratados como estoques, apesar de representarem um "estoque" de bois, pois são mensurados a valor justo, que, *grosso modo*, é o seu valor de mercado, uma vez que essa forma de mensuração é capaz de representar melhor a riqueza contida nesse ativo e a sua evolução no tempo em função de o ativo ser vivo e naturalmente crescer.

Nas próximas subseções, vamos tratar com detalhes essas formas de mensuração.

7.9.1 Estoques e ativos biológicos na norma contábil internacional

Conforme visto na seção 7.9, a divulgação contábil é realizada de maneira pública ou privada e segue as normas internacionais de contabilidade no Brasil. Essa divulgação visa à tomada de decisões por parte de credores e investidores. Eles precisam avaliar se, no futuro, a empresa terá condições de honrar os compromissos com credores e retornar os investimentos realizados ou a serem realizados pelos investidores.

Para isso, há a exigência de se divulgar as demonstrações financeiras, compostas por balanço patrimonial, demonstração de resultados, demonstração dos fluxos de caixa, entre outras. Em geral, as companhias abertas, que possuem ações negociadas em bolsa de valores, devem divulgar suas demonstrações financeiras trimestralmente. As sociedades anônimas de capital fechado devem publicar anualmente. As demais sociedades não são obrigadas a publicar, mas podem elaborar suas demonstrações para divulgação privada. Em geral, elas o fazem para realizar contratos de empréstimos e para tomada de decisões de seus proprietários. Empresas ligadas ao agronegócio podem ter datas de fechamento de balanço diferentes das demais, que costumam encerrá-las em 31 de dezembro, pois preferem fechá-las ao final de seu ciclo de safra anual. Por exemplo, há usinas de cana-de-açúcar que fecham suas demonstrações em 31 de março.

O balanço patrimonial mostra a posição financeira da empresa em determinado momento. Representa o estado da riqueza da entidade, composta por ativos menos passivos. A demonstração de resultados discrimina a variação da riqueza ao longo de um período, por exemplo um ano. Essa variação de riqueza é chamada de lucro e pode ser discriminada em receitas e despesas. A demonstração dos fluxos de caixa revela quais foram as entradas e saídas de caixa realizadas em um período, discriminando os fluxos de caixa da operação, de investimentos e de financiamentos, incluindo os de capital próprio.

A partir dessas demonstrações principais, é possível fazer uma avaliação de se a empresa terá ou não condições de gerar fluxos de caixa no futuro para pagar seus passivos e ainda remunerar satisfatoriamente seus proprietários. Por meio de análises de liquidez e rentabilidade, além de outros aspectos, credores, por exemplo, podem tomar a decisão de se emprestam dinheiro à empresa ou não, em qual montante, em qual prazo e a que taxa de juros. São decisões complexas, mas que são subsidiadas com as informações financeiras da empresa.

No balanço patrimonial, a posição financeira da empresa é exibida por meio da listagem de todos os ativos e passivos da empresa, com seus respectivos valores. O Quadro 7.2 é um exemplo de contas que compõem um balanço patrimonial.

Quadro 7.2 Contas do balanço patrimonial

Balanço patrimonial	
Ativo circulante	**Passivo circulante**
Caixa e equivalente de caixa	Fornecedores
Instrumentos financeiros	Instrumentos financeiros
Contas a receber	Empréstimos
Estoques	IR/CSL
Ativos biológicos	Provisões
Ativos mantidos para venda	**Não circulante**
Não circulante	Empréstimos
Contas a receber	Instrumentos financeiros
Instrumentos financeiros	IR/CSL diferidos
IR/CS diferidos	Obrig. benef. aposent.
Ativos biológicos	Provisões
Propriedade para invest.	**Patrimônio líquido**
Imobilizado	Capital
Intangível	Reservas
Goodwill	Outros result. abrangentes
	Particip. minoritários

Na maioria dos casos, os ativos e os passivos são mensurados ao seu valor de custo. Alguns ativos, conforme determinado pelas normas contábeis, são mensurados a valor justo, como é o caso de certos instrumentos financeiros, como ações de outras empresas, e ativos biológicos, como bois.

Por que há ativos mensurados a custo? Pense o seguinte: precisamos medir o tamanho da riqueza de uma pessoa. Essa pessoa diz que a única coisa que possui é uma mercadoria que vai revender a outra pessoa. Ela comprou essa mercadoria por $ 10.000 e diz que consegue vendê-la por $ 18.000. Porém, no mercado, o preço de venda gira em torno de $ 15.000. Como vamos apresentar seu balanço patrimonial? Se precisamos medir o tamanho de sua riqueza, devemos dizer o quanto ela possui de dinheiro, mas, no caso dela, é um dinheiro no futuro, porque ela não vendeu nem recebeu ainda. Se vendesse imediatamente no mercado, ela receberia $ 15.000, mas sua intenção é vender por $ 18.000 e ganhar um dinheiro a mais. Se essa pessoa tem a expectativa de obter $ 18.000 no futuro, poderíamos entender que a riqueza dela seria de $ 18.000. Porém, será que vende mesmo a mercadoria por $ 18.000, se o mercado está pagando $ 15.000? Essa incerteza pode fazer que haja uma desconfiança por parte dos usuários da informação e eles simplesmente a ignorem, por considerá-la não confiável.

Para tornar o balanço patrimonial mais confiável, um recurso é alterar a base de mensuração do ativo. Nesse caso, em vez de utilizar a expectativa de geração futura de caixa de $ 18.000, poderíamos utilizar o valor de mercado, por exemplo. É preciso, porém, avaliar se essa informação de que o mercado paga $ 15.000 é de fonte confiável, ou seja, se há por exemplo, uma cotação diária em mercado com volumes consideravelmente grandes em que um único agente não seria capaz de afetar o preço com suas transações. Perceba que essa condição não é aplicável a todos os produtos produzidos ou comercializados por todas as empresas. Uma cadeira produzida por uma fábrica, por exemplo, vai ser diferente de outra cadeira, produzida até mesmo pela própria empresa. Produtos com cotação são apenas as *commodities*, como grãos ou petróleo.

Desse modo, se nem a informação do valor de mercado pode ser considerada confiável por parte dos usuários da informação, a mensuração a custo passa a ser uma alternativa interessante. Se a pessoa comprou a mercadoria por $ 10.000, parece improvável que ela vá vender por menos do que isso. Assim, o fluxo de caixa esperado com o ativo é superior a $ 10.000. Se é assim, a mensuração a custo é uma medida conservadora, porque é o valor mínimo de fluxo de caixa futuro, e mais segura, porque esse valor foi transacionado com quem ela comprou, o que significa que é verificável por meio de documento.

Por essas características, o estoque é mensurado, conforme determina a norma contábil, pelo seu valor de custo. Nesse nosso exemplo, mesmo que a expectativa seja de obter $ 18.000 pela venda da mercadoria, o estoque fica mensurado ao custo de $ 10.000 até que seja efetivamente vendido. De acordo com a norma, todo o custo necessário para obter e produzir o estoque deve ser identificado, sejam eles diretos ou indiretos. Isso significa que a mensuração dos custos ocorre por meio do método de custeio por absorção, que será detalhado na seção 7.9.2.

Entretanto, há ativos que são (ou podem ser) mensurados a valor justo. *Grosso modo*, o valor justo é o preço de venda do ativo no mercado. Quando a informação sobre esse preço é considerada confiável, a norma permite que o ativo seja assim mensurado. No nosso exemplo, mesmo que a expectativa da pessoa seja vender a mercadoria por $ 18.000, a norma poderia permitir que esta seja mensurada ao valor justo de $ 15.000.

Se a pessoa efetivamente vender por $ 18.000, ela reconhecerá uma receita com clientes de $ 18.000, baixando o ativo de $ 10.000 como custo da mercadoria vendida, gerando um lucro de $ 8.000, mas apenas no momento da entrega. Receita, despesa e lucro são divulgados na demonstração do resultado. Se o ativo fosse mensurado a $ 18.000 já no momento da compra, esse lucro poderia ser antecipado sem se ter a confiança de que de fato foi ganho. No momento da entrega, a certeza é muito maior (não completa, pois pode ser que ela não consiga receber o dinheiro).

A mensuração a valor justo é utilizada, por exemplo, nos ativos biológicos, muito comuns para as empresas do agronegócio. Ativo biológico é uma planta ou animal, vivos, que esteja inserido em uma atividade agrícola. É o caso de um pé de eucalipto que está sendo produzido para ser transformado em celulose ou de um boi em confinamento para corte, por exemplo.

Nesses casos, há cotação diária de mercado para os produtos agrícolas, que são extraídos desses ativos biológicos. Com isso, é possível avaliar os ativos em crescimento. Assim, se um boi será abatido com 18 arrobas, mas seu peso atual é de 16 arrobas, o seu valor justo hoje é de 16 arrobas vezes a cotação da arroba de hoje. Se fosse $ 200 a arroba, o valor justo do boi em pé seria de $ 3.200. Perceba que o boi irá engordar e que, se o preço se mantiver o mesmo, o valor do ativo e, portanto, a riqueza, aumentará, o que é uma noção intuitiva e que estará refletida no balanço. No entanto, como é uma *commodity*, o preço da arroba do boi é volátil, o que também será refletido no valor do ativo.

Se o ativo biológico é mensurado a valor justo, o custo poderia deixar de ser usado, correto? Entretanto, no Brasil, a legislação tributária exige que o custo desses ativos seja apurado também. No exemplo do boi, digamos que ele tenha sido adquirido no período anterior por $ 2.900 com o equivalente a 15 arrobas e que custos com ração e medicamentos tenham sido de $ 160 no período até chegar ao peso atual. O custo acumulado do ativo é de $ 3.060. Contrapondo com o valor justo atual de $ 3.200, o ganho obtido será de $ 140 no período, divulgado na demonstração do resultado. Apesar de esse ganho a valor justo não ser tributado agora, o fisco exige que haja o controle. O lucro com o boi só será tributado no momento da venda.

Como há a exigência legal, é necessário se fazer a apuração do custo também pelo método de absorção, como será tratado na seção 7.9.2.

Portanto, a informação sobre o custo dos estoques e dos ativos biológicos é uma exigência das normas contábeis e tributárias, por serem úteis para que os usuários da informação possam tomar suas decisões em bases seguras.

7.9.2 Método do custeio por absorção

Para proceder a uma análise e apuração dos custos primeiramente, deve-se ter bem claros o objeto e o propósito do custeio a ser elaborado. Isso porque todas as etapas posteriores dependerão dos propósitos preestabelecidos. Após a identificação do objeto de custeio, deve ser realizada a separação entre custos diretos e indiretos. Essa separação depende basicamente:

1. **Do objeto de custeio:** supondo que o objeto de custeio seja o produto da empresa, o consumo de energia elétrica das máquinas que produzem o produto (sendo viável economicamente mensurar) é classificado como custo direto.
2. **Da viabilidade ou conveniência:** certos itens podem ser classificados como diretos ou indiretos a depender do grau de conveniência ou viabilidade econômica. Muitas vezes, é possível classificar um item como direto, porém, é necessário, para tanto, um sistema de controle cujo custo não compensaria os benefícios. Nesse caso, acaba-se classificando como indireto um item que a princípio seria direto. Muitas vezes, também, o valor do item é tão pequeno que não faz diferença agregar um conjunto de itens como indiretos ou diretos.

Esse método aloca aos produtos o conjunto dos custos diretos e indiretos. Dessa forma, os produtos absorvem todos os custos incorridos para a sustentação da empresa, por meio das unidades de distribuição dos custos (UDC). Esse sistema pode ser mais bem visualizado na representação da Figura 7.10.

7.9.2.1 Apropriação dos custos diretos

A apropriação dos custos diretos não constitui dificuldade maior. Como o próprio nome indica, o custo direto constitui todos os itens que podem ser associados ao objeto de custeio de forma direta e economicamente viável.

Quando o propósito do sistema de custeio é a obtenção do custo de fabricação de produtos, em geral, os custos diretos mais importantes são os materiais diretos e a mão de obra direta. Nos materiais diretos, em geral, podem-se incluir, dependendo do contexto, gastos com transporte, segurança, armazenagem, imposto de importação, seguros, gastos alfandegários etc. Ou seja, todos os gastos incorridos para a colocação da matéria-prima à disposição da produção, e que possam ser apropriados direta e ou indiretamente de forma economicamente viável devem entrar como custo da matéria-prima.

Em muitos países onde os encargos sociais são relativamente baixos, o custo de mão de obra inclui basicamente o valor contratual. No entanto, quando esses encargos são altos, ou quando a empresa realiza gastos razoáveis com benefícios aos trabalhadores, a obtenção do custo de mão de obra a ser apropriado ao produto passa por um processo trabalhoso de apropriação dos gastos, além do salário propriamente dito. No Brasil, faz-se necessária essa apropriação, porque os encargos

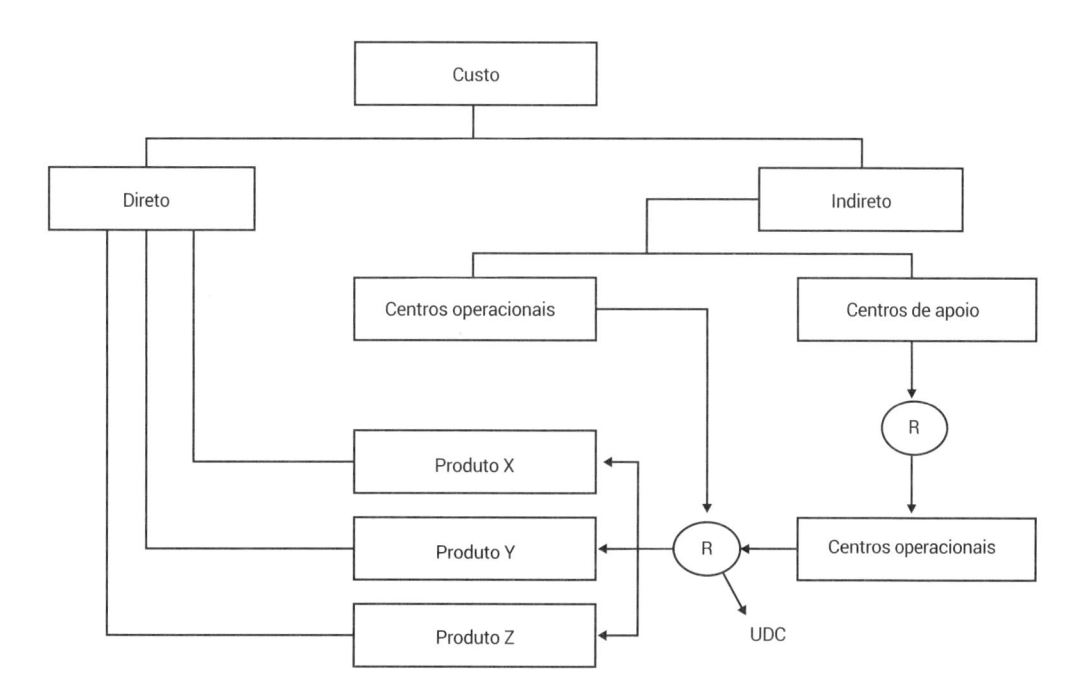

Figura 7.10 Esquema geral do sistema de custeio por absorção.[12]

diretos e indiretos chegam, em alguns setores, a superar os salários.

7.9.2.2 Apropriação dos custos indiretos

Os custos indiretos estão relacionados com o objeto de custeio, porém não podem ser apropriados de forma direta e objetiva. Portanto, obriga-se a fazer uso de métodos subjetivos e muitas vezes arbitrários para sua alocação.

Os custos indiretos terão que ser alocados aos produtos mediante critérios de rateio, os quais pressupõem que exista uma relação de proporcionalidade entre os custos indiretos e a variável segundo a qual será feita a distribuição. O critério de rateio será tão correto quanto mais próximo do real for o pressuposto de causa e efeito assumido.

Deverá haver significativa variação no custo total de fabricação, isso devido à não existência de uma forma perfeita e inquestionável de se alocar custos indiretos. Existem sempre várias alternativas para se ratear esses custos, e é preciso fazer uso de alguns **critérios** para escolher a forma menos arbitrária para a alocação:[13]

- **Causa e efeito:** a melhor forma de rateio é a que melhor expressa a relação de proporcionalidade entre o parâmetro de distribuição e o volume de custos indiretos. No caso, seria necessário conhecer bem o processo de produção para escolher entre os critérios de rateio o menos arbitrário. Na alocação de gastos com energia elétrica e depreciação das máquinas aos produtos, a quantidade de horas-máquina utilizada por cada produto, pode ser um bom critério baseado nessa relação.
- **Benefício alcançado:** identifica os beneficiários e os respectivos benefícios obtidos pelos gastos a serem alocados. Os gastos a serem distribuídos são alocados entre os beneficiários na proporção dos benefícios recebidos por cada um. Suponha que a compra de um equipamento novo aumentará a produtividade de um departamento específico, mas também aumentará indiretamente a produtividade de outros departamentos. Esse departamento talvez deva arcar com a maior parte dos custos desse equipamento, porém os outros departamentos beneficiados deverão receber, segundo esse critério, uma parcela desse custo de acordo com o aumento da produtividade de cada um.
- **Capacidade sequencial de sustentação:** esse critério advoga a alocação de custos na proporção da capacidade potencial relativa que o objeto de custeio tem para sustentar determinada atividade da empresa. Um exemplo é a alocação de salários (*pro labore*) dos executivos da alta administração baseada no faturamento das respectivas divisões operacionais. A hipótese subjacente a esse critério é que a divisão mais lucrativa deve ter uma maior capacidade para absorver os custos da alta administração da empresa.

Esses critérios apresentados não são mutuamente excludentes. Isso implica que é possível projetar bases de rateio que possam satisfazer simultaneamente vários deles.

7.9.2.3 Distribuição dos custos indiretos por centro de custos

Outra alternativa para distribuir os custos indiretos é fazê-lo mediante a sua apropriação por centro de custo, tendo-se uma análise detalhada do processo de produção.

Os departamentos de uma empresa são unidades administrativas representadas por homens e máquinas desenvolvendo atividades homogêneas, e podem ser:

- Os que promovem qualquer tipo de modificação sobre o produto diretamente.
- Os que não recebem o produto, mas prestam serviços a outros departamentos.

Um departamento é na maioria das vezes um centro de custos ou é composto por vários centros de custos (ou vice-versa). Isso vai depender da forma de agregação que mais convém aos objetivos do sistema de custeio.

Os centros de custos que atuam diretamente nos produtos (chamados de centros de custos principais) terão seus custos indiretos alocados diretamente aos produtos. Por sua vez, os centros de custos que prestam serviços (centro de custos de apoio) vão ter seus custos indiretos primeiramente alocados aos centros de custos principais para depois serem alocados aos produtos.

O procedimento para a distribuição dos custos indiretos consiste na reclassificação dos custos em diretos e indiretos em relação aos setores de produção, na apropriação dos custos diretos e distribuição dos custos indiretos aos setores e na distribuição dos custos totais dos setores para os produtos.

7.9.2.4 Alocando custos de um centro de custo a outro

Podem-se alocar os custos dos centros de custos de apoio por meio de três métodos:

- **Método de alocação direto:** aloca o custo total de cada centro de custo de apoio diretamente aos centros de custos operacionais.

- **Método de alocação sequencial:** permite o reconhecimento parcial de serviços prestados pelo departamento de apoio aos outros departamentos de apoio. Esse método é mais complexo porque exige a escolha de uma sequência de alocação. Uma sequência adotada por muitas empresas é iniciar com o departamento que presta a mais alta percentagem do seu serviço total a outros departamentos de apoio. A seguir, prossegue com o departamento que fornece a segunda mais alta percentagem de seus serviços a outros departamentos de apoio, e assim por diante.
- **Método de alocação recíproca:** os dois métodos abordados não são precisos quando departamentos de apoio prestam serviços entre si reciprocamente. O método direto desconsidera totalmente a reciprocidade, e o método sequencial considera a relação departamental de modo parcial.

O método de alocação recíproca aloca custos levando em conta os serviços prestados mutuamente entre todos os departamentos de apoio. Essa alocação permite incorporar relações interdepartamentais completamente no processo de alocação de custos dos departamentos de apoio.

Exemplo de alocação recíproca: a alocação recíproca pode ser resolvida por meio de auxílio de um sistema de equações lineares. Imagine que tenhamos um centro de custo "Administração" (com um custo específico de, por exemplo, $ 75.000,00) prestando serviços aos outros centros de custos da empresa e que se queira considerar a reciprocidade de alocação com o centro de custo "Manutenção" (com um custo específico de, por exemplo, $ 135.000,00), na seguinte proporção (base) de rateio:

$$\text{Administração} \rightarrow 15\% \text{ para manutenção}$$
$$\text{Manutenção} \rightarrow 5\% \text{ para administração}$$

Para resolver a questão da reciprocidade, deve-se montar um sistema de equações lineares, denominando X o custo da "Administração" resultante da alocação recíproca e de Y o custo da "Manutenção" resultante da alocação recíproca.

Assim,

$$X = 75.000 + 0,05\, Y$$
$$Y = 135.000 + 0,15\, X$$

Resolvendo esse sistema, calcula-se o custo final (após a alocação recíproca) do centro de custo "administração" como sendo igual a $ 82.367,76, e custo final (após a alocação recíproca) do centro de custo "manutenção" como sendo igual a $ 147.355,16. A partir desses valores calculados pela alocação recíproca, pode-se proceder às demais alocações sequenciais (para os demais centros de custos da empresa em análise) para os dois centros de custos desse exemplo.

Após a distribuição dos custos indiretos aos departamentos operacionais, deve-se fazer a apropriação desses custos aos produtos para achar o custo total destes.

Essa alocação pode ser feita por meio de um índice que evidencie o consumo de recursos que cada produto absorveu dos departamentos. A esse índice dá-se o nome de unidade de distribuição de custos (UDC). Por exemplo, com o total dos custos indiretos alocados a cada departamento e o número de horas-máquina total trabalhada pelo departamento, calcula-se o custo da hora-máquina. Em seguida, multiplica-se o valor encontrado pela quantidade de horas-máquina utilizadas por cada produto, chega-se então ao valor de custos indiretos rateados aos produtos. Nesse caso, a UDC escolhida é o número de horas-máquina.

Para obter os custos totais dos produtos, bastaria somar os custos indiretos rateados por produto aos respectivos custos diretos.

Em síntese, esse sistema tenta refletir a estrutura organizacional existente nas empresas na sua estrutura de custos. O princípio básico do custeio por absorção é de fragmentar a empresa em inúmeras áreas funcionais, os chamados centros de custos, apropriando os custos indiretos (fixos e variáveis) no custo do produto, proporcionalmente ao esforço de fabricação de cada produto.

7.9.2.5 Exemplo de aplicação: um estudo de caso

A empresa estudada trata-se de cooperativa de laticínios no Estado de São Paulo, a qual apresenta três unidades produtivas (uma delas desativada temporariamente). A principal unidade da empresa foi denominada unidade A, a qual é responsável pelo processamento dos leites fluidos (pasteurizado e resfriado) e manteiga. Por sua vez, a unidade de fabricação de queijos foi denominada unidade B e a usina denominada unidade C, a qual funciona atualmente apenas como entreposto comercial, estando sua unidade produtiva desativada. As três unidades situam-se em municípios distintos.

Na principal unidade da cooperativa (matriz) com cerca de 420 cooperados, beneficiam-se 60.000 litros de leite/dia, embora a capacidade instalada seja de 100.000 litros de leite/dia. São 24 funcionários no setor produtivo, 26 em funções administrativas/gerenciais e 15 no setor comercial, totalizando 65 funcionários na folha de pagamento da empresa. Outras atividades da firma são realizadas por serviços de terceiros, como é o caso da captação e do transporte do leite cru das fazendas à usina, tanto na forma de latões como a coleta e o transporte de leite resfriado (granel). Cerca de 55% do leite total processado por dia é recebido na forma de latões de 50 litros e os outros 45% chegam à cooperativa já resfriados em caminhões-tanque.

A cooperativa comercializa produtos em três regiões (denominadas região de comercialização A, B e C). Os principais clientes são os supermercados, padarias e bares das regiões citadas, para os produtos beneficiados. Para as linhas de leite resfriado, os clientes são normalmente outras indústrias de maior porte. Esse produto caracteriza-se como o excesso de cotas da cooperativa, o qual excede a capacidade de comercialização da empresa.

Os produtos beneficiados e comercializados pela cooperativa são:

- Leite pasteurizado tipo C.
- Leite pasteurizado tipo B.
- Leite resfriado C e B.
- Leite desnatado.
- Queijos: parmesão, muçarela, minas frescal, prato e aperitivo "nó".
- Manteiga (barra de 200 gramas).

No caso do leite tipo C, a cooperativa possui quatro diferentes marcas e o leite tipo B possui duas marcas. Esse fato ocorre por causa da demanda do mercado. Em uma região, vende mais uma marca de leite. Em outra região, vende mais uma segunda marca. Isso existe também para utilização de marcas em "guerra de preços".

Metodologia de implantação

Inicialmente, foi traçado um cronograma de atividades para planejamento das ações, bem como para acompanhamento dos trabalhos.

As fases envolvidas no cronograma foram as seguintes:

1. Estudo dos processos produtivos e rotinas operacionais.
2. Avaliação das rotinas e processos (formação dos centros de custos).
3. Coleta de dados.
4. Estruturação do sistema (construção de planilhas).
5. Apresentação dos resultados.

Os trabalhos iniciaram com a definição das pessoas envolvidas em cada etapa do projeto. Formou-se, desse modo, uma equipe multidisciplinar dentro da empresa, visando atender de maneira satisfatória às necessidades primárias da empresa, as quais seriam, basicamente, as seguintes:

- Cálculo do custo dos produtos.
- Tempo mínimo de resposta do sistema.
- Cálculo da margem sobre custos diretos.
- Obtenção da rentabilidade líquida das linhas.

Formação dos centros de custos

No caso do sistema de custeio por absorção, há uma separação das unidades produtivas e não produtivas em centros de custos. Os custos por sua vez são classificados em fixos ou variáveis e em diretos ou indiretos. Para isso, realizou-se uma nova formação dos centros de custos disponíveis na contabilidade da empresa. Nessa nova formação, alguns CC tiveram que ser agrupados em um único centro (Caso 1). Em contrapartida, outros tiveram que ser fragmentados para melhor estudo (Caso 2).

Os exemplos a seguir retratam parte da nova formação dos centros de custos do custeio por absorção proposto.

- *Exemplo Caso 1*: a empresa considerava cada um de seus veículos como um centro de custo. Após a nova formação, agrupou-se esses veículos aos centros em que eles eram utilizados.
- *Exemplo Caso 2*: a empresa tinha um centro de custo chamado "Usina". Nele, eram considerados todos os custos referentes a recepção, resfriamento e pasteurização. Para que os custos de processo pudessem ser acompanhados em cada uma de suas fases, fragmentou-se o antigo CC em três novos centros: CC recepção (específico para recepção de latões), CC resfriamento (específico para recebimento de leite a granel) e CC pasteurização (custos específicos para leites pasteurizados).

A formação dos centros de custo ficou estruturada conforme a Tabela 7.20, apresentando os custos específicos de cada centro (repartição primária dos custos por centros de custos), os custos recebidos após os rateios do sistema (repartição secundária) e os custos totais (os rateios estão expostos a seguir).

Os dados apresentados nesse exercício são hipotéticos e não representam nenhum mês específico da operação da empresa em estudo. Entretanto, são representativos para um mês de operação na referida empresa objeto desse estudo de caso.

A assistência técnica veterinária é considerada um centro de custo, mas não entra na formação dos custos que são rateados para os centros produtivos. Essas despesas (de subsídio ao produtor) são incorporadas no custo de aquisição da matéria-prima, seguindo a lógica de agregação de valor. Os fretes de primeiro percurso (transporte de leite cru das fazendas à usina) receberam o mesmo tratamento e apropriação.

Tabela 7.20 Centros de custos da empresa – custos específicos e totais após rateios

	Centros de custos	Específico ($)	Recebido ($)	Total ($)
	Assistência técnica	$ 14.353,76	$ 309,83	$ 14.663,59
Centros de custos de apoio	Energia elétrica	$ 7.097,57	$ 0,00	$ 7.097,57
	Admin. geral	$ 83.865,69	$ 4.377,76	$ 88.243,45
	Almoxarifado	$ 4.533,06	$ 3.471,97	$ 8.005,03
	Serviços auxiliares	$ 11.231,24	$ 5.313,73	$ 16.544,97
	Manutenção própria	$ 9.490,59	$ 5.063,48	$ 14.554,07
	Compras	$ 6.701,74	$ 3.333,68	$ 10.035,42
	Admin. UC	$ 24.183,53	$ 9.859,22	$ 34.042,75
	Vendas	$ 22.933,53	$ 11.574,98	$ 34.508,50
	Insp. federal	$ 3.216,90	$ 1.787,05	$ 5.003,95
	Tratamentos efluentes	$ 6.370,62	$ 4.307,66	$ 10.678,27
	Caldeiras	$ 6.578,56	$ 6.408,47	$ 12.987,02
	Sistema de frios	$ 2.250,82	$ 9.163,51	$ 11.414,33
Centros de custos principais	Laboratório	$ 9.841,63	$ 6.111,36	$ 15.952,99
	Recepção de latões UA	$ 22.509,73	$ 25.574,57	$ 48.084,30
	Resfriamento UA	$ 3.751,62	$ 18.118,37	$ 21.870,00
	Pasteurização UA	$ 0,00	$ 17.180,54	$ 17.180,54
	Fábrica de manteiga UA	$ 4.990,73	$ 7.186,90	$ 12.177,63
	Envase UA	$ 17.921,61	$ 23.543,61	$ 41.465,22
	Recepção, resfr., pasteur. UB	$ 15.099,65	$ 9.158,87	$ 24.258,52
	Fábrica de queijos UB	$ 2.837,43	$ 1.999,58	$ 4.837,01
	Recepção UC	$ 0,00	$ 0,00	$ 0,00
	Resfriamento + Past. UC	$ 0,00	$ 0,00	$ 0,00
	Fábrica de manteiga UC	$ 0,00	$ 0,00	$ 0,00
	Expedição UA	$ 9.822,14	$ 21.850,21	$ 31.672,35
	Expedição UC	$ 33.898,58	$ 57.729,83	$ 91.628,41
	Total	**$ 323.480,72**	**$ 253.425,17**	**$ 576.905,89**

O gasto de energia elétrica foi transformado em um centro distribuidor de custo, e, mediante o levantamento de toda a carga consumidora de energia dentro da empresa, rateado aos centros de apoio e aos centros produtivos, sendo estes últimos os principais consumidores de energia na empresa estudada.

Exemplos de critérios de rateio para distribuição de custos indiretos

Energia elétrica

A empresa possui dois relógios de medição que estão alocados segundo o esquema a seguir:

- Um relógio mede apenas a energia gasta no centro de custo "Tratamento de efluentes", sendo, portanto, alocada diretamente a esse centro de custo.
- O segundo relógio (relógio central) refere-se ao centro de custo em estudo. Ele mede a energia dos demais centros de custos da empresa, tanto administrativo quanto da usina.

O rateio da energia do segundo relógio foi feito de acordo com o consumo das máquinas e equipamentos de cada centro de custos. Os cálculos podem ser observados na Tabela 7.21.

Tabela 7.21 Rateio do consumo de energia elétrica

Rateio do consumo de energia elétrica			
Relógio central – Administração + Usina			
Centros de custos	Consumo (kWh)	%	
Armazém	38.518,40	0,58%	% Demais
Derivados	222.911,60	3,34%	5,81%
Fábrica de ração	105.722,00	1,58%	
Depósito de ração	20.688,00	0,31%	% Rateio
Administração	158.856,00	2,38%	2,53%
Almoxarifado	111.592,00	1,67%	1,78%
Manutenção	14.830,50	0,22%	0,24%
Caldeiras	249.243,45	3,73%	3,97%
Sistema frio e torre	4.835.260,00	72,46%	76,93%
Resfriamento de leite	37.300,00	0,56%	0,59%
Empacotamento	74.679,08	1,12%	1,19%
Fábrica de manteiga	30.721,36	0,46%	0,49%
Recepção	234.529,00	3,51%	3,73%
Expedição	215.028,80	3,22%	3,42%
Pasteurizador	164.817,00	2,47%	2,62%
Laboratórios	158.630,00	2,38%	2,52%
Total	6.673.327,19	100,00%	100,00%

Administração geral

A administração geral da empresa atende às três unidades citadas (A, B e C). Atende ainda alguns setores que não fizeram parte da análise, como posto de gasolina, as lojas comerciais e a fábrica de ração. Portanto, procedeu-se a um rateio para separar uma fatia dos custos da administração geral da empresa destinados aos setores não envolvidos nos cálculos e nas planilhas deste trabalho. Esses setores da empresa foram agrupados no denominado centro de custo "Demais", representando 15,89% dos custos totais da empresa na Tabela 7.22.

A alocação dos custos do centro Administração Geral foi realizada proporcionalmente aos custos específicos de cada centro, como pode ser observado na Tabela 7.22. Esse critério de rateio distribuiu os custos administrativos para todos os outros centros de custo da empresa, incluindo outros centros de apoio, os centros principais e os setores não envolvidos (o centro de custo denominado "Demais").

Tabela 7.22 Rateio do setor administração

Percentuais de rateio do centro de custo administração geral			
Centros de custos	$	%	%
Adm. unidade C	24.183,53	9,32%	11,09%
Compras	6.701,74	2,58%	3,07%
Vendas	22.933,53	8,84%	10,51%
Manut. própria	9.490,59	3,66%	4,35%
Serv. auxiliares	11.213,24	4,33%	5,15%
Insp. federal	3.216,90	1,24%	1,47%
Almoxarifado	4.533,06	1,75%	2,08%
Trat. efluentes	6.370,62	2,46%	2,92%
Caldeiras	6.578,56	2,54%	3,02%
Sist. frios	2.250,82	0,87%	1,03%
Laboratório	9.841,63	3,79%	4,51%
Recepção UA	22.509,73	8,68%	10,32%
Resfriamento UA	3.751,62	1,45%	1,72%
Pasteurização UA	0,00	0,00%	0,00%
Fab. de manteiga UA	4.990,73	1,92%	2,29%
Envase UA	17.921,61	6,91%	8,21%
Recp. + Resf. UB	15.099,65	5,82%	6,92%
Fab. quej. UB	2.837,43	1,09%	1,30%
Recepção UC	0,00	0,00%	0,00%
Resf. + Past. UC	0,00	0,00%	0,00%
Fab. M. UC	0,00	0,00%	0,00%
Fab. Q. UC	0,00	0,00%	0,00%
Exp. UA	9.822,14	3,79%	4,50%
Expedição UC	33.898,58	13,07%	15,54%
Demais	41.221,54	15,89%	0,00%
Total p/ rateio da adm. G	259.385,24	100%	100,0%

Almoxarifado

Os custos específicos do almoxarifado foram distribuídos segundo o número de requisições de cada centro de custo envolvido. As requisições são preenchidas pelo responsável do centro de custo solicitante de material e, a partir da quantidade de requisições dos centros, os custos são alocados percentualmente de acordo com a demanda de cada um. A Tabela 7.23 mostra como foi feito o rateio do centro de custo em questão.

Tabela 7.23 Rateio do almoxarifado central

Rateio do centro de custo almoxarifado			
Centros de custos	Requisições	%	% p/ rateio
Administração	640,93	2,00%	2,21%
Almoxarifado	0,00	0,00%	0,00%
Serv. auxiliares	123,46	0,38%	0,43%
Compras	456,26	1,42%	1,57%
Manutenção	276,22	0,86%	0,95%
Assistência técnica	551,19	1,72%	0,00%
Adm. UC	124,41	0,39%	0,43%
Vendas	1.819,39	5,67%	6,27%
Insp. federal	264,00	0,82%	0,91%
Trat. efluentes	150,73	0,47%	0,52%
Caldeiras	3.595,08	11,20%	12,40%
Sist. frios	0,00	0,00%	0,00%
Laboratório	1.097,05	3,42%	3,78%
Recepção UA	1.715,43	5,35%	5,92%
Resfriamento UA	0,00	0,00%	0,00%
Pasteurização UA	0,00	0,00%	0,00%
Fab. de manteiga UA	2.447,39	7,63%	8,44%
Envase UA	9.629,15	30,00%	33,20%
Recp. + resf. UB	1.090,69	3,40%	3,76%
Fab. quej. UB	66,90	0,21%	0,23%
Recepção UC	0,00	0,00%	0,00%
Resf. + past. UC	0,00	0,00%	0,00%
Fav. M. UC	0,00	0,00%	0,00%
Fab. queijo UC	0,00	0,00%	0,00%
Expedição UA	142,46	0,44%	0,49%
Demais	2.543,45	7,93%	0,00%
Expedição UC	5.359,75	16,70%	18,48%
Total	**32.093,94**	**100%**	**100,00%**

Atribuição de custos entre os centros de custos

Da análise da Tabela 7.23, os centros de custos de apoio administração geral e vendas são os que apresentam maiores custos específicos, mas não recebem uma quantidade expressiva de custo de outros centros. São centros essencialmente distribuidores de custo aos demais.

Entre os centros de custos principais mais significativos quanto a custos específicos, estão a expedição da unidade C, a recepção de latões seguida do centro de custos envase (empacotamento), ambos na unidade A da empresa.

Os *centros de apoio* que mais recebem custos são o centro de custos referente ao sistema de geração de frio (sala de máquina), a administração da unidade seguida pela caldeira e o tratamento de efluentes. Entre os *centros principais* que mais recebem custos indiretos de outros centros estão a expedição da unidade C, a expedição da unidade A, seguidos pela recepção de latões e o resfriamento da usina da unidade A (matriz).

No gráfico da Figura 7.11, pode-se visualizar a estrutura dos centros de custos, com seus custos específicos e o valor total.

E, como conclusão dessa separação e inter-relação entre os centros, chega-se ao valor final de cada centro de custo. Vale ressaltar que todas as apropriações foram realizadas segundo critérios de rateio que obedeceram aos princípios contábeis de justiça, benefícios alcançados por determinado recurso (humano ou material) e de relações de causa e efeito (proporcionalidade no consumo de recursos) entre os centros de custos analisados. Esses critérios não são mutuamente excludentes. Isto é, podem-se projetar bases de rateio que satisfaçam simultaneamente vários entre eles, realizando a alocação de custos de forma menos arbitrária possível.

Os custos recebidos por meio das bases de rateio são expressos pela diferença entre o valor específico e o valor total. No gráfico, cada centro de custo possui duas barras, sendo a primeira (cor branca) o custo específico do centro, e a segunda (cor preta), o custo total acumulado de cada centro da empresa.

Os *centros de apoio* mais significativos quanto ao custo total são a administração geral, de vendas e o centro administração unidade C. Entre os *centros principais* mais relevantes quanto ao custo indireto total acumulado (específico + recebido), estão a expedição unidade C, a recepção de latões, o centro de envase (empacotamento) e a expedição, estes últimos na unidade A (usina principal).

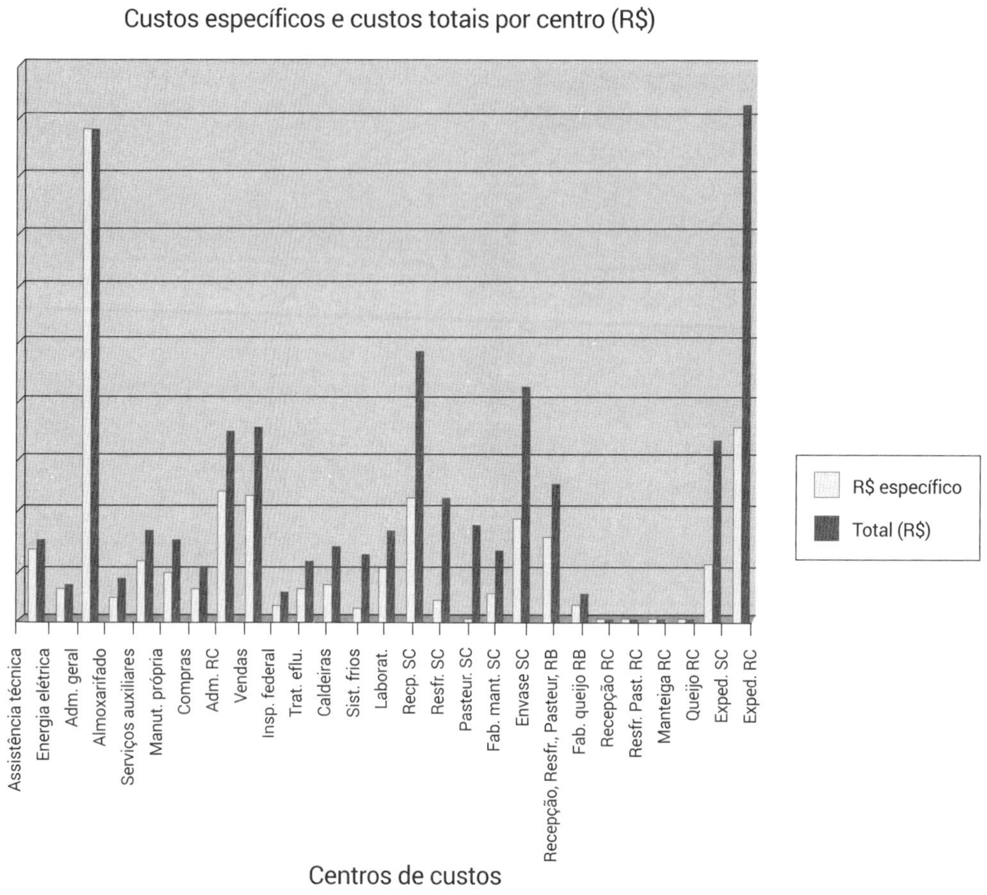

Custos específicos e custos totais por centro (R$)

Figura 7.11 Distribuição por centro de custo – valores específicos e totais dos centros de custos.

Obtenção dos custos dos produtos

Os custos dos produtos são obtidos mediante todos os rateios dos custos indiretos realizados pela planilha geral do sistema por absorção, a qual procede à alocação dos custos dos centros de apoio aos principais e posterior alocação aos produtos, segundo basicamente o critério dos volumes processados. A alocação dos custos diretos dos centros de custos produtivos aos produtos neles processados foi realizada segundo o critério dos volumes processados (UDC = volume processado).

Assim, a alocação de custos dá-se num processo "em cascata". Por exemplo, o centro de custo produtivo denominado envase "recebeu" uma quantia de custos indiretos dos centros de apoio, de acordo com os critérios de rateio específicos a cada centro. Além desses custos, o centro de custos envase apresentava os específicos (mão de obra, depreciações, materiais de consumo etc.). A soma dos custos recebidos, mais os específicos do respectivo centro de custo principal, foi alocada às linhas de leite pasteurizado C e leite pasteurizado B (dois únicos produtos processados nesse centro de custo), de acordo com os volumes de empacotamento de cada linha (de acordo com a UDC definida).

Com a realização de todos os cálculos da planilha, obtém-se a distribuição final dos custos aos produtos, que está apresentada na Tabela 7.24.

Os custos são divididos em custos indiretos, custos diretos e o custo da matéria-prima (previamente calculada em outro módulo do sistema e formada pelo custo de aquisição do leite cru acrescido do custo de frete), os quais, somados, informam o custo total do produto (até as usinas de beneficiamento A e B).

Entretanto, a região de vendas da unidade C (denominada região C) por apresentar uma estrutura de suporte (usina desativada funcionando como entreposto comercial) para as vendas na região, onera (encarece) o custo indireto das vendas ali praticadas. Na Tabela 7.25, pode-se visualizar a carga maior de custos indiretos incididos nos produtos comercializados na referida região.

Nota-se, pela comparação das duas planilhas, a diferença dos pesos de custos indiretos nos produtos comercializados nas duas regiões, considerando-se que são produzidos na mesma usina e nas mesmas condições de produção.

Tabela 7.24 Composição dos custos totais dos produtos – até Unidade A

Unidade A	Custos indiretos		Custos diretos		Custo de MP	% MP	Custo total	Total
	$ (até A)	% dos ind.	$	%				
Leite pasteurizado C	$ 0,124	25,92%	$ 0,061	12,83%	$ 0,293	61,25%	$ 0,478	100,00%
Manteiga un. 200 g.	$ 0,192	44,68%	$ 0,133	30,82%	$ 0,105	24,50%	$ 0,431	100,00%
Leite resfriado C	$ 0,036	10,58%	$ 0,009	2,79%	$ 0,293	86,63%	$ 0,338	100,00%
Leite resfriado B	$ 0,017	3,98%	$ 0,009	2,26%	$ 0,392	93,76%	$ 0,419	100,00%
Leite pasteurizado B	$ 0,079	15,54%	$ 0,037	7,30%	$ 0,392	77,16%	$ 0,509	100,00%
Queijo muçarela kg	$ 0,656	17,49%	$ 0,993	26,49%	$ 2,100	56,02%	$ 3,749	100,00%
Queijo parmesão kg	$ 0,721	16,30%	$ 1,100	24,88%	$ 2,600	58,82%	$ 4,420	100,00%
Queijo prato kg	$ 0,630	18,09%	$ 0,950	27,30%	$ 1,900	54,60%	$ 3,480	100,00%
Queijo minas frescal kg	$ 0,552	20,64%	$ 0,822	30,64%	$ 1,300	48,63%	$ 2,674	100,00%
Queijo aperitivo nó kg	$ 0,565	20,11%	$ 0,843	30,03%	$ 1,400	49,86%	$ 2,808	100,00%

Tabela 7.25 Composição dos custos totais (usina A e Unidade C)

Unidades A e C	Custos Indiretos				Custos Diretos		Custo de MP	% MP	Custo total	Total
	$ (Até A)	% dos ind.	CIF. unid. C	% Unid. C	$	%				
Leite pasteurizado C	$ 0,124	17,49%	$ 0,231	32,55%	$ 0,061	8,65%	$ 0,293	41,31%	$ 0,809	100,00%
Manteiga un. 200 g.	$ 0,192	44,68%		0,00%	$ 0,133	30,82%	$ 0,105	24,50%	$ 0,431	100,00%
Leite pasteurizado B	$ 0,079	10,69%	$ 0,231	31,22%	$ 0,037	5,02%	$ 0,392	53,07%	$ 0,739	100,00%

Absorção dos custos indiretos

A absorção dos custos indiretos pelos produtos foi realizada por meio do critério do volume processado (para os centros produtivos da usina) e volume de vendas (para a expedição). No gráfico da Figura 7.12, podem-se visualizar as percentagens de absorção de custos indiretos pelos produtos e suas respectivas marcas.

Verifica-se no gráfico da Figura 7.12 uma absorção maior de custos indiretos, pelas marcas de leites pasteurizados tipo C comercializadas nas regiões A e C (marcas M1, M2, M3 e M4 para tipo C e marca M1 e M2 para Tipo B). De fato, as linhas de leite pasteurizado tipo C representavam cerca de 80% do volume de produção e vendas. A marca M3 de leite pasteurizado tipo

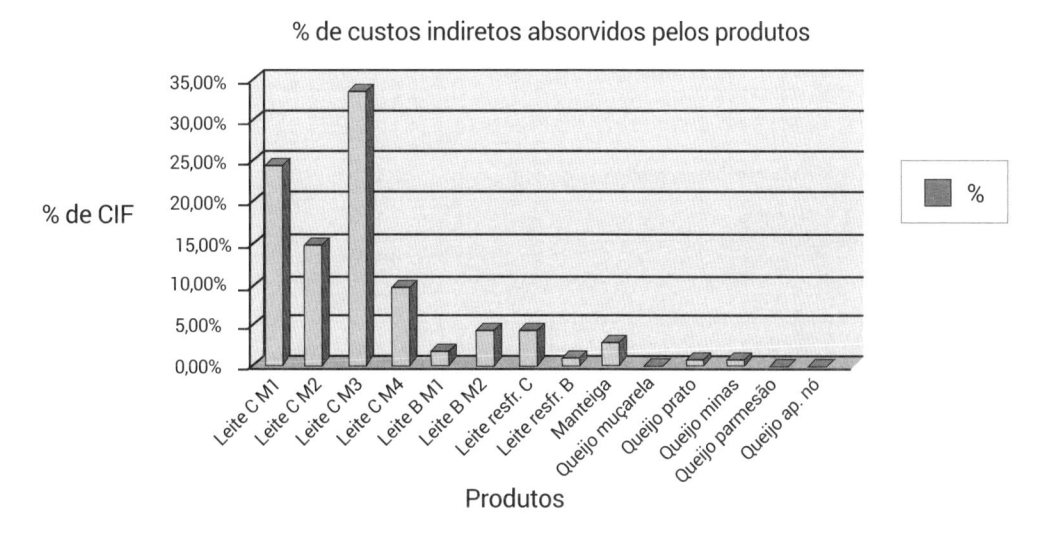

Figura 7.12 Absorção de custos indiretos pelos produtos/marcas.

C é comercializada somente na região C, apresentando maior absorção de custos indiretos (percentual da usina A – o custo de processamento – mais os específicos da unidade da região – custos da ociosidade).

Realizando uma análise da curva de Pareto, obtém-se uma composição na qual somente as marcas M1, M2 e M3 de leite pasteurizado C absorveram quase a totalidade dos custos indiretos da empresa, cerca de 74% do total.

Resultados operacionais das vendas

A partir dos custos de fabricação (classificados em diretos, indiretos e de matéria-prima, nas Tabelas 7.26 e 7.27), do faturamento obtido pelas marcas e suas respectivas quantidades comercializadas, procedeu-se à análise das margens sobre custos variáveis (margem de contribuição) e as análises de rentabilidade global das linhas.

A denominação de margem de contribuição, utilizada no método de custeio variável (item 4.1), é aqui também adotada. A margem de contribuição considera também a parte variável dos custos de vendas. Os custos variáveis referentes a esse centro de custos são as comissões e os fretes pagos aos veículos de distribuição de leite (serviços de terceiros), sendo alocados diretamente no demonstrativo de resultados, alocados mediante o volume de vendas de cada produto.

Desse modo, esses custos são considerados apenas nas análises de margens de contribuição e rentabilidade dos produtos/marcas, e não no cálculo do custo de

Tabela 7.26 Parte do demonstrativo de resultado operacional de um mês de operação – linhas pasteurizado e resfriado C e B

Região unidade A	Leite C M1	Leite C M2	Leite C M3	Leite C M4	Leite B M1	Leite B M2	Leite resf. C	Leite B resf.
Faturamento geral da marca/linha	$ 218.345,71	$ 84.951,91	$ –	$ –	$ 31.333,21	$ 324,90	$ 105.238,77	$ 73.352,58
Quantidade vendida (litros)	347.433,00	146.144,00	0,00	0,00	42.619,00	510,00	291.018,00	152.082,00
Preço médio da linha/produto	$ 0,628	$ 0,581			$ 0,735	$ 0,637	$ 0,362	$ 0,482
(–) Custos variáveis	$ 137.444,75	$ 57.814,67	$ –	$ –	$ 20.060,27	$ 240,05	$ 95.070,64	$ 64.794,33
Custo variável unitário	$ 0,396	$ 0,396			$ 0,471		$ 0,327	$ 0,426
Margem sobre custo variável	$ 80.900,96	$ 27.137,24	$ –	$ –	$ 11.272,94	$ 84,85	$ 10.168,13	$ 8.558,25
% de marg. de contribuição	37,05%	31,94%			35,98%	26,12%	9,66%	11,67%
(–) Custos fixos indiretos	$ 43.093,10	$ 18.126,65	$ –	$ –	$ 3.369,14	$ 40,32	$ 10.413,55	$ 2.534,70
CIF unitário	$ 0,124	$ 0,124			$ 0,079	$ 0,079	$ 0,036	$ 0,017
Resultado líquido	$ 37.807,86	$ 9.010,58	$ –	$ –	$ 7.903,80	$ 44,53	$ (245,42)	$ 6.023,55
% de lucro ou prejuízo s/ IR	17,32%	10,61%			25,22%	13,71%	– 0,23%	8,212%

Tabela 7.27 Resultado final de operação da região da unidade C

Região unidade C	Leite C M1	Leite C M2	Leite C M3	Leite C M4	Leite B M1	Leite B M2	Receita total
Faturamento geral da marca/linha	$ 14.984,39	$ 18.728,22	$ 121.929,71	$ 30.399,27	$ 1.121,00	$ 22.354,90	$ 209.517,47
Quantidade vendida (litros)	$ 3.0125,00	$ 39.836,00	$ 225.044,00	$ 65.241,00	$ 3.055,00	$ 32.681,00	
Preço médio da linha/produto	$ 0,4830	$ 0,4701	$ 0,5418	$ 0,4660	$ 0,3669	$ 0,6840	CV total
(–) Custos variáveis	$ 12.273,51	$ 15.759,15	$ 89.027,57	$ 25.809,39	$ 1.437,95	$ 15.382,57	$ 159.690,15
Custo variável unitário	$ 0,3956	$ 0,3956	$ 0,3956	$ 0,3956	$ 0,4707	$ 0,4707	MC Total
Margem sobre custo variável	$ 2.710,88	$ 2.969,07	$ 32.902,14	$ 4.589,88	$ (316,95)	$ 6.972,33	$ 49.827,34
% de Marg. de contribuição	18,09%	15,85%	26,98%	15,10%	– 28,27%	31,19%	23,78%
(–) Custos fixos indiretos	$ 11.010,88	$ 14.137,93	$ 79.868,90	$ 23.154,90	$ 946,82	$ 10.128,60	
CIF unitário	$ 0,355	$ 0,355	$ 0,355	$ 0,355	$ 0,310	$ 0,310	Resultado
Resultado líquido	$ (8.300,00)	$ (11.168,87)	$ (46.966,76)	$ (18.564,38)	$ (1.263,77)	$ (3.156,27)	$ (89.420,04)
% de Lucro ou prejuízo s/ IR	– 55,39%	– 59,64%	– 38,52%	– 61,07%	– 112,74%	– 14,12%	– 42,68%

produção efetuado pelo sistema por absorção. Exemplo do demonstrativo de resultados para as linhas de leite pasteurizado C e B, para as vendas na região da unidade A (matriz da empresa) pode ser visto na Tabela 7.26.

No caso da Tabela 7.26, as marcas de pasteurizado C, M3 e M4 não são comercializadas na região em questão. A marca M1 (pasteurizado tipo C) é a que apresenta maior margem de contribuição e o melhor resultado operacional dentre as marcas analisadas de leite pasteurizado C. Isso se deve ao fato de o maior volume de vendas combinar-se com um maior preço médio praticado para a marca M1. O mesmo acontece com as marcas de leite pasteurizado tipo B, sendo a marca M1 a mais rentável para a empresa nas vendas praticadas na região em questão. Entretanto, o leite resfriado apresentou margem de contribuição positiva e uma margem final indicando um prejuízo para a empresa nessa operação comercial. Portanto, tal comercialização deveria ser revista.

O mesmo procedimento foi realizado para as demais regiões de vendas e para todos os produtos fabricados pela empresa. Dessa análise, foram obtidos os resultados por região e consequentemente para a empresa como um todo. Na Tabela 7.27, pode-se visualizar o resultado, por exemplo, da comercialização na região da unidade C da empresa. Nessa unidade, incide grande quantidade de custos indiretos (específicos a ela), pois a usina encontra-se momentaneamente desativada, funcionando apenas como entreposto comercial. Entretanto, muitos custos foram mantidos pela direção da empresa, acarretando sérios prejuízos para a comercialização na região.

7.10 CUSTO NO CICLO DE VIDA PARA SELEÇÃO DE EQUIPAMENTOS

Cálculos e análises de custos em uma perspectiva de ciclo de vida de produtos, abordagem conhecida como LCC (do inglês *lyfe cycle costing*), consideram os custos totais dos produtos, processos ou atividades ao longo de suas vidas uteis.[i] Essa abordagem é especialmente interessante na análise de projetos e em questões de substituições de equipamentos. Ela leva em conta os seguintes custos: de planejamento da compra, preço de aquisição, com pesquisas e desenvolvimento (P&D), de operação (energia e mão de obra), manutenção, substituição, disposição (desmontagens) ou reciclagem. Devem-se considerar também eventuais valores residuais, como a possível revenda do equipamento ao final da vida considerada. Trata-se, portanto, de um meio de estimar todos os custos envolvidos na aquisição, operação, manutenção e, finalmente, no descarte de um produto durante toda a sua existência.

A fórmula básica do LCC é:

> LCC = Somatório dos custos presentes (iniciais) e dos custos futuros (manutenção e operações etc.) – valor residual e retornos de caixa no fluxo de vida

---

EXEMPLO DE LCC

Considere que uma empresa está prestes a decidir pela compra de um automóvel para uso do Diretor Comercial da companhia, cuja estimativa é utilizá-lo por um período de no mínimo sete anos.

São três possibilidades de compra já previamente definidas em função dos requisitos de espaço interno, potência, design e volume de porta-malas. Há também a opção de locação de um veículo similar, o que evitaria o dispêndio de capital para a aquisição do bem e consequente ganho financeiro de uma eventual aplicação financeira de mesmo valor (Tabela 7.28). Os demais dados sobre os três veículos, custo de oportunidade do capital e custos de locação estão abaixo e serão o "divisor de águas" para a decisão final da empresa.

---

[i] Para mais informações sobre a análises em termos de LCC (*life cycle costing*) no contexto de avaliações de Sustentabilidade do Ciclo de Vida (LCSA – *life cycle sustainability assessment*), dirigir-se a seção 1.8.5 do Capítulo 1.

Tabela 7.28 Dados do problema

Dados de entrada do problema						
Life Cycle Costing – Exemplo	Opções de compra			Opção aluguel	Custo do capital	
	Veículo X	Veículo Y	Veículo Z	R$ / mês	Taxa de juros	
Preço de aquisição c/ Impostos	R$ 80.400,00	R$ 86.300,00	R$ 70.300,00	R$ 1.658,00	0,75%	ao mês
Vida útil	7 anos	7 anos	7 anos	7 anos		
Valor residual – após 7 anos em %	44%	58%	15%	não há		
Consumo gasolina (km/litro)	12,3	8,5	14,5	10,0		
Manutenção (R$ / ano) ano 1 a 3	R$ 1.500,00	R$ 2.000,00	R$ 1.250,00	não há		
Manutenção (R$ / ano) ano 4 a 7	R$ 2.000,00	R$ 3.500,00	R$ 4.200,00	não há		
Depreciação média por ano	8%	6%	12%	não há		
Distância percorrida média por ano	21.500,0	km por ano				
IPVA	4,0%	do valor do ano – já depreciado				
Seguro 1 a 4 anos	3,5%	do valor do ano – já depreciado		30% do vei. próprio		
Seguro 5 a 7 anos	4,5%	do valor do ano – já depreciado		30% do vei. próprio		
Preço do combustível	R$ 4,00	por litro de gasolina		R$ 4,00		

Informações complementares

- O usuário vai percorrer em média 21.500 km por ano.
- O preço do litro do combustível será fixado em R$ 4,00/litro.
- O IPVA será 4% do valor do veículo (depreciado anualmente).
- O seguro completo será de 3,5% do valor do veículo (depreciado anualmente) nos quatro primeiros anos e 4,5% nos demais anos.
- O seguro no caso do aluguel foi estimado como sendo 30% do valor do seguro particular no caso de propriedade de um veículo.
- O custo do capital é fixado em a 0,75% a.m.

Pede-se

Qual a opção de menor custo no ciclo de vida (LCC)?

Partindo da fórmula básica do LCC, teremos o resultado obtido pela soma de todos os custos de aquisição e de operação no ciclo de vida de sete anos (nesse caso, consumo de combustível, IPVA, seguros, manutenções) deduzidos do valor residual após o final da vida útil. Esses valores, neste exercício, não serão trazidos para valor presente.

Os custos de combustíveis no ciclo de vida foram calculados multiplicando-se a quantidade de quilômetros percorridos por ano pelo valor do litro do combustível, dividindo-se esse resultado pelo consumo médio de cada veículo (km/litro). Quanto aos custos de impostos e seguros, foram calculados em porcentagem sobre os valores dos veículos depreciados anualmente (com base em dados obtidos na Tabela FIPE.[14] O valor da manutenção anual foi obtido por pesquisas com consumidores e informações estimadas pelas concessionárias das respectivas marcas analisadas. Na opção de aluguel, não há gasto com revisões e manutenções periódicas.

No caso da opção de aluguel do bem, o capital utilizado na opção de compra que apresentar o menor LCC seria investido a uma taxa de 0,75% a.m. (por exemplo, aplicações de renda fixa), o que geraria receitas financeiras no projeto em análise. O valor residual seria o próprio capital que foi aplicado. Sendo assim, teríamos os valores calculados conforme a Tabela 7.29.

Quanto ao resultado do LCC da opção "Aluguel", o cálculo envolveu os custos de operação, manutenção e seguros. Em relação aos ganhos, foi considerado o ganho financeiro de não comprar, aplicando-se o capital que seria "investido" na compra do veículo de menor LCC (entre as três opções) e o valor residual o próprio capital inicial).

Assim como nas outras opções, não se desvalorizou o fluxo de caixa para valor presente. A opção, então, de aluguel se tornaria mais vantajosa, o que parece ser uma tendência de uso compartilhado de produtos e serviços.

Tabela 7.29 Cálculos dos LCC para cada alternativa

Veículo X	Ano 1	Ano 2	Ano 3	Ano 4	Ano 5	Ano 6	Ano 7
Depreciação do veículo	R$ 80.400,00	R$ 73.968,00	R$ 68.050,56	R$ 62.606,52	R$ 57.597,99	R$ 52.990,15	R$ 48.750,94
Custo de aquisição	R$ 80.400,00						
Consumo de combustível	R$ 6.991,87	R$ 6.991,87	R$ 6.991,87	R$ 6.991,87	R$ 6.991,87	R$ 6.991,87	R$ 6.991,87
IPVA	R$ 3.216,00	R$ 2.958,72	R$ 2.722,02	R$ 2.504,26	R$ 2.303,92	R$ 2.119,61	R$ 1.950,04
Seguros	R$ 2.814,00	R$ 2.588,88	R$ 2.381,77	R$ 2.191,23	R$ 2.591,91	R$ 2.384,56	R$ 2.193,79
Manutenção	R$ 1.500,00	R$ 1.500,00	R$ 1.500,00	R$ 2.000,00	R$ 2.000,00	R$ 2.000,00	R$ 2.000,00
Valor residual							R$ 35.376,00
LCC veículo X	**R$ 141.387,79**						

Veículo Y	Ano 1	Ano 2	Ano 3	Ano 4	Ano 5	Ano 6	Ano 7
Depreciação do veículo	R$ 86.300,00	R$ 81.122,00	R$ 76.254,68	R$ 71.679,40	R$ 67.378,64	R$ 63.335,92	R$ 59.535,76
Custo de aquisição	R$ 86.300,00						
Consumo de combustível	R$ 10.117,65	R$ 10.117,65	R$ 10.117,65	R$ 10.117,65	R$ 10.117,65	R$ 10.117,65	R$ 10.117,65
IPVA	R$ 3.452,00	R$ 3.244,88	R$ 3.050,19	R$ 2.867,18	R$ 2.695,15	R$ 2.533,44	R$ 2.381,43
Seguros	R$ 3.020,50	R$ 2.839,27	R$ 2.668,91	R$ 2.508,78	R$ 3.032,04	R$ 2.850,12	R$ 2.679,11
Manutenção	R$ 2.000,00	R$ 2.000,00	R$ 2.000,00	R$ 3.500,00	R$ 3.500,00	R$ 3.500,00	R$ 3.500,00
Valor residual							R$ 50.054,00
LCC veículo Y	**R$ 166.892,51**						

Veículo Z	Ano 1	Ano 2	Ano 3	Ano 4	Ano 5	Ano 6	Ano 7
Depreciação do veículo	R$ 70.300,00	R$ 61.864,00	R$ 54.440,32	R$ 47.907,48	R$ 42.158,58	R$ 37.099,55	R$ 32.647,61
Custo de aquisição	R$ 70.300,00						
Consumo de combustível	R$ 5.931,03	R$ 5.931,03	R$ 5.931,03	R$ 5.931,03	R$ 5.931,03	R$ 5.931,03	R$ 5.931,03
IPVA	R$ 2.812,00	R$ 2.474,56	R$ 2.177,61	R$ 1.916,30	R$ 1.686,34	R$ 1.483,98	R$ 1.305,90
Seguros	R$ 2.460,50	R$ 2.165,24	R$ 1.905,41	R$ 1.676,76	R$ 1.897,14	R$ 1.669,48	R$ 1.469,14
Manutenção	R$ 1.250,00	R$ 1.250,00	R$ 1.250,00	R$ 4.200,00	R$ 4.200,00	R$ 4.200,00	R$ 4.200,00
Valor residual							R$ 10.545,00
LCC veículo Z	**R$ 148.922,61**						

Veículo alugado	Ano 1	Ano 2	Ano 3	Ano 4	Ano 5	Ano 6	Ano 7
Valor da aplicação do capital X	R$ 87.942,07	R$ 96.191,65	R$ 105.215,09	R$ 115.084,99	R$ 125.880,75	R$ 137.689,24	R$ 150.605,44
Custo de aquisição	R$ -						

(continua)

(continuação)

Veículo alugado	Ano 1	Ano 2	Ano 3	Ano 4	Ano 5	Ano 6	Ano 7
Consumo de combustível	R$ 8.600,00	R$ 8.600,00	R$ 8.600,00	R$ 8.600,00	R$ 8.600,00	R$ 8.600,00	R$ 8.600,00
Aluguel	R$ 19.896,00	R$ 19.896,00	R$ 19.896,00	R$ 19.896,00	R$ 19.896,00	R$ 19.896,00	R$ 19.896,00
Seguros	R$ 844,20	R$ 844,20	R$ 844,20	R$ 844,20	R$ 844,20	R$ 844,20	R$ 844,20
Manutenção	R$ -	R$ -	R$ -	R$ -	R$ -	R$ -	R$ -
Valor residual do capital Aplicado							R$ 80.400,00
Ganho de remuneração do capital	R$ 7.542,07	R$ 8.249,57	R$ 9.023,44	R$ 9.869,90	R$ 10.795,77	R$ 11.808,48	R$ 12.916,20
LCC veículo alugado	**R$ 54.775,96**	**melhor opção**					

Resposta do exercício

No ciclo de vida de sete anos, a melhor opção é a do aluguel de um veículo similar ao da opção de compra com menor LCC (que foi o veículo X), pois apresenta menor custo no ciclo de vida considerado (R$ 54.775,96).

EXERCÍCIOS

1. Considere o seguinte movimento de um importante item (matéria-prima) utilizado no processo produtivo de uma empresa agroindustrial no mês de janeiro de 2005:

Dia do mês	Compras		Utilização
	Quantidade comprada (em unidades)	Preço unitário (em $)	Quantidade utilizada na produção (em unidades)
2	400	10,05	
7	1.000	9,35	
11	1.400	9,20	
15			2.500
20	900	11,00	
28			1.000

Questão: Calcule o *custo total do item* utilizado no referido mês e o *valor do estoque residual* pelos métodos do custo médio ponderado móvel, PEPS e UEPS.

2. Uma empresa está utilizando um processo de separação química que conduz à produção de três produtos conjuntos: A, B e C. Esses três produtos são vendidos respectivamente por $ 90,00, $ 54,00 e $ 75,00 a tonelada. O resíduo que sobra no fim do processo (produto D) pode ser vendido por $ 4,00/tonelada.

    No fim do mês, 1.700 toneladas foram processadas e a soma dos custos do processo foi de $ 82.800,00. O conjunto da produção pode ser considerado como vendido.

    Os produtos foram obtidos nos volumes a seguir:

    A → 250
    B → 750
    C → 400
    D → 300
    Total → 1.700

    Questões

    a) O processo é globalmente interessante?
    b) Considere agora a possibilidade de o resíduo D passar por uma transformação que custa $ 6,00/tonelada e ser vendido por $ 12,00/tonelada. Essa transformação aumentaria ainda os custos conjuntos em $ 2.000. A operação é viável?

3. A Sociedade Agroindustrial Meta Corp S.A. fabrica dois produtos: o Produto X100 e o Produto XY101. O faturamento do produto X100 é de $ 400.000,00 e o do produto XY101 é de $ 420.000,00.

O departamento de custos forneceu os seguintes dados:

Custos diretos para janeiro 20xx (US$)	Produto X100	Produto XY101
Matérias-primas	$ 100.000	$ 210.000
MOD no depto. fabricação	500 h × $ 40/h = $ 20.000	500 h × $ 40/h = $ 20.000
MOD no depto. moldes	1.500 h × $ 40/h = $ 60.000	1.0 h × $ 40/h = 2.0 $ 40.000
Outros custos diretos (fixos)	$ 70.000	$ 30.000

Durante esse mesmo período, foram anotados os seguintes custos indiretos de fabricação pelos centros de custos da empresa:

Centros principais	(US$)
Custos do departamento de fabricação	35.000
Custos do departamento de moldes	45.000
Centros auxiliares	
Custos do departamento de manutenção	60.000
Custos do departamento de laboratório	30.000
Custos da administração geral	40.000

O departamento de custos propõe também que os custos dos centros auxiliares sejam alocados aos centros principais segundo os critérios seguintes:

	Fabricação	Moldes	Manutenção	Laboratório	Administração
Manutenção	60%	40%	− 100%	0%	0%
Laboratório	30%	30%	40%	− 100%	0%
Administração	30%	30%	20%	20%	− 100%

Além disso, o departamento de custos propõe as seguintes unidades de distribuição de custos (UDC) para cada centro de custo principal (bases de alocação dos custos dos centros principais aos produtos):

Departamento de fabricação → 1 UDC = $ de matérias-primas adquiridas.
Departamento de moldes → 1 UDC = hora de mão de obra direta.

Questões

a) Construa o quadro de repartição dos custos indiretos;
b) Calcule a rentabilidade operacional de cada um dos dois produtos utilizando o método dos centros de custo ou custos por absorção.

4. A empresa Delta Agroindustrial Ltda. trabalha por pedido e, em consequência, calcula seus custos por pedido recebido. A repartição dos custos indiretos entre os centros de custos foi preparada como segue para o mês de março de 2005:

	Centros de apoio		Centros principais		
	Administração	Manutenção	Recepção	Fabricação	Distribuição
Repartição primária	$ 5.250	$ 3.425	$ 12.365	$ 33.320	$ 19.478
(critérios de rateio para a repartição secundária) • Administração • Manutenção	− 7%	12% −	28% 25%	50% 58%	10% 10%
Unidade de distribuição de custo (UDC)			kg de matéria-prima comprada	Horas-máquina	$ de faturamento
Número de UDC			1.000	500	496.000

Existe um extrato da folha de imputação do mês de março de 2005 (tabela a seguir).

Pedidos	Matéria-prima	Mão de obra direta	Horas-máquina consumidas	Preço faturado ($)
Pedido nº 12	80 kg	$ 7.000	90 h-máq.	75.250,00
Pedido nº 13	195 kg	$ 11.500	140 h-máq.	150.000,00
Pedido nº 14	725 kg	$ 47.000	270 h-máq.	270.750,00

O custo médio da matéria-prima foi calculado em $ 90,00 por kg.

Questão

Determine o custo de obtenção e a rentabilidade operacional dos pedidos nºs 12, 13 e 14, trabalhados no mês em questão, no caso de a empresa aplicar o método dos centros de custos (custeio por absorção).

5. Determinada empresa dedica-se à fabricação de dois produtos, com as seguintes características de custos unitários (diretos):

Produto	A	B
Material direto	$ 22,00	$ 27,50
Mão de obra direta	$ 12,00	$ 7,20

O volume de produção de vendas é de 11.530 unidades do produto A e de 4.450 unidades do produto B, por período, e os preços de venda médios são de $ 92,00 e $ 115,00 respectivamente.

Os custos indiretos de fabricação (CIF) totalizam $ 575.650 por período.

Por meio de entrevistas, análise de dados na contabilidade etc., verificou-se que os custos indiretos referiam-se às seguintes atividades, com as respectivas alocações de primeiro estágio:

Atividade	$
Inspecionar materiais	60.650
Armazenar materiais	52.000
Controlar estoques	42.000
Operar máquinas (incluindo depreciação)	190.000
Engenharia de processos	231.000

O levantamento dos dados físicos relativos às atividades revelou o seguinte quanto aos direcionadores de segundo estágio para serem utilizados na alocação dos custos aos produtos:

Direcionadores de segundo estágio	A	B
Número de lotes inspecionados	15	35
Quantidade de MP armazenada no mês	130 kg	240 kg
Entradas e saídas de lotes de MP no estoque	34	78
Número de horas-máquina	4.000	7.000
Dedicação do tempo dos engenheiros	25%	75%

Questão

Calcule o custo e a margem bruta de cada produto pelo sistema de custeio baseado em atividades (ABC).

NOTAS

1. MARTINS, E. *Contabilidade de custos*. 9. ed. São Paulo: Atlas, 2003.
2. MARTINS, E. *Op. cit.*
3. MARTINS, E. *Op. cit.*
4. MARTINS, E. *Op. cit.*
5. MARTINS, E. *Op. cit.*
6. HORNGREN, C. T.; FOSTER, G. *Cost accounting*: a managerial emphasis. Londres: Prentice Hall International, 1991.
7. BRUNSTEIN, I.; TOMIYA, E. H. Modelo econômico de empresa sucroalcooleira. *Gestão & Produção*, v. 2, n. 3, p. 264-280, dez. 1995.
8. HORNGREN, C. T.; FOSTER, G. *Op. cit.*
9. BERLINER, C.; BRINSON, J. *Cost management for today's advanced manufacturing*: the CAM-I conceptual design. Boston: Harvard Business School Press, 1988.
10. COOPER, R.; KAPLAN, R. Profit priorities from activity-based-costing. *Harvard Business Review*, May/June 1991.
11. COOPER, R.; KAPLAN, R. *Op. cit.*
12. Fonte: adaptada de MARTINS, E. *Op. cit.*
13. MARTINS, E. *Op. cit.*
14. Disponível em: https://veiculos.fipe.org.br/. Acesso em: 19 nov. 2020.

BIBLIOGRAFIA COMPLEMENTAR

BATALHA, M. O.; SCRAMIM, F. C. L. Apostila/notas de aula.

BRINSON, J. A. *Contabilidade por atividades*. São Paulo: Atlas, 1996.

COMITÊ DE PRONUNCIAMENTOS CONTÁBEIS. Pronunciamento técnico CPC 00 – Estrutura conceitual para elaboração e divulgação de relatório contábil-financeiro. Disponível em: www.cpc.org.br. Acesso em: 19 nov. 2020.

COOPER, R.; KAPLAN, R. How cost accounting distorts product costs. *Management Accounting*, Apr. 1988a.

DI DOMENICO, G. B. *Implementação de um sistema de custos baseado em atividades em um ambiente industrial*. 1994. Dissertação (Mestrado) – Unicamp, Campinas, 1994.

MARTINS. E. *Contabilidade de custos*. 9. ed. São Paulo: Atlas, 2003.

SCRAMIM, F. C. L. *Sistemas de análise e controle de custos para laticínios*: diagnóstico e proposição de metodologias. 1999. Dissertação (Mestrado) – UFSCar, São Carlos, 1999.

SCRAMIM, F. C. L.; BATALHA, M. O. Sistemas de custeio para firmas agroalimentares: o caso dos laticínios e empresas processadoras de soja no Brasil. *Gestão & Produção*, v. 5, n. 2, ago. 1998.

8 ANÁLISE DE INVESTIMENTOS AGROINDUSTRIAIS

Andrei Aparecido de Albuquerque
Marcelo José Carrer
William Sbrama Perressim

Este capítulo apresenta um guia metodológico para a análise econômico-financeira de projetos de investimento em empresas que operam nas cadeias de produção agroindustriais. Há alguns diferenciais deste capítulo com relação aos tradicionais textos de métodos de análise de investimentos. Em primeiro lugar, é dada maior ênfase ao cálculo do custo de capital de um projeto de investimento, aspecto muitas vezes negligenciado em outras obras. O segundo diferencial consiste na apresentação de importantes conceitos e exemplos práticos para auxiliar o leitor nas tarefas de cálculo e projeção dos fluxos de caixa de um projeto. O leitor perceberá que essa etapa é de enorme relevância na análise de projetos de investimento. Um terceiro diferencial está nos exemplos de cálculo do custo de capital e de aplicação dos métodos de análise de viabilidade, todos extraídos de casos reais e da literatura de agronegócio. Por fim, em decorrência da crescente importância dos empreendimentos coletivos nas cadeias agroindustriais, apresenta-se uma seção com as particularidades de análise para esses tipos de projetos.

Ao final deste capítulo, o leitor deverá ser capaz de:

- Compreender conceitos básicos de matemática financeira relevantes para análise de projetos de investimento.
- Calcular e interpretar corretamente o custo de capital de um projeto de investimento.
- Compreender os fundamentos de uma cuidadosa elaboração dos fluxos de caixa de um projeto.
- Utilizar corretamente os métodos de análise da viabilidade econômica de projetos de investimento como ferramentas de auxílio à tomada de decisão.
- Entender as particularidades de análise de projetos de investimentos em empreendimentos coletivos.

INTRODUÇÃO

Os investimentos em capital fixo possuem algumas características especiais. Em primeiro lugar, esses investimentos são fundamentais para criação, manutenção e crescimento das atividades produtivas das empresas, determinando, em última instância, o próprio crescimento da atividade econômica. Em segundo lugar, os investimentos em capital fixo são normalmente caracterizados por elevados desembolsos iniciais seguidos de um conjunto de entradas e saídas de caixa ao longo do tempo. Portanto, há de se considerar o risco e o valor do dinheiro no tempo. Em terceiro lugar, uma decisão equivocada de aceitar um projeto cujo retorno não seja suficiente para pagar seus diversos custos pode levar uma empresa rapidamente à falência. Assim, os tomadores de decisão devem adotar um conjunto de técnicas e métodos para avaliar de maneira racional e cuidadosa as características de um projeto de investimento antes de tomar qualquer decisão de aporte de capital.

Duas questões fundamentais que se fazem presentes na problemática da análise de investimentos são: 1) O projeto em análise é economicamente atraente? Isto é, o retorno esperado supera o custo do capital investido? 2) Entre dois ou mais projetos de investimento apresentados, qual é o mais atraente para a empresa?

Este capítulo busca responder às duas questões colocadas. Para tanto, apresenta-se um guia metodológico para a análise econômico-financeira de projetos de investimento em empresas que operam nas cadeias produtivas agroindustriais. A seção 8.1 discute os conceitos básicos de cálculo financeiro, fundamentais para a compreensão dos métodos de análise de investimentos. A seção 8.2 apresenta algumas técnicas para o cálculo do custo de capital de um projeto de investimento, aspecto muitas vezes negligenciado em outros textos tradicionais desse conteúdo. Na seção 8.3, são discutidas algumas formas de elaboração e projeção do diagrama de fluxo de caixa de um projeto de investimento. A seção 8.4 apresenta os diferentes métodos quantitativos de análise da viabilidade econômico-financeira de projetos de investimento. Por fim, a seção 8.5 mostra algumas especificidades da análise de investimentos em empreendimentos agroindustriais coletivos. Em todas as seções do texto, são apresentados diversos exemplos reais de aplicação envolvendo projetos de investimento nas cadeias produtivas agroindustriais.

8.1 VALOR DO DINHEIRO NO TEMPO

A análise de um projeto de investimento implica considerar as consequências futuras de decisões tomadas no presente. Por definição, qualquer investimento de capital implica dispêndio de determinada quantidade de dinheiro em ativos fixos (bens de capital) com objetivo de produzir outros bens durante certo período de tempo determinado no futuro. Em sua maioria, as propostas de investimento envolvem decisões de desembolso de recursos financeiros no presente com expectativa de recebimentos líquidos no futuro. Como exemplos de projetos de investimento, podem-se mencionar a expansão na capacidade produtiva da empresa, a substituição de uma máquina antiga por outra mais nova, a construção de uma nova unidade de produção, a adoção de uma nova tecnologia de produção, a aquisição de uma empresa concorrente, entre outros.

A primeira premissa fundamental que deve ser considerada em qualquer análise de investimento é a do valor do dinheiro no tempo. Receber R$ 100 (ou qualquer outra quantia financeira) hoje não é a mesma coisa que receber esses mesmos R$ 100 daqui a um ano. Ao abrir mão de receber e consumir os R$ 100 na data de hoje, também estamos abrindo mão da satisfação que esses R$ 100 poderiam nos proporcionar imediatamente. Portanto, postergar o recebimento de determinada quantidade de dinheiro envolve um sacrifício que precisa ser recompensado. Caso contrário, não haveria nenhum incentivo para os indivíduos abrirem mão do consumo no presente. Nesse sentido, a taxa de juros assume enorme relevância no sistema econômico. Ela deve remunerar o sacrifício daqueles que optam por abrir mão da satisfação do consumo no presente em troca de uma maior satisfação esperada no futuro. Na seção 8.2, o leitor verificará que todo projeto de investimento possui um custo de oportunidade do capital investido, o qual é expresso por uma taxa de juros denominada taxa mínima de atratividade (TMA). Não haveria incentivo, por exemplo, para um produtor rural investir recursos financeiros em uma cultura perene, cujo retorno ocorrerá apenas daqui a alguns anos, caso não houvesse expectativa de remuneração acima de um nível considerado minimamente razoável por esse produtor.

As próximas subseções apresentam, de forma bastante sucinta, alguns fundamentos básicos da matemática financeira para facilitar a posterior compreensão dos principais métodos quantitativos de análise de projetos de investimento. Não pretendemos oferecer uma análise completa de matemática financeira, mas sim uma revisão que seja útil o suficiente para a compreensão dos problemas de análise de investimentos.

8.1.1 Regimes de capitalização

O termo *capitalização* refere-se ao processo de incorporação de juros sobre um valor inicial. Por exemplo, quando um indivíduo aplica determinado valor financeiro na caderneta de poupança, esse valor passará pelo processo de capitalização, resultando em um valor maior no futuro. É evidente que, quanto maior for a taxa de juros, maior será o valor financeiro após o processo de capitalização. No regime de capitalização simples, só há incorporação de juros sobre o valor inicial, não existindo a possibilidade de incidência de juros sobre os juros produzidos em períodos anteriores. Se um indivíduo aplicar R$ 100 em um título financeiro que remunera a uma taxa de juros simples de 1% ao mês, depois de 24 meses, ele terá R$ 124 – os R$ 100 iniciais mais R$ 24 resultantes do processo de capitalização. No regime de capitalização composta, os juros incidem sobre o valor inicial da aplicação e também sobre o valor dos juros produzidos em períodos anteriores – juros sobre juros. Portanto, se o indivíduo aplicar os mesmos R$ 100 em um título financeiro que remunera à taxa de juros de 1% ao mês, porém agora considerando o regime de capitalização composta, ele obterá, ao final dos 12 meses, R$ 126,97 – os R$ 100 iniciais mais R$ 26,97 resultantes do processo de capitalização. Perceba que a diferença de valor final entre os regimes de capitalização aumenta conforme aumentamos o prazo da operação.

Para facilitar a tarefa de cálculo financeiro, sempre que possível adotaremos fórmulas.[i] As fórmulas expostas a seguir – talvez as mais importantes da matemática financeira – podem ser aplicadas para cálculo e comparação de valores financeiros em diferentes momentos do tempo.

8.1.1.1 Fórmulas de capitalização em juros simples

O cálculo do montante referente a um valor financeiro inicial, considerando o regime de capitalização com juros simples, pode ser expresso como:

$$C_n = C_0(1 + i \cdot n) \tag{8.1}$$

em que:

C_n é o capital (montante) no período n;

C_0 é o capital no período 0 (ou capital no período inicial);

i é a taxa de juros, expressa em valor unitário e

n é o prazo da operação.

Regra básica: o prazo da operação e a taxa de juros sempre devem estar expressos na mesma unidade de tempo. No regime de capitalização simples, a tarefa de transformação da taxa de juros é trivial. Por exemplo, se quisermos transformar uma taxa de juros anual em taxa de juros equivalente mensal, podemos dividir a primeira por 12 e o problema estará solucionado. No caso da capitalização composta, conforme veremos a seguir, o processo de transformação de taxas de juros não é tão trivial.

Rearranjando a Equação (8.1), podemos resolver qualquer problema de capitalização simples. Por exemplo, caso estejamos interessados em conhecer o capital no período inicial, podemos reescrever a Equação (8.1) como:

$$C_0 = \frac{C_n}{(1 + i \cdot n)} \tag{8.2}$$

Se quisermos encontrar o valor dos juros de uma operação, basta fazer $J = C_n - C_0$.

Como forma de exercitar sua álgebra, reescreva a Equação (8.1) para encontrar i e n.

8.1.1.2 Fórmulas de capitalização em juros composto

O cálculo do valor futuro referente a um valor presente, considerando o regime de capitalização com juros compostos, pode ser expresso como:

$$VF = VP(1 + i)^n \tag{8.3}$$

em que:

VF é o valor futuro de um capital (montante);

VP é o valor presente (no período zero) de um capital;

i é a taxa de juros, expressa em valor unitário e

n é o prazo da operação.

Regra básica: o prazo da operação e a taxa de juros sempre devem estar expressos na mesma unidade de tempo. No caso de juro composto, como há incidência de juros sobre juros, o processo de transformação da taxa de juros envolve o cálculo da média geométrica.

Rearranjando a Equação (8.3), podemos resolver qualquer problema de capitalização composta. Por exemplo, caso estejamos interessados em calcular o valor presente, podemos reescrever a Equação (8.3) como:

$$VP = \frac{VF}{(1 + i)^n} \tag{8.4}$$

Como forma de exercitar sua álgebra, reescreva a Equação (8.3) para encontrar i e n.

Por fim, é importante apresentar o conceito de equivalência de capitais. Pode-se dizer que dois valores monetários são equivalentes se, para uma mesma taxa de

---

[i] Toda fórmula da matemática financeira é deduzida a partir de um desenvolvimento mais amplo do problema em questão. Em decorrência da limitação de espaço, não apresentaremos os procedimentos de dedução das fórmulas de valor presente, valor futuro, fator de valor presente e fator de valor futuro apresentadas nas próximas páginas.

juros, produzirem o mesmo resultado em determinada data. Por exemplo, para uma taxa de juros de 2% ao mês, é equivalente receber R$ 100 hoje ou receber R$ 102 daqui a um mês. Por um lado, se capitalizarmos os R$ 100 a essa taxa, teremos os R$ 102 daqui a um mês. Por outro lado, se descontarmos o valor de R$ 102 à taxa de 2% ao mês no prazo de 1 mês, teremos R$ 100 na data de hoje. Portanto, considerando essa taxa de juros, os dois valores são equivalentes. A comparação de valores financeiros em diferentes momentos deve sempre ser feita com base no conceito de equivalência de capitais.

EXEMPLO

Uma agroindústria deseja antecipar o pagamento de uma dívida de R$100.000 com vencimento para daqui a 9 meses. Considerando uma taxa de juros composta de 12% ao ano, pede-se para determinar o valor a ser pago na data de hoje.

Solução

Em primeiro lugar, precisaremos calcular a taxa de juros equivalente mensal da operação por meio da média geométrica da taxa anual:

$$i_{a.m} = (1+0,12)^{\frac{1}{12}} - 1 = 0,009489 \text{ ou } 0,9489\% \text{ ao mês}$$

Agora basta utilizarmos a Equação (8.4) para calcular o valor presente da dívida:

$$VP = \frac{R\$ \ 100.000}{(1+0,009489)^9} = R\$ \ 91.851,38$$

Portanto, para uma taxa de juros de 12% ao ano, o valor da dívida a ser pago na data de hoje é de R$ 91.851,38.

8.1.2 Operações com fluxos de caixa

Um diagrama de fluxo de caixa pode ser definido como uma representação esquemática de um conjunto de valores financeiros distribuídos ao longo do tempo (Figura 8.1). Trata-se de uma forma simples e útil de esquematizar a entrada e a saída de recursos financeiros ao longo de determinado período, o que consiste em uma excelente ferramenta de planejamento financeiro empresarial. Por exemplo, um produtor rural pode organizar todas as entradas e saídas mensais de recursos financeiros de sua fazenda em fluxos de caixa, representando-os em um diagrama de fluxo de caixa. De uma forma geral, as empresas utilizam muito essa ferramenta; seja para projetar as entradas e saídas de recursos financeiros decorrentes de um projeto de investimento, seja para organizar as contas a pagar e a receber dos próximos meses, ou para qualquer outra atividade que envolva o planejamento de recursos financeiros ao longo do tempo.

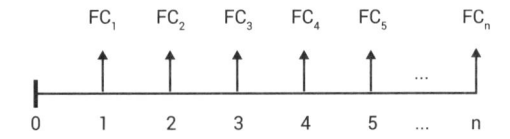

Figura 8.1 Modelo básico de diagrama de fluxo de caixa.

Os diagramas de fluxo de caixa podem apresentar algumas diferenças com relação a quatro itens:

- **Períodos de ocorrência**: a ocorrência dos valores em um diagrama de fluxo de caixa pode ser postecipada, antecipada ou diferida. A ocorrência postecipada, de maior observação real em análises de investimento, indica que os fluxos de pagamentos ou recebimentos começam a ocorrer ao final do primeiro intervalo de tempo.

- **Periodicidade**: as ocorrências de valores podem se dar em períodos iguais entre si (por exemplo, ao final de todos os meses) ou diferentes (por exemplo, um mês sim e um mês não). Os fluxos podem apresentar também períodos de carência, como, por exemplo, no caso de financiamentos em que os pagamentos começam a ocorrer após determinado período da liberação dos recursos.

- **Duração**: os fluxos podem ser limitados ou indeferidos. A maioria dos fluxos de caixa tem um prazo predeterminado. Entretanto, existem alguns fluxos que não possuem um prazo predeterminado, sendo esses denominados indeferidos. Fluxos decorrentes de aluguéis de imóveis muitas vezes são tratados como indeferidos, uma vez que se projeta receber aluguéis de um imóvel durante toda sua vida útil, que é demasiadamente grande.

- **Valores**: os valores financeiros podem ser constantes ou variáveis ao longo do período de projeção dos fluxos de caixa. Por exemplo, um indivíduo pode aplicar, ao final de cada mês, uma mesma quantidade em um título financeiro, resultando em um fluxo de caixa com valores constantes. Por outro lado, esse mesmo indivíduo pode aplicar, ao final de cada mês, valores diferentes no título financeiro, resultando em um fluxo de caixa com valores variáveis.

8.1.2.1 Modelo padrão de fluxo de caixa

Por se tratar do modelo mais comum em análise de investimentos, a discussão sobre operações de cálculo com fluxos de caixa feita neste capítulo será centrada no modelo padrão. O modelo padrão de fluxo de caixa possui as seguintes características com relação aos quatro itens mencionados anteriormente: i) postecipado; ii) periodicidade com ocorrência em períodos iguais; iii) prazo limitado e iv) valores constantes. Ademais, em decorrência de sua maior aplicação real, nesta subseção adotaremos o regime de capitalização composta para trabalhar com operações financeiras envolvendo diagramas de fluxo de caixa.

Duas operações financeiras muito importantes consistem em encontrar o valor presente ou o valor futuro de um diagrama de fluxo de caixa com n termos. O cálculo do valor presente de um diagrama de fluxo de caixa implica descontar uma taxa de juros para trazer todos os seus termos para a data zero. O valor presente de um fluxo de caixa com n termos é o somatório do valor dos seus n termos no período zero (data inicial). A Figura 8.2 ilustra essa problemática.

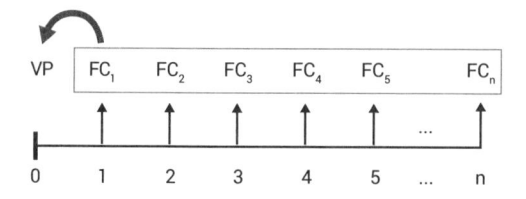

Figura 8.2 Representação do cálculo do valor presente de um diagrama de fluxo de caixa.

Pode-se escrever a fórmula de valor presente do diagrama de fluxo de caixa como:

$$VP = \frac{FC_1}{(1+i)} + \frac{FC_2}{(1+i)^2} + \frac{FC_3}{(1+i)^3} + \frac{FC_4}{(1+i)^4} + \frac{FC_4}{(1+i)^4} + \frac{FC_5}{(1+i)^5} + ... + \frac{FC_n}{(1+i)^n} \quad (8.5)$$

em que VP é o valor presente do diagrama de fluxo de caixa; FC são os termos do diagrama de fluxo de caixa; i é a taxa de juros considerada e n é o prazo da operação.

Perceba que a Equação (8.5) é uma extensão da Equação (8.4) para uma série de mais de um valor futuro. Quando esses valores são iguais, podemos colocar FC em evidência e, após uma série de manipulações algébricas, chegaremos à seguinte fórmula:

$$VP = FC \cdot \frac{(1+i)^n - 1}{(1+i)^n \cdot i} \quad (8.6)$$

O fator que multiplica o FC na Equação (8.6) é conhecido como fator de valor presente (FVP) de um fluxo de caixa padrão. Sempre que tivermos um fluxo de caixa padrão com valores iguais em seus termos (*FCs*), poderemos utilizar diretamente a Equação (8.6), o que simplifica bastante o processo de cálculo.

Outra operação matemática muito importante com diagramas de fluxo de caixa consiste em achar o valor futuro de um fluxo de caixa com n termos. A Figura 8.3 apresenta esquematicamente o cálculo do valor futuro de um diagrama de fluxo de caixa com n termos.

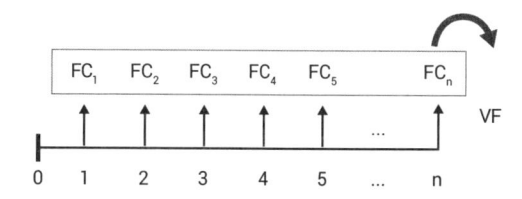

Figura 8.3 Representação do cálculo do valor futuro de um diagrama de fluxo de caixa.

O cálculo do valor futuro de um diagrama de fluxo de caixa com n termos consiste em capitalizar para o período n todos os termos do fluxo a determinada taxa de juros. O valor futuro de um fluxo de caixa nada mais é do que o somatório do valor futuro de todos os seus termos. Portanto, podem-se escrever a fórmula de valor futuro de um diagrama de fluxo de caixa como:

$$VF = FC_1(1+i)^{n-1} + FC_2(1+i)^{n-2} + FC_3(1+i)^{n-3} + FC_4(1+i)^{n-4} + ... + FC_n \quad (8.7)$$

Perceba que a Equação (8.7) é uma extensão da Equação (8.3) para uma série com mais do que um valor. Se esses valores forem iguais, podemos colocar FC em evidência e, após uma série de manipulações algébricas, chegaremos à seguinte fórmula:

$$VF = FC \cdot \frac{(1+i)^n - 1}{i} \quad (8.8)$$

O fator que multiplica o FC na Equação (8.8) é conhecido como fator de valor futuro (FVF) de um fluxo de caixa. Sempre que tivermos um modelo padrão de diagrama de fluxo de caixa com valores iguais, poderemos utilizar a Equação (8.8), o que simplifica bastante o processo de cálculo.

> **EXEMPLO**
>
> A Agroindústria S.A. sabe que precisará de R$ 210.000 daqui a um ano para cobrir um saldo negativo de caixa decorrente de um projeto de expansão da capacidade de produção. Essa agroindústria deseja utilizar recursos próprios e está fazendo uma economia mensal de R$ 15.500, a qual é aplicada, ao final de cada mês, em um título de renda fixa que remunera à taxa de juros composto de 0,8% ao mês. Determine se a Agroindústria S.A. terá os recursos financeiros necessários para cobrir o saldo negativo no futuro. Caso não obtenha, determine quanto deveria ser aplicado mensalmente para tal.
>
> **Solução**
>
> Podemos encontrar o valor futuro das aplicações mensais da Agroindústria S.A. por meio da Equação (8.8):
>
> $$VF = R\$\ 15.500 \cdot \frac{(1+0,008)^{12}-1}{0,008} = R\$\ 194.406,22$$
>
> Nota-se que a economia mensal de R$ 15.500, aplicada no título com remuneração de 0,8% ao mês, não será suficiente. Para encontrarmos o valor mensal necessário para a quantia futura de R$ 210.000, basta reescrevermos a Equação (8.8) para encontrar o valor de FC:
>
> $$FC = \frac{R\$\ 210.000}{\frac{(1+0,008)^{12}-1}{0,008}} = R\$\ 16.743,29$$
>
> Portanto, a Agroindústria S.A. precisará fazer uma economia mensal de R$ 16.743,29 para acumular o valor futuro de R$ 210.000,00.

8.1.3 Sistemas de amortização de empréstimos

Um investimento em capital fixo pode ser financiado com recursos próprios da empresa, recursos de terceiros (financiamento bancário, por exemplo) ou por uma composição entre as duas fontes de recursos mencionadas. Quando se faz um financiamento, o devedor tem um prazo para realizar sua quitação, isto é, há um prazo para o reembolso da dívida. Esse procedimento é feito atendendo a uma série de critérios e condições estabelecidos em contrato.

Existem diferentes técnicas para a elaboração do plano de pagamento de um financiamento. Essas técnicas são conhecidas na literatura financeira como sistemas de amortização. Essa subseção irá tratar os principais sistemas de amortização utilizados no Brasil, sendo eles: sistema de amortização francês (SAF); sistema de amortização constante (SAC); sistema de amortização misto (SAM) e sistema de amortização americano (SAA).

Antes de tratar cada um desses sistemas, é válido definir os principais termos relativos a esse processo: a) encargos (despesas) financeiros – representam os juros da operação, comumente também chamados de juros compensatórios; b) amortização – refere-se exclusivamente à parcela do capital principal (valor emprestado) que está sendo paga; c) saldo devedor – trata-se do valor nominal do empréstimo ou financiamento, em dado momento, após a dedução de valor já pago por amortização(ões) anterior(es); e d) prestação – trata-se do pagamento efetuado a cada período, composto pela soma do valor de amortização mais os encargos financeiros (juros) do período. Com esses termos definidos, a seguir são tratados os sistemas de amortização.

8.1.3.1 Sistema de amortização francês (SAF)

O sistema de amortização francês (SAF) também é popularmente conhecido como "Tabela Price". É um sistema utilizado amplamente em todos os segmentos financeiros, sendo o mais usado pelas instituições financeiras no Brasil. Tal sistema é ainda conhecido como sistema de prestação constante (SPC) e, conforme essa denominação, o sistema caracteriza-se por ter prestações iguais, periódicas e sucessivas.

No SAF, o financiamento (VP) é pago em parcelas (PMT) idênticas, as quais são formadas pela amortização do principal mais os encargos financeiros (J), estes últimos sendo calculados a partir de uma taxa de juros (i). Veremos, no exemplo apresentado a seguir, que a lógica de cálculo das prestações no SAF segue o modelo de fluxo de caixa padrão, conforme Equação (8.6) da subseção 8.1.2.

Devido à sua característica de prestações constantes, no SAF, os juros são decrescentes, pois incidem sobre o saldo devedor e as amortizações são crescentes.

EXEMPLO

Um banco empresta R$ 35.000,00 a serem pagos em quatro prestações mensais. A taxa de juros efetiva é de 3% ao mês e será utilizado o SAF. Pede-se para construir a planilha de amortização dessa operação.

Dados

VP = R$ 35.000
n = 4 meses
i = 3% a.m.
VU = ?

i) Cálculo do valor da prestação (PMT)

$$VP = PMT \times \left[\frac{(1+i)^n \times i}{(1+i)^n - 1}\right]$$

$$PMT = 35.000 \times \left[\frac{(1+0,03)^4 \times 0,03}{(1+0,03)^4 - 1}\right]$$

$$PMT = 35.000 \times \left[\frac{(1,03)^4 \times 0,03}{(1,03)^4 - 1}\right]$$

$$PMT = 35.000 \times \left[\frac{(1,1255) \times 0,03}{(1,1255) - 1}\right]$$

$$PMT = 35.000 \times \left[\frac{0,0338}{0,1255}\right]$$

$$PMT = 35.000 \times 0,2690 = \text{R\$ } 9.415,95$$

ii) Cálculo do valor dos encargos financeiros/juros (J)

$J = VP \times i \times n$
Juros do primeiro mês: J_1 = 35.000,00 × 0,03 × 1 = R$ 1.050,00
Juros do segundo mês: J_2 = 26.634,05 × 0,03 × 1 = R$ 799,02
Juros do terceiro mês: J_3 = 18.017,13 × 0,03 × 1 = R$ 540,51
Juros do quarto mês: J_4 = 9.141,70 × 0,03 × 1 = R$ 274,25

iii) Cálculo da amortização (A)

$A = VU - J$
Amortização do primeiro mês: A_1 = 9.415,95 − 1.050,00 = R$ 8.365,95
Amortização do segundo mês: A_2 = 9.415,95 − 799,02 = R$ 8.616,93
Amortização do terceiro mês: A_3 = 9.415,95 − 540,51 = R$ 8.875,44
Amortização do quarto mês: A_4 = 9.415,95 − 274,25 = R$ 9.141,70

iv) Cálculo do saldo devedor (SD)

$SD_n = SD_{n-1} - A$
Saldo devedor do primeiro mês: SD_1 = 35.000,00 − 8.365,95 = R$ 26.634,05
Saldo devedor do segundo mês: SD_2 = 26.634,05 − 8.616,93 = R$ 18.017,13
Saldo devedor do terceiro mês: SD_3 = 18.017,13 − 8.875,43 = R$ 9.141,70
Saldo devedor do quarto mês: SD_4 = 9.141,70 − 9.141,70 = R$ 0,00

Considerando os resultados, obtém-se na Tabela 8.1 a planilha de amortização desta operação pelo SAF.

Tabela 8.1 Exemplo de amortização pelo SAF

Período (n)	Saldo devedor (SD)	Amortização (A)	Encargos fin. (J)	Prestação (PMT)
0	35.000,00	0,00	0,00	0,00
1	26.634,05	8.365,95	1.050,00	9.415,95
2	18.017,13	8.616,92	799,02	9.415,95
3	9.141,70	8.875,43	540,51	9.415,95
4	0,00	9.141,70	274,25	9.415,95
Soma		**35.000,00**	**2.663,79**	**37.663,79**

8.1.3.2 Sistema de amortização constante (SAC)

O sistema de amortização constante (SAC) foi desenvolvido para operações do sistema financeiro de habitação (SFH), isto é, para ser utilizado em financiamentos imobiliários. Ele caracteriza-se por apresentar amortização com valor constante em cada período. Diferentemente do SAF, em que as prestações são constantes, no SAC as prestações são decrescentes. A amortização constante implica saldo devedor decrescente, o que também irá se aplicar para encargos financeiros e prestações.

Para exemplificar esse sistema, serão utilizados os mesmos dados do Exemplo 1, porém agora será adotada a lógica do SAC para a construção do plano de pagamento da dívida.

i) Cálculo da amortização (A)

$$A = \frac{VP(ou\ SD)}{n}$$

$$A = \frac{35.000}{4} = R\$ 8.750,00$$

ii) Cálculo do valor dos encargos financeiros/juros (J)

$J = PV \times i \times n$

Juros do primeiro mês:
$J_1 = 35.000,00 \times 0,03 \times 1 = R\$ 1.050,00$

Juros do segundo mês:
$J_2 = 26.250,00 \times 0,03 \times 1 = R\$ 787,50$

Juros do terceiro mês:
$J_3 = 17.500,00 \times 0,03 \times 1 = R\$ 525,00$

Juros do quarto mês:
$J_4 = 8.750,00 \times 0,03 \times 1 = R\$ 262,50$

iii) Cálculo do saldo devedor (SD)

$SD_n = SD_{anterior} - A$

Saldo devedor do primeiro mês:
$A_1 = 35.000,00 - 8.750,00 = R\$ 26.250,00$

Saldo devedor do segundo mês:
$A_2 = 26.250,00 - 8.750,00 = R\$ 17.500,00$

Saldo devedor do terceiro mês:
$A_3 = 17.500,00 - 8.750,00 = R\$ 8.750,00$

Saldo devedor do quarto mês:
$A_4 = 8.750,00 - 8.750,00 = R\$ 0,00$

iv) Cálculo do valor da prestação (PMT)

$PMT = A + J$

Prestação do primeiro mês:
$A_1 = 8.750,00 + 1.050,00 = R\$ 9.800,00$

Prestação do segundo mês:
$A_2 = 8.750,00 + 787,50 = R\$ 9.537,50$

Prestação do terceiro mês:
$A_3 = 8.750,00 + 525,00 = R\$ 9.275,00$

Prestação do quarto mês:
$A_4 = 8.750,00 + 262,50 = R\$ 9.012,50$

Desta forma, tem-se na Tabela 8.2 a planilha pelo SAC.

Tabela 8.2 Exemplo de amortização pelo SAC

Período (n)	Saldo devedor (SD)	Amortização (A)	Encargos fin. (J)	Prestação (PMT)
0	35.000,00	0,00	0,00	0,00
1	26.250,00	8.750,00	1.050,00	9.800,00
2	17.500,00	8.750,00	787,50	9.537,50
3	8.750,00	8.750,00	525,00	9.275,00
4	0,00	8.750,00	262,50	9.012,50
Soma		**35.000,00**	**2.625,00**	**37.625,00**

8.1.3.3 Sistema de amortização misto (SAM)

O sistema de amortização misto (SAM) também teve como propósito inicial atender ao sistema financeiro de habitação (SFH). Esse sistema baseia-se no SAF e no SAC, pois sua prestação consiste na média aritmética calculada a partir das prestações desses dois outros sistemas.

Pelo SAM, o financiamento é pago em prestações que decrescem de maneira uniforme. Uma desvantagem desse sistema é o fato de suas prestações iniciais serem ligeiramente superiores à do SAF. Entretanto, após a metade do período, o mutuário tende a sentir queda significativa no comprometimento de sua renda com pagamento de prestações, lembrando que geralmente os financiamentos imobiliários do SFH são de prazos bastante longos.

Utilizando os dados do Exemplo 1, será elaborada uma planilha de pagamento do financiamento, agora considerando o SAM.

i) Cálculo do valor da prestação (PMT)

$$PMT_n = \frac{PMT_{SAF} + PMT_{SAC}}{2}$$

$$PMT_1 = \frac{9.415,95 + 9.800,00}{2} = R\$ 9.607,97$$

ii) Cálculo do valor dos encargos financeiros/juros (J)

$$J_n = \frac{J_{SAF} + J_{SAC}}{2}$$

$$J_1 = \frac{1.050,00 + 1.050,00}{2} = R\$ 1.050,00$$

iii) Cálculo da amortização (A)

$$A_n = \frac{A_{SAF} + A_{SAC}}{2}$$

$$A_1 = \frac{8.365,95 + 8.750,00}{2} = R\$ 8.557,97$$

iv) Cálculo do saldo devedor (SD)

$$SD_n = \frac{SD_{SAF} + SD_{SAC}}{2}$$

$$SD_1 = \frac{26.634,05 + 26.250,00}{2} = R\$ 26.442,03$$

Seguindo essa mesma lógica de cálculo para todos os períodos, tem-se na Tabela 8.3 a planilha de amortização pelo SAM:

8.1.3.4 Sistema de amortização americano (SAA)

O sistema de amortização americano (SAA) considera que o valor principal é restituído em uma única parcela no final da operação. Nesse sistema, os juros podem ser pagos periodicamente, o que ocorre mais usualmente, ou podem ser capitalizados e quitados juntamente com o capital no término do prazo acordado.

Utilizando mais uma vez os valores do Exemplo 1, na sequência será desenvolvida a planilha de pagamento considerando o SAA.

i) Cálculo do valor dos encargos financeiros/juros (J)

$J = VP \times i \times n$

Juros do primeiro mês:
$J_1 = 35.000,00 \times 0,03 \times 1 = R\$ 1.050,00$

Juros do segundo mês:
$J_2 = 35.000,00 \times 0,03 \times 1 = R\$ 1.050,00$

Juros do terceiro mês:
$J_3 = 35.000,00 \times 0,03 \times 1 = R\$ 1.050,00$

Juros do quarto mês:
$J_4 = 35.000,00 \times 0,03 \times 1 = R\$ 1.050,00$

Os juros serão as prestações mensais e no quarto mês deverá ser adicionado o valor do principal na parcela. Dessa forma, tem-se na Tabela 8.4 a planilha de amortização pelo SAA.

Tabela 8.3 Exemplo de amortização pelo SAM

Período (n)	Saldo devedor (SD)	Amortização (A)	Encargos fin. (J)	Prestação (PMT)
0	35.000,00	0,00	0,00	0,00
1	26.442,03	8.557,97	1.050,00	9.607,97
2	17.758,56	8.683,46	793,26	9.476,72
3	8.945,85	8.812,72	532,76	9.345,47
4	0,00	8.945,85	268,38	9.214,22
Soma		**35.000,00**	**2.644,39**	**37.644,39**

Tabela 8.4 Exemplo de amortização pelo SAA

Período (n)	Saldo devedor (SD)	Amortização (A)	Encargos fin. (J)	Prestação (PMT)
0	35.000,00	0,00	0,00	0,00
1	35.000,00	0,00	1.050,00	1.050,00
2	35.000,00	0,00	1.050,00	1.050,00
3	35.000,00	0,00	1.050,00	1.050,00
4	0,00	20.000,00	1.050,00	21.050,00
Soma		20.000,00	4.200,00	24.200,00

BOXE 8.1 Financiamento com recursos do BNDES

O Banco Nacional do Desenvolvimento Econômico e Social (BNDES) possui diferentes programas de crédito de médio e longo prazo para empresas do sistema agroindustrial. Dentre esses, destacam-se o BNDES Finame, Inovagro, Moderagro, Moderfrota, Moderinfra, Programa para Construção e Ampliação de Armazéns (PCA), Prodecoop, Programa ABC e Pronamp. Cada programa possui suas especificidades quanto ao público-alvo, itens financiados, taxa de juros (fixa ou variável), prazo, garantias exigidas, sistema de amortização adotado e valor máximo financiado. O leitor interessado poderá escolher um dos programas e simular as condições de financiamento em: https://www.bndes.gov.br/wps/portal/site/home/financiamento/navegador/simulador-de-financiamentos#!/. Para acessar esses recursos, a empresa precisa procurar uma instituição financeira habilitada a operar com recursos do BNDES e solicitar as opções de financiamento disponíveis. Na maior parte dos casos, é necessário também que o fornecedor e o produto que a empresa deseja adquirir estejam devidamente cadastrados no sistema do BNDES. Essas informações também podem ser consultadas no site do BNDES.

A Tabela 8.5, extraída do *link* supracitado, ilustra o exemplo de uma agroindústria processadora que deseja tomar R$ 100.000,00 de recursos financeiros do BNDES Finame para comprar um equipamento mais eficiente de processamento de matéria-prima. O sistema de amortização utilizado foi o SAC, sendo que as prestações são mensais, há três meses de carência e, após a carência, a empresa deverá amortizar o empréstimo em nove meses. A agroindústria optou pela Taxa Fixa do BNDES, cujo valor negociado foi de 10,8985% ao ano. Os juros do período de carência são acumulados e pagos ao final do terceiro mês. O leitor deve ainda se atentar para o cálculo da taxa de juros equivalente mensal, por meio da média geométrica da taxa anual: $i_{a.m} = (1 + 0{,}108985)^{1/2} - 1 = 0{,}0086577$ ou $0{,}86577\%$ ao mês.

Os demais cálculos seguem a lógica apresentada na subseção 8.1.3.2.

Tabela 8.5 Exemplo de tomada de recursos financeiros para compra de equipamento por uma agroindústria[1]

Mês	Saldo inicial	Juros	Amortização	Prestação	Saldo final
01	100.000,00	0,00	0,00	0,00	100.000,00
02	100.000,00	0,00	0,00	0,00	100.000,00
03	100.000,00	2.619,86	0,00	2.619,86	100.000,00
04	100.000,00	865,77	11.111,11	11.976,88	88.888,89
05	88.888,89	769,57	11.111,11	11.880,68	77.777,78
06	77.777,78	673,38	11.111,11	11.784,49	66.666,67
07	66.666,67	577,18	11.111,11	11.688,29	55.555,56
08	55.555,56	480,98	11.111,11	11.592,09	44.444,44
09	44.444,44	384,79	11.111,11	11.495,90	33.333,33
10	33.333,33	288,59	11.111,11	11.399,70	22.222,22
11	22.222,22	192,39	11.111,11	11.303,50	11.111,1
12	11.111,1	96,20	11.111,11	11.207,31	0,00
Total		6.948,71	100.000,00	106.948,71	0,00

8.2 CONCEITO DE TAXA MÍNIMA DE ATRATIVIDADE

Como observado na seção anterior, o valor do dinheiro no tempo é um elemento crucial a ser considerado no processo de qualquer decisão de investimento. Em um cenário de recursos limitados, realidade de praticamente toda atividade econômica, não se pode considerar a alocação de recursos em um período atual sem uma expectativa de remuneração adequada para esses recursos no futuro. Afinal, o proprietário dos recursos poderia alocá-los em outra alternativa, como, por exemplo, em títulos financeiros. Na atividade agroindustrial, isso não é diferente, havendo assim também a obrigatoriedade de se considerar essa premissa.

Em uma visão racional, para que um investimento seja classificado como economicamente viável, ele precisa ser remunerado a uma taxa de juros que se alinhe às expectativas do investidor e, principalmente, esteja adequada ao nível de risco associado à operação escolhida. Essa é a chamada taxa mínima de atratividade, que representa a remuneração mínima aceitável para um projeto de investimento.

8.2.1 Relação risco e retorno e o custo de capital

Conforme Groppelli e Nikbakht,[2] **risco** "é o grau de incerteza de um investimento". Mais fundamentalmente, de acordo com Gitman,[3] "**risco** é a possibilidade de perda financeira". Dessa forma, os ativos mais arriscados são aqueles que oferecem maiores possibilidades de perda financeira.

Em uma visão mais básica, o termo *risco* é utilizado como sinônimo de incerteza e está relacionado com a variabilidade dos retornos associados a um ativo. Uma vez que o risco é medido em função da variabilidade (também chamada de volatilidade) dos retornos, é necessário definir retornos. Groppelli e Nikbakht[4] definem como **retornos** "*as receitas esperadas ou fluxos de caixa previstos de qualquer investimento*". Gitman[5] afirma que o "*retorno é o ganho ou a perda total sofrida por um investimento em certo período*". Note que esta última definição considera a possibilidade de retornos negativos, o que de fato é possível, tanto em projetos de investimento em ativos fixos de produção (bens de capital), como também em ativos financeiros (títulos de renda variável, por exemplo).

De acordo com Groppelli e Nikbakht,[6] risco e retorno são a base fundamental sobre a qual se tomam as decisões racionais de investimentos. Como já exposto, risco é uma medida de incerteza dos retornos, os quais são os fluxos de caixa esperados de um investimento. Um exemplo simples pode ajudar na compreensão dessa relação. O leitor certamente sabe que depositar uma quantidade de dinheiro em uma caderneta de poupança é mais seguro do que apostar esse dinheiro na loteria. A poupança rende uma taxa de juros constante e baixa, sendo garantida pelo governo federal. Os retornos da caderneta de poupança não se alteram demasiadamente, o que os classifica como seguros e com baixo grau de risco. Em contrapartida, ao apostarem na loteria, as pessoas desconhecem o resultado, podendo ganhar muito mais do que o valor "investido", porém com maior probabilidade de perder todo o valor apostado. Assim, os retornos sobre os valores apostados na loteria são altamente incertos, portanto muito voláteis e com elevado grau de risco. Se os dois investimentos gerassem o mesmo retorno, a escolha final seria baseada em função do risco. Assim, o projeto que apresentasse o menor nível de risco – notadamente a poupança – seria sempre escolhido. Mas, afinal, por que então as pessoas continuam "investindo" na loteria? É justamente em função da expectativa da elevadíssima taxa de retorno que o investimento poderá gerar caso o investidor seja sortudo.

Gitman[7] classifica os administradores em três categorias em função das preferências em relação ao risco:

- **Administrador indiferente a risco**: para esse tipo de investidor, o retorno exigido não sofre variação quando o nível de risco do investimento se altera, ou seja, ele não considera nenhum aumento no retorno exigido em função da elevação no nível de risco assumido. Logicamente, essa atitude não faz muito sentido no mundo empresarial.

- **Administrador avesso a risco**: para esse investidor, o retorno exigido eleva-se quando o risco aumenta, ou seja, exige-se um retorno mais alto para compensar o risco maior. Perceba que se trata de um comportamento bastante factível no mundo empresarial.

- **Administrador propenso a risco**: para esse investidor, o retorno exigido cai com a elevação do risco, isto é, tal administrador está disposto a abrir mão de algum retorno para correr mais riscos. Perceba que esse comportamento não traria benefícios para a empresa.

A maioria dos administradores é avessa a risco. Portanto, para determinado aumento de risco, exigem um incremento de retorno. Alguns investimentos possibilitam retornos mais elevados, enquanto outros pagam um baixo retorno. Isso ocorre porque não se pode esperar um retorno elevado de um "negócio seguro". Por outro lado, é plausível exigir um retorno elevado quando se investe dinheiro em um negócio arriscado ou especulativo. Portanto, os investidores devem ser adequadamente recompensados pelos riscos assumidos.

Nesse sentido, ao se deparar com uma oportunidade de investimento, a taxa de retorno requerida deve estar devidamente alinhada ao nível de risco assumido pelo investidor no projeto em questão. Assim, a taxa mínima de atratividade (TMA) deve refletir adequadamente o nível de risco do projeto. O indicador mais adequado para refletir a TMA é o custo de capital, o qual pode estar vinculado a um projeto de investimento, unidade produtiva, negócio, empresa etc. Conforme Assaf Neto,[8] em essência, o custo de capital de uma empresa representa a remuneração mínima que deve ser exigida pelos proprietários de suas fontes de capital, tanto credores (terceiros) quanto acionistas (próprio).

Nas próximas subseções, serão abordados os conceitos relacionados com o custo de capital das diferentes fontes de financiamento da empresa. Inicialmente, será discutido o custo de capital de terceiros, sendo esse o custo proveniente das fontes de recursos de terceiros (credores) que financiam a empresa/projeto de investimento. Em seguida, discute-se o conceito de custo de capital próprio, isto é, o custo referente aos recursos de capital próprio (de acionistas/proprietários) aportadas na empresa/projeto de investimento. E, finalmente, o conceito de custo total de capital, que engloba a ponderação de ambos os custos das possíveis fontes de financiamento da empresa/projeto de investimento.

8.2.2 Custo de capital de terceiros

O custo de capital de terceiros é aquele referente às dívidas ou obrigações que a empresa tem com credores, uma vez que os capitais de terceiros equivalem à totalidade de obrigações da empresa (passivo circulante e passivo exigível a longo prazo). No entanto, torna-se fundamental ressaltar que somente uma parte do passivo é explicitamente remunerada, que são os empréstimos e financiamentos.

Alguns dos itens que participam da composição do passivo exigível não têm uma cobrança de remuneração atrelada, entre eles, salários a pagar, encargos sociais, impostos e tributos a pagar e outras contas. Outros itens, como fornecedores, têm sua remuneração embutida no custo das mercadorias. Esses itens, denominados *passivo operacional* ou *passivo de funcionamento*, são decorrentes das próprias operações da empresa. O outro tipo de obrigações é chamado de *passivo financeiro* ou *passivo oneroso* e normalmente é representado por empréstimos e financiamentos bancários.

O custo de capital de terceiros é representado por K_i e é definido de acordo com os passivos onerosos mantidos pela empresa. Ele representa o custo explícito obtido pela taxa de desconto que iguala o principal liberado para a empresa com os vários desembolsos previstos de capital e de juros.

O cálculo do custo de capital de terceiros (K_i), em função da dedutibilidade fiscal permitida às despesas financeiras, pode também ser apurado após a sua respectiva provisão de imposto de renda, dessa forma, reduzindo seu custo final. Nesse sentido, Gitman[9] também afirma que o custo de capital de terceiros deve ser medido após o imposto de renda. Para a obtenção desse custo líquido, a forma de cálculo é a da Equação (8.9):

$$K_i \text{ (após IR)} = K_i \text{ (antes IR)} \times (1 - \text{IR}) \quad (8.9)$$

Numa lógica de apuração *ex post facto*, isto é, a partir de dados passados, um exemplo de apuração de custo de capital de terceiros líquido do imposto de renda pode ser obtido a partir das seguintes informações. Considerando um financiamento de R$ 450.000,00 com taxa de 16% ao ano e uma alíquota de IR de 34%, os juros do período atingem:

Despesas financeira brutas:
R$ 450.000 × 16% =   R$ 72.000,00
Economia de IR:
R$ 72.000 × 34% =   R$ 24.480,00
Despesas financeiras líquidas de IR =   R$ 47.520,00

Fazendo a relação das despesas financeiras com seu respectivo passivo gerador, tem-se:

$$K_i = \frac{\text{R\$ } 47.520,00}{\text{R\$ } 450.000,00} = 10,56\% \text{ a.a.}$$

Assim, o custo de capital de terceiros líquido do imposto de renda da empresa nessa situação é de 10,56%. Tal custo também pode ser apurado pela fórmula de cálculo ilustrada anteriormente:

$$K_i = 16\% \times (1 - 0,34) = 10,56\% \text{ a.a.}$$

É importante observar que a economia de imposto de renda advinda do uso de capital de terceiros (empréstimos e financiamentos) só é válida para pessoas jurídicas (empresas). Assim, os potenciais investidores que operam como pessoas físicas, o que não é tão incomum no agronegócio brasileiro, não podem beneficiar-se desse aparato fiscal. Além disso, tal benefício fiscal só é válido para empresas que usam o modelo de apuração fiscal de lucro real, não sendo válido portanto para o modelo de lucro presumido ou alternativas como o Simples, opções comuns para empresas de tamanhos menores. E, por fim, o benefício fiscal só é válido para empresas que apuram lucro como resultado do exercício fiscal, ou seja, se no período apurarem prejuízo, não há o benefício fiscal pelo uso de capital de terceiros justamente porque não se paga IR sobre o prejuízo.

É importante destacar ainda que a utilização de capital de terceiros provoca maior risco financeiro para os tomadores. Ao se optar pelo uso de dívidas, o tomador passa a ter um compromisso de desembolso financeiro em condições fixas estabelecidas previamente, vinculando dessa maneira seu retorno ao sucesso da aplicação desses recursos.

8.2.3 Custo de capital próprio

O custo de capital próprio representa o retorno desejado pelos acionistas de uma empresa em suas decisões de aplicação do capital próprio. O custo de capital próprio é representado por K^e e, em conjunto com o tema estrutura de capital, é considerado o segmento de estudo mais complexo das finanças corporativas, pois assume diversas hipóteses e abstrações teóricas em seus cálculos.

O capital próprio, ao contrário do capital de terceiros que precisa ser devolvido em uma data futura, deve permanecer na empresa por um período indefinidamente longo. Nesse sentido, devido a essa posição secundária comparada ao capital de terceiros, os fornecedores de capital próprio correm riscos maiores que os de capital de terceiros, necessitando, assim, ser recompensados com retornos esperados mais elevados.

Entretanto, ao contrário do custo do capital de terceiros, em que basta avaliar a remuneração exigida pelo(s) credor(es), a apuração do custo de capital próprio (K_e) envolve uma dificuldade prática. Como ele representa o custo de oportunidade do acionista (conceito abstrato e variável com o nível de risco assumido), deve-se aplicar algum método para seu cálculo. Entre os métodos utilizados para apuração do custo de capital próprio, podem-se citar:

- **Método do fluxo de caixa descontado dos dividendos futuros esperados pelo mercado**: esse é um procedimento bastante utilizado na prática de grandes empresas e, como seu próprio nome diz, refere-se à apuração da taxa que iguala o fluxo de caixa dos dividendos futuros esperados ao valor presente do investimento feito pelo acionista. A grande dificuldade na aplicação desse método é estimar os valores esperados dos dividendos. Além disso, no sistema agroindustrial brasileiro, grande parte dos projetos de investimento ocorrem em empresas não listadas em bolsa de valores.
- **Modelo de prêmio pelo risco**: nesse método, o retorno desejado pelos acionistas inclui um percentual mínimo, o qual equivale à taxa de juros paga pela empresa na emissão de seus títulos de dívidas, somada a uma remuneração (um prêmio) pelo maior risco assumido pelos acionistas em relação aos credores.
- **Modelo de precificação de ativos (CAPM)**: outro possível método de apuração do custo do capital próprio é derivado da aplicação do CAPM. Trata-se do modelo mais utilizado na prática para apuração do custo de capital próprio de projetos de investimento. Portanto, na sequência desta subseção, o método será discutido com maior detalhamento.

O CAPM estabelece uma relação entre o retorno de um ativo e o retorno do mercado. Seus resultados demonstram alta sensibilidade com a taxa requerida de retorno (custo de capital), a qual deve ter comportamento harmônico com o risco. Dessa forma, quanto mais elevado for o risco associado à decisão, maior será o retorno exigido pelos proprietários de capital. Em contrapartida, é possível remunerar os investidores com taxas de retornos mais reduzidas, se os níveis de risco forem mais baixos.

De acordo com esse modelo, um ativo deve propiciar uma promessa de retorno que compense o risco assumido. Nesse modelo, o risco de um ativo é mensurado pelo coeficiente beta, o qual é determinado pela inclinação da reta de regressão linear entre o retorno do ativo e a taxa de retorno possibilitada pela carteira de mercado.

Para o modelo CAPM, a taxa de retorno requerida de um investimento é obtida pela expressão da linha de mercado de títulos (*security market line* – SML), como expresso a seguir:

$$K_e = R_F + \beta \times (R_M - R_F) \qquad (8.10)$$

Em que:

K_e = taxa de retorno mínima requerida pelos investidores;

R_F = taxa de retorno de ativos livres de risco;

β = coeficiente beta, medida do risco do ativo em relação ao risco sistemático do mercado;

R_M = rentabilidade oferecida pelo mercado em sua totalidade (carteira de mercado).

Conforme Ross, Westerfield e Jaffe,[10] o beta (b) indica o risco do ativo em relação ao risco sistemático do mercado. Dessa forma, um beta menor que 1 indica um risco inferior ao da carteira de mercado. Um beta igual a 1 demonstra um risco igual ao da carteira de mercado.

Um beta superior a 1 indica um risco sistemático superior ao da carteira de mercado.

Para ilustrar o cálculo do custo do capital próprio pela aplicação do modelo CAPM, utilizar-se-á como exemplo a apuração da taxa de retorno que deve ser requerida pelo investidor para uma empresa que apresenta um beta de 1,25 (representando risco sistemático acima do mercado) admitindo uma taxa livre de risco (R_F) de 5,5% e um retorno pago pela carteira de mercado (R_M) de 12,5%:

$K_e = R_F + \beta \times (R_M - R_F)$
$K_e = 5,5\% + 1,25 \times (12,5\% - 5,5\%)$
$K_e = 5,5\% + 8,75\% = 14,25\%$

Essa taxa de 14,25% é a que deve ser requerida por um investidor que deseje aplicar seus recursos próprios diante ao nível de risco que esse ativo representa.

Conforme Assaf Neto,[11] embora a determinação do custo do capital próprio pelo método do CAPM se apresente com relativa simplicidade, os dados nele empregados não são necessariamente sempre corretos, nem facilmente obtidos no mercado. As taxas de retorno utilizadas no modelo são estimadas e o risco é apurado por meio do uso da técnica estatística de regressão linear utilizando variáveis esperadas. É importante mencionar que o mais adequado é o uso de médias históricas, e não apenas indicadores atuais na aplicação do CAPM. Isso pode ser um problema para mercados menos desenvolvidos. Nas economias emergentes, como é o caso do Brasil, o uso de variáveis de mercado pode ser prejudicado devido à alta volatilidade dos indicadores locais, dificultando o uso de séries históricas.

Esse problema, observado nos países emergentes, faz que, como alternativa no processo de apuração do custo de capital próprio via formulação do CAPM, seja realizado cálculo por meio de *benchmarking*, no qual se utilizam os indicadores de um mercado mais sólido, geralmente o norte-americano, e é incluído na formulação um prêmio pelo risco do risco país (α_{BR}). Esse entendimento também é relatado por autores como Damodaran[12] e Matias.[13] Essa adaptação na técnica do CAPM para países emergentes, adotando-se dados de mercados globais mais desenvolvidos (normalmente representados pelos dados dos EUA), também é conhecida na literatura como modelo CAPM global. Dessa maneira, a formulação do custo de capital próprio no Brasil é expressa por:

$$K_e = R_F + \beta \times (R_M - R_F) + \alpha_{BR} \quad (8.11)$$

Além disso, o coeficiente beta incorpora o risco operacional do negócio, ou seja, aquele ligado à atividade independentemente da forma como a empresa é financiada e o risco financeiro que surge pela assunção de dívidas com terceiros. Assim surge o conceito de beta não alavancado, que é aquele que elimina os fatores de financiamento da empresa e compreende somente seu risco operacional. O beta alavancado é aquele que considera a estrutura de financiamento da empresa em seu cômputo.

O beta não alavancado pode ser obtido pela seguinte expressão:

$$\beta_U = \frac{\beta_L}{\left[1 + \left(\frac{P}{PL}\right) \times (1 - IR)\right]} \quad (8.12)$$

onde:

β_L = coeficiente de uma empresa que usa alavancagem financeira. Expressa o risco econômico e o risco financeiro;

β_U = coeficiente de uma empresa sem dívidas. Expressa o risco econômico;

P = passivos onerosos;

PL = patrimônio líquido (capital próprio);

IR = alíquota do imposto de renda sobre o lucro.

Normalmente, o beta utilizado quando o modelo CAPM é aplicado na prática é obtido em base de dados como o beta setorial não alavancado. Quando isso acontece, para apuração do K_e de uma empresa, é necessário alavancar o beta com a estrutura de endividamento apresentada por ela. Isso pode ser feito utilizando os dados da empresa na aplicação da seguinte expressão:

$$\beta_L = \beta_U \times \left[1 + \left(\frac{P}{PL}\right) \times (1 - IR)\right] \quad (8.13)$$

onde:

β_L = coeficiente de uma empresa que usa alavancagem financeira. Expressa o risco econômico e o risco financeiro;

β_U = coeficiente de uma empresa sem dívidas. Expressa o risco econômico;

P = passivos onerosos;

PL = patrimônio líquido (capital próprio);

IR = alíquota do imposto de renda.

Assim, foram demonstradas as apurações dos custos específicos de cada uma das fontes de capital (terceiros e próprio) da empresa, portanto, pode-se estabelecer o cálculo do custo total de capital, o que será demonstrado na subseção 8.2.4.

8.2.4 Custo total de capital (WACC)

O custo total de capital compreende a ponderação dos custos das diferentes fontes de financiamento da empresa. Esse indicador é popularmente conhecido por WACC, sigla no idioma inglês para *weighted average cost of capital*, que pode ser traduzida na língua portuguesa como custo médio ponderado de capital.

Segundo Assaf Neto e Lima,[14] o custo total de capital de uma empresa não é uma função somente do risco associado às decisões financeiras, ou seja, de onde foram aplicados os recursos, importando também a natureza relativa dos passivos na estrutura de capital (credores e acionistas).

Dessa forma, conforme os custos de cada fonte de financiamento da empresa (capital próprio e capital de terceiros), é possível apurar o seu custo total de capital. Tal definição é bastante importante, pois com ela é possível obter-se uma orientação mais adequada para as suas decisões financeiras. Em outras palavras, torna-se possível encontrar a taxa mínima de atratividade ou custo médio ponderado de capital adequado para avaliação de um projeto de investimento.

Assim, o custo total de capital representa a TMA da empresa, denotando a remuneração mínima que deve ser requerida para alocação de capital em qualquer alternativa de investimento, o que permitirá aferir o retorno adequado na alocação e a possível maximização do valor de mercado de uma empresa ou negócio.

Esse custo é apurado pelo método da média ponderada. Sua fórmula de cálculo é expressa por:

$$WACC = \sum_{J=1}^{N} W_J \times K_J \quad (8.14)$$

Em que:

WACC = *Weighted Average Cost of Capital* ou custo médio ponderado de capital;

K_J = custo específico de cada fonte de financiamento (de terceiros e própria);

W_J = participação relativa de cada fonte de capital no financiamento total.

A forma de apuração do custo médio ponderado de capital também pode assumir a seguinte expressão mais comumente empregada:

$$WACC = \left[K_e \times \frac{PL}{(P+PL)}\right] + \left[K_i \times \frac{P}{(P+PL)}\right] \quad (8.15)$$

Em que:

WACC = *Weighted Average Cost of Capital* ou custo médio ponderado de capital;

K_i = custo de capital de terceiros;

K_e = custo de capital próprio;

P = passivo oneroso;

PL = patrimônio líquido.

Para ilustrar a apuração do custo total de capital, considere uma empresa com a posição econômico-financeira apresentada em seu balanço patrimonial publicado, no Quadro 8.1.

Quadro 8.1 Balanço patrimonial para cálculo de custo de capital

Ativo		Passivo e PL	
Ativo total	**13.851.442**	**Passivo total**	**13.851.442**
Ativo circulante	**3.770.291**	**Passivo circulante**	**4.139.282**
Disponibilidades	1.029.241	Empréstimos e financiamentos	1.245.946
Crédito	2.022.547	Debêntures	368.440
Estoques	9.203	Fornecedores	782.233
Outros	709.300	Impostos, taxas e contribuições	474.960
		Dividendos a pagar	489.263
		Provisões	6.768
Ativo não circulante	**10.081.151**	Dívidas com pessoas ligadas	54
Realizável a longo prazo	2.745.175	Outros	771.618
Investimentos	3.095.162	**Passivo não circulante**	**4.916.112**
Imobilizado	4.200.769	Empréstimos e financiamentos	2.983.003
Intangível	40.045	Debêntures	1.933.109
		Patrimônio líquido	**4.796.048**
		Capital social realizado	4.222.398
		Reservas de capital	512.384
		Reservas de lucro	61.266

Com base nessa demonstração financeira, observa-se que a empresa tem um conjunto de dívidas onerosas do passivo circulante: empréstimos e financiamentos R$ 1.245.946 e debêntures R$ 368.440 e no passivo não circulante: empréstimos e financiamentos de curto prazo R$ 2.983.003 e debêntures R$ 1.933.109, totalizando passivos onerosos de R$ 6.530.498 e patrimônio líquido de R$ 4.796.048.

Considerando que essa empresa tem um custo de capital de terceiros – K_i (já líquido de IR) de 11,75% e um custo de capital próprio – K_e de 18,5%, o custo total de capital (ou custo médio ponderado de capital) dessa empresa será apurado da seguinte forma:

$$WACC = \left[K_e \times \frac{PL}{(P+PL)}\right] + \left[K_i \times \frac{P}{(P+PL)}\right]$$

$$WACC = \left[18,5\% \times \frac{4.796.048}{(6.530.498 + 4.796.048)}\right] +$$

$$+ \left[11,75\% \times \frac{4.796.048}{(6.530.498 + 4.796.048)}\right]$$

$$WACC = [18,5\% \times 42,34\%] + [11,75\% \times 57,66\%]$$

$$WACC = 7,83\% + 6,77\% = 14,61\%$$

Assim, nessa empresa o custo total de capital é de 14,61%. Ou seja, a TMA que deve ser empregada em qualquer oportunidade de investimento é de 14,61%, essa é a remuneração mínima que deverá ser exigida por qualquer alocação de capital realizada por essa empresa.

Uma observação adicional que se faz é que no exemplo apresentado os dados relativos ao endividamento da empresa foram os patrimoniais, isto é, advindos dos dados contábeis publicados pela empresa. Recomenda-se, sempre que possível, utilizar os valores de mercado de dívidas e patrimônio líquido em especial, por se tratar de uma estrutura mais contemporânea/imediata da empresa.

É possível afirmar que o custo de capital pode ser encarado como o ponto de referência ao qual os investidores devem comparar seus investimentos a fim de determinar se esses são rentáveis ou não.

Conhecer e compreender o custo total do capital (WACC) de uma empresa é fundamental para a tomada de decisão de seus gestores. Como o WACC é obtido pela ponderação do custo das diferentes fontes de capital, nesse processo, é necessário identificar o custo de capital de terceiros, que é explícito (conhecido por todos) por definição e mais barato, além do custo de capital próprio, de apuração mais complexa, mas não impossível, e de alta relevância.

A minimização do custo total de capital é o que permite à empresa atingir seus maiores níveis de valor, portanto, é imprescindível considerar essa taxa como a TMA dos projetos de investimento a serem analisados.

BOXE 8.2 Cálculo do custo de capital de uma agroindústria

Conforme mencionado na subseção 8.2.3, em aplicações do modelo CAPM para cálculo do custo do capital próprio de um projeto de investimento, adota-se o *benchmarking*, em que se utilizam os indicadores de um mercado mais sólido, geralmente o norte-americano. Em sua página na Internet, o Prof. Aswath Damodaran, da *Stern School of Business at New York University*, disponibiliza os valores médios dos betas setoriais alavancados e não alavancados para os mercados norte-americano, europeu e de países emergentes.[15] Nessa mesma página, também estão disponíveis dados do risco-país da economia brasileira, das taxas de retorno médias dos títulos do tesouro norte-americano (T-Bill e T-Bond) e do indicador de retorno da principal bolsa de valores daquele país (S&P 500).

Suponhamos que uma agroindústria processadora de soja esteja avaliando realizar uma expansão em sua escala de produção. O investimento em capital fixo demandado será de R$ 50.000.000,00, sendo que 40% serão provenientes de recursos próprios e os 60% restantes serão financiados pelo BNDES a uma taxa de juros de 10% ao ano. Uma consulta feita na página supracitada em 25/11/2019 nos mostra que o beta não alavancado setorial (β_u) para a agroindústria de processamento de alimentos (Industry Name = Food Processing) era de 0,61 e o prêmio pelo risco Brasil (α_{BR}) era de 4,17%. Ademais, a taxa de juros livre de risco considerada pela agroindústria é a T-Bond média para o período entre 2009-2018 (2,3% a.a.) e o retorno de mercado considerado é o S&P500 médio desse mesmo período (13,5% a.a.). Sabe-se, ainda, que a empresa opera sob o regime de lucro real, tendo seu lucro tributado a uma alíquota de 34%.

Perceba que temos a tarefa de calcular o custo do capital de terceiros utilizando a Equação (8.9), o custo do capital próprio por meio da Equação (8.11) e, por fim, o custo médio ponderado do capital pela Equação (8.15). Comecemos pelo custo do capital de terceiros. Note que a empresa pagará uma taxa de juros de 10% ao ano pelo financiamento, porém, como opera no regime de lucro real, terá um benefício fiscal associado a esse financiamento. Aplicando a Equação (8.9), tem-se:

$$K_i = 0,10 \times (1 - 0,34) = 0,066 \text{ ou } 6,6\% \text{ a.a.}$$

Assim, o custo de capital de terceiros desse projeto, após considerado o benefício fiscal decorrente da dívida, é de 6,6% ao ano.

(continua)

(continuação)

Como o projeto contempla recursos de terceiros em sua estrutura de capital (alavancagem financeira), para calcular o custo do capital próprio, a primeira etapa é encontrar o valor do beta alavancado. Aplicando a Equação (8.13), tem-se:

$$\beta_L = 0{,}61 \times \left[1 + \left(\frac{30.000.000}{20.000.000}\right) \times (1 - 0{,}34)\right] = 1{,}2139$$

Agora, podemos aplicar a Equação (8.11) para calcular o custo do capital próprio desse projeto:

$$K_e = 0{,}023 + 1{,}2139 \times (0{,}135 - 0{,}023) + 0{,}0417 = 0{,}2006 \text{ ou } 20{,}06 \text{ a.a.}$$

O custo do capital próprio, calculado pelo modelo CAPM global por *benchmarking*, é de 20,06% ao ano. É natural que os acionistas do projeto exijam um retorno maior do que os financiadores externos. Afinal, o risco assumido pelos acionistas – últimos a receber os recursos financeiros gerados pelo projeto – é sempre maior. Por fim, podemos aplicar a Equação (8.15) para calcular o custo médio ponderado do capital do projeto:

$$WACC = \left[0{,}2006 \times \frac{20.000.000}{50.000.000}\right] + \left[0{,}066 \times \frac{30.000.000}{50.000.000}\right] = 0{,}1198 \text{ ou } 11{,}98\% \text{ a.a.}$$

O custo total do capital desse projeto é, portanto, de 11,98% ao ano. Essa é a taxa mínima de retorno que torna o projeto economicamente atraente para a empresa. Qualquer taxa de retorno esperada inferior a 11,98% ao ano deveria levar a empresa a não implementar o projeto. Nas seções 8.3 e 8.4, o leitor verificará as outras etapas necessárias para se chegar a uma conclusão sobre a viabilidade ou inviabilidade econômica de um projeto.

8.3 ELABORAÇÃO DOS FLUXOS DE CAIXA DE UM PROJETO DE INVESTIMENTO

Independentemente das características da proposta de investimento em estudo, a elaboração dos fluxos de caixa esperados a partir do projeto é uma etapa indispensável para a análise da viabilidade econômica do investimento. Os fluxos de caixa de um projeto de investimento podem ser definidos como as movimentações de entradas e saídas de recursos financeiros ao longo do tempo, as quais devem ser geradas exclusivamente pela proposta em estudo. Em geral, adotam-se os valores dos fluxos de caixa líquidos (FCL) por período para a realização das análises de viabilidade econômica do projeto. O fluxo de caixa líquido resulta da subtração das entradas de caixa em determinado período pelas saídas de caixa daquele mesmo período. A partir do cálculo de todos os fluxos de caixa líquidos esperados em um projeto de investimento, pode-se adotar a ferramenta de diagrama de fluxo de caixa para representá-los. O diagrama de fluxo de caixa é uma representação esquemática dos fluxos de caixa líquidos esperados ao longo do horizonte de análise do projeto. A Figura 8.4 ilustra um diagrama de fluxo de caixa padrão ("bem-comportado") de um projeto de investimento – isto é, com uma saída líquida no período inicial (zero), caracterizada pelo investimento, seguida de entradas líquidas de caixa, caracterizadas pelos retornos do projeto.

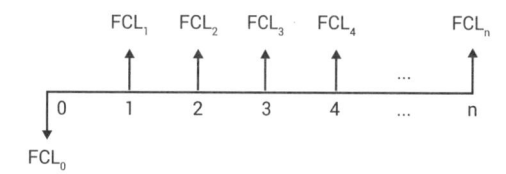

Figura 8.4 Diagrama de fluxo de caixa padrão em análise de investimentos.

O diagrama de fluxo de caixa de um projeto de investimento pode ser considerado o *input* para a aplicação dos métodos quantitativos de análise de viabilidade que são apresentados na seção 8.4. De uma forma geral, para a construção do diagrama de fluxo de caixa de um projeto, deve-se considerar as seguintes informações:

- **Investimento inicial**: corresponde aos desembolsos iniciais de caixa em capital fixo, capital de giro inicial e gastos pré-operacionais.
- **Entradas de caixa**: correspondem aos recebimentos de recursos financeiros gerados exclusivamente pelas atividades do projeto em análise. Normalmente, se repetem em uma dada periodicidade e estão associadas às receitas totais geradas pelas atividades operacionais do projeto.
- **Saídas de caixa**: correspondem aos desembolsos de recursos financeiros gerados exclusivamente pelas atividades do projeto em análise. Normalmente, se

repetem em uma dada periodicidade e estão associadas a custos e despesas gerados pelas atividades do projeto.

- **Fluxos de caixa líquidos:** são diferença entre entradas de caixa e saídas de caixa em cada momento do tempo.
- **Periodicidade:** deve-se definir uma periodicidade (por exemplo, anual, mensal, diária) para os fluxos de caixa líquidos utilizados na análise. Usualmente, adota-se periodicidade mensal ou anual. Por convenção, a data de início do projeto, geralmente caracterizada pelo desembolso de caixa no investimento inicial, é denominada período zero.
- **Taxa mínima de atratividade (TMA):** conforme estudado na seção 8.2, corresponde ao custo do capital do projeto em análise, expresso em uma taxa de juros compatível com a periodicidade dos fluxos de caixa líquidos.
- **Horizonte de análise:** deve ser definido um prazo para o projeto. Esse prazo depende, sobretudo, da vida útil do capital fixo do projeto. No caso de alguns projetos agrícolas, o tempo de vida útil dependerá do ciclo produtivo da(s) cultura(s) cultivada(s).

Em decorrência das incertezas inerentes ao futuro e das especificidades técnicas e econômicas de um projeto, a elaboração do diagrama de fluxo de caixa é, sem dúvidas, uma das tarefas mais complexas e trabalhosas da análise de investimentos. É justamente nesse momento que o analista precisará adotar um conjunto de premissas técnicas e econômicas. Por exemplo, em uma análise de um projeto de adoção de um sistema de irrigação em uma propriedade rural, o analista precisará estimar o valor do investimento inicial necessário para a aquisição da tecnologia, bem como os impactos do novo sistema de irrigação sobre os custos e receitas da produção na área em que a tecnologia será adotada. Para tal, é necessário assumir um conjunto de premissas sobre os efeitos do sistema de irrigação na produtividade dos diferentes insumos de produção.

Percebe-se que essa tarefa não é trivial, e o nível de complexidade pode aumentar bastante de acordo com as características do projeto de investimento em análise. Justamente por isso, grande parte dos erros de análise de um projeto de investimento ocorre durante a fase de elaboração dos fluxos de caixa. Um diagrama de fluxo de caixa mal elaborado pode levar o tomador de decisão a aceitar um projeto economicamente inviável ou rejeitar um projeto economicamente viável, o que certamente prejudicará os resultados econômicos futuros da empresa.

As três próximas subseções deste capítulo apresentam conceitos, técnicas e exemplos de elaboração de diagramas de fluxo de caixa para análise de investimentos. Inicia-se com uma descrição dos itens que compõem o investimento inicial de um projeto na subseção 8.3.1. A subseção 8.3.2 apresenta algumas técnicas para que sejam estimadas as entradas e saídas de caixa decorrentes de um projeto de investimento. Por fim, a subseção 8.3.3 apresenta três exemplos aplicados de elaboração de fluxos de caixa em projetos de investimentos em sistemas agroindustriais.

8.3.1 Investimento inicial

O investimento inicial pode ser definido como o desembolso de caixa necessário para criar a estrutura de capital fixo e iniciar as atividades operacionais de um projeto. É possível subdividir o desembolso com o investimento inicial em três itens, desenvolvidos a seguir.

8.3.1.1 Desembolso em capital fixo

O desembolso em capital fixo consiste na saída de caixa necessária para a aquisição dos ativos fixos do projeto, tais como máquinas, ferramentas, veículos, implementos agrícolas e instalações civis. Deve-se, ainda, considerar todos os gastos adicionais necessários para que esses ativos sejam colocados em funcionamento. Em alguns projetos, é necessária também a aquisição do próprio espaço físico (insumo terra) em que as atividades operacionais serão desenvolvidas, o que aumentará o desembolso inicial de caixa. Geralmente, o desembolso em capital fixo é a parcela do investimento inicial que consome o maior volume de recursos financeiros de um projeto. Além disso, as escolhas tecnológicas feitas pela empresa durante a etapa da engenharia do projeto irão, em grande medida, afetar o volume de recursos necessários para constituir o capital fixo inicial do projeto. Por exemplo, é possível projetar uma nova área de produção de café com maior intensidade no uso de máquinas e equipamentos, considerando que boa parte dos tratos culturais e da colheita sejam mecanizados, ou com maior intensidade no uso de mão de obra. Naturalmente, a decisão tomada afetará tanto o desembolso inicial em capital fixo, como também a formação dos fluxos de caixa líquidos subsequentes gerados pelo projeto. Veremos, adiante, que a escolha da melhor opção só será possível após a elaboração dos diagramas de fluxo de caixa das alternativas e o cálculo de alguns indicadores de viabilidade econômica.

8.3.1.2 Despesas pré-operacionais

As despesas pré-operacionais do projeto são as saídas de caixa necessárias para que a empresa possa iniciar as operações derivadas do projeto. Alguns exemplos de despesas pré-operacionais são os desembolsos para a obtenção de licenças e alvarás de funcionamento, os honorários de profissionais envolvidos nas etapas de planejamento do projeto e eventuais gastos necessários com ativos intangíveis (pesquisa e treinamento de funcionários, por exemplo). Essas despesas não estão diretamente relacionadas com a aquisição dos ativos fixos ou de outros insumos produtivos, mas são itens necessários e que devem ser devidamente considerados na elaboração do fluxo de caixa de alguns projetos de investimento. Por exemplo, todas as empresas que produzem e/ou comercializam alimentos devem ser previamente licenciadas por autoridade sanitária municipal, estadual ou federal. A obtenção da licença sanitária certamente envolverá desembolsos de caixa pela empresa requerente. Em outro exemplo, os custos com assessoria de uma equipe de agrônomos em um projeto de diversificação da produção de uma propriedade rural devem ser devidamente computados como parte do investimento inicial do projeto.

8.3.1.3 Desembolso em capital de giro inicial

O capital de giro inicial, por sua vez, é caracterizado pelos ativos circulantes de um projeto de investimento. Esses ativos são compostos, basicamente, pelo estoque inicial de matérias-primas e pelas reservas de caixa necessárias para realizar o pagamento de funcionários, fornecedores e outros *stakeholders*. É natural considerar que os primeiros meses (ou anos) de execução de alguns projetos sejam caracterizados por saídas líquidas de caixa. Nesses casos, a empresa deverá prever a necessidade de financiamento dessas saídas de caixa e contabilizá-la no investimento inicial do projeto. Em alguns projetos de produção agropecuária, o capital de giro inicial é um item de grande relevância na composição do investimento. Diversas culturas perenes, a exemplo de citrus, café e eucalipto, caracterizam-se por um longo período entre o plantio e a primeira safra. Durante esse intervalo de tempo, a empresa precisará, sob o risco de frustração na produção, incorrer em consideráveis saídas de caixa (gastos com preparo de solo, sementes, adubação, pulverização, óleo diesel, salários e encargos etc.), as quais precisam ser financiadas de alguma forma. Portanto, é fundamental que essa característica operacional seja contemplada durante a elaboração do fluxo de caixa do projeto.

8.3.2 Entradas e saídas de caixa

A projeção das entradas e saídas de caixa de um projeto de investimento não é uma tarefa simples. Nessa etapa da análise, o tomador de decisão precisa adotar alguns coeficientes técnicos para estimar os desembolsos (custos e despesas) e as receitas operacionais decorrentes da proposta de investimento. Além disso, também se torna necessário fazer algumas conjecturas sobre o comportamento de variáveis econômicas (preços, por exemplo) no futuro.

Os coeficientes técnicos adotados nos cálculos de um projeto de investimento são de fundamental importância, pois irão afetar tanto a formação da receita, como também dos custos de produção de cada período. Esses coeficientes baseiam-se na quantidade de insumos e serviços necessários para se produzir uma unidade do produto. Por exemplo, em uma análise de um projeto de investimento em uma indústria processadora de suco de laranja, o analista precisará, entre outras tarefas, definir os coeficientes técnicos de transformação da laranja *in natura* em determinada quantidade de suco de laranja congelado e concentrado (1 tonelada, por exemplo), bem como os coeficientes técnicos de uso de horas de trabalho, horas-máquina e do espaço físico necessários para a produção dessa mesma quantidade de suco.

Os coeficientes técnicos de um projeto podem ser consultados diretamente na empresa com base em dados do próprio processo produtivo, obtidos a partir de um painel de especialistas ou coletados em bases de dados secundários. Caberá sempre ao analista a escolha da melhor forma para a obtenção dos coeficientes relevantes para o projeto em análise. Uma vez assumidos os coeficientes técnicos, será necessário realizar as estimativas das entradas e saídas de caixa geradas pelas atividades do projeto. As entradas de caixa de um projeto estão intimamente associadas com as receitas geradas exclusivamente pelas atividades do projeto em estudo. Pode-se definir a receita total de um projeto de investimento como sendo o somatório dos preços de venda multiplicado pela produção esperada dos diferentes produtos que serão produzidos e comercializados a partir do investimento em análise. Matematicamente, tem-se:

$$RT_t = \sum_i^n P_{it} Q_{it} \quad (8.16)$$

em que RT_t é a receita total do projeto no período t, P_{it} é o preço de venda estimado para o produto i no período t e Q_{it} é a quantidade estimada de venda do produto i no período t. A estimativa da quantidade de produção esperada por período deverá, necessariamente, ser compatível com a escala de produção definida para o projeto. Além disso, os coeficientes técnicos adotados para o sistema de produção também deverão auxiliar o analista nas estimativas de produção em cada período do projeto. Cabe ainda mencionar que, eventualmente, podem ser previstas vendas de ativos fixos ao longo da vida útil do projeto. Quando ocorrerem, essas vendas também devem ser devidamente consideradas como entradas de caixa.

As saídas de caixa, por sua vez, relacionam-se diretamente com os custos e despesas gerados exclusivamente a partir da decisão de implementar o projeto. Nesse caso, o analista precisará levantar informações sobre todos os insumos necessários para a produção de cada um dos produtos, bem como sobre os preços esperados na compra desses insumos. Pode-se definir o custo total de produção de um projeto de investimento como sendo o somatório dos preços de compra dos insumos multiplicados pelas quantidades utilizadas dos insumos na produção dos produtos que serão produzidos a partir do investimento em análise.[ii] Matematicamente, tem-se:

$$CT_t = \sum_i^n W_{it} X_{it} \qquad (8.17)$$

em que CT_t é o custo total no período t, W_{it} é o preço de compra do insumo i no período t e X_{it} é a quantidade empregada do insumo i no período t. Perceba que os coeficientes técnicos assumidos são muito importantes para a definição da quantidade de cada um dos insumos utilizados na produção do(s) produto(s). Portanto, esses coeficientes terão grande impacto na formação dos custos. Ademais, é importante que o analista considere todos os insumos empregados nas atividades do projeto em análise para uma apuração precisa de seus custos totais. Isso, naturalmente, demandará um bom nível de conhecimento acerca dos aspectos técnicos do projeto.

Cabem ainda mais quatro observações importantes a respeito da elaboração dos fluxos de caixa de um projeto de investimento:

1. **Tributação**: além dos custos e das despesas das atividades do projeto, o analista também deve considerar o pagamento de eventuais tributos (ICMS, IPI, PIS, IRPJ, CSLL etc.) incidentes sobre as atividades do projeto como saídas de caixa. Portanto, deve-se consultar a legislação tributária vigente para o conhecimento de todos os impostos incidentes sobre as atividades do projeto em análise.

2. **Depreciação**: a segunda observação refere-se ao efeito das despesas com depreciação sobre a análise de investimentos. A depreciação, aqui definida como perda de valor contábil de um ativo fixo em decorrência de sua obsolescência, não se constitui em saída efetiva de recursos financeiros do caixa da empresa. Assim, apesar de ser fiscalmente classificada como custo ou despesa, a depreciação não deve ser considerada diretamente no cálculo das saídas de caixa de um projeto. Entretanto, a depreciação dos ativos fixos tem efeitos indiretos sobre os fluxos de caixa do projeto. De um lado, a legislação tributária brasileira permite que a depreciação seja computada como despesa para dedução do imposto de renda. Caso o projeto seja tributado pelo regime de lucro real, o analista deve considerar as despesas anuais com depreciação dos ativos fixos do projeto para calcular corretamente o resultado tributável e, consequentemente, as saídas de caixa com o pagamento de imposto de renda sobre os resultados anuais. De outro lado, a depreciação também é importante para o cálculo do valor residual dos ativos fixos do projeto, o qual costuma ser assumido como entrada de caixa no último período da análise. Os exemplos de elaboração de fluxos de caixa apresentados na subseção 8.3.3 podem ajudar o leitor a melhor compreender o tratamento da depreciação.

3. **Financiamento**: conforme abordado na seção 8.2, caso o projeto contemple, em sua estrutura de capital, financiamento com recursos de terceiros, o analista pode considerar o custo desses recursos no cálculo da taxa mínima de atratividade (TMA). Ao adotar essa premissa, tanto a entrada dos recursos financeiros no momento da liberação do financiamento, como também as saídas para o pagamento das parcelas da dívida (juros e amortização) não devem ser consideradas nos fluxos de caixa do projeto. Isso implicaria dupla contagem e prejudicaria a análise da viabilidade econômica do projeto. Novamente, há uma questão tributária importante, haja vista que as despesas financeiras com juros podem reduzir o resultado tributável do projeto (dedutibilidade fiscal da despesa financeira). Quando esse for o caso, o analista tem duas opções excludentes: (i) considerar a dedutibilidade fiscal da despesa financeira no cálculo do custo de capital, utilizando a Equação (8.9); ou (ii) considerar a dedutibilidade fiscal da despesa financeira na elaboração dos fluxos de caixa do projeto. Perceba que as opções são excludentes; isto é, se escolher pela opção (i), o analista não pode considerar a dedutibilidade fiscal das despesas financeiras na elaboração dos fluxos de caixa do projeto, e, se escolher a opção (ii), o custo de capital de terceiros não pode ser reduzido pelo benefício fiscal do endividamento.

4. **Inflação**: existem, basicamente, duas formas de a inflação afetar os preços que compõem os fluxos de caixa de um projeto: a) homogênea; b) heterogênea. No caso de uma inflação homogênea, todos os preços dos insumos e produtos seriam elevados pela mesma taxa. Nesse caso, a maneira mais fácil e prática de lidar com a inflação é simplesmente ignorá-la. Afinal, se as

---

ii Como o cálculo dos custos é uma etapa para a apuração das saídas de caixa do projeto em cada período, neste capítulo adota-se uma definição ampla de custo total, a qual considera tanto os custos como também as despesas decorrentes das atividades do projeto em análise.

receitas e os custos de um projeto forem afetados pela mesma taxa de inflação, não há motivo para imaginarmos que a inflação afetaria o valor econômico (ou a rentabilidade) real gerado pelo projeto. No segundo caso, as coisas se tornam um pouco mais complicadas. Primeiro, porque precisaremos adotar premissas acerca das diferentes taxas de inflação que irão afetar os preços relevantes para o projeto em análise. Trata-se, sem dúvidas, de um difícil exercício de previsão. Segundo, porque precisaremos, a partir das diferentes taxas de inflação assumidas, calcular uma taxa de inflação média para o projeto. O ideal seria obter uma média ponderada a partir das diferentes taxas e da representatividade dos valores afetados por essas taxas na composição dos fluxos de caixa. Terceiro, porque precisaremos descontar a taxa média (ponderada) de inflação da taxa interna de retorno calculada do projeto (subseção 8.4.3), bem como inflacionar a taxa mínima de atratividade (TMA) para calcular o valor presente líquido (subseção 8.4.1) do projeto. Ao leitor interessado em uma análise mais detalhada sobre os efeitos da inflação em projetos de investimento, sugere-se o trabalho de Souza e Kliemann Neto.[16]

Uma estrutura genérica para a elaboração/estimativa dos fluxos de caixa periódicos de um projeto de investimento pode ser observada na Tabela 8.6. É importante destacar que se trata apenas de uma estrutura genérica, a qual poderá ser alterada pelo analista de acordo com as características do projeto. De fato, os exemplos práticos apresentados na subseção 8.3.3, extraídos a partir de análises empíricas, fazem algumas adaptações à estrutura genérica apresentada na Tabela 8.6.

Tabela 8.6 Estrutura dos fluxos de caixa periódicos de um projeto de investimento

Receita operacional líquida
(−) Custos e despesas operacionais (sem depreciação)
(=) EBITDA*
(−) Depreciação
(=) Lucro operacional antes de juros e IR (LAJIR)
(−) IRPJ + CSLL
(+) Depreciação
(+/−) Variação no capital de giro líquido
(=) Fluxo de caixa líquido (FCL) do projeto

* Sigla adotada para se referir ao "*Earning before interest, taxes, depreciation and amortization*", ou "Lucro antes de juros, impostos, depreciação e amortização".

8.3.3 Exemplos práticos de fluxos de caixa de projetos de investimento agroindustriais

Para melhor ilustrar a elaboração de fluxos de caixa de projetos de investimento, as Tabelas 8.2, 8.3 e 8.4 apresentam exemplos empíricos extraídos da literatura de análise de investimentos agroindustriais. Esses exemplos visam, sobretudo, demonstrar ao leitor que cada projeto possui suas especificidades, as quais irão afetar nos cálculos dos valores do investimento inicial e das entradas e saídas de caixa. Assim, não há uma receita pronta para qualquer situação, apenas conceitos e técnicas que podem ser aplicados em qualquer caso. A estrutura geral de elaboração dos fluxos de caixa dos exemplos aqui apresentados poderá ser útil nos mais diversos casos de investimentos agroindustriais, desde que o analista tenha o cuidado de realizar as devidas adaptações necessárias.

A Tabela 8.7 foi obtida a partir do estudo de Bisognin e Aragão.[17] Esses autores realizaram uma análise da viabilidade econômica de um investimento em uma agroindústria processadora de carne suína. É interessante observar a forma como os autores consideraram os diferentes tributos incidentes sobre o projeto em análise. Além disso, as despesas com depreciação e juros foram consideradas exclusivamente para o cálculo dos resultados tributáveis anuais do projeto, conforme mencionado na subseção 8.3.2. Perceba que a não consideração dessas duas despesas aumentaria os resultados tributáveis anuais do projeto, gerando saídas de caixa decorrentes do pagamento de imposto sobre o lucro mais altas.

A Tabela 8.8, obtida a partir do estudo de Shimata *et al.*,[19] mostra a elaboração dos fluxos de caixa de um projeto experimental de implantação de um sistema de integração lavoura-pecuária em uma unidade da Embrapa. Nesse caso, como o projeto contempla a produção de dois produtos (gado de corte e milho), foram discriminadas as entradas e saídas de caixa geradas por cada uma dessas atividades. Ademais, os autores consideraram o valor residual das máquinas e benfeitorias do projeto como entrada de caixa no último ano da análise, premissa comumente adotada em análises de investimentos. Nesse projeto, foi assumida isenção fiscal, o que explica a não consideração de saídas de caixa decorrentes do pagamento de tributos.

Tabela 8.7 Fluxos anuais de caixa de um projeto para implantação de uma unidade de abate e processamento de carne suína na região Centro-Serra do estado do Rio Grande do Sul[18]

Descrição e itens	Ano 0	Ano 1	Ano 2	...	Ano 10
1. Total das entradas de caixa		$ 1.108.800,00	$ 1.108.800,00		$ 1.108.800,00
Receita operacional bruta		$ 1.108.800,00	$ 1.108.800,00		$ 1.108.800,00
2. Investimento inicial	$ 472.653,06				
Aquisição do espaço físico	$ 0,00				
Construção e instalações civis	$ 250.453,06				
Máquinas e equipamentos	$ 132.200,00				
Móveis e utensílios	$ 25.000,00				
Capital de giro	$ 65.000,00				
3. Saídas operacionais de caixa (total)		$ 934.036,00	$ 934.036,00		$ 934.036,00
Matéria-prima (suínos)		$ 360.000,00	$ 360.000,00		$ 360.000,00
Materiais secundários		$ 14.400,00	$ 14.400,00		$ 14.400,00
Material para embalagem		$ 33.600,00	$ 33.600,00		$ 33.600,00
Mão de obra operacional		$ 99.600,00	$ 99.600,00		$ 99.600,00
Encargos sociais		$ 59.760,00	$ 59.760,00		$ 59.760,00
Água e energia elétrica		$ 13.000,00	$ 13.000,00		$ 13.000,00
Despesas administrativas		$ 24.916,80	$ 24.916,80		$ 24.916,80
Impostos faturados[a]		$ 328.759,20	$ 328.759,20		$ 328.759,20
Depreciação de equipamentos[b]		$ 13.220,00	$ 13.220,00		$ 13.220,00
Despesa financeira[c]		$ 14.500,00	$ 14.050,00		$ 10.450,00
4. Imposto de renda [d]		$ 40.437,10	$ 40.560,85		$ 41.550,85
5. Total das saídas anuais de caixa (3+4)		$ 974.473,10	$ 974.596,85		$ 975.586,85
6. Fluxo de caixa líquido (1-2-5)	-$ 472.653,06	$ 134.326,90	$ 134.203,15	...	$ 133.213,15

(a) Os autores consideraram os seguintes impostos e as respectivas alíquotas sobre a receita operacional bruta anual: 10% de IPI, 17% de ICMS, 2% de Funsocial e 0,65% de PIS, resultando em um total de 29,65% sobre a receita bruta anual do projeto.

(b) A depreciação foi utilizada somente para a apuração do imposto de renda. Conforme já mencionado, trata-se de um custo que não se consolida em saída efetiva de recursos financeiros do caixa da empresa. Entretanto, a legislação tributária brasileira permite que a depreciação seja computada como despesa para fim de dedução do imposto de renda, o que poderá gerar um benefício fiscal para a empresa.

(c) A despesa financeira (pagamento de juros) foi utilizada somente para a apuração do imposto de renda. Apesar de gerar saída de caixa, essa despesa é tratada no cálculo do custo do capital do projeto, conforme abordado na seção 8.2. Perceba, ainda, que ao optar por considerar a dedutibilidade fiscal da despesa financeira no fluxo de caixa, não devemos considerar novamente esse benefício no cálculo do custo do capital de terceiros.

(d) Os autores assumiram uma alíquota de 27,5% de IRPJ + CSLL. Essa alíquota foi aplicada sobre o resultado de: receita operacional bruta – saídas operacionais de caixa – depreciação de equipamentos – despesa financeira.

A Tabela 8.9, adaptada do estudo de Vergara et al.,[21] apresenta a elaboração dos fluxos anuais de caixa para um investimento na construção de um silo para integração dos setores de armazenamento e produção de soja e milho em uma propriedade rural. O projeto considera as entradas e saídas de caixa associadas a produção, armazenagem e venda desses dois produtos agrícolas.

Tabela 8.8 Fluxos anuais de caixa de um projeto experimental de implantação de um sistema de integração lavoura-pecuária em uma unidade da Embrapa[20]

Descrição e itens	Ano 0	Ano 1	Ano 2	...	Ano 10
1. Total das entradas de caixa		$ 50.093,13	$ 44.371,94		58.318,62
Receita operacional venda gado		$ 38.500,00	$ 32.620,00		35.700,00
Receita operacional venda milho		$ 11.593,13	$ 11.751,94		12.711,15
Valor residual benfeitorias e máquinas					9.907,47
2. Investimento inicial	$ 44.909,11				
Benfeitorias	$ 24.421,91				
Máquinas e equipamentos	$ 20.487,20				
3. Saídas operacionais de caixa		$ 42.629,24	$ 35.909,75		38.524,41
3.1. Saídas de caixa da pecuária		$ 38.645,21	$ 31.925,72		34.540,38
Bezeros		$ 25.600,00	$ 19.200,00		22.400,00
Vacinas, vermífugos e carrapaticidas		$ 486,67	$ 413,18		424,28
Sal mineral e sal proteinado		$ 984,00	$ 738,00		862,00
Insumos para o pasto (ureia e sementes)		$ 4.660,00	$ 4.660,00		4.490,40
Mão de obra		$ 2.103,70	2.103,70		2.103,70
Reparos e manutenção		$ 550,84	550,84		0,00
Arrendamento da terra		$ 4.260,00	4.260,00		4.260,00
3.2. Saídas de caixa da lavoura de milho		$ 3.984,03	3.984,03		3.984,03
Sementes		$ 482,80	482,80		482,80
Adubos NPK		$ 3.383,13	3.383,13		3.383,13
Herbicida		$ 118,10	118,10		118,10
4. Fluxo de caixa líquido (=1-2-3)	-$ 44.909,11	$ 7.463,89	$ 8.462,19	...	$ 19.794,21

Tabela 8.9 Fluxos anuais de caixa de um projeto de construção de um silo visando à integração da produção e armazenamento de soja e milho[22]

Descrição	Ano 0	Ano 1	Ano 2	...	Ano 5
1. Total das entradas de caixa		$ 7.180.000	$ 7.180.000		$ 7.180.000
Receita com venda de soja		$ 4.330.000	$ 4.330.000		$ 4.330.000
Receita com venda de milho		$ 2.850.000	$ 2.850.000		$ 2.850.000
2. Investimento inicial	$ 4.229.431				
Equipamentos (silo, secador etc.)	$ 1.601.707				
Obras civis e elétricas	$ 2.235.000				
Gastos pré-operacionais	$ 462.724				
3. Saídas operacionais de caixa		$ 6.466.912	$ 6.466.912		$ 6.466.912
Mão de obra		$ 214.500	$ 214.500		$ 214.500
Combustível		$ 135.000	$ 135.000		$ 135.000
Aluguel de máquinas		$ 165.000	$ 165.000		$ 165.000
Frete de caminhões		$ 90.270	$ 90.270		$ 90.270
Arrendamento de terra		$ 1.031.250	$ 1.031.250		$ 1.031.250
Insumos para soja		$ 1.850.000	$ 1.850.000		$ 1.850.000
Insumos para milho		$ 2.785.520	$ 2.785.520		$ 2.785.520

(continua)

(continuação)

Descrição	Ano 0	Ano 1	Ano 2	...	Ano 5
Gastos com escritório		$ 36.000	$ 36.000		$ 36.000
Compras e mercado		$ 8.400	$ 8.400		$ 8.400
Manutenção de equipamentos		$ 120.000	$ 120.000		$ 120.000
Sinal de GPS		$ 24.000	$ 24.000		$ 24.000
Energia		$ 5.000	$ 5.000		$ 5.000
Sindicato		$ 1.972	$ 1.972		$ 1.972
Depreciação de equipamentos [a]		$ 170.000	$ 170.000		$ 170.000
Despesa financeira [b]			$ 322.500		$ 258.000
4. Imposto de renda [c]		$ 139.349	$ 50.662		$ 68.399
5. Total das saídas anuais de caixa (3+4)		$ 6.606.261	$ 6.517.574		$ 6.535.311
6. Fluxo de caixa líquido (1-2-5)	-$ 4.229.431	$ 573.739	$ 662.426	...	$ 644.689

(a) A depreciação foi utilizada somente para a apuração do imposto de renda.

(b) A despesa financeira (pagamento de juros) foi utilizada somente para a apuração do imposto de renda. Apesar de gerar saída de caixa, essa despesa é tratada no cálculo do custo do capital do projeto, conforme abordado na seção 8.2. Novamente, ao considerarmos a dedutibilidade fiscal da despesa financeira na elaboração dos fluxos de caixa, devemos tomar cuidado para não considerar esse benefício fiscal no cálculo do custo do capital de terceiros do projeto.

(c) Os autores assumiram uma alíquota de 27,5% de IRPJ + CSLL.

8.4 MÉTODOS DE ANÁLISE DE VIABILIDADE ECONÔMICA DE INVESTIMENTOS

Após a elaboração e consolidação dos fluxos de caixa do projeto em um diagrama de fluxo de caixa, torna-se necessário avaliar o potencial do projeto de gerar valor econômico para a empresa. Caso o projeto tenha potencial de gerar valor econômico, isto é, apresente expectativa de retorno superior ao custo do capital investido, afirma-se que o projeto é economicamente atraente para a empresa. Caso contrário, afirma-se que o projeto não é economicamente atraente. Perceba que a condição necessária para que um projeto de investimento seja considerado atrativo é que o retorno líquido gerado pelas atividades do projeto suplante o custo de oportunidade do capital investido no projeto.

Os tradicionais métodos quantitativos de análise de viabilidade econômica oferecem suporte à tomada de decisão entre aceitar ou rejeitar um projeto de investimento. Esses métodos também podem ser aplicados para a tomada de decisão em situações de comparação entre duas ou mais propostas de investimento que não podem ser implementadas ao mesmo tempo (mutuamente excludentes). Antes de apresentar ao leitor as características operacionais dos métodos, é importante alertar que estes irão refletir o cenário projetado nos fluxos de caixa do projeto. Assim, trata-se de indicadores econômicos de expectativa da viabilidade ou inviabilidade econômica de um projeto nas condições técnicas e econômicas estabelecidas durante a elaboração dos fluxos de caixa.

Nas subseções que seguem são apresentados e exemplificados os métodos do valor presente líquido (VPL), valor anual equivalente (VAE), taxa interna de retorno (TIR), taxa interna de retorno modificada (TIRM) e *payback*.

8.4.1 Valor presente líquido (VPL)

O método do VPL é bastante consistente e amplamente adotado nas análises de viabilidade econômica de projetos. Esse método desconta para o valor presente todos os fluxos de caixa líquidos esperados ao longo do horizonte de análise do projeto. A taxa de desconto utilizada é a taxa mínima de atratividade (TMA). Ou seja, utiliza-se o custo de capital do projeto para descontar os fluxos de caixa líquidos para valor presente. Após descontados todos os fluxos de caixa líquidos esperados a valor presente, procede-se à soma deles. É importante observar que o VPL considera tanto o valor do dinheiro no tempo, como também o custo de oportunidade do capital investido em um projeto de investimento. Esse método resulta no valor econômico gerado pelo projeto. Matematicamente, tem-se:

$$VPL = \sum_{t=1}^{n} \frac{FCL_t}{(1+TMA)^t} - FCL_0 \qquad (8.18)$$

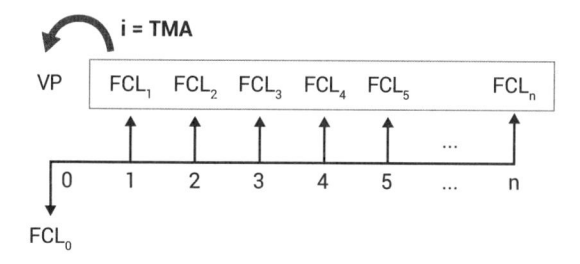

Figura 8.5 Valor presente líquido (VPL) de um projeto de investimento.

em que FCL_t é o fluxo de caixa líquido gerado pelo projeto no período t, t é o período considerado (0, 1, 2... n), TMA é a taxa mínima de atratividade/custo de capital do projeto e FCL_0 é o fluxo de caixa líquido no período zero – normalmente caracterizado pelas saídas de caixa com o investimento inicial. Os possíveis resultados e as regras de decisão a partir da aplicação do método do VPL para a análise de projetos de investimento são:

- **VPL > 0**: caracteriza um cenário em que o valor presente das entradas de caixa supera o valor presente das saídas de caixa do projeto. Ou seja, mesmo após levar-se em consideração o custo de capital para descontar os fluxos de caixa líquidos, ainda há sobras de caixa, o que indica que o projeto supera as expectativas de remuneração de seus fornecedores de capital – expressa na TMA. Essa é, claramente, uma situação de geração de valor econômico, o que sinaliza viabilidade econômica do projeto.

- **VPL < 0**: caracteriza uma situação em que o valor presente das saídas de caixa supera o valor presente das entradas de caixa do projeto. Isso significa que o projeto não atende às expectativas de remuneração de seus fornecedores de capital e, portanto, não gera valor econômico para a empresa. Trata-se de um indicativo de inviabilidade econômica do projeto.

- **VPL = 0**: nesse caso, o valor presente das entradas de caixa é exatamente igual ao valor presente das saídas de caixa. Perceba que, como esses valores foram descontados pela TMA, isso significa que o projeto apresenta retorno igual ao seu custo de capital. Trata-se de uma situação de indiferença entre investir no projeto ou em alguma alternativa que remunere o capital à TMA.

EXEMPLO 1

Um primeiro exemplo de cálculo do VPL pode ser feito com base no caso do projeto experimental de implantação de um sistema de integração lavoura-pecuária em uma unidade da Embrapa, ilustrado na Tabela 8.8 da subseção 8.3.3. A Figura 8.6 sintetiza os fluxos líquidos anuais em um diagrama de fluxo de caixa para o projeto.

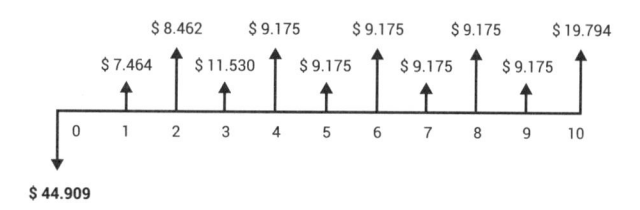

Figura 8.6 Diagrama de fluxo de caixa de um projeto experimental de sistema de integração lavoura-pecuária.

Vamos pressupor que o custo de capital do projeto tenha sido calculado conforme metodologias apresentadas na seção 8.2, resultando em uma TMA de 8,5% ao ano. A partir das informações extraídas do diagrama de fluxo de caixa e da TMA do projeto, podemos expressar o cálculo do VPL como:

$$VPL = -\$44.909 + \frac{\$7.464}{(1+0,085)^1} + \frac{\$8.462}{(1+0,085)^2} + \frac{\$11.530}{(1+0,085)^3} + \frac{\$9.175}{(1+0,085)^4} + \frac{\$9.175}{(1+0,085)^5} + \frac{\$9.175}{(1+0,085)^6}$$

$$+ \frac{\$9.175}{(1+0,085)^7} + \frac{\$9.175}{(1+0,085)^8} + \frac{\$9.175}{(1+0,085)^9} + \frac{\$19.794}{(1+0,085)^{10}} = \$20.038,78$$

Como o VPL do projeto é maior do que zero, a recomendação é aceitá-lo. Assim, diante do cenário projetado para o sistema de integração, ele mostrou-se economicamente atraente.

EXEMPLO 2

A Associação dos Pequenos Agricultores de São Manuel está planejando a construção de uma casa de farinha de mandioca para melhor aproveitar mão de obra e espaço físico ociosos e ainda produzir e ofertar aos consumidores locais um produto seguro e de maior qualidade. Após um conjunto de análises da gerência, os fluxos de caixa gerados exclusivamente foram projetados, conforme Tabela 8.10.

Tabela 8.10 Fluxos de caixa do projeto de investimento em uma casa de farinha de mandioca na Associação dos Pequenos Agricultores de São Manuel

	Ano 0	Ano 1	Ano 2	Ano 3	Ano 4	Ano 5	Ano 6	Ano 7	Ano 8	Ano 9	Ano 10
A. Investimento total	134.939										
Construção da casa de farinha	104.189										
Equipamentos	30.750										
B. Receitas totais		30.000	30.000	30.000	30.000	30.000	30.000	30.000	30.000	30.000	85.670
Venda de farinha		30.000	30.000	30.000	30.000	30.000	30.000	30.000	30.000	30.000	30.000
Valor residual ativos fixos											55.670
C. Custos e despesas totais		7.864	7.864	7.864	7.864	7.864	7.864	7.864	7.864	7.864	7.864
Manutenção		2.064	2.064	2.064	2.064	2.064	2.064	2.064	2.064	2.064	2.064
Energia elétrica		800	800	800	800	800	800	800	800	800	800
Salário e encargos (rateados)		5.000	5.000	5.000	5.000	5.000	5.000	5.000	5.000	5.000	5.000
D. Fluxo de caixa líquido	-134.939	22.136	22.136	22.136	22.136	22.136	22.136	22.136	22.136	22.136	77.806

O projeto será integralmente financiado com uma linha de crédito subsidiada, cujo custo efetivo total é de 4,5% ao ano. Pede-se para calcular o VPL do projeto e apresentar uma recomendação para a gerência da Associação.

Solução

Perceba que, como o projeto será integralmente financiado com recursos de terceiros, a TMA é o custo efetivo do financiamento. Portanto, temos a tarefa de calcular o VPL a partir dos fluxos de caixa apresentados na Tabela 8.10, considerando uma TMA de 4,5% ao ano. Como temos valores uniformes no diagrama de fluxo de caixa, podemos utilizar a fórmula de fator de valor presente de uma série uniforme para facilitar nosso trabalho:

$$VPL = -\$134.939 + \left[\frac{(1+0,045)^{10} - 1}{(1+0,045)^{10} * 0,045}\right] * \$22.136 + \frac{\$55.670}{(1+0,045)^{10}} = \$76.064$$

Como o VPL do projeto é maior do que zero, nossa recomendação para a gerência da Associação dos Pequenos Agricultores de São Manuel seria de implementar o projeto de construção da casa de farinha.

EXEMPLO 3

Higashi[23] estimou os fluxos de caixa de um projeto de produção de banana e caqui desidratados em uma propriedade rural no município de Guararema-SP. A Tabela 8.11 sintetiza os fluxos de caixa projetados.

Tabela 8.11 Fluxos de caixa de um projeto de investimento na produção de banana e caqui desidratados[24]

	Ano 0	Ano 1	Ano 2	Ano 3	Ano 4	Ano 5	Ano 6	Ano 7	Ano 8	Ano 9	Ano 10
A. Investimento total	288.570										
Máquinas e equipamentos	116.980										
Infraestrutura física	120.000										
Veículos	51.590										
B. Receitas totais		281.629	337.955	394.281	450.606	506.932	563.258	563.258	563.258	563.258	620.238
Venda de caqui seco		105.949	127.139	148.329	169.518	190.708	211.898	211.898	211.898	211.898	211.898
Venda de banana seca		175.680	210.816	245.952	281.088	316.224	351.360	351.360	351.360	351.360	351.360
Valor residual ativos fixos											56.980
C. Custo total		288.423	327.711	367.000	409.239	448.527	487.816	487.816	487.816	487.816	487.816
Custos variáveis		244.682	283.970	323.259	365.498	404.786	444.075	444.075	444.075	444.075	444.075
Custos fixos		43.741	43.741	43.741	43.741	43.741	43.741	43.741	43.741	43.741	43.741
D. Fluxo de caixa líquido	-288.570	-6.794	10.244	27.281	41.367	58.405	75.442	75.442	75.442	75.442	132.422

A TMA determinada para o projeto foi de 11% ao ano. Pede-se para determinar, com base no método do VPL, se o projeto é economicamente atraente para a empresa rural.

Solução

A fórmula de cálculo do VPL do projeto pode ser expressa como:

$$VPL = -\$288.570 - \frac{\$6.794}{(1+0,11)^1} + \frac{\$10.244}{(1+0,11)^2} + \frac{\$27.281}{(1+0,11)^3} + \frac{\$41.367}{(1+0,11)^4} + \frac{\$58.405}{(1+0,11)^5} +$$

$$\frac{\$75.442}{(1+0,11)^6} + \frac{\$75.442}{(1+0,11)^7} + \frac{\$75.442}{(1+0,11)^8} + \frac{\$75.442}{(1+0,11)^9} + \frac{\$132.422}{(1+0,11)^{10}} = -\$18.982$$

Como o VPL do projeto é negativo, não se trata, nas condições expostas, de um investimento economicamente atraente para a empresa.

8.4.1.1 Tópicos adicionais sobre o VPL

É importante fazer três observações adicionais sobre as características operacionais do método do VPL:

- **Pressuposto do reinvestimento**: o método do VPL pressupõe, implicitamente, que os fluxos de caixa líquidos intermediários do projeto são reinvestidos pela própria TMA. Esse pressuposto implica assumir que a empresa conseguirá reinvestir os fluxos de caixa gerados pelo projeto em alternativas que remunerem, ao menos, o próprio custo de capital do projeto.

- **Sensibilidade do VPL**: o VPL, assim como os demais métodos de análise de investimentos, é um indicador de viabilidade econômica que reflete um cenário projetado pelo analista com base em um conjunto de premissas técnicas, econômicas e institucionais. Conforme exposto na seção 8.3, esse cenário é consolidado no diagrama de fluxo de caixa do projeto. Naturalmente, alterações nas variáveis adotadas para o cálculo dos fluxos de caixa e do custo de capital do projeto irão influenciar no resultado do VPL. Uma prática costumeiramente adotada em análises de investimento consiste em encontrar as variáveis com maior impacto na elaboração dos fluxos de caixa e simular diferentes cenários a partir de alterações nos valores assumidos para essas variáveis. Essa técnica pode ser empregada de forma bastante simples, construindo-se, por exemplo, três cenários (normal, pessimista e otimista) a partir de diferentes pressuposições sobre o comportamento de uma dada variável e calculando o VPL para cada um dos cenários. É possível, ainda, encontrar os valores críticos dessa mesma variável. Por exemplo, dados os valores das demais variáveis de um projeto, o analista pode estar interessado em encontrar o preço mínimo de venda do produto que ainda faz com que o VPL de um projeto seja maior do que zero.

- **VPL para comparação de projetos**: no caso de uma decisão diante de dois ou mais projetos mutuamente excludentes, se todos apresentarem VPL superior a zero, o analista deverá escolher aquele com maior VPL. Aqui, é importante destacar que só é possível comparar projetos cujos horizontes de análise sejam iguais. O método do valor anual equivalente (VAE), apresentado na próxima subseção, é mais indicado para a comparação de projetos de investimento cujas vidas úteis sejam diferentes. Entretanto, caso o analista deseje adotar o VPL, deverá calcular o mínimo múltiplo comum (MMC) dos prazos dos projetos e pressupor a repetição dos projetos até que se alcance o MMC. Após esse procedimento, pode-se calcular o VPL de ambos os projetos e escolher aquele com maior VPL. Perceba que isso pode se tornar uma tarefa árdua quando, por exemplo, o analista precisar comparar um projeto com prazo de vida útil de sete anos com outro de nove anos.

8.4.2 Valor anual equivalente (VAE)

O método do valor anual equivalente (VAE) transforma o VPL de um projeto em uma série anual uniforme equivalente, o que consiste em distribuir a renda econômica gerada pelo projeto equitativamente para cada ano da vida útil desse mesmo projeto. Matematicamente, pode-se expressar o cálculo do VAE como:

$$VAE = \frac{VPL}{\left[\dfrac{(1+TMA)^n - 1}{(1+TMA)^n \cdot i}\right]} \qquad (8.19)$$

É importante notar que o denominador da Equação (19) é o fator de valor presente de uma série uniforme, utilizando-se a TMA do projeto como taxa de juros. Nesse caso, como se trata de um valor anual equivalente, deve-se trabalhar com prazo e taxa de juros anuais. Perceba que, em termos operacionais, o método do VAE é o próprio VPL do projeto dividido pelo fator de valor presente de uma série anual uniforme. Ao dividir o VPL pelo fator de valor presente, estamos transformando-o em uma série uniforme equivalente. É fácil perceber que, quando o VPL do projeto for maior do que zero, o VAE também será, reafirmando a viabilidade econômica do projeto.

A maior atratividade para o uso do VAE, no entanto, se dá quando temos a tarefa de comparar dois ou mais projetos mutuamente excludentes, cujos prazos de duração sejam diferentes. Nesse caso, ao anualizar a renda econômica dos projetos, mesmo que eles possuam prazos diferentes, podemos proceder diretamente à comparação. O projeto com maior VAE será aquele com maior renda econômica anualizada, portanto, o de maior atratividade econômica para a empresa. Cabe aqui uma observação importante. Ainda que não explicitamente, assume-se a possibilidade de repetição dos projetos ao compará-los pelo método do VAE. Ao anualizar as rendas econômicas de dois ou mais projetos e compará-las, estamos admitindo possibilidades de repetição dos projetos até um horizonte de tempo compatível. Essa premissa sempre deve ser avaliada cuidadosamente pelo analista antes de comparar projetos de investimento mutuamente excludentes com prazos de vida útil diferentes. A pergunta que se deve fazer é: podemos assumir a possibilidade de repetição dos projetos em análise?

A regra de decisão para a comparação de projetos mutuamente excludentes com o uso do método do VAE pode ser definida como:

- Regra de decisão: para dois ou mais projetos mutuamente excludentes, se todos apresentarem VAE maior do que zero, deve-se escolher o projeto com maior VAE.

EXEMPLO 1

Suponha que um agricultor tenha duas opções mutuamente excludentes para alocar a terra e outros recursos de sua fazenda nos próximos anos. A primeira opção consiste em um projeto de produção de uma cultura semiperene, com ciclo de produção de quatro anos. A segunda opção é um projeto de produção de uma cultura perene, cujo ciclo de produção é de dez anos. Os fluxos de caixa das duas opções são apresentados a seguir.

Alternativa 1: Fluxos anuais de caixa de produção da cultura semiperene

	Ano 0	Ano 1	Ano 2	Ano 3	Ano 4
Receitas		320.000	320.000	320.000	340.000
Custos e despesas		190.000	190.000	190.000	190.000
Investimento	350.000				
Fluxo líquido	-350.000	130.000	130.000	130.000	150.000

Alternativa 2: Fluxos anuais de caixa de produção da cultura perene

	Ano 0	Ano 1	Ano 2	Ano 3	Ano 4	Ano 5	Ano 6	Ano 7	Ano 8	Ano 9	Ano 10
Receitas		0	0	180.000	250.000	320.000	320.000	320.000	320.000	320.000	360.000
Custos e despesas		30.000	30.000	100.000	100.000	140.000	140.000	140.000	140.000	140.000	140.000
Investimento	600.000										
Fluxo líquido	-600.000	-30.000	-30.000	80.000	150.000	180.000	180.000	180.000	180.000	180.000	220.000

Considerando que o custo de capital desse produtor é de 8% ao ano, pede-se para determinar a melhor alternativa de alocação de seus recursos.

Solução

Como as alternativas possuem vidas úteis diferentes, devemos utilizar o método do VAE. Primeiro, é necessário calcular o VPL de cada alternativa:

$$VPL_1 = -\$\,350.000 + \left[\frac{(1+0,08)^3 - 1}{(1+0,08)^3 * 0,08}\right] * \$\,130.000 + \frac{\$\,150.000}{(1+0,08)^4} = \$\,95.277$$

$$VPL_2 = -\$\,600.000 - \frac{\$\,30.000}{(1+0,08)^1} - \frac{\$\,30.000}{(1+0,08)^2} + \frac{\$\,80.000}{(1+0,08)^3} + \frac{\$\,150.000}{(1+0,08)^4} + \frac{\$\,180.000}{(1+0,08)^5} +$$

$$\frac{\$\,180.000}{(1+0,08)^6} + \frac{\$\,180.000}{(1+0,08)^7} + \frac{\$\,180.000}{(1+0,08)^8} + \frac{\$\,180.000}{(1+0,08)^9} + \frac{\$\,220.000}{(1+0,08)^{10}} = \$\,150.423$$

Na sequência, pode-se dividir o VPL pelo fator de valor presente de uma série anual uniforme para calcular o VAE de cada alternativa:

$$VAE_1 = \frac{\$\,95.277}{\left[\frac{(1+0,08)^4 - 1}{(1+0.08)^4 \cdot 0,08}\right]} = \$\,28.766 \qquad VAE_2 = \frac{\$\,150.423}{\left[\frac{(1+0,08)^{10} - 1}{(1+0.08)^{10} \cdot 0,08}\right]} = \$\,22.417$$

Como $VAE_1 > VAE_2$, a melhor opção para o produtor é a alternativa 1, isto é, a produção da cultura semiperene. Perceba que, como os prazos são diferentes, o uso do método do VPL nos levaria a uma decisão equivocada. Caso o tomador de decisão optasse pelo uso do VPL, seria necessário repetir os fluxos de caixa dos projetos até o horizonte de 20 anos (MMC dos prazos dos projetos) para, então, proceder ao cálculo e à comparação dos VPLs. O método do VAE, mais prático para esse tipo de análise, assume essa possibilidade de repetição implicitamente.

Em algumas situações, é comum que os projetos em análise produzam variações apenas nos custos de produção, gerando benefícios (entradas de caixa) equivalentes. Nesses casos, basta fazer uma pequena adaptação na lógica do método do VAE para transformá-lo em custo anual equivalente (CAE). O método do CAE consiste em anualizar os custos de investimento, de oportunidade e operacionais de um projeto. A lógica de cálculo é idêntica à do VAE, contudo agora utilizando valores de saída de caixa gerados pelos projetos. No caso do CAE, estaremos sempre interessados em escolher o projeto de menor custo anual, portanto, com menor CAE.

Regra de decisão: para dois ou mais projetos mutuamente excludentes que produzam variações apenas nos custos de produção, deve-se escolher o projeto com menor CAE.

EXEMPLO 2

Para ilustrar uma aplicação do CAE, imagine um produtor rural diante da situação de escolha de um trator. Esse produtor tem duas opções. A opção 1 requer um investimento inicial de R$ 72.500 e apresenta um custo operacional anual estimado em R$ 12.885. Como se trata de um trator seminovo, a vida útil é de oito anos. Ao final do oitavo ano, esse trator ainda tem valor residual de R$ 20.000. Por sua vez, a opção 2 demanda um investimento inicial de R$ 80.000,00 e tem custo operacional anual projetado em R$ 11.462 com vida útil prevista de 10 anos. Ao final do décimo ano, esse trator ainda tem valor residual de R$ 20.000. O custo do capital desse produtor é de 6,5% ao ano. Pede-se para determinar a melhor opção a ele.

Solução

Precisaremos calcular o CAE de cada uma das opções e escolher aquela com menor CAE. Perceba que, basta anualizarmos o investimento inicial e o valor residual dos tratores, haja vista que os custos operacionais já são anuais. As fórmulas de cálculo para o CAE dos tratores 1 e 2 são:

$$CAE_1 = \frac{R\$\ 72.500}{\left[(1+0{,}065)^8 - 1\right]/\left[(1+0{,}065)^8 * 0{,}065\right]} + R\$\ 12.885 - \frac{R\$\ 20.000}{\left[\frac{(1+0{,}065)^8}{0{,}065}\right]} = R\$\ 22.807{,}46$$

$$CAE_2 = \frac{R\$\ 80.000}{\left[(1+0{,}065)^{10} - 1\right]/\left[(1+0{,}065)^{10} * 0{,}065\right]} + R\$\ 11.462 - \frac{R\$\ 20.000}{\left[\frac{(1+0{,}065)^{10}}{0{,}065}\right]} = R\$\ 21.108{,}28$$

Como a opção 2 apresenta o menor CAE, trata-se da melhor escolha para esse produtor.

8.4.3 Taxa interna de retorno (TIR)

A taxa interna de retorno (TIR) é uma taxa de desconto que iguala o valor presente das entradas e das saídas de caixa de um diagrama de fluxo de caixa. Pode-se, então, definir a TIR como uma taxa de desconto que faz com que o VPL do projeto seja igual a zero (Figura 8.6). Essa taxa caracteriza, em termos percentuais, a rentabilidade do capital investido. Matematicamente, tem-se:

$$VPL = \sum_{t=1}^{n} \frac{FCL_t}{(1+TIR)^t} - FCL_0 = 0 \quad (8.20)$$

em que TIR é a taxa interna de retorno do projeto. Perceba que as demais variáveis são as mesmas já definidas na apresentação do método do VPL. A TIR utiliza apenas os valores do diagrama de fluxo de caixa em seu cálculo, não sendo necessário adotar, *ex ante* ao cálculo da TIR, qualquer taxa de juros. O termo *interna* indica justamente que a TIR é a própria taxa de remuneração do projeto.

O método da TIR é indicado para a tomada de decisão diante de um único projeto ou de diferentes projetos que não sejam mutuamente excludentes. Veremos, adiante, que se devem fazer adaptações ao método da TIR quando quisermos utilizá-lo para comparar projetos excludentes ou mesmo para ordenar projetos de acordo com suas respectivas rentabilidades. Podemos definir a regra de decisão a partir do uso do método da TIR para um projeto de investimento como:

- Regra de decisão: quando a TIR de um projeto for superior ao seu custo de capital (TMA), considera-se o projeto economicamente atraente.

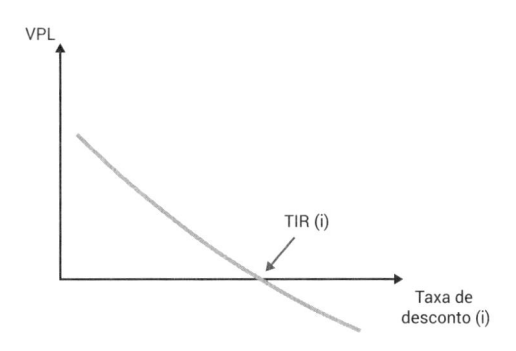

Figura 8.7 Taxa interna de retorno (TIR) em um diagrama de fluxo de caixa com uma única inversão de sinal.

Determinar manualmente o valor da TIR não é uma tarefa trivial. Esse procedimento envolve a solução de equações/polinômios de alto grau, tão mais elevado quanto seja a duração, n, do projeto. Podemos contornar essa questão adotando métodos aproximativos. A interpolação linear por um método iterativo é uma técnica relativamente simples, bastante utilizada e com resultados satisfatórios. A seguir, apresenta-se um guia com o passo a passo para o cálculo da TIR adotando-se interpolação linear por um método iterativo:

1º) Escolha uma taxa de juros arbitrária e calcule o VPL do projeto.

2º) Se o resultado encontrado for um VPL maior do que zero, já sabemos que a TIR será maior do que a taxa de juros escolhida inicialmente. Se o resultado for um VPL menor do que zero, já sabemos que a TIR será menor do que a taxa de juros escolhida inicialmente. Se o resultado for um VPL igual ou muito próximo de zero, você já obteve uma boa aproximação da TIR do projeto.

3º) Caso você tenha encontrado um VPL maior do que zero na etapa anterior, calcule novamente o VPL com uma nova taxa de juros arbitrária, maior do que aquela que foi utilizada inicialmente. Repita essa operação até encontrar um VPL menor do que zero. Naturalmente, se na etapa 2 você encontrou um VPL menor do que zero, deverá fazer o contrário nessa etapa – isto é, reduzir a taxa de juros arbitrária para encontrar uma taxa que resulte em um VPL maior do que zero.

4º) Quando você obtiver uma taxa de juros que resulta em um VPL maior do que zero e outra que resulte em um VPL menor do que zero, faça uma interpolação linear com essas taxas de juros. O resultado dessa interpolação será uma aproximação da TIR do projeto. A qualidade da aproximação dependerá da proximidade entre as taxas de juros arbitradas, portanto, trabalhe sempre com taxas de juros o mais próximas possível.

5º) Calcule agora o VPL com a taxa de juros obtida por interpolação linear para certificar-se de que ela é, de fato, uma boa aproximação da TIR. Caso não seja, refaça o procedimento indicado na 4ª etapa trabalhado com taxas de juros mais próximas do que aquelas que você trabalhou anteriormente.

EXEMPLO 1

Para ilustrar o cálculo da TIR, tomemos novamente o exemplo do diagrama de fluxo de caixa representado na Figura 8.2. No exemplo 1 da subseção 8.4.1, utilizamos a TMA de 8,5% ao ano e, como resultado, obtivemos um VPL de R$ 20.038,78. Portanto, vamos adotar uma taxa de juros arbitrária de 16,5% ao ano para calcular o VPL. Com essa nova taxa, o leitor irá perceber que VPL do projeto seria de R$ 717,10. Perceba que, apesar de ainda positivo, o VPL calculado a partir da taxa de 16,5% encontra-se bem mais próximo de zero. Arbitremos agora uma taxa de juros de 17% ao ano. O leitor pode fazer as contas e irá perceber que chegaremos a um VPL negativo, no valor de –R$ 181,85. Isso significa que a verdadeira TIR do projeto é alguma taxa entre 16,5% ao ano e 17% ao ano. Para calcularmos a TIR, podemos proceder à interpolação linear entre essas duas taxas de juros, conforme ilustrado na Figura 8.4.

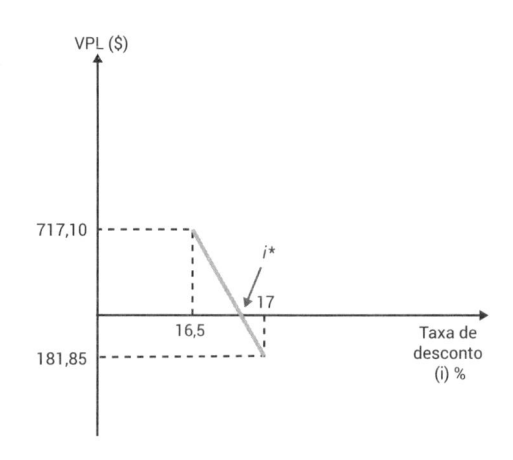

Figura 8.8 Interpolação linear para o cálculo da TIR.

Para encontrar o valor de i^*, é necessário fazer a interpolação:

$$\frac{i^* - 16,5}{717,10} = \frac{17 - i^*}{181,85}$$

$$181,85 i^* - 3.000,52 = 12.190,70 - 717,10 i^*$$

$$i^* = 16,898\% \text{ a.a.}$$

Como fizemos a interpolação a partir de taxas bastante próximas, a taxa encontrada é uma excelente aproximação da verdadeira TIR do projeto. O leitor pode fazer o teste e observará que o VPL calculado com a taxa de 16,898% ao ano é de –R$ 0,77. Como a TIR do projeto é maior do que a sua TMA, concluímos que ele é economicamente atraente.

8.4.3.1 Tópicos adicionais sobre a TIR

É de extrema importância apresentar algumas considerações adicionais sobre o método da TIR. Em verdade, essas considerações podem ser interpretadas, de forma mais rigorosa, como advertências para que o método da TIR não leve o tomador de decisão a cometer equívocos.

- **Pressuposto do reinvestimento**: o método da TIR pressupõe, implicitamente, que os fluxos de caixa líquidos intermediários de um projeto, quando positivos, são reinvestidos à própria TIR e, quando negativos, são financiados pela TIR. Essa premissa pode não encontrar fundamentação na realidade de uma empresa. Por exemplo, imagine que a empresa identifique uma oportunidade de investimento extraordinária que resulte em uma TIR de 60% ao ano. Dificilmente a empresa conseguirá reinvestir os fluxos líquidos de caixa gerados por esse projeto em outras alternativas que remunerem à essa mesma taxa de juros. Além disso, o pressuposto do reinvestimento pela própria TIR sempre favorecerá projetos com perfil de formação de fluxos de caixa líquidos maiores nos períodos iniciais. Essa situação torna-se grave sobretudo na comparação de dois ou mais projetos mutuamente excludentes, podendo levar o analista a escolher um projeto simplesmente em decorrência do seu perfil de formação de fluxos de caixa. O método da taxa interna de retorno modificada (TIRM), apresentado na próxima subseção, permite que o analista altere a pressuposição de reinvestimento/financiamento pela própria TIR.

- **TIR para comparação de projetos**: a TIR não é um bom método para comparação de projetos por dois motivos. O primeiro, já mencionado anteriormente, pode levar o analista a escolher um projeto com menor valor econômico simplesmente porque o perfil de formação dos fluxos de caixa produziu uma TIR mais alta. O segundo é que a TIR é uma taxa relativa de rentabilidade, dificultando a tarefa de comparação entre projetos com escalas de investimento inicial muito diferentes. Para resolver esses problemas, o ideal é trabalhar com os fluxos de caixa incrementais entre os projetos e calcular a TIR a partir desses fluxos. O Exemplo 2, apresentado a seguir, ilustra uma aplicação da TIR para a comparação de dois projetos mutuamente excludentes.

- **TIR para diagramas de fluxo de caixa com mais do que uma inversão de sinal**: Matematicamente, o método da TIR consiste em encontrar a(s) raíz(es) de um polinômio. Sabe-se, pela regra de sinal de Descartes, que um polinômio poderá ter, no máximo, tantas raízes quantas forem as inversões de sinais de seus termos. Isso equivale a dizer que, caso haja mais do que uma inversão de sinal nos fluxos de caixa líquidos de um projeto, esse projeto poderá apresentar também mais do que uma TIR. Entretanto, do ponto de vista prático, não é razoável que um mesmo projeto de investimento tenha diferentes taxas de retorno. Nesses casos, a solução mais recomendável é adotar alguma premissa para alterar a composição do diagrama de fluxo de caixa, tal que ele passe a ter apenas uma inversão de sinal. Por exemplo, o analista pode adotar a premissa de que a empresa faria uma reserva financeira com saldos líquidos positivos para financiar um saldo líquido negativo que venha a ocorrer. Outra solução seria financiar o saldo líquido negativo e fazer o pagamento das parcelas posteriormente com os saldos líquidos positivos do projeto. Ainda, poderia propor-se um *mix* entre as duas opções mencionadas. Naturalmente, as premissas adotadas devem ser realistas, tal que não haja distorções nos resultados da análise de viabilidade econômica do projeto. O método da TIRM também aparece como uma opção para projetos de investimento com diagramas de fluxos de caixa não convencionais.

EXEMPLO 2

Moreira *et al.*[25] analisaram um projeto de investimento em uma pequena agroindústria familiar para aumentar a produção de goiabada cascão, cujos fluxos de caixa estão expressos a seguir:

Opção 1 para expansão da produção de goiabada cascão em uma agroindústria familiar[26]

	Ano 0	Ano 1	Ano 2	Ano 3	Ano 4	Ano 5	Ano 6	Ano 7	Ano 8	Ano 9	Ano 10
Receitas		13.374	13.374	13.374	13.374	13.374	13.374	13.374	13.374	13.374	13.374
Custos e despesas		10.136	10.136	10.136	10.136	10.136	10.136	10.136	10.136	10.136	10.136
Investimento	9.000										
Fluxo líquido	-9.000	3.238	3.238	3.238	3.238	3.238	3.238	3.238	3.238	3.238	3.238

Suponha que a agroindústria tenha uma segunda opção de investimento para aumentar a produção, adotando uma tecnologia diferente daquela apresentada no estudo de Moreira *et al.*:[27]

Opção 2 para expansão da produção de goiabada cascão em uma agroindústria familiar

	Ano 0	Ano 1	Ano 2	Ano 3	Ano 4	Ano 5	Ano 6	Ano 7	Ano 8	Ano 9	Ano 10
Receitas		22.000	22.000	22.000	22.000	22.000	22.000	22.000	22.000	22.000	22.000
Custos e despesas		17.000	17.000	17.000	17.000	17.000	17.000	17.000	17.000	17.000	17.000
Investimento	17.000										
Fluxo líquido	-17.000	5.000	5.000	5.000	5.000	5.000	5.000	5.000	5.000	5.000	5.000

Considerando que o custo de capital da agroindústria é de 10% ao ano, pede-se para determinar a melhor opção de investimento com base no método da TIR.

Solução

Utilizando interpolação linear por um método iterativo, o leitor perceberá que a TIR da opção 1 é de 34,06% ao ano e a TIR da opção 2 é de 26,64% ao ano. Entretanto, se o leitor calcular o VPL dos projetos, perceberá que o VPL da opção 1 é de R$ 10.896 e o VPL da opção 2 é de R$ 13.723. Trata-se, claramente, de uma situação de conflito. Afinal, se utilizarmos o método da TIR, escolheremos a opção 1 e, caso se adote o método do VPL, a escolha é a opção 2. De fato, a TIR não é um bom método para comparação direta entre projetos de investimento.

Se quisermos adotar a TIR para tal, precisaremos calcular o diagrama de fluxo de caixa incremental, fazendo os fluxos de caixa da opção 2, de maior escala, menos os fluxos de caixa da opção 1, de menor escala:

	Ano 0	Ano 1	Ano 2	Ano 3	Ano 4	Ano 5	Ano 6	Ano 7	Ano 8	Ano 9	Ano 10
Fluxo incremental (Opção 2 – Opção 1)	-8.000	1.762	1.762	1.762	1.762	1.762	1.762	1.762	1.762	1.762	1.762

O leitor perceberá que a TIR do fluxo de caixa incremental é de 17,71% ao ano. Portanto, maior do que o custo de capital da empresa. Assim, o investimento incremental na opção 2 gera uma rentabilidade superior ao custo do capital, indicando que essa é a melhor opção para a expansão de produção de goiabada na empresa. Podemos estabelecer uma regra de decisão para a comparação de projetos com base na TIR do fluxo de caixa incremental:

Regra de decisão: quando a TIR do fluxo de caixa incremental for maior do que o custo de capital dos projetos, o projeto de maior escala de investimento é economicamente mais atraente do que o projeto de menor escala.

8.4.3.2 Taxa interna de retorno modificada (TIRM)

O método da taxa interna de retorno modificada (TIRM) é uma adaptação do método da TIR para contornar os problemas do reinvestimento e dos diagramas de fluxo de caixa com mais do que uma inversão de sinal. Nesse método, o próprio analista deverá definir as taxas de reinvestimento e financiamento para os fluxos de caixa líquidos intermediários do projeto, podendo adotar premissas mais realistas sobre essas taxas.

No caso de fluxos líquidos negativos, esses devem ser descontados para a data inicial do projeto por uma taxa de financiamento (i_f) que se aplique para o projeto. Pode-se, por exemplo, definir a taxa de juros que a empresa costuma pagar em seus empréstimos bancários. No caso dos fluxos líquidos positivos, eles são capitalizados para o último período do projeto a uma taxa de reinvestimento (i_r) que seja realista para o projeto em análise. A taxa média de juros que a empresa recebe no mercado financeiro em suas aplicações seria um bom exemplo de taxa de reinvestimento.

A Figura 8.9 ilustra o procedimento de alteração de um diagrama de fluxo de caixa para o cálculo da TIRM. Os fluxos de caixa líquidos dos períodos 0, 1 e 2 são negativos. Portanto, devem ser descontados para valor presente à taxa de financiamento (i_f) definida pela empresa. Já os fluxos de caixa líquidos dos períodos 3, 4, 5... n são positivos. Esses, por sua vez, devem ser capitalizados para a data n (valor futuro) considerando a taxa de reinvestimento (i_r) definida pela empresa. Ao adotar esse procedimento, o diagrama de fluxo de caixa original do projeto é transformado em um novo diagrama, com apenas dois valores: (a) o fluxo de caixa líquido no período inicial do projeto, com valor negativo e (b) o fluxo de caixa líquido no período final do projeto, com valor positivo. A taxa de juros implícita nesse novo fluxo de caixa é denominada TIRM. Perceba que, ao transformar o diagrama original de fluxo de caixa do projeto em um novo diagrama, com apenas dois valores, elimina-se também o potencial problema das múltiplas taxas internas de retorno que se dá em diagramas de fluxo de caixa com mais do que uma inversão de sinal.

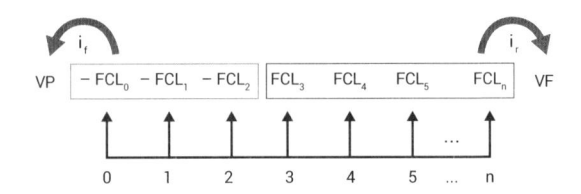

Figura 8.9 Ilustração de procedimento no diagrama de fluxo de caixa para cálculo da TIRM.

- Regra de decisão: quando a TIRM de um projeto for superior ao seu custo de capital (TMA), considera-se o projeto economicamente atraente.

EXEMPLO 3

Suponha que um varejista do setor de alimentos esteja avaliando entrar em um novo mercado. Esse varejista estima que terá fluxos de caixa líquidos negativos nos dois primeiros anos de operação, os quais serão financiados a uma taxa de juros de 10% ao ano. A partir do terceiro ano, são estimados fluxos de caixa líquidos positivos, os quais serão reinvestidos em títulos financeiros que remuneram à taxa de juros de 8% ao ano. A vida útil do projeto é de oito anos, sendo que os valores dos fluxos de caixa líquidos estimados para o projeto podem ser observados a seguir:

	Ano 0	Ano 1	Ano 2	Ano 3	Ano 4	Ano 5	Ano 6	Ano 7	Ano 8
Receitas		120.000	120.000	240.000	250.000	260.000	270.000	280.000	290.000
Custos e despesas		150.000	150.000	150.000	150.000	150.000	150.000	150.000	150.000
Investimento	200.000								
Fluxo líquido	-200.000	-30.000	-30.000	90.000	100.000	110.000	120.000	130.000	140.000

Pede-se para calcular a TIRM desse projeto e determinar se este é economicamente atraente considerando uma TMA de 11% ao ano.

Solução

Primeiro, devemos calcular o valor presente dos fluxos de caixa líquidos negativos:

$$VP = -200.000 - \frac{30.000}{(1,10)^1} - \frac{30.000}{(1,10)^2} = -252.066,12$$

Analogamente, devemos calcular o valor futuro dos fluxos de caixa líquidos positivos:

$VF = 90.000(1,08)^5 + 100.000(1,08)^4 + 110.000(1,08)^3 + 120.000(1,08)^2 + 130.000(1,08)^1 + 140.000 = 827.224,74$

Com base nos valores calculados, podemos elaborar um novo diagrama de fluxo de caixa para o projeto, com o valor negativo de R$ 252.066,12 na data inicial e o valor positivo de R$ 827.224,74 ao final do oitavo ano (data final).

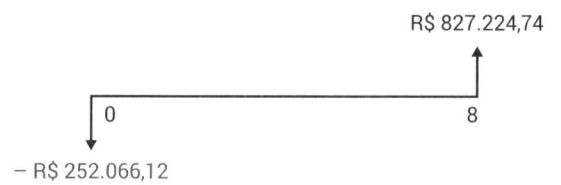

Por meio da Equação (8.3), podemos calcular a taxa de juros desse diagrama de fluxo de caixa, que é a TIRM do projeto:

$$TIRM = \sqrt[8]{\frac{827.224,74}{252.066,12}} - 1 = 0,160149 \; ou \; 16,0149\% \, a.a.$$

Como a TIRM do projeto é superior à TMA, o projeto é economicamente atraente para o varejista nas condições expostas.

Observação: o leitor que resolver calcular a TIR do projeto obterá um resultado de 20,7509% ao ano. Esse resultado, conforme mencionado na subseção 8.4.3.1, presume que os fluxos líquidos negativos são financiados à taxa de 20,7509% a.a. e os positivos são reinvestidos a essa mesma taxa de juros. Ao alterar essas premissas para algo mais ajustado à realidade do projeto (no nosso exemplo, uma taxa de financiamento de 10% ao ano e uma taxa de reinvestimento de 8% ao ano), o método da TIRM resultará em uma taxa de retorno mais realista para o projeto.

8.4.4 Payback

O último método apresentado é também aquele que possui um maior número de limitações. Entretanto, diante de sua enorme simplicidade, ele costuma ser utilizado com alguma frequência em análises de investimentos. O *payback* de um projeto é, simplesmente, o tempo que o projeto demora para retornar o valor do investimento inicial. Esse método pode ser utilizado como um indicador de risco do projeto, uma vez que prazos de retorno maiores estão associados a riscos mais altos. Não podemos tomar uma decisão entre aceitar ou rejeitar um projeto de investimento apenas com base no seu *payback*. Além disso, o *payback* possui sérias limitações, por:

- Não considerar o valor do dinheiro no tempo.
- Ignorar os fluxos de caixa líquidos que ocorrem após o período de *payback* do projeto.
- Favorecer projetos com maiores fluxos de caixa líquidos nos primeiros períodos, mesmo que o valor econômico desses projetos não seja o maior.

O *payback* pode ser calculado com o uso dos valores descontados pela TMA. Nesse caso, passa-se a considerar, ao menos, o valor do dinheiro no tempo. Portanto, caso o analista queira utilizar o *payback* em uma análise preliminar de um projeto de investimento, sugere-se fortemente o uso do *payback* descontado. O *payback* descontado pode ser calculado descontando-se, por meio da TMA, os vários fluxos líquidos de caixa do projeto para o momento inicial (data zero). Após os valores serem descontados para o momento inicial do projeto, o analista poderá então calcular o prazo de recuperação do investimento inicial.

> **EXEMPLO 1**
>
> Tomemos o exemplo de um projeto de expansão de uma agroindústria com investimento inicial de R$ 500.000 e fluxos de caixa líquidos anuais de R$ 250.000 durante cinco anos. Considerando uma TMA de 10% ao ano, pede-se para determinar o *payback* descontado do projeto.
>
> **Solução**
>
> Para calcular o *payback* descontado, o primeiro passo é descontar a valor presente cada um dos fluxos de caixa líquidos projetados de R$ 250.000, considerando a TMA de 10% ao ano:
>
> Valor atual dos fluxos de caixa líquidos =
>
> $\frac{\$\,250.000}{(1+0,10)^1} + \frac{\$\,250.000}{(1+0,10)^2} + \frac{\$\,250.000}{(1+0,10)^3} + \frac{\$\,250.000}{(1+0,10)^4} +$
>
> $+ \frac{\$\,250.000}{(1+0,10)^5} = \$\,227.273 + \$\,206.612 + \$\,187.829 +$
>
> $+ \$\,170.753 + \$\,155.230$
>
> Perceba que, se somarmos os valores descontados dos fluxos de caixa líquidos dos anos 1 e 2, chegaremos ao valor de $ 433.885, que ainda não é suficiente para pagar o investimento inicial de $ 500.000. Contudo, como o valor descontado do fluxo de caixa líquido do ano 3 é de $ 187.829 (superior aos $ 66.115 necessários para completar os $ 500.000), é fácil perceber que o *payback* descontado do projeto se dará entre o prazo de 2 e 3 anos. Se tomarmos como pressuposto que a entrada líquida de caixa de $ 187.829 ocorrerá de forma equitativa ao longo do terceiro ano, podemos fazer uma regra de três para calcular o tempo necessário para que os $ 66.115 entrem no caixa do projeto. O leitor perceberá que o *payback* descontado do projeto se dará em 2,35 anos (aproximadamente dois anos, quatro meses e sete dias).

8.5 ANÁLISE DE INVESTIMENTOS EM EMPREENDIMENTOS COLETIVOS: ASPECTOS ESPECIAIS

As alterações em estruturas de mercado e relações comerciais nas cadeias agroindustriais brasileiras impuseram, principalmente aos produtores rurais, a necessidade de desenvolver novas estratégias de produção e comercialização de seus produtos. Entre essas estratégias, destaca-se a formação de empreendimentos agroindustriais coletivos, representados por diversas formas organizacionais, mas majoritariamente organizados na forma de cooperativas, associações e grupos de produtores rurais, como redes e condomínio de produtores. Esses empreendimentos podem favorecer a geração de receita no campo, o desenvolvimento econômico e a produção de alimentos e outros produtos agrícolas. Também geram relevantes benefícios aos produtores rurais associados, tais como: o acesso a novos mercados para comercialização; a agregação de valor no processo de produção; o acesso ao crédito e novas tecnologias; o aumento da produtividade e da qualidade; a redução dos custos de transação e produção; e acesso a serviços de assistência técnica, gerencial e de compra de insumos.

Destacam-se dois aspectos especiais a serem considerados no processo de avaliação de projetos em empreendimentos coletivos: na subseção 8.5.1, abordam-se os aspectos determinantes do desempenho do projeto agroindustrial coletivo, os quais devem receber especial atenção no processo de avaliação. Em seguida, a subseção 8.5.2 destaca a necessidade de considerar aspectos não financeiros no processo de avaliação desses projetos, destacando a análise custo-benefício (ACB) com ferramenta recomendada nesse processo.

8.5.1 Determinantes do desempenho e viabilidade em projetos agroindustriais coletivos

O empreendimento agroindustrial coletivo, como, por exemplo, uma cooperativa ou associação rural, é formado por um conjunto de produtores rurais associados, sendo uma empresa de propriedade coletiva, condição esta que implica severas particularidades em relação a seleção, implantação e gestão de projetos. A condição coletiva, adotada na busca de benefícios e vantagens, também tem efeitos limitantes, e em muitos casos, negativos sobre a viabilidade do projeto. Ainda, colocam-se todos os riscos e condicionantes próprios de projetos desenvolvidos no sistema agroindustrial, condições essas que elevam significativamente a complexidade da análise desses projetos.

A literatura especializada no processo de análise de investimentos em empreendimentos coletivos e as ferramentas aplicadas por organizações da área, em geral, ainda não destacam uma metodologia exclusiva para esse fim. Dessa forma, os métodos de análise de viabilidade econômica de investimentos, apresentados na seção 8.4, constituem ainda a forma recomendada de avaliação. No entanto, a inclusão das variáveis aqui apresentadas é necessária e favorece a proposição de mecanismos mais eficientes de avaliação que sejam capazes de considerar as características singulares desses projetos.

A partir das representações colocadas por Fischer e Qaim[28] e Donovan, Blare e Poole[29] e recorrendo a algumas adaptações, é possível representar um modelo estrutural dos fatores e variáveis com efeito sobre o desempenho e a viabilidade de projetos coletivos (Figura 8.11).

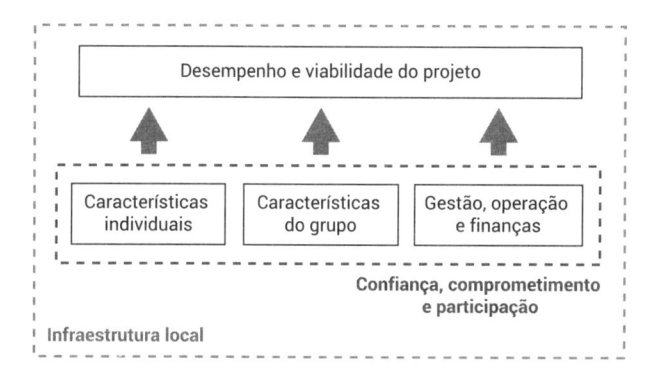

Figura 8.11 Determinantes do desempenho e viabilidade em projetos agroindustriais coletivos.

O desempenho e a viabilidade do projeto são influenciados por cinco grupos de fatores e suas respectivas variáveis. Primeiro, as "características individuais" dos produtores rurais devem ser consideradas, como, por exemplo, o nível de escolaridade e a condição social, já que influenciam em uma série de condições do projeto. Em seguida, ao operarem em grupo, a organização assume caráter coletivo, emergindo assim as variáveis que compõem o fator "características do grupo", como a presença de atitudes oportunistas, o tamanho do grupo, entre outras.

É fundamental ainda considerar as variáveis relacionadas ao fator "gestão, operação e finanças" do projeto (e da organização). Essas condições afetam a capacidade gerencial do empreendimento coletivo e, consequentemente, influenciam diretamente a viabilidade do projeto. Ainda, toda essa estrutura tem seu funcionamento condicionado ao nível e à qualidade de "confiança, comprometimento e participação" dos produtores associados, variáveis muitas vezes intangíveis, mas de fundamental importância. Por fim, a "infraestrutura local" irá afetar diretamente o ambiente e o desempenho do projeto.

Os fatores apresentados são compostos por um conjunto de 24 variáveis que impactam a viabilidade do projeto, e por consequência devem compor o processo de análise. Essas variáveis foram obtidas a partir de um amplo processo de revisão de literatura sobre o tema. O Boxe 8.3 sintetiza as variáveis que deverão ser consideradas em projetos de investimento em empreendimentos coletivos.

BOXE 8.3 Fatores e variáveis determinantes do desempenho em projetos agroindustriais coletivos

- **Características individuais:** nível de escolaridade dos produtores; experiência e conhecimento prático na atividade agrícola; nível de renda e condição social dos produtores.
- **Características do grupo:** conflitos, diferenças e disputas internas; atitudes oportunistas dos produtores; forma legal do grupo; liderança da organização e do projeto; rede de relacionamento externa da organização; tamanho do grupo.
- **Gestão, operação e finanças:** capacidade de gestão; capacidade comercial; capacidade técnica e produtiva; tempo de fundação e atividade da organização; condição financeira; infraestrutura do empreendimento.
- **Confiança, comprometimento e participação:** decisões coletivas e transparentes; participação dos associados nas atividades; confiança dentro da organização; coesão e envolvimento entre os associados; presença de estruturas e atividades coletivas.
- **Infraestrutura local:** acesso à assistência técnica e serviços de apoio; acesso garantido à infraestrutura básica na fazenda (água, energia, telefonia e Internet); qualidade das estradas e pontes locais; distância até o mercado consumidor.

Retomando o exemplo do empreendimento coletivo da Associação dos Pequenos Agricultores de São Manuel, apresentado na seção 8.4.1, é possível entender e importância de considerar as variáveis apresentadas. A viabilidade da construção da casa de farinha de mandioca, atestada pelo valor presente líquido (VPL), pode não se concretizar caso o nível das variáveis investigadas não seja o adequado. Considere, por exemplo, que a variável participação dos associados nas atividades da organização apresente um nível considerado reduzido, ou seja, os associados costumam não participar de atividades, como reuniões ou treinamentos, criando assim possíveis ineficiências gerenciais e produtivas. Ainda, o nível da variável confiança dentro do empreendimento é extremamente reduzido, os associados não confiam uns nos outros, tampouco no líder. A ausência dessa condição eleva os custos de transação e monitoramento, o que impacta negativamente nos indicadores de viabilidade do projeto.

Vamos considerar ainda que a qualidade da variável liderança do projeto é insuficiente e inadequada às condições estabelecidas, ou seja, o líder não apresenta a qualificação necessária para tomada de decisões importantes e tampouco é respeitado pelos demais associados. Dessa forma, evidencia-se que, na ausência dessas três variáveis apresentadas no exemplo, é esperado que o projeto não seja capaz de gerar o fluxo de caixa previsto anteriormente, ou seja, o risco de inviabilidade é amplificado devido às características da associação.

Cabe destacar que a subseção tem como objetivo apresentar um conjunto de fatores e variáveis a que o analista deve dedicar especial atenção no processo de análise de viabilidade econômica. Contudo, a incorporação desses fatores ainda se mostra bastante desafiadora e incompleta na literatura. Isso se explica, em grande medida, pelo desconhecimento da intensidade de impacto de cada variável, pela dificuldade de construir relações empíricas que expliquem o quanto cada uma impacta no fluxo de caixa e pelo caráter subjetivo e não quantitativo de boa parte das variáveis apontadas.

8.5.2 Avaliação de efeitos não financeiros: análise custo-benefício (ACB)

Empreendimentos coletivos agroindustriais são importantes estruturas para a construção e proposição de projetos de desenvolvimento rural e econômico. De fato, as organizações dedicadas à construção de programas e projetos de desenvolvimento rural estabelecem grande parte de sua estratégia de ação voltadas a esse tipo de empreendimento. Colocam-se os exemplos internacionais do Banco Mundial, da Organização das Nações Unidas para Alimentação e Agricultura (FAO) e do Fundo Internacional de Desenvolvimento Agrícola (IFDA).

Entre os objetivos desses programas, destacam-se a manutenção da segurança alimentar, a geração de renda no campo, a proteção ambiental e a inclusão de pequenos produtores em mercados com potencial de rentabilidade. Para atingir esses objetivos, cooperativas e associações rurais são as formas organizacionais escolhidas, sendo elegíveis à participação em alguns programas e consequente obtenção de recursos financeiros em projetos de investimento. Entretanto, os resultados desses projetos mostram-se, de forma geral, bastante questionáveis a longo prazo. São bastante comuns os casos de ineficiência e até abandono de projeto, gerando assim impactos negativos para os produtores, organizações financiadoras e a sociedade de forma geral.

Os processos de avaliação desses projetos se mostram ainda mais complexos quando são considerados não só os objetivos financeiros, mas também os sociais e os ambientais presentes neles. Os métodos usualmente aplicados apresentam relativa limitação, haja vista a impossibilidade de incluir impactos sociais, ambientais e coletivos de forma correlacionada. Nesse contexto, a análise custo-benefício (ACB) tem ganhado destaque para a avaliação de projetos de investimento em empreendimentos coletivos. O método permite a inclusão de benefícios e custos sociais, ambientais e coletivos. Essas características do método justificam o uso deste por organizações de desenvolvimento.

Por exemplo, relatório do Banco Mundial[30] indica que o método ACB é recomendado para a análise de projetos de desenvolvimento em empreendimentos coletivos. O documento destaca ainda um conjunto de fatores que podem levar o analista a cometer equívocos e, portanto, que devem ser considerados nesse processo, tais como: não inclusão de particularidades do setor público; ausência de comparação com investimentos alternativos; falta de clareza ou inexistência de itens em projetos ainda não existentes ou sem comparação real; apresentação de alternativas de investimento com pouca similaridade; ausência de discussão sobre benefícios públicos; e a superficialidade em considerar questões ligadas com a pobreza dos beneficiários.

Nessa mesma direção, Andoseh, Bahn e Gu[31] fornecem uma agenda de boas práticas que devem ser incluídas no processo de avaliação: (a) pesquisadores e analistas envolvidos devem fornecer estimativas realistas de sucesso e fracasso; (b) informações que possam gerar conflitos de interesses devem ser revisadas por mais de uma participante; (c) clareza em apontar o impacto potencial do projeto; (d) beneficiários e doadores devem ser identificados, bem como o volume financeiro e quais benefícios; (e) os efeitos colaterais dos projetos, positivos ou negativos, devem ser apontados.

Destaca-se que a técnica também é aplicada para análise de investimentos em projetos do setor privado, denominada ACB financeira. Já, quando aplicado para projetos de desenvolvimento e coletivos, recebe o nome de ACB econômica ou social, e considera todos os custos e benefícios que impactam os *stakeholders* dos projetos, sejam eles monetários ou não monetários, onde os impactos negativos são considerados custos e os positivos são considerados benefícios.

As principais etapas para o desenvolvimento da ACB são as seguintes: 1) identificar os custos e benefícios do projeto; 2) definir o horizonte de tempo e comportamento dos custos e benefícios; 3) atribuir valor monetário para os custos e benefícios; 4) encontrar o valor presente dos custos e benefícios; e 5) calcular a análise de custo.[32]

É fundamental que o analista identifique claramente quais são os custos e benefícios que o projeto vai gerar ao longo do tempo, apontando também quem serão os indivíduos atingidos e com qual intensidade. O analista deve esforçar-se para considerar não apenas os custos e benefícios diretos, quase sempre financeiros, mas também os indiretos próprios de projetos agroindustriais coletivos, como os socioeconômicos, ambientais e os efeitos produzidos na sociedade, nos grupos relacionados e nos mercados.

Em seguida, o horizonte do projeto e o comportamento dos custos e benefícios deve ser definido. Além do período de análise do projeto, é fundamental definir o comportamento dos custos e benefícios ao longo do tempo, ou seja, definir se ocorrem alternações significativas nesse comportamento. Atribuir valor monetário para todos os custos e para os benefícios é etapa central para o desenvolvimento da ACB e de fundamental relevância para a eficiência da análise. Nessa etapa, o analista deve atribuir valor monetário para todos os elementos do projeto, sejam eles tangíveis ou não e de fácil valoração ou não. Devido às características próprias dos projetos agroindustriais coletivos, a etapa de atribuição de valor monetário para todos os custos e benefícios do projeto mostra-se bastante desafiadora e sujeita a erros de aproximação ou de escolha de parâmetros equivocados. Coloca-se, por exemplo, a necessidade de quantificar e transformar em moeda o benefício ambiental gerado por determinada adoção de variedade agrícola, ou o custo social gerado pela adoção de mecanização de determinada cultura agrícola que teve com efeito o fim de postos de trabalho. Em que pesem essas dificuldades, o processo de análise exigirá do analista que esses itens sejam quantificados e expressos em moeda.

Após a identificação do valor monetário de todos os custos e benefícios, torna-se necessário calcular o valor presente destes. O valor presente dos custos (VPC) pode ser expresso como:

$$VPC = \sum_{t=1}^{n} \frac{Custo_t}{(1+TMA)^t} \quad (8.21)$$

Em que $Custo_t$ é gerado pelo projeto para o período t, t é o período considerado (0,1,2...n) e a TMA é a taxa mínima de atratividade do projeto (já detalhada na seção 8.2). Para o valor presente dos benefícios (VPB), adota-se a mesma expressão matemática, substituindo o custo pelo benefício do período ($Benefício_t$):

$$VPB = \sum_{t=1}^{n} \frac{Custo_t}{(1+TMA)^t} \quad (8.22)$$

Cabe destacar que, em projetos agropecuários fomentados por organizações públicas ou com benefícios sociais coletivos, a taxa utilizada é denominada taxa de desconto social, e sua apuração apresenta alguns parâmetros distintos em relação à TMA. A TSD corresponde ao custo de oportunidade social dos recursos utilizados para o investimento. Quando o financiamento tem origem em recursos públicos, todas as externalidades do investimento devem ser consideradas para composição da taxa, além dos efeitos da decisão em investir em um projeto com benefícios sociais e coletivos futuros ou utilizar o recurso para benefício social imediato.

O cálculo da ACB do projeto avaliado pode ser expresso por:

$$ACB = \frac{Valor\ Presente\ dos\ Benefícios}{Valor\ Presente\ dos\ Custos} \quad (8.23)$$

Caso o resultado seja superior a 1, o projeto é considerado viável, pois o valor presente dos benefícios é superior ao valor presente dos custos, ou seja, o projeto gera retornos superiores aos custos, o que recomenda sua aprovação. Caso a ACB seja inferior a 1, o projeto é inviável, ou seja, os custos superam os benefícios e deve-se recomendar pela rejeição do projeto. Perceba que, independentemente das características sociais e de financiamento (fundos não reembolsáveis, por exemplo) do projeto, ele deve, necessariamente, indicar condições de viabilidade para que seja efetivamente implementado.

Por fim, como apresentado nesta seção, o processo de análise econômica de investimentos em empreendimentos coletivos mostra-se complexo e singular, exigindo do analista a adoção de alguns princípios e parâmetros particulares. Os aspectos especiais aqui discutidos podem ser adotados como um roteiro para reduzir as falhas no processo de avaliação e seleção desses tipos de projetos.

EXERCÍCIOS

1. Calcule o valor futuro de 32 aplicações mensais consecutivas de R$ 1.200,00 em um título de renda fixa que remunera a uma taxa de juros composta de 0,6% ao mês.

2. Uma agroindústria deseja antecipar quatro recebíveis junto a uma instituição financeira: (i) R$ 120.000 para daqui a quatro meses; (ii) R$ 150.000 para daqui a seis meses; (iii) R$ 190.000 para daqui a nove meses e (iv) R$ 100.000 para daqui a 12 meses. Considerando que a instituição financeira opera com uma taxa de juros composta de 1,5% ao mês para esse tipo de operação, calcule o valor presente que a agroindústria irá receber na antecipação dos recebíveis.

3. Um agricultor tomará R$ 100.000,00 de financiamento em um banco comercial para a compra de um novo trator. O prazo para o pagamento do financiamento é de 48 meses, as parcelas são mensais e a taxa de juros efetiva da operação é de 8,5% ao ano. Pede-se:

a) Elabore o plano de pagamento da dívida considerando o SAC.

b) Elabore o plano de pagamento da dívida considerando o SAF (Tabela Price).

c) Elabore o plano de pagamento da dívida considerando o SAM.

d) Elabore o plano de pagamento da dívida considerando o SAA. Suponha que os juros são pagos mensalmente.

4. Os administradores e investidores do setor de agronegócio assim como os de outros setores têm uma percepção em relação ao risco. Como esses administradores e/ou investidores podem ser classificados com base em suas preferências ao risco?

5. O frigorífico Corte Sertanejo contratou um empréstimo de R$ 728.000 em uma instituição financeira a uma taxa de 13,5% ao ano. Sabendo que a alíquota de imposto de renda dessa empresa é de 34%, calcule, pelas duas formas possíveis, o custo de capital de terceiros líquido dessa operação da empresa.

6. A Flora Bela é uma agroindústria que atua na produção de plantas ornamentais. Sabe-se que em seu último exercício ela apresentava um passivo oneroso de R$ 425.000 e um patrimônio líquido de R$ 316.000. Essa empresa tem um custo bruto dos seus financiamentos de 16% e a taxa mínima de retorno requerida pelos seus investidores é de 23%. A alíquota de IR dessa empresa é de 35%. Qual é o custo total de capital dessa empresa?

7. Dados extraídos do *website* Damodaran Online em dezembro de 2019 indicavam que o beta não alavancado setorial (β_u) para a agroindústria de processamento era 0,61, o beta não alavancado setorial (β_u) para a produção rural era de 0,5, a taxa de juros livre de risco (T-Bond) para o período entre 2009-2018 foi, em média, de 2,3% a.a., o retorno de mercado (S&P500) desse mesmo período foi, em média, de 13,5% a.a. e o risco Brasil (α_{BR}) era igual a 4,17%. Com base nessas informações e utilizando-se do modelo CAPM, pede-se:

a) Calcule o custo do capital próprio de um projeto de investimento em uma agroindústria considerando 100% de recursos próprios.

b) Calcule o custo do capital próprio de um projeto de investimento em uma agroindústria considerando 50% de recursos próprios e uma alíquota de IR de 34%.

c) Calcule o custo do capital próprio de um projeto de investimento em uma agroindústria considerando 20% de recursos próprios e uma alíquota de IR de 34%.

d) Calcule o custo do capital próprio de um projeto de investimento em uma propriedade rural considerando 100% de recursos próprios.

e) Calcule o custo do capital próprio de um projeto de investimento em uma propriedade rural considerando 50% de recursos próprios e uma alíquota de IR de 34%.

f) Calcule o custo do capital próprio de um projeto de investimento em uma propriedade rural considerando 20% de recursos próprios e uma alíquota de IR de 34%.

8. A Companhia Agrícola de São Manuel está analisando a implantação de um projeto de investimento no nordeste brasileiro para a produção de frutas. Metade do capital necessário ao investimento virá de uma linha de crédito a ser obtida junto ao Banco do Nordeste do Brasil (BNB), e a outra metade virá de capital próprio. O investimento inicial necessário será de R$ 10.000.000,00. A empresa espera comercializar uma produção anual de 1.000.000 de kg de frutas durante cinco anos. O preço de venda projetado é de R$ 8/kg. O custo variável médio de produção foi estimado em R$ 2 por kg de fruta produzida. Além desse custo, a empresa estimou um custo fixo anual de R$ 2.000.000 por ano. A depreciação já foi excluída desse custo fixo.

O custo do empréstimo do BNB é de 6,5% a.a. O custo do capital próprio deverá ser calculado por meio do modelo CAPM global (por *benchmarking*). Considere que o beta não alavancado setorial (β_u) para a agricultura seja igual a 0,5 e o prêmio pelo risco Brasil (α_{BR}) seja 4,17%. Ademais, a taxa de juros livre de risco considerada pela empresa rural é a T-Bond média para o período entre 2009-2018 (2,3% a.a.) e o retorno de mercado considerado é o S&P500 médio desse mesmo período (13,5% a.a.). Nesse projeto não se deve considerar o efeito do IR, pois a empresa receberá isenção fiscal do governo local. Com base nessas informações, pede-se:

a) Elabore o diagrama de fluxo de caixa do projeto.

b) Calcule o custo médio ponderado do capital (WACC) do projeto.

c) Calcule o *payback* descontado, o valor presente líquido (VPL), o valor anual equivalente (VAE) e a taxa interna de retorno (TIR) para cada um dos cenários projetados. Indique qual decisão deveria ser tomada em cada cenário.

9. Suponha que você seja responsável pelas decisões financeiras em uma empresa do setor sucroenergético. A empresa está analisando a viabilidade econômica de um projeto de investimento em uma nova unidade de produção de etanol. Projetou-se que o investimento inicial necessário em construção da fábrica e compra dos ativos fixos é de R$ 200.000.000,00. Além desse investimento, são necessários R$ 4.000.000,00 para capital de giro líquido inicial e R$ 2.000.000,00 para as despesas pré-operacionais. A fábrica foi dimensionada com uma capacidade de moagem de 1.200.000 toneladas de cana-de-açúcar por ano. O coeficiente técnico de transformação estimado para a fábrica é de 90 litros de etanol por tonelada de cana-de-açúcar. Estimou-se, ainda, que a fábrica irá operar com 70% de sua capacidade máxima de produção nos três primeiros anos e 90% nos demais

anos. No final do oitavo ano, estima-se que será necessário realizar um novo investimento em ativos fixos, portanto, esse é o horizonte de planejamento do projeto (oito anos). O valor residual dos ativos fixos ao final do projeto é de R$ 40.000.000,00. O preço de venda do litro do etanol foi projetado em três cenários distintos: (a) cenário normal = R$ 1,90 por litro; (b) cenário otimista = R$ 2,10 por litro e (c) cenário pessimista = R$ 1,70 por litro.

O custo variável médio de produção estimado é de R$ 1 por litro de etanol, independentemente do cenário avaliado. Além do custo variável unitário, acima apresentado, estima-se ainda um custo fixo anual de produção de R$ 50.000.000,00, sendo R$ 20.000.000 por ano referentes à depreciação de instalações físicas, máquinas e equipamentos. Sabe-se também que a empresa paga uma alíquota de IR sobre o lucro de 34% ao ano.

Com relação à estrutura de capital do projeto, estima-se que, do investimento inicial de R$ 206.000.000,00, 70% será financiado com recursos de terceiros e 30% com recursos próprios. Os recursos de terceiros serão obtidos mediante uma linha de financiamento do BNDES com taxa de juros de 8,5% ao ano. O custo do capital próprio deverá ser calculado por meio do modelo CAPM por *benchmarking*. Considere que o beta não alavancado setorial (β_u) para a agroindústria de processamento seja igual a 0,61 e o prêmio pelo risco Brasil (α_{BR}) seja 4,17%. Ademais, a taxa de juros livre de risco considerada pela agroindústria é a T-Bond média para o período entre 2009-2018 (2,3% a.a.) e o retorno de mercado considerado é o S&P500 médio desse mesmo período (13,5% a.a.). Com base nessas informações, pede-se:

a) Elabore os três diagramas de fluxo de caixa do projeto: um para cada cenário projetado (normal, otimista e pessimista).

b) Calcule o custo médio ponderado do capital (WACC) do projeto.

c) Calcule o *payback* descontado, o valor presente líquido (VPL), o valor anual equivalente (VAE) e a taxa interna de retorno (TIR) para cada um dos cenários projetados. Indique qual decisão deveria ser tomada em cada cenário.

10. Os produtores associados à Cooperativa ABC produzem limão. Com o objetivo de agregar valor para a atividade, decidiram implantar uma pequena agroindústria para realizar os processos de lavagem, secagem e classificação da fruta. A estimativa dos parâmetros iniciais do projeto está apresentada a seguir:

Investimento em máquinas ($)	Lavagem	Secagem	Classificação
	$ 85.000	$ 12.000	$ 5.000
Quantidade vendida (caixa)	4.500		
Custo (caixa)	$ 45		
Preço de venda após processo (caixa)	$ 66		
Custos fixos (ao ano)	$ 2.000		

Na implantação do projeto, notou-se que o novo processo consumia o volume de 12.000 litros de água por ano, porém, como o insumo utilizado tem origem em uma lagoa de propriedade coletiva da cooperativa, esse custo não foi considerado nos parâmetros iniciais. Contudo, alguns produtores que não utilizam a nova instalação não concordaram. A solução encontrada foi atribuir o valor de 0,25 por litro de água consumido pela agroindústria, com o objetivo de custear a futura manutenção da lagoa e atender aos interesses dos envolvidos.

O projeto tem um horizonte de cinco anos, a TMA é de 4,50% a.a e ao final do período não existe valor residual. Realize a análise ACB do projeto e indique se é viável ou não, considerando o custeio da água.

NOTAS

1. Disponível em: https://www.bndes.gov.br/wps/portal/site/home/financiamento/navegador/simulador-de-financiamentos#!. Acesso em: 20 nov. 2020.
2. GROPPELLI, A. A.; NIKBAKHT, E. *Administração financeira*. Tradução de Célio Knipel Moreira. 2. ed. São Paulo: Saraiva, 2006.
3. GITMAN, L. J. *Princípios de administração financeira*. 12. ed. São Paulo: Pearson Prentice Hall, 2010.
4. GROPPELLI, A. A.; NIKBAKHT, E. *Op. cit.*
5. GITMAN, L. J. *Op. cit.*
6. GROPPELLI, A. A.; NIKBAKHT, E. *Op. cit.*
7. GITMAN, L. J. *Op. cit.*
8. ASSAF NETO, A. *Finanças corporativas e valor*. 7. ed. São Paulo: Atlas, 2014.
9. GITMAN, L. J. *Op. cit.*
10. ROSS, S. A.; WESTERFIELD, R.; JAFFE, J. *Administração financeira*. 10. ed. São Paulo: McGraw-Hill, 2015.
11. ASSAF NETO. *Op. cit.*
12. DAMODARAN, A. *Finanças corporativas*: teoria e prática. 2. ed. Porto Alegre: Bookman, 2004.
13. MATIAS, A. B. (coord.). *Finanças corporativas de longo prazo*. Volume 2: criação de valor com sustentabilidade financeira. São Paulo: Atlas, 2007.
14. ASSAF NETO, A; LIMA, F. G. *Curso de administração financeira*. 3. ed. São Paulo: Atlas, 2016.
15. Disponível em: www.damodaran.com. Acesso em: 20 nov. 2020.

16. SOUZA, J. S.; KLIEMANN NETO, F. J. O impacto da incorporação da inflação na análise de projetos de investimentos. *Produção*, 22(4), 709-717, 2012.
17. BISOGNIN, L. F.; ARAGÃO, T. R. Viabilidade econômica da implantação de uma unidade de abate e processamento de suínos. *Revista iPecege*, v. 1, n. 1, p. 51-62, 2015.
18. Fonte: adaptada de BISOGNIN e ARAGÃO, 2015.
19. SHIMATA, I; VINHOLIS; M.M.B.; SOUZA FILHO, H.M. Análise econômica do sistema de integração lavoura-pecuária a partir de um experimento da EMBRAPA no município de São Carlos. *Working Paper*. Departamento de Engenharia de Produção, Universidade Federal de São Carlos, São Carlos, 2019.
20. Fonte: adaptada de SHIMATA et al., 2019.
21. VERGARA, W. R.; OLIVEIRA, J. P. C.; BARBOSA, F. A.; YAMANARI, J. S. Análise de viabilidade econômico-financeira para aquisição de uma unidade de armazenagem de soja e milho. *Revista Gepros*, v. 12, n. 1, p. 41, 2017.
22. Fonte: adaptada de VERGARA et al., 2017.
23. HIGASHI, V.Y. Análise da viabilidade econômica da produção de frutas secas. 2007. Trabalho de Conclusão de Curso (Graduação em Engenharia de Produção) – Departamento de Engenharia de Produção, Universidade Federal de São Carlos, São Carlos, 2007.
24. Fonte: HIGASHI. *Op. cit.*
25. MOREIRA, R. C.; REIS, B. S.; SOUZA, V. F.; FIALHO, R.; RIGUEIRA, C. V. L. Viabilidade econômica da agroindústria familiar rural de frutas na zona da mata mineira. *Revista de Economia e Agronegócio*, v. 5, n. 2, 2007.
26. *Idem.*
27. MOREIRA *et al. Op. cit.*
28. FISCHER, E.; QAIM, M. Smallholder farmers and collective action: what determines the intensity of participation? *Journal of Agricultural Economics*, v. 65, n. 3, p. 683-702, 2014.
29. DONOVAN, J.; BLARE, T.; POOLE, N. Stuck in a rut: emerging cocoa cooperatives in Peru and the factors that influence their performance. *International Journal of Agricultural Sustainability*, v. 15, n. 2, p. 169-184, 2017.
30. WORLD BANK 2010. *Cost-benefit analysis in World Bank projects*. Washington DC: The World Bank, 2010.
31. ANDOSEH, S.; BAHN, R.; GU, J. The case for a real options approach to ex-ante cost-benefit analyses of agricultural research projects. *Food Policy*, v. 44, p. 218-226, 2014.
32. BOARDMAN, A. E. *et al. Cost-benefit analysis*: concepts and practice. Cambridge University Press, 2017.

BIBLIOGRAFIA COMPLEMENTAR

ASSAF NETO, A. *Matemática financeira e suas aplicações*. 13. ed. São Paulo: Atlas, 2016.

BUARQUE, C. R. C. *Avaliação econômica de projetos*. 4. ed. Rio de Janeiro: Campus, 1989.

CASAROTO FILHO, N.; KOPITTKE, B. H. *Análise de investimentos*: matemática financeira, engenharia econômica, estratégia empresarial. 11. ed. São Paulo: Atlas, 2010.

SAMANEZ, C. P. *Engenharia econômica*. São Paulo: Pearson, 2009.

9 PROJETO DE PRODUTOS AGROINDUSTRIAIS

José Flávio Diniz Nantes
João Guilherme de Camargo Ferraz Machado

Neste capítulo, serão discutidas as características de projeto e desenvolvimento de produtos em três segmentos das cadeias produtivas agroindustriais: insumos agrícolas, produção agropecuária e processamento industrial. O capítulo apresenta inicialmente as características da gestão do projeto de desenvolvimento de produtos, ressaltando a importância da utilização de um modelo de referência e da gestão de informações internas à empresa, de modo a permitir maior integração entre o setor de desenvolvimento de produto e as demais áreas da empresa. No segmento de insumos agrícolas, o desenvolvimento de produtos é discutido em dois setores fundamentais para a produção agropecuária, o de defensivos agrícolas e o de máquinas e implementos agrícolas. Apesar de não ser comum o desenvolvimento de novos produtos nas propriedades rurais, o capítulo apresenta as diferentes formas utilizadas pelos produtores para diferenciar seus produtos, tornando-os mais convenientes, facilitando a comercialização nos pontos de venda e a utilização pelos consumidores. As características do desenvolvimento de produtos nas empresas de alimentos e bebidas e nas fabricantes de embalagens ilustram o terceiro segmento das cadeias produtivas agroindustriais. O capítulo destaca ainda as tendências verificadas no setor de alimentos e bebidas, que deverão orientar o desenvolvimento de produtos nesses segmentos.

Ao final deste capítulo, o leitor deverá ser capaz de:

- Verificar os benefícios da utilização de um modelo estruturado para desenvolvimento de produtos agroindustriais.
- Entender a importância de os diferentes setores da organização trabalharem de forma integrada durante o projeto e o desenvolvimento do produto.
- Identificar as etapas para o desenvolvimento de defensivos agrícolas.
- Identificar as etapas para o desenvolvimento de máquinas agrícolas.
- Compreender as dificuldades encontradas pelo produtor rural para desenvolver inovações na propriedade rural.
- Identificar as formas de agregação de valor aos produtos vegetais *in natura*.
- Verificar como o porte das empresas influencia o desenvolvimento de novos alimentos.
- Identificar as principais tendências no mercado de alimentos e bebidas que deverão orientar o desenvolvimento de produtos nesses segmentos.
- Avaliar a importância da função mercadológica das embalagens para a indústria de alimentos e de bebidas.

9.1 INTRODUÇÃO

O desenvolvimento de um novo produto compreende um conjunto de atividades, predominantemente de natureza técnica, as quais têm o objetivo de transformar uma ideia inicial em um novo produto capaz de satisfazer aos requisitos e às expectativas dos usuários.

O processo de desenvolvimento de produtos apresenta uma relação direta com a competitividade das empresas, pois os lançamentos de novos produtos permitem o desenvolvimento de novos mercados e a consolidação daqueles em que atuam. A competitividade está fortemente relacionada com a capacidade das empresas em satisfazer a necessidade dos clientes.

Por esse motivo, é importante que o setor de projetos de novos produtos esteja bem estruturado e que sua gestão ocorra de forma adequada, caso contrário, os esforços e os investimentos não terão o efeito desejado. No entanto, observa-se que a prática desse processo não é completamente dominada por muitas empresas, o que explica o elevado número de insucessos no lançamento dos produtos.

O processo de desenvolvimento de novos produtos tem a responsabilidade de responder às mudanças do mercado, cujo desafio não reside somente na identificação de necessidades e desejos dos consumidores. É necessário possuir a habilidade de trabalhar em conjunto com os participantes da cadeia produtiva, de forma a garantir que o produto chegue no tempo planejado, ao lugar certo e com a qualidade esperada.[i]

É fato que o desenvolvimento de produtos apresenta características complexas para a sua execução, uma vez que necessita, além de satisfazer às necessidades dos usuários, incorporar os avanços tecnológicos, atender às exigências da legislação e estar alinhado com as estratégias da empresa.[ii] Tais demandas geram elevado nível de incertezas durante o processo, dificultando a gestão do projeto do novo produto.

Para reduzir tais dificuldades, o processo de desenvolvimento precisa tornar-se mais abrangente. O entendimento mais moderno pressupõe que suas atividades estejam incorporadas às demais atividades da empresa, tanto as internas, como aquelas compreendidas pelas cadeias de suprimento e de distribuição dos produtos. Esse é o caminho correto para traduzir de maneira eficiente as necessidades do mercado e incorporá-las aos requisitos de projeto do novo produto.

Esse procedimento permite à equipe encarregada do projeto fornecer informações mais consistentes à produção e atender às demandas geradas pelos demais setores da empresa, como planejamento e controle da produção, marketing, qualidade, cadeia de suprimentos e manutenção, entre outros. Embora esses setores possam apresentar visões diferentes sobre o produto em desenvolvimento, em geral os conceitos são complementares e buscam objetivos comuns.

Um processo de desenvolvimento de produtos estruturado pressupõe a utilização de um modelo de referência ajustado aos requisitos técnicos e mercadológicos do produto em desenvolvimento. Nas empresas do setor agroindustrial, essa situação não é diferente. Ocorre que o setor agroindustrial possui produtos com características distintas, mesmo aqueles localizados dentro do mesmo segmento. Desenvolver novos alimentos, por exemplo, implica adotar processos significativamente diferentes daqueles utilizados para o desenvolvimento de máquinas e implementos agrícolas. Essas diferenças explicam a ausência de um modelo unificado, que possa ser aplicado às empresas dos diferentes segmentos das cadeias produtivas.

Apesar das especificidades do setor agroindustrial, as empresas têm procurado inovar seus produtos e processos. No entanto, observa-se que os novos produtos, em sua maioria, não se constituem em produtos inovadores para o mercado, mas representam produtos novos para a empresa, com melhorias em relação ao produto original.[1] As empresas de alimentos, de máquinas e implementos agrícolas e as fabricantes de embalagens alimentícias ilustram essa situação.

9.2 GESTÃO DO PROJETO DE DESENVOLVIMENTO DE PRODUTOS

9.2.1 Modelos de referência

Desenvolver novos produtos é um processo complexo que envolve diferentes áreas de conhecimento e, por isso, exige a formação de uma equipe diversificada, cujo objetivo é elaborar os produtos no menor tempo possível, com qualidade e dentro do orçamento planejado.

A atividade de desenvolver novos produtos necessita de planejamento, muita investigação, controle e uso de métodos sistemáticos, capazes de integrar e otimizar os vários aspectos envolvidos no processo. O uso de

---

i   Sobre esse aspecto, é importante reportar-se aos Capítulos 1 (Gestão e economia dos sistemas agroindustriais: definições, correntes metodológicas e métodos de análise) e 3 (Gestão de cadeias de suprimentos a agroindustriais).

ii Ver Capítulo 2 (Estratégia aplicada ao agronegócio).

modelos apoiados por métodos e ferramentas auxilia as equipes de projeto a lidar com as dificuldades durante o desenvolvimento, fornecendo ferramentas à equipe de desenvolvimento para organizarem o processo de maneira eficiente.

Por esse motivo, muitas empresas utilizam processos sistematizados, nos quais as informações de uma etapa alimentam a seguinte. Esse processo, quando colocado em forma gráfica, é chamado de modelo de referência. As organizações utilizam diferentes modelos de referência, que variam em função do setor industrial, do tipo de produto em desenvolvimento, das características do mercado-alvo, entre outros aspectos.

Os modelos de referências consideram na sua estrutura as particularidades do produto, o mercado pretendido e as características da empresa, como porte e orientação exportadora. Os objetivos principais são orientar as atividades de projeto da equipe, estabelecer antecipadamente um cronograma e registrar as informações em cada etapa do projeto do novo produto.

De modo geral, os modelos indicam as fases do projeto de forma sequencial, porém, deve-se garantir a superposição entre elas, de modo que uma fase possa ser iniciada antes do término da fase anterior. Para isso, é necessário que as informações necessárias já estejam disponíveis.[2]

Os modelos de referência utilizados para o desenvolvimento de novos produtos fornecem a estrutura inicial do projeto, apresentam uma descrição das etapas e identificam os objetivos a serem atingidos em cada uma delas. Quando a empresa trabalha com muitos projetos, o modelo de referência torna-se ainda mais importante, pois permite definir antecipadamente o início e o término de cada um. Cronogramas realistas e bem definidos são fundamentais para a gestão do projeto de produtos.

Outro benefício importante reside no conjunto de informações obtidas durante o projeto, que devem ser registradas em cada etapa, de modo que possam ser reutilizadas em outro projeto futuramente. Portanto, o modelo de referência funciona como uma memória das atividades de projeto, permanecendo acessíveis à empresa, independentemente da permanência da equipe de projeto. Informações sobre o projeto de um produto podem ser úteis no desenvolvimento de outros da mesma natureza.

Independentemente do modelo de referência utilizado, espera-se que ao final do processo a equipe de desenvolvimento tenha acumulado as informações necessárias para a construção de um modelo físico semelhante ao produto que se pretende lançar no mercado. Esse modelo físico precisa ser testado e aprovado, verificando se as soluções definidas para o produto atendem aos objetivos propostos.

A Figura 9.1 apresenta uma abordagem clássica para desenvolvimento de produtos constando de três fases principais: (i) geração de ideias e desenvolvimento do conceito, (ii) análise das ideias e dos conceitos gerados, cujo objetivo é selecionar as alternativas mais promissoras, e (iii) desenvolvimento do projeto do produto. O modelo é bastante simples, mas ilustra graficamente o processo.

O modelo propõe que a concepção e a seleção de ideias para novos produtos sejam visualizadas na forma de um funil, demonstrando graficamente como as ideias e concepções devem ser tratadas, até que resultem em uma quantidade muito menor de produtos ao final do desenvolvimento, criando, dessa forma, um portfólio de projetos.

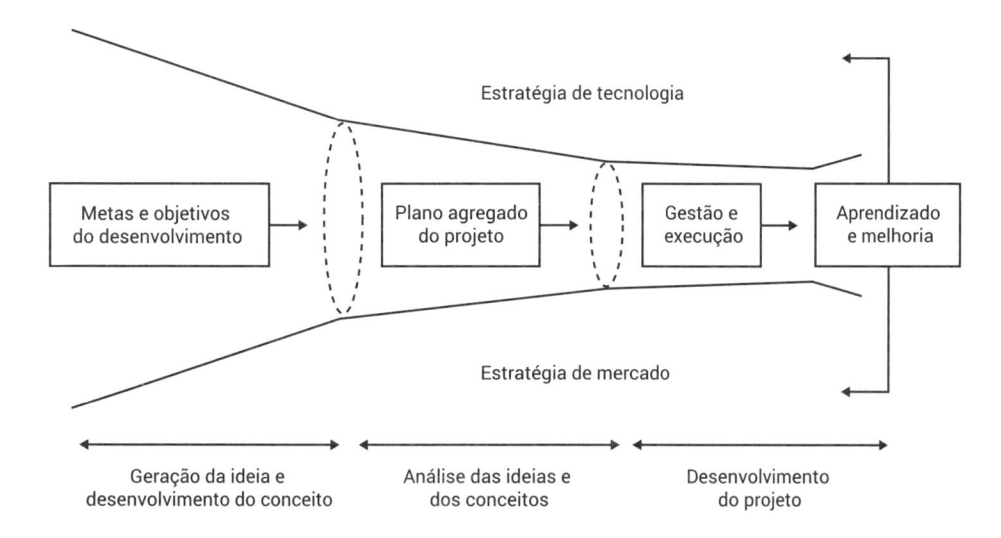

Figura 9.1 Abordagem funil de desenvolvimento.[3]

Esse procedimento equivale à fase de pré-desenvolvimento encontrada em outros modelos e justifica-se pela dificuldade em alocar, de forma equilibrada, recursos (financeiros, humanos, equipamentos, infraestrutura etc.) para todos os projetos. É recomendado selecionar as ideias e as concepções mais adequadas aos recursos disponíveis e à estratégia da empresa. Assim, trabalhar com um menor número de projetos e com aqueles mais adequados aumenta significativamente as chances de sucesso do novo produto após o seu lançamento.

9.2.2 Gestão da informação

O projeto de um novo produto ou o aprimoramento de um já existente no mercado envolve praticamente todos os departamentos da organização, incluindo os fatores tecnológicos, econômicos, humanos e ambientais. O que varia de um projeto para outro é a importância relativa de cada um desses fatores, de modo que o processo de desenvolvimento do produto apresenta maior chance de sucesso quando conta com uma equipe multidisciplinar.

No entanto, muitas informações importantes para o desenvolvimento do produto ultrapassam a capacitação da equipe, pois dependem de informações de naturezas distintas e origens variadas para fundamentar cada etapa do processo. Uma boa gestão informacional deve ser implementada para alimentar e sustentar cada fase, promovendo o conhecimento necessário para conduzir as ações que resultarão em inovações. Por essa razão, as equipes multidisciplinares devem agir de forma integrada para agregar valor aos dados, informação e conhecimento, da melhor forma possível.

É função da organização criar um ambiente organizacional que estimule a troca de informações de forma contínua. Essa prática representa um elemento estratégico para a busca de inovação em produtos e processos, uma vez que a troca de experiências reduz o grau de incertezas, comuns nos projetos de produtos.

Todavia, observa-se que as estruturas organizacionais não indicam a necessidade de interação entre as áreas. Culturas organizacionais mais abertas podem superar mais facilmente essa dificuldade, enquanto em empresas tradicionais a tendência é que as áreas permaneçam com pouca ou nenhuma comunicação.

Os novos conhecimentos criados na organização devem ser disseminados e incorporados em novos produtos e processos. Algumas organizações entendem que o conhecimento representa um ativo corporativo, que deve ser gerido como outros ativos mais tangíveis.

Os processos inovadores estão intimamente relacionados com as mudanças nas estruturas organizacionais, com o nível de qualificação do capital humano, afetando diretamente o valor das organizações.[4] Dessa forma, as organizações tornam-se mais competitivas, dada a capacidade de processar dados, informações e conhecimentos de maneira rápida, concisa, clara e precisa, condições essenciais para a tomada de decisão, para a definição de novas estratégias e, principalmente, para o processo de inovação.[5]

Existem dois tipos de conhecimento nas empresas: o explícito, de fácil codificação, facilmente comunicado e compartilhado, e o tácito, representado por modelos mentais, crenças e perspectivas, resultado das experiências passadas, do *know-how* e dos *insights*, e que são compartilhados a partir do exemplo e da convivência, pois estão profundamente enraizados na ação.[6]

Essa subdivisão do conhecimento em tácito e explícito possibilita entender a dinâmica que gera o conhecimento. Além disso, o conhecimento tácito representa um valioso recurso que diferencia uma organização dos demais competidores. Por esse motivo, é muito importante que todos os setores, nos diferentes níveis hierárquicos da organização, estejam comprometidos com os processos que envolvam a gestão da informação e a gestão do conhecimento. Ter a posse da informação é necessário, mas não é suficiente. É preciso compartilhá-la com outros setores da organização.

Esse comprometimento com os processos também é observado no desenvolvimento de um novo produto, cujo projeto tem início com uma ideia bem definida e alinhada com as características do mercado. Após passar por uma sequência de etapas, a ideia ganha forma e é materializada em um modelo físico, permitindo disponibilizar à manufatura um conjunto de informações importantes para a sua produção, com a qualidade desejada e os custos adequados. No entanto, essa visão do processo de desenvolvimento do produto não considera a integração da equipe de projeto com as demais áreas da empresa e, sobretudo, com a respectiva cadeia de suprimentos do produto em desenvolvimento.

Em muitas empresas, observa-se uma distância entre o que deve ser feito e o que é praticado na realidade, sendo frequentes as dificuldades de relacionamento entre a área de projetos e os setores produtivos, refletindo na ausência de informações importantes, que não chegam ao setor de manufatura com a antecedência necessária. A integração entre as áreas funcionais é necessária, independentemente da natureza da empresa e do tipo de produto em desenvolvimento.

Em resumo, a integração no processo de desenvolvimento de produtos facilita o acesso às informações, ao fluxo de materiais e à disponibilidade de tecnologias, condições possíveis com o aperfeiçoamento da comunicação dentro da organização.

9.3 DESENVOLVIMENTO DE PRODUTOS NO SETOR DE INSUMOS AGROPECUÁRIOS

9.3.1 Defensivos agrícolas

Defensivos agrícolas são substâncias químicas ou biológicas utilizadas para prevenir, eliminar ou repelir a ocorrência ou o efeito de organismos vivos capazes de prejudicar o desenvolvimento das culturas agrícolas ou dos animais. São importantes insumos agropecuários, e sua indústria desenvolveu-se com base na indústria química.

Nesse segmento, destacam-se dois tipos de produtos: aqueles com patentes e, portanto, protegidos pela legislação contra eventuais utilizações indevidas, e os produtos genéricos, cujas patentes já se encontram vencidas. O desenvolvimento de novos produtos encontra-se nesse segundo grupo e tem o objetivo de buscar substâncias que possam ser patenteadas, garantindo a exclusividade de exploração durante determinado período de tempo.

De modo geral, o desenvolvimento de novos defensivos agrícolas precisa atender a quatro condições principais: (i) necessidades dos produtores rurais, (ii) requisitos de legislação utilizados para o registro do novo produto, (iii) atuação da concorrência no segmento-alvo e (iv) possibilidade de proteção do novo produto pelo sistema de patentes. O atendimento a essas condições permite estimar o potencial de comercialização do produto, visando ao adequado retorno do investimento.

O desenvolvimento de um novo defensivo agrícola é um processo demorado, que exige uma equipe de projeto altamente qualificada, uma infraestrutura de laboratórios adequada e que, portanto, requer altos investimentos. O processo pode ser dividido em três etapas.[7]

1. **Pesquisa do novo produto**: descobrir uma molécula química eficiente contra determinada praga/doença não é uma tarefa fácil, havendo, para isso, três possibilidades: (i) caminhos aleatórios, com pouca chance de sucesso, uma vez que o processo de busca não seguiu uma orientação específica, (ii) análise de moléculas semelhantes, buscando melhorias em suas propriedades, e (iii) pesquisa de produtos naturais que possuam alguma atividade contra tais pragas/doenças. Se a atividade biológica do ingrediente ativo for considerada promissora, a molécula será selecionada para a etapa seguinte.

2. **Desenvolvimento do novo produto**: o primeiro passo é identificar o objetivo biológico alvo do produto em desenvolvimento, procurando encontrar uma substância capaz de bloquear sua ação. A molécula-alvo é desenhada no computador e sobre ela são efetuadas diversas combinações de síntese de novas substâncias visando inibi-las. Tais combinações são realizadas com equipamentos de alta velocidade, chamados de *high throughput screening* (HTS), que permitem obter novas configurações para as moléculas testadas. Os produtos considerados promissores são enviados para testes de campo.

3. **Registro do novo produto**: são preparados relatórios dirigidos às autoridades reguladoras, descrevendo detalhadamente as informações obtidas em testes de campo. As principais informações são: efeitos do produto contra pragas/doenças quando comparados com outros produtos existentes no mercado e amplos estudos toxicológicos, que visam avaliar o produto em relação à segurança do usuário, dos consumidores de alimento e o impacto do produto no meio ambiente. Essa etapa é demorada e realizada com muito rigor pelas autoridades, dada a sua importância na saúde humana e animal.

A Figura 9.2 apresenta resumidamente as etapas do processo de desenvolvimento de um novo defensivo, utilizado para a proteção de cultivos agrícolas.

Já com o produto no mercado, novos testes toxicológicos podem ser solicitados pelas agências reguladoras, de modo a atender aos eventuais problemas toxicológicos e ambientais causados pelo produto em condições de

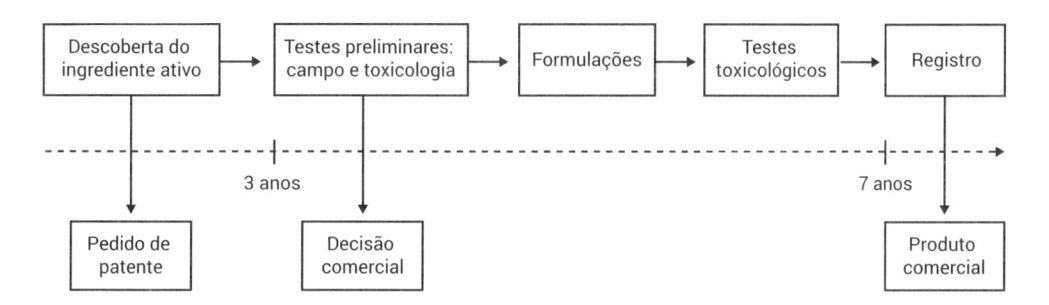

Figura 9.2 Etapas do processo de desenvolvimento de defensivos agrícolas.[8]

campo. Em geral, tais solicitações representam estudos adicionais para manutenção dos registros obtidos pela empresa detentora da patente do produto.

Os registros dos defensivos agrícolas não possuem um prazo definido, todavia, os agentes reguladores podem reavaliar os riscos do produto à medida que alguma evidência for relatada. A estrutura pública encarregada do registro desses produtos é compartilhada entre os Ministérios da Saúde, sob responsabilidade da Agência Nacional de Vigilância Sanitária (Anvisa), e do Meio Ambiente (MMA), incluindo o Instituto Brasileiro do Meio Ambiente e dos Recursos Naturais Renováveis (Ibama), que trata da segurança ambiental.

Muito embora as novas tecnologias tenham contribuído para reduzir o tempo de desenvolvimento, a descoberta de novas moléculas está cada vez mais difícil. Uma possível explicação para essa dificuldade é que os compostos mais simples já foram descobertos, de modo que as empresas atualmente precisam testar uma quantidade muito maior de moléculas, aumentando o tempo de desenvolvimento e encarecendo o processo. Essa situação, aliada às crescentes exigências regulatórias, que demandam estudos mais complexos e detalhados em relação à toxicologia dos produtos, tem limitado o desenvolvimento de novos defensivos.

Por esses motivos, as empresas do setor têm dirigido os esforços para o desenvolvimento de produtos com foco em objetivos biológicos específicos, cuja ocorrência é comum em vários países e causadora de problemas em culturas e criações animais importantes do ponto de vista econômico.

9.3.2 Máquinas e implementos agrícolas

As máquinas e os implementos agrícolas fazem parte da maioria das atividades agropecuárias, participando de preparo do solo, plantio, tratos culturais, colheita, armazenamento e transporte dos produtos. No entanto, o tipo de máquina, suas características e a intensidade de uso desses produtos dependem de muitos fatores, como porte da propriedade, tipo de atividade e topografia do local, entre outros.

Por essa razão, é importante conhecer os conceitos de máquinas e implementos agrícolas e identificar as diferenças entre eles. As máquinas agrícolas motoras são equipamentos que, por meio da transformação de energia, transmitem o efeito força de tração, como os tratores, por exemplo. São, em geral, fabricados por empresas multinacionais de grande porte. Por outro lado, os implementos agrícolas são máquinas não motoras, que não transformam energia, transmitindo simplesmente o efeito força gerado pela máquina responsável pelo seu tracionamento, como, por exemplo, o arado e a grade. Os implementos são acoplados ao trator e utilizados como fonte essencial para a realização do trabalho agrícola.

A tecnologia presente nas máquinas e nos implementos agrícolas também varia bastante, uma vez que são observadas desde ferramentas manuais em algumas propriedades, até tecnologia de ponta para a mecanização em outras, mas, de qualquer forma, as máquinas e os implementos agrícolas são imprescindíveis e atendem às necessidades dos produtores rurais, independentemente do seu porte.

As empresas de máquinas e implementos agrícolas são bastante heterogêneas. Em sua maioria, são empresas familiares que realizaram recentemente a transição para uma gestão profissional, são pouco inovativas e convivem com a dificuldade de desenvolver produtos para atender demandas específicas dos produtores, relacionadas com os diferentes tipos de cultura, solo, sistemas de produção, topografia, condições climáticas, entre outras variáveis.[9] Tais diferenças dificultam significativamente a gestão do processo de desenvolvimento de novos produtos.

Buscando competitividade e eficiência, grande parte das empresas desse setor especializa-se na fabricação de um conjunto específico de produtos (implementos agrícolas, por exemplo), estratégia que permite a participação em vários segmentos do mercado. Esse procedimento tem o objetivo de evitar as frequentes oscilações de demanda comuns em atividades sazonais, situação predominante na agropecuária.

Um fato importante nesse segmento é o crescente aumento na complexidade dos produtos, exigindo a incorporação de novas tecnologias no produto em desenvolvimento, o que é alcançado pelos encadeamentos dessas indústrias com outros setores industriais, exigindo a adoção de novos modelos de desenvolvimento de produtos. Esse entendimento do processo de desenvolvimento de produtos pressupõe novas formas de relacionamento entre os diversos setores envolvidos na cadeia produtiva de máquinas e implementos agrícolas.

Em grande parte das empresas desse segmento, o processo de desenvolvimento do produto é informal e pouco estruturado, sobretudo nas de pequeno e médio porte, que geralmente desenvolvem seus produtos com base em adaptações de produtos que se encontram no mercado. Nesse caso, os produtos desenvolvidos são novos para a empresa, mas não para o mercado, constituindo-se em inovações incrementais que apresentam pequenas modificações em relação ao produto original.

Processos não estruturados de desenvolvimento de produtos acarretam ausência de documentação, em cujo conteúdo são encontradas as definições das atividades do projeto. Nas empresas que não seguem um modelo de referência, as atividades são realizadas com base na experiência dos componentes da equipe.

A Figura 9.3 apresenta um modelo de referência para o desenvolvimento de máquinas e implementos agrícolas, constando de três macrofases: (i) planejamento do projeto, etapa que define os objetivos gerais do desenvolvimento, (ii) *design*, responsável pela elaboração do projeto do produto e do plano de manufatura e (iii) implementação, cujo propósito é executar efetivamente o projeto e encerrá-lo após o lançamento do produto e posterior validação em condições de campo.

O planejamento do novo projeto orienta o desenvolvimento do novo produto e deve ser realizado de acordo com as estratégias de negócio da empresa e da organização do trabalho a ser desenvolvido durante o projeto.[11] Nessa fase, é definida a equipe que conduzirá o projeto, as atividades de projeto, o cronograma de desenvolvimento, faz-se uma estimativa dos custos, do orçamento previsto e dos aspectos relacionados com a segurança da máquina, entre outros itens.

A fase de *design* tem início com o projeto informacional. Nesse momento, ocorre a primeira reunião da equipe, cujo objetivo inicial é discutir o planejamento realizado. Também são definidos os requisitos dos clientes e do projeto, verificadas as máquinas disponíveis no mercado, definidas as especificações do projeto da máquina (segurança, fornecedores, custos etc.), que, após aprovação, passa pela análise econômico-financeira.

O projeto conceitual destina-se a estabelecer a concepção da máquina e tem início com a definição da função a ser executada por ela, sobre a qual são desenvolvidas concepções alternativas. Em seguida, ocorre a concepção mais adequada ao produto, seguida da definição do processo de fabricação e da escolha dos fornecedores. Após a aprovação da concepção, procede-se à análise econômico-financeira da concepção selecionada.

O projeto preliminar estabelece o *layout* final da máquina, por meio da seleção entre diversos *layouts* alternativos. A construção e o teste dos protótipos ocorrem em seguida, e a análise econômico-financeira encerra a fase.

Na fase do projeto detalhado, acontecem a fabricação de componentes, a montagem e a apresentação do protótipo e os testes de campo do modelo físico. Com o protótipo pronto, testado e aprovado, são definidos o plano de manufatura, o manual de instruções, o manual de assistência técnica, o catálogo de peças e a documentação final e completa da máquina.

A macrofase de implementação inicia-se com a preparação para a produção com a fabricação do lote piloto. As máquinas produzidas são avaliadas e, caso seja necessário, novos testes de laboratório e de campo são realizados. A revisão da documentação da máquina e da análise financeira é realizada nessa fase, que antecede o lançamento do produto.

A validação do projeto constitui-se em uma etapa-chave para o seu sucesso. Nesse momento do projeto, são incluídas as atividades de implementação do plano de satisfação do consumidor, monitoramento do desempenho do produto, monitoramento das informações sobre a segurança do operador da máquina e sobre os acidentes ocorridos.

A equipe de marketing é responsável pela definição dos usuários que participarão do processo de validação da máquina, pela identificação das culturas agrícolas, pelas regiões do país onde serão realizados os testes e pelos responsáveis pela assistência técnica. A opinião dos usuários deve ser registrada e deverá constar nos documentos para a validação do produto.

A validação final da máquina consiste na análise dos documentos de validação, a qual apresentará a opinião do usuário para cada item analisado. Dessa forma, a equipe

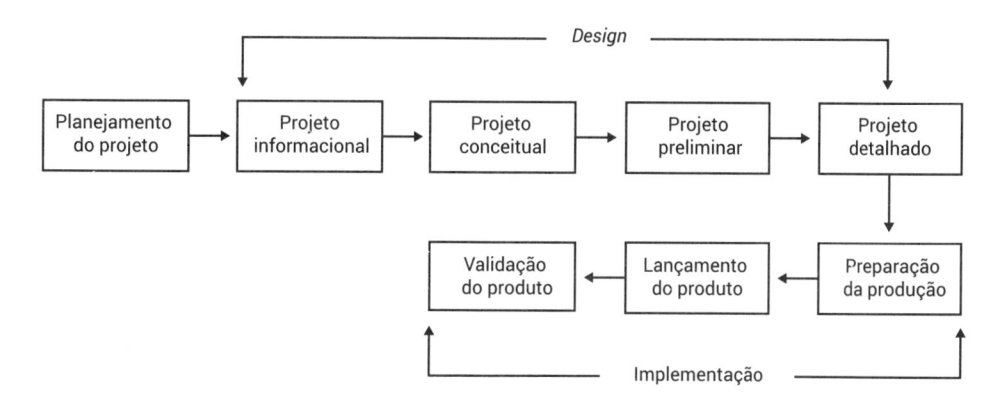

Figura 9.3 Etapas do processo de desenvolvimento de máquinas agrícolas.[10]

poderá identificar, para cada item, os problemas e as ações necessárias para implementar as soluções. Em seguida, é iniciado o plano de melhoria do produto, cujos principais objetivos são redução do custo da máquina, melhoria das características do produto e do desempenho da máquina.

O Boxe 9.1 apresenta as atividades de pós-desenvolvimento de produtos, realizadas por uma empresa de grande porte, fabricante de implementos agrícolas. O pós-desenvolvimento tem início após o lançamento do produto, e a empresa deve acompanhá-lo durante todo o ciclo de vida, registrando os conhecimentos adquiridos e as lições aprendidas. Essas informações devem ser reintroduzidas no sistema, servindo como referência para futuros desenvolvimentos.

9.4 DESENVOLVIMENTO DE PRODUTOS NA PROPRIEDADE RURAL

Não é usual desenvolver novos produtos dentro da propriedade rural. Desenvolver novas variedades de plantas comerciais resistentes a pragas, doenças, estiagens prolongadas, baixas temperaturas, adaptadas a determinado tipo de solo é papel dos centros de pesquisa, universidades e grandes empresas multinacionais. Dificuldades semelhantes ocorrem na produção animal, uma vez que raças com melhor desempenho na produtividade de carne e leite somente são alcançadas por meio de melhoramento genético, processo que envolve várias áreas do conhecimento e necessita de uma equipe multidisciplinar. O que está ao alcance do produtor rural é diferenciar seus produtos dos demais, agregando atributos identificados pelos consumidores.

Os produtores rurais elaboram dois tipos principais de produtos: aqueles cuja produção ocorre em sua maioria nos empreendimentos de grande porte, com pouco ou nenhum valor agregado, e os produtos que possuem algum tipo de modificação em relação ao produto agrícola original. As modificações podem ocorrer nas embalagens, alterando a apresentação do produto no ponto de venda, no sistema de produção, como ocorre com os produtos orgânicos e os produtos certificados, ou realizando algum tipo de processamento que modifique seu aspecto original, facilitando o preparo e o consumo.

Nessas três situações, as melhorias aplicadas ao produto original buscam facilitar o transporte do ponto de

---

BOXE 9.1 Atividades de pós-desenvolvimento de produtos em uma empresa de máquinas agrícolas[12]

A empresa possui capital 100% nacional e está localizada no interior do estado de São Paulo. Seus principais produtos são arados, grades, semeadeiras de precisão, cultivadores e roçadeiras. Foi pioneira na produção da semeadeira de plantio direto. Cerca de 800 funcionários trabalham em produção, administração e vendas. Destina 70% da produção ao mercado interno e 30% ao mercado internacional, distribuídos em 74 países, em cinco continentes. No Brasil, possui representantes em todas as regiões.

Nesse segmento, descontinuar um produto não significa encerrar seu ciclo de vida, uma vez que bens duráveis permanecem longo tempo em atividade. A proposta da empresa é estar sempre próxima do cliente, por isso, os representantes de venda acompanham o produto após o lançamento, independentemente de já ter sido descontinuado, e relatam o seu desempenho e o grau de satisfação dos clientes. Além desse procedimento, a empresa disponibiliza no *site* um formulário bastante simples, cujo objetivo é identificar o cliente e sua satisfação com o produto adquirido.

As vendas da empresa são impulsionadas por duas situações principais: realização de dias de campo, ocasião em que a empresa demonstra o novo produto diretamente aos potenciais usuários, e participação em feiras e eventos. Nas duas situações, especialmente na primeira, a empresa entra em contato com seu público-alvo buscando estabelecer um vínculo, para compreender melhor as necessidades dos consumidores.

Essas ações são importantes e geram um aprendizado para a empresa. Ocorre que muitas informações não são registradas formalmente. Não existe um processo de registro que facilite o acesso às informações, daí a importância de se estabelecer um procedimento padronizado, um modelo formal de desenvolvimento que considere as características da empresa e de seu mercado. Estão sendo introduzidas modificações no processo de desenvolvimento de produtos que permitirão estabelecer uma cultura de que toda informação gerada no processo deve ser registrada, para que colaboradores de outras áreas possam delas se beneficiar. É comum pessoas envolvidas no projeto se afastarem da empresa e outras ingressarem, de modo que esse procedimento cria uma memória do projeto que pode ser usada por todo colaborador, a qualquer momento

A empresa fornece assistência técnica ao produtor durante a vida útil do produto. A assistência tem início com a "entrega técnica", cujo objetivo é demonstrar ao produtor a maneira correta de usar o produto. Durante o período de garantia, são realizadas, em média, três visitas à propriedade para indicar a necessidade de manutenção do produto.

Com relação ao encerramento do ciclo de vida do produto, a empresa procura comunicar com antecedência aos integrantes da cadeia produtiva que a fabricação do produto será descontinuada, identificando as empresas responsáveis pelo fornecimento de peças para a assistência técnica. O reúso de peças, a reciclagem e o descarte definitivo não são trabalhados pela empresa.

venda ao ponto de consumo ou armazenamento, aumentar a segurança do alimento ou tornar mais prática e conveniente sua utilização.

O Boxe 9.2 apresenta as vantagens da certificação dos produtos como estratégia de diferenciação e agregação de valor para a produção rural.

Independentemente do tipo de diferenciação, tais produtos não são resultado de um processo de desenvolvimento tradicional, não utilizam estruturas formais e a gestão do processo é completamente diferente daquela utilizada no setor industrial. As inovações dentro da propriedade rural, quando ocorrem, são baseadas na experiência e no conhecimento do produtor. De todo modo, trata-se de um novo produto, com atributos diferenciados e que representam uma estratégia interessante para o produtor atingir mercados diferentes daqueles em que atua, tornando o empreendimento mais rentável e competitivo.

O produtor deve ter consciência de que a agregação de valor é um processo lento, que exige planejamento e conhecimentos adicionais, nem sempre acessíveis aos produtores. Além dos custos e investimentos envolvidos, é necessário considerar se a rentabilidade esperada ao final do desenvolvimento será de fato alcançada. Por essas razões, as mudanças nas atividades produtivas encontram resistências no comportamento tradicional do produtor rural.

9.4.1 Tipos de agregação de valor

A diferenciação dos produtos por meio da agregação de valor, em geral, traz benefícios ao produtor rural. Existem três formas principais de agregar valor ao produto agropecuário, diferenciando-o dos produtos da mesma categoria.[14]

- **Normas de padronização**: os produtos vegetais obedecem a parâmetros utilizados para separar itens similares em categorias. Podem ser padronizados os atributos quantitativos, como tamanho e peso, e também os qualitativos, como forma, turgidez, coloração, maturação e danos mecânicos, entre outros. Produtos padronizados apresentam um aspecto mais homogêneo, tornando

---

BOXE 9.2 Características da certificação da produção rural[13]

Os selos de certificação possuem diferentes propósitos para diferentes situações, mas sempre objetivam garantir a qualidade e a segurança ao consumidor. A certificação agrega valor ao produto e fortalece a cultura local. Produtos artesanais, por exemplo, elaborados a partir de técnicas tradicionais que resultam em características únicas e particulares, são cada vez mais procurados no mercado.

A certificação foca em consumidores que valorizam a produção e a qualidade diferenciada de produtos que carregam uma forte carga cultural no processo de produção e a "tradição do saber fazer" ou, ainda, valorizam atributos geográficos, como a influência de fatores naturais da referida região. Essa proteção das características regionais é uma das estratégias utilizadas para o desenvolvimento de regiões menos favorecidas, fomentando o desenvolvimento das propriedades rurais locais.

Para esses casos, a principal certificação existente é a indicação geográfica (IG), que se divide em denominação de origem (DO) e indicação de procedência (IP). As IG ressaltam características diferenciadas ao identificarem o uso de recursos naturais, humanos, processos de fabricação próprios, e local onde foram produzidos, tornando o produto, muitas vezes, um patrimônio cultural local e regional.

Um produto com certificado de DO representa o local em que foi produzido e as características específicas que lhe conferem algum diferencial por ser produzido naquele local. Por outro lado, a certificação de IP é utilizada para produtos com características relativas a determinada área de produção, podendo ser processado somente naquele local, pois, para que uma IP seja protegida, é preciso ter se tornado conhecida ou que o território tenha alguma reputação. Nesse caso, os produtos são conhecidos e reconhecidos como tradicionais, caracterizados pelos conhecimentos históricos e culturais de determinada região geográfica.

Em termos legais, a IG protege os produtos de determinada localização, garantindo sua exploração aos produtores da região, preservando a padronização local e impedindo que outros façam uso do nome da região com produtos de qualidade inferior que possam descaracterizar o local.

A titularidade da IG é coletiva, um direito que pode ser usufruído por todos os produtores que atuem na área demarcada e explorem o produto relacionado com os indicados na certificação, ainda que esses produtores não sejam parte da associação ou grupo responsável pela solicitação do registro do selo.

Uma vez estabelecida a certificação, os produtores passam a usufruir de certos benefícios, que podem ser de ordem econômica, ambiental e/ou psicológica. No primeiro caso, os produtos tradicionais podem ser considerados uma alternativa de ganhos financeiros para os pequenos produtores rurais, gerando renda extra a partir da agregação de valor ou acesso a novos mercados. O benefício ambiental decorre de uma produção rural ambientalmente mais sustentável, tendo em vista que a região passa a ser um elemento importante no processo de agregação de valor. Por fim, os benefícios psicológicos referem-se a satisfação e elevação da autoestima dos produtores locais decorrentes da valorização da propriedade rural, incentivando-os a realizarem novos investimentos na área de produção.

a comercialização mais rápida e eficiente, uma vez que mercados mais exigentes somente admitem a comercialização de produtos classificados de acordo com padrões reconhecidos. A padronização permite a caracterização do produto sem a sua presença física, com confiabilidade, transparência e possibilidade de arbitragem. Além desses benefícios, a padronização é parte integrante de uma série de exigências para a certificação dos produtos vegetais.

- **Embalagens de comercialização**: as embalagens dos produtos *in natura* expostas no ponto de venda, além de permitirem a movimentação do produto e identificarem suas características, funcionam como um elemento catalisador das vendas, ao facilitar o transporte do produto embalado e o armazenamento refrigerado na residência, conferindo maior praticidade e conveniência ao consumidor.
- **Industrialização da produção**: os produtores podem processar os produtos *in natura* de duas maneiras principais: (i) semiprocessamento, processo que não impõe alterações significativas ao produto, preservando a identidade física e o frescor do vegetal, como ocorre nos vegetais minimamente processados, que são oferecidos de forma prática e prontos para consumo, e (ii) processamento, cujas alterações promovem mudanças no produto, modificando significativamente suas características originais.

Outra forma de diferenciação dos produtos é o uso de uma marca própria. A presença da marca e de informações sobre o produto transmite-lhe maior confiabilidade e é reconhecida pelo varejo, pelos atacadistas e por consumidores finais do produto. O desenvolvimento de marcas próprias ainda não é uma realidade das propriedades rurais no país, em razão do acesso limitado dos produtores às ferramentas de marketing e aos canais de distribuição dos seus produtos.

Para que a diferenciação dos produtos *in natura* alcance os resultados esperados, é importante que as diferentes formas de agregação de valor estejam associadas. Um produto padronizado e acondicionado em embalagens atrativas e adequadas à preservação das qualidades do produto e que contenha informações do produto e do fabricante tem maiores chances de sucesso.

Uma condição essencial para diferenciar os produtos vegetais é o estado de conservação pós-colheita. Por isso, as embalagens que acondicionam, transportam e armazenam os produtos ocupam uma posição central nesse processo, principalmente na pós-colheita de vegetais sensíveis a danos mecânicos. Tais produtos, caso não sejam acondicionados, transportados e armazenados adequadamente, não se prestarão à agregação de valor.

Cabe destacar que a maior parte da comercialização dos produtos *in natura* no Brasil é tradicionalmente feita a granel, sem qualquer tipo de diferenciação entre eles. No entanto, observa-se um crescimento na procura por produtos mais convenientes, oferecidos de forma mais atraente, contendo informações no rótulo e com 100% de aproveitamento no momento do preparo.

O Boxe 9.3 apresenta o caso de uma empresa rural que, além das atividades de produção vegetal, também agrega valor aos seus produtos. A empresa pode ser considerada como inovadora, uma vez que nesse segmento não é uma prática comum as empresas desenvolverem novos produtos.

Os produtos novos obtidos na propriedade rural proporcionam os seguintes benefícios ao produtor: eliminação de intermediários, pois a comercialização acontece diretamente com o ponto de venda; menor instabilidade de preços; aumento na rentabilidade; redução das perdas, por ser tratar de itens perecíveis; e possibilidade de atuação em novos mercados.

9.4.2 Dificuldades para inovação

A resistência à adoção de inovações tecnológicas é comum na maior parte dos empreendimentos rurais, mesmo quando as inovações são técnica e economicamente necessárias.

Novas tecnologias exigem mudanças e adaptações nos empreendimentos rurais, exercendo forte impacto sobre as estruturas mais conservadoras, cujas estratégias e regras de gerenciamento modificam-se gradual e lentamente, principalmente porque foram desenvolvidas e organizadas para atender a mercados e tecnologias estáveis.

Os empreendimentos rurais tendem a se tornar mais competitivos à medida que incorporam novas tecnologias na produção e na comercialização de produtos. Entretanto, essas incorporações devem sempre considerar a realidade do produtor, os custos de implantação e manutenção e os mercados em que o empreendimento rural está inserido, pois, juntamente com os benefícios que essas inovações proporcionam, podem surgir obstáculos relacionados com seleção, implantação, uso e manutenção, geralmente relacionados com o custo de aquisição e sua efetiva utilização.[iii]

---

iii A questão da inovação tecnológica nos sistemas agroindustriais de produção é tema da seção 1.8.4 do Capítulo 1.

> **BOXE 9.3 Desenvolvimento de novos produtos na propriedade rural[15]**
>
> A empresa rural está localizada no interior do estado de São Paulo e produz frutas, legumes e verduras (FLV) em uma área de 30 ha. Comercializa seus produtos nas capitais de São Paulo, Minas Gerais e Rio de Janeiro. A diferenciação dos produtos e o fortalecimento da marca representam pontos fortes da empresa.
>
> O processo desenvolvimento de novos produtos é realizado de duas formas: (i) busca por novos tipos de produtos *in natura* com potencial de mercado, e (ii) industrialização de parte da produção. No primeiro caso, o processo tem início com a indicação de uma nova variedade de FLV que tenha se mostrado promissora. O desenvolvimento dessa nova variedade ocorre em uma pequena área destinada exclusivamente para essa finalidade. O produtor realiza um levantamento acerca das principais características do produto, como tempo de ciclo vegetativo, problemas fitossanitários, fertilizantes e suas respectivas concentrações, necessidades hídricas e outros aspectos técnicos do sistema produtivo. Tais informações têm o objetivo de confirmar se há, na propriedade, condições para atendimento das demandas técnicas necessárias para o desenvolvimento do produto.
>
> Ainda com o cultivo em andamento, o produtor busca informações sobre o preço de venda e a demanda potencial do produto. De posse das informações técnicas e mercadológicas, o produtor pode realizar uma análise preliminar da viabilidade técnica e econômica do produto testado. No entanto, poucos produtos desenvolvidos dessa maneira foram bem-sucedidos e permaneceram no mercado. A ausência de uma parceria com o setor de distribuição foi decisiva para o insucesso desses produtos.
>
> A diferenciação de produtos ocorre de maneira mais intensa em razão da industrialização de parte da produção de frutas e legumes, que são semiprocessados em uma área próxima à produção. As eventuais inovações no desenvolvimento de produtos minimamente processados se concentram em embalagens, tipo de corte do produto e na associação de vários produtos formando um *mix* de vegetais prontos para consumo. Os novos produtos, provenientes dos testes de campo, também integram o *mix*, como forma de torná-los mais conhecidos para o consumidor. O produtor desenvolveu um rótulo que estampa o nome da propriedade como elemento principal e apresenta informações técnicas do produto minimamente processado no rótulo da embalagem.
>
> Iniciativas como essa deveriam ocorrer de forma mais frequente no setor rural. A distância entre o setor produtivo e o setor varejista é, provavelmente, um dos motivos para a baixa iniciativa em diferenciar produtos observada nos produtores rurais. O processo de desenvolvimento de novos produtos parte das necessidades do mercado, as quais são primeiramente observadas pelo varejo, elo da cadeia produtiva mais próximo aos consumidores. A reunião dos produtores em associações poderia auxiliar na aproximação desses segmentos buscando o desenvolvimento de novos produtos.

Dessa forma, o sucesso da adoção de uma tecnologia no meio rural está relacionado com a escolha e o uso adequados, de modo que haja alinhamento com as estratégias do negócio, o planejamento para investimentos, as atitudes dos gestores e o comportamento voltado para a inovação.

Existem pelo menos três grandes obstáculos na agricultura, relacionados com a adoção de tecnologia. O primeiro problema reside na falta de conhecimento da tecnologia por parte da população do campo, principalmente das pessoas com idade mais avançada, que apresentam comportamentos de rejeitar algumas tecnologias pelo desconhecimento de sua funcionalidade e impossibilidade de operá-las. O segundo é a falta de instrutores para ensinar sobre as novas tecnologias aos produtores rurais, e o terceiro problema refere-se ao desconhecimento do propósito da tecnologia, ou seja, para qual finalidade uma nova tecnologia é introduzida.

Acrescentam-se a esses obstáculos a migração dos filhos para outras atividades nas cidades, a falta de recursos financeiros para aquisição de equipamentos, as tecnologias da informação e treinamento pessoal, a precariedade ou ausência de serviços de telefonia, Internet e energia elétrica.

Outro motivo para o insucesso de transferências de novas tecnologias das empresas e/ou de orgãos públicos para os empreendimentos rurais reside na própria cultura dos produtores, que em muitos casos se mostram avessos às mudanças tecnológicas e de gestão. A falta de conhecimento, muitas vezes, impede os produtores rurais de incorporar inovações nos seus negócios, produtos ou processos, mostrando-se conservadores em relação à tecnologia utilizada e à forma de gerir a atividade rural.

Observa-se que os produtores rurais brasileiros mais inovadores possuem propriedades rurais maiores, maior contato com os agentes de mudança e maior disponibilidade financeira. Esta última característica, especialmente, afeta a aquisição de inovações, que geralmente são mais caras por serem novas e, por isso, demandam maior aporte inicial de capital.[16]

A resistência à mudança em propriedades rurais é, em grande medida, cultural e ocorre principalmente entre os funcionários da propriedade. De forma menos acentuada, essa resistência é reflexo da exigência de reestruturação do negócio e dos processos gerenciais, que podem elevar os custos de implantação da tecnologia.

Esses obstáculos, de certa forma, explicam a diversidade e a heterogeneidade no uso de tecnologia pela agricultura brasileira, principalmente no que se refere à maior concentração nas regiões Sul, Sudeste e

Centro-Oeste, quando comparadas às regiões Norte e Nordeste do Brasil.[17]

9.5 DESENVOLVIMENTO DE PRODUTOS NO SETOR INDUSTRIAL

O desenvolvimento de um novo produto alimentício não ocorre com frequência, podendo ser entendido, em boa parte das vezes, como um produto que não foi apresentado antes em qualquer mercado. Assim, entende-se que um produto alimentício pode ser novo para uma empresa que ainda não o comercialize, mas pode não ser necessariamente novo para um mercado em que outras empresas, em outros lugares, já comercializaram um produto semelhante.

Um novo produto pode ser definido como "um produto não fabricado anteriormente por uma empresa e introduzido por ela em seu mercado ou em um novo mercado" ou "a apresentação ou atualização da marca (*rebranding*)[iv] pelo fabricante de um produto já estabelecido, em um novo formato, uma nova embalagem ou sob um novo rótulo, em um mercado não explorado anteriormente por essa empresa".[18]

Uma estratégia bastante comum em empresas desse segmento para anunciar um novo produto é alterar a embalagem original, procedimento que pode ser decisivo como vantagem competitiva na indústria de alimentos. Dessa forma, as empresas procuram atender às exigências dos consumidores, oferecendo embalagens modernas, práticas, que preservem os alimentos e que apresentem algum apelo do ponto de vista ambiental.

9.5.1 Desenvolvimento de alimentos

O setor alimentício é líder no desenvolvimento de produtos entre as indústrias de transformação brasileiras. No entanto, observa-se que uma parcela significativa dos projetos de produto não alcança o sucesso esperado. São várias as razões que procuram explicar essa situação: objetivos mal definidos e que são alterados durante o projeto, elevado tempo para finalizar o projeto, falta de integração entre as áreas da empresa, enfim, situações que refletem a informalidade em parte ou em todo o processo de desenvolvimento do novo alimento.[19]

Em grande parte das empresas desse segmento, os projetos têm por base procedimentos empíricos, com suporte no conhecimento e nas experiências da equipe de projeto. A prática de tentativa e erro até os objetivos serem alcançados é adotada por muitas empresas alimentícias, sobretudo as de menor porte.

Uma alternativa adotada pela indústria de alimentos na tentativa de desenvolver novos produtos é inovar os processos de transformação, fato ainda pouco explorado por empresas desse segmento, uma vez que a grande maioria dos produtos presentes no mercado são extensões de linha, produzidos por sistemas de manufatura bastante conhecidos em todo o mundo.

Independentemente de as empresas alimentícias adotarem estratégias menos arriscadas para desenvolver seus produtos, a utilização de um modelo de referência as auxilia na elaboração de um cronograma para os diferentes projetos, na distribuição das atividades entre os integrantes da equipe e na avaliação de cada etapa do processo.

A Figura 9.4 apresenta o modelo clássico para o desenvolvimento de novos alimentos, partindo de uma ideia que visa atender necessidades de um público consumidor até o produto acabado e pronto para ser lançado no mercado.

Esse modelo divide o processo em três etapas: (i) pré-desenvolvimento, em que há a geração de ideias, (ii) desenvolvimento, quando ocorre o desenvolvimento propriamente dito do produto, e (iii) pós-desenvolvimento, fase que se inicia com o lançamento no mercado. O processo tem início com o levantamento dos objetivos da empresa e a identificação das necessidades dos consumidores. O processo de geração de ideias pode ser realizado por sessões de *brainstorming* ou outra técnica de criatividade. As ideias são reunidas, analisadas e selecionadas com base nas estratégias da empresa.

A seleção das melhores ideias pode usar critérios mercadológicos, financeiros, técnicos e relativos ao processamento dos ingredientes. Nesse momento, também são avaliadas as condições de fabricação, identificando se a empresa de fato tem condições de fabricar o produto em desenvolvimento.

Na fase de desenvolvimento, as principais atividades são a elaboração do protótipo do produto e o teste do protótipo. Na indústria de alimentos e de bebidas, o protótipo geralmente é muito semelhante ou idêntico ao produto final, apresenta menor custo e maior facilidade de ser fabricado e testado. Esse é um dos motivos para esse tipo de indústria lançar um número maior de produtos no mercado.

---

iv De acordo com Montelatto (2016), *rebranding* significa repensar a estratégia criativa da empresa, incluindo valores e estratégias de mercado como um todo, afetando a empresa de forma global.

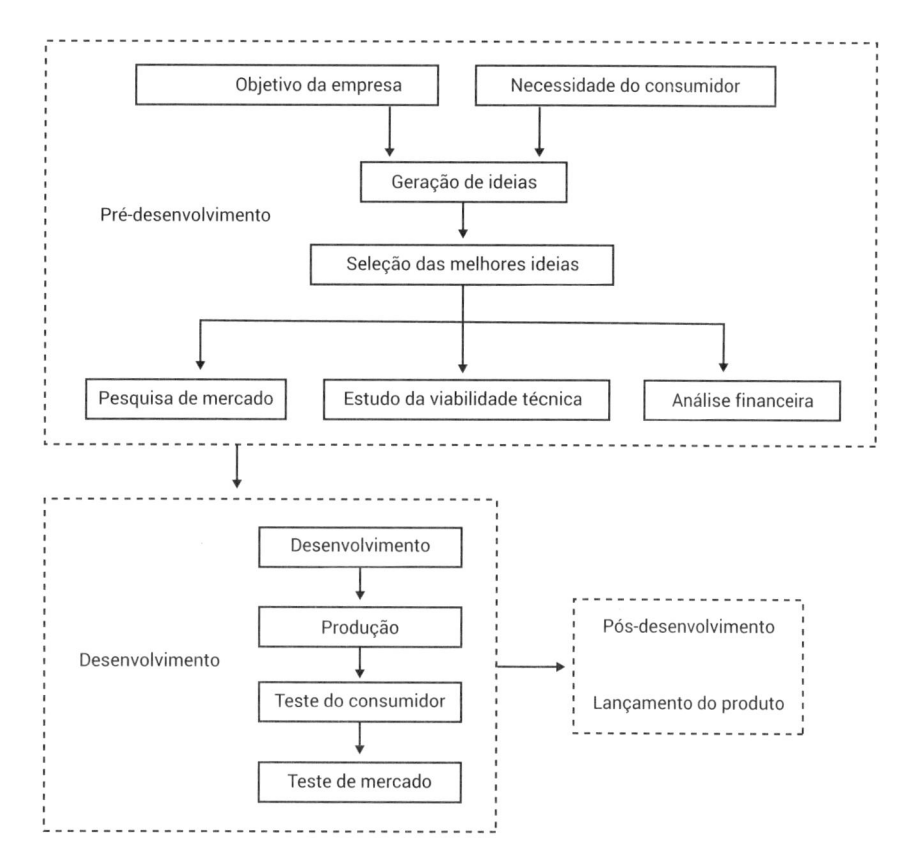

Figura 9.4 Modelo de referência para produtos alimentícios.[20]

A avaliação do protótipo é feita por meio da análise sensorial, uma ferramenta muito importante utilizada pelas indústrias para alcançar os resultados exigidos pelo mercado. A intenção é identificar as preferências e as percepções do consumidor em relação aos atributos do produto, tal como são percebidas pelos órgãos do sentido.

Caso a avaliação do protótipo seja positiva, o produto é encaminhado para a manufatura, quando será fabricado um lote piloto que será submetido ao primeiro teste real, chamado de teste do consumidor, visando avaliar o sabor, a textura e a apresentação do produto, incluindo sua embalagem.

A avaliação do lote piloto ocorre no interior da empresa e é realizada por potenciais consumidores, convidados por ela. A última etapa consiste no teste de mercado, cujo objetivo é avaliar o produto em condições de campo. Essa etapa antecede ou é realizada simultaneamente com o lançamento do produto.

Os modelos de referência descritos para a indústria alimentícia relatam os passos a serem seguidos, mas não tratam das ferramentas e dos métodos a serem utilizados, para que os resultados sejam alcançados.[21] Os modelos destacam a importância de considerar as necessidades dos consumidores, o posicionamento da empresa ao iniciar o processo de desenvolvimento do produto e, sobretudo, a necessidade de gerenciar corretamente as informações durante o desenvolvimento. Tais demandas são atendidas por modelos, mas necessitam de métodos e ferramentas específicos para cada situação.

O Quadro 9.1 apresenta os principais métodos e ferramentas que podem ser utilizados nas três macrofases de projeto e desenvolvimento do produto (PDP).

As três primeiras fases do modelo relatam atividades, métodos e ferramentas utilizados no pré-desenvolvimento de produtos alimentícios. Nesse momento, ocorre o alinhamento das estratégias da empresa, procedimento que utiliza análises econômicas, do portfólio de produtos, do volume de vendas dos produtos em relação à concorrência e da real capacidade da empresa em desenvolver projetos. As informações geradas servirão para elaborar um plano para o portfólio de projetos de produto, contendo ideias para novos projetos. O passo seguinte é a seleção da proposta mais adequada, por meio de pesquisas das necessidades dos consumidores.

As atividades de projeto estão divididas em cinco fases: projeto informacional, projeto conceitual, projeto detalhado, preparação da produção e a fase de lançamento do produto no mercado. No pós-desenvolvimento, a equipe de projeto deve acompanhar o produto após o seu lançamento, procedimento que

Quadro 9.1 Atividades e ferramentas usadas para o PDP de alimentos[22]

Macrofase	Fase do projeto	Atividades	Ferramentas
Pré-desenvolvimento	Planejamento estratégico	• Levantar informações. • Detalhar o ciclo de vida. • Identificar especificações. • Registrar conhecimentos.	• *Brainstorming*. • Pesquisa de mercado. • Painel dos consumidores. • Análise dos concorrentes. • Consulta a base de dados.
	Planejamento de portfólio	• Atualizar portfólio. • Planejar projetos. • Registrar conhecimentos.	• Pesquisa bibliográfica. • Monitoramento tecnológico do produto. • Avaliação dos riscos.
	Planejamento do produto	• Identificar oportunidades. • Selecionar oportunidade. • Identificar especificações. • Registrar conhecimentos.	• Análise da maturidade do produto.
Desenvolvimento	Projeto informacional	• Levantar informações. • Detalhar o ciclo de vida. • Desenvolver QFD. • Identificar especificações. • Registrar conhecimentos.	• *Brainstorming*. • Pesquisa de mercado. • Consulta a base de dados. • Pesquisa bibliográfica. • Otimização de processos.
	Projeto conceitual	• Buscar alternativas de concepção. • Testar as alternativas. • Avaliar custos de produção. • Elaborar relatório do protótipo. • Buscar fornecedores e parcerias. • Registrar conhecimento.	• Consulta à base de dados. • Pesquisa bibliográfica. • Planejamento experimental. • Definição de *shelf-life*.
	Projeto detalhado	• Elaborar projeto do processo de fabricação. • Selecionar fornecedores. • Desenvolver projeto da embalagem e da produção do lote teste. • Elaborar plano de retirada do produto. • Registrar conhecimento.	• Pesquisa bibliográfica. • Consulta a base de dados. • Análise sensorial.
	Preparação para produção	• Produzir lote teste. • Analisar amostras do lote. • Homologar e registrar produto e processo. • Liberar produção. • Cadastrar clientes. • Registrar conhecimento.	• Consulta a base de dados. • Auditoria de riscos. • Análises físico-químicas e microbiológicas.
	Lançamento	• Observar procedimento do SAC. • Desenvolver material publicitário. • Elaborar estratégia de lançamento. • Registrar conhecimento.	• Consulta à base de dados. • *Brainstorming*. • *Softwares* gráficos. • Análise dos concorrentes.
Pós-desenvolvimento	Acompanhamento	• Monitorar satisfação dos clientes. • Monitorar desempenho. • Planejar modificações. • Registrar conhecimento.	• Consulta à base de dados. • Análise de maturidade. • Matemática financeira.
	Retirada do mercado	• Efetuar retirada do produto. • Verificar resultado econômico. • Registrar conhecimento.	• Consulta à base de dados. • Cálculos financeiros.

deve se estender por todo o ciclo de vida. A retirada do produto do mercado encerra essa etapa do projeto. Um fato importante presente nesse modelo é o registro de conhecimentos e lições aprendidos em todas as fases do projeto do novo produto.

Os novos produtos alimentícios, diferentemente dos produtos desenvolvidos no setor de insumos, em geral não são patenteados. A lei que trata da proteção à propriedade industrial estabelece três condições ao patenteamento: (a) ser uma novidade, (b) possuir atividade inventiva e (c) ter utilização industrial e ser útil à sociedade. As duas primeiras condições, em geral, não são atendidas pelos novos alimentos e bebidas. Para produtos alimentícios, são concedidas patentes apenas quando as soluções reivindicadas são técnicas e produzem resultados completamente inesperados.

O Boxe 9.4 apresenta as características do processo de desenvolvimento de produtos em quatro empresas fabricantes de produtos alimentícios. As empresas estudadas pertencem ao mesmo município, localizado no interior do estado de São Paulo, conhecido como um importante polo de produção de alimentos do estado.

9.5.2 Desenvolvimento de bebidas

O processo de desenvolvimento de novos produtos na indústria de bebidas é necessário para manutenção, crescimento e competitividade das empresas nesse setor. Ele compreende a utilização de novos ingredientes, mudança de formulação, substituição de ingredientes, readequação dos processos e etapas de fabricação, substituição de embalagem e utilização de tecnologias de processamento inovadoras e emergentes.[24]

BOXE 9.4 Diferenciação no desenvolvimento de produtos na indústria de alimentos[23]

O exemplo que ilustra o desenvolvimento de novos produtos na indústria alimentícia utiliza quatro empresas, todas de capital nacional, mas de portes diferentes (micro, pequenas, médias e grandes empresas, com 14, 40, 220 e 2.000 funcionários, respectivamente), sendo que as duas maiores são também empresas exportadoras.

Dessa forma, é possível verificar facilmente diferenças entre elas, pois embora as empresas de menor porte estejam mais próximas de seu nicho de mercado, em geral apresentam mais dificuldades em relação à gestão do processo, quando comparadas às de maior porte. Algumas características comuns a essas empresas podem ser verificadas, como, por exemplo, a ausência de recursos financeiros, uma estrutura física inadequada para a produção, a presença de profissionais não especializados, que muitas vezes são pouco treinados para as tarefas que executam, e a ausência de um processo estruturado de desenvolvimento de produtos.

Especificamente, outras características justificam por que as empresas de menor porte inovam em proporções diferentes das de maior porte. A microempresa, por exemplo, não possui tradição em desenvolver produtos e, por isso, seu portfólio de produtos não muda há muito tempo. As justificativas para a baixa inovação residem na falta de recursos para investimentos, na margem de lucro reduzida e na dificuldade em obter financiamento. Além disso, a empresa argumenta que atende a um público de baixo poder aquisitivo e, portanto, não existe necessidade de novos produtos.

Já a empresa de pequeno porte desenvolve produtos ocasionalmente, com o objetivo de aumentar o portfólio e torná-lo mais competitivo. Entretanto, não possui uma política contínua de desenvolvimento de novos produtos e, em razão de insucessos anteriores, optou por trabalhar com produtos tradicionais, conhecidos e consolidados no mercado.

A empresa de médio porte, apesar de não possuir um setor dedicado exclusivamente ao desenvolvimento de novos produtos, esforça-se para aprimorar os produtos existentes, utilizando ingredientes e matérias-primas diferentes dos tradicionais, o que resulta na maior oferta de novos sabores e na utilização de novas embalagens, que conferem uma aparência mais moderna aos produtos.

Por fim, a empresa de grande porte possui uma forte cultura interna voltada à inovação de seus produtos, contando com um departamento de P&D destinado exclusivamente a essa finalidade. Uma característica muito importante é o inter-relacionamento do setor de P&D com outras áreas, em especial com a de marketing e de produção. O atendimento ao mercado externo explica, em boa parte, a diferença entre essa empresa e as demais analisadas anteriormente, pois a demanda internacional é diferente e mais exigente em relação à demanda local, exigindo mais esforços para atender aos hábitos de consumo alimentar dos países importadores.

Diante dessas quatro realidades, acrescenta-se que o setor alimentício é fortemente influenciado pela necessidade de lançamento de novos produtos, mesmo que a diferenciação seja pequena em relação aos produtos existentes. A disputa pelo mercado é intensa, e novos sabores são sempre motivos para campanhas publicitárias e ganhos de competitividade.

Apesar disso, o porte das empresas mostrou ser uma condição decisiva no desenvolvimento de novos produtos alimentícios, pois afeta diretamente dois fatores importantes: os mercados de atuação e a orientação exportadora. Enquanto as micro e pequenas empresas atendem mercados de baixa renda e pouco exigentes em produtos diferenciados, as de médio e grande portes visam a um público de renda mais elevada, localizados em todos os estados nacionais e em alguns mercados internacionais, motivo pelo qual se torna essencial diferenciar seus produtos para manutenção desses mercados. Diferenciar produtos não é uma tarefa fácil, sendo necessários investimentos para a capacitação profissional, formação de um departamento específico de P&D e utilização de processos formais para desenvolvimento de novos produtos, condições nem sempre disponíveis às empresas de menor porte.

Existe uma preocupação de readequação e modernização dos processos tradicionais de produção de bebidas, evitando o uso de aditivos, preservando as características naturais e frescas do produto, reduzindo o consumo de energia e o consumo de água.

As indústrias de alimentos e bebidas são consideradas muito próximas, compartilhando diversas estratégias. Os modelos de referência aproximam-se bastante daqueles utilizados pela indústria de alimentos. A identificação das necessidades dos consumidores é o ponto de partida para o desenvolvimento do produto, seguindo-se a geração de ideias e a escolha das melhores alternativas. Em geral, várias opções são testadas na fase de prototipagem, pois trata-se de um processo mais simples, rápido e com menores custos, quando comparado a outros setores industriais. O teste do protótipo ocorre interna e externamente à empresa para aprovação, rejeição ou alteração em algum item contestado na avaliação, como sabor, acidez, coloração etc. O projeto da embalagem é realizado simultaneamente ao do produto.

Observa-se que a indústria de bebidas tem buscado a diferenciação de sabores e tipos de bebidas, atendendo a demandas crescentes por produtos originais, saudáveis e mais práticos para consumo no dia a dia. Surgiram daí as bebidas à base de soja, as misturas de sabores, as linhas *diet* e *light* e as bebidas funcionais, acrescidas de vitaminas, minerais e preparadas com ingredientes naturais.

A redução no consumo de refrigerantes nos últimos anos, verificada no Brasil e em outras partes do mundo, tem acelerado o desenvolvimento de novos produtos a partir de versões reformuladas das marcas mais consumidas, ajustando-se às novas demandas dos consumidores por bebidas livres de adoçantes, cafeína ou corantes, e com ingredientes orgânicos e certificados, frutas e extratos naturais, adicionadas de nutrientes e substâncias funcionais, e baixa carbonatação, focadas no público adulto.[25]

Embora a indústria de bebidas seja bastante concentrada e caracterizada por grandes empresas, cujas marcas são líderes de mercado, existe um segmento cada vez mais importante, formado por empresas de pequeno e médio porte, que focam no desenvolvimento de novos produtos classificados como *gourmet*, *premium* ou artesanal, para atender a consumidores com maior poder aquisitivo em busca por produtos diferenciados e de qualidade superior.

As águas carbonatadas, apesar da baixa participação no total da categoria, são produtos com novos posicionamentos, que incluem opções saborizadas, com baixas calorias ou livres delas, direcionados aos consumidores que estão deixando de consumir refrigerantes.

A indústria de sucos renova-se com o desenvolvimento de bebidas, como os sucos integrais, sem conservantes e sem adição de açúcar, alternativas mais saudáveis para um mercado que historicamente tinha no néctar a preferência do consumidor, além dos sucos verdes e dos chamados vegetais para beber.

Bebidas funcionais vêm sendo desenvolvidas para auxiliar na queima de calorias e proporcionar saciedade, a partir de ingredientes como proteínas, fibras e substâncias antioxidantes, que focam em um mercado que busca soluções para controle do peso. Entretanto, esses produtos muitas vezes são registrados como suplementos alimentares, apesar da apresentação similar às bebidas funcionais.

A categoria de chás e cafés tem apresentado enorme potencial para inovação, principalmente no segmento de produtos prontos para beber. O desenvolvimento de produtos nessa categoria apoia-se na percepção dos consumidores acerca dos benefícios à saúde e ao bem-estar, reconhecidos com base em suas funcionalidades naturais, além das possibilidades de diferenciação a partir de uma variedade de vegetais, regiões de origem ou fusões com outras categorias de bebidas. Outro aspecto considerado por essa indústria refere-se aos sistemas de preparo doméstico de cafés e chás, possibilitando uma nova forma de consumo de bebidas diferenciadas e de qualidade superior.

A indústria de laticínios também tem se adequado aos novos estilos de vida e expectativas dos consumidores, desenvolvendo produtos com novos sabores, combinações de ingredientes ou conceitos inovadores. Além dos leites *premium*, já comuns no mercado, a indústria procura diferenciar seus produtos adicionando ingredientes de qualidade, como a ganache de chocolate, chocolate amargo ou maior teor de cacau, proporcionando maior sofisticação e sabor, reposicionando segmentos já existentes.

A busca por produtos sem lactose tem ampliado o segmento de bebidas substitutas ao leite e às bebidas lácteas em geral. São as bebidas à base de fontes vegetais, como o arroz, a aveia, a amêndoa, o coco, a linhaça e a castanha de caju, entre outras, que substituem com sucesso o leite puro, seja para consumo imediato ou preparo de receitas.

9.5.3 Algumas tendências no desenvolvimento de alimentos e bebidas

Nos últimos anos, as tendências no desenvolvimento de alimentos vêm apontando para um mercado crescente de bem-estar do consumidor. Esse mercado inclui alimentos e bebidas orgânicas, funcionais, livres ou com redução de gorduras, sal e açúcar, produtos sem glúten e lactose, além de produtos integrais, vegetarianos e veganos.

O número de alternativas de alimentos sem glúten cresce a cada dia, e a demanda por parte do consumidor segue em ritmo acelerado, mesmo que os produtos tenham preços finais mais elevados. A indústria alimentícia, ao perceber a crescente preocupação com saúde, bem-estar e restrições médicas, passou a desenvolver opções que incluem pães, bolos, diferentes tipos de macarrão, biscoitos, *cookies*, massas prontas de pizza e torta, esfihas e coxinhas congeladas, entre muitas outras.

Apenas cerca de 1% da população mundial sofre da doença celíaca, e entre 6% e 10% são sensíveis ao glúten. Entretanto, os maiores responsáveis pelo consumo crescente desses produtos são pessoas que não sofrem desses dois males, mas mesmo assim têm optado por produtos que não contenham glúten.

Um dos responsáveis por isso é a indústria de insumos, que ampliou o portfólio de ingredientes inovadores e de novas tecnologias, como os extratos de malte sem glúten para diversas bebidas e a tecnologia responsável pela produção da cerveja sem glúten. Outra tendência nesse setor é a tendência *beyond dairy* (para além dos derivados do leite), que oferece soluções de ingredientes para produtos sem derivados do leite e sem lactose, baseados em arroz, amêndoas, aveia e soja.[26]

Mundialmente, o número de pessoas sensíveis a proteínas do leite e/ou lactose é bem maior do que o de pessoas intolerantes a glúten. Sendo assim, os produtos "sem derivados do leite" vêm se tornando cada vez mais populares, para uma boa parte da população. Somam-se a essas pessoas os veganos ou vegetarianos e os que rejeitam totalmente as propriedades nutritivas dos produtos lácteos.

A ascensão dos produtos sem glúten ou lactose é fortemente vinculada a tendências e conceitos de estilo de vida individuais. Entretanto, o desenvolvimento de alimentos e bebidas deve estar atento às questões relacionadas com a redução do açúcar e do sal nos alimentos. À medida que as agências globais impõem restrições no uso do açúcar, a indústria de alimentos passa a ser pressionada a encontrar soluções com calorias reduzidas e menores quantidades de açúcar em sua composição.

Essas mudanças no perfil e no comportamento dos consumidores vêm sendo responsáveis por significativas adaptações no mercado de bebidas não alcoólicas e decorrem do envelhecimento dos consumidores tradicionais e do surgimento das novas gerações com novos valores e novos hábitos de consumo, fatores que afetam todo o setor, com progressiva redução no consumo de refrigerantes, sucos, refrescos e bebidas lácteas adoçadas, enquanto os chás, os cafés e os preparados à base de leite passam a ser mais consumidos à medida que a população envelhece.

A faixa etária dos consumidores também deve influenciar o consumo de alimentos saudáveis. A partir dos 50 anos, as pessoas têm, cada vez mais, se preocupado com a saúde preventiva e o próprio envelhecimento, que resultam em perda de massa muscular, mobilidade reduzida, dificuldades para mastigar ou engolir, perda de memória, entre outros problemas, abrindo caminho para o desenvolvimento de novos produtos, como as refeições líquidas, na forma de preparados em pó ou prontas para beber.

A indústria láctea segue a tendência de oferecer bebidas mais nutritivas, contendo fibras, grãos integrais, vitaminas, minerais e ômega 3, por exemplo. Os leites modificados por ultrafiltração podem conter maior quantidade de cálcio que o leite em seu estado natural, destacando-se como fontes de proteína. Nesse caso, além de atender às necessidades dos usuários que precisam da reposição de cálcio, passam a ser uma nova opção para os praticantes de atividades físicas.

Outra forte tendência no desenvolvimento de novos alimentos refere-se ao mercado de produtos veganos. O consumo das chamadas "proteínas verdes" faz parte de um mercado que não pode mais ser desprezado e por isso chamou a atenção de grandes empresas alimentícias, que aderiram ao desenvolvimento de produtos "*veggie*", investindo em novos projetos para atender essa demanda.[27] De fato, muitas indústrias de proteína animal vêm se reposicionando para se tornarem empresas de alimentos, atentas às oportunidades.

9.5.4 Projeto de embalagens

A embalagem é considerada parte da estratégia do produto, pois se trata de um elemento extrínseco a ele, um atributo relacionado com o produto, mas que não faz parte do produto físico em si. Enquanto para a empresa a embalagem está relacionada com as decisões estratégicas de marketing e de posicionamento do produto, para o consumidor ela afeta a decisão de compra, sendo um fator determinante para a escolha do produto, juntamente com a composição e o preço.

As embalagens desempenham funções criticamente importantes, como proteção, acondicionamento e armazenamento, viabilizando a logística de distribuição para que o produto chegue ao seu destino da melhor forma possível, preservando os atributos de qualidade do produto. Também podem ser responsáveis por identificar determinado produto, como uma imagem ou um símbolo, tornando-as tão importantes quanto o seu conteúdo, em alguns casos.

Além dessas funções, as embalagens são importantes componentes do custo de produção, superando algumas vezes o custo do produto que carrega, situações em que o consumidor paga mais pela embalagem do que pelo produto, a razão principal da compra. Portanto, reduzir o custo de produção de uma embalagem significa reduzir o preço de venda do produto, permitindo maior rentabilidade à empresa fabricante e tornando-a mais competitiva nos mercados em que atua.

A função mercadológica das embalagens é cada vez mais importante. Em pontos de venda com autosserviço, praticamente inexistem atendentes ou vendedores, cabendo às embalagens a função de comunicar ao consumidor as mensagens do produto e da empresa fabricante. Na maioria das vezes, a embalagem constitui-se na única forma de comunicação de que o produto dispõe, uma vez que a grande maioria dos produtos expostos não possui qualquer apoio de comunicação e marketing nos pontos de venda. Para suportar essa nova atribuição, foi necessário repensar o *design* das embalagens, melhorando sua aparência visual, tornando as formas e as cores mais atraentes.

Embora as embalagens dos alimentos tenham evoluído em suas várias funções, elas ainda precisam atender às funções básicas, reduzindo o desperdício e a deterioração de alimentos durante o processo de distribuição, prolongando a vida útil dos alimentos, fornecendo produtos seguros aos consumidores. Além de manter a segurança e a qualidade dos alimentos, a embalagem precisa oferecer conveniência, facilitando as ações de promoção de vendas, e preocupar-se com as questões ambientais.

A busca pelo desenvolvimento de embalagens sustentáveis tem aumentado, focando na produção de embalagens recicláveis, biodegradáveis e que utilizam matérias-primas verdes, visando reduzir o impacto ambiental. Na indústria de bebidas, por exemplo, algumas tendências em sustentabilidade vêm sendo observadas, como a redução dos insumos, o consumo responsável, o uso de matéria-prima reciclada e a reutilização, esta última associada às garrafas de vidro, que amplia a vida útil dos recursos naturais consumidos na comercialização do produto.

Embora as características de uma embalagem sejam definidas pelo fabricante do produto, sua confecção geralmente é realizada por empresas denominadas convertedores, que transformam determinado material, como resinas plásticas, metal, papel e vidro, em uma embalagem com as características solicitadas pelo fabricante. Essas empresas convertedoras apenas cumprem as determinações do fabricante, não sendo responsáveis pela definição dos elementos de *design*, como cores, informações no rótulo e apelos de marketing, considerados essenciais para o sucesso do produto.

Por serem essenciais, os elementos de *design* são desenvolvidos por agências especializadas em embalagens, que por sua vez buscam formatos inovadores, cores diferenciadas das utilizadas na identidade visual do produto, alteram a tipografia das informações encontradas nos rótulos, modificam os logotipos e revestem a embalagem de atributos para torná-la mais atraente aos consumidores.

Portanto, a fabricação completa de uma embalagem é um processo complexo, que pode envolver até três empresas diferentes, cada uma com sua especialidade: a empresa fabricante do produto, a empresa responsável pela produção física da embalagem e a responsável pela inserção dos elementos de *design*, como as formas e as cores. Tais elementos influenciam fortemente a impressão inicial que o consumidor tem do produto, justamente no momento em que decide a compra.

A embalagem representa o elemento que posiciona o produto para enfrentar a concorrência, estabelecendo segmentos de consumidores e reforçando a imagem da marca e da empresa. Também deve fazer a diferença entre os vários produtos pertencentes a uma mesma categoria, sendo responsável por simbolizar o produto e identificar a marca na prateleira do supermercado, nas lojas e nos armários das casas.

O desenvolvimento de novas embalagens é reflexo das transformações ocorridas no mercado, impulsionadas principalmente pelo varejo, que prefere embalagens inovadoras, acreditando que elas influenciam as vendas e apresentam uma função crítica na manutenção do *status* do produto.

Essa preocupação é decorrente do fato de grande parte das decisões de compra ocorrer no ponto de venda. Por esses motivos, o formato e as dimensões da embalagem devem ser planejados em função da sua exposição nas prateleiras e posterior acomodação nas sacolas de compra do consumidor. Além disso, a embalagem deve ser sempre funcional, fácil de abrir e de fechar, fácil de descartar e deve permitir o uso de porções adequadas, tendo a conveniência como um fator-chave na escolha do produto.

O encadeamento das diversas funções das embalagens representa a moderna visão empresarial, deixando de ser um custo e passando a ser um investimento, uma forma de diferenciar e agregar valor aos produtos. As embalagens representam o primeiro contato do produto com o consumidor. Elas transmitem confiança e despertam o desejo da compra.

Quando o fabricante busca diferenciar uma oferta, em muitos casos quem cumpre esse papel de agente diferenciador é a embalagem. Uma tendência recorrente no *design* de embalagens é a utilização do conceito retrô, estratégia que deve ser utilizada temporariamente para não causar prejuízos futuros ao produto, caso a moda da "volta ao passado" termine.[28] Esse conceito procura recuperar o *design*, as cores e os traços do passado, despertando uma associação com um produto artesanal, personalizado e produzido com maior cuidado, constituindo-se em uma estratégia agregadora de valor ao produto.

A aparência da embalagem afeta a maneira pela qual são percebidos a qualidade e o valor do alimento e, por isso, o emprego de uma linguagem clara e objetiva no rótulo auxilia o consumidor a tomar a decisão certa no momento da compra. Os rótulos constituem-se em importantes elementos, pois atuam tanto nas questões funcionais da embalagem, comunicando as informações do produto, como nos aspectos estéticos, atraindo o consumidor e motivando-o para a compra.

9.5.4.1 Embalagens de alimentos

Os regulamentos relacionados com as embalagens incluem elas próprias e os materiais que entram em contato direto com alimentos e são destinados a contê-los, desde a sua fabricação até a sua entrega ao consumidor, com a finalidade de protegê-los de agentes externos, de alterações e de contaminações e de adulterações. As embalagens de alimentos podem ser divididas em dois grupos: as destinadas a conter produtos *in natura* e aquelas utilizadas para acondicionamento dos produtos processados.

Embalagens para produtos *in natura*

O principal objetivo dessas embalagens é preservar o máximo possível as características dos produtos intactos *in natura*, mantendo a qualidade e a segurança microbiológica. Nesse caso, o consumidor percebe a aparência de frescor, a cor, o sabor e o aroma, como atributos importantes de qualidade. A praticidade e a conveniência de uso também são variáveis importantes.

A embalagem tem o objetivo de preservar a qualidade e a segurança do produto, prolongando sua vida útil e reduzindo as perdas por deterioração. Para isso, a embalagem deve controlar a umidade, o oxigênio, a luz e ser uma barreira aos microrganismos presentes na atmosfera envolvente, impedindo o seu desenvolvimento no produto. É muito importante que a embalagem seja constituída por materiais e substâncias que não migrem para o produto em quantidades que possam colocar em risco a segurança dos consumidores ou alterar as características organolépticas do produto.

As embalagens dos produtos *in natura* trazem informações em seus rótulos, as quais devem obedecer às normas de rotulagem. As principais informações são a classificação do produto (quando de origem vegetal) e a identificação do produtor. O uso das informações sobre aspectos nutricionais tem crescido em importância junto aos consumidores que buscam balancear a dieta para obter melhor qualidade de vida.

Em geral, os produtos *in natura* são embalados em bandejas de plástico, envoltas por filmes plásticos de polipropileno (PP), polietileno (PE) ou cloreto de polivinila (PVC). Tais embalagens modificam a atmosfera no interior da embalagem, criando uma composição gasosa que permite a melhor conservação dos produtos.

Embalagens para produtos processados

A garantia da qualidade e da segurança dos alimentos industrializados depende significativamente do sistema de embalagem utilizado pela empresa fabricante. O uso correto do material para cada tipo de produto, se desidratado, líquido, sólido ou pastoso, garante a vida útil do produto.

Uma boa embalagem não precisa garantir as melhores barreiras às ações físicas, químicas e microbiológicas, mas necessita assegurar a barreira necessária para manter a qualidade obtida na fabricação durante a sua vida de prateleira, a um custo viável.

As embalagens podem ser classificadas como primária, secundária e terciária. A embalagem primária está em contato direto com o produto e é responsável pela conservação e contenção do produto, como a lata ou a garrafa. A embalagem secundária contém uma ou várias embalagens primárias, sendo responsável pela proteção físico-mecânica durante a distribuição, como, por exemplo, as caixas de cartão. Além disso, a embalagem secundária é responsável pela comunicação do produto, sendo o suporte da informação, principalmente nos casos em que contém apenas uma embalagem primária.

A embalagem terciária agrupa diversas embalagens secundárias para o transporte, como caixas de papelão ou grades plásticas para garrafas de bebidas. A escolha de embalagens desse tipo depende da natureza da embalagem individual (rígida ou flexível), da forma de paletização (dimensionamento da embalagem coletiva para maximizar o aproveitamento do palete) e do seu custo de produção.

Um conceito recente que tem crescido em importância refere-se às embalagens de produtos processados chamadas de inteligentes, que podem ser definidas como um sistema de embalagem capaz de realizar funções de detecção, sensoriamento, rastreamento e comunicação, para facilitar a tomada de decisão acerca de maior prazo de validade, aumentar a segurança, melhorar a qualidade, proporcionar acesso à informação e alertar sobre possíveis problemas.

Dispositivos para essas embalagens são as etiquetas pequenas ou *tags* que estão ligadas à embalagem primária ou à embalagem secundária, para facilitar a comunicação ao longo da cadeia de suprimentos, possibilitando que sejam tomadas medidas em termos de qualidade de alimentos e melhoria da segurança. Existem dois tipos básicos de dispositivos para embalagens inteligentes: as etiquetas de código de barras e identificação por radiofrequência (RFID *tags*), usados para armazenar e transmitir dados; e os indicadores de monitoramento, como indicadores de tempo e temperatura, indicadores de gás e biossensores, utilizados para monitorar o ambiente externo e, se necessário, emitir avisos.

As embalagens inteligentes podem ser integradas a sistemas de rastreabilidade existentes visando criar canais de comunicação mais eficazes. Os códigos de barras e as etiquetas de RFID permitem registros eletrônicos e o compartilhamento de informações, especialmente quando conectados a instrumentos externos capazes de rapidamente medir os atributos de qualidade e monitoramento de segurança de alimentos.

Tendências em embalagens de alimentos

As embalagens vêm sendo utilizadas para aproximar, de forma criativa, a marca ao consumidor, valendo-se principalmente do uso cada vez maior dos *smartphones*, que possibilitam o acesso rápido à informação em qualquer hora e local, levando as empresas a disponibilizarem informações interativas, fáceis e práticas de serem captadas pelo consumidor. As empresas têm aproveitado melhor o espaço disponível nos rótulos, agregando a eles recursos para facilitar a assimilação da informação disponível.

Um exemplo de tecnologia disponível para ampliar a interação empresa-consumidor que vem ganhando espaço nas embalagens dos alimentos e bebidas propõe uma nova forma de os consumidores interagirem com as marcas e adquirirem seus produtos, como resultado de mudanças comportamentais no processo de compra a partir do uso do *quick response code* (QRCode), cada vez mais presente nas embalagens. Essa tecnologia vem sendo utilizada com frequência como estratégia de marketing, na divulgação de produtos e empresas, auxiliando as escolhas do consumidor, que passou a contar com a possibilidade de mais informação, além daquela impressa no rótulo.

O *QRCode* possibilita à empresa interagir com os consumidores, sendo para isso necessária a leitura do código por um *smartphone*, utilizando um aplicativo específico ou a própria câmera do dispositivo para leitura. O *QRCode* é uma imagem bidimensional que se converte em informações, geralmente texto, endereço URL, número de telefone, localização georreferenciada, *e-mail*, contato ou SMS, e quando comparado a outros códigos bidimensionais, apresenta vantagens pela grande capacidade e pequena área de impressão, além da varredura de alta velocidade.

O crescente interesse por essa tecnologia é consequência da significativa capacidade de armazenamento que o *QRCode* possui e do fato de ele ser facilmente criado utilizando-se um *software* livre e uma impressora convencional, pois se trata de um código aberto ao público que pode ser utilizado sem necessidade de licença. Por isso, não só as grandes empresas, mas também as pequenas indústrias de bebidas podem utilizar essa tecnologia em suas embalagens, a fim de interagir com o consumidor.

No mercado de alimentos e bebidas, o *QRCode* é visto com mais frequência nas embalagens de produtos especiais, com apelo artesanal, *premium* e *gourmets*, nas quais o fabricante disponibiliza maiores informações acerca do produto, como ingredientes, local de produção, harmonização, ou ainda, quando se trata de campanhas promocionais, nos chamados bens de conveniência.

No varejo, a comunicação de marketing utilizando o *QRCode* oferece aos consumidores benefícios utilitários, como informações comerciais e de conveniência, e não utilitários, tornando a compra uma experiência mais agradável. Embora essas tecnologias sejam grandes oportunidades para as empresas oferecerem novas experiências, a segurança e a qualidade do conteúdo compartilhado são questões de extrema importância e não podem ser desconsideradas.

O uso dessa tecnologia pode tornar o processo de comunicação entre empresa e consumidores mais eficiente. Um exemplo consiste na utilização do *QRCode* no rótulo da embalagem de pescado, como forma de proporcionar acesso a informações que podem auxiliar na decisão de compra e facilitar a fiscalização e o controle desse produto, uma vez que essas informações se referem a diferentes etapas da cadeia produtiva, como imagem de satélite da propriedade, qualidade da água do criatório, processamento do pescado, qualidade microbiológica, informações nutricionais e sugestão gastronômica de preparo.

A rastreabilidade associada ao uso do *QRCode* pode ser a resposta para alimentos mais seguros. Os consumidores reconhecem a importância das informações contidas no rótulo e estão mais interessados em informações práticas, como métodos de preparação e garantia de segurança. Observa-se maior predisposição por informações menos técnicas e mais comerciais, possivelmente porque as informações de rastreabilidade sejam de menor conhecimento e domínio das pessoas.[29]

Em resumo, os produtos alimentícios estão diretamente ligados às suas embalagens, viabilizando o transporte, o acondicionamento e o armazenamento dos produtos ou exercendo a função mercadológica de informar, promover e transmitir confiabilidade ao produto no ponto de venda.

EXERCÍCIOS

1. Explique a importância de se utilizar um modelo de referência para o desenvolvimento de produtos.
2. Cite quatro condições a serem atendidas antes do início do processo de desenvolvimento de um novo defensivo agrícola.
3. Cite e explique brevemente três formas de agregação de valor aos produtos vegetais *in natura*.
4. Grande parte da comercialização dos produtos *in natura* no Brasil é feita a granel, mas observa-se crescimento no interesse por produtos mais práticos e convenientes, contendo informações no rótulo e com 100% de aproveitamento no momento do preparo. Cite cinco benefícios para o produtor rural em diferenciar seus produtos.
5. Por que a função mercadológica das embalagens tem se tornado cada vez mais importante na comercialização dos produtos?
6. Justifique a seguinte afirmação: O porte das empresas fabricantes de alimentos é muito importante no desenvolvimento de novos produtos.
7. Muitos projetos de desenvolvimento de novos alimentos não alcançam o sucesso esperado na ocasião do seu lançamento. Cite três razões que explicam esse insucesso.
8. Quais as razões para os novos alimentos e bebidas não serem patenteados?
9. Quais as principais tendências no mercado de alimentos e bebidas que deverão orientar o desenvolvimento de produtos nesses segmentos?
10. O *quick response code* (*QRCode*) está sendo cada vez mais utilizado nas embalagens como estratégia de marketing, na divulgação de produtos e empresas e auxiliando as escolhas do consumidor. Descreva brevemente como o consumidor faz para utilizar essa tecnologia e quais os seus benefícios.

NOTAS

1. RAIMUNDO, L. M. B.; BATALHA, M. O.; TORKOMIAN, A. L. Dinâmica tecnológica da indústria brasileira de alimentos e bebidas (2000-2011). *Gestão & Produção*, v. 24, p. 423-436, 2017.
2. NANTES, J. F. D. Projeto e desenvolvimento de produtos. *In*: BATALHA, M. O. *Gestão da produção e operações*. São Paulo: Atlas, 2019, 576p.
3. Fonte: CLARK, K. B.; WHEELWRIGHT, S. C. *Managing new product and process development*: text and cases. New York: Free Press, 1993.
4. NORTH, K. Gestión del conocimiento e innovación en la empresa. *In*: VALENTIM, M. L. P. (org.). *Informação, conhecimento e inteligência organizacional*. 2. ed. Marília: FUNDEPE Editora, 2007. p.133-154.
5. TOMAÉL, M. I.; ALARÁ, A. R.; CHIARA, I. R. D.; LENZI, L. A. F. A contribuição do processo de inteligência competitiva para a inovação nas organizações. *In*: VALENTIM, M. L. P. (org.). *Informação, conhecimento e inteligência organizacional*. 2. ed. Marília: FUNDEPE Editora, 2007. p.155-175.
6. NONATA, I.; TAKEUCHI, H. *Criação do conhecimento na empresa*: como as empresas japonesas geram a dinâmica da inovação. Rio de Janeiro: Campus, 1997.
7. OLIVEIRA, M. F.; COSTA, L. M. A indústria de defensivos agrícolas. *BNDES Setorial*, n. 35, p. 234-275, 2012.
8. Fonte: adaptada de OLIVEIRA, M. F.; COSTA, L. M. A indústria de defensivos agrícolas. *BNDES Setorial*, n. 35, p. 234-275, 2012.
9. ROMANO, L. N. *Desenvolvimento de máquinas agrícolas*. São Paulo: Blucher, 2013. 310 p.
10. Fonte: adaptada de OLIVEIRA, M. F.; COSTA, L. M. A indústria de defensivos agrícolas. *BNDES Setorial*, n. 35, p. 234-275, 2012.
11. OLIVEIRA, M. F.; COSTA, L. M. A indústria de defensivos agrícolas. *BNDES Setorial*, n. 35, p. 234-275, 2012.
12. NANTES, J. F. D. Pós-desenvolvimento de produtos: estudo de caso em uma empresa de máquinas e equipamentos agrícolas. *In*: 9º CONGRESSO BRASILEIRO DE DESENVOLVIMENTO DE PRODUTOS. Anais [...], 2-4 de setembro de 2013, Natal.
13. FERNANDES, A. F.; FLOZI, C. N. B.; MACHADO, J. G. de C. F. O potencial de certificação de denominação de origem nos produtos do distrito de Varpa. *In*: FÓRUM AMBIENTAL DA ALTA PAULISTA. Anais [...], v. 10, n. 9, p. 61-76, 2014. Disponível em: http://dx.doi.org/10.17271/198008271092014793. Acesso em: 13 out. 2019.
14. VILCKAS, M.; NANTES, J. F. D. Agregação de valor: uma alternativa para a expansão do mercado de alimentos orgânicos. *Organizações Rurais & Agroindustriais*, Lavras, v. 9, n. 1, p. 26-37, 2007.
15. NANTES, J. F. D. Desenvolvimento de produtos agrícolas: estudo de caso em uma empresa produtora de frutas e hortaliças *in natura* e minimamente processadas. *In*: XXII SIMPÓSIO DE ENGENHARIA DE PRODUÇÃO. Anais [...] 09-11 de novembro de 2015, Bauru.
16. ROGERS, E. M.; ASCROFT, J. R.; ROLING, N. G. Diffusion of innovations in Brazil, Nigeria and India. *Diffusion of Innovations Research Report*, East Lansing: Michigan State University, Department of Communication, 24, p. 6-12, 1970.
17. SOUZA FILHO, H. M. de; BUAINAIN, A. M.; SILVEIRA, J. M. F. J. da; VINHOLIS, M. de M. B. Condicionantes da adoção de inovações tecnológicas na agricultura. *Cadernos de Ciência & Tecnologia*, Brasília, v. 28, n. 1, p. 223-255, 2011.
18. FULLER, G. W. *New food product development*: from concept to marketplace. 3. ed. Boca Raton, FL: CRC Press, 2011. Disponível

em: https://www.taylorfrancis.com/books/9780429062711. Acesso em: 5 jun. 2019.
19. MANFIO, N. M.; LACERDA, D. P. Definição do escopo em projetos de desenvolvimento de produtos alimentícios: uma proposta de método. *Gestão & Produção*, São Carlos, v. 23, n. 1, p. 18-36, 2016.
20. Fonte: adaptada de FULLER, G. W. *New food product development*: from concept to marketplace. Florida: CRC LLC, 1994.
21. SANTOS, A. C. *Modelo de referência para o processo de desenvolvimento de produtos alimentícios – PDPA com ênfase no projeto do processo*. 2004. 164 f. Dissertação (Mestrado em Engenharia Mecânica) – Universidade Federal de Santa Catarina. Florianópolis, 2004.
22. PENSO, C. C. *Modelo de referência para o processo de desenvolvimento de produtos na indústria de alimentos*. 2003 180 f. Dissertação (Mestrado em Engenharia Mecânica) – Universidade Federal de Santa Catarina, Florianópolis, 2003.
23. Fonte: ABREU, A. *Esforço para inovação tecnológica: uma caracterização da indústria de alimentos do município de Marília/SP*. 185 p. 2007. Dissertação (Mestrado Engenharia de Produção) – Universidade Federal de São Carlos, São Carlos, 2007.
24. RIBEIRO, E. P.; BERTO, M. I. Tendências e inovações em processos para bebidas não alcoólicas. In: REGO, R. A.; VIALTA, A.; MADI, L. F. C. (eds). *Brasil Beverages Trends 2020*: tendências do mercado de bebidas não alcoólicas. 1. ed. Campinas: ITAL., 2016. p. 257-273. Disponível em: https://abir.org.br/download/livro-brasil-beverage-trends-2020/. Acesso em: 14 out. 2019.
25. REGO, R. A.; VIALTA, A.; MADI, L. F. C. (eds). *Brasil Beverages Trends 2020*: tendências do mercado de bebidas não alcoólicas. Campinas: ITAL., 2016. 306p. Disponível em: https://abir.org.br/download/livro-brasil-beverage-trends-2020/. Acesso em: 20 nov. 2020.
26. DÖHLER América Latina. Fazendo melhor: soluções com ingredientes naturais. *Food Ingredients Barsil*, n. 37, p. 43-47, 2016. Disponível em: http://www.revista-fi.com/materias/537.pdf. Acesso em: 20 nov. 2020.
27. VALIM, C. E. Sem carne, com lucro. *Istoé Dinheiro*, n. 1104, 18 de janeiro de 2019. Disponível em: https://www.istoedinheiro.com.br/sem-carne-com-lucro/. Acesso em: 20 nov. 2020.
28. NEGRÃO, C.; CAMARGO, E. P. de. *Design de embalagem: do marketing à produção*. São Paulo: Novatec, 2008.
29. MACHADO, J. G. de C. F.; NANTES, J. F. D.; LEONELLI, F. C. V. Do I know what I eat? The use of QR code in food packaging to provide traceability information. *International Journal of Advanced Engineering Research and Science*, v. 6, n. 1, p. 45-58, 2019. Disponível em: https://dx.doi.org/10.22161/ijaers.6.1.8. Acesso em: 20 nov. 2020.

BIBLIOGRAFIA COMPLEMENTAR

AMPUERO, O.; VILA, N. Consumer perceptions of product packaging. *Journal of Consumer Marketing*, v. 23, n. 2, p. 100-112, 2006. Disponível em: https://www.emeraldinsight.com/doi/abs/10.1108/07363760610655032. Acesso em: 20 nov. 2020.

BLESSA, R. *Merchandising no ponto de venda*. São Paulo: Atlas, 2003.

FULLER, G. W. *New food product development*: from concept to marketplace. 3. ed. Boca Raton, FL: CRC Press, 2011. Disponível em: https://www.taylorfrancis.com/books/9780429062711. Acesso em: 20 nov. 2020.

HAN, J. H. New technologies in food packaging: overview. In: HAN, J. H. (Ed.) *Innovations in food packaging*. Baltimore: Elsevier Science & Technology Books, 2005. p. 3-11.

MACIEL, E. da S.; VASCONCELOS, J. S.; SAVAY-Da-SILVA, L. K.; GALVÃO, J. A.; SONATI, J. G.; CHRISTOFOLETTI, J. C.; OETTERER, M. Label designing for minimally processed tilapia aiming the traceability of the productive chain. *B.Ceppa*, v. 30, n. 2, p. 157-168, 2012. Disponível em: http://dx.doi.org/10.5380/cep.v30i2.30488. Acesso em: 20 nov. 2020.

MACHADO, J. G. de C. F.; TAKITANE, I. C. Marketing de bebidas. In: VENTURINI FILHO, W. G. (coord.) *Indústria de bebidas*: inovação, gestão e produção. São Paulo: Blucher, 2011. v. 3, p. 255-291.

MESTRINER, F. *Design de embalagem*: curso básico. 2. ed. revisada. São Paulo: Pearson Makron Books, 2005.

MONTELATTO, L. 4 rebands diferentes para você se inspirar. *Administradores.com*, 14 jan. 2016 [online]. Disponível em: https://administradores.com.br/artigos/4-rebrands-diferentes-para-voce-se-inspirar. Acesso em: 20 nov. 2020.

NANTES, J. F. D. Projeto de produtos agroindustriais. In: BATALHA, M. O. *Gestão agroindustrial*. São Paulo: Atlas, 2005.

RICHERS, R. *Marketing*: uma visão brasileira. 3. ed. São Paulo: Editora Negócio, 2000, 430 p.

ROTANDARO, R. G; MIGUEL, P. A. C.; GOMES, L. A. V. *Projeto do produto e do processo*. São Paulo: Atlas, 2010.

SHIN, D-H.; JUNG, J.; CHANG, B-H. The psychology behind QR codes: users experience perspective. *Computers in Human Behavior*, v. 28, n. 4, p. 1417-1426, 2012. Disponível em: http://dx.doi.org/10.1016/j.chb.2012.03.004. Acesso em: 20 nov. 2020.

SOARES, N. de F. F.; GERALDINE, R. M. Embalagens. In: MORETTI, C. L. *Manual de processamento mínimo de frutas e hortaliças*. Brasília: Embrapa Hortaliças e SEBRAE, p. 155-171, 2007.

SOARES, N. de F. F.; SILVA, W. A. da; PIRES, A. C. dos S.; CAMILLOTO, G. P.; SILVA, P. S. Novos desenvolvimentos e aplicações em embalagens de alimentos. *Revista Ceres*, v. 56, n. 4, p. 370-378, 2009. Disponível em: http://www.ceres.ufv.br/ojs/index.php/ceres/article/view/3438/1341. Acesso em: 20 nov. 2020.

YAM, K. L.; TAKHISTOV, P. T.; MILTZ J. Intelligent packaging: concepts and applications. *Journal of Food Science*, v. 70, n. 1, 2005. Disponível em: http://onlinelibrary.wiley.com/doi/10.1111/j.1365-2621.2005.tb09052.x/pdf. Acesso em: 20 nov. 2020.

10 DESENVOLVIMENTO AGRÍCOLA SUSTENTÁVEL

Hildo Meirelles de Souza Filho
Marcela de Mello Brandão Vinholis

Este capítulo tem como objetivo tratar das questões que relacionam agricultura, meio ambiente e desenvolvimento econômico-social. Inicia-se com uma revisão dos principais impactos ambientais da agricultura no Brasil. Espera-se que uma descrição, ainda que resumida, dos principais desafios da interação agricultura, meio ambiente e saúde humana desperte o leitor para a importância do tema. Esse assunto é especialmente relevante no Brasil, onde a atividade tem significativo papel na economia e na vida de milhões de pessoas. Em seguida, apresenta-se uma discussão sobre desenvolvimento sustentável, sustentabilidade na agricultura e tecnologias agrícolas sustentáveis. A adoção de tecnologias agrícolas sustentáveis é aqui tratada com uma ênfase raramente encontrada na maioria dos textos sobre agricultura sustentável. Apresenta-se uma revisão dos principais determinantes e barreiras para a adoção dessas tecnologias e práticas agrícolas, esperando reduzir essa deficiência da literatura. Examinam-se ainda as ações conduzidas no Brasil por organizações governamentais e não governamentais, com objetivo de minimizar os efeitos negativos da agricultura e alcançar desenvolvimento agrícola sustentável.

Ao final deste capítulo, o leitor deverá ser capaz de:

- Identificar os principais impactos da agricultura brasileira sobre o meio ambiente.
- Compreender o conceito de desenvolvimento sustentável e desenvolvimento agrícola sustentável.
- Conhecer o que a literatura define como práticas e técnicas agrícolas sustentáveis.
- Identificar os determinantes da adoção de práticas e técnicas agrícolas sustentáveis, bem como as possíveis barreiras à sua difusão mais ampla entre os produtores rurais.
- Conhecer os principais esforços governamentais e não governamentais para reduzir os impactos negativos da agricultura brasileira sobre o meio ambiente.

10.1 INTRODUÇÃO

Os efeitos da agricultura sobre o meio ambiente tornaram-se objeto de grande discussão e preocupação. Em muitos países, apesar de a introdução de tecnologias mecânicas e químicas ter permitido ampliar a produção de forma espetacular, essa conquista tem sido desafiada por sérios efeitos colaterais. Problemas tais como degradação do solo, redução na qualidade da água, desmatamento, desertificação e perda de recursos genéticos, com impacto nas emissões de gases de efeito estufa (GEE) e na elevação da temperatura global, estão pressionando governos a reverem políticas que durante muitos anos promoveram a agricultura por meio de fortes incentivos. Apesar de a renda no campo ter crescido a taxas positivas, a pobreza em algumas regiões foi exacerbada pela crescente desigualdade na distribuição de terra e da própria renda. A política de crédito rural subsidiado,[i] largamente utilizada para a promoção da revolução verde no Brasil, induziu a adoção de um padrão tecnológico capaz de expandir fortemente a produção agrícola, mas que ao longo dos anos apresentou impacto social e ambiental significativo.

No intuito de mudar o curso da evolução agrícola pautada exclusivamente no aumento da produção e nos ganhos de produtividade, emergiu o conceito de desenvolvimento sustentável, no qual sustentabilidade implica obter, simultaneamente, melhores condições de vida para a população e conservação do meio ambiente. As discussões em torno do conceito envolvem um conjunto de questões, tais como crescimento econômico, exploração dos recursos naturais, conservação, qualidade de vida, pobreza e distribuição de renda.

A tecnologia agrícola tem um importante papel a desempenhar na transformação de sistemas produtivos em direção a uma maior sustentabilidade. Tecnologias limpas, classificadas na literatura como sustentáveis, podem simultaneamente proporcionar conservação ambiental e sistemas econômicos mais justos. Contudo, sua adoção depende de um conjunto de variáveis que, muitas vezes, estão completamente fora do controle dos produtores rurais. Existem motivações econômicas e não econômicas para adoção dessas práticas e técnicas, bem como fortes barreiras, muitas institucionais, que impedem uma difusão mais ampla. Apesar de grandes avanços, ainda há espaço para esforços governamentais e não governamentais no sentido de promover equilíbrio entre produtividade, conservação ambiental e benefícios sociais. Nas próximas seções, procuraremos tratar dessas questões com objetivo de proporcionar ao leitor a base teórica e de informações necessárias para introduzi-lo na discussão desses temas.

10.2 IMPACTOS AMBIENTAIS DA AGRICULTURA BRASILEIRA

A grande diversidade de ambientes naturais e diferenças regionais em termos de intensificação tecnológica fazem com que a agricultura brasileira apresente um conjunto complexo de preocupações ambientais.[1] Com objetivo de sumarizar os principais impactos da agricultura brasileira sobre o meio ambiente, adotamos a divisão do território nacional segundo seis biomas: Amazônia, Caatinga, Cerrado, Mata Atlântica, Pampa e Pantanal. Um bioma é caracterizado por um conjunto único e contínuo de tipos de vegetação com flora e fauna associados, identificável em escala regional, e com condições geoclimáticas semelhantes e história evolutiva compartilhada. Essas condições resultam em uma biodiversidade própria de cada bioma.[2] A distribuição de uso do solo em cada bioma é apresentada na Figura 10.1, e seus principais desafios ambientais são descritos a seguir.[3]

Amazônia: esse bioma ocupa 49,5% do território nacional e abriga a Floresta Amazônica, considerada a principal reserva de floresta tropical do mundo. A floresta cobre 80,5% da área desse bioma, enquanto as atividades agropecuárias ocupam 13,9%, a formação natural não florestal 3%, o corpo d'água 2,5% e a infraestrutura urbana 0,1%. Dos 59 milhões de hectares ocupados com agropecuária, 89,8% está com atividade de pecuária e 10,2% com agricultura (Figura 10.1). Há o predomínio de um solo de baixa fertilidade natural e com elevados teores de alumínio. A floresta natural mantém seu equilíbrio em função da biociclagem e a condição de não exportação de nutrientes. No entanto, a ação humana nesse ecossistema natural pode comprometer esse equilíbrio. A floresta nativa tem sido fortemente impactada por: (a) agricultura itinerante, de baixo nível tecnológico e uso de queimada para abertura de novas terras; (b) extração não sustentável da madeira; e (c) atividade pecuária de baixo nível tecnológico, promotora de degradação do solo, que tem sido pressionada pelo avanço da produção de grãos em larga escala. A agricultura itinerante caracteriza-se por corte e queima das árvores em pequenas áreas isoladas, onde o cultivo limita-se, algumas vezes, a um período máximo de dois anos, quando as cinzas ainda operam como fertilizante e corretivo do solo. Segue-se um período de descanso, ao redor de oito anos, que tem sido reduzido devido ao

---

i Ver Capítulo 13 (Desenvolvimento rural e políticas agrícolas no Brasil).

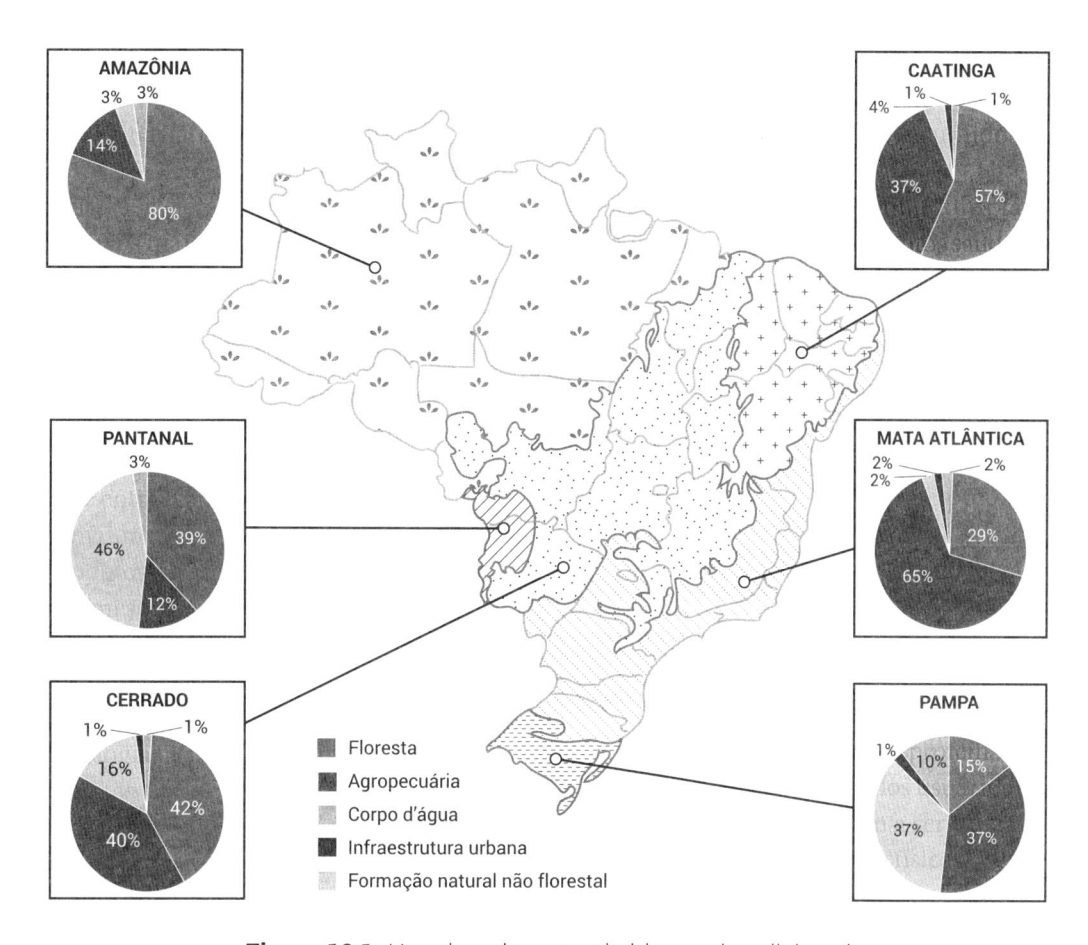

Figura 10.1 Uso do solo nos seis biomas brasileiros.[4]

aumento da densidade populacional. Esse sistema agrícola, apesar de fazer pouco uso de agroquímicos, caracteriza-se pela sua insustentabilidade. Insetos e doenças exercem forte pressão biológica sobre a produção, e o nível de escolaridade e de informação tecnológica dos produtores é baixo. Até a década de 1970, predominava nesse bioma a atividade agrícola de subsistência circunscrita a uma escala regional. A partir da década de 1980, a migração de produtores rurais das regiões sul e sudeste para a região central do Brasil se intensificou. Nos anos 2000, o avanço continuou na região norte do país. Esses produtores trouxeram o pacote tecnológico da produção agropecuária baseada no monocultivo, com uso intensivo uso de fertilizantes, mecanização, sementes melhoradas e grandes extensões de terra, resultando em economias de escala. O avanço da produção agropecuária modificou o uso da terra nas bordas das florestas, sobretudo nos estados de Mato Grosso, Pará e Rondônia. Destacam-se a extração de madeira, a produção pecuária e a produção de grãos como soja, milho e arroz. A melhoria da infraestrutura na região viabilizou financeiramente a produção pecuária e a extração não sustentável da madeira, pois permitiu o transporte e a retirada do produto.[5]

A mudança da agricultura de subsistência para a produção comercial alterou a dinâmica territorial dessas regiões, gerando impactos socioambientais. O processo de colonização desordenado gera: desmatamento, queimadas para expansão da área plantada, retirada da vegetação nativa de áreas contínuas, erosão de solos e assoreamento de rios, perda de recursos genéticos, aparecimento de novas pragas e aumento das existentes em função do desequilíbrio do ecossistema nativo, alterações do clima e risco de extinção de espécies nativas por redução do *habitat* natural, mudança do uso do solo, migração da população rural para centros urbanos, conflitos fundiários e concentração fundiária e de renda. O Censo Agropecuário de 2017 mostrou que o estado do Mato Grosso já era responsável por cerca de 30% da produção brasileira de soja e milho. A expansão do cultivo de grãos na região norte da fronteira agrícola, que inclui as áreas de bordadura da Floresta Amazônica, está associada à produção pecuária. A maior parte das áreas desmatadas tem sido destinada à pecuária bovina. Devido à baixa fertilidade dos solos e ao manejo inadequado, as pastagens são produtivas por um curto período de cinco a oito anos; sendo abandonadas quando o nível de degradação assume grandes proporções. Imagens de satélite mostraram que, inicialmente, desenvolve-se a produção pecuária em áreas de florestas e, posteriormente, as pastagens degradadas são substituídas pela produção de grãos (soja e milho), deslocando a pecuária para novas áreas no interior da região por meio de novo desmatamento.[6] A realocação das áreas de pastagens amplia o impacto da ocupação no bioma Amazônia e, consequentemente, a emissão de carbono.

Cerrado: esse bioma ocupa cerca de 24% do território brasileiro. Os solos predominantes da região são quimicamente pobres, mas apresentam boas condições físicas e de permeabilidade que possibilitam um bom desenvolvimento radicular. Essas características, associadas à topografia plana e ondulada e à disponibilidade de água, tornam grande parte dos seus 204 milhões de hectares de terras aráveis altamente favorável à agricultura. Investimentos em pesquisa para melhoramento vegetal adaptado às condições de solos ácidos e com baixa fertilidade e regime de chuvas bem definido proporcionaram tecnologias viáveis para a expansão agrícola no Cerrado brasileiro. A vegetação original foi substituída pela produção agropecuária pautada no monocultivo em larga escala. Cerca de 42% da área do bioma Cerrado está coberto com floresta, 40% com agropecuária, 16% com formação campestre, 1% com infraestrutura urbana e 1% com corpo d'água (Figura 10.1). A vegetação nativa representa 114 milhões de hectares, sendo 34,5% com floresta, 39% com formação savânica e 26,5% com formação campestre (formação natural não florestal). Os 82 milhões de hectares com atividades agropecuárias estão divididos em 32% com agricultura e 68% com pastagem. O uso inadequado de tecnologias agrícolas (mecanização, irrigação, insumos químicos) e de manejo do solo em algumas regiões tem causado compactação de solo, erosão, salinização e perda de fertilidade. Parte das áreas com pastagens encontram-se em más condições de uso. São áreas sem manutenção e pouco produtivas, podendo apresentar erosão, plantas invasoras e cupinzeiros. O Censo Agropecuária de 2017 apurou que 6% e 9% das áreas de pastagens dos estados de Goiás e Tocantins, respectivamente, encontravam-se nessas condições, compreendendo um total de 1,7 milhão de hectares de pastagens degradadas.[7] Esses problemas agropecuários acarretam impactos econômicos, sociais e ambientais negativos, pois resultam em perdas de produtividade e aumento das emissões de gases de efeito estufa (GEE).

Caatinga: esse bioma ocupa cerca de 10% do território nacional. Estimou-se que 56,7% do bioma é coberto por floresta (com predomínio de formação savânica), 37,2% pela agropecuária (com predomínio de pastagem em 63% dessa área), 4,6% por formação natural não florestal, 0,8% por corpo d'água e 0,7% compreende a infraestrutura urbana (Figura 10.1). Predomina o clima semiárido, caracterizado por baixa pluviosidade em curtas estações de chuva, alta evapotranspiração e baixa disponibilidade de recursos hídricos. Durante períodos mais severos de estiagem, muitos produtores utilizam a vegetação remanescente para gerar renda com a venda de lenha e carvão, ou migram para regiões mais favoráveis. Entre os principais problemas ambientais desse bioma, estão a exploração da madeira para a produção de carvão, a prática de queimadas na produção agrícola itinerante e a atividade de pecuária extensiva. A pecuária ainda é a atividade mais resiliente, mas enfrenta o desafio da escassez de forragem na seca. Para ajudar na sustentação da produção pecuária na região, algumas opções tecnológicas têm se difundido, tais como plantio de arbustos e árvores perenes com raízes mais profundas, além do uso da palma forrageira (cactos) como base do alimento volumoso e a construção reservatórios de água.[8] O uso da irrigação tem se difundido com o apoio de diversas políticas de desenvolvimento econômico para a região.[9] Entretanto, a irrigação não é viável em muitas áreas do semiárido nordestino. Estima-se que em menos de 2% desse território seja possível a implantação de projetos de irrigação, dadas suas limitações hídricas e edafoclimáticas.[10] Em várias áreas já irrigadas, observou-se um processo de salinização do solo devido à alta concentração de sais das águas subterrâneas utilizadas, o que aumenta a complexidade tecnológica da irrigação na região.[11]

Mata Atlântica: existem inúmeros problemas ecológicos ao longo da costa Atlântica brasileira. No passado, a Mata Atlântica formava uma faixa ininterrupta de floresta do Rio Grande do Sul ao Rio Grande do Norte. Somente 15% da sua área original ainda permanece inexplorada;[12] grande parte em reservas oficiais de preservação ou em áreas mais elevadas das montanhas. Ainda assim, existe constante ameaça por parte dos comerciantes de carvão e madeira. Dentre os serviços ambientais prestados pela Mata Atlântica estão a reposição da matéria orgânica do solo e a ciclagem de nutrientes. As raízes mais profundas protegem das chuvas intensas para evitar erosão e melhoram a porosidade e a estrutura do solo. O clima tropical propicia elevadas precipitações no verão. Em áreas declivosas e com ausência de cobertura vegetal, o solo torna-se mais instável, podendo causar deslizamentos durante as chuvas. Esse bioma ocupa cerca de

13% do território nacional e abriga mais de 50% da população brasileira.[13] Aproximadamente, 30% do bioma é coberto por floresta, 65% por agropecuária (sendo 51% de pastagem, 27% agricultura e o restante um mosaico de agricultura e pecuária), 1,8% por formação natural não florestal, 1,8% por corpo d'água e 1,8% com infraestrutura urbana (Figura 10.1). Os solos são em geral de média fertilidade. As áreas mais baixas, que possuem solos mais férteis e propícios para agricultura, já se encontram desmatadas. No Sudeste, a expansão da agricultura cafeeira do século XIX e início do XX foi extremamente depredatória, destruindo a cobertura vegetal, a fauna e os solos frágeis das áreas montanhosas. No Nordeste, onde a Floresta Atlântica foi também praticamente toda destruída, a monocultura de cana-de-açúcar, localizada em área especialmente fértil, causou não apenas impactos ambientais, mas também teve consequências sociais associadas à concentração fundiária. Nos estados da região sul do bioma, a evolução da produção intensiva e confinada de suínos enfrentou o desafio do manejo dos dejetos animais, a fim de evitar contaminação e poluição dos recursos hídricos.[14]

Pampa: esse bioma ocupa cerca de 2% do território nacional. Cerca de 15% do bioma é coberto por floresta, 37% por agropecuária, 37% por formação natural não florestal (sendo 96% dessa área com formação campestre), 10% por corpo d'água e 1% com infraestrutura urbana (Figura 10.1). Em geral, os solos dessa região são naturalmente férteis, o que, associado com um clima ameno, permitiu uma rápida ocupação em fins do século XIX e início do XX. As atividades agropecuárias concentraram-se na pecuária, produção de grãos e silvicultura. A produção de arroz em áreas de várzea enfrenta desafios ambientais, como o de evitar a contaminação da água de irrigação com defensivos agrícolas e as emissões de GEE. A cobertura natural rasteira propiciou a expansão da pecuária no Pampa. Ao longo dos anos, espécies forrageiras adaptadas ao pisoteio e à alimentação animal foram selecionadas para aumentar a produtividade da pecuária no bioma. As ameaças mais desafiadoras, considerando as dificuldades de reversão, são a substituição das pastagens naturais por pastagens homogêneas e exóticas, e o avanço do monocultivo de grãos e de espécies florestais exóticas, como o Eucalipto e o Pinus. A formação de uma paisagem campestre natural, típica do bioma, sem uma floresta exuberante e de grande diversidade, leva a uma percepção equivocada dos seus problemas ambientais. Essa percepção induz, inclusive, à formulação de políticas e ações voltadas para o reflorestamento, ignorando a necessidade de formações não florestais.[15]

Pantanal: esse bioma ocupa cerca de 2% do território nacional. É o bioma mais preservado, e o principal fator que o diferencia dos demais ecossistemas é sua extensa planície com grandes áreas de alagamento durante a época de chuvas. Cerca de 39% de sua área é coberta com floresta, 46% é ocupada com formação natural não florestal (com predomínio de formação campestre, seguido de área úmida), 12% com atividade agropecuária e 3% com corpo d'água e ocupação urbana (Figura 10.1). O Pantanal é formado por áreas sedimentares dentro da bacia do Rio Paraguai. O complexo sistema hidrológico e sua dinâmica exercem forte influência na biodiversidade e nas atividades produtivas da região. A maioria dos solos do Pantanal é formada pela sedimentação de materiais erodidos do planalto adjacente, possuindo textura arenosa e baixa fertilidade natural. A fauna é rica e diversificada, mas a caça e a pesca ilegal são ameaças constantes ao sistema. Áreas de florestas têm sido desmatadas para produção de subsistência, formação de pastagens, represas e rodovias. A principal atividade econômica é a criação de gado bovino, seguida do turismo. No planalto adjacente ao Pantanal, o cultivo intensivo e de grande escala de grãos, normalmente praticado em solos arenosos, tem provocado desequilíbrio ecológico e acelerado o processo de sedimentação, afetando o sistema hidrológico nas áreas planas mais baixas.

No intuito de atender a uma demanda crescente por alimentos, observou-se que a produção agrícola brasileira expandiu-se, em grande medida, por meio de um modelo tecnológico baseado no monocultivo, com uso intensivo de insumos químicos (fertilizantes e defensivos agrícolas) e mecânicos. Em função das condições de solos pobres em grande parte das regiões de expansão da agricultura, o uso de fertilizantes foi essencial para o avanço da produção agrícola no Brasil. A produção de aves e de suínos também seguiu um pacote tecnológico caracterizado pelo uso intensivo de insumos e melhoramento genético. A pecuária bovina, por outro lado, expandiu-se em novas áreas de terra, com manejo extensivo das pastagens, uso de grandes extensões de terra e baixo uso de insumos externos. Esse contexto conferiu ao Brasil um avanço espetacular na produtividade agrícola e na produção de carnes, tornando o país um importante exportador mundial de *commodities* agrícolas. No entanto, ocorreram impactos negativos ao meio ambiente e à saúde humana. Colocou-se o grande desafio de alimentar uma população crescente de forma mais sustentável. O Boxe 10.1 apresenta alguns desafios ambientais a serem superados com objetivo de reduzir o impacto da produção agropecuária sobre recursos naturais, como a água, o solo, as florestas e os animais.

> **BOXE 10.1 Alguns desafios ambientais decorrentes de atividades agropecuárias**
>
> **Desmatamento:** a devastação da cobertura florestal e o manejo inadequado levam à degradação da estrutura física dos solos e, em consequência, facilitam os processos de erosão e o balanço de carbono desfavorável. A depredação do patrimônio genético tem implicações para as atividades econômicas. Além dos impactos relacionados com a redução da biodiversidade, compromete-se a identificação de espécies, seja para fins comestíveis, medicinais ou industriais. O desmatamento acirra as mudanças climáticas.
>
> **Exaustão de solos:** o uso intensivo do solo com práticas convencionais, como a excessiva mecanização, desestrutura o solo, causa compactação, redução da infiltração da água e da penetração de raízes e erosão. A drenagem de várzeas expõe a camada argilosa, gerando também problemas de compactação. Ainda é comum, após o desmatamento, a implantação de lavouras sem adoção de práticas de conservação do solo. Em áreas declivosas, os problemas resultantes são ainda mais sérios: empobrecimento do solo, voçorocas, sedimentação nos cursos de água, destruição de estradas vicinais, enchentes e contaminação das águas. A excessiva sedimentação no leito dos rios causa enchentes, com sérios prejuízos para a população ribeirinha e à própria agricultura. A pesca em importantes estuários também é prejudicada pela excessiva sedimentação. Em áreas planas próximas à Costa Atlântica, a retirada da vegetação nativa com fins agrícolas expõe um solo arenoso extremamente vulnerável. O uso do fogo e mecanização reduz ainda mais a escassa disponibilidade de matéria orgânica.
>
> **Poluição das águas:** manejo inadequado de resíduos de fertilizantes, defensivos agrícolas e de dejetos animais podem contaminar cursos de água. Essa situação pode, por exemplo, elevar os níveis de nitrato em águas subterrâneas acima de níveis recomendados pela Organização Mundial da Saúde (OMS). Isso contribui para reduzir a disponibilidade de peixes, além de criar problemas para as comunidades rurais que se abastecem destas fontes de água.
>
> Em regiões áridas ou mais secas, a irrigação tem contribuído para reduzir a disponibilidade de água para uso doméstico. Em áreas do semiárido nordestino, por exemplo, verifica-se um processo de salinização do solo. O desmatamento e a falta de cobertura vegetal resultam no aumento da velocidade de escorrimento das águas superficiais. Consequentemente, reduz a disponibilidade de água durante as estações secas e compromete o recarregamento do lençol freático. A produção de animais confinados gera um volume elevado de dejetos que podem contaminar os corpos d'água se não forem bem manejados.
>
> **Saúde dos trabalhadores rurais:** o uso indiscriminado de doses excessivas de agroquímicos, inadequado armazenamento e descarte das embalagens e ausência de cuidados (manuseio e vestimenta inadequada) podem causar problemas de saúde, como intoxicação.

A preocupação para a produção e o consumo mais sustentáveis é global. Em 2015, líderes mundiais, inclusive representantes do governo brasileiro, reuniram-se na sede da Organização das Nações Unidas (ONU) para estabelecer uma agenda formal de desenvolvimento sustentável a ser implementada até 2030. A agenda compreendeu 17 objetivos de desenvolvimento sustentável (ODS), dentre os quais, alguns estavam diretamente relacionados com a produção de alimentos e aos desafios ambientais descritos nesta seção:

- Acabar com a fome, alcançar a segurança alimentar e melhoria da nutrição e promover a agricultura sustentável.
- Assegurar a disponibilidade e gestão sustentável da água e saneamento para todos.
- Assegurar padrões de produção e de consumo sustentáveis.
- Tomar medidas para combater a mudança climática e seus impactos. Esse objetivo está associado ao fórum internacional intergovernamental para atribuir ações globais para reduzir o aquecimento global (Convenção Quadro das Nações Unidas sobre Mudança do Clima – UNFCCC).
- Proteger, recuperar e promover o uso sustentável dos ecossistemas terrestres, gerir de forma sustentável as florestas, combater a desertificação, deter e reverter a degradação da terra e deter a perda de biodiversidade.[16]

Foram estabelecidos indicadores globais para o acompanhamento desses objetivos. No Brasil, os ODS foram desdobrados em ações da iniciativa privada, parcerias público-privadas e políticas públicas específicas para incentivar a geração de inovações e a adoção de tecnologias agropecuárias mais sustentáveis. Essas iniciativas são descritas adiante.

10.3 O QUE É DESENVOLVIMENTO SUSTENTÁVEL?

A noção de desenvolvimento econômico tem mudado em direção a uma visão mais consensual de que conservação ambiental e melhores padrões de vida devem ser perseguidos simultaneamente. Existem diversas visões teóricas tentando estabelecer relações entre crescimento econômico, exploração dos recursos naturais, a herança das futuras gerações, qualidade de vida, distribuição de renda e pobreza. Entretanto, muitos desses temas continuam ainda sendo negligenciados ou insuficientemente considerados.

Esta seção tem como objetivo resgatar a discussão em torno de várias questões relacionadas com o conceito de desenvolvimento sustentável. Não se trata de uma tentativa de elaborar novos conceitos ou definições, extremamente abundantes nessa área.[17] Contudo, a revisão de alguns temas pode ser de grande utilidade para profissionais que trabalham com gestão agrícola e agroindustrial.

10.3.1 Conceito e medida de desenvolvimento econômico

No início dos anos 1960, Okun e Richardson definiram desenvolvimento econômico como "uma melhora sustentável, secular no bem-estar material, que poderíamos considerar estar refletida no aumento do fluxo de bens e serviços".[18] Trata-se de uma definição que está fortemente determinada pelo plano material do desenvolvimento, apesar de os próprios autores considerarem também outros aspectos do termo. Reconhece-se que bem-estar material e bem-estar social, num sentido mais amplo, podem não caminhar necessariamente na mesma direção. Progresso (crescimento) econômico pode não resultar em desenvolvimento em sentido mais amplo do termo. Existe um longo caminho a ser percorrido entre progresso material e melhorias no bem-estar social. A elevação nos padrões de vida, no sentido social e econômico, nem sempre coincide com o progresso econômico. Esse progresso pode mesmo ocorrer às custas da deterioração de outros aspectos, altamente valorizados pela sociedade, como segurança pública ou belezas naturais. A expressão *desenvolvimento econômico* deve, portanto, ser usada deixando clara a diferença entre progresso material e bem-estar social.

A imprecisão do conceito de desenvolvimento econômico termina por gerar dificuldades para sua medição. Um candidato natural é o produto nacional bruto (PNB). Contudo, muitos autores já apontaram diversos problemas para o seu uso com finalidade de medir desenvolvimento econômico. O principal deles é o fato de o PNB ser uma medida agregada, que não revela a quantidade de recursos disponíveis para cada indivíduo ou família. Nesse caso, a renda *per capita* seria preferível, mas também apresenta problemas: é uma média que não considera a distribuição da renda, essencial para avaliar o bem-estar social.[ii]

Outro problema na medição de desenvolvimento econômico refere-se à exaustão de recursos naturais e não renováveis. Muitos podem argumentar que o esgotamento de tais recursos não é relevante para medir o bem-estar presente da população. Entretanto, se a população presente valoriza a conservação dos recursos, pensando nas gerações futuras, a exaustão dos recursos naturais deveria ser considerada como um fator negativo na avaliação do bem-estar e na *performance* da economia. Para alguns autores, a necessidade de estabelecer valores para os serviços prestados pelo meio ambiente tornou-se uma questão central.[19] Muitos desses serviços, como a proteção oferecida pela camada de ozônio ou a água livremente disponível para irrigação em vários países, apresentam um preço de mercado zero. Tais serviços não são comprados e vendidos no mercado. A teoria da oferta e da demanda nos diz que quando um bem ou serviço apresenta preço zero, a quantidade demandada será maior do que aquela que se observaria se o preço fosse positivo. O perigo, no caso dos recursos ambientais, é que a ausência de um preço positivo pode elevar a uma demanda que ultrapasse a capacidade de oferta do meio ambiente; levando a um esgotamento mais rápido dos estoques. Nesse sentido, tornou-se fundamental estabelecer valores monetários, seja para descontar do PNB a perda desses estoques (florestas, águas limpas, ar puro), seja para cobrar de seus usuários (*polluter pay*) um pagamento que induza a uma melhor alocação dos recursos.

A abrangência dos serviços ambientais caracteriza os programas de pagamento por esses serviços. Existem os serviços ambientais de âmbito global, que apresentam um alcance em uma escala geográfica mais ampla, a exemplo da manutenção da biodiversidade e a fixação de carbono, bem como serviços ambientais circunscritos a uma escala geográfica mais restrita, como a provisão de água. Neste último caso, os usuários dos serviços são mais bem definidos e estão mais próximos das atividades produtivas provedoras dos serviços. Os programas circunscritos a uma escala geográfica concreta e menor tendem a ser mais eficazes, como as bacias hidrográficas. A proximidade entre usuário e provedor facilita a adaptação das instituições envolvidas e o fluxo de informações entre as partes, além de reduzir os custos de transação (negociação sobre a natureza do serviço e forma de pagamento, elaboração de contratos, monitoramento e resolução de conflitos).[20] Exemplos de programas de pagamento por

---

ii Problemas e críticas na medição de desenvolvimento econômico levaram o Programa das Nações Unidas para o Desenvolvimento a criar e divulgar dois indicadores para medir o "Desenvolvimento Humano": o Índice de Condições de Vida (ICV) e o Índice de Desenvolvimento Humano (IDH). O IDH utiliza quatro indicadores básicos, agregados em três dimensões: longevidade, educação e renda. O ICV é uma extensão do IDH; baseia-se em metodologia similar, mas incorpora um conjunto maior de dimensões e de indicadores de desempenho socioeconômico. O ICV resulta da combinação de vinte indicadores básicos agregados em cinco dimensões: renda, educação, infância, habitação e longevidade.

serviços ambientais em escala local, regional ou global são amplamente reportados na literatura.[21,22] No Brasil, existem programas de pagamento pelo uso da água em diversas bacias hidrográficas, como a do Rio Paraíba do Sul, que atende os estados de São Paulo, Rio de Janeiro e Minas Gerais,[23] e o projeto "Conservador das águas", no município de Extrema (MG).[24] O uso da água está associado a diferentes desafios ambientais, como a regulação do fluxo de água, a qualidade, o controle da sedimentação e da erosão, a redução da salinidade do solo, a regulação do lençol freático e a manutenção do *habitat* aquático.

10.3.2 Limites do crescimento

Na década de 1960, um grupo de pesquisadores, conhecido como Clube de Roma, procurou modelar os principais problemas de longo prazo do planeta, resultando na publicação de um livro, chamado *Limits of growth* (*Limites do crescimento*).[25] Foram investigadas cinco principais tendências globais: aceleração da industrialização, rápido crescimento populacional, desnutrição, exaustão de recursos não renováveis e deterioração do meio ambiente. Ficou claro que a tendência de crescimento exponencial das atividades humanas resultaria em um caminho autodestrutivo tão logo se alcançasse o limite da capacidade de sustentação do planeta. A população, por exemplo, não poderia crescer indefinidamente, porque o crescimento além de certo estágio seria coibido pelo meio ambiente.

A visão otimista de que sempre será possível aplicar tecnologia para aliviar as pressões sobre o meio ambiente é desafiada em *Limites do crescimento*. Apesar de o desenvolvimento tecnológico ser considerado vital para o futuro da humanidade, o uso de tecnologias para resolver problemas, tais como exaustão de recursos, poluição e segurança alimentar, não equaciona adequadamente a questão fundamental, que é o crescimento exponencial em um sistema considerado finito. O progresso tecnológico pode atrasar o colapso do sistema, mas não é capaz, por si só, de restringir o crescimento, seja da população, seja do estoque de capital. Além disso, mudanças tecnológicas podem trazer indesejáveis efeitos sociais. A revolução verde, por exemplo, alcançou resultados expressivos em termos de aumento da produção de alimentos, mas em muitos lugares onde ela ocorreu agravaram-se problemas relacionados com distribuição de renda, migração para áreas urbanas, desemprego agrícola e desnutrição.

A conclusão do Clube de Roma era a de que deveriam ser estabelecidas restrições ao crescimento. Um equilíbrio com população e estoque de capital constantes deveria ser alcançado. Nesse sistema estável, os níveis de população e capital deveriam ser estabelecidos de acordo com os valores da sociedade, permitindo que revisões e ajustamentos, determinados pelo progresso tecnológico, fossem realizados. Tecnologia é considerada importante no sentido de que pode contribuir para evitar escassez de recursos não renováveis, reduzir poluição e transformar as atividades agrícolas e industriais em sistemas que contemplem a conservação. Além disso, a sociedade deveria orientar suas preferências para serviços, como educação e saúde, e reduzir a importância dos bens materiais. Para aliviar problemas relacionados com distribuição desigual de renda, capitais deveriam ser redirecionados para agricultura, com objetivo de garantir para cada indivíduo, no mínimo, o nível de subsistência. Os recursos continuariam a ser gradualmente exauridos, mas a uma velocidade baixa o suficiente para que tecnologia e indústria se ajustassem.

10.3.3 Conceito de desenvolvimento sustentável da Comissão Mundial para o Meio Ambiente e Desenvolvimento

Existe um número muito grande de definições alternativas para a expressão *desenvolvimento sustentável*.[iii] A grande maioria dessas definições considera que o crescimento econômico deve ocorrer em harmonia com o meio ambiente. Quase todas elas demonstram preocupações, no curto e longo prazo, com o crescimento populacional e econômico, e com bem-estar da atual e das futuras gerações.

Em 1982, as Nações Unidas criaram a Comissão Mundial sobre o Meio Ambiente e Desenvolvimento. O trabalho da comissão resultou no conhecido Relatório Bruntland de 1987, o qual expressou o mais conhecido e disseminado conceito de desenvolvimento sustentável. O processo histórico que antecedeu o Relatório Bruntland remonta à Conferência sobre Meio Ambiente Humano, realizada em Estocolmo em 1972. Essa conferência teve como motivação inicial a preocupação com o meio ambiente por parte dos países desenvolvidos. Os países em desenvolvimento estiveram representados no evento e marcaram sua participação pela tentativa de mudar a ênfase para outras questões sobre o desenvolvimento. Para esses países, a redução da pobreza era mais importante do que melhoria ou preservação do meio ambiente, uma luxúria pretendida pelos países

---

iii No Anexo de PEARCE et al. (*Op. cit.*, 1994), estão identificadas pelo menos 24.

desenvolvidos com a qual eles não poderiam arcar. Esse conflito de interesses durante a conferência resultou no reconhecimento geral de que havia forte interação entre meio ambiente e desenvolvimento.

Após a Conferência de 1972, foram realizados vários acordos e convenções internacionais envolvendo o meio ambiente do planeta.[iv] Os problemas ambientais, entretanto, continuaram a crescer como consequência dos padrões de desenvolvimento adotados. No início dos anos 1980, os progressos alcançados desde Estocolmo não eram muitos auspiciosos, levando as Nações Unidas a criarem uma comissão, a qual iria cunhar a expressão *desenvolvimento sustentável*: "*Desenvolvimento sustentável é desenvolvimento que permite satisfazer às necessidades presentes sem comprometer a capacidade das gerações futuras de satisfazer às suas próprias necessidades.*"[26]

Essa definição compreende dois outros conceitos-chave. O conceito de "necessidades", em particular as necessidades essenciais dos pobres do planeta, para os quais deve-se dar suprema prioridade. Engloba também o conceito de "limites" impostos pelo estado da tecnologia e da organização social sobre a capacidade do meio ambiente de satisfazer às necessidades presentes e futuras.[27]

O conceito procura equilibrar dois lados do problema. Para alcançar desenvolvimento sustentável, os países desenvolvidos deveriam priorizar políticas como reciclagem, uso eficiente de energia, conservação, recuperação de áreas degradadas, enquanto países em desenvolvimento deveriam perseguir maior equidade, justiça, respeito às leis, redistribuição e criação de riqueza.[28]

Durante os anos 1970 e 1980, várias questões, tais como a crise do petróleo, o buraco na camada de ozônio, a extinção de espécies e o aumento da preocupação do público com o meio ambiente, mostraram que problemas relacionados com a exaustão de recursos naturais não renováveis não deveriam ser marginalizados nos estudos sobre desenvolvimento. Por isso, a visão de que os recursos naturais são limitados ocupou uma posição central no conceito de desenvolvimento sustentável estabelecido no Relatório Brundtland.[29] O conceito também incorporou o problema da distribuição de renda não apenas recuperando a noção de justiça entre indivíduos da mesma geração, mas também a de igualdade entre gerações. Nesse sentido, conservação ambiental transformou-se em uma questão de distribuição do bem-estar no tempo.

Ainda em 1988, no âmbito das Nações Unidas, foi criado o Painel Intergovernamental sobre Mudanças Climáticas (IPCC). As duas décadas seguintes foram marcadas pelos relatórios desse órgão científico, os quais alertavam para a rápida elevação das temperaturas globais. A mudança climática associada ao aquecimento global desestabilizaria o meio ambiente e a sociedade, com impacto na produção de alimentos e no aumento do nível do mar. A causa desse fenômeno seria o excesso na concentração de gases de efeito estufa (GEE) na atmosfera. A rápida industrialização, o desmatamento e alguns métodos de cultivo e de uso do solo estariam entre as causas desse desequilíbrio.[30] Tornou-se urgente e imperativa a revisão do padrão de produção e de consumo mundial para um padrão mais sustentável. Em 1992, a Conferência das Nações Unidas para o desenvolvimento sustentável elaborou a Convenção-Quadro das Nações Unidas sobre Mudança do Clima (UNFCCC) e estabeleceu uma agenda de compromissos para lidar com os desafios ambientais e de desenvolvimento do século 21. Anualmente, representantes desse grupo de nações reúnem-se para avaliar o andamento dos compromissos e estabelecer novas ações para reduzir as emissões de GEE. Os compromissos assumidos nesse fórum têm impactos no ambiente legislativo e nas políticas nacionais, os quais são apresentados no final deste capítulo.

10.3.4 Qualidade ambiental e crescimento econômico: relação complementar ou *trade-off*

Crescimento econômico, no sentido material, é um elemento chave na discussão sobre desenvolvimento. Mesmo antes de a questão ambiental alcançar os fóruns econômicos, alguns economistas sabiam que existia um longo caminho a ser percorrido entre progresso material e melhorias no bem-estar social. Após a publicação de *Limits to growth*, a visão de que o crescimento econômico sempre conduz a melhoria no bem-estar social passou a ser firmemente contestada. Sugeriu-se que haveria *trade-off* entre crescimento econômico – medido pela renda real *per capita* – e qualidade ambiental. Ou seja, a continuidade do crescimento econômico somente seria possível com redução do estoque de "capital ambiental" do planeta. Essa seria uma mudança radical da visão até então prevalecente. A ideia de crescimento econômico zero como uma condição necessária para a manutenção da qualidade ambiental não seria facilmente aceitável, particularmente nos países em desenvolvimento. Na Conferência das Nações Unidas

---

iv Law of the Sea, London Dumping Convention, Basel Convention, Vienna Convention on the Protection of the Ozone Layer (e o seu Protocolo de Montreal), programas regionais sobre os mares e acordos regionais sobre poluição do ar. Ver GRUBB, M.; KOCH, M.; MUNSON, A.; SULLIVAN, F.; THOMPSON, K. *The earth summit agreements*: a guide and assessment. London: Earthscan, 1993.

sobre o Meio Ambiente, em 1972, esses países deixaram clara sua posição de que crescimento econômico seria condição necessária para redução da pobreza. Considerando a necessidade de conciliar as duas visões, o conceito de desenvolvimento sustentável elaborado no Relatório Brundtland, em 1987, admitiu que, em áreas onde as necessidades essenciais ainda não haviam sido atendidas, crescimento econômico e melhorias na qualidade do meio ambiente seriam complementares.

> A pobreza reduz a capacidade dos povos de utilizar os recursos de forma sustentável; intensifica a pressão sobre o meio ambiente [...] A condição necessária, mas não suficiente, para eliminar a pobreza absoluta encontra-se na rápida elevação nas rendas *per capita* no Terceiro Mundo [...] Crescimento deve ser revivido nos países em desenvolvimento porque é ali onde a relação entre crescimento econômico, redução da pobreza, e condições ambientais ocorrem mais diretamente.[31]

A Comissão Econômica para América Latina e Caribe (CEPAL) assumiu esta visão:

> Os pobres vivem em áreas onde os recursos naturais são escassos e meio ambiente deteriorou-se fortemente [...] esta deterioração é resultado do deslocamento de suas atividades para áreas onde o capital natural não é altamente valorizado (tendo o mínimo rendimento disponível e obtenível) ou onde outras formas de capital simplesmente não existem. Este deslocamento conduz a um círculo vicioso de pobreza (destruir e sobreviver). Quanto mais baixas forem as rendas, mais as escolhas de consumo orientar-se-ão dentro de uma visão de curto prazo devido às necessidades imediatas [...] a pobreza não será erradicada a não ser que sejam dadas aos pobres melhores condições de acumular capital.[32]

Dessa perspectiva conciliatória, poder-se-ia afirmar que, nos estágios iniciais do processo de desenvolvimento econômico, melhoria nos padrões de vida e crescimento do estoque de "capital ambiental" seriam complementares.[33] Entretanto, a partir de determinado limite (ou nível de bem-estar, possivelmente já alcançado pelos países desenvolvidos), a continuidade na melhoria do padrão de vida (obtida por meio do crescimento econômico) somente seria possível com reduções no estoque de "capital ambiental". Ou seja, a partir desse limite, ou nível de bem-estar, haveria um *trade-off* entre crescimento econômico e capital ambiental. Não obstante, esse limite poderia ser estendido por meio do progresso tecnológico.

10.4 DESENVOLVIMENTO AGRÍCOLA SUSTENTÁVEL

Nessa seção são tratados alguns conceitos presentes no debate sobre agricultura sustentável. Inicia-se com apresentação de duas versões teóricas, não necessariamente conflitantes, sobre sustentabilidade na agricultura. Essa pequena revisão fornece elementos para o entendimento de uma discussão mais ampla e polêmica, que é a determinação da sustentabilidade de tecnologias e práticas agrícolas. Diferentes definições para a expressão *tecnologias agrícolas sustentáveis* são também apresentadas.

10.4.1 Teoria da coevolução

A teoria coevolucionária estabelece uma relação estreita entre ecologia e economia.[34] Coevolução em biologia refere-se a um processo evolucionário baseado em reações recíprocas de duas espécies em interação. O conceito pode ser estendido para incorporar qualquer processo interativo (*feedback*) existente entre dois sistemas. Assim, o "desenvolvimento agrícola" pode ser visto como um processo de coevolução existente entre um sociossistema e um ecossistema que, fortuita ou premeditadamente, beneficia os homens. Quando o efeito dessa coevolução é positivo, tem-se "desenvolvimento coevolucionário". A revolução verde na Europa Ocidental e na América do Norte é um exemplo de coevolução que não pode ser visto como um "desenvolvimento coevolucionário". Partiu-se de um sistema de produção agrícola baseado na pequena propriedade, intensivo em trabalho e próximo da subsistência, para um sistema baseado na produção comercial, na monocultura de grande escala, mecanizado e intensivo em energia. Sua estabilidade financeira e ecológica foi garantida pelo uso de agroquímicos e criação de instituições (em geral, governamentais) voltadas para redução do risco econômico. Ou seja, avanços tecnológicos e arranjos institucionais criaram condições para tornar a monocultura uma opção atrativa para os produtores agrícolas. Contudo, como em qualquer sistema coevolucionário, o ecossistema reagiu, criando resistência aos pesticidas. O problema foi enfrentado por meio do desenvolvimento de novos pesticidas. Como o nível de contaminação aumentou, agências reguladoras foram criadas, expandindo ainda mais o conjunto de instituições que mantêm exequível o sistema. Nesse processo, uma grande quantidade de energia e capital humano foi empregada com enormes custos. Essa interação dinâmica entre as respostas do ecossistema e as respostas do sociossistema oferece uma perspectiva de coevolução que pode ser catastrófica no longo prazo.

O "desenvolvimento agrícola coevolucionário" pode ser visto como um processo sequencial, no qual um excedente de energia e capital humano, além do necessário para manter o ecossistema e o sociossistema em seus estados presentes, é direcionado para estabelecer uma nova interação entre esses sistemas. Tem-se desenvolvimento coevolucionário se essa nova interação é favorável ao homem e um novo excedente de riqueza pode ser direcionado para ampliar as transformações favoráveis.[35] A coevolução da agricultura ocidental teria reduzido o estoque de recursos naturais de tal forma que não houve desenvolvimento coevolucionário. Os recursos não teriam sido usados para mudar a interação dos sistemas (social e ecológico) em direção a uma maior sustentabilidade no longo prazo. Por exemplo, o uso fontes não renováveis de recursos foi priorizado em relação ao desenvolvimento de plantas fixadoras de nitrogênio. Esperar que o estoque de recursos não renováveis aproxime-se da completa exaustão pode ser uma decisão equivocada, considerando que esse pode limitar as chances de uma coevolução benéfica no futuro.[36]

10.4.2 Sustentabilidade agrícola e resiliência

A ideia de resiliência tem sido usada para definir sustentabilidade em agrossistemas.[37] A sustentabilidade de um agrossistema é determinada pela sua habilidade em manter produtividade quando submetido a forças perturbadoras. Dois tipos de forças podem afetar um sistema: *stress* e choque. O efeito de um *stress* é pequeno no curto prazo, mas sua ação cumulativa pode ser grande no longo prazo. Erosão, salinização e preços declinantes dos produtos são exemplos de *stress*. O choque é uma mudança imprevisível, mas transitória; por exemplo, uma nova peste, seca, inundação, ou forte elevação nos preços dos insumos devido à, digamos, crise no abastecimento de petróleo.

O desenvolvimento agrícola pode ser julgado a partir de quatro critérios: sustentabilidade (como definida anteriormente), produtividade, estabilidade e equidade. Produtividade é definida como a produção de algum produto por unidade de insumo, enquanto estabilidade é a constância dessa produtividade diante de pequenos distúrbios, tal como o clima. Equidade refere-se à justa distribuição da produtividade entre os indivíduos envolvidos no sistema agrícola. Existem complexos *trade-offs* entre esses critérios. Por exemplo, o uso excessivo de químicos e maquinaria pode comprometer a sustentabilidade. Nesse sentido, é função da pesquisa agrícola desenvolver sistemas que mantenham ou aumentem a produtividade sem comprometer a sustentabilidade. Da mesma forma, é particularmente importante identificar novos sistemas de produção nos quais equidade e sustentabilidade possam ser ampliadas sem comprometer a produtividade. Os pacotes tecnológicos da revolução verde reconhecidamente elevaram produtividade, mas afetaram negativamente a equidade e o aspecto ambiental do conceito de sustentabilidade.

10.4.3 Tecnologias agrícolas sustentáveis

O debate sobre como alcançar sustentabilidade na agricultura é problematizado por disputas e discordâncias no que diz respeito a quais elementos da produção são aceitáveis e quais não são. Existe grande número de tecnologias agrícolas que são classificadas na literatura como sustentáveis, embora a sustentabilidade das propriedades onde elas são empregadas possa ser questionada pelos defensores de uma ou outra linha de pensamento. Por exemplo, o uso de dejetos animais em substituição aos fertilizantes químicos tem sido propalado como sustentável, mas seu uso excessivo pode levar à contaminação do lençol freático, como já ocorreu em vários países. O nível sustentável de aplicação desses materiais é algo que deve ser investigado. A agricultura orgânica é amplamente chamada de sustentável, mas pode não ser sustentável a prática de monocultura orgânica. Conforme ressaltou Ikerd:

> Alguns afirmam que sustentabilidade deve ser alcançada por meio de uma sintonia fina dos sistemas de produção convencionais. Estas pessoas não acreditam que sistemas de baixo uso de insumos ou sistemas orgânicos serão capazes de alimentar a crescente população do mundo. Outros argumentam que sustentabilidade necessitará de um modelo ou paradigma de produção diferente, o qual dependa menos de insumo comercial e mais dos recursos gerenciais da propriedade. Estas pessoas veem o modelo industrial de agricultura, dependente de insumos, como sendo fundamentalmente incompatível com a manutenção de um ambiente social e ecologicamente saudável. Defensores da agricultura orgânica acreditam que sustentabilidade requererá a total eliminação de insumos químicos manufaturados. Outros propõem ainda diferentes modelos de produção como um meio para alcançar sustentabilidade agrícola no longo prazo.[38]

Podem ser classificadas como sustentáveis as tecnologias que simultaneamente proporcionam conservação ambiental e sistemas socioeconômicos mais justos. Existem vários termos nesse campo. Alguns se referem a práticas específicas ou sistemas (por exemplo, agricultura orgânica, sistema integrado de produção, plantio direto, manejo integrado de pragas, compostagem, adubação verde, rotação de culturas, controle biológico, pesticidas naturais, policultura etc.), enquanto outros têm um significado mais amplo (por exemplo, agricultura alternativa, agricultura ecológica, agricultura sustentável de baixo uso de insumos externos etc.).

Dada a enorme variedade de contextos sociais, econômicos e ambientais que caracterizam os países e mesmo regiões dentro de um mesmo país, a OECD ressaltou as dificuldades de se impor uma definição rígida para agricultura sustentável.[39] No entanto, considerou ser possível obter o consenso de que formas sustentáveis de agricultura são caracterizadas pela adoção de práticas e tecnologias que: (a) usam técnicas integradas de manejo, as quais mantêm a integridade ecológica dentro e fora da propriedade; (b) são necessariamente flexíveis e adaptadas para locais específicos; (c) preservam a biodiversidade, os atrativos da paisagem natural e outros bens públicos não avaliados pelos mercados existentes; (d) são lucrativas para os produtores no longo prazo; e (e) são economicamente eficientes do ponto de vista social.[40]

A expressão *agricultura alternativa* possui grande generalidade. Foi utilizada pela primeira vez em um relatório sobre modelos não convencionais de agricultura, elaborado em 1977 pelo Ministério da Agricultura e da Pesca da Holanda. O Conselho Nacional de Pesquisa dos EUA apresentou uma definição abrangente:

> Em contraste com a agricultura convencional [...] sistemas alternativos mais deliberadamente integram e tiram vantagem das interações benéficas que ocorrem na natureza. Sistemas alternativos enfatizam gestão; relações biológicas, tais como as que ocorrem entre praga e predador; e processos naturais, tais como fixação de nitrogênio, ao invés de métodos quimicamente intensivos. O objetivo é sustentar e melhorar, ao invés de reduzir e simplificar, as interações biológicas das quais a agricultura é dependente, reduzindo assim os efeitos externos prejudiciais das práticas de produção.[41]

Geralmente, sistemas alternativos buscam a diversificação e tendem a elevar a estabilidade e resiliência e reduzir os riscos financeiros. São chamados de sistemas alternativos aqueles conhecidos como biológico, de baixo uso de insumos externos à propriedade (*low external input and sustainable agriculture* – LEISA), orgânico, regenerativo etc. As práticas e os princípios enfatizados são: (a) rotações de culturas para minimizar os problemas com as plantas invasoras, doenças e insetos; (b) aumento da disponibilidade de nitrogênio no solo e redução da necessidade de fertilizantes externos; (c) redução da erosão por meio de práticas de conservacionistas de manejo do solo; (d) manejo integrado de pragas e doenças, o qual reduz a necessidade de pesticidas por meio da rotação de culturas, monitoramento do clima, uso de cultivares resistentes, adequação do período de plantio, monitoramento das pragas e doenças e de seus inimigos naturais, e controle biológico de pragas ou doenças; (e) sistemas de manejo para controlar o mato e melhorar a saúde da planta e a habilidade das culturas para resistir aos ataques dos insetos e das doenças; (f) sistemas de aração que permitam conservar solo e água; (g) sistemas de produção animal que enfatizem a prevenção de doenças por meio da manutenção da saúde animal, reduzindo assim a necessidade de antibióticos; e (h) melhoramento genético de culturas, a fim de elevar a resistência a pragas e doenças e uso mais efetivo dos nutrientes.

Outro termo bastante presente na literatura sobre tecnologias sustentáveis refere-se ao conjunto de práticas conhecidas como LEISA, *low external input and sustainable agriculture* (agricultura sustentável de baixo uso de insumos externos), referido anteriormente. Segundo Reijntjes et al.:

> LEISA é uma agricultura que faz uso ótimo dos recursos naturais e humanos disponíveis (tais como solo, água, vegetação, plantas e animais locais, e trabalha com o conhecimento e habilidades humanas) e é economicamente factível, ecologicamente segura, culturalmente adaptada e socialmente justa. O uso de insumos externos não é excluído, mas visto como complementar ao uso dos recursos locais e deve considerar os critérios acima mencionados.[42]

Defensores desse enfoque argumentam que LEISA é capaz de suprir, no mínimo, as necessidades humanas básicas, enquanto mantém ou melhora a qualidade do ambiente e dos recursos naturais. O uso eficiente dos recursos locais pode resolver problemas financeiros e ambientais dos produtores que não possuem condições econômicas para usar insumos artificiais, ou apenas podem fazê-lo em pequenas quantidades. Muitos desses produtores podem estar praticando formas erosivas de agricultura de baixo uso de insumos externos, tais como a exploração da terra além de sua capacidade natural, práticas de desmatamento e queimadas. Não faltam razões para se adotar essas práticas nocivas: os insumos tornam-se mais caros (por exemplo, devido à crise no balanço de pagamentos), os preços dos produtos agrícolas caem abruptamente, tecnologias sustentáveis não são conhecidas, os produtores podem estar migrando em direção a terras marginais, a infraestrutura comercial (transporte, distribuição de insumos, instituições financeiras e intermediários) não é adequada, ausência de direitos de propriedade etc. Exemplos de práticas agrícolas sustentáveis e de baixo uso de insumos externos são: compostagem, adubação verde, fertilização mineral, cultivo mínimo, intercalação de culturas, armadilhas e plantas atrativas, controle biológico, pesticidas derivados de plantas, agricultura integrada com a criação de animais, cultivo mínimo, plantio direto e outras.

Argumenta-se que os praticantes da agricultura sustentável e de baixo uso de insumos externos podem simultaneamente reduzir custos e a contaminação do ambiente, aumentando a eficiência dos insumos externos. Apesar de o uso de insumos externos estar associado com poluição e exaustão de recursos não renováveis, não existe razão para excluir, por exemplo, híbridos ou fertilizantes minerais, se esses puderem ser integrados de forma sustentável.[43]

Em sentido prático, não se deve considerar como necessariamente sustentáveis produtores agrícolas que adotaram um conjunto rígido de práticas reguladas por determinada organização. É preferível correr o risco de ser genérico e considerar como sustentáveis aqueles que intencionalmente estão adotando práticas que possuem grande potencial de, simultaneamente, proporcionar conservação ambiental e melhores padrões de vida. Num sentido prático, produtores sustentáveis não são aqueles que adotam um conjunto rígido de práticas reguladas por determinada organização, mas aqueles que caminham em direção ao consenso de que conservação e melhores padrões de vida devem ser simultaneamente perseguidos sob uma perspectiva de longo prazo.[v]

O desafio de continuar aumentando a produção agrícola para atender a uma demanda crescente de alimentos e, simultaneamente, reduzir seus impactos ambientais tem levado, por exemplo, à proposição do conceito de "intensificação sustentável".[44,45] Segundo essa abordagem, a segurança alimentar no futuro depende do uso de práticas e tecnologias que permitam aumentar a fertilidade do solo e o uso mais eficiente de nutrientes. Leite apontou que várias práticas de intensificação sustentável têm sido adotadas na horticultura comercial, tais como controle biológico de pragas, nutrição eficiente das plantas, otimização do uso da água na irrigação, produção sob cultivo protegido e sementes e mudas melhoradas.[46]

Uma alternativa para a racionalização do uso dos recursos naturais e a reversão do processo de perdas ambientais é a adoção de sistemas de integração lavoura-pecuária-floresta (ILPF), também conhecidos como sistemas agrossilvipastoris.

> Trata-se de uma estratégia de produção sustentável que integra atividades agrícolas, pecuárias e/ou florestais realizadas na mesma área, em cultivo consorciado, em sucessão ou rotacionado, e busca efeitos sinérgicos entre os componentes do agroecossistema.[47,48]

Quatro arranjos têm sido propostos e implementados: (i) integração lavoura-pecuária (ILP) ou agropastoril – sistema de produção que integra cultivos agrícolas e produção pecuária (pastagem e animal) em rotação ou consórcio; (ii) integração pecuária-floresta (IPF) ou silvipastoril – sistema de produção consorciada de pecuária (pastagem e animal) e espécies florestais; (iii) integração lavoura-floresta (ILF) ou silviagrícola – sistema de produção consorciada de cultivos agrícolas anuais ou perenes e espécies florestais; e (iv) integração lavoura-pecuária-floresta (ILPF) ou agrossilvipastoril – sistema de produção consorciado de espécies florestais com cultivos agrícolas e produção pecuária, em rotação ou consórcio.[49]

A adoção desses sistemas de produção tem sido recomendada e estimulada para a recuperação e/ou renovação de pastagens degradadas, manutenção e reconstituição de cobertura florestal, uso de boas práticas agropecuárias, adequação da unidade produtiva à legislação ambiental, maior diversificação da produção e melhoria da renda na propriedade rural.

No Brasil, os sistemas integrados de produção são parte do grupo de tecnologias sustentáveis previsto no plano nacional para a agricultura de baixo carbono (plano ABC), apresentado no final do capítulo. Em 2010, o país estabeleceu um conjunto de ações para o alcance da meta de redução de GEE em 22,5% na agropecuária até 2020. Dentre elas, destacam-se a: (i) recuperação de 15 milhões de hectares de pastagens degradadas; (ii) ampliação da adoção dos sistemas de integração lavoura-pecuária-floresta (ILPF) em 4 milhões de hectares; (iii) expansão da adoção do sistema de plantio direto em 8 milhões de hectares; (iv) expansão da adoção da fixação biológica de nitrogênio em 5,5 milhões de hectares de área de cultivo; e ampliação do uso de tecnologias para

---

v Existem poucas tentativas de sistematização e análise das propostas tecnológicas sustentáveis na agricultura brasileira. Almeida apresenta uma sistematização baseada conteúdo político-ideológico de diferentes tecnologias consideradas "alternativas". ALMEIDA, J. Propostas tecnológicas "Alternativas" na agricultura. *Cadernos de Difusão Tecnológica*, 6 (2/3), maio/dez. 1989, Brasília. p. 183-216.

tratamento de 4,4 milhões de m³ de dejetos animais. As demais ações referem-se à redução de desmatamento nos biomas Amazônia e Cerrado, expansão do plantio de florestas e expansão do uso de tecnologias que estão fora do escopo da adoção em nível de propriedade rural, a exemplo da expansão da oferta de fontes alternativas de energia renováveis como as centrais eólicas.[50] O Boxe 10.2 define alguns sistemas de produção sustentáveis, incluindo os sistemas integrados de produção. O Boxe 10.3 descreve tecnologias agropecuárias que visam a maior sustentabilidade dos sistemas de produção, inclusive aquelas descritas no plano ABC.

BOXE 10.2 Definições de alguns sistemas agrícolas com grande potencial de sustentabilidade[51]

Agricultura biodinâmica. Sistema agrícola holístico desenvolvido por Rudolph Steiner que se baseia na antroposofia e procura conectar a natureza com forças cósmicas. Procura-se criar uma produção integrada em harmonia com o seu *habitat*. Compostos e preparados homeopáticos ou biodinâmicos são utilizados. Fertilizantes sintéticos e pesticidas são evitados.

Agricultura ecológica. Práticas agrícolas que procuram melhorar ou, no mínimo, não danificar o meio ambiente. Têm como objetivo minimizar o uso de insumos químicos, em vez de eliminá-los completamente, como na agricultura orgânica.

Agricultura natural. Sistema agrícola desenvolvido por Masanobu Fukuoka que procura seguir a natureza minimizando a interferência humana: sem cultivo mecânico, sem fertilizantes sintéticos ou compostos preparados, sem capina ou herbicidas, sem dependência de químicos.

Agricultura orgânica. Sistema agrícola que procura melhorar a saúde do solo e das plantas por meio de práticas como a reciclagem dos nutrientes da matéria orgânica (tais como compostos ou resíduos das plantas), rotação de culturas, manejo apropriado do solo e ausência de fertilizantes sintéticos e herbicidas.

- **Permacultura.** Um sistema integrado, autopermanente, conscientemente concebido, de culturas perenes, árvores e animais.
- **Agricultura alternativa.** Sistema agrícola regenerativo que tem como foco o equilíbrio nutricional da planta e considera sua fisiologia em relação à resistência a pragas e doenças. Pode usar compostagem, adubação orgânica e mineral de baixa solubilidade. Essa abordagem foi precursora do termo agroecologia.

Sistema agrossilvipastoril ou sistema de integração lavoura-pecuária-floresta. Sistemas agrícolas que preveem a produção conjunta de espécies arbóreas, cultivos agrícolas e/ou pastagens e animais, em consócio ou rotação. Visam à recuperação de funções ecológicas, melhoria da qualidade do solo e otimização do uso de recursos naturais e da produção. Podem ser usados para restaurar florestas e recuperar áreas degradadas.

BOXE 10.3 Exemplos de tecnologias agrícolas sustentáveis que possibilitam redução do impacto ambiental[52]

Compostagem: compostagem é a quebra do material orgânico por micro-organismos e a fauna do solo com objetivo de produzir um produto final com características de húmus chamado composto. É uma técnica de reciclagem da matéria orgânica deixada no pós-colheita, esterco, urina etc., e para melhorar a qualidade e aumentar a quantidade de fertilizante orgânico.

Adubação verde: árvores, arbustos, culturas de cobertura, leguminosas, gramíneas, e o próprio mato provêm adubação verde, uma fonte barata de matéria orgânica e fertilidade.

Fertilização mineral: fertilizantes minerais normalmente aumentam a disponibilidade de biomassa para fertilizantes orgânicos melhorar a vida do solo quando aplicado moderadamente.

Cobertura morta: cobertura morta pode ser definida como uma camada rasa sobre o solo, cuja composição pode incluir grama seca, resíduos de culturas (palha, folhas etc.), matéria orgânica nova de árvores, mato etc. Trata-se de uma técnica importante para melhorar o microclima do solo, bem como enriquecer sua vida, estrutura e fertilidade. Permite conservar a umidade do solo, reduzir o crescimento do mato, prevenir danos causados pela radiação solar e chuvas fortes (controle de erosão), e diminuir a necessidade de aração.

Rotação de culturas: as rotações de culturas reduzem o risco de infestação de pragas e de certas doenças, mantém o solo com cobertura vegetal, contribuem para manter sua estrutura física, ajudam a reduzir a erosão e, em consequência, melhoram a fertilidade dos solos. Os recursos disponíveis – água, nutrientes, luz, entre outros – são utilizados de modo mais eficiente, resultando em elevações da produtividade das lavouras.

Combinação de rotações de culturas com produção animal: sistemas diversificados e consorciados melhoram a qualidade da forragem ofertada e racionalizam o uso de agrotóxicos e fertilizantes. Contribuem para melhoria da qualidade do solo e conservação da

(continua)

(continuação)

natureza, pois criam um *habitat* estável e diversificado para a vida animal nas propriedades e adjacências. Procuram otimizar o uso de recursos da propriedade e áreas próximas, favorecendo a conservação do *habitat*, ao invés de destruí-lo. O uso de resíduos de uma atividade como insumo para outra, dentro da propriedade, permite que esses sistemas sejam produtivos e lucrativos, a exemplo do ILPF.

Armadilhas e plantas atrativas: vários tipos de armadilhas podem ser construídos para capturar insetos, roedores e outras criaturas que ameaçam as culturas e animais de criação. A mais conhecida é a armadilha luminosa, criada para capturar insetos voadores noturnos. Algumas pestes podem ser atraídas por certas plantas. Quando essas são disseminadas na plantação ou nas suas proximidades, os insetos concentram nelas, sendo melhor controlados.

Pesticidas derivados de plantas: numerosas plantas possuem defensivos ou provocam efeito letal sobre os vertebrados, insetos, ácaros, nematoides, fungos ou bactérias. Componentes ativos podem ser extraídos de várias partes de plantas e aplicados sobre a cultura. Essa é uma prática antiga cujo conhecimento está infelizmente sendo perdido, particularmente onde os pesticidas químicos têm sido introduzidos.

Controle biológico: no controle biológico, as pestes são combatidas por seus predadores naturais, tais como pássaros, aranhas, ácaros, fungos, bactérias, vírus ou plantas (plantas de cobertura para controlar o mato).

Cultivo mínimo e plantio direto: práticas de manejo do solo que evitam o revolvimento demasiado do solo, com objetivo de manter a umidade, reduzir exposição aos raios solares e distúrbios à sua fauna. O caso extremo é o plantio direto, no qual a cobertura morta ou vegetativa é mantida sobre o solo e as sementes são plantadas em sulcos rasos sobre a palhada.

Fixação biológica de nitrogênio: trata-se de um processo em que bactérias de solo em simbiose com algumas plantas conseguem converter naturalmente o nitrogênio presente na atmosfera em formas que podem ser usadas pelas plantas. Em troca, a bactéria recebe o carbono fixado pela fotossíntese da planta. Na agricultura, o processo de fixação biológica mais conhecido e usado é a simbiose entre as bactérias rizóbios e as leguminosas, como soja, feijão, amendoim, ervilha, dentre outras. As bactérias são aplicadas nas sementes por meio de inoculantes. Após a formação de estruturas nodulares nas raízes das leguminosas, ocorre o processo de fixação biológica do nitrogênio. Há ainda bactérias diazotróficas com potencial para produção de inoculantes para outros cultivos agrícolas, como milho e cana-de-açúcar. O inoculante contendo bactérias fixadoras de nitrogênio é considerado um biofertilizante, categorizado como um bioinsumo. O uso da fixação biológica de nitrogênio visa reduzir o uso de fontes sintéticas de nitrogênio, que resultam em perdas de nutriente na forma de GEE e são mais onerosas.

Bioinsumos: referem-se a insumos que contenham ativo biológico em sua composição, ou seja, elemento oriundo da própria natureza, como macro ou micro-organismos, extratos biológicos, biomoléculas naturais ou equivalentes. Por exemplo, determinadas bactérias que favorecem a fixação biológica de nitrogênio, e com isso, reduzem as emissões de GEE e a contaminação de lençol freático. Ou ainda, remineralizadores, como o pó de rocha, que possibilitam o aumento da fertilidade do solo e da qualidade das plantas e reduzem a dependência de insumos químicos. O bioinsumo pressupõe o uso de fontes de nutrientes minerais, organismos biológicos para o controle de pragas e doenças e plantas de cobertura para proteger e nutrir o solo.

Técnicas de agricultura de precisão: conjunto de ferramentas e tecnologias aplicadas para o gerenciamento agrícola baseado na variabilidade espacial e temporal da unidade produtiva. Como exemplos, tem-se: amostragem de solo georreferenciada, sensores, *drones*, VANTS, sistemas de informação geográfica para coleta e análise de dados e mapeamento da variabilidade, bem como máquinas e implementos agrícolas de aplicação a taxa variada. O gerenciamento por meio de técnicas em agricultura de precisão possibilita a redução dos custos de produção, o uso mais eficiente de insumos, ganhos de produtividade, tomada de decisão mais assertiva em função do volume de informações disponíveis e a redução do impacto ambiental.

Tratamento de dejetos animais: o tipo de tratamento varia de acordo com o método de criação de animais. Por exemplo, dejetos armazenados em esterqueiras ou lagoas podem produzir biofertilizantes por meio de transformação da composição química e da consistência física dos dejetos para posterior uso agrícola. Outros exemplos incluem o processo de compostagem para a produção de composto orgânico e o sistema de biodigestão para a produção de biogás e biofertilizante. [53,54,55]

10.5 OS DETERMINANTES DA ADOÇÃO DE TECNOLOGIAS AGRÍCOLAS SUSTENTÁVEIS

Fatores econômicos e não econômicos têm levado muitos produtores a adotar tecnologias consideradas sustentáveis. Muitos desses fatores, como as políticas agrícola e ambiental, que fogem ao controle dos produtores, têm mudado em favor de um enfoque mais sustentável. Apesar de barreiras técnicas e econômicas ainda estarem presentes, existe uma mudança em direção a maior integração entre essas políticas. Mais informação encontra-se disponível, e nichos de mercado para produtos "alternativos" (por exemplo, orgânicos) têm sido desenvolvidos. Muitas práticas estão se tornando economicamente viáveis. À medida que barreiras econômicas e sociais estão sendo reduzidas, os produtores têm encontrado melhores condições para adotar essas tecnologias, resultando em uma difusão mais ampla e rápida do seu uso. O objetivo desta seção é apresentar os principais determinantes da decisão de adotar ou não tecnologias de caráter sustentável.[56]

10.5.1 Razões econômicas e não econômicas para a adoção de tecnologias agrícolas sustentáveis

A difusão de tecnologias ambientalmente mais favoráveis levanta um conjunto de questões. Que motivos levariam produtores rurais a tomar a decisão de adotá-las? Quais mudanças ou características especiais estariam influenciando suas decisões? Estariam eles realmente preocupados com o meio ambiente ou simplesmente estariam adotando medidas de caráter ambiental com objetivo de elevar suas rendas?

Os primeiros estudos sobre a adoção de tecnologias sustentáveis na agricultura datam dos 1970. A maioria deles procurou identificar quais razões levavam determinados produtores a escolher certas práticas ou tecnologias. Algumas das constatações obtidas merecem ser revistas. Uma delas era a de que muitos agricultores convencionais, depois de mudarem para o sistema orgânico, continuaram a produzir em escala comercial. Ao contrário da hipótese subjacente, considerações filosóficas ou ideológicas assumiam um papel secundário na sua tomada de decisão.[57] As principais razões para a adoção de métodos orgânicos eram problemas relacionados com práticas convencionais, tais como saúde humana e animal, solos pobres, alto custo e pouca efetividade dos químicos. Tais produtores não diferiam, fundamentalmente, dos convencionais. Essa constatação desafiava a imagem popular de que produtores orgânicos usavam força animal, cultivavam frutas, legumes e culturas pouco comuns para um mercado de alimentos mais amplo, e operavam atividades de subsistência. Uma importante contribuição foi dada no sentido de mudar a visão prevalecente. Entretanto, restava uma questão: se agricultura orgânica oferecia vantagens econômicas, por que então não ocorria uma difusão mais rápida da sua adoção? Ou seja, por que muitos produtores insistiam em continuar produzindo por meio de métodos convencionais?

Em busca de respostas, Daberkow and Reichelderfer procuraram identificar quais eram as chances de uma difusão mais ampla da "agricultura de baixo uso de insumos externos" nos EUA.[58] A resposta encontrada era simples. Dados sobre o período do pós-guerra até a crise de energia dos anos 1970 mostravam que os preços de fertilizantes e pesticidas caíram relativamente aos preços dos demais insumos básicos (taxa de salários, preços da maquinaria agrícola e custo da terra). Como resultado, fertilizantes e pesticidas tornaram-se importantes substitutos para trabalho, capital e terra. Adicionalmente, programas agrícolas induziram produtores a intensificar o uso de insumos externos. Nesse ambiente econômico, a demanda por agroquímicos expandiu-se. Sistemas de baixo uso de insumos externos, que implicavam a substituição de agroquímicos por terra, trabalho, gestão e informação, somente seriam adotados em larga escala se os preços relativos e/ou os programas agrícolas fossem alterados. A razão pela qual uma minoria de produtores insistia em adotar práticas de baixo uso de insumos externos devia-se exclusivamente às suas condições específicas, tais como escala, nível de produção, restrições de crédito, capacidade de gestão, educação, informação etc. Considerando que o mercado oferecia poucos incentivos para adoção desses sistemas de produção, alguns produtores o faziam simplesmente porque, sob suas condições particulares, havia benefício econômico para a mudança.

A visão de que a adoção era motivada pelas vantagens econômicas das tecnologias sustentáveis encontra discordâncias. Para alguns autores, as condições econômicas para produzir alimentos orgânicos nos EUA durante os anos 1970 eram favoráveis, mas para a maioria dos produtores orgânicos o incentivo comercial desempenhava um papel secundário.[59] A adoção de tais práticas estaria vinculada a estilos alternativos de vida, em que, conscientemente, os métodos modernos eram rejeitados em favor de práticas naturais. O caso extremo era o dos *back-to-the-landers*. Esses imigrantes urbanos, geralmente pessoas aposentadas, trabalhadores temporários, ou profissionais de tempo integral, praticavam agricultura intensiva e de semissubsistência em pequenas propriedades.[60] Seu estilo de vida incluía uma rejeição explícita da cultura moderna baseada em altos padrões de consumo e tecnologia; portanto, a ideologia era uma variável chave na determinação da adoção. O desejo de aumentar a renda agrícola não era o fator mais importante, pois a maioria dos *back-to-the-landers* obtinha renda de atividades fora da propriedade.

Casos graves de contaminação alimentar ocorridos na década de 1990 e os resultados de estudos científicos alertando para a elevação das temperaturas globais e mudança do clima no início do século XXI despertaram reações dos consumidores e governos ao redor do planeta. Maior atenção foi dada à compreensão de fatores que explicassem ou que restringissem a adoção de práticas e tecnologias de produção mais sustentáveis. Observou-se que havia produtores que adotavam práticas ambientais devido às suas vantagens econômicas. Por exemplo, o plantio direto rapidamente se difundiu por razões econômicas e não exclusivamente pelo benefício que trouxe ao meio ambiente.[61,62] Ou ainda, muitos agricultores decidiram migrar para a produção orgânica para auferir rendas diferenciais associadas a uma demanda crescente pelos produtos.[63] Ainda assim, a difusão dessas práticas foi lenta e limitada por um conjunto de barreiras, tais como custos elevados no curto prazo e insuficiência de capital/crédito. Um produtor poderia desejar adotar práticas mais sustentáveis com objetivo de aumentar seus ganhos econômicos, e/ou mesmo por estar realmente preocupado com impactos ambientais, porém, barreiras impediam ou atrasariam uma difusão mais ampla.[64] Por exemplo, estudos demonstraram que a decisão de adotar sistemas integrados de produção era influenciada por características do produtor rural, escala de produção e disponibilidade de máquinas e implementos agrícolas, disponibilidade de serviços de extensão rural, acesso a informações, recursos financeiros e ao mercado, disponibilidade de infraestrutura, e características do solo.[65][66][67]

10.5.2 Barreiras à adoção

A relutância dos produtores agrícolas em adotar qualquer inovação possui uma base racional. Características específicas dos produtos, do meio ambiente e das próprias inovações podem explicar a não adoção, mas no caso de práticas de conservação ambiental, obstáculos adicionais podem ser encontrados:[68]

- Existe resistência a muitas práticas de gestão ambiental porque elas são complexas e requerem detalhado entendimento de processos físicos.
- Dado o seu enfoque holístico, inovações ambientais são geralmente não divisíveis; adoção parcial, que é vista como uma forma de teste, muitas vezes não apresenta bons resultados no curto prazo.
- Estratégias ambientais requerem grandes mudanças nas práticas agrícolas, as quais podem ser incompatíveis com objetivos pessoais.
- Apesar de práticas ambientais proporcionarem benefícios econômicos para a sociedade como um todo, elas podem não ser economicamente vantajosas para o produtor individual.
- Inovações convencionais geram benefícios econômicos em relativo curto prazo, tomando precedência sobre as ambientais, as quais, mais provavelmente, possuem prazo mais longo de maturação.
- Inovações ambientais são particularmente arriscadas; os gastos com recursos de capital envolvidos, bem como toda a safra podem ser perdidos nos primeiros anos da conversão.
- Novas tecnologias, especialmente aquelas relacionadas com sustentabilidade, não estão livres de debates; se as informações disponíveis são conflitantes, o que é comum para inovações ambientais, uma estratégia pode ser a não adoção.
- Algumas inovações ambientais possuem elevados custos sob a forma de maquinaria, mão de obra e preparação da terra.
- Além disso, é comum existir um período de transição, no qual se espera uma queda na renda até que o novo sistema se estabeleça.
- A base de conhecimentos do produtor pode não ser adequada para as novas práticas; muitas estratégias requerem conhecimento técnico de sistemas de produção, processos físicos e químicos; o produtor deve estar altamente motivado para adquirir as habilidades necessárias.
- Muitas práticas ambientais reduzem a flexibilidade dos produtores no sentido de que eles estariam restritos a um conjunto de culturas e rotações; em condições de preços flutuantes, pode ser preferível manter flexibilidade, a fim de responder aos sinais de mercado.
- Falta de infraestrutura física e social na região pode também criar barreiras à adoção; muitos produtos dependem de canais específicos de comercialização que podem não existir na região; além disso, a comunidade pode estar resistente à aceitação de novas ideias que rompem com conhecimento tradicional.
- A mídia tem apresentado a degradação ambiental utilizando casos extremos como exemplo; essa forma dramática de apresentação pode ser prejudicial porque muitos produtores não se consideram em tais situações e, consequentemente, não acreditam ter problemas de tão grande magnitude; aqueles que identificam sua condição com aquela mostrada pela mídia adotam atitudes fatalistas e, raramente, tomam ações remediadoras.

Esses fatores explicam a lentidão observada na difusão de muitas práticas e técnicas agrícolas de caráter mais sustentável. Os primeiros produtores orgânicos europeus da era da revolução verde tinham características semelhantes às dos inovadores na agricultura, pois apresentavam elevado nível educacional, relativa juventude e problemas relacionados com sua aceitação social.[69] Suas propriedades eram pequenas e possuíam orientação comercial menos proeminente.[70] Entretanto, na Alemanha e na Grã-Bretanha, o tamanho médio das propriedades orgânicas tem se elevado, sugerindo que o motivo financeiro tem se tornado mais importante e algumas barreiras estão sendo quebradas. Por exemplo, os problemas de superprodução agrícola na Europa, os danos ambientais causados pela agricultura e uma maior preocupação com os efeitos dos químicos permitiram à agricultura orgânica alcançar um *status* mais elevado.[71]

10.5.3 Lucratividade das tecnologias sustentáveis

Os produtores agrícolas podem considerar a lucratividade como um fator importante na decisão de adotar tecnologias sustentáveis. Condições ambientais particulares, tais como clima e qualidade do solo, os quais podem variar de uma propriedade para outra, determinam a adaptabilidade da tecnologia e, possivelmente, os lucros. Preços relativos de *commodities* e insumos, bem como a taxa de juros e a disponibilidade de crédito, não devem ser desprezados nessa determinação. Políticas agrícolas, tais como programas para culturas específicas, influenciam a decisão dos produtores, e, não raro, podem ser prejudiciais à adoção de tecnologias sustentáveis, pois reduzem sua lucratividade relativa. Por outro lado, políticas ambientais, como favorecimento no acesso ao crédito para produtores que adotam práticas agrícolas conservacionistas ou ainda a regulamentação de determinado método de produção sustentável como a produção orgânica de alimentos, podem ser plenamente favoráveis.

Quando uma nova tecnologia substitui uma velha, o tempo necessário para criar novas condições, ou adaptar o meio ambiente e as rotinas de produção (especificamente, aprendizado e aquisição de habilidades necessárias), pode resultar em considerável custo. Para tecnologias agrícolas sustentáveis, o meio físico assume um papel adicional na transição. Recursos naturais – solo e biota – podem estar degradados após anos de constante uso de químicos. A restauração da qualidade do solo pode levar tempo e, consequentemente, os rendimentos poderão ser baixos nos primeiros anos do "período de conversão". Nesse caso, uma redução inicial na renda poderia ser interpretada como um investimento a ser amortizado no futuro, quando a produtividade deverá estar mais elevada. A renda pode também cair inicialmente devido às mudanças na composição da produção. A necessidade de rotação com leguminosas, por exemplo, pode significar o abandono de certas culturas comerciais. Esses custos iniciais e a incerteza a respeito da efetividade das alterações tendem a induzir uma adoção gradual e cautelosa. Assim, uma hábil gestão é um importante componente desses tipos de tecnologias e possui um papel fundamental durante os primeiros anos da adoção. É possível que no longo prazo produtores que têm aversão ao risco e procuram uma renda estável fiquem em melhor posição adotando práticas consideradas sustentáveis.

Dois métodos básicos têm sido usados para avaliar a lucratividade relativa dessas práticas: a análise parcial (custo/benefício por produto) e a análise econômica da propriedade como um todo.[72] A análise parcial limita-se à apuração de custos e receitas de determinada cultura ou atividade pecuária. Esse tipo de análise é simples, permite obter uma boa visão da composição dos gastos e avaliar a lucratividade. Pode ser completa – incluindo custos fixos, custos variáveis, e retorno – ou menos abrangente, compreendendo apenas os custos variáveis e o retorno associado à atividade e tecnologia empregada. Apesar de ser prática e de fácil entendimento, esse tipo de avaliação, por limitar-se a um certo número de produtos ou atividades, ignora os efeitos cruzados. Muitos sistemas de cultivo sustentáveis dependem de uma estratégia holística, o que implica uma análise integral da propriedade. Nesse caso, a avaliação torna-se mais difícil devido à dificuldade de se obter informações. A ausência de registros adequados nas propriedades implica maior dependência de outras fontes de informação, tais como estações experimentais, levantamentos de campo e colaboração de produtores em estudos de caso.

Existem muitos estudos empíricos comparando sistemas alternativos de produção com sistemas convencionais. Métodos e resultados são variados. Tanto a análise parcial quanto a análise integral da propriedade foram utilizadas. Por exemplo, pode-se avaliar a lucratividade média da agricultura orgânica comparando-se um grupo de produtores orgânicos com um grupo de produtores convencionais na mesma região.[73] Nesse caso, é interessante realizar uma análise que atente para algumas questões interessantes, apresentadas a seguir.

Poderá haver diferenças significativas na estrutura de custos dos dois grupos. Por exemplo, os custos com mão de obra na produção orgânica são, em geral, mais elevados, mas podem ser compensados com a redução na aquisição de agroquímicos. Diferenças entre custos operacionais, ou custos fixos, são resultados da necessidade de investimento em capital, da possibilidade de melhor aproveitamento da mão de obra familiar etc. O uso de insumos internos, ou rejeitos, pode resultar em redução nos gastos com insumos externos, bem como nos gastos relativos à preservação do meio ambiente (por exemplo, tratamento para dejetos animais).

Poderá haver diferenças significativas na composição da produção dos dois grupos. Essa diferença verifica-se devido à diversificação, ou às mudanças necessárias na cesta de produtos. As práticas convencionais oferecem a possibilidade de ganhos com economias de escala, resultando, não raro, na opção pela monocultura. As práticas de caráter sustentável, ao contrário, envolvem maior diversificação da produção (necessidade de rotação de culturas, aproveitamento de subprodutos, estratégia de redução de risco) e/ou abandono de certas culturas (por exemplo, é mais difícil produzir tomate livre de pesticidas).

Em muitos estudos, a lucratividade é avaliada a preços convencionais. Entretanto, o mercado pode favorecer produtos gerados com baixo uso de insumos externos, dado que alimentos livres de agroquímicos podem obter preços mais elevados. Isso é especialmente verdadeiro quando a demanda excede a oferta para tais produtos, existe um sistema de certificação que possui credibilidade e os consumidores são bem informados a respeito das características diferenciadas dos produtos. Deve-se atentar para o fato de que esse diferencial de preço pode não durar muito, pois um aumento na oferta pode deprimir o mercado de alimentos produzidos com baixo uso de agroquímicos.

As condições de cultivo e os resultados físicos da produção são, em geral, afetados por alterações climáticas. Algumas tecnologias podem ser altamente suscetíveis a essas mudanças, enquanto outras podem mostrar-se menos influenciáveis. A disponibilidade de dados para um prazo mais longo (várias safras), onde se possa ter tanto períodos bons quanto ruins, permite inferir sobre a estabilidade da atividade sob diferentes tecnologias. Por exemplo, o retorno líquido das propriedades convencionais pode ser superior nos anos em que as condições de cultivo são favoráveis, sugerindo que a vantagem econômica da agricultura química depende de boas condições climáticas. Sob condições climáticas desfavoráveis, a produtividade de práticas orgânicas pode igualar-se, ou mesmo superar, a produtividade da agricultura convencional.

Os custos de transição, ou conversão, são desprezados pela maioria dos estudos, uma vez que raramente existe suficiente informação. Uma série temporal, cobrindo o período da transição biológica, deveria conter informações sobre custos relacionados com o tempo de espera necessário para recuperação da qualidade do solo e outros requerimentos especiais, tais como compra de equipamentos especializados. Deve-se considerar a perda de receitas resultante do abandono de certas atividades/culturas que não são compatíveis com o novo sistema. Durante os primeiros anos da transição, espera-se que os lucros médios anuais calculados para fazendas de baixo uso de insumos externos sejam mais baixos do que aqueles calculados para as fazendas convencionais; mas, nos anos seguintes, essa posição pode ser invertida. Em uma análise de longo prazo, os custos mais elevados do período de conversão poderiam ser amortizados nos anos seguintes à transição biológica, quando os lucros poderiam igualar-se ou exceder aqueles obtidos por meio de sistemas convencionais.

A disponibilidade de uma série temporal mais longa pode permitir avaliar os riscos financeiros associados a cada sistema. Os lucros anuais dos sistemas de baixo uso de insumos externos podem variar menos do que os dos sistemas convencionais, seja devido à diversificação, seja devido a maior estabilidade da produtividade. Nesse caso, produtores que têm aversão ao risco estariam mais bem posicionados adotando sistemas não convencionais.

Deve-se considerar o apoio dado por programas governamentais. Tanto produtores convencionais quanto produtores não convencionais podem estar habilitados a receber subsídios e outros benefícios extramercado. A agricultura convencional tem sido beneficiada por subsídios diretos e indiretos, seja na compra de insumos, seja na comercialização da produção. A adoção de tecnologias convencionais e a compra de insumos externos são, muitas vezes, condições indispensáveis para se obter tais benefícios. Como resultado, produtos e produtores não convencionais, por não receberem esses subsídios, podem apresentar lucratividade inferior. Por outro lado, em muitos países, aumentou o nível de apoio concedido a produtores orgânicos ou praticantes de métodos de produção mais sustentáveis.

A disponibilidade de um conjunto grande de informações permite realizar simulações e obter boas inferências a respeito do potencial econômico das diferentes práticas e/ou tecnologias. Podem-se construir diferentes cenários por meio da alteração, inclusão e exclusão de variáveis. Por exemplo, é interessante avaliar um sistema de grãos segundo vários cenários: produção convencional de grãos em monocultivo com linha de financiamento regular, produção de grãos em sistemas integrados de cultivo (ILPF ou agrossilvipastoril) com linhas de financiamento subsidiado, produção de grãos em sistema de produção agroecológica ou orgânica com linha de financiamento especial para agroecologia.

10.5.4 Fontes de informação

Em muitos países, a informação a respeito de inovações agrícolas é fornecida por agências governamentais de extensão rural.[74] Esse canal foi de grande relevância para o desenvolvimento da agricultura brasileira nas décadas de 1970 e 1980, quando a pesquisa e a extensão rural eram partes da política governamental para a modernização da agricultura brasileira. Apesar da capilaridade do serviço público, sua capacidade de atender ao conjunto de demandas deteriorou-se em função das limitações orçamentárias. O estado perdeu sua função de único e principal provedor de serviços de assistência técnica e extensão rural, passando a dividir suas ações com o setor privado e as organizações formalmente organizadas, como a indústria de insumos agrícolas, as associações de produtores rurais e as cooperativas agropecuárias. As organizações não governamentais (ONGs) são particularmente importantes em países menos desenvolvidos, onde pobreza e degradação ambiental coexistem. Em muitas áreas, a introdução de sistemas convencionais não foi capaz de eliminar pobreza, as agências oficiais perderam legitimidade e as ONGs ocuparam alguns de seus espaços. Onde tecnologias convencionais não alcançaram determinados grupos de produtores, particularmente os pequenos, e as práticas tradicionais não são sustentáveis, ONGs têm difundido informação sobre sistemas de baixo uso de insumos como um caminho para reduzir a pobreza e evitar a degradação ambiental.[75] O contato pessoal com outros produtores rurais usuários da tecnologia ou com agentes que dominem o conhecimento referente à nova prática é condição necessária para o aprofundamento na troca de informações e de experiência e para o aumento da confiança do tomador de decisão. Eventos agropecuários especializados, como os dias de campo e as feiras agropecuárias, são mecanismos utilizados para a divulgação de inovações e a promoção de trocas de experiências entre os pares.

Para muitas tecnologias sustentáveis, contudo, há fontes alternativas de informação, tais como vizinhos, reuniões de grupo informalmente organizados para compra de insumos ou venda da produção agropecuária, consultores, televisão, rádio, revistas de conteúdo especializado e, mais recentemente, a divulgação de informações por meio da *web* e de redes sociais em dispositivos móveis.[76] A disponibilização da informação por meio de tecnologias da informação ganhou espaço em muitos segmentos da agricultura. Essas novas tecnologias facilitam a busca, o acesso, o armazenamento, a análise e a disseminação de informações, o que melhora as condições de tomada de decisão do produtor.[77]

10.5.5 Características das propriedades e dos produtores

Estudos empíricos demonstram que algumas características das propriedades e dos produtores rurais facilitam a adoção de tecnologias sustentáveis. A seguir são apresentadas questões relativas ao tamanho da propriedade e suas características físicas, a disponibilidade de mão de obra, a condição fundiária do produtor, sua escolaridade e experiência.

10.5.5.1 Tamanho da propriedade

A discussão a respeito do tamanho da propriedade e sustentabilidade na agricultura insere-se no debate agrário-ambientalista. A crescente escala da agricultura moderna tem sido criticada devido ao seu impacto ambiental e socioeconômico. Argumenta-se que o elevado montante de investimentos requerido pela maioria das tecnologias da revolução verde inibiu a adoção de métodos de conservação. Se, por um lado, grandes propriedades tornaram-se altamente capitalizadas, por outro, passaram a suportar dívidas mais elevadas e reduziram o número de culturas comerciais com que operam. Adotaram um comportamento de maximização de lucro no curto prazo, deixando poucas oportunidades para práticas ambientais.[78]

Argumentação inversa é proporcionada por aqueles que acreditam que as grandes propriedades possuem maior potencial de conservação ambiental. Por exemplo, propriedades grandes e capitalizadas podem possuir relativamente baixo potencial de erosão dos solos, dado que estão localizadas em terras mais aptas para agricultura. Pequenas propriedades tendem a localizar-se em áreas marginais e de terras mais baratas, com mais alto potencial de erosão. Como resultado, problemas ambientais são mais comuns nas pequenas propriedades do que nas grandes, conclusão que sustenta uma correlação negativa entre escala e degradação ambiental.[79] Grandes propriedades podem também alavancar recursos financeiros com maior facilidade, podendo assim ter flexibilidade na alocação de fundos para conservação. Nesse contexto, restrições econômicas limitariam a adoção de tecnologias ambientalmente favoráveis nas pequenas propriedades, e não nas grandes. Pela mesma razão, os grandes proprietários poderiam ter acesso a mais e melhor informação. Resumindo, nas grandes propriedades pode existir maior flexibilidade nas decisões de produção, maior acesso a recursos discricionários, maiores oportunidades para testar novas práticas, e maior habilidade para lidar com o risco e a incerteza associada às inovações.[80][81][82]

O papel desempenhado pelo tamanho da propriedade na adoção de tecnologias sustentáveis depende de aspectos técnicos, econômicos e institucionais. Pode existir elevado grau de correlação entre tamanho e outras variáveis explicativas, tais como condições de acesso ao crédito, grau de capitalização, participação em programas governamentais, endividamento, informação e qualidade do solo, o que dificulta a análise do efeito isolado da escala de produção. Nesse sentido, torna-se difícil obter uma conclusão definitiva a respeito do tema.

10.5.5.2 Disponibilidade de mão de obra

A introdução de tecnologias de base química e mecânica na agricultura resultou em substancial alijamento da força de trabalho. Em muitos países, a estrutura do emprego agrícola foi alterada a favor do uso mais intensivo de trabalho temporário, com concomitante redução do trabalho familiar. Muitas práticas agrícolas mais sustentáveis são geralmente mais intensivas em trabalho do que tecnologias convencionais, dado que são mais dependentes de rotação de culturas, diversificação, gestão, pesquisa na propriedade e redução de agroquímicos.[83] Além disso, o uso da mão de obra pode ser mais bem distribuído no tempo, resultando em maiores oportunidades para a mão de obra familiar ao longo do ano.

Em países desenvolvidos, restrições na oferta de mão de obra podem impedir a adoção de práticas que reduzem o uso de agroquímicos. Muitos produtores não diminuem o uso desses insumos devido à dificuldade de encontrar mão de obra adicional, ou de dedicar mais do seu próprio tempo de trabalho à propriedade.[84] Generalizações, contudo, não são aconselháveis, pois o nível de desemprego em determinada região pode estar elevado, ou um processo de migração pode estar em curso, ambos afetando a disponibilidade local de trabalho.[85]

No norte da Europa, o uso de trabalho nas propriedades orgânicas é mais intensivo do que em propriedades convencionais comparáveis.[86] No Brasil, o uso mais intensivo de trabalho na produção orgânica de soja tem sido apontado como uma das causas que têm levado produtores a retornar aos sistemas convencionais, que são mais intensivos no uso de insumos externos e demandam menos mão de obra.[87] A comercialização da soja orgânica também demanda mais trabalho, pois mais horas são dedicadas às atividades de processamento e embalagem, que devem ser separadas das similares convencionais, bem como ao desenvolvimento de mercados. Os preços recebidos pela produção orgânica teriam que ser suficientemente mais elevados para justificar economicamente sua produção e comercialização.

A possibilidade de se obter renda de fora da propriedade pode ser útil no sentido de prover recursos necessários à conversão para sistemas agrícolas sustentáveis. No entanto, se esses fundos resultarem de trabalho exercido fora da propriedade, a disponibilidade de mão de obra poderá ser comprometida. Nesse caso, o desenvolvimento de múltiplas atividades restringe o número de horas deixado disponível para a propriedade, prejudicando a adoção de determinadas práticas sustentáveis.[88]

10.5.5.3 Educação e experiência na agricultura

O nível educacional pode ser um fator importante na adoção de práticas sustentáveis. Educação está relacionada não somente com a habilidade de obter e processar informação, mas também com o uso de técnicas de gerenciamento mais sofisticadas. Métodos ecológicos geralmente requerem grau de perícia e complexidade de gestão mais elevados do que práticas convencionais.[89,90] Poder-se-ia hipotetizar que o nível educacional e a experiência dos produtores são importantes características pessoais na adoção de práticas sustentáveis.

Vários estudos demonstraram que produtores orgânicos e de baixo uso de insumos externos possuem escolaridade superior e maior experiência agrícola ou com práticas de produção mais sustentáveis do que as convencionais.[91,92,93] Na verdade, se por um lado maior experiência – medida pela idade ou por anos de trabalho na agricultura – é um fator positivo na adoção de práticas sustentáveis, pois pode indicar maior capacidade gerencial e redução da incerteza em relação ao desempenho da inovação, por outro, apresenta alguns aspectos negativos. Produtores mais velhos podem ser menos energéticos e/ou ter um horizonte de planejamento mais curto, enquanto produtores mais jovens são mais facilmente atraídos por novidades e, mais provavelmente, serão os primeiros a adotar.[94]

10.5.5.4 Características físico-ambientais da propriedade

A probabilidade de sucesso de uma tecnologia agrícola depende da sua adequação e compatibilidade com as condições ecológicas e edafoclimáticas da propriedade.[95] Muitas variedades altamente produtivas são dependentes de um bom sistema de irrigação, e algumas inovações mecânicas não podem ser usadas em terrenos acidentados. Tipo de solo, topografia, disponibilidade de água e clima são características que variam de uma região para outra, e algumas vezes entre propriedades dentro de uma mesma região. A decisão de adotar é afetada pelas especificidades do meio ambiente físico. É razoável supor que a adoção de tecnologias sustentáveis seja também influenciada pela adequação da inovação às condições físicas específicas. Por exemplo, sistemas integrados de produção lavoura-pecuária são mais aptos em condições de relevo mais plano, em função da dificuldade de mecanização em áreas mais declivosas.[96][97] Os sistemas integrados de produção pecuária-floresta apresentam menor restrição quanto à condição do relevo, podendo se configurarem como uma boa alternativa para a conservação do solo e redução da erosão quando as árvores são plantadas em curvas de nível.

10.5.5.5 Condição fundiária do produtor

Supõe-se que arrendatários e parceiros tenham um horizonte de planejamento mais curto do que proprietários. As condições do acordo de arrendamento/parceria podem não criar incentivos para adoção de práticas conservacionistas. Arrendatários/parceiros podem esperar não receber os benefícios de um solo melhorado. Assim, quando a gestão da propriedade se encontra em mãos do proprietário, existe maior probabilidade de se investir em tecnologias de conservação e mais sustentáveis.[98,99]

Estudos empíricos, contudo, têm apresentado evidências conflitantes.[100] Na verdade, a condição fundiária do produtor está geralmente correlacionada com outras variáveis, tais como acesso ao crédito, aos canais de distribuição de insumos e produtos, e à informação. Além disso, os termos do acordo de arrendamento/parceria, os quais raramente são especificados em estudos empíricos, podem, ou não, persuadir tanto os proprietários quanto os arrendatários/parceiros a adotar práticas de conservação.

10.5.5.6 Recursos financeiros

Ainda que exista informação suficiente disponível e características da propriedade rural favoráveis, a decisão do uso da tecnologia mais sustentável pode ser influenciada por barreiras econômicas. Estudos empíricos verificaram que um número significativo de produtores rurais não adotou práticas agrícolas sustentáveis em função do baixo nível de capitalização ou dificuldade de acesso ao crédito rural.[101,102,103] Produtores dotados de recursos financeiros mais elevados, ou que têm mais acesso ao crédito, possuem maior habilidade para lidar com os riscos de mercado e de produção e, consequentemente, tendem a adotar novas tecnologias mais rapidamente do que os produtores menos capitalizados. Juntamente com a capacitação e orientação técnica do produtor rural, o financiamento é um mecanismo de incentivo importante apontado nos fóruns internacionais intergovernamental para definir ações para a redução do aquecimento global.

No Brasil, há exemplos de linhas de financiamento para o fomento da adoção de práticas agrícolas mais sustentáveis como a agroecologia e produção orgânica, a agricultura de baixo carbono (programa ABC), e as tecnologias associadas ao cultivo mínimo e à agricultura de precisão.

10.5.6 Papel das instituições e das políticas agrícolas e ambientais

Reconheceu-se internacionalmente que algumas políticas agrícolas são incompatíveis com metas ambientais.[104] Nos EUA e na Europa Ocidental, programas de apoio às *commodities* encorajaram produtores a usar quantidades excessivas de insumos externos, a fim elevar os rendimentos e maximizar ganhos com subvenções governamentais. A produção agrícola subsidiada expandiu-se para áreas marginais, ou de solos pobres, por meio de intensivo uso de agroquímicos. Diversos programas agrícolas, orientados para culturas específicas, induziram produtores a operar com um número reduzido de atividades. Algumas culturas, tais como o milho nos EUA e a beterraba de açúcar na União Europeia, tiveram grande apoio, enquanto outras foram marginalizadas. A adoção de práticas de rotação que implicassem aumento da área de determinadas culturas poderia tornar a propriedade inelegível para programas governamentais e, consequentemente, incorrer em penalidade financeira. Tais políticas criaram barreiras econômicas para a adoção em escala mais ampla de práticas conservacionistas. Apenas produtores que estivessem fora dos programas governamentais, ou aqueles já diversificados, não seriam penalizados pela adoção de sistemas agrícolas não convencionais. Consequentemente, monocultura tornou-se economicamente mais vantajosa do que diversificação, causando severo *stress* ambiental.

Essa situação tem sido revertida. Constata-se um crescente esforço em direção à melhor integração das políticas agrícolas e ambientais. Tal tarefa foi facilitada pelos fatores econômicos que levaram ao acordo geral de tarifas e comércio (GATT), em 1993, às mudanças da política agrícola comum (PAC) da União Europeia. A preocupação com a proteção ambiental sempre ocupou posição secundária nas negociações do comércio internacional. Desde sua concepção, o GATT teve como princípio a liberalização do comércio internacional. As políticas ambientais eram inicialmente vistas como obstáculo ao livre comércio. A partir da rodada de negociação do Uruguai, finalizada em 1994, o mundo reconheceu a importância do desenvolvimento sustentável, ou seja, do equilíbrio entre crescimento econômico e proteção ambiental, e da necessidade da cooperação internacional para lidar com o tema.[105]

As mudanças da PAC tiveram implicações para a conservação do meio ambiente, pois foram introduzidas medidas visando encorajar a adoção de métodos agrícolas compatíveis com a proteção ambiental.[106] Estados membros da União Europeia começaram a implementar, de acordo com suas próprias necessidades, programas de ajuda financeira, cursos, projetos de treinamento e demonstrações para produtores que reduzissem o uso de fertilizantes e/ou defensivos, adotassem agricultura orgânica e métodos extensivos de produção, e colocassem terras agrícolas em descanso com propósitos relacionados com o meio ambiente. Em vários países, produtores convertendo para agricultura orgânica e métodos extensivos de produção passaram a receber ajuda financeira por meio de esquemas especiais, inclusive o desenvolvimento de extensão, informação e serviços mercadológicos.[107]

A maioria das organizações dedicadas à P&D na agricultura (instituições públicas e privadas) segue sinais de mercado e, por isso, foi fortemente influenciada pelas políticas governamentais de apoio à agricultura convencional. Entretanto, a questão ambiental tem sido inserida em suas prioridades em função da maior preocupação da sociedade com os efeitos da agricultura sobre o meio ambiente. A presença de sistemas de produção sustentáveis em programas governamentais de P&D é crescente. No Brasil, seguindo a tendência mundial, verifica-se mudança nas ações governamentais em direção à agricultura sustentável. Tem sido particularmente importante o redirecionamento da pesquisa agropecuária e dos mecanismos de difusão tecnológica. Além de empresas estaduais de pesquisa agropecuária, destaca-se o esforço realizado pela Embrapa. Criada em 1972, essa organização contribuiu para promover as transformações tecnológicas da revolução verde no Brasil. Sua atuação foi considerada um sucesso em termos de geração de tecnologias. Em período mais recente, a empresa passou a colocar no topo de suas prioridades a geração de inovações voltadas para a produção de alimentos básicos, conservação, qualidade ambiental, tecnologias poupadoras de combustíveis fósseis e o desenvolvimento de tecnologias apropriadas às condições específicas. A Embrapa e outras instituições governamentais, como as universidades, têm direcionado esforços para o desenvolvimento de técnicas de controle biológico e integrado de pragas, bioinsumos, técnicas de agricultura de precisão, sistemas integrados de produção, manejo sustentável da água, tratamento de dejetos animais e uso de subprodutos agroindustriais, dentre outras linhas de pesquisa que busquem o equilíbrio entre intensificação da produção e sustentabilidade. Deve-se ainda destacar que, graças a essas ações, o Brasil tem hoje uma das maiores áreas de plantio direto do mundo, tornando-se referência na geração de soluções agropecuárias para condições tropicais.

A legislação ambiental tem também sido alterada, a fim de coibir o uso de práticas e técnicas agrícolas nocivas ao meio ambiente e à saúde humana e estimular o uso de práticas agrícolas mais sustentáveis. Desde 1934, o Brasil dispõe de legislação específica para a proteção da vegetação nativa. No final da década de 1990, iniciou-se uma nova revisão e discussão em torno dessa legislação. A redação final foi sancionada por meio da Lei nº 12.651, de 25 de maio de 2012. Conhecida como Novo Código Florestal, a lei mantém os conceitos de reserva legal e de área de proteção permanente (APP) e flexibiliza algumas restrições de uso da terra. As APPs são áreas do terreno mais sensíveis, cobertas ou não por vegetação nativa, que são protegidas e não podem ser exploradas economicamente. Estão localizadas no entorno de nascentes, lagos e lagoas, faixa marginal de rios (mata ciliar), encostas e todos de morros. As APPs têm a função de proteger a biodiversidade e facilitar o desenvolvimento da fauna e da flora, preservar os recursos hídricos e conter a erosão, deslizamentos e enchentes. A reserva legal é uma área de vegetação nativa ou nativa e exótica dentro de uma propriedade rural. Essa área é reservada para assegurar o uso econômico de forma sustentável dos recursos naturais do imóvel rural, auxiliar a conservação e a recuperação de processos ecológicos, biodiversidade, fauna e flora nativa. A localização da reserva legal deve considerar áreas de fragilidade ambiental, importância para conservação da biodiversidade, formação de corredores ecológicos, zoneamento ecológico-econômico (ZEE) e o plano da bacia hidrográfica. O tamanho da reserva legal depende da localização da propriedade rural. Ela pode variar de 20% a 80% da área da propriedade rural, dependendo da região em que a propriedade se localiza.

No Brasil, a Política Nacional do Meio Ambiente (PNMA) (Lei nº 6.938, de 31 de agosto de 1981) estabeleceu o zoneamento ambiental como um de seus instrumentos.[vi] O zoneamento ecológico econômico (ZEE) tem como objetivo estabelecer um equilíbrio entre a proteção do meio ambiente e o uso e ocupação do solo por

---

vi No âmbito da PNMA, foram constituídos outros dispositivos e mecanismos, a exemplo do Conselho Nacional do Meio Ambiente (Conama). O Conama é responsável por assessorar, estudar e propor linhas de políticas governamentais para a exploração e a preservação do meio ambiente e dos recursos naturais, além de estabelecer normas, critérios e padrões relativos ao controle e à manutenção da qualidade do meio ambiente.

atividades econômicas. Por meio da delimitação de zonas ambientais, são indicados atividades e usos compatíveis de forma a proteger e conservar a qualidade ambiental dos recursos hídricos, solos e biodiversidade, e assegurar o uso sustentável desses recursos naturais e o equilíbrio dos ecossistemas. Além do ZEE, tem-se o zoneamento agroecológico (ZAE) e o zoneamento agrícola de risco climático (ZARC). O ZAE e ZARC são instrumentos de política agrícola, norteadores da aprovação de crédito rural. O ZAE (instituído na Lei nº 8.171/1991) considera as potencialidades e vulnerabilidades ambientais, bem como a aptidão das terras para uso agrícola, para delimitar as zonas agroecológicas. Para cada zona delimitada são definidas diretrizes gerais e específicas para nortear políticas públicas e as ações de uso da terra. O ZARC é aplicado anualmente desde 1996 e funciona como instrumento de gestão de riscos na agricultura, orienta o produtor rural sobre a melhor época de plantio e semeadura das culturas, visando reduzir perdas agrícolas.[108]

Ainda em 2012, por meio do Decreto nº 7.830, o governo brasileiro criou o Sistema Nacional de Cadastro Ambiental Rural (Sicar) para receber, gerenciar e integrar os dados do Cadastro Ambiental Rural (CAR). O CAR é um registro público eletrônico obrigatório para todos os imóveis rurais brasileiros e importante para a obtenção da regularização ambiental. Nesse registro constam os dados do proprietário e do documento que comprova a posse do imóvel, a planta georreferenciada com a indicação das coordenadas geográficas do perímetro do imóvel, das áreas de utilidade pública (como rodovias e linhas de transmissão de energia), e a localização dos remanescentes de vegetação nativa, das áreas de preservação permanente, das áreas de uso restrito, das áreas consolidadas e das reservas legais. Essa base de dados é usada para subsidiar políticas, programas, projetos e atividades de controle, monitoramento, planejamento ambiental e econômico e combate ao desmatamento ilegal. O CAR é um instrumento da nova legislação que tem apresentado resultados práticos positivos.

O Estudo de Impacto Ambiental (EIA) é outro instrumento de gestão ambiental contemplado na política nacional do meio ambiente instituída em 1981. Esse estudo de impacto ambiental é requisito para a obtenção do licenciamento ambiental de atividades modificadoras do meio ambiente, a exemplo da construção de estradas, ferrovias, aeroportos, portos, linhas de transmissão de energia, extração de combustível fóssil, de minério, aterro sanitário, unidades industriais e agroindustriais, exploração econômica de madeira ou lenha, projetos que preveem o uso de carvão vegetal ou derivados, dentre outros. O estudo deve contemplar: diagnóstico da área de influência do projeto, análise de impactos, definição de medidas mitigadoras e elaboração de programa de monitoramento e acompanhamento. As conclusões do EIA devem estar contidas no Relatório de Impactos ao Meio Ambiente (Rima), um documento imprescindível para se obter aprovação pública de grandes projetos de investimento. Os instrumentos da PNMA complementam-se. A implementação do ZEE não é obrigatória, mas, por se tratar de um instrumento de planejamento estratégico do uso do solo, ele facilita a execução do EIA e confere agilidade ao processo de licenciamento ambiental. O ZEE pode contribuir na delimitação da área de influência do projeto e na escolha de alternativas locacionais.[109]

O uso e a produção de defensivos agrícolas também têm sido submetidos a uma institucionalidade pautada por questões ambientais. No Brasil, por meio da Lei nº 7.802, de 1989, foi constituída ampla regulação para pesquisa, experimentação, produção, embalagem, rotulagem, transporte, estocagem, comercialização, propaganda, uso, importação, exportação, resíduos e disposição de embalagens, registro, classificação, controle e inspeção de agrotóxicos e seus componentes. Em 2002, por meio do Decreto nº 4.074, foi constituído o Comitê Técnico de Assessoramento de Agrotóxicos (CTA), cujas principais atribuições são: racionalizar e harmonizar procedimentos técnico-científicos e administrativos nos processos de registro e adaptação de registro de agrotóxicos, seus componentes e afins; propor a sistemática incorporação de tecnologia de ponta nos processos de análise, controle e fiscalização de agrotóxicos; elaborar rotinas e procedimentos visando à implementação da avaliação de risco de agrotóxicos e afins; propor critérios de diferenciação de agrotóxicos, seus componentes e similares em classes, em função de sua utilização, de seu modo de ação e de suas características toxicológicas, ecotoxicológicas ou ambientais; e assessorar os ministérios responsáveis na concessão do registro para uso emergencial de agrotóxicos e afins e no estabelecimento de diretrizes e medidas que possam reduzir os efeitos danosos desses produtos sobre a saúde humana e o meio ambiente.

A lei que dispôs sobre a política agrícola brasileira de 1991 (Lei nº 8.171) referiu-se claramente às questões ligadas à proteção do ambiente na atividade agrícola. Há um capítulo específico para tratar da proteção ao meio ambiente e da conservação dos recursos naturais, estabelecendo responsabilidades pela fiscalização e o uso racional dos recursos naturais. Além disso, vinculou-se a aprovação do crédito ao zoneamento agroecológico.[110]

A Lei nº 11.105, de março de 2005, estabeleceu normas de segurança e mecanismos de fiscalização sobre a construção, o cultivo, a produção, a manipulação, o transporte, a transferência, a importação, a exportação, o armazenamento, a pesquisa, a comercialização, o consumo, a liberação no meio ambiente e o descarte de organismos geneticamente modificados (OGM) e seus derivados, tendo como diretrizes o estímulo ao avanço científico na área de biossegurança e biotecnologia, a proteção à vida e à saúde humana, animal e vegetal, e a observância do princípio da precaução para a proteção do meio ambiente. As organizações interessadas em desenvolver atividades relacionadas com OGM devem requerer autorização à Comissão Técnica Nacional de Biossegurança (CTNBio). As organizações públicas e privadas, nacionais, estrangeiras ou internacionais, financiadoras ou patrocinadoras de atividades ou de projetos relacionados com OGM devem exigir a apresentação de certificado de qualidade em biossegurança, emitido pela CTNBio.

A CTNBio, integrante do Ministério da Ciência, Tecnologia e Inovações, é uma instância colegiada multidisciplinar de caráter consultivo e deliberativo, para prestar apoio técnico e de assessoramento ao governo federal na formulação, atualização e implementação da PNB de OGM e seus derivados, bem como no estabelecimento de normas técnicas de segurança e de pareceres técnicos referentes à autorização para atividades que envolvam pesquisa e uso comercial de OGM e seus derivados, com base na avaliação de seu risco zoofitossanitário, à saúde humana e ao meio ambiente. A CTNBio deve acompanhar o desenvolvimento e o progresso técnico e científico nas áreas de biossegurança, biotecnologia, bioética e afins, com o objetivo de aumentar sua capacitação para a proteção da saúde humana, dos animais e das plantas e do meio ambiente.

O Conselho Nacional de Biossegurança (CNBS), também instituído em legislação de 2005, é a instância vinculada à Presidência da República, órgão de assessoramento superior do Presidente da República para a formulação e implementação da PNB.

A Constituição brasileira de 1988 previu, no artigo 21, inciso XIX, que o governo instituísse um sistema nacional de gerenciamento de recursos hídricos e definisse critérios de outorga de direitos de uso desse bem comum. A Lei nº 9.433, de janeiro de 1997, instituiu a política nacional de recursos hídricos e criou o sistema nacional de gerenciamento de recursos hídricos. Essa legislação tem implicações para o setor agropecuário.[vii] A política nacional de recursos hídricos baseia-se no fundamento de que a água é um bem de domínio público, um recurso natural limitado, e dotado de valor econômico. A gestão dos recursos hídricos deve sempre proporcionar o uso múltiplo das águas. São objetivos da política nacional de recursos hídricos: assegurar à atual e às futuras gerações a necessária disponibilidade de água, em padrões de qualidade adequados aos respectivos usos; a utilização racional e integrada dos recursos hídricos, incluindo o transporte aquaviário, com vistas ao desenvolvimento sustentável; a prevenção e a defesa contra eventos hidrológicos críticos de origem natural ou decorrentes do uso inadequado dos recursos naturais.

Dentre os diversos instrumentos da política nacional de recursos hídricos encontram-se a outorga dos direitos de uso de recursos hídricos e a cobrança pelo uso de recursos hídricos. O regime de outorga de direitos de uso de recursos hídricos tem como objetivos assegurar o controle quantitativo e qualitativo dos usos da água e o efetivo exercício dos direitos de acesso à água. Estão sujeitos a outorga pelo Poder Público os direitos dos seguintes usos de recursos hídricos: derivação ou captação de parcela da água existente em um corpo de água para consumo final, inclusive abastecimento público, ou insumo de processo produtivo; extração de água de aquífero subterrâneo para consumo final ou insumo de processo produtivo; lançamento em corpo de água de esgotos e demais resíduos líquidos ou gasosos, tratados ou não, com o fim de sua diluição, transporte ou disposição final; aproveitamento dos potenciais hidrelétricos; outros usos que alterem o regime, a quantidade ou a qualidade da água existente em um corpo de água. Por exemplo, no setor agropecuário o uso da água para fins de irrigação de lavouras requer a outorga de direito de uso.

De acordo com a mesma lei, os usos de recursos hídricos sujeitos a outorga devem ser cobrados. Essa cobrança tem como objetivo reconhecer a água como bem econômico e dar ao usuário uma indicação de seu real valor; incentivar a racionalização do uso da água; e obter recursos financeiros para o financiamento dos programas e intervenções contemplados nos planos de recursos hídricos.

---

vii O Sistema Nacional de Gerenciamento de Recursos Hídricos tem como objetivos principais: coordenar a gestão integrada das águas; arbitrar administrativamente os conflitos relacionados com os recursos hídricos; implementar a Política Nacional de Recursos Hídricos; planejar, regular e controlar o uso, a preservação e a recuperação dos recursos hídricos; promover a cobrança pelo uso de recursos hídricos. Integram o Sistema Nacional de Gerenciamento de Recursos Hídricos: o Conselho Nacional de Recursos Hídricos; a Agência Nacional de Águas; os Conselhos de Recursos Hídricos dos Estados e do Distrito Federal; os Comitês de Bacia Hidrográfica (a bacia hidrográfica é a unidade territorial para implementação da Política Nacional de Recursos Hídricos); os órgãos dos poderes públicos de todas as esferas de governo cujas competências se relacionem com a gestão de recursos hídricos; e as Agências de Água. Lei nº 9.433, de 8 de janeiro de 1997 (DOU de 9.1.1997).

Na década de 1990, a produção orgânica expandiu-se no Brasil, sem que houvesse uma normatização estabelecida pelo governo. Empresas certificadoras estabeleciam suas próprias normas. Em 2003, o International Federation of Organic Agriculture Movements (Ifoam) estabeleceu princípios básicos, padrões e normas da certificação orgânica e definiu os insumos permitidos para uso na produção orgânica de alimentos. Naquele mesmo ano, a Lei nº 10.831 deliberou sobre a produção e comercialização dos orgânicos no Brasil. A legislação estabeleceu o conceito e os princípios da produção orgânica de alimentos, os quais contemplam os sistemas agrícolas denominados ecológico, biodinâmico, natural, regenerativo, agroecológico e permacultrura. A legislação estabeleceu ainda a necessidade de certificação por organismos reconhecidos oficialmente da produção orgânica para a comercialização. Em 2007, o Decreto nº 6.323 definiu o Mapa como órgão responsável por estabelecer as normas técnicas da produção orgânica, credenciar os organismos de certificação e manter o cadastro nacional de produtores orgânicos no Brasil, dentre outras atribuições. Em 2012, por meio do Decreto nº 7.794, de 20 de agosto, o governo estabeleceu o Plano Nacional de Agroecologia e Produção Orgânica (Planapo), crédito rural e demais mecanismos de financiamento, seguro agrícola e de renda, assistência técnica, pesquisa, e formação profissional, dentre outros, como instrumentos da Política Nacional de Agroecologia e Produção Orgânica (Pnapo).

10.5.7 Sequestro de carbono[viii]

Em 1992, uma associação mundial de nações em prol do desenvolvimento sustentável convocou a Conferência das Nações Unidas sobre o meio ambiente e desenvolvimento. Essa parceria internacional estabeleceu uma agenda dinâmica de compromissos para lidar de forma mais equilibrada e integrada com os desafios do desenvolvimento sustentável no século 21. Na ocasião, foi elaborada a Convenção-Quadro das Nações Unidas sobre Mudança do Clima (UNFCCC). A UNFCCC tem o objetivo principal de estabilizar as concentrações de gases de efeito estufa (GEE) na atmosfera em um nível que impeça uma interferência antrópica perigosa no sistema climático global. Para isso, os países signatários comprometeram-se a: (i) elaborar inventários nacionais de emissões de gases de efeito estufa; (ii) implementar programas nacionais e/ou regionais com medidas para mitigar a mudança do clima e se adaptar a ela; (iii) promover o desenvolvimento, a aplicação e a difusão de tecnologias, práticas e processos que controlem, reduzam ou previnam as emissões antrópicas de gases de efeito estufa; (iv) promover e cooperar em pesquisas científicas, tecnológicas, técnicas, socioeconômicas e outras, em observações sistemáticas e no desenvolvimento de bancos de dados relativos ao sistema do clima; (v) promover e cooperar em educação, treinamento e conscientização pública em relação à mudança do clima.

Em 1997, 186 países firmaram o Protocolo de Kyoto. Os países desenvolvidos (listados no Anexo I do Protocolo) assumiram o compromisso de adotar políticas com objetivo de reduzir as emissões de GEE para uma média de 5% abaixo dos níveis verificados em 1990.

Existem vários métodos aceitos para reduzir as emissões. Os mais utilizados apoiam-se na melhoria da eficiência na utilização e transmissão de energia, de processos industriais e de sistemas de transporte; além da substituição de combustíveis muito poluentes por combustíveis menos ricos em carbono. Além desses métodos, é possível reduzir a quantidade de CO_2 da atmosfera por meio de captura e sequestro (estocagem de CO_2). A captura e o sequestro de CO_2 envolvem três processos. No primeiro, ocorre captura de CO_2 diretamente de sua fonte emissora (usinas de eletricidade, processos industriais ou processamento de combustíveis), evitando-se o escape para atmosfera. A captura é mais eficiente em grandes fontes fixas de emissão, tais como usinas de produção de energia elétrica alimentadas por combustíveis. No segundo, realiza-se o transporte do CO_2 capturado por dutos ou em tanques. No terceiro, ocorre a estocagem do CO_2 no subsolo, por exemplo, em aquíferos salinos profundos ou poços de petróleo e de gás já exauridos ou em processo de exaustão.

Ainda não se tornou viável capturar todo o CO_2 diretamente das fontes emissoras. Quando as fontes de emissão são pequenas, numerosas e dispersas, o problema torna-se mais grave. Emissões em setores que envolvem transporte, agricultura, serviços e residências são muito dispersas para tornar a captura viável. Nesse caso, medidas alternativas podem ser tomadas no sentido de melhorar a eficiência no uso da energia e utilização

---

viii Sobre esse tema, ver Ministério do Desenvolvimento Indústria e Comércio Exterior e FGV Projetos *Mercado Brasileiro de Reduções de Emissões*. Rio de Janeiro: FGV Projetos, 2004; Organization for Economic Co-Operation and Development – International Energy Agency *Prospects for CO2 Capture and Storage*. Paris: OECD/IEA, 2004; e LEWANDROWSKI, J.; SPEROW, M.; PETERS, M.; EVE, M.; JONES, C.; PAUSTIAN, K.; HOUSE, R. Economics of Sequestering Carbon in the U.S. Agricultural Sector. United States Department of Agriculture. *Economic Research Service. Technical Bulletin* N. 1909. Ver também www.ambientebrasil.com.br, que inclui lista de sítios relacionados.

de recursos renováveis. Ainda assim, o carbono que já escapou, e continua escapando, para a atmosfera pode também ser capturado. Estudos indicam que o setor agrícola, por meio de mudanças no uso da terra e nas práticas agrícolas, pode contribuir para isso, dado que o carbono pode ser armazenado em biomassa e no solo. O reflorestamento e a recuperação e preservação de florestas possuem alto potencial para estocar carbono em plantas. A floresta atuaria como um sumidouro de carbono, ou seja, promoveria o sequestro de carbono. Esse sequestro é possível por meio da fotossíntese, em que as plantas retiram carbono da atmosfera e o incorporam a sua biomassa. Métodos de rotação e substituição de culturas e, particularmente, a substituição de sistemas convencionais de aração pelo cultivo mínimo (particularmente aração zero) e plantio direto também aumentam a capacidade da agricultura de capturar e estocar CO_2 no solo.

A substituição contínua de combustíveis fosseis por biocombustíveis, resultantes de atividades agrícolas, também contribui para reduzir a quantidade de carbono na atmosfera no longo prazo. Cada unidade de combustível fóssil consumida emite novos estoques de carbono na atmosfera. Entretanto, biocombustíveis são, pelo menos parcialmente, derivados de carbono reciclado que se encontra na atmosfera.

No Brasil, desmatamentos e queimadas, sejam resultantes da expansão da área agrícola, seja em áreas que já se encontram sob exploração agrícola, promovem grande emissão de CO_2. O controle e a redução do desmatamento e queimadas contribuem, por um lado, para a redução de emissões e, por outro, para manter a capacidade existente de captura e estocagem de carbono em biomassa e no solo.

Um dos pontos importantes do protocolo de Kyoto foi a definição da comercialização de créditos de sequestro ou redução de gases causadores do efeito estufa. Por esse mecanismo, os países ou empresas que reduzirem as emissões para um nível abaixo daquele previsto como sua meta poderão vender esse crédito para outro país ou empresas que não atingiram o nível de redução esperado. Os países que compõem o Anexo I podem utilizar reduções certificadas de emissão, oriundas de países em fase de desenvolvimento (não constantes do Anexo I), para atingir as metas de redução de emissão a que ficaram sujeitos. O protocolo considera a absorção de CO_2 pela vegetação como um método válido para compensar as emissões. Países que possuem condições vantajosas para o desenvolvimento de florestas e/ou reflorestamento conquistaram mecanismos internacionalmente reconhecidos para obter benefícios financeiros derivados dessas atividades. Países desenvolvidos poderiam patrocinar projetos em países em desenvolvimento, contribuindo para a redução de suas emissões. Essas iniciativas gerariam créditos de redução para os países desenvolvidos e, ao mesmo tempo, implicariam transferência de recursos financeiros e tecnológicos aos países em desenvolvimento.

O mercado de carbono, originário do protocolo de Kyoto e endossado pelo Acordo de Paris, em 2015, tornou-se um dos mecanismos de pagamento por serviços ambientais mais conhecidos. Embora o número de projetos que buscam financiamento para se contrapor às emissões de carbono continue crescendo, o número de compradores voluntários ainda é pequeno. Nem o mecanismo de desenvolvimento limpo, nem o Acordo de Paris, nem esquemas propostos pela Comunidade Europeia foram capazes de direcionar investimentos significativos para a conservação florestal.[111]

Durante a COP-15 (Conferência de Copenhague), o Brasil assumiu o compromisso voluntário de redução de emissões de gases de efeito estufa entre 36,1% e 38,9% das emissões projetadas até 2020. A linha de base de emissões de gases de efeito estufa para 2020 foi estimada em 3,236 GtCO2-eq (redução absoluta correspondente estabelecida entre 1,168 GtCO2-eq e 1,259 GtCO2-eq).[112] Em 2009, esse compromisso foi oficializado na Política Nacional sobre Mudança do Clima (PNMC).[ix] Para alcançar a meta, foi prevista a elaboração de planos setoriais de mitigação e adaptação nos âmbitos local, regional e nacional, com a inclusão de ações, indicadores e metas específicas de redução de emissões de GEE e mecanismos para a verificação do seu cumprimento. Dentre os planos setoriais, foi incluído o Plano de Agricultura de Baixo Carbono (plano ABC), cujo objetivo é a redução das emissões provenientes das atividades agrícolas e de pecuária.[x] O plano ABC previu que o setor agropecuário contribuiria com 22,5% da meta nacional.[113] Para isso, foram estabelecidas ações para o fomento da adoção de um conjunto de tecnologias

---

ix   Além da PNMC, o Acordo de Paris influenciou na instituição da Política Nacional de Biocombustíveis (RenovaBio) e seus respectivos instrumentos legais com objetivo de reduzir os efeitos das emissões de GEE (Lei nº 13.576, de 26-12-2017).

x   Além do plano ABC, outros planos setoriais foram instituídos no âmbito da PNMC: Plano de Ação para Prevenção e Controle do Desmatamento na Amazônia Legal (PPCDAm), Plano de Ação para Prevenção e Controle do Desmatamento e das Queimadas no Cerrado (PPCerrado), Plano Decenal de Expansão de Energia (PDE) e Plano Setorial de Redução de Emissões da Siderurgia (Decreto nº 7.390 de 9-12-2010).

agropecuárias sustentáveis, tais como sistemas de integração lavoura-pecuária-floresta (ILPF), plantio direto, fixação biológica de nitrogênio, tratamento de dejetos animais, dentre outras. Em 2013, foi instituída a Política Nacional de Integração Lavoura-Pecuária-Floresta (Lei federal nº 12.805), reconhecendo-se a importância dos sistemas integrados de produção como uma estratégia de produção sustentável. Em 2015, durante a COP-21 em Paris, o Brasil negociou novas metas para redução das emissões de GEE a serem alcançadas até 2030.[114]

Além do envolvimento do setor público, o plano ABC desdobrou-se em arranjos organizacionais envolvendo a parceria público-privada. Em 2012, foi criada uma rede de fomento e aceleração da adoção dos sistemas de integração ILPF por meio de uma parceria formalizada em acordo assinado entre empresas do setor público e privado. A rede tem por objetivo a transferência de tecnologia e a capacitação da assistência técnica e da comunicação em sistemas de integração ILPF. Essa rede é cofinanciada pelas empresas parceiras e apoia um conjunto de 107 unidades de referência tecnológica em sistemas ILPF distribuídas em todos os biomas brasileiros em ação conjunta com os centros de pesquisa da Embrapa. Em 2018, essa rede transformou-se em uma associação como objetivo de atrair novos parceiros e estender sua atuação.[115]

O Serviço Nacional de Aprendizagem Rural (Senar), entidade em parceria público-privada, participa de três iniciativas para contribuir com a meta nacional: o Programa Capacita ABC, o Projeto ABC Cerrado e o Programa de Recuperação de Áreas Degradadas da Amazônia (Pradam).[116] Esses programas possuem regras específicas e visam à formação de instrutores e técnicos de campo, à capacitação de produtores rurais e ao treinamento de bancários e projetistas em sistemas de integração.

Além dessas iniciativas, em 2017 o governo instituiu o Sistema de Registro Nacional de Emissões (Sirene) como instrumento oficial para a divulgação de resultados do inventário de emissões de GEE no país. Esse sistema mensura, relata e verifica as emissões de GEE. Por meio das estimativas anuais, esse instrumento fornece subsídios para o acompanhamento dos compromissos da Política Nacional sobre Mudança do Clima[117] e dos planos setoriais, como o plano ABC. Essa estrutura apoia a Plataforma Multi-institucional de Monitoramento das Reduções de Emissões de Gases de Efeito Estufa na Agropecuária (Plataforma ABC),[118] a qual acompanha a evolução da área de adoção das tecnologias sustentáveis previstas no plano ABC por meio de imagens de satélite, técnicas de geoprocessamento e contratos das linhas de crédito rural do programa ABC. Com o apoio do Sirene, são estimadas as emissões de GEE mitigadas em decorrência das ações do plano ABC. As instituições e ações que surgiram a partir do plano ABC tiveram impacto positivo na adoção de tecnologias sustentáveis e no desempenho das propriedades rurais.[119]

Nos anos 2000, alguns segmentos do setor privado, pressionados pelo mercado, adotaram estratégias para reduzir o desmatamento na Amazônia. Várias empresas de abate e processamento de carne, bem como de processamento de grãos, suspenderam a aquisição de bovinos e de soja oriundos de áreas de desmatamento no bioma.

Apesar de todo esse arcabouço institucional e organizacional, o relatório publicado pelo IPCC em 2019 apontou a necessidade de ações globais mais efetivas, precoces, de longo alcance e envolvendo várias áreas para a implementação de medidas de restauração e conservação dos ecossistemas. O avanço sobre áreas de florestas para uso agrícola, o aumento do consumo de carnes, de uso da água para irrigação, a elevação da aplicação de fertilizantes inorgânicos e de fertilizantes nitrogenados foram apontados como alguns dos fatores condicionantes da elevação das emissões de GEE na agropecuária. O relatório alertou ainda para os sinais de degradação do solo decorrentes de algumas atividades econômicas. O solo degradado torna-se menos produtivo, restringindo o que pode ser cultivado e reduzindo a capacidade de absorção de carbono. Esse processo acelera a mudança climática, que por sua vez agrava os eventos climáticos extremos (alteração do nível do mar, períodos de seca prolongados, intensidade de chuvas alterados e inundações) e o processo de degradação do solo. Esse cenário tem impacto social e econômico negativo, principalmente em regiões vulneráveis e pobres.[120]

Esta seção mostrou como o ambiente institucional é um fator relevante para incentivar a geração e a difusão de tecnologias agrícolas mais sustentáveis. Foram apresentadas algumas das principais políticas nacionais e seus respectivos dispositivos legais capazes de conduzir a agricultura em um caminho mais sustentável. Não se pretendeu descrever todo esse vasto conjunto de instituições e, tampouco, o tema foi abordado em toda a sua magnitude. Deve-se destacar ainda que se trata de um ambiente institucional em constante mudança e sujeito a fortes pressões políticas e econômicas.

10.6 CONSIDERAÇÕES FINAIS

Com a revolução verde, foi possível atender uma demanda crescente de alimentos e obter ganhos espetaculares de produtividade. Entretanto, não se atentou para importantes critérios de desenvolvimento sustentável. Apesar de a produção e renda agrícola terem se elevado, o meio ambiente foi visivelmente agredido, sem que problemas relacionados com a distribuição de renda fossem resolvidos. As condições em que se difundiram as tecnologias de alto uso de insumos externos e a persistência de tecnologias insustentáveis de baixo uso de insumos exacerbaram a situação de pobreza e degradação ambiental em algumas regiões.

Argumentou-se que existem relações complexas entre crescimento econômico, meio ambiente, qualidade de vida, preocupação com as gerações futuras, distribuição de renda e pobreza. Essa complexidade torna difícil estabelecer uma definição precisa para desenvolvimento sustentável. A definição mais amplamente aceita, da Comissão Mundial para o Meio Ambiente e Desenvolvimento, tenta equilibrar a questão da conservação do meio ambiente com as aspirações por criação de riqueza. Procura-se conciliar interesses dos países desenvolvidos com os dos países em desenvolvimento. Como existe grande diversidade de contextos sociais, econômicos e ambientais, uma definição tão abrangente abre espaço para diferentes interpretações. Na agricultura, por exemplo, existem desacordos sobre quais tecnologias são verdadeiramente sustentáveis e quais não são. Na verdade, não poderia ser diferente, dado que a própria definição de desenvolvimento depende do conjunto de valores sociais. Assim, desenvolvimento sustentável deve ser entendido como um processo no qual as sociedades devem constantemente reavaliar seus objetivos, tendo sempre presente o consenso de que a preservação do meio ambiente e melhores padrões de vida devem ser perseguidos simultaneamente no longo prazo.

Foi visto que muitos produtores têm decidido a favor da adoção de métodos mais sustentáveis de produção agrícola. Vários fatores têm influenciado essa decisão. A literatura revela tanto razões de cunho não econômico como considerações de caráter financeiro. Apesar de barreiras técnicas e econômicas ainda estarem presentes, a integração das políticas agrícolas e ambientais tem criado incentivos para acelerar a difusão dessas práticas. Mais informação encontra-se disponível e mercados têm sido desenvolvidos.

No Brasil, tanto organizações governamentais quanto organizações não governamentais têm adotado medidas positivas para remediar problemas ambientais criados pela agricultura. Entretanto, é consenso que essas ações ainda não são suficientes para prover uma solução definitiva e que um longo caminho ainda deve ser percorrido. Deve-se atentar que o processo de mudança tecnológica pode resultar em consequências imprevisíveis e indesejáveis do ponto de vista econômico, social e ambiental. A difusão de tecnologias, "convencionais" e "não convencionais", deve ser constantemente reavaliada. Essa é uma condição fundamental para que seus impactos sejam conhecidos com antecedência e correções de rumo possam ser executadas com objetivo de alcançar desenvolvimento sustentável.

EXERCÍCIOS

1. Identifique importantes impactos ambientais causados pelas atividades agrícolas no Brasil.

2. Apresente o conceito de desenvolvimento sustentável formulado pela Comissão Mundial para o Meio Ambiente e Desenvolvimento.

3. Na sua opinião, crescimento econômico e conservação do meio ambiente são complementares ou caminham em direções opostas?

4. Quais são as características desejáveis de sistemas agrícolas sustentáveis?

5. Identifique técnicas e práticas agrícolas com maior potencial de sustentabilidade.

6. Cite exemplos de barreiras ainda existentes que impedem a difusão de técnicas e práticas agrícolas de caráter sustentável. Como essas barreiras podem ser reduzidas?

7. Como organizações governamentais e não governamentais estão enfrentando problemas causados ao meio ambiente pela agricultura moderna? Identifique políticas que poderiam ser implementadas para reduzir esses problemas.

8. Nas páginas da Internet dos Ministérios do Meio Ambiente e da Agricultura, encontram-se as legislações que instituíram as políticas relacionadas com a preservação do meio ambiente, conservação dos recursos naturais e produção agrícola sustentável. Identifique as principais políticas nacionais, bem como os instrumentos usados para esses fins.

9. Nas páginas da Internet do Sirene, Plataforma ABC e Mapa é possível encontrar informações sobre o inventário de emissões de GEE e de relatórios de acompanhamento das ações do plano ABC. Identifique as atividades econômicas que mais contribuem para as emissões de GEE no Brasil. O Brasil tem alcançado as metas de redução de GEE? Quais tecnologias mais contribuíram para a redução de emissões de GEE?

10. Identifique aspectos da legislação ambiental brasileira e seus instrumentos que podem contribuir para o alcance dos objetivos de desenvolvimento sustentável (ODS) estabelecidos na Agenda 2030 pela ONU.

NOTAS

1. Ver FLORES, M. X.; QUIRINO, T. R.; NASCIMENTO, J. C.; RODRIGUES, G. S.; BUSCHINELLI, C. *Pesquisa para agricultura autossustentável*: perspectiva de política e organização na Embrapa. Brasília: Embrapa-SEA, 1991; MINISTÉRIO DO MEIO AMBIENTE *Agricultura sustentável* Ministério do Meio Ambiente, Instituto Brasileiro do Meio Ambiente e dos Recursos

Naturais Renováveis, Consórcio Museu Emílio Goeldi. Brasília: Ministério do Meio Ambiente, 2000.

2. IBGE. Biomas e sistema costeiro-marinho do Brasil, 2019. Série relatórios metodológicos, v. 45. Disponível em: https://www.ibge.gov.br/geociencias/informacoes-ambientais/15842-biomas.html?=&t=acesso-ao-produto. Acesso em: 21 nov. 2020.

3. EMBRAPA *EMBRAPA, environment & development*. Brasília: EMBRAPA-SPI, 1993.

4. Fonte: elaborada com dados do Mapbiomas. Infográficos. Disponível em: https://mapbiomas.org/downloads_infograficos?cama_set_language=pt-BR. Acesso em: 20 nov. 2020.

5. RIVERO, S.; ALMEIDA, O.; ÁVILA, S.; OLIVEIRA, W. Pecuária e desmatamento: uma análise das principais causas diretas do desmatamento na Amazônia. *Nova Economia*, 19 (1), 41-66, 2009.

6. DOMINGUES, M. S.; BERMANN, C. O arco do desflorestamento na Amazônia: da pecuária à soja. *Ambiente & Sociedade*, XV (2), 1-22, 2012.

7. IBGE. Censo agropecuário 2017. Disponível em: https://censos.ibge.gov.br/agro/2017/templates/censo_agro/resultadosagro/index.html. Acesso em: 21 nov. 2020.

8. DALMOLIN, R. S. D.; CATEN, A. T. Uso da terra dos biomas brasileiros e o impacto sobre a qualidade do solo. *Entre-Lugar*, ano 3, n. 6, p 181-193, 2012.

9. CASTRO, C. N. Sobre a agricultura irrigada no semiárido: uma análise histórica e atual de diferentes opções de política. Textos para discussão, 2369. IPEA: Brasília, 2018. Disponível em: file:///C:/Users/m320204.CPPSEPDC/Downloads/TD_2369.pdf Acesso em: 20 nov. 2020.

10. SUASSUNA, J. A salinidade de águas do Nordeste semiárido. Fundação Joaquim Nabuco, 2019. Disponível em: https://www.fundaj.gov.br/index.php/artigos-joao-suassuna/9241-a-salinidade-de-aguas-do-nordeste-semi-arido. Acesso em: 20 nov. 2020.

11. BUAINAIN, A. M.; GARCIA, J. R. Polos de Irrigação no Nordeste do Brasil: desenvolvimento recente e perspectivas. Confins, *Revista Franco-Brasileira de Geografia*, 23, 2015. Disponível em: https://journals.openedition.org/confins/10031?lang=pt#quotation. Acesso em: 20 nov. 2020.

12. SIDRA. Sistema IBGE de Recuperação Automática. Indicadores de desenvolvimento sustentável. Tabela 5613 - Áreas total, remanescentes e desmatadas da Mata Atlântica, e respectivos percentuais, para as Unidades da Federação abrangidas pelo inventário, 2014 Disponível em: https://sidra.ibge.gov.br/tabela/5613. Acesso em: 20 nov. 2020.

13. IBGE. Biomas brasileiros. Disponível em: https://educa.ibge.gov.br/jovens/conheca-o-brasil/territorio/18307-biomas-brasileiros.html. Acesso em: 20 nov. 2020.

14. ITO, M.; GUIMARÃES, D. D.; AMARAL, G. F. Impactos ambientais da suinocultura: desafios e oportunidades. *BNDES Setorial* 44, p. 125-156, 2016.

15. FERNANDES, S. O. *Paradigmas do bioma Pampa*: aspectos ambientais e atual panorama legal. 2017.

16. ONU. Conheça os novos 17 Objetivos de Desenvolvimento Sustentável da ONU, 2015. Disponível em: https://nacoesunidas.org/conheca-os-novos-17-objetivos-de-desenvolvimento-sustentavel-da-onu/. Acesso em: 20 nov. 2020.

17. PEARCE, D.; MARKANDYA, A.; BARBIER, E. B. *Blueprint for a green economy*. London: Earthscan, 1994.

18. OKUN, B.; RICHARDSON, R. W. *Studies in economic development*. London: Holt, Rinehart and Winston, 1965. p.230.

19. PEARCE et al. *Op. cit.*, 1994.

20. FAO. *Payment schemes for environmental services in watersheds*. Roma: FAO, 2004. (FAO. Land and Water Discussion Paper, 3).

21. EZZINE-DE-BLAS, D.; WUNDER, S.; RUIZ-PÉREZ, M.; PILAR MORENO-SANCHEZ, R. Global patterns in the implementation of payments for environmental services. *PloS one*, v. 11, n. 3, p. e0149847, 2016.

22. SALZMAN, J.; BENNETT, G.; CARROLL, N.; GOLDSTEIN, A.; JENKINS, M. The global status and trends of payments for ecosystem services. *Nature Sustainability*, v. 1, n. 3, p. 136, 2018.

23. XAVIER, L. F.; COSTA, E. F.; OLIVEIRA FILHO, S. Bacia do São Francisco: uma revisão de experiências para o debate da cobrança pelo uso da água. *In*: CONGRESSO DA SOCIEDADE BRASILEIRA DE ECONOMIA, ADMINISTRAÇÃO E SOCIOLOGIA RURAL, 45., 2007, Londrina, PR. Anais [...] Londrina: UEL, 2007. 1 CD-ROM.

24. RICHARDS, R. C.; REROLLE, J.; ARONSON, J.; PEREIRA, P. H.; GONÇALVES, H.; BRANCALION, P. H. Governing a pioneer program on payment for watershed services: stakeholder involvement, legal frameworks and early lessons from the Atlantic forest of Brazil. *Ecosystem Services*, v. 16, p. 23-32, 2015.

25. MEADOWS, D. H.; MEADOWS, D. L.; RANDERS, J.; BEHREUS, W.W. *The limits to growth*: a report for the Club of Rome's project on the predicament of mankind. London: Earth Island, 1972.

26. WCED – World Commission on Environment and Development *Our common future*. Oxford: Oxford University Press, 1987. p. 43.

27. WCED, *Op. cit.*, 1987.

28. SANDBROOK, R. *From stockholm to Rio. Earth Summit" 1992*. Wickford: Regency Press, 1992.

29. BRUNDTLAND, G. H. Report of the World Commission on Environment and Development: *Our common future*. Oxford: Oxford University Press, 1987.

30. ONU. A ONU e a mudança climática. Disponível em: https://nacoesunidas.org/acao/mudanca-climatica/. Acesso em: 20 nov. 2020.

31. WCED, *Op. cit.* 1987. p. 49.

32. ECLAC – Economic Commission for Latin America and Caribbean *Sustainable development*: changing production patterns, social equity and the environment. Santiago: United Nations, 1991. p. 73-74.

33. PEARCE, D. W.; TURNER, R. K. *Economics of natural resources and the environment*. London: Harvester Wheatsheaf, 1990.

34. NORGAARD, R. B. Coevolutionary agricultural development. *Economic Development and Cultural Change*, 1984. p. 524-546.

35. NORGAARD, *Op. cit.*, 1984, p. 351.

36. YOUNG, T.; BURTON, M. P. *Agricultural sustainability*: definition and implications for agricultural and trade policy. FAO Economic and Social Development Paper n. 110. Rome: FAO, 1992.

37. CONWAY, G. R. The properties of agrosystems, *Agricultural Systems*, n. 24, 1987, p. 95-117.; CONWAY, G. R.; BARBIER, E. B. *After the green revolution*: sustainable agriculture for development. London: Earthscan, 1990.

38. IKERD, J. E. Two related but distinctly different concepts: organic farming and sustainable agriculture. *Small Farm Today*, February, 1993. p. 30-31.

39. OECD. *Towards sustainable agricultural production*: cleaner technologies. Paris: OECD, 1994.

40. OECD. *Op. cit.*, 1994. p. 8.

41. NATIONAL RESEARCH COUNCIL *Alternative agriculture*. Washington: National Academy Press, 1989. p. 3.

42. REIJNTJES, C.; BERTUS, H.; WATERS-BAYER, A. *Farming for the future*: an introduction to low-external-input and sustainable agriculture. London: Macmillan, 1992.

43. YOUNG, T.; BURTON, M. *Op. cit.*, 1992.

44. TILMAN, D. *et al.* Global food demand and the sustainable intensification of agriculture. *Proceedings of the National Academic of Sciences.* v. 108, n. 50, p. 20260-20264, 2011.
45. GODFRAY, H. C. J; GARNETT, T. Food Security and Sustainable Intensification. *Philosophical Transactions of the Royal Society B.* v. p. 1-10, 2014.
46. LEITE, A. E. *Adoção de práticas de intensificação sustentável na olericultura da Serra Fluminense:* uma análise a partir dos recursos e capacidades. 2019. Tese (Doutorado) – Departamento de Engenharia de Produção, UFSCar, São Carlos, 2019.
47. BALBINO, L. C.; BARCELLOS, A. O.; STONE, L. F. *Marco referencial:* integração lavoura-pecuária-floresta. Embrapa Cerrados-Livro científico (ALICE), 2011.
48. FRANKE, I. L.; FURTADO, S. C. *Sistemas silvipastoris*: fundamentos e aplicabilidade. Embrapa Acre-Documentos (INFOTECA-E), 2001.
49. KICHEL, A. N.; COSTA, J. A. A.; ALMEIDA, R. G.; PAULINO, V. T. Sistema de integração lavoura-pecuária-floresta (ILPP) - Experiências no Brasil. *Boletim de Indústria Animal,* 2014, 71.1: 94-105.
50. MAPA – Ministério da Agricultura, Pecuária e Abastecimento. Plano setorial de mitigação e de adaptação às mudanças climáticas para a consolidação de uma economia de baixa emissão de carbono na agricultura: plano ABC (Agricultura de Baixa Emissão de Carbono). MAPA/ACS: Brasília. 173 p. (2012).
51. Fonte: REIJNTJES, C.; BERTUS, H.; WATERS-BAYER, A. *Farming for the future*: an introduction to low-external-input and sustainable agriculture. London: Macmillan, 1992.
52. REIJNTJES *et al. Op. cit.*, 1992; NATIONAL RESEARCH COUNCIL, *Op. cit.*, 1989.; ITO *et al. Op. cit.*, 2016.
53. MOZAMBANI, C. I.; SOUZA FILHO, H. M.; VINHOLIS, M. M. B. Determinantes da adoção de tecnologias de agricultura de precisão: uma revisão de estudos empíricos. *In:* 56º CONGRESSO DA SOCIEDADE BRASILEIRA DE ECONOMIA, ADMINISTRAÇÃO E SOCIOLOGIA RURAL, 2018, *Anais [...]* Campinas: Sober, 2018.
54. MAPA. Produtores rurais buscam bioinsumos para reduzir custo da produção e aumentar rentabilidade. Disponível em: http://www.agricultura.gov.br/noticias/produtores-rurais-buscam-bioinsumos-para-reduzir-custo-da-producao-e-aumentar-rentabilidade. Acesso em: 21 nov. 2020.
55. EMBRAPA. Fixação biológica de nitrogênio. Disponível em: https://www.embrapa.br/tema-fixacao-biologica-de-nitrogenio/perguntas-e-respostas. Acesso em: 21 nov. 2020.
56. Sobre determinantes da adoção de tecnologias sustentáveis na agricultura, ver SOUZA FILHO, H. M. *The adoption of sustainable agricultural technologies:* a case study in the State of Espírito Santo, Brazil. London: ASHGATE, 1998; SOUZA FILHO, H. M.; YOUNG, T.; BURTON, M. *Factors influencing the adoption of sustainable agricultural technologies*: evidence from the state of Espírito Santo, Brazil. *Technological Forecasting and Social Change,* n. 60/2, 1998; BURTON, M.; RIGBY, D.; YOUNG, T.; SOUZA FILHO, H. M. A adoção de tecnologias sustentáveis no Paraná. *Revista de Economia e Sociologia Rural,* v. 36, n. 4, out./dez., 1998.
57. WERNICK, S.; LOCKERETZ, W. Motivations and practices of organic farmers, *Compost Science* 18(6), 1977, p. 20-24.
58. DABERKOW, S. G.; Reichelderfer, K. H. Low-input agriculture; Trends, goals, and prospects for input use, *American Journal of Agricultural Economics,* v. 70, Part 2, 1988, p. 1159-1166.
59. OELHAF, R. C. *Organic agriculture.* Montclair. New Jersey: Allanheld, Osmun & Co, 1978.
60. JACOB, J. C.; BRINKERHOFF, M. B. Alternative technology and part-time, semi-subsistence agriculture: a survey from the back-to-the-land movement, *Rural Sociology* 51(1), 1986, p. 43-59.
61. VANCLAY, F.; LAWRENCE, G. Farmer rationality and the adoption of environmentally sound practices: a critique of the assumptions of traditional agricultural extension, *European Journal for Agricultural Education and Extension,* v. 1, n. 1, 1994, p. 59-90.
62. SILVA, S. P.; TEIXEIRA, E. C. Determinantes da adoção da tecnologia "Plantio direto" na cultura da soja em Goiás. *Revista de Economia e Sociologia Rural,* v. 40, n. 2, p. 305-326, 2002.
63. ROSA, N. P.; CAUMO, A. J.; MACHADO, J. A. D.; STADUTO, J. A. R. Fatores influentes no processo decisório de agricultores de produtos orgânicos. *Desenvolvimento Socioeconômico em Debate,* 4.1: p. 60-87, 2018.
64. HEFFERNAN, W. D.; GREEN, G. P. Farm size and soil loss: prospects for a sustainable agriculture. *Rural Sociology* 51(1), 1986, p. 31-42.
65. VINHOLIS, M. M. B.; SOUZA FILHO, H. M.; CARRER, M. J.; BARIONI JR. W.; Bernardo, R. Características dos adotantes dos sistemas de integração lavoura-pecuária-floresta. *In:* 56º CONGRESSO DA SOCIEDADE BRASILEIRA DE ECONOMIA, ADMINISTRAÇÃO E SOCIOLOGIA RURAL, *Anais [...]* Campinas: SOBER, 2018.
66. VINHOLIS, M. M. B.; SOUZA FILHO, H. M.; CARRER, M. J.; BERNARDO, R.; BARIONI JR. W. Fatores determinantes da adoção dos sistemas de integração lavoura-pecuária-floresta no estado de São Paulo. *In:* 56º CONGRESSO DA SOCIEDADE BRASILEIRA DE ECONOMIA, ADMINISTRAÇÃO E SOCIOLOGIA RURAL, *Anais [...]* Campinas: SOBER, 2018.
67. SCHEMBERGUE, Altamir *et al*. Sistemas agroflorestais como estratégia de adaptação aos desafios das mudanças climáticas no Brasil. *Rev. Econ. Sociol. Rural,* Brasília, v. 55, n. 1, p. 9-30, jan. 2017.
68. VANCLAY, F.; LAWRENCE, G. *Op. cit.,* 1994.
69. ROGERS, E. M.; SHOEMAKER, F. F. dividiram os produtores agrícolas em cinco categorias, segundo o momento em que eles adotam determinada tecnologia: *innovators, early adopters, early majority, late majority* e *laggards.* Os produtores pertencentes a cada categoria diferem dos demais de acordo com características pessoais e da propriedade. ROGERS, E. M.; SHOEMAKER, F. F. *Communication of innovations.* London: Collier-MacMillan, 1971.
70. PADEL, S. *Adoption of organic farming as an example of the diffusion of an innovation*: a literature review on the conversion to organic farming. Aberystwyth: Department of Agricultural Sciences, University of Wales, 1994.
71. PADEL, *Op. cit.,* 1994; PADEL, S., LAMPKIN, N. H. Conversion to organic farming: an overview in LAMPKIN, N. H., PADEL, S. (eds.) *The economics of organic farming: An international perspective.* Wallingford: CAB International, 1994. p. 295-316.
72. MADDEN, J. P.; DOBBS, T. L. The role of economics in achieving low-input farming sustems. *In*: EDWARDS, C. A.; LAL, R.; MADDEN, O.; MILLER, R.H., HOUSE, G. (eds) *Sustainable agriculture systems.* Ankeny, Iowa: Soil and Water Conservation Society, 1990.
73. LOCKERETZ, W.; SHEARER G.; KOHL, D. H. Organic farming in the corn belt. *In*: Science, v. 211, 1981, p. 540-546.
74. LIU, M.; WU, L.; GAO, Y.; WANG, Y. Farmers" adoption of sustainable agricultural technologies: a case study in Shandong Province, China. *Journal of Food, Agriculture & Environment,* v. 9, n. 2, p. 623-628, 2011.
75. REIJNTJES *et al. Op. cit.,* 1992.

76. YIRIDOE, E. K.; ATARI, D. O. A.; GORDON, R.; SMALE, S. Factors influencing participation in the Nova Scotia environmental farm plan program. *Land Use Policy*, v. 27, n. 4, p. 1097-1106, 2010.
77. SOUZA FILHO, H. M.; BUAINAIN, A. M.; SILVEIRA, J. M. F. J.; VINHOLIS, M. M. B. Condicionantes da adoção de inovações tecnológicas na agricultura. *Cadernos de Ciência & Tecnologia*, Brasília, v. 28, n. 1, p. 223-255, 2011.
78. Ibidem.
79. HEFFERNAN, W. D.; GREEN, G. P. *Op. cit.*, 1986.
80. NOWAK, P. The adoption of agricultural conservation technologies: economic and diffusion explanations, *Rural Sociology* 52(2), 1987, p. 208-220.
81. ADEBAYO, S. A.; OLADELE, O. I. Vegetable farmers" attitude towards organic agriculture practices in South Western Nigeria. *Journal of Food, Agriculture & Environment*, v. 11, n. 2, p. 548-552, 2013.
82. DHAKAL, A.; COCKFIELD, G.; MARASENI, T. N. Deriving an index of adoption rate and assessing factors affecting adoption of an agroforestry-based farming system in Dhanusha District, Nepal. *Agroforestry Systems*, v. 89, n. 4, p. 645-661, 2015.
83. DHAKAL, A.; COCKFIELD, G.; MARASENI, T. N. *Op. cit.*, 2015.
84. PFEFFER, J. M. Labor and production barriers to the reduction of agricultural chemical inputs, *Rural Sociology* v. 57, n. 3, 1992, p. 347-362.
85. DIEBEL, P. L.; TAYLOR, D. B.; BATIE, S. S. Barriers to low--input agriculture adoption: a case study of Richmond County, Virginia, *American Journal of Alternative Agriculture*, v. 8, n. 3, 1993, p. 120-127.
86. LAMPKIN, N. H.; PADEL, S. *Op. cit.*, 1994.
87. SIMONETTI, D.; PERONDI, M. A. A Crise da soja orgânica. *Revista Cronos*, 2018, v. 19, n. 1, p. 84-103.
88. ANOSIKE, N.; COUGHENOUR, C. M. The socioeconomic basis of farm enterprise diversification decisions, *Rural Sociology* 55(1), 1990, p. 1-24.
89. LOCKERETZ, W. Problems in evaluating the economics of ecological agriculture. *Agriculture, Ecosystems and Environment*, 27, 1989, p. 67-75.
90. VINHOLIS, M. M. B.; SOUZA FILHO, H. M.; CARRER, M. J.; BERNARDO, R.; BARIONI JR. W. *Op. cit.*, 2018.
91. ADEBAYO, S. A.; OLADELE, O. I. *Op. cit.*, 2013.
92. DHAKAL, A.; COCKFIELD, G.; MARASENI, T. N. *Op. cit.*, 2015.
93. VEISI, H. Exploring the determinants of adoption behaviour of clean technologies in agriculture: a case of integrated pest management. *Asian Journal of Technology Innovation*, v. 20, n. 1, p. 67-82, 2012.
94. ANOSIKE, N.; COUGHENOUR, C. M. *Op. cit.*, 1990; RAHM, M. R.; HUFFMAN, W. E. The adoption of reduced tillage: the role of human capital and other variables. *American Journal of Agriculture Economics*, v. 66, 1984, p. 405-413; D'Souza, g. et al. *Op. cit.*, 1993.
95. VEISI, H. *Op. cit.*, 2012.
96. VINHOLIS, M. M. B.; SOUZA FILHO, H. M.; CARRER, M. J.; BERNARDO, R.; BARIONI JR. W. *Op. cit.*, 2018.
97. GIL, J.; SIEBOLD, M.; BERGER, T. Adoption and development of integrated crop-livestock-forestry systems in Mato Grosso, Brazil. *Agriculture, Ecosystems & Environment*, v. 199, p. 394-406, 2015.
98. NOWAK, P. *Op. cit.*, 1987.
99. BULLOCK, R.; MITHÖFER, D.; VIHEMÄKI, H. Sustainable agricultural intensification: the role of cardamom agroforestry in the East Usambaras, Tanzania. *International Journal of Agricultural Sustainability*, v. 12, n. 2, p. 109-129, 2014.
100. NOWAK, P. *Op. cit.*, 1987; ANOSIKE, N.; COUGHENOUR, C. M. *Op. cit.* 1990; RAHM, M. R.; HUFFMAN, W. E. *Op. cit.*, 1984; ANDERSON, M. D. *Op. cit.*, 1994.
101. CARRER, M. J.; MAIA, A. G.; VINHOLIS, M. M. B.; SOUZA FILHO, H. M. Efeito do acesso ao crédito rural sobre a adoção de sistemas de integração lavoura-pecuária. *In*: ENCONTRO NACIONAL DE ECONOMIA, 46, 2018, Rio de Janeiro, RJ. *Anais* [...] Rio de Janeiro: ANPEC, 2018.
102. BULLOCK, R.; MITHÖFER, D.; VIHEMÄKI, H. *Op. cit.*, 2014.
103. JARA-ROJAS, R.; BRAVO-URETA, B. E.; ENGLER, A.; DÍAZ, J. An analysis of the joint adoption of water conservation and soil conservation in Central Chile. *Land Use Policy*, v. 32, p. 292-301, 2013.
104. NATIONAL RESEARCH COUNCIL *Op. cit.*, 1989; OECD Agricultural and environmental policies: Opportunities for integration. Paris: OECD, 1989; OECD Agricultural and environmental policy integration: Recent progress and new directions. Paris: OECD, 1993.
105. DAL RI JR., A.; ANDRADE, M. C. A rodada do Uruguai e o meio ambiente: o florescimento da tutela jurídica ambiental no sistema multilateral de comércio. *Revista Brasileira de Direito*, 2017, v. 13, n. 3, p. 295-317.
106. EC COUNCIL REGULATION (EEC) n. 2078/92 of 30 June 1992 on agricultural production methods compatible with the requirements of the protection of the environment and the maintenance of the countryside. *Official Journal of the European Communities* n. L215/85-90, 1992.
107. LAMPKIN, N. H.; PADEL, S. *Op. cit.*, 1994.
108. EMBRAPA. Zoneamento agroecológico. Disponível em: https://www.embrapa.br/tema-zoneamento-agroecologico/nota-tecnica. Acesso em: 20 nov. 2020.
109. MONTAÑO, M.; OLIVEIRA, I. S. D.; RANIERI, V. E. L.; SOUZA, M. P.; FONTES, A. T. O papel do instrumento zoneamento ambiental no processo de licenciamento de atividades: o caso do novo aterro sanitário do município de Piracicaba (SP). CONGRESSO BRASILEIRO DE CIÊNCIA E TECNOLOGIA EM RESÍDUOS E DESENVOLVIMENTO SUSTENTÁVEL. *Anais* [...] Florianópolis: ICTR/NISAM, USP, 2004.
110. MINISTÉRIO DO MEIO AMBIENTE *Op. cit.*, 2000.
111. SALZMAN, J.; BENNETT, G.; CARROLL, N.; GOLDSTEIN, A.; JENKINS, M. The global status and trends of payments for ecosystem services. *Nature Sustainability*, v. 1, n. 3, p. 136, 2018.
112. MMA. Ministério do Meio Ambiente. Política Nacional sobre Mudança do Clima. Disponível em: http://www.mma.gov.br/clima/politica-nacional-sobre-mudanca-doclima.html. Acesso em: 21 nov. 2020.
113. VINHOLIS, M. M. B.; CARRER, M. J.; SOUZA FILHO, H. M. O papel das instituições na adoção de sistemas de integração lavoura-pecuária-floresta no Brasil. *In*: 57º CONGRESSO DA SOCIEDADE BRASILEIRA DE ECONOMIA, ADMINISTRAÇÃO E SOCIOLOGIA RURAL. *Anais* [...]. 2019, Ilhéus: UESC, Sober, 2019.
114. MAPA. Ministério da Agricultura, Pecuária e Abastecimento. Plano ABC – Agricultura de Baixa Emissão de Carbono, 2016. Disponível em: http://www.agricultura.gov.br/assuntos/sustentabilidade/plano-abc/plano-abc-agricultura-debaixa-e missao-de-carbono. Acesso em: 20 nov. 2020.
115. REDE ILPF. Rede ILPF. Disponível em: https://www.embrapa.br/web/rede-ilpf/rede-ilpf. Acesso em: 20 nov. 2020.
116. SENAR. Serviço Nacional de Aprendizagem Rural. ABC Cerrado. Disponível em: https://www.cnabrasil.org.br/projetos-e-programas/abc-cerrado. Acesso em: 20 nov. 2020.

117. MCTIC. Sirene – Sistema de Registro Nacional de Emissões. Disponível em: https://www.mctic.gov.br/mctic/opencms/indicadores/detalhe/dados_setor_comunicacoes/SIRENE.html. Acesso em: 20 nov. 2020.
118. EMBRAPA. Plataforma ABC. Disponível em: https://www.embrapa.br/meio-ambiente/plataforma-abc. Acesso em: 20 nov. 2020.
119. VINHOLIS, M. M. B.; SAES, M. S. M.; CARRER, M. J.; SOUZA FILHO, H. M. The effect of meso-institutions on adoption of sustainable agricultural technology: a case study of the Brazilian Low Carbon Agriculture Plan. *Journal of Cleaner Production*, v. 280, 2021.
120. IPCC. Climate Change and Land: an IPCC special report on climate change, desertification, land degradation, sustainable land management, food security, and greenhouse gas fluxes in terrestrial ecosystems [P.R. Shukla, J. Skea, E. Calvo Buendia, V. Masson-Delmotte, H.-O. Pörtner, D. C. Roberts, P. Zhai, R. Slade, S. Connors, R. van Diemen, M. Ferrat, E. Haughey, S. Luz, S. Neogi, M. Pathak, J. Petzold, J. Portugal Pereira, P. Vyas, E. Huntley, K. Kissick, M. Belkacemi, J. Malley, (eds.)]. *In press*, 2019. Disponível em: https://www.ipcc.ch/srccl/download/. Acesso em: 21 nov. 2020.

BIBLIOGRAFIA COMPLEMENTAR

FAO. Building a common vision for sustainable food and agriculture. Disponível em: http://www.fao.org/3/a-i3940e.pdf. Acesso em: 21 nov. 2020.

MARCO REFERENCIAL: ILPF. Disponível em: https://www.alice.cnptia.embrapa.br/bitstream/doc/923530/1/balbino01.pdf. Acesso em: 21 nov. 2020.

ONU. Transformando nosso mundo: a agenda 2030 para o desenvolvimento sustentável. Disponível em: https://www.undp.org/content/dam/brazil/Agenda2030-completo-site%20(1).pdf. Acesso em: 21 nov. 2020.

ONU. Relatório dos objetivos de desenvolvimento do milênio. Disponível em: http://mdgs.un.org/unsd/mdg/Resources/Static/Products/Progress2015/English2015.pdf. Acesso em: 21 nov. 2020.

PLANO Setorial de Mitigação e de Adaptação às Mudanças Climáticas para a Consolidação de uma Economia de Baixa Emissão de Carbono na Agricultura. Disponível em: http://www.agricultura.gov.br/assuntos/sustentabilidade/plano-abc/arquivo-publicacoes-plano-abc/download.pdf. Acesso em: 21 nov. 2020.

SPECIAL REPORT IPCC. Climate change and land. Disponível em: https://www.ipcc.ch/srccl/. Acesso em: 21 nov. 2020.

11 AGRONEGÓCIO COOPERATIVO

Sigismundo Bialoskorski Neto

Este capítulo trata de aspectos da gestão do agronegócio cooperativado, isto é, da gestão de cooperativas agroindustriais, com atenção particular aos aspectos em que a gestão de cooperativas é necessariamente diferente da gestão de empresas agroindustriais de capital.

Para tanto, é necessário discutir inicialmente alguns aspectos preliminares para o bom entendimento do assunto. Assim, inicialmente, na seção 11.2, mostra-se a importância das cooperativas no setor primário da economia. Em seguida, na seção 11.3, explica-se o que é uma cooperativa e seus aspectos de história e doutrina, para discorrer depois, na seção 11.4, sobre a economia da cooperação de forma teórica.

Após os conceitos iniciais, é possível discorrer então sobre aspectos aplicados. Assim, aprofunda-se a discussão em vários detalhes importantes da gestão de cooperativas agropecuárias, na seção 11.5, e avança-se para analisar tanto estudos de caso recentes voltados à tendência de organização entre cooperativas, na seção 11.6, como formas organizacionais de cooperativas que ocorrem em outros países do mundo. Na seção 11.7, procede-se a considerações e discorre-se sobre as vantagens e as dificuldades de negócios em cooperativas.

Ao final deste capítulo, o leitor deverá ser capaz de:
- Definir o que é uma cooperativa agrícola.
- Conhecer as principais questões particulares da economia e da gestão de cooperativas.
- Conhecer as tendências de negócios, e as características organizacionais de cooperativas em outros países.
- Identificar as limitações de gestão e de negócios.
- Reconhecer as vantagens de negócios desse tipo de organização.
- Identificar as particularidades e propor ajustes na gestão de cooperativas.

11.1 INTRODUÇÃO

Quando diversas unidades produtivas, da mesma natureza econômica, chegam à conclusão de que certa atividade se torna por demais onerosa para cada uma dessas unidades isoladamente, elas tendem a se congregar, formando uma comunidade dotada de organização administrativa especial, e transferem a essa organização determinadas tarefas de modo conjunto.

Assim, essas unidades produtivas, anteriormente isoladas, renunciam, no todo ou em parte, ao exercício independente de certas atividades, formando economias intermediárias, as quais, na qualidade de organizações cooperativadas, põem-se a serviço das economias particulares associadas.

Atualmente, o ato de cooperação encontra-se no limiar de uma revolução cultural, a internet – a *Web* – e assim a circulação da informação propicia o surgimento e a existência de várias formas de cooperação inovadoras, substituindo o "antigo" mercado por formas de cooperação *on-line*, como as ações de coordenação social, de coordenação de comercialização, de coordenação de transporte e caronas, coordenação de colaboração em hospedagem, entre muitas outras. Mas os atos e as iniciativas de cooperação estão presentes já há muitos anos na atividade humana e principalmente na atividade agrícola.

As cooperativas foram e são organizações importantes para os produtores rurais, de um lado, e o mercado, de outro, e sempre surgiram como estruturas organizacionais intermediárias formadas em comum. A missão fundamental outorgada à economia cooperativa é servir como intermediária entre o mercado e as economias dos cooperados para promover seu incremento e a integração do produtor rural. As cooperativas não irão possuir, do ponto de vista econômico, uma existência autônoma e independente dos seus membros, como ocorre nas empresas de capital, mas deverão existir como organização econômica, posta a serviço da satisfação das necessidades das economias particulares de cada um dos cooperados. As relações econômicas entre os cooperados e seu empreendimento são então caracterizadas como "ato cooperativo", e não como "ato comercial", conforme reconhece a própria Constituição brasileira.

As sociedades cooperativas também são caracterizadas como sociedades de pessoas onde há a agregação inicial do fator de produção de trabalho (nas assembleias gerais, cada associado tem direito a um único voto), diferentemente das sociedades de capital, que são caracterizadas pela agregação inicial do fator de produção capital (nas assembleias gerais, o voto é proporcional ao capital de cada investidor). Portanto, nas sociedades cooperativas, o cooperado assume, ao mesmo tempo, as funções de usuário do empreendimento cooperativo, de seu proprietário e de seu gestor, transferindo funções de sua economia individual para o empreendimento cooperativado.

Este capítulo discorre sobre a importância do chamado agronegócio cooperativo, explicando a sua importância no Brasil, a história de sua formação, a sua lógica organizacional e os seus principais desafios quanto ao quadro social – produtores rurais – e ao mercado. Tem assim o objetivo de que o leitor possa, ao seu final, compreender a lógica organizacional de uma cooperativa agropecuária ou de crédito rural, seus desafios e suas principais características de gestão, que as diferencia das empresas de capital, e assim permitir ao estudante compreender e contribuir para o sucesso da gestão dessas organizações de produtores rurais, bem como para o seu sucesso no mercado.

11.2 AGRONEGÓCIO COOPERATIVADO

O cooperativismo desenvolve-se de forma mais intensa no setor primário da economia (agricultura), devido às estruturas de mercado encontradas. Do total de cooperativas existentes no Brasil, perto de um quarto estão ligadas ao setor agropecuário, em nível de produção e/ou processamento da produção. Mas, apesar de serem apenas um quarto do número de cooperativas no Brasil, elas representam a maior parte do faturamento e quase a totalidade das exportações do cooperativismo brasileiro. Há ainda, em conjunto com as cooperativas agropecuárias, cooperativas de crédito que auxiliam o financiamento da produção.

A razão disso é que a agricultura, como setor primário, caracteriza-se por interagir com mercados fortemente concentrados, como é o caso dos insumos básicos necessários, e o processamento e distribuição da produção, de acordo com a ótica do *agribusiness*, ou de *cadeias* agroindustriais.[i] Esses mercados fortemente concentrados, chamados de oligopólios a montante da atividade agrícola – indústria de insumos – e de oligopsônios a jusante da atividade agrícola – processamento e distribuição –, aliados à estrutura de mercado bastante atomizada da agropecuária, com um número muito grande de produtores geralmente desorganizados empresarialmente, favorecem uma situação em que a agricultura passa a ser uma "tomadora" de preços, tanto no nível da compra de insumos como na venda da produção. Analisando-se a participação geral de cada um desses

---

i Ver Capítulo 1.

setores nos valores agregados, percebemos que a atividade agrícola propriamente dita – produtores rurais – participa com somente perto de 20% do total do valor agregado ao produto agrícola, enquanto o processamento e a distribuição representam grande parte do total dessa agregação. Essa é, portanto, uma das principais razões para a existência de estruturas econômicas intermediárias, como as cooperativas, pois essas possibilitam a organização dos pequenos produtores rurais, a diminuição de riscos e a agregação de valor aos produtos dos produtores rurais que, isoladamente, em muitos casos, não teriam condições favoráveis de relacionamento com esses mercados concentrados.

Pode-se expressar a importância do cooperativismo na agricultura brasileira pela participação das cooperativas no cenário produtivo nacional, em que grande parte da produção de café, soja, milho, leite, suínos, entre outros produtos, é originada por cooperativas no Brasil, segundo a OCB.[1] Há, no entanto, ao longo das últimas décadas, algumas particularidades e tendências importantes das cooperativas agropecuárias brasileiras. As cooperativas agropecuárias mais eficientes e verticalizadas concentram-se no centro-sul do Brasil, especificamente, nas regiões Sul e Sudeste. Apesar de a fronteira agrícola ter migrado do sul do país para a região Centro-Oeste, as cooperativas agropecuárias não acompanharam esse processo migratório na mesma intensidade. Em alguns sistemas agroindustriais, como, por exemplo, o sistema agroindustrial do leite, o cooperativismo acabou por perder importância ao longo dos anos. Mas as cooperativas agropecuárias das regiões Sul e Sudeste do país ainda são significativas na exportação de grãos, como a soja, na produção e exportação de café, em produção, processamento e exportação de carnes de aves e suínos. Para exemplificar a importância das cooperativas agropecuárias das regiões Sul e Sudeste do Brasil, é importante dizer que em 2018, com pouco mais de um terço das cooperativas agropecuárias brasileiras, elas concentravam quase 90% do número de associados e mais de 90% dos empregados em cooperativas. Isso demonstra não somente o seu tamanho, mas também o seu grau de industrialização. Apesar de que ao longo das últimas décadas parte significativa do agronegócio se movimentou em direção ao cerrado, as cooperativas agropecuárias não acompanharam esse processo, e a região Centro-Oeste ainda é proporcionalmente pouco significativa em número, tamanho e grau de industrialização das cooperativas agropecuárias.

Para compreender a importância das cooperativas no cenário da produção agropecuária, deve-se também analisar a evolução de seus negócios recentes. De acordo com Bialoskorski,[2] pode-se verificar que nos últimos anos houve estabilidade do número de produtores rurais cooperados, paralelamente a uma diminuição no número de cooperativas agropecuárias, indicando a concentração desses empreendimentos cooperativos, por meio de incorporações e fusões, de modo a elevar seu tamanho, seu ganho de escala e seu poder de mercado. Essa tendência de décadas passadas continuou nítida nas últimas décadas, e ocorreu uma modificação na forma de sua organização em rede, anteriormente em cooperativas centrais, evoluindo para a existência de consórcios de cooperativas agropecuárias. Ao mesmo tempo, verifica-se a importância dada pelas cooperativas à tecnologia utilizada em seus processos e naqueles de seus associados, mediante a implantação de centros de pesquisa e apoio à produção, o que indica claramente a estratégia do setor quanto aos ganhos provenientes da melhoria tecnológica. Acompanha essa tendência a diferenciação dos produtos processados pelas cooperativas, por meio de marcas próprias, estabelecendo barreiras à entrada de concorrentes no mercado, diferenciando e agregando valor a sua produção.

No nível da integração, percebe-se o esforço de integração para trás, pelo aumento do número de cooperados, como também para frente, pelo controle de outros empreendimentos cooperativos ou não, de forma a baratear e facilitar suas operações. As cooperativas controlam hoje empresas de capital, e as mais bem-sucedidas são aquelas que industrializam a produção de seus associados. Essas cooperativas apresentaram nos últimos anos estratégias de estabelecimento de marcas próprias, marketing e exportação para clientes específicos.

Do ponto de vista contratual, as cooperativas tendem a avançar na eficiência da transferência de preços a seus cooperados e algumas oferecem também outros benefícios, como clubes de lazer, assistência técnica e serviços de mecanização. Também se verifica alguma especialização gerencial na gestão de seus negócios, mediante mudanças organizacionais, na existência de unidades estratégicas de negócios, bem como a tentativa de resolver os conflitos e oportunismos advindos dessa nova estruturação, reservando espaços de participação essenciais à sociedade, como comitês educativos e comissões setoriais de cooperados associados.

Assim, podemos compreender não só a importância desse tipo de empreendimento na atividade agroindustrial, como também que, apesar de manterem estratégias análogas às das empresas de capital, as cooperativas devem ser tratadas em nível de gestão com certa peculiaridade, o que veremos a seguir.

11.3 COOPERATIVISMO AGROPECUÁRIO: HISTÓRIA E DOUTRINA

11.3.1 História

O cooperativismo e as formas de cooperação são algo de muito antigo na história da humanidade. Há registros sobre a cooperação e a associação solidária desde a pré-história da civilização, em tribos indígenas ou em antigas civilizações, como a dos babilônicos. Na Idade Média, nos mosteiros cristãos do século XIV na Rússia e entre os povos eslavos, a cooperação aparece de modo nítido nos Mir, nas Zadrugas ou nos Artel, que são todas formas de cooperação em comunidades coletivas agrícolas e de pescadores.[3] Entretanto, mesmo considerando certa coerência no desenvolvimento das formas associativas na história da humanidade, não se pode negligenciar o fato de que seu mais expressivo desenvolvimento se deu no ambiente capitalista do século XIX, sendo esse momento considerado o marco fundamental do cooperativismo dito moderno. No final do século XVIII e início do século XIX, o continente europeu mergulhou na Revolução Industrial e estava sob a influência da concepção do liberalismo econômico dos autores clássicos. Advogava-se que o indivíduo, ao buscar a satisfação de seu interesse particular, atenderia ao interesse da sociedade de modo muito mais eficaz do que se pretendesse realmente fazê-lo. Enfatizava-se que, com maior liberdade de ação, os capitais se multiplicariam e fluiriam mais eficientemente. Tal pensamento, bem como a livre concorrência e a defesa da propriedade privada, iriam, naquela época, ditar as bases econômicas da Revolução Industrial.

Ocorria, nesse tempo, uma situação em que pequena parte da população, o empresariado, enriquecia devido ao ganho tecnológico da Revolução Industrial, enquanto os trabalhadores amargavam uma situação de extrema pobreza, com baixos salários. Não ocorria, portanto, uma harmonia social conforme prediziam alguns pensadores econômicos defensores da livre concorrência. Surgem, então, alguns pensamentos diferenciados, como: "a cada um, de acordo com seu trabalho" e "a cada um, segundo sua capacidade; a cada um, segundo suas necessidades". Esses pensamentos, com uma grande preocupação com a situação social, aliados a uma revolta contra a propriedade privada e a livre concorrência, naquele momento, dariam origem a um particular grupo de economistas, chamados socialistas.

Assim, os socialistas chamados utópicos propõem-se a modificar a economia mediante a correção do liberalismo. Aqueles que julgam que isso é possível por meio de uma organização econômica específica dos trabalhadores de vários setores, de forma associada e eliminando aqueles que exploram o trabalho e a propriedade privada, são denominados socialistas utópicos associacionistas. Esses são, na verdade, considerados os "pais" do cooperativismo moderno. Robert Owen, Charles Fourier, Louis Blanc, William King, entre outros, estão nesta categoria.

Entre esses, Owen é considerado o principal cooperativista moderno, pois muitas de suas ideias serão evidenciadas nos estatutos da primeira cooperativa e irão fazer parte da doutrina cooperativista. Ele foi o primeiro autor a usar a palavra *cooperação*, e a usava como antônimo de concorrência, termo esse que, ao lado de liberdade de movimentação de capitais e propriedade privada, era a base do liberalismo econômico da época.

Esses pensadores são os responsáveis pela discussão do cooperativismo, apesar de suas experiências práticas não haverem logrado um sucesso mais duradouro. Esse sucesso só iria acontecer na prática em Rochdale, na Inglaterra, em 1844. Nesse local, após uma greve por melhores salários, que acabou não vitoriosa, um grupo de pobres operários tecelões ingleses tentava desesperadamente fugir do estado de miséria a que estava subjugado. Em novembro de 1843, o grupo começou a discutir as fórmulas possíveis para combater aquele estado de desesperança. Apesar de não terem conseguido o aumento salarial solicitado e mesmo sem saberem o que fariam, os operários passaram uma lista de adesões e começaram a recolher dinheiro e a formar um caixa com seus próprios e escassos recursos.

Entre as soluções debatidas, um dos pioneiros participantes desse grupo, Holyoake, citado por Lambert,[4] descreve que foi colocada a possibilidade de emigração, bem como foi proposta uma política de maior atuação, com o ideário da conquista do poder político pelo povo. No entanto, a tese que ganhou consistência nesses debates foi a defendida por influência direta dos socialistas utópicos, discípulos de Owen e King, de se formar uma sociedade cooperativa. Assim, em outubro de 1844, após terem juntado com muito sacrifício alguns recursos próprios, cerca de 28 libras, esses pobres tecelões de Rochdale registram e fundam uma sociedade, a *Rochdale Society of Equitable Pioneers* (Sociedade dos Justos Pioneiros de Rochdale), uma cooperativa de consumo. O estatuto dessa sociedade, em seu famoso artigo primeiro, estabelece que, desde o momento em que seja possível, essa sociedade empreenderá a organização das forças de produção, de distribuição, de educação e de governo; dito em outras palavras, o estabelecimento de uma colônia que baste a si mesma, que prestará ajuda a outras sociedades para estabelecer colônias semelhantes àquela. Esse fato é considerado o início do movimento cooperativista mundial, ou seja, o marco fundamental do cooperativismo moderno.[ii]

11.3.2 Doutrina

A base doutrinária dos estatutos desses cooperativistas pioneiros norteará toda organização cooperativa até os dias de hoje. Ela vem sendo adotada e propagada pela Aliança Cooperativa Internacional (ACI) e por cada uma das organizações cooperativas em nível nacional. Esses princípios doutrinários estão expostos na Quadro 11.1.

O primeiro princípio exposto nos estatutos é o da democracia. Ele diz que a sociedade será dirigida por um corpo composto de presidente, tesoureiro, secretário, uma junta de três administradores e cinco diretores. Esse corpo diretivo será eleito em assembleia geral dos associados, tendo cada associado direito a um único voto.

O segundo princípio é o da livre adesão. Nesse princípio, qualquer cidadão indicado por dois membros da sociedade e aprovado pelos diretores pode tornar-se mais um membro associado, bem como é livre sua saída da sociedade.

Os princípios restantes evidenciados nos estatutos dessa sociedade são: o pagamento de uma taxa limitada de juros ao capital investido, o retorno *pro rata* dos excedentes (proporcional à atividade e à operação de cada um dos associados), a educação dos membros, efetuada por meio de um fundo específico para esse fim, e a neutralidade política e religiosa dessa sociedade.

Quadro 11.1 Princípios doutrinários do cooperativismo expressos nos estatutos da cooperativa de Rochdale[5]

Princípios doutrinários	Estatutos de Rochdale
• Solidariedade	• Associativismo
• Igualdade	• Retorno *pro rata*
• Liberdade	• Gestão democrática
• Fraternidade	• Neutralidade política e religiosa
	• Cooperação voluntária
	• Livre entrada e saída
	• Educação cooperativa

Gayotto e Barros[6] citam:

> Se pensarmos – diz Charles Gide – que os estatutos de sua sociedade (dos pioneiros de Rochdale) foram, desde o começo, tão bem estabelecidos por esses poucos tecelões de flanela, que a experiência de mais de meio século nada encontrou que valesse a pena juntar aos mesmos e que milhares de sociedades criadas depois se limitaram a copiá-los quase que textualmente, não hesitaremos em considerar esse fenômeno talvez o mais importante da história econômica. O sistema cooperativo não saiu do cérebro de sábios ou reformadores, mas das próprias entranhas do povo.

Esses são, então, os princípios doutrinários do cooperativismo, que pouco se modificaram desde aquela época. Eles podem ser resumidos filosoficamente como a liberdade, a igualdade, a fraternidade e a solidariedade, expressas por meio dos princípios universais do cooperativismo. Materializaram-se em uma gestão democrática, na livre adesão, por uma taxa limitada de juros ao capital, pela distribuição das sobras *pro rata*, pela ativa cooperação entre as cooperativas e, ainda, por uma priorização da educação cooperativista. A ACI, órgão máximo do movimento cooperativista mundial, criada em 1895, estabelece até hoje esses princípios como fundamentais para a caracterização de uma cooperativa, bem como para a filiação em seus quadros. Apesar de em várias oportunidades esses pontos terem sido discutidos em suas assembleias gerais, eles passaram por algumas pequenas modificações ao longo do tempo.

11.4 ECONOMIA DAS ORGANIZAÇÕES COOPERATIVAS

O Brasil, como outros países, possui uma legislação específica para o cooperativismo. A Lei nº 5.764, de 16 de dezembro de 1971, em seus arts. 32 e 42, expõe os princípios doutrinários da ACI. Ela caracteriza essa sociedade como uma atividade econômica de proveito comum sem o objetivo de lucro, tendo como características a adesão voluntária, a variabilidade do capital social representado pelas quotas-partes, a incessibilidade dessas quotas-partes, a singularidade de voto, o retomo das sobras líquidas do exercício, a neutralidade político-religiosa, entre outras. O art. 5º assegura o direito do uso da nomeação cooperativa, e o art. 38 enfatiza o princípio democrático que afirma a assembleia geral como órgão máximo de decisão da cooperativa. Essa legislação, com a promulgação da Constituição brasileira de 1988, deveria ter sido revista e modernizada, mas, apesar de haver propostas já há algum tempo em discussão no Congresso Nacional, isso não ocorreu.

---

ii Hoje se observa uma revolução na cooperação causada pela facilidade e pela existência de informações e coordenação *on-line*, que possibilita a ação cooperativada em alguns planos organizacionais diferentes.

A Constituição brasileira de outubro de 1988 contempla o cooperativismo. No § XVIII do art. 52, ela veda a interferência estatal no funcionamento dessas sociedades, que são de livre constituição. O art. 146, § 32, item c, assume o ato da cooperação de forma diferenciada do ato comercial, inclusive para fins de tributação, e o art. 174, § 2, obriga a lei e o Estado a apoiarem e estimularem o cooperativismo e outras formas de associativismo. Apesar desses avanços na legislação da Constituição, acontecidos já há mais de 32 anos, o Congresso Nacional ainda não estabeleceu legislação complementar relativa ao ato da cooperação e ao tratamento especial tributário ao cooperativismo.

Dessa forma, é possível identificar a diferença entre uma cooperativa e uma firma de capital, mostrada sinteticamente na Quadro 11.2.

Quadro 11.2 Quadro comparativo entre empresas de capital e cooperativas

Firma	Capitalista	Cooperativista
Objetivo	Capital (lucro)	Trabalho (serviços)
Gestão	Capital (ação = 1 voto)	Trabalho (associados = 1 voto)
Apropriação	Capital (proporcional às ações)	Trabalho (proporcional à atividade)
Fator de produção arrendado	Trabalho	Capital

Nesse quadro, é evidenciado que o objetivo de uma cooperativa é a prestação de serviços a seus associados, ou seja, o "trabalho" e não o lucro, como em uma firma de capital. Também a gestão é democrática, ou seja, cada associado tem o direito, nas assembleias gerais, a somente um único voto. Nas firmas de capital, cada proprietário tem direito às decisões de forma proporcional à sua participação no capital. Nesses empreendimentos coletivos, a participação nos resultados dá-se mediante uma distribuição proporcional das sobras de acordo com o trabalho e a operação de cada um com sua cooperativa, chamada de *pro rata*, e não como na firma de capital, proporcional à integralização do capital. A participação no capital da sociedade dá-se por meio da subscrição de quotas-partes pelo produtor rural no ato de sua associação na cooperativa. Essas quotas-partes não são negociáveis, como ações de uma empresa. Assim, não é possível negociá-las com terceiros estranhos à sociedade.

Com essas características fundamentais, o empreendimento cooperativo no Brasil é dirigido por um órgão máximo de gestão, que é a assembleia geral, onde cada associado tem direito a um único voto, independentemente de sua participação no capital da sociedade. A assembleia geral escolhe obrigatoriamente um conselho fiscal, composto de três membros e três suplentes, e um conselho de administração, respectivamente responsáveis pela fiscalização dos atos administrativos na sociedade, e pela própria administração do empreendimento coletivo. Esse organograma é obrigatório por lei. Essa é a organização básica dessas sociedades. O organograma, além desses órgãos, é livre para adaptar-se a cada um dos empreendimentos cooperativos e a seus objetivos.

São recomendadas pelas organizações de cooperativas estruturas que possibilitem uma participação maior do associado em sua organização, como comitês educativos, conselhos de produtores ou comitês por área de produção. Esses comitês têm uma dinâmica própria, com regimento interno específico, e possibilitam a reunião de produtores por área de atuação ou por atividade e negócio da cooperativa. Eles permitem que as principais decisões administrativas possam ser discutidas rapidamente por um número significativo de sócios e representantes. Essas estruturas também possibilitam o desenvolvimento da educação para a cooperação entre os associados, que é um dos objetivos do movimento cooperativista internacional.

11.4.1 Economia

O sistema cooperativista no Brasil é representado por organizações estaduais, as Organizações das Cooperativas Estaduais (OCE), e, em nível nacional, pela Organização das Cooperativas Brasileiras (OCB). Em nível internacional, a OCB é filiada à organização americana, Organização das Cooperativas Americanas (OCA), e também à Aliança Cooperativa Internacional (ACI).

Assim, há uma organização tanto nacional como internacional de cooperativas congregando cooperativas de vários setores diferentes da economia. No Brasil, o sistema cooperativista é organizado de uma forma única, com três diferentes objetivos:

1. O sistema de representação **político**, que é a Organização das Cooperativas Brasileiras (OCB).
2. O sistema de **prestação de serviços educacionais e de promoção social** das cooperativas, que é o Serviço Nacional de Aprendizagem do Cooperativismo (Sescoop).
3. O sistema de **representação sindical**, que é a Confederação Nacional das Cooperativas (CNCoop).

As cooperativas são classificadas de acordo com seus objetivos sociais. A OCB classifica em sete os ramos do cooperativismo no Brasil:

1. Agropecuário.
2. Crédito.
3. Saúde.
4. Produção de bens e serviços.
5. Infraestrutura.
6. Consumo.
7. Transporte.

Este capítulo dedica-se principalmente às cooperativas agropecuárias, ou seja, aquelas pertencentes ao agronegócio. Elas caracterizam-se por prestarem serviços como processamento da produção, armazenagem, assistência técnica e comercialização aos produtores rurais. Apesar de existirem também cooperativas de crédito, que têm como objetivo serviços financeiros como aglutinar a poupança de seus associados e possibilitar a obtenção de empréstimos financeiros em melhores condições; e as de transporte, que têm o objetivo de prestar serviços de transporte.

As cooperativas também podem ser classificadas por sua estrutura, como:

- **Singulares**: compostas por associados.
- **Centrais (ou federações)**: compostas não por associados, mas por uma série de cooperativas singulares.
- **Confederações**: compostas por centrais ou federações.

Como exemplo aplicado ao setor, a cooperativa singular de produtores de leite é aquela que recebe e resfria o leite de seus associados, comercializando o leite pasteurizado. A cooperativa central é aquela que recebe o leite resfriado de uma série de cooperativas singulares e produz iogurtes, queijos finos e outros produtos que necessitam de uma estrutura agroindustrial maior. E a confederação das cooperativas centrais de laticínios representa todo esse sistema em nível nacional, influenciando as políticas específicas do setor.

A gestão do empreendimento cooperativista enfrenta uma série de desafios e reflexões, devido à própria evolução das relações comerciais. O cooperativismo contemporâneo vem fazendo reflexões gerenciais – em virtude da necessidade de se manter a rentabilidade na economia capitalista, muitas vezes em detrimento dos serviços a serem prestados aos seus associados – e ideológicas, devido à tendência de possivelmente poderem prevalecer valores capitalistas sobre os valores da cooperação. Também se coloca nessa discussão que a diferença entre uma firma de capital e um empreendimento cooperativo está, além do que já foi colocado, primordialmente, na forma democrática de gestão, em que cada pessoa tem direito a um único voto. Para entendermos essa problemática, é necessário discorrer sobre a economia da cooperação.

11.4.2 Fixação de preços

Este item mostra algumas características econômicas da empresa cooperativa. Em virtude de um maior rigor metodológico – necessário a este capítulo –, utilizam-se conceitos de economia e matemática, sem a pretensão de aprofundá-los. No entanto, toma-se o cuidado de citá-los para que leitores com conhecimentos básicos em economia possam enriquecer a leitura.

Analisando-se a cooperativa, ou em economia podemos nos referir à firma cooperativada, pode-se verificar um modelo de política de preços, representado na Figura 11.1. Esse modelo baseia-se na existência de um monopólio de uma firma de capital e na estratégia de preços de uma cooperativa que entra nesse mercado, situação comum na atividade agropecuária devido aos monopólios ditos geográficos.

Também supõe, como premissa, que a planta agroprocessadora cooperativa tenha o mesmo tamanho e eficiência da planta da firma de capital. De fato, nesse modelo, é pressuposta uma série de simplificações, para melhor discussão.

A firma de capital monopolista vai maximizar seu lucro, igualando seu custo marginal a sua receita marginal, ou seja, a receita marginal é igual aos custos marginais no ponto de máximo lucro.

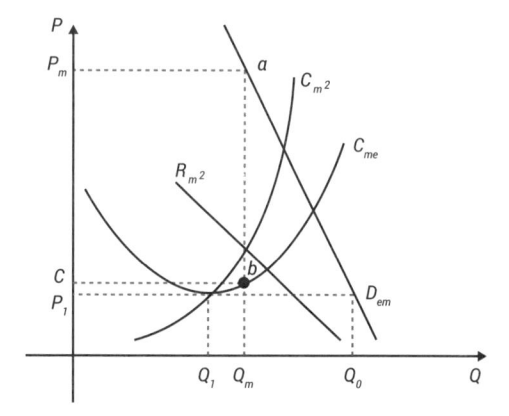

Figura 11.1 Política de determinação de preços.[7]

Portanto, essa firma, oferecendo uma quantidade Q_m a um preço P_m, de acordo com a curva de demanda existente, terá todo um ganho "extra" chamado de monopolista e representado pela área a, b, c, P_m. Dada essa situação e essa diferença de preços, os produtores são levados a se agrupar em uma cooperativa, procurando maiores vantagens negociais e, principalmente, preços menores.

Essa cooperativa poderia tender a fixar seu preço, procurando o mínimo custo e o menor preço possível ao cooperado, ou seja, o custo marginal é igual ao custo médio no ponto de mínimo custo. Ela exerce, então, um preço PI mais baixo possível que, de acordo com sua curva de demanda, gerará uma demanda não satisfeita de $Q_o - Q_l$.

Essa situação não é sustentável devido ao excesso de demanda e pelo fato de que, se ela ocorre, a empresa cooperativa não tem o mesmo ganho "extra" da empresa monopolista (representado pela área a, b, c, P_m) e trabalha sem a possibilidade de um acúmulo de capital para futuros investimentos, como a outra empresa. Assim, a empresa cooperativada não tem como investir em novas tecnologias, ou em novos negócios e mercados, de modo tão eficiente quanto a empresa de capital, a menos que a cooperativa mantenha a mesma estratégia de obtenção de lucros da empresa de capital.

Entretanto, se a cooperativa mantiver a mesma estratégia de fixação de preços da empresa de capital, ocorrerá um conflito óbvio entre a razão inicial de sua formação – que foi o elevado preço inicial praticado pela empresa de capital – e os procedimentos da empresa, podendo levar os associados a uma situação de descontentamento.

11.4.3 Modelo econômico

A próxima análise a ser feita é um desenvolvimento do modelo, de Helmberger e Hoss, apresentado por Knutson,[8] modelo (1), em que o lucro de uma firma de capital agroprocessadora é dado por:

$$L = P_y Y - P_i X_i - P_m M - F \quad (1)$$

Nesse modelo, o lucro (L) é uma função do preço recebido pela processadora (P_y), da quantidade dos produtos processados (Y), do preço (P_i) da quantidade dos insumos (X_i) do preço (P_m), da quantidade da matéria-prima (M) adquirida dos produtores e de um custo fixo (F) dessa empresa.

Considerando, de acordo com Bialoskorski Neto,[9] uma transformação no modelo original, fazendo-se a produção da empresa agroprocessadora como uma função dos insumos e da matéria-prima necessária, $Y = f(X_i, M)$, e maximizando o lucro dessa empresa agroprocessadora em função dos insumos, tem-se como resultado que o valor do produto marginal é igual ao preço do insumo no ponto de máximo lucro dessa empresa e essa empresa agroprocessadora estaria operando em um ponto de máxima eficiência econômica.

Considerando agora a firma cooperativa, o modelo (1) apresentado passaria por uma transformação, pela razão doutrinária de ausência de lucros na cooperação – modelo (2).

$$P_m M = P_y Y - P_i X_i - F \quad (2)$$

Porém, quanto à condição de primeira ordem, relativa aos produtos adquiridos de seus cooperados, o resultado é diferente, ou seja, o valor do produto marginal é igual a zero, e a firma cooperativada estaria trabalhando em uma condição de máxima eficiência física, e não no ponto de máxima eficiência econômica.

Esses resultados demonstram que a firma agroprocessadora cooperativada, devido a um preceito doutrinário de ausência de lucros, poderia estar operando de forma a maximizar seus "serviços" ou os benefícios aos cooperados associados, de forma que essa empresa tenderia a uma situação de máxima eficiência física e não econômica, podendo trazer consequências futuras adversas ao empreendimento coletivo.

Essa situação também poderia ser analisada tendo em vista a disposição do associado para realizar seus "benefícios" individuais de forma mais imediata, em vez de esperar pela distribuição de sobra. Nesse caso, ele esperaria de sua própria empresa uma atitude econômica semelhante à das firmas de capital que se encontram em um mesmo mercado. Desse modo, a cooperativa tenderia: (a) a ter uma eventual ausência de acúmulo de capital necessário a investimentos e tecnologia no longo prazo e (b) a estar trabalhando de modo a beneficiar seus associados, distanciando-se de uma situação de eficiência econômica na gestão da empresa.

Por outro lado, ao se promoverem nesse modelo algumas transformações, nesse caso, a condição de primeira ordem relativa aos insumos necessários à produção Xi, de forma idêntica à equação encontrada para a firma agroprocessadora de capital, ou seja, o valor do produto marginal é igual ao preço do produto, a cooperativa também estaria trabalhando em um ponto de máxima eficiência econômica.

11.4.4 Integração

A integração via empreendimento cooperativado traz benefícios claros ao produtor rural, promovendo a superaditividade das economias envolvidas. Essa condição é satisfeita por meio dos seguintes fatores:

1. Economia de operações combinadas, reunindo operações tecnologicamente distintas de forma a ganhar eficiência no processo produtivo global.
2. Economia de coordenação, mediante a redução de custos de controle e de transações.
3. Economia da informação, facilitando o acesso a informações importantes ao processo de tomada de decisão de produção e comercialização.
4. Economia de relacionamentos estáveis, possibilitando a especialização nas diversas fases de produção e

permitindo um ganho pela eficiência e a diferenciação do produto por meio de marcas e/ou pela qualidade.

Essas economias da integração permitem ao cooperado condições melhores para a agregação de valores a sua produção agrícola, rompendo algumas barreiras na entrada em mercados específicos e propiciando a diversificação. Por outro lado, os empreendimentos cooperativistas apresentam alguns custos específicos de sua integração, como os custos da especialização, podendo levar à existência de barreiras à saída pela aquisição de ativos específicos por parte da economia agregada, ou mesmo no nível do próprio cooperado em seu sistema de produção. Em última análise, o sucesso do empreendimento cooperativado poderá depender de que seu grau de integração vertical ou horizontal possibilite a permanência do cooperado na empresa, de forma que o vetor de benefícios seja maior que o vetor de custos, maximizando seu lucro e sua utilidade, proporcionando ganhos extras em face da produção individual ou a integração em empresas oligopolistas concorrentes.

De qualquer modo, fica evidente que, sob a ótica microeconômica, o empreendimento cooperativado é, por um lado, interessante ao produtor rural, elevando sua renda média e trazendo utilidade, dada a economia da integração. Por outro lado, porém, essa organização tenderia a maximizar os benefícios concedidos a seus associados, que, ao mesmo tempo, são proprietários e usuários da empresa, podendo levar esse empreendimento a uma situação de máxima eficiência física no uso de insumos e não à máxima eficiência econômica, devido ao preceito doutrinário da ausência de lucros ou ganhos.

Essas particularidades, evidenciadas sob a abordagem econômica, podem influenciar a gestão e a administração de uma cooperativa, como é detalhado a seguir.

11.5 TÓPICOS DE GESTÃO EM COOPERATIVAS

Este item pretende abordar alguns tópicos de gestão e administração, que são importantes no caso específico das organizações cooperativistas. Desse modo, não se pretende cobrir todo o leque de conhecimento da administração, mas discutir pontos particulares da gestão dessas empresas.

11.5.1 Relações contratuais

A empresa pode ser vista como uma forma combinatória de relações contratuais entre diversos atores diferentes. As organizações cooperativas podem ser entendidas também como a substituição da cooperação inconsciente entre os indivíduos por relações de cooperação conscientes no nível da mesma firma.

O empreendimento cooperativo integrado vai apresentar certas peculiaridades quanto à teoria dessas relações contratuais. O que provoca essa diferença é o fato de que, na agregação das economias individuais dos produtores rurais associados, para a formação de uma estrutura intermediária entre esses produtores e o mercado, algumas das funções dessas economias particulares são transferidas para a organização cooperativa. Esse fato faz com que, obrigatoriamente, a cooperativa exista para satisfazer às necessidades prementes de cada uma das economias agregadas, sendo gerida pelo grupo de coalizão que deu origem a esse sistema.

Essa gestão comunitária característica das sociedades cooperativas introduz um novo elemento fundamental de análise: o de que a mesma pessoa física, objeto das relações contratuais, seja, simultaneamente, agente e principal da mesma relação contratual, ou seja, respectivamente aquele que é "contratado" para determinada prestação de algum serviço e aquele que é "contratante" de uma atividade.[10] Dessa forma, a própria pessoa física participa das decisões estratégicas, por meio das assembleias, e se "autocontrata" para as etapas posteriores do processo produtivo, inclusive com independência para influir na remuneração dos contratos, ou seja, em sua própria remuneração, como agente desse instrumento contratual.

Esse fato implica a ausência de separação entre o controle e a propriedade, que é um problema particular das empresas cooperativistas. Nesse caso, o mesmo ator executa diretamente a função de controle sobre a própria decisão. Assim, é de fundamental importância a profissionalização da gestão do empreendimento cooperativo, separando os interesses particulares e imediatos de cada associado individual da direção da empresa coletiva. O problema específico de relações dessas empresas cooperativadas poderá impor dificuldade extra de gestão e de relacionamentos dentro do quadro associado, principalmente quanto à gestão profissionalizada.

11.5.2 Gestão

As sociedades cooperativas, como firmas não "lucrativas", são de difícil controle por parte dos cooperados, individualmente ou mesmo por parte da assembleia geral. Essa situação, aliada ao despreparo administrativo dos produtores associados, leva a um resultado que pode ser descrito como uma situação difusa para a propriedade, mas concentrada para o controle. É uma situação que pode favorecer o desenvolvimento da perpetuação da autocracia, tendo sempre o mesmo nome como presidente ou diretor. Interessante notar que é comum nas cooperativas a permanência de presidentes além de seu primeiro mandato, e por vários anos.

Nos empreendimentos que não visam ao lucro, o malogro dos "contratos" dá-se principalmente por deficiência e assimetria de informações explicadas pelas estruturas hierárquicas, por disputa e competição no trabalho interno e nos benefícios oferecidos. Nas empresas gerenciadas pelos produtores, como no caso das cooperativas, o processo de decisão é coletivo, o que demanda grande parte do dia a dia dos dirigentes. Nessas empresas, os membros associados que participam dos colegiados, em geral, não são devidamente experientes ou profissionais na área de negócios.

Há também vários problemas de incentivos aos dirigentes. Quando cooperados, eles não podem participar diretamente do desempenho da empresa de modo diferenciado, uma vez que, como também são cooperados, esses devem participar da distribuição de sobras de modo idêntico aos outros associados. Essa situação particular das empresas cooperativas poderá ser amenizada com a contratação de profissionais experientes para as diversas gerências do negócio associado.

O empreendimento cooperativo no Brasil está sujeito à legislação específica em que, nos artigos referentes à administração, é estabelecida a forma de sua gestão. Dela, portanto, deriva seu organograma, como descrito anteriormente. No organograma da Figura 11.2, o conselho de administração e o conselho fiscal são representações da assembleia geral dos associados, e o diretor-gerente tem uma linha de mando proveniente do conselho de administração e uma linha de controle permanente proveniente do conselho fiscal. É interessante analisar que nesse nível de gestão deverá haver separação nítida entre a direção da empresa e os associados usuários.

Para evitar que o crescimento da empresa coletiva, em virtude da necessidade do ganho de escala, venha a afastar o cooperado associado da participação na direção de sua empresa, deve-se possibilitar a existência de estruturas de participação, como os comitês educativos ou conselhos de produtores, por área de atuação ou produto de especialização. A organização do quadro social (OQS) é muito importante para a participação e indica a necessidade nas organizações cooperativadas de colocar a gestão e as grandes questões estratégicas perto de seu corpo de associados, possibilitando a participação.

A possibilidade de separação da propriedade e do controle nas empresas cooperativas, sem essas estruturas de participação do associado, pode levar a uma série de conflitos entre a administração e o cooperado associado.

Hoje se evidencia que, no processo de profissionalização das cooperativas, os gerentes contratados de maneira nenhuma se guiam exclusivamente pelos interesses dos associados. Eles, ao proporcionarem serviços aos membros, também procuram seus interesses próprios.

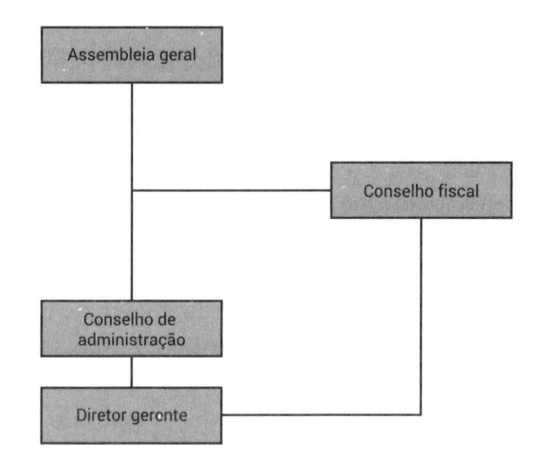

Figura 11.2 Organograma básico de uma empresa cooperada.

Segundo premissa usual da teoria econômica, o gerente quer alcançar renda e prestígio o mais alto e rapidamente possível. Essa premissa leva a duas categorias de conflitos no empreendimento associado:

- A primeira, em decorrência da necessidade de crescimento dos negócios e do resultado da empresa, que leva a gerência a determinar, sempre que possível, um aumento dos preços dos serviços aos associados ou a diminuição de preços pagos ao produtor, que, por sua vez, tenta obter os mesmos serviços de sua empresa a preços minimizados ou pagamento da produção maximizado.
- A segunda, quanto à distribuição das sobras, que a gerência tenta reter para investimentos, enquanto os associados têm uma expectativa de distribuição.

Portanto, nesses empreendimentos, o gerenciamento profissional, aliado sempre à participação do associado nas decisões estratégicas, é a forma de minimizar esses problemas e é indispensável para o sucesso de seus negócios. Assim, a organização cooperativada, pelo fato de possuir associados e de estar, por um lado, com objetivos econômicos e de mercados e, por outro, com objetivos sociais e de interesse de seu quadro social, tem a necessidade premente de dispor um grande esforço tanto de *compliance*, como de *disclosure*, e principalmente de *accountability*.

Há, assim, a necessidade de não somente se ajustar completamente a legislação, ética e procedimentos para o mercado, como também de se ajustar ao seu estatuto e aos interesses de seu quadro de associados (*compliance*).

São importantes a completa transparência e a divulgação de suas ações ao corpo de associados sem, contudo, oferecer informações ao mercado (*disclosure*). Por sua vez, as suas contas, ou a sua contabilidade, têm a necessidade de ser entendíveis, traduzíveis e debatidas entre seus associados (*accountability*). Essas características e esse esforço representam um grande desafio de gestão para as cooperativas.

As organizações cooperativas, necessariamente, têm que começar a tomar suas decisões de acordo com as tendências de mercado em nível global e as principais estratégias de ação empresarial. Desse modo, conceitos como eficiência, coordenação, diversificação, diferenciação, devem estar sempre presentes no processo de gestão da empresa. Porém, dadas as especificidades das empresas cooperativistas, esses conceitos devem ser reanalisados de acordo com uma nova óptica.

Nesse ponto é que deve ser definido se a cooperativa tem por objetivo estratégico a simples prestação de serviços a seus associados, ou se é um empreendimento preocupado com o atendimento das necessidades do consumidor final. Esse dilema nos mostra que não é possível gerenciar negócios tendo como meta apenas uma empresa agroprocessadora com o objetivo de prestação de serviços a seus produtores associados.

Na gestão dos negócios cooperativos, deve-se ter sempre em mente que apenas a eficiência econômica da cooperativa é que vai garantir, no longo prazo, uma melhora no nível de rendimentos do produtor e o desenvolvimento regional. A estratégia de negócios da cooperativa deve objetivar sempre a maneira de atuar no mercado, oferecendo o melhor produto possível ao consumidor, de acordo com seus anseios, mas satisfazendo seus associados sem colocar em risco o sucesso de todo o negócio coletivo. O sucesso da cooperativa depende da participação do cooperado nos seus negócios. Esse é um problema educacional e de comitês educativos, mas também um problema econômico de gestão, em que o sucesso do produtor é tão importante quanto o sucesso da empresa cooperativa. Esse é o conceito de gestão do capital social em cooperativas, que é a sua maior vantagem estratégica.[11]

O conceito fundamental é que a eficiência da empresa cooperativa está fortemente relacionada com a eficiência econômica da unidade de produção associada, isto é, não é possível ter empresas eficientes oriundas da associação de unidades autônomas ineficientes.

Os negócios devem refletir a missão e as estratégias da empresa e podem condicionar um novo relacionamento comercial entre a empresa e o consumidor, e ainda um novo patamar de relação entre empresa cooperada e seu associado, em uma mútua cobrança de desempenho econômico e de qualidade. Deverá haver uma eficiente gestão do capital social da cooperativa, com ética e *compliance*, muita transparência (*disclosure*), e principalmente envolvendo os associados com *accountability*.

11.5.3 Eficiência econômica e social

Na análise de eficiência das empresas cooperativas, deve-se atentar para dois detalhes:

- A eficiência social, ou seja, a capacidade de a cooperativa assegurar aos associados a obtenção de seus objetivos econômicos.
- A eficiência financeira da empresa.

Desse modo, é possível analisar a eficiência social por meio da observação da participação do cooperado, de sua atividade de negócios com a empresa e do nível de crescimento de sua renda particular. Para analisar a eficiência financeira, usam-se os instrumentos tradicionais de análise, os demonstrativos financeiros e os índices de eficiência. Quanto a esses, porém, é necessário, em virtude de particularidades dessas sociedades, atentar para alguns detalhes.

Na análise de balanços das sociedades cooperativas, devem ser considerados os aspectos da inexistência de lucro e da existência de sobras, que, apesar de serem consideradas nas mesmas contas do patrimônio líquido, têm a possível tendência de serem menores, pelo fato de que a cooperativa não objetiva sua maximização. Outros fatores de importância são: a época de elaboração do balanço, devido à sazonalidade da produção e, portanto, o nível de estoques; e o valor pelo qual o estoque é considerado, se pelo valor de custo ou de mercado.

A comparação, mediante índices financeiros, de empresas não agrícolas com empresas agropecuárias, como também de empresas agropecuárias de capital com empresas agropecuárias cooperativas, não é trivial. Essa situação particular das sociedades cooperativas pode levar a alguns problemas na análise de eficiência e de endividamento dessas empresas, principalmente para analistas que desconhecem a atividade agropecuária e as características da empresa cooperativa. O desafio é calcular e traduzir o valor gerado pela eficiência econômica da cooperativa, tanto para o desenvolvimento regional e os municípios como para o próprio associado.[12]

11.6 TENDÊNCIAS E ESTRATÉGIAS DAS COOPERATIVAS NOS AGRONEGÓCIOS

As estratégias das cooperativas nos agronegócios, em nível global, têm levado ao aparecimento de uma nova geração de cooperativas nos EUA, ao estabelecimento de *networks* de cooperativas na União Europeia e à ocorrência de grandes processos de fusões e aquisições visando à internacionalização de negócios.

Também pode-se notar uma estratégia de *desmutualização* dos negócios cooperativados, principalmente nos países desenvolvidos. Nesse processo, as cooperativas abrem o capital em bolsa de valores ou aceitam investidores em seus quadros associados e tendem a se reconverter em empresas de capital aberto, não atuando mais como cooperativas.

É oportuno notar que, no Brasil, as organizações cooperativas operaram e operam modificações com uma dinâmica significativamente menos intensa que as cooperativas no restante do mundo. As dificuldades encontradas nos processos de fusões e aquisições, como no caso das cooperativas de café nos estados de São Paulo e Minas Gerais ou das cooperativas de leite da região centro-sul do Brasil, ilustram essa situação.

Cooperativa é uma organização que apresenta alguns problemas de incentivos contratuais, quando se organiza de forma tradicional. Os empreendimentos cooperativados ocorrem quando há a coalizão de determinado grupo de agentes econômicos (produtores rurais) com os mesmos objetivos. Assim, a participação na cooperativa e a subscrição de quotas-partes geram o direito de uso dos serviços prestados pela organização. Todavia, como a cooperativa é um bem comum do grupo social, e não há uma divisão clara entre a propriedade e o controle, essa empresa é induzida para uma situação em que esse direito é difuso para o grupo que não participa diretamente do controle e da gestão do empreendimento.

Quanto aos direitos sobre os resíduos da operação – resultados ou sobras –, esses ocorrem na cooperativa de forma proporcional à atividade de cada membro com sua organização, ou seja, *pro rata* das operações. Esse direito aos resultados é definido doutrinariamente e por lei, como um direito às sobras das operações da cooperativa, que terão de ser aprovadas em assembleia geral para distribuição aos associados, após o direcionamento de recursos aos fundos indivisíveis, como o de assistência técnica e educacional, de contingências e de investimentos, se existir.

Assim como ocorre na maioria das cooperativas brasileiras, dificilmente há distribuição de sobras ao final do período contábil, fazendo na prática com que o direito ao resultado das operações não exista, seja difuso e de difícil controle e monitoramento por parte do associado que deveria tê-lo.

Deve-se também considerar que em uma cooperativa as quotas-partes são não negociáveis, por definição de lei, fazendo com que, na prática, não exista o direito de alienação do ativo do qual esse associado é proprietário ou a transformação desse seu direito em unidades monetárias. Dessa forma, a aplicação de recursos de capital na cooperativa não se constitui como uma reserva de valor para o associado, apesar de esse poder reaver seu capital corrigido por uma taxa limitada de juros, no caso de sua desistência de participação na organização.

11.6.1 Nova geração de cooperativas

A nova geração de cooperativas (NGC) é definida como uma forma de arquitetura do empreendimento cooperativo que mantém os princípios doutrinários do cooperativismo, como a cada associado sendo destinado um único voto – igualitarismo – e a participação nos resultados, de acordo com as atividades de cada um com sua empresa – *pro rata*. No entanto, ela traz modificações nos direitos de propriedade para induzir a organização cooperativa a um nível maior de eficiência econômica.

Essas organizações são formadas por agricultores selecionados, com o objetivo claro de estabelecer uma planta de processamento para a agregação de valor às *commodities* agropecuárias. A visão e o objetivo inicial são os do mercado, e não os dos produtores. Desse modo, essa organização é "*market oriented*" e não apenas "*producer oriented*", o que é comum no processo de formação de cooperativas.

Na NGC, ocorre também a obrigatória capitalização do novo empreendimento pelo próprio associado, proporcionalmente à produção a ser entregue no futuro, podendo haver financiamento por parte de agentes financeiros diretamente aos produtores interessados. Desse modo, tem-se uma quota de participação que dá o direito ao associado de transacionar com sua cooperativa certa quantidade pré-estipulada de produto com determinada qualidade também pré-estipulada, o que é chamado de direitos de entrega ou "*delivery rights*".

Os direitos de uso da planta processadora cooperativa são passíveis de transferência. Assim, há a garantia de que os investimentos efetuados sejam uma reserva de valor para os produtores rurais. Isto é, será possível transacionar "em balcão" os direitos – ou parte desses direitos – de entrega na cooperativa agroprocessadora. Assim, essas organizações mantêm os princípios doutrinários e os objetivos da cooperação, mas, por outro lado, permitem que haja estímulo e incentivo no incremento da eficiência econômica e coordenação do sistema agroindustrial.

Deve-se ressaltar que a NGC caracteriza-se por um empreendimento bem focado em áreas definidas de negócios. O crescimento, como a diversificação, ocorre por meio do estabelecimento de novas organizações cooperativas, podendo haver a interligação dessas com outros negócios por meio do estabelecimento de redes (*networks*) entre cooperativas. Essas redes são uma vantajosa forma de coordenação entre cooperativas. Como essa organização permanece como uma cooperativa, essa vai apresentar uma forma de governança hierárquica que minimiza os custos de transação e provê essa cooperativa com uma excelente forma de coordenação estrita do sistema agroindustrial.

11.6.2 Virtualização dos negócios

As cooperativas agropecuárias no Brasil, motivadas pelo processo de agregação de valor às *commodities* agropecuárias, passaram por um processo intenso de verticalização que teve como consequência direta altos investimentos realizados em uma pesada infraestrutura produtiva. Esses investimentos foram historicamente realizados nas plantas processadoras de soja – com o intuito da produção do óleo de soja; no café, em armazenagem e estrutura de beneficiamento, secagem e exportação dos produtos; nos grãos, em estrutura de armazenagem, transbordo e transporte da produção, e nas cooperativas de leite, em estruturas de resfriamento e produção de produtos lácteos.

Hoje, observa-se uma revolução na cooperação causada pela facilidade e a existência de informações e coordenação *on-line*, que possibilita a ação cooperativada de vários planos organizacionais diferentes. Assim, pode-se visualizar uma transformação no cooperativismo agropecuário, com o uso cada vez mais intenso de aplicativos e instrumentos *on-line* para dinamizar setores cooperativados, como de compras, comercialização e assistência técnica, tornando as cooperativas agroindustriais cada vez mais ágeis, próximas de seus cooperados e se transformando na direção de cooperativas parcialmente virtuais.[13]

Em razão dos altos custos das estruturas tradicionais, surge também a formação de cooperativas que acabam por não possuírem ativos imobilizados e estruturas de processamento e distribuição próprias. Essas organizações acabam por não ter nas economias de tamanho e escala sua vantagem de custos, mas objetivam a vantagem de custos na ausência de manutenção e de investimentos em seus próprios imobilizados, funcionários e corpo administrativo próprio.

As chamadas cooperativas virtuais são organizações cooperativadas caracterizadas por um número pequeno de produtores rurais associados, entre 20 e 30 produtores, que não possuem prédios ou administração e que movimentam pequena quantidade de *commodities* agropecuárias, mas com altos e diferenciados padrões de qualidade, ainda orientados para nichos internos de mercado. Essas cooperativas são chamadas de virtuais, uma vez que não possuem uma sede ou um parque industrial fixo e iniciam um processo de informatização de suas atividades com o objetivo também de tornar virtual o contato com seus associados, clientes compradores e fornecedores.

Quanto à estruturação financeira dessas novas organizações, deve-se considerar que obedecem a uma nova lógica de engenharia financeira, uma vez que não se considera o imobilizado e que poderão ou não estar no mercado transacionando, isto é, dependem apenas do estímulo de preços. Se os preços e os resultados não compensam, a atividade apenas cessa, e a volta aos negócios ocorre somente em melhores condições de mercado.

Ao final, pode-se considerar que as cooperativas chamadas de "virtuais" são, na verdade, empreendimentos oriundos de uma coalizão de interesses, o que faz com que, pela ausência de financiamentos e imobilizados, os produtores rurais membros não tenham nenhum compromisso de fidelidade ou de dependência da cooperativa e as relações de contrato recebam o incentivo direto e imediato apenas de preços.

Quanto à análise financeira, há uma redução de custos ponderados de capital, detalhe muito importante para as sociedades cooperativas que costumam ter altos custos de capital de terceiros, e uma expectativa de maior valor presente líquido, que é relevante para cooperativas que operam em países onde as taxas de juros são mais elevadas por motivos macroeconômicos.

11.6.3 Internacionalização, fusões e aquisições

Esses processos são notados com grande intensidade em países desenvolvidos, onde foram formadas grandes cooperativas decorrentes de processo de fusão, como na atividade de leite nos EUA e de grãos no Canadá. Essas iniciativas possuem direção estratégica contrária à das cooperativas virtuais ou *networks*.

Inicia-se também uma movimentação no sentido da internacionalização de negócios de cooperativas, pela qual essas acabam por estarem presentes, com escritórios e representações, em vários países. Deve-se ressaltar, porém, que também já se nota o processo de transnacionalização de cooperativas.

Entende-se por esse processo a efetivação de uma arquitetura organizacional cooperativa com plantas industriais e membros em diferentes nações. Esse processo, já relatado na União Europeia, ainda não ocorre significativamente nos países latino-americanos e no Brasil, apesar de que já pode ser notado nas fronteiras do Mercosul.

Uma cooperativa transnacional certamente deverá apresentar algumas economias nítidas de escala, facilidade de posicionamento em mercados de diferentes países e, portanto, uma eficiência econômica maior, e também melhor capacidade de geração de resultados e benefícios econômicos a seus membros.

A vantagem é que se reduzem custos de governança e transação, pelo fato de os empreendimentos cooperativos terem estrutura organizacional semelhante, isto é, uma arquitetura organizacional baseada nos mesmos princípios cooperativos da aliança cooperativa internacional e, portanto, constituindo-se em um processo que poderá ocorrer na mesma "linguagem" doutrinária e de negócios.

11.6.4 Consórcios e integração horizontal

No Brasil, nas últimas décadas, percebe-se uma intensificação em ações de coordenação entre cooperativas – integração horizontal – e a formação de consórcios de cooperativas com objetivos muito focados e específicos. O consórcio é uma estratégia pela qual as cooperativas procuram incrementar o seu poder de barganha nos mercados. É uma forma de concentrar esforços de empresas por meio da associação mútua para assumir determinada estratégia que, isoladamente, elas não teriam condições econômicas, técnicas ou financeiras para realizar.

De acordo com a legislação brasileira, as cooperativas podem constituir consórcio que não possuirá personalidade jurídica própria. Dessa forma, as cooperativas consorciadas, nesse arranjo contratual, relacionam-se de acordo com condições contratuais respondendo cada qual por suas obrigações. Assim, o consórcio consiste na associação de cooperativas, que não perderão sua personalidade jurídica própria, para uma finalidade comum que exige conhecimento especializado para sua execução.

Os principais tipos de consórcio são constituídos para a atuação no mercado de capitais, para as atividades de pesquisa ou uso comum de tecnologia para a participação em mercados etc. O consórcio é administrado por uma empresa designada líder. A entidade consorciada nomeada líder no contrato de consórcio será responsável pela escrituração contábil e pela guarda dos documentos comprobatórios das operações do consórcio.

É importante ressaltar que seria ilegal a formação de consórcio visando restringir a liberdade de comércio, a dominação do mercado, a eliminação da concorrência ou o monopólio para a obtenção de elevação de preço. No entanto, permite-se a sua formação para propiciar, por exemplo, compras em conjunto e melhores estratégias para as cooperativas integrantes. Também há outra característica importante, que é a eventual liquidação de uma cooperativa consorciada. Isso poderá influenciar a escala do consórcio, mas não influenciará legalmente as outras integrantes dele, estando, portanto, essa forma organizacional imune ao risco unilateral de determinada cooperativa.

Como o consórcio não tem personalidade jurídica, ele não recolhe tributos, e quem o faz são as respectivas cooperativas consorciadas, na razão de suas atividades e arrecadações, quando atuam pelo consórcio. Também o consórcio não fatura, não apura lucro e não contrata. Mas isso poderá constituir-se também em um problema. Há consórcio que passou a atuar como cooperativa central com personalidade jurídica própria, pois a forma de consórcio implicava um processo contábil de muita burocracia e pouca agilidade, tornando-se um obstáculo para estratégias mais eficientes.[14]

BOXE 11.1 Dois casos de consórcios de cooperativas agropecuárias[15]

De acordo com Bialoskorski Neto, o **Consórcio A** foi formado por 14 importantes cooperativas produtoras de algodão e soja dos estados de Santa Catarina, Minas Gerais, Mato Grosso do Sul, Mato Grosso, Bahia e Goiás, contabilizando no total 15 mil produtores. O consórcio tinha por finalidade obter melhores negociações e preços com os fornecedores de defensivos agrícolas, que vinham aumentando de preço nos últimos anos e tinham um grande peso nos custos dos insumos utilizados na produção rural. Os vendedores de defensivos também obtinham uma grande margem em cima dos produtores rurais; tal fato ocorria devido à concentração de mercado do lado dos vendedores desses insumos.

A criação do consórcio possibilitou melhor competitividade, conseguindo então que preços, financiamentos e prazos fossem mais bem negociados, trazendo impactos positivos para as cooperativas participantes. O consórcio é uma estratégia de *pool* de compras e também baliza o preço dos insumos no mercado. O resultado final desse modelo de cooperação é justamente aumentar o poder de barganha das cooperativas.

As 21 cooperativas consorciadas representavam cerca de 79 mil agricultores que representam 16 milhões de toneladas de grãos, ou seja, 20% da produção brasileira de soja, 10% de milho, 14% de café e 60% de algodão. Assim, esses números indicam aproximadamente 17% da produção brasileira de alimentos em uma área explorada de 8 milhões de hectares.

(continua)

(continuação)

O consórcio de cooperativas gerou mais eficiência, os resultados foram positivos nos primeiros anos e o grupo investiu em logística. Isso fez com que, hoje, o grupo detenha uma marca de defensivos agrícolas, importe e distribua genéricos e tenha a função de balizador de preços no mercado nacional. Hoje, o consórcio comercializa poucos produtos com marcas de terceiros, na sua maioria fungicidas, herbicidas e pesticidas.

Dois anos após a criação do Consórcio A, ele se transformou em uma S.A., com o objetivo de se expandir para os estados de São Paulo, Paraná, Santa Catarina e Rio Grande do Sul, tentando atrair novas cooperativas para o consórcio.

As cooperativas encontraram no modelo de consórcio uma forma inovadora de agregar valor a elas, também vencer alguns desafios existentes na negociação de produtos e iniciar um processo de intercooperação. Esse modelo de intercooperação possibilitou a criação de parcerias estratégicas, mas a sua forma contábil e de controle se provou ineficiente, fazendo com que a organização tomasse outras formas organizacionais para facilitar as operações mercantis.

O que originou o **Consórcio B** foi a necessidade de que as cooperativas pudessem intercooperar, unindo suas forças e formando um consórcio no estado do Paraná, possibilitando a criação de um consórcio objetivando uma ação conjunta das cooperativas para redução dos custos dos insumos e também da dependência das grandes empresas multinacionais que controlam o setor. Esse teve como associadas inicialmente 19 cooperativas agropecuárias, respondendo por 25% da produção nacional de grãos, tendo sido assim a maior aliança entre cooperativas de produção agrícola na América Latina.

Assim como outros consórcios, esse teve como objetivo desenvolver escala, fazer planos de médio e longo prazos para, dessa forma, conseguir beneficiar todo o sistema existente dentro do consórcio. O grupo de intercooperação coordenou e desenvolveu negociação e distribuição de insumos agrícolas.

As cooperativas intercooperantes representavam 4,3 milhões de toneladas ou 8% do total da produção de soja do Brasil; 4,0 milhões de toneladas ou 7% do total da produção de milho; 1,2 milhão de toneladas ou 20% do total da produção de trigo do país; ou seja, 10 milhões de toneladas de grãos ou 7,5% da produção de grãos brasileira; ocupava 2,5 milhões de ha de área plantada, perfazendo 5,2% da área plantada brasileira.

No entanto, o consórcio tornou-se uma cooperativa central. Essa nova configuração jurídica ocorreu porque o consórcio não tinha autonomia, contábil, para importar e comercializar em seu nome próprio, o que tornava as operações muito ineficientes, e assim o grupo de cooperativas optou por essa mudança organizacional, fazendo com que as atividades mercantis da intercooperação ficassem mais simples e dinâmicas. Apesar da mudança, os objetivos do grupo ainda continuam os mesmos, ou seja, a compra de defensivos agrícolas a preços melhores; e, no futuro, o grupo ainda poderá comercializar de fato as *commodities* produzidas.

Pode-se analisar que a forma organizacional em consórcio foi nos dois casos uma estratégia inicial de relações contratuais sem transferências diretas de direitos, deveres ou de responsabilidades financeiras e de ativos. Essa flexibilidade contratual foi a forma inicial que possibilitou o início da intercooperação entre as cooperativas. Forneceu assim a segurança institucional necessária para o início as atividades sem um grau de transferência de responsabilidades e de direitos entre os participantes.

O sucesso econômico inicial e a facilidade de gestão puderam evidenciar as vantagens dessa estratégia de intercooperação e provocar a confiança – *trust* – entre os participantes por meio de um jogo recorrente ganha-ganha, que, por seu sucesso em estratégias e de mercado, transforma-se ao longo do tempo em formas mais refinadas de negócios. As formas mais refinadas de intercooperação nasceram do sucesso das estratégias econômicas e da confiança contratual que o consórcio propiciou ao longo dos primeiros anos, em um caso centralizando-se as operações em uma cooperativa central, e em outro por meio de uma série de empresas, tornando-se a estrutura inicial uma controladora.

Em razão dos benefícios econômicos iniciais, todo o processo de decisão se tornou fluido e não ocorreram obstáculos para a aprovação de propostas organizacionais mais complexas nas assembleias gerais das respectivas cooperativas integrantes do consórcio. Por outro lado, a confiança mútua oriunda de contratos relacionais permitiu estratégias e formas organizacionais que implicassem responsabilidades financeiras maiores e processos diferentes de divisão de direitos de propriedade e controle.

O importante é que esse processo iniciou-se e desenvolveu-se sem que as cooperativas participantes perdessem a sua identidade organizacional, e assim não ocorreu perda de poder por parte de dirigentes, ameaça ao quadro funcional de colaboradores ou afastamento das cooperativas de seus associados. Também as ações estratégias adotadas foram de Tipo I, pelo qual todos se beneficiaram, em um jogo de apenas uma solução. A conjunção desses fatores e a adequação do processo ao ambiente institucional e cultural brasileiro propiciaram o sucesso do estabelecimento da estratégia bem como, posteriormente, o seu crescimento em complexidade.

11.7 CONSIDERAÇÕES FINAIS

Esse item oferece uma síntese das discussões ao leitor, possibilitando uma sistematização das principais vantagens de negócios e das dificuldades de gestão dos empreendimentos cooperativos.

11.7.1 Vantagens de negócios

O cooperativismo apresenta, para o produtor rural, grande vantagem, uma vez que essa forma de organização comprovadamente aumenta seu nível de renda, apresentando-se, portanto, como uma empresa altamente interessante.

Isso se dá por três vertentes. A primeira possibilita uma estrutura econômica de agregação de economias particulares, beneficiando as transações ao longo da cadeia agroalimentar, facilitando o relacionamento do produtor com as estruturas de mercado oligopolizadas a montante e a jusante de seu estágio de produção e trazendo economias em seus negócios por meio das escalas de negociação. A segunda possibilita uma diminuição nos custos de transação dos produtores rurais, devido à forma organizacional cooperada, isto é, permite economias nas transações de mercado, na utilização de ativos específicos e nas transferências de preços, de informações estratégicas e de tecnologia. A terceira deve-se à fundamentação doutrinária, que é a distribuição *pro rata* das sobras do exercício, o que possibilita uma prática de preços de médio prazo menores que os de mercado, fazendo com que se reduzam os custos de produção e, portanto, exista aumento da renda do produtor.

Também a forma organizacional das sociedades cooperativas apresenta algumas vantagens evidentes, em face das sociedades de capital, sob a ótica das estratégias do complexo agroindustrial e da economia de empresas. A "integração" cooperativada permite que o produtor, como agente e principal de uma mesma relação contratual, com maior facilidade e estímulo, possa redirecionar seu sistema de produção para as exigências modernas dos consumidores, fazendo uso de mudanças tecnológicas difundidas por sua própria empresa, possibilitando uma resposta com maior eficiência e, portanto, a coordenação da cadeia pelos consumidores, o que é uma tendência mundial hoje. Para que isso ocorra, é necessário o uso das estruturas de participação para a transferência de informações estratégicas, fazendo uma ponte direta entre o consumidor e o produtor rural, uma vez que as transformações de qualidade do produto alimentício devem começar no processo produtivo da *commodity* no nível da propriedade.

Também a adoção de novas tecnologias de produção articuladas entre todas as fases da cadeia é facilitada na estrutura cooperativista, uma vez que a decisão por uma nova modalidade tecnológica poderá ser efetuada pela sociedade em conjunto, nas estruturas de participação. Portanto, contribui para uma maior eficiência da empresa cooperativista – se essa souber utilizar essa vantagem – a possibilidade de melhor coordenação da cadeia agroalimentar como um todo, no estabelecimento conjunto de estratégias corporativas, por meio das assembleias gerais dos associados, e na transferência mais clara de preços, de oportunidades e de informações. Essa capacidade de coordenação pode ser analisada em todas as suas dimensões na Figura 11.3.

11.7.2 Dificuldades de gestão

Entre as dificuldades, encontramos, inicialmente, a própria questão doutrinária do cooperativismo quanto à inexistência do lucro, levando a uma situação em que poderá existir uma tendência de maximização do ganho

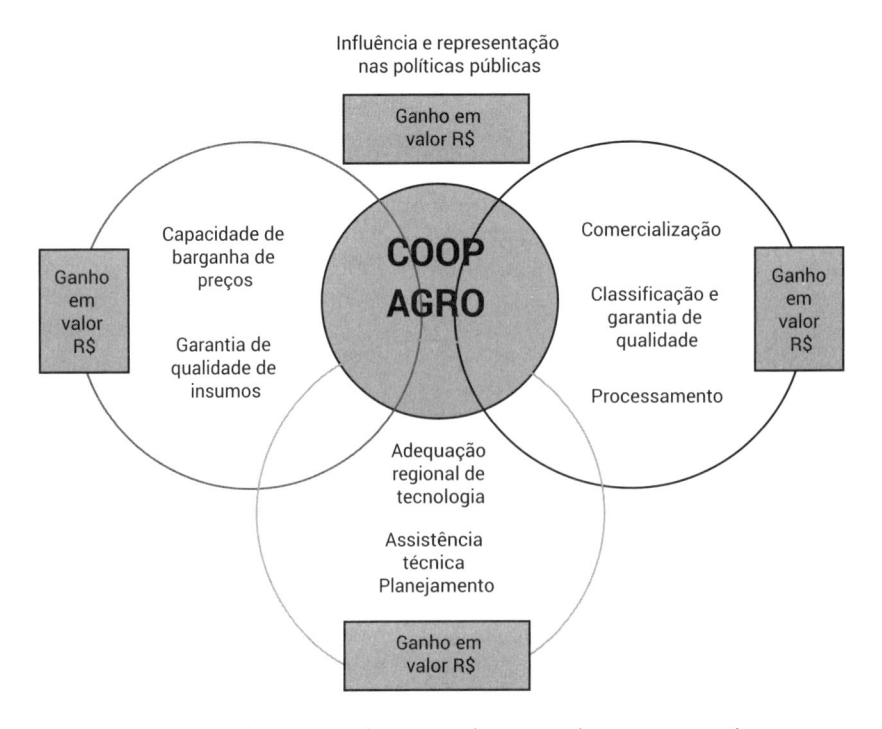

Figura 11.3 Vantagens e valor agregado ao produtor rural em cooperativas agropecuárias.

isolado do produtor e não de sua cooperativa. Tal procedimento, pelo modelo (1), representado na seção 11.4.3, levaria a empresa agroprocessadora cooperativada a um ponto de máxima eficiência física na utilização de insumos e não a uma máxima eficiência econômica. Esse problema também pode ser entendido como uma particularidade desses empreendimentos na qual a divisão entre a propriedade e o controle não é definida, o que leva a situações em que o ganho individual poderá ser evidenciado em detrimento do coletivo.

Há dificuldades nas relações x da Figura 11.44, em que os investidores são os principais e a cooperativa apenas agente; na relação z, em que a cooperativa é a principal e o associado somente agente; e na relação y, na qual os associados na assembleia geral são os múltiplos principais e a cooperativa apenas agente. Essas relações são complexas e apresentam frequentemente dificuldades e conflitos de interesses.

Além disso, o entendimento do preceito doutrinário da livre entrada e saída da sociedade cooperativa induz a uma situação contratual frágil que não proporciona valorização adequada do cooperado ativo em sua organização.

Assim, o próprio conceito de cooperação fica prejudicado, uma vez que permite ao associado transacionar com sua empresa somente quando lhe é particularmente favorável e não com a empresa como um todo coletivo. Isso faz com que a empresa transfira para a economia particular cooperada suas eficiências e benefícios, e que, ao contrário, esse associado não transfira para sua empresa suas próprias eficiências e benefícios, o que contribui para seu desgaste econômico.

Isso é evidenciado quando se observa que há reflexos na situação financeira das cooperativas em consequência do aumento na proporção de cooperados ativos na sociedade. Essa evidência denota a necessidade de se manter no cooperativismo relações contratuais mais estáveis entre os agentes e principais, que prevejam também os oportunismos dessas relações.

O próprio preceito doutrinário de democracia, isto é, a cada homem um voto, pode desestimular a participação e a atividade dos associados em sua empresa. Também a não divisão entre o controle e a propriedade pode levar à perpetuação da gestão dessas sociedades, já que, em grande parte das cooperativas, seus presidentes já passam, de longe, do primeiro mandato.

11.7.3 Recomendações

Podemos citar dois níveis de recomendações. O primeiro é aquele que pode contribuir para um trabalho de análise e auditoria em empresas cooperadas, e o segundo é aquele que pode somar-se aos debates referentes ao desenvolvimento gerencial nessas sociedades.

No nível de um trabalho de análise e auditoria em cooperativas, além das informações usualmente verificadas, como aquelas referentes aos índices econômicos financeiros, ao organograma da empresa e à estrutura de apropriação e de custos, entre outras, podem-se somar outras análises fundamentais ao entendimento da eficiência dessas empresas de trabalho.

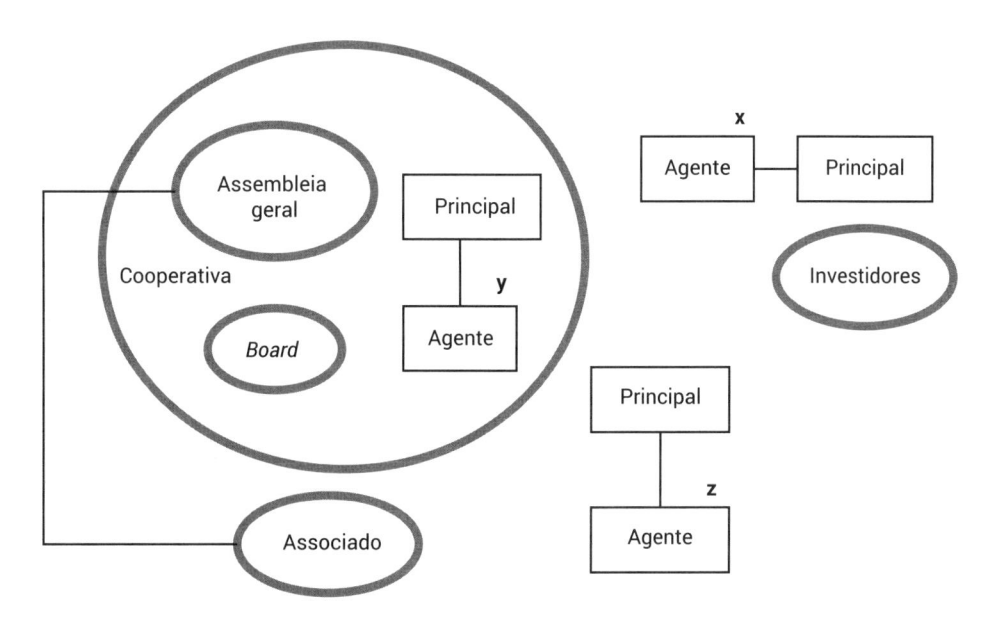

Figura 11.4 Relações em organização de múltiplos principais, entre agentes e principais em diversos níveis em cooperativas.

A primeira é a análise da divisão entre a propriedade e o controle em cooperativas, que poderá ser efetuada por meio da análise da profissionalização da gestão, da direção empresarial e dos objetivos econômicos dessa sociedade. Esse olhar possibilitaria a percepção da situação da empresa, se ela está maximizando os objetivos coletivos da sociedade ou os interesses individuais dos associados. Isso também poderia ser vislumbrado mediante as políticas de preços das cooperativas, pagos e recebidos, de sua transferência aos cooperados e, no caso de existirem sobras, da investigação de qual seja seu montante financeiro e de qual é sua utilização.

A segunda é a análise das relações contratuais nessa empresa, que são de fundamental importância. Isto é, interessa investigar de que natureza é a relação entre o cooperado e sua cooperativa, qual o montante de operações realizadas pelos cooperados individualmente, qual é sua frequência e se há ou não oportunismos contratuais nesse relacionamento. Isso poderá ser dimensionado por meio do percentual de operação de cada uma das firmas associadas com a cooperativa em face do total de suas operações, além da comparação com a dinâmica de outras firmas concorrentes no mesmo mercado.

Deve-se também proceder a uma descrição da cadeia agroalimentar na qual essa cooperativa está inserida e do processo de coordenação dessa cadeia, percebendo-se a dinâmica da transferência tecnológica, de preços e de informações estratégicas, bem como avaliando-se as estruturas de participação do cooperado em sua empresa, inclusive no tocante ao processo de planejamento estratégico e tático de sua organização.

Outro ponto fundamental nesses debates é o de que a cooperativa é uma empresa de trabalho com o objetivo de gerar serviços a seus associados. Isso só será possível de forma consistente se essa empresa crescer sob alguns preceitos de mercado, de acordo com premissas usuais de maximização de resultados, distribuindo seus frutos após o exercício, de modo a possibilitar os investimentos com capital próprio e exigir dos cooperados associados que mantenham também o nível de eficiência econômica de mercado, sem transferir para a empresa cooperativa suas ineficiências econômicas.

Assim, a empresa cooperativista tem que agir de acordo com a lógica econômica de mercado, tanto para "fora" da organização, como é nítido, como também para "dentro" da organização, na relação com seus associados. Somente isso garantiria sua eficiência empresarial e, portanto, sua eficácia social.

Outro ponto de importância nessas discussões diz respeito à participação nas decisões do empreendimento coletivo de acordo com a participação nas operações da empresa cooperada. Uma vez que as quotas-partes são limitadas e não negociáveis, não se apresentando como ações de capital, mas como quotas de trabalho, talvez o critério de votação pudesse ser orientado com o intuito de buscar a maior participação e atividade do cooperado em sua empresa, sem ferir os princípios fundamentais da democracia e da igualdade. Isto é, a cooperativa não pode ser entendida aqui como uma associação de egoísmos individuais, sem divisão entre a propriedade e o controle, a serviço da maximização do lucro do associado individual. Deve, antes, ser entendida como uma empresa que deve gerar benefícios, a partir da coalizão econômica eficiente, por meio do mutualismo e da cooperação intersetores, como forma da "distribuição" do "bem-estar".

Desse modo, teríamos que afirmar os conceitos primitivos da cooperação, abstraídos os oportunismos e o individualismo, mas absorvendo nessas sociedades alguns princípios de eficiência contidos na concorrência econômica, que os primeiros "cooperativistas", os socialistas utópicos, tão veementemente repudiaram. Talvez esse seja em si o verdadeiro debate que deva ser travado.

Devemos lembrar também que a cooperativa formada em 1844 em Rochdale não vendia a prazo, bem como praticava os mesmos preços do mercado, isto é, tinha clara essa questão. Parece que Gide tinha razão ao dizer que pouco deve ser modificado ou acrescentado à estrutura organizativa e doutrinária dos pioneiros de Rochdale, de 1844 até hoje.

No próximo século, o caminho das relações econômicas não será o da liberdade absoluta – ou da ditadura do mercado – nem aquele da igualdade absoluta – ou da ditadura do proletariado –, mas o da fraternidade, em que os agentes econômicos serão interdependentes e suas relações econômicas baseadas na cooperação.

EXERCÍCIOS

1. Descreva as diferenças entre uma firma de capital e uma cooperativa, faça um paralelo delas e comente as principais dificuldades de gestão e as principais vantagens de cada uma dessas organizações empresariais.

2. Considerando uma situação de mercado de monopólio, em determinada região, como uma cooperativa recém-instalada deveria proceder para estabelecer seu nível de preços? Comente os prós e contras de cada uma das situações possíveis.

3. Analisando as tendências expostas, faça algumas recomendações de política de gestão para uma tradicional cooperativa de uma pequena localidade que tem na agropecuária sua principal fonte de recursos.

4. Comparando uma empresa agroindustrial de capital com uma cooperativa, em que caso estas duas empresas devem ter gestão semelhante? E em que situação essas empresas necessariamente deveriam ter políticas de negócios diferenciadas?

5. Como, em sua análise, a Internet e os aplicativos influenciarão a gestão de negócios e a gestão do capital social (organização do quadro social) em cooperativas agroindustriais?

QUESTÕES PARA REFLEXÃO

1. Uma vez que o agronegócio brasileiro, nas últimas décadas, "migrou" das regiões Sul e Sudeste do país para a região Centro-Oeste, principalmente com as atividades de soja, milho e grãos, algodão, e pecuária de corte, pergunta-se: Por que as cooperativas não estão presentes no Centro-Oeste com a mesma intensidade com que estão presentes nas regiões Sul e Sudeste do Brasil?

2. Por que, nas últimas décadas, o cooperativismo agropecuário dos estados do Paraná e de Santa Catarina cresceu em tamanho e importância, verticalizando a produção, exportando e se consolidando, enquanto as cooperativas nos estados de São Paulo e Minas Gerais perdem em relevância, praticamente sem verticalização, com a liquidação de importantes cooperativas, em especial na atividade do leite?

NOTAS

1. OCB – Organização das Cooperativas Brasileiras. *Anuário do Cooperativismo Brasileiro 2019*. 112 p.
2. BIALOSKORSKI NETO, S. Cooperativas agropecuárias no estado de São Paulo: uma análise da evolução na década de 90. *Informações Econômicas*, São Paulo/SP, v. 35, n. 8, p. 1-11, ago. 2005.
3. GAYOTTO. A. M. *Formas primitivas de cooperação e precursores*. São Paulo: ICA – Instituto de Cooperativismo e Associativismo. 1976.
4. LAMBERT, P. *La doctrina cooperativa*. Buenos Aires: Intercoop, 1975.
5. Fonte: LAMBERT, P. *La doutrina cooperativa*. Buenos Aires: Intercoop, 1975.
6. GAYOTTO, A. M.; BARROS, M. J. M. *Os realizadores*. São Paulo: ICA – Instituto de Cooperativismo e Associativismo, 1976.
7. Fonte: BENECKE, D. W. Development of Cooperatives in Latin America. *In*: DULFER, E. *International handbook of co-operatives organizations*. Gottingen: Vandenhoek & Ruprecht, 1994.
8. KNUTSON, R. D. Cooperatives and the competitive ideal. *Journal of Farm Economics*, n. 48, p. 111-121, 1966.
9. BIALOSKORSKI NETO, S. *Economia e gestão de organizações cooperativas*. São Paulo: Atlas, 2012.
10. RICKETTS, M. *The economics business enterprise*: new approaches to the firm. Inglaterra: Harvest, 1987.
11. DAVIS, P.; BIALOSKORSKI NETO, S. Governança e gestão de capital social em cooperativas: uma abordagem baseada em valores. *Economia Solidaária e Ação Cooperativa*. UNISINOS, v. 5, p. 1-24, 2010.
12. LONDERO, P. R.; BIALOSKORSKI NETO, S. Demonstração do valor adicionado como instrumento de evidenciação do impacto econômico e social das cooperativas agropecuárias. *Organizações Rurais e Agroindustriais* (UFLA), v. 18, p. 1-26, 2016.
13. BIALOSKORSKI NETO, S. Virtual co-operatives in Brazil and the globalization process. *Journal of Rural Cooperation*. v. 29, n. 2, p. 153-165, 2001.
14. BIALOSKORSKI NETO, S.; CHADDAD, F. R.; AMBROZINI, L. C. S.; PINTO, A. K.; LONDERO, P. R. O setor de vendas de insumos: um estudo de caso das redes CCAB e Coonagro. *In*: MENARD, C.; SAES, M. S. M.; SILVA, V. L. S.; RAYNALD, E. *Economia das organizações*: formas plurais e desafios. São Paulo: Atlas, 2014. 276 p.
15. BIALOSKORSKI NETO, S.; CHADDAD, F. R.; AMBROZINI, L. C. S; PINTO, A. K.; LONDERO, P. R. O setor de vendas de insumos: um estudo de caso das redes CCAB e Coonagro. *In*: MENARD, C.; SAES, M. S. M.; SILVA, V. L. S.; RAYNALD, E. *Economia das organizações*: formas plurais e desafios. São Paulo: Atlas, 2014. 276 p.

BIBLIOGRAFIA COMPLEMENTAR

BENATO, J. V. A. *Cooperativas e sua administração*. São Paulo: OCESP, 1992.

BENECKE, R. C. *Cooperação e desenvolvimento*: o papel das cooperativas no processo de desenvolvimento econômico nos países do terceiro mundo. Porto Alegre: Coojomal, 1980.

BIALOSKORSKI NETO, S. *Economics and management of cooperatives organizations*. Saarbrucken, Germany: Lap Lambert Academic Publishing, 2016. 182 p.

BIALOSKORSKI NETO, S. *Economia e gestão de organizações cooperativas*. 2. ed. São Paulo: Atlas, 2012. 231 p.

BIALOSKORSKI NETO, S. *Agribusiness cooperativo*: economia, doutrina e estratégias de gestão. Dissertação (Mestrado) – ESALQ/USP, Piracicaba, 1994.

BIALOSKORSKI NETO, S. *Cooperativas*: economia, crescimento e estrutura de capital. 1998. Tese (Doutorado) – ESALQ/USP, Piracicaba, 1998.

BIALOSKORSKI NETO, S. *Economia das organizações cooperativas*: uma análise da influência da cultura e das instituições. 2004. Tese (Livre-docência) – FEA-RP/USP, Ribeirão Preto, 2004.

BIALOSKORSKI NETO, S.; ZYLBERSZTAJN, D. Cooperativismo, economia de empresas e estratégias. *Perspectiva Econômica*, São Leopoldo, n. 29, 1994.

BIALOSKORSKI NETO, S.; CHADDAD, F. R.; AMBROZINI, L. C. S; PINTO, A. K.; LONDERO, P. R. O setor de vendas de insumos: um estudo de caso das redes CCAB e Coonagro. *In*: MENARD, C.; SAES, M. S. M; SILVA, V. L. S; RAYNALD, E. *Economia das organizações:* formas plurais e desafios. São Paulo: Atlas, 2014. 276 p.

12 COMÉRCIO INTERNACIONAL DE BENS AGROINDUSTRIAIS

Bruno Larue

Este capítulo está organizado conforme explicado a seguir. A primeira parte aborda os determinantes do comércio internacional. A noção de vantagem comparativa explica por que os países exportam determinados bens e importam outros. A razão pode estar enraizada em diferenças de produtividade, em dotações de recursos ou em ambos. Os países são muito diferentes em termos de produtividade agrícola e dotação de fatores. A compreensão clara desse arcabouço teórico é particularmente importante para explicar o comércio internacional de produtos agrícolas e alimentos. A segunda parte trata da política comercial, considerando os seus instrumentos, tais como tarifas de importação, impostos e subsídios à exportação e cotas tarifárias. Instituições comerciais, como a Organização Mundial do Comércio e acordos comerciais regionais, são discutidas na terceira seção. A quarta seção refere-se ao investimento estrangeiro direto.

Ao final deste capítulo, o leitor deverá ser capaz de:

- Utilizar o conceito de vantagem comparativa e seus determinantes para entender por que alguns países são exportadores líquidos ou importadores líquidos de bens agrícolas.
- Entender que o comércio internacional não é um jogo de soma zero, que os países desfrutam de benefícios líquidos de um sistema comercial mundial estável e aberto, que a liberalização do comércio gera vencedores e perdedores, quer se analise o bem-estar em termos dos consumidores, produtores e contribuintes, ou em termos de remuneração de fatores, como salários, preços da terra e renda de capital.
- Entender que o comércio mais livre gera ganhos com a alteração dos termos de troca ou dos preços ou aumentando o poder de compra dos consumidores com a ampliação de seu conjunto de opções. Os países menores, mais dependentes do comércio, têm mais a ganhar com a liberalização do comércio.
- Analisar a incidência de instrumentos de política comercial, como tarifas e impostos/subsídios à exportação sobre o volume de comércio, preços domésticos e de fronteira e o bem-estar.
- Entender por que tão poucas empresas exportam e por que as empresas mais produtivas se envolvem em investimentos estrangeiros diretos.
- Entender como uma depreciação da taxa de câmbio afeta as decisões de exportação, importação e preço por parte das empresas.

INTRODUÇÃO

O comércio internacional desempenha papel vital no desenvolvimento dos países. Henderson et al.[1] mostraram que a atividade econômica pode ser em grande parte explicada por variáveis fisiográficas ligadas diretamente às atividades agrícola (por exemplo, indicadores pluviométricos, períodos disponíveis para o plantio e colheita etc.) e comercial (por exemplo, infraestrutura, distância até os portos exportadores etc.). Surpreendentemente, esses autores consideram que os fatores comerciais seriam mais decisivos para o desenvolvimento econômico do que a própria disponibilidade de recursos físicos. Este último fator seria central para explicar como alguns países em desenvolvimento tiveram um rápido crescimento das suas produtividades agrícolas.

O comércio pode influenciar o crescimento econômico de várias maneiras. Em modelos clássicos, o comércio permite que os países explorem suas dotações de recursos e vantagens de produtividade específicas do setor, o que resulta em alocação mais eficiente de recursos produtivos e maior poder de compra para os consumidores. Em modelos de comércio mais recentes, o comércio aumenta a produtividade por meio da obtenção de melhores insumos e da realocação de participações de mercado de empresas menos produtivas para empresas mais produtivas. O poder de compra dos consumidores também aumenta quando eles têm acesso a um conjunto mais amplo de produtos diferenciados. É por isso que a maioria dos países, incluindo o Brasil, aderiu à Organização Mundial do Comércio e participa de acordos comerciais regionais como, por exemplo, o Mercosul.

As cadeias de suprimentos agroindustriais tornaram-se cada vez mais globais, com as atividades de produção, processamento, marketing e pesquisa e desenvolvimento estando, frequentemente, espalhadas por diferentes países. Empresas como ADM, Bunge, Cargill e Dreyfuss fornecem soja do Brasil para ser processada em fábricas no Brasil e em diferentes partes do mundo. A especialização vertical em operações específicas de uma cadeia de produção internacional como forma de explorar diferenças de custos de manufaturas ou outros (*trade in tasks*), algumas vezes denominados terceirização, tornou-se onipresente nas últimas décadas. Da mesma forma, o número de acordos comerciais regionais multiplicou-se em todo o mundo desde o início dos anos 1990.[2] No entanto, os últimos quatro anos foram totalmente diferentes, com o Reino Unido se retirando da União Europeia, os Estados Unidos não ratificando a Parceria Transpacífica e os Estados Unidos e a China travando uma guerra comercial. Por fim, a pandemia da Covid-19 deverá deprimir o comércio mundial em 9,2%.[3]

O aumento do desemprego e o fechamento de restaurantes e escolas em muitos países induziram grandes mudanças nos gastos do consumidor, o que levou a quedas na demanda de importação, mesmo para produtos agrícolas e alimentícios que geralmente são bastante resistentes às recessões econômicas. Do lado da oferta, a pandemia causou fechamentos temporários de fábricas e desacelerou as linhas de produção e a entrega de remessas. O comércio pode recuperar-se rapidamente, como aconteceu após a recessão de 2008-9, mas a pandemia gerou apelos por maior autossuficiência em produtos de saúde e alimentares.

Políticas que promovem a autossuficiência nacional tornariam os mercados mundiais mais voláteis e colocariam em risco a segurança alimentar. Países sujeitos a crises climáticas ou outras que afetassem suas capacidades internas de produção teriam que pagar preços muito mais altos para adquirir no mercado internacional os produtos dos quais necessitassem. De fato, a demanda por políticas protecionistas aumenta sempre que o desemprego aumenta. O nível de desemprego e a economia mundial deverão levar anos para se recuperar dos efeitos da pandemia do novo coronavírus. Só podemos esperar que o burburinho atual em torno da autossuficiência agrícola seja uma moda passageira, com muita retórica e poucas mudanças efetivas nas políticas comerciais dos países. É fato que, para muitos países, as regras ditadas pela OMC e por acordos comerciais regionais deixam pouco espaço para mudanças de política.

Este capítulo está organizado da seguinte forma: a primeira parte trata dos determinantes do comércio. A noção de vantagem comparativa é utilizada para explicar a razão de alguns países exportarem certos produtos e importarem outros. Para tanto, ela fundamenta suas análises em ideias e conceitos relacionados com diferenças de produtividade, dotação de recursos ou ambos. As condições de oferta são particularmente importantes para o comércio agrícola e de alimentos. Os países diferem muito em termos de produtividade agrícola e disponibilidade de fatores de produção. A segunda parte trata da política comercial. Ela apresenta, discute e exemplifica instrumentos de políticas comerciais como tarifas de importação, impostos e subsídios à exportação e cotas tarifárias. As instituições comerciais, como a Organização Mundial do Comércio e acordos comerciais regionais, são discutidas na terceira seção. A quarta seção aborda o investimento estrangeiro direto e a quinta e última seção trata das taxas de câmbio.

12.1 DETERMINANTES DO COMÉRCIO INTERNACIONAL

Muitos tipos de bens são exportados e importados todos os dias, em alguns casos a longas distâncias. Qualquer comércio ocorre porque alguém quer algo que outra pessoa tenha. São necessárias no mínimo duas pessoas para que haja comércio, mas são as empresas privadas as que fazem a maior parte da comercialização, pois costumam negociar para garantir os insumos necessários para sua produção ou vender seus bens, que podem ser bens intermediários utilizados como insumos por outras empresas ou bens de consumo final. Muitos negócios são realizados por pessoas localizadas no mesmo país ou até na mesma cidade. Esse tipo de comércio é chamado comércio intranacional, pois está limitado às vendas domésticas. Sempre que os bens comercializados atravessam uma fronteira internacional, nos referimos a tais vendas como exportações, da perspectiva do vendedor, e como importações, da perspectiva do comprador. Exportações e importações compõem o comércio internacional. O comércio internacional ocorre porque alguns bens não podem ser produzidos no mercado interno a preços competitivos. Torna-se então mais barato para os compradores domésticos obter esses bens de fornecedores estrangeiros. Da mesma forma, fabricantes costumam achar lucrativo vender seus produtos além das fronteiras de seu país. Posto dessa forma, o comércio internacional parece melhorar o bem-estar de importadores e exportadores. Mostraremos posteriormente que isso ocorre na maioria dos casos.

Os avanços na tecnologia da informação e na logística de transporte tornaram mais fácil o comércio internacional. Existem bens cuja produção é dominada por um ou poucos países, como xarope extraído da árvore *maple* (Canadá), baunilha (Madagascar), terras raras (China), soja (Brasil, EUA). De fato, para muitos produtos agrícolas, os cinco principais países exportadores representam mais de 70% das exportações mundiais. Para a soja, os cinco maiores exportadores representam 95% das exportações mundiais, sendo a participação conjunta do Brasil e dos EUA de 80%.[4] Outro fato notável é que, para muitas *commodities* agrícolas, as exportações e importações compõem uma fração relativamente pequena dos mercados internos. O Brasil é o maior exportador de carne bovina do mundo, mas as exportações representam historicamente apenas cerca de 13% de sua produção doméstica.[5]

Os determinantes dos padrões do comércio internacional têm sido objeto de pesquisa no campo do comércio internacional ao longo de vários séculos. Os principais determinantes são diferenças de produtividade entre países, diferenças na dotação relativa de fatores entre países, amor dos consumidores pela variedade de produtos e diferenças na produtividade das empresas. A primeira parte deste capítulo irá descrever os principais modelos de comércio internacional e como eles influenciaram a pesquisa empírica sobre comércio. A segunda parte do capítulo concentra-se nas políticas comerciais e agrícolas. A terceira parte abordará o sistema comercial multilateral (Organização Mundial do Comércio) e acordos regionais de comércio. O investimento estrangeiro é o tema principal abordado na quarta parte, enquanto a última parte mistura tópicos especiais relativos ao comércio, incluindo meio ambiente, segurança e desigualdades alimentares.

12.1.1 Modelo Ricardiano e suas extensões

David Ricardo foi o primeiro economista a fazer uma contribuição significativa nessa área.[i] Até o início do século XIX, os defensores do mercantilismo haviam convencido a maioria das pessoas de que o comércio internacional era um jogo de soma zero, com os exportadores ganhando às custas dos importadores. Ricardo foi o primeiro a argumentar convincentemente que o mercantilismo era profundamente falho. Intuitivamente, o consumo de bens e serviços gera utilidade, e se o comércio internacional aumenta o poder de compra dos consumidores, então as importações não podem ser ruins. Ademais, as exportações retiram bens que podem ser consumidos no mercado interno e permitem que consumidores estrangeiros os consumam. Sob esse ângulo, as exportações devem ser ruins, a menos que as receitas de exportação sejam usadas para comprar mais mercadorias, sejam de fontes domésticas, sejam de fontes estrangeiras. Ricardo desenvolveu o conceito de vantagem comparativa para provar que o comércio poderia ser mutuamente benéfico para dois países em comercialização. Ele supôs um mundo com dois países (digamos, *Home* – "país de origem" – H, e *Foreign* – "país estrangeiro" — F), com dotações de trabalhadores $\bar{L}^H$ e $\bar{L}^F$, respectivamente. Os trabalhadores podem trabalhar nos setores a e b, onde quer que o salário seja mais alto. Isso significa que, em um equilíbrio em que ambos os bens são produzidos, os salários nos dois setores devem ser iguais. Supõe-se que os trabalhadores em determinado país não possam trabalhar no outro país. Podemos então dizer que há mobilidade de trabalho entre todos os setores, porém não há mobilidade internacional. Há pleno emprego, pois todos os trabalhadores de determinado país trabalham

---

i Para uma biografia curta, porém perspicaz, consultar https://en.wikipedia.org/wiki/David_Ricardo. Acesso em: 20 nov. 2020.

no setor a ou b. Pressupõe-se que o mercado de trabalho seja competitivo, e o mesmo vale para os mercados de bens. A implicação para a taxa salarial é que ela deve ser igual ao valor do produto marginal do trabalho: $w^H = Pa^H \Delta Qa = Pb^H \Delta Qb$. Uma unidade de trabalho deve receber uma recompensa ou salário w^H que seja igual ao preço do bem produzido multiplicado pela produção gerada pela unidade extra de trabalho, em que $\Delta Q = dQ$ representa a mudança na produção Q. Finalmente, as tecnologias são tais que as produtividades do trabalho são constantes, mas geralmente diferem entre setores e países. Para que isso fique claro, considere as seguintes funções de produção que relacionam o trabalho com a produção:

$$Q_a^H = 7L_a^H, Q_b^H = 3.5L_b^H, Q_a^F = 2L_a^F, Q_b^F = 3L_b^F \quad (12.1)$$

Cada trabalhador no setor a do país H pode produzir 7 unidades por dia, enquanto os trabalhadores no setor b no mesmo país podem produzir em média 3,5 unidades/dia. Os valores "7" e "3.5" são as produtividades do trabalho. O país H tem uma vantagem competitiva no setor a em relação ao país F, porque possui maior produtividade do trabalho (ou seja, 7 > 2). O país H tem também uma vantagem competitiva no setor b (isto é, 3,5 > 3). Existem $\bar{L}^H = 10$ (milhões) de trabalhadores no país H e = 20 (milhões) de trabalhadores no país F. O potencial de produção de ambos os países pode ser mapeado por meio das chamadas fronteiras de possibilidade de produção (FPPs). A condição de pleno emprego nos países H e F implica que a demanda de trabalho no setor b pode ser expressa em termos do emprego no setor a: $L_b^H = 10 - L_a^H$ e $L_b^F = 20 - L_a^F$. Podemos então usar essas expressões para expor a produção no setor b em termos do uso de mão de obra do setor a: $Q_b^H = 3.5(10 - L_a^H)$, $Q_b^F = 3(20 - L_a^F)$. Como as funções de produção podem ser invertidas para gerar a demanda de trabalho (por exemplo, $Q_a^H = 7L_a^H <=> L_a^H = Q_a^H/7$), podemos substituir as demandas de trabalho por expressões em termos de produção para obter:

$$Q_b^H = 3.5\left(10 - \frac{Q_a^H}{7}\right) = 35 - \frac{1}{2}Q_a^H \quad \text{FPP do país } H \quad (12.2)$$

$$Q_b^F = 3\left(20 - \frac{Q_a^F}{2}\right) = 60 - \frac{3}{2}Q_a^F \quad \text{FPP do país } F \quad (12.3)$$

O máximo de bem b que pode ser produzido pelo país H é atingido quando todos os 10 (milhões) de trabalhadores são empregados para produzir o bem b. A produção de a é, então, necessariamente zero. Isso nos dá um primeiro ponto na FPP do país H com as coordenadas (0, 35). A produção máxima do bem b é de 35. As unidades podem chegar a milhões de toneladas, mas manteremos o número pequeno de modo a facilitar a matemática. Da mesma forma, quando o bem b não é produzido, todos os trabalhadores produzem o bem a, que atinge um máximo de 70. É fácil verificar que as FPPs são lineares, como mostra a Figura 12.1, e que, na ausência de comércio internacional, os consumidores do país H trocam 70 unidades da mercadoria a por 35 unidades da mercadoria b. Disso se segue que 1 unidade do bem a compra 1/2 unidade do bem b quando o país H está em autarcia (economia fechada, não está envolvido no comércio internacional). Portanto, o preço relativo em autarcia do bem a no país H é $p_a^{H,A} = 1/2$.[ii] Pelo mesmo raciocínio, podemos concluir que o preço relativo em autarcia do bem a no país F é $p_a^{H,A} = 3/2$. Apenas com elementos tecnológicos, Ricardo conseguiu mostrar que os países não envolvidos no comércio têm diferentes custos de oportunidade, conforme dados pelos diferentes preços em autarcia, têm incentivos ao comércio e que o bem a seria exportado pelo país H e importado pelo país F.

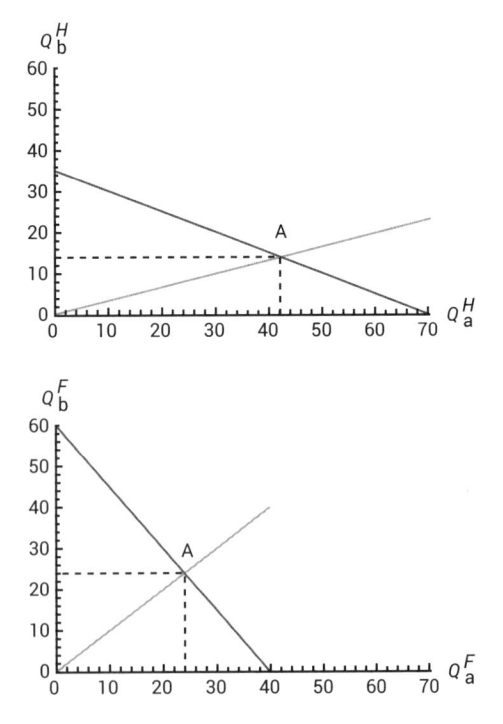

Figura 12.1 Fronteiras de possibilidades de produção e equilíbrios em autarcia.

---

ii O preço relativo é simplesmente o valor de um bem em termos de outro. Preços absolutos não importam. O bem b pode ser pensado como um padrão cujo preço é igualado a 1. As decisões de produção e consumo em determinado país são tomadas com base no preço relativo.

O comércio deve ser equilibrado. Na vida real, são observados desvios, e a maioria dos países possui ora uma balança comercial negativa, ora positiva. No entanto, a longo prazo, manter um saldo comercial positivo equivale a subsidiar o consumo externo. Como o modelo simples de Ricardo é estático, o comércio equilibrado implica que o valor das exportações de um país é igual ao valor de suas importações. Em um mundo de dois países, isso implica que o valor das exportações do país H é o mesmo que as exportações do país F. Em nosso exemplo, diz-se que o país H (F) possui uma vantagem comparativa na produção do bem a (b), porque a autarcia relativa ao bem a (b) é menor no país H (F). Para descrever completamente os equilíbrios em autarcia e de livre comércio (preço, salário, produção, consumo, exportação e importação), precisamos caracterizar as preferências do consumidor. Para melhor destacar o papel das diferenças de produtividade como determinante do comércio, neutralizamos o comércio que resultaria de diferenças nas preferências e na riqueza dos consumidores, assumindo que os consumidores nos dois países tenham preferências idênticas e homotéticas. O "idêntico" não precisa de explicação, mas a palavra *homotético*, que não é usada com frequência em conversas casuais, exige algumas explicações. Em essência, isso significa que consumidores ricos e pobres que se deparam com os mesmos preços relativos consumirão bens nas mesmas proporções. Essa suposição simplifica bastante a análise porque possibilita calcular a demanda agregada de um país (a soma das demandas individuais dos consumidores) com preços relativos e a renda agregada do país. Em outras palavras, não precisamos nos preocupar sobre como a distribuição de renda pode modificar a demanda agregada. Para o nosso exemplo, assumimos que as demandas agregadas para os bens a e b estão vinculadas por meio da seguinte relação, que afirma que a taxa de consumo D_b/D_a aumenta com o preço relativo do bem a:[iii]

$$D_b = \frac{2}{3}\left(\frac{p_a}{p_b}\right)D_a \Leftrightarrow D_a = \left(\frac{3}{2}\right)\frac{D_b}{p_a/p_b} \quad (12.4)$$

No país H em autarcia, o preço relativo do bem a é 4/5 e a curva renda-consumo é:

$$D_b^{H,A} = \frac{2}{3}\left(\frac{1}{2}\right)D_a = \frac{1}{3}D_a^{H,A} \quad (12.5)$$

Para o país F, o preço em autarcia é 3/2 e a curva renda-consumo é:

$$D_b^{F,A} = D_a^{F,A} \quad (12.6)$$

conforme mostrado na Figura 12.1. Essas curvas renda-consumo (RC) são de fato linhas retas que emanam da origem. Os equilíbrios em autarcia são dados pelas intersecções das FPPs e das linhas de RC na Figura 12.1. Para encontrar as coordenadas exatas do equilíbrio em autarcia na FPP do país H, observamos que em autarcia o consumo é igual à produção antes de igualar a FPP à RC e resolver para Q_a^H. Assim, definimos $35 - \frac{1}{2}Q_a^H = \frac{1}{3}Q_a^H$ e encontramos $Q_a^{H,A} = 42 = Q_a^{H,A}$ e $Q_b^{H,A} = \frac{1}{3} = Q_a^{H,A} = 14$. Podemos aplicar a mesma estratégia para resolver o equilíbrio em autarcia no país F e obter $Q_a^{F,A} = Q_b^{F,A} = 24$. A produção agregada difere entre os países devido às diferenças tecnológicas e de dotação de mão de obra. Vale lembrar que existem duas vezes mais trabalhadores no país F do que no país H. O valor da produção interna no país H, o Produto Interno Bruto (PIB, GDP – *gross domestic product*), pode ser calculado como:

$$GDP^{H,A} = p_a^{H,A} Q_a^{H,A} + Q_b^{H,A} = (1/2)\,42 + 14 = 35$$

Dividindo pelo número de trabalhadores, obtemos PIB *per capita* = 35/10 = 3.5. O PIB do país F é de 50, mas o PIB *per capita* é de 2,5, o que reflete a desvantagem competitiva do país F. A diferença de produtividade também é óbvia quando comparamos os salários. Os salários devem ser iguais ao valor do produto marginal do trabalho:

$$w^{H,A} = P_a^{H,A}\alpha_a^H = \left(\frac{1}{2}\right)7 = P_b^{H,A}\alpha_b^H = (1)3.5 = 3.5$$

No país F, o salário em autarcia é $w^{F,A} = 3$. Os trabalhadores do país F são definitivamente mais pobres que os do país H.

A grande questão é se um país mais pobre e menos produtivo pode beneficiar-se no comércio com um país mais produtivo. Em outras palavras, pode-se questionar se a vantagem em produtividade do país H pode aumentar o poder de compra ou o salário real

---

[iii] As preferências do consumidor podem ser representadas de diferentes maneiras. As curvas renda-consumo usadas na Figura 12.1 são derivados de uma função de utilidade que liga o consumo ao bem-estar. Para nosso exemplo, a função utilidade é do tipo Cobb-Douglas e assume a forma: $U = D_a^{0.6} D_b^{0.4}$. Outra maneira comum de ilustrar as preferências do consumidor é por meio das curvas de indiferença. Ao longo de uma curva de indiferença, as quantidades dos bens a e b variam para manter a utilidade em determinado nível. Para nossa função utilidade, a curva de indiferença é $D_2 = (UD_1^{0.6})^{1/0.6} = U^{5/3} D_1^{-2/3}$. A utilidade pode assumir diferentes níveis e, como resultado, é possível desenhar curvas de indiferença para vários níveis de utilidade no mesmo gráfico. Os pesos em uma função utilidade Cobb-Douglas correspondem às respectivas participações no orçamento. Assim, os consumidores gastam 0,6 / (0,6 + 0,4) = 60% de seu orçamento no bem 1.

dos trabalhadores no país F. A resposta a essa pergunta tornou David Ricardo famoso.

Um equilíbrio comercial requer que o comércio seja equilibrado. A lei de Walras nos diz que, se houver n mercados e $n - 1$ estiverem em equilíbrio, o enésimo mercado também estará em equilíbrio. A implicação para o nosso exemplo de dois mercados é de que precisamos apenas garantir que um mercado esteja em equilíbrio, o que significa que o valor das exportações em um país deve ser igual ao valor das importações no outro país para determinado bem. Como o país H tem uma vantagem comparativa na produção do bem a, ele é o país exportador. Sua função de oferta de exportação consiste em quantidades definidas que ele estaria disposto a exportar a diferentes preços de livre comércio. As exportações são simplesmente a diferença entre o que é produzido e o que é consumido: $E_a^H = Q_a^H - D_a^H$. Se o preço de livre comércio fosse o preço em autarcia do país H, o país H poderia produzir seu consumo em autarcia de 42 unidades e exportar nada ou poderia realmente produzir mais do que seu consumo em autarcia, qualquer quantidade acima de 42 e menor ou igual a 70. O máximo do bem a que pode ser produzido pelo país H é 70. Portanto, o máximo que pode ser exportado quando o preço é 1/2 é 70 − 42 = 28. Por conseguinte, a função de oferta de exportação do país H é tal que, a preço igual a 1/2, as quantidades exportadas variam entre 0 e 28. O país H também estaria produzindo seu nível máximo de um bem a preços acima do preço em autarcia de 4/5 do país H. Para tais preços, o país H seria completamente especializado. O mesmo raciocínio aplica-se ao país importador. Se o preço do livre comércio fosse igual a $p_a^{F,A}$, o país F não poderia importar nada ao definir sua produção do bem a igual ao seu consumo, ou poderia produzir menos, mesmo 0, sendo que nesse ponto importações = consumo. Portanto, ao preço $p_a^{F,A}$, as importações do país F variam entre 0 e 24. A preços abaixo de $p_a^{F,A}$, o país F não produz a e é completamente especializado na produção de b.

Resultado 1: *A preços de livre comércio:* $p_a^{H,A} < p_a^{ft} < p_a^{F,A}$, *o país* H *torna-se completamente especializado no bem* a, *e o país* F *torna-se completamente especializado no bem* b.

A curva de oferta mundial assume uma forma peculiar de escada, como mostra a Figura 12.2. Ao longo do primeiro segmento plano, apenas o país H pode produzir o bem a pelo preço relativo de 0,5. Quando o preço relativo do bem aumenta para acima de 0,5, o país H torna-se completamente especializado na produção do bem a. Quando o preço relativo atinge 1,5, ambos os países produzem o bem a.

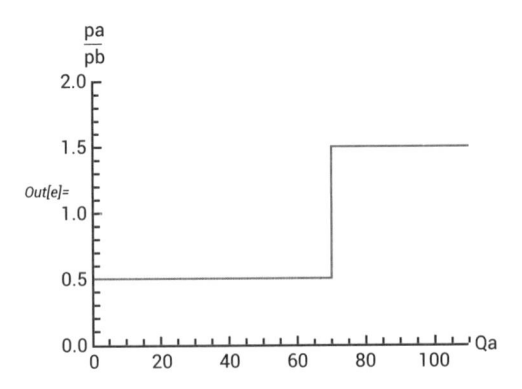

Figura 12.2 Curva de oferta mundial de bem a.

A Figura 12.2 nos mostra que o preço do livre comércio será de 0,5 ou 1,5 ou algum valor intermediário, mas como o encontramos? A demanda mundial por determinado bem é simplesmente a soma das demandas individuais de cada país. Em equilíbrio, a demanda mundial deve ser igual à oferta mundial:

$$Q_a^{H,\max} = 70 = D_a^W\left[p_a^{ft}\right] = D_a^H\left[p_a^{ft}\right] + D_a^F\left[p_a^{ft}\right]$$

Podemos reescrever a equação como: $D_b^W\left[p_a^{ft}\right] = \left(\frac{2}{3}\right) p_a^{ft} D_b^W\left[p_a^{ft}\right]$, e assumindo que, sob completa especialização em ambos os países, o mundo demanda $D_a^W\left[p_a^{ft}\right] = Q_a^{H,\max} = 70$ e $D_b^W\left[p_a^{ft}\right] = Q_b^{F,\max} = 60$ e, então, necessariamente $60 = \left(\frac{2}{3}\right) * p_a^{ft} * 70$, o que pode ser expresso em termos de preço como: $p_a^{ft} = \left(\frac{9}{7}\right)$. Esse preço encontra-se entre os preços em autarcia (1/2, 3/2), o que confirma que o equilíbrio do livre comércio é caracterizado por completa especialização nos dois países: $Q_a^{H,ft} = 70, Q_b^{H,ft} = 0 = Q_a^{F,ft}, Q_b^{F,ft} = 60$. Sendo o país H especializado no bem a, seus trabalhadores ganham um novo salário nominal igual ao valor do produto marginal do trabalho: preço * produtividade = 9/7 * 7 = 9. O salário real dos trabalhadores em termos do bem a é de 9/(9/7) = 7, e em termos do bem b é de 9/1 = 9. Mostramos que o salário nominal do país H em autarcia é de 3,5 e que o salário real em termos do bem a é de 7 e de 3,5 em termos do bem b. Portanto, os trabalhadores do país H em livre comércio beneficiam-se de um salário mais alto em termos nominais e reais em relação ao bem b. O salário real em termos do bem a é o mesmo em autarcia e no livre comércio. Os trabalhadores do país H estão em melhor situação com o livre comércio. A possibilidade de negociar a preço de livre comércio amplia a fronteira de consumo dos países. Isso é ilustrado na Figura 12.3, a qual se baseia na Figura 12.1. A produção está ancorada em um canto. A fronteira de consumo para o país H é dada por:

$$D_b^H = 90 - (9/7)D_a^H: \text{Fronteira de consumo de } H \text{ sob livre comércio} \quad (12.7)$$

Essa relação reflete simplesmente que cada unidade do bem a compra 9/7 unidades do bem b, e que o país H produz 70 unidades do bem a sob especialização completa. É fácil verificar que $D_b^H \in [0,90]$ e $D_a^H \in [0,70]$. Com as equações (12.7) e (12.4), podemos encontrar o consumo de bem a do país H sob livre comércio: $D_a^{H,ft} = 42$. O consumo do bem b pode ser obtido a partir de (12.7), $D_b^H = (2/3)(9/7)42 = 36$. Depreende-se que o país H exporta $70 - 42 = 28$ unidades do bem a e, em troca, importa 36 unidades do bem b. O inverso ocorre com o país F, que importa 28 unidades do bem a e exporta 36 unidades do bem b. Na Figura 12.3, ft estabelece os pontos de consumo dos países H e F em condições de livre comércio.

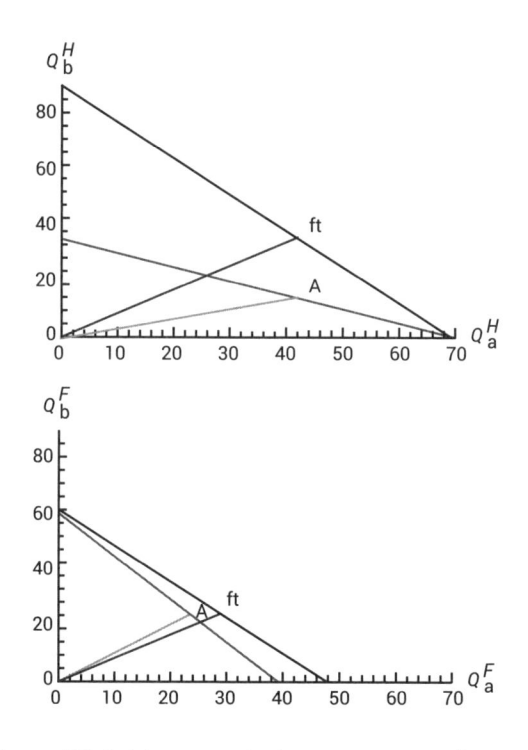

Figura 12.3 Livre comércio *versus* autarcia para os países H e F.

O salário real dos trabalhadores do país F aumentam levemente. Os salários nominais em autarcia e no livre comércio são os mesmos, no valor de 3. Dado que o preço em autarcia é de 3/2, e que 9/7 é o preço de livre comércio, o salário real dos trabalhadores do país F em termos de bem a é mais alto no livre comércio. O salário real em termos do bem b é claramente o mesmo, dada a normalização em 1 do preço do bem b.

Resultado 2: *O salário real dos trabalhadores em ambos os países é (ligeiramente) mais alto sob livre comércio. Consequentemente, o livre comércio beneficia ambos os países, e o comércio NÃO é um jogo de soma zero.*

Embora os trabalhadores do país H sejam mais produtivos que os trabalhadores do país F em ambos os setores, é melhor para o país H especializar-se na produção para a qual possui vantagem comparativa, em vez de ser autossuficiente em ambos os bens. Vale ressaltar que o livre comércio não igualou os salários entre os países H e F. O país H é dotado de trabalhadores mais produtivos que ganham mais, e o livre comércio nada pode fazer em relação a isso. Os trabalhadores do país F ganham com o livre comércio, mesmo estando em desvantagem competitiva em relação aos trabalhadores do país H em ambos os setores. Contudo, olhando para a Figura 12.3, pode-se observar que a diferença entre a fronteira de consumo em livre comércio e a fronteira de possibilidade de produção é maior para o país H do que para o país F. Podemos inferir dessa observação que o país H ganha mais com o comércio livre do que o país F. Isso pode ser verificado inserindo-se os valores de consumo sob livre comércio e em autarcia nas funções de utilidade dos países (ver nota de rodapé 3), e então comparando-se diretamente o bem-estar dos países:

$$\frac{U^{H,ft}}{U^{H,A}} = \frac{42^{0.6}36^{0.4}}{42^{0.6}14^{0.4}} = \frac{39.49}{27.0645} = 1,46 \text{ versus}$$

$$\frac{U^{F,ft}}{U^{F,A}} = \frac{28^{0.6}24^{0.4}}{24^{0.6}24^{0.4}} = \frac{26.33}{24} = 1.10.$$

Resultado 3: *Os ganhos do livre comércio não se distribuem igualmente entre os países.*

A intuição para o último resultado é simples. Os consumidores de ambos os países têm as mesmas preferências e todos os consumidores gastam uma parcela maior de seu orçamento no bem a (0,6 > 0,4) que é produzido pelo país H, pois este último possui uma vantagem comparativa para o bem a. Embora as diferenças de produtividade sejam importantes para explicar a vantagem comparativa e a direção do comércio, as preferências desempenham papel importante na distribuição dos ganhos do comércio. O resultado 3 é particularmente óbvio quando um país muito grande negocia com um país muito menor e o preço de livre comércio é o preço em autarcia do país grande. Nesse caso, a fronteira de consumo do país grande continua sendo sua fronteira de possibilidades de produção, e não há diferença para ele entre autarcia e livre comércio. O país muito menor maximiza seu potencial ganho comercial, uma vez que o preço de livre comércio encontra-se muito distante do preço em autarcia do país pequeno. Todos os ganhos comerciais ficam para o país pequeno. Essa é uma das razões pelas quais um acordo comercial entre o Canadá e os Estados Unidos é muito mais importante para o Canadá do que para os Estados Unidos.

O modelo Ricardiano mostrou-se muito útil para provar que o comércio não é um jogo de soma zero, que a especialização impulsionada por vantagens comparativas aumenta o bem-estar e que o comércio pode ser motivado por diferenças de produtividade entre países. No entanto, existem aspectos do modelo que não são realistas. Primeiro, uma mínima mudança de preço a partir de um equilíbrio em autarcia acarreta a completa especialização, uma tremenda realocação de trabalhadores. Diferenças de produtividade entre países para um setor específico não são explicadas. Adicionar países enquanto se mantém o número de mercadorias em dois é simples. Dependendo da vantagem comparativa, haveria um grupo de países especializados em um bem e outro grupo de países especializados no outro bem, e países com um preço em autarcia igual ao preço de livre comércio seriam especializados de forma incompleta. O modelo de dois países foi estendido por Dornbusch, Fischer e Samuelson para se obter um *continuum* ou uma infinidade de mercadorias.[6] Nesse cenário, os produtos podem ser classificados de acordo com a vantagem competitiva de um dos dois países. O país H tem uma vantagem competitiva no bem *i* se seu preço for ligeiramente mais baixo que o de seu rival. Isso implica que:

$$p_i^H \leq p_i^F \Leftrightarrow \frac{w^H}{\alpha_i^H} \leq \frac{w^F}{\alpha_i^F} \Leftrightarrow \frac{w^H}{w^F} \leq \frac{\alpha_i^H}{\alpha_i^F} \quad (12.8)$$

Classificamos os bens de modo que a maior vantagem competitiva do país H esteja em bens próximos de 0, e que a maior vantagem competitiva do país F esteja no fim do *continuum* em N. Existe um bem divisor para o qual a razão das produtividades é igual à razão salarial. Para identificar esse bem, expressamos a identidade da balança comercial (TB – *trade balance*) expressa em termos da relação salarial. Se o país H for produtivo o suficiente para produzir uma grande parcela dos bens, ele será então capaz de sustentar o comércio equilibrado com um salário mais alto. Isso explica a inclinação positiva da linha de TB abaixo. *Home* (H) produz bens indexados entre 0 e *n*, enquanto *Foreign* (F) produz bens indexados entre *n* e *N*.

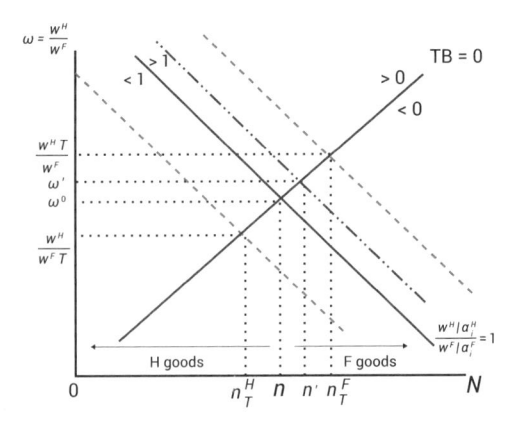

Figura 12.4 Modelo Ricardiano com um *continuum* de custos de bens e transportes.

Quando os custos de transporte T são incluídos no modelo, os bens do país H podem ser exportados apenas se $p_i^H T \leq p_i^F$, e os bens do país F podem ser exportados apenas se $p_k^H \geq p_k^F T$. Há uma gama de bens entre n_T^H e n_T^F que não são comercializados. Esses bens são produzidos em ambos os países. Um aumento exógeno da produtividade geral no país H aumenta o salário nesse mesmo país H, $\omega' > \omega^0$, mas beneficia AMBOS os países. O PIB (GDP) e o salário do país F não mudam, mas o poder de compra dos consumidores naquele país aumenta, porque os bens importados de H são mais baratos. Essas ideias são valiosas para compreender situações do mundo real, porém o mundo é composto por mais de dois países. Foi somente com uma abordagem probabilística que Eaton e Kortum[7] desenvolveram um modelo Ricardiano para vários bens e vários países. Esse modelo teórico foi inovador e forneceu uma base sólida para suas análises empíricas, que expuseram diferenças substanciais de produtividade entre os países e estimaram a assim chamada equação da gravidade, que relaciona o tamanho dos fluxos comerciais aos PIBs (GDP) dos países importadores e exportadores e à distância entre os países em comércio. O modelo Ricardiano também é considerado a abordagem do lado da oferta para a modelagem da gravidade (fluxos comerciais).

Tombe[8] utilizou o modelo Ricardiano para analisar o "*missing food problem*", que se deve ao fato de que as diferenças de produtividade do trabalho agrícola nos países são extremamente grandes e o emprego agrícola é elevado nos países com produtividade do trabalho agrícola muito baixa. A redução dos custos comerciais de países com baixa produtividade agrícola é componente importante de uma estratégia de segurança alimentar, uma vez que alimentos mais baratos aumentam significativamente o poder de compra das famílias pobres, pois essas famílias gastam grande parte de seu orçamento com alimentos.iv Os custos comerciais mais baixos também facilitam a importação de insumos agrícolas usados para aumentar a produtividade agrícola. Para entender a importância de se aumentar a produtividade agrícola por meio de inovações, considere que o bem b seja o bem agrícola e suponhamos que a produtividade agrícola dobre no país F de 3 para 6 em nosso exemplo. É fácil verificar que o preço em autarcia (de a) seria 3 em vez de 1,5 e que o preço de livre comércio seria 18/7 em vez de 9/7. Em termos de bem-estar, os países F e H teriam seu bem-estar aumentado em 32%, embora apenas um país tenha observado sua produtividade aumentar.v

12.1.2 Modelo de Heckscher-Ohlin-Samuelson (HOS)

O modelo Ricardiano explica o comércio por meio de diferenças de produtividade. Os primeiros críticos argumentaram que as produtividades não precisam ser constantes e que as diferenças entre países podem desaparecer com o tempo, à medida que o conhecimento e os avanços tecnológicos se espalham pelos países. Se isso fosse verdade, a previsão de longo prazo seria a de que o comércio desapareceria progressivamente na medida em que as produtividades entre os países fossem convergentes. As diferenças de produtividade entre os países podem ser muito grandes e resilientes no tempo, ainda assim é importante perceber que o comércio pode ser motivado por uma explicação alternativa do lado da oferta. O modelo HOS neutraliza diferenças de produtividade, diferenças de preferência, distribuição de renda e economias de escala para se concentrar nas diferenças na dotação de fatores. No modelo HOS, as tecnologias apresentam pelo menos dois insumos. As tecnologias apresentam retornos constantes de escala e são idênticas entre os países. No entanto, presume-se que os países tenham dotações de fatores diferentes, como terras agrícolas, recursos hídricos, capital e mão de obra qualificada e não qualificada. Os fatores são totalmente utilizados, possuem plena mobilidade entre setores dentro um país, porém não entre países, e são precificados competitivamente. As dotações de fatores desempenham papel importante na produção agrícola, porque esta é fortemente condicionada pela disponibilidade de terras adequadas e por variáveis climáticas. Os grandes países exportadores de *commodities* agrícolas tendem a ser bem-dotados em terras agrícolas. Obviamente, os recursos hídricos são importantes, assim como as variáveis climáticas, pois os rendimentos das culturas são afetados adversamente por extremos climáticos (Burke e Emerick, 2016).9 As exportações agrícolas são dominadas por alguns poucos países em grande parte porque "mais da metade das terras agrícolas está localizada em dez países".10 O modelo HOS postula que os países que possuem abundância de determinados fatores de produção têm vantagem comparativa na produção de bens que usam intensivamente esses fatores. Diz-se que um país é abundante em determinado fator se sua participação na dotação mundial desse fator exceder a participação do país no PIB mundial. Por exemplo, o país i possui vantagem comparativa em produtos intensivos em terra se:

$$CA_i^{terra} = \frac{\text{Dotação em terra do país } i}{\text{Dotação em terra}} - \frac{\text{PIB do país } i}{\text{PIB mundial}} > 0$$

(12.9)

Resultado 4: Teorema de Heckscher-Ohlin: *A abundância de fatores está inversamente relacionada com os preços dos fatores e determina a vantagem comparativa e o padrão de comércio.*

A Figura 12.5 ilustra a (des)vantagem comparativa em bens de uso intensivo de terras agrícolas de países grandes produtores agrícolas. Uma pontuação positiva indica uma vantagem comparativa. Países como Índia, China, Rússia e Austrália são claramente abundantes em terra. A vantagem comparativa do Brasil em produtos intensivos em terra melhorou com o tempo. Brasil, China e Índia viram suas respectivas dotações de terras crescerem ao longo do tempo, o que tende a inflar a primeira proporção na Equação (12.9). A dotação de terras dos

---

iv GOLLIN, Lagakos; WAUGH. Agricultural productivity differences across countries. *American Economic Review*, 104,5:165-170, 2014, mostram que a produtividade média do trabalho pode ser decomposta em termos de produção por hectare e terra por trabalhador. A média de produtividade na produção de milho nos países que formaram o grupo das 10% das maiores produtividades foi de 9,2 toneladas por hectare, com o uso de 44,6 hectares por trabalhador. Nos países que formaram o grupo das 10% menores produtividades, a média foi de 2 toneladas de milho por hectare, com o uso de 1,4 hectares por trabalhador. Em muitos países, regulações e costumes são responsáveis pela fragmentação das propriedades rurais que se tornaram muito pequenas.

v As novas fronteiras de consumo no país F seriam $D_b^F = 120 - \left(\frac{18}{7}\right)D_a^F$, e o seu caminho de consumo de renda seria $D_b^F = \left(\frac{2}{3}\right)\left(\frac{18}{7}\right)D_a^F = \left(\frac{12}{7}\right)D_a^F$. A partir dessas duas equações, encontramos que $D_a^F = 28$, $D_b^F = 48$ e $U^{F,ft'} = (28)^{0.6}(48)^{0.4} = 34{,}74 > U^{F,ft'} = (28)^{0.6}(24)^{0.4} = 26{,}33$. A mesma abordagem pode ser usada para mostrar que o bem-estar também aumenta em 32% no país H.

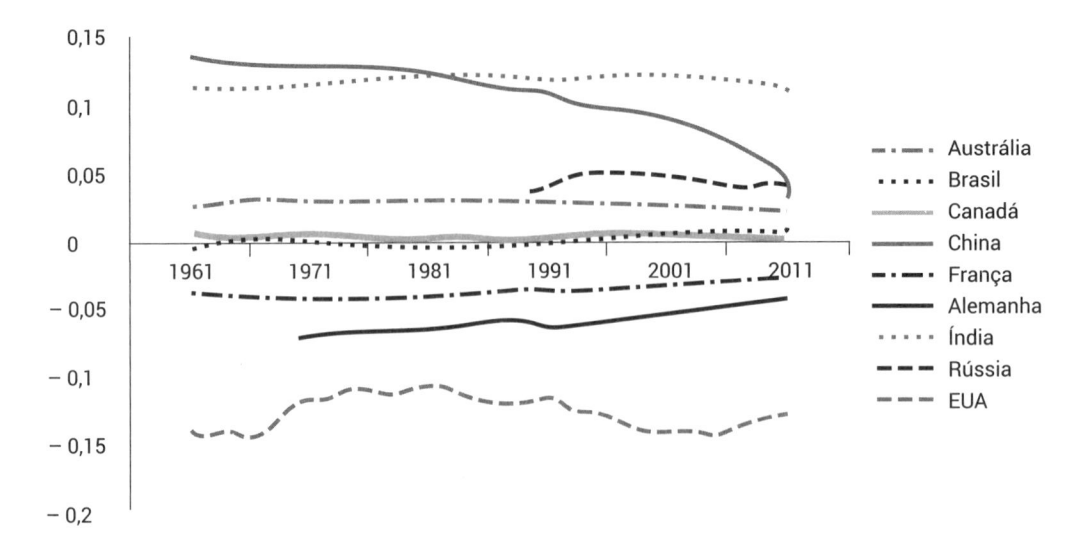

Figura 12.5 Vantagem comparativa em produtos intensivos em terra "ajustados à qualidade".[11]

Estados Unidos tem caído, mas o mesmo ocorreu com sua grande participação na economia mundial.

A participação da China na economia mundial aumentou constantemente desde meados da década de 1980 e isso explica a tendência negativa em sua abundância de terras relativa. A medida de dotação de terra de Fuglie[12] atribui pesos diferentes para terras de pastagens permanentes e terras com lavouras irrigadas em diferentes partes do mundo, de modo a ajustar de acordo com a qualidade das terras. Além disso, a produtividade total e a produtividade dos fatores geralmente dependem de todos os fatores de produção e não apenas de um, e por esse motivo é importante considerar a abundância em outros fatores além da terra.[vi] Como mencionado anteriormente, a água é um fator importante na produção de produtos agrícolas, e a Tabela 12.1 mostra que o Brasil, a Rússia, o Canadá e a Índia têm uma vantagem comparativa em produtos com uso intensivo de água. Possuir rios, ter chuvas suficientes e temperaturas amenas durante as safras contribui para a vantagem comparativa dos países na agricultura. É por isso que o aumento da frequência de padrões climáticos extremos (secas, inundações, congelamentos, ondas de calor) desencadeado pelas mudanças climáticas é tão problemático. Podemos fazer os mesmos cálculos para obter a vantagem comparativa em máquinas agrícolas, e descobriremos que países como

Tabela 12.1 Abundância relativa em recursos hídricos renováveis por país[13]

	Participação no total dos recursos hídricos renováveis	Participação no PIB mundial	Vantagem comparativa em bens intensivos em água
Austrália	0,00914685	0,01724642	−0,0080996
Brasil	0,15306103	0,03372818	0,11933285
Canadá	0,05395155	0,02444176	0,02950979
China	0,0527989	0,09793254	−0,0451336
França	0,00392274	0,03965965	−0,0357369
Alemanha	0,00286304	0,05201926	−0,0491562
Índia	0,03552771	0,02589742	0,00963029
Rússia	0,08380896	0,02335752	0,06045144
Estados Unidos	0,05705628	0,22358392	−0,1665276

Estados Unidos, Canadá, França, Alemanha e Austrália são bem-dotados. Ser bem-dotado em alguns fatores de produção reduz o preço desses fatores e, portanto, o custo para produzir bens que os utilizam intensivamente. Ser competitivo em termos de custo ajuda na exportação. Não é por acaso que o Brasil produz muita soja, gado e produtos à base de carne. Em 2017, 40,3% das vendas de

---

vi A produção de um bem agrícola, $q = \phi[\ell, w, L, K]$, é condicionada por diversos fatores de produção, como terra (ℓ), água (w), trabalho (L) e capital (K). A produtividade média da terra, $\dfrac{\phi[\ell, w, L, K]}{\ell}$, não depende somente da terra, mas também de todos os fatores de produção. Intuitivamente, a terra é mais produtiva quando há trabalhadores, capital e água. É por isso que ter uma grande dotação de terra é de fato um requisito para um país ter uma vantagem comparativa em produtos agrícolas, mas é benéfico ter outros fatores também. A produtividade total dos fatores é medida como o resíduo no crescimento da produção após contabilizar um aumento em todos os insumos.

exportação do Brasil consistiam em produtos agrícolas (WTO Brazil Fact Sheet).

Existe uma relação direta entre os preços dos produtos comercializados e dos insumos não comercializados. De acordo com a edição da *The Economist* de 8 de agosto de 2016 (p. 55-56), o teorema de Stolper-Samuelson é uma das seis maiores ideias econômicas.

Resultado 5: *Teorema de Stolper-Samuelson (SS): Os preços dos insumos tendem a aumentar com os preços dos produtos que os utilizam intensivamente e a cair com os preços dos produtos que usam outros insumos intensamente.*

O teorema de Stolper-Samuelson é contraintuitivo a princípio, uma vez que se poderia pensar que um aumento no preço de um produto tenderia a aumentar os preços de todos os insumos utilizados no processo de produção. Sob concorrência perfeita, os preços dos produtos devem ser iguais aos seus custos médios, que dependem dos preços dos fatores. Portanto, podemos definir curvas de isopreço em termos de preços de insumos. Cada ponto de determinado isopreço representa um vetor de preços de insumos que mantém o preço do produto em determinado nível. Na Figura 12.6, dois países produzem os bens a e b a partir de trabalho e capital. O salário é w e o preço do capital é r no país *Home*, H. Variáveis com um "*" pertencem ao país *Foreign*, F. As inclinações das curvas de isopreço representam as razões capital/trabalho associadas à produção dos bens a e b a diferentes preços de fatores. O bem a (b) é um bem intensivo em capital (trabalho). Os equilíbrios em autarcia nos países *Home* e *Foreign* são determinados pela interseção das curvas de isopreço pa e pb, e pa^* e pb. O preço do bem b é normalizado em 1 em ambos os países. Em autarcia, as razões salário/remuneração do capital para o país *Home* e o país *Foreign* são ω e ω^*. O país *Home* tem vantagem comparativa na produção do bem a e, portanto, tem um preço em autarcia menor que o país *Foreign*. Sob livre comércio e na ausência de custos de transporte, os preços em autarcia convergiriam para o mesmo e único preço de livre comércio. No país *Home*, o aumento do preço do bem intensivo em capital a aumenta o retorno sobre o capital e diminui o salário, enquanto o contrário ocorre no país *Foreign*. Uma vez que a distância horizontal entre as curvas isopreço pa e p_a^{ft} é menor que o aumento do preço do capital $\Delta r = r^{ft} - r$, existem "efeitos de ampliação" no país *Home* $\Delta r > \Delta pa > \Delta pb = 0 > \Delta w$. De forma similar, no país *Foreign* temos: $\Delta w^* > \Delta pb = 0 > \Delta pa^* > \Delta r^*$. Para o país *Home*, o retorno real sobre o capital em termos de ambos os bens aumenta (r/p_a, r/p_b), o que beneficia os proprietários de capital, porém o salário real cai. O oposto se observa no país *Foreign*. O livre comércio afeta os preços dos fatores de maneira diferente nos dois países, gerando vencedores e perdedores. O raciocínio por trás do teorema de SS é o seguinte: o aumento no preço do bem intensivo em capital cria um excesso de demanda por capital no país *Home*. O preço do capital deve aumentar para que capital se desloque do setor b para o setor a. Uma vez que há menos capital no setor b, a produtividade do trabalho cai e isso diminui o salário dos trabalhadores.

Variações nos preços dos produtos aumentam o preço de alguns insumos e diminuem o preço de outros. Portanto, podemos esperar que trabalhadores e proprietários de capital participem de atividades de *lobby* de modo a influenciar a política comercial a seu favor. Os *lobbies* agrícolas nos países desenvolvidos são bem organizados e muito poderosos. Essa é uma das razões pelas quais a liberalização do comércio agrícola mostrou-se difícil de alcançar.

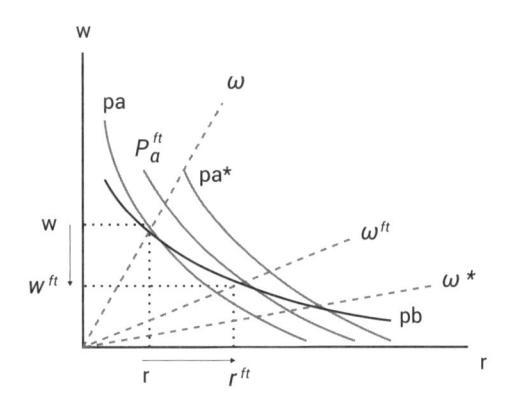

Figura 12.6 Teorema Stolper-Samuelson: um aumento no preço do bem intensivo em capital aumenta mais que proporcionalmente o preço do capital e diminui a taxa salarial.

Outro resultado interessante é que o livre comércio equaliza os preços dos insumos entre os países. Esse resultado não é surpreendente, uma vez que as tecnologias são iguais nos dois países e não há custo de transporte. Em um mundo sem fronteiras, fatores se deslocariam de modo a arbitrar qualquer diferença de preço de fator. Consequentemente, sem nenhum tipo de impedimento ao movimento dos fatores, haveria um salário único e uma única taxa de rentabilidade do capital em um mundo sem fronteiras, que poderiam ser replicados em um mundo com fronteiras entre países e livre comércio. Portanto, em um mundo HOS, o comércio de bens é um meio de negociar fatores de produção. Essa percepção remonta ao trabalho pioneiro de Mundell.[14]

Resultado 6: *O livre comércio equaliza os preços dos fatores entre os países e, como tal, pode replicar uma economia "integrada" sem fronteiras e de livre movimentação de fatores.*

Para melhor entender esse resultado, considere o cenário de um mundo integrado na Figura 12.7 com três bens (*a*, *b*, *c*) e dois insumos (*L*, *K*). Os eixos vertical e horizontal medem as dotações mundiais de capital (*K*) e mão de obra (*L*). Portanto, a inclinação da diagonal corresponde à razão capital/trabalho para o mundo. A produção mundial de bens *a* é medida pelo comprimento do segmento *OQa*, enquanto as produções mundiais de bens *b* e *c* são dadas pelo comprimento de *QaQb* e *QbO'*, respectivamente. Podemos agora mostrar que esse equilíbrio em um mundo sem fronteiras poderá ser replicado quando houver uma fronteira entre dois países, desde que as dotações de capital e trabalho dos países não sejam muito diferentes. Para que os preços de produto e de insumo sejam diretamente vinculados pelo teorema de SS, os países devem produzir, no mínimo, tantos bens em comum quantos forem os insumos. Em nosso exemplo de dois insumos, isso significa que, se o país *Foreign* produz os bens 2 e 3, o país *Home* deve produzir todos os três bens, para que os preços dos fatores sejam equalizados pelo livre comércio de bens.

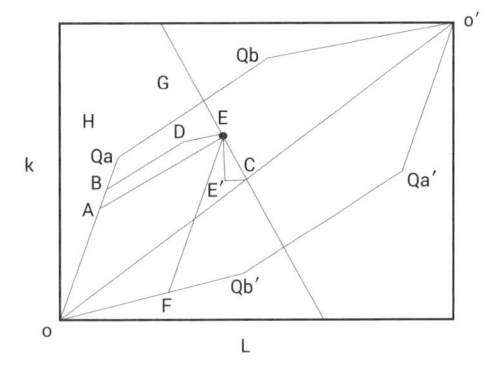

Figura 12.7 Economia integrada e padrão do comércio.

Considere que os recursos do mundo sejam divididos no ponto *E*. Todos os recursos abaixo e à esquerda de *E* pertencem ao país *Home*, e o restante ao país *Foreign*. Como *E* está acima da diagonal *OO'*, *Home* é o país com abundância de capital com uma razão capital/trabalho dada pela inclinação de uma linha que liga os pontos *O* e *E*. O país *Foreign* é abundante em força de trabalho. Dotações de insumos como capital e trabalho podem ser transformadas em bens que serão eventualmente consumidos. Portanto, o consumo de bens pode ser traduzido em termos do consumo de fatores de produção. Uma vez que todos os consumidores têm preferências idênticas e homotéticas, o conteúdo em termos de fatores de seu pacote de consumo será o mesmo se enfrentarem os mesmos preços (para bens). Sob livre comércio e sem custos de transporte, os preços dos bens serão equalizados e isso implica que o equilíbrio do consumo deve estar ao longo da diagonal *OO'* na Figura 12.7. Como o ponto *E* está acima da diagonal, os países negociarão livremente de forma a maximizar seu bem-estar. O comércio de bens pode ser traduzido em comércio de fatores. A relação salário/remuneração do capital (*p/r*) é o preço relativo da mão de obra (número de unidades de capital por unidade de mão de obra) e é dada pela inclinação da linha que passa pelos pontos *E* e *C* na Figura 12.7. Uma vez que a linha cruza a diagonal *OO'* no ponto *C*, *C* é o ponto de consumo. Os consumidores do país *Home* consomem uma fração *OC/OO'* de todos os produtos. Essa parcela corresponde à participação do país na renda global (PIB).[vii] O livre comércio de mercadorias implica que o país *Home* exporta implicitamente *EE'* unidades de capital e importa *E'C* unidades de trabalho. Portanto, quando um país como o Brasil exporta soja, ele implicitamente exporta terra, água, capital e mão de obra. O padrão de comércio de fatores é único, mas o padrão de produção e, portanto, o comércio de produtos não o são. A produção mundial de bens *a*, *b* e *c* deve ser a mesma que seria obtida em uma economia integrada para que, dessa forma, esta última seja replicada por livre comércio e por fronteiras. A produção mundial do bem *a* é *OQa*. A inclinação desse segmento é bastante acentuada e corresponde à razão capital/trabalho usada para produzir o bem *a*. Claramente, o bem *a* é o mais intensivo em capital e o bem *c* é o mais intensivo em mão de obra. Como *Home* é o país com capital abundante, podemos esperar que ele provavelmente produza grande parcela da produção mundial do bem *a*. Como existem mais bens do que fatores, existem diferentes padrões viáveis de produção. Em um padrão de produção, o país *Home* produz OA do bem *a* e AE do bem *b*. O país *Foreign* produziria AQa do bem *a*, unidades QbQa-AE do bem *b* e AQb' do bem *c*. O padrão de comércio é obtido subtraindo-se o consumo

---

vii Podemos aplicar nossa definição de abundância de fatores usada na Figura 12.4 e na Tabela 12.1. O país *Home* possui uma dotação de capital dada pela coordenada vertical do ponto *E*, e seu consumo é a distância vertical do ponto *C*. A abundância de capital é, então, dada pela diferença na distância vertical entre os pontos *E* e *C*. O país *Home* é claramente abundante em capital. O mesmo raciocínio pode ser usado para mostrar que o país *Home* não é abundante em mão de obra.

da produção para todos os bens. Assim, o país *Home* exportaria os bens *a* e *b* e importaria o bem *c*. A equalização dos preços dos fatores é viável porque os bens *a* e *b* são produzidos nos dois países dotados de tecnologias com idênticos retornos constantes de escala. Esse padrão de comércio não é único, pois existem outros padrões de produção viáveis. Por exemplo, o país *Home* poderia produzir *OB* unidades do bem *a*, *BD* unidades do bem *b* e *DE* unidades do bem *c*. A produção no país *Foreign* é calculada como o resíduo entre a produção mundial e a produção do país *Home*. Em um terceiro padrão de produção, o país *Home* produz *OF* unidades do bem *c*, *FE* unidades do bem *a* e zero unidade do bem *b*.

O sentido desse exercício é que existem diferentes maneiras de chegar ao ponto *E* a partir do ponto *O*, dadas as razões capital/trabalho para a produção dos bens *a*, *b* e *c*. Como mencionado anteriormente, o comércio implícito de insumos possui um padrão único dado por *EC*. A equalização do preço dos fatores pelo livre comércio é possível para qualquer ponto *E* que esteja dentro do hexágono. Uma condição necessária, mas não suficiente, é que as proporções das dotações de capital e de mão de obra de ambos os países estejam abaixo da razão capital/trabalho do bem mais intensivo em capital (bem *a*) e acima da razão capital/trabalho do bem mais intensivo em mão de obra (bem *c*). Isso exclui um ponto como *H* como substituto potencial para o ponto *E*, mas não um ponto como *G*. Em *G*, o país *Home* (*Foreign*) teria muito capital (trabalho) e pouco trabalho (capital). Teríamos um padrão de produção com o país *Home* produzindo apenas os bens *a* e *b* e o *Foreign* produzindo os bens *b* e *c*. Os preços dos fatores não puderam ser equalizados pelo livre comércio e a economia mundial integrada não pôde ser replicada. Mesmo se o livre comércio não fosse capaz de replicar a economia mundial integrada, o livre comércio geraria ganhos com o comércio superiores à autarcia. Em um ponto como *G*, o bem *c* (*a*) seria muito caro no país *Home* (*Foreign*) em autarcia. O livre comércio permitiria que o país *Home* se beneficiasse da vantagem comparativa do país *Foreign* em bens intensivos em trabalho, e que o país *Foreign* se beneficiasse da vantagem comparativa do país *Home* em bens intensivos em capital.

O teorema de SS nos diz que as mudanças na política comercial afetam os preços dos fatores, tal que alguns fatores ganham e outros perdem. Isso levanta importantes questões relativas ao bem-estar. Primeiro, os ganhos dos vencedores são maiores que as perdas dos perdedores? Em outras palavras, existe um argumento de eficiência em favor do livre comércio? A resposta é sim. O livre comércio é potencialmente Pareto-ótimo para uma pequena economia aberta: os ganhos dos vencedores excedem as perdas dos perdedores, que poderiam ser totalmente compensados por meio de um esquema de redistribuição, como um imposto de renda.

As fronteiras de possibilidade de produção (FPPs) do país *Home* e do país *Foreign* na Figura 12.8 não apresentam uma inclinação constante como no modelo Ricardiano porque os preços dos fatores e as intensidades dos fatores variam ao longo das FPPs. Pelas suas formas, pode-se inferir que o país *Home* tem uma vantagem comparativa na produção do bem *a* e que o *Foreign* tem uma vantagem comparativa na produção do bem *b*. Os preços em autarcia são o valor negativo das inclinações das linhas de preço pontilhadas $-p^{Ha}$ e $-p^{Fa}$. O bem *a* é muito mais barato no país *Home* do que no *Foreign* e podemos inferir que o bem *a* será exportado pelo país *Home* sob livre comércio. O consumo em autarcia dos países *Home* e *Foreign* e os equilíbrios de produção são dados pelos pontos *H* e *F*. No livre comércio, os equilíbrios de produção estão nos pontos *PF* e *PH*. Os equilíbrios de consumo de livre comércio estão nos pontos *CF* e *CH*. Os vetores comerciais *PF-CF* e *PH-CH* devem ter o mesmo comprimento para que o comércio seja equilibrado.

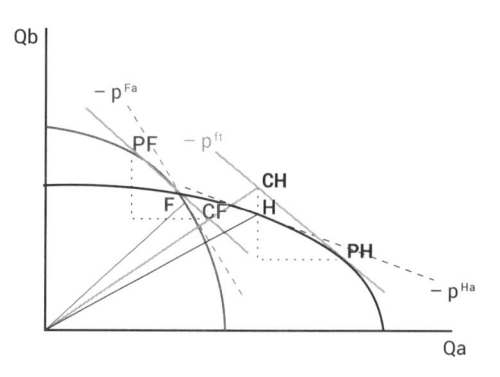

Figura 12.8 Ganhos comerciais: realocação de recursos e melhores termos de troca.

Resultado 7: *Ao modificar os preços dos fatores, o livre comércio gera vencedores e perdedores. Os trabalhadores veem seu salário real aumentar ou diminuir dependendo da vantagem comparativa de seu país. No entanto, o livre comércio expande a fronteira de consumo dos países e gera ganhos líquidos com o comércio. Consequentemente, os ganhos podem ser redistribuídos para que ninguém fique em situação pior.*

Esse resultado remonta a Samuelson[15] e é conhecido já há algum tempo. É realmente um resultado poderoso, com fortes implicações em termos de políticas. Poder-se-ia então perguntar por que há tanta oposição às propostas ambiciosas de liberalização comercial? Seriam os céticos apenas ignorantes no que diz respeito ao comércio internacional? De fato, existem evidências de que a vantagem comparativa é um conceito difícil de entender, e as pessoas que possuem falsas crenças procuram evitar fontes de informação que revelem algo diferente, adotando estratégias de negação quando os fatos que contradizem as crenças.[16] Ainda assim, a preocupação dos possíveis perdedores é perfeitamente legítima. Primeiro, pode não haver um mecanismo adequado de compensação. Transferências de vencedores para perdedores podem ser caras de implementar, mesmo se houver um imposto de renda no país. A cobertura do imposto de renda é notoriamente baixa em países de baixa renda. Em segundo lugar, as compensações podem ser politicamente controversas. As compensações pagas aos produtores de leite canadenses – devidas ao aumento das exportações europeias de queijo a partir do acordo comercial Canadá-UE – deixaram os produtores canadenses de grãos com inveja, os quais não receberam nenhuma compensação pela recusa da China em comprar canola canadense. Outro problema que tem sido ignorado há muito tempo é que os ajustes no mercado de trabalho podem ser lentos. Na Figura 12.8, a produção doméstica muda do ponto H para PH, implicando uma realocação significativa de trabalho e capital entre os setores. Há evidências[17] de que os trabalhadores deslocados podem permanecer desempregados por vários meses e até anos e que, uma vez reempregados, podem acabar ficando com salários mais baixos.

Embora a movimentação de mercadorias possa criar alguma controvérsia, a liberalização do comércio geralmente é menos controversa do que mobilidade de fatores (imigração e investimento estrangeiro direto). Os partidários do *Brexit* no Reino Unido estavam muito interessados desde o início em ter um acordo comercial abrangente com a União Europeia, mas sua aversão à permissão de que trabalhadores pudessem cruzar as fronteiras estava na raiz de seu desejo de deixar a UE. Da mesma forma, a injeção de capital por investidores estrangeiros é vista com desconfiança. Isso pode parecer estranho, considerando que o resultado 6 nos indica que o equilíbrio com o livre movimento de fatores (tal como em uma economia mundial integrada) é equivalente ao equilíbrio com livre comércio de produtos em um mundo com fronteiras, sob algumas condições. Podemos usar o diagrama da economia integrada para analisar as implicações da adição de alguns fatores de produção à economia, como capital e trabalho. A adição de capital (trabalho) aumenta o potencial de produção de todos os bens que usam algum capital (trabalho) em seu processo de produção. No entanto, um aumento de capital (trabalho) tem um impacto maior no potencial de produção de bens intensivos em capital (trabalho). Como esses bens também utilizam outros fatores de produção, eles exigem mais desses outros fatores de produção que se encontram empregados em outros setores. Consequentemente, nem todos os bens veem sua produção aumentar quando a dotação de capital (trabalho) aumenta.

Resultado 8: *O teorema de Rybczynski diz que, em uma pequena economia aberta, tomando os preços mundiais de produto (e, portanto, os preços dos fatores) como fixos, um aumento na dotação de capital (trabalho) tende a aumentar a produção de bens que usam capital intensivamente e a diminuir a produção de bens que não usam capital intensivamente. No caso de 2 produtos e 2 insumos, sendo o bem b intensivo em capital e o bem a intensivo em mão de obra, há efeitos de ampliação tais que:*

$$\frac{\Delta Q_b}{Q_b} = \check{Q}_b > \check{K} > \check{L} > \check{Q}_a \ e \ \check{Q}_b > \check{K} > \check{L} > \check{Q}_a.$$

A Figura 12.9 ilustra o teorema de Rybczynski para o caso de 2 produtos e 2 insumos usando o diagrama de economia integrada. A produção mundial do bem *b* (*a*) é dada pelo comprimento do segmento *OB* (*OA*). Quando a economia mundial é dividida no ponto *E*, o país *Home* produz *OQb* e o país *Foreign* produz *QbB*. O país *Home* consome *Cb* e exporta *Qb-Cb* da mercadoria *b* e importa *Ca-Qa* unidades da mercadoria *a*. Quando o capital sai do país *Foreign* e se muda para o país *Home*, o ponto de dotação passa de *E* para *E'* e a produção do bem *b* aumenta de *Qb* para *Qb'* e a produção do bem *a* diminui de *Qa* para *Qa'*. A condição de a economia estar aberta e enfrentar preços mundiais fixos é crucial, porque isso significa que o aumento de capital não altera os preços dos fatores, incluindo o preço do capital. Preços fixos de fatores significam que os fatores serão usados com a mesma intensidade antes e depois do influxo de capital estrangeiro. Isso significa que a inclinação das linhas *OB* e *OA*, representando as razões capital-trabalho para a produção dos bens *b* e *a*, não muda. Observe que o capital estrangeiro deve receber uma taxa de remuneração que equivale ao valor do aumento da produção resultante do aumento do capital. Na ausência de externalidades (positivas ou negativas), trabalhadores e proprietários de capital em *Home* não têm motivos para se opor ou se entusiasmar com o influxo de capital estrangeiro.

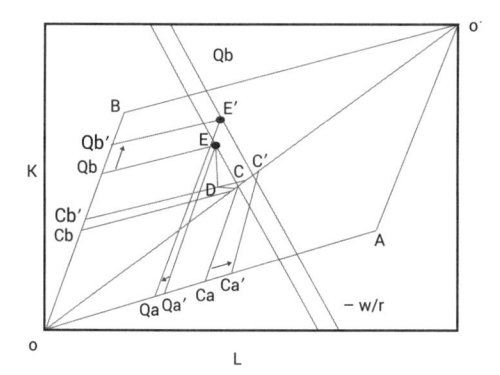

Figura 12.9 Teorema de Rybczynski quando o capital deixa *H* para ir até *F*.

As dotações de mão de obra em vários países mudam permanente ou temporariamente devido à demanda por trabalhadores agrícolas. Isso é especialmente comum em países como Estados Unidos e Canadá, que recrutam trabalhadores agrícolas do México e da Guatemala para ajudar na colheita de frutas e vegetais e trabalhar em abatedouros. Há também muito investimento direto estrangeiro (IDE) na agricultura, pois as empresas optam por entrar nos mercados estrangeiros por meio do IDE, não por meio de exportação. A JBS do Brasil é a maior empresa de processamento de carne do mundo, mas não atende a todos os seus consumidores estrangeiros a partir do Brasil. Ela opera em muitos países, incluindo Canadá e Estados Unidos.

12.1.3 Revolução da competição monopolística

À medida que a economia se preocupava cada vez mais em validar ideias teóricas com análises empíricas sólidas durante a década de 1980, os especialistas em comércio internacional perceberam que havia muito comércio de produtos similares ou comércio intrassetorial. Como produtos similares são produzidos com os mesmos processos tecnológicos, esse fenômeno não pôde ser explicado pelos modelos HOS e Ricardiano. Paul Krugman[18] e Kelvin Lancaster[19] desenvolveram duas abordagens para inserir, nos modelos de comércio, o desejo dos consumidores por diversificação de produtos. Para alguns produtos, como alimentos e vinho, doces e pastelaria em particular, os consumidores adoram consumir variedades diferentes. Os consumidores podem atingir determinado nível de utilidade gastando menos quando têm a oportunidade de comprar mais variedades do que quando se deparam com menos opções.

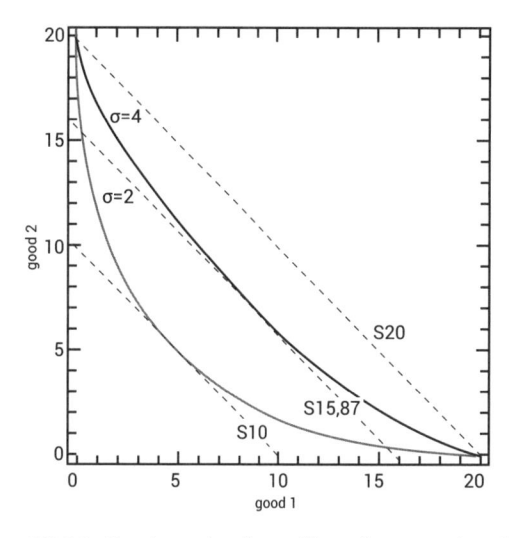

Figura 12.10 Ganhos da diversificação: o poder de compra do consumidor cresce à medida que seu leque de escolhas aumenta.

O diagrama da Figura 12.10 ilustra o argumento. Ao longo de uma curva de indiferença, o nível de utilidade permanece constante. A forma de uma curva de indiferença depende do grau de substituição entre os bens. Se os bens são altamente substituíveis, a elasticidade da substituição[viii] é alta e a curva de indiferença é quase linear. É o caso de produtos homogêneos. Os consumidores normalmente compram apenas um, o mais barato. Quando os produtos são diferenciados (por exemplo, salame *versus* presunto, sorvete de baunilha *versus* sorvete de chocolate), a elasticidade da substituição é baixa ($\sigma = 2$) e a curva de indiferença é de aparência convexa. Os consumidores, então, geralmente compram mais de um produto. Nos pontos em que a curva de indiferença toca o eixo horizontal ou o eixo vertical, apenas uma variedade é consumida. Comer a mesma comida o tempo todo torna-se entediante e a utilidade extra vinda da mesma comida de sempre diminui rapidamente. Para compensar essa queda na apreciação, mais comida é necessária e, por isso, fica mais caro atingir um nível de satisfação com poucas escolhas do que com muitas escolhas. Na Figura 12.10, o custo é de $ 20 para atingir a utilidade alvo quando apenas o bem 1 é consumido. Quando a elasticidade da substituição é baixa entre os bens 1 e 2, o consumidor precisa gastar apenas $ 10 para atingir o mesmo nível de utilidade. A vantagem de poder comprar dois bens em vez de apenas um diminui quando os bens são mais facilmente substituídos um pelo outro. A meta em termos de nível de utilidade pode

---

viii A elasticidade de substituição nos mostra o impacto, em termos percentuais, de um aumento na razão de preços dos bens *J* e *I* sobre a razão das quantidades dos bens I e J. Uma elasticidade de 2 significa que um aumento de 1% na razão p_j / p_i aumenta em 2% a razão q_I / q_J.

ser alcançada gastando-se $ 15,87 em uma cesta de dois bens quando a elasticidade da substituição aumenta para 4. As preferências do consumidor nos modelos de concorrência monopolista de Krugman são do tipo Dixit-Stiglitz.[ix] A Utilidade é uma soma de funções de subutilidade, e cada função de subutilidade está aumentando (mas a uma taxa decrescente) com o consumo de dada variedade. Isso significa que a utilidade marginal de cada variedade está diminuindo com o consumo de uma dada variedade, o que implica que, se uma nova variedade se tornar disponível, ela será comprada antes das unidades adicionais das variedades existentes. De fato, quando novas variedades se tornam disponíveis, os consumidores compram menos unidades das outras variedades para dar espaço a novas em seu orçamento.

Resultado 9: *O amor à diversificação: uma ampliação do leque de escolhas aumenta o poder de compra dos consumidores.*

A abordagem de Lancaster à diversificação de produtos postula que os consumidores têm uma variedade ótima, com diferentes consumidores cada um tendo uma variedade ótima diferente. Nesse cenário, o comércio internacional é benéfico, porque aumenta o leque de escolhas disponíveis para que muitos consumidores possam consumir uma variedade mais próxima da ótima. A abordagem de Lancaster é mais adequada para explicar preferências sobre bens duráveis com muitos recursos ou dimensões de diferenciação, como fogões, geladeiras, telefones celulares e qualquer outro item complexo do qual os consumidores compram uma unidade. Para os alimentos, o modelo de concorrência monopolista de Krugman faz mais sentido, e é sobre esse modelo que iremos nos debruçar. Na sua forma mais simples, todas as variedades de produtos são produzidas com um único fator de produção, o trabalho. Os custos de produção são fixos e variáveis. Parte da mão de obra deve ser usada antes que a produção possa começar. Esse custo é fixo e assumiremos que α trabalhadores são necessários para montar a linha de produção de qualquer nova variedade de produto. Se o salário de cada trabalhador no país *Home* (H) é w^H, então o custo fixo é simplesmente $F = w^H\alpha$. Em termos de custo variável, assumimos que β trabalhadores são necessários para produzir uma unidade de qualquer nova variedade. Portanto, o custo variável para uma empresa localizada no país H é dado por: $vc = w^H\beta\, y^H$, onde $y^H = L^H c^H[p]$ é a produção de uma empresa típica, L^H é a população ou número de trabalhadores e $c^H[p]$ é a demanda individual de um consumidor para qualquer dada variedade, sendo que $\partial c^H[p]/\partial p = c^{H\prime} < 0$ expressa a redução da demanda após um aumento no preço. A demanda por cada variedade é o resultado da otimização da utilidade, sujeita a restrição orçamentária. O lucro de cada empresa é dado por:

$$\pi^H = pL^H c^H[p] - w^H\beta L^H c^H[p] - w^H\alpha$$

A maximização do lucro implica que cada empresa iguale sua receita marginal ao seu custo marginal (isto é, $w^H\beta$, uma constante) o que implica a seguinte regra de *markup* (margem):

$$\frac{p - w^H\beta}{p} = \frac{1}{\varepsilon} \Leftrightarrow \frac{p}{w^H} = \beta\left(\frac{\varepsilon}{\varepsilon-1}\right) \qquad (12.10)$$

Essa equação[x] nos mostra que as empresas vendem a um preço superior ao seu custo marginal. Isso é realmente diferente da concorrência perfeita, embora, como na concorrência perfeita, existam muitas empresas no mercado. A intuição por trás desse resultado é que as empresas precisam de uma margem para cobrir seus custos fixos e ao menos alcançar o *break even* (receita total igual ao custo total). A elasticidade da demanda ε tem um papel importante na determinação do *markup*: quanto maior a elasticidade, mais baixo o *markup*. Lembre-se de que a elasticidade é constituída de dois componentes: $\varepsilon = -c\prime\left(\dfrac{p}{c}\right)$, o inverso da inclinação da curva de demanda e uma razão preço-quantidade. Para dada razão preço-quantidade, uma elasticidade é alta quando a inclinação da curva de demanda é relativamente baixa. Uma curva de demanda com inclinação baixa implica

---

ix   Geralmente, as preferências assumem uma forma aditiva: $U = \int_\Omega u[c]\,dc$ with $\partial u/\partial c = u\prime > 0, u\prime\prime < 0$ e Ω o conjunto de variedades disponível. As preferências com constante elasticidade de substituição são muito comuns na prática. Elas assumem a forma: $U = \left(\int_\Omega c^{\frac{\sigma-1}{\sigma}}\right)^{\frac{\sigma-1}{\sigma}}$.

     A integral é como um sinal de somatório. Ela implica que existe um número muito grande de empresas no mercado.

x   A maximização do lucro resulta em: $\dfrac{\partial \pi^H}{\partial p} = L^H c^H + pL^H c^{H\prime} - w^H\beta L^H c^{H\prime} = L^H c^H\left(1 + \dfrac{(p - w^H\beta)}{p}\dfrac{c^{H\prime} p}{c^H}\right) = 0$. Se definirmos a elasticidade de demanda como $\varepsilon = -c\prime\, p/$, então $1 - \varepsilon\dfrac{(p - w^H\beta)}{p} = 0 \Rightarrow \dfrac{(p - w^H\beta)}{p} = \dfrac{1}{\varepsilon}$.

que um pequeno aumento de preço desencadeia uma grande redução na quantidade demandada. Isso tende a reduzir o *markup*. Da mesma forma, para uma dada inclinação da demanda, a elasticidade da demanda é maior quando a razão preço-quantidade é alta. Uma razão preço-quantidade alta deixa pouco espaço para um grande *markup*. Na prática, as empresas tendem a receber *markups* mais altos quando seus custos são baixos, o que implica menores razões preço-quantidade.

Outro ponto importante sobre essa equação é que cada empresa produz uma variedade diferente. Como os consumidores valorizam novas variedades, que desejam consumir mais do que as variedades já existentes, as empresas têm incentivos para produzir sua própria variedade em vez de copiar uma variedade existente.

O modelo permite livre entrada no mercado. As empresas entram no mercado desde que seja possível minimamente obter lucro. À medida que mais empresas entram, os lucros das empresas existentes e das novas empresas caem, e isso continua até que o lucro seja trazido a zero: $\pi^H = pL^H c^H[p] - w^H \beta L^H c^H[p] - w^H \alpha = 0$. A equação de *markup* pode ser reescrita como: $w^H \beta = p\left(\frac{\varepsilon - 1}{\varepsilon}\right)$ e a condição de lucro zero pode ser reescrita como: $pL^H c^H[p]\left(\frac{1}{\varepsilon}\right) = w^H \alpha$, com o lado esquerdo sendo o lucro operacional, e o lado direito sendo o custo fixo. Assim:

$$\frac{p}{w^H} = \frac{w^H \varepsilon}{L^H c^H[p]} \quad (12.11)$$

Essa é uma relação implícita quando a elasticidade da demanda NÃO é constante e varia com o preço. A condição de lucro acima de zero e a condição de maximização de lucro podem ser traçadas conforme a Figura 12.11:

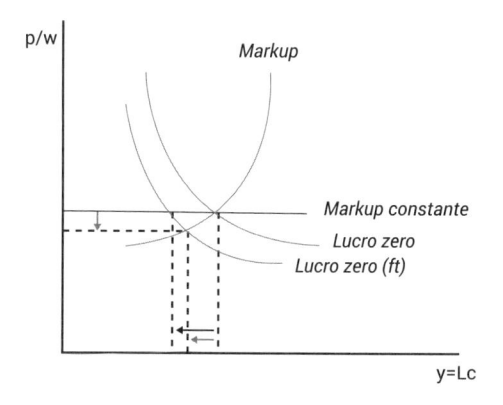

Figura 12.11 Equilíbrios de competição monopolística em autarcia e em livre mercado, quando as empresas possuem *markups* variáveis ou constantes.

Quando a elasticidade da demanda está aumentando com o preço ou diminuindo com o consumo, o *markup* está crescendo em relação a $L^H c^H$. A condição de lucro zero, por outro lado, está diminuindo em relação a Lc. Observe que p/w é o inverso do salário real w/p. Portanto, quanto menor a razão de equilíbrio p/w, melhor será para os trabalhadores. Agora que encontramos o equilíbrio p/w e o nível de produção de cada empresa, podemos encontrar o número de empresas. Em autarcia, a produção total depende do número de trabalhadores L. Cada empresa necessita de $\alpha + \beta L^H c^H$ trabalhadores. Dado que todas as empresas adotam a mesma tecnologia, pagam o mesmo salário e são confrontadas com a mesma demanda por variedade, elas devem ser idênticas. O número de empresas multiplicado pela quantidade de mão de obra necessária em cada empresa não pode exceder o número de trabalhadores disponíveis. Assim, $L^H = n^{HA}(\alpha + \beta c L^H)$ e, portanto, $n^{HA} = \frac{L^H}{\alpha + \beta c L^H}$. O número de firmas é menor quando o parâmetro de custo fixo α é alto.

Se as preferências são caracterizadas por uma elasticidade de substituição constante, então $\varepsilon = \sigma$, uma constante. A curva de *markup* na Figura 12.11 torna-se plana: a razão p/w é fixa e não se modifica com o nível de produção. Isso é verdadeiro para a autarcia, para o livre comércio ou para qualquer equilíbrio entre esses dois extremos.

Se ignorarmos custos de transporte, em equilíbrio de livre comércio tanto as empresas domésticas quanto as estrangeiras produzem para seu próprio mercado e para exportação. Ao invés de termos n^{HA} empresas, como no mercado de *Home* em autarcia, teremos $n^{Hft} + n^{Fft}$ empresas competindo sob livre comércio. Uma vez que as preferências são idênticas e homotéticas, e a tecnologia é idêntica para todas as variedades domésticas e estrangeiras, os consumidores em ambos os países, diante dos mesmos preços, consumirão a mesma quantidade de todas as variedades: $c^H = c^F = c$. Sob livre comércio, $n^{Hft} = \frac{L^H}{\alpha + \beta c(L^H + L^F)}$ e $n^{Fft} = \frac{L^F}{\alpha + \beta c(L^H + L^F)}$. Para abrir espaço a variedades adicionais, os consumidores reduzem o consumo de certas variedades. Essa redução tende a reduzir a produção de certas empresas, mas a adição de novos consumidores atendidos por meio de exportações tem um efeito compensador. Pode-se perguntar se há mais, menos ou a mesma quantidade de empresas em um país sob livre comércio, quando comparado com um país em autarcia. Lembre-se de que a produção de uma empresa é determinada pelas condições de maximização de lucro e as condições de lucro zero. A regra de *markup* não muda se as empresas operam em autarcia ou no livre comércio. Contudo, a condição de lucro zero sob livre comércio passa a ser: $\frac{p}{w^H} = \frac{w^H \varepsilon}{(L^H + L^F) c[p]}$. A adição da força de trabalho estrangeira sob livre comércio faz com que o lado direito caia, o que significa que o lado esquerdo também deve cair. Portanto, passar da autarcia para o livre comércio faz com que a curva de lucro zero desça na Figura 12.11. Se o *markup* das empresas for constante, ou seja, quando os consumidores tiverem preferências caracterizadas por uma elasticidade de substituição constante, o *p/w* será constante e a produção também. Isso é verdade sob autarcia e sob livre comércio. Se a produção de cada empresa é constante e cada empresa utiliza o mesmo número de trabalhadores tanto sob livre comércio quanto sob autarcia, segue-se que o número de empresas é o mesmo sob autarcia e sob livre comércio. As regras de *markup* e de lucro zero devem manter-se simultaneamente e, quando o *markup* é fixo, isso significa que *p/w* não muda. Consequentemente, *c* deve cair o suficiente para manter o número de empresas sob livre comércio no mesmo exato nível que sob autarcia. O livre comércio não reduz o preço das variedades nesse caso, mas aumenta o número de variedades com a adição do número total de variedades estrangeiras, sem a perda de variedades domésticas. Se o *markup* cresce com a produção, a abertura da fronteira, que desloca a condição de lucro zero para baixo na Figura 12.11, causa uma queda em *p/w* e uma queda mais modesta em *c*. Os preços caem e a diversidade de bens melhora, nesse caso.

Resultado 10: $n^{HA} \geq n^{Hft}$, $n^{FA} \geq n^{Fft}$ e $\max(n^{HA}, n^{FA}) < n^{Hft} + n^{Fft}$. *O livre comércio aumenta o bem-estar ao aumentar o número de variedades que podem ser consumidas pelos consumidores.*

O comércio deve ser equilibrado, e o valor das exportações do país *Home* deve ser igual ao das suas importações. A renda nacional no país *Home* é $w^H L^H$ e a participação das variedades do país Home na cesta do consumidor é $\lambda^{HH} = n^{Hft}/(n^{Hft} + n^{Fft}) = w^H L^H / (w^H L^H + w^F L^F)$. Da mesma forma, o valor das importações do país *Home* é a igual à renda nacional do país *Home* multiplicada pela participação das variedades estrangeiras no consumo do país *Home*, e isso deve ser igual às exportações do país *Home*, que são iguais à importação do país *Foreign*. Portanto: $w^H L^H (n^{Fft}/(n^{Hft} + n^{Fft})) = w^F L^F (n^{Hft}/(n^{Hft} + n^{Fft}))$. Segue que:

$$\frac{n^{Hft}}{n^{Fft}} = \frac{w^H L^H}{w^F L^F} \qquad (12.12)$$

Resultado 11: *Países maiores produzem mais variedades.*

As exportações do país *Home*, $w^H L^H(n^{Fft}/(n^{Hft} + n^{Fft}))$, podem ser reescritas como $w^H L^H (L^F/(L^H + L^F)) = w^H L^H ((L^w - L^H)/L^w) =$, uma vez sendo a dotação de mão de obra no país *Foreign* fixada como $L^F = L^w - L^H$. As exportações do país *Home* são maximizadas quando $L^w = 2L^H$.

Resultado 12: *O volume de comércio entre dois países é maximizado quando os dois países são idênticos.*

Esse resultado está fundamentado empiricamente. A demonstração de que países grandes realizam muito comércio juntos, mesmo sendo semelhantes em muitos aspectos, foi feita há muito tempo. Vale a pena reiterar que, sob o paradigma HOS, dotações semelhantes de recursos significam ausência de comércio. Da mesma forma, produtividades do trabalho idênticas implicam que nenhum país tem vantagem comparativa, o que implica ausência de comércio em um mundo ricardiano.

Até agora, consideramos extremos ao mostrar que o livre comércio melhora o poder de compra dos consumidores por meio de preços mais baixos e melhor escolha de produtos em comparação com a autarcia. O livre comércio melhora também a alocação de recursos, levando os países a se especializarem na produção de bens os quais eles são relativamente bons em produzir. Não existem países que operem em autarcia e, embora aqueles que fazem parte do Acordo Geral de Tarifas e Comércio (GATT) e da Organização Mundial do Comércio (OMC) tenham muitas tarifas reduzidas a zero, a realidade é que todos os países impõem algumas barreiras comerciais a alguns bens. Devido ao fato de que produtos da agricultura não tenham alcançado a mesma liberalização comercial multilateral que os produtos manufaturados alcançaram até as negociações da Rodada Uruguai do GATT (1986-1994), as barreiras tarifárias e não tarifárias tendem a ser mais restritivas nesse setor. A seguir, analisaremos a incidência de diversas políticas comerciais sobre bem-estar.

12.2 POLÍTICA COMERCIAL

A política comercial mais comum é, sem dúvida, a tarifa de importação. Uma tarifa é um imposto que pode assumir diferentes formas. O tipo mais comum de tarifa de importação é a tarifa *ad valorem*. É uma taxa percentual sobre o valor das importações. Pode ser aplicada sobre o preço "*free on board*" (FOB – livre a bordo) ou o preço "*cost, insurance and freight*" (CIF – custo, seguro e frete), que inclui o custo de transporte. Diferentes países seguem diferentes regras aduaneiras.[20] A relação entre o preço do exportador no país *i* e o preço doméstico no país importador *j* pode então ser expressa de duas formas:

$$p_{ij} \leq p_i(1+\tau_{ij}) + T_{ij} \text{ ou } p_{ij} \leq (p_i + T_{ij})(1+\tau_{ij}) \quad (12.13)$$

Se abstrairmos os custos de transporte e definirmos $T_{ij} = 0$, obtemos a expressão $p_{ij} \leq p_i(1+\tau_{ij})$. Podemos ver que uma tarifa de 100% torna o preço interno no país *j* o dobro do preço de fronteira, desde que as importações ainda estejam entrando. Se a tarifa for proibitiva, o preço interno poderá ser menor que o preço de fronteira majorado pela tarifa. É fácil prever que esse é o caso quando as tarifas são muito altas. Quando o preço da fronteira majorado pela tarifa excede o preço interno, dizemos que há "*water in the tariff*". A tarifa é tão alta que pequenas reduções tarifárias não teriam nenhum impacto sobre o comportamento de empresas e consumidores, porque as importações permaneceriam nulas. Reduções de tarifas começariam a ter algum efeito assim que as importações começassem.

Existem outros tipos de tarifa. Observamos tarifas relativamente mais específicas em produtos agrícolas do que em produtos não agrícolas. Uma tarifa específica é um imposto em moeda por unidade de quantidade (ou seja, R$/kg). Tarifas específicas são menos transparentes do que as tarifas *ad valorem*, porque é necessário um preço de fronteira para aumentar sua restrição. Por exemplo, 10 R$/kg corresponde a uma tarifa *ad valorem* de 10% quando o preço da fronteira é de R$ 100, entretanto, o equivalente *ad valorem* é de 1% se o preço da fronteira é de R$ 1.000. Uma tarifa mista é composta de uma tarifa *ad valorem* e uma tarifa específica, porém apenas uma, a que gera mais receita, é cobrada. Como a receita por unidade gerada por uma tarifa *ad valorem* cai com o preço da fronteira, o objetivo de uma tarifa mista é garantir que a receita por unidade não caia abaixo de um limite específico. Uma tarifa composta também possui um componente específico e um componente *ad valorem*, mas os dois tipos de tarifa são cobrados. Uma cota tarifária (*tariff-rate-quota*, TRQ) é um instrumento de três eixos que estabelece uma tarifa a ser aplicada a volumes dentro da cota de importação compromissada e outra tarifa a ser aplicada para volumes acima da cota. A tarifa dentro da cota é normalmente baixa e a tarifa acima da cota é alta, até mesmo proibitiva. As TRQ são usadas, na maioria dos casos, para proteger os chamados produtos sensíveis que antes eram protegidos por cotas de importação.

O Brasil utiliza apenas tarifas *ad valorem*, enquanto a Suíça utiliza principalmente tarifas específicas. Observando-se o perfil de tarifas do Brasil na OMC,[xi] pode-se observar que o país possui muito poucas linhas tarifárias isentas de impostos, compreendendo apenas 7,1% de suas linhas tarifárias agrícolas e 4,7% de suas linhas tarifárias não agrícolas. Isso é muito menor do que em um país como o Canadá. No entanto, diferentemente do Canadá, o Brasil não possui qualquer tarifa superior a 100%. Estranhamente, porém, há muita dispersão em algumas categorias de produtos. Por exemplo, as tarifas de produtos lácteos variam de 0% a 55%. Para economias relativamente pequenas como o Brasil e o Canadá, as empresas importadoras não conseguem, individual ou conjuntamente, afetar os preços de fronteira alterando o volume de suas compras. A suposição de preços de fronteira exógenos é frequentemente referida como suposição de país pequeno. Quando os importadores podem induzir uma queda nos preços de fronteira importando menos, individualmente ou em conjunto, então aplica-se a hipótese do grande país. Sob a premissa de país pequeno (grande), a curva de oferta de exportação estrangeira é percebida como (menos que) infinitamente elástica.

A incidência de uma tarifa de importação sob a premissa de país pequeno é ilustrada na Figura 12.12. Nesse caso, bens domésticos e estrangeiros são os mesmos: o produto é homogêneo. Empresas nacionais e estrangeiras são perfeitamente competitivas, tomando os preços como exógenos. A curva de oferta de exportação estrangeira é plana, o preço de fronteira *Pw* não muda se as importações forem reduzidas por uma tarifa. O gráfico esquerdo representa o mercado interno com as curvas de oferta e demanda. *Pa* é o preço em autarcia, o preço pelo qual a demanda é igual à oferta doméstica. Para preços mais baixos, ocorrem importações. No preço de livre comércio *Pw*, a quantidade demandada excede a quantidade oferecida pelos fornecedores domésticos. A diferença *Impft* = *Dft-Sft* representa a quantidade importada sob livre comércio. Quando uma tarifa de importação é cobrada, o preço interno enfrentado pelos produtores e consumidores domésticos é de *Pw* + *t*. Assim, a tarifa cria distorções na produção e no consumo e, como tal, pode ser substituída por um imposto sobre o consumo e um subsídio à produção. O preço mais alto para os produtores domésticos aumenta o excedente do produtor pela área *b*. O excedente do produtor é a área à esquerda da curva de oferta até o preço de equilíbrio. Com a tarifa, o excedente do produtor é a área *a* + *b* e

---

xi Veja https://www.wto.org/english/res_e/statis_e/daily_update_e/tariff_profiles/BR_E.pdf. Acesso em: 20 nov. 2020.

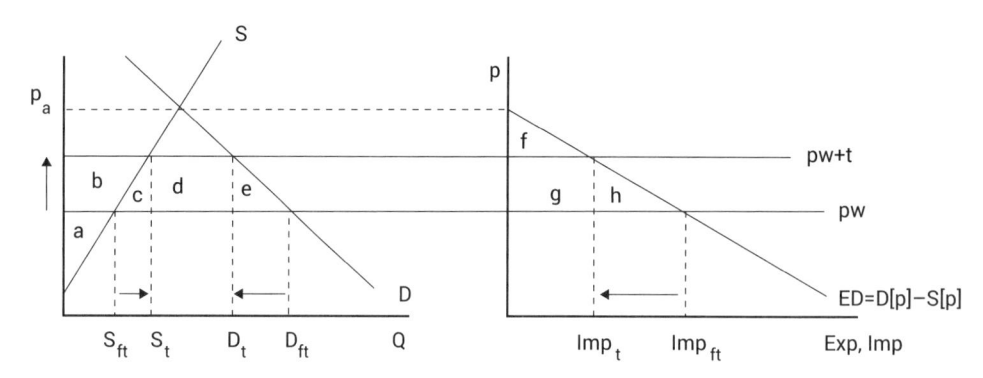

Figura 12.12 Efeitos de uma tarifa de importação sobre o bem-estar na suposição de país pequeno.

equivale a apenas à área *a* sob livre comércio. Claramente, os produtores domésticos estão melhor com a tarifa do que sob o livre comércio. Os consumidores, por outro lado, estão em pior situação quando os preços sobem. O excedente do consumidor é a área abaixo da curva de demanda acima do preço de equilíbrio. Portanto, a diminuição do excedente do consumidor ao passar do livre comércio para o equilíbrio tarifário é dada pela área *b + c + d + e*. As tarifas geram receitas para o governo, que são posteriormente redistribuídas aos consumidores. As receitas tarifárias são iguais ao produto da tarifa específica pela quantidade importada. No gráfico esquerdo (direito), isso corresponde à área *d* (*g*). O efeito de bem-estar líquido é a soma do ganho no excedente do produtor e da receita tarifária menos a perda do excedente do consumidor. Isso equivale a uma perda na área *c + e* no gráfico esquerdo, que é equivalente à área *h* no gráfico direito. O gráfico direito mostra o mercado mundial com a curva de oferta de exportação externa infinitamente elástica *Pw*, a curva de oferta de exportação externa distorcida pela tarifa *Pw + t* e a curva de excesso de demanda (ED), que é simplesmente a diferença entre a curva de demanda D[P] e a curva de oferta S[P]. A perda líquida de bem-estar dada pela área *h* é a perda líquida de bem-estar dos agentes domésticos no país importador (perdas dos consumidores e ganhos dos produtores).

Resultado 13: *Na ausência de externalidades, a tarifa ótima para um país pequeno é zero.*

A análise do bem-estar incorporada na Figura 12.12, apesar de simples, é válida enquanto os preços de mercado refletirem custos sociais e privados. As tarifas são prejudiciais porque simplesmente reduzem o volume do comércio, sem melhorar os termos de troca (diminuindo o preço de fronteira). Observe que, como o preço de fronteira é fixado em *Pw*, não há diferença se a tarifa é *ad valorem* ou específica. Nesse caso, existe um equivalente *ad valorem* para qualquer tarifa específica associada. Assim, os formuladores de políticas devem ser indiferentes ao uso de uma tarifa específica ou *ad valorem*.

O caso de um país grande é ilustrado na Figura 12.13. O preço de livre mercado, P_{ft}, é determinado no gráfico direito onde a curva de excesso de demanda, $ED[p]$, é igual à curva de oferta de exportação estrangeira P_w, que tem uma inclinação ascendente. Isso significa que as reduções nas importações agregadas, induzidas pelas tarifas, causam reduções no preço de fronteira pago aos exportadores estrangeiros. Importadores domésticos são tomadores de preços e não têm capacidade de manipular o preço de fronteira importando menos. Para induzir uma redução no preço de fronteira, o governo deve impor uma tarifa de importação tal que TODOS os importadores domésticos reduzam conjuntamente suas importações.

O governo do país importador tem poder de monopsônio, assim como um único comprador enfrentando um grande número de vendedores. Para maximizar o bem-estar e explorar plenamente esse poder de monopsônio, o governo deve estabelecer uma tarifa tal que o custo marginal de importação seja igual ao preço das importações. O custo das importações ou o valor pago aos exportadores estrangeiros é $P_w[q]q$. O custo marginal ou o custo de uma unidade extra de importações é $p_w[q] + (\partial P_w[q]/\partial q)q$. A curva de custo marginal no gráfico direito da Figura 12.13 tem uma inclinação maior do que a curva de oferta de exportação estrangeira $P_w[q]$, pois um acréscimo em importações aumenta o preço de fronteira não apenas da unidade marginal, mas de todas as unidades importadas. O nível ótimo de importações é q_e e, para atingir esse nível de importações, o governo deve impor uma tarifa específica *t*. Essa tarifa diminui o preço de fronteira de P_{ft} para $P_w[t]$ e cria uma cunha entre o preço de fronteira e o preço doméstico $P_w[t]+t$, que é o sinal que guia as decisões de produção e consumo. O aumento no excedente do produtor

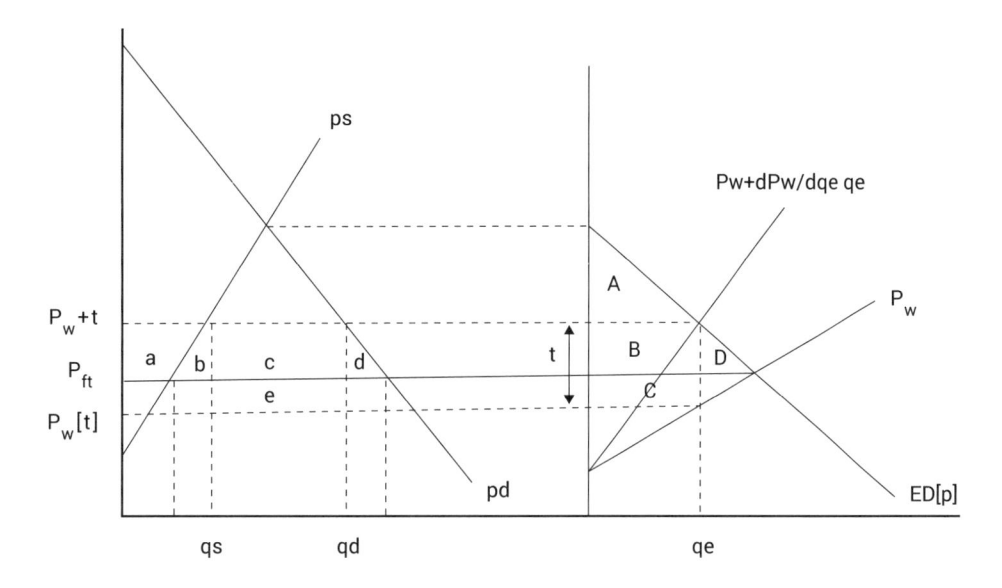

Figura 12.13 Tarifa de importação ótima para um grande país importador.

é dado pela área *a* no gráfico esquerdo da Figura 12.13. A redução no excedente do consumidor é dada pela área $a + b + c + d$. A receita tarifária é representada pela área $c + e$. O ganho líquido de bem-estar é dado pela área $e - b - d > 0$. É importante entender que a tarifa ótima explora um *trade-off*. A tarifa reduz o preço de fronteira, o que é bom para os importadores, mas diminui as importações, o que é uma fonte de desutilidade para os importadores. Como resultado, a tarifa não pode ser muito alta. A partir do zero, o bem-estar aumenta com a tarifa até que ela alcance a tarifa ótima. O aumento da tarifa para além da tarifa ótima apenas diminui o bem-estar.

Resultado 14: *A tarifa de importação que maximiza o bem-estar é positiva para um país grande, desde que não haja retaliação por parte dos parceiros comerciais.*

Embora nossa análise esteja dentro de uma estrutura de equilíbrio parcial, as ideias extraídas aplicam-se intuitivamente a uma estrutura de equilíbrio geral. O objetivo do imposto ótimo é manipular o preço de fronteira para obter uma vantagem. Em um mundo com diversos bens, os países grandes buscarão manipular os preços relativos em benefício próprio. Em um mundo com dois países e dois bens, sendo o país *Home* um importador do bem 1 e o país *Foreign* um importador do bem 2, existe apenas um preço relativo. Se ambos os países tiverem aproximadamente o mesmo tamanho, o incentivo para manipular seus termos de troca a seu favor será aproximadamente o mesmo. Entretanto, ao fazer isso, anulam-se reciprocamente, deixando o preço relativo próximo a seu nível de livre comércio:

$p_{1w}[t^H] / p_{2ft} < p_{1ft} / p_{2ft} \approx p_{1w}[t^H]' / p_{2w}[t^F] < p_{1ft} / p_{2w}[t^F]$

O problema é que os impostos cobrados por ambos os países reduzem as quantidades negociadas para níveis que são prejudiciais para ambos.

Conforme indicado no resultado 14, os países têm um incentivo para manipular seus termos de troca quando seus parceiros comerciais são passivos. Em nosso mundo de 2 países e 2 bens, o que ocorreria se o parceiro comercial do país *Home*, o país *Foreign*, não fosse passivo, mas um pouco agressivo? Haveria uma tarifa capaz de maximizar o bem-estar em *Home*? A resposta é sim. De fato, o governo do país pode calcular sua tarifa de maximização do bem-estar, condicionada a diferentes tarifas impostas pelo país *Foreign*. O conjunto de tarifas obtido a partir da maximização condicionada do bem-estar do país *Home* define a função de reação desse país. A função de reação para o país *Home* (H) começa no par $\{t_{opt}^H, 0\}$, que é um ponto de maximização da utilidade (ver Figura 12.14). Esse é o caso quando o país *Foreign* (F) é passivo. A função de reação do país *Home*, $t^H[t^F]$, é negativamente inclinada. Ela representa as melhores tarifas que o país *Home* pode estabelecer para diferentes tarifas impostas pelo país *Foreign*. Quando o país *Foreign* impõe uma tarifa mais alta t^F, o país *Home* responde abaixando sua tarifa t^H. Dois (ou mais) podem jogar esse jogo, e o país *Foreign* possui sua própria função de reação $t^F[t^H]$. Supondo que ambos os países anunciem simultaneamente suas tarifas, um equilíbrio de Nash é alcançado no ponto onde as funções de reação se cruzam, assumindo que elas são mutuamente consistentes. As tarifas no equilíbrio de Nash $\{t_N^H, t_N^F\}$ são mais baixas que as tarifas ótimas "ortodoxas" $\{t_{opt}^H, t_N^F\}$. Os níveis de bem-estar para ambos os países no equilíbrio de Nash são dados pela curva de indiferença V_N^H para o país *Home* e V_N^F para o país *Foreign*. Ao longo das curvas de indiferença, o bem-estar mantém-se constante à medida que as tarifas mudam. Para o país *Home*, quanto mais próxima sua curva de indiferença estiver em relação à origem t_{opt}^H de sua função de reação, maior será seu nível de bem-estar. A partir disso, podemos inferir que o nível de bem-estar para o país *Home* é maior sob livre comércio do que em cenário de guerra tarifária: $V_{ft}^H > V_N^H$. O mesmo pode ser dito sobre o país *Foreign*.

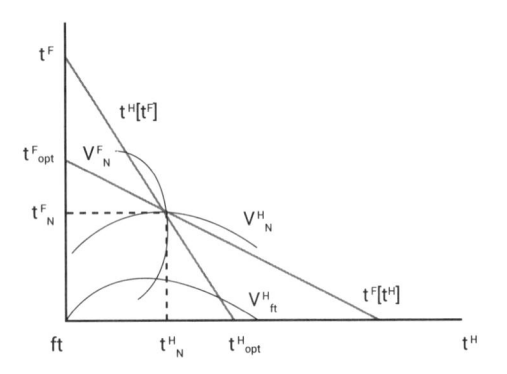

Figura 12.14 Cenário de guerra tarifária e as tarifas de equilíbrio de Nash.

Resultado 15: *Quando dois países de aproximadamente o mesmo tamanho entram em uma guerra tarifária, eles terminam em uma situação pior, quando comparada ao livre comércio. Se não forem capazes de se comprometerem com o livre comércio, os países ficarão presos em um equilíbrio de guerra tarifária.*

O resultado acima é um tanto grave, e é frequentemente referido como um resultado do "dilema dos prisioneiros". O jogo envolvendo o país *Home* e o país *Foreign* pode ser representado formalmente com jogadores (*Home*, *Foreign*), estratégias ("livre comércio", "tarifa") e recompensas expressas em utilidade. Quando ambos os países escolhem o livre mercado como estratégia, suas recompensas são V_{ft}^H para o país *Home* e V_{ft}^F para o país *Foreign*. Essas recompensas são maiores do que o par $\{V_N^H, V_N^F\}$. Por que, então, o equilíbrio desse jogo encontra-se neste último par? Podemos mostrar que $\{V_{ft}^H, V_{ft}^H\}$ não é um equilíbrio de Nash ao checarmos se pelo menos um jogador possui incentivo para mudar de estratégia, dado que o outro está comprometido com o livre mercado. Para tal, utilizamos a Figura 12.15. Se começássemos com o país *Home*, supondo o país *Foreign* sob livre mercado, o país *Home* poderia determinar sua tarifa ótima mudando de estratégia e atingir $V_{opt}^H > V_{ft}^H$. Isso representaria uma perda para o país *Foreign*, pois $V_{ft}^F > V_{t^H, ft}^F$, mas o país *Home* está motivado apenas por seu próprio interesse. Se checamos o incentivo do país *Foreign* quando o país *Home* está comprometido com o livre comércio, descobrimos que é de seu interesse sair do livre comércio. Iremos agora checar a melhor estratégia utilizada pelo país *Home* quando o país *Foreign* está comprometido em impor uma tarifa. Se o país *Home* escolhe o livre comércio, sua recompensa é menor do que quando ele impõe tarifa: $V_{ft, t^F}^H < V_N^H$. Podemos concluir que a tarifa é uma estratégia dominante para o país *Home*, pois é sua melhor estratégia, independentemente da estratégia escolhida pelo país *Foreign*. O mesmo pode ser dito sobre o país *Foreign*, e ambos acabam estabelecendo tarifas de Nash, mesmo que seja possível obter maiores retornos comprometendo-se com o livre comércio. O problema para eles é que, sem um mecanismo de coordenação, eles não podem se comprometer de forma crível com o livre comércio. Assim que o parceiro comercial escolher o livre comércio, a melhor estratégia é responder com uma tarifa ótima. Essa resposta é antecipada, e os países acabam presos em um equilíbrio ruim. Isso é semelhante a dois ladrões sendo parados pela polícia depois de esconderem seus furtos. A polícia os interrogará separadamente, tendo uma suspeita razoável de que são ladrões, mas sem qualquer prova e necessitando da confissão de um prisioneiro. Os jogadores desse jogo são os dois prisioneiros e suas estratégias são as de permanecer calado ou confessar. Se os ambos permaneceram calados, serão soltos após um dia na prisão. Se um confessar e o outro permanecer calado, o que confessar será solto imediatamente e o outro enfrentará dois meses de prisão. Se ambos confessarem, ambos ficarão na cadeia por um mês. Em equilíbrio, ambos confessam, pois estão separados e não podem se comunicar, portanto, não podem coordenar suas ações. Quando os Estados Unidos e a China se envolveram em uma guerra tarifária, surgiram evidências de que não haveria um vencedor, mas sim dois perdedores.

		Foreign	
		Livre comércio	Tarifa
Home	Livre comércio	V_{ft}^H, V_{ft}^F	V_{ft, t^F}^H, V_{opt}^F
	Tarifa	$V_{opt}^H, V_{t^H, ft}^F$	V_N^H, V_N^F

Figura 12.15 Jogo das tarifas e seu resultado a partir do "dilema dos prisioneiros".

A tentação de manipular os termos de troca pode ser também observada nos países exportadores. Para melhorar seus termos de troca, os países exportadores devem tributar suas empresas exportadoras. Os grandes países exportadores deparam-se com uma função de excesso de demanda negativamente inclinada. Um imposto de exportação obriga as empresas exportadoras a reduzirem suas vendas, e existe um número de empresas exportadoras tributadas que é suficiente para influenciar o preço pago pelos países importadores. Poucos países usam tarifas de exportação como um instrumento de política comercial. Na América do Sul, a Argentina é conhecida por usar tarifas de exportação como instrumento de desenvolvimento. Tributar as exportações de matérias-primas é um meio de incentivar o processamento doméstico de produtos crus. Uma desvantagem dos impostos à exportação é que eles podem desencorajar o investimento e a inovação em setores competitivos. De acordo com *WTO Argentina Trade Policy Review*,[xii] tarifas de exportação são amplamente aplicadas na Argentina; a maioria das exportações são tributadas em 5%. Para que os impostos de exportação manipulem os termos de troca, as empresas exportadoras devem conjuntamente ter uma parcela significativa das exportações mundiais. Embora a Argentina seja grande exportadora de algumas *commodities*, ela tributa um número tão grande de produtos exportados, que certamente é maior que o número de produtos em cujos mercados ela é realmente um ator importante. Analisamos esse ponto com a Figura 12.16.

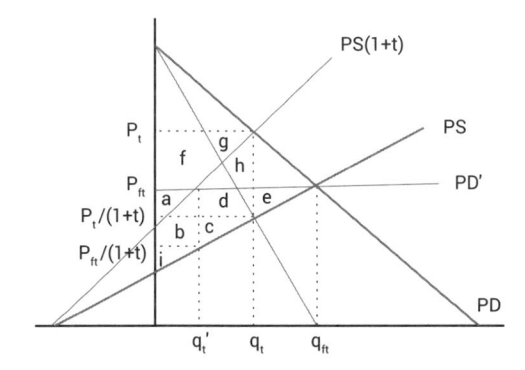

Figura 12.16. Tarifas de exportação em um grande país exportador e em um pequeno país exportador, quando todas as empresas são perfeitamente competitivas.

Na Figura 12.16, a função de oferta doméstica é retratada pela curva PS. Se o país exportador é grande, ele enfrenta uma função de demanda em excesso com inclinação negativa, como a função de demanda em excesso PD. Se o país exportador for pequeno, ele perceberá a função de excesso de demanda como infinitamente elástica, conforme representado pela curva PD'. Todas as empresas são perfeitamente competitivas e tomadoras de preço. Portanto, o equilíbrio do livre comércio é determinado pela interseção das curvas PS e PD no caso do grande país exportador e de PS e PD' para o caso do pequeno país exportador. Nos dois casos, a quantidade exportada é q_{ft} e o preço recebido pelas empresas exportadoras é P_{ft}. O governo do grande país exportador está ciente de que pode explorar a inclinação negativa da função de excesso de demanda da mesma forma que um monopolista a exploraria ao reduzir a quantidade ofertada para induzir um aumento de preço. Para conseguir isso, o governo pode estabelecer uma cota de exportação q_t ou um imposto de exportação *ad valorem* t. O imposto de exportação ótimo iguala a função de oferta à função de receita marginal associada a PD. A função de receita marginal possui o mesmo intercepto vertical que a função de excesso de demanda PD, mas sua inclinação é duas vezes maior. O intercepto horizontal da função de receita marginal, o ponto em que a receita marginal é zero, determina a quantidade que maximiza as vendas P^*q. Um imposto *ad valorem* é determinado por uma porcentagem do preço recebido pelas empresas exportadoras, o que infla o preço pago por importadores estrangeiros. Quanto maior o preço recebido pelas empresas exportadoras ao longo da curva Ps, maior a diferença entre o que os estrangeiros pagam e o que as empresas exportadoras recebem. Quando esse preço é zero, a cunha entre Ps e $Ps(1+t)$ é zero. O imposto ótimo deve ser tal que qt seja vendido para estrangeiros e é por isso que a curva $Ps(1+t)$ cruza PD no preço Pt. Em termos de bem-estar, os produtores e exportadores (consumidores) domésticos perdem (ganham) em relação ao livre comércio porque recebem (pagam) o preço $Pt/(1+t)$ e não P_{ft}. As perdas líquidas de agentes nacionais são representadas pela área $a + d + e$, o que significa que os ganhos dos consumidores ficam aquém das perdas dos produtores. O governo e os contribuintes obtêm uma receita representada pela área $a + d + f + g + h$. O ganho social líquido para o grande país exportador é dado pela área $f + g + h - e$. Um imposto de exportação sobre mercadorias é plausível quando se trata de um país que seja grande exportador mundial e no qual as exportações são realizadas por um grande número de pequenas empresas.

---

xii Para mais detalhes, ver https://www.wto.org/english/tratop_e/tpr_e/tp377_e.htm. Acesso em: 22 nov. 2020.

Resultado 16: *O governo de um grande país exportador pode utilizar um imposto de exportação para internalizar uma externalidade dos termos de troca, usufruir do poder do monopólio e aumentar seu bem-estar em prejuízo de seus parceiros comerciais.*

Quando o país exportador possui uma pequena parcela das exportações mundiais, o imposto de exportação contribui para a redução do bem-estar. Na Figura 12.16, o mesmo imposto de exportação não altera o preço pago pelos importadores estrangeiros quando o pequeno país exportador é confrontado com uma curva de demanda em excesso infinitamente elástica PD'. As exportações caem para qt' e o preço líquido (livre de impostos) recebido pelas empresas exportadoras é $p_{ft}/(1+t)$. Em termos de bem-estar, as perdas líquidas dos produtores e consumidores domésticos são dadas pela área $a+b+c+d+e$, parcialmente compensadas pela receita tributária dada pela área $a+b$ para uma perda social líquida $c+d+e$.

Até recentemente, os impostos de exportação não eram uma questão importante. Em 2008, quando os preços das *commodities* subiram muito rapidamente, atingindo máximos sem precedentes, os consumidores de alguns países exportadores se manifestaram contra os altos preços. Alguns governos, evitando serem vistos como indiferentes, optaram por intervir, sem, contudo, utilizar os adequados instrumentos de política. Tangermann[21] observa que

> a Ucrânia primeiro introduziu restrições quantitativas às exportações de trigo e depois as proibiu completamente; Índia e Sérvia também proibiram as exportações de trigo; impostos potencialmente proibitivos sobre as exportações de trigo foram cobrados – e, em alguns casos, aumentados – na China, Rússia e Cazaquistão; as exportações de arroz foram banidas na Índia, Egito, Camboja, Vietnã e Indonésia; as exportações de oleaginosas e derivados foram taxadas, restritas ou banidas na Argentina, Cazaquistão, Malásia e Indonésia.

Como mostra nossa análise gráfica, as restrições às exportações (impostos, cotas ou proibições) elevam os preços mundiais e contribuem ainda para a volatilidade dos preços mundiais, dado que essas medidas são tipicamente aplicadas de forma temporária. Martin e Anderson[22] mostraram que as respostas, em termos de políticas, em muitos países exportadores de baixa renda contribuíram significativamente para os altos preços, cujos efeitos impactaram a maioria das famílias mais pobres nos países importadores de baixa renda.

Os subsídios à exportação foram um grande problema nos anos 1980 e início dos anos 1990, quando os Estados Unidos, com seu programa de apoio às exportações (*Export Enhancement Program*), assim como a União Europeia com suas restituições à exportação, envolveram-se em uma guerra de subsídios à exportação. Para outros países exportadores de produtos agrícolas como Argentina, Austrália, Brasil e Canadá, isso se traduziu em preços deprimidos. Os preços do trigo foram especialmente afetados. A Figura 12.17 ilustra esse fenômeno, em que dois grandes países exportadores vendem para o resto do mundo. Suas curvas de oferta de exportação são dadas respectivamente por $Ps1$ e $Ps2$ e são confrontadas com uma curva de excesso de demanda PD. Ambos os países exportadores vendem um produto homogêneo, e o equilíbrio é determinado pela igualação da soma das quantidades exportadas com o excesso de demanda. Assim, a curva $q1(Ps1) + qs(Ps2)$ é a soma horizontal das curvas $Ps1$ e $Ps2$. Ao preço de livre comércio P_{ft}, o país exportador #1 exporta a quantidade $q1$ e o país exportador #2 exporta a quantidade $q2$. Quando o país exportador #1 utiliza um subsídio à exportação no valor de S R\$/unidade, sua curva de oferta de exportação desloca-se para baixo, daí a curva $Ps1$-S. O novo equilíbrio é determinado pela igualação da soma horizontal das curvas $Ps1$-S e $Ps2$ com a curva PD. O subsídio à exportação concedido pelo país #1 reduz o preço mundial em benefício dos importadores estrangeiros. O país exportador #2 vê seu bem-estar diminuir pela área $b+c+d+f+g$, devido ao menor preço mundial. O país que concede o subsídio também perde. Os produtores do país #1 se beneficiam de um preço mais alto, e esse ganho mais do que compensa as perdas dos consumidores do país #1. Essa soma de alterações nos excedentes de produtores e consumidores é expressa pela área a. Assim, há uma transferência dos consumidores para os produtores. No entanto, o custo para os contribuintes é dado pela área $a+b+c+d+e$. Quando o custo do subsídio é levado em consideração, observamos que as perdas do país exportador #1 são dadas por $b+c+d+e$.

Os chamados efeitos de país-terceiro, oriundos da guerra de subsídios à exportação observada entre EUA e UE, foram particularmente prejudiciais para outros países exportadores na década de 1980. Por essa razão, Austrália, Brasil e Canadá, juntamente com outros 11 países, criaram o grupo Cairns para promover a liberalização do comércio e a redução de subsídios à exportação.[xiii] Os esforços do grupo Cairns foram recompensados. A agricultura

---

xiii Para mais detalhes, ver http://en.wikipedia.org/wiki/Cairns_Group. Acesso em: 22 nov. 2020.

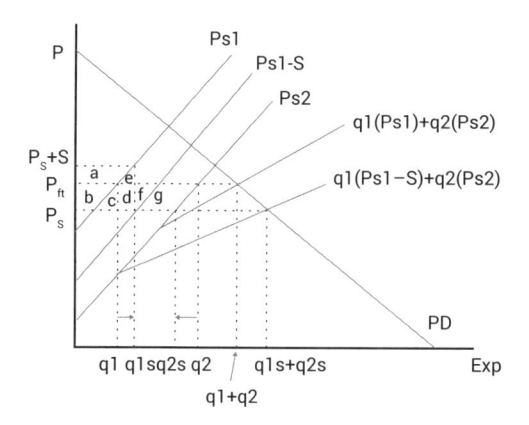

Figura 12.17 Subsídios à exportação e efeitos de terceiro país.

foi incorporada nas negociações da Rodada Uruguai do GATT e o seu Acordo Agrícola, levando os países a se comprometerem com a redução de subsídios à exportação e o apoio interno, além de aumentar o acesso ao mercado.

Uma cota tarifária (TRQ) permite que um nível mínimo de produtos estrangeiros seja importado a uma tarifa baixa, enquanto qualquer importação que exceda o nível mínimo é tributada a uma tarifa mais alta. As TRQ assemelham-se mais com cotas de importação do que com tarifas, apesar de apoiarem-se em tarifas dentro e acima da cota. Esse instrumento peculiar pode ser considerado a solução encontrada pelos países exportadores e importadores durante as negociações da Rodada Uruguai do GATT (1986-1994). Dado que os exportadores desejavam, no mínimo, manter seus acessos históricos aos mercados, os importadores foram coagidos a substituir barreiras não tarifárias (NTB, *non-tariff barriers*, tais como cotas de importação) por tarifas. Os países importadores que desejavam proteger produtos sensíveis propuseram tarifas proibitivas para substituir as NTB. Essa proposta não foi aceita pelos países exportadores que se beneficiavam de algum acesso limitado por meio das antigas NTB. As TRQ emergem como um compromisso, oferecendo acesso mínimo a fornecedores de longa data, e permitindo que o país importador limite o acesso até um teto, acima do qual tarifas muito elevadas são aplicadas. A Figura 12.18 ilustra duas TRQ, uma com uma tarifa de sobrecota proibitiva e outra com tarifa de sobrecota não proibitiva, o que permite alguma importação acima da cota. 43 membros da OMC têm uma ou mais TRQ. O Brasil possui 2, Canadá 21, China 10, União Europeia 87, Estados Unidos 54 e Noruega 232.

Na Figura 12.18, a importação é permitida com acesso mínimo, ou cota de R unidades, com uma tarifa $t1$, que é baixa. Se a tarifa de sobrecota é alta o suficiente para ser proibitiva, como $t2$, o volume importado é simplesmente a cota e o preço interno é $Pp < Pw + t2$, o que significa que há "*water in the tariff*" $t2$. Muitas TRQ são configuradas dessa maneira com tarifas acima da cota de 200% ou mais. No entanto, a tarifa de sobrecota, se reduzida, pode não mais ser proibitiva, como mostra $t2'$ e, portanto, permite a entrada de mais importações ($q2' > R$). Como a tarifa dentro da cota $t1$ é geralmente muito baixa, geralmente zero, e as licenças de importação raramente são leiloadas, existe uma renda que pode ser capturada pelas empresas importadoras e exportadoras. A renda por unidade equivale a $Pp - Pw - t1$. Se existem muitos fornecedores estrangeiros e poucas empresas importadoras, pode-se supor que estas últimas comprariam pelo preço Pw, pagariam o imposto $t1$ e venderiam suas unidades pelo preço Pp'. Se houvesse um único fornecedor estrangeiro e muitos detentores de licenças de importação, o fornecedor estrangeiro não venderia por Pw, mas por $Pp' - t1$, e capturaria toda a renda.

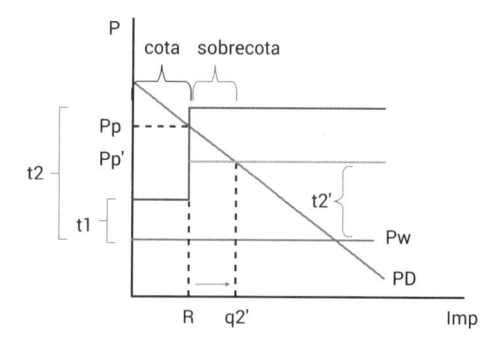

Figura 12.18 TRQs com tarifas de sobrecota proibitivas e não proibitivas.

Resultado 17: *Geralmente, as TRQ são configuradas para imitar cotas de importação com tarifas proibitivas para sobrecotas. Como as tarifas dentro das cotas são geralmente muito baixas, algumas rendas podem ser apropriadas por interesses estrangeiros.*

Até agora, analisamos a política comercial apenas sob concorrência perfeita. A estrutura do mercado é relevante na análise da política comercial? A resposta é sim. Quando as empresas são grandes o bastante para interagirem estrategicamente, como a Embraer do Brasil e a Bombardier do Canadá no mercado de aeronaves de porte médio, ou a Archer-Midland-Daniels, Bunge, Cargill e Louis Dreyfus nas transações de grãos e oleaginosas, os governos podem ficar tentados a usar políticas comerciais e domésticas para manipular as rivalidades entre as empresas em benefício de seu país. Essa é a essência da política comercial estratégica. Vamos supor que o país *H* tenha uma empresa "campeã" competindo com a "campeã" do país *F* em um terceiro país, e que ambas tenham pressupostos de Cournot em relação à outra. Isso significa que eles tomam a quantidade de seu rival como fixa ao maximizar seu lucro. Isso gera funções de reação, *qH[qF]* e *qF[qH]*, que são consistentes entre si no equilíbrio de Nash ilustrado na Figura 12.19.

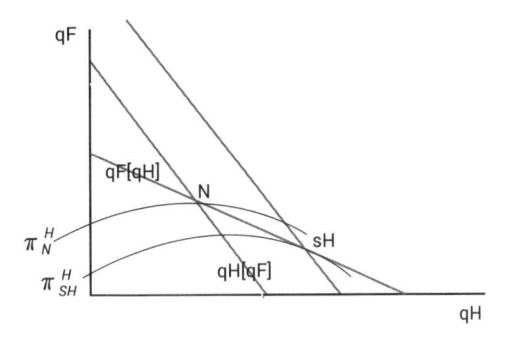

Figura 12.19 Duopolista de Cournot e um subsídio estratégico à exportação.

No equilíbrio de Nash, a empresa do país *Home* não pode assegurar qualquer vantagem sobre a empresa do país *Foreign* por meio da alteração de suas vendas de exportação, pois escolheu uma quantidade que maximiza seu lucro, dada sua função de custo e a quantidade maximizadora de lucro escolhida pela empresa de *Foreign*. O mesmo vale para a empresa de *Foreign*. Portanto, eles não têm nenhum motivo para se desviar do equilíbrio de Nash (ponto *N*) onde *qH[qF]* e *qF[qH]* se cruzam. Como as funções de reação são negativamente inclinadas, uma empresa pode assegurar uma vantagem estratégica se ela conseguir estabelecer uma quantidade antes do seu rival. Se o jogo entre as empresas fosse sequencial e a empresa do país *H* pudesse avançar primeiro, escolheria uma quantidade maior para alcançar o ponto de maximização de seu lucro na função de reação de seu rival. Tal ponto é *sH*. A maior quantidade escolhida pela empresa de *Home* obriga a empresa de *Foreign* a responder com uma quantidade menor. O lucro da empresa de *Home* aumenta, e o lucro da empresa de *Foreign* cai. O problema é que a empresa de *Foreign* também gostaria de estabelecer uma quantidade antes da empresa de *Home*. Como ambas as empresas querem ser a primeira, elas acabam "jogando" simultaneamente, e o equilíbrio de Nash é o equilíbrio alcançado, a não ser que um participante externo se envolva. O país *Home* pode manipular a rivalidade entre as duas empresas anunciando publicamente um subsídio antes que as empresas tomem suas decisões de vendas. O subsídio oferece à empresa de *Home* uma vantagem de custo crível, no sentido de que o programa de subsídios é apoiado por um governo e ambas as empresas têm conhecimento do subsídio e sabem que seu rival tem conhecimento. O governo de *Home* pode escolher um subsídio para mudar a função de reação da empresa de *Home*, tal que mude o equilíbrio de *N* para *sH*. O lucro da empresa de *Home* na curva de isolucro π_{sH}^{H} aproxima-se do lucro máximo de monopólio, que é obtido no intercepto horizontal da função de reação *qH[qF]*, em que *qF = 0*. O bem-estar do país *Home* aumentaria porque o lucro da empresa de *Home* aumentaria mais do que o custo do subsídio à exportação. O subsídio ótimo aumenta com a vantagem de custo inicial da empresa de *Home* em relação à empresa de *Foreign*. Está implícito que o governo de *Home* procura transferir lucros da empresa de *Foreign* para suas próprias empresas, e que os benefícios são maiores na medida em que a competitividade em custos das empresas de *Home* seja inicialmente maior. O objetivo não é impedir que uma empresa que está afundando afunde, mas ajudar uma "campeã" a vencer a competição.

O problema para o governo de *Home* é que o subsídio à exportação é também atraente para *Foreign*. Vimos que os grandes países podem acabar presos em guerras comerciais inúteis por causa de seu incentivo para melhorar seus termos de troca. O mesmo tipo de "dilema dos prisioneiros" ocorre quando países que são relativamente simétricos enfrentam-se com subsídios estratégicos à exportação. Os países simplesmente se compensam na tentativa de fornecer uma vantagem de custo à sua "campeã". Os custos das empresas permanecem semelhantes (um ao outro) quando as duas empresas são subsidiadas e uma não possui vantagem de custo sobre a outra. No entanto, como os dois países subsidiam as exportações, as quantidades exportadas são maiores, e os preços e lucros, menores. Os Estados Unidos e a União Europeia têm uma longa história de subsídios à Boeing e à Airbus, e estão envolvidos há alguns anos em uma guerra de subsídios à exportação de grãos. Da mesma forma, o Brasil (Embraer) e o Canadá (Bombardier) estão envolvidos em uma guerra de subsídios na tentativa de conceder vantagem para suas respectivas fabricantes de aeronaves.

A política comercial estratégica atraiu muita atenção por um tempo, mas foi considerada muito exigente em termos de informações para ser implementada com competência pelos formuladores de políticas. Eaton e Grossman[23] (1986) descobriram que os impostos de exportação, e não subsídios, são ideais quando empresas exportadoras que competem em um país terceiro têm pressupostos de

Bertrand em vez de Cournot, como em nosso exemplo anterior. A implicação é que, se um governo supõe que as empresas têm um tipo de comportamento quando na verdade têm outro, a implementação da política comercial estratégica errada diminui o bem-estar, ao invés de aumentar. Outro problema é que os governos devem não apenas conhecer a função de custo de sua(s) campeã(s), mas também as funções de custo de outras empresas. Esse é o tipo de informação que os governos podem obter apenas por meio de suas empresas, e estas últimas têm incentivo para falsear seus custos com objetivo de elevar o montante de subsídios a serem obtidos.[24]

Resultado 18: *Quando empresas nacionais e estrangeiras têm interações estratégicas, é provável que os governos usem subsídios ou impostos comerciais para transferir lucros de empresas estrangeiras para suas "campeãs" locais. Quando vários governos intervêm ao mesmo tempo, os lucros não são transferidos entre as empresas e diminuem.*

12.3 ACORDOS COMERCIAIS MULTILATERAIS E REGIONAIS

A última seção deixou-nos com uma visão bastante deprimente da política comercial, com os governos presos em guerras comerciais travadas com tarifas e/ou subsídios. A história repete-se, e as lições precisam ser reaprendidas, mas a boa notícia é que falhas do governo, como falhas de mercado, quando óbvias e demasiadamente caras, são eventualmente corrigidas. Na Grande Depressão do final da década de 1920 e início da década de 1930, quando o PIB mundial caiu 15% entre 1929 e 1932, os Estados Unidos reagiram à queda na atividade econômica aumentando as tarifas de mais de 20.000 produtos por meio da Lei Smoot-Hawley. A tarifa média dos EUA ficou próxima de 60% em 1930, contra 3,4% em 2018.[xiv] Esperava-se que as tarifas protegeriam as empresas domésticas contra produtos estrangeiros concorrentes. Entretanto, esse aumento de tarifas provocou a retaliação de parceiros comerciais, como Canadá e Grã-Bretanha, que acabou prejudicando as empresas exportadoras e os trabalhadores dos EUA. Os Estados Unidos perceberam que o protecionismo era contraproducente, e revogaram a Lei Smoot-Hawley com a aprovação da Lei de Acordos Recíprocos de Comércio (*Reciprocal Trade Agreements Act*) em 1934. A lição aprendida nesse episódio fez com que países se unissem para criar novas instituições, como: o Fundo Monetário Internacional (1944), para estabilizar mercados financeiros; o Banco Internacional de Reconstrução e Desenvolvimento, que se tornou o Banco Mundial (1944), para apoiar a reconstrução (após a Segunda Guerra Mundial) e posteriormente o desenvolvimento; e o GATT (1947), para melhorar o funcionamento do sistema de comércio internacional. O principal objetivo de uma organização como o GATT é o de fornecer um mecanismo por meio do qual os países possam se comprometer, de forma crível, a não adotarem comportamentos oportunistas. O GATT cria uma saída para os jogos de tarifas e subsídios à exportação que foram mencionados anteriormente como semelhantes ao "dilema dos prisioneiros".

Resultado 19: *O GATT é uma organização baseada em regras que evita o envolvimento dos países em intermináveis guerras de tarifas e subsídios à exportação.*

Havia originalmente 23 países signatários do GATT, incluindo Estados Unidos, Reino Unido e países da Commonwealth como Austrália e Canadá, vários países europeus, Brasil e países de baixa renda, como o Ceilão/Sri Lanka.[xv] A OMC, criada em 1995, administra o GATT (comércio de mercadorias), o Acordo Geral sobre Comércio de Serviços, o Acordo sobre Aspectos dos Direitos de Propriedade Intelectual Relacionados com o Comércio, um mecanismo de solução de controvérsias, um programa de monitoramento comercial e um programa para desenvolver a capacidade comercial de países em desenvolvimento. A OMC possui 164 membros, com 22 outros países esperando ingressar. Na década de 1940, as negociações que levaram à criação do GATT ocorreram principalmente entre os Estados Unidos e o Reino Unido. Este último, com seus vínculos coloniais por meio da Commonwealth, fez o primeiro insistir na inclusão da cláusula de nação mais favorecida (MFN, *most favored nation*), que estabelece que uma concessão feita por um signatário do GATT para outro deve ser aplicada a todos os signatários do GATT. A cláusula MFN é uma tremenda vantagem para países menores. O GATT foi especialmente eficaz em suas inúmeras rodadas de negociações na redução de tarifas de produtos manufaturados. Infelizmente, a liberalização do

---

xiv O perfil tarifário dos EUA pode ser visto em https://www.wto.org/english/res_e/statis_e/daily_update_e/tariff_profiles/US_E.pdf. Acesso em: 20 nov. 2020.

xv Para mais detalhes sobre a história do GATT, ver https://www.wto.org/english/tratop_e/gatt_e/task_of_signing_e.htm. Acesso em: 20 nov. 2020.

comércio agrícola foi afastada até a Rodada Uruguai, que começou em 1986. A Rodada Uruguai foi apelidada de "Rodada da Agricultura". As negociações foram dominadas pelos Estados Unidos e pela União Europeia. Uma vez que eles concordaram em reduzir os subsídios à exportação, a classificação das medidas domésticas de apoio agrícola (caixa âmbar = distorcivas ao comércio, caixa azul = distorção moderada, caixa verde = não distorcivas), reduzindo o apoio agrícola agregado e aumentando o acesso ao mercado (incluindo a tarifação de barreiras não tarifárias), um pacote, compreendendo todas as questões sujeitas a negociações e a criação da OMC, foi rapidamente finalizado e apresentado a todos os outros signatários para votação. Essa foi uma grande conquista. O apoio agrícola doméstico é muito menor atualmente do que era no final dos anos 1980 nos países de renda elevada da OCDE e, embora ainda existam diferenças entre a tarifa agrícola média e a tarifa média dos produtos não agrícolas, tais diferenças foram drasticamente reduzidas.[xvi] Algumas economias emergentes aumentaram seu apoio à agricultura, tornando-se uma fonte de preocupação, conforme mostra a Figura 12.20.

Na Figura 12.20, a linha tracejada superior representa todos os países da OCDE, a linha intermediária é uma média para todos os países, e a linha inferior representa uma média de mais de dez países emergentes, incluindo o Brasil.

Ainda há muita diversidade entre os países quando se trata de apoio agrícola doméstico. A Figura 12.21 ilustra a diversidade entre os países quando se mede o hiato entre preços internos e de fronteira por meio dos coeficientes de proteção nominal (CPN) dos produtores, conforme calculados pela OCDE. Pode-se ver que o Brasil costumava tributar sua agricultura e que seu CPN permaneceu muito baixo, embora tenha se elevado ligeiramente. A Ucrânia continua tributando sua agricultura. Alguns países reduziram drasticamente seus CPN, como Japão, Coreia, Noruega e Suíça, mas seus preços domésticos permanecem em média 60 a 100% mais altos do que os preços de fronteira. Países emergentes, como China e Filipinas, aumentaram seu apoio ao longo do tempo. A União Europeia passou por grandes reformas em sua política agrícola comum desde o final dos anos 1980, realizando mudanças significativas na forma e no nível de intervenção, o que explica a grande queda em seu CPN.

Existem também diferenças substanciais entre os países no que diz respeito às tarifas consolidadas (*bound tariffs*) no âmbito de MFN. A tarifa consolidada é a mais alta que um membro da OMC pode aplicar a uma mercadoria exportada por outro membro da OMC. Essas tarifas são definidas durante a adesão de um país ao GATT/OMC e revisadas por meio de rodadas de negociações multilaterais. Na OMC, alguns países possuem o direito de aplicar elevadas tarifas consolidadas, mas optam por impor tarifas mais baixas. A diferença entre uma tarifa consolidada MFN e a tarifa MFN correspondente que de fato é aplicada é chamada de excedente de consolidação (*binding overhang*). O excedente de consolidação tende a ser maior nos produtos agrícolas. Um grande excedente de consolidação permite que um país aumente a tarifa aplicada até o nível da tarifa consolidada sem ser punido.[xvii] A opção de aumentar e diminuir tarifas

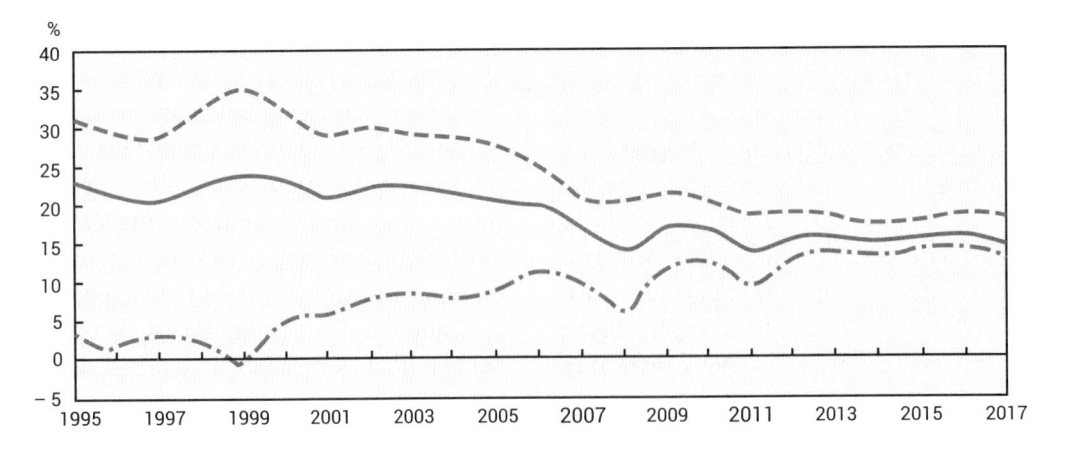

Figura 12.20 Estimativa de apoio doméstico como porcentagem das receitas brutas das propriedades agrícolas.[25]

---

xvi A tarifa média de NMF da UE aplicada aos produtos agrícolas em 2018 foi de 12%, comparado com 4,2% para produtos não agrícolas. Para a China, essas tarifas médias foram de 15,6% (ag) e 8,8% (não ag).

xvii A tarifa média associada MFN da Índia é de 113,1%, enquanto sua tarifa MFN média aplicada é de 38,8%.

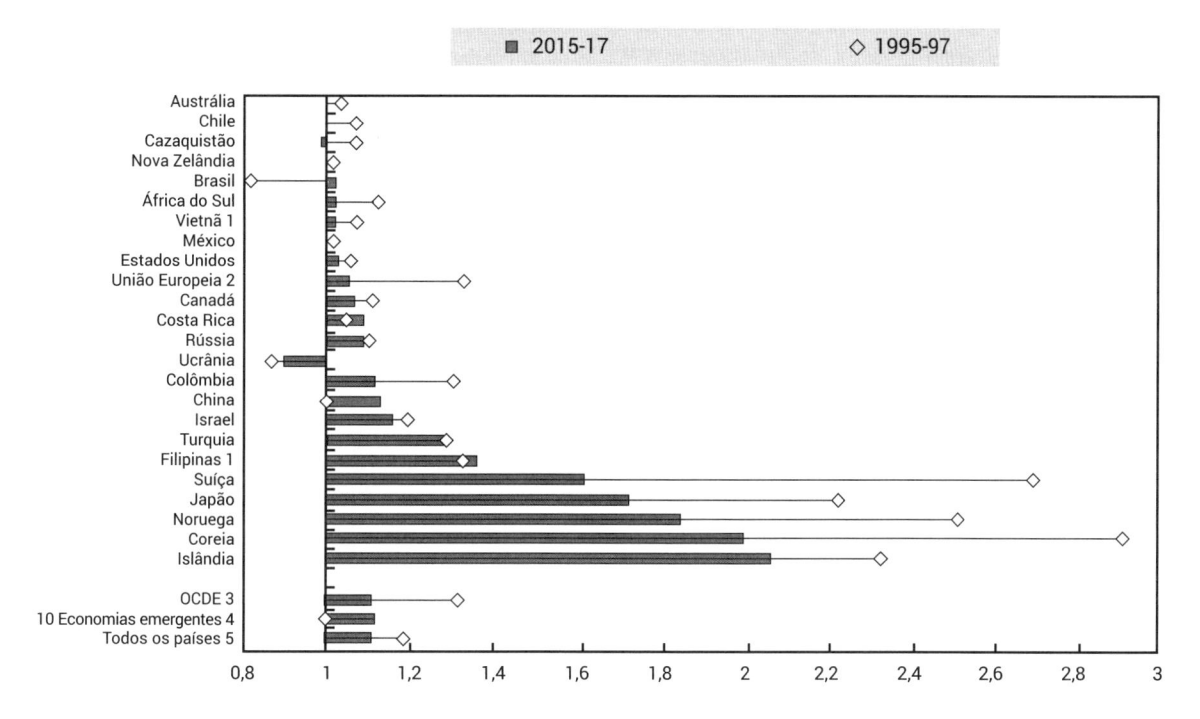

Figura 12.21 Suporte doméstico medido por meio dos CPNs, vários países e períodos.

pode ser uma fonte de incerteza e instabilidade (quando a opção é exercida) para os exportadores. Isso vai contra o objetivo do GATT de tornar o sistema comercial mundial mais estável. A Figura 12.22 mostra o excedente de consolidação médio de membros da OMC. Os países com cobertura consolidada (*binding coverage*) de 100% possuem uma tarifa consolidada para todos os produtos que importam. É o caso de países como Brasil, Canadá, Estados Unidos, União Europeia e, de fato, da maioria dos membros da OMC. No entanto, alguns países possuem baixa cobertura consolidada. Bangladesh possui uma cobertura consolidada de apenas 16,8%.

Como países pertencentes a um mesmo "clube", a OMC, podem ser tão heterogêneos quanto ao nível de apoio agrícola concedido à agricultura, às tarifas e às coberturas consolidadas? Parte da resposta é que alguns países aderiram cedo ao GATT, enquanto outros aderiram tardiamente à OMC. Os primeiros membros comprometeram-se a reduzir as tarifas após cada rodada das negociações do GATT. Os que chegaram mais tarde negociaram os termos de entrada, mas não tiveram que fazer reduções adicionais, porque a Rodada de Doha, que se seguiu à Rodada Uruguai, nunca foi concluída. Essa é uma das críticas do presidente Trump à OMC. Outra razão para a heterogeneidade de tarifas e de nível de apoio à agricultura entre os países é a diferença de compromissos e regras assumidos por países em desenvolvimento e assumidos por países menos desenvolvidos. A ideia é facilitar a entrada de países mais pobres no GATT/OMC. Não há definição do que é um país em desenvolvimento pela OMC, e a China conseguiu obter o tratamento diferencial e mais favorável concedido aos países em desenvolvimento quando negociou sua adesão em 2001.

Outras áreas de preocupação incluem picos e escaladas tarifárias. Alguns países podem ter uma tarifa média baixa em todas as linhas tarifárias, especialmente quando tarifas individuais são ponderadas pelo valor do comércio, mas podem ter alguns valores extremos que são muito elevados. A Suíça tem picos de tarifas acima de 1.000% em produtos de origem animal, frutas e legumes, porém, 29% de suas importações agrícolas entram com isenção de tarifas.[xviii] As tarifas de sobrecota do Canadá para seus produtos com oferta administrada (laticínios, frango, ovos e peru) excedem 200%. O Brasil não possui tarifa superior a 100%. A escalada tarifária é caracterizada pela aplicação de tarifas sobre produtos processados em um nível muito superior às tarifas aplicadas sobre os produtos primários que são utilizados no processamento. O Brasil permite que o gado bovino entre no mercado isento de impostos, mas as importações de carne desossada estão sujeitas a um imposto de 12%.

---

xviii Ver https://www.wto.org/english/res_e/statis_e/daily_update_e/tariff_profiles/CH_E.pdf. Acesso em: 22 nov. 2020.

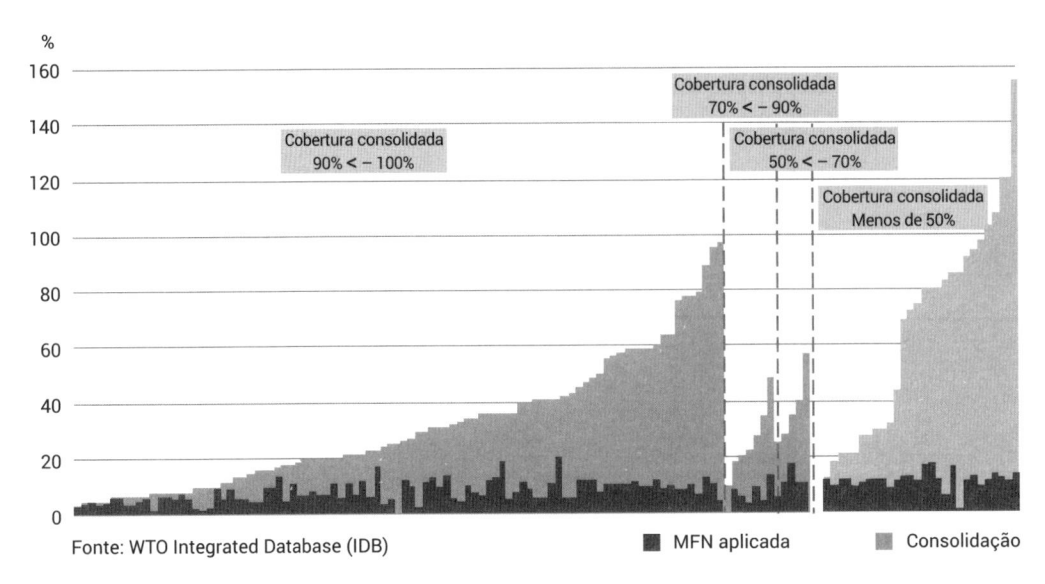

Figura 12.22 Tarifas aplicadas e excedente de consolidação de membros da OMC por nível de cobertura consolidada.[26]

O número cada vez maior de membros no GATT/OMC sinaliza claramente que a organização trouxe benefícios a seus membros. Além da cláusula MFN, que permite que pequenos países desfrutem de concessões obtidas por grandes países e das consolidações tarifárias, o que torna o sistema comercial mundial mais estável, a regra de tratamento nacional (*national treatment*) garante que, uma vez aprovadas na alfândega, as mercadorias devam ser tratadas como as domésticas. Isso significa que um país que adota imposto sobre vendas não pode estabelecer taxas diferentes para produtos locais e importados. A OMC avalia periodicamente a política comercial de seus membros. Essas avaliações por país são úteis, porque documentam como o comércio e as políticas domésticas pertinentes (com implicações comerciais) são implementados, o que aumenta a transparência. O processo permite que outros membros da OMC façam perguntas. A OMC administra um mecanismo de disputa comercial quando a intervenção de um país é percebida por um ou mais membros da OMC como contrária a seus compromissos. A OMC mostrou-se eficaz em alertar seus membros para não aumentarem suas tarifas em resposta à recessão de 2008-2009. O valor do comércio mundial diminuiu significativamente durante a última recessão, mas não tanto quanto poderia ocorrer se os países se comportassem como na Grande Depressão no final da década de 1920 e início da década de 1930.

Por meio do "Pacote de Nairobi", adotado em 2015, os membros da OMC comprometeram-se a eliminar gradualmente todos os subsídios à exportação agrícola. Além disso, concordaram em desenvolver regras para lidar com as TRQ agrícolas não preenchidas e a armazenagem de alimentos em países de baixa renda. Houve progresso no sentido de permitir que os países de baixa renda fizessem uso de uma medida de salvaguarda especial que lhes permita proteger seu setor agrícola contra as exportações estrangeiras quando estas estiverem crescendo rapidamente. Isso mostra que os membros da OMC conseguem avançar em questões específicas. Entretanto, a incapacidade de concluir a Rodada de Doha, iniciada em 2001, foi um forte golpe no multilateralismo, na agenda de desenvolvimento da OMC e na promessa de contínua liberalização do comércio agrícola. De fato, um grande obstáculo foi a agricultura. Sem liderança forte dos EUA e da UE, e os papéis proeminentes desempenhados por céticos da liberalização do comércio agrícola, como Índia, China e vários grupos/coalizões de países, os defensores do comércio agrícola mais livre, como Austrália, Brasil e Nova Zelândia, simplesmente não tiveram a força para salvar a Rodada.

O lento declínio do multilateralismo tornou o regionalismo mais atraente. O artigo XXIV do GATT permite que os membros da OMC participem de acordos comerciais regionais (ACR), embora os ACR, oferecendo melhor acesso ao mercado para alguns membros da OMC do que a outros, contrariem o espírito de não discriminação da cláusula MFN. Negociar ACR não é simples, pois normalmente leva alguns anos, mas se mostrou muito mais simples do que concluir a Rodada de Doha. A maioria dos ACR envolve um pequeno número de países que geralmente compartilham fronteira, língua, valores culturais e transacionam muito entre si. Também é mais fácil negociar o escopo mais amplo do acordo e excluir questões que podem motivar o seu rompimento. O número de ACR em vigor começou a crescer rapidamente no início dos anos 1990, de alguns poucos nesse ano para mais de 300 em 2019.[xix] Entretanto, recentemente, alguns países "contrariaram" a tendência à integração. O então presidente dos EUA, Donald Trump, decidiu não ratificar a Parceria Transpacífica (TPP) e expressou desprezo pelo Acordo de Livre Comércio da América do Norte (Nafta), forçando o Canadá e o México a negociarem um novo acordo. O governo Trump concluiu um acordo parcial com o Japão em outubro de 2019, pressionado pelo *lobby* agrícola dos EUA que apoiava o TPP. Em junho de 2016, os eleitores do Reino Unido, por uma margem muito pequena, decidiram sair do mercado comum da União Europeia. A negociação e a implementação do *Brexit* mostraram-se difíceis, e não ficou claro como isso aconteceria. Em novembro de 2019, a Índia retirou-se das negociações da Parceria Regional Econômica Abrangente (RCEP), a qual poderia ter criado um ACR que incluiria a maior parcela da população mundial.[xx]

Existem quatro tipos diferentes de ACR. O mais simples é a área de livre comércio (FTA, *free-trade area*). Em uma FTA, os membros eliminam gradualmente suas tarifas de MFN sobre os produtos uns dos outros, mantendo suas próprias tarifas de MFN para os participantes que não são da FTA. Uma desvantagem das FTA é a de que seus membros devem desenvolver regras de origem que definam o conteúdo mínimo dos produtos que serão transacionados entre os membros com isenção de tarifas. Caso contrário, as mercadorias que não sejam da FTA seriam importadas por um membro com tarifas mais baixas do que aquelas aplicadas sobre produtos da FTA, e esses produtos transitariam para outros membros da FTA isentos de tarifas. O único país que coletaria os impostos sobre o comércio seria o membro da FTA que aplicasse tarifas mais baixas para produtos que não fossem da FTA. As FTA são de longe os ACR mais comuns. O Nafta é uma FTA. Uma união aduaneira (UA) é uma FTA em que os membros adotam as mesmas tarifas aplicadas sobre as importações de produtos provenientes de não membros. A principal vantagem da UA é que os membros da UA não precisam administrar regras de origem. Os membros da UA devem não apenas concordar com uma lista de tarifas comuns, mas também devem concordar com qual RTA devem negociar. O Mercosul é uma UA. Os países que desejam ainda mais integração podem participar de um mercado comum (MC). Um MC é uma UA na qual fatores de produção, como trabalho e capital, estão livres para transitar nas fronteiras dentro do MC. Um mercado comum permite melhor combinação de terras agrícolas, que são imóveis, com trabalhadores e capital, que possuem mobilidade. A UE ainda é um MC com 27 países. A maioria dos países da UE estão ainda mais integrados por meio de uma área monetária comum (*common currency area*, CA). Na UE, 17 países participam na zona do Euro. Uma vantagem importante de uma moeda comum são os menores custos de transação. No entanto, é desejável que os membros da CA tenham economias semelhantes, bem como sejam afetados de forma semelhante por choques macroeconômicos. Não ter moeda própria significa uma alavanca de ajuste a menos durante as crises econômicas. Para um país como a Grécia, a última recessão foi muito mais dolorosa do que para a Alemanha, cuja economia tinha muito mais influência sobre o euro. Os produtos gregos tornaram-se menos competitivos diante de um euro muito forte, o que resultou em maior desemprego. Assim, mudanças tão intensas não são necessariamente as melhores, mas poucas mudanças envolvem custos. Para reduzir custos de transação com sua saída da UE, o Reino Unido desejará harmonizar seus padrões e tarifas o mais próximo possível dos da UE. Fora da UE, o Reino Unido não tem nada a dizer sobre tarifas e normas da UE.

Os resultados das FTAs são frequentemente caracterizados como os "segundos melhores" equilíbrios, uma vez que os ganhos com a sua criação podem ser parcialmente, ou completamente, eliminados por perdas associadas ao desvio do comércio (*trade diversion*) de um exportador mais eficiente para um menos eficiente. No final, um país pode ganhar ou perder com a participação em um FTA. A Figura 12.23 ilustra os ganhos da criação de comércio (gráfico esquerdo) e as perdas de desvio de comércio (gráfico direito) em um ACR. Suponha que o Brasil possa importar um bem da Argentina (Ar) ou dos Estados Unidos (EUA). Antes de o Brasil e a Argentina ingressarem no Mercosul, o Brasil tributava mercadorias da Argentina e dos EUA pelas mesmas tarifas MFN. Suponha que t seja a tarifa brasileira. Antes do Mercosul, no gráfico esquerdo, o Brasil importava da Argentina porque a Argentina era o fornecedor de baixo custo, com preço abaixo dos exportadores norte-americanos. Com o

---

[xix] Para um gráfico mostrando a evolução das TRQs ao longo do tempo, ver https://www.wto.org/english/tratop_e/region_e/region_e.htm. Acesso em: 22 nov. 2020.

[xx] Os países da RCEP, além da Índia, são Austrália, China, Japão, Nova Zelândia, Coreia do Sul e os 10 países da ASEAN (Brunei, Camboja, Indonésia, Laos, Malásia, Myanmar, Filipinas, Singapura, Tailândia e Vietnã).

Mercosul, as exportações da Argentina podem entrar no mercado brasileiro isentas de impostos (*duty-free*). O Brasil perde receita tarifária, equivalente à área definida pelo retângulo *f, b, d, c*, mas o ganho de seus consumidores sobre as perdas dos produtores é a área definida pelo trapézio *f, b, e, c*. O ganho líquido de criação de comércio é definido pelo triângulo *b, d, e*. E se a Argentina não for o fornecedor de menor custo? O gráfico direito ilustra esse caso. Antes do Mercosul, o Brasil importava dos EUA, e seus ganhos com o comércio alcançavam os valores definidos pelo triângulo *a, b, f* e o retângulo *f, b, d, c*, que representa a receita tarifária. Com o Mercosul, os bens argentinos tornaram-se mais baratos do que os americanos, pois estes últimos são tributados e os primeiros não. O Brasil começa a importar da Argentina; as exportações dos EUA estão sendo desviadas. O volume de comércio aumenta quando mercadorias não tributadas da Argentina entram no mercado brasileiro, mas o bem-estar do Brasil diminui. Antes do Mercosul, os ganhos comerciais eram o trapézio *a, b, d, c*. Após o Mercosul, os ganhos comerciais são definidos pelo triângulo *a, g, h*. A perda líquida é o retângulo *h, i, d, c*, menos o triângulo *b, i, g*. A perda de receita tarifária, dada pelo retângulo *f, b, d, c*, é muito grande para os ganhos líquidos com excedentes de consumidores e produtores, dados por *f, b, g, h*.

Resultado 20: *Um ACR gera ganhos com a criação de comércio e perdas com desvio de comércio. O aumento no valor do comércio não é uma condição necessária para que o ACR aumente o bem-estar. Um importante benefício dos ACR é a redução da incerteza para as empresas, permitindo que elas se especializem em produtos/tarefas e contribuam para o surgimento de cadeias regionais de suprimentos fortes.*

Felizmente, as evidências empíricas advindas de modelos de gravidade estrutural e de modelos de equilíbrio geral computáveis mostram que os ACR são geralmente benéficos.[27] Como apontado anteriormente, países pequenos tendem a ter ganhos maiores. Pressupõe-se que os preços de seus produtos homogêneos mudem mais do que nos países maiores. Os ganhos advindos da maior variedade de produtos (outra fonte de poder de compra para os consumidores) após os ACR são também maiores para países menores, dado que eles dependem mais do comércio internacional para ampliar suas opções. Há evidências empíricas[28] de que os ACR começam a impactar o comércio antes mesmo de sua implementação, à medida que as empresas começam a investir em antecipação a um acesso melhor ao mercado. Os ACR impulsionam o comércio por muitos anos após sua implementação. Os países menores têm mais a ganhar com os ACR do que os países maiores, mas também enfrentam maiores problemas no curto prazo com as demissões de trabalhadores e desemprego.[29] Finalmente, uma fonte importante de ganhos com os ACR tem a ver com redução de incertezas, que resulta em maior confiança por parte das empresas diante de condições de mercado mais estáveis e propícias ao investimento.[30] A cadeia de suprimento de carne bovina da América do Norte é um exemplo; parcela significativa da engorda de gado bovino é realizada no Canadá e o abate é realizado nos Estados Unidos.

Os efeitos principais dos ACR na agricultura não são necessariamente decorrentes de reduções tarifárias. Ghazalian, Larue e Gervais[31] argumentam que a harmonização regulatória do Nafta e, mais especificamente, o reconhecimento dos serviços de inspeção em abatedouros constituíram uma das principais razões para o crescimento do comércio de gado entre o Canadá e os Estados Unidos. Por outro lado, no acordo comercial Canadá-UE,

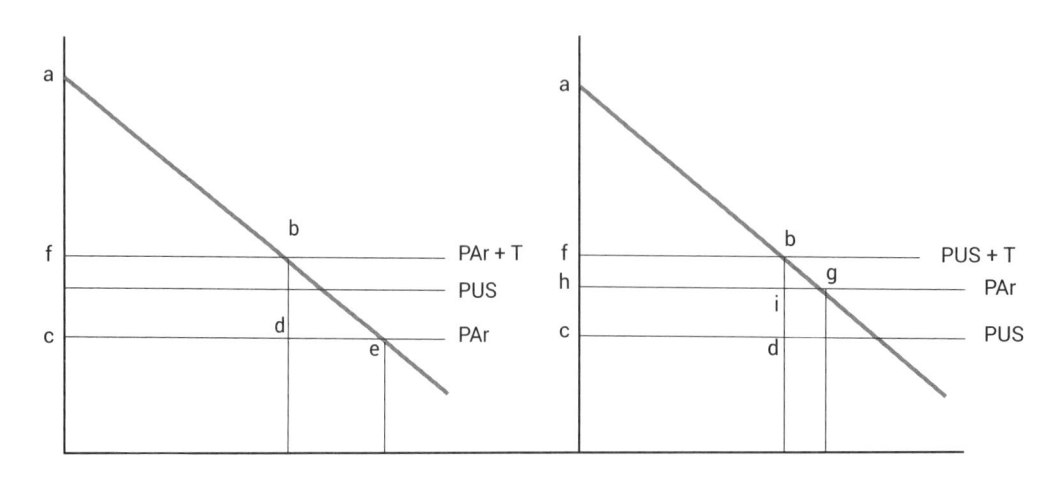

Figura 12.23 Criação de comércio *versus* desvio de comércio em Acordos Comerciais Regionais.

não houve harmonização da regulação relacionada com os organismos geneticamente modificados e hormônios de crescimento na produção de carne bovina. Em 1996, o Canadá iniciou uma disputa na OMC com a UE em relação à carne bovina produzida a partir de animais tratados com hormônios do crescimento. O painel da OMC decidiu favoravelmente ao Canadá; em seguida, a UE apelou e perdeu novamente.[xxi] A UE recusou-se a suspender sua proibição de importação de carne bovina produzida a partir de animais tratados com hormônios. Em 1999, o Canadá foi autorizado a adotar medidas punitivas (aplicar tarifas sobre produtos da UE) de acordo com o nível de dano que a proibição da UE causou ao Canadá. Na maioria das disputas, os membros que perdem geralmente cumprem as determinações estabelecidas no painel da OMC. No entanto, biotecnologias e hormônios de crescimento são temas sensíveis na UE, e suas questões políticas internas prevaleceram. A disputa foi resolvida por meio da concessão, da UE ao Canadá, de uma TRQ para carne bovina NÃO proveniente de animais tratados com hormônios de crescimento. Em troca, o Canadá concordou em interromper suas medidas de retaliação. A TRQ da UE para carne bovina terminou sendo uma concessão vazia, pois os exportadores canadenses tiveram acesso negado ao mercado, alegando que os processos de abate canadenses não eram equivalentes aos da UE. Esse exemplo mostra que o comércio pode ser obstruído não somente por tarifas e custos de transporte. Isso é especialmente verdadeiro para o comércio agrícola.

A nova geração de ACR é particularmente complexa, cobrindo muito mais do que apenas reduções de tarifas. Muitos ACR tratam de questões ambientais, leis trabalhistas, comércio de serviços, facilitação de trânsito, proteção propriedade intelectual e de investidores, entre outros temas. Na área de propriedade intelectual na agricultura, a UE tem sido uma forte defensora das indicações geográficas (IG). IG são estabelecidas para produtos que têm origem geográfica específica e que possuem qualidades ou uma reputação devida a essa origem. O conceito tem uma longa história na comercialização de vinhos e outras bebidas alcoólicas. A champanhe só pode provir da região de Champagne, na França. Os vinhos semelhantes ao champanhe devem ser chamados de espumantes quando produzidos fora da região de Champagne. O Brasil confere proteção IG à tequila do México, tornando ilegal a fabricação de bebidas com o uso desse nome. Muitos queijos e carnes da UE são protegidos para impedir que produtos similares de regiões dentro ou fora da UE, e que estejam fora das áreas indicadas, usem as vantagens mercadológicas conferidas pelas IG. A UE tem procurado obter, de seus parceiros comerciais, a proteção desejada para suas IGs. ACRs recentes envolvendo a UE possuem regras de proteção para IGs. Vários países se opõem a isso, devido à existência de marcas registradas protegidas. Por exemplo, presunto Parma pode ser uma marca registrada protegida em um país fora da UE, tornando ilegal que o presunto produzido na região de Parma (Itália) seja comercializado como presunto Parma. O Canadá é um país em que os nomes dos produtos geralmente são protegidos por marcas registradas. No entanto, o Canadá concordou em reconhecer e proteger 170 IG agrícolas. No ACR Mercosul-UE, a UE garantiu que 350 IGs, cobrindo alimentos e bebidas alcoólicas, fossem protegidos.[xxii]

12.4 INVESTIMENTO ESTRANGEIRO DIRETO

O investimento estrangeiro direto, IED (ou FDI, *foreign direct investment*) é uma alternativa à exportação para empresas que desejem explorar oportunidades mercadológicas no exterior. Multinacionais como Nestlé, JBS S. A. e Kraft-Heinz possuem fábricas e armazéns em muitos países. Exportar pode ser difícil quando as empresas são confrontadas com tarifas altas ou elevados custos de transporte. O transporte de cerveja é caro, o que leva os fabricantes de cerveja a realizarem vários tipos de IED, por vezes comprando cervejarias estrangeiras ou desenvolvendo parcerias com objetivo de utilizar sistemas de distribuição já existentes. O mesmo pode ser dito sobre gigantes como Coca-Cola e PepsiCo. Os mercados externos podem oferecer vantagens, como mão de obra e produtos primários mais baratos (leite, açúcar, grãos, oleaginosas, lúpulo de cevada ...), tornando o IED atraente. As relações verticais são cruciais para as empresas que operam em uma cadeia de suprimentos. Quando o relacionamento com fornecedores ou compradores torna-se tenso, as empresas devem avaliar a possibilidade de integração vertical. Podem fazer IED com objetivo de realizar uma integração a montante e assim garantir um suprimento estável de insumos, ou podem integrar-se a jusante para empreender outras atividades de processamento. Empresas como Archer-Daniels Midland, Bunge, Cargill e Louis Dreyfus comercializam soja, mas também possuem instalações para processar a soja. Para

---

[xxi] Detalhes disponíveis em: https://www.wto.org/english/tratop_e/dispu_e/cases_e/ds48_e.htm. Acesso em: 22 nov. 2020.

[xxii] Para informações sobre o ACR Mercosul-UE, ver: https://ec.europa.eu/commission/presscorner/detail/en/QANDA_19_3375. Acesso em: 22 nov. 2020.

grandes empresas, há vantagens em ter fábricas próximas às grandes cidades. Essa é outra razão pela qual o IED é comum. As empresas são organizações com multitarefas, estando envolvidas em atividades de fabricação, P&D e marketing. Algumas dessas atividades podem ser centralizadas e, por isso, empresas multinacionais são frequentemente retratadas como exportadoras de serviços a partir da matriz, apoiando fábricas em países estrangeiros. A 3G Capital, com escritórios no Brasil e nos Estados Unidos, é uma empresa de investimentos que ao longo dos anos adquiriu empresas como Burger King, Tim Hortons (uma rede de *donuts*) e, juntamente com outra empresa de investimentos, a Berkshire Hathaway, está por trás da fusão da Kraft com a Heinz.

As firmas multinacionais são frequentemente retratadas como empresas grandes e altamente produtivas, e há evidências empíricas disso. Criscuolo e Martin[32] descobriram que multinacionais americanas, operando no Reino Unido, são mais produtivas do que outras empresas, também em operação no Reino Unido, porque adquiriram plantas altamente produtivas por meio de IED. O aumento da produtividade também pode resultar da adoção mais rápida de tecnologia e de práticas trabalhistas mais eficientes. Keller e Yeaple,[33] em sua análise de empresas americana, encontram evidências de aumento de produtividade a partir de efeitos de transbordamento de IED. Decisões de exportar ou realizar IED podem ser analisadas em termos de produtividade das empresas. Os modelos de competição monopolística com empresas simétricas de Krugman foram generalizados por Melitz para acomodar empresas com produtividade heterogênea.[34] Nesse modelo, assume-se que os investidores devem arcar um custo irrecuperável para obter produtividade. Se esta última for suficientemente alta, uma empresa será criada. A produtividade mínima (r_a na Figura 12.24) deve permitir que a empresa atinja seu ponto de equilíbrio no mercado doméstico. Em outras palavras, seu lucro operacional (vendas menos custos variáveis) deve ser suficiente para cobrir um custo fixo de entrada. Na autarcia, todas as empresas que operam no mercado doméstico obtêm lucro, exceto a empresa "entrante", que é indiferente entre pagar o custo fixo de entrada, e produzir, e não pagar o custo fixo de entrada, e não produzir. Na Figura 12.24, a relação entre lucro e produtividade das empresas sob autarcia está representada por uma curva positivamente inclinada.[xxiii] Abrir fronteiras é algo um tanto disruptivo. A concorrência de produtos estrangeiros aumenta o limite mínimo de produtividade para operar no mercado interno de r_a para r_d. O livre comércio força a saída de empresas menos produtivas com $r < r_d$. Empresas com maior produtividade contratam trabalhadores demitidos, e a economia beneficia-se de um aumento na produtividade induzido pela seleção. Algumas empresas domésticas, com $r > r_e$, são produtivas o bastante para exportar. A exportação pode começar apenas depois que uma empresa tenha arcado com um custo fixo de exportação $f_x > f_d$. A "empresa exportadora entrante", com $r = r_e$, obtém lucro menor no livre comércio do que em autarcia. Ela não lucra com a exportação, e $\pi_{re}^d < \pi_{re}^a$. Apenas empresas exportadoras com $r > r_{ep}$ lucram o suficiente com a exportação para compensar o lucro mais baixo obtido no mercado interno sob livre comércio. Esse modelo, por meio dos efeitos de seleção, explica por que tão poucas empresas exportam no mundo real.

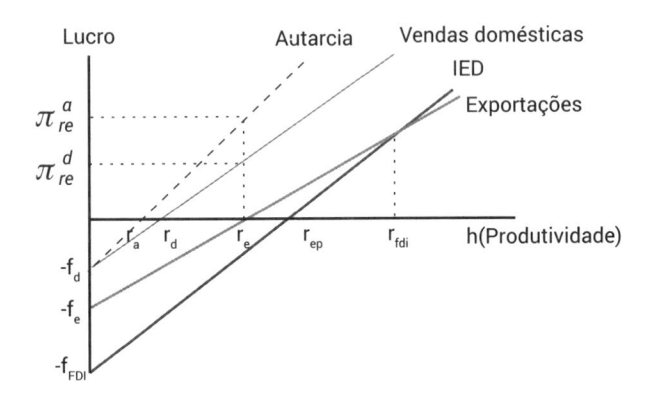

Figura 12.24 Produtividade das empresas, vendas domésticas, vendas de exportação e IED.

Bernard *et al.*[35] relataram que apenas 12% dos fabricantes de alimentos dos EUA exportam. Eles também mostraram que as empresas que exportam pelo menos cinco produtos para pelo menos cinco destinos diferentes são responsáveis por mais de 90% das exportações dos EUA, apesar de representarem menos de 12% do número de empresas exportadoras dos EUA. É inegável que as empresas que exportam o fazem porque são mais produtivas. Há também evidências de que a exportação exerce também um efeito positivo sobre a produtividade.[36]

Como previamente mencionado, exportar não é a única forma de explorar as oportunidades do mercado no exterior. O IED exige um grande investimento em capital fixo, mas reduz os custos variáveis associados a impostos comerciais e transporte internacional. Na Figura 12.24, isso se traduz em $f_{IED} > f_e$ e uma linha de lucro do IED mais inclinada.

---

xxiii A medida horizontal da produtividade é, na verdade, a produtividade elevada a uma potência definida pela elasticidade de substituição menos 1. Portanto, a relação entre lucro e produtividade é monotônica, mas não linear.

As empresas com produtividade $r_e <= r < r_{IED}$ continuarão a exportar, mas as empresas com $r > r_{IED}$ irão escolher o IED como melhor estratégia.

Resultado 21: *Efeitos de seleção explicam por que poucas empresas exportam e por que as empresas mais produtivas preferem realizar IED em vez de exportarem.*

12.5 TAXAS DE CÂMBIO

As taxas de câmbio determinam o valor de uma moeda em termos de outra. Em 10 de novembro de 2019, 1 real brasileiro podia ser trocado por 0,24 dólar estadunidense, embora seis dias antes pudesse ser trocado por 0,25. O real sofreu desvalorização, pois passou a comprar menos dólares do que comprava antes. Durante esse período, um dólar canadense era trocado a uma taxa de 0,76 dólar estadunidense, enquanto um euro podia ser trocado a 1,11 (5 de novembro) e 1,10 (10 de novembro) dólar estadunidense. Considerando que as moedas são negociadas abertamente, lucros (e perdas) podem ser obtidos arbitrando inconsistências entre três moedas. A taxa real-dólar canadense em 10 (5) de novembro era de 0,32 (0,33). Essa depreciação não é surpreendente, porque o real se desvalorizou em relação ao dólar estadunidense, diferentemente do dólar canadense, que permaneceu estável. Se os agentes desejavam comprar dólares canadenses com reais, o faziam direta ou indiretamente comprando dólares estadunidenses e, depois, vendendo dólares estadunidenses para comprar dólares canadenses. Em 10 de novembro, se eles tivessem 1 (milhão) de reais, receberiam US$ 0,24 (milhão), abstraindo as taxas cobradas em transações de moedas. Esses US$ podem então ser convertidos em dólares canadenses à taxa de (1/0,76 US$ por Can$), para um total de (0,24/0,76) 0,3158 milhões de Can$. Nesse caso, essa operação não renderia tanto quanto vender R$ por Can$ à taxa de 0,32. No entanto, um canadense que desejasse obter reais obteria mais pagando 0,3158 Can$ por real do que 0,32 Can$ por real. Inconsistências tendem a ser rapidamente corrigidas, e é por isso que se assume a lei do preço único e a paridade do poder de compra em modelos teóricos.

Resultado 22: *A paridade do poder de compra implica que o custo P^H de uma cesta de bens no país H é igual ao custo da mesma cesta de bens em um país F, P^F, vezes a taxa de câmbio e_{HF} definida em termos de unidades da moeda H por unidade de moeda F. Logo, $P^H = e_{HF} P^F$. A lei do preço único afirma que o preço do bem i em um país, p_i^H, é igual ao preço do mesmo bem em outro país, p_i^F, vezes a taxa de câmbio: $p_i^H = e_{HF} p_i^F$.*

Desvios da PPP e da lei do preço único podem sugerir como a taxa de câmbio poderá evoluir no curto prazo. A revista *The Economist* publica um Índice *Big Mac*, comparando o custo de um *Big Mac* nos EUA com o mesmo *Big Mac* em outros países. Em janeiro de 2019, um *Big Mac* nos EUA foi vendido por US$ 5,58, enquanto no Canadá era US$ 5,08 e no Brasil, US$ 4,41. Os preços do *Big Mac* fora dos EUA são convertidos em US$ aplicando-se uma taxa de câmbio do US$ por unidade de moeda estrangeira. Aparentemente, o dólar canadense e o real brasileiro estavam comprando poucos dólares americanos e, portanto, estavam desvalorizados. A partir dessa constatação, seria possível prever que essas moedas se valorizariam nos dias, semanas ou até meses seguintes. Os desvios da PPP podem persistir por longos períodos, e as taxas de câmbio podem ser altamente voláteis. Taxas de juros domésticas e externas influenciam os valores da moeda. Taxas de juros domésticas mais elevadas tendem a atrair investimentos e aumentar a demanda pela moeda local. O mesmo pode ser dito quando a demanda externa por produtos domésticos aumenta mais que o esperado. Vários fatores internos e externos influenciam o valor da moeda.

Uma depreciação da moeda de um país torna suas importações mais caras, provocando inflação, e torna suas exportações mais baratas, melhorando sua balança comercial. Podem ocorrer atrasos no ajustamento da taxa de câmbio, dado que o volume de importações permanece inicialmente estável enquanto o valor das importações aumenta, e as exportações não se elevam até que as empresas façam os ajustes necessários para atender uma demanda em expansão. Atrasos nos ajustes após uma depreciação da taxa de câmbio explicam o fenômeno da curva J, que representa uma deterioração de curto prazo na balança comercial, antecedendo uma melhoria no longo prazo. Carter e Pick[37] encontraram evidência de uma curva tipo J para a balança comercial agrícola dos EUA.

Sendo as taxas de câmbio particularmente difíceis de se prever, as empresas devem lidar com o risco cambial. As grandes empresas podem usar o mercado de futuros para se proteger contra variações imprevistas da taxa de câmbio. Uma empresa brasileira com contrato para entregar produtos a um importador americano a preço cotado em US$ no próximo mês conhece a taxa de câmbio à vista atual e_t, o valor em reais necessário para comprar 1 US $, mas não conhece $e_t + 1$. Se o real se valorizar (desvalorizar), a empresa brasileira obterá menos (mais) reais após converter sua receita, em dólares americanos, em reais daqui a um mês. A empresa brasileira pode fazer *hedge* vendendo US$ hoje a uma taxa a termo F_{t+1} na bolsa de futuros, e desfazendo sua posição na bolsa daqui a um mês, comprando US$ a uma taxa e_{t+1}. Atente que, daqui a um mês, quando a empresa brasileira for a um banco para converter os seus dólares, a conversão para reais será realizada à taxa de e_{t+1}. Entretanto, devido a seu *hedge*, a taxa efetiva em que o dólar é trocado por reais é F_{t+1}. Assim, a possibilidade de *hedge* permite fixar a taxa de câmbio, e a decisão das empresas sobre quanto exportar será guiada por essa taxa.[38] Ainda assim, há uma literatura empírica que mostra que a volatilidade da taxa de câmbio afeta o valor das exportações, mas de maneira ambígua.[39]

Considere a Figura 12.25, baseada em Bonroy, Gervais e Larue.[40] Ela trata de uma empresa neutra ao risco que produziu uma quantidade q^T, e que deve decidir qual é a melhor forma de comercializá-la. O produto pode ser vendido no mercado doméstico a preços determinados a partir de uma curva de demanda negativamente inclinada q^d. A empresa beneficia-se de uma posição de monopólio doméstico, e percebe uma receita marginal decrescente dada por *MR* (*marginal revenue* ou receita marginal), mas é tomadora de preços no mercado internacional. O preço de exportação é volátil. As quantidades a serem vendidas no mercado doméstico e internacional, tal que se obtenha eficiência econômica, devem ser estabelecidas a partir da igualação da receita marginal das vendas domésticas com a receita marginal das vendas de exportação, respeitando as seguintes condições: $q^T \geq q^d + q^x$, q^d, $q^x \in (0, q^T)$. Por exemplo, se o preço de exportação fosse igual à sua média, $\bar{p}^x$, a empresa não teria incentivo para aumentar as vendas domésticas q^d acima de um volume abaixo do qual *MR* fosse menor do que $\bar{p}^x$. Nesse caso, a receita das vendas domésticas e de exportação é igual a $\bar{p}^x$. A quantidade exportada q^x nesse caso é a diferença entre a quantidade total a ser vendida e a quantidade na qual $MR = \bar{p}^x$. Assim, a quantidade a ser vendida no mercado doméstico é dada por um ponto em *MR*.

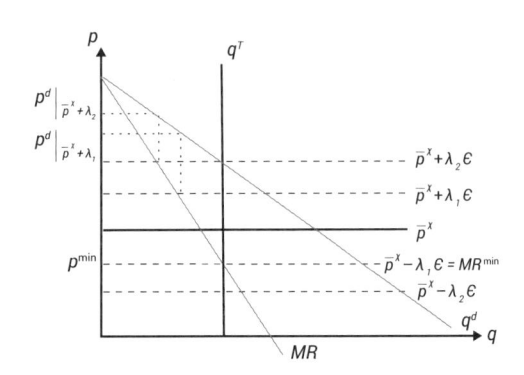

Figura 12.25 Volatilidade da taxa de câmbio e exportações.

Considere agora que haja alguma volatilidade da taxa de câmbio. Os preços de exportação $\bar{p}^x - \lambda_1 \varepsilon$ e $\bar{p}^x + \lambda_1 \varepsilon$ podem ser observados com igual probabilidade. Um preço de exportação mais alto implica mais exportações e menos unidades vendidas no mercado doméstico. O preço doméstico é obtido determinando-se o ponto no qual $MR = \bar{p}^x + \lambda_1 \varepsilon$. Isso determina a quantidade doméstica, podendo o preço doméstico ser obtido a partir da curva de demanda. Dado o poder de monopólio sobre o preço doméstico e a capacidade de discriminar preço, o preço doméstico $p^d |_{\bar{p}^x + \lambda_{1\varepsilon}} > \bar{p}^x + \lambda_1 \varepsilon$. Dessa forma, pode-se facilmente verificar que as exportações cessam quando o preço doméstico é $\bar{p}^x - \lambda_1 \varepsilon$ e $\bar{p}^x$. A quantidade exportada é então uma média ponderada: $E[q^x] = \Pr[p^x = \bar{p}^x + \lambda_1 \varepsilon] * q^x[\bar{p}^x + \lambda_1 \varepsilon] + \Pr[p^x = \bar{p}^x - \lambda_1 \varepsilon] * 0$. Suponha que a volatilidade cresça, tal que o par de preços observáveis de exportação seja $\bar{p}^x - \lambda_2 \varepsilon$ e $\bar{p}^x + \lambda_2 \varepsilon$. Uma vez que $\bar{p}^x + \lambda_2 \varepsilon > \bar{p}^x + \lambda_1 \varepsilon$, $q^*[\bar{p}^x + \lambda_2 \varepsilon] > q^x[\bar{p}^x + \lambda_1 \varepsilon]$. No entanto, quando o preço de exportação é $\bar{p}^x - \lambda_2 \varepsilon$, a quantidade exportada é zero, e o mesmo ocorre quando o preço de exportação é $\bar{p}^x - \lambda_1 \varepsilon$. Segue que a quantidade exportada esperada aumenta quando a volatilidade aumenta. Bonroy, Gervais e Larue também demonstraram que a volatilidade da taxa de câmbio pode diminuir as exportações esperadas, particularmente quando a empresa é avessa ao risco. A partir de uma análise empírica, os autores mostraram que a relação entre as exportações canadenses de carne suína e a volatilidade da taxa de câmbio é não monótona.

Resultado 23: *A volatilidade da taxa de câmbio tem um efeito ambíguo sobre as exportações.*

Empresas em um mercado imperfeito geralmente ajustam suas margens em resposta a mudanças nas taxas de câmbio. Esse ajuste é geralmente chamado de repasse da taxa de câmbio. Considerando que uma depreciação da taxa de câmbio aumenta a demanda por exportações, cria-se um incentivo para uma empresa aumentar seu preço em moeda estrangeira. A Figura 12.26 ilustra o argumento do ponto de vista de uma empresa monopolista. A empresa depara-se com uma curva de demanda externa $p = a = bq$, sendo q a quantidade vendida. O monopolista tem um custo marginal constante c, e maximiza o lucro $\pi = e(a - bq)q - cq$, em que e é a taxa de câmbio. A taxa de câmbio transforma o preço externo em um preço na moeda do exportador, sendo definida em termos de unidades de moeda do país do exportador por unidade de moeda estrangeira. A quantidade a ser ofertada pela empresa é determinada pela igualação da sua receita marginal, $MR = e(a - 2bq)$, como o seu custo marginal c. Quando $e = 1$, o intercepto vertical da demanda do país estrangeiro é a, e a quantidade e o preço de equilíbrio são dados por $q0$ e $p0$. Se a taxa de câmbio aumentar (a moeda do exportador se depreciar), a curva de demanda externa gira para cima a partir do intercepto horizontal. O intercepto vertical agora é $ea > a$. A empresa exportadora aproveita esse aumento de demanda exportando mais, $q1 > q0$, e aumentando o preço em moeda doméstica, $ep1 > p0$, mas reduzindo o preço externo, $p1 < p0$. No entanto, a queda no preço externo da empresa é menor do que a valorização da moeda estrangeira. Temos o que é chamado de repasse incompleto da taxa de câmbio.

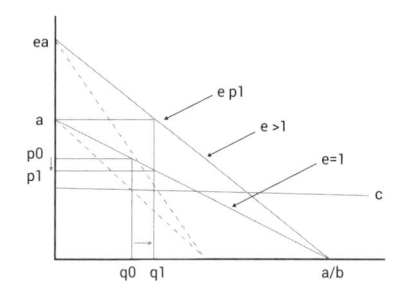

Figura 12.26 Repasse incompleto da taxa de câmbio.

Em um repasse completo, um aumento em e gera uma redução equivalente no preço externo da empresa exportadora, mantendo inalterado o preço da empresa exportadora em sua própria moeda.

Resultado 24: *Empresas em mercados de competição imperfeita têm incentivos para ajustar suas margens em resposta a mudanças na taxa de câmbio, o que leva a um repasse incompleto de taxa de câmbio.*

Evidências empíricas de repasse incompleto da taxa de câmbio para produtos agrícolas foram relatadas por Larue, Gervais e Rancourt.[41]

12.6 OBSERVAÇÕES FINAIS

Mostramos que existem grandes diferenças de produtividade na agricultura, e que isso pode motivar o comércio internacional. As diferenças de produtividade são maiores na agricultura do que nos setores não agrícolas. Uma baixa produtividade na agricultura tem implicações terríveis em países com elevada proporção da população vivendo em zonas rurais. Os produtos agrícolas exportados por países com elevada produtividade agrícola, como Estados Unidos, Austrália e Canadá, incorporam muito capital. A agricultura também é especial no sentido de que sua rentabilidade depende da disponibilidade de terra. Países com grande disponibilidade de terra e água, como o Brasil, têm uma vantagem comparativa na produção agrícola. Isso explica por que as exportações de certos produtos agrícolas, como trigo, soja e carne de porco, são tipicamente dominadas por poucos países. O comércio internacional de produtos agrícolas homogêneos é benéfico, pois aumenta o poder de compra dos consumidores por meio de preços mais baixos e permite que os países realoquem fatores de produção em setores para os quais possuem vantagem comparativa. Essa realocação de recursos aumenta a renda nacional, o que também contribui para aumentar o poder de compra dos consumidores.

O processamento de alimentos transforma os insumos primários em produtos diferenciados. Os consumidores apreciam a variedade e estão dispostos a pagar mais por isso, mesmo na ausência de diferenciação vertical. Certamente, há inúmeras formas de apimentar asas de frango e preparar cervejas. Nesse contexto, empresas com diferentes custos de produção podem coexistir porque os consumidores desfrutam de variedade e estão dispostos a incluir produtos diferenciados horizontalmente, e mais caros, em seu orçamento. O comércio internacional pode aumentar drasticamente o leque de escolhas dos consumidores e, assim, aumentar seu poder de compra. Depreende-se que existe uma relação de compensação (*trade off*) entre quantidade e variedade na determinação do nível de utilidade obtido pelos consumidores. É fácil imaginar que consumidores desejem ter uma alimentação com variedades, em vez de repetirem a mesma combinação de alimentos a cada refeição. Há ganhos quando os produtos são diferenciados horizontalmente (com a mesma qualidade, porém diferentes, como sorvete de baunilha e de chocolate da mesma marca) e diferenciados verticalmente. A possibilidade de consumir vinhos de alta qualidade ocasionalmente, devido às importações, aumenta o poder de compra dos consumidores. A abertura ao comércio internacional também gera aumentos de produtividade, realocando trabalhadores e outros fatores de produção entre setores e entre empresas dentro dos mesmos setores. Claramente, o comércio internacional oferece benefícios de diferentes formas.

Os alimentos devem ser consumidos com a frequência e em quantidades necessárias à sobrevivência humana. Isso torna a demanda por alimentos particularmente forte, estável e resistente a choques econômicos adversos, como as recessões. No entanto, dados os limites físicos do corpo humano, grandes quedas de preços podem não aumentar muito a demanda agregada por alimentos. Os gastos com alimentos estão aumentando com o crescimento da renda domiciliar, mas a uma taxa decrescente, de forma a se estabilizar a partir de certo ponto. Essa é, em essência, a lei de Engel.[xxiv] Tal estabilidade da demanda é propícia ao comércio internacional. Muitos produtos primários usados na fabricação de alimentos têm processos de produção longos, condicionados em grande medida por fatores que fogem ao controle dos agricultores. Como resultado, a oferta de muitos produtos agrícolas primários não responde a variações de preços no curto prazo. Como a oferta é altamente inelástica no curto prazo, os preços das *commodities* agrícolas são particularmente voláteis. Essa volatilidade tende a aumentar a procura por proteção.[42] Os preços dos fatores são afetados pelas variações nos preços dos produtos. Os preços de fatores e de produtos movem-se de maneira semelhante quando os fatores são específicos de um setor. Preços agrícolas mais altos traduzem-se em aumento no preço da terra. No entanto, existem fatores que apresentam mobilidade entre setores, e a mudança nos preços desses fatores é positiva ou negativamente amplificada por choques de preços dos produtos. Diz-se que os bens que utilizam intensivamente determinado fator são "amigos" desse fator, porque um aumento no preço desses bens aumenta mais que proporcionalmente o preço do fator. Cada fator possui "amigos" e "inimigos", e a liberalização do comércio aumenta o retorno real de alguns fatores e prejudica o de outros. Os fatores que são impactados adversamente por uma mudança na política comercial provavelmente irão engajar-se em atividades de protesto e *lobby*. Os produtores agrícolas de países de alta renda são particularmente hábeis para obter apoio por meio da política agrícola doméstica, bem como influenciar a política de comércio exterior. Os países também têm incentivos para fazer uso da política de comércio exterior com objetivo de melhorar seus termos de troca ou interferir na competição entre suas empresas e as rivais estrangeiras. Independentemente das motivações subjacentes às políticas intervencionistas do comércio, instituições como GATT/OMC e ACR ajudam a diminuir o apoio doméstico e as barreiras comerciais, e a criar um ambiente comercial mais livre e estável, incentivando o investimento.

EXERCÍCIOS

1. No modelo Ricardiano com dois países, suponhamos que o país H possui produtividades de $\alpha_a^H = 5$ e $\alpha_b^H = 4$ para os bens *a* e *b*, enquanto as produtividades do país F são $\alpha_a^F = 2$ e $\alpha_b^F = 3$. Mostre que o país H possui vantagem competitiva em ambos os produtos. Mostre que o país F tem vantagem comparativa no bem *b*. Estabeleça as fronteiras de possibilidade de produção para ambos os países, assumindo que haja 30 (milhões) trabalhadores no país H e 50 (milhões) trabalhadores no país F. Mostre que o preço relativo da mercadoria *a* em autarcia no país H é de 4/5 = 0,8. Mostre que a taxa salarial em autarcia no país F é 3. Explique por que o país F, apesar de ter desvantagem competitiva em ambos os produtos, considera vantajoso negociar com o país H. O que ocorre com a fronteira de produção do país H se suas produtividades aumentam em 20%? Isso muda sua vantagem comparativa ou sua taxa salarial? Como isso afeta o país F?

2. O teorema de Stolper-Samuelson no modelo de dois países, dois bens e dois insumos assume que os ambos os países se caracterizam pela especialização incompleta. Desenhe um diagrama semelhante à Figura 12.6, com duas linhas de isopreço, com o salário no eixo vertical e a taxa de retorno sobre o capital no eixo horizontal. As linhas de isopreço cruzam-se porque um bem é mais intensivo em capital (a de isocusto é mais inclinada) do que o outro bem. Mostre o que ocorrerá se houver um aumento no preço do bem intensivo em mão de obra. O que acontece com o salário e a taxa de retorno sobre o capital? O efeito seria o mesmo se houvesse uma melhoria tecnológica na produção do bem intensivo em mão de obra? Explique por que o teorema de Stolper-Samuelson fracassaria se um país se tornasse completamente especializado na produção de um único bem.

3. O teorema de Rybczynski já foi chamado de "teorema da insensibilidade dos preços". Explique como a suposição de preços constantes dos fatores pode ser justificada (dica: pense no teorema de Stolper-Samuelson). Explique por que o teorema de Rybczynski é mais provável de se manter no longo prazo do que no curto prazo. Alguns países, como os Estados Unidos e o Canadá, aceitam muitos trabalhadores estrangeiros não qualificados dentro de suas fronteiras, alguns temporariamente, outros permanentemente. Qual é o efeito esperado disso no emprego total e no emprego nos setores agrícola e não agrícola?

4. Explique por que a livre mobilidade de fatores entre fronteiras e entre indústrias é equivalente ao livre comércio de mercadorias no modelo HOS sob algumas condições (dica: pense no diagrama da economia integrada). Explique intuitivamente por que a economia

---

xxiv   As evidências empíricas para a lei de Engel são abundantes. A relação entre renda familiar e qualidade alimentar está atraindo muita atenção. As dietas nos países ricos tendem a ser mais diversificadas do que nos países pobres. Para um estudo recente, consultar Clements e Si, 2018.

mundial integrada não pode ser replicada pelo livre comércio de mercadorias se as dotações dos países são muito assimétricas.

5. Defina como é possível determinar se um país é relativamente abundante em um fator de produção – digamos, terra. Explique como a produtividade da terra agrícola é afetada por outros insumos, como capital e mão de obra. A produtividade do trabalho agrícola é muito baixa em vários países de baixa renda. Como você pode explicar isso?

6. Nos modelos comerciais que apresentam concorrência monopolista, explique como as empresas são capazes de estabelecer um *markup* (preço acima do custo marginal) enquanto obtêm lucro zero em um equilíbrio de longo prazo. Explique como a elasticidade de substituição entre bens afeta os ganhos com diversificação. Explique como o número de produtos ou variedades produzidos em determinado país é influenciado pela população do país e pelos custos fixos de produção.

7. Explique por que os governos podem ser pressionados a impor tarifas de importação, mesmo quando essas tarifas diminuem o bem-estar dos países. Explique o argumento da tarifa ótima (para um grande país importador), assumindo a ausência de medidas retaliatórias por parte dos parceiros comerciais. Quando dois países grandes estão envolvidos em uma guerra tarifária, por que as tarifas de equilíbrio são diferentes das tarifas ótimas na ausência de retaliação?

8. Suponha que a elasticidade da oferta de exportação para o produto x seja 0,75, que a elasticidade da demanda em excesso seja −1,25 e que, no equilíbrio do livre comércio no ano t, a quantidade comercializada seja de 1.000 ao preço 2. Se as curvas de oferta de exportação e excesso de demanda forem lineares, derive seus parâmetros. (Para a função de excesso de oferta: $ps = a + bq$ ou $2 = a + b*1.000$ e a elasticidade é $0,75 = (dq/dp)(p/q) = (1/b)(2/1.000)$, o que significa que $b = 1/375$. Reescrevendo a oferta de exportação para o ano t, temos $2 = a + (1.000/375)$, o que significa que $a = -2/3$. Para o excesso de demanda, $pd = c - dq$, você pode mostrar que $d = -1/625$ e $c = 3,6$. Para verificar, defina $pd = 3,6 - (q/625) = (-2/3) + (q/375) = ps$ e verifique se $q = 1.000$, ou substitua q por 1.000 e verifique se os dois lados da igualdade resultam em 2). Agora que você possui as funções de oferta de exportação e de excesso de demanda, analise a incidência de uma tarifa de importação de 10% sobre a quantidade negociada e sobre os preços nos países exportadores e importadores (dica: desde que a tarifa não seja proibitiva, preços domésticos e de fronteira são relacionados por $pd = ps(1 + t)$).

9. Explique os conceitos de criação e desvio de comércio. Quando é provável que as perdas de desvio de comércio sejam particularmente grandes? Explique por que, sem o GATT/OMC e os ACR, os países estariam envolvidos em guerras comerciais desnecessárias.

10. Empresas envolvidas em IED podem vender seus produtos em países estrangeiros, sem arcar com tarifas e gastos de transporte internacional enfrentados por empresas exportadoras. Mostre, usando uma figura como a 12.24, como um aumento no custo do transporte internacional altera a decisão das empresas de exportar ou fazer IED.

11. Usando uma Figura como a 12.26, mostre como o repasse da taxa de câmbio é afetado pela inclinação da curva de demanda. Mostre como a inclinação da curva de custo marginal afeta o repasse da taxa de câmbio. Do que trata a curva J? Por que esperaríamos uma curva J em relação à balança comercial agrícola? (Dica: quanto tempo leva para um bezerro atingir o peso do mercado, ou para que um pé de café recentemente plantado comece a produzir café?)

12. Um país preocupado com a segurança alimentar deve usar tarifas de importação para incentivar a produção doméstica? Explique.

NOTAS

1. HENDERSON, J. V.; SQUIRES, T.; STOREYGARD, A.; WEIL, D. The global distribution of economic activity: nature, history, and the role of trade. *The Quarterly Journal of Economics*, v. 133, n. 1, p. 357-406, 2018.

2. LARUE, B. Economic integration reconsidered. *Canadian Journal of Agricultural Economics*, v. 66, p. 5-25, 2018.

3. WTO (2020) Trade shows signs of rebound from COVID-19, recovery still uncertain. Disponível em: https://www.wto.org/english/news_e/pres20_e/pr862_e.htm. Acesso em: 22 nov. 2020.

4. ORGANIZATION FOR ECONOMIC COOPERATION AND DEVELOPMENT-FOOD / AGRICULTURE ORGANIZATION. 2017. Outlook 2017-2026. Paris: OECD Publishing. Disponível em: http://dx.doi.org/10.1787/agr_outlook-2017-en.

5. ZONGO, W. J. B.; LARUE, B. A counterfactual experiment about the eradication of cattle diseases on beef trade. *Canadian Journal of Agricultural Economics*, v. 67, n. 4, 29 Dec. 2019.

6. DONBUSCH, R.; FISCHER, S.; SAMUELSON, P. Comparative advantage, trade, and payments in a ricardian model with a continuum of goods, *American Economic Review*, v. 67, n. 5, p. 823-839. 1977.

7. EATON, J.; KORTUM, S. Technology, geography, and trade. *Econometrica*, v. 70, n. 5, p. 1741-805, 2002.

8. TOMBE, T. 2015. The Missing Food Problem: Trade, Agriculture and International Productivity Differences", *American Economic Journal: Macroeconomics*, v. 7, n. 3, p. 226-258.

9. BURKE, M.; K. EMERICK. Adaptation to climate change: evidence from US agriculture. *American Economic Journal: Economic Policy*, v. 8, n. 3, p. 106-140, 2016.

10. ORGANIZATION FOR ECONOMIC COOPERATION AND DEVELOPMENT/FOOD AND AGRICULTURE ORGANIZATION. 2017. OECD-FAO Agricultural Outlook 2017-2026. Paris: OECD publishing.

11. Fonte: FUGLIE, e World Bank economic indicators for countries' GDP in 2010 US$, 2015.

12. FUGLIE, K. O. Accounting for growth in global agriculture. *Bio-based and Applied Economics*, v. 4, n. 3, p. 221-254, 2015.

13. Fonte: Central Intelligence Agency World Fact Book (total dos recursos hídricos renováveis 2011) e World Bank Economic Indicators.
14. MUNDELL, R. International trade and factor mobility. *American Economic Review*, v. 47, n. 3, p. 321-335, 1957.
15. SAMUELSON, P. The gains from international trade once again. *The Economic Journal*, v. 72, n. 288, p. 820-829, 1962.
16. LARUE, B. 2018. Economic integration reconsidered. *Canadian Journal of Agricultural Economics*, v. 66, p. 5-25.
17. AUTOR, D.; DORN, D.; HANSON, G. H.; SONG, J. Trade adjustment: worker-level evidence. *Quarterly Journal of Economics*, v. 129, n. 4, p. 1799-860, 2014.
18. KRUGMAN, P. R. Increasing returns, monopolistic competition and international trade. *Journal of International Economics*, 9,4:469-479, 1979.; KRUGMAN, P. R. 1980. Scale economies, product differentiation, and the pattern of trade. *American Economic Review*, v. 70, n. 5, p. 950-959.
19. LANCASTER, K. Intra-industry trade under perfect monopolistic competition. *Journal of International Economics*, v. 10, n. 2, p. 151-175, 1980.
20. FEENSTRA; ROMALIS. International prices and endogenous quality. *Quarterly Journal of Economics*, v. 129, n. 2, p. 477-527, 2014 (footnote 10) afirmam que Estados Unidos, Canadá, Austrália e outros nove países taxam bens com base nos preços FOB, enquanto todos os outros países taxam importações com base nos preços CIF, que computam os custos de transporte.
21. TANGERMANN, S. Policy solutions to agricultural market volatility: a synthesis. *International Center for Trade and Sustainable Development Issue paper*, n. 33, 2011.
22. MARTIN, W.; ANDERSON, K. Export restrictions and price insulation during commodity price booms. *American Journal of Agricultural Economics*, v. 94, n. 2, p. 422-427, 2012.
23. EATON, Jonathan; GROSSMAN, Gene M. Optimal trade and industrial policy under oligopoly. *The Quarterly Journal of Economics*, v. 101, n. 2, p. 383-406, may 1986.
24. BRAINARD, S.; MORTIMORT, D.1997. Strategic trade policy with incompletely informed policymakers. *Journal of International Economics*, v. 42, n. 1, p. 33-65.
25. ORGANIZATION FOR ECONOMIC COOPERATION AND DEVELOPMENT-FOOD/AGRICULTURE ORGANIZATION. *Agricultural Policy Monitoring and Evaluation 2018*. OECD publishing, Paris, 2018.
26. Fonte: https://www.wto.org/english/res_e/statis_e/daily_update_e/tariff_profiles/CH_E.pdf. Acesso em: 22 nov. 2020.
27. YOTOV, Y.; PIERMARTINI, V. R.; MONTEIRO, J. A.; LARCH, M. *An advanced guide to trade policy analysis:* the structural gravity model online revised version. Geneva, Switzerland: World Trade Organization, 2016.
28. MAGEE. C. New measures of trade creation and trade diversion. *Journal of International Economics*, v. 75, p. 343-362, 2008.
29. TREFLER, D. The long and short of the Canada-U.S. *Free Trade Agreement. American Economic Review*, v. 94, n. 4, p. 870-895, 2004. CHAPDA NANA, G.; LARUE, B.; GERVAIS, J. P. Regional integration and dynamic adjustments: evidence from gross national product functions for Canada and United States. *North American Journal of Economics and Finance*, v. 23, n. 2, p. 246-264, 2010.
30. LIMÃO, N.; MAGGI, G. Uncertainty and trade agreements. *American Economic Journal*: Microeconomics, v. 7, n. 4, p. 1-42.
31. GHAZALIAN, P.; LARUE, B.; GERVAIS, J. P. Assessing the implications of regional preferential market access for meat commodities. *Agribusiness*, v. 27, n. 3, p. 292-310, 2011.
32. CRISCUOLO, C.; MARTIN, R. Multinationals and US productivity leadership: evidence from great britain. *Review of Economics and Statistics*, v. 91, n. 2, p. 263-281, 2009.
33. KELLER, W.; YEAPLE, S. Multinaltional enterprises, international trade, and productivity growth; firm-level evidence from the United States. *Review of Economics and Statistics*, v. 1, n. 4, p. 821-831, 2009.
34. MELITZ, M. The impact of trade on intra-industry reallocations and aggregate industry productivity. *Econometrica*, v. 71, n. 6, p. 1695-1725, 2003.
35. BERNARD, A. B.; JENSEN, J. B.; REDDING, S. J.; SCHOTT, P. K. Firms in international trade. *Journal of Economic Perspectives*, v. 21, n. 3, p. 105-130, 2007.
36. LOECKER, J. Detecting learning by exporting. *American Economic Journal*: Microeconomics, v. 5, n. 3, p. 1-21, 2013.
37. CARTER, C. A.; PICK, D. The j-curve effect and the US agricultural trade balance. *American Journal of Agricultural Economics*, v. 71, n. 3, p. 712-720, 1989.
38. FEENSTRA, R. C.; KIMBALL, J. Pass-through of exchange rates and purchasing power parity. *Journal of International Economics*, v. 43, n. 1, p. 237-261, 1997.
39. MACKENZIE, M. D. 1999. The impact of exchange rate volatility on international trade flows. *Journal of Economic Surveys*, v. 13, n. 1, p. 71-106.
40. BONROY, O.; GERVAIS, J. P.; LARUE, B. Are exports a monotonic function of exchange rate volatility? Evidence from disaggregated pork exports. *Canadian Journal of Economics*, v. 40, n. 1, p. 127-154, 2007.
41. LARUE, B.; GERVAIS, J. P.; RANCOURT, Y. Exchange rate pass-through, menu costs and threshold cointegration, *Empirical Economics*, v. 38, n. 1, p. 171-192, 2010.
42. LARUE, B.; KER, A. World price variability versus protectionism in agriculture: a causal analysis. *Review of Economics and Statistics*, v. 75, n. 2, p. 342-346, 1993.

BIBLIOGRAFIA COMPLEMENTAR

FEENSTRA, R.; TAYLOR, A. M. *International trade*. 4. ed. New York: Worth Publishers, 2017.

KRUGMAN, P. R.; OBSTFELD; MELITZ, M. J. *International trade:* theory and policy. 11. ed. New York: Pearson, 2018.

FEENSTRA, R. *Advanced international trade*: theory and evidence. 2. ed. Princeton University Press, 2016.

YOTOV, Y. V.; PIERMARTINI, R.; MONTEIRO, J. A.; LARCH, M. *An advanced guide to trade policy analysis*: the structural gravity model. World Trade Organization Geneva, 2016.

13 DESENVOLVIMENTO RURAL E POLÍTICAS AGRÍCOLAS NO BRASIL

Hildo Meirelles de Souza Filho
Antônio Márcio Buainain
Luiz Fernando de Oriani e Paulillo

Neste capítulo serão apresentados os principais instrumentos de políticas macroeconômica e agrícola que afetam a agricultura brasileira. Inicia-se com uma discussão a respeito do papel da agricultura no desenvolvimento econômico e da necessidade de participação do Estado. Em seguida, apresentam-se as principais políticas macroeconômicas e agrícolas com objetivo estabelecer uma base conceitual necessária para compreender o estabelecimento das principais políticas agrícolas brasileiras. Procura-se evidenciar os principais instrumentos de política utilizados no Brasil, bem como a capacidade da regulação estatal na produção e comercialização agropecuária. Esse resgate permite compreender os objetivos e limitações das políticas agrícolas no país. O capítulo encerra-se com uma ilustração das experiências de políticas agrícolas praticadas nos EUA e na União Europeia.

Ao final deste capítulo, o leitor será capaz de:

- Compreender os objetivos da regulação estatal na agricultura e na agroindústria.
- Compreender como a política macroeconômica e as políticas agrícolas afetam as decisões de investimento, produção e comercialização dos agentes que operam na agricultura e agroindústria.
- Identificar os principais instrumentos das políticas macroeconômica e agrícola que, direta e indiretamente, afetam o desempenho da agricultura e agroindústria no Brasil.
- Conhecer as experiências de política agrícola nos EUA e na União Europeia.

13.1 INTRODUÇÃO

A agropecuária apresenta características que a diferenciam dos demais setores da economia. A raiz das especificidades está na maior dependência da natureza e de seus processos biológicos, que, a despeito da evolução tecnológica e seus profundos impactos sobre a organização e as condições de produção, ainda imprime suas marcas importantes na agropecuária. Basta lembrar da importância das condições climáticas para o desempenho e para a produtividade das lavouras e da produção animal, determinando a sazonalidade da oferta diante de uma demanda relativamente estável ao longo do ano, afetando os preços, os riscos incorridos e a renda dos produtores. Historicamente, esse conjunto de especificidades e a importância da agricultura para o abastecimento interno de produtos alimentares e matérias-primas industriais, e para a economia e sociedade em geral, justificou a formulação de políticas agrícolas para responder às necessidades especiais do setor e garantir um desempenho adequado às demandas da economia e da sociedade. Dentre as principais políticas voltadas para a agricultura destacam-se o crédito rural, a política de preços mínimos e de estoques reguladores. Além dessas, é conhecido o papel do Estado na geração e difusão de tecnologia agrícola, no seguro rural, e em inúmeras outras políticas voltadas para o desenvolvimento rural e mudanças estruturais em cadeias agroindustriais, regiões e grupos de agricultores.

Em que pese a importância dessas políticas setoriais na determinação do desempenho das atividades agrícolas e agroindustriais, a política macroeconômica tem um peso e um impacto que dificilmente poderiam ser compensados por políticas específicas, cujo alcance é sempre mais limitado. A política cambial, por exemplo, tem enorme influência sobre a rentabilidade dos produtores rurais e das agroindústrias voltadas para a produção de produtos comercializáveis, aqueles que são transacionados nos mercados internacionais e podem ser exportados e importados. Em uma economia aberta ou semiaberta, uma taxa de câmbio sobrevalorizada implicará redução da renda dos produtores rurais, que receberão menos pelas exportações e também pelos produtos vendidos no mercado doméstico, cujos preços serão influenciados pelos preços internacionais e pela taxa de câmbio. As próprias políticas agrícolas estão subordinadas à política macroeconômica. Por exemplo, em contextos de restrição externa, a política macroeconômica pode priorizar a sustentabilidade do balanço de pagamentos, estimulando as exportações e restringindo as importações por meio da política cambial, financeira e comercial. A política agrícola em geral segue a mesma orientação da política macro, da qual é instrumento para alinhar o setor aos objetivos, estratégias e restrições definidas no âmbito macro. Também é inescapável que uma política fiscal restritiva e medidas de controle do déficit público tenham impacto sobre as políticas de crédito rural e de comercialização agrícola, uma vez que o montante de recursos a elas destinados depende, em geral, do orçamento da União.

A maior liberalização, desregulamentação e abertura internacional da economia modificam, mas não eliminam os fortes laços que unem a agricultura e a agroindústria às decisões governamentais. A despeito de narrativas liberais que apregoam que o setor funcionaria melhor sem as amarras impostas pelo Estado, o fato é que o Estado e as políticas públicas são, em todo o mundo, indispensáveis para o desempenho sustentável da agropecuária. E por isso mesmo é necessário conhecer muito bem as relações entre as políticas macro e políticas agrícolas – que podem atuar tanto no sentido positivo como no negativo – e o desempenho do setor, no curto e no longo prazo. Um dos exemplos mais visíveis da importância do Estado são os conhecidos movimentos de produtores rurais, grandes e pequenos, que reclamam das intervenções do Estado, mas recorrentemente reivindicam a liberação de recursos de crédito em condições especiais, a repactuação de dívidas com o setor bancário, regimes tributários particulares e assim por diante.

No Brasil, o conjunto de políticas agrícolas tem sido divulgado pelo governo no início de cada ano agrícola. Todo ano, durante o período que antecede o anúncio, cria-se uma grande expectativa em torno de qual será o volume de recursos destinados ao crédito rural, quais serão as taxas de juros e prazos, qual será o preço mínimo para cada produto, quais serão as condições da intervenção governamental nos mercados agrícolas etc. Para muitas empresas agroindustriais e produtores rurais, o planejamento e as decisões de investimento e produção dependem de uma boa interpretação dos sinais implícitos nas medidas anunciadas. Para tanto, é necessário entender não apenas o conjunto das políticas, mas também conhecer seus limites e seu grau de realismo. Este capítulo tenta resgatar a evolução histórica da formulação e prática de políticas agrícolas no Brasil com objetivo de proporcionar ao leitor a base de conhecimentos necessária para sua interpretação. É preciso alertar o leitor que as relações entre Estado, políticas públicas e agricultura vão bem além dos instrumentos que serão aqui analisados. A eficácia das políticas agrícolas e o uso de seus instrumentos, *stricto sensu*, dependem fortemente do contexto institucional vigente, que incorpora desde as regras constitucionais, acordos internacionais até as demandas da sociedade, que se manifestam de forma direta e imediata nos mercados, em produtos e processos produtivos e organizacionais, mas também fora deles, em movimentos que sem dúvida pautam o futuro em construção.

13.2 ESTADO, QUESTÃO AGRÁRIA E QUESTÃO AGRÍCOLA

A agricultura sempre ocupou papel estratégico para o desenvolvimento das sociedades em geral. Fácil compreender essa importância quando se lembra que a agricultura é a fonte dos alimentos e que até meados do século passado era também responsável pela ocupação da maior parte da população, que vivia nas zonas rurais. Crises na agricultura repercutiam, quase sempre, em toda a sociedade e nas esferas econômica, política, social e institucional. Ainda hoje, a despeito de responder por um percentual pequeno do PIB e da ocupação nos países desenvolvidos, e da possibilidade de importar produtos agropecuários para mitigar os efeitos negativos de perdas de safra, a agricultura mantém posição de destaque que justifica e requer atenção especial do Estado e das políticas públicas.

O papel da agricultura para o desenvolvimento econômico – apresentados como "questão agrária" e "questão agrícola" – tem sido objeto de intensos debates entre os estudiosos, desde meados do século XIX. É fundamental ressaltar a diferenciação conceitual temática entre questão agrícola e questão agrária.

O debate sobre a **questão agrária** se refere à compreensão do papel da agricultura – então organizada em sistemas fechados, feudais ou assemelhados – e das transformações estruturais necessárias para apoiar o desenvolvimento capitalista que emergia nas atividades manufatureiras e na expansão da vida urbana. Tratava-se de reorganizar o sistema de produção agropecuário não apenas para assegurar a expansão da oferta de alimentos e matérias-primas utilizadas nas cidades e na indústria, como também para liberar mão de obra e transferir recursos e capital do campo para as cidades, da agricultura para a indústria, para assim sustentar a expansão capitalista. Tratava-se, portanto, de remover os obstáculos que a organização "arcaica" da agricultura colocava ao desenvolvimento e transformá-la em uma alavanca para esse mesmo desenvolvimento.

Já a **questão agrícola** visa responder às questões básicas introduzidas pela ciência econômica e os economistas, ou seja, o que produzir, quanto produzir, como produzir e onde produzir. Até mesmo a problemática do como produzir, que foi central nas discussões sobre a questão agrária e se refere à organização social da produção, no âmbito da questão agrícola é tratada de forma "técnica", e diz respeito à combinação de fatores de produção, à intensidade de capital, terra e trabalho, à tecnologia utilizada e à escala de produção. Enquanto a questão agrícola preocupa-se com a produção e produtividade na agricultura, visando à alocação de fatores de produção e guiando-se estritamente pelo comportamento dos mercados – o que não exclui o Estado –, a questão agrária está fundamentada na preocupação quanto às relações de produção capitalistas e seus problemas de ordem econômica, política e social, como o nível de renda, nível de emprego, distribuição, posse e propriedade da terra, migrações etc.

Essa sintética explicação permite identificar que a importância dessas questões está associada ao contexto histórico e às particularidades de cada sociedade. No Brasil, por exemplo, a questão agrária dominou o debate nos anos 1950 e 1960, quando a agricultura, em grande medida atrasada e fortemente marcada por latifúndios improdutivos, relações de produção arcaicas, deixou de corresponder às necessidades de uma economia que crescia e se urbanizava aceleradamente. A dimensão agrária, associada à estrutura produtiva e organizacional do setor, repercutia diretamente na questão agrícola e se traduzia em crises de abastecimento alimentar, queda das receitas de exportação, carestia nas cidades, acirrando reivindicações salariais e contribuindo para a propagação de um ambiente de instabilidade política e econômica. A resolução da questão agrícola passava, necessariamente, pela superação da crise agrária, e naquele contexto as opções que se colocavam era a promoção de um processo amplo de reforma agrária e/ou a modernização tecnológica da agricultura sem mexer em profundidade na distribuição de terras. Prevaleceu a segunda opção. A partir da década de 1960, as políticas agrícolas e agrárias convergiram para promover um processo abrangente de modernização da base técnica, caracterizado por Graziano da Silva[1] como modernização conservadora, por não alterar a distribuição de terras, e por Buainain[2] como modernização compulsória, na medida em que o acesso aos generosos benefícios da política agrícola era condicionado – e nesse sentido obrigava – à adoção dos pacotes tecnológicos modernizadores.

As características do processo de desenvolvimento agrícola brasileiro justificam essa consideração. As transformações que a expansão capitalista provocou no campo proporcionaram com sucesso considerável a resolução da questão agrícola brasileira. O processo de industrialização da agricultura e, posteriormente, a agroindustrialização nacional, proporcionaram ganhos consideráveis de produção e produtividade a partir dos anos 1970, principalmente nos setores que apresentavam vantagens comparativas significativas no comércio agrícola mundial. A modernização, apoiada fortemente em políticas públicas, está na base da resolução da questão agrícola e da transformação do Brasil em uma potência alimentar global. Não foi da mesma forma quanto à questão agrária, em que alguns aspectos foram superados pela própria superação da questão agrícola, mas em outros até se agravaram. O crescente processo de constituição dos complexos agroindustriais proporcionou, já nos anos 1980, a ampliação da concentração da estrutura fundiária, a queda do nível de renda dos pequenos agricultores que não conseguiram inserir-se nos processos de modernização e dos trabalhadores rurais e o arrefecimento do nível de emprego agrícola. Esses são fatos significativos, principalmente em um país de enorme potencial agrícola e agroindustrial, grande extensão territorial, condições climáticas extremamente favoráveis, mão de obra farta e barata, parque agroindustrial consolidado etc., que, por falta de políticas públicas eficientes, não efetivou soluções para a questão agrária nacional que tivesse contribuído para conformar uma sociedade menos desigual, reduzindo os problemas urbanos, os desequilíbrios campo-cidade e entre as regiões.

13.3 ESPECIFICIDADES DA AGRICULTURA, INTERVENÇÃO ESTATAL E PRINCIPAIS INSTRUMENTOS

Como se indicou na Introdução, a questão da intervenção do Estado na economia sempre suscitou debates e controvérsias. No caso da agricultura, várias razões são comumente alinhadas para justificar a necessidade da intervenção e da formulação de políticas agrícolas para o desenvolvimento do setor, deslocando a controvérsia da questão "intervenção *versus* não intervenção" para a forma e o conteúdo da intervenção. Ainda que amplamente conhecidas, vale a pena indicar as principais razões que justificam a formulação e implementação de políticas setoriais fortes para a agricultura.

Uma das características da atividade agropecuária é sua marcada sazonalidade, decorrente da forte dependência de fatores climáticos, ambientais e dos ciclos biológicos das plantas e animais. O progresso tecnológico tem modificado a sazonalidade "natural", encurtando os tempos de crescimento e maturação das espécies, desenvolvendo espécies adaptadas a ambientes diferentes daqueles originários, além de tecnologias que produzem as condições climáticas e ambientais adequadas, como a plasticultura, iluminação artificial, estufas, sistemas de irrigação etc. Apesar dos enormes progressos nesses campos, em maior ou menor grau a atividade agropecuária continua sazonal e, em grande medida, fortemente dependente de fatores da natureza.

Essa sazonalidade reflete-se em certa rigidez da produção agropecuária, seja para responder às mudanças nas condições do mercado, seja para organizar seus fluxos financeiros de forma a reduzir a necessidade de capital de giro. Enquanto na indústria e serviços é, em geral, possível utilizar as receitas correntes para cobrir pelo menos parte dos gastos correntes, na agricultura as receitas e as despesas realizam-se em períodos diferentes: ao longo de vários meses, o agricultor deve cobrir os gastos com preparação do solo, plantio, mão de obra, serviços etc., e apenas depois da colheita pode realizar a receita decorrente da venda de sua produção. O mesmo acontece com produtores de animais, particularmente de animais cujo ciclo de vida é mais longo. Isso significa que a necessidade de capital de giro na agropecuária é proporcionalmente mais elevada que na indústria. É certo que os produtores rurais contam com múltiplos instrumentos de mercado para lidar com essas condições, mas na maioria dos países estão ancorados e regulamentados por políticas públicas de crédito visando justamente assegurar financiamento para as atividades agropecuárias compatíveis com essas especificidades.

A sazonalidade, a forte dependência de fatores climáticos e a rigidez da produção fazem com que a atividade agropecuária enfrente maiores riscos e incertezas do que o conjunto da economia. A concentração da oferta agrícola em poucos meses do ano, por exemplo, provoca uma pressão baixista sobre os preços precisamente quando os produtores estão vendendo suas colheitas. Além disso, enquanto a indústria pode ajustar-se com certa agilidade às mudanças nas conjunturas de mercado, ampliando ou reduzindo a produção corrente, a agricultura só poderá ajustar-se na safra seguinte.

Esse conjunto de fatores justificou, desde o início do século, a adoção de políticas de preços agrícolas com o objetivo de reduzir o risco econômico e seu impacto sobre a renda da agricultura. Em praticamente todos os países essa proteção verificou-se por meio de políticas de garantia de preços, garantia de renda mínima ou intervenções similares. Justificou, ainda, a implementação de políticas de crédito com o objetivo de prover capital aos produtores em condições e prazos adequados às especificidades do negócio agropecuário, seja na forma de capital de giro (crédito de custeio), recursos para a comercialização (crédito de comercialização) da safra e finalmente para realizar os investimentos (crédito de investimento). Apesar de a concepção liberal da economia insistir que a melhor política pública é simplesmente deixar que o mercado funcione livremente, praticamente em todos os países do mundo as políticas agrícolas continuam fortes. Na verdade, podem-se e devem-se discutir os instrumentos de intervenção, mas dificilmente se coloca em dúvida a necessidade de políticas agrícolas, que levem em conta as especificidades da produção e dos mercados agropecuários.

13.3.1 Instituições, políticas macroeconômicas e políticas setoriais

Para fins analíticos e didáticos, pode-se pensar que a intervenção governamental ocorre em dois momentos: antes e depois das decisões dos produtores a respeito de "quanto e como produzir". No primeiro momento, trata-se de intervir nas variáveis chaves que determinam essas decisões. No segundo momento, o objetivo é controlar as variáveis que afetam os resultados econômicos e financeiros das decisões tomadas anteriormente pelos produtores. Ou seja, os instrumentos de política agrícola são utilizados para afetar a composição e o nível da oferta planejada, por meio das decisões dos produtores. Os produtores tomam suas decisões de produção e de investimentos segundo as condições de mercado. Entretanto, incentivos são transmitidos por meio do conjunto de instrumentos de política macroeconômica e políticas agrícolas com objetivo de afetar as expectativas.

As decisões tomadas pelos produtores traduzem-se, no próximo período, na oferta agregada de produtos agropecuários. A regulação estabelecida pela política agrícola trata de compatibilizar a oferta com a demanda agregada, absorvendo os excedentes e administrando os déficits. Essa tarefa não deve perder de vista as relações entre o setor agrícola e a macroeconomia, a rentabilidade das cadeias produtivas relevantes e os objetivos estratégicos definidos, o que nem sempre é viável.

A intervenção do Estado ocorre por meio da construção de um grande conjunto de instituições que estabelecem as regras formais de suas ações. Leis, resoluções, programas e organizações foram e continuam sendo criadas para estabelecer o marco legal em que o Estado pode e/ou deve atuar. As decisões dos produtores quanto ao que produzir, como produzir e como comercializar seus produtos refletem um conjunto amplo de condicionantes: a disponibilidade de recursos produtivos e financeiros, a inserção socioeconômica dos produtores, a localização geográfica, as oportunidades e a conjuntura econômica, as instituições e valores culturais etc.[i] É possível simplificar os fatores intervenientes e considerar que o desenvolvimento rural é fortemente condicionado por quatro conjuntos de fatores: os incentivos que os produtores têm para investir e produzir; a disponibilidade de recursos, particularmente terras, água, mão de obra, capital e tecnologia, que determina o potencial de produção; o acesso aos mercados, insumos, informações e serviços, que influi de forma decisiva na capacidade efetiva de produção; e, finalmente, as instituições, que influenciam as decisões dos agentes e inclusive sua capacidade, possibilidade e disposição para produzir.[3]

Dois conjuntos de políticas, inter-relacionadas, têm sido de grande importância na determinação das decisões de produção e da renda na agropecuária: as políticas macroeconômicas e as políticas agrícolas propriamente ditas. Dado o seu caráter mais geral, discorre-se a seguir sobre o papel das políticas macroeconômicas, deixando para a próxima seção o tratamento das políticas agrícolas.

As políticas macroeconômicas têm um grande impacto sobre as condições gerais de produção, uma vez que determinam ou influenciam fortemente a formação dos preços básicos da economia: as taxas de juros, câmbio e salários. Os preços macroeconômicos afetam, direta ou indiretamente, a formação dos custos de produção, a alocação dos recursos entre os diversos setores e subsetores da economia, as decisões de investir, as opções tecnológicas, os preços relativos dos produtos, as condições de venda dos produtos, a rentabilidade de cada segmento, o ritmo de crescimento da economia, o nível e estrutura de distribuição de renda e as expectativas dos agentes. Até mesmo a disponibilidade e qualidade da infraestrutura é afetada pela política macroeconômica (principalmente por meio da política de gastos do setor público). Em resumo, a política macroeconômica incide diretamente sobre os incentivos e sobre a disponibilidade de recursos para investimentos, produção e consumo.

Pode-se afirmar, portanto, que as políticas macroeconômicas e o marco institucional, o qual é estreitamente associado à orientação e concepção da política econômica, têm grande influência sobre o entorno e os parâmetros básicos que condicionam e orientam as decisões dos produtores, sua capacidade de implementá-las e os

---

[i] Sobre esse assunto, ver também Seção 6.5.1 do Capítulo 6.

resultados. As políticas macroeconômicas operam em dois níveis. De um lado, essas políticas afetam diretamente tanto as condições objetivas de produção como as expectativas dos produtores por meio das principais variáveis objetivas e subjetivas que eles levam em conta no momento de tomar as decisões de produção e investimento: o nível de liquidez da economia, a taxa de juros, a taxa de câmbio, os impostos e o nível dos salários. E de outro, ao mesmo tempo que afetam as condições de produção e investimento no presente, essas variáveis influenciam nas condições que determinarão a rentabilidade do ciclo de produção, em particular a capacidade de absorção dos mercados e os níveis de preços.

Pode-se dizer também que as políticas macroeconômicas de hoje dão forma aos mercados no futuro, ou seja, condicionam o nível e a composição da demanda futura projetada pelos agentes a partir de suas expectativas em relação ao futuro. Em outras palavras, o comportamento das variáveis macroeconômicas é também importante na formação das expectativas dos agentes com respeito ao comportamento dos mercados no futuro e das margens de lucro esperadas.

Os principais instrumentos de regulação macroeconômica são as políticas cambial, monetária, fiscal, salarial e comércio exterior. Não é o caso de discorrer, aqui, sobre as complexas relações entre as variáveis macroeconômicas e o desempenho do setor agropecuário.[4] Interessa apenas agregar alguns pontos adicionais sobre esse tema.

13.3.1.1 Política cambial

A política cambial regula a taxa de câmbio, que é a taxa de conversão da moeda de um país em moeda estrangeira. A taxa de câmbio é o preço de uma unidade da moeda estrangeira. Por exemplo, em determinado dia pode ser necessário R$ 4,00 para adquirir uma unidade de dólar americano (US$ 1,00), logo, a taxa de conversão do real em dólar americano, ou taxa de câmbio em relação ao dólar, é de R$ 4,00 para 1 dólar. No dia seguinte, essa taxa poderá estar em R$ 4,20 para 1 dólar. De fato, essa taxa pode variar a todo o momento, refletindo as condições de funcionamento do mercado de moedas estrangeiras e da própria política do governo em relação a esse mercado, que é a política cambial.

A taxa de câmbio tem um papel fundamental na determinação dos preços e dos incentivos para produzir produtos agrícolas, principalmente os chamados *tradeables* (comercializáveis), que são os produtos que podem ser transacionados no mercado internacional e cujos preços são determinados e/ou influenciados pelos preços vigentes nesses mercados. Onde a produção é composta majoritariamente de bens comercializáveis internacionalmente, os preços são particularmente sensíveis às variações da taxa de câmbio. Mais do que isso, para muitos autores, a taxa de câmbio é a variável que exerce a maior influência sobre o desempenho do setor agrícola e da economia como um todo. Para exemplificar, suponha que o preço internacional do açúcar seja de US$ 0,27/quilo e que a taxa de câmbio (real por dólar) seja de R$ 4,00. Para cada quilo vendido no mercado internacional, uma usina receberá US$ 0,27 do seu cliente externo, que será convertido em R$ 1,08 (4 × US$ 0,27) no mercado doméstico. Portanto, em reais, a usina está recebendo R$ 1,08/quilo. Suponha que o real fique mais valorizado em relação ao dólar, ou seja, que a quantidade de reais necessária para comprar uma unidade de dólar fique menor, mas o preço do açúcar no mercado internacional não se altere. Nesse caso, suponha então que a taxa de câmbio caia para R$ 3,70 para 1 dólar. Com essa nova taxa, o preço em reais recebido pelo exportador cai para R$ 1,00/quilo (3,7 × US$ 0,27), embora o preço em dólar, cotado no mercado internacional, continue em US$ 0,27/quilo. Note que a valorização do real (R$) causa uma queda no preço, em real (R$), recebido pela usina e, portanto, uma queda na sua receita em reais. Considerando que as despesas necessárias para produzir açúcar não se alteram, a queda no preço em reais, causada pela valorização do real frente ao dólar, reduz o lucro da usina e, portanto, pode reduzir o seu incentivo para exportar. Uma desvalorização cambial teria efeito inverso.

Entretanto, deve-se observar também o que ocorre com o preço dos insumos importados quando a taxa de câmbio se altera. Componentes de fertilizantes, como a ureia e o potássio, são, em grande medida, insumos importados pelo Brasil. O preço desses insumos é estabelecido no mercado internacional e cotado em moeda estrangeira, o dólar. Suponhamos que em determinado momento o preço do potássio esteja a US$ 250,00/tonelada. Com a taxa de câmbio a R$ 4,00 por unidade de dólar, o preço do potássio para o importador brasileiro, em reais, será de R$ 1.000,00/tonelada. Se houver desvalorização do real, tal que um dólar passe a valer R$ 4,20, o preço do potássio para o importador brasileiro aumentará para R$ 1.050,00/tonelada. Note que, apesar de o preço internacional do potássio não se alterar, o preço desse insumo, em reais, aumentou devido à simples desvalorização da moeda brasileira. Em síntese, uma desvalorização cambial aumenta o preço, em reais, dos insumos importados e, portanto, aumenta o custo de produção dos produtos agrícolas que o utilizam. Note que nenhum desses movimentos é automático, e a medida do efeito da taxa de câmbio sobre a formação dos preços domésticos, para o produtor, depende também de como estão organizados os mercados, se são mais ou menos competitivos, e da importância do mercado externo *vis-à-vis* o doméstico. De toda forma, em uma economia aberta, a variação da taxa de câmbio exerce pressões sobre os preços domésticos e dificilmente não terá impacto relevante.

A política cambial atua sobre variáveis que são determinantes para o desempenho da economia como um todo, em particular daqueles ramos da produção doméstica mais sujeitos às oportunidades e à concorrência do mercado externo. Uma taxa de câmbio baixa reduz a competitividade dos produtores de produtos exportáveis, desalentando investimentos em sua produção. Uma taxa de câmbio elevada, ao contrário, tende a canalizar recursos para a produção de bens comercializáveis internacionalmente. Nesse caso, a produção voltada para o mercado externo aumenta. Adicionalmente, produtos importados ficam mais caros em reais e, portanto, aumenta o interesse em produzi-los internamente, ou seja, há estímulo para que os agentes promovam uma substituição de importações.

Assumindo que os preços reais representam de maneira adequada os principais incentivos ao produtor, é possível afirmar que a taxa de câmbio real é um dos principais determinantes dos preços relativos da economia, dos preços reais (e rentabilidade) de cada setor, da competitividade e preços em relação ao resto do mundo.

Na economia contemporânea, é cada vez mais difícil usar a política cambial para determinar o nível da taxa de câmbio, como se fazia no passado. Poucos bancos centrais têm condições efetivas para enfrentar os mercados, comprando e vendendo divisas, para manter um preço predeterminado da taxa de câmbio. O objetivo mais comum da política cambial é manter certa estabilidade e previsibilidade da taxa de câmbio, reduzindo a intensidade das flutuações conjunturais e o risco cambial, garantindo a liquidez das transações cambiais e contribuindo, dessa forma, para a formação de um horizonte de planejamento adequado para os agentes realizarem suas transações no mercado externo.

13.3.1.2 Política de comércio exterior

A política de comércio exterior diz respeito ao estabelecimento de instituições que regulam o comércio exterior: as tarifas alfandegárias, as quotas de importação e exportação – hoje proibidas pela Organização Mundial de Comércio (OMC) e quase banidas do mercado internacional –, os impostos às exportações, as barreiras não tarifárias (sanitárias e fitossanitárias), os acordos comerciais bilaterais ou multilaterais etc. A política de comércio exterior é um dos principais determinantes do nível de proteção dos produtores domésticos *vis-à-vis* a concorrência internacional, o qual se reflete na relação entre os preços domésticos e os preços internacionais correspondentes. As relações entre o nível de proteção e o dinamismo e desenvolvimento da agricultura e da pecuária são complexas. Um nível de proteção excessivo pode reduzir a efetividade da concorrência como mecanismo de indução de inovações e investimentos, fatores essenciais para assegurar um crescimento sustentável e duradouro. Por outro lado, um nível de proteção demasiado baixo pode simplesmente inviabilizar parte do aparelho produtivo, o que em muitos países é visto como um risco para a segurança alimentar.[ii]

Um acordo comercial leva os países signatários a reduzir as tarifas cobradas no comércio internacional. Uma redução de tarifa reduz o nível de proteção e pode prejudicar os produtores domésticos relativamente ineficientes e beneficiar os mais eficientes (ver Boxe 13.1). Por um lado, o país deverá expandir suas exportações de bens onde é mais competitivo, digamos o açúcar e, por outro, deverá importar maior quantidade de produtos em que é menos competitivo, digamos trigo. Enquanto os produtores de cana-de-açúcar e usinas poderão beneficiar-se dessa política, os produtores de trigo terão que buscar outras alternativas.

Conjuntamente, a política de comércio exterior e a taxa de câmbio modificam os preços dos diferentes tipos de bens e afetam diretamente as decisões dos agentes. Por exemplo, uma taxa de câmbio valorizada, em conjunto com elevadas tarifas de exportação, tende a desestimular a produção de produtos exportáveis, induzindo a transferência de recursos para investimentos em segmentos com menor grau de exposição ao mercado internacional e para a substituição de importações por produção local ou simplesmente a substituição de produção doméstica por produtos importados.

13.3.1.3 Política fiscal

A política fiscal engloba as decisões relativas aos gastos correntes do governo, às transferências e subsídios, à carga tributária, ao manejo das empresas públicas etc. O setor agropecuário é diretamente afetado pela política fiscal de várias formas, entre as quais: a política de preços e tarifas de serviços públicos; o raio de manobra para conceder

---

ii Esse assunto faz parte dos temas do Capítulo 12 (Comércio internacional de bens agroindustriais).

> **BOXE 13.1 Barreiras tarifárias no mercado de lácteos: o caso do leite condensado na relação EUA × Brasil[5]**
>
> Barreiras tarifárias são aquelas que restringem ou distorcem o comércio por meio de impostos ou cotas tarifárias, podendo ser aplicadas na importação ou na exportação de mercadorias. As cotas tarifárias, por exemplo, geralmente são definidas por volumes anuais e determinam uma quantidade limite em relação à qual é aplicada uma tarifa específica adicional, caso extrapolada essa quantidade. Para grande parte dos produtos, as cotas de importação só podem ser impostas em circunstâncias excepcionais. A exceção são os produtos que se enquadram no Acordo sobre Agricultura da Organização Mundial do Comércio (OMC). A tarifa diferenciada que incide na quantidade excedente à cota (extra-cota) é bem superior à tarifa aplicada sobre a quantidade estipulada na cota (intra-cota), podendo inclusive inviabilizar a exportação e/ou exportação para além do limite da cota. Sabe-se que o Brasil é destaque na produção e na exportação de muitos produtos agropecuários, como suco de laranja, grãos, açúcar, algodão e carnes (frango, bovina e suína). Contudo, tal destaque não é regra geral. No caso do leite, por exemplo, apesar de figurar como o terceiro maior produtor mundial, o país ainda é importador líquido de lácteos, com volume anual importado de 3% a 5% da produção nacional e déficit comercial próximo de US$ 450 milhões.[6] Em 2018, as compras de leite em pó e queijos responderam por praticamente a totalidade do volume importado, com o Brasil adquirindo 96 mil toneladas de leite em pó e 29 mil toneladas de queijos. Por sua vez, os volumes exportados ainda são tímidos, sendo os produtos de maior destaque o leite condensado, queijos e o creme de leite. O leite condensado representou 30,6% das exportações brasileiras de lácteos no ano de 2018, totalizando aproximadamente US$ 17,8 milhões. Os Estados Unidos – grande importador do leite condensado brasileiro – impõem um sistema de cotas tarifárias de importação no referido produto. Para o leite condensado brasileiro e de outros países (em conjunto), a cota é de 4 mil toneladas. A tarifa intra-cota é de US$ 0,04 por kg e a tarifa extra-cota salta para US$ 0,496 por kg. Em termos gerais, a partir do momento em que as importações de leite condensado ultrapassam o limite de quantidade estabelecido na cota, a tarifa aplicada sofre um acréscimo de 1140%, dificultando que volumes adicionais tenham acesso ao mercado norte-americano.

subsídios e isenções; a estrutura de gastos do setor público (capacidade de investir em infraestrutura, apoio à pesquisa tecnológica e difusão de tecnologia etc.); utilização de políticas de redistribuição de rendas; carga fiscal que recai sobre as cadeias de produção que utilizam produtos da agricultura e da pecuária. A restrição orçamentária é um determinante central das políticas agrícolas. A possibilidade de usar incentivos fiscais, ou mesmo gastos correntes, para promover o setor é limitada pela política fiscal do governo. Indiretamente, o setor é afetado pelo efeito da política fiscal sobre a estrutura e dinâmica dos mercados domésticos, em particular sobre o nível da demanda agregada. Não se pode esquecer as lições básicas de economia. Preços mais altos devido aos impostos, por exemplo, traduzem-se em um nível de demanda menor, de forma que na medida em que a política fiscal influencia os preços, ela tem impacto direto sobre o nível da demanda na economia como um todo, em particular na agricultura.

A política fiscal, que engloba tanto as receitas como os gastos públicos, define quanto, onde e em que o governo irá gastar, bem como de quem irá cobrar impostos, taxas e tarifas necessárias ao financiamento dos gastos. Deve-se salientar que a alocação dos recursos públicos responde também a procedimentos e pressões de caráter político, em geral fragmentadas entre os segmentos da sociedade e da economia, e que por isso mesmo nem sempre respeitam a racionalidade técnica e o que se convencionou chamar de interesse comum. O setor agropecuário é afetado por meio de vários canais, entre os quais:

- **Subsídios e/ou subvenção a favor do setor**: os subsídios, mesmo questionados pelas regras da OMC, são ainda amplamente utilizados pelos países desenvolvidos, em particular na União Europeia, Japão e Estados Unidos. No Brasil, o nível de subsídios à agricultura, que foi elevado até o final dos anos 1970, é comparativamente baixo em relação a esses países.[7] A política fiscal é determinante da possibilidade de conceder subsídios ou subvencionar determinados setores e agentes. Em contexto de política fiscal restritiva, dificilmente poderá destinar subsídios para políticas agrícolas; por exemplo, subsídio ao crédito rural, pagar um preço mínimo de garantia adequado para proteger os produtores dos riscos elevados do mercado ou subvencionar o prêmio do seguro agrícola.

- **Investimentos em infraestrutura, apoio à pesquisa tecnológica e difusão de tecnologia**: implica definir em que e onde gastar, bem como os setores que serão beneficiados pelos gastos. Gastos em portos e vias de transporte favorecem a muitos setores, mas podem ser especialmente favoráveis ao desenvolvimento da agricultura exportadora em regiões mais distantes da costa. Gastos públicos em pesquisa para descobrir plantas e animais mais resistentes às diversas condições de clima e solo, bem como os gastos públicos para levar esse conhecimento ao campo, podem ser fundamentais para aumentar a produtividade e reduzir os custos de produção. Com isso, aumenta-se a competitividade da agricultura, eleva-se a renda dos

produtores e garante-se maior segurança alimentar nas regiões pobres.
- **Políticas de rendas**: o aumento do valor real do salário mínimo, ou ainda a expansão de programas de complementação de renda destinados aos pobres, tende a aumentar a demanda por produtos agroalimentares, favorecendo produtores e agroindústrias que produzem alimentos básicos.
- **Tributação sobre o setor e sobre os seus produtos**: a tributação sobre a produção e a comercialização de produtos agrícolas afeta o lucro dos produtores e das empresas agroindustriais, além de aumentar o preço para o consumidor final. Como consequência, se excessiva, pode reduzir o estímulo para continuar produzindo. Por outro lado, a isenção de tributos sobre determinados produtos, por exemplo, os produtos da cesta básica, pode estimular os produtores a produzir mais desses bens e beneficiar os consumidores de baixa renda, com ganhos de bem-estar e para a segurança alimentar.
- **Política de preços e tarifas de serviços públicos**: serviços públicos, oferecidos pelo Estado ou setor privado, têm papel relevante para o funcionamento da economia. No passado, em vários momentos diferentes, as tarifas públicas foram utilizadas para favorecer determinados setores produtivos e/ou grupos populacionais. A manipulação de tarifas públicas como instrumentos de política setorial é amplamente condenada pela literatura econômica e pela experiência histórica, em vários países. Não significa que o governo deva ou possa deixar para o mercado a definição do preço das tarifas, até porque, na maioria dos casos, a provisão dos serviços é feita em regime de monopólio e, por isso, exige regulação. Nesse sentido, os principais objetivos das políticas de preços e tarifas de serviços públicos é assegurar a provisão dos serviços em quantidade e condições compatíveis com as necessidades dos setores produtivos e da sociedade em geral, seja por meio de regulamentação específica sobre o funcionamento, incentivo para investimentos, definição de padrões mínimos de qualidade, dentre outros. Também se utilizam instrumentos de política tributária para afetar o nível de preços e adequá-lo a necessidades específicas e/ou a objetivos políticos. Por exemplo, para reduzir o preço do álcool para os consumidores finais e torná-lo competitivo com o preço da gasolina, a incidência tributária sobre os dois combustíveis é diferenciada. O mesmo vale para o diesel, principal fonte de energia utilizada pela atividade agropecuária, e para a energia elétrica rural.

A agricultura depende de combustíveis não apenas para o transporte de produtos e insumos, mas também para a operação de máquinas e equipamentos na produção. Da mesma forma, a política de preços para a energia elétrica afeta as decisões de investimento em irrigação, cujos equipamentos demandam esse insumo em grande quantidade.

A capacidade de gasto do governo também afeta a própria execução das políticas agrícolas, pois determina a capacidade do governo de usar incentivos fiscais para promover a agricultura. Não é por outra razão que a construção e votação do orçamento do governo no Congresso Nacional constituem-se em um espaço de conflitos pela apropriação dos recursos disponíveis. O uso desses recursos responde a procedimentos e pressões de caráter político, que podem entrar em contradição com prioridades tecnicamente estabelecidas pelos formuladores de política agrícola.

13.3.1.4 Política monetária

A política monetária trata da estabilidade da moeda, da liquidez geral da economia e das condições gerais de financiamento (especialmente taxa de juros e prazos). As relações entre a política monetária e fiscal são estreitas, pois a fiscal afeta diretamente a monetária (um déficit público implica, primariamente, expansão monetária, que poderá ser anulada por meio da política monetária). Não são pequenas as implicações dos mecanismos de financiamento sobre a economia como um todo, pois afetam diretamente a estabilidade dos preços, a disponibilidade de recursos para financiamento ao setor privado e a taxa de juros vigente. A política governamental de financiamento da produção e comercialização agrícola são profundamente afetadas pela política monetária. Por exemplo, uma elevação da taxa de juros básica da economia afeta a disposição dos agentes em tomar empréstimos a taxa de juros de mercado (não subsidiados pelo governo). Essa mesma elevação aumentaria os gastos governamentais com subsídios ao crédito rural, podendo resultar em maior restrição na oferta de crédito subsidiado.

A decisão do banco central de aumentar da taxa de juros básica da economia com objetivo de combater a inflação aumentaria o custo de captação dos recursos que são utilizados para financiar a agricultura. Por exemplo, a caderneta de poupança rural é um instrumento financeiro que foi criado no Brasil com objetivo de captar de poupança privada e, assim, aumentar a disponibilidade de recursos do crédito rural. Se o banco central eleva a taxa de juros básica da economia, quem aplica em uma caderneta de poupança rural irá desejar receber uma taxa de juros maior para continuar aplicando. Nesse caso, essa elevação na taxa de juros deverá ser repassada para agricultores no crédito rural; considerando que o governo não irá pagar por essa diferença. Com uma taxa de juros mais elevada, menor será o incentivo que os agricultores terão para tomar o crédito rural. Geralmente, o aumento na taxa de juros é acompanhado por uma redução geral na oferta de crédito, o que reduz a disponibilidade de recursos para a agricultura.

Diante dos efeitos perversos da política monetária sobre agricultura, é possível que o governo crie condições especiais. Por exemplo, o governo poderá aumentar o nível de subsídio aos juros do crédito agrícola, ou seja, poderá estar disposto a pagar a diferença entre os juros altos que os poupadores desejam e os juros baixos que os agricultores necessitam. Alternativamente, o governo pode criar fundos especiais para financiar o setor com taxas de juros bem abaixo daquelas que são praticadas no mercado financeiro.

13.3.2 Papel das principais políticas agrícolas

Em decorrência dos fatores assinalados anteriormente, os governos têm um papel muito importante na agricultura. Em muitos casos, promovem atividades que, sem a ajuda governamental, seriam tão arriscadas e tão pouco lucrativas que o setor privado não teria razões para estar interessado. A maioria das políticas agrícolas tem como objetivo principal assegurar a segurança alimentar da população, promover a competitividade econômica e o bem-estar social.

Os objetivos das políticas agrícolas diferem de um país para o outro ou nas diferentes etapas do desenvolvimento econômico. Ainda assim, é possível encontrar um conjunto de objetivos gerais comum aos países e que orienta a formulação das políticas públicas direcionadas ao meio rural. No curto prazo, os objetivos das políticas agrícolas são os de manter estáveis os preços dos principais alimentos e defender e melhorar as rendas da população rural. No longo prazo, os objetivos das políticas agrícolas compreendem os estímulos ao aumento da produção e ao aumento da produtividade, o abastecimento regular de produtos alimentares, ou seja, garantir a segurança alimentar e promover o desenvolvimento e a equidade social.

Enquanto as políticas e variáveis macroeconômicas definem as condições gerais de funcionamento da economia, os instrumentos de política agrícola possibilitam ao governo intervir nas condições e variáveis específicas ao setor. Por exemplo, pode-se estabelecer uma taxa de juros para o crédito rural diferente da taxa juros de mercado, preços mínimos de garantia para produtos selecionados, regras de seguro rural que permitam redução no valor dos prêmios pagos pelos produtores etc. Por meio da regulação estabelecida pelas políticas agrícolas, o Estado busca, de um lado, reforçar ou mitigar os sinais e condições determinados pela política macroeconômica, e, de outro, afetar o nível e a composição de oferta e demanda nos mercados agropecuários, estimulando determinados segmentos e penalizando outros segundo as prioridades da política econômica e as pressões dos agentes.

Dentre os principais mecanismos de regulação do setor estão as políticas de preços, comercialização, financiamento, gestão de risco, comércio exterior para a agricultura, tecnológica e ambiental. A seguir, indica-se o papel e o alcance dessas políticas.

13.3.2.1 Política de preços

A política de preços é uma das mais importantes para o setor agrícola. Implica intervenções, diretas ou indiretas, do governo nos mercados de produtos e insumos agropecuários. Essas intervenções afetam as rendas dos produtores e consumidores e não estão livres de controvérsia: alguns sustentam que a intervenção governamental na formação dos preços e das rendas agrícolas é de suma importância, enquanto outros consideram mais importante intervir nas condições estruturais que explicam as distorções e o mau funcionamento dos mercados.

Os objetivos da política de preços incluem: reduzir os riscos mais elevados associados aos mercados agrícolas, que podem comprometer o desenvolvimento da produção; melhorar a distribuição de renda inter e intrassetorial; incentivar a produção de alguns produtos específicos; estabilizar ou pelo menos reduzir as flutuações dos preços agrícolas. Historicamente, a política de preço teve duplo objetivo. Por um lado, assegurar que produtores recebam preços suficientemente adequados para estimulá-los a produzir. Por outro lado, evitar preços elevados de alimentos para os consumidores finais, assegurando a oferta de matérias-primas em quantidade e preços compatíveis com a sua renda.

A formulação da política de preços agrícolas enfrenta um dilema. Enquanto os produtores desejam preços altos para sustentar seus ganhos com a atividade, os consumidores desejam preços baixos para proteger seu nível de renda. O dilema encontra-se entre fomentar a produção agrícola e ao mesmo tempo proteger a população mais pobre. Uma solução é o aumento da produtividade, com a difusão de tecnologias e sistemas de produção capazes de reduzir os custos de produção de alimentos e matérias-primas. Essa solução depende de investimentos em desenvolvimento e difusão de tecnologias e sistemas de gestão. Trata-se de uma política de longo prazo, que alcança resultados de um ano para outro. Ou seja, o dilema é resolvido, mas no longo prazo. Outra possibilidade é o aumento da eficiência nos mecanismos de comercialização, de tal forma a reduzir custos de comercialização dos produtos agrícolas. Para reduzi-los, são necessários investimentos em infraestrutura de transporte e armazenamento, em serviços de apoio e o desenvolvimento de mecanismos de mercado (como a bolsa de mercadorias e sistemas de informações). Os resultados não são alcançados no curto prazo, daí ser essa uma solução de médio prazo para o dilema dos preços.

A política de garantia de preços tem sido amplamente utilizada em muitos países. O mecanismo mais comum de funcionamento dessa política é a fixação, antes do início do plantio, de um preço mínimo para os produtos. Dessa maneira, o governo assegura aos produtores que irão receber um preço mínimo por seu produto quando os preços de mercado estiverem abaixo desse mínimo. A definição dos preços mínimos pode ser feita por critérios técnicos e/ou políticos. Os preços podem ser uniformes para todos os tipos de produtores e todas as regiões ou podem ser diferenciados segundo a região e/ou tipo de produtor.

Em muitos países, a definição dos preços mínimos tem sido guiada por dois critérios. No primeiro, os preços são definidos a partir dos custos de produção. Esse critério pode variar segundo os objetivos da política. Pode-se, por exemplo, definir o preço mínimo como sendo aquele necessário para cobrir apenas os custos operacionais (custos com fertilizantes, defensivos, combustíveis etc.) da produção, deixando de fora outros custos (depreciação de máquinas, renda da terra etc.) e o lucro do produtor. Preços mínimos que tomam como base os custos de produção podem diferenciar-se segundo a tecnologia adotada, ou segundo a região de produção.

O segundo critério leva em consideração os preços internacionais. O argumento em favor de fixar preços de garantia considerando os preços observados no comércio internacional é evitar que os mercados domésticos se desenvolvam de forma isolada das condições vigentes nos mercados internacionais. As opções e os problemas colocados por esse critério não são de fácil solução. Que preço internacional tomar como base? Como corrigir as distorções causadas por subsídios de outros países nos próprios preços internacionais? Como evitar os problemas causados pelas fortes flutuações dos preços internacionais?

Os procedimentos e os instrumentos de execução da política de preços podem variar de país para país. Em alguns casos, os produtores comercializam sua produção e o governo cobre apenas a diferença entre os preços recebidos pela venda no mercado e o preço mínimo. Esse procedimento pode ou não incluir algum tipo de limite máximo de proteção. Por exemplo, pode-se estabelecer um teto máximo de produção por produtor que seria protegida por um preço mínimo de garantia. A produção excedente não receberia o benefício e estaria sujeita aos riscos de mercado. Em outros casos, o objetivo principal da política é reduzir a sazonalidade dos preços agrícolas, tanto para os produtores como para os consumidores. O mecanismo básico é o financiamento de estoques privados durante os meses de colheita, quando os preços tendem a cair, de forma a evitar que caiam abaixo do preço mínimo. O governo pode também promover a aquisição por meio de agências estatais, pagando o preço de garantia.

No passado, as políticas de preços agrícolas tiveram um papel relevante como instrumento de política setorial e de segurança alimentar. No contexto de economias mais abertas, marcadas pela atuação de cadeias globais de valor, os objetivos das políticas de preços têm sido redimensionados, até mesmo devido à dificuldade e, em muitos casos, impossibilidade de operacionalizar políticas de garantia de preços tais como se fazia no passado, com base em compras e vendas governamentais para fazer valer o preço de garantia e estabilizar os preços para os consumidores. As políticas de preços têm alcance mais limitado, e a estratégia é usar os próprios mercados para assegurar tanto a vigência de preços mínimos compatíveis com a sustentabilidade da produção como a estabilidade dos preços. A maior fluidez no comércio internacional é chave para esses objetivos e pode ser utilizada pelos segmentos que produzem bens transacionáveis. Isso não significa que o Estado possa renunciar inteiramente a seu papel nessa área, em especial junto aos produtores que não têm acesso ao mercado internacional e aos mercados que não podem recorrer às importações para manter a regularidade do abastecimento e dos preços domésticos.

13.3.2.2 Política de comercialização

Os objetivos da política de comercialização são múltiplos: redução dos custos de comercialização; proteção aos pequenos produtores ante os intermediários privados monopolistas; assegurar aos consumidores provisão suficiente de alimentos básicos ao menor custo possível; fornecer apoio complementar aos produtores para aumentar a qualidade e a quantidade de seu produto. Muito embora a política de comercialização apareça muitas vezes como apêndice ou complemento da política de preços mínimos, trata-se de uma política particular, que é largamente utilizada em função de objetivos próprios. No caso da agricultura, cuja produção é perecível e sazonal, a comercialização adquire ainda mais importância que nos demais setores. Problemas na comercialização de insumos agrícolas durante a fase de preparação e plantio, como falta de sementes ou outro insumo básico, podem comprometer seriamente a produção de todo um ano agrícola. Da mesma forma, a ocorrência de problemas no momento da comercialização da safra, como insuficiência de meios de transporte e armazenagem, pode comprometer os resultados econômicos de todo o ano de produção. Em termos gerais, o mau funcionamento dos mercados agropecuários reduz a eficiência produtiva, o potencial de crescimento e até mesmo os efeitos positivos que um aumento da produção poderia proporcionar para o conjunto da população e para o próprio sucesso das políticas econômicas definidas pelos governos.

Especialmente no caso brasileiro, cuja estrutura de comercialização sempre foi apontada como um dos grandes entraves para o desenvolvimento da agricultura, a política de comercialização sempre integrou os instrumentos de regulação setorial. Dentre instrumentos já utilizados no Brasil em sua política de comercialização, encontram-se: o controle das margens de comercialização, a criação de canais especiais e empresas públicas para comercializar a produção, a criação de redes varejistas públicas de distribuição ao consumidor, a construção de armazéns oficiais, crédito subsidiado para a expansão de unidades privadas de armazenamento, dentre outros.

A comercialização está presente em todas as atividades de transformar, armazenar e transportar os produtos agrícolas até o consumidor interno e o comprador externo. Os mercados não se desenvolvem automaticamente. Em muitos casos, é necessária intervenção governamental para criar, estimular e regular as instituições mercantis de tal modo que possam dar sua contribuição ao desenvolvimento econômico. Na ausência dessa intervenção, muitos produtos não poderão ser comercializados adequadamente, reduzindo a eficiência produtiva, o potencial de crescimento e os efeitos positivos que um aumento da produção poderia ter, seja para os agricultores, seja para o país.

Os processos de comercialização diferem-se em função das estruturas agrárias de cada país e de outras características internas, próprias do sistema de comercialização. A estrutura agrária típica da maior parte dos países em desenvolvimento é bipolar, tendo, de um lado, uma agricultura de subsistência e, de outro, uma agricultura comercial. Para os agricultores de subsistência, a comercialização tem menos importância, porque a maior parte da produção desse extrato da agricultura não chega ao mercado, mas satisfaz às necessidades de consumo da família. Ao contrário, para a agricultura comercial, a comercialização é essencial para garantir sua existência e seu desenvolvimento. Esses produtores necessitam de mercados eficientes para vender seus produtos e para comprar os insumos necessários à produção.

A comercialização dos produtos agrícolas pode desempenhar papel importante no aumento da produtividade do setor, mediante dois mecanismos principais. O primeiro diz respeito aos sinais transmitidos aos produtores por meio dos preços dos produtos. Quais são os produtos e cultivos nos quais pode ser conveniente concentrar recursos adicionais? O segundo mecanismo encontra-se na criação de condições para que se difundam inovações por meio da comercialização de insumos para a agricultura. Neste último caso, reconhece-se que a baixa produtividade que caracterizou a produção de alimentos até o final do século XX pode ser atribuída também às dificuldades de acesso a insumos que elevam a produtividade.

Os objetivos da política de comercialização situam-se em vários âmbitos:

- Reduzir as margens de comercialização, definidas como a diferença entre os preços de venda no varejo ao consumidor e os preços recebidos pelo produtor: os sistemas de comercialização podem ser mais ou menos complexos, segundo o número de intermediários entre o produtor e o consumidor. A relação entre o preço pago ao produtor e o preço ao consumidor é, em grande parte, determinada pela complexidade dessas intermediações. São vários os determinantes das margens de comercialização: distâncias, disponibilidade dos meios de transporte, eficiência em cada uma das atividades de comercialização, em particular os custos de transporte e armazenamento. A margem de comercialização pode diminuir como consequência de um aumento da eficiência de comercialização que reduza os custos de transporte, armazenamento e/ou processamento. Essa redução pode ampliar a margem de manobra diante do dilema dos preços agrícolas à medida que se pode mais facilmente manter os preços altos aos produtores, sem que os preços aos consumidores aumentem na mesma proporção. Também pode melhorar a posição competitiva dos produtores de regiões específicas, não apenas no mercado externo, como também no próprio mercado doméstico.

- Proteger os pequenos produtores ante os intermediários privados monopolistas, assegurando-lhes preços justos e estáveis no momento de venda de seus produtos: esse objetivo justifica-se dado o grande número de produtores (e sua dispersão no território) em vista de um número menor de intermediários com maior poder de barganha (ver o exemplo do PNAE no Boxe 13.2).
- Assegurar aos consumidores provisão suficiente de alimentos básicos ao menor custo possível, mesmo diante das flutuações da produção, o que exige a formação de estoques entre uma safra e outra: afinal, os preços dos produtos agrícolas são mais instáveis do que os preços dos bens industriais devido à dificuldade que se tem para realizar os ajustes de oferta no curto prazo.
- Fornecer apoio complementar aos produtores para aumentar a qualidade e a quantidade de seu produto, melhorando seu acesso às técnicas e aos insumos mais produtivos e ao crédito necessário para financiá-los.
- Assegurar preços mínimos aos produtores, conforme definidos pela política de preços, e evitar preços elevados ao consumidor em situações de quebra de produção. Dois instrumentos têm sido utilizados para alcançar esse objetivo. O primeiro é a fixação de preços oficiais ao produtor e ao consumidor, o que pressupõe a existência de estoques reguladores que permitam controlar as variações sazonais. O segundo, mais característico dos países desenvolvidos, são os pagamentos compensatórios para estabilizar as flutuações da renda agrícola provocadas pela instabilidade dos preços.

A instrumentação da política de comercialização pode apoiar-se em organismos estatais e na participação do setor privado. Três sistemas de comercialização coexistem na maior parte dos países: (i) um sistema de comercialização privado, sob controle de empresas nacionais ou multinacionais; (ii) um sistema de comercialização cooperativo, sob controle dos próprios produtores; e (iii) um sistema de comercialização público, que funciona mediante agências paraestatais de comercialização. Reconhece-se que em alguns países as empresas estatais de comercialização tiveram alguns êxitos. Primeiro, porque reduziram as flutuações de oferta e de preços nos mercados internos, mediante suas compras, vendas e operação de estoques reguladores. Segundo, porque

---

BOXE 13.2 Programa Nacional de Alimentação Escolar no estado de São Paulo: dados gerais e algumas ações exitosas

No estado de São Paulo, os dados do último Censo Agropecuário do ano de 2017 relatam que a agricultura familiar respondeu por 33,7% dos empregos gerados nos campos paulistas, 10,8% do valor da produção, além dos 6.185 estabelecimentos agroindustriais familiares que geraram R$ 228,8 milhões em valor no respectivo ano. Apesar dos dados expressivos, a comercialização ainda se apresenta como um dos maiores gargalos da agricultura familiar, sendo necessária a criação e/ou utilização de canais privilegiados. Em resposta, o PNAE tornou-se um instrumento – via políticas públicas – que visa viabilizar a inclusão e competitividade de empreendimentos familiares a partir da criação de canais institucionais de comercialização. Nesse sentido, em 16 de junho de 2009 foi aprovada a Lei Federal nº 11.947, que regulamenta o Programa Nacional de Alimentação Escolar (PNAE), vigente no Brasil desde a década de 1950. O artigo 14 da lei determina que, do total de recursos financeiros repassados pelo Fundo Nacional de Desenvolvimento da Educação (FNDE) aos municípios para gastos na alimentação escolar, no mínimo 30% devem ser utilizados na aquisição de gêneros alimentícios oriundos de agricultores familiares (de preferência locais) e/ou suas organizações (BRASIL, 2009). Dessa maneira, a Lei nº 11.947 está inserida em uma concepção de mudanças na gestão da alimentação escolar, atrelando-a ao desenvolvimento local por meio da prioridade dada à compra dos produtos de agricultores familiares locais, no intuito de proporcionar uma alimentação mais saudável, diversificada e de acordo com os costumes regionais. A Lei nº 11.947 (comumente chamada de lei do PNAE) advém institucionalmente do Programa de Garantia de Preços Mínimos (PGPM) e, mais especificamente, do Programa de Aquisição de Alimentos da Agricultura Familiar (PAA). De acordo com o FNDE, em 2017 foram destinados R$ 598,4 milhões para os 645 municípios paulistas, atendendo um total de 4 milhões de alunos. Do total destinado, R$ 119,2 milhões (aproximadamente 19,9%) foram utilizados na aquisição de produtos da agricultura familiar. Apesar dos inúmeros desafios para efetividade da aplicação da política pública, algumas ações interessantes acerca do processo de implementação do PNAE foram estudadas em municípios paulistas. Corá e Belik observaram que 14 municípios paulistas haviam incluído mecanismos de readequação de preço nas chamadas públicas, instrumento utilizado para aquisição de produtos pela Lei nº 11.947. Os mesmos autores destacam o município de Tambaú, que facilitou questões logísticas mediante a criação de uma central de alimentos como ponto de entrega único, além da cessão em comodato de terreno para construção do complexo do produtor em parceria com agricultores familiares. Já no município de São Bernardo do Campo, por exemplo, houve um envolvimento e treinamento dos funcionários da cozinha para inspeção e manuseio dos alimentos in natura, articulação constante nas negociações com os agricultores familiares e adoção de mecanismos de substituição de produtos em caso de intempéries climáticas.

os organismos de exportação aumentaram as receitas para os produtores à medida que conseguiram controlar alguns mercados e, desse modo, influenciar os preços. Terceiro, porque os organismos públicos de comercialização conseguiram, em alguns casos, assegurar preços internos mais altos do que aqueles que prevaleceriam na ausência dos compradores públicos. Em muitos outros países, contudo, as empresas estatais colheram grandes fracassos, seja em virtude de uma gestão por demais politizada e burocratizada, seja por causa dos problemas de financiamento de suas atividades e de corrupção. Todavia, mesmo reconhecendo que o setor privado deve ocupar papel de protagonista na comercialização agrícola, argumenta-se que em inúmeras situações ao setor público poderiam corresponder ações prioritárias para melhorar o funcionamento dos canais de comercialização e que, dificilmente, poderiam ser levadas a cabo pelos agentes privados. A construção de estradas vicinais nas zonas rurais, de armazéns em áreas distantes dos principais centros atacadistas e a difusão de informação são apenas alguns exemplos.

13.3.2.3 Política de financiamento

O crédito rural é um serviço essencial para apoiar o desenvolvimento da produção agropecuária. Trata-se, como é sabido, de atividade cercada de especificidades que se traduzem em um risco econômico elevado. De um lado, encontram-se as incertezas associadas às próprias variações nas condições naturais, como secas, chuvas em excesso, ocorrências de pragas etc. De outro lado, encontram-se as incertezas associadas às flutuações dos mercados agropecuários e à maior dificuldade de ajustar a oferta às mudanças na conjuntura econômica. Além disso, os principais mercados agropecuários continuam sujeitos a elevados riscos decorrentes das políticas agrícolas e comerciais dos países desenvolvidos; e aos preços exageradamente voláteis das principais *commodities*. Nesse contexto, os agricultores enfrentam, mais do que os empreendedores de outros setores, dificuldades especiais para aumentar sua capacidade produtiva com recursos próprios e, por isso, dependem da disponibilidade de crédito, em quantidade e condições adequadas, para financiar os investimentos e a produção corrente. Entretanto, os agricultores, notadamente os pequenos e familiares, que sempre tiveram dificuldades para obter crédito, enfrentam problemas ainda maiores devido à lentidão do mercado financeiro privado em assumir um papel ativo, em substituição ao Estado.

Em muitos países, as condições macroeconômicas e institucionais não propiciam um ambiente favorável à consolidação de sistemas de crédito rural para financiar investimentos de longo prazo e associados a atividades de maior risco. A oferta de crédito para a agricultura continua sujeita à intervenção governamental. Programas de crédito são criados com objetivo de garantir um fluxo de recursos em quantidade adequada às necessidades e às potencialidades do setor e em condições de pagamento que sejam compatíveis com as especificidades, os riscos da atividade e com o nível de pobreza de muitos produtores rurais. A mobilização de recursos privados e o acesso dos pequenos agricultores a esses recursos, particularmente os mais pobres, enfrentam obstáculos que não podem ser minimizados. De uma parte, os bancos, particularmente os privados, não têm experiência no relacionamento com esse público, não dispõem de tecnologia de crédito adequada e não dominam a avaliação de riscos envolvidos nos financiamentos agropecuários. Afinal, o risco econômico de sua clientela tradicional – que vive e trabalha no meio urbano – é de natureza distinta. De outra parte, parcela dos próprios produtores tem dificuldade para se adequar às exigências e aos padrões envolvidos nas operações de crédito, principalmente em relação às garantias solicitadas pelas instituições financeiras.

O desafio do desenho e da implementação de políticas de financiamento rural é justamente harmonizar os interesses das instituições financeiras e dos produtores rurais. Para tanto, "condições especiais" podem ser necessárias, mas não podem ser confundidas com os pesados subsídios do passado, nem podem traduzir-se em políticas e programas insustentáveis do ponto de vista financeiro e ineficazes do ponto de vista dos produtores rurais. Várias experiências confirmam a viabilidade de oferecer crédito aos agricultores pobres em condições especiais e ao mesmo tempo sustentáveis.

O montante disponível de recursos para ser oferecido como crédito em condições especiais é sempre escasso, considerando as enormes insuficiências dos produtores, particularmente os mais pobres. O inevitável racionamento de recursos impõe difíceis decisões políticas. É necessário definir quanto será oferecido por produtor e/ou por projeto, e quais os critérios de distribuição dos recursos (tipo/tamanho do produtor; nível de renda; região; cultivos/atividades prioritárias ou combinação de vários desses critérios). Trata-se de eleger prioridades e definir quem será, e quem não será beneficiado.

Em algumas situações, a decisão poderá estar entre beneficiar um grande número de produtores, com pequena provisão de crédito para cada um, ou beneficiar poucos, mas com farta disponibilidade de crédito para cada um, em condições especiais. No primeiro caso, o nível de cobertura do programa será grande, ou seja, uma parcela grande dos produtores rurais existentes será atendida pelo crédito. Entretanto, como o valor distribuído a cada um é pequeno, suas reais necessidades de recursos financeiros não serão atendidas. No segundo caso, poucos e bons projetos poderão ser implementados, já que o montante de crédito oferecido para cada um é suficiente. Entretanto, deixa-se de fora uma grande parcela do público-alvo. Trata-se de um problema cuja solução não é fácil e, não raro, passa por decisões de caráter político.

Os recursos de crédito rural possuem três finalidades ou linhas de financiamento: investimento, capital de giro ou custeio e comercialização. Em alguns poucos países, como o Brasil, os produtores contam ainda com linhas especiais de crédito destinadas à aquisição de terras (crédito fundiário). O crédito destinado à realização de investimentos permite a criação/expansão/manutenção da própria capacidade de produção. Nesse rol incluem-se os financiamentos para aquisição de máquinas, equipamentos, veículos, instalações, aquisição de reprodutores, cercas etc. Já o crédito destinado ao capital de giro atende às necessidades de recursos para sustentar gastos monetários incorridos durante o processo de produção, tais como aquisição de fertilizantes, pesticidas e sementes. O crédito de comercialização é geralmente destinado à sustentação de estoques e opera como instrumento da política de preços e comercialização. Os programas de crédito especial destinados a pequenos agricultores têm priorizado, em sua maioria, as necessidades de recursos para custeio, deixando, em segundo plano, as necessidades de recursos para investimento e apoio à comercialização.

O desenho de um programa de crédito para a agricultura deve atentar também para as variáveis básicas que definirão as condições do financiamento. Duas variáveis são de extrema importância: o prazo para pagamento e o custo do crédito para o tomador. Ambas devem ser compatíveis com o fluxo de receitas esperadas pelos produtores, caso contrário, não haverá condições de pagamento dos empréstimos. O custo do crédito para o tomador é composto pela taxa de juros, tarifa cobrada pelo serviço e outros custos de transação incorridos pelo tomador. A taxa de juros reflete, pelo menos parcialmente, as condições de liquidez da economia; enquanto os custos de transação estão diretamente associados ao grau de facilidade para obtenção de crédito (incluem gastos com registros e demais gastos para atender a burocracia, inclusive o tempo despendido pelos produtores na transação). Os tomadores devem comparar o custo do crédito aos benefícios esperados. Quando o custo é elevado, torna-se temerário tomar empréstimos para financiar projetos cujos rendimentos monetários esperados são baixos e mais arriscados. Por exemplo, empréstimos destinados à produção de culturas de subsistência, ou destinados apenas a garantir a segurança alimentar do domicílio, podem gerar suficiente renda não monetária (produção para consumo no próprio domicílio), mas serão incapazes de gerar renda monetária (produção que será vendida) em montante adequado para pagar empréstimos com elevada taxa de juros. Para esse tipo de atividade, seria necessário um nível maior de subsídio ou, no extremo, um programa de doações, em vez de um programa de crédito. Se a taxa de juros é muito alta, muitos projetos serão eliminados porque a rentabilidade esperada ficará abaixo da mínima requerida.

Na agricultura, os ciclos de produção são mais longos e sazonais, o que dificulta a compatibilização dos fluxos de receitas com os fluxos de gastos. Além disso, há maior variabilidade da renda agrícola devido à dependência de fatores naturais não controláveis. A discrepância entre os fluxos de despesas e de receitas e a variabilidade da renda agrícola têm algumas implicações para o desenho das condições de financiamento:

- Os prazos de pagamentos dos empréstimos precisam ser compatibilizados com o fluxo de receita; em muitos casos, as taxas de juros são adequadas, mas projetos de longa maturação e tecnicamente bons não são viáveis devido à incompatibilidade entre o fluxo de receitas e o prazo muito curto para reembolsar o empréstimo.

- Os prazos devem ser estendidos, ainda mais no caso de produtores rurais pobres, posto que necessitam de tempo para realizar, pouco a pouco, um conjunto de múltiplos investimentos na montagem do estabelecimento, além de tempo requerido para aprendizagem e domínio de novas técnicas de produção.

- O capital de giro necessário para sustentar o processo de produção é mais elevado em projetos de longa maturação, e o prazo para reembolso deve adequar-se às características da produção.

- O risco da atividade é mais elevado, o que requer salvaguardas adicionais para os emprestadores, incluindo a vinculação do crédito à adoção de tecnologias que reduzam o risco (por exemplo, aplicação de defensivos, uso de fertilizantes, cultivo protegido).

A maior variabilidade da renda agrícola aumenta a dependência dos produtores em relação ao crédito, pois a alternância entre anos bons e anos ruins reduz a capacidade de autofinanciamento dos produtores. Por sua vez, quanto maior o risco, maior será a taxa de juros que os ofertadores de crédito desejarão receber. Esse fato introduz uma inadequação entre as condições exigidas pelos bancos para realizar empréstimos e as condições aceitáveis pelos produtores. Para os bancos, um risco mais elevado requer taxa de juros mais elevada. Para o produtor, o efeito seria exatamente o contrário: um nível de risco mais elevado teria que ser "compensado" por taxas mais baixas e por redução da utilização de recursos de terceiros.

Para reduzir os riscos e as incertezas do negócio rural, os bancos exigem garantias que, em último caso, podem atingir os bens do produtor e de seus avalistas. Em muitos países desenvolvidos, os bancos vêm complementando, e em alguns casos substituindo, as garantias reais pela cobertura de um seguro, que reduz os riscos associados ao clima e, em alguns casos, à volatilidade dos mercados, e garante o pagamento do financiamento no caso de eventos adversos. Historicamente, diante dos riscos elevados, e do risco de comprometer seu patrimônio, os produtores rurais desenvolveram uma atitude "conservadora" e cautelosa em relação aos empréstimos, já que a frustração de uma safra pode custar caro e afetar todo o seu patrimônio. Daí a explicação da presença marcante dos governos, em quase todo o mundo, na área do crédito rural, com objetivo de criar condições especiais de financiamento, e na subvenção ao seguro, para reduzir os riscos e facilitar o acesso dos produtores ao financiamento privado. Dentre essas condições especiais está a fixação de taxas de juros mais baixas do que se poderia esperar sem a presença do governo.

O desenho de um programa de crédito especial requer conhecimento e sensibilidade por parte dos formuladores. As condições de financiamento não podem ser duras a ponto de inibir o acesso ao crédito e a própria geração de renda para o produtor, mas também não podem ser frouxas a ponto de criar ineficiências e desperdício de recursos públicos. Cabe, portanto, criar uma tecnologia de crédito que seja capaz de superar esse problema. A tecnologia de crédito refere-se a todo o conjunto de atividades que uma organização financiadora tem que desenvolver para oferecer empréstimos e determinar a seleção dos clientes. Implica conceder vários tipos de empréstimos a serem ofertados, estabelecendo os montantes, os prazos dos empréstimos, forma de assegurar a realização do pagamento, bem como o acompanhamento e a recuperação dos créditos. Pode-se afirmar que uma boa tecnologia de crédito resolve problemas de informação, incentivos e execução dos contratos que surgem quando ocorre uma transação creditícia.

As operações de crédito rural dependem não apenas de organizações financeiras, mas também não financeiras. Dentre as organizações financeiras, encontram-se bancos comerciais, instituições de microfinanças rurais (IMFR) e cooperativas de crédito. Os bancos comerciais são tradicionais operadores de programas de crédito, enquanto as IMFR e as cooperativas de crédito e microcrédito, embora não sejam novas, têm crescido rapidamente por meio de mecanismos inovadores de concessão de crédito. A construção desses mecanismos deve-se à participação crescente de organizações não financeiras, tais como as organizações de representação dos produtores rurais e os serviços de extensão rural e de assistência técnica.

Tradicionalmente, os bancos privados tiveram menor interesse em operar com o crédito rural, cuja carteira é mais onerosa, devido ao risco e ao custo de monitoramento que são mais elevados em função do acompanhamento das atividades produtivas, à necessidade de profissionais com especializações técnicas, a visitas de campo e outros. Essa situação já não corresponde à realidade, e na maioria dos países nos quais a agricultura é desenvolvida e relevante, é crescente a participação dos bancos privados no financiamento do setor.

No contexto da política de crédito rural, os bancos, públicos ou privados, têm sido encarregados pelos governos de operar programas especiais direcionados à agricultura. Nesse caso, há pouca flexibilidade para modificar as taxas de juros de cada linha de crédito ou mesmo das demais condições, pois essas já são dadas pelo próprio programa do qual o banco é apenas o operador financeiro. Para compensar o elevado custo de transacionar com os agricultores e para se protegerem dos riscos relacionados com as transações, é comum a cobrança de taxas administrativas para operacionalizar o crédito. Geralmente, essas taxas são pagas aos bancos pelo governo, ou seja, são subsidiadas.

A ampliação do volume de operações de crédito para os agricultores tem sido possível graças ao auxílio de novas e antigas organizações governamentais e não governamentais. Essas organizações estabelecem a ponte entre os agricultores e as organizações que operam programas de crédito. Suas ações têm contribuído para reduzir custos de transação dos operadores finais do crédito, bem como reduzir os riscos das operações. Nesse sentido, viabilizam o acesso ao crédito por parte de milhões de produtores. Entre essas organizações, destacam-se dois tipos: os serviços de extensão rural e as organizações de representação de classe.

13.3.2.4 Gestão de risco na agricultura

O risco é inerente às atividades econômicas, uma vez que a instabilidade e a incerteza são inerentes ao sistema mercantil. No caso da agricultura, o risco econômico é potencializado pelos efeitos de ocorrências aleatórias da natureza sobre a produção. A ausência de mecanismos de proteção contra esses riscos tem efeitos sobre a produção e os investimentos, sendo possível afirmar que muitos produtores produzem abaixo do seu potencial com objetivo de reduzir o risco. O risco aumenta se o produtor utiliza crédito, o que o leva à atitude defensiva de reduzir seu nível de endividamento. Pode também afetar as opções tecnológicas, pois os produtores podem preferir tecnologias com menor rendimento e risco mais baixo àquelas com rendimento e risco mais elevados. A provisão de um mecanismo de seguro agrícola, que reduza o risco e elimine esses entraves, contribui para o crescimento da produção. Além disso, na ausência de um seguro agrícola, os bancos comerciais tendem a cobrar uma taxa de juros mais elevada (um adicional de risco sobre a taxa básica), ou mesmo evitar a concessão de crédito para o setor. A implantação de um sistema de cobertura de riscos para a agricultura tende a ampliar a participação dos bancos privados no financiamento da produção, expandindo a disponibilidade de recursos para o setor.

Em regiões sujeitas a forte variabilidade climática, como longos períodos não previstos de seca, o risco associado às atividades agrícolas tende a ser muito elevado. A ocorrência de eventos que cause grandes perdas para o conjunto de produtores pode causar grandes problemas sociais, o que requer mecanismos de proteção que vão além de um seguro rural. Nesses casos, instrumentos de transferência de renda, como pagamentos compensatórios, podem ser necessários para se evitar o abandono das atividades agrícolas e a migração em massa na região afetada.

O funcionamento de instrumentos de gestão de risco, tais como seguro ao crédito rural e pagamentos compensatórios à perda da produção, depende da construção de um zoneamento que identifique as zonas mais aptas para a produção das várias culturas e indica também os principais requerimentos e procedimentos técnicos para racionalizar a produção, aumentar a produtividade, reduzir custos e riscos e proteger o meio ambiente. O zoneamento permite medir o risco associado ao cultivo de determinado produto em determinada região. Esse tipo de informação é importante para o estabelecimento de orientações sobre o que produzir com menor risco. A medição do nível de risco é fundamental para estabelecer prêmios (custo do seguro) mais realistas para as diversas atividades a serem seguradas, ou seja, prêmios mais elevados para risco elevado e mais baixos para risco baixo.

A construção do zoneamento exige um conjunto grande de informações sobre clima, solo, disponibilidade de água e características das plantas. A partir dele, torna-se possível não apenas indicar os melhores períodos para se realizar operações agrícolas, mas também uma melhor gestão da política de seguro rural.

13.3.2.5 Política de comércio exterior para a agricultura

Em um mundo globalizado, caracterizado pelas inter-relações tecnológicas, produtivas, econômicas e financeiras entre os países, a política de comércio exterior assume papel de suma importância no desenho das políticas agrícolas. Dentre os principais instrumentos da política estão as tarifas alfandegárias, as quotas de importação e exportação, os subsídios e os impostos às exportações. Além desses, há restrições técnicas relacionadas com as características dos produtos ou com seu processo. Essas restrições podem basear-se tanto no conteúdo do produto, quanto na indicação de padrões exigidos pelo importador. Medidas sanitárias podem ser exigidas com objetivo de proteger a vida e a saúde humana e animal, procurando coibir aditivos, toxinas, agrotóxicos, pestes e organismos causadores de doenças. Medidas fitossanitárias podem também ser exigidas com objetivo de proteger as plantas e as frutas de doenças e pestes. Organizações certificadoras, públicas ou privadas, são necessárias para assegurar aos compradores que as exigências foram cumpridas.

O desenho das políticas de comércio exterior é, nos dias de hoje, fortemente condicionado por acordos internacionais que regulam o comércio mundial, sejam aqueles estabelecidos em blocos econômicos regionais, como o Mercosul, sejam aqueles de maior escopo estabelecidos no âmbito da Organização Mundial do Comércio (OMC). Nesses acordos, são estabelecidos limites ao uso de barreiras tarifárias e não tarifárias com objetivo de proteger os produtores domésticos. Por barreiras tarifárias entendem-se as tarifas incidentes sobre os produtos importados. Por barreiras não tarifárias entendem-se restrições técnicas como regulamentos sanitários, de saúde, ambientais, normas técnicas e padrões de segurança. O enfoque dominante sobre a política comercial apoia-se em três "regras de ouro": *"Primeiro, a política comercial não deve substituir, a princípio, a política cambial. Segundo, as quotas comerciais só devem ser usadas se houver um pretexto muito bom. Terceiro, para minimizar o efeito sobre a inflação, um subsídio à exportação pode ser preferível à desvalorização*".[10]

O nível de proteção implícito na política de comércio exterior define a maior ou menor neutralidade de um regime comercial. Diz-se que um regime comercial é neutro se o conjunto da política comercial oferece estímulos iguais para a produção de todos os tipos de bens comercializáveis internacionalmente ou, dito de outra maneira, se os efeitos da proteção são idênticos aos da ausência de proteção.

Muitos governos têm estabelecido proibições na comercialização de determinados produtos ou espécies. Esse tipo de barreira não tarifária tem sido levantado em função não apenas do valor intrínseco desses produtos ou espécies (por exemplo, marfim, determinadas madeiras de florestas tropicais, pássaros silvestres, animais sob risco de extinção como as baleias) como também por causa da insustentabilidade do sistema de produção no qual eles são gerados. É importante notar que esse tipo de barreira não está relacionado com a qualidade do consumo (saúde humana e segurança dos alimentos), mas com o consumo propriamente. Ao estabelecer proibições ao comércio desses produtos ou espécies, o país consumidor expressa sua avaliação a respeito do recurso. Ao impor essas barreiras, esses países estão utilizando o instrumento que mais facilmente podem dispor para interferir na exploração de recursos, cujas fontes encontram-se em outros países.

Apesar da redução do seu campo de ação, as políticas comerciais são instrumentos indispensáveis para promover o desenvolvimento econômico, seja para protegerem a atividade local de concorrência desleal, seja para assegurar incentivos necessários para a exploração do potencial competitivo dos países.

13.3.2.6 Política tecnológica

Produzir mais alimentos, distribuir melhor a riqueza por meio da incorporação de populações rurais marginalizadas ao mercado e instituir técnicas menos predatórias do meio ambiente, num momento de intensas transformações das sociedades modernas, é um desafio de muitas faces e de complexa formulação. A questão tecnológica é uma entre outras, mas é certamente um elemento-chave nas mudanças que estão por vir. Um conjunto enorme de desafios enfrentados pela agropecuária pode encontrar solução por meio da implementação de uma política tecnológica: produzir mais degradando menos e a custos competitivos; gerar capacidade de diferenciação de produtos e de mercados; abrir oportunidades para produtores marginalizados e dar condições de expansão àqueles já inseridos, mas sob risco de exclusão; enfrentar os novos requisitos competitivos; e estar atualizado para fazer face aos novos padrões de consumo.

A política tecnológica envolve decisões a respeito de incentivos e prioridades na geração e difusão de inovações que não estão livres de controvérsia. Trata-se, por exemplo, de decidir quais são os níveis de atuação dos setores público e privado, quais produtos e tecnologias devem ter prioridade, e como criar, incentivar e articular organizações públicas e privadas envolvidas na geração e difusão de inovações na agricultura.

13.3.2.7 Política ambiental

Em áreas consideradas importantes do ponto de vista da preservação, seja devido à grande beleza natural ou presença de espécies animais e vegetais, a intervenção pública com regulação, incentivos e penalidades tem sido observada. A redução de subsídios ou aumento de impostos a insumos (por exemplo, fertilizantes e pesticidas) pode resultar em melhor alocação dos recursos, redução dos riscos ambientais e à saúde humana, desestímulo ao desperdício, bem como tornar mais competitivas as práticas não convencionais, como a agricultura orgânica. Entretanto, se a remoção dos subsídios ou cobrança de impostos reduzir a competitividade de produtores que se encontram próximos ao nível de subsistência, uma provável piora nas condições de sobrevivência pode estabelecer mais pressão, não menos, sobre o meio ambiente. A implementação desse tipo de política na agricultura apresenta outros problemas. É particularmente difícil calcular o nível ótimo da taxa ou imposto sobre poluentes agrícolas, pois a fonte de poluição não é facilmente identificável (*non-point source pollution*), a produção agrícola apresenta grande variedade etc. Para algumas situações, a assistência direta, na forma de renda complementar, distribuição gratuita de alimentos, assistência técnica etc. poderia ser utilizada como forma compensatória à redução de insumos. Em que pesem dificuldades, a cobrança de taxa pelo uso da água tem resultado de mudanças tecnológicas mais favoráveis ao meio ambiente (exemplo, irrigação por gotejamento).

A regulação pode ser usada para proibir o uso de insumos prejudiciais ao meio ambiente, proibir práticas agrícolas (queimadas, restrições ao desmatamento, exploração madeireira, proteção de matas ciliares etc.). Essa forma de intervenção tem a vantagem de poder ser estabelecida para resolver problemas ecológicos específicos e atingir determinado público-meta; por exemplo, um conjunto de produtores localizados em áreas ecologicamente frágeis ou de grande diversidade biológica. Para tanto, é recomendável o mapeamento prévio dessas áreas, bem como definir claramente as metas de proteção. A legislação deve ser respeitada e, para isso, deve existir um eficiente sistema de monitoramento e fiscalização.

13.4 PRINCIPAIS INSTRUMENTOS DA POLÍTICA AGRÍCOLA BRASILEIRA

A seguir, são apresentados os principais instrumentos de política agrícola utilizados no Brasil. A extensão em que cada um deles é utilizado pode variar de um ano para o outro, dependendo das prioridades estabelecidas pela política agrícola. No início de cada ano agrícola, o Ministério da Agricultura, Pecuária e Abastecimento anuncia o Plano Safra, que consolida em um único documento as principais medidas de política aprovadas pelo governo para o próximo ano que se inicia. Esse instrumento define a natureza da política agrícola e detalha como os seus diversos instrumentos serão utilizados. Entretanto, as medidas incluídas no plano podem ser modificadas durante o período, não se constituindo em compromissos seguros que possam orientar as decisões dos produtores.

13.4.1 Política de Garantia de Preços Mínimos (PGPM)

A PGPM visa oferecer ao produtor uma proteção para os preços recebidos pelos produtos agrícolas. O preço mínimo é um valor básico que o governo estaria disposto a garantir ao produtor se os preços de mercado estiverem abaixo desse valor. O preço mínimo garantido pelo governo para cada produto coberto pela política é anunciado no Plano Safra, antes do início do plantio, e, teoricamente, definiria um piso para os preços recebidos pelos produtores. Esses preços têm a função de reduzir riscos para a atividade, além de influenciar nas decisões dos produtores a respeito do que produzir.

Até o fim dos anos 1980, a política de preços mínimos era operacionalizada por meio das Aquisições do Governo Federal (AGF) e dos Empréstimos do Governo Federal (EGF). A partir dos anos 1990, como será visto adiante, novos instrumentos foram criados para promover a sustentação de preços mínimos de garantia aos produtores.

Por meio das AGF, o governo adquire, ao preço mínimo, a produção cujos preços estão excessivamente baixos no mercado. Ou seja, se os preços de mercado ficarem abaixo do mínimo, o governo deve pagar aos agricultores o preço mínimo, adquirindo a produção e mantendo-a em estoque estratégico. Assumindo que o preço mínimo reflita o preço de equilíbrio de longo prazo do mercado, o preço de mercado não ficaria abaixo do mínimo devido a desequilíbrios sazonais entre oferta e demanda, mas sim devido a um excesso "estratégico", que pode ser uma produção excedente em relação à demanda anual e às necessidades de manutenção de nível normal dos estoques. Nesse caso, esse excedente seria retirado de circulação por meio das aquisições governamentais (AGF) e transformado em estoque estratégico que só voltaria ao mercado quando o oposto ocorresse, ou seja, a oferta ficasse abaixo da demanda devido a quebras de safra, choque de consumo etc.

O EGF é um crédito para a comercialização da safra cuja finalidade é permitir que os produtores retenham parte de sua produção para vender nos meses de entressafra, quando se espera que os preços já tenham se recuperado da queda normal que ocorre durante a colheita. O EGF permite que os produtores, ou suas cooperativas, retenham parte da colheita em estoques, o que reduz a oferta sazonal e a pressão baixista sobre os preços de mercado em benefício do conjunto dos agricultores. O EGF tem como parâmetro o "preço mínimo" e como garantia a parte da produção estocada em armazéns credenciados pelo governo. Historicamente, o governo brasileiro utilizou duas modalidades de EGF: EGF-cov (com opção de venda) e EGF-sov (sem opção de venda). Caso os preços não se recuperassem suficientemente para o pagamento do empréstimo, os produtores tinham a opção de transformar um EGF-cov (com opção de venda) em AGF, entregando ao governo definitivamente a parte mantida em estoque de sua produção e liquidando assim o empréstimo de comercialização. O EGF-sov destinou-se a um público mais amplo, envolvendo produtores, cooperativas, beneficiadores e indústrias.

Até o final dos anos 1970, a política de garantia de preços mínimos funcionou basicamente como um débil seguro de preços.[11] De um lado, a política de financiamento com fartos subsídios compensava, pelo menos parcialmente, o viés da política macroeconômica que prejudicava a agricultura. Além disso, durante a maior parte da década, os mercados de produtos agropecuários apresentaram forte dinamismo, reduzindo a necessidade e utilidade de uma política ativa de preços. De outro lado, o instrumento em si apresentava sérias limitações no contexto inflacionário que sempre caracterizou a economia brasileira. Os preços eram sistematicamente subavaliados, não refletindo estimativas de custos de produção.

O fortalecimento da política de preços mínimos ocorreu na primeira metade dos anos 1980, quando o governo passou a definir esses preços de forma mais realista, de acordo com os custos de produção. O instrumento tornou-se mais operacional, pelo menos por um tempo. Nas condições de crise que atravessava a economia brasileira, e particularmente em meio a forte contenção do crédito rural, ao invés de tentar assegurar a rentabilidade da agricultura por meio de crédito altamente subsidiado, o Estado passou a aumentar os preços mínimos – assegurando rentabilidade a algumas culturas –, tendo em vista estimular a produção de certos produtos definidos a partir de avaliações das condições dos mercados interno e externo. O preço mínimo perdeu seu papel passivo diante do mercado – passivo no sentido de que não influía na alocação dos recursos produtivos entre os diversos segmentos da agricultura – e passou a desempenhar um papel cada vez mais ativo, chegando a ser o principal formador do mercado, e, portanto, da alocação dos recursos.

No fim dos anos 1980, a execução da política foi crescentemente comprometida tanto pelas restrições impostas pela política econômica restritiva em um ambiente de elevada inflação como por problemas operacionais associados ao seu próprio "sucesso": a demanda por proteção superava sistematicamente os recursos disponíveis e a capacidade de armazenagem oficial; as aquisições governamentais (AGF) atrasavam-se e/ou não se realizavam; e os empréstimos (EGF) eram liberados com atraso. De outro lado, o governo congelava os preços dos alimentos e utilizava os estoques para combater a inflação, anulando toda a lógica da PGPM: formar estoques durante a safra e colocá-los no mercado nos meses de entressafra, reduzindo a elevação sazonal dos preços.

Diante desses problemas, o papel ativo da PGPM começou a ser revertido. No fim da década de 1990, adotou-se a estratégia de deixar a comercialização para o setor privado, ao qual dever-se-ia atribuir o importante papel de formar estoques, cabendo ao governo a função de ajustar situações emergenciais e formar estoques reguladores considerados necessários para evitar choques de oferta. Essa estratégia foi consolidada nas "regras de intervenção" de 1988 e na lei agrícola de 1991, que indicavam a necessidade de evitar as intervenções intempestivas do governo, que afastavam e/ou reduziam a atuação do setor privado nos mercados agrícolas. As intervenções governamentais provocavam grandes distorções na formação de preços, em prejuízo da grande maioria dos produtores, os quais não eram alcançados pela política de preços mínimos. A concepção teórica/ideológica que orientou a definição da estratégia e instrumentos adotados assumia que o mercado, livre da intervenção direta do Estado, resolveria o problema da produção e do preço agrícola de forma satisfatória para consumidores e produtores. Foi nesse contexto e com base nas concepções que valorizavam o papel do mercado e do setor privado, que surgiram novos instrumentos de comercialização, conforme será visto adiante.

13.4.2 Comercialização e estoques reguladores

Como já foi indicado, a proposta da política de comercialização no Brasil tem sido a de reduzir o papel do Estado e atribuir ao mercado, em toda a sua extensão, um papel mais relevante para orientar os movimentos dos preços agrícolas. As intervenções, quando necessárias, não devem ser contra ou em substituição ao mercado; ao contrário, devem procurar reduzir as chamadas falhas do mercado e desenvolver e ampliar o alcance dos mecanismos de mercado.

Novos instrumentos surgiram em substituição às intervenções diretas do governo, conforme detalhados nas próximas subseções.[iii] As AGF continuaram a existir, embora sendo utilizadas mais para recompor estoques reguladores de segurança e atender determinadas regiões e produtores com maior fragilidade econômica.

13.4.2.1 Cédula de produto rural (CPR)

A CPR é um título de promessa de entrega futura de produtos rurais emitido pelo produtor, associação ou cooperativa de produtores, e que pode ser negociado em mercados de bolsas ou balcão. Trata-se da regulamentação e padronização de operações de venda antecipada, que já eram praticadas e conhecidas no Centro-Oeste como "venda de soja verde" e no Nordeste como "venda na folha". Vendendo antecipadamente, o produtor elimina o risco de preço e obtém recursos para financiar o custeio de sua produção. A operação de venda antecipada, praticada diretamente entre produtores e agroindústria e/ou comerciantes, é uma relação direta e pessoal, o que naturalmente dificulta sua difusão e ampliação, mesmo envolvendo garantias. Isso requer não apenas a regulamentação como também a intervenção de uma instituição financeira que opera como avalista do título, para o qual cobra uma comissão. O título avalizado pode ser mais facilmente vendido. No final, o produtor recebe o preço negociado para a data de entrega do produto, em

---

iii Para mais informações sobre diversos instrumentos da política de comercialização no Brasil, ver cartilhas e regulamentos disponíveis na página internet da Companhia Nacional de Abastecimento (Conab).

geral o preço a futuro do produto negociado em bolsa, descontado de um deságio e da comissão paga ao avalista.

O deságio é influenciado por vários fatores, entre os quais a oferta e demanda de títulos, as expectativas em relação ao comportamento da produção e dos preços, a necessidade das agroindústrias de assegurar matéria-prima etc. O seu piso é o custo de oportunidade do dinheiro aplicado na compra da cédula, determinado pela taxa de juros líquida que o comprador poderia obter caso decidisse aplicar essa soma no mercado financeiro (taxa SELIC – Sistema Especial de Liquidação e Custódia). Em condições de juros domésticos elevados, o custo financeiro da CPR fica muito alto e, claramente, restringe sua utilidade.

O custo da operação pode ser ainda onerado pela cobrança do aval, o qual reflete o risco associado ao tomador e ao negócio, e outros custos de transação. No caso das operações lastreadas em recursos captados no mercado doméstico, o piso para a taxa de juros é determinado pelo custo de oportunidade para a aplicação financeira dos recursos dos agentes que participam das cadeias agroindustriais e financiam os produtores. Dado o custo financeiro mais elevado, as operações com CPR podem ser vantajosas apenas para os agricultores que ultrapassam os limites do crédito oficial.

Além do custo financeiro direto da operação, a CPR pode ter um custo muito mais elevado caso os preços de mercado no momento da liquidação sejam superiores aos preços utilizados como base para a venda da cédula. Nesse sentido, a CPR reduz a possibilidade de que o produtor venha a se beneficiar de elevações de preços durante o período de produção e/ou após a colheita, na entressafra. Na prática, funciona como um redutor do preço recebido pelo produtor que pode ser mais elevado que o custo financeiro do crédito rural.

Para tornar as operações com CPR mais atrativas, foram criadas várias modalidades, dentre as quais destacam-se as modalidades de CPR financeira. Nesse caso, o produtor, em vez de realizar a entrega física, realiza a liquidação financeira, liberando-se para venda da *commodity* no mercado. Após a sua criação, o volume de operações cresceu significativamente, superando a modalidade pioneira de CPR com entrega física.

13.4.2.2 Contrato de opção de venda (COV)

Um contrato de opção de venda é uma operação realizada em bolsas, por intermédio da qual o comprador da opção faz um *hedge* para assegurar a venda de determinado ativo – uma mercadoria, ações, títulos financeiros e até mesmo um contrato futuro – em uma data futura, a um preço preestabelecido. Para ter essa opção, que funciona como um seguro de preço, paga-se um prêmio, cujo valor é determinado em leilão da bolsa. O comprador paga um prêmio para ter o direito de exercer a opção de vender o ativo a um preço preestabelecido, se considerar a operação vantajosa, ou simplesmente desistir da opção. Os vendedores recebem o prêmio para ter a obrigação de comprar o ativo quando os compradores dos contratos exercerem seu direito de vendê-lo ao preço preestabelecido. Para transações com derivativos agropecuários, há dois tipos de opções mais negociadas: as opções sobre o disponível e as opções sobre contrato futuro.

O governo, por meio da Companhia Nacional de Abastecimento (Conab), executa operações de venda do contrato de opção de venda público, que é um contrato semelhante ao descrito anteriormente, para alcançar objetivos da PGPM. O contrato de opção de venda público funciona como um seguro de preços que dá ao produtor rural e/ou sua cooperativa o direito de vender seu produto para o governo, numa data futura, a um preço previamente fixado. Quando o preço de mercado está abaixo ou com tendência a alcançar um valor menor que o preço mínimo de garantia, a Conab assume o papel de vendedor de opções. A venda é realizada por meio de leilão no Sistema Eletrônico de Comercialização da Conab (SEC).

O preço de exercício tem como base o preço mínimo de garantia da PGPM, acrescido de uma estimativa de custos financeiros e custos de estocagem durante o período de vigência do contrato de opção, além de custos de frete, se for o caso. Na data do vencimento do contrato de opção, o produtor observará o preço de mercado. Se o preço de mercado estiver acima do preço de exercício, ele não exercerá a opção e venderá seu produto no mercado. Se o preço de mercado estiver abaixo do preço de exercício, ele exercerá sua opção de vender para a Conab.

As vantagens para a Conab são evidentes, já que, no ato da venda do contrato de opção recebe os prêmios e sinaliza o preço futuro para o mercado. O produtor adquire um seguro de preço, embora esse instrumento não resolva seu problema de financiamento da comercialização.

13.4.2.3 Prêmio de risco para aquisição de produto oriundo de contrato de opção de venda privado (Prop)

O prêmio de risco para aquisição de produto oriundo de contrato de opção de venda privado (Prop) foi criado pelo governo com objetivo de subvencionar compradores privados de produtos agrícolas para que paguem aos produtores e/ou de suas cooperativas o preço de exercício fixado em um contrato de opção de venda. O Prop é lançado pela Conab quando o preço de mercado está abaixo do preço mínimo e o governo tem interesse de sinalizar preço futuro para o mercado e garantir melhor preço ao produtor rural.

A operação é composta por dois leilões. No primeiro, é leiloada a subvenção econômica ao comprador, um prêmio de risco, que é o valor máximo que o governo pagará ao comprador que comprovar o lançamento de contrato privado de opção de venda e a aquisição do produto. O valor do prêmio de risco será divulgado antecipadamente pela Conab. Em um segundo leilão, o arrematante, no prazo estipulado, terá que oferecer, por meio de sistema eletrônico que interligue bolsas de cereais, de mercadorias e/ou de futuros, os contratos privados de opção de venda para produtores, cooperativas e/ou associações de produtores, em quantidades equivalentes ao volume total arrematado no primeiro leilão. Por meio desses contratos de opção de venda, o arrematante da subvenção assume a obrigação de adquirir a quantidade de produto correspondente aos contratos que forem exercidos pelos produtores, cooperativas e/ou associações.

O Prop está em marcha com os instrumentos da política de comercialização que visam reduzir a destinação de recursos orçamentários e ampliar a participação do setor privado na comercialização. Estimou-se que, ao utilizar esse instrumento, o governo gastaria menos do que com o lançamento de COV da Conab e com compras por meio de AGF. O Prop estimula as compras antecipadas pelos compradores privados de produtos agrícolas e tem a vantagem de reduzir a participação direta do governo na aquisição, armazenagem e distribuição de produtos agrícolas. Nesse sentido, tem o potencial de ampliar o volume da produção amparada com seguro de preço, com a participação do setor privado.

13.4.2.4 Prêmio para escoamento de produto (PEP)

O PEP é outra modalidade de subvenção econômica concedida a compradores de produtos agrícolas que se disponham a adquiri-los diretamente do produtor rural ou sua cooperativa, pelo valor do preço mínimo fixado, promovendo o seu escoamento no mercado conforme desejado pelo governo. O objetivo prioritário do PEP é garantir um preço mínimo ao produtor e ao mesmo tempo contribuir para o abastecimento interno.

O governo, por intermédio da Conab, oferece um bônus ou prêmio, em leilões públicos, aos interessados em adquirir o produto diretamente do produtor ou da cooperativa pelo preço de referência. Esse prêmio é, em média, equivalente à diferença entre o preço de referência e o de mercado. Todos os produtos da PGPM podem ser objeto do PEP. A escolha do produto e do momento de implementar os leilões depende das condições de comercialização de cada produto e da necessidade de garantir o preço de referência.

Para receber o bônus, o comprador deve depositar o valor equivalente ao preço de referência no banco, que o repassará ao produtor que vendeu seu produto. Cada produto e cada região compradora e vendedora possuem peculiaridades para implementação do PEP. O comprador, arrematante do prêmio, deverá efetuar a compra do produto observando as condições e as datas estabelecidas previamente pela Conab em aviso específico. Deve também realizar o escoamento do produto para localidades previamente definidas em aviso.

O PEP possibilita ao governo garantir um preço referencial ao produtor e evitar uma estocagem onerosa e problemática de produtos. O governo complementa o abastecimento de regiões deficitárias com estoques privados.

13.4.2.5 Prêmio equalizador pago ao produtor rural (Pepro)

Quando o preço de um produto estiver abaixo do preço mínimo definido pela PGPM, o governo pode intervir indiretamente no mercado por meio do Pepro. O prêmio equalizador é uma subvenção econômica concedida ao produtor rural ou sua cooperativa com o objetivo de equalizar o preço de mercado ao preço mínimo. O valor final do prêmio é estabelecido em leilão eletrônico realizado pela Conab, sendo o seu valor máximo equivalente à diferença entre o preço mínimo de garantia e o preço de mercado que se encontra abaixo. O produtor ou a cooperativa participante recebe de fato o valor do prêmio inicialmente estabelecido, menos o valor pago para adquiri-lo no leilão. A Conab estabelece, em aviso prévio, as características e condições do leilão. O produtor rural ou sua cooperativa vendem o seu produto no mercado, devendo comprovar o escoamento nas condições determinadas no aviso.

13.4.2.6 Financiamento para garantia de preços ao produtor (FGPP)

Em 2012, o EGF foi substituído pelo financiamento para garantia de preços ao produtor (FGPP) e pelo financiamento para estocagem de produtos agropecuários integrantes da PGPM (FEPM, posteriormente incorporado ao FEE, definido a seguir). Tal como o antigo EGF, o

FGPP é um financiamento concedido a beneficiadores, agroindústrias, cerealistas e cooperativas, que adquiram o produto dos agricultores por valor não inferior ao preço mínimo, no caso de produtos amparados pela PGPM, ou de referência definido pela Conab, no caso de produtos não amparados pela PGPM. Por meio desse instrumento, o governo oferece crédito de comercialização em condições especiais para estimular a demanda quando os preços estão baixos. Os compradores devem comprovar a aquisição dos produtos aos preços mínimos ou aos preços de referência

13.4.2.7 Financiamento especial para estocagem de produtos agropecuários (FEE)

O FEE é um crédito de comercialização que, como tal, tem o objetivo de viabilizar ao produtor rural ou às suas cooperativas agropecuárias os recursos necessários para a comercialização de seus produtos no mercado. Com ele, é possível obter recursos necessários para o armazenamento e a conservação dos produtos agropecuários, visando à comercialização em melhores condições de mercado. A taxa de juros é estabelecida em condições especiais, ficando abaixo das taxas de mercado. As condições especiais desse tipo de financiamento visam estimular a estocagem no período de colheita, evitando-se concentração da oferta e uma forte queda de preços nesse período.

13.4.2.8 Venda de produtos agropecuários dos estoques públicos (VEP) com ou sem subvenção

A lei agrícola de 1991 estabeleceu que: "*O Poder Público formará, localizará adequadamente e manterá estoques reguladores e estratégicos, visando garantir a compra do produtor, na forma da lei, assegurar o abastecimento e regular o preço do mercado interno*". A AGF e o contrato de opção são instrumentos que permitem a formação dos estoques estratégicos e reguladores no âmbito da PGPM. A liberação desses estoques pode ser realizada quando os preços de mercado atingem determinado teto de preços, chamados de Preço de Liberação de Estoques (PLE), os quais sinalizam um desequilíbrio indesejável do mercado. Os preços estariam elevados por escassez de oferta e/ou excesso de demanda não previstos. Nesse caso, a Conab pode então vender estoques do produto com o objetivo de regularizar o abastecimento.

As vendas podem ocorrer no âmbito de vários instrumentos, como o Programa de Vendas em Balcão (ProVb), programa de abastecimento social que consiste na venda direta aos pequenos consumidores em quantidade limitada, bem como por meio da Venda de Produtos Agropecuários dos Estoques Públicos (VEP). A VEP foi criada para promover a venda de estoques públicos para regular preços e abastecer determinados seguimentos e regiões, respeitados os parâmetros definidos pela lei. Os produtos são vendidos por meio de leilão, cujas condições e prazos de escoamento são antecipadamente estabelecidos em aviso da Conab. Dessa forma, os arrematantes ficam responsáveis pela remoção do produto dos estoques públicos, colocando-o no mercado conforme as instruções estabelecidas. Por meio do VEP, os estoques públicos são escoados pelo setor privado, atendendo aos objetivos de evitar preços elevados e desabastecimento de produtos em determinadas regiões, bem como observando a recomendação da menor interferência possível no funcionamento dos mercados.

13.4.3 Sistema Nacional de Crédito Rural (SNCR)

O instrumento central da política agrícola que conduziu a "revolução verde" no Brasil foi o crédito rural subsidiado, concedido por meio do SNCR. Durante toda a década de 1970, o volume de crédito cresceu aceleradamente. No fim daquela década, o volume de crédito concedido era suficiente para financiar mais de 80% do PIB agrícola (Produto Interno Bruto da agricultura) brasileiro. O crédito subsidiado foi utilizado como o instrumento para promover grandes mudanças na base técnica da agricultura, diversificar a produção e as exportações e criar laços entre a agropecuária e os setores industriais que produzem insumos para a agropecuária e processam os seus produtos. Foi um instrumento central para a consolidação da indústria nacional produtora de máquinas, equipamentos e insumos agropecuários, pois assegurava recursos para que os produtores comprassem a produção desses insumos, independentemente dos seus preços internacionais. Mas também foi protagonista de grandes distorções, desde a má alocação produtiva dos recursos, desvios para outras finalidades até a elevação do preço da terra e concentração da propriedade de terras.

Até meados dos anos 1980, os recursos para o financiamento da agricultura eram provenientes de duas fontes básicas: Tesouro Nacional e exigibilidades sobre os depósitos à vista. Os recursos do Tesouro Nacional eram constituídos por fundos do governo administrados pelo Banco Central. As exigibilidades, ou recursos obrigatórios, são as aplicações compulsórias de um percentual dos depósitos à vista nos bancos comerciais em financiamento à agricultura, nas condições fixadas pelo SNCR. Em outras palavras, os bancos comerciais são obrigados a separar uma parte do dinheiro que o público deposita em suas em contas-correntes e emprestar para os agricultores. Caso um banco não deseje emprestar essa parte dos depósitos à vista para os agricultores, deve repassá-la para outros bancos que operam com carteiras de crédito rural ou para o Banco Central. Como os depósitos em contas correntes têm custo muito baixo para os bancos, era possível orientar esses recursos para empréstimos subsidiados sem qualquer ônus para o governo. O percentual da exigibilidade é definido pelo Banco Central do Brasil, segundo as necessidades de recursos e a política monetária.

Quando da implantação do SNCR, pensava-se que os recursos provenientes das exigibilidades seriam suficientes para sustentar a demanda de crédito rural, o que não ocorreu. A elevação da inflação ao longo dos anos 1970 reduziu sensivelmente o percentual de depósitos à vista nos bancos comerciais, pois o público preferia aplicar seus recursos em outras formas de aplicação financeira, como a caderneta de poupança, que rendiam juros e correção monetária, ao contrário dos depósitos à vista. Assim, no final dos anos 1970, as exigibilidades mal alcançavam 11% do total dos recursos movimentados pelo SNCR.

O Banco do Brasil (BB) era o grande banco de fomento agrícola. Operava em nome do Tesouro (governo federal) por meio de uma conta chamada "conta movimento". Essa conta representava um cheque em branco do Tesouro, ou uma conta sem limite que o Tesouro mantinha junto ao Banco do Brasil. O BB realizava as operações oficiais de crédito e simplesmente colocava a dívida na conta movimento, que era coberta de maneira automática pelo Tesouro Nacional. Na prática, a conta movimento dava ao BB – ou melhor, a cada gerente das agências do BB – uma função de emissor de dinheiro. Em 1985, essa conta foi abolida como forma de disciplinar os gastos do governo e controlar a inflação.

O crédito rural era concedido em condições muito especiais, variando segundo a finalidade do empréstimo (custeio, comercialização e investimento), o produto, o tamanho do produtor e a região. As taxas de juros real (taxa de juros descontada da inflação do período) eram muito baixas até meados dos anos 1980, assumindo valores negativos. Na prática, isso significava que os produtores que recebiam o crédito conseguiam liquidá-lo por um valor muito menor do que o valor tomado em empréstimo.

Ao longo dos anos 1980, foram sendo introduzidas modificações na instrumentação da política de crédito rural. Os objetivos eram múltiplos: por um lado, foram introduzidas medidas para contrapor-se à redução de recursos públicos destinados ao SNCR e, no limite, amenizar os efeitos negativos dos cortes de recursos. Por outro lado, buscava-se reorientar a alocação dos recursos entre as diferentes finalidades, produtos e tipos de produtores. As modificações procuravam adequar as condições de financiamento rural às condições vigentes no mercado financeiro interno, reduzindo o diferencial existente entre as taxas de juros do crédito rural e as taxas de mercado.

As mudanças responderam, principalmente, à crescente dificuldade do governo para manter o padrão de financiamento de suas intervenções na agricultura. Entretanto, não se pode negar que, pelo menos em parte, refletiam um conjunto de críticas que vinha sofrendo a política de crédito rural, cujos efeitos positivos sobre a produtividade e crescimento pareciam pequenos em relação aos subsídios concedidos. Apontava-se ainda a concentração dos recursos em poucos produtos (a maioria destinada à exportação), em grandes produtores e nas regiões mais desenvolvidas. Também se indicava o desvio do crédito rural tanto para aplicações no mercado financeiro como para outras finalidades.

A primeira mudança relevante foi o fechamento da conta movimento do Tesouro no Banco do Brasil. A segunda grande mudança ocorreu em 1988, com a promulgação da Constituição, que reuniu o conjunto de fundos de financiamentos públicos no orçamento de operações de crédito, que passou a fazer parte do orçamento geral da União. Dentre esses fundos, estavam todos aqueles destinados a financiar a agricultura. Eliminou-se a possibilidade, até então amplamente utilizada pelos ministérios, de operar as políticas setoriais fora do orçamento e do controle dos responsáveis pela política econômica. Essas medidas tiveram forte impacto sobre as políticas agrícolas, especialmente nos primeiros anos da década de 1990. As restrições e o controle sobre os gastos revelaram a falta de realismo tanto da política de crédito rural como de preços mínimos praticada até então. Ou seja, o governo realizava gastos com a agricultura que não tinham fontes adequadas de financiamento e, assim, contribuíam para manter a inflação elevada do período.

Durante toda a década de 1980, o governo tentou contrabalançar a queda dos recursos provenientes do Tesouro com o aumento do percentual dos depósitos à vista que os bancos são obrigados a destinar ao crédito rural. Durante o Plano Cruzado (em 1985 e 1984), procurou-se organizar as fontes tradicionais de financiamento e criar novas fontes de recursos. Os recursos da extinta conta do Tesouro no BB foram transferidos para o fundo rural de desenvolvimento e foi lançada a caderneta de poupança verde, que mais tarde passou a chamar-se poupança rural.

A criação da caderneta de poupança verde foi um primeiro esforço com a finalidade de criar fontes alternativas de recursos para o setor rural com certa independência tanto do orçamento fiscal como do vaivém das políticas anti-inflacionárias. Os recursos da caderneta de poupança verde deveriam ser canalizados para os investimentos, que era uma finalidade do crédito que vinha sofrendo a maior redução de recursos nos anos anteriores. O seu funcionamento acompanhava as mesmas diretrizes da caderneta de poupança tradicional: pagava juros de 6% ao ano aos poupadores, acrescidos da correção monetária (inflação do período). Sua criação significou, sem dúvida, um passo adiante para solucionar o problema da falta de recursos para financiamento agropecuário. No entanto, a própria regra de remuneração dos poupadores indicava um grande problema dessa fonte de financiamento. Como a correção monetária era crescente, devido à crescente inflação, dificilmente os produtores rurais poderiam tomar empréstimos pagando juros pouco acima de 6%, adicionados da correção monetária do período. O risco era demasiado elevado, e apenas uma minoria estaria disposta ou em condições de assumi-lo. Para resolver o problema, o governo estabelecia uma taxa de juros menor a ser paga pelos produtores rurais e cobria a diferença entre a taxa de juros da captação e a taxa cobrada dos agricultores.

Para ilustrar esse problema, suponha que a taxa de juros paga aos poupadores da caderneta de poupança rural seja de 6% ao ano, adicionada de uma correção monetária de 40% ao ano (ou seja, a inflação daquele ano foi de 40%, algo que não era incomum nos anos 1970 e 1980). Nesse caso, os poupadores receberão um rendimento de 46% ao ano por suas aplicações na caderneta de poupança rural. Os recursos captados dos poupadores pelos bancos devem ser emprestados aos produtores rurais. Suponha que naquele ano a taxa de juros fixada pelo SNCR seja de 16% ao ano. Ou seja, os produtores deverão pagar uma taxa de juros de 16% ao ano pelo crédito rural. Note que, nesse caso, os bancos devem pagar 46% ao ano aos poupadores e receber apenas 16% ao ano dos produtores rurais. Quem paga a diferença de 30% (46% para captação – 30% do empréstimo)? Certamente, não é o sistema financeiro, mas o governo, que repassa essa diferença aos bancos. Dessa forma, a viabilidade desse mecanismo de financiamento da agricultura continuava dependendo do subsídio do governo. Quando a inflação aumentava e, portanto, aumentava a diferença entre a taxa de juros paga aos poupadores e a taxa de juro paga pelos produtores, o governo tinha que aumentar muito os seus subsídios. Entretanto, na medida em que os seus gastos foram sendo cortados para combater a inflação, isso não era mais possível.

Essa cunha entre as condições de captação dos recursos dos poupadores e a capacidade de pagamento dos tomadores (produtores rurais) manteve-se ao longo do tempo como um dos principais nós a serem desatados para permitir a superação da falta de financiamento para o setor rural.

A severa redução do crédito rural nos anos 1980 não provocou os efeitos desastrosos que se preconizava no início daquela década, quando os cortes foram mais acentuados. Vários autores têm sustentado que pelo menos parte dos agricultores logrou superar as restrições de crédito oficial lançando mão de vários mecanismos, desde o autofinanciamento (recursos próprios) até créditos extrabancários, como o da soja verde, compra a prazo de insumos casada com compromisso de venda da produção aos fornecedores, articulação com a agroindústria e até mesmo crédito bancário comercial a taxa de juros de mercado. O acesso a essas fontes evitou uma crise maior da produção agropecuária, mas restringiu o volume de investimento e, em muitos anos, a produção corrente, pois os produtores reduziram seu grau de endividamento.

A estabilização monetária que ocorreu após o Plano Real, em 1994, levou a um aumento no volume de depósitos à vista e de poupança rural nos bancos, aumentando, assim, a disponibilidade de recursos que, obrigatoriamente, eram destinados ao crédito rural.

Desde meados dos anos 1980, o governo criou fontes alternativas e suplementares para o financiamento da agricultura. Em 1986, lançou-se a caderneta de poupança verde. Em 1988, a Assembleia Constituinte aprovou a criação dos fundos constitucionais de desenvolvimento regional, cuja finalidade seria assegurar recursos fiscais para o financiamento de atividades produtivas nas regiões mais atrasadas do país. Embora tenham sido importantes, essas iniciativas não lograram conter a contínua redução dos recursos disponíveis para o crédito rural. As principais fontes de recursos passaram a ser as seguintes:

- **Empréstimo compulsório dos bancos ao setor agropecuário, em condições especiais (taxas de juros e prazos) definidas pela política de crédito rural:** trata-se de um percentual dos depósitos à vista que os bancos são obrigados a emprestar para o setor agropecuário. Após a estabilização monetária, estabelecida pelo Plano Real, essa fonte voltou a crescer. Os bancos comerciais que não estejam interessados em operar essa linha podem colocar os recursos das exigibilidades à disposição de bancos oficiais.

- **Empréstimo compulsório sobre um percentual dos depósitos a prazo (exemplos):** uma parcela dos depósitos a prazo captados pelos bancos deve ser emprestada ao setor agropecuário. O governo cobre a diferença entre as taxas de juros de mercado e as taxas de juros do crédito rural (equalização dos juros).
- **Poupança verde:** os recursos dos depósitos em poupança verde, ou pelo menos um percentual estabelecido pelo governo, devem ser aplicados na agricultura. Essa fonte perdeu sua importância durante algum tempo, devido à baixa remuneração oferecida pela caderneta de poupança em geral.
- **Fundos constitucionais:** criados pela Constituição de 1988, esses fundos são constituídos a partir da apropriação de 3% de toda a arrecadação do governo federal. Estes recursos devem ser aplicados em atividades produtivas nas regiões Norte, Nordeste e Centro-Oeste pelos bancos de desenvolvimento regional nas duas primeiras e Banco do Brasil na última. Empréstimos para agricultores, cooperativas, pequenos produtores e para irrigação são considerados prioritários. Os fundos constitucionais têm hoje grande importância no financiamento agropecuário, em particular para os pequenos agricultores, inclusive assentados da reforma agrária. Os fundos oferecem recursos de longo prazo e em condições extremamente favoráveis.
- **Fundo de Assistência aos Trabalhadores (FAT):** esse fundo tem repassado recursos ao setor por intermédio do Finame Rural, programa de crédito operado pelo BNDES para financiamento de aquisição de máquinas e equipamentos nacionais.
- **Fundos de *commodities*:** inicialmente, esses fundos foram desenhados para mobilizar recursos por meio de operações nos mercados *spot* e futuro, notas de produtores, certificados de depósitos e outros papéis securitizados por produtos e produção agropecuária. Sua participação não tem sido expressiva.
- **Recursos externos:** a partir de 1995, exportadores e agroindústrias foram autorizados a tomar crédito externo.

Um dos pontos mais relevantes da evolução da política de crédito rural é o comportamento da taxa de juros. Em termos nominais, até 1995, as taxas de juros do crédito rural variavam entre 6% e 12,5% (segundo o tamanho do produtor) mais a variação da taxa de referência (TR, formada a partir da média móvel das taxas de juros dos certificados de depósitos bancários emitidos pelos principais bancos comerciais). A partir do Plano Real, a TR subiu consideravelmente devido à política monetária restritiva adotada. O custo financeiro chegou a atingir 34%, e um número grande de produtores ficou sem condições de pagar suas dívidas. Em 1996, sob pressão dos produtores e da própria crise de inadimplência, a TR foi abolida e substituída por taxas de juros prefixadas.

Em 2004, foram criados três novos títulos para refinanciamento recebíveis emitidos por produtores rurais: o certificado de direitos creditórios do agronegócio (CDCA), a letra de crédito do agronegócio (LCA) e o certificado de recebíveis do agronegócio (CRA).[12] A criação desses títulos teve como objetivo beneficiar empresas atuantes no agronegócio e expandir as operações de crédito privado.

Cooperativas, prestadores de serviços, supridores e compradores da produção agropecuária, instituições financeiras e empresas de securitização são detentores de títulos emitidos por produtores rurais, tais como CPR, duplicata, nota promissória, contratos etc. Esses títulos ficam em carteira e comprometem o capital de giro do fornecedor de insumos, da agroindústria, do distribuidor, da cooperativa etc. Com a emissão de CDCA, LCA e CRA, e sua colocação no mercado financeiro, essas organizações liberam seu próprio capital e atraem mais recursos para financiar a agricultura.

Em 2004, foi lançada a nota comercial do agronegócio (NCA). Trata-se de um título emitido por empresas, sociedades anônimas ou limitadas, e cooperativas, que tenham relações comerciais com produtores rurais. Produtores rurais, organizados como pessoa jurídica, podem beneficiar-se da emissão desse título.

O crédito destinado à comercialização de produtos agropecuários sempre esteve fortemente vinculado às operações de EGF patrocinadas pelo governo federal. Com objetivo de diversificar as fontes de recursos, atraindo capitais privados para o financiamento da comercialização, dois novos títulos foram criados em 2004: o certificado de depósito agropecuário (CDA) e o *warrant* agropecuário (WA). O produtor rural deposita seu produto em armazéns credenciados, os quais são autorizados a emitir o título – uma promessa de entrega do produto. O comprador passa a ter direitos sobre o produto – que continua armazenado – e assume o risco de preço associado ao carregamento do estoque. Portanto, o objetivo principal é o de aumentar a liquidez no processo de comercialização da safra, atraindo especuladores. As negociações com CDA-WA envolvem transferência de direitos, sem a necessidade de transferência física do produto entre distintas instalações armazenadoras. No mercado físico de produtos, ocorre tributação em cada operação de compra e venda, o que eleva o custo final do produto quando ocorrem muitas transações intermediárias. Entretanto, nas transações com esses títulos não há esse tipo de tributação, que fica postergada para o momento em que o detentor do título manifestar interesse na retirada do produto. O detentor de WA pode utilizá-lo como garantia para tomada de empréstimos e funciona como "uma espécie de EGF privado".[13]

Ainda no âmbito da comercialização, autorizou-se a utilização de recursos das exigibilidades em operações de desconto de notas promissórias rurais (NPR) e duplicatas rurais (DR). Por meio dessas operações, o setor de processamento de matérias-primas agropecuárias passou a ter acesso a recursos adicionais para pagamento de compras realizadas junto aos produtores.

13.4.4 Programa Nacional de Fortalecimento da Agricultura Familiar

Ao longo dos anos 1980, os pequenos produtores contaram com regras que estabeleciam condições especiais de crédito rural. Apesar disso, a distribuição do crédito era desigual. Em 1990, os pequenos produtores receberam 27% do total do crédito rural e os grandes aproximadamente 34%. Em 1994, a situação não havia se alterado em favor dos pequenos; ao contrário, sua participação havia caído para 18%.

A queda da participação dos pequenos agricultores nos primeiros anos da década de 1990 corresponde ao declínio da participação do Banco do Brasil nas operações de crédito. Várias tentativas para incentivar e até mesmo obrigar os bancos comerciais privados a aumentarem suas operações com os pequenos não produziram os resultados esperados. Na prática, as condições financeiras e operacionais do SNCR não eram adequadas nem para os pequenos produtores nem para os bancos comerciais privados.

As condições especiais oferecidas aos pequenos agricultores e aos produtores familiares não eram adequadas às suas necessidades e condições de pagamento. A elevada aversão ao risco, as dificuldades com a tramitação burocrática e a incapacidade dos pequenos produtores de oferecer garantias eram alguns dos fatores que impediam, e ainda impedem, o seu acesso ao crédito.

Do lado das instituições financeiras, as principais restrições são os custos administrativos elevados, garantias insatisfatórias e, acima de tudo, a baixa rentabilidade proporcionada pelos pequenos produtores, os quais em geral não realizam outras operações, como seguros, empréstimos de mercado, aplicações financeiras etc.

Para ampliar o atendimento às necessidades dos pequenos produtores rurais, o governo federal criou o Programa Nacional de Fortalecimento da Agricultura Familiar (Pronaf). Os recursos alocados pelo governo para o Pronaf cresceram sistematicamente desde a sua criação em 1996. O programa tinha e tem como objetivo fortalecer a agricultura familiar, contribuindo para gerar emprego e renda.

Os beneficiários do Pronaf são os agricultores familiares e suas organizações, desde que atendam, simultaneamente, aos seguintes requisitos de: utilizar trabalho familiar e ser pequeno produtor. Os sindicatos, em colaboração com os organismos de extensão rural, devem certificar se os produtores são de fato familiares e, portanto, definir que pode participar do Pronaf.

O Pronaf tem como sua principal vertente as linhas de crédito rural de custeio e de investimento. Os limites e condições de financiamentos têm sido constantemente modificados para se adequar às necessidades dos agricultores. Além do apoio direto aos produtores familiares por meio do crédito, o Pronaf tem outras linhas de atuação orientadas a financiar ações conjuntas dos municípios e estados em benefício dos agricultores familiares. Isso inclui o financiamento de redes de energia elétrica, canais de irrigação, estradas vicinais, armazéns e pequenas agroindústrias comunitárias, habitação rural, unidades didáticas, aquisição de máquinas e equipamentos para uso comunitários etc.

13.4.5 Seguro agrícola e zoneamento agroclimático

Os seguros rurais representam um importante mecanismo para proteger os agricultores dos efeitos negativos de adversidades climáticas e, em alguns casos, de movimentos adversos nos mercados. O seguro não elimina o risco de ocorrência dos eventos negativos, mas mitiga as consequências para o produtor segurado, transferindo o risco para as seguradoras.[iv] O seguro rural tem como principal beneficiário o produtor rural, que poderá honrar seus compromissos mesmo diante de perdas de safras, continuar produzindo e investindo de forma sustentável. Mas os benefícios do seguro não se limitam ao produtor, e alcançam as economias locais e a cadeia de valor na qual os produtores estão inseridos.

---

iv O Capítulo 3 (Gestão de cadeias agroindustriais de suprimento) discute vários aspectos ligados à gestão do risco e da resiliência em cadeias agroindustriais de suprimento.

As principais modalidades de seguro, segundo a legislação brasileira, são:

I. Seguro agrícola.
II. Seguro pecuário.
III. Seguro aquícola.
IV. Seguro de florestas.
V. Seguro de penhor rural.
VI. Seguro de benfeitorias e produtos agropecuários.
VII. Seguro de vida do produtor rural.
VIII. Seguro de cédula do produtor rural (CPR).

Conforme Buainain e Silveira,[14] a viabilidade do seguro agrícola privado depende da subvenção pública para reduzir o custo da apólice, que pelas características especiais da agricultura e do risco agrícola tende a ser elevado e inacessível para a maioria dos produtores. No entanto, a experiência de muitos países confirma que a subvenção ao prêmio do seguro tem um custo mais baixo para a sociedade do que o provocado pelos eventos climáticos extremos, flutuações abruptas dos preços, ocorrências de pragas e quedas acentuadas de renda devido à queda imprevista de preços, eventos que não podem ser evitados pelos produtores, mas cujas consequências podem ser mitigadas pelo seguro.

O Brasil conta com certa experiência na área de seguro rural, sendo a mais importante a do Programa de Garantia da Atividade Agropecuária (Proagro), instituído em 1973 com a finalidade de proteger o produtor rural quando da ocorrência de perdas das receitas esperadas em consequência de fenômenos naturais, pragas e doenças que atingissem bens, rebanhos e plantações. Tem também relevância a experiência da Companhia de Seguros do Estado de São Paulo (Cosesp), que alargou sua área de atuação em direção aos estados vizinhos, bem como a experiência bem-sucedida do seguro mútuo sob gestão da Associação dos Fumicultores do Brasil (Afubra), que indeniza fumicultores atingidos por granizo.

O Quadro 13.1 resume as características dos programas brasileiros de seguro rural de produção.

Em 2003, o governo federal lançou o Programa de Subvenção ao Prêmio do Seguro Rural (PSR), que se tornou efetivo a partir de 2005. O PSR é operacionalizado pelas seguradoras privadas, ao contrário do Proagro e do Garantia Safra, que são programas operados diretamente pelo Estado. O Proagro é voltado para os agricultores familiares, enquanto o PSR para os agricultores patronais, ainda que não exclua os familiares mais capitalizados e com áreas de cultivo superiores às passíveis de cobertura via Proagro. Seu objetivo não é garantir um nível de renda mínimo ao produtor, mas a cobertura do financiamento de custeio para as atividades em caso de ocorrências de fenômenos naturais e incidência de pragas e doenças. Assim, o Proagro é um seguro de crédito que cobre as obrigações financeiras relativas a operações de crédito rural quando a produção é atingida por fenômenos naturais.

Outro instrumento importantíssimo é o zoneamento agroecológico (ZAE) e zoneamento agrícola de risco climático (ZARC). Em 1997, teve início o Programa de Zoneamento Agrícola do Ministério da Agricultura, Pecuária e Abastecimento, o qual tem como objetivo apoiar o conjunto da política agrícola do governo federal, estimular a difusão de tecnologia e auxiliar a tomada de decisões no âmbito da política de seguro rural. O zoneamento identifica zonas mais aptas para a produção das várias culturas e indica também os principais requerimentos e procedimentos técnicos para racionalizar a

Quadro 13.1 Programas brasileiros de seguro rural de produção[15]

Programa	Objetivo	Abrangência
Proagro	Garantir a cobertura dos financiamentos para custeio da atividade em caso de sinistro causado pela incidência de fenômenos naturais e incidência de pragas e doenças.	Pequenos e médios agricultores enquadrados no Pronaf e no Pronamp. A modalidade é obrigatória para aqueles enquadrados no Pronaf.
Seguro de agricultor familiar	Garantir parte da receita líquida esperada, além da cobertura relativa ao financiamento do custeio.	Agricultores familiares que possuem financiamentos de custeio agrícola no Pronaf.
Garantia Safra	Indenização por perdas na atividade agrícola.	Ação realizada no âmbito do Pronaf, abrangendo agricultores familiares da área de atuação da Sudene, especialmente no semiárido, que sofrem perda de safra por seca ou por excesso de chuva.
Subvenção do seguro rural	Redução do prêmio do seguro rural de forma a estimular sua contratação.	Cerca de 78 tipos de culturas agrícolas, 7 atividades pecuárias, atividades aquícolas e de florestas.
Fundos mútuos	Indenização por perdas na atividade agrícola.	Casos específicos que variam entre cooperativas e associações de produtores.

produção, aumentar a produtividade, reduzir custos e riscos e proteger o meio ambiente. O zoneamento agrícola foi aperfeiçoado e se traduz em dois instrumentos, o ZAE, que opera no ordenamento do espaço da produção agropecuária, delimitando zonas com aptidão para determinadas produções, e o ZARC, que incorpora informações adicionais sobre o risco climático.

13.4.6 Pesquisa e extensão agropecuária

Até o final dos anos 1960, o país não dispunha de um sistema de pesquisa agropecuária e a capacitação nessa área estava concentrada em instituições estaduais. Tais instituições apresentavam grandes desníveis científicos, técnicos e operacionais, operavam em poucas áreas, em geral determinadas pela realidade agrícola do estado, e cobriam apenas uma pequena área do vasto território brasileiro. Essa limitação geográfica era reforçada pela própria prioridade que cada uma dava às culturas e problemas específicos da agricultura do seu estado.

No início dos anos 1970, a pesquisa agropecuária do país passou por ampla reforma institucional, tendo como objetivo reforçar a capacitação em geração de tecnologia. No final de 1972, foi criada a Empresa Brasileira de Pesquisa Agropecuária (Embrapa), concebida como a cabeça de um sistema nacional, integrado por empresas estaduais e por centros regionais da própria Embrapa, especializados em produtos. Embora formalmente subordinada ao Ministro da Agricultura e integrante do Sistema Nacional de Planejamento Agropecuário, a Embrapa sempre teve grande autonomia na gestão dos recursos e definição de suas linhas de ação.

Além da Embrapa, a pesquisa agropecuária no Brasil é realizada por outras organizações públicas e privadas. Há várias organizações estaduais de pesquisa, bem como organizações de pesquisa dedicadas ao desenvolvimento de determinados produtos e áreas do conhecimento na agropecuária. Muitas instituições de ensino no Brasil, tais como universidades e escolas técnicas também desenvolvem pesquisa agropecuária. Empresas privadas vinculadas ao setor podem se beneficiar da legislação brasileira que concede benefícios às atividades de inovação, tal como a Lei nº 13.243, de 2016. Organizações federais e estaduais de amparo à pesquisa também destinam recursos à pesquisa agropecuária.

13.4.7 Defesa agropecuária

A defesa sanitária é um instrumento de concorrência nos mercados internacionais e de proteção da produção e do mercado doméstico. Mais do que isso, a defesa sanitária é condição básica para a própria viabilidade e sustentabilidade econômica do produtor e de um número crescente de atividades agropecuárias, diante dos crescentes riscos sanitários e da conscientização dos consumidores em relação à segurança dos alimentos. Assiste-se a uma crescente demanda por alimentos saudáveis e de qualidade elevada, o que é acompanhado pelo acirramento da concorrência em todos os níveis e da elevação dos custos de produção associados às exigências de manipulação, conservação e pré-empacotamento.

No passado, salvo exceções, a questão sanitária foi negligenciada pelo Ministério da Agricultura, e sequer constava entre as políticas agrícolas. Além disso, as intervenções sempre assumiram caráter curativo, e não preventivo. Nas condições institucionais e concorrenciais vigentes no século XXI, ações curativas não são suficientes. A simples desconfiança de que a produção de um país pode estar infectada por uma praga ou moléstia mais séria é suficiente para que os concorrentes desencadeiem ações protecionistas, com ou sem razão, ou para inviabilizar a produção devido à elevação de custos.

Nesse contexto, a política de defesa sanitária da agropecuária é fundamental para criar e assegurar condições gerais adequadas para seu desenvolvimento.

No âmbito do governo federal, a Secretaria de Defesa Agropecuária (SDA), subordinada ao Ministério da Agricultura, Pecuária e Abastecimento, é responsável pela execução das ações de defesa, que incluem prevenção, controle e erradicação de doenças animais e de pragas vegetais. A SDA tem como objetivo assegurar a origem, a conformidade e a segurança dos produtos de origem animal e vegetal destinados à alimentação humana ou animal e também a idoneidade dos insumos em uso na agricultura e pecuária. Para isso, atua como unidade central do sistema de fiscalização da produção e comercialização de insumos agrícolas e pecuários; a inspeção higiênico-sanitária de produtos de origens animal e vegetal; a garantia da sanidade vegetal e da saúde animal.

Os estados também possuem órgãos responsáveis pela defesa agropecuária em seus respectivos territórios. Suas funções são semelhantes às da SDA: preservar e assegurar a qualidade sanitária dos rebanhos e das culturas vegetais, de interesse econômico; controlar e monitorar a qualidade e utilização dos insumos agropecuários; controlar e fiscalizar a produção tecnológica e a qualidade dos produtos e subprodutos de origem animal e vegetal; certificar o padrão de qualidade sanitária das espécies animais e vegetais, utilizadas nas cadeias produtivas; controlar e monitorar a preservação, o uso e a conservação do solo agrícola.

13.4.8 Programas de desenvolvimento regional e rural

Durante os anos 1970, e com menor intensidade na década de 1980, os programas de desenvolvimento regional constituíram um dos principais mecanismos de intervenção do Estado na economia. A maioria desses programas promovia atividades vinculadas à agricultura. Reuniam um conjunto de instrumentos de intervenção, desde crédito, assistência técnica, fortalecimento institucional etc. Além disso, eles viabilizavam as ações do Estado nas mais variadas áreas, desde a educação até construção de infraestrutura. Por concentrar tanto poder de intervenção, a apropriação do controle operacional desses programas e de seus recursos foi sempre objeto de fortes disputas políticas, o que em muitos casos "desvirtuou" suas ações e comprometeu sua eficácia e desempenho.

A maioria dos programas de desenvolvimento rural – que no final do século XX passaram a focar no combate à pobreza rural e no início do século XXI no desenvolvimento territorial – tinha objetivos amplos, incluindo aspectos fundiários, melhoria da produtividade, construção de infraestrutura básica e provisão de serviços. Os programas atuavam por meio do próprio Estado, responsável pela implementação dos projetos e obras (diretamente ou contratando empresas privadas) e da concessão ao setor privado (empresas, pequenos produtores, colonos etc.) de financiamentos em condições especiais e isenção fiscal.

A estratégia refletia a orientação geral dos planos nacionais de desenvolvimento, que, mesmo levando em conta os aspectos sociais, pobreza e desigualdades de renda, priorizavam de fato a modernização da base técnica e construção de infraestrutura.

Pelo menos até os primeiros anos da década de 1980, tanto o desenho como a implementação dos programas eram centralizados, com pouca ou nenhuma participação dos beneficiários e/ou da comunidade em geral. A implementação quase sempre produziu a criação de verdadeiros quistos dentro do aparelho de Estado, integrados por uma tecnoburocracia numerosa, com grande autonomia em relação aos ministérios e secretarias de estado aos quais estavam formalmente subordinados.

Os resultados desses programas, segundo as avaliações oficiais e não oficiais, confirmam que os aspectos sociais e distributivos, inclusive a redistribuição de terra, foram marginalizados. Os investimentos em infraestrutura, os financiamentos para modernização técnica, implantação de novas unidades produtivas e expansão de atividades já existentes absorveram a maior parcela dos recursos que não foram absorvidos na manutenção da própria máquina administrativa responsável pela execução.

13.4.9 Programas específicos por produto

A intervenção do Estado também lançou mão de programas especiais por produtos, como o Plano Nacional para o Melhoramento da Cana-de-Açúcar (Planalsucar), o Programa Nacional de Desenvolvimento do Cacau (Procacau), o Programa da Borracha (Probor), o Programa de Reflorestamento, o Programa de Apoio à Agroindústria do Setor Sucroalcooleiro (Prosal), o Programa Nacional para o Álcool (Proálcool), além de vários programas voltados para a pecuária e políticas especiais para alguns produtos, como o café, por meio do Instituto Brasileiro do Café, e o trigo.

O objetivo prioritário desses programas também era a modernização tecnológica das cadeias produtivas. O principal instrumento de ação era o financiamento dos investimentos em modernização. Entretanto, em vários casos os mecanismos de intervenção e regulação eram muito mais complexos, envolvendo desde a pesquisa agronômica e extensão rural até ações na esfera da comercialização, controle e o estabelecimento de cotas de comercialização e exportação, delimitação geográfica do mercado, definição e controle de preços dentro da cadeia de produção. Para vários produtos, os mecanismos de intervenção e regulação estavam sob responsabilidade de um instituto (Instituto do Açúcar e do Álcool – IAA, Instituto Brasileiro do Café – IBC) ou órgãos públicos (Comissão Executiva de Planejamento da Lavoura Cacaueira – Ceplac); em outros casos estavam integrados à estrutura dos ministérios e secretarias, não constituindo corpo técnico-burocrático próprio (incentivos fiscais ao reflorestamento).

A ação de cada um desses programas tem sido objeto de inúmeras teses e trabalhos, e mesmo uma revisão superficial das principais ações e resultados está fora de nosso objetivo e alcance. É impossível acompanhar a trajetória da agricultura brasileira, seja do ponto de vista da ação do Estado e ou da dinâmica econômica e tecnológica da produção, sem levar em conta as ações desses programas e institutos.

13.4.10 Construção de infraestrutura

Como já se mencionou, no passado os instrumentos concentraram-se em assegurar incentivos via preços de produtos, insumos, máquinas e dinheiro. Com exceção talvez da capacidade de armazenagem, os demais componentes da infraestrutura ficaram praticamente à margem da política agrícola, tendo sido em grande medida tratada pelos Ministérios do Interior, Desenvolvimento Regional, Irrigação e Agências de desenvolvimento regional, como Sudene e Sudam. O exemplo mais eloquente dessa visão foi a ausência de ações com o objetivo de superar as deficiências de infraestrutura na região Centro-Oeste. O resultado é que hoje a produção regional de grãos, uma das mais eficientes do país no nível das fazendas, e com grande potencial exportador, enfrenta sérios obstáculos associados à deficiente dotação de infraestrutura básica.

Vários diagnósticos sobre a agricultura brasileira apontam os problemas de infraestrutura como um dos principais obstáculos para o crescimento do setor. Não se trata de um problema localizado nas regiões de fronteira. Mesmo nos estados mais desenvolvidos a falta de infraestrutura vem colocando entraves ao desenvolvimento, seja elevando os custos de produção, reduzindo a competitividade e/ou até mesmo inviabilizando totalmente a produção de alguns produtos.

As decisões estratégicas sobre investimentos em infraestrutura, com forte poder de estruturar e/ou transformar o desenvolvimento da sociedade em vastas regiões, são em geral tomadas sem levar em conta os impactos e as articulações com atividades específicas, e, a despeito da importância da agricultura e do agronegócio para a economia e sociedade brasileira, os interesses e necessidades do setor no que se refere à infraestrutura têm sido fortemente negligenciados.

Em 1999, pela primeira vez a infraestrutura integrou o Plano de Safra como componente importante da política setorial. Tratou-se, sem dúvida, de um progresso relevante, pelo menos em termos de concepção e planejamento das ações do Estado, que, no entanto, não teve consequências práticas na medida em que o centro de poder das decisões estratégicas nessas áreas não inclui o Mapa e os produtores rurais.

13.5 EXPERIÊNCIAS INTERNACIONAIS

O desenho e a operacionalização da política agrícola – escolha e combinação dos instrumentos – variam de país para país e dependem dos objetivos específicos atribuídos à política setorial, da capacidade operacional e financeira do Estado e da própria concepção e marco institucional, que, em conjunto, delimitam e orientam as relações entre o setor público e o setor privado.

Os objetivos gerais das políticas agrícolas nos países desenvolvidos são: assegurar aos agricultores uma renda mais alta e mais estável do que aquela resultante do livre funcionamento do mercado; promover o desenvolvimento local; estabilizar os preços ao consumidor e, sobretudo, garantir a segurança alimentar. As políticas atuam em vários âmbitos da atividade agrícola: preços, produção, área explorada, comércio exterior, tecnologia, infraestrutura etc. Para elevar a renda dos agricultores, alguns países utilizam pagamentos compensatórios, enquanto outros preferem sustentar os preços agrícolas em patamar compatível com a geração do nível de renda desejado ou subsidiar alguns insumos para reduzir os custos de produção.

Existem dois tipos de políticas: aquelas que afetam as condições em que se realizam as importações e as exportações,[v] chamadas de intervenção na fronteira, e as intervenções internas, que afetam apenas a formação da oferta e da demanda domésticas. São três os principais instrumentos de intervenção na fronteira: impostos à importação, restituições à exportação e quotas de importação. Embora as regras estabelecidas pela Organização Mundial do Comércio (OMC) tenham restringido fortemente o uso desses instrumentos, eles continuam presentes nas políticas dos países desenvolvidos.

- **Impostos móveis à importação**: é o instrumento central da Política Agrícola Comum (PAC) da União Europeia (UE). Seu objetivo é cobrir "a diferença entre o preço das importações que chegam à fronteira e o preço fixado oficialmente, ao qual podem ser internalizadas as mercadorias importadas. Esse preço de admissão – chamado preço de acesso – é o preço mínimo de importação". A maioria dos países adota tarifas móveis que se ajustam automaticamente, segundo regras bem definidas, às flutuações dos preços internacionais. O objetivo não é conter as importações – embora isso ocorra inevitavelmente –, mas evitar a venda de produtos importados a preços inferiores aos preços mínimos garantidos aos produtores locais. Admitindo-se que o preço local é estável, quando o preço internacional sobe, as tarifas são automaticamente reduzidas, e quando os preços internacionais caem, as tarifas sobem. Assim, o produto importado de outros países entra no país a um preço igual ou maior do que o preço recebido pelos produtores domésticos, protegendo-os da concorrência internacional.

- **Restituições à exportação**: as restituições são a contrapartida dos impostos móveis à importação. Como os preços internos são em geral mais elevados do

---

v   O Capítulo 12 trata especificamente de aspectos ligados ao comércio internacional de produtos agroindustriais.

que os preços vigentes no mercado internacional, os excedentes da produção doméstica dificilmente podem ser exportados sem um apoio do governo. Para viabilizar a exportação, os produtores recebem um pagamento compensatório que corresponde à diferença entre o preço de exportação (mais baixo) e o preço interno (mais alto) que poderiam receber, caso vendessem sua produção nos mercados locais e ou aos organismos públicos de comercialização. A manutenção de um nível de renda e de rentabilidade elevado estimulou os produtores domésticos a continuar expandindo a produção, compensando, por meio de inovações tecnológicas, restrições impostas à extensão da área explorada. O resultado foi que, aos poucos, os excedentes deixaram de ser eventuais e transformaram-se em permanentes, refletindo uma capacidade de produção superior à capacidade de absorção dos mercados domésticos. As restituições às exportações provocaram fortes e graves distorções no mercado internacional de vários produtos importantes para os países em desenvolvimento, notadamente grãos, açúcar, lácteos, carnes – inclusive aves – e até mesmo hortifrutigranjeiros. Esse tipo de intervenção foi severamente restringido pelas novas regras de comércio mundial aprovadas em 1994, ao final da Rodada Uruguai de negociações do Acordo Geral de Tarifas e Comércio (GATT), que deu origem à Organização Mundial do Comércio (OMC).

- **Quotas de importação**: as quotas são um meio de limitar a quantidade ou o valor das importações. Vários países utilizam esse instrumento para restringir a presença de produtos importados nos mercados domésticos e, dessa forma, defender seus produtores. Da mesma maneira que os impostos móveis, as quotas isolam os preços domésticos das oscilações do mercado mundial, permitindo manter os preços internos em níveis mais altos e estáveis.

Dentre as medidas de intervenção domésticas, podem-se destacar três tipos de instrumentos por sua importância: as quotas de produção, os preços de intervenção e os subsídios ao consumo.

- **Quotas de produção**: assegura-se ao produtor que certa quantidade de um produto seja vendida a um preço garantido. A produção que excede a quantidade garantida deve ser vendida a um preço livre, geralmente inferior ao preço garantido. Uma variante desse tipo de intervenção afeta o uso da terra, restringindo as superfícies cultivadas. Nesse caso, os governos podem pagar aos agricultores um prêmio por cada hectare tirado do cultivo ou oferecendo-lhes preços mais elevados se não cultivarem a totalidade de suas terras.

- **Preços de intervenção**: consistem no compromisso, por parte do governo, de comprar a produção agrícola a um preço garantido. Esse preço de intervenção permite que os agricultores tenham um nível mínimo de rentabilidade. Um problema associado a esse instrumento é o custo de armazenamento das compras governamentais, que pode crescer rapidamente se os produtores ficarem incentivados com os preços altos e aumentarem a produção além do que os compradores privados estejam dispostos a adquirir.

- **Subsídios ao consumo**: seu objetivo é compensar os consumidores urbanos pelo apoio dado pelo governo aos produtores agrícolas por meio da fixação de preços elevados para os seus produtos. Os subsídios ao consumo permitem reduzir o ônus pago pelos consumidores devido à manutenção de preços elevados aos produtores, reduzindo, assim, o custo político das medidas de apoio à agricultura.

A utilização desses instrumentos gera considerável transferência de renda dos consumidores e dos contribuintes aos produtores e aos proprietários de terra, podendo também afetar a situação de agricultores (de forma negativa) e consumidores (em geral de forma positiva) de outros países. O aumento e o excesso de produção provocado pela política agrícola dos países desenvolvidos reduzem as compras externas feitas por esses países e afetam o mercado mundial. Afinal, os preços agropecuários tendem a cair no mercado internacional de forma artificial sob pressão das exportações subsidiadas desses países, provocando graves prejuízos para os países em desenvolvimento e dependentes das exportações agropecuárias.

As perdas para os países em desenvolvimento resultantes da política agrícola dos países desenvolvidos são graves. No curto prazo, induzem os produtores de países exportadores de produtos agropecuários a intensificar o uso de técnicas poupadoras de mão de obra, com importantes reflexos distributivos e sobre a pobreza rural e urbana, e a sobre-explorar a base de recursos naturais, o que afeta o meio ambiente e a sustentabilidade da produção. No longo prazo, por causa da importância estratégica do setor agropecuário para a geração de renda e emprego, as restrições ao seu crescimento provocam distorções sociais e econômicas e dificultam a redução e a superação da pobreza e da desigualdade no meio rural.

Ainda que a política agrícola dos países desenvolvidos tenha se caracterizado pelo forte protecionismo e pesados subsídios, pode-se considerar que teve êxito em pelo menos dois aspectos: provocou uma importante expansão da produção agrícola e desencadeou um forte processo de modernização das atividades. A expansão da produção foi além das necessidades de consumos desses países, gerando grandes estoques e gastos com a política agrícola de sustentação de preços. O novo dilema passou a ser o de reduzir os excedentes de produção e manter, ao mesmo tempo, as rendas agrícolas em um nível suficientemente alto para não provocar o descontentamento dos produtores. Apesar de minoritários, os produtores rurais constituem-se em força política não desprezível, principalmente, para reivindicar políticas que reduzam os efeitos negativos de uma eventual crise agrária sobre as economias local e regional.

Uma das políticas que passaram a ser colocadas em prática para solucionar o novo dilema foi a dissociação dos pagamentos aos agricultores das decisões de produção. Em outras palavras, a ideia de romper a ligação entre os pagamentos compensatórios e os subsídios e a produção. De fato, até então, a lucratividade obtida na produção de certo produto dependia não apenas da receita auferida por meio da venda aos preços do mercado doméstico, mas principalmente do montante de pagamentos que ele obtinha do governo por estar produzindo determinada quantidade daquele produto. Por esse mecanismo, os produtores tomavam suas decisões sobre qual cultura cultivar e qual animal produzir observando não apenas os preços de mercado, mas também os pagamentos adicionais que iriam obter do governo. Dessa forma, os produtores respondiam não apenas aos sinais vindos do mercado, mas também ao montante de pagamento que iriam receber ao escolher essa ou aquela atividade agropecuária.

Uma medida que tem sido adotada para dissociar os pagamentos da produção é o estabelecimento de um pagamento fixo por hectare. O novo esquema permite o uso não produtivo da terra e ainda o recebimento de pagamentos adicionais por serviços ambientais. Para ter direito aos pagamentos, os produtores devem comprometer-se (*cross-compliance*) com a legislação de proteção ao meio ambiente, de segurança dos alimentos, e de saúde e bem-estar dos animais.

Mais drástica ainda é a política de retirada de terras (*set-aside*). Consiste na retirada de terras da produção agrícola. Foi introduzida no final da década de 1980 com objetivo de reduzir o excesso de alimentos produzidos pelos produtores rurais. Na União Europeia e nos Estados Unidos, os produtores estavam produzindo mais alimentos do que os mercados desses países eram capazes de absorver. Os governos passaram a pagá-los na condição de que retirassem da produção uma parcela de suas terras, ou seja, não produzir. Assim, reduzia-se o excesso de oferta de produtos agrícolas no mercado e, ao mesmo tempo, a renda dos produtores era defendida.

13.5.1 Política agrícola dos Estados Unidos

A política agrícola dos Estados Unidos evidenciou um claro interesse em proteger a rentabilidade e promover a competitividade da agricultura. Baseou-se em três pilares básicos:

- Suporte de preços para garantir um preço remunerador mínimo.
- Controle da produção que pode tomar a forma de compensações fiscais para reduzir a superfície cultivada e a produção.
- Utilização de subsídios ou pagamentos de compensação quando o preço de mercado é menor do que o preço objetivo (*target price*), ou seja, quando o mercado não garante rendas suficientes aos agricultores.

A política de suporte de preços é elemento-chave da política agrícola americana. O ponto de partida é a fixação de um preço de referência, cujo objetivo é diminuir a incerteza sobre a evolução dos preços futuros e melhorar a tomada de decisões por parte dos produtores. Dois preços são centrais: o preço de empréstimo (*loan rate*) e o preço objetivo (*target price*). O primeiro é um empréstimo, mas constitui, de fato, o preço efetivo para o produtor. Quando os preços de mercado não alcançam níveis adequados, os produtores podem recorrer aos empréstimos da *Commodity Credit Corporation* (CCC), deixando sua produção como garantia. Se os preços de mercado se encontram mais altos do que o preço de empréstimo (*loan rate*), os agricultores podem pagar seus empréstimos a uma taxa de juros mais baixa e vender normalmente sua produção no mercado. Entretanto, se os preços de mercado estão baixos, podem ceder seus direitos sobre a colheita à CCC, ou seja, pagar o empréstimo com a produção. Assim, o empréstimo funciona como um preço mínimo ou "piso", que os agricultores estão seguros de receber por sua colheita. O preço de empréstimo é fixado em um nível deliberadamente baixo para não influenciar em demasia o preço de mercado.

Por sua vez, o preço objetivo é fixado acima do preço de empréstimo e é a base para calcular os pagamentos compensatórios (*deficiency payments*). O preço objetivo é aquele que permite ao agricultor americano obter uma renda mínima desejada pelo governo. Se o preço de mercado se encontra baixo, o governo paga aos agricultores um valor compensatório, que é uma quantia que cobre a diferença entre esse preço de mercado (ou o *loan rate*, se esse é superior ao preço de mercado) e o preço objetivo (*target price*).

Os suportes aos preços nos Estados Unidos traduziram-se em grandes excedentes de produção, e o governo americano teve que subsidiar a exportação para poder competir no exterior e impor quotas à importação de alguns produtos agrícolas. Além disso, a política agrícola americana deu início a um programa de diminuição da superfície plantada. Desde o início dos anos 1980, os Estados Unidos difundiram essa estratégia com um programa agressivo de retirada de terras por meio de um esquema conhecido como *Payment in Kind* (PIK), o qual pagava o preço mínimo ao produtor que havia deixado de produzir por conta da redução da área plantada.

13.5.2 Política agrícola da comunidade econômica europeia

Desde seu lançamento, a Política Agrícola Comum (PAC) da União Europeia orientou-se pelos objetivos fixados pelo Tratado de Roma. Por um lado, tratava-se de assegurar um nível de vida justo à população agrícola e, por outro, assegurar preços razoáveis aos consumidores, mediante a produção de alimentos em quantidade suficiente. A PAC repousa sobre quatro princípios básicos:

- **Unidade dos mercados**: implica a livre circulação dos produtos agrícolas nos distintos países que compõem o bloco econômico.
- **Preferência comunitária**: esse princípio supõe uma proteção de todos os países da União Europeia contra as importações mais baratas do resto do mundo e contra as flutuações dos preços internacionais. Os instrumentos utilizados para obter essa proteção são os impostos às importações e as restrições à exportação. Os impostos são tarifas variáveis sobre os produtos importados. Quando os preços dos concorrentes estrangeiros caem, essas tarifas são aumentadas até que os preços dos concorrentes fiquem no nível dos preços europeus. Caso contrário, as tarifas são reduzidas para evitar a fuga dos produtos da União Europeia a outros países. Quando há excedentes exportáveis, a União Europeia (UE) oferece restituições aos exportadores para cobrir a diferença entre os preços europeus (mais altos) e os preços internacionais (mais baixos).
- **Solidariedade financeira**: o custo da intervenção na agricultura recai sobre todos os países-membros, tanto no que se refere aos preços garantidos, como no que se refere à exportação de excedentes e à política de desenvolvimento.
- **Intervenção comum nos mercados**: consiste na compra das produções excedentes para assegurar que os agricultores recebam o preço mínimo garantido. Em conjunto com a política comercial de proteção contra as importações, essa intervenção isola, de fato, os preços internos em relação aos mercados internacionais.

Vários preços são relevantes para compreender o funcionamento da política europeia de preços:

- **Preço indicativo**: é um preço virtual (ou teórico) que serve de referência para o cálculo dos outros preços agrícolas (preço de acesso e preço de intervenção). É um preço de atacado julgado pela UE como justo para o produtor receber durante todo o ano de oferta. É o preço mínimo garantido aos produtos comprados pelo mecanismo de garantia.
- **Preço de acesso**: é um preço ligeiramente inferior ao preço indicativo. "É o preço ao qual a PAC deixa entrar os produtos agrícolas estrangeiros nos países-membros. É determinado de forma que o preço de venda na UE de um produto importado seja próximo ao preço indicativo, considerados os custos de transporte e de seguro".[16] Assim, preserva o princípio da preferência dos fornecedores domésticos. Sempre que o produto importado chega à fronteira a um preço inferior ao preço de acesso, a diferença é cobrada sob a forma de tarifa variável (*variable levy*). Essas tarifas foram transformadas em tarifas fixas após o acordo da Organização Mundial do Comércio (OMC), estabelecido em 1995. Essas tarifas contribuem para formar os fundos para financiam os mecanismos de garantia aos produtores da União Europeia.
- **Preço de intervenção**: trata-se de um preço mínimo que os agricultores europeus estão seguros de receber, inclusive em uma situação de mercado muito desfavorável.[17] O preço de intervenção é ligeiramente inferior ao preço indicativo e servia de referência para disparar os mecanismos de garantia. Era o preço mínimo garantido para os produtos comprados pelo mecanismo de garantia. Após comprados pelo governo, esses produtos podiam ser destruídos, doados ou vendidos, no mercado interno ou externo.

O preço de mercado pode flutuar no interior da banda definida pelo preço indicativo e pelo preço de intervenção. Quando o preço de mercado se iguala ao preço indicativo, as importações são aceitas sem impostos. As importações têm por objetivo complementar a oferta interna e reduzir a pressão sobre os preços.

Para conseguir o isolamento dos preços internos em relação aos preços mundiais, a PAC instrumentou um sistema de tarifas, aplicado à maior parte dos produtos agrícolas. Até o acordo com da OMC, a tarifa era variável e igual à diferença entre o preço internacional mais baixo de uma mercadoria e o preço de acesso.

A política de preços europeia foi efetiva enquanto a União Europeia era importadora líquida de alimentos. Nessas condições, a PAC era um mecanismo de transferência de rendas dos consumidores aos produtores mediante a fixação de preços internos elevados. Esses preços traduziram-se em altos níveis de investimento e de produção na agricultura europeia. Os problemas começaram a aparecer quando a UE se tornou superavitária na produção agrícola. Foi necessário, então, desenvolver mecanismos de compra e armazenamento da produção excedente. A reação da União Europeia foi a de reduzir os preços indicativos para desestimular o crescimento da oferta, subsidiar as exportações e criar um programa de retirada de terras (*set-aside*), que implica realizar pagamentos aos produtores que reduzirem áreas de produção.

A partir de 2003, a PAC quebrou a associação entre os pagamentos diretos aos produtores e o tipo de produto que eles produziam, um processo chamado *decoupling*. O objetivo era deixar que as decisões dos produtores fossem tomadas de acordo com os sinais do livre mercado, ao mesmo tempo em que regras ambientais e de bem-estar animal tornavam-se mais rígidas.[18]

Um dos pilares fundamentais da PAC é a sustentação da renda dos produtores. Apesar da reorientação no sentido de reduzir o uso de instrumentos de suporte à produção, esse pilar foi mantido com a reorientação dos pagamentos diretos por meio de três esquemas: o esquema de pagamento básico; o pagamento verde, vinculado à adoção de práticas agrícolas sustentáveis (diversificação de culturas, manutenção de pastagens permanentes ou preservação de áreas de interesse ecológico); e o pagamento a agricultores jovens. Adicionalmente, um país-membro passou a ter a opção de implementar esquemas voluntários, como pagamentos redistributivos, apoio em áreas com restrições naturais e apoio voluntário associado a setores com importância econômica, social e ambiental.

13.6 CONSIDERAÇÕES FINAIS

Podemos apontar três condicionantes básicos da evolução e trajetória da política agrícola no Brasil: (a) a orientação e as restrições decorrentes das políticas econômicas adotadas na crise dos anos 1980; (b) a necessidade de assegurar a compatibilidade entre o desempenho da agricultura e as prioridades da política econômica, e (c) as pressões políticas que cresceram a partir de meados da década de 1980 (após a redemocratização).

As mudanças nas condições macroeconômicas a partir do final da década de 1970 foram aos poucos eliminando os fatores específicos e as condições gerais que viabilizavam o modelo de intervenção adotado. A capacidade de regulação efetiva do Estado, vale dizer, sua capacidade para assegurar um ambiente econômico compatível com a implementação do projeto de desenvolvimento em curso, pressupunha uma política macroeconômica com suficiente flexibilidade para enfrentar os problemas de conjuntura, sem comprometer a estratégia de desenvolvimento adotada. Ela pressupunha ainda a relativa autonomia das políticas setoriais em relação às flutuações conjunturais da economia e, por último, uma máquina estatal com capacidade seja para tomar iniciativas e assumir a liderança dos projetos estratégicos, seja para desenhar e implementar as políticas públicas. Todos esses fatores dependiam da capacidade de mobilização e alocação de recursos por parte do Estado, a qual foi crescentemente restringida a partir dos anos 1980.

A análise da trajetória das políticas agrícolas mostrou que ao longo desse período foram introduzidas sucessivas mudanças na orientação e no manejo das políticas para adequá-las às mudanças nas condições macroeconômicas do país. Ainda assim, apesar da crescente dificuldade para operar os vários instrumentos da política agrícola, o modelo de intervenção foi mantido, e os ajustes foram sempre marginais, seja em termos de concepção, seja em relação aos resultados. Os requisitos básicos para operar as políticas agrícolas no marco do modelo dos anos 1970 tornaram-se cada vez mais incompatíveis com as exigências e restrições decorrentes da evolução da conjuntura econômica. Como resultado, observou-se a gradativa erosão das políticas agrícolas como instrumento de regulação da dinâmica e evolução da agricultura.

A manutenção, ainda que formal, do modelo anterior, colocava o Estado na incômoda posição de prometer o que já sabia não poder cumprir e de ser cobrado pelo prometido. Essa situação introduziu uma contradição adicional no manejo e nos ajustes das políticas, o que contribuiu ainda mais para sua erosão, inviabilidade e perda de eficácia. A manutenção, ainda que em menor escala, das funções implícitas no modelo anterior requeria e implicava romper os limites impostos pela política econômica, produzindo um choque contínuo entre os responsáveis pela política econômica e pela política setorial. Nesse contexto, enquanto os ajustes da política agrícola introduzidos sob pressão dos setores organizados operavam no sentido de preservar o papel do governo (mesmo quando camuflados em discursos de tom liberal) e reforçar a "velha" política agrícola (ou os componentes que realmente interessam a esses setores), os ajustes ou restrições impostas pela política econômica operavam no sentido de reduzir seu alcance, eficácia e, no limite, sua própria viabilidade. A evolução desse tipo de situação levou à deterioração crescente da ação do Estado.

Nos anos 1990, esse processo de deterioração tornou-se acentuado. A não adaptação de vários instrumentos de política às mudanças institucionais que ocorreram nessa década, particularmente a abertura comercial e integração sub-regional, introduziu novas contradições entre a gestão, os custos e os resultados da política agrícola. A crise que afetava parte do setor foi aprofundada pela política econômica adotada após o Plano Real, que comprometeu ainda mais a capacidade de intervenção do Estado. Nessas condições, o espaço e a possibilidade de sustentar o modelo anterior ficaram seriamente comprometidos.

Foram introduzidos "novos" instrumentos de política agrícola dentro de uma estratégia de reforma gradual do modelo de regulação da agricultura. Os desafios são imensos e dificilmente se poderia abordá-los aqui em detalhes. Em termos gerais, pode-se simplificar resumindo-os em dois grandes temas a serem enfrentados, todos fortemente inter-relacionados. Do ponto de vista econômico, o grande desafio da política agrícola é promover o aparelho produtivo para que esse possa assegurar o crescimento sustentável da economia brasileira, gerando a riqueza necessária para atender à demanda da população. Do ponto de vista social, o grande desafio é superar as graves carências que atingem parte significativa da população brasileira.

EXERCÍCIOS

1. Defina o que é política fiscal. Identifique e explique três ações de política fiscal que podem prejudicar o setor agropecuário.

2. Identifique e explique um impacto positivo e um impacto negativo de uma valorização do Real no custo e na receita das empresas exportadoras de produtos agropecuários.

3. Uma política de ajuste econômico pode contemplar elevação da taxa de juros e restrição no crédito. Procure identificar possíveis efeitos dessa política sobre o desempenho econômico da agricultura.

4. O Plano Safra é um documento anualmente divulgado pelo Ministério da Agricultura que contempla o conjunto de políticas agrícolas brasileiras. Ele pode ser facilmente obtido na página da Internet do Ministério. A partir a leitura do Plano Safra e da leitura deste capítulo, identifique as justificativas para intervenção do governo nas atividades de produção e comercialização de produtos da agricultura e pecuária.

5. Nas páginas do Ministério da Agricultura e do Banco Central do Brasil, é possível encontrar informações estatísticas sobre o crédito rural, tais como saldos por linha de crédito, taxas de juros e fontes de recursos. Construa gráficos e/ou tabelas e avalie a evolução do crédito rural, procurando observar o que ocorre com a taxa de juros, o volume de crédito e suas fontes.

6. A partir da identificação de justificativas para uma política de preços e Plano Safra do ano corrente, apresente pelo menos uma importante justificativa para os governos fixarem preços mínimos de garantia aos produtores rurais de seus países.

7. Ao fixar um preço mínimo de garantia ao produtor rural, o governo pode considerar um conjunto de critérios. Um desses critérios é o custo de produção. Descreva uma vantagem e uma desvantagem da utilização desse critério.

8. Qual é o dilema enfrentado pelo governo ao intervir no funcionamento dos mercados para estabelecer preços mínimos a serem pagos aos produtos agrícolas? Em sua opinião, qual seria a melhor solução para resolver o "dilema dos preços".

9. A execução da política de preços agrícolas no Brasil é realizada pela Companhia Nacional de Abastecimento (Conab), que pertence ao Ministério da Agricultura, Pecuária e Abastecimento. Acesse dados Conab disponíveis em sua página na Internet e construa uma tabela com a evolução dos preços mínimos de garantia para um produto qualquer de um estado selecionado à sua escolha. Identifique o que ocorreu com esse preço durante o período analisado (tendência de alta, de baixa ou sem tendência). Explore o portal de informações da Conab.

10. Quais são os objetivos de uma política de comercialização de produtos agropecuários? Explique cada um deles.

11. O governo pode intervir nos mercados de produtos agropecuários por meio da política de comercialização. Por exemplo, o governo pode: (1) estabelecer preços mínimos a serem pagos aos produtores rurais, (2) realizar pagamentos compensatórios aos produtores rurais e (3) intervir no mercado de insumos agropecuários. Explique como se poderia alcançar a estabilização de preços agropecuários por meio cada uma dessas intervenções.

12. O governo brasileiro utiliza vários instrumentos em sua política de preços e comercialização. Dentre os velhos instrumentos, destacam-se os Empréstimos do Governo Federal (EGF) e as Aquisições do

> Governo Federal (AGF). Dentre os novos instrumentos, encontram-se o Financiamento Especial para Estocagem de Produtos Agropecuários (FEE), o Financiamento para Garantia de Preços ao Produtor (FGPP), Prêmio Equalizador Pago ao Produtor Rural (Pepro), o Prêmio para Escoamento de Produto (PEP), Prêmio de Risco para Aquisição de Produto Oriundo de Contrato de Opção de Venda Privado (Prop) e o Contrato de Opção de Venda (COV). Todos esses instrumentos são executados pela Companhia Nacional de Abastecimento (Conab). Procure entender o funcionamento de cada um e, depois, tente identificar e propor situações em que eles poderiam ser utilizados na comercialização de algum produto da agropecuária a sua escolha.

NOTAS

1. GRAZIANO DA SILVA, J. *A modernização conservadora*. São Paulo: Brasiliense, 1982; GRAZIANO DA SILVA, J. *A modernização dolorosa*: estrutura agrária, fronteira agrícola e trabalhadores rurais no Brasil. Rio de Janeiro: Zahar, 1982.
2. BUAINAIN, A. M. A trajetória recente da política agrícola brasileira. 1999. Tese (Doutoramento) – Instituto de Economia, Unicamp, Campinas, 1999.
3. NORTON, R. Integración de la política agrícola y alimentaria en el ámbito macroeconómico en América Latina. *Estudio FAO Desarrollo Económico y Social*, n. 111. Roma: FAO, 1993.
4. Ver BUAINAIN, A. M. *Macroeconomia e políticas agrícolas*: um guia metodológico. Campinas: FAO/UNICAMP/IE/NEA, 1998, para uma exposição didática da influência das políticas macroeconômicas e dos macropreços sobre o setor agrícola.
5. APEX BRASIL. *Manual sobre barreiras comerciais e aos investimentos*. Confederação Nacional da Indústria. Brasília, 2017; CARVALHO, G. C. et al. Cadeia produtiva de leite frente ao acordo entre Mercosul e U.E. *Mercado e Negócios Agroanalysis*, 2019. p. 23-25; MINISTÉRIO DA ECONOMIA, INDÚSTRIA, COMÉRCIO EXTERIOR E SERVIÇOS. *Comex Stat*: Exportações e Importações Geral. Disponível em: http://comexstat.mdic.gov.br/pt/home. Acesso em: 22 nov. 2020.
6. CARVALHO, G. C. et al. Cadeia produtiva de leite frente ao acordo entre Mercosul e U.E. *Mercado e Negócios Agroanalysis*, 2019. p. 23-25.
7. ORGANIZATION FOR ECONOMIC COOPERATION AND DEVELOPMENT-FOOD/AGRICULTURE ORGANIZATION. *Agricultural Policy Monitoring and Evaluation 2018*. OECD publishing, Paris, 2018.
8. FUNDO NACIONAL DE DESENVOLVIMENTO DA EDUCAÇÃO. *Consultas*: dados de aquisição da agricultura familiar, 2017; INSTITUTO BRASILEIRO DE GEOGRAFIA E ESTATÍSTICA. *Censo Agropecuário 2017*. Rio de Janeiro, 2019.
9. CORÁ, M. A.; BELIK, W. *Projeto nutre SP*: análise da inclusão da agricultura familiar na alimentação escolar no estado de São Paulo. Paulo, 2012. 104 p.
10. DORNBUSCH, R.; HELMERS, F. L. C. H. *The open economy*: tools for policymakers in developing countries. New York: Oxford University Press for the World Bank, 1988.
11. MOLLO, M. L. R. Política de garantia de preços mínimos: uma avaliação. *Análise e Pesquisa*, n. 29. Brasília: CFP, 1983.
12. WEDEKIN, I. A política agrícola brasileira em perspectiva. *Revista de Política Agrícola*, Ano XIV, edição especial, out./2005.
13. WEDEKIN, I., *Op. cit.*
14. BUAINAIN, A. M.; SILVEIRA, R. L. F. *Manual de avaliação de riscos na agropecuária*: um guia metodológico. Rio de Janeiro: ENS-CPES, 2017. 133 p.
15. BUAINAIN, A. M.; SILVEIRA, R. L. F. *Manual de avaliação de riscos na agropecuária*: um guia metodológico. Rio de Janeiro: ENS-CPES, 2017. 133 p.
16. TEULON, F. *La politique agricole commune*. Paris: PUF, 1991. (Coll. Que sais-je?).
17. TEULON, F. *La politique agricole commune*. Paris: PUF, 1991. (Coll. Que sais-je?).
18. European Commission CAP Explained Direct Payments for Farmers 2015-2020. Disponível em: https://ec.europa.eu/agriculture/direct-support/direct-payments_en. Acesso em: 24 nov. 2020.

BIBLIOGRAFIA COMPLEMENTAR

BUAINAIN, A. M.; ALVES, E.; SILVEIRA, J. M.; NAVARRO, Z. (eds.) *O mundo rural no Brasil do século 21*: a formação de um novo padrão agrário e agrícola. Brasília: Embrapa, 2014.

BUAINAIN, A. M.; LANNA, R.; NAVARRO, Z. *Agricultural development in Brazil*: the rise of a global agro-food power. Routledge, 2019.

CHADDAD, F. *Economia e organização da agricultura brasileira*. Rio de Janeiro: GEN, 2017.

REVISTA DE POLÍTICA AGRÍCOLA. – Ano 1, n. 1 (fev. 1992) - . – Brasília: Secretaria Nacional de Política Agrícola, Companhia Nacional de Abastecimento, 1992-v. ; 27 cm. Trimestral. Bimestral: 1992-1993. Editores: Secretaria de Política Agrícola do Ministério da Agricultura, Pecuária e Abastecimento, 2004- . Disponível em: www.agricultura.gov.br www.embrapa.br. Acesso em: 24 nov. 2020.

RODRIGUES, R. (org.) *Agro é paz*: análises e propostas para o Brasil alimentar o mundo. Piracicaba: ESALQ, 2018.

VIEIRA FILHO, J. E. R. (org.) *Diagnóstico e desafios da agricultura brasileira*. Rio de Janeiro: IPEA, 2019.

WEDEKIN, I. (ed.) *Política agrícola no Brasil*: o agronegócio na perspectiva global. 2019.

ÍNDICE ALFABÉTICO

Acordos comerciais regionais, 452
Agricultura
 cooperativismo, 401
 especificidades, 464
 financeirização, 44
 industrialização, 44
Agricultura brasileira
 Amazônia, 368
 biomas, 369
 Cerrado, 370
 impactos ambientais, 368
 Mata Atlântica, 370
 Pampa, 371
 Pantanal, 371
Agricultura sustentável, 367
Agroindústrias
 gestão de custos, 249
 perecibilidade, 238
 planejamento e controle da produção, 203
 sequenciamento, 238
 de primeira transformação, 35
 de segunda transformação, 35
 de terceira transformação, 35
 planejamento agregado, 219
 previsão de demanda, 213
 programa mestre, 220
Agronegócio
 aplicações específicas de marketing, 136
 conceito, 6
 cooperativado, 402
 e competitividade, 30
 estratégia aplicada ao, 49
 indicadores de desempenho e estratégia, 85
 marketing aplicado ao, 133
 principais riscos, 117
 produtos e serviços, 136
 riscos de mercado, 118
 riscos de produção, 118
 riscos financeiros, 118
 riscos institucionais, 118
 4.0, 4
Agronegócio cooperativo, 401
 aspectos de gestão, 409
 consórcios, 414
 cooperativas agropecuárias, 416
 dificuldades de gestão, 416
 estratégias, 411
 fixação de preços, 407
 fusões e aquisições, 413
 gestão do empreendimento cooperativo, 407
 integração horizontal, 414
 integração, 408
 internacionalização, 413
 modelo econômico, 408
 nova geração de cooperativas (NCG), 412
 política de preços, 407
 recomendações, 417
 tendências, 411
 vantagens de negócios, 415
 virtualização dos negócios, 413
Aliança cooperativa internacional (ACI), 405
Alianças estratégicas, 76
 aquisição minoritária, 77
 contratos bilaterais, 77
 contratos unilaterais, 76
 fase de avaliação, 77
 fase de formação, 77
 fase operacional, 77
 joint ventures, 76
Ambiente competitivo da empresa – análise externa, 54
Amortização de empréstimos, 308
Análise custo-benefício (ACB), 340
Análise da demanda, 134
Análise de *filières*, 7
 ferramentas, 10
 métodos, 10
 objetivos, 10
Análise de investimentos
 empreendimentos coletivos, 338
 agroindustriais, 303
Análise do ciclo de vida
 análise de inventários, 29
 avaliação dos impactos, 29
 definição dos objetivos e escopo, 29
 dos produtos, 28
 interpretação, 29
Análise do custo/volume/lucro, 262
Análise do macroambiente
 aspectos ambientais/naturais, 54
 aspectos culturais, 54
 aspectos demográficos, 54
 aspectos econômicos, 54
 aspectos político-legais, 54
 aspectos tecnológicos, 54
Análise do ponto de equilíbrio, 262
Análise do sistema agroindustrial
Análise mercadológica, 139
Análise SWOT, 68
 análise externa, 68
 análise interna, 68
Apropriação dos custos diretos, 285
Apropriação dos custos indiretos, 286
Ativos biológicos
 avaliação para divulgação contábil, 282
 na norma contábil internacional, 283
Avaliação de estoques – divulgação contábil, 282
Balanced Scorecard (BSC), 86, 90
Balanço patrimonial, 283
Bens agroindustriais – comércio internacional, 421
Break-even point, 262
BSC - *Balanced Scorecard*, 86, 90
Business marketing, 145
Buzz marketing, 158
Cadastro Ambiental Rural (CAR), 390
Cadeia de produção
 agroindustrial, 15
 comercialização, 7
 conceito, 7
 industrialização, 7
 principais aplicações, 22
 produção de matérias-primas, 7
Cadeia genérica de valor, 65
Cadeias agroindustriais
 ambiente institucional, 32
 análise, 58
 competitividade potencial, 31
 competitividade revelada, 31
 competitividade, 30
 constituição, 214
 genéricas – competitividade, 31
 Market share, 30
 modelo das cinco forças de Porter, 58
Cadeias de produção
 como espaço para análise das inovações tecnológicas, 24
 como ferramentas de descrição técnico-econômica, 23
 como ferramentas de formulação de políticas públicas, 22
 como metodologia de análise da estratégia das firmas, 23
 inovações tecnológicas com efeito difuso, 26
 inovações tecnológicas com efeitos locais, 26
 inovações tecnológicas com tecnologia específica, 26
 sistema ABC, 23
 technology push, 26
 tecnologias de base, 26
 tecnologias emergentes, 26
 tecnologias-chave, 26
Cadeias de suprimentos
 apoio da alta administração, 106
 aspectos gerais, 96
 classificação dos riscos, 114
 clientes diretos, 97
 clientes dos clientes, 97

colaboração, 105
collaborative planning, forecasting and replenishment (CPFR), 110
compartilhamento de informações, 106
continuous replenishment program (CRP), 109
cultura organizacional, 107
definições, 96
efficient consumer response (ECR), 109
empresa focal, 97
equipes multifuncionais, 106
estrutura, 126
fator humano, 110
fontes de riscos, 114
fornecedores diretos, 97
fornecedores dos fornecedores, 97
gestão da resiliência, 122
integração, 105, 107
logística em, 170
modernas, 170
níveis de complexidade, 97
objetivos, 98
práticas colaborativas, 108
práticas sustentáveis, 100
quick response (QR), 109
resiliência, 121
riscos, 112, 113
riscos catastróficos, 116
riscos comportamentais, 116
riscos de infraestrutura, 116
riscos de propriedade intelectual, 116
riscos externos, 116
riscos internos, 116
riscos internos à firma, 116
riscos político-culturais, 116
riscos regulatórios, 116
tipos, 97
vendor managed inventory (VMI), 109
Cadeias de suprimentos agroindustriais, 102
atacadistas, 102
classificação, 104
distribuidores, 102
gestão, 95
produtores rurais, 102
varejos, 102
Cadeias de valor
compras, 66
desenvolvimento tecnológico, 66
gestão de recursos humanos, 66
infraestrutura da empresa, 66
logística externa, 65
logística interna, 65
operações, 65
serviços, 66
vendas e marketing, 65
Cadeias globais de produção, 10

Cadeias globais de suprimentos
ambiente institucional, 11
contornos geográficos, 11
estrutura de governança, 11
relação insumo-produto, 11
Cadeias globais de valor, 2
Canais de distribuição, 170
Canais de suprimento, 169
Capacidade tecnológica de empresas agroindustriais, 25
Capacidade tecnológica territorial (CTT), 27
dimensões, 28
Capital de terceiros – custo, 314
Capital próprio – custo, 315
Capitalização
em juros compostos, 305
em juros simples, 305
regimes, 304
CAPM – modelo de precificação de ativos, 315
Carne bovina – competitividade no setor de processamento, 33
Cédula de produto rural (CPR), 481
Ciclo de vida do produto
análise, 28
custo para seleção de equipamentos, 295
Ciclo de vida social – avaliação, 29
Comércio internacional
acordos comerciais, 447
acordos comerciais regionais, 452
cota tarifária, 445
de bens agroindustriais, 421
determinantes, 423
duopolista de Cournout, 446
economia integrada, 432
equilíbrio de Nash, 442
ganhos comerciais, 433
investimento estrangeiro direto, 453
livre comércio, 431
Modelo de Heckscher-Ohlin-Samuelson (HOS), 429
modelo Ricardiano, 423
produtividade das empresas, 454
subsídios à exportação, 445
subsídios à importação, 444
tarifas de exportação, 443
taxas de câmbio, 455
teorema de Rybczynski, 435
teorema Stolper-Samuelson, 431
competição monopolística, 435, 437
ganhos de diversificação, 435
política comercial, 438
tarifa de importação, 440

Commodity system approach (CSA), 6
Competitividade e agronegócio, 30
Complexo agroindustrial, 14
Comportamento do consumidor, 141-144
Composto de marketing, 151
comunicação, 155
distribuição, 155
praça, 155
preço, 153
produto, 151
promoção, 157
Consumidor – comportamento, 141-144
Continuous replenishment program (CRP), 109
Contrato de opção de venda (COV), 481
Controle de estoques, 230
Cooperativismo
doutrina, 405
estrutura, 407
história, 404
na agropecuária, 404
CPA – Cadeia de produção agroindustrial – conceito, 7
CSA – *Commodity system approach*, 6
CTT – capacidade tecnológica territorial, 27
Cultura como vantagem competitiva, 107
Curva ABC, 232
benefícios, 272
conceito, 270
etapas, 272
restrições, 272
Custeio por absorção – método, 285
Custo da mão de obra direta, 260
Custo de capital de terceiros, 314
Custo de capital de uma agroindústria, 318
Custo de capital próprio, 315
Custo do ciclo de vida do produto, (LCC), 28
Custo padrão, 253
Custo projetado, 253
Custo realizado, 253
Custo total de capital (WACC), 317
Custo/volume/lucro, 262
Custos agroindustriais
ativos biológicos, 251
características gerais, 251
definições, 252
diretos, 252
finalidades da apuração, 250
fixos, 252
gestão, 249
indiretos, 252
objetivos, 250

variáveis, 252
método, 264
Custos de manutenção de estoque, 197
Custos de materiais diretos, 256
Custos de processos – gestão, 269
Custos de produtos
gestão, 254
obtenção, 292
Custos fixos – gestão, 261
Custos indiretos – absorção, 293
Defesa agropecuária, 489
Demonstrativo de resultado, 255
Desempenho logístico, 180
Desenvolvimento agrícola sustentável, 367, 376
Desenvolvimento de produtos
agregação de valor, 353
agroindustriais, 346
alimentos, 356
bebidas, 359
certificação, 353
defensivos agrícolas, 349
embalagens e comercialização, 354
embalagens, 361
implementos agrícolas, 350
in natura, 363
industrialização da produção, 354
inovação e dificuldades, 354
máquinas, 350
na propriedade rural, 352, 355
no setor de insumos agropecuários, 349
no setor industrial, 356
normas de padronização, 353
pesquisa, 349
pós-desenvolvimento, 352
processados, 363
registro, 349
tendências, 360, 364
Desenvolvimento econômico - conceito, 373
Desenvolvimento rural
cédula de produto rural, 481
comercialização e estoques reguladores, 481
gestão de risco, 477
instrumentos da política agrícola, 479
política ambiental, 478
política de comercialização, 471
política de comércio exterior, 467
política de comércio exterior, 477
política de financiamento, 474
Política de Garantia de Preços Mínimos, 479

Índice alfabético

política de preços, 470
política fiscal, 467
política monetária, 469
política tecnológica, 478
políticas agrícolas no Brasil, 461
principais políticas agrícolas, 470
Desenvolvimento sustentável
  conceito, 372
  e resiliência, 377
  ILPF, 379
  LEISA, 378
  limites do crescimento, 374
  qualidade ambiental, 375
  sequestro de carbono, 392
  tecnologias agrícolas, 377
  tecnologias agropecuárias, 380
  teoria da coevolução, 376
Despesas agroindustriais, 252
Distribuição diferenciada, 173
Economia das organizações cooperativas, 405
Economia de sistemas agroindustriais, 1
Economia institucional, 73
  ativos dedicados, 74
  capital de marca, 74
  custos de transação, 73
  especificidade do ativo físico, 74
  especificidade do ativo humano, 74
  especificidade locacional, 74
  especificidade temporal, 74
  estratégias de empresas agroindustriais, 73
Economia integrada e padrão de comércio, 432
Efficent consumer response (ECR), 109, 156
Empreendimentos coletivos – análise de investimentos, 338
Empresas agroindustriais – capacidade tecnológica, 25
Equilíbrio de Nash, 442
Escolas do pensamento estratégico
  escola cognitiva, 51
  escola cultural, 52
  escola da configuração, 52
  escola do aprendizado, 52
  escola do *design*, 51
  escola do poder, 52
  escola do posicionamento, 51
  escola empreendedora, 51
Estoques, 230
  avaliação para divulgação contábil, 282
  cíclicos, 195
  consolidação de carga, 196
  custos de manutenção, 197
  de segurança, 195
  em trânsito, 195
  embalagens de produtos, 198
  escolha de equipamentos, 198
  layout de espaço, 198
  manuseio de materiais, 197
  manutenção, 196
  métodos quantitativos, 198
  modelagem, 233
  modelo básico, 233
  para especulação, 195
  quebra de volume, 196
  regras de despacho, 236
  tipos, 195
  unitização de carga, 197
Estratégia
  conceito, 50
  e indicadores de desempenho do agronegócio, 85
Estratégia aplicada ao agronegócio
  alianças estratégicas, 76
  análise interna, 62
  estratégias genéricas, 70
  estratégias internacionais, 79
  franquias, 78
  grupos estratégicos, 72
  tableau de bord, 86
  visão baseada em recursos, 62
Estratégia de adiamento, 174
Estratégia de marca, 152
Estratégia de marketing, 148
  análise de dados, 149
  avaliação de segmentos, 149
  escolha das variáveis, 148
  escolha das variáveis, 149
  posicionamento, 149
Estratégias de preços
  preços baixos, 154
  preços de desnatamento, 154
  preços de penetração, 154
  preços psicológicos, 154
  premium pricing, 154
  desafios de implementação, 71
Estratégias genéricas
  diferenciação, 70
  focalização, 71
  formas de competição, 70
  liderança em custo, 70
Estratégias internacionais, 79
  modelo de Uppsala, 81
Estrutura de produtos e processos, 224
Estruturas de governança
  arranjos híbridos, 75
  hierarquia, 75
  integração vertical, 75
  mercado *spot*, 75
Estudo de impacto ambiental (EIA), 390
Experiência do cliente, 161
Filières – análise, 7
Financeirização da agricultura, 44
Financiamento da agricultura
  empréstimo compulsório, 485
  FAT, 486
  fundos constitucionais, 486
  fundos de *comodities*, 486
  poupança verde, 486
  recursos externos, 486
Financiamento de recursos do BNDES, 312
Financiamento especial para estocagem de produtos agropecuários (FEE), 483
Financiamento para garantia de preços ao produtor (FGPP), 482
Fixação de preços no agronegócio cooperativo, 407
Flow chart de produção, 9
Fluxos de caixa
  de projeto de investimento, 319
  modelo padrão, 307
  operações, 306
Fontes de inovação tecnológica no sistema agroindustrial, 27
Fontes de riscos em cadeias de suprimentos (FRCS), 114
  classificação, 115, 116
  dimensões, 115
Food Supply Chain Network, 13
Framework (VRIO), 62
Franquias, 78
FRCS – Fontes de riscos em cadeias de suprimentos 114
Funil de desenvolvimento de produtos, 347
Gerenciamento da logística, 172
Gerenciamento de sistemas agroindustriais, 34
Gestão da cadeia de suprimentos – antecedentes, 99
Gestão da informação, 348
Gestão da resiliência em cadeias de suprimentos, 122
  antecipação, 122
  colaboração, 124
  complexidade espacial, 126
  complexidade horizontal, 126
  complexidade vertical, 126
  estágios, 122
  flexibilidade, 127
  frequência de rupturas, 126
  mecanismos, 123
  reação, 122
  recuperação, 122
  visibilidade, 128
Gestão de cadeias de suprimentos agroindustriais, 95
Gestão de custos agroindustriais, 249
  de processo, 250, 269
  de produção, 250
  de produtos, 254
  e de operações agroindustriais, 42
Gestão de empresas agroindustriais
  arranjos contratuais, 39
  controle de preços, 38
  controle sanitário, 40
  desafios tecnológicos, 37
  disponibilidade de matérias-primas, 38
  estrutura de governança, 39
  estrutura oligopsônica, 37
  globalização da produção agrícola, 37
  globalização das cadeias agroindustriais de suprimentos, 37
  hábitos alimentares, 38
  migração de poder para os distribuidores, 37
  perecibilidade de matérias-primas, 39
  questões socioambientais, 38
  sazonalidade de matérias-primas, 38
  sazonalidade do consumo, 39
  singularidades da produção agrícola, 37
  tecnologia da informação, 37
  variações na qualidade de matérias-primas, 39
Gestão de estoques, 194
Gestão de perdas e desperdícios, 42
Gestão de projeto
  desenvolvimento de produtos, 346
  funil de desenvolvimento, 347
  modelos de referência, 346
Gestão de riscos de ruptura, 123
Gestão de sistemas agroindustriais, 1
Gestão em cooperativas, 409
  eficiência econômica, 411
  organograma, 410
  relações contratuais, 409
Gestão estratégica – aspectos, 50
Gestão por categoria de produto, 156
Gestão tecnológica, 42
Global agrifood systems, 2
Global commodity chains, 2, 10
Global Supply Chain Forum (GSCF), 98
Global value chains, 2
Governança de marketing, 137
Grupos estratégicos, 72
GSCF – *Global Supply Chain Forum*, 98

ICT – índice de capacidade tecnológica, 25
IED – investimento estrangeiro direto, 81
Indicador de desempenho, 86
Índice de capacidade tecnológica (ICT), 25
Industrialização da agricultura, 44
Influenciadores digitais, 159
Integração lavoura-pecuária (ILP), 379
Integração vertical
 a jusante, 75
 a montante, 75
 nos dois sentidos, 75
Internacionalização
 framework dinâmico, 82
 mecanismo básico, 82
Internalização – teoria da, 79
Investimento estrangeiro direto (IED), 453
 busca de ativos, 81
 busca de eficiência, 81
 busca de mercados, 81
 busca de recursos, 81
 motivações, 81
Investimentos
 agroindustriais, 303
 métodos de análise, 326
 viabilidade econômica, 326
Joint ventures, 12
LCSA – *Life Cycle Sustainability Assessment*, 28
Lead time, 242
Lean manufacturing, 238
Life cycle analysis, 28
Life Cycle Costing, 28
Life Cycle Sustainability Assessment (LCSA), 28
Logística
 agroindustrial, 41, 167
 atividades chaves e de apoio, 176-177
 canais de suprimento e distribuição, 169
 consolidação de carga, 174
 controle de estoques, 230
 curva ABC, 232
 definições, 169
 desempenho, 180
 distribuição diferenciada, 173
 estratégia de adiamento, 174
 gerenciamento, 172
 gestão de estoques, 194
 interface com marketing, 178
 interface com produção, 178
 localização das instalações, 172
 manuseio de materiais, 197
 mediação do serviço, 181
 métodos quantitativos, 173
 MRP, 224
 objetivos, 169

padronização de produtos, 174
planos de estocagem, 172
planos de transporte, 172
processamento de pedidos, 184
produto, 182
projetos da rede, 172
relação entre modais, 190
relação vendas-serviço, 181
serviço ao cliente, 179
trade-offs envolvidos, 175
transportes, 187
Low external input and sustainable agriculture (LEISA), 378
Macroambiente
 análise, 54
 marketing, 139
Manufatura
 de resposta rápida, 241
 enxuta, 238
Manuseio de materiais, 197
Mão de obra direta – custo, 260
Mapa estratégico, 91
Máquinas agrícolas – processo de desenvolvimento, 351
Margem de contribuição, 254
Marketing
 análise da concorrência, 140
 aplicado ao agronegócio, 133
 centrado na experiência do cliente, 161
 comportamento pós-compra, 145
 composto mercadológico, 151
 comunicação, 155
 conceitos, 134
 decisão de compra, 145
 demanda, 135
 desafios, 158
 desejos, 135
 digital no agronegócio, 158
 efficent consumer response (ECR), 156
 escolha das variáveis, 149
 estratégia, 148
 estratégias para revenda de tratores, 153
 gestão do esforço, 137
 governança, 137
 indound, 159
 influenciadores digitais, 159
 inovação, 160
 macroambiente, 139
 mercados, 135
 microambiente, 140
 mix, 151
 na agroindústria, 158
 necessidades, 135
 nos elos do sistema agroindustrial, 158
 omnicanal, 155
 pesquisa, 146

planejamento, 138
plataformas de relacionamento, 159
praça, 155
preço, 153
processo de compra, 144
processo de planejamento, 138
programas de relacionamento, 160
promoção, 157
recompra modificada, 145
sistemas de informação, 146
táticas, 151
valor, 135
Materials requirements planning (MRP), 224
Matriz BCG, 67
Matriz estratégica, 67
Matriz SWOT –
 recomendações estratégicas, 69
Medidas de desempenho –
 exemplos de dimensões, 87
Mercados
 business to business, 145
 de consumo final, 141
 governamentais, 142
 internacionais, 142
 revendedores, 142
Método de custeio
 direto, 254
 variável, 254
 por absorção, 285
Método dos custos conjuntos, 264
Métodos para apuração de custo
 fluxo de caixa descontado, 315
 modelo de precificação de ativos (CAPM), 315
 modelo de prêmio pelo risco, 315
Mix de produto, 152
Mobile marketing, 158
Modelagem de estoques, 233
Modelo básico de estoque, 233
Modelo das cinco forças de Porter, 54
 ameaça de novos entrantes, 55
 ameaça de produtos substitutos, 56
 aplicação às cadeias agroindustriais de produção, 57
 concorrência entre empresas do setor, 57
 poder de barganha dos clientes, 56
 poder de barganha dos fornecedores, 56
Modelo de Heckscher-Ohlin-Samuelson (HOS), 429

Modelo de portfólio de atividades, 66
Modelo de Uppsala, 81
Modelo GSCF
 desenvolvimento de produto e comercialização, 98
 gestão da demanda, 98
 gestão de retorno, 98
 gestão de serviço ao cliente, 98
 gestão do fluxo de manufatura, 98
 gestão do relacionamento com clientes, 98
 gestão do relacionamento com fornecedores, 98
 processamento de pedidos, 98
Modelo Ricardiano, 423
Modelo VRIO
 imitabilidade, 63
 organização, 63
 raridade, 63
 valor, 63
Modernos paradigmas de PCP, 238
MRP – *Materials requirements planning*, 224
 adaptado à agroindústria, 230
 elaboração, 228
MRP II – análise de capacidade, 229
NCG – nova geração de cooperativas, 412
Netchain agroindustrial genérica, 13
Nova geração de cooperativas (NCG), 412
Operações com fluxos de caixa
 duração, 306
 periodicidade, 306
 períodos de ocorrência, 306
 valores, 306
Organizações cooperativas – economia, 405, 406
Paradigma eclético da produção internacional, 80
Payback, 337
PCP
 agroindustrial 203
 manufatura de resposta rápida, 241
 mapeamento do fluxo de valor, 240
 paradigmas da agroindústria, 238
 fluxo contínuo, 240
 gerenciamento visual, 241
 gestão de recursos humanos, 240
 lote reduzido, 240
 manufatura celular, 240
 manutenção produtiva total, 240

produção puxada, 241
redução de *setup*, 240
zero defeito, 240
Pensamento enxuto – cinco princípios, 239
Pensamento estratégico – principais escolas, 51
PEPS, 236
Perfil profissional para atuação em GCS, 111
Performance Measurement Matrix, 86
Performance Prism, 86, 89
Performance Pyramid, 86
Pesquisa de extensão agropecuária, 489
Pesquisa de marketing, 146
Pesquisa de mercado, 146
PGPM – Política de Garantia de Preços Mínimos, 479
Planejamento da produção
  atualização tecnológica, 205
  conceitos, 204
  crescimento horizontal, 204
  crescimento vertical, 204
  lançamento de novos produtos, 204
  terceirização, 205
Planejamento de marketing, 138
Planejamento estratégico
  análise externa, 85
  análise interna, 84
  etapas, 84
  fatores críticos chaves, 85
  processo, 83
Plano de marketing
  estrutura, 139
  etapas, 139
Política comercial internacional no agronegócio, 438
Política de Garantia de Preços Mínimos (PGPM), 479
Política Nacional sobre Mudança do Clima (PNMC), 393
Políticas agrícolas
  ambientais, 388
  experiências internacionais, 491
  impostos móveis à importação, 491
  na comunidade econômica europeia, 494
  nos Estados Unidos, 493
  política de preços europeia, 495
  preços de intervenção, 492
  quotas de importação, 492
  quotas de produção, 492
  restituições à exportação, 491
  subsídios ao consumo, 492
Políticas agrícolas no Brasil
  construção de infraestrutura, 490
  contrato de opção de venda (COV), 481
  defesa agropecuária, 489
  desenvolvimento rural, 461
  empréstimo compulsório, 485
  estado, 463
  FAT, 486
  fundos constitucionais, 486
  fundos de *comodities*, 486
  instituições, 465
  intervenção estatal, 464
  macroeconômicas, 465
  política cambial, 466
  políticas setoriais, 465
  poupança verde, 486
  prêmio para escoamento de produto (PEP), 482
  Proagro, 488
  programas de desenvolvimento regional e rural, 490
  programas específicos por produto, 490
  questão agrária, 463
  questão agrícola, 463
  recursos externos, 486
  seguro agrícola, 487
  seguro rural de produção, 488
  SNCR, 483
  zoneamento agroclimático, 487
Políticas públicas – cadeias de produção como ferramentas de análise, 22
Ponto de equilíbrio
  conceito, 262
  modelo, 262
Porter – modelo das cinco forças, 54
Portfólio de atividades, 66
Prêmio equalizador pago ao produtor rural (Pepro), 482
Prêmio para escoamento de produto (PEP), 482
Previsão de demanda
  acompanhamento, 223
  adequação, 215
  aleatoriedade, 215
  congelamento do plano, 223
  custos, 220
  erros, 218
  média, 215
  qualitativa, 219
  sazonalidade, 215
  tendência, 215
Processamento de pedidos, 184
Processo de compra – aspectos, 144
Processo de fracionamento, 226
Processo de planejamento de marketing, 138
Processo do planejamento estratégico, 83
Produção
  condições de mercado, 210
  decisões na empresa rural, 209
  gestão de custos, 250
  para quando produzir, 212
  programação, 236
  quanto produzir, 211
  recursos disponíveis, 209
Produção agroindustrial
  alavancagem, 19
  cadeias de, 15
  competição entre sistemas, 19
  coordenação dentro da cadeia, 19
  orientação pela demanda, 18
  planejamento e controle, 203
  verticalidade, 18
Produção internacional – paradigma eclético, 80
Produto
  montagem, 227
  processo de fracionamento, 226
Produto logístico, 182
  perecibilidade, 184
  razão peso-volume, 183
  razão valor-peso, 184
  risco de roubo, 184
  substitutibilidade, 184
Produtos agroindustriais, 345
  manutenção da qualidade, 105
Produtos alimentícios – modelo de referência, 357
Produtos conjuntos – análise econômica, 264
Produtos conjuntos, 264
Produtos e processos – estrutura, 224
Programa de Garantia da Atividade Agropecuária (Proagro) 488
Programa de marketing de relacionamento, 160
Programa mestre de produção
  capacidade de produção, 221
  considerações, 223
  tempo e qualidade, 221
  unidades de trabalho, 221
  vigência e revisão, 221
Programa Nacional de Fortalecimento da Agricultura Familiar, 487
Programação da produção
  FCFS, 236
  FIFO, 236
  FIFO, 236
  gráfico de Gantt, 237
  MDE, 237
  menor data de entrega, 237
  MTP, 236
  MTPP, 236
  PEPS, 236
Projeto de investimento
  análise custo-benefício (ACB), 340
  desembolso em capital de giro inicial, 321
  desembolso em capital fixo, 320
  despesas pré-operacionais, 320
  entradas de caixa, 319
  entradas e saídas de caixa, 321
  exemplos práticos, 323
  fluxos de caixa líquidos, 320
  fluxos de caixa, 319
  investimento inicial, 319, 320
  payback, 337
  periodicidade, 320
  saídas de caixa, 319
  taxa mínima de atratividade, 320
  valor anual equivalente, 330
  valor presente líquido, 323
Projeto de produtos – gestão da informação, 348
Projeto de produtos agroindustriais, 345
Projeto e desenvolvimento do produto (PDP), 357
Projetos agroindustriais coletivos, 338
Projetos da rede logística, 172
PROP, 481
QRM
  gestão, 242
  *lay*out, 242
  lead *time*, 242
  mapeamento do MCT, 242
  mentalidade, 242
  Quick Response Manufacturing, 241
  tagging, 241
Questões ambientais, 42
Quick response (QR), 109
Quick Response Manufacturing – QRM, 241
Recompra modificada, 145
Recursos humanos, 41
Redes
  de cadeias alimentares, 13
  de cooperação, 11
  de empresas, 11
  de empresas e agronegócio, 10
Regimes de capitalização, 304
Relatório de Impactos ao Meio Ambiente (Rima), 390
Rentabilidade global, 266
Resiliência em cadeias de suprimentos – características, 121
Resiliência em cadeias de suprimentos, 121

Resultados operacionais das vendas, 294
Riscos da cadeia de suprimentos, 112, 117
  catastróficos, 116
  comportamentais, 116
  de infraestrutura, 116
  de propriedade intelectual, 116
  externos à cadeia de suprimentos, 116
  internos à cadeia de suprimentos, 116
  internos à firma, 116
  político-culturais, 116
  regulatórios, 116
Riscos do agronegócio, 117
  de mercado, 118
  de produção, 118
  financeiros, 118
  institucionais, 118
SAA – sistema de amortização americano, 311
SAC – sistema de amortização constante, 310
SAF – sistema de amortização francês, 308
SAI – sistema agroindustrial, 14
SAM – sistema de amortização misto, 311
Satisfação do cliente, 134
Segmentos
  comercialização, 231
  industrialização, 231
  de produção rural, 231
Sequestro de carbono, 392
Setor agroindustrial
  características, 102
  consequências, 102
Sheduling, 236
SIR – sistema industrial de referência, 59
Sistema agroindustrial (SAI)
  citrícola no Brasil, 21
  conceito, 14
  fontes de inovação, 27
  níveis de análise, 14
Sistema cooperativista no Brasil, 406
Sistema de amortização
  americano (SAA), 311
  constante (SAC), 310
  de empréstimos, 308
  francês (SAF), 308
  misto (SAM), 311
Sistema de custeio baseado em atividades (ABC), 269, 271
Sistema de marketing
  mercado atendido, 135
  mercado comprador, 135
  mercado disponível, 135
  mercado penetrado, 135
  mercado potencial, 135
  mercado vendedor, 135
Sistema ecoagroalimentar genérico, 21
Sistema industrial de referência (SIR), 59
  cultura, 59
  economia, 59
  governo, 59
  infraestrutura, 59
  meio ambiente, 59
  operações-chave, 61
  saúde, 59
Sistema Nacional de Crédito Rural (SNCR), 483
Sistema Toyota de Produção (STP), 238
  tipos de desperdício, 239
Sistemas agroindustriais
  correntes metodológicas, 1
  definições, 1
  especificidades, 37
  fluxos, 36
  food chain, 19
  food context, 19
  food cycle, 19
  food web, 19
  formas de representação, 20
  gerenciamento de processos, 37
  gerenciamento, 34
  gestão e economia, 1
  ideias originais, 4
  mesoanálise, 17
  métodos de análise, 1
  modelos de consumo alimentar, 40
  noções sobre, 4
  novos desenvolvimentos, 4
  subsistemas, 36
  suprimentos, 36
  visão sistêmica, 17
Sistemas agroindustriais competitivos – modelos de inserção sustentada 40
Sistemas de comercialização – de carne bovina no Brasil, 33
Sistemas de informação de marketing, 146
Sistemas de informações logísticas, 185
Sistemas de medição de desempenho (SMD) – processo de desenvolvimento, 86
Sistemas de medição de desempenho (SMD), 86
Sistemas de produção
  de carne bovina no Brasil, 33
  de grandes projetos, 207
  em lotes, 207
  principais atividades, 208
  de bens, 205, 206
  de serviços, 205
  tecnologia de fabricação, 207
  tendências, 208
  tipologia, 205, 208
Sistemas dinâmicos, 20
Sistemas na cadeia citrícola, 20
S-LCA - *Social Life Cycle Assessment*, 28
SMD – sistemas de medição de desempenho, 86
SNCR, 483
Social Life Cycle Assessment – S-LCA, 28
STP – Sistema Toyota de Produção, 238
Strategic business units, 50
Tabela Price, 308
Tableau de bord, 86-88
Tarifas de exportação, 443
Tarifas de importação, 440
Táticas de marketing, 151
Taxa interna de retorno (TIR), 332
  aspectos adicionais, 334
Taxa interna de retorno modificada (TIRM), 336
Taxa mínima de atratividade
  administrador avesso a risco, 313
  administrador indiferente a risco, 313
  administrador propenso a risco, 313
  conceito, 313
  relação risco e retorno, 313
Taxas de câmbio
  comércio internacional, 455
  repasse incompleto, 457
  volatilidade, 456
Tecnologias agrícolas sustentáveis
  barreiras, 383
  características das propriedades, 386
  determinantes, 381
  experiência, 387
  fontes de informação, 386
  lucratividade, 384
  mão de obra, 387
  razões econômicas, 382
  recursos financeiros, 387
  tamanho da propriedade, 386
Tecnologias agropecuárias, 380
Teorema de Rybczynski, 435
Teorema Stolper-Samuelson, 431
Teoria da internalização – categorias, 80
Tipologias de sistemas de produção, 205
TIR – taxa interna de retorno, 332
TIRM – taxa interna de retorno modificada, 336
Trade marketing, 156
Transportes, 187
  aeroviário, 189
  custos e tarifas, 192-193
  dutoviário, 190
  escopo do sistema, 188
  ferroviário, 188
  hidroviário, 188
  internacionais, 192
  multimodais, 191
  relação entre modais, 190
  rodoviário, 189
UEN – unidades estratégicas de negócios, 50
Unidades estratégicas de negócios (UEN), 50
Unidades socioeconômicas de produção (USEP), 15
Unidades socioeconômicas, 17
USEP – unidades socioeconômicas de produção, 15
VAE – valor anual equivalente, 330
Valor anual equivalente (VAE), 330
Valor do dinheiro no tempo, 304
Valor presente líquido (VPL)
  pressuposto do reinvestimento, 329
  sensibilidade, 329
Vantagem competitiva
  conceito, 52
  e empresas do agronegócio, 52
  origens, 53
Variável exigência do consumidor, 206
Variável tecnologia de fabricação, 206
Venda de produtos agropecuários dos estoques públicos (VEP), 483
Vendor managed inventory (VMI), 109
Visão baseada em recursos (VBR)
  recursos financeiros, 62
  recursos físicos, 62
  recursos humanos, 62
  recursos organizacionais, 62
VPL – valor presente líquido, 326
WACC – custo total de capital, 317